Dokumente zur Geschichte der europäischen Expansion

Herausgegeben von Eberhard Schmitt

Band 3

Dokumente zur Geschichte der europäischen Expansion

Band 1
Die mittelalterlichen Ursprünge
der europäischen Expansion

Band 2
Die großen Entdeckungen

Band 3
Der Aufbau der Kolonialreiche

Band 4
Wirtschaft und Handel der
Kolonialreiche

Band 5
Das Leben in den Kolonien

Band 6
Kolonialherrschaft
und internationale Politik

Band 7
Das Ende des alten Kolonialsystems

Der Aufbau der Kolonialreiche

Herausgegeben von
Matthias Meyn, Manfred Mimler, Anneli Partenheimer-Bein,
Susanne Petersen-Gotthardt, Horst Pietschmann,
Thomas Schleich und Eberhard Schmitt
unter Mitarbeit von
Thomas Beck, Annegret Bollée, Lieselotte und Theo Engl,
Hans-Joachim König, Richard Nebel,
Wolfgang Reinhard, Gabriele Scheidegger u. a.

Verlag C. H. Beck München

Mit 13 Karten und 32 Abbildungen

CIP-Kurztitelaufnahme der Deutschen Bibliothek

Dokumente zur Geschichte der europäischen Expansion /
hrsg. von Eberhard Schmitt. – München : Beck
NE: Schmitt, Eberhard [Hrsg.]
Bd. 3. Der Aufbau der Kolonialreiche. – 1986
Der *Aufbau der Kolonialreiche* / hrsg. von Matthias
Meyn ... Unter Mitarb. von Annegret Bollée ... –
München : Beck, 1986.
   (Dokumente zur Geschichte der europäischen
   Expansion ; Bd. 3)
   ISBN 3 406 30373 0
NE: Meyn, Matthias [Hrsg.]; Alsdorf-Bollée,
Annegret [Mitverf.]

ISBN 3 406 30373 0

© C.H. Beck'sche Verlagsbuchhandlung (Oscar Beck), München 1987
Satz und Druck: Appl, Wemding
Printed in Germany

Vorwort

Der hier vorgelegte Band 3 „Der Aufbau der Kolonialreiche" der Reihe „Dokumente zur Geschichte der europäischen Expansion" wurde in seinen Grundlagen von den Herausgebern gemeinsam erstellt. Im Zuge der Endredaktion waren Kürzungen, Umstellungen und auch gelegentliche Erweiterungen notwendig, für die Eberhard Schmitt und Thomas Schleich die Verantwortung tragen. Doch im übrigen fällt die Auswahl der Quellen, ihre Übersetzung und Kommentierung sowie die Erarbeitung der einleitenden Kapitelkommentare ganz in die Verantwortung der jeweiligen Mitarbeiter; ihre Leistungen sind namentlich gezeichnet.

Die Herausgeber haben sich bemüht, die nach dem Stand heutiger Kenntnis wesentlichen und typischen Züge des Vorgehens der europäischen Kolonialmächte im 16., 17. und teilweise im 18. Jahrhundert beim Aufbau ihrer stark unterschiedlich strukturierten Kolonialreiche vorzustellen. Freilich konnte es nicht darum gehen, die ganze ungeheure Vielfalt des Geschehens etwa nach Motiven, Zielen, handelnden Kräfte, Erfolgen und Mißerfolgen, nach Zeit und Ort zu dokumentieren: Das vorhandene Material zählt allein nach Hunderttausenden von Stücken und harrt teilweise nach wie vor der Aufschließung und Einordnung in die jeweiligen nationalen und internationalen Zusammenhänge. Der hier vorgelegte Band schließt sich in seinen Aussagetendenzen überwiegend der neueren Historiographie an, wobei er gleichwohl für den Bereich der spanischen Kolonialgeschichte bemerkenswert Neues vorlegt. Ähnlich gesichert, doch für den deutschen Leser wohl wenigstens ebenso unbekannt sind die Aussagen, die an Hand der Dokumente zum Entstehen des niederländischen Überseereichs gemacht werden können. Gleichfalls gesichert, doch weniger spektakulär sind die Kenntnisse, die die Quellenauswahl zum Charakter und zur Struktur des englischen Überseereichs vermittelt. Auf relativ unsicherem Boden bewegt man sich dagegen bei Darstellung der portugiesischen, französischen und russischen Bemühungen um ein Festsetzen in Übersee bzw. in Sibirien. Denn die entsprechenden Quellenbestände sind teils im großen Maßstab vernichtet (das gilt für Portugal, wo Erdbeben und Brand von Lissabon 1755 nie wiedergutzumachende Zerstörungen bewirkt haben), teils sind die Materialien nicht hinreichend von der Forschung aufbereitet und ausgewertet (wie man bedauerlicherweise im Blick auf die Geschichte der französischen und russischen Expansion festzuhalten genötigt ist). Insofern ist es zur Zeit noch kaum möglich, ein befriedigendes Gesamtbild der europäischen Expansion in der frühen Neuzeit auf komparatistischer Basis zu gewinnen. Dieser Band hat deshalb bei aller Bemühung um relativ klare und sichere Aussagen gleichzeitig den Charakter eines Kompendiums umfangreicher Forschungsdesiderata; doch auch dieser Zug mag der künftigen Forschung von Nutzen sein.

Der Band vermittelt im übrigen sehr bewußt Kenntnisse und Erkenntnisse über einen Aspekt der Geschichte der *europäischen Expansion*, nämlich über die Etablierung europäischer Mächte in Übersee und in Sibirien während des sogenannten „Ersten Kolonialzeitalters". Das heißt nicht, daß die Objekte und Opfer dieser frühen europäischen Expansion, die autochthonen Völker und Ethnien Afrikas, Asiens, der Neuen Welt oder Ozeaniens und ihre Gemeinwesen und Kulturen in ihrer großen Vielfalt, die im Zuge dieses Prozesses deformiert, unterdrückt oder vernichtet wurden, nicht in höchstem Maße unser Forschungsinteresse verdienten. Wenn wir vornehmlich die europäische Seite unter Benutzung überwiegend europäischer Materialien darstellen, so bedeutet dies keine glorifizierende Würdigung des entsprechenden Prozesses. Dieses Mißverständnis besteht gelegentlich bei Protagonisten der sogenannten „Dritte-Welt-Geschichte", die es sich mit dem Urteil leicht machen, weil ihnen nicht an einer Erhellung der Grundtatbestände, sondern an Schuldzuweisungen aus mehr oder minder aktuellen politischen Überlegungen gelegen ist. Wir unsererseits sehen keine Möglichkeit, die im Zuge des europäischen Ausgreifens über die Erde friedlich oder gewaltsam, wirksam oder auf Dauer relativ wirkungslos vorgenommene „Europäisierung" Außereuropas – gerade auch für eine Erforschung des Schicksals der betroffenen Objekte dieser „Europäisierung" – anders kennenzulernen als vornehmlich über die Auswertung des hier vorgelegten Materials. Anders und sehr drastisch gesagt: Wer die Geschichte der europäischen Expansion sowohl in ihrer Tiefendimension wie in ihren unzähligen Details nicht kennt, vermag unserer Meinung nach kaum zu gesicherten Aussagen über Wirkungen und Ergebnisse dieser europäischen Expansion auf die „Dritte Welt" zu kommen. Unsere Dokumentation will zwar alles andere als eine – zu Recht vielgescholtene – rein „eurozentrische" Sicht der Dinge vermitteln. Aber sie bietet den vorzustellenden Stoff im wesentlichen aus europäischen Quellen dar (was etwas anderes ist), und um ein solches Vorgehen kommt sie aus innerer Konsequenz und um der Redlichkeit historischen Arbeitens willen nicht herum; dabei bemüht sie sich um Ausgewogenheit.

Was die Einzelstücke des Bandes anlangt, so sind sie meist aus einem um das Vielhundertfache umfangreicheren Quellenfundus ausgewählt, den zusammenzutragen nicht immer einfach war. Vielfach erwies sich dabei, daß bekannte einschlägige Reihen und Spezialeditionen zur Geschichte der europäischen Durchdringung Außereuropas, zur Kolonisation, zu Mission und Kirche in Übersee die gesuchten Texte nicht mit der von den Herausgebern erwarteten wissenschaftlichen Sorgfalt präsentierten. So wurde es nicht selten erforderlich, auf die Originale zurückzugreifen. Herausgeber und Mitarbeiter haben fast alle Texte aus den Originalsprachen übersetzt oder die Übersetzung ausgewiesenen Fachleuten anvertraut.

Auslassungen innerhalb der Quellentexte und Kürzungen durch die Bearbeiter sind ausnahmslos kenntlich gemacht: Die Hinweise stehen, ebenso wie erläuternde Zusätze der Übersetzer, in eckigen Klammern. Des weiteren wird kein Dokument als sogenannte „bearbeitete Quelle" vorgelegt, d.h. in jener immer häufiger anzutreffenden Form der Verfälschung durch nicht gekennzeichnete Umstellungen, starke Kürzungen oder kleine Einschübe zum Zwecke der Herstellung eines kompakten, aussagekräftigen und knappen Textes. Vielmehr haben wir uns bemüht, die Quellenstücke nach Möglichkeit ungekürzt zu präsentieren.

Die Literatur zum Stoff ist naturgemäß außerordentlich umfangreich und wächst schnell weiter an; sie war für die Zusammenstellung und Kommentierung der Einzelstücke dieses Bandes nur in wenigen Fällen mit letzter Gründlichkeit auszuschöpfen. Insofern sind die im Anschluß an jede Kapiteleinführung oder jeden Quellenkommentar zitierten Titel von Fall zu Fall durchaus durch weitere Aufsätze und Monographien zu ergänzen, obschon der jeweilige Bearbeiter an dieser Stelle dem Leser nach bestem Wissen eine Hilfestellung für ein weiteres Eindringen in den Forschungsgegenstand zu geben versucht. Grundsätzlich nicht genannt wurden wissenschaftlich für unbrauchbar gehaltene Druckwerke. Im übrigen finden sich unter diesen Literaturhinweisen in der Regel nur Titel in deutscher, englischer oder französischer Sprache, um dem Leser keine allzu hohe Barriere hinsichtlich einer selbständigen Weiterbeschäftigung mit dem Stoff entgegenzustellen. Literatur in weiteren Sprachen wurde nur dann angegeben, wenn sie wissenschaftlich eindeutig höherwertig ist oder wenn keine andere zur Verfügung steht.

An dieser Stelle darf ich allen auswärtigen Mitarbeitern, ohne deren Beiträge der Band nicht hätte entstehen können, sehr herzlich danken. Sehr verpflichtet bin ich auch zahlreichen Bibliotheken, Archiven und sonstigen Forschungsinstitutionen, allen voran der Universitätsbibliothek Bamberg (Dir. Dr. Werner Zeißner), der Staatsbibliothek Bamberg (Dir. Dr. B. Schemmel), der Staatsbibliothek München (Dir. Dr. A. Schneiders) sowie den Direktoren der Linga-Bibliothek in Hamburg, des Ibero-Amerikanischen Instituts in Berlin und der Herzog August Bibliothek in Wolfenbüttel.

Großen Dank sage ich der Stiftung Volkswagenwerk und ihren Referenten Dr. W. Boder und Dr. habil. W. Wittwer sowie der Universität Bamberg und ihrem Präsidenten Siegfried Oppolzer: Die Stiftung hat die Arbeiten an der Edition, deren Band 3 hiermit vorgelegt wird, über manche Jahre hinweg finanziell großzügig gefördert, die Universität Bamberg hat ohne Zögern alle übrigen Belastungen auf sich genommen. Hervorgehoben werden darf in diesem Zusammenhang, daß der Senat der Universität Bamberg inzwischen einen interdisziplinären Forschungsschwerpunkt „Geschichte der europäischen Expansion in der frühen Neuzeit und ihrer Wirkungen auf die außereuropäische Welt" geschaffen hat, was dem Entstehen der weiteren Bände dieser Edition förderlich sein mag.

Die Texte dieses Bandes wurden von Frau Anneliese Zink und Frau Adelgunde Holland ins Reine geschrieben. Ihnen gebührt ebenso herzliche Anerkennung wie allen übrigen Mitarbeitern meiner Forschungsstelle „Geschichte der europäischen Expansion" an der Universität Bamberg, die bei den zahllosen sich stellenden wissenschaftlichen, organisatorischen und technischen Fragen die erforderlichen Lösungen fanden: im vorliegenden Fall besonders meinem Kollegen Priv. Doz. Dr. habil. Hans-Joachim König, weiter Dr. Thomas Schleich, Thomas Beck M.A., Irene Diller, Marilia Pereira Lucio dos Santos Lopes M.A., Annerose Menninger, Sonja Pfeuffer und Ottmar M. Zeck. Für fotografische Arbeiten sei Annerose Menninger, dem Fotostudio A.G.W. Barthel sowie Prof. Dr. Wilhelm M. Gessel und seinen Mitarbeiterinnen K. Scheuermann und A. Haag (Universität Augsburg), für die Zeichnung der Karten Herbert Sohmer und Heinrich Steffgen-Belz gedankt. Die Zeittafel erstellte Dr. Thomas Schleich unter Mitwirkung von Anneli Partenheimer-Bein, das Personenregister meine Frau Gisela Schmitt, das Sachregister Thomas Beck.

Eberhard Schmitt

Inhalt

Verzeichnis der Karten und Abbildungen
XVI

Verzeichnis der Mitarbeiter
XIX

Erstes Kapitel

Das koloniale Interesse
1

1. Der portugiesische König Manuel I. bietet dem Samorim von Calicut an der indischen Malabarküste ein Bündnis an (1500) 12
2. Erste Pläne in Portugal für eine Nutzung Brasiliens (1532) 16
3. Die poetische Interpretation der portugiesischen Expansion: Aus dem Epos des Luís de Camões (1572) 17
4. Kolumbus legt seinem Förderer Luis de Santangel die Ergebnisse seiner Entdeckungsfahrten dar (1493) 22
5. Die spanische Krone öffnet die Neue Welt für private Entdeckungsfahrten (1500) 27
6. Auf der Suche nach dem Goldland El Dorado: Aus der Chronik des Pedro Simón (1626) 30
7. Forderungen der Konquistadoren nach Abtretung von Indios durch die Krone als Auszeichnung für erwiesene Dienste (1537) 34
8. Die Bettelorden hoffen auf eine Verwirklichung christlicher Ideale bei der Missionierung der Indios 37
   a. Ein Auszug aus der Kirchengeschichte des Gerónimo de Mendieta (1596) . 40
   b. Toribio de Motolinía berichtet über die Indio-Mission (1565) 41
9. Kampf der Konquistadoren um ihre Machtstellung in Las Indias: Ein Brief des Gonzalo Pizarro an Kaiser Karl V. (1547) 43
10. Marc Lescarbot plädiert für eine offensivere Kolonialpolitik Frankreichs (1617) 47
11. Das Ausgreifen Frankreichs auf die Antillen: Patentbrief Richelieus für die Kapitäne d'Esnambuc und du Rossey (1626) 53
12. Merkantilistische Strategien in Neu-Frankreich: Der Intendant de Meule tritt für eine intensivere Nutzung der Ressourcen Akadiens ein (1685) 56
13. Die französische Krone sucht den niederländischen Einfluß in Vorderindien zurückzudrängen: Instruktion für den neuen Generalstatthalter De la Haye (1669) 60

14. Die Generalstaaten der Niederlande fördern die Entdeckung neuer Seewege und Länder (1614) 64
15. Willem Usselincx wirbt für ein niederländisches Kolonialreich in Amerika (1620) 66
16. Jan Pietersz. Coen legt Pläne für die Errichtung niederländischer Siedlungskolonien in Südostasien vor (1623) 71
17. Richard Hakluyt setzt sich für eine englische Kolonisation Nordamerikas ein (1582) 80
18. Koloniegründung als Investitionsobjekt: Sir Walter Raleighs Unternehmervertrag zur Kolonisierung Virginias (1589) 86
19. Koloniegründung zum Schutz der religiösen Überzeugung: Die Puritaner in Neu-England 91
    a. Gouverneur Bradford schildert die Auswanderung der Pilgrim Fathers aus Leiden (1620) 92
    b. John Winthrop legt die Gründe für die Auswanderung der Puritaner dar (1629) 95
20. Koloniegründung als politisches Experiment: William Penns Verfassungsmodell für Pennsylvania (1682) 97
21. Koloniegründung als Beitrag zur Überwindung des Pauperismus: Aus einer Werbeschrift für Georgia (1733) 103
22. Koloniegründung zur Förderung der heimischen Wirtschaft: Schweden erwägt die Gründung von Überseehandelsgesellschaften und den Erwerb von Kolonien in Westindien und Afrika (1625) 109

Zweites Kapitel

Festsetzung und Landnahme in Übersee
116

23. Die Gründung des Forts São Jorge da Mina durch die Portugiesen an der Guinea-Küste (1482) 123
24. Afonso de Albuquerque schildert die Vorteile einer Einnahme von Goa (1510) 128
25. Die Errichtung der ersten portugiesischen Ansiedlungen in Brasilien: Aus dem Tagebuch des Pero Lopes de Sousa (1532) 130
26. Die Rechtsform der spanischen Besitznahme in Übersee: Förmliche Besitzergreifung von Panamá (1519) 132
27. Die Suche nach Gold leitet das Vordringen der Konquistadoren in Südamerika: Aus den Berichten des Hernán Cortés (1520) 138
28. Die Erkundung des Unbekannten auf den Spuren sagenhafter Erzählungen: Marcos de Nizza berichtet über die Sieben Städte von Cíbola (1539) 141
29. Kämpfe der Spanier mit Indios in den Grenzregionen: Ein Brief des Gouverneurs von Chile Melchor Bravo de Saravia (1569) 146

Inhalt

30. Vorstellungen der spanischen Krone über die Erschließung von Neu-Spanien (1535) 150
31. Die Festsetzung der Niederländer auf Java (1610/11) 156
32. Jan Pietersz. Coen schildert die Eroberung von Jakatra (1619) 158
33. Die Gründung der Kapkolonie: Aus dem Tagebuch Jan van Riebeecks (1652) . 160
34. Die Ausbreitung der niederländischen Herrschaft auf Java (1743) 172
35. Die Abtretung des Reiches von Mataram an die Niederländer (1749) 178
36. Vom anfänglichen Scheitern der Franzosen in der Neuen Welt 181
    a. Der Genfer Pfarrer Jean de Léry kommentiert den Zerfall des Siedlungsprojekts in Brasilien (1562) 184
    b. Kapitän Laudonnière berichtet über die Probleme der französischen Landnahme in Florida (1565) 186
37. Marc Lescarbot schildert den ersten harten Winter für die Franzosen in Kanada (1604/05) 187
38. Pläne für den Ausbau von Québec zum Zentrum Neu-Frankreichs: Memorandum von Samuel Champlain an den französischen König (um 1615) 190
39. Die französische Westindienkompanie verhandelt mit dem König von Ardrah wegen einer befestigten Handelsstation an der Guinea-Küste (1670) 193
40. Der Dominikaner Dutertre schreibt über den Krieg der französischen Eroberer gegen die Kariben von Guadeloupe (um 1650) 203
41. Die Franzosen gründen die Faktorei Pondichéry an der indischen Koromandelküste 207
    a. François Martin gibt Einblick in die Schwierigkeiten der Verhandlungen mit einheimischen Vermittlern (1674) 210
    b. Der Ram Radscha von Gingy sichert der französischen Niederlassung Handelsrechte zu (1690) 214
42. Hinweise für Neusiedler: Instruktion für die Anlage einer Plantage in Louisiana (um 1730) 215
43. Ratschläge für Kolonisten: Aus den Instruktionen der Virginia Company (1606) 220
44. Zukunftsperspektiven für die Entwicklung Virginias (1619) 224
45. Ein Bericht über das Indianermassaker in Jamestown (1622) 228
46. Protest der Siedlerversammlung gegen die autokratische Führung der Kolonie in Virginia durch den Gouverneur (1624) 230
47. Neu-England als das gelobte Land der Puritaner (1631) 234
48. Erste Eindrücke eines Kolonisten einfacher Herkunft vom Leben in Neu-England (1631) 237
49. Friedliche Landnahme in Nordamerika: William Penns Vertrag mit indianischen Stämmen (1682) 241
50. Der englische Kaufmann John Snow analysiert die Schwierigkeiten der Royal African Company an der afrikanischen Westküste (1705) 245

51. Die Gründung englischer Handelsniederlassungen in Indien 250
    a. Die Errichtung der Faktorei in Madras (1639) 253
    b. Das Personal in Fort St. George im Jahr 1677 254
    c. Die Festsetzung der East India Company in Bengalen (1706) 255
52. Die schwedische Florida-Kompanie gründet eine Kolonie am Delaware
    (1638) 258
53. Otto Friedrich von der Gröben berichtet über die Gründung des
    brandenburgischen Forts Groß-Friedrichsburg an der Guinea-Küste (1683) . . 263

Drittes Kapitel

Auswanderung und Siedlungspolitik
268

54. Ein königliches Werbepatent für die portugiesische Auswanderung nach
    Brasilien (1550) 284
55. Pater Manuel de Nobrega unterbreitet Vorschläge für die Beseitigung des
    Mangels an europäischen Frauen in Brasilien (1549) 286
56. Ein Erlaß über die Landvergabe in Brasilien (1706) 288
57. Die Regelung der Auswanderung nach Amerika durch die spanische Krone . . 289
    a. Gesetz der Katholischen Könige über die freie Ausreise (1495) 292
    b. Königliches Sendschreiben an die *Casa de la Contratación de las Indias* in
       Sevilla (1511) 294
58. Die Privilegierung von Eroberern u. d Kolonisten nach der Dienstanweisung
    für Antonio de Mendoza (1535) 296
59. Landschenkungen an Spanier in Mexiko (1533) 298
60. Bernabé Cobo schildert die Gründung von Lima (1535) 300
61. Die Anlage von Indio-Reduktionen – Rassentrennung zum Schutz der
    Eingeborenen? (1546) 310
62. López de Velasco beschreibt die Spanier, die nach Amerika gehen (um 1570) . 313
63. Der Lizenziat Pinedo berichtet über Bodenspekulationen in Neu-Galicien
    (1585) 317
64. Die beruflichen Perspektiven spanischer Auswanderer: Ein Ehepaar eröffnet
    eine Schneiderwerkstatt in Puebla (1589) 319
65. Die koloniale Stadt als Herrschaftsinstrument der spanischen Krone am
    Beispiel von Havanna (1668) 323
66. Auswanderungswillige Franzosen verdingen sich gegen freie Überfahrt als
    Arbeitskräfte in den Kolonien: Formular eines Vertrages für die Rekrutierung
    von *Engagés* (1653) 337
67. Der Intendant Talon zeigt Schwächen der Siedlungsstruktur von
    Neu-Frankreich auf (1667) 338
68. Staatsminister Colbert auf der Suche nach Frauen für Kanada: Ein Brief an
    den Bischof von Rouen aus dem Jahr 1670 341

69. Der Intendant Talon verzeichnet demographische Erfolge in Neu-Frankreich
   (1670) 343
70. Die französische Krone verordnet eine Beschränkung der Dienstpflicht für
   Engagés (1670) 344
71. Die militärische Besiedlung Neu-Frankreichs: Lehnsbrief für einen Offizier
   (1672) 346
72. Bevölkerung und landwirtschaftliche Produktion in Neu-Frankreich 350
   a. Eine Statistik aus dem Jahr 1685 351
   b. Vorschläge Vaubans für eine effektivere Erfassung der Daten (1700) 353
73. Der Dominikaner Labat berichtet über die Landvergabe auf den französischen
   Antillen (um 1700) 354
74. Der Intendant Raudot meldet Mißbräuche der *Seigneurs* in Neu-Frankreich
   (1707) 358
75. Besiedlungsprojekte für die Île Saint-Jean (Prinz-Edward-Insel) im Jahr 1719   361
76. Choiseul scheitert mit einer forcierten Besiedlung von Französisch-Guayana . 366
   a. Warnungen des Intendanten Chanvalon vor einem staatlich verordneten
      Wachstum der Kolonie (1764) 370
   b. Hintergründe des Massensterbens der Siedler (1774) 372
77. Das *Cambridge Agreement:* Der Beschluß der Puritaner zur Auswanderung
   nach Neu-England (1629) 375
78. Eine Neu-England-Stadt: New Plymouth im Jahr 1626 377
79. Die Ausdehnung des Siedlungsraumes in Massachusetts 379
   a. Edward Johnson berichtet über die Gründung von Woburn (1640) 379
   b. Ein Kommissionsbericht über Landerkundung (1668) 380
80. Die Besiedlung von Carolina: Vorrechte für Erstsiedler (1663) 382
81. Das Problem innerkolonialer Migration – am Beispiel der Insel Barbados
   (1670) 387
82. Der englische *Privy Council* erläßt Verfahrensregeln für die Anwerbung von
   Indentured Servants (1682) 389
83. Landvergabe in Virginia (1697) 393
84. Die Einrichtung einer Sträflingskolonie in New South Wales (1786–1789) .. 397
85. Die niederländische Ostindische Kompanie fördert die Auswanderung von
   Mädchen und jungen Frauen nach Ostindien (1621) 401
86. Die Besiedlungspolitik der niederländischen Westindischen Kompanie in
   Neu-Niederland (1624) 404
87. Die Ansiedlung französischer Hugenotten am Kap der Guten Hoffnung
   (1688–1689) 413
88. Der russische Zar sucht nach freiwilligen Siedlern für Sibirien (1608) 419
89. Ein Schreiben über die Registrierung illegaler Zuwanderer aus Rußland nach
   Sibirien (1646) 421
90. Peuplierungspolitik in Sibirien: Ein Schreiben des Zaren Alexéi
   Micháilowitsch über die Verheiratung von Verbannten (1648) 425

91. Die deutsche Auswanderung nach Amerika 427
   a. Franz Daniel Pastorius berichtet aus Germantown an die Frankfurter
      Landkompanie (1684) 428
   b. Entvölkerung durch Auswanderung im Fürstentum Nassau-Dillenburg
      (1709) 431
92. Die Massenauswanderung aus der Pfalz: Christoph von Graffenried wirbt
    Siedler für North Carolina (1709) 433

Viertes Kapitel
Mission und Kirche
439

93. Die Missionierung des Kongoreiches: Ein Brief des bekehrten kongolesischen
    Fürsten Dom Afonso (1514) 453
94. João da Cruz berichtet über die Bekehrung der Paraver in Südindien (1537) . 456
95. Indio-Mission und Indio-Schutz durch die Jesuiten in Brasilien 459
   a. Ein Schreiben von António Pires an den Provinzial des Jesuitenordens in
      Lissabon (1558) 462
   b. Eine Predigt des Jesuiten António Vieira in São Luís do Maranhão (1653) . 465
96. Modalitäten des Gerechten Krieges der Spanier gegen die Indios 471
   a. Das Requerimiento von Palacios Rubios (1513) 472
   b. Die Handhabung des Requerimiento nach Oviedo 474
   c. Die Handhabung des Requerimiento nach Las Casas 475
97. In der Diskussion zwischen dem Jesuitenpater Cosme de Torres mit
    japanischen Buddhisten stoßen asiatische und europäische Denkweise
    aufeinander (1551) 475
98. Der jesuitische Visitator für Japan Francisco Vieira berichtet über finanzielle
    Probleme der Missionstätigkeit (1618) 481
99. Der Ritenstreit – päpstliche Verbote einer Anpassung der Mission an die
    asiatischen Hochkulturen 483
   a. Das Verbot der chinesischen Riten durch Papst Clemens XI. (1704) 484
   b. Protokoll der Inquisitionssitzung, die das Verbot indischer Riten
      festschreibt (1733) 487
100. Die Adventspredigt des Antón Montesinos eröffnet das Ringen der
     Dominikaner um die Menschenrechte der Indios (1511) 489
101. Vertrag über die Missionierung des Kriegslandes Guatemala (1537) 497
102. Peter von Gent erzählt von seiner Aufbau- und Lehrtätigkeit in Mexiko
     (1529) 500
103. Politik der *tabula rasa* in Yucatán? (1567) 506
104. Die maßgebliche Theorie der Mission: Auszüge aus dem Missionshandbuch
     des José de Acosta (1588) 510
105. Pater Anton Sepp schildert die Guaraní-Reduktionen der Jesuiten (1697) . . 515

106. Die Propaganda-Kongregation und die neue Linie in der Indochina-Mission
(1659) 522
107. Die Missionierung der Huronen in Kanada durch Pater Brébeuf (1634) . . . 525
108. Die erfolgreiche Bekehrung der Huronen nach den Annalen des Hôtel-Dieu
von Québec (1664) 530
109. Der französische Reisende Lahontan kritisiert den Einfluß der Kirche in
Montréal (1685) 533
110. Die französische Krone sucht die weitere Ausdehnung kirchlichen
Grundbesitzes auf den Antillen zu unterbinden (1743) 535
111. Die protestantische Mission im Einflußbereich der niederländischen
Ostindischen Kompanie (1658) 537
112. John Eliot gibt Rechenschaft über Schwierigkeiten der Mission in
Neu-England (1655) 539

Anhang

Zeittafel 545
Bibliographie der wichtigsten Nachschlagewerke 562
Namen- und Autorenregister 565
Sachregister 583
Quellennachweise zu Karten und Abbildungen 622

Verzeichnis der Karten und Abbildungen

Karten

1. Die *Verenigde Oostindische Compagnie (VOC)* im Malaiischen Archipel um 1650 72
2. Religiöse Gruppen und Herkunft der weißen Siedler in Nordamerika um 1790 94
3. Die Festsetzung der VOC auf Java 179
4. Die wichtigsten befestigten europäischen Handelsstationen an der afrikanischen Guineaküste 198
5. Die Europäer auf den Kleinen Antillen im 18. Jahrhundert 205
6. Die wichtigsten europäischen Faktoreien und Stützpunkte in Indien 212
7. Landerwerbungen William Penns von den Indianern 1682–1684 243
8. Die Europäer in Nord- und Mittelamerika um 1700 270
9. Die Europäer in Südamerika um 1700 277
10. Die Holländer in Südafrika im 17. und 18. Jahrhundert 414
11. Die russische Expansion in Asien im 16., 17. und 18. Jahrhundert 422
12. Mission und Kirchenorganisation in Südamerika im 18. Jahrhundert 444
13. Hauptstützpunkte der französischen und spanischen Indianermission in Nordamerika im 18. Jahrhundert 527

Abbildungen

1. Calicut an der Malabarküste, von Vasco da Gama 1497 erstmals angelaufen .. 12
2. Nordwestküste von La Española (Haiti): einzige erhaltene Originalskizze von der Hand des Kolumbus, angefertigt Anfang 1493 24
3. „El Dorado" – der „vergoldete Mann" 32
4. Jan Pietersz. Coen (1587–1629), vierter Generalgouverneur der VOC in Batavia, Begründer des niederländischen Kolonialreichs in Ostindien (1628, unbekannter Meister) 79
5. „Landanweisung an die vertriebenen Salzburger in Nordamerika" (1733, wahrscheinlich von J. F. Hauber) 106
6. Goa, das Verwaltungszentrum des portugiesischen *Estado da India*, nach einer Karte von Pedro Barretto de Resende aus dem Jahr 1646 117

Verzeichnis der Karten und Abbildungen

7. São Jorge da Mina (später: Elmina) an der Goldküste: der bedeutendste portugiesische Stützpunkt in Westafrika (Ausschnitt aus der Cantino-Weltkarte von 1502) 126

8. Sklavenmarkt in einer brasilianischen Stadt (um 1635, Zeichnung von Zacharias Wagner) 132

9. Antonio de Mendoza, ein enger Vertrauter Kaiser Karls V., erster Vizekönig von Neu-Spanien (1535–1550) 153

10. Grundriß von Batavia aus dem Jahr 1629 158

11. Blick auf eine niederländische Farm am Kap der Guten Hoffnung im 18. Jahrhundert 170

12. Québec, das Verwaltungszentrum von Neu-Frankreich, im Jahr 1699 (Kartusche zu einer Karte von J.-B.-L. Franquelin) 192

13. William Penn erwirbt von den Indianern Pennsylvania (nach einem Gemälde von Benjamin West, entstanden um 1750) 242

14. Der dänische Stützpunkt Tranquebar an der Koromandelküste (1733, Zeichnung von Gregers Daa Trellund) 257

15. Neu-Schweden am Delaware; Grundriß des Forts Kristina 1654, ein Jahr vor der Eroberung durch die niederländische Westindische Compagnie (Zeichnung von Pehr Lindheström) 262

16. Der brandenburgische Stützpunkt Groß-Friedrichsburg an der Goldküste (Skizze von 1697) 266

17. Stadtplan von Lima (1796) 304

18. „Blick auf die Stadt Lima von der Plaza de Toros aus" (handkolorierter Kupferstich von Alejandro Malaspina, 1754–1809) 320

19. Kataster der Region von Québec 1709 (erstellt von Gédéon de Catalogne und Jean-Baptiste Découagne) 349

20. Die Ankunft französischer Kolonisten in Cayenne (Stich von Israel Silvestre) . 371

21. Blick auf eine frisch gerodete Farm an der amerikanischen Ostküste (Zeichnung zu einem Reisebericht aus dem Jahr 1793) 384

22. Round Robin Petition (Juli 1621): Wallonische und französische Emigranten suchen um die Ausreise nach Virginia nach 395

23. Port Jackson, die erste größere britische Siedlung in New South Wales (unbekannter Maler Ende des 18. Jahrhunderts, genannt Port Jackson Painter) 400

24. Tafelberg und Kapstadt 1762 (kolorierte Zeichnung von Johannes Rach) ... 418

25. Vorrede im Grundbuch von Germantown: Pastorius' Gruß an die Nachkommenschaft (1691) 430

26. Brasilianische *Aldeia:* Dorf der Tupí (um 1636, Zeichnung von Zacharias Wagner) 460

27. Skizze einiger Geistlicher im Bereich der Jesuitenmission in Südamerika (von Florian Paucke SJ) 468

28. Ein Jesuit und zwei Franziskanermissionare in Japan 478

29. Der Jesuit Johann Adam Schall von Bell (1592–1666), Leiter des
    astronomischen Instituts in Peking 486
30. Ruine von Santa Cruz (um 1600), einer der vier großen Kirchen des
    Jesuitenzentrums Juli am Südufer des Titicaca-Sees 505
31. Reduktion San Ignacio Mini: Innenhof mit Prozession (Guaschgemälde von
    Leonie Mathis, entstanden um 1780) 519
32. Das Hôtel-Dieu in Québec um 1760 532

Verzeichnis der Mitarbeiter

AB	Professor Dr. Annegret Bollée	(Universität Bamberg)
AS	Dr. Alfred Schlicht	(Bonn)
BK	Brigitte König	(Bamberg)
Cl	Barbara Clemens-Kimmerle	(Universität Bamberg)
Coe	Vania Coelho-Sampaio	(Rio de Janeiro)
Engl	Dr. Lieselotte Engl	(Universität München)
	und Theo Engl	(München)
Finck	Dr. O. E. Graf Finck von Finckenstein	(Ottawa)
GS	Gisela Schmitt	(Bamberg)
Kö	Priv. Doz. Dr. Hans-Joachim König	(Universität Bamberg)
Mi	Dr. Manfred Mimler	(München)
MM	Dr. Matthias Meyn	(Fulda)
Ne	Dr. Richard Nebel	(Universität Bayreuth)
Pa	Anneli Partenheimer-Bein	(Würzburg)
Pi	Prof. Dr. Horst Pietschmann	(Universität Hamburg)
RP	Dr. Renate Pieper	(Universität Köln)
Sch	Prof. Dr. Eberhard Schmitt	(Universität Bamberg)
Schgg	Dr. Gabriele Scheidegger	(Universität Zürich)
SP	Dr. Susanne Petersen-Gotthardt	(Hamburg)
ThB	Thomas Beck	(Universität Bamberg)
TS	Dr. Thomas Schleich	(Universität Bamberg)
WR	Prof. Dr. Wolfgang Reinhard	(Universität Augsburg)

Erstes Kapitel

Das koloniale Interesse

Die Motivationsstruktur der frühneuzeitlichen europäischen Expansion wurde bisher kaum systematisch erforscht. Oft wiederholte angebliche Selbstverständlichkeiten werden unreflektiert weitergegeben. Der Versuch, zu diesem Problemkreis allgemeine Aussagen zu machen, ist infolgedessen mit manchen Risiken belastet. Dennoch läßt sich feststellen, daß wir in der Regel mit komplexer Motivationsstruktur zu rechnen haben – keineswegs eine Selbstverständlichkeit, denn selbstverständlich ist heute eher die Unterstellung einer letztinstanzlichen Monokausalität von Profitinteressen, die alle übrigen Motive zur bloßen Ideologie reduziert. Doch selbst wenn eine derartige Interpretation zutreffen sollte – das große Gewicht der Profitinteressen kann und soll ja nicht geleugnet werden –, als Ausgangspunkt genommen, erlaubt sie es nicht, dem Quellenbefund gerecht zu werden. Eine Bestandsaufnahme nach Quellen führt nämlich zunächst zur Identifikation von fünf oder sechs verschiedenen Motivkomplexen:

a. Neugier

Schlichte menschliche Neugier und Abenteuerlust spielten eine beträchtliche Rolle, mögen sie nun eine historische Konstante oder ein spezifisches Attribut eines sogenannten „Renaissancemenschen" sein. Man ist fasziniert von einer neuen Welt mit andersartigen Pflanzen, Tieren und Menschen (Dok. 4).

Solche elementare Neugier wird je länger desto mehr zu wissenschaftlichem Interesse sublimiert. Das ist z.B. bereits in „De Orbe novo" von Peter Martyr von Anghiera (ab 1511) zu spüren. Wissenschaftliche Forschung soll freilich auch Nutzen stiften, brauchbare Dinge finden oder politische Ansprüche legitimieren helfen wie bei Richard Hakluyt (Dok. 17).

b. Wille zum Profit

Nicht in allen, wohl aber in der Mehrzahl der Fälle dürfte die Aussicht auf irgendeinen Gewinn am Anfang der einzelnen Unternehmung stehen. So erklärt sich das große Gewicht der Privatinitiative, waren es doch neben „offiziellen" Kräften europäischer Mächte, die die koloniale Expansion begonnen und durchgeführt haben, in erster Linie Einzel- und Gruppeninteressen, insbesondere die der ausgesprochen profitorientierten privilegierten Handelsgesellschaften (Dok. 11, 13, 14, 22).

Damit ist aber bei weitem nicht alles gesagt. Nicht nur, daß es ein ewiges Thema auch der imperialistischen Kolonialgeschichte bleiben wird, daß die erwarteten Profite auf sich warten lassen oder ganz anderen Leuten als den Kolonialpionieren oder dem „Staat" zugute kommen. Angesichts derartiger Frustration kann der durchgehaltene Profitwille geradezu zur fixen Idee entarten. Als Beispiel könnte die Suche nach „El Dorado" dienen (Dok. 6), fortgesetzt in der nicht auszurottenden Hoffnung auf Entdeckung von Edelmetallen in jeder beliebigen Umgebung (vgl. Bd. 2, Einführung zu Kap. XI). Endlich wäre auch zu unterscheiden, ob es sich um Profite einzelner (Dok. 7 und 9) oder ganzer Volkswirtschaften handeln soll (Dok. 11 und 16).

Vor allem aber ist der erwartete oder errungene Profit häufig nicht Selbstzweck, sondern steht im Dienste anderer Interessen: sozialer, politischer oder gar religiöser.

c. Suche nach besserem sozialem Status: Aufstiegswille

Unzählige Menschen haben sich im Lauf der Geschichte für das koloniale Abenteuer entschieden, weil sie dort eine Chance sahen, ihre soziale Lage zu verbessern. Auch für die hervorstechenden Fälle der spanischen Konquistadoren des 16. Jahrhunderts und der englischen „Nabobs" des 18. Jahrhunderts war der rasch erworbene Reichtum in der Regel nicht Selbstzweck, sondern Mittel, um sich als Feudalherr und Großgrundbesitzer standesgemäß in der Oberschicht zu etablieren. Vor allem in der Frühzeit kam noch die für die Aristokratie kennzeichnende Ruhmsucht hinzu. Auch das Verrichten großer Taten trägt in einer Adelsgesellschaft zum Statusgewinn bei (Dok. 3 und Dok. 18, wo die Neugründung natürlich „Raleigh-City" heißen muß). Besiegelt wird sozialer Aufstieg dann häufig durch Nobilitierung im Mutterland.

Was in dieser Weise bei führenden Personen überdeutlich greifbar wird, läßt sich in bescheidenerer, aber durchaus entsprechender Form bisweilen auch bei einfachen Teilnehmern an kolonialen Unternehmungen nachweisen.

d. Suche nach besserem sozialem Status: Gründung einer neuen Gesellschaft

Seit Thomas Morus die bessere Welt „Utopia" in die Neue Welt verlegt hatte, wurde immer wieder versucht, die koloniale Expansion zur Neugründung einer besseren Gesellschaft zu nutzen. Der häufig wiederkehrende Plan zur Aussiedlung überzähliger und straffällig gewordener Menschen läuft ja ebenfalls nicht nur auf Sanierung des Mutterlandes, sondern auch auf die Schaffung einer neuen und besseren Umwelt für diese Leute hinaus (Dok. 8, 17, 20, 21).

Religiöse Impulse führen noch weiter. In der frühen mexikanischen Indianermission wird die Gründung einer neuen, reineren Gesellschaft in chiliastischer Absicht mit den Indianern erwogen. Das exklusivere Selbstverständnis der Kalvinisten legt den Schwerpunkt dann auf gesellschaftliche Neugründung durch Auswanderer. Das hugenottische Neu-Frankreich scheitert zwar in Brasilien, Florida und Kanada (vgl. Dok. 36), aber die Puritaner haben mit der Errichtung ihres Neu-England und der Verwirklichung ihrer Vorstellungen beträchtlichen Erfolg (Dok. 19). Von ähnlichen, allerdings stärker moralisch als religiös ausgerichteten Entwürfen gehen die Neugründungen Pennsylvania (Dok. 20) und Georgia aus (Dok. 21). Doch wird in keinem Fall der außenpolitische Nutzen für das Mutterland als wünschenswerter Nebeneffekt übersehen.

e. Machtwille

Nicht nur der Wille einzelner Individuen, zu herrschen und Herrschaft zu gestalten, findet in den Kolonien ein größeres Betätigungsfeld als im Mutterland, auch die politischen Leitungsinstanzen der werdenden europäischen Staaten und Nationen entdecken bald die Chancen, die sich hier für Macht- und Prestigegewinn auftun. Die für Europa kennzeichnende Rivalität der Mächte bildet dabei wahrscheinlich die wichtigste Triebkraft. Das Motiv, potentiellen Konkurrenten mit der Besetzung einer Kolonie zuvorkommen zu müssen, das noch im Zeitalter des Imperialismus eine so große Rolle spielen sollte, wird bereits 1532 in Brasilien herangezogen (Dok. 2, vgl. auch Bd. 2, Dok. 111–113). Auch das Phänomen der „zu kurz gekommenen Nation" ist bereits im französischen und englischen Bewußtsein des 16. und 17. Jahrhunderts anzutreffen (Dok. 10 und 17). So wird neben dem Prestige des Monarchen der Gesichtspunkt der nationalen Ehre, der allerdings den Portugiesen und Spaniern keineswegs fremd war (Dok. 3 und 4), hier besonders betont (Dok. 2 und 20). Auch das Streben nach Ausschaltung des Gegners im Handelskrieg ist nicht ausschließlich profitorientierte Monopolpolitik, sondern ebensosehr prestigeorientierte Machtpolitik, zumal die Errichtung eines „merkantilistischen" Kolonialwirtschaftssystems ebenfalls als Quelle politischer Macht gesehen wird – „Merkantilismus" als Vorbereitung und Fortsetzung des Krieges mit anderen Mitteln.

Ist eine Kolonie dann einmal etabliert, bringt sie ihre eigenen politischen Probleme mit sich, insbesondere diejenigen der Grenzsicherung gegen feindliche Nachbarn im notorisch dünn besiedelten Neuland (Dok. 22) und die Unterbindung des Einflusses gegnerischer Emissäre bei der Urbevölkerung, insbesondere feindlicher Missionare (Dok. 20).

f. Missionarischer Eifer

Ein eigentümliches Amalgam politischen Machtwillens und religiöser Impulse zur Ausbreitung des Christentums ist die vielberufene iberische Kreuzzugsidee, die Konquista[1], als geradlinige Fortsetzung der Reconquista mit der In-

---

[1] Vom spanischen „conquista": „Eroberung".

terpretation aller Gegner, einschließlich der Azteken, als einer neuen Variante des Erbfeinds, der Muslime. Obwohl neuere Forschungen dazu neigen, der Reconquista den Kreuzzugscharakter zu bestreiten, wird von Zeitgenossen durchaus ein solcher Zusammenhang gesehen: „Die Eroberung Indiens begann, nachdem die der Mauren abgeschlossen war. Denn immer sollten die Spanier gegen Ungläubige kämpfen", schreibt Gómara[2]. Was den Spaniern und Portugiesen die Muslime, sind den Puritanern die Agenten des Papismus, des Antichrist (Dok. 19).

Aber die kirchlichen Kräfte versuchen sich je länger desto mehr aus dem politischen Motivationszusammenhang zu lösen und ihre Botschaft nicht unter partikularistisch-nationalen, sondern unter universalen Vorzeichen zu verkünden (Dok. 8). Auch wenn sie sich dabei weiterhin wissenschaftlicher, wirtschaftlicher und politischer Interessen bedienen, die zu beobachtenden Prioritäten gestatten es dennoch nicht, missionarischen Eifer auf reines Profitinteresse zu reduzieren.

Das wäre noch eher möglich bei einer von Anfang an in der Missionsidee enthaltenen Komponente, die sich im Zuge der frühen Neuzeit mehr und mehr verselbständigt: dem Bewußtsein, Träger einer Kulturmission zu sein. Bereits bei den Spaniern bedeutet Missionierung auch Zivilisierung (Dok. 5), der Franzose Lescarbot möchte sein Volk mit den Griechen und Römern im Zivilisieren der Völker wetteifern sehen (Dok. 10, vgl. auch Bd. 2, Dok. 94), bei dem Niederländer Usselincx kommt die Zivilisierung in der Reihenfolge bereits vor der Missionierung (Dok. 15), während der Puritaner Winthrop wieder auf die Bibel zurückgreift und sich auf den Kulturbefehl aus Genesis 1,28 beruft: „Seid fruchtbar und mehret euch und füllet die Erde und machet sie euch untertan" (Dok. 19).

Mit der Aufstellung eines derartigen Motivkatalogs, der im übrigen sicher keinen Anspruch auf Vollständigkeit erheben kann, sind aber die Schwierigkeiten bei der Interpretation einzelner Quellen wie ganzer historischer Abläufe keineswegs behoben. Im Gegenteil: die Identifikation und Gewichtung der einzelnen Motive, die sich dort jeweils bündeln, stößt sofort auf das Ideologieproblem. Auch wenn wir die Auffassung nicht teilen, daß es genüge, die jeweiligen Profitinteressen zu entlarven, während alles übrige als bloße Rechtfertigungsideologie vernachlässigt werden könne, sehen wir uns mit der unbestreitbaren Tatsache konfrontiert, daß Quellen von manchen Motiven lieber und offener sprechen als von anderen. Und da das Profitinteresse bis weit in die frühe Neuzeit hinein grundsätzlich als unanständig galt, steht seine Artikulation in umgekehrtem Verhältnis zu seiner Bedeutung. Freilich, wo es sich um Texte handelt, die zur kolonialen Aktivität anreizen wollen, wird mehr oder weniger diskret auf die möglichen Gewinne hingewiesen (Dok. 1, 2, 12,

---

[2] Francisco López de Gómara: Historia General de Las Indias (1552). Madrid 1946 (Biblioteca de Autores Españoles. Vol. 22), S. 156. Er hatte als Kaplan von Hernán Cortés an den spanischen Eroberungszügen in Süd- und Mittelamerika teilgenommen.

16, 17, 18, 19 und 22). Doch auch wenn die Gewichtsverteilung zwischen möglichen Motiven in Quellentexten korrekturbedürftig erscheint, eine radikale Neuinterpretation, die vorgibt, die Quellen vom Kopf auf die Füße zu stellen, geht ebenfalls an der Wirklichkeit vorbei.

So hat sich die Forschung stets schwer damit getan, angesichts der brutalen Goldgier der spanischen Konquistadoren deren demonstrativ bekundeten Glaubenseifer ernst zu nehmen. Wenn irgendwo, dann schien hier Ideologieverdacht am Platz zu sein. In Wirklichkeit handelt es sich aber nur um eine anachronistische Perspektive der Historie, die von einem geistigen Standpunkt nach Descartes und Kant aus operiert. Anders als in der Gegenwart war es nämlich im Mittelalter und in der frühen Neuzeit selbstverständlich, daß Gott gute Taten und das rechte Leben bereits im Diesseits belohne und zwar nicht zuletzt mit Wohlstand. Diese populärtheologische Auffassung kann sich auf eindeutige Zeugnisse zumindest des Alten Testaments stützen. Also war es für die Träger der frühneuzeitlichen Expansion kein Problem, Reichtum als Lohn aufrichtigen Eifers für die Ehre Gottes anzusehen bzw. diesen Eifer als die notwendige und vielleicht sogar hinreichende Bedingung für die Erlangung von Reichtum. Deutlich spricht der Engländer Hakluyt diesen Zusammenhang aus (Dok. 15); doch haben bereits die Portugiesen nicht anders gedacht (Dok. 1 und 3). Das heißt aber: Auch wenn wir mit Sicherheit ein größeres Gewicht „niederer" egoistischer Motive für die Träger der europäischen Expansion veranschlagen müssen als die Quellentexte wahrhaben wollen, so bedeutet das keineswegs, daß wir deswegen berechtigt wären, die ausdrücklich genannten „edlen" Motive nicht ernst zu nehmen. Obwohl das koloniale Interesse ein Phänomen des Bewußtseins ist, besitzt es keine unbegrenzte hermeneutische Plastizität. Diese bleibt begrenzt durch die Pflicht der Forschung, die Texte zwar in ihrem Kontext zu sehen, sie aber bis zum Erweis des Gegenteils in ihren Aussagen zunächst einmal ernst zu nehmen.

Aber auch wenn die Quellen uns nicht täuschen wollen: Täuschen sie sich vielleicht selbst? Mit anderen Worten: Steht hinter dem von ihnen intendierten und artikulierten subjektiven Sinn ein tieferer objektiver Sinn des historischen Ablaufs, der den zeitgenössischen Urhebern der Quellentexte selbst nicht faßbar war? Müssen wir mit mehreren Ebenen des kolonialen Interesses und damit auch mit mehreren Sinnebenen rechnen? Daß widerstreitende Gruppeninteressen am kolonialen Prozeß beteiligt sind, ist ja längst bekannt. Dem Profit- und Statusinteresse der meisten Kolonialpioniere widerspricht das Interesse der Missionare an der Gewinnung der Ureinwohner; dem Interesse der Kaufleute an kostengünstigen friedlichen und extensiven Kontakten das Interesse der Siedler an kostspieliger intensiver, notfalls militärischer Durchdringung und Sicherung des Landes. Diese Gegensätze sind aber nicht gemeint.

Von einer anderen und grundsätzlich bedeutsameren Qualität sind nämlich die Gegensätze zwischen den Protagonisten der Expansion und der Führung des Mutterlandes, wobei deren Parteinahme für die eine oder andere Seite bei Konflikten von der oben erwähnten Art an der kolonialen „Front" für ihre eigenen Absichten höchst bezeichnend sein kann. Bereits im frühen spanischen Kolonialreich sind solche Kämpfe beispielhaft durchgefochten worden. Das Interesse der Konquistadoren an kurzfristiger Bereicherung und längerfristiger Errichtung feudaler Herrschaften stieß auf das entgegengesetzte Interesse des werdenden modernen Staates am Schutz seiner neuen Untertanen und an einer geordneten bürokratischen Verwaltung, beides nicht zuletzt auch im Dienste mittelfristiger Gewinnmaximierung. Dabei konnte dieser Staat sich auf die Kirche und die neue Bürokratenelite der „Letrados" stützen, um den alten Kriegeradel zurückzudrängen.

Schließlich ist es möglich, eine dritte Ebene von noch höherem Allgemeinheitsgrad (aus operationaler Perspektive: Abstraktionsgrad) zu identifizieren: die Ebene der objektiven und anonymen Interessen des sozialen und wirtschaftlichen Systems, neben denen individuelle und selbst „staatliche" Interessen wie bloße Oberflächenphänomene wirken. Bekanntlich ist die erschreckend brutale Goldgier der Konquistadoren keineswegs nur ein privates Laster dieser Personen. Sie ist auch nicht ausschließlich auf die notorisch leeren Kassen des frühmodernen Staates zurückzuführen, der „moderne" Machtpolitik mit einer archaischen finanziellen Infrastruktur zu treiben versuchte. Hinter beidem steht in diesem Fall der unstillbare Durst einer expandierenden Wirtschaft nach Edelmetallen als Zahlungsmittel (vgl. Bd. 4, Kap. III). Infolge bestimmter Konsequenzen der spätmittelalterlichen Entwicklung findet diese Grundtatsache ihren Ausdruck in spektakulärer Goldgier bestimmter Gruppen. Wegen der Geldentwertung und der Verteuerung der Arbeitskraft wurden „Staat", Kirche und der sie tragende Adel relativ ärmer, Bürger und Bauern relativ reicher. Neben der Bedrückung der Bauern wählte der Adel nicht selten innere und äußere Kolonisation als Ausweg (Malowist). In diesem Sinn und aus diesem Grunde könnte man die portugiesische und die spanische Expansion als das Werk mehr oder weniger deklassierter Haudegen aus dem niederen Adel auf der Suche nach Status betrachten (Lüthy).

Dazu vermag von Anfang an auch die Erzielung von Handelsgewinnen beizutragen, die schließlich in der außeriberischen Welt zur eigentlichen Triebkraft der kolonialen Entwicklung wird. Trotz theoretischer Selbstdarstellung des später sogenannten „merkantilistischen" Systems, trotz der häufig wiederholten klassifikatorischen Bemerkung von Marx, bevor sich das Kapital der Produktion bemächtige, „erscheint Kaufmannskapital als die Funktion par excellence des Kapitals" (MEW Bd. 25, S. 339), hat es aber bis in die 1960er Jahre kein ausgearbeitetes theoretisches Modell des vorimperialistischen Expansionsprozesses gegeben, auch nicht auf marxistischer Seite. 1961 hat dann Mauro sein Modell des interkontinentalen Austauschs vorgelegt, das von einer Analyse der Güterströme, ihrer Ursachen und Wirkungen ausgeht. Europa und Afrika liefern Menschen, genauer: Siedler und Know-how einerseits und Sklaven als Arbeitskräfte andererseits; Europa und vor allem das tropische Amerika Edelmetalle, Asien Gewürze und hochwertige Gewerbeerzeugnisse, wobei die Edelmetallbilanz trotz hoher Transportkosten und der Entwicklung verschiedener Substitutionsgüter zugunsten Asiens ausfällt. Nordamerika spielt einstweilen nur eine geringe Rolle im System. Den qualitativstatischen Charakter dieses Modells haben Mauro selbst 1964/67 und Chaunu 1969 durch Einbeziehung der konjunkturellen Entwicklung der Weltwirtschaft zu dynamisieren versucht. Sie ordnen die Entwicklung im kolonialen Bereich einzelnen Aufschwung- und Abschwungphasen nach dem Kondratieffzyklus zu, die sie meinen feststellen zu können.

1974 hat dann Wallerstein im ersten Band seiner Gesamtinterpretation des modernen Weltsystems die Entstehung dieses Systems im „langen" 16. Jahrhundert dargelegt. Es handelt sich für ihn um die Ausbildung einer neuen Arbeitsteilung zwischen den Gewerbezonen Nordwesteuropas mit freier Arbeit und den rohstoffproduzierenden Zonen der „Peripherie" in Osteuropa und Übersee mit unfreier Arbeit, was „Ausbeutung" der Peripherie durch das Zentrum beinhaltet. Schlüsselvariable in diesem Modell ist die Entstehung und Entwicklung des Kapitalismus. Er ist deswegen so erfolgreich, weil in Europa anstelle eines Weltreiches traditionellen Zuschnitts konkurrierende Gemeinwesen bestehen, was dem „übernationalen" Kapitalisten zusätzlichen Operationsraum und zusätzliche Gewinnchancen verschafft. Nicht zufällig unterliegt das spanische Experiment eines „Weltreichs" der niederländischen Kreation einer „Weltwirtschaft", triumphiert Amsterdam über Sevilla! Aber Wallersteins Modell ist zu sehr vom Ergebnis, dem modernen Weltsystem, und vom Problem der kapitalistischen „Ausbeutung" ehemaliger Kolonialländer durch die „Metropole" geprägt, um den frühneuzeitlichen Verhältnissen vollständig gerecht werden zu können. So kann die portugiesische Expansion nach Asien bei Wallerstein *per definitionem* nicht Bestandteil des Weltsystems sein und muß daher in ihrer Bedeutung zusätzlich heruntergespielt werden. Eine derartige Verzerrung der Perspektive zusammen mit der mangelhaften empirischen Verifizierbarkeit mancher Einzelheiten bei Wallerstein scheint mir aber darauf hinzudeuten, daß die Erhellung der Antriebe kolonialer Expansion mittels Modellbildung nicht weniger in den Anfängen steckt als jene Versuche, die in der Auslegung der einzelnen Quellen eine Lösung suchen.

Dennoch ist mit allen Vorbehalten eine vorläufige Charakteristik der Interessenstruktur bei den einzelnen Kolonialmächten möglich. Portugal hatte trotz Kleinheit und Armut starke städtische Handels-, Schiffahrts- und Fischereiinteressengruppen, die mit italienischem Kapital verbunden waren und seit dem für den Adel katastrophalen Dynastiewechsel von 1385 mit der Krone kooperierten. Aber auch der Adel war an einer Expansion zur Aufbesserung seines Status interessiert. Freilich genügten offenbar zunächst die atlantischen Inseln und die gescheiterten Eroberungsversuche in Marokko allen Bedürfnissen. Das weitere Vordringen entlang der afrikanischen Küste wurde vom Interesse des Infanten Heinrich und der Krone getragen. Selbst dann, als seit der ersten großen erfolgreichen Sklavenfangexpedition 1444 ein breiteres Engagement im Afrikageschäft einsetzte, blieb die weitere Perspektive, mit Hilfe christlicher Partner im Rücken der Muslime jenen ihr Handelsmonopol für

Gold und Gewürze abzunehmen und sie dabei auch militärisch zu vernichten, eine Sache der Krone. So bilden die hehren Ziele wie Glaubenskampf, Glaubensverbreitung und Herstellung der Rechtgläubigkeit bei vermutlich häretischen orientalischen Christen mit dem Willen zur Bereicherung mittels eines Monopols ein untrennbares Ganzes, dessen providentieller Charakter für die Portugiesen feststand (Dok. 1). So wird der mit Motiven aus dem Repertoire der Antike und des Ritterromans angereicherte Heldenkampf für Glauben und Reichtum im Nationalepos Portugals, den „Lusiaden" des Camões, zum eigentlichen Identifikationsinstrument der Nation (Dok. 3). Ungleich bescheidener nehmen sich die Antriebe für die länger verzögerte Inbesitznahme Brasiliens aus. Hier handelt es sich darum, zur Wahrung der eigenen Besitzansprüche anderen Mächten zuvorzukommen. Da die Mittel der Krone aber begrenzt sind, kann sich hier die feudale Landnahme, wie sie dem Adel vorschwebt, zunächst durchsetzen (Dok. 2).

Kolumbus und die Spanier waren sicherlich zunächst dem portugiesischen Modell eines Handelsreichs mit begrenzten Einsprengseln von Herrschaft und Siedlung verpflichtet. Sobald sich jedoch herausstellte, daß es sich nicht um Handelskontakte mit Japan und China, sondern um die Eroberung und Erschließung einer neuen Welt handelte, änderte sich das Grundmuster. Dem Willen unzähliger Glücksritter, durch Beutemachen (Dok. 9), durch Entdeckung allmählich zur fixen Idee gerinnender sagenhafter Goldvorkommen (Dok. 6) und durch herrenmäßige Ausbeutung indianischer Arbeitskraft (Dok. 7) schnell reich zu werden, tritt das Interesse der Krone und der Mission am Schutz und der menschenwürdigen Behandlung der Eingeborenen gegenüber. Die ethischen und missionarischen Impulse, wie sie z.B. aus dem Testament Isabellas von Kastilien sprechen, sind mehr als eine auf päpstliche Bullen und Missionsaufträge bezogene Legitimationsideologie. Es läßt sich nämlich nicht nur ihre weite Verbreitung im spanischen Denken der Zeit, sondern auch ihre Wirkung auf das Verhalten der Missionare und auf die Politik der Krone im einzelnen nachweisen. Außerdem gebot das Interesse der Krone, die Bildung neuer Feudalherrschaften zu verhindern, statt dessen eine „moderne" bürokratische Verwaltung einzuführen und so regelmäßige und reichliche Einkünfte aus der Neuen Welt sicherzustellen. Die Auseinandersetzung zwischen der Krone, den „Letrados" und den Ordensleuten auf der einen Seite, den aufstiegswilligen Hidalgos und Siedlern aus der Mittel- und Unterschicht nebst Teilen des Weltklerus auf der anderen Seite entbehrt natürlich im konkreten Einzelfall bisweilen der hier unterstellten idealtypischen Klarheit. Außerdem bleiben beide Teile der überwölbenden Idee der nationalen Größe und der amerikanischen Sendung Spaniens verpflichtet, dem Bewußtsein, an der größten Tat der Menschheitsgeschichte beteiligt zu sein (Dok. 4).

Es war nicht zuletzt dieses an der kolonialen Expansion gewachsene protonationale Selbstbewußtsein der Spanier, das beim Erbfeind und Rivalen Frankreich ähnlich gelagerte Reaktionen förderte. Natürlich gab es auch in Frankreich individuelles und gruppenweises Interesse an Bereicherung. Auf die Piraten, die auf ihre Weise an der spanischen Beute partizipierten, folgten die aufstrebenden Hafenstädte der Westküste mit Gewinnen aus dem Spanien- und dem Kolonialhandel. In Texten aus dem Umkreis des Hofes aber spielen vor den allzu bekannten ökonomischen Motiven die politischen Prestige- und Machtgesichtspunkte die größere Rolle. Die Ehre Frankreichs verlangt die Verdrängung der armseligen Spanier (Dok. 10), selbst die Ausbreitung des Christentums steht in ihrem Dienst (Dok. 10 und 11). Die Ehre Frankreichs verbietet es, das einmal besetzte Madagaskar wieder aufzugeben, der Ehre des Königs dient die Demonstration seiner Macht vor den Indern (Dok. 13). Soweit die ökonomische Argumentation eine Rolle spielt, wird sie hier um neue Aspekte erweitert. Bewußt wird im Bereich der Güterproduktion ein Komplementärverhältnis zwischen Frankreich und einer Kolonie angestrebt (Dok. 12), das freilich nicht unbedingt klassisch „merkantilistischen" Charakter haben muß. Frankreich ist nämlich groß genug, um in der Warenproduktion nahezu als selbstgenügsam gelten zu können. Wichtiger scheint der hier erstmals berührte bevölkerungspolitische Gesichtspunkt zu sein. Ansiedlung soll der Arbeitslosigkeit abhelfen (Dok. 10) und längerfristig zum Gewinn politischer Macht beitragen (Dok. 11).

Erstaunlicherweise spielen solche Erwägungen auch bei den Niederländern eine beträchtliche Rolle, obwohl sie doch mit einigem Recht als klassische Vertreter des reinen Interesses an Handelsprofiten gelten dürfen. Schließlich waren sie die „Weltspediteure" des 17. Jahrhunderts, ihr Zentrum Amsterdam der Hauptumschlagplatz des Welthandels und des Geldverkehrs. Ungeachtet ihres Kampfes für die „Freiheit der Meere" beruhte ihr Handelssystem aber wie anderswo auch auf einem Monopson[3] in Übersee und einem Monopol in Europa. Nur das innerniederländische Monopol der Ostindischen Kompanie war nicht unumstritten; nicht dem Profit der Direktoren, sondern der Wohlfahrt des gesamten Landes und dem Unterhalt des seefahrenden Volkes wollten Alternativprojekte dienen (Dok. 14 und 15). Obwohl aus den in diesem Zusammenhang entwickelten niederländischen Ansiedlungsplänen nie viel geworden ist, dokumentieren sie doch ein hohes Maß von wegweisendem wirtschaftspolitischem Sachverstand, etwa die Einsicht von Usselincx: „In Amerika muß der Handel erst noch geschaffen werden". Wirklich entwicklungsfähig ist nämlich nicht der Handel mit Eingeborenen, sondern mit wohlhabenden Siedlern (Dok. 15). Ebenso das äußerst weitsichtige Projekt Coens, der das ohnehin auf den Wegen der Korruption wirksame menschliche Individualinteresse legalisieren und in den Dienst der Kompanie stellen möchte. Siedler sollen durch Überlassung des innerasiatischen Handels („countrytrade") angelockt werden, auf diese Weise soll eine sich selbst erhaltende Infrastruktur für die Kompanie geschaffen werden (Dok. 16). Vergebens, die kurzsichtigen Profitinteressen der Kompanieleitung behalten die Oberhand. Freilich war auch Coen kein vorzeitiger Liberaler, sein Liberalisierungsprojekt

---

[3] Marktform, bei der ein Nachfrager vielen Anbietern übermächtig gegenübersteht.

bleibt im Rahmen und steht im Dienst des Gesamtmonopols der Kompanie in den Niederlanden und der Niederländer in Europa.

Bei den Engländern treffen wir wieder auf das Motiv der nationalen Ehre und Größe. Man meint jetzt, kolonialpolitisch an der Reihe zu sein und einen regelrechten Rechtsanspruch in Übersee zu besitzen. Dessen Durchsetzung soll durch die Förderung der einschlägigen Wissenschaften erleichtert werden (Dok. 17). Daneben tritt aber das bevölkerungspolitische Moment stärker als in allen anderen Ländern in den Vordergrund. Wie die Bienen schwärmen, wie die Griechen und Römer ausgewandert sind, so soll die überschüssige Bevölkerung neue Siedlungen gründen. Sind nicht die Gefängnisse überfüllt mit kleinen Übeltätern, die besser ihrem Land in Übersee dienen sollten? Der Bevölkerungsüberschuß führt im Mutterland zur Erniedrigung des Menschen (Dok. 17 und 19). Natürlich spielen auch Profitmotive ihre Rolle (Dok. 18), man versucht sie aber ganz bewußt den idealen Antrieben unterzuordnen, sie in den Dienst der Ehre Gottes zu stellen (Dok. 17). Selbst die Puritaner, die doch einem in vieler Hinsicht korrupten und deshalb vom Zorn Gottes bedrohten Europa entfliehen und eine bessere und reinere Welt schaffen wollen, übersehen die Bedeutung einer soliden Finanzierung keineswegs, auch wenn bei ihnen von Profit nicht die Rede ist (Dok. 19). Dieser Tenor der Quellentexte entspricht der Entwicklung des kolonialen Interesses im England des 16. und 17. Jahrhunderts. Die Handelsinteressen im nördlichen und südlichen Atlantik sowie die ersten Kaperexpeditionen gegen Spanien blieben zunächst Angelegenheit kleiner Gruppen. Im elisabethanischen Zeitalter aber engagieren sich Hofkreise und Londoner Geldleute und übernehmen die Führung. Für den Hof handelt es sich neben Beute primär um die politisch-religiöse Auseinandersetzung mit dem neuen Erzfeind Spanien, der nun Frankreich in dieser Rolle abgelöst hat. Die Londoner Kaufleute hingegen sind gezwungen, neue Wege zu neuen Märkten zu suchen, seit das traditionelle System des englischen Antwerpenhandels vernichtet ist. Virginia wird nach Einführung des Tabakanbaus eine der ersten erfolgreichen merkantilistischen Kolonien. Merkantilistisches Denken prägt noch die letzte Neugründung in Georgia, aber ein merkantilistisches Denken, das zugleich unnütze Arme und notleidende Protestanten versorgen will. Selbst für das Mutterland sieht man günstige sozialpolitische Auswirkungen kommen: Die Erzeugung billiger Rohstoffe für die dortige Produktion und die zu erwartende Nachfrage der Kolonie nach Fertigwaren wird den englischen Manufakturen einen solchen Aufschwung bescheren, daß die Lage der Arbeiter sich bessern *muß* (Dok. 21).

Der weite Weg vom religiösen zum ökonomischen Weltverbesserungsentwurf demonstriert, daß das koloniale Interesse offensichtlich vom späten 15. bis zum späten 18. Jahrhundert beträchtliche Schwerpunktverlagerungen und Veränderungen erfahren hat. Versuchsweise könnte man diese Veränderungen anhand der früher entwickelten Kategorien zusammenzufassen versuchen:

1. Die Neugier bleibt, aber ihre rationaleren Formen, das ökonomische Planspiel und die wissenschaftliche Forschung, sind im Vordringen.

2. Der Wille zum Profit entwickelt sich ebenfalls vom kurzfristigen Beutemachen bzw. der mittelfristig angelegten fiskalistischen Ausbeutung zum systematischen wirtschaftlichen Kalkül, das sich in seiner höchstentwickelten Form sogar zutraut, sich selbst die Märkte zu schaffen, wobei dieses „merkantilistische" Interesse sehr bewußt die Gesichtspunkte des nationalen Wohlstandes und des politischen Machtgewinns miteinbezieht.

3. Der individuelle soziale Aufstieg spielt als Motiv für koloniales Engagement nach wie vor eine große Rolle, aber der Typ des Aufsteigers ist nun nicht mehr der Eroberer und „Glaubensheld", sondern der erfolgreiche Kaufmann und Investor, etwa in tropischen Pflanzungen oder im Sklavenhandel (man denke an die Anfänge des Robinson Crusoe).

4. Der gesellschaftliche Innovationswille wird weltlicher und zugleich konkreter; je länger, desto mehr tritt seit dem 17. Jahrhundert die Kolonie als möglicher Ausweg für die notleidenden überzähligen Angehörigen der Unterschichten in den Vordergrund; mit dieser sozialpolitischen Realisierung von Utopie bekommt der Typ der Siedlungskolonie wieder neues Gewicht.

5. Mehr und mehr werden Kolonien auch als Mittel zur Steigerung der politischen Macht und des Prestiges für das Mutterland angesehen; zwar beharren alle fünf großen Kolonialmächte auf einer Art wirtschaftlichen und politischen Monopolanspruchs, faktisch aber hat sich im Gegensatz zu den Anfängen unter iberischer Führung eine Pluralität rivalisierender Mächte etabliert, eine Tatsache, die die „Politisierung" des Kolonialwesens nicht weniger fördert als die weitere Ausbildung des modernen Staates.

6. Auch der missionarische Eifer wird säkularisiert, obwohl er bis zuletzt in religiöser Form anzutreffen ist, auch bei Holländern und Engländern; aber die Missionare des Diesseitsheils spielen eine zunehmend wichtigere Rolle; nicht mehr nur die „wahre" Religion, sondern mehr denn je auch die „richtige" zivilisierte Lebensweise und die „richtigen" politischen Institutionen will man nach Übersee tragen bzw. sie dort erst verwirklichen.

Auf allen Gebieten läßt sich eine Zunahme an Ökonomisierung, Politisierung, Rationalisierung und Säkularisierung feststellen.

Lit.: Frédéric Mauro: Towards an „Intercontinental Model". European Overseas Expansion between 1500 and 1800. In: Economic History Review 14 (1961), S. 1–17 – Ders.: L'expansion européenne (1600–1870). Paris ¹1964, ⁴1967 (Nouvelle Clio 27) – Herbert Lüthy: Die Epochen der Kolonisation und die Erschließung der Erde. In: Ders.: In Gegenwart der Geschichte. Köln 1967, S. 181–270 – Pierre Chaunu: L'expansion européene du XIIIe au XVe siècle. Paris 1969 (Nouvelle Clio 26) – Marian Malowist: Les mouvements d'expansion en Europe aux XVe et XVIe siècles (1962). In: Ders.: Croissance et régression en Europe, XIVe–XVIIe siècles. Paris 1972, S. 217–223 – Immanuel Wallerstein: The Modern World-System. Capitalist Agriculture and the Origins of the European World-Economy in the Sixteenth Century. New York 1974 (dt.: Das moderne Weltsystem: Kapitalistische Landwirtschaft und die Entstehung der europäischen Weltwirtschaft im 16. Jahrhundert. Frankfurt am Main 1986) – Günter Georg Kinzel: Die rechtliche Begründung der frühen portugiesischen Landnahmen an der westafrikanischen Küste zur Zeit Heinrichs des Seefahrers. Göppingen 1976 – Wolfgang Reinhard: Geschichte der europäischen Expansion. Bd. 1: Die Alte Welt bis 1818. Stuttgart 1983 – Frédéric Mauro: Die europäische Expansion. Wiesbaden 1983 – Lyle N. McAlister: Spain and Portugal in the New World, 1492–1700. University of Minnesota Press 1984 – Wolfgang Reinhard: Geschichte der europäischen Expansion. Bd. 2: Die Neue Welt. Stuttgart 1985. WR

1. Der portugiesische König Manuel I. bietet dem Samorim von Calicut an der indischen Malabarküste ein Bündnis an (1500)

Den im folgenden wiedergegebenen Brief des portugiesischen Königs Manuel I. (1495–1521) an den Herrscher von Calicut führte Pedro Álvares Cabral auf seiner Reise nach Indien (1500–1502) mit sich. Bereits Vasco da Gama hatte erkannt, daß in dem an der indischen Malabarküste gelegenen Calicut ein wichtiges Zentrum des lukrativen Gewürzhandels zu sehen war, den die Portugiesen nunmehr zielstrebig an sich ziehen wollten. Bisher war der Gewürzhandel im indisch-afrikanischen Raum ein Monopol arabischer Kaufleute gewesen, im europäischen Bereich dominierte ihn die Republik Venedig.

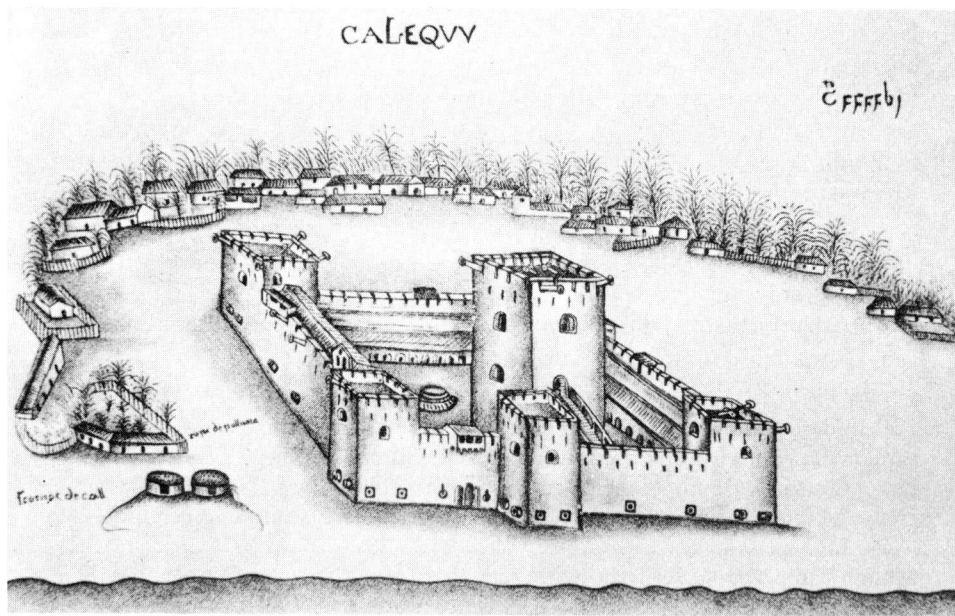

Abb. 1: Calicut an der Malabarküste, von Vasco da Gama 1497 erstmals angelaufen.

Der Auftrag Cabrals bestand darin, zunächst mit dem Samorim (König) von Calicut Kontakt aufzunehmen. Dabei mag das Bündnisangebot, das Manuel I. dem vermeintlich christlichen, da nicht mohammedanischen, Samorim in Verkennung von dessen Interessenlage unterbreitet, darüber hinwegtäuschen, daß Cabral nach den negativen Erfahrungen Vasco da Gamas angewiesen war, eine ostentative Anwendung militärischer Gewalt und eine Demonstration der überlegenen portugiesischen Schiffsartillerie keineswegs zu meiden. So ist auch der Brief an den Samorim von drohenden Untertönen nicht ganz frei.

Im übrigen spiegelt das folgende Dokument aber durchaus die Interessenlage der portugiesischen Krone an der Schwelle zur ökonomischen und strategischen Nutzung der Entdeckung des Seeweges nach Indien durch Vasco da Gama: Im Bündnis mit den in Indien vermuteten christlichen Völkerschaften wollte man gegen die Mauren vorgehen, Missionsarbeit leisten, für beide Seiten profitable Handelsbeziehungen aufbauen und das Gewürzmonopol der arabischen Kaufleute brechen. Charakteristisch für die Selbsteinschätzung der Europäer ist es dabei, daß man in den „christlichen" Völkerschaften Indiens zwar Glaubensbrüder sah, in Fragen der Lehre jedoch sogleich auf das Urteil des römischen Papstes in letzter Instanz hinwies.

In der Folgezeit sollten die Bündnispläne der Portugiesen mit Calicut an der entgegengesetzten Interessenlage beider Seiten scheitern. Gerade der Samorim von Calicut war es, der bis zum Beginn der vierziger Jahre des 16. Jahrhunderts zu den wichtigsten Widersachern des portugiesischen Herrschaftsanspruchs im Bereich des Indischen Ozeans werden sollte.

Lit.: William Brooks Greenlee: The Voyage of Pedro Álvares Cabral to Brazil and India. London 1938 (Hakluyt Society. 2nd ser. No. 81) – Bailey W. Diffie/George D. Winius: Foundations of the Portuguese Empire, 1415–1580. Minneapolis 1977.

MM

Großer und hochmächtiger Fürst Samorim, von Gottes Gnaden König von Calicut.

Wir, Manuel von Seinen göttlichen Gnaden König von Portugal und der Algarven diesseits und jenseits des Meeres in Afrika, Herr von Guinea etc., senden Euch, als jemandem, dem Unsere innige Liebe und Unsere Lobpreisung gilt, viele Grüße. Gott der Allmächtige, Anfang, Mitte und Ende aller Dinge, nach dessen Fügung das Tun der Menschen und ihre Zeit sich vollziehen, hat in seiner grenzenlosen Güte die Welt erschaffen und das Königreich seines Sohnes, Christus, unseres Erlösers, aufgerichtet. Und in seiner Allmacht und Allwissenheit hat Er für die Zukunft viele Dinge zum Heile und Nutzen der Menschheit ins Werk gesetzt, in dem Er sie den Herzen der Menschen vom Heiligen Geist offenbaren und sie zu einem Zeitpunkt durchführen läßt, der ihnen Nutzen bringt, und den Er vorherbestimmt, nicht früher und nicht später.

Und weil dies eine durch vielfältige Erfahrung erwiesene Wahrheit ist, müßt Ihr, wenn Ihr mit verständigem und wahrhaftigem Urteil über die bedeutende Neuerung und das Wunder der Reise Unserer Leute und Schiffe zu Euch und jenen Euren Landen nachdenkt, in Eurem östlichen [Welt-]Teil das [gleiche] tun, was Wir im Westen tun, nämlich Gott, dem Herrn, hohen Lobpreis zollen, daß Er zu Unserer und Eurer Zeit der Welt solches Heil gebracht hat, daß Wir [nunmehr] nicht nur dem Hörensagen nach, sondern auch nach eigenem Augenschein und durch [tatsächliche] Beziehungen [dazu] in der Lage sind, Uns zu verbünden und Nachbarn zu sein.

Und weil vom Anbeginn der Welt bis auf Unsere Tage die Bewohner dieser Länder so weit von jenen entfernt waren, bar aller Hoffnung oder eines Gedankens [an eine Zusammenarbeit], hat Gott der Herr vor nunmehr sechzig Jahren Unseren Onkel und Lehnsmann, den man den Infanten Dom Henrique[1] nannte, erleuchtet *(espritado)*. Dieser war ein Fürst von äußerst tugendhafter Lebensführung und heiliger Sittsamkeit, und er faßte, um Gott zu dienen und von Ihm geleitet *(inspirado)*, den Plan, diese Seefahrten zu unternehmen. Sie wurden von den Königen, Unseren Vorgängern, bis zum gegenwärtigen Zeitpunkt fortgesetzt. Und es hat Gott dem Herrn gefallen, daß das ersehnte Ziel erreicht wurde und daß jene Männer, die nunmehr angekommen sind, diese lange Reise, um Euch zu erreichen, für deren Durchführung 60 Jahre notwendig waren, nunmehr in einem Zuge bewältigt haben. Und diese Männer waren, wie es die Gnade Gottes fügte, die ersten, die Wir nach Unserem Regierungsantritt aussandten. [...]

Und der wichtigste Grund, aus dem Wir Gott tiefen Dank für diesen Erfolg schulden, ist, daß man Uns gesagt hat, es gebe christliche Völkerschaften *(gentes christãas)* in jenen Gegenden. Und daher wird es Unser wichtigstes Anliegen sein, mit Euch eine Übereinkunft zu erzielen, auf daß Wir Uns [gegenseitig] nutzen und Uns der einträchtigen Liebe und Brüderlichkeit befleißigen, die christlichen Herrschern geziemt. Denn man kann kaum glauben, daß Gott eine solch wundervolle Tat gefügt haben sollte, wie es diese Unsere Entdeckungsfahrt ist, nur damit wir Ihm durch Handelsverkehr und gegenseitigen weltlichen Profit zu Diensten sind. Vielmehr [tat Er dies] auch um der Erleuchtung unserer Seelen und ihrer Erlösung willen, deren wir vor allem bedürfen.

Und Er ist der Auffassung, es sei daher mehr in Seinem Sinne, wenn Sein Heiliger Glaube zwischen uns abgestimmt und vereinigt werde, so wie es während fast sechshundert Jahren nach der Geburt Jesu Christi auf der ganzen Welt der Fall war, bis wegen der Sünden der Menschen Sekten und Häresien *(bõos)* aufkamen. So hatte Christus es vorausgesagt, daß es geschehen werde, zur Versuchung und Offenbarung der Gerechten und zur Täuschung jener Schwachen, die Verdammnis und Untergang verdienen, weil sie nicht die Wahrheit der Erlösung empfangen. Daher verwirrte Gott ihr Wissen, hieß sie Falsches tun, Lügen Glauben schenken und der Verdammnis anheimfallen, weil sie nicht die Wahrheit glauben, sondern Irrlehren ihre Zustimmung geben. Diese Sekten besetzten einen großen Teil der Erde zwischen Euren Ländern und Unseren. Dies behinderte eine Kontaktaufnahme mit Euch zu Lande[2]. Nunmehr aber ist diese wegen Unserer Seefahrt wieder durchführbar und durch Gott, dem nichts unmöglich ist, wieder eröffnet worden.

Daher, nachdem Wir dies alles wissen und dem nachkommen und es erfül-

---

[1] Gemeint: Heinrich der Seefahrer (1394–1460).
[2] Manuel bezieht sich hier vornehmlich auf die Herrschaft der Mameluckensultane von Ägypten und Syrien über die Levante.

len wollen, wie es Unsere Pflicht ist, die Uns Gott, der Allerhöchste, als Seinen Willen und Auftrag offenbart hat, senden Wir [Euch] nunmehr Unseren Kapitän sowie Schiffe und Waren. [Darüberhinaus] einen Faktor, der mit Eurer Erlaubnis in Eurem Lande bleiben und seinen Obliegenheiten nachkommen soll.

Und Wir schicken [Euch] außerdem Geistliche, die im christlichen Glauben und in der Lehre unterwiesen sind. Weiterhin Kirchenschmuck für die Zelebrierung von Gottesdiensten, damit Ihr in den Stand versetzt werdet, die christliche Glaubenslehre, die Wir aufrechterhalten, kennenzulernen, so wie sie von Jesus Christus, Unserem Herrn und Erlöser, den zwölf Aposteln, Seinen Schülern, aufgetragen und von diesen nach Seiner Heiligen Auferstehung allgemein gepredigt und von aller Welt empfangen wurde. Und einige von ihnen, insbesondere *(a saber)* der Heilige Thomas und der Heilige Bartholomäus, predigten in Euren Gegenden von Indien, vollbrachten viele und bedeutende Wunder und bekehrten jene Völkerschaften von dem Heidentum und dem Götzendienst, in dem sie zuvor gelebt hatten. Und einige der besagten Apostel bekehrten sie [die Völker] zur Wahrheit des Heiligen Glaubens und zum christlichen Bekenntnis.

Unser Herr aber setzte den Heiligen Petrus zum obersten Priester unter all Seinen Aposteln und Jüngern *(descipulos)* ein. Dieser predigte in der großen Stadt Rom, die damals die Hauptstadt der Menschheit und des Götzendienstes war, wurde für Ihn zum Märtyrer und liegt dort begraben. Und von dieser Zeit an bis auf unsere Tage haben die Päpste, seine Nachfolger, dort auf Grund jenes Seines Auftrages die Hauptstadt des christlichen Glaubens und der christlichen Lehre errichtet. Gott will, so ist es offenbar, daß Rom, das zuvor die Mutter des Irrtums und der Verfehlungen war, die Mutter der Wahrheit werden und bleiben sollte, deren Unterweisung und wahrer Lehre Wir und alle christlichen Könige, Fürsten und Herren folgen.

In Erwägung aller dieser Gesichtspunkte und der Gründe für den Willen und Auftrag Meines Großen Gottes selbst, der der Grund für Unsere Fahrt zu Euch war und ist, fordern Wir Euch sehr herzlich und als Bruder auf, Seinem Willen zu gehorchen und so Euren Nutzen sowie denjenigen Eures Landes, in geistlicher und weltlicher Hinsicht, zu suchen. So sollt Ihr Euch darüber freuen, in Freundschaft mit Uns einen Handelsverkehr zu eröffnen, den wir Euch [hiermit] friedlich und um Seines Heiligen Dienstes willen anbieten. Und Ihr sollt Unseren Kapitän und Unsere Leute mit jener verständigen und wahren Liebe empfangen, mit der Wir sie zu Euch senden. Denn in Erwägung der sehr wichtigen Gründe des wunderbaren Willens Gottes, wie Er ihn Uns offenbart hat, habt Ihr allen Grund, Euch darüber zu freuen, daß Menschen von soweit hergekommen und so großherzig sind, mit Euch Freundschaft und Handelsverkehr zu suchen. Und sie ermöglichen Euch einen Profit, den Ihr [durch den Handel] mit Unserem Land mehr als mit jedem anderen erzielen könnt.

Falls es aber dahin kommen sollte, daß Wir Euch auf Grund von fehlgeleiteten Absichten oder bösem Willen, an dem es nie fehlt, anderen Sinnes finden – Wir können dies jedoch aus keinem Grunde von Eurer Tugend erwarten – so ist es dennoch Unsere feste Absicht, dem Willen Gottes mehr als dem der Menschen zu folgen, Uns durch keine Widrigkeiten davon abhalten zu lassen, die Dinge zu Ende zu bringen, Unsere Seefahrten fortzusetzen sowie Handel und Warenaustausch in jenen Ländern zu betreiben, denen Gott aufs neue durch Unsere Hand einen Dienst erweisen will. Er wünscht nicht, daß Unsere Anstrengungen vergebens sein sollen. [...]

Und in Ansehung all dessen mag es Euch wohlgefallen, Pedrálvares Cabral, einem Adligen Unseres Hofes und Unserem Großkapitän *(capitão moor)*, in allem, was er von Euch begehrt und mit Euch vereinbart, volles Vertrauen zu schenken.

Gegeben zu Lissabon am 1. März 1500.

Aus: Raymundo António de Bulhão Pato (ed.): Cartas de Affonso de Albuquerque. Tom. III. Porto 1926. Ndr. Nendeln/Liechtenstein 1976, S. 85–88.   MM

2. Erste Pläne in Portugal für eine Nutzung Brasiliens (1532)

Hatten sich die überseeischen Interessen der Portugiesen zur Zeit König Manuels I. (1495–1521) fast ausschließlich auf den indischen Gewürzhandel und auf den konsequenten Ausbau einer gesicherten Machtposition im Bereich des Indischen Ozeans und der Gewürzinseln gerichtet, so rückten unter seinem Nachfolger, João III. (1521–1556), auch die nach dem Vertrag von Tordesillas (1494) (vgl. Bd. 6) den Portugiesen zustehenden Landgebiete auf dem südamerikanischen Kontinent in das Blickfeld der portugiesischen Krone.

Inzwischen waren nämlich spanische Erkundungsflottillen und vor allem auch französische Kaufleute und Korsaren an der brasilianischen Küste gelandet. Insbesondere die Franzosen hatten dabei erste Versuche unternommen, sich hier festzusetzen. In zunehmendem Maße wurde daher interessierten Kreisen in der portugiesischen Hauptstadt klar, daß nunmehr dem Rechtsanspruch aus dem Vertrag von Tordesillas dringend die faktische Inbesitznahme und Nutzung folgen mußte, und sie wandten ihren Einfluß auf, um die portugiesische Krone zu entsprechenden Maßnahmen zu bewegen.

Der Brief des Diogo (Sénior) de Gouveia (ca. 1471–1557) an König João III., aus dem ein die Besiedlung Brasiliens empfehlender Abschnitt folgt, ist im Rahmen dieser Einflußnahmen zu sehen. Gouveia stand als bedeutender Gelehrter und Priester dem portugiesischen Hof nahe und ist von der Krone mit vielfältigen diplomatischen Aufgaben betraut worden. Seit 1538 setzte er sich als Vertrauter des Ignatius von Loyola für die Entsendung von Jesuiten nach Übersee ein.

Gouveias Argumentation war typisch für die in den dreißiger Jahren des 16. Jahrhunderts am portugiesischen Hof vertretene Einschätzung, Brasilien müsse faktisch in Besitz genommen und besiedelt werden, um es vor den Übergriffen fremder Nationen zu schützen. Erst an zweiter Stelle stand das Interesse an Edelmetallen.

Bezeichnend für die Interessenlage des dem Hofe nahestehenden niederen portugiesischen Adels war dabei das feudale Landvergabemodell, für das sich Gouveia aussprach: Das brasilianische Landgebiet sollte als Lehen an verschiedene Gefolgsleute des Königs verliehen werden. Diese sollten dann ihrerseits für Besiedlung und Nutzung zuständig sein. In der Tat hat dieses Modell seit 1532 in der Aufteilung der brasilianischen Besitzungen in sogenannte *Donatárias*, als erbliche Lehen vergebene größere Landgebiete, zunächst seine Anwendung gefunden. Erst die Einrichtung einer zentralen Verwaltung in Bahía (1548) leitete eine neue Phase der portugiesischen Politik ein.

Lit.: Alexander Marchant: Feudal and Capitalistic Elements in the Portuguese Settlement of Brazil. In: Hispanic American Historical Review 22 (1942), S. 493–512 – Henri Bernard-Maitre: Un grand serviteur du Portugal en France: Diogo Gouveia l'ancien et le collège de Sainte-Barbe à Paris 1520–1548. In: Bulletin des Etudes portugaises 15 (1951), S. 3–75 – Frédéric Mauro: Le Brésil du XVe à la fin du XVIIIe siècle. Paris 1977 – Yves Bottineau: Le Portugal et sa vocation maritime. Paris 1977.   MM

Es war ganz richtig, Senhor, die Landgebiete [Brasiliens] an Eure Lehnsleute zu vergeben, wie Eure Hoheit diese vor drei Jahren an jene beiden [Männer] vergeben haben, von denen ich Euch berichtete. Dies waren der Bruder des *Capitão* der Insel S. Miguel[1], der mit 2000 Siedlern dorthin ziehen wollte, um das Land zu bevölkern, und Christovão Jacques mit 1000 [Siedlern].

Und schon jetzt sind [dort] 4000 oder 5000 Kinder[2] geboren worden, Einwohner des Landes haben sich mit den Unsrigen verheiratet, und es ist sicher, daß diese Siedler andere nach sich ziehen werden.

Euch aber, Senhor, sollte es nicht stören, wenn gesagt wird, daß [die Siedler] dort sehr wohlhabend werden *(que enriqueciam muito)*. Wenn nämlich Eure Landsleute reich werden, geht [Euren] Königreichen[3] dadurch nichts verloren, sondern auch sie erlangen Vorteile [...], denn wenn es dort sieben oder acht Siedlungsgebiete *(povoações)* geben wird, werden diese mehr als ausreichend sein, um das Land zu verteidigen [...].

Und danach werden sie das Land nutzen, von dem man noch nicht weiß, ob es dort Edelmetallvorkommen gibt, wie es sie aber geben muß. Und sie werden die Eingeborenen *(a gente)* zum Glauben bekehren, was ja das höchste Anliegen Eurer Hoheit ist und zu sein hat.

Ruam, 1. März 1532.

Aus: Francisco Adolpho de Varnhagen (Conde de Porto Seguro): História Geral do Brasil. Vol. I. São Paulo ⁴1936, S. 143.   MM

3. Die poetische Interpretation der portugiesischen Expansion: Aus dem Epos des Luís de Camões (1572)

Die Lusiaden des Luís de Camões (1517/1524–1579) sind seit dem 17. Jahrhundert, insbesondere seit der als Fremdherrschaft empfundenen Zeit der Personalunion mit Spanien (1580–1640), das Nationalepos der Portugiesen. Im Jahre 1572 zuerst erschienen, schildern sie in poetischer Form und mit vielfältigen, vom Geist des Humanismus

---
[1] Es handelte sich um João de Mello da Camera.
[2] Hier übertreibt wohl der Autor aus Gründen der Werbung für eine Besiedlung des Landes.
[3] Gemeint sind die Königreiche Portugal und der Algarven.

geprägten Anklängen an die Mythologie des klassischen Altertums das Ausgreifen der Portugiesen nach Übersee. Zwar ist Vasco da Gama, der endgültige Entdecker des Seeweges nach Indien, die hervorragende Heldengestalt der Lusiaden; darüber hinaus aber besingt Camões in seinem Epos, das König João IV. gewidmet ist, in letztlich wohl apologetischer, aber im Detail keineswegs unkritischer Form die Geschichte Portugals, jenes kleinen Landes, das in so großartiger Weise die erste Phase der europäischen Expansion nach Übersee, das Zeitalter der Entdeckungen, geprägt hat.

Der im folgenden abgedruckte Abschnitt des siebten Gesanges der Lusiaden betont die hervorragende Rolle, die Portugal nach der Überzeugung des Camões unter den europäischen Nationen spielt. Die Lusiaden zeigen dabei die Portugiesen als ein Volk mit entwickelter nationaler Identität, ausgerichtet auf einheitliche Ziele. Dabei hebt der Dichter vor allem den Kreuzzugsgedanken hervor, der in der Tat, auch wenn man den materiellen Interessen den ihnen zukommenden Rang einräumt, seit den Zeiten Heinrichs des Seefahrers als politisches Leitmotiv die portugiesischen Entdeckungsfahrten entlang der westafrikanischen Westküste, auf der Suche nach einem Seeweg nach Indien, entscheidend beeinflußt hat. Camões sieht die überseeischen Entdeckungsfahrten als Vollstreckung eines christlich-abendländischen Auftrages und steht damit durchaus in der Tradition der zeitgenössischen Historiographie und Chronistik von Zurara im 15. bis hin zu Barros im 16. Jahrhundert.

Aus einer verarmten Familie des niederen Adels stammend, war Camões im übrigen auch von seiner sozialen Herkunft her ein Exponent jener Schicht, die am ehesten von der kolonialen Expansion Portugals profitieren konnte. Der Lebenslauf des Dichters selbst ist ein Beispiel für die Möglichkeiten, die die überseeische Expansion den Söhnen des niederen Adels bot, aber auch für ihre Grenzen. Camões beteiligte sich an militärischen Unternehmungen in Nordafrika und wirkte als portugiesischer Beamter in Goa, Macao und Moçambique, mußte aber schließlich nach seiner Rückkehr nach Lissabon, trotz eines vom König wegen seiner Verdienste als Dichter ausgesetzten Gnadengehaltes, die letzten Jahre seines Lebens in Armut und Bedürftigkeit verbringen.

Lit.: Otto Frhr. v. Taube (Hg.): Luís de Camões. Die Lusiaden. Freiburg/Br. 1949. Ndr. Darmstadt 1979 – Frank Pierce (ed.): Luís de Camões. Os Lusíadas. Oxford 1973 – Emanuel Paulo Ramos (ed.): Os Lusíadas de Luís de Camões. Lisboa 1974 – Luís de Camões: Sonette. Eine Auswahl. Leipzig 1974 – Luís de Camões: Os Lusíadas. Com uma Introdução por H. Guedes de Oliveira. Barcelos 1980.   MM

[Siebter Gesang]

1 Nun aber seid ihr endlich angekommen in dem Land, das bereits von so vielen ersehnt worden war, das zwischen Indus *(as correntes Indicas)* und Ganges eingebettet liegt, und wo sich der Himmel auf Erden befindet. Wohlan, so bete, du tapferes Volk, daß es dir gelingen möge, im Kriege die Palme des Sieges zu erringen! Denn nun bist du angelangt in einem Land, das von Reichtum überfließt.

2 Zu dir, du Volk von Lusitanien, das du nur ein solch kleiner Teil der Welt bist, spreche ich.

Ich sage nicht [einfach]: Gehe in [irgendeine fremde] Welt, sondern: Nimm

3. *Die Interpretation der portugiesischen Expansion durch Camões* 19

sie als Eigentum deines Freundes, der die Himmel regiert[1]. Euch [sage ich dies], als denjenigen, die nicht nur durch keine Gefahr davon abgehalten werden konnten, [die Ländereien] des dreckigen Volkes[2] zu erobern, sondern auch als denjenigen, die sowohl von ihren Begierden [angetrieben wurden] als auch von ihrer Gefolgschaftstreue gegenüber der Heiligen Mutter [Kirche].

3 Euch, Portugiesen, die ihr so wenige, aber doch so tapfer seid, die ihr eure schwachen Machtmittel nicht in Rechnung stellt, ihr, die ihr durch mannigfachen Blutzoll *(vossas varias mortes)* den Geltungskreis der christlichen Lehre erweitert habt *(A Lei da vida eterna dilatais)*, euch ist vom Himmel das Los zuteil geworden, daß ihr, so wenige ihr auch seid, Bedeutendes für die heilige Christenheit leistet, so daß schließlich [der Name] Christi aus seiner Erniedrigung erhöht werde.

4 Dieses Ziel aber habt ihr Deutschen, die ihr wie ein übermütiges Zugvieh auf Seiner Weide euer Dasein fristet, verzögert. Ihr habt euch gegen den Nachfolger Petri aufgelehnt[3], habt einen neuen Hirten eingesetzt und eine neue Sekte gegründet. Ihr seid von jenen schändlichen Kriegen, die ihr um eures verblendeten Irrtums willen geführt habt, so in Anspruch genommen worden, daß ihr es versäumt habt, gegen die höchst übermütigen Türken zu kämpfen, und statt dessen den Versuch unternommen habt, eurem erhabenen Joch[4] zu entgehen.

5 Verzögert hast auch du es, hartherziger Engländer[5], der du dich König jener alten und hochheiligen Stadt[6] nennst, die heute der schändliche Ismaelite[7] beherrscht. Gebührt dir also in Wahrheit diese Ehre? Unter den nördlichen Völkern *(as Boreais)* breitet sich Eiseskälte aus. Eine neue Lehre des Christentums haben sie begründet[8]. Aber für Christus ergreift keiner von ihnen den Degen. Auch nicht, um das Land zurückzuerobern, das ihm einst gehörte.

6 Bis heute hält ein falscher König die Stadt des irdischen Jerusalem. Und er kümmert sich in keiner Weise um das Gesetz des himmlischen Jerusalem. Und

---

[1] Gemeint ist die christliche Kirche.
[2] Als „dreckiges Volk" *(povo imundo)* wurden ganz allgemein die Mohammedaner bezeichnet. Im vorliegenden Fall sind wohl die maurischen Almohaden gemeint, da sich der Text auf die Reconquista bezieht.
[3] Bezugnahme auf die Reformation.
[4] Bezieht sich auf die Auseinandersetzungen zwischen den Protestantischen Reichsständen und Karl V. seit dem Reichstag von Augsburg 1530 (Bildung des Schmalkaldischen Bundes, Schmalkaldischer Krieg 1546/47, Fürstenerhebung 1552).
[5] Heinrich VIII. (1509–1547).
[6] Der englische König führte seit dem Dritten Kreuzzug den Titel eines Königs von Jerusalem.
[7] Gemeint sind die arabischen Mohammedaner. Man glaubte, daß die Araber von Ismael, dem Sohn Abrahams und der Hagar, abstammten.
[8] Gemeint ist die englische Reformation.

von dir, unwürdiger Franzose *(Galo)*, was sage ich? Du beanspruchst den Namen „allerchristlichster" [König]. Aber du verteidigst ihn nicht, noch kümmerst du dich überhaupt um ihn. Vielmehr bist du gegen ihn und reißt ihn nieder.

7 Glaubst du, daß du unter den Herrschern der Christen füglich so sehr und so hoch geschätzt wirst, wenn du nicht am Tripolitania *(Cinitio)* und am Nil jene Feinde des altgeheiligten [christlichen] Namens bekämpfst? Dort nämlich gilt es für die Gläubigen, ihren Degen zu erproben, um nicht zuzulassen, daß dieser Eckstein der Kirche verloren gehe. Karl und Ludwig[9], Namen und Länder habt ihr geerbt, gibt euch das nicht etwa auch die Gründe zum Heiligen Krieg?

8 Und schließlich, was sage ich von jenen, die in den Wonnen, die der schändliche Müßiggang auf der Welt mit sich bringt, ihr Leben verschwenden, die nur noch darauf aus sind, Reichtümer zu gewinnen, und die ihre überkommenen Werte vergessen haben? Aus der Tyrannei entsteht tödlicher Haß, der das Volk seinen Feinden blindlings anheimgibt. Mit dir, Italien, spreche ich, denn du bist in tausend Fehlern befangen und dein eigener Feind.

9 Oh, ihr armen Christen, das Schicksal hat euch wie jene Zähne des Kadmos[10] werden lassen, die sich gegenseitig den Tod brachten. Ihr seid doch alle aus dem gleichen Leib geboren, und doch mißachtet ihr das Heilige Grab, das von Hunden[11] in Besitz gehalten wird. Diesen solltet ihr, einig auf immer, euer althergebrachtes Land wieder fortnehmen und euch auf diese Weise Kriegsruhm erwerben.

10 Man sieht, wie [die Türken] erfolgreich und auf Grund von planmäßigen Befehlen, die sie aufs genaueste befolgen, schlagkräftige Heere ausrüsten und diese gegen solche Völker führen, die den Christen wohlgesonnen sind. Aber unter euch hat niemals die Furie Aleto[12] gewütet, die Zwietracht sät. Ihr seid nur scheinbar sicher vor Gefahren, und neben jenen seid ihr selbst eure ärgsten Feinde.

11 Wenn die Begierde, euer Herrschaftsgebiet zu erweitern, euch schon dazu veranlaßt, fremde Länder zu erobern, seht ihr nicht, daß der Pactolo und der

---

[9] Gemeint sind Karl V. als Nachfolger Karls des Großen und Ludwig XII. als Nachfolger Ludwigs IX. von Frankreich (Saint-Louis [1226–1270] – [Anm. GS]).
[10] Kadmos war nach der griechischen Mythologie der Sohn eines phönizischen Königs. Er tötete einen Drachen, der eine Quelle bewacht. Dessen Zähne pflanzte Kadmos in den Boden. Aus der Saat wuchsen bewaffnete Männer, die sich dann jedoch einer nach dem anderen gegenseitig töteten.
[11] Gemeint sind die osmanischen Türken.
[12] Aleto ist eine der Furien der griechischen Mythologie. Sie säte durch ihr Auftreten Zwietracht.

3. Die Interpretation der portugiesischen Expansion durch Camões

Hermo[13] beide durch Gebiete fließen, in denen es Gold gibt? In Lydien und Assyrien wäscht man in den Wasserläufen Gold. Und auch Afrika birgt in seinem Inneren leuchtende [Gold-]Adern. Wenn es euch schon lockt, solche Reichtümer zu suchen, warum vermag euch [der Gedanke] an das Heilige Land nicht zu bewegen?

12 Einige starke und neue Erfindungen, die tödlichen Waffen der Artillerie, müssen [endlich] hart erprobt werden, und zwar gegen die byzantinischen Mauren und die Türken. Sollen sie doch zurückweichen bis zu jenen wüsten Höhlen *(silvestras covas)* der Kaspischen Berge, Turkestans und Sibiriens *(Citia fria)*, von woher ja auch die Türken in jene eure reiche europäische Zivilisation eingedrungen sind.

13 Griechen, Thraker, Armenier und Georgier rufen euch an. Sie werden von den Türken *(o povo bruto)* gezwungen, ihre geliebten Söhne den schändlichen Lehren des Korans auszuliefern (ein harter Tribut!). Indem ihr die Entmenschten züchtigen würdet, könntet ihr eure Brust tapfer und listig mit Ruhm bedecken. Außerdem müßtet ihr keine anmaßenden Lobreden hinnehmen, wie sie lautstark gegen euch geführt werden.

14 Aber unterdessen, wie stumpf und dürftig auch immer dein Blut dahinfließen mag, oh unseliges Volk, es fehlt der Christenheit trotz allem nicht an Verwegenheit. Und dafür steht jenes kleine Königreich Lusitanien. Afrika nahm es von der See her in Besitz, und in Asien beherrscht es mehr als alle [anderen]. In einem Viertel der neuentdeckten Gebiete[14] beackert es den Boden. Und wenn die Welt nur groß genug wäre, [die Portugiesen] würden sie entdecken.

15 Denn wir sehen schließlich, wie es erzählt worden ist, daß einige hochberühmte Seefahrer, trotz aller Schwierigkeiten, trotz des Lärms der einander zuwiderlaufenden Winde und obwohl sie die unendliche Weite der Erde in Zweifel stürzte, dorthin gelangt sind, wo sie nun die Lehre Christi aussäen und wo sie neue Sitten und Gebräuche sowie [die Gefolgschaft] eines neuen Königs vermitteln.

Aus: Luís de Camões: Os Lusíadas. Edição organizada por Emanuel Paulo Ramos. Lisboa 1974, S. 243–246.   Übers.: MM; Anm.: Cl

---

[13] Pactolo und Hermo sind Flüsse in Kleinasien.
[14] Gemeint ist Brasilien.

4. Kolumbus legt seinem Förderer Luis de Santangel die Ergebnisse seiner Entdeckungsfahrten dar (1493)

Auch bei den spanischen Seefahrern, Entdeckern und Eroberern des späteren 15. und des 16. Jahrhunderts sind die Antriebe für Planung, Durchführung und Teilnahme an überseeischen Expeditionen sehr komplexer Natur: Neugierde und Abenteuerlust, Streben nach raschem Gewinn, Ruhm und sozialem Aufstieg, nach Macht und Ansehen, aber auch der Wunsch, zur Verbreitung des Christentums beizutragen, und – vor allem bei Teilen des missionierenden Ordensklerus – utopische Vorstellungen spielen als Motive in unterschiedlicher Kombination und Gewichtung die entscheidende Rolle. In den einzelnen Quellen zu dieser Problematik kommen meist, je nach Situation und Entstehungsgeschichte, mehrere solcher Antriebsmomente zum Vorschein.

Neugierde und ein waches Interesse für die neue Umwelt, in die sie sich vorwagten, sind bei zahlreichen spanischen Entdeckern und Eroberern in hinterlassenen Briefen, Chroniken und Reisebeschreibungen bezeugt. Man kann dabei mehrere Formen von Neugierde und Interesse feststellen, nämlich einmal das ganz spontane und ungekünstelte Erstaunen über eine fremdartige Natur und über unbekannte Menschen und Tiere, zweitens eine Art wissenschaftlich begründete und vorgeprägte Neugierde des Kaufmanns und Unternehmers für die Möglichkeiten zur Nutzung der neuen Gebiete und ferner die durch allerlei Gerüchte, Erzählungen und Geschichten aus dem Seefahrer- und Entdeckermilieu genährte Neugierde und Sensationslust, die alle möglichen und spektakulären Gerüchte kolportierte und begierig aufgriff, um neue Unternehmungen zu beflügeln und schließlich die Neugierde des Staatsmannes oder Priesters, die auf Erkundung der Möglichkeiten für die Ausweitung der spanischen Herrschaft und des christlichen Glaubens ausgerichtet war. Daneben begegnet auch schon früh ein ethnographisch-anthropologisches Interesse, wie auch Aufgeschlossenheit für geographische und sonstige Phänomene.

Der folgende Brief des Kolumbus an seinen vielleicht wichtigsten Gönner und Finanzier am Hofe der Katholischen Könige, Luis de Santangel[1] (vgl. auch die Einführung zu Bd. 2, Kap. III), der noch auf See unter dem frischen Eindruck des Erlebten am 15. Februar 1493 verfaßt ist[2], läßt erkennen, daß der Genuese ein außergewöhnlich breit gestreutes Interesse an den neu aufgefundenen Gebieten hatte, und sein Brief liefert Beispiele für fast alle Arten von Neugierde und Interesse, die oben aufgeführt wurden. Kolumbus vermochte offenbar Neugierde und Interesse in ihren verschiedenen Formen auch dem Hof der Katholischen Könige zu vermitteln, so daß sich humanistisch gebildete Gelehrte aus der Umgebung des Hofes für die neu entdeckten Gebiete zu interessieren begannen – etwa der bedeutende italienischstämmige Humanist Peter

---

[1] Luís de Santángel, Sekretär und persönlicher Schatzmeister Ferdinands des Katholischen, hatte die Katholischen Könige davon überzeugt, das Projekt des Kolumbus zu unterstützen. Er selbst trug maßgeblich zur Finanzierung der ersten Reise bei.

[2] Der Brief vom 15. Februar 1493 ist als ein Rechenschaftsbericht an Luís de Santángel anzusehen. Er stellt neben dem Bordbuch (vgl. Bd. 2, Dok. 28) die wichtigste Quelle zur ersten Entdeckungsreise dar. Er wurde auf der Rückreise nach Europa noch vor der Ankunft von Kolumbus auf den Azoren geschrieben und enthält einen Nachtrag vom 14. März 1493 aus Lissabon, in dem der Verfasser seinen Zwischenaufenthalt in Portugal vor den Katholischen Königen rechtfertigt. Der Brief wurde bereits im 15. Jahrhundert in mehreren Auflagen und Übersetzungen abgedruckt.

Martyr von Anghiera (span.: Pedro Mártir de Anglería) –, zum anderen aber auch die Krone schon sehr bald die Sammlung und Inventarisierung alles im Verlauf der Entdeckungsfahrten gesammelten Wissens anordnete.

So wurden in der 1503 in Sevilla gegründeten „Casa de la Contratación" die Ämter eines „Piloto Mayor" und eines Kosmographen eingerichtet (vgl. Dok. 57b, Anm. 3), die alle nautisch relevanten Daten bzw. alle geographisch-landeskundlichen Berichte sammeln, auswerten und kartographisch fixieren sollten. Darüber hinaus ließ die spanische Krone dann seit dem zweiten Drittel des 16. Jahrhunderts in den bereits okkupierten Gebieten immer wieder ausführliche landeskundliche Erhebungen auf der Grundlage von einheitlichen Fragenkatalogen über die Geographie, das Klima, über Fauna, Flora und Bodenschätze, über Siedlungsformen, Bevölkerungszahl, Wirtschaftsstruktur usw. bis hin zu historischen Vorgängen in vorspanischer Zeit anfertigen. Die Neugier wurde sozusagen staatlich organisiert und durch ständige Anforderung von Berichten aller Art stimuliert und kanalisiert. Im Zusammenwirken von Staat, humanistischer Gelehrsamkeit und missionarisch-anthropologischem Interesse wurde so im spanischen Bereich eine Flut von Informationen zusammengetragen und aufbewahrt, der es die Wissenschaft verdankt, daß gerade für das vorspanische Amerika und die frühe Landnahme und Kolonisation ein sehr reichhaltiges Wissen überliefert ist.

Lit.: Rudolf Wittkower: Marvels of the East. A Study in the History of Monsters. In: Journal of the Warburg and Courtauld Institutes. Vol. 5 (London) 1942. Ndr. (Nendeln) 1968, S. 159–197 – Rolando A. Laguarda Trias: El enigma de las latitudes de Colón. Valladolid 1974 (Cuadernos Colombinos 4) – Fredi Chiapelli (ed.): First Images of America. The Impact of the New World on the Old. Vol. I. Berkeley-Los Angeles-London 1976, insbes. Part II: Angles of Perception: Myth and Literature, S. 27–135 – Peter Hulme: Columbus and the Cannibals: A Study of the Reports of Anthropophagy in the Journal of Christopher Columbus. In: Ibero-Amerikanisches Archiv N. F. IV,2 (1978), S. 115–139 – Jacques Heers: Christophe Colomb. Paris 1981 – Alain Milhou: Colón y su mentalidad mesiánica en el ambiente franciscanista español. Valladolid 1983 (Cuadernos Colombinos 11) – Luis Weckmann: La herencia medieval de México. 2 vol. México 1984. Vol. I, S. 19–100 [s. auch die Lit. zu Bd. 2, Kap. III]. Pi

Herr,

Da ich weiß, daß Ihr Euch über den großen Sieg freuen werdet, den der Herr mir auf meiner Fahrt verliehen hat, schreibe ich Euch diesen Brief. Durch ihn werdet Ihr erfahren, wie ich mit der Flotte, die mir die allererlauchtesten König und Königin[3], unsere Herren, gaben, in dreiunddreißig Tagen[4] nach Indien[5] fuhr, wo ich viele Inseln fand, die von unzähligen Menschen bevölkert

---

[3] Hier bezieht sich Kolumbus auf die Katholischen Könige, Isabella von Kastilien und Ferdinand von Aragón.

[4] Kolumbus verließ nach seinen Angaben im Bordbuch (vgl. Bd. 2, Dok. 28) die Kanareninsel La Gomera am 6. September 1492 mit dem Ziel einer Atlantiküberquerung. Deshalb errechnet sich eigentlich eine Fahrtdauer von 36 Tagen (vom Aufbruch am 6. September morgens bis zur Sichtung der Insel Guanahaní am 12. Oktober um zwei Uhr morgens). Möglicherweise zog Kolumbus bei sich selbst die ersten drei Tage von der Reisedauer ab, da er an ihnen teils in Flauten festlag, teils nur ganz geringe Fahrt machte (Anm. Sch).

[5] Da Kolumbus glaubte, in Asien gelandet zu sein, sprach er von „Indien". Dieser Name wurde von den Spaniern für ihre amerikanischen Besitzungen beibehalten, wie die Bezeichnung „Reino de las Indias, Islas y Tierra Firme del Mar Océano" (Königreich der indianischen Länder, der Inseln

waren; von ihnen habe ich für Ihre Hoheiten unter öffentlichem Ausruf und Hissen der königlichen Fahne Besitz ergriffen, und es wurde mir nicht widersprochen[6].

Die erste, die ich fand, nannte ich San Salvador, zum Gedenken des Allerhöchsten, der in wunderbarer Weise alles gegeben hat; die Indios nennen sie Guanahaní. Die zweite Insel nannte ich Santa María de Concepción; die dritte Fernandina; die vierte Isabela, die fünfte der Inseln Juana, und so bekam jede einen neuen Namen[7].

[...]

Abb. 2: Nordwestküste von La Española (Haiti): einzige erhaltene Originalskizze von der Hand des Kolumbus, angefertigt Anfang 1493.

La Española[8] ist wunderbar: Die Gebirge und die Berge und die Auen und die Fluren und der so schöne und fette Boden zum Pflanzen und Säen, zum Züchten von Vieh aller Art, zum Bauen von Städten und Orten. Die Häfen des Meeres – man glaubte es nicht, hätte man sie nicht gesehen – und die Flüsse, von denen es viele und große und wasserreiche gibt; die meisten von ihnen führen Gold. Die Bäume und Früchte und Kräuter unterscheiden sich sehr von denen der Insel Juana: Hier gibt es viele Gewürze und große Goldminen

---

und des Festlandes des ozeanischen Meeres) zeigt. Im allgemeinen Sprachgebrauch verwandte man den Begriff „Las Indias".

[6] Mit dieser Formel beschreibt Kolumbus die nach der europäischen Auffassung rechtskräftige Inbesitznahme der Inseln im Namen der Katholischen Könige (vgl. u. a. Bd. 2, Dok. 76, 95 und 106 b sowie weiter unten Kap. II, insbes. Dok. 26).

[7] Kolumbus benannte die erste Insel nach Christus: Heiliger Erlöser, die zweite nach der Jungfrau Maria, die dritte nach Ferdinand dem Katholischen, die vierte nach Isabella von Kastilien. Die Aufzählung bricht mit der fünften Insel ab, die den Namen des spanischen Thronfolgers Juan erhielt, der bereits 1497 starb, ohne die Regierung angetreten zu haben. Die heutigen Bezeichnungen dieser Inseln lauten: San Salvador, Rum Cay (Santa María de la Concepción), Long Island (Fernandina), Crooked Island (Isabella) und Kuba (Juana).

[8] La Española (bei Kolumbus: La Spañola; in lateinischen Texten der Zeitgenossen: Hispaniola), das „kleine Spanien", ist die Insel Haïti.

und andere Erzvorkommen. Die Menschen dieser Insel und aller anderen, die ich entdeckte, und von denen ich gehört habe, gehen alle nackt, Männer und Frauen, so wie ihre Mütter sie zur Welt gebracht haben, wiewohl einige Frauen sich eine einzige Stelle mit einem Blatt oder einem Tuch aus Baumwolle, welches sie dafür anfertigen, bedecken. Sie haben weder Eisen noch Stahl noch Waffen und taugen auch nicht dafür; nicht weil sie nicht kräftig genug und gut gebaut wären, sondern weil sie erstaunlich furchtsam sind. Sie haben keine anderen Waffen als die Waffen aus Rohr, wenn es Samen trägt; dorthinein stecken sie am oberen Ende einen spitzen Stock. Sie wagen nicht, sie zu benutzen, denn oft habe ich erlebt, daß ich zwei oder drei Männer zu Lande in ein Dorf schickte, um mit den Leuten zu sprechen, und daß diese in großer Anzahl herauskamen und dann, als sie sie nahen sahen, in wilder Flucht davonliefen. Und dies nicht, weil ihnen Böses zugefügt worden wäre: Eher habe ich ihnen überall, wo ich gewesen bin und mit ihnen habe sprechen können, von allem abgegeben, was ich hatte, sowohl Stoff wie viele andere Dinge, ohne dafür irgendetwas zu nehmen. Aber sie sind so heillos furchtsam. In Wahrheit sind sie, nachdem sie Sicherheit gewonnen und diese Angst verloren haben, so ohne Trug und so freigiebig mit dem, was sie haben, daß nur der es glaubt, der es gesehen hat. Niemals sagen sie nein, wenn man sie um etwas bittet, eher bieten sie es einem an und zeigen so viel Liebe, daß sie ihr Herz hergeben würden. Ob es sich nun um ein Ding von Wert oder um eines von niedrigem Preis handelt, sie sind mit jeglicher Kleinigkeit, die man ihnen dafür gibt, zufrieden. Ich verbot, daß man ihnen so läppische Dinge gäbe wie Scherben zerbrochener Schüsseln oder Glasscherben und Stücke von Gürtelschnallen, obwohl, wenn sie an diese Dinge herankommen konnten, sie ihnen als das beste Juwel der Welt erschienen. Ein Matrose erhandelte sich Gold im Gewicht von zweieinhalb *castellanos*[9] für eine Schnalle und andere [Mitglieder der Besatzung erhandelten] für Dinge von viel geringerem Wert viel mehr. Und gar für neue *blancas*[10] gaben sie alles, was sie hatten, wären es auch zwei oder drei *castellanos* oder eine oder zwei *arrobas*[11] Baumwollgarn. Selbst Stücke zerbrochener Reifen von Fässern nahmen sie und gaben dafür alles, was sie hatten, wie die Tölpel. Dies erschien mir schlecht und ich verbot es. Und ich gab tausend hübsche gute Dinge, die ich ihnen mitbrachte, damit sie zutraulich würden. Und darüberhinaus sollen sie Christen werden, die sich in Liebe und Dienstbarkeit gegenüber Ihren Hoheiten und der ganzen kastilischen Nation üben und versuchen, uns die Dinge zu geben, die sie im Überfluß haben, und die wir benötigen. Und sie kannten keine Sekte noch Götzendienst, außer demjenigen, daß alle glauben, daß die Macht und das Heil im Himmel seien,

---

[9] Bei dem „castellano" handelt es sich um eine Goldmünze, die 4,60 g, d.h. ein Fünfzigstel einer Mark (230 g), wog und deren Feingoldgehalt 0,989% (4,55 g) betrug. Ein „castellano" wurde 1493 mit 435 „maravedís", der spanischen Recheneinheit, bewertet.

[10] Die „blanca" war eine Kupfermünze, die bis 1497 1,17 g wog und 0,04 g Silber enthielt; sie entsprach 0,5 maravedís.

[11] Eine „arroba" entspricht etwa 11,5 kg.

und sie glaubten sehr fest, daß ich mit diesen Schiffen und Leuten aus dem Himmel gekommen sei, und in diesem Glauben empfingen sie mich überall, nachdem sie die Angst verloren hatten. Und dies geschieht nicht, weil sie unwissend wären, sondern sie sind sehr klug und Männer, die alle jene Meere befahren, und wunderbar ist die genaue Kenntnis, die sie von allem haben; nur haben sie niemals bekleidete Menschen gesehen noch solche Schiffe.
[...]
Ich sagte schon, wie ich 107 Leguas[12] an der Meeresküste entlanggefahren war, in direkter Linie von West nach Ost, die Insel Juana entlang. Gemäß diesem Weg kann ich sagen, daß diese Insel größer ist als England und Schottland zusammen, denn jenseits dieser 107 Leguas gibt es im Westen noch zwei Provinzen, in denen ich noch nicht gewesen bin; die eine nennen sie Auan[13], dort werden die Menschen mit Schwanz geboren. [...] Alle [Inseln] habe ich für Ihre Hoheiten in Besitz genommen, damit sie über sie verfügen können so vollkommen wie über die Reiche von Kastilien. Auf dieser Insel Española, am geeignetsten Platz und in der besten Gegend für die Goldminen und jeglichen Handel sowohl mit dem Festland hier[14] wie mit jenem dort, des Großkhans[15], wo es großen Handel und Verdienst geben wird, habe ich Besitz ergriffen von einer großen Stadt, die ich die Villa de Navidad[16] genannt habe, und dort habe ich Besatzung und ein Fort aufgestellt.
[...]
Bis jetzt habe ich auf diesen Inseln keine mißgestalteten Menschen angetroffen, wie viele gedacht hatten[17], sondern eher sind alle Leute von sehr schöner Erscheinung; sie sind auch nicht schwarz wie in Guinea, mit Ausnahme ihrer offenen glatten Haare. Sie halten sich nicht dort auf, wo die Sonnenstrahlen zu stark brennen. Wahrhaftig hat die Sonne dort große Kraft, da die Entfernung von der Äquatoriallinie sechsundzwanzig Grad beträgt. Auf diesen Inseln, wo es hohe Berge gibt, war die Kälte in diesem Winter stark, aber hier wird sie ausgehalten durch die Gewöhnung und mit Hilfe der Speisen, die sie mit vielen Gewürzen und übermäßig heiß essen. Ich habe also keine Mon-

---

[12] Kolumbus rechnete in italienischen nautischen Meilen (1 ital. naut. Meile = 1480 m), obschon er den kastilischen Begriff „legua" dafür benutzte (Anm. Sch).
[13] Es ist von der Forschung bisher nicht geklärt, welches Gebiet hiermit gemeint sein könnte.
[14] Die Bedeutung der Wendung „dem Festland hier" ist umstritten. Im allgemeinen wird der Text so ausgelegt, daß hiermit Spanien gemeint ist.
[15] Da Kolumbus glaubte, in China gelandet zu sein, bezeichnete er das Gebiet, entsprechend den ihm bekannten Berichten Marco Polos, als das Land des Großkhans. Seit dem Ende der Mongolenherrschaft (1368) trug der chinesische Herrscher jedoch nicht mehr den Titel eines Großkhans. Die Kunde von der in China inzwischen grundlegend geänderten Situation war offenbar nicht bis zu Kolumbus bzw. bis nach Spanien gedrungen.
[16] Diese erste spanische Siedlung in Amerika hatte nur kurze Zeit Bestand; Kolumbus mußte bereits bei seiner zweiten Reise im November 1493 feststellen, daß die Indios das Fort zerstört und die dort zurückgebliebenen Spanier getötet hatten.
[17] Die damals bekannten Reiseberichte, etwa der des Marco Polo oder der fiktive des John Mandeville, erweckten die Vorstellung, daß es in den unerforschten Gebieten Ungeheuer in Menschengestalt gäbe. Kolumbus betonte daher, daß er keine Ungeheuer gefunden habe.

ster angetroffen noch davon gehört, mit Ausnahme der Insel Karib[18], die zweite nach der Einfahrt nach Indien, die von Leuten bevölkert ist, die auf allen Inseln für sehr grausam gehalten werden und die Menschenfleisch essen. Diese haben viele Kanus, mit denen sie alle indischen Inseln abfahren, und sie rauben und nehmen, soviel sie können. Sie sind nicht mißgestalteter als die anderen, außer daß sie den Brauch haben, ihre Haare so lang wie Frauen zu tragen. [...]

Aus: Cristóbal Colón: Textos y documentos completos. Relaciones de viajes, cartas y memoriales. Edición, prólogo y notas de Consuelo Varela. Madrid 1982, S. 139–146.   Übers.: BK; Anm.: RP

5. Die spanische Krone öffnet die Neue Welt für private Entdeckungsfahrten (1500)

Nachdem die Fahrten längs der afrikanischen Küste und zu den Kanarischen Inseln im Verlauf des 15. Jahrhunderts die Gewinnmöglichkeiten solcher Unternehmungen offenbart hatten, beschlossen die Katholischen Könige Ferdinand und Isabella, es dem Vorbild der portugiesischen Könige gleichzutun und selbst unmittelbar am finanziellen Ertrag solcher Fahrten zu partizipieren. Sie reklamierten für ihren Herrschaftsbereich zunächst das Recht, solche Fahrten zu autorisieren, und bemühten sich dann, den Forderungen des Kolumbus entsprechend, in den Kapitulationen von Santa Fé vom April 1492 (vgl. Bd. 2, Dok. 26) um die Einrichtung eines überseeischen Handelsmonopols, dessen Kosten und Erträge zu genau festgesetzten Anteilen Kolumbus und ihnen selbst zufallen sollten und das Dritte von solchen Unternehmungen ausschließen sollte. Die Papstbullen von 1493 und der Vertrag von Tordesillas mit Portugal vom 7. Juni 1494 verschafften den Königen dann auch Rechtstitel, die zumindest ihre eigenen Untertanen und der Hauptrivale Portugal nicht anfechten konnten. Obwohl auch in dieser Phase schon Besitznahme der entdeckten Länder und Inseln erfolgen sollte, strebten die Könige Kastiliens zunächst offenbar nur eine Handelskolonisation nach portugiesischem Vorbild an, die von den Königen und Kolumbus gemeinsam und mit bezahlten Angestellten vorangetrieben werden sollte. Als jedoch ausgangs des 15. Jahrhunderts deutlich wurde, daß diese Konzeption keine schnellen Gewinne erwarten ließ, lockerte die Krone zunächst das Monopol, indem sie auch anderen Unternehmern Fahrten nach Übersee gestattete, sich selbst in den als Rechtsgrundlage dienenden Kapitulationen mit den Interessenten aber nach wie vor ansehnliche Gewinnanteil reservierte.

Rodrigo Bastidas war einer der ersten Privatunternehmer, der in das Amerikageschäft einstieg. Verschiedene in den Jahren 1498 und danach unternommene Amerikafahrten waren überwiegend kommerzielle Tauschhandelsunternehmungen *(empresas de rescate)* von staatlich lizensierten Privatunternehmern. Damit begann die Krone vom Konzept der Handelskolonisation mit dem Ziel schneller finanzieller Gewinne abzuweichen und den sich in den folgenden Jahren vollziehenden Übergang zur Konzeption der Siedlungskolonisation, ebenfalls mit Hilfe privater unternehmerischer Initiative, vorzubereiten. Es war also zunächst die Krone, die unter Verzicht auf schnelle

---

[18] Eine Insel dieses Namens gab es nicht. Kolumbus bezieht sich hier auf die Caniba, die die Spanier später Kariben oder Kannibalen nannten. Sie hatten die Taino, die Indianer, die Kolumbus in diesem Brief beschrieben, von den kleinen Antillen vertrieben.

Gewinne ein langfristiges politisches Konzept entwickelte, zu dessen Verfolgung sie sich nach wie vor des individuellen Gewinnstrebens bediente, dieses aber durch die Übertragung staatlicher Ämter, militärischer und richterlicher Funktionen schon in der Frühphase zu kontrollieren und zu lenken sich bemühte.

Die Ernennung Bastidas' zum „capitán" verdeutlicht dieses Bestreben. Die übrigen Teilnehmer solcher Unternehmen werden zwar von dem Anführer privat rekrutiert mit der In-Aussicht-Stellung festgelegter Gewinnanteile an der Fahrt, zugleich von der Krone aber der Gerichtsgewalt des Befehlshabers unterstellt und damit zumindest indirekt auf die jenem von der Krone erteilten Weisungen festgelegt. Dieses System der Bändigung und Kontrolle des privaten Gewinnstrebens war sicherlich zunächst nicht effektiv genug, um alle möglichen Mißbrauche und Ausschreitungen zu verhindern, bot jedoch immer die Chance, bei späterer Gelegenheit die Beteiligten zur Verantwortung zu ziehen. Dokumente dieses Typs aus der Folgezeit lassen das staatliche Streben nach Kontrolle und Lenkung viel deutlicher in den zusätzlichen Bestimmungen über Ziele und Aufgaben der Unternehmungen erkennen. Damit bahnte sich aber schon der später ausbrechende Konflikt zwischen den privaten Profitinteressen und dem politischen Willen der Krone an. Pi

Lit.: Juan Pérez de Tudela: Las armadas de Indias y los orígenes de la política de colonización (1492–1505). Madrid 1956 – Mario Góngora: Los grupos de conquistadores en Tierra Firme (1505–1530). Fisionomía histórico-social de un tipo de conquista. Santiago 1962 – Enrique Otte: Das genuesische Unternehmertum und Amerika unter den Katholischen Königen. In: Jahrbuch für Staat, Wirtschaft und Gesellschaft Lateinamerikas 2 (1965), S. 30–74 – Charles Verlinden: Le génois Leonardo Lomellini homme d'affaires du marquisat de Fernando Cortés au Mexique. In: Jahrbuch für Staat, Wirtschaft und Gesellschaft Lateinamerikas 4 (1967), S. 176–184 – James Lockhart: The Men of Cajamarca. Austin–London 1972 – Ruggiero Romano: Les mécanismes de la conquête coloniale: Les conquistadores. Paris 1972 – Jacques Lafaye: Les conquistadores. (Le temps qui court 35). Bourges 1973 – Michael G. Riley: Fernando Cortés and the Marquesado in Morelos. 1522–1547. A Case Study in the Socioeconomic Development of Sixteenth-Century Mexico. Albuquerque (New Mexico) 1973 – Guillermo Céspedes del Castillo: Latin America. The Early Years. New York 1974 – Mario Góngora: Studies in the Colonial History of Spanish America. Cambridge 1975. 1. und 2. Kapitel – James Lockhart/Enrique Otte: Letters and people of the Spanish Indies. Cambridge u. a. 1976 – Demetrio Ramos Pérez: Audacia, negocios y política en los viajes españoles de „descubrimiento y rescate". Valladolid 1981. RP

Abschrift der Kapitulation zur Durchführung von Entdeckungsfahrten mit zwei Schiffen, die der König und die Königin[1], unsere Herren, Rodrigo Bastidas[2] erteilen

Der König und die Königin:

Auf Unser Geheiß hin wurde mit Euch, Rodrigo Bastidas, Bürger der Stadt Sevilla, folgendes Abkommen[3] getroffen, gemäß dem Ihr mit zwei Schiffen auf Entdeckungsreise über das Ozeanische Meer fahren könnt:

---

[1] Die Katholischen Könige Isabella von Kastilien und Ferdinand von Aragón.
[2] Rodrigo de Bastidas wurde in Sevilla geboren, er starb 1527 in Santiago de Cuba und war einer der ersten Konquistadoren nach Kolumbus. Er befuhr die Küste Kolumbiens und Panamás.
[3] Durch diese „Capitulaciones" oder „Asientos" genannten Abmachungen übertrug die Krone den Eroberern in Form eines königlichen Privilegs hoheitliche Befugnisse und privatwirtschaftliche exklusive Nutzungsrechte.

5. Die spanische Krone öffnet die Neue Welt für private Entdeckungsfahrten

Erstens: Wir erlauben Euch, besagtem Rodrigo Bastidas, mit zwei eigenen Schiffen auf Eure Kosten und Gefahr über das besagte Ozeanische Meer zur Entdeckung von Inseln und Festland in die Gegenden Indiens[4] zu fahren.
[...]
Weiterhin: Von allem Gold und Silber, Kupfer und Blei, Zinn und Quecksilber und jeglichem anderen Metall, sowie von allen Perlen, Edelsteinen und Juwelen, von allen Sklaven, Schwarzen und dunkelhäutigen Menschen, soweit sie in diesen Unseren Königreichen als Sklaven gehalten und betrachtet werden, und von allen Monstern und Schlangen und jeglichen anderen Tieren, Fischen und Vögeln, von allen Gewürzen und Arzneien und jeglichen anderen Dingen, gleich welchen Namens und Wertes und welcher Güte, erhalten Wir nach Abzug der Ausgaben für Ausrüstung, Fracht und sonstige Kosten, die auf besagter Reise entstehen, den vierten Teil des verbleibenden Restes; die anderen drei Viertel seien für Euch, Rodrigo de Bastidas, auf daß Ihr nach Eurem Willen und Gutdünken ungehindert über sie verfügt als über Eure eigene, freie Sache.

Item: Auf jedem der Schiffe lassen Wir eine oder zwei Personen mitfahren, die in Unserem Namen oder auf Unser Geheiß zugegen seien bei allem, was auf den besagten Schiffen von den obengenannten Sachen empfangen und eingetauscht werde, und sie mögen es aufschreiben und darüber Buch führen; dergestalt, daß keinerlei Betrug oder Täuschung möglich sind und daß weder Ihr, besagter Rodrigo de Bastidas, noch eine andere Person noch sonstige Personen der erwähnten Karavellen und ihrer Besatzung irgendetwas der obengenannten Sachen tauschen oder kaufen oder empfangen könnt, ohne daß die besagte Person oder die besagten Personen, die auf Unser Geheiß auf jedem der genannten Schiffe sind, dabei zugegen wären; jeder Zuwiderhandelnde soll dadurch bestraft werden, daß er alles, was er in dieser Weise eingetauscht und empfangen hat, und jeglichen Gewinn, der ihm aus der besagten Reise erwachsen mag, verliert, und seine Person Unserer Gnade ausgeliefert ist.

Item: Alles Obengenannte, das wie auch immer empfangen und eingetauscht wird, ist ohne Verringerung oder Fehlmenge in die Stadt und den Hafen von Cádiz zu bringen und Unserem Beamten, der in besagter Stadt Cádiz wohnhaft ist, vorzuführen, damit dort der Uns zustehende vierte Teil für Uns genommen werde; und damit Ihr, Rodrigo de Bastidas, es so haltet und wahrt und erfüllt, hinterlegt Ihr beim Bischof von Córdoba, Mitglied Unseres Rates[5], oder bei seinem Stellvertreter eine sichere Bürgschaft.

Item: Mit den besagten Schiffen und deren Besatzung begebt Ihr Euch in die Stadt Cádiz und erscheint vor Antritt Eurer Fahrt vor Gimeno de Bribiesca, Unserem Beamten, damit er die besagten Schiffe besichtige und einen Be-

---

[4] Gemeint ist Amerika.
[5] Juan Rodríguez de Fonseca (1451–1524), seit 1499 Bischof von Córdoba, Mitglied des Kastilienrats, des zentralen Regierungsorgans für die Reiche und Herrschaften der kastilischen Krone. Ihm oblag bereits seit der zweiten Kolumbusreise (1493) die Aufsicht und Kontrolle über die Entdeckungen und die Kolonisation in Übersee.

richt über sie und über die Leute, die auf ihnen fahren, für Unsere Register [Bücher] abfasse und die dafür notwendigen Formalitäten erledige.

Zu diesem Behufe ernennen wir Euch, Rodrigo de Bastidas, zu Unserem Capitán[6] über die besagten Schiffe und ihre Besatzung und erteilen Euch Unsere Vollmacht und die zivil- und strafrechtliche Gerichtsbarkeit einschließlich aller damit verbundenen Umstände, Zwischenfälle und Ereignisse und den dazugehörigen Vorfällen und Zusammenhängen.

Wir versprechen Euch, alles Gesagte und jegliche Einzelheit und jeglichen Teil anzuordnen, zu überwachen und zu erfüllen, und Euch weder insgesamt noch teilweise in irgendeiner Weise zu behindern. Daher befehlen wir, Euch das vorliegende von Uns unterzeichnete Schriftstück zu übergeben.

Ausgestellt in der Stadt Sevilla, am 5. Juni des Jahres fünfzehnhundert nach der Geburt unseres Erlösers Jesus Christus. – Ich, der König. – Ich, die Königin. – Auf Geheiß des Königs und der Königin. – Gaspar de Gricio.

Aus: Colección de documentos inéditos relativos al descubrimiento, conquista y organización de las antiguas posesiones españolas de América y Oceanía sacados de los archivos del Reino y muy especialmente del de Indias. Vol. 38. Madrid 1882, S. 434–437.   Übers.: BK; Anm.: RP

6. Auf der Suche nach dem Goldland El Dorado: Aus der Chronik des Pedro Simón (1626)

Die reiche Gold- und Silberbeute der Eroberer des Azteken-, des Inka- und des Chibchareiches lockte Scharen verwegener Abenteurer, Glücksritter und Geschäftemacher in die Neue Welt und erweckte maßlose Gier nach noch ungehobenen Schätzen. Dunkle Sagen und unbestimmte Gerüchte über dicht bevölkerte Landstriche und Städte, reich an unerschöpflichen Schätzen von Gold, Silber und Edelsteinen, fanden gläubigen Widerhall in Europa und veranlaßten noch bis ins 19. Jahrhundert zahlreiche Entdeckungsfahrten zur Auffindung dieser Goldländer – vor allem aber des sagenhaften Goldlandes „El Dorado": Sage und Name („Der Vergoldete") gehen auf einen religiösen Brauch der Muisca, eines Chibchavolkes in Kolumbien (vgl. Bd. 1, Dok. 58), zurück, wonach ein mit Goldstaub überpuderter Herrscher in vorspanischer Zeit alljährlich (nach anderen Überlieferungen: alltäglich) auf den im Hochland von Bogotá gelegenen heiligen See von Guatavita hinausfuhr, dort den Nationalgottheiten als Weihegaben Gold und Smaragde versenkte und sich dann selbst in das Wasser stürzte, um den Goldstaub abzuspülen (vgl. Bd. 2, Kap. XI).

Diese Kunde von El Dorado zog wie ein Magnet die vom Goldrausch befallenen europäischen Eindringlinge an und begründete den Menschheitstraum von einem Goldparadies im Inneren Südamerikas. El Dorado wurde so für Jahrhunderte Symbol und Ausdruck für sagenhafte Reichtümer auf dem amerikanischen Kontinent und – in späterer Umdeutung des Wortes – zum Inbegriff für Gold, Reichtum und eine Überfülle an Kostbarkeiten aller Art. Ungezählte Expeditionen – im 16. Jahrhundert vor allem

---

[6] Der „Capitán" besaß zivile, militärische und jurisdiktionelle Gewalt sowie die Vollmacht zur Ernennung von Stellvertretern und nachgeordneten Amtsträgern.

von Deutschen, Spaniern und Engländern – nahmen die Suche nach El Dorado auf, folgten dem trügenden Klang des Goldes. Dabei wurden zwar viele Kulturgüter der Urbewohner Amerikas zerstört, die Jagd nach verborgenen Schätzen war aber auch Triebfeder zu bedeutenden geographischen und ethnographischen Entdeckungen. Die wagemutigen Vorstöße des Philipp von Hutten, in dessen Begleitung sich der Kaufherr Bartholomäus Welser befand, des Georg Hohermuth, der Welseragenten Nicolaus Federmann (vgl. Bd. 2, Dok. 84) und Ambros Dalfinger; der Spanier G. Jiménez de Quesada, Fernando Pérez de Quesada, Sebastián de Belalcázar (auch: Benalcázar), Antonio de Berrío y Oruña, Pedro de Ursúa, Lope de Aguirre (vgl. Bd. 2, Dok. 89) u. a. gehören zu den kühnsten, aber auch zu den grausamsten Unternehmungen jener Zeit. Unter den englischen El Dorado-Fahrern ragt Sir Walter Raleigh (1552–1618) hervor. Geblendet vom Traumbild einer angeblich ungeheuer reichen Goldstadt Manoa, die er in Guayana und im Stromgebiet des Orinoco aufzufinden glaubte, suchte er hartnäckig nach dem goldenen Paradies Amerikas. Doch das vermeintlich zum Greifen nahe Goldland entzog sich immer und immer wieder dem Zugriff der goldhungrigen Konquistadoren und Abenteurer und verlagerte sich auch immer weiter in den südamerikanischen Raum: Von den Anden Neugranadas in die Täler des Cauca- und des Magdalenastromes, in die Länder am Río Meta, Río Negro, Río Branco, Río Orinoco und ihrer Nebenflüsse bis nach Guayana, in das Amazonasbecken und weiter in südliche Regionen, wo es zu jenem Fabelland von Paitití wurde, das man in Bolivien, in Peru und sogar im Gran Chaco vergeblich suchte.

Das Geschichtswerk des Franziskaners Pedro Simón (1574 bis ca. 1630), das neben den Werken von Gonzalo Oviedo y Valdés, Juan de Castellanos, Antonio de Herrera und Lucas Fernández de Piedrahita zu den wichtigsten Quellen über Neu-Granada gehört, berichtet an mehreren Stellen über die Verbreitung des El Dorado-Mythos, der in Neu-Granada, im heutigen Kolumbien, seinen Ursprung hatte. Schon P. Simón beurteilt kritisch die zahlreichen Versionen über das angebliche Goldland El Dorado, das man über Jahrhunderte hin als greifbare Realität ansah, bis es von Alexander von Humboldt endgültig in den Bereich der Fabel und der Erfindung verwiesen wurde.

Lit.: Alexander von Humboldt: Südamerikanische Reise. Hrsg. v. R. Jaspert. Berlin–Frankfurt am Main–Wien 1979 – Walter Raleigh: The discovery of the large, rich and beautiful Empire of Guiana, reprinted from the Original of 1596 by Sir Robert Schomburgk. London 1848 – Ferdinand Adalbert Junker von Langegg: El Dorado. Leipzig 1888. Ndr. Graz 1973 – Hamburgische Festschrift zur Erinnerung an die Entdeckung Amerikas. Hrsg. v. Wiss. Ausschuß des Komitees für die Amerika-Feier. Bd. II. Hamburg 1892 – Manuel Ferrandis: El Mito de Oro en la Conquista de América. Valladolid 1933 – Constantino Bayle: El Dorado Fantasma. Madrid 1943 – Hermann Trimborn: Eldorado. München 1961 – Ursula Schlendter: Im Reiche El Dorados. Leipzig–Jena–Berlin 1976 – Victor W. von Hagen: Auf der Suche nach dem Goldenen Mann. Reinbek bei Hamburg 1979 – Siehe auch Bd. 2, Kap. XI.   Ne

---

Über diesen (in der Welt so berühmten) Namen Dorado, worüber wir mehr im zweiten Teil [der „Noticias Historiales"] sprechen wollen, soll von nun an etwas mehr Klarheit herrschen:

Bis zum Jahre Sechsunddreißig [1536] war der Name El Dorado noch unbekannt und noch nicht erdacht. Erst in diesem Jahr gebrauchten ihn der Generalkapitän Sebastián de Belalcázar und seine Soldaten in der Provinz und in

Abb. 3: „El Dorado" – der „vergoldete Mann": Der große Zipa, ein Häuptling der Muisca in Neu-Granada, wird mit Harz eingerieben, ein zweiter Helfer überbläst seinen Körper mit Goldstaub.

der Stadt Quito. Es geschah bei folgendem Anlaß: Als Belalcázar in der besagten und erst vor kurzem besiedelten Stadt weilte, wollte er über neue Länder Erkundigungen einholen. So fragte er alle Indios, die von auswärts zu kommen schienen, über ihre Heimatländer aus. Da traf er zufällig einen, der erzählte, daß er von Bogote käme, jenem Tal von Bogotá oder Santa Fé. Nach den Besonderheiten seines Landes befragt, sagte er [der Indio]: Ein Herrscher jenes Landes fahre mit einem Floß auf eine von Bergen umgebene Lagune hinaus. Sein Körper sei ganz nackt (denn er entkleide sich zu diesem Anlaß), mit harzigem Öl gesalbt und darüber mit Goldstaub bestreut, wodurch er sehr glänze. Belalcázar und seine Soldaten wußten für diese Provinz keinen besseren Namen als „Provinz des Dorado". Er rührt vom goldbedeckten Mann her, der auf die Lagune hinausfährt, um Opfer darzubringen. Darüber werden wir später noch ausführlich sprechen. Belalcázar entbrannte vor Gier, jene Provinz aufzusuchen, die von ihm, gemäß den Informationen, den Namen „Dorado" erhalten hatte. Er brach deshalb mit seinen Soldaten von den Provinzen Quito und Popayán, von den westlichen Landesteilen aus, gegen Osten hin auf. Er stieß in jene Provinzen des Reiches (die bereits Gonzalo Jiménez de Quesada entdeckt und erobert hatte) vor und marschierte in die Stadt Santa

Fé [de Bogotá] ein, wohin auch Nicolaus Federmann mit Pedro de Limpias im selben Monat und im bereits genannten Jahr gekommen war. Als die drei Generalkapitäne Gonzalo Jiménez de Quesada, Federmann und Belalcázar in der Stadt Santa Fé weilten, teilte Belalcázar neben den übrigen Erfahrungen, die er während des Marsches in diese Provinz gemacht hatte, auch diese besondere Nachricht mit, die er von jenem Indio gehört habe (wie es der Wahrheit entspricht), und daß besagter Provinz der Name El Dorado gegeben worden sei. Aus diesem Grunde verbreitete sich dieser Name (weil er so bombastisch klingt und das Herz zu erfreuen scheint, da es um Gold geht) unter den Soldaten. Von da an wurde dieser Name wie im Flug über die ganze Welt bekannt, von einem Land in das andere und vor allem in die Landstriche, wohin manche dieser Soldaten kamen. Ein jeder jedoch täuschte einen beliebigen Ort vor, insbesondere einen in den östlichen Landesteilen Neu-Granadas. Der Indio hatte ja behauptet, er liege, von den Ländern um Quito und Popayán aus gesehen, in jener Richtung. Daraus läßt sich folglich schließen, daß weder die schon beschriebenen Tagesreisen des Kapitäns Don Diego de Ordaz zum Marañon[-Fluß], noch diejenigen, die später Jerónimo de Ortal unternahm und denen [Antonio] Sedeño wegen der Nachricht über den Meta[-Fluß] zu folgen begehrte – er hatte sie bekanntlich von seiner Sklavin in Puerto Rico erhalten –, noch diejenigen des Georg von Speyer [Georg Hohermuth], der so lange Zeit das Gebirgsland erkundete, noch diejenigen des Nicolaus Federmann aus dem Anlaß durchgeführt wurden, El Dorado zu suchen; dieser Name war ja bis dahin noch nirgendwo ausgedacht worden. Kapitän Pedro de Limpias war deshalb der erste, der den Namen El Dorado in der Provinz Venezuela und in der Stadt Coro unter die Leute brachte. Bekanntlich war er mit Nicolaus Federmann nach Santa Fé gekommen und befand sich unter den übrigen Soldaten des Belalcázar und des Quesada, als über diesen neuen Namen und seine Herkunft gesprochen wurde. Da jener Limpias seine Niederlassung bereits in der Stadt Coro, in der Provinz Venezuela, hatte, wo er als Veteran lebte, oder da er keine besonderen Pläne für diese Region des Reiches hatte, hielt er sich nur für so kurze Zeit wie Federmann in der Stadt auf. Dann brach er mit ihm und den übrigen Leutnanten hinunter [an die Küste] nach Cartagena auf. Von dort aus kehrte er sehr schnell in die Stadt Coro zurück. Nachdem er im Jahre Neununddreißig [1539] in das Neue Reich und in dieses im Jahre Vierzig gekommen war, treffen wir ihn in Coro an, wo er den Namen El Dorado gemeinhin bekannt machte. Die Kunde darüber wurde von da an von allen sogleich aufgenommen – zum großen Schaden vieler, wie wir später in diesem ersten Teil [der „Noticias Historiales"] noch berichten werden.

Aus: Pedro Simón: Primera Parte de las Noticias historiales de las Conquistas de tierra firme en las Indias Occidentales. Cuenca 1626. Quinta Noticia Historial. Cap. I,2.

7. Forderungen der Konquistadoren nach Abtretung von Indios durch die Krone als Auszeichnung für erwiesene Dienste (1537)

Profitgier und Streben nach Reichtum war für die Teilnehmer der spanischen Entdeckungs- und Eroberungsunternehmen weniger Selbstzweck als vielmehr Mittel zum Zweck. Reichtum ermöglichte in jener Phase des Übergangs vom Mittelalter zur Neuzeit mehr oder weniger leicht sozialen Aufstieg. Im Spanien des 15. und 16. Jahrhunderts eröffnete Vermögen besonders leicht Chancen zu sozialem Aufstieg, bis hin zur Aufnahme von Menschen recht untergeordneter sozialer Herkunft in den Adel. Unter den Teilnehmern der spanischen Entdeckungs- und Eroberungszüge bildeten sich in dieser Hinsicht zwei Verhaltensmuster heraus: Die einen rafften nach erfolgreichem Abschluß eines solchen Zuges eine möglichst stattliche Beute zusammen, um damit nach Spanien in ihre Heimatorte zurückzukehren und dort Land, eine Grundherrschaft oder Renteneinkommen zu erwerben, die ihnen ein Herrenleben ermöglichten, das sie im Angesicht ihrer Verwandten und Bekannten zu genießen erstrebt waren. Diese neureichen Amerikaheimkehrer wurden in Spanien unter verschiedenen Bezeichnungen sprichwörtlich. Am weitesten verbreitet war vielleicht die Bezeichnung „perulero" (etwa: Peruheimkehrer), die von den Zeitgenossen durchaus abschätzig gebraucht und zu Satiren benutzt wurde.

Die zweite Gruppe suchte das Ziel sozialen Aufstiegs in Amerika selbst zu verwirklichen und sich dauerhaft in Übersee niederzulassen. Je nach Herkunft des einzelnen konnte sich dieser Aufstieg in der Form des Erwerbs von Bürgerrechten und Besitz in einer neu gegründeten Stadt oder des Erwerbs von Adelsprivilegien unterschiedlichen Ranges oder der Ernennung für alle möglichen öffentlichen Ämter usw. manifestieren. Das begehrteste Ziel dieser Gruppe von Leuten war der Erwerb eines „Repartimiento" oder einer „Encomienda" – die Abtretung von dem König zustehenden Tributleistungen der Eingeborenen an einzelne Kolonisten –, die, ganz im Gegensatz zum rechtlich klar definierten Gehalt dieses Privilegs, von den Begünstigten als Zuteilung von mehr oder weniger uneingeschränkt abhängigen und nutzbaren Vasallen aufgefaßt und folglich als der Erwerb von Herrschaft im feudalen Sinne verstanden wurde. In Form eines „Repartimiento" oder einer „Encomienda" an Siedler vergebene Indianer waren somit nicht nur eine vielfältig nutzbare wirtschaftliche Einnahmequelle, sondern vor allem auch soziales Statussymbol.

Der vorliegende Bericht des Miguel Diez de Aux an den Präsidenten und die Mitglieder des Königlichen Indienrates vom 20. Dezember 1537 macht deutlich, daß praktisch alle Konquistadoren, gleich welcher sozialen Herkunft, als Belohnung ihrer Verdienste ein Anrecht auf den Erwerb einer „Encomienda" zu haben glaubten, ja, wenn sie schon Indios besaßen, dennoch bereit waren, alles in Bewegung zu setzen, um weitere Zuteilungen zu erhalten, obwohl der Schreiber des vorliegenden Briefes sie als reich und vermögend einschätzt. Der Darstellung von Diez de Aux stehen zahllose Eingaben von Konquistadoren und Kolonisten gegenüber, in denen dieser Personenkreis unter Hinweis auf erwiesene Verdienste und ihre bittere Armut um die Zuteilung einer „Encomienda" bittet. Dazu kommen immer wieder massive Vorstöße der Inhaber von „Encomiendas" bei der Krone, um vom König die Weiterentwicklung der „Encomienda" zu einer regelrechten Grundherrschaft oder zumindest ihre unbegrenzte Vererbbarkeit gewährt zu erhalten.

7. Die Konquistadoren fordern die Abtretung von Indios

Die Krone hatte jedoch schon kurz nach der Eroberung Mexikos damit begonnen, die von dieser Institution ausgehende Feudalisierungsgefahr zu bekämpfen und die „Encomienda" administrativ-rechtlich immer weiter einzuschränken. Nur wenige spanische Entdecker und Eroberer haben auf Dauer die Spitze der sozialen Hierarchie erklommen und Adelstitel erworben. Überhaupt nur zwei, nämlich die Nachkommen des Kolumbus und des Hernán Cortés, haben zusätzlich zu einem Adelsprädikat auch eine regelrechte Grundherrschaft in Amerika zuerkannt bekommen, und zwar erstere das Herzogtum Veragua („Ducado de Veragua") mit einem Landstreifen am Isthmus von Panamá und mit Jamaica, letzterer das Markgrafentum del Valle de Oaxaca („Marquesado del Valle de Oaxaca") im gleichnamigen mexikanischen Bundesstaat mit etwa 40000 Vasallen.

Dessenungeachtet erreichten viele Teilnehmer der Eroberungszüge, sofern sie die ungeheuren Strapazen länger überlebten, im Rahmen der sich neu formierenden kolonialen Gesellschaft den Aufstieg zu beträchtlichem Vermögen und Ansehen. Die zunehmende Geringschätzung der Europa-Spanier für die neureichen Eroberer und deren – oftmals gemischtrassige – Nachkommen mündete schon im 16. Jahrhundert in einen sich vielfältig artikulierenden Gegensatz zwischen Kreolen (gebürtige Amerika-Spanier) und Europa-Spanier, der auch in dem vorliegenden Dokument bereits anklingt.   Pi

Lit.: [Neben der zu Dok. 5 genannten Literatur] José Miranda: La función económica del encomendero en los orígenes del régimen colonial (Nueva España. 1525–1531). México ²1965 – Lesley Byrd Simpson: The Encomienda in New Spain. The Beginning of Spanish Mexico. Berkeley–Los Angeles 1966 – Silvio Zavala: La encomienda indiana. 2. erweiterte Auflage. México 1973 – Salvador Rodríguez Becerra: Encomienda y conquista, los inicios de la colonización en Guatemala. Sevilla 1977 – Silvio Zavala: Orígenes de la colonización en el Río de la Plata. México 1977.   RP

Brief von Miguel Diez de Aux[1] an den Präsidenten und die Oidoren[2] des Königlichen Indienrates[3], in welchem er auf gewisse Forderungen einiger Konquistadoren hinweist. – Aus Neu-Spanien, am 20. Dezember 1537

Hochehrwürdiger und Erlauchter Herr[4] und sehr erhabene Herren:
Seit dreißig Jahren Untertan, Vasall und Diener Seiner Majestät hier auf den Inseln Hispaniola und San Juan[5] mit sehr ehrenvollen Ämtern und Aufga-

---

[1] Miguel Díez (oder Díaz) de Aux, aus der Provinz Huesca in Aragón, war 1510 *alguacil mayor,* Inhaber der obersten Polizeigewalt, in Puerto Rico und reiste als Gefangener nach Spanien zurück. 1511 schiffte er sich zusammen mit seiner Frau wieder nach Puerto Rico ein. Seit 1526 besaß er in Mexiko die Bürgerrechte.
[2] „Oidor", von lat. „auditor", wurden die Mitglieder der kollegial organisierten zentralen Ratsbehörden *(consejos)* und der Appellationsgerichte *(chancillerías* und *audiencias)* auf Grund der Tatsache genannt, daß sie Rechtsstreitigkeiten „anhörten", um darüber zu urteilen. Im weiteren Verlauf des 16. Jahrhunderts wurde die Bezeichnung auf die Mitglieder der zuletzt genannten Gerichtstribunale beschränkt, obwohl auch die *consejos* nach wie vor u. a. richterliche Aufgaben erfüllten.
[3] Die zentrale Behörde für alle Belange der überseeischen Gebiete war der 1524 ins Leben gerufene Indienrat *(Consejo de Indias),* der umfassende legislative, beratende und richterliche Kompetenzen besaß.
[4] Das Schreiben ist über den Indienrat an den König gerichtet.
[5] Hiermit sind Haïti und Puerto Rico (Hauptstadt San Juan) gemeint.

ben, bin ich mehr als jeder andere verpflichtet, Euch, sehr erlauchte und gnädige Herren, auf eine gewisse hier neuerlich aufgetretene Begebenheit aufmerksam zu machen und hinzuweisen; auch dient es Seiner Majestät, daß Sein Königlicher Rat die Wahrheit darüber erfährt. Und zwar haben einige Konquistadoren den Versuch unternommen, vom Vizekönig[6] die Genehmigung zu erlangen, sich zu versammeln und einen Vertreter zu wählen; dieser sollte erreichen, daß Seine Majestät sie in diesem Land auf dem Wege des Repartimiento[7] versorge. Aber keiner von ihnen traute sich diese Aufgabe zu, weil es sich um einfache Leute handelt. Und da ich ihnen fähiger oder qualifizierter oder wie auch immer erschien, baten sie mich oft und an vielen Tagen, diese Sache für sie zu vertreten und in die Wege zu leiten. Ich entschuldigte mich stets, soviel ich konnte, weil ich nicht wollte, aus vielerlei Gründen: Erstens, weil diese Konquistadoren reiche Leute sind und, wenn einer von ihnen diese Aufgabe übernommen hätte, er durch seine Erträge aus den Silberminen und der Viehzucht entschädigt worden wäre. Entsprechend ihren Personen und Möglichkeiten und dem, was sie besitzen, und mehr noch dem, womit der Vizekönig sie versieht, erschien es mir falsch, ihren Auftrag und ihre Bitte anzunehmen, wo ich so unschlüssig war, insbesondere weil mich zuerst zwanzig baten und ein zweites Mal vierzig, bis sie sich auf achtzig oder neunzig vervielfacht hatten, und je zahlreicher sie waren, desto schwieriger erschien mir die Sache. Der zweite Grund war, daß ich die Natur der Angelegenheit für sehr bedeutungsvoll hielt, was sie auch ist, und die Tatsache, das Repartimiento nach soviel Zeit aufleben lassen zu sollen, erschien mir sehr dubios. Sie drängten mich schließlich mit soviel Eifer, daß ich annehmen mußte, und zwar sehr gegen meinen Willen, sowohl, weil ich die Entwicklung dieser Sache fürchtete, als auch aus den obenerwähnten Gründen. Der Vizekönig genehmigte ihre Versammlung, und auf ihr wählten sie mich und einen Francisco de Vargas zu ihren Beauftragten, und ich wurde dazu bestimmt, nach Spanien zu fahren. Ich mußte also diesen Auftrag übernehmen und erledigte für sie schließlich alle Formalitäten, die gegenüber dem Vizekönig erforderlich waren.

[...]

---

[6] Zum ersten Vizekönig wurde 1535 für Neu-Spanien Antonio de Mendoza, ein Angehöriger des Hochadels, ernannt. Er wurde als Stellvertreter des Monarchen mit königlichen Attributen ausgestattet und sollte das monarchische Herrschaftsprinzip äußerlich sichtbar verkörpern und die Regierungsgeschäfte leiten.

[7] Als Rechtsnachfolger der indianischen Herrscher beanspruchte der spanische König die Tributleistungen der Eingeborenen. Zum Zwecke der Förderung der Kolonisation trat der König Teile dieser Tributleistungen an einzelne Spanier mit der Auflage ab, daß diese sich um die Christianisierung der Eingeborenen bemühen und militärisch präsent sein sollten. Dieses System nannte man „Repartimiento" oder auch Vergabe in „Encomienda". Auf diese Weise konnten sich die so begünstigten Kolonisten der wirtschaftlichen Erschließung des Landes widmen. Die Tributleistungen wurden von den Kolonisten zunächst ziemlich willkürlich in Form von Arbeitsleistungen und Naturalabgaben erhoben, im Verlauf des 16. Jahrhunderts zunächst auf genau fixierte Naturalabgaben pro „Encomienda", später auf Geldzahlungen pro Kopf eingeschränkt.

Nach meiner Rückkehr [vom Vizekönig] entstand unter ihnen schädlicher Zwist und sehr nachteiliger Hader; viele von denen, die schon Indios hatten, wollten abermals [an diesem Geschäft] partizipieren, um andere und bessere Indios zu bekommen, vielleicht, um auch diese wieder zugrundezurichten, wie es jene tun, die schon Indios haben. Daß diejenigen, die in diesem Land leben, einander nicht kennen wollen, daß alle gleich sein wollen und der Kleinste des Rudels die fettesten Brocken haben will, ist unerträglich; in keinem anderen Land unter dem Himmel herrscht soviel Anmaßung und Hochmut wie hier. Ich war gegenteiliger Meinung und warf ihnen ihre Anmaßung vor und sagte ihnen, daß ich nur von denjenigen Vollmacht und Auftrag annehmen würde, die noch keine Indios zugeteilt bekommen hätten.

[Daraufhin wollte man Diez de Aux seiner Aufgabe entheben.]

Abschließend will ich sagen, daß dieser neuerliche Streit und viele andere dieser Art, die sie in der Vergangenheit aus denselben Gründen selber vom Zaun gebrochen haben, und in deren Verlauf sie sich selber bekriegten, nicht in seinen [des Vizekönigs] Händen liegen – glaubt mir, erlauchteste Herren und Euer Gnaden –, sondern nur in Händen Gottes, der alles zugelassen hat und zuläßt wegen ihrer Sünden und ihres großen Hochmutes. Ihr wollt ja, daß die Wahrheit ans Licht kommt, auf daß Seine Majestät nicht betrogen werde, denn manch einer bekommt ein Amt übertragen wegen seiner Dienste oder wegen seiner Qualitäten oder auch auf Grund seines hohen Standes, weil er Edelmann oder Ritter ist, aber in Wahrheit gibt es sehr wenige, die es verdienen. Am besten weiß dies und all das, was sonst Gott und Seiner Majestät frommt, der Vizekönig, der sein Regierungsamt sehr weise versieht.

[...]

Aus: Francisco del Paso y Troncoso (ed.): Epistolario de Nueva España. 1505–1818. Vol. III: 1533–1539. México 1939, S. 231–233.   Übers.: BK; Anm.. RP

8. Die Bettelorden hoffen auf eine Verwirklichung christlicher Ideale bei der Missionierung der Indios

Der Missionseifer hat in der spanischen Landnahme eine bis etwa um die Mitte des 16. Jahrhunderts ansteigende Bedeutung gehabt. Bei den ersten Entdeckungsfahrten des Kolumbus und seiner Nachfolger und Konkurrenten spielte der Missionsgedanke noch eine vergleichsweise nebensächliche Rolle. Kolumbus und andere Entdecker berichteten zwar verschiedentlich beiläufig, daß die Indios zur Annahme des christlichen Glaubens gut geeignet seien, aber weder sie selbst noch die Krone unternahmen nachdrückliche Missionsanstrengungen. Auf Grund des päpstlichen Missionsauftrags in den Bullen von 1493 hatten die Katholischen Könige auf der zweiten Reise des Kolumbus zwar einige Geistliche nach Amerika entsandt, doch war deren Missionseifer und -erfolg gering. Erst allmählich, in dem Maße, in dem sich das Konzept der Siedlungskolonisation durchzusetzen begann, forcierte die Krone die Mission stärker, galt es doch nun, die amerikanischen Eingeborenen über den Glauben in eine nach europäischen Vorstellungen geordnete Staats- und Gesellschaftsordnung einzugliedern. Mission wurde so zu einem Europäisierungsinstrument aus der Sicht des Staates.

Bei den Teilnehmern der Entdeckungs- und Eroberungszüge artikulierte sich der Missionseifer auch erst schrittweise in dem Maße, wie sich den Spaniern die kontinentale Dimension der neu entdeckten Gebiete zu erschließen begann. Dies, Spaniens politische Erfolge in Europa, die spanischen Siege gegen die Mauren in Nordafrika in den Jahren 1507–11, im Innern das Vordringen der reformerischen Bewegung in der spanischen Kirche, die Wahl des spanischen Königs Karl zum Kaiser und zuletzt das Eintreten gegen die reformatorischen „Ketzer" ließen in den Teilnehmern der überseeischen Expansionsbewegung ein missionarisches Sendungsbewußtsein entstehen, das stark religiöse, aber auch „nationale" Wurzeln hatte und der Expansionsbewegung wiederum starke Impulse verlieh. Bei den Anführern der Züge ebenso wie bei zahlreichen ganz einfachen Konquistadoren findet sich daher der Missionseifer ganz deutlich ausgeprägt und natürlich auch bei den nun in die Mission drängenden Angehörigen der – reformierten – Bettelorden.

So finden sich – zumindest nach dem gegenwärtigen Forschungsstand – Vorstellungen von der Schaffung einer neuen, an zeitgenössischen Idealen oder Utopien ausgerichteten Gesellschaft vor allem im spanischen Ordensklerus, der die Indiomission trug. Es ist nicht auszuschließen, daß auch Laien aus solchen Gründen als Eroberer und Kolonisten nach Übersee gingen; in Betracht kämen etwa die unter einer zunehmenden Diskriminierung leidenden „Conversos" (zum Katholizismus konvertierte Juden), für die es von allen sozialen Minderheiten Spaniens am leichtesten gewesen sein dürfte, die zeitweise sehr strenge Auswanderungsgesetzgebung der Krone (vgl. Dok. 57) zu umgehen. Nachweisbar ist dies jedoch bislang, über koloniale Inquisitionsakten, lediglich in Einzelfällen. Geschlossene gesellschaftliche Gruppen, die aus religiösen oder sozialen Gründen aus Europa nach Amerika auswandern wollten, wie z.B. die englischen „Pilgrim Fathers" (vgl. Dok. 19a) oder später die Mennoniten (vgl. Dok. 92), konnten bislang nicht festgestellt werden.

Am weitesten waren solche utopischen Strömungen tatsächlich im Ordensklerus verbreitet, insbesondere unter den Franziskanern. Mystik, Tendenzen zur Rückbesinnung auf die strengen Gründerregeln der Bettelorden, der Einfluß des Denkens von Joachim von Fiore, also gewisse eschatologische Strömungen, und schließlich das Unbehagen an der verweltlichten Religiosität des Renaissancezeitalters, insbesondere des hohen Klerus, aber auch des sozial höher stehenden Laienstandes, waren die Gründe für die Verbreitung solcher Strömungen, die sich vor allem in der observanten Richtung der Bettelorden verfolgen lassen. Die Katholischen Könige hatten in ihren Bemühungen um die Kirchenreform in Spanien selbst diesen Kräften Auftrieb gegeben. Als nach der Entdeckung Amerikas die Berichte von den unverbildeten, heidnischen Indios nach Europa gelangten, glaubten viele Angehörige der Bettelorden, vor allem der observanten Franziskanerklöster, in Amerika ein Feld für christlich inspirierte, soziale Experimente gefunden zu haben. Sie hofften, in Übersee eine Art ideale, urchristliche Gemeinschaft bilden zu können, in der die strikt dem Armutsgelübde verpflichteten Mönche die geistlichen und weltlichen Führer der Indios sein sollten, die in gemeinschaftlicher Arbeit nur die für ihre unmittelbaren Bedürfnisse benötigten Güter erwirtschaften, sich ansonsten aber aller überflüssigen Wünsche und Begierden sowie jeden persönlichen Ehrgeizes enthalten und sich ganz religiösen Erbauungsübungen widmen würden.

Der 1525 in Vitoria (Spanien) geborene und 1604 in México-Stadt gestorbene Fray

Gerónimo de Mendieta gehörte der geschilderten Strömung des Franziskanertums an und hatte sich durch seine missionarische und seelsorgerische Tätigkeit unter den Indios Mexikos großes Ansehen erworben. In seiner berühmten „Kirchengeschichte von Las Indias" aus dem Jahre 1596 klingt die umrissene Tradition des observanten Franziskanertums immer wieder an. Aus dieser Perspektive ist es nicht als Geringschätzung des Indios zu verstehen, wenn die Ureinwohner Amerikas in der nachfolgenden Textstelle (Dok. 8a) als geborene Untergebene bezeichnet werden. Wie aus dem Verweis auf die zeitgenössische Utopie von Antilia – einer mythischen Insel im Atlantik – deutlich wird, begriff Mendieta dies als eine Tugend.

Im Schlußabschnitt verweist Mendieta auf die große zeitgenössische Kontroverse um die Frage, ob Indios zu Priestern geweiht werden sollten oder nicht. Mendieta lehnt diese Möglichkeit aus seiner franziskanischen Tradition heraus ab, weil er – wie viele seiner Ordensbrüder – der Meinung war, daß ein Herausheben einzelner Indios aus den Reihen der Eingeborenenbevölkerung nur zur Korrumpierung dieser sich durch Demut, Gehorsam und Bedürfnislosigkeit auszeichnenden und aus sozial Gleichen bestehenden indianischen Gesellschaft von Neuchristen führen würde. Andere Orden und geistliche Würdenträger haben in dieser Frage aus ganz anderen Gründen eine ablehnende Haltung eingenommen.

Der ca. 1490 geborene und 1569 in Mexiko gestorbene Franziskaner Fray Toribio Benavente, von den Indios „Motolinía" (der Arme) genannt, gelangte mit der ersten, von der Krone entsandten Gruppe von Missionaren nach Mexiko, wo er sich in der Indiomission und -seelsorge, aber auch in der religiös-kirchlichen Organisation des Landes und als Autor einer „Geschichte der Indios von Neu-Spanien" – wie Cortés Mexiko in deutlichem Bezug zu dem erwähnten Sendungsbewußtsein genannt hatte – sowie zahlreicher Berichte an die Krone große Verdienste und hohes Ansehen erwarb. Bei dem folgenden Text (Dok. 8b) handelt es sich um einen Auszug aus seinen Erinnerungen, in denen er als Augenzeuge über die Anfänge der Indiomission, über die Sitten und Gebräuche der Azteken, sowie über ihre religiösen Vorstellungen berichtet; sie weisen ihn als einen der bedeutendsten Indiomissionare der Neuen Welt aus. In der abgedruckten Textstelle werden Missionseifer und Sendungsbewußtsein deutlich, wenn Fray Toribio sich als Nachfolger der 12 Apostel und somit unmittelbar in biblischer Tradition stehend sieht. Ja, er geht sogar noch weiter und versucht auch zwischen dem neu eroberten Land und der christlichen Tradition eine Beziehung herzustellen mit dem Rekurs auf den Hl. Anselm und den Hl. Franziskus, den Gründer seines eigenen Ordens. Dieser Rückbezug auf franziskanische Ursprünge zeigt deutlich das Denken der reformistischen Strömung der Bettelorden und läßt weiterhin erkennen, daß der kirchliche Missionseifer aus den zeitgenössischen religiösen Erneuerungsströmungen starke Impulse bezog.

Pi

Lit.: Robert Ricard: La Conquista Espiritual de México. México 1947 – José Antonio Maravall: La utopía político-religiosa de los franciscanos en Nueva España. In: Estudios Americanos (Sevilla) I,2 (1949), S. 199–227 – Fernando de Armas Medina: Cristianización del Perú (1532–1600). Sevilla 1953 – John L. Phelan: The Millenial Kingdom of the Franciscans in the New World. A Study of Writings of Gerónimo de Mendieta (1525–1604). Berkeley–Los Angeles 1956 – Pedro Borges: Métodos misionales en la cristianización de América. Siglo XVI. Madrid 1960 – Fintan B. Warren: Vasco de Quiroga and his Pueblo-Hospitals of Santa Fé. Washington 1963 – Peggy K. Liss: Mexico under Spain. 1521–1556. Chicago–London 1975 – Edwin Edward Jr. Sylvest: Motifs of Franciscan Mission Theory in Sixteenth Century New Spain Province of the Holy Gospel. Washington 1975 – Georges Baudot: Utopie et histoire au Mexique. Les premiers chroniqueurs de la civilisation mexicaine (1520–1569). Toulouse 1976 – Hayden White: The Noble Savage Theme as a Fetish. In: First Images of America. The Impact of the New World on the Old. Ed. Fredi Chiappelli. Vol. 1. Berkeley–Los Angeles–London 1976, S. 121–135 – Charles R. Boxer: The Church Militant and Iberian Expansion 1440–1770. Baltimore–London 1978 – Felix Becker: Indianermission und Entwicklungsgedanke unter spanischer Kolonialherrschaft. In: Inge Buisson, Manfred Mols (Hg.): Entwicklungsstrategien in Lateinamerika in Vergangenheit und Gegenwart. Paderborn u. a. 1983, S. 45–66 – Luis Weckmann: La Herencia medieval de México. Vol. 1. México 1984, S. 199–272, S. 381–394. RP

a. Ein Auszug aus der Kirchengeschichte des Gerónimo de Mendieta (1596)

Von anderen Indios, die Beispiele großer Erbauung gegeben haben.
[...]
Und darum will ich sagen, daß sie [die Indios] nicht zu Lehrern geschaffen sind, sondern zu Schülern, nicht zu Prälaten, sondern zu Untergebenen, als solche sind sie die besten der Welt. So sehr eignen sie sich dafür, daß ich, ein armer, unnützer Mensch, der nur für wenige Dinge taugt, lediglich mit der Gunst des Königs und bei guter Rückendeckung, wie wir sie jetzt haben, damit sie nicht aufsässig werden können, mich verpflichten würde, mit geringer Hilfe einiger Gefährten eine Provinz[1] von fünfzigtausend Indios so gut in Ordnung und gutem Christentum zu halten, daß man nichts anderes sagen würde, als daß sie ein Kloster sei. Sie wäre dann so wie jene Insel, welche manche die „verzauberte" nennen, und die die Alten Antilia[2] [sic] nannten.

Sie liegt nicht weit entfernt von der Insel Madeira. In unserer Zeit wurde sie aus der Ferne gesehen, und sie verschwindet, wenn man sich ihr nähert. Während es dort alle vergänglichen Dinge im Überfluß gibt, verbringen ihre Bewohner die meiste Zeit mit Prozessionen und sie loben Gott mit Hymnen und geistlichen Liedern. Man sagt, daß es auf dieser Insel sieben Städte gebe; sechs von ihnen hätten jede einen Bischof, und die Hauptstadt habe einen Erzbischof. Und das Gute ist, daß es dem Verfasser des Buches der Gotenkönige[3], der berichtet, was andere über diese Insel gesagt haben, richtig erscheint, daß die Könige von Spanien, unsere Herren, den Papst darum bäten, Fastentage und Bittgebete von der ganzen Christenheit durchführen zu lassen, damit für unseren Herrgott diese Insel entdeckt und sie in den Gehorsam und Schoß der katholischen Kirche gebracht würde. Dasselbe wäre es, unseren Herrn zu bit-

---

[1] Hiermit ist eine Ordensprovinz gemeint.
[2] Die Insel Antilia ist eine der vielen mythischen Inseln, die man im Atlantik vermutete. Einige Autoren setzten sie mit der Insel Atlantis von Platon gleich, andere – so auch Mendieta – identifizierten sie mit der Insel der Sieben Städte, wohin nach der arabischen Invasion der Halbinsel sieben Bischöfe mit ihren Getreuen geflohen sein sollten.
[3] Mendieta bezieht sich auf die „Crónica Sarracina", auch „Crónica del Rey Don Rodrigo con la destuyción de España" genannt, von Pedro del Corral. Sie wurde um 1440 geschrieben und erschien wahrscheinlich zum erstenmal 1499 in Sevilla.

ten, alle Indios zu verbergen und sie auf Inseln dieser Art und Beschaffenheit zu verteilen, denn sie würden ruhig im Dienste Gottes leben wie im Paradies auf Erden, und am Ende ihres Lebens würden sie in den Himmel kommen, und sie würden sich die Anlässe ersparen, durch die viele der unsrigen um ihretwillen zur Hölle gehen. Denn wenn man auf jener Insel (wie man voraussetzen darf) ein höchst christliches Leben führt, ist es klar, daß ihre Bewohner im Gehorsam und Schoß der katholischen Kirche leben, deren Oberhaupt (welches Gott selber ist) sie im Papst und Pontifex sehen, und daß sie das höchste Glück besitzen, das man auf Erden wünschen kann. Hiermit schließe ich meine Behauptung, daß die Indios nicht zu Prälaten noch Lehrern taugen, sondern auf ewig zu Untergebenen und Schülern geschaffen sind und hierfür im allgemeinen niemand so geeignet ist wie sie.

[...]

Ein großer Gelehrter, nicht aus den spanischen Königreichen, sondern Ausländer, seinem Wissen vertrauend, behauptete, daß diese neue Kirche Indiens im Irrtum sei, weil sie keine der konvertierten Eingeborenen zu Priestern mache, wie dies die Urkirche getan habe; er war der Ansicht, daß den Indios die heiligen Weihen verliehen und sie zu Priestern der Kirche gemacht werden müßten. Und der hochgelehrte und religiöse P. Fr. Juan de Gaona überzeugte ihn von seinem Irrtum in öffentlichem Streitgespräch und erlegte ihm auf, Buße zu tun[4].

Aus: Fray Gerónimo de Mendieta: Historia eclesiástica indiana. Ed. Fray Joan de Domayquía. Vol. 3. México 1945, S. 100–105.   Übers.: BK; Anm.: RP

b. Toribio de Motolinía berichtet über die Indio-Mission (1565)

Wie und wann die zwölf ersten Mönche aus Kastilien abfuhren und in dieses Land Anáhuac kamen, und von der Bedeutung des Namens Anáhuac und Cemanáhuac[5].

Im Jahre des Herrn fünfzehnhundertvierundzwanzig, am Tage der Bekehrung des Heiligen Paulus[6], fuhr der Pater Fr. Martín de Valencia[7] seligen Ge-

---

[4] Innerhalb des Klerus war es umstritten, ob man die Indios zu Priestern weihen oder sie sogar in die Orden aufnehmen sollte. Stand man diesen Überlegungen zu Beginn des 16. Jahrhunderts, vor allem in den Reihen der Franziskaner, noch positiv gegenüber, so hatte sich diese Einstellung spätestens bis zum ersten mexikanischen Provinzialkonzil (1555) geändert. Das Konzil untersagte die Priesterweihe von Indios und Mestizen, eine Bestimmung, die in den folgenden Konzilien weiter diskutiert und im Zuge des Mestizisierungsprozesses, vor allem der mexikanischen Gesellschaft, immer weiter abgeschwächt wurde. Die Bettelorden legten bis zum Ende des 16. Jahrhunderts das Verbot der Aufnahme von Indios in ihren Statuten fest.
[5] Diese Namen bezeichneten ursprünglich nur das Tal von Mexiko, dann wurden sie auf das Gebiet des Aztekenreiches übertragen.
[6] Die Bekehrung des Apostels Paulus wird am 25. Januar gefeiert; die Abreise der zwölf Franziskaner an diesem Tage hatte symbolischen Charakter.
[7] Fray Martín de Valencia gehörte der Reformrichtung der Observanten innerhalb der Franziskaner an, die sich wieder auf das Armutsideal und den Missionsauftrag der alten Regel besann.

denkens mit zwölf Glaubensbrüdern aus Spanien ab, um in dieses Land Anáhuac zu kommen; sie waren entsandt von unserem Vater, Seiner Hochehr-
würden Fr. Francisco de los Angeles, seinerzeit Ordensgeneral des Ordens
unseres Glorreichen und Seraphischen Vaters, des Heiligen Franziskus[8],
und jetzt Kardinal von Santa Cruz. Mit geistlichem Segen des Heiligen
Stuhls kamen sie, diese sehr bedürftigen Eingeborenen zu bekehren, und
mit besonderem Befehl und Genemigung der Kaiserlichen Katholischen Majestät[9].

Nach Bedenken aller Vorkommnisse seit dem Tag, da diese zwölf Mönche
dazu ausersehen und ernannt wurden, in dieses Land, das da Anáhuac heißt,
zu kommen, müssen wir zweifelsohne sagen und glauben, daß die Entsendung, die Reise und Ankunft vom Heiligen Geist geleitet waren, und dies
scheinen die Auswirkungen zu bestätigen, die von der besagten Entsendung
ausgegangen sind, von der wir mit göttlicher Gnade später berichten werden.
Daß diese Mission in die Neue Welt apostolisch war und jener der zwölf Apostel, Säulen und Fundament der universalen Kirche, glich, darf nicht bezweifelt werden. Dafür ist der eigentliche und allgemeine Name dieses Landes,
nämlich „Anáhuac", ein deutlicher Hinweis, er bedeutet „großes, von Wasser
umschlossenes und umgebenes Land", und eine freiere und speziellere Übersetzung besagt „Welt".

[...]

So sandte Jesus Christus seine Zwölf aus in alle Welt zu predigen, und allenthalben wurde ihr Wort vernommen und verkündet; nach seinem Beispiel
sandte der Heilige Franziskus seine Mönche aus, um der Welt zu predigen,
und seine Botschaft wurde in der ganzen Welt, von der es bis zu unseren Tagen Kunde gab, verkündet und verbreitet, bei Gläubigen und Ungläubigen.
Nun, da Gott diese andere, neue Welt uns zugänglich gemacht hat, weil Er *ab
aeterno* den apostolischen Franziskus als Bannerträger und Befehlshaber dieser geistigen Eroberung ausersehen hatte, wie später gesagt werden wird, inspirierte Er seinen Stellvertreter, den Papst, und inspirierte eben jener Franziskus unseren Vater, den Ordensgeneral, der ebenso sein Stellvertreter ist, die
besagten Geistlichen auszusenden, deren Ruf und Stimme in dem ganzen Umkreis dieser neuen Welt sich ausbreitete und bis an ihre Enden oder zumindest
in ihrem größten Teil erklungen ist.

Von diesem Land spricht der Heilige Anselm in dem Traktat *De Imagine
Mundi;* er versichert, daß im Westen eine Insel liege, die größer sei als Europa,
Afrika, wohin Gott Japhet ausgebreitet hat[10], so daß jetzt mehr denn je jene

---

[8] Der Hl. Franz von Assisi wurde wegen seiner Stigmatisierung durch einen Seraph als „Seraphi-
scher Heiliger" bezeichnet.
[9] Kaiser Karl V., gleichzeitig König Karl I. von Kastilien und Aragón, trug als solcher den Titel
‚Katholische Majestät'.
[10] Bei der Stelle „Dios ha dilatado á Japhet" handelt es sich um die wörtliche spanische Übersetzung des lateinischen Textes. Eine freiere Übersetzung dieses Wortspiels lautet „‚Jahwe' schaffe
weiten Raum" (Lexikon für Theologie und Kirche, Stichwort: „Japhet"; Genesis IX, 27).

Prophezeiung oder Segnung des Patriarchen Noah erfüllt ist, der seinem Sohn Japhet sagte: *Dilatet Deus Japheth*, von dem die Spanier abstammen[11], die jetzt nicht nur in den drei Weltteilen mit Glauben, Herrschaft, Wissenschaft und Waffen verbreitet sind, sondern die Gott auch hier mit allen diesen Dingen in diesem großen Land verbreitet. Wir können gleichfalls mit Recht und Eifer sagen, daß diese zwölf Söhne des wahrhaftigen Israeliten[12], des Heiligen Franziskus, in dieses Land wie in ein anderes Ägypten kamen, nicht mit Hunger nach Brot, sondern nach Seelen, von denen es viele gibt, auch nicht, um Nahrungs- und Lebensmittel herauszuholen und mitzunehmen, sondern um ihnen die Nahrung des Glaubens und der evangelischen Lehre und der Sakramente Jesu Christi, des Herrn der Welt, zu bringen, damit alle, die an Ihn glauben und Ihn empfangen, in Seinem Namen ewiges Leben hätten.

Wie sie das Land gesehen und mit ihrem geistigen Auge betrachtet hatten, war es voll großer Finsternis und Sündenverwirrung, ohne jede Ordnung, und sie sahen und hatten Kunde, daß dort furchtbares Entsetzen wohne und daß Elend und Schmerz es umgaben, unter der Knechtschaft Pharaos, und daß die Schmerzen durch noch größere fleischliche Plagen als in Ägypten verstärkt wurden.

Aus: Luis García Pimentel (ed.): Memoriales de Fray Toribio de Motolinía. Manuscrito de la Colección del Señor Don Joaquín García Icazbalzeta. México–Paris–Madrid 1903, S. 15–17.

Übers.: BK; Anm.: RP

9. Kampf der Konquistadoren um ihre Machtstellung in Las Indias: Ein Brief des Gonzalo Pizarro an Kaiser Karl V. (1547)

Gestützt auf die weitreichenden Vollmachten, die die Krone in den Kapitulationen ihnen verliehen hatte, übten die Anführer der Eroberungszüge in den von ihnen unterworfenen Gebieten recht selbstherrlich militärische und zivile Befehlsgewalt und häufig auch das oberste Richteramt aus, bis die Krone allmählich daran ging, die staatliche Autorität durch die schrittweise Einführung eines Behördenapparates durchzusetzen. Dabei verloren die Anführer der Konquistadoren meist als erste ihre Ämter, bevor dann allmählich auch die Unterführer, die Encomenderos, und die Führungseliten der neu gegründeten Städte der unmittelbaren staatlichen Kontrolle unterworfen wurden. Der allenthalben zu beobachtende Widerstand der Betroffenen läßt, sozusagen ex post, deutlich werden, daß Machtinstinkt und Machtwille ein nicht zu unterschätzendes Motiv für viele Konquistadoren gewesen ist.

Besonders nachdrücklich leisteten die Eroberer Perus gegen die Politik Karls V. Wi-

---

[11] Japhet, einer der Söhne Noahs, als Name seiner Nachkommen volksetymologisch mit den „Ioniern", d.h. Griechen, in Verbindung gebracht; von da pseudo-humanistisch auf eine angeblich hellenische Abstammung der Iberer bezogen.

[12] In diesem Zusammenhang ist mit der Eloge „verdadero israelita" höchstwahrscheinlich eine Parallelsetzung zu Moses' Überquerung des Roten Meeres beabsichtigt, hier in Analogie zur postumen Aussendung der zwölf Franziskaner in die Neue Welt.

derstand. Im Falle Perus hatte der Kaiser selbst, vor allem auf Drängen der Dominikaner (Las Casas, Vitoria u. a.), beschlossen, die Situation nicht wie bisher schrittweise zu bereinigen, sondern auf einen Schlag den Clan der Pizarros und die Schicht der Encomenderos zu entmachten, um auf diese Weise die unterworfene Indianerbevölkerung zu schützen. Mit den Neuen Gesetzen („Leyes Nuevas") von 1542/43 wurden u. a. in Peru ein Vizekönigreich errichtet und zugleich scharfe restriktive Bestimmungen im Hinblick auf die Encomienda getroffen. Diese Gesetze, die in bezug auf die Encomienda-Bestimmungen für alle spanischen Gebiete in Amerika gelten sollten, riefen heftigste Proteste der betroffenen Eroberer und Kolonisten hervor und steigerten sich in Peru bis zum offenen Widerstand gegen die Krone. In Peru sollte der neuernannte Vizekönig, Blasco Núñez Vela, die Gesetze durchführen. Gegen ihn erhoben sich die Konquistadoren unter Führung des jüngeren Bruders des – bereits in vorangegangenen internen Streitigkeiten ums Leben gekommenen – Eroberers des Inkareiches Francisco Pizarro. Gonzalo Pizarro[1] ließ sich unter Ausnützung der gegen die Neuen Gesetze gerichteten Stimmung und unter Rückgriff auf mittelalterlich-ständische Volksrechte zum Regenten Perus wählen und erhob sich gegen den neuen Vizekönig, der in den Auseinandersetzungen schließlich ums Leben kam. Daraufhin entsandte Karl V. den Lizentiaten de la Gasca mit dem Auftrag, das Land zu befrieden und die Aufrührer zu bestrafen, wenn sie sich nicht freiwillig unterwerfen sollten. Zwei Auffassungen prallten in dieser Auseinandersetzung aufeinander. Der Standpunkt der Eroberer Perus gründete in der Auffassung, daß der Herrscher nicht das Recht habe, ihre wohlerworbenen und verdienten Privilegien anzutasten, so lange sie ihm als treue Vasallen dienten und sich keiner Vergehen gegen ihren König schuldig machten. Darüber hinaus sei der König verpflichtet, vor dem Erlaß neuer gesetzlicher Regelungen die Betroffenen anzuhören, was Karl V. unterlassen habe. Demgegenüber glaubte der Kaiser, gestützt auf die sich formierenden Ideen vom herrscherlichen Absolutismus, das Recht zu haben, neu auftretende Probleme jederzeit nach Anhörung seiner juristischen und seelsorgerischen Berater selbständig durch Gesetz regeln zu können. Die ständisch-repräsentativen Kräfte, die in Kastilien bereits 1521/22 (Aufstand der „Comunidades") besiegt worden waren, formierten sich somit in Übersee, gestützt auf die erworbene Machtstellung, neu.

Der Brief Gonzalo Pizarros an den Kaiser dokumentiert das Selbstbewußtsein und die Attitüde des Mächtigen deutlich, wenn er betont, welche Leistungen er als Regent des Landes erbracht habe oder wenn er dem Kaiser deutlich zu machen sucht, daß es ihm kraft seiner Machtmittel ein Leichtes gewesen wäre, gegen den von Panamá aus operierenden de la Gasca vorzugehen. Pizarro, einer kleinadeligen Familie aus Estremadura entstammend, siedelt sich selbst – legt man den Ton zu Grunde, in dem er den Kaiser anspricht – in der sozialen Hierarchie nur sehr wenig unterhalb des Kaisers an, ein Verhalten, das in einer ganz besonders auf die Einhaltung von Standesunterschieden bedachten Epoche ein enorm übersteigertes Selbstbewußtsein der Konquistadoren, das sich auf die erworbene Machtfülle stützte, dokumentiert. Pi

Lit.: Pedro de Cieza de León: Guerras civiles del Perú. Ed. Marcos Jiménez de

---

[1] Gonzalo Pizarro (1511/13–1548), Bruder des Eroberers des Inkareiches, Francisco Pizarro. Er leitete seit 1544 einen Aufstand der spanischen Siedler in Peru gegen die Einführung der „Neuen Gesetze" (1542), durch die die Erblichkeit der „Encomienda" – Zuteilung von Indianern als Arbeitskräfte an die Spanier – aufgehoben werden sollte. Erst 1548 gelang die endgültige Niederwerfung des Aufstandes unter starker Modifizierung der „Neuen Gesetze" zugunsten der Siedler.

9. Kampf der Konquistadoren um ihre Machtstellung in Las Indias

Espada. 2. vol. Madrid 1877–1881 – Lewis Hanke: The Spanish Struggle for Justice in the Conquest of America. Boston 1949 – Demetrio Ramos: Las sublevaciones en favor de la legalidad y las seudorebeliones en las huestes de la Conquista. In: Estudios Americanos (Sevilla) XV, 78/79 (1958), S. 101–115 – Marcel Bataillon: Les colons du Pérou contre Charles Quint: Analyse du mouvement pizarriste (1544–1548). In: Annales (E.S.C.) XXII (1967), S. 479–494 – James Lockhart: Spanish Peru 1532–1560. A Colonial Society. Madison 1968 – Hector López Martínez: Diego Centeno y la rebelión de los encomenderos. Lima 1970 – Albert García: La découverte et la conquête du Pérou d'après les sources originales. Paris 1975 – Guillermo Lohmann Villena: Las ideas jurídico-políticas en la rebelión de Gonzalo Pizarro. La tramoya doctrinal del levantamiento contras las Leyes Nuevas en el Perú. Valladolid 1977. RP

De los Reyes[2], 20. Juli 1547

Eure Kaiserliche Katholische Majestät:

Ich würde es mir versagen, Eurer Majestät zu schreiben, wüßte ich nicht, daß Euch jene Wesensart fremd ist, die gemeinhin den Fürsten eigen ist, nämlich daß sie, nachdem sie durch einen ersten Bericht sich eine feste Meinung über die Verfehlungen oder die Beschwerden ihrer Untertanen gebildet haben, [...] sich nur mit Schwierigkeit vom Gegenteil überzeugen lassen.

Diese Reiche von Peru, die man wegen ihres Wohlstandes glücklich heißen könnte und wegen der fortgesetzten Verheerungen der Kriege[3] todunglücklich, hatten sich von dem Krieg erholt, mit dem Blasco Núñez[4] sie zwei ganze Jahre lang heimsuchte. Ich sandte Eurer Majestät Beauftragte mit hinreichenden Informationen, um Euch zu bitten, angesichts des Zustandes dieses Landes die Maßnahmen zu ergreifen, die Ihr nach vollständiger Unterrichtung für sein Wohl für sinnvoll erachtet hättet. Der Lizentiat de la Gasca[5] trübte die Befriedigung dieses Landes und säte Zwietracht, um sie endgültig zu zerstören; er nahm den Beauftragten mit Gewalt, Tricks und Schläue die Briefe ab, die sie für Eure königliche Person mit sich führten, teilte Eurer Majestät mit, was ihm richtig erschien, war aber weit entfernt von den tatsächlichen Vorgängen und von dem, was Eurem königlichen Nutzen frommt, und sandte von den Briefen nur diejenigen ab, die ihm für sich selbst dienlich erschienen, bestimmt jedoch

---

[2] Die Stadt „Lima de los Reyes", die heutige Hauptstadt Perus, wurde 1535 von Francisco Pizarro gegründet.

[3] Die Auseinandersetzungen zwischen den Eroberern Perus, Francisco Pizarro und Diego de Almagro, und ihren Anhängern um die Herrschaft über die Hauptstadt des Inkareiches, Cuzco, wurden erst 1542 beigelegt.

[4] Blasco Núñez de Vela, der erste peruanische Vizekönig (1544–1548), sollte die „Neuen Gesetze" in Peru einführen. Er starb im Kampf gegen die Truppen Gonzalo Pizarros (Añaquito 1548).

[5] Pedro de la Gasca wurde von der spanischen Krone nach Peru geschickt, um den Aufstand des Gonzalo Pizarro vorwiegend durch nicht-militärische Mittel zu beenden. Durch geschicktes Taktieren und kraft seiner Autorität als königlicher Beauftragter gelang es ihm, die Anhängerschaft Gonzalo Pizarros weitgehend zu zerstreuen, so daß der letzte militärische Zusammenstoß (Jaquijaguana 9.4.1548), bei dem Gonzalo Pizarro in Gefangenschaft geriet, nur ein Scharmützel war (vgl. Bd. 2, Dok. 88).

nicht die, die für Eure Majestät am wichtigsten gewesen wären. Seine Anhänger schilderte er gleichzeitig in willkürlichster Weise.

[...]

Von Eurer königlichen Audiencia[6] zum Gouverneur[7] ernannt, führte ich diese Reiche in aller Gerechtigkeit, befreite sie auf meine Gefahr hin vom Krieg und den Aufständen, die es hier gab, bemühte mich darum, den Eingeborenen die christliche Religion nahezubringen, und hielt die Bewohner des Landes dazu an, dafür zu sorgen, daß es auf allen Repartimientos[8] Priester zur Unterweisung der Eingeborenen gäbe, was vor meiner Zeit nicht der Fall war, es sei denn, der eine oder andere hätte sich freiwillig darum gekümmert. So sorgte ich dafür, daß die Eingeborenen nicht nur in der Seelsorge, sondern auch in weltlichen Angelegenheiten großen Nutzen hatten. Ich bestrafte diejenigen hart, welche die Eingeborenen mißhandelten, und ließ nicht zu, daß irgendein Indio im ganzen Gouvernement belästigt wurde. Ich will nicht über die Gottesverehrung sprechen, was aber die Verehrung Eurer Majestät betrifft, so steht fest, daß in diesem Land Autorität und Vorrang des Königs niemals so hochgehalten wurden wie zu meiner Zeit; zu Zeiten der früheren Gouverneure mußte – denn dies ist ein Land, in dem jedermann in größerer Freiheit lebt, als dies vernünftig ist, besonders diejenigen, die Macht ausüben – schon ein Wunder geschehen, um eine Appellation genehmigt zu bekommen[9], und meistens wurde der Appellant schlecht behandelt. Zu meiner Zeit ist niemals eine Berufung abgelehnt worden, die bei Eurer Majestät eingelegt wurde, denn dies war etwas, worauf ich besondere Sorgfalt verwandte.

Alle früheren Gouverneure entnahmen Eurer königlichen Kasse soviel Geld, wie sie wollten, behandelten überdies die Beamten schlecht und liehen von Euren königlichen Steuern Gold und Silber an Soldaten aus, von denen man es nie wieder eintreiben konnte. Ich habe niemals zugelassen, daß die Kassen Eurer Majestät angetastet wurden. Ich weiß nicht, welche Art von Freiheit diejenigen haben, die Eure Majestät von Spanien aus einsetzt, daß sie Eure königlichen Finanzen nicht entlasten, sondern ruinieren. Ich sandte Kapitän Bachicao nach Panamá, zu der Zeit, als Blasco Núñez diese Reiche in Unruhe versetzte; er hatte 27 Schiffe und 600 Bewaffnete zur Verfügung. Wäre es nicht mein Trachten gewesen, Eurer Majestät zu dienen, so hätte ich Panamá, Nombre de Dios[10] und die ganze Küste des Südmeers[11] zerstören können und hätte so dem Schaden, der mir von außerhalb dieser Reiche hätte zugefügt

---

[6] Die Audiencias waren die obersten Appellationstribunale in Hispano-Amerika, die in besonderen Fällen Regierungsfunktionen übernahmen.

[7] Die Provinzgouverneure besaßen Kompetenzen in der Zivil-, Justiz-, Militär- und Finanzverwaltung; außerdem oblag ihnen die Rechtsprechung in erster Instanz.

[8] Zur Definition von „Repartimiento" oder „Encomienda" siehe Dok. 7.

[9] Der Appellant konnte nur dann Berufung bei der nächsten Instanz einlegen, wenn die urteilende Instanz dies genehmigte.

[10] Nombre de Dios war der Atlantikhafen an der Landenge von Panamá, über den der Verkehr zwischen dem Vizekönigreich Peru und Spanien abgewickelt wurde.

[11] Der Pazifik wurde von den Spaniern als „Mar del Sur" bezeichnet.

werden können, den Weg versperren können. Aber da ich nur trachtete, Eurer Majestät und dem Wohlstand und der Mehrung dieser Reiche zu dienen, als einer, der sein eigenes Blut und das seiner Brüder vergossen hat, um diese Reiche für Eure Krone zu gewinnen, kam mir dies nicht nur nicht in den Sinn, sondern ich zog im Gegenteil diesen kundigen und kriegerischen Kapitän, den ich in Panamá hatte, ab, weil er mir zu rigoros erschien und er die Kriegsgeschäfte schneller angegangen hätte, als dies die Bewohner von Panamá wollten, so daß sich einige über ihn beschwerten. Um die öffentlichen Beschwerden über den Kapitän Bachicao zu entkräften, entsandte ich einen Mann, der überhaupt keine Erfahrung in Kriegsdingen hatte, damit er sich dort aufhalte, dem Gouverneur Eurer Majestät in jener Provinz gehorchend. Meine alleinige Absicht war es, jenen Übergang zu sichern, um Eurer Majestät die Beauftragten senden zu können, auf die Ihr schon so lange gewartet hattet. Und als ich sie entsandte, versperrte der Lizentiat de la Gasca ihnen den Weg und nahm ihnen die Briefe und das Geld ab, das sie mit sich führten, und obendrein lastet er es mir an, daß ich vor Eurer Majestät um Gerechtigkeit nachsuchen ließ, und rechnet es mir als ein Vergehen an, daß ich einem Fürsten die Wahrheit sage. Er will sich nur der Steuern bemächtigen, die Eurem königlichen Vorrang gebühren, und um seines Eigennutzes und der Leidenschaften seiner Anhänger willen wird er mich verfolgen wie einen Ungetreuen oder Feind Eurer Majestät. Gott ist mein Zeuge, daß der Gram, den ich empfinde, darin besteht, daß ich auf Grund eines falschen Berichts verdächtigt werde, den Dienst, den ich Eurer königlichen Majestät schulde, nicht ordentlich zu versehen, und daß ich Schaden und Vernichtung der Eingeborenen befürchte. Das Kriegsgewerbe lehne ich nicht ab, denn damit bin ich groß geworden, und die Kriegsgefahr, die von de la Gasca und seinen Anhängern auszugehen droht, ist nur gering; viel größer ist die, welche ihm von seinen eigenen Anhängern droht, die ihn in diese Gefahr gebracht haben, denn dies ist die Wesensart der Menschen dieses Landes, daß sie immerdar auf Veränderungen oder Hader aus sind um des Vorteils willen, den sie aus den Kriegen ziehen und aus der Freiheit, die diese ihnen bringen.

Aus: Juan Pérez de Tudela Bueso (ed.): Documentos relativos a Don Pedro de la Gasca y a Gonzalo Pizarro. Contribución al XXXVI Congreso Internacional de Americanistas. Archivo Documental Español XXI. Vol. 1 Madrid 1964, S. 366–368.   Übers.: BK; Anm.: RP

10. Marc Lescarbot plädiert für eine offensivere Kolonialpolitik Frankreichs (1617)

Trotz verschiedener – insbesondere von Franz I., Heinrich II. und von Admiral Coligny geförderter – privater Initiativen waren alle französischen Kolonisationsunternehmen des 16. Jahrhunderts in der Neuen Welt gescheitert (vgl. Bd. 2, Dok. 57 und Bd. 3, Dok. 36). Die beiden ersten Bourbonen auf dem französischen Thron, Heinrich IV. und Ludwig XIII., brachten entsprechenden Bemühungen ihrerseits kein starkes Interesse entgegen: Ihre Politik war auf ein Durchbrechen der sog. „habsburgischen Umklammerung" in Europa selbst gerichtet, in überseeischen Unternehmungen sahen sie eine bloße Verzettelung der Kräfte des nach den konfessionellen Bürgerkriegen des 16. Jahrhunderts noch kaum erholten Landes.

So beschränkten sich um die Wende vom 16. zum 17. Jahrhundert alle französischen Bemühungen um ein Fußfassen in Amerika auf die Errichtung kleiner Pelzhandelsstationen und einzelner privater Siedlungsunternehmen an der späteren neuenglischen und kanadischen Küste und am St. Lorenz-Golf und -Strom. Sie wurden von der Krone eher geduldet als gefördert. Zum Desinteresse des Staates, auch aus Gründen der internationalen Politik (Rücksichtnahme auf Spanien und England), kam in vielen Fällen eine starke Rivalität zwischen hugenottischen Kolonisationsunternehmen und jesuitischen Missionsbemühungen, an der sich die einzelnen Landnahme- und Siedlungsversuche fast notwendig zerrieben.

Marc Lescarbot, der Verfasser des nachfolgenden, etwas schwülstigen Kolonisationsappells an Ludwig XIII., war ein umfassend gebildeter Jurist aus der Stadt Vervins in der Picardie. Er war von dem adligen Kolonisationsunternehmer Jean de Poutrincourt für die Sache eines französischen Ausgreifens in die Neue Welt gewonnen worden und hatte sogar zwölf Monate bei ihm in seiner kleinen Siedlung Port-Royal in Akadien (heute: Annapolis an der Bay of Fundy in Nova Scotia) verbracht (1606/07). Er verfaßte bald darauf eine mehrbändige „Histoire de la Nouvelle-France" (1609), die heute zu den wichtigsten Quellen hinsichtlich der französischen Anfänge in Neu-Frankreich besonders unter Samuel Champlain zählt.

Die französischen Erfolge in Neu-Frankreich blieben gleichwohl bis in die Zeit Ludwigs XIV. hinein gering, die Kolonie blieb zahlenmäßig und wirtschaftlich schwach und war stets vom Untergang bedroht. Erst das merkantilistische Konzept Colberts, in welchem Kolonisation und Mission ganz hinter die handelspolitischen Zielsetzungen des Mutterlandes zurückzutreten hatten, brachte der Kolonie Neu-Frankreich einen gewissen Aufschwung, der aber letztlich nicht hinreichte, sie endgültig zu stabilisieren.

Lit.: Marcel Trudel: The Beginnings of New France, 1524–1663. Toronto 1973 – Charles-André Julien: Les Français en Amérique au XVIIe siècle. Paris 1976.   Sch

An den Allerchristlichsten König von Frankreich und Navarra, Ludwig XIII., Herzog von Mailand, Grafen von Asti, Herrn von Genua
Sire,
zwei überragende Beweggründe sind es gewöhnlich, die Könige zu Eroberungen treiben: der Eifer für die Ehre Gottes und [der für] die Mehrung der eigenen. Aus diesem zweifachen Grund waren unsere Könige, Eure Vorgänger, seit langer Zeit aufgerufen, ihre Herrschaft [auch auf Gebiete] jenseits des Ozeans auszudehnen und dort mit geringem Aufwand auf gerechte und rechtmäßige Weise neue Reiche zu errichten. Sie haben dort an verschiedenen Orten und zu verschiedenen Zeiten einige Kosten auf sich genommen. Nachdem aber einmal das Land [Kanada] entdeckt worden war, hat man sich mit ihm zufrieden gegeben, und der Name Franzose ist der Verachtung anheimgefallen, nicht etwa, weil es an tüchtigen Männern gefehlt hätte, die ihn an den Segeln der höchsten Mastspitzen hätten [in alle Welt] tragen können, sondern der Intrigen, Ränke und Umtriebe der Feinde Eurer Krone wegen, die

jene Geister unter ihre Kontrolle zu bringen verstanden, die sie als fähig erkannt hatten, zum Fortgang einer solchen Angelegenheit beizutragen. Währenddessen ist der Spanier, der vordem schwach war, durch unsere Nachlässigkeit im Osten und im Westen mächtig geworden, ohne daß wir das rühmliche Anliegen verfolgt hätten, ihm zuvorzukommen; stattdessen haben wir ihn unterstützt. [Aber] nicht Unterstützung zu gewähren, sondern Rache für die Rechtsverletzungen zu nehmen, die sie an unseren Franzosen begangen haben, die mit Einwilligung unserer Könige teil haben wollten am Erbe dieser neuen und unermeßlichen Länder, die Gott den Menschen vor ungefähr hundertzwanzig *(six-vingts)* Jahren geschenkt hat, [sollte unsere Losung sein]. Es war Eures Vaters, Sire, des hingegangenen Königs glorreichen Angedenkens [Heinrichs IV.], würdig, auf Abhilfe hinzuarbeiten[1]: Aber da er hochgesteckte Ziele zum Nutzen der ganzen Christenheit verfolgte, hat er Euch – als Aufgabe in Euren jungen Jahren – diese Verpflichtungen hinterlassen, und dazu [das Ziel], ein neues Königreich in der Neuen Welt zu gründen. War er doch selbst ohne Unterlaß damit beschäftigt, die verschiedenen Religionen wieder zusammenzuführen und ein Einvernehmen zwischen den christlichen Fürsten herzustellen, die untereinander zerfallen waren. Doch die Mißgunst seiner Feinde hat ihm diesen Ruhm und uns ein solch [hohes] Gut nicht gegönnt. Nun könnte man sagen, daß die Bürde, die Ihr mit der Regierung der Königreiche, welche Euch zugefallen sind, übernommen habt, schon schwer genug wiegt, als daß Ihr [noch] nach vergnüglichem und unnützem Zeitvertreib suchen müßtet. Aber, Sire, ich glaube im Gegenteil, daß, wie Alexander der Große etwa in Eurem Alter die Eroberung des ersten Weltreichs unternahm, ebenso außerordentliche Unternehmungen Eurer Majestät wohl anstehen, die Ihr seit sechs Monaten so viele Beweise Eurer Umsicht und Eures Mutes gegeben habt, daß der Himmel davon entzückt war und die Erde so erstaunt, daß es jetzt keinen Menschen gibt, der Euch nicht bewundert, liebt und fürchtet und Euch nicht für fähig hielte, nicht nur [die Reiche] zu regieren, die Ihr besitzt, sondern die ganze Erde.

Deswegen und weil Euch Gott so sehr mit seiner Gnade überschüttet hat, muß man sich für diese [Gnade] erkenntlich zeigen durch eine eigene Tat, die

---

[1] Es mag sich hier um eine Anspielung handeln: Nach A. Rein (Der Kampf Westeuropas um Nordamerika im 15. und 16. Jahrhundert. Stuttgart–Gotha 1925) könnte Heinrich II. im Frieden von Vervins (1598) mit dem spanischen König die Gültigkeit sog. „Freundschafts-" oder „Friedenslinien", die erstmals 1559 im Vertrag von Cateau-Cambresis mündlich vereinbart worden seien, erneut verabredet haben, ohne daß sie schriftlich fixiert worden sei. Die „Linien" – häufig auch einfach „die Linie" genannt – verliefen durch den Azoren-Meridian und durch den Wendekreis des Krebses. Jenseits dieser „Linie" habe das europäische Völkerrecht nicht gegolten („no Peace beyond the Line" nach einem Ausspruch des englischen Freibeuters William Drake): Dort begangene Rechtsverletzungen in Form offener Feindseligkeiten hätten demzufolge keine Auswirkungen auf die Vertragsverhältnisse zwischen europäischen Partnern innerhalb Europas gehabt (vgl. auch Dok. 11, Anm. 5). Die völkerrechtliche Gültigkeit besagter „Linie" hat jüngst Jörg Fisch verneint (Die europäische Expansion und das Völkerrecht. Stuttgart 1984), doch bedarf das Problem wohl noch weiterer eingehender Untersuchungen.

eines Allerchristlichsten Königs würdig ist und darin besteht, die Völker in Übersee, die noch keinem Fürsten untertan sind, zu Christen zu machen und sie der Herde Jesu Christi zuzuführen, oder [aber man muß] den Namen Neu-Frankreich, dessen wir uns fälschlicherweise rühmen, aus unseren Büchern und aus dem Gedächtnis der Menschen tilgen. Sire, es wird Euch an fähigen Hauptleuten an Ort und Stelle nicht fehlen, wenn es Euch gefiele, sie zu unterstützen und zu stärken und die Posten nur denen unter ihnen zu übertragen, die bereit sind, im Land selbst zu leben. Aber, Sire, man muß wollen und befehlen, man darf nicht zulassen, daß widerrufen wird, was einmal gewährt worden ist, wie es vordem geschehen ist zum Ruin einer so schönen Unternehmung, die für bald die Errichtung eines neuen Reiches in den Ländern jenseits [des Meeres] versprach[2]. Und das Werk wäre heute weit fortgeschritten, wenn Mißgunst und Habsucht gewisser Leute, die keinen Schwertstreich je für Euch führen werden, das nicht verhindert hätten. Der verstorbene Herr von Poutrincourt, ein Edelmann unsterblichen Angedenkens, brannte vor beständigem Eifer, das Land zu christianisieren, das ihm zugesprochen worden war (was er auch gut begonnen hat). Und dabei ist er immer behindert worden – ebenso dann auch sein ältester Sohn, der in dem Land [Akadien] seit zehn Jahren wohnt – und hat immer nur [beschämend] wenig Unterstützung bei einer so erhabenen, so christlichen Angelegenheit erfahren, die einen Herkules unter den Christen erfordert[3]. Die edlen Herren *(sieurs)* De Monts und De Razilli erheben für ihre Person die gleiche Klage[4]. Ich lasse weiter in unserem Gedächtnis zurückliegende Unternehmen, wie die Fahrten von Jacques Cartier, Villegagnon und Laudonnière nach Kanada, nach Brasilien und nach Florida [unerwähnt][5].

Wie, Sire, soll sich der Spanier rühmen [dürfen], daß er herrscht, wo [immer auch] die Sonne scheint von Sonnenaufgang bis Sonnenuntergang; und Ihr, der Ihr der erste König auf Erden und ältester Sohn der Kirche seid, solltet nicht dasselbe sagen können? Was? Die alten Griechen und Römer in ihrem Heidentum, sollen sie das Lob [verdient] haben, viele Völker zivilisiert zu haben und große Kolonien zu ihnen entsandt zu haben für diesen Zweck? Und wir, die wir in Kenntnis des wahren Gottes geboren sind und unter dem Gebot der Nächstenliebe, sollen [etwa] nicht den Eifer haben, nicht nur zu zivilisieren, sondern so viele Völker, die [noch] irren, [aber] alle guten Anlagen haben, die jenseits des Ozean sind, ohne Gott, ohne Gesetz, ohne Religion

---

[2] Heinrich IV. hatte dem Hugenotten De Monts 1603 das Monopol des Pelzhandels mit Neu-Frankreich verliehen. Da dieser aber seine Kolonisierungsverpflichtungen nicht einzulösen vermochte sowie große Schulden machte, wurde 1607 dieses Monopol zurückgenommen. Alle bisherigen französischen Siedler mußten 1607 nach Frankreich zurückkehren (Anm. SP).

[3] Poutrincourt hatte 1606 und erneut 1609 die Landschaft Akadien (heute: *Nova Scotia*) als Seigneurie zugesprochen erhalten. Auf Grund mangelnden Nachschubs gedieh die Kolonie nicht. Sie wurde 1613 von den Engländern zerstört (Anm. SP).

[4] Nach erneuter Gewährung des Pelzhandelsmonopols 1608 für ein weiteres Jahr unternahm De Monts zusammen mit Samuel Champlain und De Razilli den Versuch der Gründung einer neuen Niederlassung am St. Lorenz-Golf (Anm. SP).

[5] Vgl. Bd. 2, Dok. 57 sowie Bd. 3, Dok. 36.

und in erbarmungswürdiger Unkenntnis leben, auf den Weg des Heils zu führen? Wie, Sire, unsere Könige, Eure großen Vorfahren, sollen Frankreich an Menschen und Schätzen erschöpft und ihr Leben aufs Spiel gesetzt haben, um den orientalischen Völkern ihre Religion zu erhalten[6]; und wir sollten nicht den gleichen Eifer haben, diejenigen [Völker] des Westens zu Christen zu machen, die uns aus freiem Willen ihre Länder geben und uns schon seit über hundert Jahren die Hände reichen? Werden wir irgendeine Entschuldigung finden können, die vor dem Throne Gottes Gültigkeit hat, wenn sie uns anklagen, wie wenig Mitleid wir mit ihnen gehabt haben und es uns als Schuld anrechnen, daß sie nicht bekehrt worden sind? [Nur] wenn wir nicht wüßten, in welchem Zustand sie sich befinden, wären wir frei von Tadel.

Aber wir sehen [diesen Zustand], kommen mit ihm in Berührung, spüren ihn und kümmern uns [trotzdem] nicht darum. Wenn irgendwelche Leute neu aus Italien oder Spanien zu uns kommen mit einem neuartigen Kleidungsstück oder einem [noch] nicht gehörten Lied, gehen wir auf sie zu, umarmen sie, bewundern sie und lassen sie in kürzester Zeit zu unmäßigem Reichtum gelangen. [Doch] dies bemängle ich nicht, Sire, da die Freigebigkeit der Könige keine anderen Grenzen hat als ihren [der Könige] Wunsch und Willen, und da in Eurem Königreich ein jeder Herr über seinen Besitz ist. Aber ich wollte, man machte ebensoviel Aufhebens von dem Werk, von dem ich spreche, ein Werk ohnegleichen, das bei weitem alles übertrifft, was sich an Frömmigkeit vorstellen läßt im menschlichen Handeln. Eine einzige Konfiskation, ein einzige fette Einnahme, eine einzige Summe von 100000 Dukaten *(écus)*, die man seit dem Tode des verstorbenen Königs, Eures Vaters, (unter mehreren) abgezählt und einer [Handels-]Kompanie [gegeben] hat, die nicht wußte, was sie damit anfangen sollte, würde [jetzt] dazu ausreichen, Euch zu einem mächtigen Herrscher im Westen zu machen, und zwar sowohl in der trockenen Region wie außerhalb dieser Zone. Aber jedermann will nur an sich raffen, und weit davon entfernt, daß man dies anprangert, [ist es so,] daß im Gegenteil die Auswirkungen uns glauben machen, man versuche mit allen Mitteln diejenigen zu entnerven und zu entmutigen, die sich mit so hochherzigen Taten befassen, ohne daß man darauf achtet, daß es bei diesen Angelegenheiten heute um Euren Staat geht. Und wenn wir noch ein Jahrhundert warten, wird Frankreich nicht mehr Frankreich sein, sondern dem Ausland zur Beute werden, das uns Tag für Tag unterminiert, uns Eure Verbündeten abwirbt und seine Macht erweitert auf Kosten unseres Untergangs in einer neuen Welt, die ganz die seine werden wird. Und um uns zu blenden, verlangt man ganz [und gar fertig] vorbereitete Schätze in diesen Ländern, als ob nicht für Eure Majestät der Weg dort von einem Wendekreis zum anderen, wann immer Sie auf ihm einzudringen beliebt, völlig offenstünde. Als ob der Ruhm und die Macht der Könige in etwas anderem bestünde als in einer großen Bevölkerungszahl [ihrer Reiche].

---

[6] Gemeint sind die Kreuzzüge und insbesondere die Anstrengungen Ludwigs IX. (des Heiligen) (König 1226–1270), das Hl. Land und Nordafrika für das Christentum zurückzugewinnen.

Und als ob Euer [ehrwürdiges] altes Frankreich nicht so schöne Schätze hätte wie sein Korn, seinen Wein, sein Vieh, seine Tuche, seine Wollstoffe, seinen Waid[7] und seine anderen Erzeugnisse, die man in ihm gewinnt; und dazu dieselben Reichtümer, die in Eurem so wenig [von uns] entfernt gelegenen Neu-Frankreich zu erzeugen man die allerschönsten Hoffnungen haben darf. Von dort kommen schon seit langer Zeit die Fische, mit denen ganz Europa über See und zu Lande versorgt wird, und die Pelzwaren, aus welchem [beiden] unsere Neufundlandfahrer und Händler gute Gewinne ziehen.

Sire, wenn es einen König gibt auf der Welt, der Länder und Meere beherrschen könnte und sollte, dann seid Ihr es, der Ihr unzählige Menschen [unter Eurer Herrschaft] habt, von denen ein Teil dahinsiecht, weil er keine Arbeit hat. Und gäbe es nur zwei oder drei Arten von Menschen, die in Eurem Königreich im Überfluß vorhanden sind, so könntet Ihr [sogar] daraus großen Vorteil ziehen; denn sie wären nicht weniger fähig, Euch an allen Enden der Welt gefürchtet zu machen als die alten Gallier, die Asien und Italien eroberten und dort Provinzen besetzten, die mit ihrem Namen benannt wurden. Und [sie wären auch nicht weniger fähig als] vor nicht allzu langer Zeit unsere Väter, die ersten Franken *(François)*, die so ausgedehnte Lande jenseits und diesseits des Rheins unter ihrer Herrschaft hatten. Darüber hinaus gebietet Ihr über Häfen [für die Schiffahrt] sowohl nach dem Westen wie nach dem [Fernen] Osten. Und Ihr verfügt über Holz für den Schiffbau, über Proviant, Tuche und Tauwerk für die Schiffsausrüstung in solchem Überfluß, daß Ihr [sogar] den Nachbarn Eures Königreichs davon liefert. Es gäbe über diesen Gegenstand noch viel zu sagen, Sire, doch behalte ich dies bis zu dem Zeitpunkt für mich, zu dem Eure Majestät die Bedeutung meiner Darlegungen in Erwägung gezogen haben wird und ein Zeichen zu geben [geruht], daß sie sich ernsthaft dem zuzuwenden gedenkt, was dem Dienst [an Eurem Reich] förderlich ist und auch dem Ruhme Gottes in den Ländern des Westens. Möge Gott also Eurem Herzen [Mut] eingeben. Möge Gott also Euch zu Hilfe kommen und Euren Arm stark machen, damit Ihr in Euer altes Erbe eintretet und Eure Feinde in Gehorsam zwingt. Möge Gott uns bald schauen lassen, wie Eurer Größe die ganze Erde zu Diensten ist und Gefolgschaft leistet. Ich würde es mir, Sire, als hohe Auszeichnung anrechnen, wenn mir so, wie ich bin, dazu beizutragen [erlaubt] sein würde.

Euer untertänigster, gehorsamster und treuester Untertan
Marc Lescarbot
aus Vervins.

Aus: Marc Lescarbot: Histoire de la Nouvelle-France. Paris 1617. Ndr. bei H. P. Biggar: The History of New France by Marc Lescarbot. 3 vols. Toronto 1907. Ndr. New York 1968. Vol. I, S. 211–213.   Sch

---

[7] Färberwaid *(Isatis tinctoria)* war der wichtigste blaue Farbstoff des Mittelalters und der frühen Neuzeit zum Färben von Textilien, er wurde im Zuge der europäischen Expansion allmählich vom ebenfalls pflanzlichen Indigo verdrängt.

11. Das Ausgreifen Frankreichs auf die Antillen: Patentbrief Richelieus für die Kapitäne d'Esnambuc und du Rossey (1626)

Die französische Krone stellte seit Franz I. den Monopolanspruch der iberischen Mächte auf Amerika in Frage (vgl. Bd. 6). Aber in der Praxis hatte dies zunächst kaum Folgen, da innenpolitische Probleme keine Verfolgung weitreichender außenpolitischer Forderungen erlaubten. Zwar gab es französische Freibeuter, die sog. Filibuster (*flibustiers*), die sich nach Raubfahrten auf verschiedene Inseln der Karibik, meist kurzfristig, zurückzogen. Bis zum Beginn des 17. Jahrhunderts waren aber keinerlei offizielle Unternehmungen zur praktischen Umsetzung französischer Herrschaftspostulate oder -interessen zu verzeichnen.

Für die dauerhafte Festsetzung der Franzosen auf den Antillen war es kennzeichnend, daß sie von Privatleuten getragen wurde, die erst nachträglich um staatliche Sanktionierung nachsuchten. So auch d'Esnambuc, der „Vater und Begründer der französischen Kolonien auf den Kannibaleninseln" (Dutertre). Pierre Belain d'Esnambuc (1585–1636), der einer verarmten normannischen Adelsfamilie entstammte, sich aber auf See so auszeichnete, daß er das Patent eines königlichen Kapitäns für den Atlantik erwarb, begab sich 1625 mit Kapitän du Rossey und 40 Mann Besatzung in die Karibik. Nach einem Zwischenfall mit einer spanischen Galeone gingen die Franzosen zufällig vor Saint-Christophe vor Anker. Dort trafen sie nicht nur auf einige Filibuster, sondern auch auf eine Gruppe von Engländern, die sich bereits seit 1622 auf der Insel aufhielt.

Nachdem d'Esnambuc nach Frankreich zurückgekehrt war, bemühte er sich erfolgreich darum, den Erstminister der Krone, Kardinal Richelieu, für die Unterstützung seines Kolonisationsprojekts zu gewinnen: Dieser Vorstoß paßte ausgezeichnet in Richelieus Vorhaben, die Position Spaniens auf dem Kontinent nachhaltig zu schwächen, und sei es auch auf dem Umweg über eigene französische Herrschaftsansprüche im spanischen Einflußbereich Amerikas.

Der folgende Patentbrief für d'Esnambuc und du Rossey zeigt auf exemplarische Weise, welch hochgespannte Erwartungen von staatlicher Seite mit der ersten Koloniegründung in der Karibik verknüpft wurden. Auf der anderen Seite aber offenbart die historische Rückschau, daß durch diese Initiative d'Esnambucs tatsächlich der Grundstein dafür gelegt wurde, daß die Franzosen jahrhundertelang, ja heute noch Herrschaftsrechte auf den Antillen ausüben, mochten sich die Anfänge für die ersten Kolonisten auch als noch so schwierig und scheinbar unüberwindbar darstellen.

Lit.: Jean Baptiste Dutertre: Histoire générale des Antilles. 4 vol. Rééd. d'après l'éd. de Th. Jolly de 1667–1671. Fort-de-France (Martinique) 1973. Vol. I, S. 1–110 – P. Margry: Belain d'Esnambuc et les Normands aux Antilles. Paris 1863 – M. Tournois: Vie de Pierre Belain d'Esnambuc, gentilhomme normand (1585–1636). Bourges 1938 – M. Crouse: French Pioneers in the West Indies. New York 1940. SP

Armand Jean du Plessis de Richelieu, Kardinal, Ratgeber des Königs in seinen Räten, Chef, Großmeister und Oberintendant des Handels von Frankreich (*Grand-Maître, Chef et Surintendant du Commerce de France*), an alle, die dieses Schriftstück sehen werden: Gruß. Wir geben kund, daß die [edlen] Herren *(sieurs)* d'Esnambuc und du Rossey, Kapitäne der Marine des Atlantik, Uns zu verstehen gegeben haben, daß sie seit 15 Jahren mit der Erlaubnis des Königs und des obengenannten Admirals von Frankreich [gemeint ist wohl Richelieu] große Ausgaben für die Ausstattung und Versorgung von Fregatten und anderen Seeschiffen getätigt haben, um fruchtbare und in gutem Klima gelegene Länder zu entdecken, die von den Franzosen ohne weiteres besetzt und bewohnt werden können. Sie haben mit so viel Fleiß gearbeitet, daß sie vor einiger Zeit die Inseln Saint-Christophe und Barbados, die eine von 35, die andere von 45 Meilen Umfang, entdeckt haben, sowie andere benachbarte Inseln bei der Einfahrt von Peru[1] vom 11. bis zum 18. Grad nördlich vom Äquator. Diese bilden einen Teil von Westindien und sind [bisher] von keinem König oder christlichen Fürsten in Besitz genommen worden. Dort sind sie an Land gegangen und haben sich ein Jahr lang aufgehalten, um sich vollständige und detaillierte Kenntnisse zu verschaffen. Sie haben gesehen und tatsächlich festgestellt, daß die Luft dort sehr milde und gemäßigt und der Boden fruchtbar und von hohem Ertrag ist. Daraus kann man Nutzen und sehr viele Annehmlichkeiten für den Lebensunterhalt der Menschen gewinnen.

Die Indios, die die Inseln bewohnen, haben sogar angegeben, daß es dort Gold- und Silberminen gäbe. Das hat sie [d'Esnambuc und du Rossey] veranlaßt, die genannten Inseln von einer Anzahl von Franzosen besiedeln zu lassen[2], um die Einwohner in der katholischen, apostolischen und römischen Religion zu unterweisen und dort den christlichen Glauben zum Ruhme Gottes und zur Ehre des Königs zu verankern. Unter Seiner [des Königs] Autorität und Herrschaft, so begehren sie [d'Esnambuc und du Rossey], sollten die Einwohner leben, und die genannten Inseln sollten in Gehorsam zu Seiner Majestät gehalten werden. Zu diesem Zweck und in der Erwartung, daß es Seiner Majestät gefallen möge, es dergestalt anzuordnen, haben die genannten [edlen] Herren d'Esnambuc und du Rossey auf der Insel Saint-Christophe zwei Forts und Häfen erbauen und fertigstellen lassen[3]. Und sie haben 80 Männer mit einem Kaplan dort zurückgelassen, um den Gottesdienst zu feiern und die Sakramente zu spenden. Und [sie haben] Kanonen und andere Kriegsmunition zu ihrer [der Siedler] Verteidigung und Erhaltung für den Fall zurückgelassen, daß die Indios, die Ureinwohner der genannten Inseln, oder irgendwelche andere [Gruppen][4] sie angreifen sollten, um sie zu vertreiben. Und sie [d'Esnambuc und du Rossey] haben ihnen versprochen, daß sie unverzüglich

---

[1] Gemeint ist die Einfahrt vom Atlantik in das Karibische Meer durch die Kette der Kleinen Antillen, welche die spanischen Flottenkonvois regelmäßig passierten, um sich dann zu teilen: Ein Verband segelte nach Neu-Spanien (Vera Cruz), der zweite (die eigentliche Peru-Flotte) nach Porto-Belo am Isthmus von Panamá: Sämtliche für das Vizekönigreich Peru bestimmten und von dort kommenden Güter wurden offiziell auf diesem Weg befördert (Anm. Sch).

[2] In Wirklichkeit handelte es sich um französische Flibustiers, die sich lange vor d'Esnambuc dort niedergelassen hatten.

[3] Entsprach nicht der Realität: Diese Behauptung sollte die Koloniegründung erleichtern helfen.

[4] Hier wird angedeutet, daß sich neben Franzosen auch andere – nämlich englische – Siedler auf der Insel befanden.

zurückkehren würden, um die benötigte Hilfe und [die benötigten] Gebrauchsgegenstände zu bringen oder um sie [die französischen Kolonisten] wieder mit zurückzunehmen, ganz wie es Seiner Majestät gefällt. Darum haben sie Uns ersucht, und es hat Uns gefallen, es ihnen auf Grund Unseres Amts als Chef und Oberintendant des Handels, mit dem Uns Seine Majestät zu ehren geruht hat, zu gewähren. Weil Wir der Verbreitung der Religion und des katholischen Glaubens dienen wollen und der Ausbreitung von Handel und Wandel in jedem nur möglichen Umfang und da diese Inseln außerhalb der Friedenslinien[5] liegen, haben Wir gegeben und erteilt, geben und erteilen den genannten d'Esnambuc und du Rossey unter Ausschluß aller anderen Interessenten Auftrag und Ermächtigung, die genannten Inseln Saint-Christophe und Barbados und die Nachbarinseln zu bevölkern, sie zu befestigen und dorthin Priester und Ordensleute zu bringen und zu senden, um die Indios und Ureinwohner und alle anderen in der katholischen, apostolischen und römischen Religion zu unterweisen, um dort den Gottesdienst abzuhalten und die Sakramente zu spenden. Und sie sollen dort den Boden bearbeiten und [neue] Minen aller Art anlegen lassen, wobei sie von allen Funden und Gewinnen an den König ohne jede Säumigkeit den zehnten Teil abtreten müssen, worüber sie ausreichende Nachweise beizubringen haben. Dies alles soll 20 Jahre lang mit der Auflage gelten, die angegebenen Inseln in der Gewalt und Herrschaft des Königs zu halten und die Einwohner zum Gehorsam gegenüber Seiner Majestät zu zwingen.

Und aus diesem Grund sind soviele Boote, Schiffe, Geleitschiffe und Waffen wie nötig bereitzustellen, in Verteidigungszustand zu halten und mit Mannschaften, Kanonen, Lebensmitteln und Munition auszustatten [in dem Maße], wie es nötig und erforderlich ist, um die genannten Reisen zu unternehmen. Und sie haben sich gegen die Gefahren, Machenschaften und Streifzüge der Piraten zu wappnen, die das Meer unsicher machen und die Handelsschiffe plündern, gegen welche [die Piraten] sie, wo auch immer sie auf sie treffen, Krieg führen können, ebenso gegen all jene, die den Verkehr und die Handelsfreiheit der französischen Handelsschiffe und die der Verbündeten behindern. Sie werden diese [Gegner und deren Schiffe] mit ganzem Eifer und Fleiß bekämpfen, verfolgen, entern und angreifen, besiegen, beschlagnahmen und in Besitz nehmen durch jede Art von Waffengewalt und Feindseligkeit. Diese Schiffe werden von Havre de Grâce[6] und dem Hafen Saint-Louis[7] in

---

[5] Bezugnahme auf eine möglicherweise im Frieden von Vervins zwischen Spanien und Frankreich (1598) enthaltene Geheimklausel, wonach sog. „Friedens-" oder „Freundschaftslinien" den Atlantik in zwei Zonen teilten: Diesseits sollten die europäischen Verträge Gültigkeit besitzen, jenseits sollte das Faustrecht bzw. das Recht des Stärkeren gelten. Als „Linien" wurden zunächst von Frankreich der Wendekreis des Krebses sowie der Meridian, der durch die westlichste Azoren-Insel lief, betrachtet; Richelieu veranlaßte 1634 die Festsetzung letzterer Linie auf den alten ptolemäischen Nullmeridian, d. h. auf den Längengrad, der durch die westlichste Kanaren-Insel Ferro lief (Anm. Sch.).

[6] Heute: Le Havre; von Franz I. 1517 als Ersatz für den versandeten Hafen von Harfleur angelegt.

der Bretagne auslaufen, wo sie [d'Esnambuc und du Rossey] ihre Erklärung über die Anzahl der Schiffe, die sie für die genannten Reisen seetüchtig machen, abgeben müssen und darüber, was sie geladen haben. Sie selbst befolgen die Marinevorschriften und veranlassen ihre Bediensteten, sie einzuhalten, und sie werden mit ihren Schiffen wieder Havre de Grâce anlaufen. Und sie werden das aushändigen, was sie den Piraten und dem Gesindel sowie jenen abgenommen haben, die die französischen und verbündeten Kaufleute daran hindern, sich in südlicher Richtung über den Äquator hinaus und vom ersten Meridian der Azoren aus westlich zu bewegen. Und vor dem Löschen der Schiffe, die sie übergeben werden, berichten sie Uns über alles, was unternommen wurde und was sich ereignet hat, woraufhin Wir das, was Wir für nützlich, dem Dienst des Königs dienlich und für Seine Untertanen und die Öffentlichkeit für vorteilhaft halten, anordnen werden. [Die zuständigen Stellen werden angewiesen, das hier erteilte Privileg zu befolgen.]

Aus: Jean Baptiste Dutertre: Histoire générale des Antilles. 4 vol. Rééd. d'après l'éd. de Th. Jolly de 1667–1671. Fort-de-France (Martinique) 1973. Vol. I, S. 11–14. SP

12. Merkantilistische Strategien in Neu-Frankreich: Der Intendant de Meule tritt für eine intensivere Nutzung der Ressourcen Akadiens ein (1685)

Die Entdeckungsfahrten von Jacques Cartier in den Jahren 1534 bis 1542 (vgl. Bd. 2, Dok. 57), der auf der Suche nach der Nordwest-Passage und nach Edelmetallen bis zum heutigen Montreal vorgedrungen war und im Bereich des späteren Québec Ansiedlungsversuche unternommen hatte, waren von seinem Auftraggeber und von den Zeitgenossen als völliger Fehlschlag bewertet worden. Die französische Krone sah sich in ihrer Hoffnung auf eine westliche Durchfahrt nach Cathay ebenso getäuscht wie in ihrer Erwartung auf ein neues Peru und verzichtete für ein halbes Jahrhundert auf die Besiedlung und Erschließung des entdeckten Landes. Infolge der erfolglosen Siedlungsversuche Cartiers und Robervals – sie fielen dem harten Winter, grassierenden Krankheiten und Irokesenüberfällen zum Opfer – galt Kanada in einer weiteren Öffentlichkeit als unwirtliche Region.

Wirtschaftliche Interessen brachten jedoch einen Meinungswandel. Während des ganzen 16. Jahrhunderts hatten normannische Fischer ergiebige Fangzüge auf den Neufundlandbänken unternommen und dabei auch von Indianern Biberpelze eingetauscht. Auf Grund der steigenden Nachfrage in Europa wurden seit Beginn der achtziger Jahre Pelzhandelsexpeditionen von den Häfen der Normandie aus gestartet, und Tadoussac am unteren St. Lorenz-Strom entwickelte sich zu einem französisch-indianischen Warenumschlagplatz. Seit 1577 unternahmen verschiedene französische

---

[7] An der Reede von Lorient: Es war Ausgangs- und Endhafen der ersten, von Richelieu ins Leben gerufenen Ostindien-Kompanie.

12. Plädoyer für eine französische Nutzung Akadiens

Händler Anläufe zur Gründung von Niederlassungen in Akadien[1], doch erst als Champlain die Ziele Cartiers weiterverfolgte (vgl. Dok. 46 und Bd. 2, Dok. 91) und 1603 über die wirtschaftlichen Verwertungsmöglichkeiten nach Frankreich berichtete, bemühte sich De Monts um ein Patent zur Kolonisierung Kanadas. Zum Vizekönig und Generalkapitän von Neu-Frankreich ernannt (vgl. Dok. 37), siedelte er jedoch nicht in dem ihm wenig anziehend scheinenden Kanada, sondern zog – wegen des leichteren Meerzugangs und dem weniger rauhen Klima – nach Akadien, wo Port Royal gegründet wurde.

Die französischen Niederlassungen hatten jedoch ständig unter englischen An- und Übergriffen zu leiden, denen sie – der Bevölkerungszahl nach weit unterlegen – nicht gewachsen waren, es kam immer wieder zu Zerstörungen und Eroberungen. Erst mit dem Frieden von Breda (1667) gelangte Akadien – aus der Sicht der Engländer – an Frankreich. Nun war auch, nachdem die Franzosen feste Einrichtungen in Nordamerika und der Karibik geschaffen hatten, ein Wandel der Interessenlage auf seiten des Mutterlandes zu verzeichnen. Besonders unter Ludwig XIV. und Staatsminister Colbert wurden die Kolonien als eine unverzichtbare Ergänzung für die Konsolidierung und Erweiterung der Wirtschaft des Mutterlandes angesehen. Diese als Colbertismus oder Merkantilismus bekannte Konzeption drückte der gesamten weiteren Kolonieentwicklung ihren Stempel auf. Im Jahr 1685 unternahm der Intendant De Meule, der zwischen 1682 und 1686 für die Zivilverwaltung Neu-Frankreichs zuständig war, eine Informationsreise nach Akadien und verfaßte darüber die hier auszugsweise wiedergegebene Denkschrift. Seine Argumentation zielte vor allem darauf ab, der Krone zu beweisen, welche Vorteile eine intensivere Nutzung Akadiens für das Mutterland bringen würde.

Der bekannte Chronist Neu-Frankreichs, P. Charlevoix[2], äußerte sich voll des Lobes über dieses Projekt und bedauerte, daß de Meules Vorschläge keine Resonanz gefunden hätten. Die Hintergründe dafür sind vielfältig: Siedler für Akadien waren kaum zu finden (120 waren im Jahr 1604 mit Poutrincourt gekommen, 300 hatte 1632 Admiral Isaac de Razilly mitgebracht, 25 Familien kamen unter Charles de Menon d'Aulnay zwischen 1635 und 1650 nach Akadien, und selbst eine Initiative Colberts mobilisierte nur fünf Frauen und fünfundfünfzig Männer), die Zahl von 5000 Siedlern zu Beginn des 18. Jahrhunderts basierte auf den unzähligen Kindern der normannischen Siedler. Auch konnte Akadien sich gegenüber der Verwaltung in Neu-Frankreich kaum Gehör verschaffen, zwischen 1670 und 1710 wechselten sich zwölf alte, den Problemen nicht gewachsene Gouverneure ab, deren Amtsführung durch Intrigen der Untergebenen, Mangel an Geld und Truppen sowie durch ständige Störmanöver der Engländer regelrecht paralysiert wurde. 1710 gelang einer Flotte von 36 englischen Schiffen mit 3500 Soldaten die Einnahme Port Royals. Im Frieden von Utrecht (1713) verzichtete

---

[1] Die von den Franzosen *Acadie* genannten Landschaften, die die heutigen kanadischen Provinzen Neu-Braunschweig und Nova Scotia umfassen, hatten von dem im Dienst der französischen Krone stehenden italienischen Entdecker Giovanni da Verrazzano (vgl. Bd. 2, Dok. 56) den Namen Arkadien erhalten. Die Bezeichnung *Acadie* oder auch einfach *Cadie* leitet sich wohl aus einer Kontamination mit dem indianischen Begriff *quoddy* oder *caddy* (fruchtbares Land) her.

[2] Pierre François-Xavier de Charlevoix: Histoire et description générale de la Nouvelle France. 3 vol. Paris 1744. Charlevoix, Jesuit und von 1705 bis 1709 Professor am Collège von Québec, bereiste 1721, im Auftrag des französischen Regenten, die französischen Besitzungen in Nordamerika. Bei der Abfassung seiner Geschichte Neu-Frankreichs konnte er auf das im Archiv des Marineministeriums vorhandene Material zurückgreifen.

Frankreich auf die Hudson-Bai und ihr Hinterland sowie auf Neufundland, wo nur Fischrechte erhalten blieben. Außerdem wurde Akadien abgetreten, wobei Frankreich mit Hilfe indianischer Verbündeter faktisch Neu-Braunschweig ebenso kontrollierte wie den St. Lorenz-Strom über die vorgelagerten Inseln Saint-Jean (Prinz-Edward-Insel, vgl. Dok. 75) und Ile Royale (Cape Breton), wo 1713 die seebeherrschende Festung Louisburg (das Dünkirchen Amerikas) errichtet worden war. Die „Acadiens" aber, diese eigenständige Bevölkerungsgruppe, die aus der Normandie stammte und von dort u. a. Methoden der Landgewinnung mitgebracht hatte, wurden ein Opfer der wachsenden Spannungen zwischen Engländern und Franzosen. 1749 wurden sie des Landes verwiesen, der größte Teil begab sich nach Louisiana, wo ihre kulturelle Sonderrolle noch heute feststellbar ist. Ein letztes Kontingent von 8000 Personen wurde 1755 deportiert.

Lit.: Emile Lauvrière: La tragédie d'un peuple. 2 vol. Paris ^{1}1923, ^{2}1931. Vol. I – R. Rumilly: Histoire des Acadiens. Paris 1956 – W. J. Eccles: Canada under Louis XIV (1663–1701). London-New York 1964 – Marc Trudel: The Beginnings of New France 1524–1663. Toronto 1973 – Robert Rumilly: L'Acadie française (1497–1713). Québec 1981. TS

Wenn man eine Kolonie neu begründen will, muß man einen bedeutenden Nutzeffekt in Aussicht haben. So wäre ein Land wie Illinois, das nur Wein und Getreide liefert, für Frankreich mehr von Schaden als von Nutzen, weil es mit der Zeit soviel davon erzeugen könnte, daß es des in Frankreich Produzierten entsagen und [sogar] mit dem Ausland Handel treiben könnte. Aber durch den Plan, den ich vorschlage, kann Seine Majestät sich zum Gebieter über Pelzhandel und Kabeljaufang machen, [über Güter, die] es ausschließlich an dieser Küste gibt, und unter Ausschluß aller [anderen Länder] Handel damit treiben. Dies würde zunächst eine größere Aufwendung erforderlich machen, aber es gibt niemanden, der nicht davon überzeugt wäre, daß Seine Majestät daraus in kürzester Zeit eine Pacht machen könnte, die Sie für diese Ausgabe mit der Aussicht auf künftige immense Gewinne entschädigte. Einzigartig an dieser Niederlassung ist, daß sie Frankreich auf keine Weise schädigen kann, weil man in Akadien niemals Wein anpflanzen und an der französischen Küste keinen Kabeljau fangen kann. Insofern erscheint es zwingend, daß Akadien Frankreich Vorteile bietet, woher es seinen Wein und Schnaps bezöge [...]. Und dadurch wäre es auch Kanada gestattet, einen Absatz für Getreide und die anderen Artikel, die es erzeugt, zu finden.

[Es folgen Höflichkeitsbezeugungen gegenüber dem König.]

Die Lage Akadiens ist so günstig, daß es geradezu dazu vorbestimmt zu sein scheint, ganz Nordamerika zu beherrschen. Zu jeder Zeit kann man es mühelos anlaufen. In jeder Jahreszeit können [die Schiffe] ein- und auslaufen, ohne Eis, Hitze oder Stürme fürchten zu müssen. Man kann diese Reise von Frankreich aus fast ohne Klimawechsel durchführen und ohne jenen Krankheiten ausgesetzt zu sein, die für gewöhnlich einen Teil [der Mannschaften] dahinraffen, die den Wendekreis oder den Äquator passieren.

Akadien ist eine Halbinsel, die – nach den mir zugänglichen Informationen

12. Plädoyer für eine französische Nutzung Akadiens

– einen Umfang von etwa 150 Meilen hat und zwischen dem 44. und 45. Breitengrad liegt. Demzufolge herrscht ein sehr gemäßigtes Klima, das zur Gesundheit der Einwohner und zu deren Vermehrung in kurzer Zeit auf bemerkenswerte Weise beiträgt. Man hat mir versichert, daß es dort hochwertiges Land, beachtliche Mengen aller Arten der schönsten Hölzer der Welt gibt, die für den Schiffbau und für einen Holzhandel im großen Maßstab geeignet wären, wie für Daubenholz und Masten.

Man behauptet, daß sie [die Halbinsel] von vielen Flüssen, Seen und Fjorden durchzogen wird. Was aber noch schöner an ihr ist, sind ihre Buchten, aus denen man die schönsten Häfen Amerikas machen könnte, die tausend Schiffe aufzunehmen in der Lage und immer beflutet und sehr sicher wären.

Ohne von den Kupferminen, die man dort eines Tages entdecken kann, zu sprechen, gibt es dort sicherlich sehr große Steinkohlevorkommen. Da wir [bislang] dazu gezwungen sind, diese [Kohle] aus England nach Frankreich einzuführen, kann dies von großem Vorteil sein und sehr zum Handel des Landes und sogar zur Niederlassung am Ort beitragen. Es gibt auch Kalk im Überfluß.

Man kann mit großer Sicherheit behaupten, daß Akadien ausnahmslos alle Länder der Welt mit seinem Reichtum an allen Fischarten übertrifft, die es dort längs der Küste gibt, gar nicht zu reden von den gewöhnlichen Fischarten. Alle Flüsse sind voller Störe, Forellen und Lachse, nicht eingerechnet die Tümmler und Wolfsbarsche, aus denen man Tran gewinnen kann. All dies ist Manna, das den Völkern, die sich dort niederlassen, ein grenzenloses Wohlleben bescheren wird.

Will man dieser Fischfangplätze habhaft werden und daraus eine solide und unverrückbare Einrichtung machen, so wäre es von Vorteil, wenn Seine Majestät mit eiserner Entschlossenheit und ganzer Kraft dieses Werk vorantriebe und nicht die [finanziellen] Aufwendungen beklagte, ohne die es den Engländern ein Leichtes wäre, unvollkommene Pläne zum Scheitern zu bringen. Allem Anschein nach kann Seine Majestät in Ihrer Regierungszeit nichts Größeres und Nützlicheres als diese Unternehmung vollbringen. Es ist bekannt, in welchem Maße Kabeljau von jedermann verzehrt und benötigt wird. Sie [Seine Majestät] kann mühelos diesen Handel beherrschen, ohne daß es Kriege erfordern würde und irgend etwas dagegen einzuwenden wäre. Man muß nur den Besitz, den man bereits innehat, bewahren. Und man muß dieses Land und die Landeplätze, die Seiner Majestät unterstehen, nur nutzbar machen. Eines Tages wird man diesen schönen Plan sogar noch weiterentwickeln und verhindern, daß irgend jemand anders als Ihre Untertanen auf der großen Bank [vor Neufundland] fischt. All dies würde eine Pacht künftig einbringen, da es als sicher anzunehmen ist, daß Seine Majestät, sofern Sie erst einmal über Akadien, Neufundland und die große Bank etwa 25 Meilen [...] gebietet, sich jenen Handel aneignen wird, der zu den schönsten, den notwendigsten und nützlichsten der Welt zählt.

Aus: Documents inédits: Mémoire touchant le Canada et l'Acadie envoyé par M. de Meules. In: Revue d'Histoire de l'Amérique française. Vol. II/No 1 (Juni 1948), S. 433–439, hier: S. 433–435. TS

13. Die französische Krone sucht den niederländischen Einfluß in Vorderindien zurückzudrängen: Instruktion für den neuen Generalstatthalter De la Haye (1669)

Kolonisatorisch wurde Frankreich erstmals 1642 in Ostindien aktiv. Richelieu erkannte die Bedeutung Madagaskars als eines möglichen Stützpunkts für den ostindischen Handel und gründete zur Erschließung dieser Insel die Compagnie de l'Orient. Seine Kolonialpolitik war vorrangig auf Machtgewinn der Krone angelegt, im Vordergrund der Madagaskar-Expedition standen daher Besiedlung und Mission. Ziel der Koloniegründung war die Ostküste, wo 1643 Fort Dauphin erbaut wurde. Aber die großangelegte, kostenintensive Unternehmung nahm keinen gedeihlichen Fortgang, das anfänglich freundliche Verhältnis zu den Eingeborenen wurde durch Sklavenraub und fanatischen Bekehrungseifer nachhaltig getrübt. Der Gouverneur Flacourt unterwarf zwar in mehreren Feldzügen die Ostküste und das Hinterland im Südosten, aber die französische Herrschaft hätte nur durch ausgiebige militärische Unterstützung von seiten des Mutterlandes oder durch starke Einwanderung aufrechterhalten werden können – Gründe, die die holländische Ostindienkompanie (VOC) von Besiedlungsprojekten Abstand nehmen ließ (vgl. Dok. 16). In Frankreich schwand das kolonisatorische Interesse durch den Primat der Innenpolitik rasch. Madagaskar lieferte keine wertvollen Handelsartikel, und zu einer langsamen Steigerung des Ertrages durch Pflanzungen fehlte die Geduld und das notwendige Siedlerpotential. 1663 zerbrach die Compagnie de l'Orient – als eine der fast 40 Überseehandelskompanien, die zwischen 1599 und 1663 ohne jeden Erfolg in Frankreich gegründet wurden – an Spannungen in der Führung durch die hohe Schuldenlast.

Bei Colberts Amtsantritt stellte Frankreich den größten Markt für asiatische Waren dar, und so verfolgte der Staatsminister im Rahmen seines merkantilistischen Konzepts das Ziel, mit der Gründung einer zentralen Handelsgesellschaft nach holländischem und englischem Muster zu verhindern, daß die zum Erwerb asiatischer Güter von England und Holland geforderten Gold- und Silberreserven Frankreichs Wirtschaft entzogen würden. Die 1664 ins Leben gerufene Compagnie des Indes orientales war so eine Schöpfung der Krone mit primär politischen Zielen. Das öffentliche Interesse an dieser Gesellschaft war allerdings gering, nur durch massiven Druck auf Handelskreise der Hauptstadt vermochte Colbert Anteilseigner zu mobilisieren, die erforderlichen Mittel kamen mehr oder weniger über eine Zwangsanleihe zusammen, obwohl die Aktiengesellschaft ein Monopol für 50 Jahre erhielt und zusätzlich eine Importprämie für bestimmte Waren zugestanden bekam.

Bei der Anwerbung von Personal mußte ausschließlich auf frühere Mitarbeiter der holländischen Ostindienkompanie zurückgegriffen werden. Die zentrale Figur unter den 22 in Dienst genommenen Steuerleuten und Kaufleuten stellte François Caron dar, der den holländischen Dienst quittiert hatte, weil ihm ein Direktorenposten verweigert worden war. Er verfügte über fundierte Kenntnisse im japanischen und indonesischen Bereich, war aber im persönlichen Umgang schwierig, in seinen Plänen schwankend, in der Ausführung unzuverlässig und vor allem von Rachegedanken gegen die holländische Ostindienkompanie getrieben. Als Generaldirektor der französischen Überseeniederlassungen war er ein wesentlicher Unsicherheitsfaktor.

Die ersten Jahre der Kompanieaktivitäten vergingen erfolglos, nur in Surat konnte –

13. Instruktion für den französischen Generalstatthalter in Vorderindien

durch Vermittlung des französischen Kapuzinerklosters – 1668 eine Niederlassung eröffnet werden. Da der von Colbert geforderte Ausbau der Siedlung auf Madagaskar durch den Widerstand der Eingeborenen nicht vorankam, pochten die Direktoren der Kompanie auf eine Forcierung der Aktivitäten in Indien, und Caron schlug zur Untermauerung seiner Pläne für ein Ausgreifen nach Ceylon, Calicut und Japan die Entsendung einer französischen Flotte vor. Colbert machte sich diesen Vorschlag zu eigen, 1669 wurde die „persische Schwadron" mit 9 Schiffen und mehr als 2500 Mann Besatzung für die Indienfahrt ausgerüstet, deren Leitung Oberst De la Haye übertragen wurde. Seine Aufgabe war faktisch unlösbar, er sollte aus dem Nichts heraus das Monopol im Ostindienhandel erobern.

Wenn das Vorhaben fast vollständig scheiterte – De la Haye kehrte im März 1675 auf holländischen Schiffen mit etwa 500 Überlebenden seines Geschwaders zurück, das von der holländischen „Vereinigten Ostindischen Kompanie" völlig vernichtet worden war –, so stand dies zum einen mit Mängeln in der Umsetzung der detaillierten Vorgaben, aber auch mit der Überzogenheit der Ziele der Unternehmung in Zusammenhang: Die Expedition startete bereits mit einem Monat Verzug, Reparaturen im Hafen von Lissabon führten zum Versäumen günstiger Winde, ein weiterer Halt in der Saldanha-Bai und ein Scharmützel mit holländischen Schiffen sorgten dafür, daß das Geschwader auf Madagaskar gut zwei Monate nach dem Monsun eintraf, der die Expedition schnell und sicher nach Surat gebracht hätte. Auf Madagaskar stachelte De la Haye durch anmaßendes Verhalten die gerade beigelegten Auseinandersetzungen mit den Eingeborenen von neuem an (Aufstände in den Jahren 1672 und 1674 machten die Aufgabe der Insel und eine Verlegung der Niederlassung auf die Insel Bourbon – heute: La Réunion – notwendig. Durch grassierendes Fieber verlor De la Haye mehrere hundert Mann und er mußte daher auf der Insel Bourbon einen zweimonatigen Rekonvaleszenz-Aufenthalt einlegen. Als das Geschwader in Surat eintraf, war Caron – von dessen Instruktion das weitere Vorgehen abhing – bereits nach Bantam aufgebrochen. De la Haye traf so erst mit einjähriger Verspätung im November 1671 mit Caron zusammen, der seinerseits die geplante Eroberung Ceylons erheblich verzögert hatte. Dadurch hatten die Holländer nicht nur Zeit gehabt, eine Flotte zusammenzustellen und ihre Faktoreien zu alarmieren, De la Haye begann Caron auch zu mißtrauen, weil Caron in einer Zeit wachsender französisch-holländischer Spannungen auf Java Kontakte mit früheren Mitarbeitern knüpfte. Um Zwistigkeiten in der Niederlassung in Surat beizulegen, wurden drei weitere Direktoren in Marsch gesetzt, die allerdings durch unzureichend definierte Zuständigkeiten nur zur Verzögerung beitrugen. Bei einem Zwischenaufenthalt in Goa verärgerte De la Haye den portugiesischen Vizekönig und verlor durch Desertion Besatzung in zweifacher Kompaniestärke. Als verspätet ein Versuch unternommen wurde, doch noch einen Posten auf Ceylon einzurichten, scheiterte dieses Vorhaben am geschickten Widerstand der niederländischen Flotte unter Leitung des Admirals Goens. Wegen Proviantmangels und mangelnder Hilfeleistung durch die Beamten des Königs von Golconda entschied sich De la Haye für eine Einnahme des holländischen, ehemals portugiesischen Stützpunktes São Tomé[1]. Den Hol-

---

[1] Die Franzosen nannten den Ort Meliapour; andere Schreibungen sind Mailepur, Mylapore u. ä.; es handelte sich um das Malpuria des Presbyter-Johannes-Briefs und anderer spätmittelalterlicher Quellen (vgl. Bd. 1, Dok. 20, Anm. 8). An diesem Ort ist einer Überlieferung zufolge der Apostel Thomas begraben; nach ihm nannten die Portugiesen den Platz São Tomé. Heute ist er eine der Vorstädte von Madras (Anm. Sch)

ländern gelang es jedoch schnell, begünstigt durch die Passivität der Engländer und durch erfolgreiche Bemühungen am Hofe des Königs von Golconda, die autochthone Bevölkerung gegen die Franzosen aufzubringen und eine so wirksame Blockade zu errichten, daß De la Haye nichts als die Kapitulation blieb (September 1674).

In der Folgezeit vermied es die französische Krone mit Blick auf das Desaster der „persischen Schwadron", Ostindienprojekte größeren Stils finanziell zu unterstützen. Colbert hatte die außerordentliche Schwierigkeit unterschätzt, vor dem der Aufbau eines wettbewerbsfähigen Handels in den ostindischen Gefilden stand, die bereits unter drei großen Konkurrenten aufgeteilt waren. Die Orientierung am englischen und niederländischen Vorbild hatte den Blick auf die grundlegenden Unterschiede zur französischen Situation verstellt. Auf Grund des Desinteresses des Handelskapitals war die Compagnie des Indes orientales ein Staatsunternehmen, das eher auf Machtgewinn als auf Profit angelegt war. Die zentrale Pariser Verwaltung – fern der Hafenanlagen, Docks, Lagerhäuser und Verkaufshallen – war in der Praxis weitgehend ein Bestandteil der Verwaltungshierarchie der Krone mit Merkmalen eines Vorläufers späterer Kolonialministerien. Daraus ergab sich eine übergroße Abhängigkeit von der Krone, Eingriffe der Krone in Politik und Personalfragen waren an der Tagesordnung. Auch gab es keinen nationalen Markt, sondern verschiedene, rivalisierende Märkte in den verschiedenen französischen Regionen, für die Indien von geringer Bedeutung war.

Lit.: Henri Weber: La Compagnie française des Indes (1604–1875). Paris 1904 – Paul Kaeppelin: La Compagnie des Indes Orientales et François Martin. (1664–1719). Paris 1908 – S. P. Sen: The French in India. First Establishment and Struggle. Calcutta 1947 – J. Barassin: Compagnies de navigation et expéditions françaises dans l'océan indien au 17e siècle. In: Océan indien et Méditerranée. Paris 1965, S. 197–225 – L. Dermigny: East India Company et Compagnie des Indes. In: Michel Mollat (éd.): Sociétés et compagnies de commerce en Orient et dans l'océan indien. Paris 1970. S. 453–465.

TS

Versailles, den 4. Dezember 1669

Sieur De La Haye wird davon unterrichtet, daß Seine Majestät sechs vorzügliche Kriegsschiffe, zwei Fleutschiffe und ein Vorrats- oder Hospitalschiff in das genannte Land [Indien] sendet und daß die in Frankreich gegründete Indienkompanie ebenfalls drei große Schiffe dorthin schickt. Seine Majestät läßt ihr Geschwader für zwei Jahre mit Lebensmitteln ausrüsten und die Mittel für achtzehn Monate Sold zur Verfügung stellen. Und es ist ihre Absicht, daß es [das Geschwader] drei volle Jahre in Indien bleiben soll, in deren Verlauf Seine Majestät die Befriedigung zu haben hofft [...], das angestrebte Ziel erreicht zu sehen, nämlich, einige größere Niederlassungen in Indien einzurichten, um den Handel der Kompanie, die Sie in ihrem Königreich gegründet hat, sicherzustellen.

[Dabei sollte den Vorstellungen des in Indien weilenden Kompaniedirektors Caron gefolgt werden. Das anvisierte Ziel sei erstens durch prompte Auftragserledigung zu erreichen,] zweitens dadurch, daß auf der Route Anlegeplätze gefunden werden, wo die Schiffe der Kompanie Station machen können. Alle Nationen, die derartige Fahrten unternehmen, haben es von jeher als notwendig erachtet, über Aufenthaltsorte zu verfügen, wo sie bei großen Unglücksfällen Zuflucht suchen und frischen Nachschub an Bord nehmen können. So haben sich die Engländer beispielsweise auf der Insel St. Helena und die Holländer am Kap der Guten Hoffnung niedergelassen. [Die Franzosen sollten diese vortreffliche holländische Kolonie auskundschaften und mögliche Eroberungspläne abwägen; in der Zwischenzeit muß Madagaskar die Aufgabe einer Zwischenstation erfüllen.] Es reicht aus, ihm [dem Gouverneur von Madagaskar, Mondevergue] mitzuteilen, daß es die Absicht Seiner Majestät ist, der Kolonie durch Niederlassungen an den zwei oder drei wichtigsten Punkten der Insel eine solide Grundlage zu verleihen. Dann werden Landwirtschaft und andere für das Leben wichtige Einrichtungen bewirken, daß alljährlich eine gewisse Anzahl von Menschen zur Verstärkung der Kolonie eintreffen. Gute Verhältnisse oder Wohlstand und Überfluß könnten in dieser Kolonie binnen kurzem sogar ein solches Ausmaß annehmen, daß die Untertanen Seiner Majestät aus eigenem Antrieb dorthin auswandern und sich niederlassen. Und Seine Majestät wird nach einer gewissen Frist und nach Maßgabe der Stärke und der Anzahl der Leute, die dort seßhaft werden, ihre Vorteile nutzen können, um diese Insel in Besitz zu nehmen, die dortigen Einwohner zu zivilisieren und im katholischen Glauben zu unterweisen.

Seine Majestät wünscht darüber hinaus, daß diese Kolonie, wenn sie an den geeignetsten Stellen eingerichtet ist, dazu dient, die Schiffe der ostindischen Kompanie erforderlichenfalls aufzunehmen und ausreichend mit Frischgut zu versorgen, wie auch eines Tages dazu, einen Handel mit Afrika [der Ostküste] in die Wege zu leiten und einige Niederlassungen einzurichten.

[De La Haye soll sich über die Ursachen der andauernden Probleme der französischen Siedler auf Madagaskar informieren, sich aber höchstens sechs Wochen dort aufhalten und dann unverzüglich nach Indien weiterfahren.]

Da dieses Geschwader die erste Kenntnis der Waffengewalt und der Macht Seiner Majestät nach Indien bringen wird, muß er [De La Haye] sich bemühen, es in seiner Schönheit, seiner Macht, mit seiner Artillerie und den Mannschaften in guter Ordnung vor Augen zu führen. Und es ist bekanntzumachen, daß es von Seiner Majestät nur ausgesandt wurde, um Orte und Häfen für eine noch größere Flotte auszukundschaften, die Sie [Seine Majestät] schon bald zu schicken entschlossen sei. Und indem man versichert, daß sie [die Flotte] allein den Befehl hat, den Handel Ihrer Kompanie zu unterstützen und zu beschützen, werden die anderen Nationen nicht beunruhigt. Es ist nämlich sehr wichtig, daß die Inder eine hohe Meinung von der Gerechtigkeit und Güte Seiner Majestät zum gleichen Zeitpunkt gewinnen, da sie ihre Stärke kennenlernen.

[De La Haye soll mehrere Gesandtschaften u. a. an den Großmogul unternehmen.]

Auf Grund der Briefe von Sieur Caron schätzt Sie [Seine Majestät] nichts als wichtiger für das Wohl und den Nutzen der Kompanie ein, als eine größere Niederlassung auf der Insel Ceylon einzurichten, auf der der Zimt gewonnen wird und die im Augenblick von den Holländern besetzt ist. [Caron hatte seinerzeit die Eroberung für die holländische Kompanie geleitet und wollte nunmehr seine Kenntnisse den Franzosen übermitteln.] Er [Caron] nimmt an, daß man im Osten der Insel leicht einen Stützpunkt errichten könne, der groß genug wäre, um den Zimthandel in die Hand der Kompanie zu bekommen. Es wurde stets als notwendig und von höchstem Nutzen angesehen, auf der Insel Bangka[2], die im Osten der großen Insel Sumatra liegt, eine weitere Niederlassung einzurichten, die größer und leichter erreichbar sein könnte als Batavia, der wichtigste Stützpunkt der Holländer im indischen Raum. Diese [Niederlassung] würde es der Kompanie leicht machen, den Handel mit allen Gewürzen dieser Insel und der Königreiche in Indien und selbst denjenigen mit China und Japan zu beherrschen.

Es folgen Anweisungen bezüglich des taktisch klügsten Verhaltens gegenüber den indischen Fürsten und zur Errichtung fester Stützpunkte, wobei der zu erwartende Widerstand der Holländer und Briten gegen diese Unternehmungen gering eingeschätzt wird; Anweisungen über die Verwaltung der einzurichtenden Stützpunktkette und die Zusammenarbeit mit der Kompanie schließen die Instruktion ab.]

Aus: Lettres, instructions et mémoires de Colbert publiés par Pierre Clément. Vol. III, 2: Instructions au Marquis de Seignelay. Colonies. Paris 1865. Ndr. Nendeln 1979, S. 461–470.   SP

14. Die Generalstaaten der Niederlande fördern die Entdeckung neuer Seewege und Länder (1614)

Nachdem Isaac Le Maire – einer der reichsten und tatkräftigsten Kaufleute seiner Zeit – aus der 1602 gegründeten „Vereinigten Ostindischen Kompanie" der Niederlande (VOC) ausgeschlossen worden war, sann er darauf, der Gesellschaft zu schaden und sich einen eigenständigen Platz im Ostindienhandel zu erobern. Er glaubte an die Möglichkeit, den Pazifik auf einer südlicheren Route, als es die Magalhães-Straße war, erreichen und damit das Monopol der VOC (das ihr für alle Fahrten um das Kap der Guten Hoffnung und durch die Magalhães-Straße zustand) umgehen zu können. Sein Ziel war die Entdeckung der Terra australis incognita. Er gründete eine Australische Kompanie (vgl. Bd. 2, Dok. 107) und ließ sich für sein Vorhaben von den Generalstaaten am 27. März 1614 das folgende *oktroi*[1] verleihen. Dieser Patentbrief spiegelt nicht nur seine persönlichen Ambitionen, sondern ist gleichzeitig Ausdruck des allgemeinen

---
[2] Insel des Indonesischen Archipels, in der Karimata-Straße zwischen Sumatra und Borneo gelegen.
[1] Patent, Bewilligung, Freibrief.

14. Die Generalstaaten der Niederlande fördern Entdeckungsfahrten

Expansionswillens der Niederländer gegenüber dem Anspruch der iberischen Mächte, die damals bekannte Welt unter sich aufteilen zu wollen. Ihnen ihr Monopol gewaltsam zu entreißen, war kostspielig und barg die Gefahr handelsschädigender Kriege in sich, die trotz des 1609 geschlossenen, zwölfjährigen Waffenstillstands mit Spanien in Übersee bereits im Gange waren. Das Auffinden neuer, in die Ansprüche Spaniens und Portugals noch nicht eindeutig aufgenommener Seewege und Länder war daher für den aufstrebenden niederländischen Kolonialhandel generell von Interesse.

Lit: W. A. Engelbrecht, P. J. van Herwerden (ed.): De ontdekkingsreis van Jacob Le Maire en Willem Cornelisz. Schouten in de jaren 1615–1617. Journalen, documenten en andere bescheiden. Deel II. 's-Gravenhage 1945 (Werken der Linschoten Vereeniging XLIX), S. 1–45 – D. W. Davis: A Primer of Dutch Seventeenth Century Overseas Trade. The Hague 1967 – G. Schilder: Australia Unveiled. The share of the Dutch navigators in the discovery of Australia. Amsterdam 1976.   Pa

Die Generalstaaten der Vereinigten Niederlande [entbieten] allen denen, die diesen [Anschlag] sehen oder [ver-]lesen hören werden, [ihren] Gruß. *Geben bekannt:*
Da wir annehmen, daß es für diese [Nieder-]Lande, zur Förderung ihres Wohlstands, auch zum Unterhalt des seefahrenden Volkes ehrbar, dienlich und gewinnbringend sei, die rechtmäßigen Bürger *(inghesetenen)* aufzufordern und zu ermutigen, sich verstärkt mit der Untersuchung und Entdeckung der Seewege, Häfen, Länder und Orte zu beschäftigen, die vordem nicht entdeckt oder befahren worden sind, und da uns von einigen Kaufleuten eröffnet worden ist, daß sie mit Gottes gnädiger Hilfe, mit Fleiß, Mühen, Gefahren und Kosten sich dazu verwenden und daraus gute Früchte zu ernten hoffen, haben wir beliebt, ihnen zu bewilligen, [sowie] das Privileg zu erteilen und die Gnade [zu erweisen], die Seewege, Häfen, Länder und Orte, die von ihnen neu zu finden oder zu entdecken sind, für sechs Reisen allein zu befahren, zu besegeln und aufzusuchen zur Entschädigung für ihre Kosten, Mühen und Gefahren, mit dem Verbot, daß niemand direkt oder indirekt dieselben Seewege, Häfen, Länder oder Orte befahren, besegeln oder aufsuchen darf, bevor die ersten Entdecker oder Finder derselben die vorgenannten sechs Reisen vollendet haben werden. Also haben wir die vorbeschriebene Sache reiflich erwogen und befinden, wie voranstehend ausgeführt, das vorgenannte Vorhaben als für den Wohlstand der Vereinigten [Nieder-]Lande löblich, ehrbar und dienlich. Und da wir den Besuch [neuer Seewege und Orte] für alle und einen jeden der Bürger dieser Lande frei und allgemein machen wollen, haben wir durch diesen Freibrief alle und einen jeden der Bürger der Vereinigten Niederlande zu der vorgenannten Suche anhalten wollen, und darüber solchermaßen bewilligt und beschlossen; bewilligen und beschließen hiermit, daß derjenige, der von nun an einige neue Seewege, Häfen, Länder oder Orte entdecken sollte, dieselben für vier Reisen allein befahren oder befahren lassen soll, ohne daß jemand anderer direkt oder indirekt dieselben neu entdeckten und gefundenen Seewege, Häfen, Länder oder Orte von den Vereinigten Landen aus besegeln, befahren oder aufsuchen darf, bevor der erste Finder oder Entdek-

ker dieselben vier Reisen gemacht hat oder gemacht haben wird: unter [Androhung der] Konfiszierung der Schiffe und Güter, vermittels derer hiergegen verstoßen werden sollte, und eines Bußgelds von fünfzigtausend niederländischen Dukaten zu Gunsten des vorgenannten Finders oder Entdeckers. Wohlverstanden, daß der Entdecker, nachdem er seine erste Reise abgeschlossen hat, gehalten ist, innerhalb von vierzehn Tagen nach seiner Heimkehr von derselben Reise uns von der vorgenannten Entdeckung und seinen Erlebnissen einen zutreffenden Bericht abzustatten, damit dieser von uns gehört und beraten werden kann, und wir festsetzen können (entsprechend der Lage und Entfernung) [der entdeckten Seewege und Orte], innerhalb welcher Zeit die vorgenannten vier Reisen vollendet werden müssen, unter dem Vorbehalt, daß wir hierunter nicht verstehen, einige Präjudizierungen oder Schmälerungen an unseren vorherigen Freibriefen und Konzessionen vorzunehmen². Und sofern in einer bestimmten oder ungefähren Zeit, oder in einem Jahr, eine oder mehrere Kompanien solche neuen Seewege, Länder, Häfen oder Orte finden oder entdecken, sollen dieselben diesen unseren Freibrief und unser Privileg gemeinsam genießen. Und im Falle, daß diesbezüglich oder aus einem anderen Grund einige Streitigkeiten oder Differenzen aus dieser Konzession erwachsen oder entstehen, sollen dieselben von uns entschieden werden, wonach sich ein jeder von ihnen [den Kontrahenten] zu richten hat. Und damit diese unsere Konzession jedermann zur Kenntnis gebracht wird, haben wir befohlen, daß dieser Freibrief in den Vereinigten [Nieder-]Landen an den gewöhnlichen Stellen publiziert und angeschlagen wird. So beschlossen auf der Versammlung der Hochehrbaren Herren Generalstaaten in 's-Gravenhage, den siebenundzwanzigsten März sechzehnhundertundvierzehn.

J. van Oldenbarnevelt v^t [3]
Auf Befehl der Hochehrbaren
Herren Generalstaaten gezeichnet
C. Aerssen.

Aus: Lieuwe van Aitzema: Saken van Staet en Oorlogh in ende omtrent de Vereenigde Nederlanden. Deel I. 's-Gravenhage 1699, S. 154–155. Pa

15. Willem Usselincx wirbt für ein niederländisches Kolonialreich in Amerika (1620)

1621 wurde in den Niederlanden die „Westindische Compagnie" (WIC) gegründet. Die Generalstaaten verliehen ihr ein *oktroi*, das dem der Ostindischen Kompanie (VOC) sehr ähnelte. Die neue Gesellschaft sollte in erster Linie in Afrika und Amerika einen Monopolhandel treiben und den Krieg gegen Spanien fortsetzen, nachdem der 1609 geschlossene zwölfjährige Waffenstillstand gerade abgelaufen war.

---

² Bezieht sich offenbar auf das der VOC 1602 verliehene *oktroi*.
³ Bedeutet „vidit".

15. Usselincx wirbt für ein niederländisches Kolonialreich in Amerika

Damit wurden die Pläne Willem Usselincx', des wohl eifrigsten Verfechters einer Kolonisierungsgesellschaft für Amerika, zerstört, nachdem er mehr als zwanzig Jahre lang Propaganda für die Errichtung eines großen niederländischen Kolonialreiches in Amerika betrieben hatte. Statt dessen setzten sich nun die Großkaufleute durch, die auf reiche Beute und schnellen Gewinn aus einem Kaperkrieg gegen Spanien hofften. Für langwierige und kostspielige Ansiedlungsprojekte hatten sie keinen Sinn, und das von Usselincx vorgesehene Mitspracherecht der Teilhaber an den Geschäften der Kompanie erschien ihnen hinderlich.

Usselincx, 1567 in Antwerpen geboren, verbrachte als junger Mann Lehrjahre in Spanien, Portugal und auf den Azoren und kehrte 1591 als reicher Kaufmann in die Niederlande zurück. Wahrscheinlich ließ er sich in Amsterdam nieder. Ungefähr im Jahr 1600 verfaßte er sein erstes, 1604 sein zweites Memorandum, das er u.a. an die Generalstaaten schickte. Darin plädierte er für die Errichtung einer Westindischen Kompanie, die einerseits Handel mit Amerika und Afrika treiben und durch kriegerisches Vorgehen die spanischen Kräfte in Übersee binden und damit die Niederlande als Kriegsschauplatz entlasten sollte. Andererseits sollte die Hauptaufgabe einer solchen Gesellschaft jedoch im Aufbau großer Siedlungskolonien liegen, die ihre Erzeugnisse und Rohstoffe ins Mutterland exportieren und ihrerseits zu bedeutenden Absatzmärkten für niederländische Manufakturwaren werden konnten. Außerdem begeisterte ihn die Möglichkeit, Tausende von Eingeborenen dem kalvinistischen Glauben zuzuführen. Als Ausgangspunkt für ein solches Kolonialreich scheint er an Guayana gedacht zu haben.

In den folgenden Jahren konferierte Usselincx mehrmals mit Vertretern der Generalstaaten, der Staaten von Holland und der Staaten von Seeland. Sein Projekt traf jedoch auf Widerstand, vor allem von seiten des mächtigen Kanzlers von Holland, Johan van Oldenbarnevelt, der in der Gründung einer gegen Spanien gerichteten WIC eine Gefährdung der Friedensverhandlungen zwischen den Niederlanden und Spanien sah. Der Abschluß des zwölfjährigen Waffenstillstandes 1609 machte daher Usselincx' Pläne vorerst zunichte.

Erst die Gefangensetzung Oldenbarnevelts und die Machtergreifung der Contra-Remonstranten in Holland im Jahr 1618 änderten die politische Situation zu seinen Gunsten. Nun gewann die Kriegspartei die Oberhand, die den Waffenstillstand nicht verlängern wollte. Usselincx wurde vor einen Ausschuß der Generalstaaten geladen, um mit diesem einen Freibrief für eine WIC zu entwerfen. Bevor er jedoch in Den Haag eingetroffen war, hatte der Ausschuß ohne ihn einen Entwurf erstellt, der Usselincx' Absichten nicht entsprach. Deshalb reichte er seinerseits bei den Generalstaaten ein eigenes Konzept ein. Beide Entwürfe wurden daraufhin an die Provinzversammlungen geschickt, damit diese darüber eine Resolution verfassen konnten. Sie ließen mit der Antwort auf sich warten. Lediglich die Staaten von Holland und Westfriesland stellten eine Kommission aus Vertretern der großen Seestädte Dordrecht, Delft, Amsterdam, Rotterdam, Hoorn und Enkhuizen zusammen, die ihrerseits ein drittes, stark an der VOC orientiertes Konzept verfaßten, das den Generalstaaten Anfang 1620 vorgelegt wurde. Gegen diesen Entwurf wandte sich Usselincx in mehreren Denkschriften; aus einem alle seine Argumente zusammenfassenden Memorandum vom 13. April 1620 stammt der hier wiedergegebene Ausschnitt. Seine Meinung blieb jedoch unbeachtet. Am 3. Oktober 1620 nahmen die Generalstaaten den nur geringfügig geänderten Entwurf der Seestädte an.

Drei Jahre später kehrte Usselincx seinem Vaterland enttäuscht den Rücken. Die folgenden zwei Jahrzehnte verbrachte er zum größten Teil in Schweden, wo er – seinen Lieblingsplan weiter verfolgend – ebenfalls eine Westindische Kompanie gründete (vgl. Dok. 22), die sich jedoch nicht lange behaupten konnte.

    Lit.: J. Franklin Jameson: Willem Usselincx, Founder of the Dutch and Swedish West India Companies. New York-London 1887 (Papers of the American Historical Association. Vol. II. No. 3) – Catharina Ligtenberg: Willem Usselincx. Utrecht 1915 (Utrechtsche Bijdragen voor Letterkunde en Geschiedenis IX) – C. K. Kesler: Willem Usselincx en de oprichting van de Westindische Compagnie. In: West-Indische Gids 4 (1921/22), S. 65–78.   Pa

Kurze Erklärung der wichtigsten Unterschiede zwischen dem Konzept eines oktrois für Westindien, das von den Hochmögenden Herren, meinen Herren, den Generalstaaten, im Monat Februar des Jahres 1619 an die jeweiligen Provinzen gesandt wurde, und demjenigen, das danach von den Abgeordneten aus den großen Seestädten von Holland und Westfriesland entworfen wurde

Um diese Unterschiede besser verständlich zu machen, werde ich zuerst berichten, woraus dieselben hauptsächlich herzurühren scheinen und was sich in den letzten drei Jahren in dieser Angelegenheit zugetragen hat.

Es scheint nun, daß dieselben hauptsächlich aus den verschiedenen Absichten herrühren, die die einen und die anderen beim Aufstellen der oben genannten Konzepte hatten, wie ein jeder, der dieselben liest, leicht beurteilen können wird. Denn daß ich beim Erstellen des *oktroi*-Konzeptes, das Ihre Hochmögenden an die jeweiligen Provinzen gesandt haben, kein anderes Ziel [im Auge] hatte als die Ehre Gottes, Recht und Billigkeit, das Beste des Landes, den Vorteil der Kompanie, die volle Befriedigung der Teilhaber und die Einrichtung der Sache nach den Erfordernissen des Werks, dessen bedarf es keines Beweises. Ebenso [bedarf es keines Beweises], daß dasjenige, das von den Seestädten entworfen wurde, hauptsächlich zu ihrem Vorteil, zur Belastung der [Vereinigten Nieder-]Lande, zu Autorität und Profit der Direktoren *(Bewindhebbers)*, Unterdrückung der Teilhaber und hauptsächlich dazu führt, dieses Werk der Organisationsform der Kompanie von Ostindien anzugleichen und nachzubilden, welche aber doch nicht so [zum Vorbild] genommen werden darf. [Nicht,] daß ich damit sagen wollte, daß sie eigentlich vorgehabt hätten, dem allgemeinen Wohl *(gemeene beste)* zu schaden, denn ich glaube fest, daß dieselben [Unterschiede] mehr daher kommen, daß sie dieses Werk nicht von Grund auf verstanden und folgende drei Dinge nicht gewußt haben, nämlich: Wo, wie [und] was in dieser Sache zu tun war (was auch kein Wunder ist, da sich niemand darüber dreißig Jahre lang den Kopf zerbrochen hat, wie ich es tat). Und überdies meinten sie, daß man, wenn man sich an die Art und Weise und die Organisationsform der Ostindischen Kompanie halte, dieses Werk zu einem guten Ende bringen werde, was ein sehr großes Mißverständnis ist, nicht allein, weil diese Sache von zwanzigfacher Wichtigkeit im Vergleich zu der der Kompanie für Ostindien ist, sondern auch, weil sich das Werk an sich sehr [von dem ostindischen] abhebt. Dies sieht man daran, daß es in Ostindien viele große und mächtige Königreiche gibt, in welchen von alten Zeiten her ein ausgedehnter Kaufhandel getrieben wurde, den die Ostindische Kompanie dort vorfand, so daß ihr ganzes Werk hauptsächlich in dem oben genannten Kaufhandel und dem Seekrieg besteht. Aber in Amerika muß der Handel noch geschaffen werden, und dies wird in der Hauptsache aus der Anwerbung *(t' becomen)* und Überführung großer Mengen von Volk, der Errichtung von Kolonien und neuen Republiken, dem Bau von Städten, der Eroberung von Land und dessen Verteilung [an Siedler], der Kriegsführung sowohl zu Wasser als zu Land, der Landbebauung, der Arbeit in den Minen, der Indienststellung von Gouverneuren und Amtsleuten bei den Gerichten [sowie] dem Erlassen guter Gesetze, Rechte und Ordonnanzen bestehen, um unser Volk dort in guter Zucht und Einigkeit zu halten und um die Eingeborenen dieser Länder zur Zivilisation *(borgerlycheyt)* und zur christlichen Religion zu führen, damit sie zusammen nach Gerechtigkeit und Billigkeit regiert werden können, was alles unmöglich auszuführen wäre, wenn man keine andere Ordnung oder Organisationsform hätte, als die, die die Ostindische Kompanie besitzt.

Und wenn jemand hierzu sagen sollte, daß man bei der Abfassung des *oktrois* für Ostindien die Sache reiflich überlegt und alles genau erwogen habe und lange damit beschäftigt gewesen sei, bevor dasselbe beschlossen wurde, [so] gebe ich das zu. Aber hierbei muß in Betracht gezogen werden, daß es zu der Zeit, als man sich mit dem oben genannten *oktroi* beschäftigte, verschiedene Kompanien und *Bewindhebbers* gab, die sich selbst gegründet hatten [und] die ihre Vorteile nicht aufgeben und ohne dieselben nicht zustimmen wollten[1], wie es auch die Städte nicht taten, die von der Kompanie ihren Nutzen hatten. Und Ihre Hochmögenden haben hier lieber sanfte Mittel als [strenge] Autorität gebrauchen wollen, und daher mußte man, um zur Vereinigung zu gelangen, das tun, was man konnte, und nicht das, was man wollte. Aber da dies [westindische Werk] noch einem unbeschriebenen Blatt Papier gleicht, so kann man die Organisationsform besser nach den Erfordernissen des Werkes fügen. Ich will nicht sagen, daß die Ordnung der Ostindischen Kompanie schlecht ist, soweit es die Erfordernisse des Handels, den sie treibt, betrifft, sondern nur, daß es nicht möglich ist, daß diese Sache [in Amerika] gut ausgeführt werden kann, wenn man dort keine andere Form der Organisation haben sollte als ihre, was im folgenden genauer zu erkennen sein wird. [...]

Es ist nun einem jeden, der nur einige Kenntnisse von Amerika hat, bekannt, daß der Handel, der von dort mit Spanien getrieben wird, nicht von

---

[1] Die *Verenigde Oostindische Compagnie* (VOC) der Niederlande war eine Aktiengesellschaft und Handelskompanie mit hoheitlichen Rechten, z. B. dem, in Ostindien eigenmächtig Krieg führen und Frieden schließen zu dürfen. Gebildet wurde sie aus mehreren kleinen, den sogenannten „Vorkompanien", die seit 1595 überall in den großen Seestädten gegründet worden waren. Die Direktoren dieser Vorläufer-Organisationen behielten ihre Stellung auch in der VOC, die aus mehreren Kammern bestand, an deren Spitze jeweils ein *Bewindhebber*-Gremium stand. Oberstes Beschlußorgan der VOC waren die *Heren XVII*, siebzehn aus allen Kammern nach einem genauen Verteiler-Schlüssel abgeordnete Direktoren, deren Resolutionen den einzelnen Kammern zur Ausführung überstellt wurden.

den Indios unterhalten wird, sondern von den Spaniern selbst, die seit 120 Jahren dorthin fahren und sich [in diesen Ländern] auch einigermaßen vermehrt haben. Es ist auch bekannt, daß dorthin nur gebürtige Spanier fahren dürfen, um dort zu bleiben, und daß Spanien gemessen an seiner Größe in fast ganz Europa das am dünnsten besiedelte Land ist, wodurch es nicht ein Zehntel des Volkes hat ausschicken können, das die Vereinigten [Nieder-]Lande aus ganz Europa nach [West-]Indien führen können. Daraus folgt dann, daß wir innerhalb von zehn Jahren mehr Volk und demzufolge mehr Handel in [West-]Indien ansiedeln können, als die Spanier dort nun haben, denn es gibt dort mehr als 600 Meilen gesunden, fruchtbaren und reichen Landes, wo keine Spanier wohnen. Dabei ist der Handel nicht in Betracht gezogen, den wir im Laufe der Zeit mit den Indios und in Afrika werden etablieren können.

Welcher Reichtum jährlich aus Amerika nach Spanien geschafft wird, wissen diejenigen, die [jemals] einen Blick auf die Warenladungen geworfen haben, die von den westindischen Flotten nach Sevilla gebracht werden. Dazu [kommen noch] die großen Mengen an Zucker, Brasilholz, kandierten Früchten *(confituren)* und anderen Waren, die jährlich aus Brasilien in Portugal[2] ankommen, was zusammengerechnet den Wert von mehr als 500 Tonnen Gold[3] beträgt, und es geht damit nicht so, wie es oft mit den Niederlanden in Guinea geschieht, die das Gold zu teuer kaufen, sondern der größere Teil davon ist reiner Gewinn, sowohl für den König wie für einzelne [Kaufleute], was leicht nachzurechnen ist.

[Es folgt eine Aufstellung, derzufolge der spanische König durch die ihm zustehenden Zölle und die Silber- und Goldimporte jährlich 172½ Tonnen Gold, die Kaufleute aus Gewinnen bei Aus- und Einfuhren nach und von den amerikanischen Kolonien jährlich 100 Tonnen Gold verdienen. Demgegenüber hat die Ostindische Kompanie der Niederlande in den 19 Jahren ihres Bestehens insgesamt nur rund 174 Tonnen Reingewinn erzielt.]

Wenn nun dagegen in Rechnung gestellt würde, was die [Ostindische] Kompanie das Land gekostet, welche Menge von Menschen sie verbraucht hat, wobei das Land großen Schaden litt, welche Ungerechtigkeiten, Ungeschicklichkeiten und Bosheiten von unserem Volk dort [in Ostindien] verübt wurden, wieviele Feinde wir uns dort gemacht und welch geringe Freundschaft wir dadurch bei einigen unserer Nachbarn erworben haben, sowie welch geringen Nachteil die Spanier dadurch bisher erlitten haben, so wird man urteilen, daß nicht alles Gold ist, was glänzt, und daß diese Kompanie nicht so wichtig ist, daß man ihretwegen die Westindische Kompanie verkürzen oder ihre Organisationsform [an die der Ostindischen] angleichen müßte. [...]

Aus: Otto van Rees: Geschiedenis der staatshuishoudkunde in Nederland tot het einde der achttiende eeuw. Deel II: Geschiedenis der koloniale politiek van de Republiek der Vereenigde Nederlanden. Utrecht 1868, S. 408–414.   Pa

---

[2] Portugal und Spanien waren 1580–1640 in Personalunion vereinigt.
[3] „Eine Tonne Gold": Ausdruck für den Wert von 100000 Gulden.

16. Jan Pietersz. Coen legt Pläne für die Errichtung niederländischer Siedlungskolonien in Südostasien vor (1623)

1602 wurde in den Niederlanden die *Verenigde Oostindische Compagnie* (VOC) gegründet. Die Generalstaaten verliehen ihr ein *oktroi*, das ihr ein Handelsmonopol für alle zwischen dem Kap der Guten Hoffnung und der Magalhães-Straße liegenden Länder zusprach. Ziel der Handelsfahrten der Gesellschaft waren anfangs vor allem die Ursprungsländer der in Europa so sehr begehrten Gewürze, nämlich der Malaiische Archipel und in ihm besonders die Molukken und die Banda-Inseln. Von Beginn an versuchte die Gesellschaft – teils mit, teils ohne Erfolg –, den Portugiesen wichtige Positionen zu entreißen. Das Ziel, das sie anstrebte, bestand darin, den Gewürzhandel völlig in die Hand zu bekommen. So beschränkte sich die Tätigkeit der VOC in der Hauptsache auf Handel und Kampf, als Jan Pietersz. Coen in der Stellung eines Unterkaufmannes zum ersten Mal nach Indien ausfuhr.

Coen, 1587 in Hoorn geboren, war in den Jahren von 1601 bis 1607 in eine Handels- und Kaufmannslehre nach Rom gegangen, wo er außer „Kaufmannschaft und Buchhaltung" mehrere Sprachen erlernte. Von seiner ersten Reise, die bis 1611 dauerte, ist wenig bekannt, doch muß er sich bewährt haben, denn 1612 kehrte er im Rang eines Oberkaufmannes und als Kommandant über drei Schiffe nach Ostindien zurück. Dort machte er rasch Karriere. 1613 wurde er Präsident der beiden Kontore in Bantam und Jakatra, Ende 1614 erhielt er seine Ernennung zum „Generaldirektor über alle Handelskontore in Indien", und im Oktober 1617 beförderten ihn die *Heren XVII*, das oberste Direktorium der Kompanie, zum Generalgouverneur und damit zum obersten Befehlshaber von VOC in Übersee.

Coen war ein tatkräftiger Mann. Er vor allem sorgte für eine schnelle Vergrößerung des Besitzes und des Einflusses der Kompanie. Um die Macht in den eroberten Gebieten festigen zu können, hielt er es für unerläßlich, vor allem in Jakatra (später: Batavia), auf der Insel Ambon (auch: Amboina) und auf den Banda-Inseln europäische Kolonisten anzusiedeln, und zwar auf Dauer. In beinahe jedem seiner Briefe an die *Heren XVII* findet sich die Bitte, möglichst bald gute, ehrliche Menschen, die auch über etwas Eigenkapital verfügen, nach Ostindien zu schicken. Vor allem an anständigen niederländischen Frauen herrsche Mangel, denn ohne Aussicht auf eine ebenbürtige Heirat ließen sich die tauglichen Bediensteten der Kompanie nach Ablauf ihrer Dienstzeit meist nicht in Übersee halten, während die unteren Ränge, einfache Soldaten und Matrosen, oft zum europäischen „Abschaum" gehörten. Sie verbrachten nach Coens Ansicht ihre Tage häufig in Trunkenheit und Faulheit und gaben der einheimischen Bevölkerung durch ihr ungebührliches Betragen ein schlechtes Beispiel, so daß diese die Niederländer verachtete.

Natürlich mußte man europäischen Kolonisten – vor allem solchen aus dem bürgerlichen Mittelstand – gute Verdienst- und Gewinnchancen in Aussicht stellen, um sie nach Ostindien zu ziehen. Coen glaubte dies dadurch gewährleisten zu können, daß man den bisher von der Kompanie als Monopol betriebenen innerasiatischen Handel – von ihm „inländischer Handel" genannt – diesen Freibürgern überließ. Der Export asiatischer Waren nach Europa sollte jedoch völlig der Kompanie vorbehalten bleiben und der Import europäischer Güter nach Asien den Kolonisten nur unter sehr strengen Bedingungen gewährt werden.

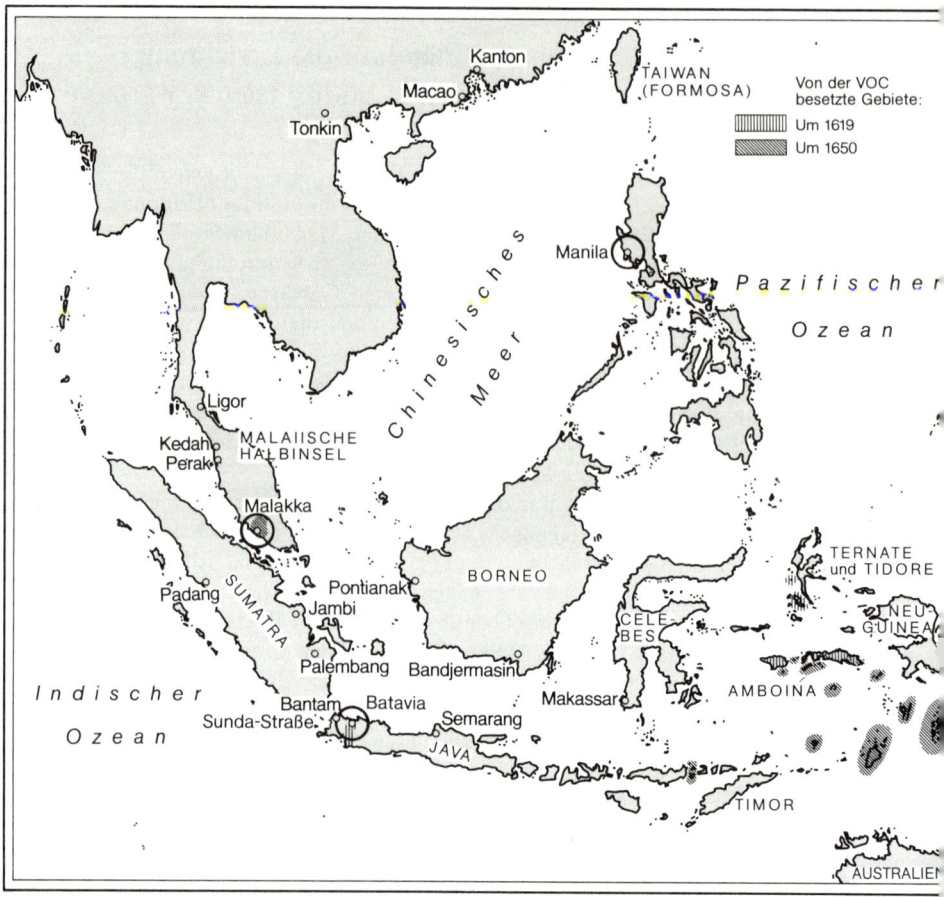

Karte 1: Die *Verenigde Oostindische Compagnie (VOC)* im Malaiischen Archipel um 1650.

Daneben dachte Coen an die Errichtung von Plantagen, die mit Hilfe von aus allen Teilen Asiens rekrutierten Sklaven bewirtschaftet werden sollten. Zusätzlich plante er die Ansiedlung zahlreicher Chinesen, die er als bescheidenes und fleißiges Volk schätzen gelernt hatte.

Im Spätsommer 1623 kehrte Coen in die Niederlande zurück. Am 21. September erschien er in Begleitung von zwei Mitgliedern der *Heren XVII* in der Versammlung der Generalstaaten und hielt einen ausführlichen Vortrag über den Stand der Dinge in Ostindien, den er einige Wochen später, am 24. November 1623, auch in schriftlicher Form einreichte. Darin äußerte er sich u.a. auch über seine Vorstellungen in bezug auf die Gründung europäischer Kolonien im Machtbereich der VOC; dieser Ausschnitt ist im folgenden wiedergegeben. Die Schwäche seiner Ausführungen lag in dem Gegensatz, der zwangsläufig zwischen einer freien Bürgerschaft in Asien und einer Mono-

16. Coens Pläne für niederländische Siedlungskolonien in Südostasien

polhandelsgesellschaft in den Niederlanden aufbrechen mußte, an der die Kolonisten keinen Anteil hatten.

Wenig später trug Coen seine Vorschläge auch den *Heren XVII* vor. Aus ihren Reihen erhoben sich zwar Gegenstimmen, die das Monopol der Kompanie ungeteilt erhalten sehen wollten, doch im Oktober 1624 nahm das oberste Direktorium der Kompanie einen Reglements-Entwurf von Coen an, der den Freibürgern auf Java, Ambon, den Molukken und den Banda-Inseln auf Kommission des Generalgouverneurs den freien Handel in Asien einräumte. Ausgenommen blieb nur der Handel mit Gewürznelken, Muskatnüssen und -blüten. Den Siedlern sollten in den genannten Gebieten Ländereien und Fischereirechte gegeben werden; ehrliche Leute, die mit ihren Familien nach Ostindien auswandern wollten, konnten auf VOC-Schiffen überfahren oder auch mit ihren eigenen – allerdings nur unter der Bedingung, daß sie geradewegs nach Batavia segelten, ohne unterwegs etwas von ihren Handelsgütern zu verkaufen. Der Import asiatischer Waren nach Europa blieb jedoch allein der Kompanie vorbehalten.

Die *Heren XVII* baten Coen in diesem Zusammenhang, ein zweites Mal als Generalgouverneur nach Batavia zu gehen, um das neue System, das er selbst entworfen hatte, auch in die Tat umzusetzen. Seine Abreise verzögerte sich aus politischen Gründen jedoch bis März 1627. In der Zwischenzeit hatten die Direktoren ihre Ansicht über ein Freihandelssystem in Asien völlig geändert: Am 10. September 1627 wiesen sie Coen brieflich an, das Monopol der Kompanie aufrechtzuerhalten, und verboten ihm ausdrücklich, in Ostindien irgendwelchen freien Handel zuzulassen. Zwei Jahre später, im September 1629, starb der Generalgouverneur in seiner Residenz in Batavia am Gelbfieber.

Lit.: H.T.Colenbrander: Jan Pietersz. Coen. Levensbeschrijving. 's-Gravenhage 1934 (Jan Pietersz.Coen. Bescheiden omtrent zijn bedrijf in Indië VI) – W.Ph.Coolhaas: Verloren kansen. Rede uitgesproken bij de aanvaarding van het ambt van buitengewoon hoogleraar in de geschiedenis der betrekkingen van Nederland (en andere europese landen) met de overzeese wereld aan de Rijksuniversiteit te Utrecht op 3.october 1955. Groningen-Djakarta 1955 – Ders.: Wie was de schrijver van de „tegenwerpinge" tegen Coen's kolonisatieplannen? In: Bijdragen tot de Taal-, Land- en Volkenkunde 130 (1974), S.297–305. Pa

Zuvor wurde dargestellt, wie die Portugiesen durch die Eroberung von Malakka eine sehr gute Gelegenheit bekamen, mit geringen Unkosten ihren Unterhalt selbst zu bestreiten und den inländischen Handel so zu regulieren, daß [sie] in Indien so viele Gewürze gewannen, wie Europa benötigte. Es ist wahr, daß die Portugiesen außer den Einheimischen *(Indianen)* niemand gegen sich hatten, und nun muß die [Niederländisch-Ostindische] Kompanie sowohl gegen Spanier, Portugiesen, Engländer, Franzosen und Dänen als auch gegen die Einheimischen kämpfen. Doch hat die Kompanie ebensogut durch Gottes Gnade eine vortreffliche Gelegenheit, mit der Gründung von Kolonien und durch sparsame Haushaltung *(menagie)* den inländischen Handel, den sie nun besitzt, so zu regeln, daß sie jährlich viel gewinnen wird.

[...]

Um die Dinge soweit zu bringen, ist es nötig, die Stadt Batavia, die Länder [des Königreiches] Jakatra, Ambon und Banda [mit Europäern] zu bevölkern.

Die Gründung von Kolonien muß einerseits mit allerlei Volk aus den Niederlanden, insbesondere mit einigen guten, angesehenen Familien, und [andererseits] mit einer großen Anzahl von Eingeborenen geschehen.

Die Eingeborenen sind in verschiedenen Teilen [Ost-]Indiens sehr gut zu bekommen gewesen, aber wie man bei erster Gelegenheit viele ehrbare Familien ohne Nachteil für die Kompanie in Indien ansiedeln kann, darüber kann, wenn es [den Generalstaaten] recht ist, genauerer Aufschluß gegeben werden. Wenn diese Gründung von Kolonien in Indien nicht zeitig genug unter angemessenen Bedingungen, Regeln und Befehlen vorgenommen wird, kann die Vereinigte Kompanie unmöglich bestehen und wird der ostindische Handel mit Sicherheit von den Vereinigten Niederlanden auf andere Länder (was Gott verhüten möge) übergehen. Welchen Schaden der Staat der Vereinigten Niederlande dadurch erleiden würde, können verständige [Menschen] leicht ermessen.

Wie den Portugiesen zum Handel mit Gewürzen und chinesischen Waren die Besetzung von Meliapur[1], Malakka und Macao nötig war, so hat die Erfahrung die Niederländer gelehrt, daß sie verschiedenen Forts auf den Molukken, Ambon, den Banda-Inseln, in Batavia, auf Penghu[2] und in Pulicat[3] unterhalten müssen. Dies konnte nur mit großen Garnisonen aus vielen Soldaten *(veel volk)* geschehen, und da diese Garnisonen an Orten stationiert wurden, an denen keinerlei [der zum] Unterhalt [nötigen Dinge] zu bekommen waren, hat die Kompanie diese Forts und Garnisonen mit Vorräten und [anderen] lebensnotwendigen Dingen unterhalten müssen, die von einem Ende der Welt ans andere gebracht wurden, nämlich aus den Niederlanden in die verschiedenen Teile [Ost-]Indiens. Dazu benötigte man viele Schiffe und viel Volk und verzehrte dabei die Profite aus dem Handel, was vierfachem Schaden gleichkommt. Um diese außerordentlichen Lasten aufzufangen, hatte man keine [anderen] Mittel als den inländischen Handel und den billigen Einkauf und teuren Wiederverkauf der Gewürze.

Was den Handel mit Stoffen betrifft, so müssen wir feststellen, daß die Schiffe, das Volk und die Kontore, die die Kompanie zu diesem Zweck und um die Forts zu besetzen, unterhält, mehr verbrauchen, als wir an den Stoffen verdienen. Die Unkosten bleiben immer gleich hoch, die Gewinne unsicher; die Monate verstreichen, und die Kompanie muß ihr Volk, komme was da wolle, unterhalten und bezahlen. Den Schaden, der dabei entsteht, muß die Kompanie tragen, und wenn irgendwo einige außergewöhnlich gute Profite zu machen sind, gehen die untreuen [Kompanieangestellten] damit durch und zehren leichtfertig vom Gut der Kompanie. Der Ein- und Verkauf geht oftmals nicht so vor sich, wie es zu wünschen wäre; setzt die Kompanie wenige

---

[1] Meliapur, auch Malpuria, Mailepur, Mylapore u. ä. (portug.: São Tomé), heute eine der Vorstädte von Madras an der Ostküste (Koromandelküste) Indiens. Nach der Tradition der indischen Thomas-Christen befand sich dort das Grab des Apostels Thomas (vgl. Bd. 1, Dok. 20, Anm. 8).
[2] Eine der Pescadores-Inseln vor der Westküste Formosas.
[3] Pulicat liegt nördlich von Madras.

Bedienstete ein, so können [diese] den Handel nicht wahrnehmen und werden überall betrogen; viel Volk zu haben ist noch ärger, [denn] die Lasten sind größer und der eine überläßt dem anderen die Sorge [um das Wohl der Kompanie]. Unterdessen erzielen die auf eigene Rechnung handelnden Kaufleute, sowohl Feinde als auch heuchlerische Freunde[4] und ihre Diener, die außerhalb der Kompanie mit Stoffen handeln, die besten Profite. Diese Unzulänglichkeiten kann man nicht abwehren, solange die Kompanie auf diese Weise vorgeht und die Menschen so bleiben, wie sie nach dem Zeugnis der Geschichte immer gewesen sind.

Aber alle diese oben genannten Schwierigkeiten können mit der Gründung von Kolonien in Batavia, Ambon und Banda beseitigt werden, wozu diese Landstriche, insbesondere Batavia, sehr geeignet sind. Auf diese Weise wird das Land bebaut, allerlei Vieh gezüchtet und die Fischerei wahrgenommen werden. Hieran kann die Kompanie alles verdienen, was sie für die genannten Forts und Garnisonen aufwendet sowie gleichzeitig die Unkosten für die vielen Schiffe, das viele Volk und die Vorräte [ausgleichen], die sie nun, um die Forts zu versorgen, unterhalten muß. Denn wenn die genannten Orte [mit Kolonisten] bevölkert werden, können wir die Garnisonen vermindern und das Kriegsvolk gegen den Feind gebrauchen. Die eine Hälfte der Unkosten wird [die Kompanie] dadurch einsparen und die andere von den Bürgern einnehmen, während sie nun im Gegenteil doppelte Unkosten trägt und das Kriegsvolk, das mit seiner ungezügelten Lebensweise viel Anstoß erregt, die Einheimischen zur Rebellion aufstachelt und das Land zugrunde richtet, nicht gegen die Feinde führen darf.

Daher ist es hochnötig, daß bei allererster Gelegenheit eine große Menge von allerlei Volk, Männer, Frauen, Söhne und Töchter, insbesondere gute, ehrliche Leute mit genügend Kapital, aus den Niederlanden nach [Ost-]Indien fahren. Um dies zu erreichen, dürfen weder Mühen noch Kosten gescheut werden; es ist aus verschiedenen Gründen hochnötig, dienlich und sehr geraten, daß viele Schiffe eigens zu diesem Zweck mit einer großen Menge von allerlei Volk nach Indien geschickt werden.

Diese [unsere] Vereinigten Niederlande nehmen durch Gottes besonderen Segen an Menschen so sehr zu, daß die Bevölkerung wegen der geringen Größe des Landes, der [geringen] Menge von Schiffen und wegen des in ganz Europa darniederliegenden Handels[5] nicht genügend Beschäftigungsmöglichkeiten finden kann, während in Ostindien allzeit Mangel an Volk und Geld bestand. Um zu verhindern, daß der Wohlstand dieser Lande nicht anderswohin fließt *(elders divertere)*, wurde in den [Nieder-]Landen ungewöhnlich gro-

---

[4] Dies ist ein Seitenhieb auf die englische East India Company. Coen kritisierte die *Heren XVII* wiederholt heftig, weil sie 1619 mit den Engländern ein Kooperationsabkommen geschlossen hatten, das diesen ein Drittel der Pfefferernte von Bantam zusprach. Coen hätte die Konkurrenzgesellschaft lieber ganz aus dem Machtbereich der VOC gedrängt.

[5] Coen schreibt in der Zeit des Dreißigjährigen Krieges.

ße Freiheit geduldet[6], den Ost- und West-Indischen Kompanien ein *oktroi* verliehen und anderen die Fahrt verboten, aber der natürliche Zuwachs ist so kräftig – wie unsichtbar, sacht und sanft er sich auch vollzieht –, daß ihn keine Macht oder Klugheit eindämmen kann. Darum ist alles vergebens, was man dagegen unternimmt. Das Wachstum bricht gegen alle Vorschriften nach allen Seiten aus, der eine läuft nach Frankreich oder schickt sein Geld dorthin, der andere nach England, Deutschland, zu den Ostseegebieten *(Oostland)*, nach Dänemark und Schweden, ja sogar zu offensichtlichen Feinden. Die heuchlerischen Freunde, die soviel von dem Wohlstand einsaugen wie sie können, erhalten hierdurch die Mittel, um das Land noch mehr zu bedrängen, und die Feinde werden durch den ausbrechenden Überfluß sehr gestärkt.

Um allen Schwierigkeiten zu steuern, allen Unzulänglichkeiten zu wehren und den allgemeinen Wohlstand aufs beste zu fördern, ist kein Ding angebrachter, noch kann auf der Welt ein besserer Rat gefunden werden, als der, brauchbare Mittel [anzuwenden], um Volk und Geld angemessen einzusetzen. Dies wird geschehen, wenn in Ost- und Westindien verschiedene Kolonien gegründet werden, und hiermit können alle Schwierigkeiten und Unzulänglichkeiten behoben werden. Dann werden die heuchlerischen Freunde und offenen Feinde den Vereinigten Niederlanden nicht [mehr] sehr schaden können; der Vermögensstand [der Kolonien] wird sich nicht nur durch ihr eigenes Wachstum verbessern, sondern sich auch mehr und mehr durch den Zulauf von allerlei Volk aus allen Teilen der Welt vergrößern, wie es seit dem Krieg mit Spanien [in den Niederlanden] geschehen ist, denn dazu bieten sich in Ost- und Westindien ungleich bessere Möglichkeiten, als sie in den Niederlanden jemals bestanden. Diese Bevölkerung wird [jedoch] weder über die Grenzen dieser Länder noch über die der Niederlande hinaus anwachsen[7], und hierdurch werden die Niederlande die Mittel erhalten, um sich von dem Krieg, den Spanien ihnen aufzwingt, zu entlasten, was sonst nach menschlichem Ermessen unmöglich ist.

[Coen fordert die Kompanie auf, zusätzlich zu den Handelsschiffen eine große Zahl von Auswandererschiffen nach Asien zu senden. Dabei ist entweder die Hilfe des Staates oder die von Privatleuten zu mobilisieren.]

Die Ländereien von Ambon, Banda und insbesondere Batavia und dem Königreich Jakatra sind sehr geeignet und gut gelegen für die Gründung verschiedener Kolonien. Viele hunderttausend Menschen können sich dort ernähren; der Boden von Jakatra ist ausnehmend fruchtbar, das Wasser sehr gut, die Luft gesund und wohltemperiert, die See sehr fischreich. Allerlei [zum Lebensunterhalt] notwendige [Gewächse] und Gewürze können dort ange-

---

[6] Gemeint ist hier wahrscheinlich die Tatsache, daß es jedem Bürger ohne Ansehen der Person freistand, Geld in die beiden Kompanien einzulegen.

[7] Gemeint ist: Daß all diese Menschen innerhalb der Grenzen des Mutterlandes und seiner Kolonien Arbeit und Brot finden können und damit das Kapital nicht in andere Länder abfließt.

16. Coens Pläne für niederländische Siedlungskolonien in Südostasien

pflanzt und allerlei Vieh kann gezüchtet werden. Von diesen Orten aus kann getrost mit dem ganzen Orient, nämlich vom Kap der Guten Hoffnung bis nach Japan, Korea und China, ein vortrefflicher, reicher Handel getrieben werden.

Durch attraktive Vergünstigungen müssen viele gute Leute bewegt werden, sich auf eigene Kosten und Gefahr *(avontuyr)*, sei es auf ihren eigenen oder auf der Kompanie und dem Staat gehörenden Schiffen, nach Indien zu begeben. Die Vergünstigung, die ihnen ohne Nachteil und mit großem Gewinn für die Kompanie gewährt werden kann, besteht in der Austeilung von Land, Fruchtbäumen und Sklaven; außerdem muß von Batavia nach allen Teilen [Ostindiens] bis zum Kap der Guten Hoffnung und Japan einschließlich, unter angebrachten Regelungen und redlichen Bedingungen, der offene und freie inländische Handel zugelassen und allen Nationen, niemand außer offene Feinde ausgenommen, der Handel mit Batavia ebenso offen und frei wie den Einwohnern [der Stadt] zugestanden werden. Die Vorteile, die die Vereinigte Kompanie aus dieser Gründung von Kolonien ziehen wird, sind unzählbar. Einige haben wir vorhin teilweise angedeutet, und viele andere wird die Zeit lehren.

Da die genannten Länder und der inländische Handel eine unzählbare Menge von Menschen unterhalten können, werden die Mittel zu finden sein, die zum Unterhalt einiger Kriegsschiffe, der nötigen Garnisonen und zur Bezahlung so vieler Spezereien nötig sind, wie Europa verbrauchen kann.

Falls der inländische Handel in [Ost-]Indien von der Kompanie auf private [Kaufleute] übertragen wird, wird die Kompanie dadurch, wie einige zu Unrecht fürchten, nicht nur keinen Schaden erleiden, sondern große Vorteile genießen.

Die Regenten[8] können alsdann solche Regelungen und Anordnungen erstellen, wie der Lauf der Zeit und die Lage der Dinge sie zur Erhaltung der Kompanie und des einzelnen [Kolonisten] erfordern. Im vorhinein kann man für alles weder vollkommene Gesetze noch Vorschriften erlassen; die Erfahrung wird mit der Zeit alles am besten lehren.

Der inländische Handel wird durch private [Kaufleute] ungleich besser als durch die Geschäftsführer der Kompanie wahrgenommen werden. Es wird dann weder an Kapital noch an Volk oder Schiffen gebrechen. Jeder wird für sich selbst auf [günstigen] Einkauf, Verkauf und sparsame Haushaltung achten, ganz anders, als es für die Kompanie geschieht. Gegenwärtig muß die Kompanie die Gefahr tragen und mit dem schlechtesten Teil vorlieb nehmen; dann werden die einzelnen [Kaufleute] das Risiko auf sich nehmen und die Kompanie ihre sicheren Einkünfte haben.

Je nachdem wie der Handel der Privatleute anwächst, soll der inländische Handel der Kompanie allmählich, wie es geraten erscheint, abnehmen. Da-

---

[8] Es ist unklar, wer hier gemeint ist, die *Heren XVII* oder der Generalgouverneur und der Indienrat, wahrscheinlich letztere.

durch werden sich die Gewinne (wie einige meinen) nicht vermindern, wohl aber die großen Unkosten, die die Kompanie nun für die vielen Menschen, Schiffe und Kontore (die den ganzen Gewinn des inländischen Handels verbrauchen) aufwendet. Und sie wird aus dem inländischen Handel, ohne Unkosten zu haben, ansehnliche Gewinne erzielen. Die privaten [Kaufleute] werden dann für die Teilhaber der Kompanie fahren, während nun die Aktionäre das Risiko tragen und den privaten Händlern der Gewinn sicher ist. Diese auf eigene Rechnung fahrenden Kaufleute werden deutlich sichtbar den offenen Feinden und heuchlerischen Freunden überall sehr leicht den Vorteil verkürzen und sie endlich zugrunde richten *(dout vaeren),* wodurch die Kompanie von allen Mühen, Unkosten und Schwierigkeiten befreit wird, die diese Feinde ihr [jetzt noch] bereiten.

Der schlechte Handelsverlauf *(cours),* die verderbliche Korrespondenz und die Regellosigkeit, die diese privaten Kaufleute zum Schaden des inländischen Handels verursachen könnten, können sehr wohl durch den Indienrat mit solchen Regeln und Anordnungen unterbunden und [alles] so verwaltet werden, daß jeder wohl [dabei] fährt und die Güter auf ihrem Preisniveau bleiben, nämlich, [indem man festsetzt,] an welchen Orten mit welchen Gütern und in welcher Menge der eine oder der andere handeln darf. Und dieser private Handel braucht außerdem [nur] so vielen und solchen Leuten vergönnt werden, wie es der Rat angebracht findet. In Indien ist es Brauch, daß niemand von einem Ort zu einem anderen fahren darf, ohne erst einen schriftlichen Paß vom Gouverneur des jeweiligen Ortes zu erbitten. Aus den Niederlanden darf man auch niemand nach Indien fahren lassen, außer mit ausdrücklicher Zustimmung der Kompanie, und diese Lizenz kann unter solcher Verbürgung und solchen Vorbehalten gegeben werden, daß man damit verhindert, daß jemand irgendwelche Güter mit seinem Schiff oder [denen] anderer Nationen nach Europa schickt. Dem kann [mit solchen Verboten] sehr gut zuvorgekommen werden, außer bei der Übersendung von Diamanten und anderen kostbaren Juwelen.

Die Zeit hat gezeigt, daß viele Einheimische an verschiedenen Orten in [Ost-]Indien die Vertreter der Kompanie im Handel, in Angelegenheiten des Staats und der Politik und bei der Ausbreitung der mohammedanischen Religion an Tüchtigkeit zu übertreffen wissen. Die Behinderung und der Schaden, den die Kompanie dadurch erlitt, sind über alle Maßen groß. Diesen Vorteil können wir ihnen nicht gut abjagen, außer durch die Gründung von Kolonien und die Zulassung eines freien inländischen Handels, denn bei uns [in den Niederlanden] gibt es keinen Grund, warum Leute, die rechtschaffen leben, über ausreichende Mittel und einen scharfen Verstand verfügen, in weiter Ferne große Geschäfte unternehmen sollten, die Gefahr in sich bergen, wie es die Spanier tun. Leute von gutem Betragen und mit gesundem Verstand, denen es an Mitteln gebricht, werden sich auch nicht um einer geringen Entlohnung willen nach Indien begeben, es sei denn, daß sie es tun, um sich selbst eines Vorteils zu versichern, denn sonst können sie hierzulande besseren Gewinn

16. Coens Pläne für niederländische Siedlungskolonien in Südostasien 79

Abb. 4: Jan Pietersz. Coen (1587–1629), vierter Generalgouverneur der VOC in Batavia, Begründer des niederländischen Kolonialreichs in Ostindien (1628, unbekannter Meister).

machen. Durch das Versprechen hoher Gehälter geht die Kompanie auch nicht sicher, getreue, mutige, verständige und geeignete Bedienstete zu bekommen, und wenn doch, so könnten durch die hohe Bezahlung (wie es häufig vorkommt) die Geeigneten bequem *(presumtueus)* und achtlos werden. Aber durch die Gründung von Kolonien und [die Zulassung] des freien inländischen Handels in [Ost-]Indien wird – da jeder einzelne für das Seine Sorge trägt – einesteils das allgemeine [Wohl] ebenfalls gesichert werden und [andernteils] zur Besetzung der wichtigsten Ämter eine ungleich größere Auswahl von Menschen in Indien zur Verfügung stehen als jetzt.

[Als letzten Punkt in seiner Argumentation nennt Coen die Gefahr, die von der Eroberungssucht des Herrschers von Mataram[9] ausgeht. Ohne Kolonisten kann die Stadt nicht gegen das javanische Heer gehalten werden.]

Aus: H.T. Colenbrander (Hg.): Jan Pietersz. Coen. Bescheiden omtrent zijn bedrijf in Indie. Deel IV. 's-Gravenhage 1922, S. 594–600.   Pa

17. Richard Hakluyt setzt sich für eine englische Kolonisation Nordamerikas ein (1582)

Richard Hakluyt (1552–1616) gilt als der herausragende literarische Wegbereiter der englischen Kolonisation in der frühen Neuzeit. Von seinem Cousin gleichen Namens dazu angeregt, nahm er in Oxford das Studium der Kosmographie auf; bald fand er Zugang zu den an Überseeunternehmungen interessierten Kreisen um Gilbert und Raleigh. Mit seinen Editionen einschlägiger Reiseberichte, die einen intensiven Kontakt zur europäischen „Entdeckerszene" voraussetzten, postulierte er nicht nur einen auf Erstentdeckung basierenden Herrschaftsanspruch Englands auf weite Teile Nordamerikas, er hinterließ damit auch dem Expansionshistoriker einen Quellenfundus von höchster Güte; die bedeutendste Gelehrtenvereinigung auf dem Gebiet der Entdeckungsgeschichte, die Hakluyt Society, ist nach ihm benannt.

Im Vorwort zu seinen „Divers Voyages to America", das er Philip Sidney, einem Schwiegersohn des königlichen Ministers Sir Francis Walsingham, widmete, konnte Hakluyt bereits auf eine Reihe englischer Überseeaktivitäten zurückblicken, die jedoch wie die unlängst unternommenen Fahrten von Frobisher (1576–1578) und Gilbert (1578–1579) in den Nordatlantik zu keinem greifbaren Ergebnis geführt hatten (vgl. Bd. 2, Kap. IX); die Weltumseglung von Francis Drake (1577–1580) (vgl. Bd. 2, Kap. XIV) hatte dagegen erwiesen, daß weite Räume Nordamerikas vom Zugriff der spanischen Kolonialmacht ausgespart geblieben waren. Es war gerade das Beispiel des Erzrivalen Spanien, das Hakluyt dazu bewegte, Vorschläge für eine englische Kolonisation Nordamerikas zu unterbreiten; der praktische Gesichtspunkt, daß dadurch der Bevölkerungsüberschuß in England abgebaut werden könnte, trat hinter dem Bestreben zurück, der englischen Nation den ihr seiner Meinung nach zukommenden Rang auch in Übersee zu verschaffen – ein Motiv, das unter Elisabeth I. geradezu ein Leitmotiv der englischen Politik geworden war.

---
[9] Der Sultan (ab 1624: Susuhunan) von Mataram war der mächtigste einheimische Fürst auf Java, siehe dazu Dok. 31.

Lit.: George B. Parks: Richard Hakluyt and the English Voyages. New York ²1961 – D. B. Quinn (ed.): The Hakluyt Handbook. 2 vols. London 1974 (Hakluyt Soc. 2nd ser. Nos. 144, 145). Mi

An den hochwohllöblichen und höchst rechtschaffenen Herrn, den Magister Philip Sidney

Ich wundere mich nicht wenig, hochwohllöblicher Herr, daß seit der ersten Entdeckung Amerikas, die nun volle neunzig Jahre her ist, nach einer so großartigen Eroberung und Kolonialisierung der Spanier und Portugiesen dort, wir Engländer niemals die Bereitwilligkeit aufbringen konnten, schnell Fuß zu fassen in den fruchtbaren und gemäßigten Gebieten, die von ihnen [faktisch] noch nicht in Besitz genommen worden sind. Wenn ich jedoch andererseits bedenke, daß für jeden seine Zeit kommt, und sehe, daß die Zeit der Portugiesen vorbei ist und daß die Nacktheit der Spanier und ihre langgehüteten Geheimnisse, mit denen sie sich daran machten, die Welt zu täuschen, nun endlich offengelegt werden, so fasse ich große Hoffnung, daß die Zeit sich nähert und bereits da ist, in der wir Engländer – so wir nur den Willen aufbringen – mit dem Spanier und dem Portugiesen den Gewinn in den Gebieten Amerikas und in anderen Gegenden, die bis jetzt unentdeckt sind, teilen.

Und wenn wir in uns den Wunsch verspürten, die Ehre unseres Landes zu befördern, ein Wunsch, der in jedem aufrechten Mann sein sollte, so hätten wir sicherlich nicht die ganze Zeit über die Inbesitznahme der Länder verzögert, die nach Recht und Billigkeit uns gehören, wie aus den folgenden Darlegungen ganz klar hervorgeht.

Fürwahr, wenn wir mit einem mitleidigen Auge sehen würden, wie überfüllt alle unsere Gefängnisse sind mit Männern, fähig, ihrem Land zu dienen, die täglich für kleine Räubereien in großer Zahl aufgehängt werden – um die zwanzig aus einem Gefängnis auf ein Klatschen[1] hin, wie man beim letzten Gerichtstag in Rochester sehen konnte –, dann würden wir, jeder nach seinem Vermögen, die Errichtung von einigen Kolonien für unsere überzählige Bevölkerung beschleunigen und vorantreiben in jenen gemäßigten und fruchtbaren Teilen Amerikas, die von England aus innerhalb von sechs Wochen zu erreichen sind, die bis jetzt von Christen nicht in Besitz genommen wurden und sich uns anzubieten scheinen, da sie sich näher an das Herrschaftsgebiet Ihrer Majestät erstrecken als an irgendeinen anderen Teil Europas.

Wir lesen, daß die Bienen, wenn sie zu zahlreich werden in ihrem heimischen Stock, es gewohnt sind, von ihren Kapitänen herausgeführt zu werden, um in die Ferne zu schwärmen und sich neue Wohnplätze zu suchen. Falls die Beispiele der alten Griechen und Karthager und die Praxis unseres Zeitalters uns nicht bewegen können, so laßt uns weise werden durch diese kleinen, schwachen und nicht mit Vernunft begabten Kreaturen.

Erst kürzlich traf es sich, daß ich Gelegenheit hatte, mit einem ausgezeich-

---

[1] Wohl das Zeichen für den Henker, die Exekution auszuführen.

neten Gelehrten aus Portugal eine großartige Unterhaltung über Fragen der Kosmographie zu führen. Er ist auf das beste vertraut mit allen Entdeckungen seiner Nation und wunderte sich, daß alle jene gesegneten Länder von Florida an nordwärts diese ganze Zeit über nicht von Christen besiedelt wurden. Er beteuerte mit großer Gemütsbewegung und mit Eifer, daß, wenn er jetzt so jung wäre wie ich – er ist zur Zeit sechzig Jahre alt –, er alles, was er besitze, verkaufen würde – und er ist ein Mann von nicht geringem Reichtum und Ansehen –, um eine genügende Anzahl von Schiffen auszurüsten zur Besiedlung jener Länder und zur Bekehrung jener heidnischen Völker zum Christentum. Darüber hinaus fügte er hinzu, daß João de Barros, der führende Kosmograph [der Portugiesen], von ähnlichem Verlangen bewegt, der Grund dafür gewesen sei, daß Brasilien zuerst von den Portugiesen besiedelt worden ist. Dort hätten sie neun Baronien oder Grundherrschaften und dreißig *Engenhos* oder Zuckermühlen, mit zwei- oder dreihundert Sklaven pro Mühle, mit einem Richter und anderen Beamten und einer Kirche, so daß jede Mühle sozusagen ein kleines Gemeinwesen darstelle. Und das Land sei zunächst von solchen Männern besiedelt worden, die für kleine Vergehen vor der Schlinge gerettet worden seien. So sprach er, nicht nur zu mir und in meinem Beisein, sondern auch in der Gegenwart eines Freundes von mir, eines Mannes mit großer Kenntnis in Mathematik. Falls der Wunsch dieses Mannes verwirklicht werden würde, könnten wir nicht nur zunächst von diesem guten Land Besitz ergreifen, sondern auch in kurzer Zeit mit Gottes Gnade jene kurze und bequeme Passage in nordwestlicher Richtung auffinden, die wir bis jetzt so lange ersehnt und über die wir viele begründete und mehr als wahrscheinliche Vermutungen angestellt haben. Obwohl Euer Hochwohllöblich sie genauso gut kennen wie ich selbst, halte ich es nicht für unangebracht, einige von ihnen hier darzulegen.

Man darf also erstens nicht vergessen, daß Sebastian Cabot an Magister Battista Ramusio schrieb, er glaube tatsächlich, daß der ganze nördliche Teil Amerikas in Inseln aufgegliedert sei; zweitens, daß Magister Giovanni da Verrazzano, der dreimal an dieser Küste war, sie in einer alten ausgezeichneten Karte, die er Heinrich VIII. schenkte und die nun in der Obhut von Magister Lok ist, so skizziert, wie es auf der Karte zu sehen ist, die an das Ende dieses Buches angefügt ist und die nach Verrazzanos Druckplatte angefertigt wurde; drittens scheint der Bericht von Gil Gonsalva, der eine Passage in nordwestlicher Richtung gesucht haben soll, in der Aufzeichnung von Francisco Lopez de Gómara, für dasselbe zu sprechen und es zu beweisen; viertens bezeugen die Einwohner von Saguenay[2] in dem zweiten Bericht von Jacques Cartier, im zwölften Kapitel, daß an ihren Küsten in westlicher Richtung sich ein Meer befinde, dessen Ende ihnen unbekannt sei; fünftens wird am Ende dieser Abhandlung zur besonderen Erinnerung angefügt und zur Kenntnis gebracht,

---

[2] Ein Indianerkönigreich, dessen Zentrum nortwestlich des mittleren St. Lorenz vermutet wurde. Vgl. zu den hier genannten Entdeckern Bd. 2, Kap. VIII, IX und X.

daß die Kanadier sagen, daß man in einer einmonatigen Seereise ein Land erreichen würde, wo Zimt und Nelken wachsen; sechstens bedeuteten die Einwohner von Florida dem Jean Ribault – wie es in seiner hier abgedruckten Abhandlung ausgedrückt ist –, daß sie vom River of May in zwanzig Tagen durch ihr Land bis Cerola[3] und das Südmeer segeln könnten; siebtens läßt die Erfahrung von Kapitän Frobisher auf der hiesigen Seite und von Sir Francis Drake auf der Rückseite Amerikas, zusammen mit dem Zeugnis von Nicolò und Antonio Zeno, daß Estotiland[4] eine Insel ist, eine nicht geringe Hoffnung aufkommen; schließlich ist das Urteil des ausgezeichneten Geographen Gerardus Mercator, das mir sein Sohn und mein Freund Rumold Mercator in seinen Briefen gezeigt und für mich exzerpiert hat, von weisen Männern nicht leichtfertig zu betrachten. Seine Worte sind diese: „*Magna [...] communicabant*". „Du schreibst", sagte er zu seinem Sohn, „ – zwar sehr kurz – große Dinge über die neue Entdeckung von Frobisher, die, was mich wundert, über all diese Jahre hin niemals versucht wurde. Denn es gibt keinen Zweifel, daß es einen geraden und kurzen Weg gibt, der nach Westen hin offen ist, sogar bis nach Cathay. Wenn sie ihren Kurs richtig wählen, werden sie in diesem Königreich die edelsten Güter in aller Welt anhäufen und den Namen Christi vielen götzendienerischen und heidnischen Völkern bekannt machen".

Ich habe, um hier abzuschließen und diesen Punkt zu beenden, selbst von glaubwürdigen Kaufleuten, die lange in Spanien gelebt haben, gehört, daß König Philipp vor kurzem ein Gesetz erließ, wonach keiner seiner Untertanen in Amerika nördlich von 45 Grad Entdeckungen machen dürfe; dies, so mag man annehmen, rührt hauptsächlich von zwei Gründen her: zum einen, damit sie nicht auf dem Vorstoß nach Norden die offene Passage von dem Südmeer zu unserem Nordmeer[5] entdecken; zum anderen, weil sie nicht genug Leute haben, um jene Passage in Besitz zu nehmen und zu halten, sondern dadurch eher anderen Nationen eine Lücke öffnen würden, durch die diese passieren könnten. Gewiß, wenn wir bisher in unseren eigenen Entdeckungen nicht von dem widersinnigen Verlangen geleitet worden wären, Gewinn statt den Ruhm Gottes zu suchen, so bin ich sicher, daß unsere Mühen eine weitaus bessere Wirkung erzielt hätten. Aber wir vergaßen, daß Gottesfurcht ein großer Reichtum ist und daß uns, falls wir zuerst das Königreich Gottes suchen, alle anderen Dinge gegeben werden und daß, so wie das Licht die Sonne begleitet und die Hitze das Feuer, bleibende Reichtümer diejenigen erwarten, die eifrig sind bei der Beförderung des Königreichs Christi und bei der Verbreitung Seines ruhmreichen Evangeliums; so wie geschrieben steht: „Ich werde denjenigen Ehre erweisen, die mir Ehre erweisen". Ich bin zuversichtlich, daß unsere Männer aus ihren vielfachen Verlusten die Lehre ziehen und nun einen gottes-

---

[3] Gemeint sind wohl die sagenhaften Städte von Cíbola, die nördlich des Río Grande liegen sollten (vgl. Dok. 28 und Bd. 2, Dok. 75).
[4] Eine imaginäre Insel, deren Name und vermutliche Lage auf altisländische Sagas zurückgeht, auf zeitgenössischen Karten gewöhnlich dem nördlichen Nordamerika vorgelagert.
[5] Gemeint ist: vom Pazifik zum Atlantik.

fürchtigeren Kurs einschlagen und einen Teil ihrer Güter zu Seinem Ruhme verwenden werden; falls nicht, so wird Er sogar ihre Habsucht zu Seinen Gunsten wenden, wie Er es mit dem Stolz und dem Geiz der Spanier und Portugiesen getan hat, die, während sie mit glorreichen Worten vorgaben, ihre Entdeckungen hauptsächlich zur Bekehrung der Ungläubigen zu unserem heiligsten Glauben gemacht zu haben – wie sie sagen –, tatsächlich und in Wahrheit nicht sie [die Ungläubigen], sondern ihre Güter und Reichtümer gesucht haben.

Daß unsere Nation dies [die Beförderung des Königreiches Christi] um so geschwinder und glücklicher erreicht, dafür gibt es nach meinem unbedeutenden Urteil keine besseren Mittel als die Steigerung der Kenntnisse in der Kunst der Navigation und die Ausbildung dieser Fertigkeiten bei Seeleuten; wie Karl, der Kaiser und König von Spanien, – was sich jetzt als kluge Überlegung erweist – in der Casa de la Contratación in Sevilla einen gelehrten Dozenten für die besagte Kunst der Navigation ernannt und ihm bestimmte Prüfer beigegeben hat und die Rangordnung unter den Seeleuten bestimmt hat, so den *Grummet*, was der niedrigste Rang ist, den *Mariner*, was der zweite ist, den *Master* als den dritten und den *Pilot*[6] als den vierten. Zu den letzten zwei Rängen wird niemand zugelassen, der nicht den Dozenten für einen bestimmten Zeitraum gehört hat; dieser ist gewöhnlich ein ausgezeichneter Mathematiker, in deren Reihe Pedro de Medina, der in gelehrter Weise über die Kunst der Navigation schrieb, Alonso de Chavez und Hieronymo de Chavez gehören, deren Werke ich gleichfalls gesehen habe. Wenn sie [die Kandidaten] von ihm und seinen Assistenten, welche die mit der Praxis zusammenhängenden Dinge prüfen sollen, als geeignet befunden werden, werden sie aufgenommen unter so großen Feierlichkeiten und mit Geschenkgaben an den ehrwürdigen *Master*[7], die *Pilots*, die Dozenten und Prüfer wie die großen Doktoren an den Universitäten oder unsere großen *Sergeants-at-law*[8], wenn sie promovieren; auf diese Weise werden sie zugelassen, die Leitung über las Indias zu übernehmen.

Und damit Euer Hochwohllöblich wissen, daß dies wahr ist: Kapitän Stephen Borough, nunmehr einer der vier Kapitäne der Marine der Königin, erzählte mir, daß die Spanier, kurz nach seiner Rückkehr von der Entdeckung Moskaus über die Nordrichtung in den Tagen Königin Marias, ihn, auf die Nachricht hin, daß er bei dieser Entdeckung der Kapitän war, in ihre Casa de la Contratación aufnahmen zur Ausbildung und Zulassung der *Master* und *Pilots*, ihm große Ehre erwiesen und ein Paar parfümierter Handschuhe im Wert von fünf oder sechs Dukaten schenkten.

Der Zweck all des Gesagten ist, daß eine ähnliche Verfügung zur Bestellung

---

[6] In etwa wiederzugeben als Leichtmatrose, Vollmatrose, Steuermann und Kapitän.
[7] Gemeint ist der Piloto Mayor, der Chefpilot der Seefahrtsschule innerhalb der Casa de la Contratación.
[8] Britischer Anwalt höherer Rangstufe.

eines solchen Dozenten hier in London oder in der Nähe von Ratcliff an irgendeinem geeigneten Platz eine Angelegenheit von großer Wirkung und Bedeutung wäre für die Rettung vieler Menschenleben und Güter, die jetzt wegen grober Unwissenheit täglich in großer Gefahr sind, zum nicht geringen Schaden des ganzen Königreichs. Aus diesem Grunde habe ich mit dem hochwohllöblichen Sir Francis Drake verhandelt, damit er, in Anbetracht dessen, daß Gott ihn so wunderbar gesegnet hat, sich die Ehre und seinem Land den Nutzen verschaffe und die Kosten für die Errichtung einer solchen Dozentur übernehme. Worauf er in freigiebigster Weise sogleich antwortete, daß er die Idee so gut finde, daß er auf Dauer £ 20 pro Jahr, dazu im voraus weitere £ 20 an einen Gelehrten gäbe, der diese [Dozentur] übernehme, um ihn mit Instrumenten und Karten auszustatten; fürwahr, er war so willig, daß er mich ernsthaft ersuchte, ihn auf einen geeigneten Mann für diesen Zweck aufmerksam zu machen, was ich in dem Eifer, der seiner guten Tat entsprach, auch sofort tat und ihm einen zuführte, der ihn aufsuchte und sich mit ihm darüber besprach; schließlich jedoch wollte er die Dozentur nicht übernehmen, es sei denn, er bekäme £ 40 pro Jahr auf Dauer, und so endete die Angelegenheit fürs erste, obwohl der ehrenwerte und gute Ritter weiterhin beharrlich bleibt und, wie er mir erst kürzlich sagte, zu seinem Wort steht. Wenn es Gott nun in den Kopf irgendeines Adligen setzte, die £ 20 beizutragen, um diese Dozentur zu einem angemessenen Unterhalt für einen Gelehrten zu machen, so könnte dadurch das ganze Königreich ohne Zweifel einen nicht geringen Gewinn erzielen.

Um nun diese Sache auf sich beruhen zu lassen und um zum Ende zu kommen, habe ich hier, Euer Hochwohllöblich, in diesem hastigen Werk zunächst den Anspruch niedergelegt, den wir auf jenen Teil Amerikas haben, der sich von Florida bis zum 67. Grad nordwärts erstreckt, und zwar durch die Patentbriefe, die John Cabot und seinen drei Söhnen, Lewis, Sebastian und Santius gewährt wurden, zusammen mit Sebastians eigenen Bestätigungsschreiben an Battista Ramusio über seine Entdeckung Amerikas, und dem Zeugnis Fabians, unseres eigenen Chronisten. Weiterhin habe ich für die Anfügung der Briefe von Kapitän Robert Thorne an König Heinrich VIII. gesorgt sowie [für den Abdruck] von seiner Darlegung an den Königlichen Botschafter in Spanien, Doktor Ley, mit dem ähnlichen Argument, nämlich der Aussendung zweier Schiffe auf Entdeckungsfahrt durch den König im neunzehnten Jahr seiner Regierung. Sodann habe ich die Fahrt des Giovanni da Verrazzano von 30 Grad an nach Cape Breton übersetzt; und im letzten Jahr sorgte ich, auf meine und – nach Zureden – auf Kosten einiger meiner Freunde, für die Übersetzung aus meinen Bänden von Jacques Cartiers zwei Entdeckungsreisen nach Grand Bay und nach Kanada, Saguenay und Hochelaga[9], die an die jetzige Übersetzung angefügt werden sollen. Darüber hinaus habe ich, indem ich der Anordnung der Karte und nicht dem Lauf der Zeit folgte, die Darle-

---

[9] Vgl. zu den hier genannten Reisen von Verrazzano und Cartier Bd. 2, Dok. 56 und 57.

gung von Nicolò und Antonio Zeno niedergeschrieben. Die letzte Abhandlung von Jean Ribault ist bereits gedruckt worden, wäre nun jedoch nicht mehr erhältlich, wenn ich sie nicht wieder hätte drucken lassen. Die Karte ist von Magister Lok, einem Mann, der auf Grund seiner Kenntnis mehrerer Sprachen und besonders der Kosmographie seinem Land Gutes tun kann und meiner Meinung nach wegen seiner vielfältigen guten Seiten seinen guten Ruf und seinen noch größeren Wohlstand verdient. Ich bin mehr als kühn, dieses oberflächliche Pamphlet Eurer Lordschaft zu überreichen; ich lasse jedoch lieber etwas Zurückhaltung vermissen, als daß ich demjenigen gegenüber für undankbar befunden werde, der stets so willig war, mir und meiner ganzen Familie Freude zu bereiten.

Hiermit ende ich, indem ich für meine Kühnheit um Vergebung bitte und darauf vertraue, daß Euer Hochwohllöblich in Eurer gewohnten Gunst gegenüber diesen gottgefälligen und ehrenwerten Entdeckungen fortfahre und sie vermehre.

Euer Hochwohllöblich ergebenster Diener
R.H.

Aus: E.G.R.Taylor (ed.): The Original Writings and Correspondence of the Two Richard Hakluyts. 2 vols. Nendeln 1967 (Hakluyt Society. 2nd ser. Nos. 76, 77). Vol. I, S. 175–181.   Mi

18. Koloniegründung als Investitionsobjekt: Sir Walter Raleighs Unternehmervertrag zur Kolonisierung Virginias (1589)

Sir Walter Raleigh (1552–1618) gilt als einer der schillerndsten Repräsentanten der englischen Renaissance unter Elisabeth I., einer Zeit, in der der Grundstein für die britische Kolonialmacht gelegt wurde. Der aus der im Westen Englands gelegenen Grafschaft Devonshire stammende Landedelmann avancierte zum Günstling der Königin; er verband soldatisches Abenteurertum mit kommerziellem Unternehmergeist, er trat als Lyriker wie als Verfasser wissenschaftlicher Traktate hervor.

Nachdem sein Halbbruder Sir Humphrey Gilbert von einer Fahrt in den Nordatlantik nicht zurückgekehrt war, erhielt Raleigh, wie zuvor schon Gilbert, einen königlichen Freibrief zur Inbesitznahme noch unentdeckter Landstriche in Nordamerika. Die im Jahre 1585 erfolgte Festsetzung auf Roanoke-Island vor der Küste des heutigen North Carolina, das als vorgeschobene Basis für den Kaperkrieg gegen die spanische Kolonialschiffahrt dienen sollte, war nur von kurzer Dauer. 1587 lief eine weitere Flotte mit 110 Kolonisten, darunter 17 Frauen und 9 Kindern, aus, um an der Chesapeake Bay eine Niederlassung zu gründen, die City of Raleigh genannt werden sollte. Diese Gruppe von Erstsiedlern, die entgegen ihrer ursprünglichen Absicht auf dem inzwischen wieder verlassenen Roanoke landete, blieb auf Grund des englisch-spanischen Krieges, der in dem Vorstoß der Armada im Jahre 1588 gipfelte, jahrelang ohne Nachschub. Dem Ziel, eine wohlausgerüstete Entsatzflotte für Roanoke bereitzustellen, diente der folgende Vertrag vom 7. März 1589, durch den die finanzielle Basis des Unternehmens verbreitert werden sollte. Die Gruppe um Thomas Smith und William Sanderson, kapitalkräftige Londoner Kaufleute, investierte für eine Reihe kommerzieller

Privilegien in das Unternehmen, das von Raleighs ursprünglichem Geschäftspartner, der Gruppe um John White, nicht mehr allein getragen werden konnte.
Als John White 1590 mit der Entsatzflotte Roanoke aufsuchte, waren sämtliche Kolonisten verschwunden; die Suche nach ihnen blieb erfolglos.
Lit.: David B.Quinn (ed.): The Roanoke Voyages 1584–1590. London-New York 1955. Ndr. Nendeln 1967 (Hakluyt Soc. 2nd ser. No. 104).   Mi

Abtretungsurkunde von Sir Walter Raleigh an verschiedene Herren und Kaufleute aus London zur Ansiedlung und Niederlassung unserer Landsleute in Virginia

Dieser Vertrag, ausgefertigt am 7. März im 31.Jahr der Regierung unserer Herrscherin Elisabeth [1589], von Gottes Gnaden Königin von England, Frankreich und Irland, Verteidigerin des Glaubens etc., zwischen dem hochwohllöblichen Sir Walter Raleigh, Ritter von Colaton Raleigh in der Grafschaft Devon, Oberaufseher der *Stannaries*[1] und erster Gouverneur von Assamacomock, auch Wingandacoia[2] oder Virginia auf der einen und Thomas Smith, William Sanderson, Walter Bayly, William Gamage, Edmund Neuil, Thomas Harding, Walter Marler, Thomas Martin, Gabriel Harris, William George, William Stone, Henry Fleetwood, John Gerrard, Robert Macklyn, Richard Hakluyt, Thomas Hoode, Thomas Wade, Richard Wright, Edmund Walden – Kaufleute aus London und Unternehmer *(adventurers)* für besagtes Virginia – sowie John White, Roger Baylye, Ananias Dayre, Christopher Cooper, John Samson, Thomas Steevens, Roger Pratt, Dionise Harnie, John Nichols, Humfrey Dimmocke – letztgenannte sind Herren aus London – auf der anderen Seite, gibt folgendes zu Urkund:

Dem obengenannten Sir Walter Raleigh wurde unter dem Namen des getreuen und vielgeliebten Dieners Ihrer Majestät Walter Raleigh von Ihrer Majestät, der Königin, ein Freibrief gewährt, datiert zu Westminster am 25. März, im 26.Jahr der Regierung Ihrer Hoheit [1584], unbekannte und entfernte Länder und Gebiete zu entdecken, ausfindig zu machen und zu kolonisieren, wie aus dem besagten Freibrief ausführlich und sehr klar hervorgeht; auf Grund dessen hat der Ritter Sir Walter Raleigh in dem Abtretungsvertrag, der nach englischer Zählung[3] das Datum des 7.Januar im Jahre unseres Herrn 1587 trägt, im 29.Jahr der Regierung unserer Majestät Königin Elisabeth, und der abgeschlossen wurde zwischen ihm, dem obengenannten Ritter Sir Walter Raleigh auf der einen und den Londoner Herren John White, Roger Baylye, Ananias Dayre, Christopher Cooper, John Samson, Thomas Steevens, William Fulwood, Roger Pratt, Dionise Harnie, John Nichols, George Howe,

---
[1] Die zum Herzogtum Cornwall gehörenden Zinnminen in Cornwall und Devon.
[2] Zwei Wörter aus der Algonkin-Sprache, die von den ersten englischen Kolonisten irrtümlich als indianische Bezeichnungen des Territoriums angesehen wurden, das sie Virginia tauften.
[3] In England hatte bis zum 1.1.1752 der Julianische Kalender Gültigkeit; er lag um 11 Tage gegenüber dem auf dem europäischen Festland üblichen Gregorianischen Kalender zurück, und der Jahresbeginn war auf den 25. März festgesetzt.

James Plat und Simon Fernando auf der anderen Seite, dem besagten John White, Roger Baylye und dem Rest [den in der Urkunde nach ihnen Genannten] volle Freiheit gewährt, in das kürzlich entdeckte fremde Land und Territorium, das Assamacomock, Wingandacoia oder Virginia genannt wird, diejenige Anzahl von Untertanen Ihrer Majestät zur gemeinsamen Besiedlung mitzunehmen – zusammen mit genügend Schiffen und Ausrüstung –, die sie aus freien Stücken begleiten wollen; weiterhin [gewährte er ihnen] verschiedene andere Vorrechte, Gerichtsbarkeiten, Hoheitsrechte und Vorrangstellungen, wie aus dem besagten Abtretungsvertrag ebenfalls sehr deutlich hervorgeht.

Es ist nun das Vorhaben und die Absicht der obengenannten Unternehmer *(adventurers)* Thomas Smith, William Sanderson, Walter Bayly, William Gamage, Edmund Neuil, Thomas Harding, Walter Marler, Thomas Martin, Gabriel Harris, William George, William Stone, Henry Fleetwood, John Gerrard, Robert Macklyn, Richard Hakluyt, Thomas Hoode, Thomas Wade, Richard Wright, Edmund Walden und anderer, die Mitgliedsrechte zu erwerben in der Körperschaft, Kompanie und Gesellschaft, die kürzlich von dem besagten Sir Walter Raleigh gegründet wurde, und die in der Stadt Raleigh in dem obenerwähnten Assamacomock, Wingandacoia oder Virginia errichtet und aufgebaut werden soll, wie aus seinem besagten Vertrag mit den genannten John White, Roger Baylye und den übrigen sehr ausführlich hervorgeht; dazu investieren *(adventure)* sie nach Besiegelung, Wirksamwerden und Bestätigung dieser Urkunde verschiedene Geldsummen, Waren, Schiffe, Ausrüstungsgegenstände, Nahrungsmittel und andere Artikel in das obengenannte fremde und entfernte Gebiet von Assamacomock, Wingandacoia oder Virginia.

In Anbetracht dieser ihrer Beiträge, aber auch aus verschiedenen anderen guten Gründen und aus Erwägungen, die ihn, den genannten Sir Walter Raleigh, besonders dazu bewegen, hat der besagte Sir Walter Raleigh den oben erwähnten Unternehmern Thomas Smith, William Sanderson, Walter Bayly, William Gamage, Edmund Neuil, Thomas Harding, Walter Marler, Thomas Martin, Gabriel Harris, William George, William Stone, Henry Fleetwood, John Gerrard, Robert Macklyn, Richard Hakluyt, Thomas Hoode, Thomas Wade, Richard Wright, Edmund Walden und den übrigen sowie den genannten John White, Roger Baylye, Ananias Dayre, Christopher Cooper, John Samson, Thomas Steevens, Roger Pratt, Dionise Harnie, John Nichols, Humfrey Dimmocke – jedem von ihnen, ihren Erben und Bevollmächtigten, den Erben und Bevollmächtigten eines jeden einzelnen von ihnen und jedem ihrer Beauftragten, Handelsvertreter oder Lehrlinge, die für einen Zeitraum von sieben Jahren in ihrem Dienst stehen – folgendes zugestanden, gewährt, zugesichert und versprochen, und hiermit gesteht er ihnen zu, gewährt ihnen, sichert ihnen zu und verspricht ihnen für sich selbst und für jeden seiner Erben und Bevollmächtigten, daß jeder einzelne von ihnen von Mal zu Mal und auf alle Zeiten freien Handel und Verkehr für alle möglichen Güter und Waren genießen soll nach, in und von dem Teil Amerikas, der, wie erwähnt, Assamacomock, Wingandacoia oder Virginia genannt wird, und ebenso nach oder von irgendeinem anderen Teil oder Landstrich von oder in gesagtem Amerika, wo er, der genannte Sir Walter Raleigh, seine Erben oder Bevollmächtigten sowie eine andere Person oder andere Personen, die irgendein Recht, einen Titel oder Anteil durch ihn, von oder unter ihm, dem besagten Sir Walter Raleigh, beanspruchen oder behaupten oder künftig beanspruchen oder behaupten werden, irgendwelche Anteile, Gerichtsbarkeiten, Rechtstitel, Herrschaftsrechte oder Privilegien haben, fordern oder beanspruchen oder in Zukunft haben, fordern oder beanspruchen werden auf Grund irgendeiner Abtretung, einer vor dem gemachten oder hiernach zu machenden Entdeckung oder auf Grund irgendwelcher Gründe und Anrechte welcher Art auch immer.

Und aus besonderer Achtung vor der christlichen Religion und in dem Verlangen, sie in und unter den genannten barbarischen und heidnischen Ländern heimisch zu machen, für den Fortschritt und die Entwicklung derselben zum allgemeinen Nutzen und zum Gewinn der Bewohner dort, aber auch zur Ermutigung der genannten Thomas Smith, William Sanderson, Walter Bayly, William Gamage, Edmund Neuil, Thomas Harding, Walter Marler, Thomas Martin, Gabriel Harris, William George, William Stone, Henry Fleetwood, John Gerrard, Robert Macklyn, Richard Hakluyt, Thomas Hoode, Thomas Wade, Richard Wright, Edmund Walden, John White, John Nichols, der anderen Geschäftspartner, die sich zur Zeit in Virginia befinden, und der übrigen obenerwähnten Unternehmer, ihrer Erben und Bevollmächtigten, überträgt der genannte Sir Walter Raleigh hiermit willig und großherzig und gibt ihnen, den besagten Thomas Smith, William Sanderson und den übrigen vorstehend Genannten die Summe von einhundert Pfund rechtmäßigen englischen Geldes, die von ihnen neben ihren anderen Beteiligungen in den obenerwähnten Orten und Ländern und für sie investiert und ausgegeben werden soll. Die besagte Summe von einhundert Pfund, die wie erwähnt vergeben wird, aber auch all den Gewinn, Profit, Nutzen, Vorteil und Zuwachs, den sie unter Gottes Beistand damit erzielen werden, sollen sie haben, behalten, in Besitz nehmen, benutzen, verwenden, besitzen, genießen und veräußern zu ihrem ausschließlichen Gebrauch und Nutzen und zum Gebrauch und Nutzen ihrer verschiedenen Erben, Testamentsvollstrecker und Bevollmächtigten, und zwar eines jeden einzelnen von ihnen, ohne daß sie dem genannten Sir Walter Raleigh oder irgendeinem seiner Erben, Testamentsvollstrecker oder Bevollmächtigten darüber als Ganzes oder in Teilen Rechenschaft ablegen müßten.

Und der besagte Sir Walter Raleigh verpflichtet sich hiermit weiterhin für sich und jeden seiner Erben und Bevollmächtigten und bewilligt den genannten Thomas Smith, William Sanderson, Walter Bayly, William Gamage, Edmund Neuil, Thomas Harding, Walter Marler und den übrigen obengenannten Personen sowie den genannten John White, Roger Baylye, Ananias Dayre, Christopher Cooper, John Samson, Thomas Steevens, Roger Pratt,

Dionise Harnie, John Nichols und Humfrey Dimmocke und allen ihren Erben und Bevollmächtigten, daß alle von ihnen, alle ihre verschiedenen Erben und Bevollmächtigten, alle ihre Beauftragten, Handelsvertreter und Bediensteten und alle ihre Lehrlinge, die für einen Zeitraum von sieben Jahren in ihren Diensten stehen, von Mal zu Mal und für alle Zeiten von allem Pachtzins und Zoll, allen Hilfsgeldern, Gebühren, Abgaben, Steuern und allen anderen Lasten, Diensten, Pflichten und Forderungen welcher Art auch immer, die erhoben oder verlangt oder zu irgendeiner späteren Zeit erhoben oder verlangt werden sollten, befreit, bewahrt und schadlos gehalten werden sollen; dies gilt auch für den Handel mit und die Beförderung von Waren und Handelsprofiten von und nach dem genannten Land Assamacomock, Wingandacoia oder Virginia oder irgendeinem anderen Land in dem obenerwähnten Amerika, in dem oder auf das der besagte Sir Walter Raleigh, seine Erben oder Bevollmächtigten irgendeinen Anteil, ein Recht oder einen Anspruch haben, haben mögen oder haben werden auf Grund des besagten Freibriefs, einer Entdeckung oder irgendwelcher anderer Anrechte oder durch welche Angelegenheiten, Gründe oder Dinge auch immer; einzig ausgenommen und mit Beschlag belegt ist der fünfte Teil von allem Gold- und Silbererz, das von Mal zu Mal und zu allen Zeiten nach der erwähnten Entdeckung, der Unterwerfung und Inbesitznahme dort gewonnen und erworben werden sollte, und der stets dem Gebrauch des genannten Sir Walter Raleigh, seiner Erben und Bevollmächtigten vorbehalten bleibt.

Und weiterhin verpflichtet sich der genannte Sir Walter Raleigh für seine Person, für seine Erben und Bevollmächtigten, und bewilligt hiermit den besagten Thomas Smith, William Sanderson und den übrigen obengenannten Personen, ihren Erben und Bevollmächtigten, daß er, der besagte Sir Walter Raleigh, seine Erben oder Bevollmächtigten auf ein hinreichendes und angemessenes Ersuchen aller oder einer der obengenannten Personen, ihrer Erben oder Bevollmächtigten hin, zu jedem künftigen Zeitpunkt durch Urkunde oder Urkunden oder durch irgendeine andere gesetzliche Übertragung oder Übertragungen die Körperschaft bestätigen, bekräftigen und anerkennen wird, die zuvor von ihm, dem besagten Sir Walter Raleigh, errichtet wurde und die, wie aus seinem erwähnten Vertrag mit John White und den übrigen sehr klar ersichtlich ist, aus einem Gouverneur und zwölf Beiräten *(assistants)* besteht – dies zur vollständigen und besseren Garantie und zur Sicherstellung der besagten Körperschaft, falls es diesbezüglich irgend eine Unvollkommenheit oder eine juristische Notwendigkeit geben sollte; und weiterhin, daß er, der genannte Sir Walter Raleigh, seine Erben und Bevollmächtigten, sich, soweit es ihm und ihnen möglich ist, bemühen werden, Freibriefe Ihrer Majestät, der Königin, zu erlangen und zu erhalten zur Bestätigung, Billigung und einer stärkeren Festigung der besagten Körperschaft und Gesellschaft mit allen Vorrechten, Vorteilen, Gerichtsbarkeiten, Hoheitsrechten, Vergünstigungen und Vorzügen, welche auch immer von Ihrer Majestät dem besagten Sir Walter Raleigh, seinen Erben und Bevollmächtigten gewährt und übertragen wurden, oder die von ihm, dem besagten Sir Walter Raleigh, dem genannten John White und den übrigen gewährt und übertragen wurden, wie aus seinem erwähnten Abtretungsvertrag mit dem genannten John White und den übrigen sehr klar hervorgeht. Zu Zeugnis dessen haben die Parteien zu dem Vorstehenden hier abwechselnd ihre Unterschrift und ihr Siegel gesetzt, am Tag und im Jahr, wie sie eingangs oben erwähnt wurden.

Aus: E. Hazard: Historical Collections Consisting of State Papers ... for an History of the United States. 2 vols. Philadelphia 1792–1794. Vol. I, S. 42–45.   Mi

19. Koloniegründung zum Schutz der religiösen Überzeugung: Die Puritaner in Neu-England (1620/1629)

Mit dem Begriff Puritaner wurde seit der Mitte der sechziger Jahre des 16. Jahrhunderts eine religiöse Reformbewegung bezeichnet, die die in der englischen Kirche bestehenden Verhältnisse grundlegend bessern wollte. Ihre Ablehnung einer über den Bereich der Gemeinde hinausreichenden kirchlichen Hierarchie brachte die Puritaner in Konflikt mit der anglikanischen Hochkirche, die als Bischofskirche organisiert war. Dabei gingen die puritanischen Reformideen weit über rein liturgisch-kirchenorganisatorische Fragen hinaus. Der Grundsatz, daß eine an der Bibel orientierte Lebensführung in tätigem Einsatz in Beruf, Familie und Gemeinschaft nicht nur die Lebensqualität des Einzelnen, sondern auch das Allgemeinwohl befördern könne, umriß eine alle Lebensbereiche umfassende Weltanschauung. Das stark empfundene Sendungsbewußtsein, das diesen Idealen innewohnte, brachte die Puritaner in einen fundamentalen Gegensatz zum bestehenden Staats- und Gesellschaftssystem.

Die Thronbesteigung James' I. (1603–1625) konfrontierte die Puritaner mit einem radikal formulierten, energisch umgesetzten absoluten königlichen Machtanspruch, der sich auch im Ausbau der Kampfinstrumente der anglikanischen Hochkirche gegen den religiösen Nonkonformismus niederschlug. Der Versuch der Stuart-Dynastie, die unter den Tudors gefestigte Machtstellung des englischen Königs zu einem absolutistischen System königlicher Herrschaft umzubauen, brachte die Krone in scharfen Gegensatz zum Ständeparlament. James I. und sein Sohn Charles I. (1625–1649) versuchten, die vom Parlament verweigerte Steuerbewilligung mit einer rigorosen Finanzpolitik auszugleichen. Adelstitel wurden gegen eine hohe Sondersteuer verliehen, Staatsämter für hohe Summen verkauft, was die Korruption förderte, da die Amtsinhaber sich für die Kaufsumme schadlos halten wollten; an Günstlinge des Hofes wurden gegen eine Gewinnbeteiligung der Krone Produktionsmonopole vergeben. Diese Praxis verschärfte den sozialen Unmut im Lande, der von Wirtschaftskrisen in Zusammenhang mit dem langjährigen Ringen mit Spanien (1585–1603) und der Entwurzelung der ländlichen Unterschichten durch Einhegungen und kündbare Pachtverträge genährt worden war. Die Unzufriedenheit mit den wirtschaftlichen und gesellschaftlichen Auswirkungen der Politik der Krone erfaßte alle Stände. Die puritanischen Ideen wurden vor dem Hintergrund des innenpolitischen Klimas zum Sammelpunkt der Opposition, die sich bald im Parlament ein Forum schuf.

Viele der praktizierenden Puritaner sahen sich in der Erwartung auf schnelle Veränderungen durch die Anfangserfolge der Stuarts getäuscht und fühlten sich durch die um sich greifende Puritanerfeindlichkeit bedroht. Die aktivsten unter ihnen aus den Gemeinden Gainsborough und Scrooby entschlossen sich 1607, unter der Führung von John Robinson und William Brewster ins niederländische Exil zu gehen. Da sie ihre puritanische und englische Identität nicht verlieren wollten, waren ihre Entfaltungsmöglichkeiten auch in den toleranten Niederlanden begrenzt. Der Ausbruch des Dreißigjährigen Krieges, der nach Nichtverlängerung eines zwölfjährigen Waffenstillstandes mit Spanien auch die Niederlande bedrohte, war ein weiterer Anlaß für die Exil-Puritaner, ihrem Gastland den Rücken zu kehren. Der Impuls zur Auswanderung ging von William Bradford aus, der das Unternehmen führte und als Gouverneur der Plymouth-Kolonie in Neu-England in den ersten 30 Jahren nachhaltigen Einfluß auf die Geschicke der Emigranten ausübte. Im Zentrum der im Geschichtsbewußtsein des modernen Nordamerika so hochrangigen Fahrt der Pilgrim Fathers auf der Mayflower im Jahr 1620 stand die Exil-Gemeinde in Leiden. Die Erwägungen der Leidener Gemeinde im Vorfeld des Entschlusses zur Auswanderung sind im nachfolgenden ersten Dokument aus der Feder William Bradfords dargelegt (Dok. 19a).

Einige der Führer der in England zunächst verbliebenen Puritaner entschlossen sich zehn Jahre später ebenfalls, durch einen Neubeginn in Amerika die Gestaltung einer im puritanischen Sinne besseren Welt zu versuchen. Der Verderbtheit der englischen Gesellschaft und der daraus resultierenden seelischen und wirtschaftlichen Notlage der Menschen sollte für immer der Rücken gekehrt werden. Treibende Kraft der ersten großen Emigration von Puritanern nach Massachusetts war John Winthrop, ein vom sozialen Abstieg bedrohter Grundbesitzer aus Suffolk, der als Führer des ersten Auswandererkontingents an die tausend Menschen nach Neu-England führte. Im zweiten nachfolgenden Dokument umreißt er die Motive, von denen die Auswanderer geleitet wurden (Dok. 19b).

Lit.: Samuel E. Morison: Builders of the Bay Colony. Boston-New York 1930. Ndr. Boston 1978 – Christopher Hill: Society and Puritanism in Pre-Revolutionary England. New York 1964 – George D. Langdon: Pilgrim Colony. A History of New Plymouth 1620–1691. New Haven-London 1966 – Carl Bridenbaugh: Vexed and Troubled Englishmen 1590–1642. New York 1968 – David Little: Religion, Order, and Law. A Study in Pre-Revolutionary England. Oxford 1970.

ThB

a. Gouverneur Bradford schildert die Auswanderung der Pilgrim Fathers aus Leiden (1620)

Nachdem sie [die Exil-Puritaner in Leiden] 11 oder 12 Jahre in dieser Stadt gelebt hatten (was deshalb erwähnenswert ist, weil dies die Zeit des berühmten Waffenstillstandes zwischen jenem Staat [den Generalstaaten] und den Spaniern umfaßte)[1] und verschiedene durch den Tod von ihnen genommen und viele andere zunehmend von den Jahren gezeichnet und von der Herrin Erfahrung viele Dinge gelehrt worden waren, begannen jene umsichtigen Gouverneure[2] gemeinsam mit verschiedenen der weisesten Gemeindeglieder ihre

---

[1] Bezug auf den am 9. April 1609 zwischen den Generalstaaten und Spanien abgeschlossenen zwölfjährigen Waffenstillstand.
[2] Gemeint sind Reverend John Robinson und William Brewster, um die sich die Exulanten aus England gesammelt hatten.

gegenwärtigen Gefährdungen zu begreifen, ihre Zukunft klug vorherzusehen und an rechtzeitige Abhilfe zu denken. In ihren Befürchtungen und in vielen Gesprächen über Vorfälle dort selbst fingen sie allmählich an, sich dem Entschluß zuzuneigen, an einen anderen Ort zu ziehen. Nicht, um irgend etwas Neumodisches zu tun, oder aus einer ähnlich närrischen Grille heraus, die Männer oft in schweren Schaden und große Gefahr bringt, sondern aus verschiedenen gewichtigen und handfesten Gründen. Einige der wichtigsten sollen hier kurz umrissen werden.

Erstens sahen sie und empfanden durch [ihre] Erfahrung die Mühsal des Ortes und des Landes dergestalt, daß verhältnismäßig wenige zu ihnen kommen und noch weniger ausharren und mit ihnen [das Begonnene] fortführen würden. Denn viele, die zu ihnen stießen, und viele mehr, die mit ihnen zusammenleben wollten, konnten die schwere Arbeit und die harten Lebensbedingungen zusammen mit anderen Unannehmlichkeiten, welchen jene sich unterzogen und damit zufrieden waren, nicht durchstehen. Daher ließen sich viele, obwohl sie sich der Gebote Gottes in ihrer Reinheit und der Freiheit der Botschaft zusammen mit jenen [den Exil-Puritanern in Leiden] erfreuen wollten, doch eher knechten und riskierten die Gefahr für ihr Gewissen, als diese Mühsal auf sich zu nehmen. Ja, einige zogen sogar die Gefängnisse in England der Freiheit in Holland und ihrer Pein vor. Aber man war der Auffassung, daß, wenn man einen leichteren Ort zum Leben finden könnte, viele angezogen würden und die Entmutigung überwunden werden würde. Ja, ihr Pastor ließ oftmals verlauten, daß viele von denen, die zu diesem Zeitpunkt noch sowohl gegen sie schrieben als auch predigten, ihre Lebensführung übernehmen würden, wenn sie an einem Ort wären, wo sie in Freiheit und Bequemlichkeit leben könnten.

Zum zweiten sahen sie, daß die Leute zwar alle diese Schwierigkeiten im allgemeinen fröhlich und festen Mutes auf sich nahmen, solange sie in den besten und leistungsfähigsten Jahren waren, das Alter sie jedoch auszuzehren begann (und ihre schwere und beständige Arbeit zusammen mit anderen Leiden und Sorgen ließen sie vorzeitig altern). Aus diesem Grunde wurde es nicht nur für möglich gehalten, sondern als offensichtlich angesehen, daß sie innerhalb weniger Jahre Gefahr liefen, durch drängende Not zerstreut oder unter ihrer Last erdrückt zu werden – oder beides. [...]

Drittens: Da die Bedürftigkeit Herr über sie war, sahen sie sich gezwungen, selbst ein solcher [Herr] nicht nur gegen ihre Knechte, sondern auch gegen ihre liebsten Kinder zu sein, was das zärtliche Herz vieler Eltern nicht wenig schmerzte. Dies brachte sowohl verschiedene traurige als auch besorgniserregende Wirkungen hervor, denn viele ihrer Kinder mit den besten Anlagen und gütiger Gesinnung, die das Joch ihrer Jugend zu tragen gelernt hatten und ihren Eltern einen Teil ihrer Bürde abnehmen wollten, waren oftmals von ihrer schweren Arbeit so gedrückt, daß ihr Körper, obgleich ihr Geist frei und willig war, sich unter der Last beugte und in früher Jugend schon altersschwach wurde. [...]

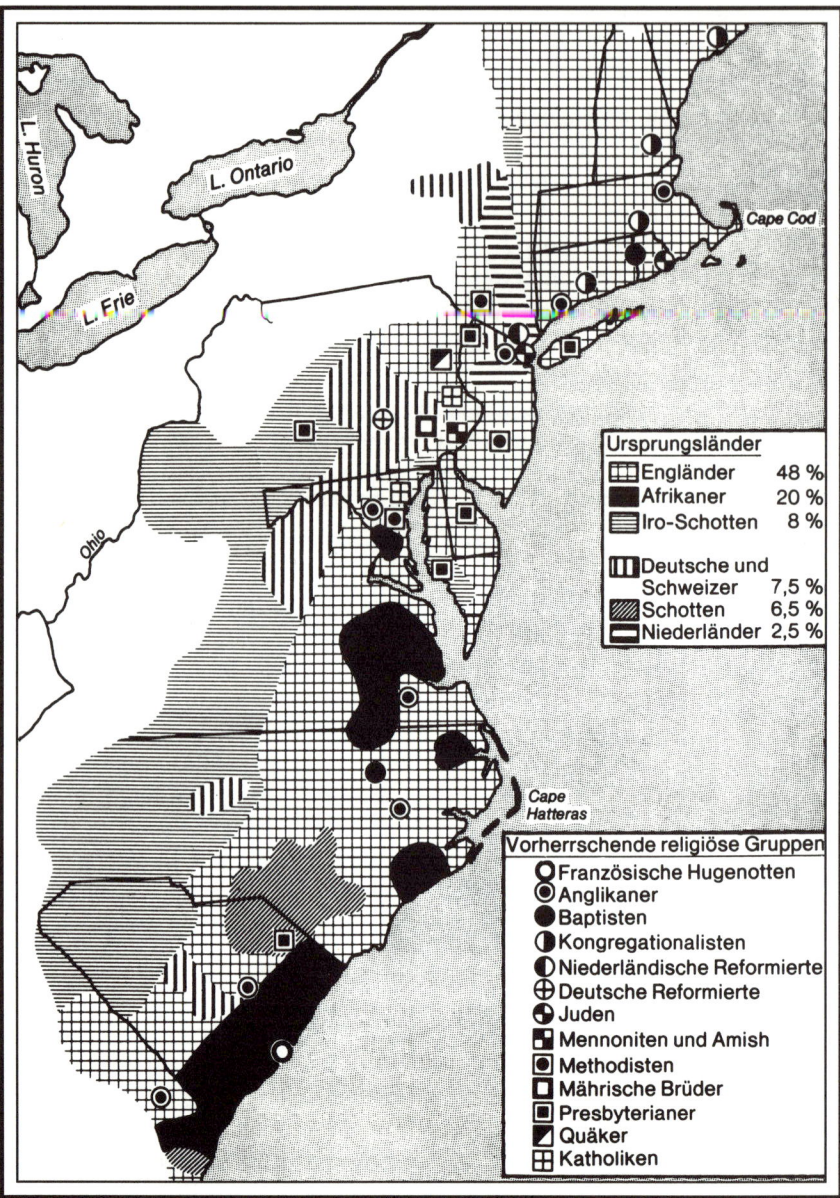

Karte 2: Religiöse Gruppen und Herkunft der weißen Siedler in Nordamerika um 1790.

Noch bedauernswerter und von allen Sorgen am schwersten erträglich war [aber], daß viele ihrer Kinder durch diese Begebenheiten und die großen Ausschweifungen der Jugend dieses Landes [Hollands], die vielgestaltigen Versuchungen des Ortes und durch schlimme Vorbilder auf überspannte und gefährliche Pfade gerieten, indem sie zügellos wurden und ihre Eltern verließen. Einige wurden Söldner, andere unternahmen weite Seereisen und wieder andere beschritten schlimmere Wege und neigten zur Liederlichkeit und der Gefährdung ihrer Seele, zum großen Schmerz ihrer Eltern und zur Schande gegenüber Gott. So war ihre Nachkommenschaft in Gefahr, zu degenerieren und verderbt zu werden.

Zum letzten, jedoch nicht geringsten, hatten sie die große Hoffnung und innere Begeisterung, eine gute Grundlage dafür zu schaffen – oder zumindest den Weg zu ebnen, damit die Botschaft des Reiches Christi in jene entlegenen Teile der Welt getragen und dort verkündet werden könne.

Diese und andere ähnliche Gründe bewegten sie dazu, den Entschluß zur Auswanderung zu fassen. [...]

Der Ort, an den sie dachten, war eine der weiten und unbewohnten Gegenden Amerikas, fruchtbar und besiedelungsfähig, unberührt von jeglicher Zivilisation, wo nur wilde, viehische Menschen sind, die umherstreifen, nur wenig anders als die wilden Tiere daselbst. [...]

Aus: William Bradford: History of Plimoth Plantation (1647). In: Jack P. Greene (ed.): Settlements to Society 1607–1763. A Documentary History of Colonial America. New York 1966. Ndr. New York 1975, S. 54–56.   ThB

b. John Winthrop legt die Gründe für die Auswanderung der Puritaner dar (1629)

1. Es wird einen sehr bedeutsamen Dienst an der Kirche darstellen, das Evangelium in jene Gebiete der Welt zu tragen, mitzuhelfen am Eintritt der Erfüllung für die Heiden und ein Bollwerk zu errichten gegen das Königreich des Antichrist, um dessen Aufbau sich die Jesuiten in jenen Gegenden bemühen.

2. Alle anderen Kirchen Europas fallen dem Elend anheim, und unsere Sünden, auf die der Herr nun bereits mit Mißfallen blickt, bedrohen uns in furchterregender Weise, und wer weiß, ob nicht Gott diesen Ort als Zufluchtstätte vorgesehen hat für viele, die er aus dem allgemeinen Unglück erretten möchte; und wenn man sieht, daß die Kirche[3] keinen anderen Zufluchtsort mehr hat als die Wildnis, welch besseres Werk kann es da geben, als vorauszugehen und Bethäuser *(tabernacles)* und Nahrung für sie bereitzustellen für den Tag ihrer Ankunft.

3. Dieses Land wird seiner Bewohner überdrüssig, so daß der Mensch, die kostbarste aller Kreaturen, hier gemeiner und niedriger ist als die Erde, auf die wir treten, und von geringerem Preis unter uns als ein Pferd oder ein Schaf. Herren werden von Amts wegen gezwungen, Bedienstete zu verköstigen, El-

---

[3] Kirche hier auch im Sinne von Kirchengemeinde.

tern, ihre eigenen Kinder zu unterhalten; alle Städte beklagen die Last ihrer Armen, obwohl wir viele unnötige, ja gesetzwidrige Geschäfte angefangen haben, um sie zu unterhalten. Und wir ziehen Gesetzesgewalt heran, um den Zuwachs der Bevölkerung zu verhindern, wenn wir auf staatliches Einschreiten gegen Katenbewohner und Hausgenossen[4] drängen. Es ist also so weit gekommen, daß Kinder, Bedienstete und Nachbarn – besonders wenn sie arm sind – als die größte Last angesehen werden, die, falls die Dinge in Ordnung wären, den höchsten irdischen Segen darstellten.

4. Die ganze Erde ist der Garten des Herrn, und er hat sie den Söhnen der Menschen gegeben, unter einer allgemeinen Bedingung, Gen. 1.28: „Wachset und vermehret Euch, bevölkert die Erde und macht sie Euch untertan", was er Noah gegenüber wiederholt hat. Der Zweck ist moralisch und natürlich zugleich: Daß der Mensch sich der Früchte der Erde erfreuen möge und Gott aus der Kreatur seinen gebührenden Ruhm schöpfe. Warum also sollten wir hier stehen und uns um Unterbringungsmöglichkeiten bemühen – viele Leute bringen so viel Arbeit und Kosten auf, um einen oder zwei Acres[5] Land wiederzuerlangen oder zu behalten, wie es ihnen in einem anderen Land viele hundert davon, genauso gute oder bessere, einbringen würde –, während wir andererseits zulassen, daß ein ganzer Kontinent, der so fruchtbar ist und geeignet zum Nutzen des Menschen, ohne jegliche Kultivierung *(improvement)* brachliegt.

5. Wir sind zu solchen Höhen der Unmäßigkeit gelangt in all den grenzenlosen Ausschweifungen, daß das Vermögen von beinahe niemandem ausreicht, mit seinesgleichen Schritt zu halten, und derjenige, der dabei versagt, muß in Hohn und Spott leben. Daher kommt es, daß Handwerk und Gewerbe auf diesen betrügerischen und unredlichen Kurs gebracht werden, so daß es für einen rechtschaffenen und anständigen Mann beinahe unmöglich ist, durch seine Arbeit seine Ausgaben zu bestreiten und auskömmlich zu leben.

6. Die Quellen von Wissenschaft und Religion sind derart verdorben – neben den unerträglichen Kosten für die Erziehung –, daß die meisten Kinder, auch die klügsten Köpfe und schönsten Hoffnungen, lasterhaft, verdorben und gänzlich zerrüttet sind durch die Fülle schlechter Beispiele und die zügellose Leitung jener Schulen, wo Männer Mücken seihen und Kamele verschlucken[6], bei der Instandhaltung von Hauben und sonstiger Ausstattung alle Strenge anwenden, jedoch zulassen, daß flegelhafte Manieren und ungebührliches Benehmen unkontrolliert bleiben.

7. Welch besseres, ehrenhafteres und eines Christen würdigeres Werk kann es geben, als dabei mitzuhelfen, eine eigene Kirchengemeinde zu errichten und zu unterstützen, während sie sich in ihren Anfängen befindet, und seine

---

[4] Winthrop spricht diverse Gesetze und Proklamationen an, die im ersten Drittel des 17. Jahrhunderts erlassen wurden, um den Zustrom mittelloser Landbewohner in die Städte einzudämmen.

[5] Ein Acre = 4046,8 m².

[6] Eine aus der Bibel entnommene Redewendung mit der Bedeutung: Viel Aufhebens um Kleinigkeiten machen, Wichtiges jedoch unbeachtet lassen.

Kräfte mit denen einer Gemeinschaft gläubiger Menschen zu vereinen, die durch rechtzeitigen Beistand stark werden und gedeihen, die jedoch in dessen Ermangelung einem großen Risiko ausgesetzt sein kann, wenn sie nicht ganz zugrunde geht.

8. Wenn solche Leute, die als fromm bekannt sind und die hier in Reichtum und Wohlstand leben, auf all dies verzichten, um sich dieser Kirchengemeinde anzuschließen und mit ihr das Wagnis harter und ärmlicher Lebensumstände einzugehen, so wird dies ein Beispiel von großen Nutzen sein, um den Makel weltlicher und zwielichtiger Beweggründe, wie er den Kolonisten anhaftet, von ihnen zu nehmen und dadurch dem Glauben des Gottesvolkes in ihren Gebeten für die Koloniegründung mehr Leben einzuflößen, und um andere zu ermutigen, sich ihr umso bereitwilliger anzuschließen.

9. Es scheint ein Werk Gottes zu sein, zum Wohle seiner Kirche, daß er die Herzen so vieler seiner weisen und gläubigen Diener – Geistliche und andere – dazu bestimmte, dem Unternehmen nicht nur zuzustimmen, sondern selbst daran teilzuhaben, einige in Person und mit ihrem Vermögen, andere durch ihre ernsthaften Ratschläge und andere Hilfe; alle durch ihre Gebete für sein Gelingen.

Amos 3: „Der Herr eröffnet seine Geheimnisse seinen Dienern, den Propheten". Es ist wahrscheinlich, daß er ein großes Werk beabsichtigt, das er seinen Propheten unter uns eröffnet hat und die er dazu angespornt hat, seine Diener zu dieser Koloniegründung zu ermuntern; es ist nämlich nicht seine Art, sein Volk durch seine eigenen Propheten zu verführen, sondern er überträgt diese Aufgabe der Priesterschaft von falschen Propheten und Lügengeistern.

[...]

Aus: Jack P. Greene (ed.): Settlements to Society, 1607–1763. New York 1975 (A Documentary History of Colonial America), S. 62–63.   M1

20*. Koloniegründung als politisches Experiment: William Penns Verfassungsmodell für Pennsylvania (1682)

William Penn (1644–1718) wurde in der Zeit der englischen Restauration (1660–1688) zum bedeutendsten Führer der Quäker, einer puritanischen Sekte, die den von George Fox im vierten Jahrzehnt des 17. Jahrhunderts entwickelten Grundsätzen folgte. Die Quäker wurden in England wegen ihrer Ablehnung der vorgefundenen Kirchenhierarchien, ihrer Weigerung, Eide – insbesondere auch Untertaneneide – zu leisten, und ihrer Mißachtung von gesellschaftlichen Konventionen unterdrückt. Dem Vorbild der Puritaner folgend (vgl. Dok. 19), planten führende Quäker um William Penn schließlich die Auswanderung in die Neue Welt.

---

* In Band 2 dieser Edition wird auf den S. 45, 70 und 92 auf Band 3, Dok. 20 verwiesen. Die besagte Quelle (Gründung des Forts São Jorge da Mina) findet sich jedoch aus redaktionellen Gründen nun unter Nr. 23.

Trotz seiner religiösen Überzeugung und zahlreichen Haftstrafen, die er deswegen verbüßen mußte, unterhielt William Penn Beziehungen zu Charles II. (1660–1685) und dem Duke of York (dem späteren König James II., 1685–1688), die von seinem Vater, Admiral Sir William Penn (1621–1670), herrührten. Admiral Penn hatte unter Cromwells Protektorat als militärischer Führer in der Flotte Karriere gemacht, insgeheim jedoch Kontakte zur royalistischen Opposition unterhalten. Im Jahre 1660 war er zum Stabschef des Duke of York ernannt worden und galt den Stuarts als treuer Gefolgsmann.

Seine Beziehungen zu den Stuarts, denen er persönlich bekannt war, nutzte William Penn umsichtig, um seine Kolonialprojekte voranzutreiben. Erfahrungen in West New Jersey, wo er als Treuhänder von Edward Byllynge und John Fennwick 1676 versucht hatte, eine innenpolitisch unabhängige Quäker-Kolonie aufzubauen, brachten ihn zu der Überzeugung, daß nur eine eigenständige Kolonie als dauerhafte Heimat für die Quäker in Frage kam. Neben politischen und strategischen Gründen, die eine englische Kolonisierung des teilweise noch schwedisch und niederländisch durchsetzten Landstrichs zwischen den Kolonien des Lord Baltimore und des Duke of York im britischen Interesse nahelegten, bewogen wohl auch die Verdienste des Admirals Penn König Charles II. dazu, William Penn am 4. März 1681 die Charter für „Pensilvania" ausstellen zu lassen. Penns Eintreten für eine allgemeine religiöse Toleranz kam den katholischen Aspirationen der späten Stuarts entgegen und bot Berührungspunkte, obwohl Penns politisches Denken dem der oppositionellen Whigs näherstand.

Penns Kontakte zu Quäkern, Mennoniten, Labadisten und Pietisten in Mitteleuropa und auf den Britischen Inseln, die von seinen regen Vortrags- und Missionsreisen durch England, die Niederlande und Deutschland herrührten, halfen ihm, potente Geldgeber und Siedler für Pennsylvania zu finden. In England stimulierte er die Gründung der *Free Society of Traders of Pennsylvania*. Diese Kolonialgesellschaft wurde durch Interessenverflechtung an die neue Kolonie gebunden: Penn hielt Anteile an der Gesellschaft, während die Gesellschaft von Penn in großem Umfang Land kaufte. Über seinen Agenten in Rotterdam, den Quäker-Kaufmann Benjamin Furley, wurden Landkäufer aus den Niederlanden und aus dem deutschen Reich, darunter die Frankfurter Landkompanie (vgl. Dok. 91) und eine Gruppe Mennoniten aus Krefeld, an dem Projekt beteiligt. Penn unterhielt gleichzeitig auch Agenturen in Dublin, Edinburgh und Aberdeen.

Den Interessen der Finanziers trug Penn in dem für die Koloniegründung bedeutendsten von 17 Verfassungsentwürfen, dem ersten *Frame of Gouvernment*, Rechnung. Sich selbst als Kolonie-Eigner und den Großgrundbesitzern, die zum Teil gleichzeitig Handelsherren der Kolonialgesellschaft waren, räumte er die weitestgehenden politischen Machtbefugnisse ein. Die Charter, die ihm von Charles II. verliehen worden war, zeigte deutliche Anklänge an eine Lehensurkunde und ließ ihm innerhalb des englischen Rechtsbrauches weitgehende Freiheit in der Gestaltung seiner Herrschaft.

Penns Verfassungskonzeption, wie sie im *Frame of Gouvernment* niedergelegt ist, schuf nach dem englischen Vorbild ein einflußreiches Oberhaus, *Council* (Provinzialrat) benannt, und antizipierte keineswegs eine allgemeine Demokratisierung der Kolonie. Dennoch enthielt sie entscheidende Neuerungen, die Ideen englischer Verfassungstheoretiker des 17. Jahrhunderts rezipierten. So sind Ähnlichkeiten mit James Harrington's (1611–1677) *The Commonwealth of Oceana* (1656) besonders im Bereich einer differenzierteren Gewaltenteilung auffallend. Mit Algernon Sidney (1622–1683), der im Langen Parlament zu den entschiedenen Republikanern gehört hatte, nach 1660 zum bedeutendsten Wortführer des Exilwiderstandes geworden war und 1683 als Verschwörer im *Rye House Plot* hingerichtet wurde, stand Penn offenbar in persönlichem Kontakt.

20. Penns Verfassungsmodell für Pennsylvania

Grundlegend für das politische Denken Penns war das Ziel einer gesellschaftlichen Harmonie, die sich in der inneren Befriedigung, d. h. dem gewaltlosen Zusammenleben der staatlichen Gemeinschaft realisieren sollte. Dieser Gedanke war im *Peace Testimony* der Quäker vorgefaßt worden. Als entscheidende Voraussetzungen für diesen sozialen Frieden galten Penn der absolute Schutz des Eigentums, die Steuer- und Gesetzesbewilligung durch die Steuerzahler, unabhängige Geschworenengerichte und Beteiligung der Besitzenden an den staatlichen Verwaltungsaufgaben. Penn begriff den Staat vertragstheoretisch als zunächst weltliches Endziel einer menschlichen Gemeinschaft, innerhalb deren eine allgemeine Religion in christlichem Sinne zu fördern, jedoch keine Staatskirche als einzige Gnadenanstalt einzurichten war. Die religiöse Toleranz hielt er für eine wesentliche Bedingung des innerlich befriedeten Staates. Die folgenden Auszüge aus dem *Frame of Gouvernment* von 1682 zeigen sein Bemühen, die Herrschaft von Kolonie-Eigner und Provinzialrat auf einen möglichst breiten Konsens der Kolonisten zu gründen.

Lit.: Samuel M. Janney: The Life of William Penn with Selections from His Correspondence and Autobiography. Sec. rev. ed. Philadelphia 1852 – Mabel R. Brailsford: The Making of William Penn. New York 1930. Ndr. New York 1970. S. 333–353 – Edward C. O. Beatty: William Penn as Social Philosopher. New York 1939. Ndr. New York 1975 – William W. Comfort: William Penn 1644–1718. Philadelphia-London-Oxford 1944 – Catherine O. Peare: William Penn. A Biography. London 1956 – Edwin B. Bronner: William Penn's Holy Experiment, the Founding of Pennsylvania 1681–1701. New York-London 1962 – Vincent Buranelli: The King and the Quaker. A Study of William Penn and James II. Philadelphia-London-Bombay-Karachi 1962, S. 47–67 – Joseph E. Illick: William Penn, the Politician. His Relations with the English Government. Ithaca 1965 – Mary M. Dunn: William Penn: Politics and Conscience. Princeton 1967, S. 44–106. – Gary B. Nash: Quakers and Politics, Pennsylvania 1681–1726. Princeton 1968 – Hermann Wellenreuther: Glaube und Politik in Pennsylvania 1681–1776. Die Wandlung der Obrigkeitsdoktrin und des Peace Testimony der Quäker. Köln-Wien 1972, S. 1–62 – Joseph E. Illick: Colonial Pennsylvania. A History. New York 1976 (A History of the American Colonies in Thirteen Volumes), S. 1–21.

ThB

An alle, in deren Hände dieses Dokument gelangt!

In Anbetracht dessen, daß König Charles II. durch Seinen Patentbrief unter dem Großsiegel von England[1] gnädig geruhte, wegen der darin zum Ausdruck gebrachten Beweggründe mir, William Penn (unter dem Namen William Penn, Esq., Sohn und Erbe des verstorbenen Sir William Penn), und meinen Erben und Rechtsnachfolgern auf immer den gesamten Landstrich oder die Provinz, die Pennsylvania genannt wird und in Amerika [liegt], zu übertragen und zu verleihen, mit verschiedenen großen Machtbefugnissen, Privilegien, Hoheitsrechten, Gerichtsbarkeiten und Vollmachten, die notwendig sind für ihre Wohlfahrt und ihre Regierung: So wißt denn, daß ich, der genannte William Penn, für die Wohlfahrt und die Regierung der besagten Provinz und zur Ermunterung aller freien Bürger und Siedler, die ein Interesse an ihr neh-

---

[1] Vom 4. März 1681.

men, gemäß den obenerwähnten Machtbefugnissen allen freien Bürgern, Siedlern und Unternehmern in der besagten Provinz diese Freiheiten, Vorrechte und Eigentumsrechte verkündet, gewährt und bestätigt habe und durch dieses Dokument für mich, meine Erben und Rechtsnachfolger [die Freiheiten] verkünde, gewähre und bestätige, die die freien Bürger, die Siedler und Einwohner der besagten Provinz Pennsylvania auf immer innehaben, besitzen und behalten sollen.

Erstens: Die Regierung dieser Provinz soll, den Vollmachten des Patentbriefes entsprechend, aus dem Gouverneur und den freien Bürgern der besagten Provinz bestehen, in Form eines Provinzialrates und einer Generalversammlung, durch die alle Gesetze erlassen, die Beamten gewählt und die Regierungsgeschäfte abgewickelt werden sollen, wie es im folgenden jeweils festgelegt wird. Das heißt

Zweitens: Die freien Bürger der besagten Provinz werden sich am zwanzigsten Tag des zwölften Monats in diesem, dem laufenden Jahr Eintausendsechshundertundzweiundachtzig an irgend einem geeigneten Ort treffen und versammeln, wovon der Gouverneur oder sein Stellvertreter rechtzeitig eine Vorankündigung geben werden; dann und dort werden sie aus ihrer Mitte zweiundsiebzig Personen wählen, die wegen ihrer Weisheit, Tugendhaftigkeit und Befähigung besonders hervortreten, die dann am zehnten Tag des ersten, darauffolgenden Monats zusammentreten werden und fortan als der Provinzialrat der besagten Provinz bezeichnet werden und als solcher handeln sollen.

Drittens: Bei der ersten Wahl eines solchen Provinzialrates soll ein Drittel des besagten Provinzialrates ausgewählt werden, um für die folgenden drei Jahre zu dienen, ein Drittel, das für die folgenden zwei Jahre, und ein Drittel, das für das auf diese Wahl folgende eine Jahr [Dienst tun soll], und nicht länger; der genannte dritte Teil soll in entsprechender Weise ausscheiden. Und am zwanzigsten Tag des zwölften Monats sollen sich, wie oben ausgeführt, die freien Bürger der besagten Provinz künftig jedes Jahr in gleicher Weise treffen und versammeln und dann vierundzwanzig Personen – ein Drittel der genannten Zahl – auswählen, um für drei Jahre im Provinzialrat zu dienen. Es besteht dabei die Absicht, daß ein Drittel des gesamten Provinzialrates, der, wie oben ausgeführt, stets aus zweiundsiebzig Personen besteht und bestehen soll, jährlich ausscheidet und er jedes Jahr, wie oben geschildert, durch solche neuen jährlichen Wahlen aufgefüllt wird, daß also niemand länger als drei Jahre in ihm tätig ist. Und falls ein Mitglied vor der letzten Wahl während seiner Amtszeit stirbt, so soll bei der seinem Hinscheiden folgenden Wahl ein anderer gewählt werden, um seinen Platz für die verbleibende Zeit einzunehmen, in der er gedient haben würde, und nicht länger.

Viertens: Nach den ersten sieben Jahren soll es einem jeden aus den besagten Dritteln, die jährlich ausscheiden, für ein ganzes darauffolgendes Jahr nicht gestattet sein, wiedergewählt zu werden, so daß alle zur Regierungstätigkeit befähigt werden und Erfahrung sammeln mit ihrer Ausübung und ihrer Last.

Fünftens: Im Provinzialrat sollen in allen Fällen, wo bedeutsame Angelegenheiten [anstehen] – wie die Erörterung von Anträgen, die als Gesetze verabschiedet werden sollen, die Errichtung von Gerichtshöfen, die Urteilssprechung über die unter Anklage stehenden Verbrecher, die Wahl von Beamten, in der Weise, wie es im folgenden dargelegt wird –, nicht weniger als zwei Drittel des gesamten Provinzialrates ein Quorum bilden; und in all diesen Fällen und gewichtigen Angelegenheiten soll die Zustimmung und Billigung von zwei Dritteln dieses Quorums eingeholt werden. Des weiteren sollen in allen Fällen und Angelegenheiten von geringerer Bedeutung vierundzwanzig Mitglieder des besagten Provinzialrates ein Quorum bilden; die Mehrheit dieser vierundzwanzig soll und kann stets in solchen Fällen und Fragen geringerer Bedeutung entscheiden.

Sechstens: In diesem Provinzialrat soll und darf der Gouverneur oder sein Stellvertreter immer den Vorsitz führen; er hat eine dreifache Stimme. Der besagte Provinzialrat soll auf immer fortbestehen und über seine Vertagung und seine Ausschüsse beraten.

Siebtens: Der Gouverneur und der Provinzialrat sollen alle Anträge vorbereiten und der im folgenden erwähnten Generalversammlung vorschlagen, die sie, wann auch immer, für geeignet erachten, in der genannten Provinz als Gesetze verabschiedet zu werden. Diese Anträge sollen dreißig Tage vor dem Zusammentreten der Generalversammlung veröffentlicht und an den bekanntesten Plätzen in den bewohnten Gebieten ausgehängt werden, damit sie als Gesetze verabschiedet oder aber zurückgewiesen werden können, wie es die Generalversammlung für richtig hält.

Achtens: Der Gouverneur und der Provinzialrat haben dafür zu sorgen, daß alle Gesetze, Bestimmungen und Anweisungen, die zu irgendeiner Zeit in der genannten Provinz erlassen werden, ordnungsgemäß und sorgfältig ausgeführt werden.

Neuntens: Der Gouverneur und der Provinzialrat tragen jederzeit Sorge für Frieden und Sicherheit der Provinz und dafür, daß von keiner Person irgend etwas unternommen wird, um diese Regierungsverfassung umzustoßen.

Zehntens: Der Gouverneur und der Provinzialrat vereinbaren und bestimmen die Lage aller Städte, Häfen und Marktflecken in den Grafschaften, gestalten alle öffentlichen Gebäude, Straßen und Marktplätze und legen alle notwendigen Wege und Straßen in der Provinz fest.

Elftens: Der Gouverneur und der Provinzialrat haben zu jeder Zeit die Befugnis, die Verwaltung der öffentlichen Finanzen zu überprüfen und diejenigen zu bestrafen, die irgendeinen Teil davon einem anderen Zweck zuführen als dem, der zwischen Gouverneur, Provinzialrat und Generalversammlung vereinbart wurde.

Zwölftens: Der Gouverneur und der Provinzialrat sollen alle öffentlichen Schulen errichten und leiten und die Urheber nutzbringender Wissenschaften und lobenswerter Erfindungen in der besagten Provinz ermutigen und belohnen.

Dreizehntens: Zur besseren Wahrnehmung der obenerwähnten Befugnisse und Verpflichtungen soll sich der Provinzialrat von Zeit zu Zeit zur leichteren Erledigung der Provinzgeschäfte in vier verschiedene und gesonderte Ausschüsse aufteilen; dabei sollen die zweiundsiebzig [Mitglieder] in vier [Gruppen] von je achtzehn aufgeteilt werden, wobei jede dieser Achtzehnergruppen aus je sechs [Mitgliedern] der drei Abteilungen oder jährlichen Wahlgänge bestehen soll. Jeder von ihnen soll einen bestimmten Teil der Regierungsgeschäfte übernehmen, und zwar wie folgt: Erstens, ein Siedlungsausschuß, um den Platz für Städte, Häfen, Marktflecken und Straßen zu bestimmen und zu vereinbaren und um alle Rechtsstreitigkeiten und Streitfragen in bezug auf Siedlungen anzuhören und zu entscheiden. Zweitens, ein Ausschuß für Gerechtigkeit und Sicherheit, der den Frieden in der Provinz sicherstellen und die Mißwirtschaft derjenigen bestrafen soll, die die Rechtssprechung zum Nachteil des öffentlichen oder privaten Interesses untergraben. Drittens, ein Ausschuß für Gewerbe und öffentliche Finanzen, der dem Gesetz gemäß Handel und Gewerbe in allen Bereichen regeln, die Manufaktur und die Erzeugnisse des Landes fördern und die öffentlichen Ausgaben der Provinz bestreiten soll. Und viertens, ein Ausschuß für Sitte, Erziehung und Künste, damit alle sündhafte und anstößige Lebensweise verhütet und die Jugend erfolgreich in Tugendhaftigkeit und nutzbringenden Kenntnissen und Künsten aufgezogen wird. Das Quorum eines jeden dieser Ausschüsse beträgt sechs, das heißt, zwei aus jeder der drei Abteilungen oder jährlichen Wahlgänge, wie oben ausgeführt; diese bilden einen dauernden und ständigen Rat von vierundzwanzig [Mitgliedern], der, da er sein Quorum darstellt, die Machtbefugnisse des Provinzialrates haben soll in allen Fällen, die im fünften Artikel nicht ausgenommen worden sind. [In den Ausschüssen und im ständigen Rat führen der Gouverneur oder sein Stellvertreter den Vorsitz; in ihrer Abwesenheit ein für deren Dauer ernannter Präsident. Beschlüsse der Ausschüsse müssen vom Rat bestätigt werden. Die Ausschüsse dürfen nur in dringenden Fällen gleichzeitig tagen.]

Vierzehntens: Und in der Absicht, daß alle Gesetze, die – wie oben ausgeführt – von Gouverneur und Provinzialrat vorbereitet werden, eine noch größere Zustimmung durch die freien Bürger der Provinz erfahren, wird verkündet, bewilligt und bestätigt, daß die genannten freien Bürger zu dem Zeitpunkt und an dem Ort oder den Orten, wo – wie oben ausgeführt – ein Provinzialrat gewählt wird, jedes Jahr Mitglieder wählen, die als ihre Repräsentanten in der Generalversammlung dienen, jedoch nicht mehr als zweihundert Personen. Diese sollen jährlich am zwanzigsten Tag des zweiten Monats zusammenkommen, was im folgenden Jahr Eintausendsechshundertunddreiundachtzig sein wird, und zwar in dem Hauptort oder der Hauptstadt der besagten Provinz. Dort können die verschiedenen Mitglieder acht Tage lang frei miteinander beratschlagen, und, falls einer von ihnen dies für angebracht hält, auch mit einem Ausschuß des Provinzialrates, bestehend aus je drei [Mitgliedern] der obengenannten vier Ausschüsse, also im ganzen zwölf, der für diese

Zeit eigens dafür eingesetzt wird, um von ihnen Veränderungs- oder Verbesserungsvorschläge für die erwähnten Anträge entgegenzunehmen, die vorgeschlagen und bekanntgemacht wurden. Und am neunten Tag nach ihrer ersten Zusammenkunft wird die genannte Generalversammlung, nachdem der Sekretär des Provinzialrates die vorgelegten Anträge verlesen hat und der Gouverneur oder sein Stellvertreter den Anlaß und die Gründe dafür erläutert haben, ihre Zustimmung oder Ablehnung, je nachdem wie es ihr am besten erscheint, in der Weise erteilen, wie es im folgenden ausgeführt ist. Jedoch bilden nicht weniger als zwei Drittel ein Quorum für die Verabschiedung von Gesetzen und die Wahl der Beamten, die von ihr gewählt werden müssen.

Fünfzehntens: Die Gesetze, die auf die oben erwähnte Weise vorbereitet und vorgeschlagen und von der Generalversammlung gebilligt wurden, sollen als Gesetze der Provinz in der nachstehenden Form registriert werden: *Durch den Gouverneur und mit der Zustimmung und Einwilligung der freien Bürger in Provinzialrat und Generalversammlung.*

Sechzehntens: Zur weiteren Bestätigung der Regierungsform und der Gesetze dieser Provinz und in der Absicht, daß deren Grundlegung auf allgemeine Billigung stößt, soll oder kann die Generalversammlung im ersten Jahr aus allen freien Bürgern der besagten Provinz bestehen, während sie danach stets auf die vorgenannte Weise jährlich gewählt werden soll. Die Zahl von zweihundert [Mitgliedern] soll vergrößert werden, wenn das Land an Bevölkerung zunimmt, soll jedoch zu keiner Zeit [die Zahl] von fünfhundert übersteigen. Für ihre Bestellung und Verteilung wie auch für die Festlegung und Verfahrensregelung der zukünftigen Wahlen für Provinzialrat und Generalversammlung – möglichst den Unterteilungen in Bezirke und Grafschaften entsprechend, in die das Land künftig aufgeteilt werden wird – soll der Provinzialrat das Vorschlagsrecht und die Generalversammlung das Beschlußrecht haben.

[In den letzten acht Artikeln verfügt Penn Grundsatzregelungen zur Ernennung von Richtern und Beamten und gibt Anweisungen für eine Reihe von Sonderfällen].

Aus: Minutes of the Provincial Council of Pennsylvania. Vol I. Harrisburg 1838, S. XXIV–XXVII.   Mi

21. Koloniegründung als Beitrag zur Überwindung des Pauperismus: Aus einer Werbeschrift für Georgia (1733)

Die Gründung Georgias, das als letzte der dreizehn „alten" englischen Kolonien erst im 18. Jahrhundert entstand, beruhte auf einem Zusammenspiel zweier Faktoren: Befriedigung englischer Sicherheitsinteressen zum einen, Umsetzung philanthropischer Sozialpolitik zum anderen.

In dem Dreieck, das Carolina, Florida und der Südosten von Französisch-Louisiana bildeten, waren die territorialen Ansprüche umstritten, denn die internationalen Grenzen waren nie zufriedenstellend umrissen worden, und so strebten die hier benachbarten Nationen, jede auf ihre Weise, danach, die Kontrolle über die wichtigen Indianerstämme im Inneren der Region zu gewinnen, um den Handel zu monopolisieren und Gebietsansprüche anmelden zu können. Die Engländer in Carolina forderten schon länger eine Absicherung der Südgrenze gegen die Spanier in Florida, gegen die in diesem Raum ansässigen Indianerstämme, aber auch gegen das Vordringen der Franzosen von Louisiana aus. Die Notwendigkeit für einen Pufferstaat an der südlichen Grenze Carolinas wurde auch im englischen Mutterland nicht bestritten, doch erst im Jahre 1717 wurde ein Projekt lanciert, das Aussicht auf Erfolg hatte. Sir Robert Montgomery erhielt von den Eigentümern Carolinas das Land zwischen den Flüssen Savannah und Altamaha zugesprochen, aber seine Ansprüche verfielen, weil er für die Besiedlung dieser Region – Markgrafschaft *(margravate)* von Azilia genannt – keine Siedler finden konnte. Die Koloniegründung kam aber einen Schritt voran, als Sir Alexander Cuming die Cherokee-Indianer im Jahr 1730 zur Anerkennung der englischen Vorherrschaft bewegen konnte.

Nun nahm sich in England James Oglethorpe der Koloniegründung an. Er hatte viele Jahre aktiven Militärdienstes hinter sich und war seit dreißig Jahren Mitglied des House of Commons. Dort befürwortete er eine aggressive Politik gegenüber der spanischen Krone, er forderte aber in England auch angesichts der um sich greifenden Verarmung in kleinbäuerlichen und -bürgerlichen Schichten eine staatliche Sozialpolitik. In Amerika, bei dem nun lancierten Kolonieprojekt Georgia (nach König Georg III.), sah er die Möglichkeit, beide Anliegen miteinander zu verbinden. 1732 erhielten James Oglethorpe und Thomas Bray als Sprecher einer Gruppe von Trustees eine Charter, die sie zur Ansiedlung entlassener Häftlinge, vor allem Opfer der Schuldhaft, im Gebiet zwischen Altamaha und Savannah autorisierte. Schnaps, Sklaverei, Großgrundbesitz und Repräsentativorgane sollten in Georgia nicht zugelassen sein. Die Gründung war nicht auf privaten Profit angelegt, nach 21 Jahren sollte sie an die Krone fallen. Es galt religiöse Toleranz, außer für Katholiken, Handel mit den Indianern erforderte eine Lizenz von den Eigentümern der Kolonie. Obwohl das Parlament das Vorhaben bis zur Übergabe an die Krone im Jahr 1752 mit Zuschüssen (über 135 000 Pfund) förderte, waren für die Finanzierung vor allem in den Anfangsjahren umfangreiche private Spenden unabdingbar. Zur Einwerbung fremder Gelder veröffentlichte Oglethorpe die nachfolgende Schrift, in der das strategische Moment – die Sicherung von Carolina – nicht mehr hervorgehoben wird, es hatte das Projekt Montgomerys scheitern lassen.

Dank der Organisation Oglethorpes ging die Besiedlung zügig voran. Im Januar 1731 erreichte die erste Gruppe von einhundert Auswandererfamilien Charleston. Vom Stamm der Creeks wurde an der Küste ein Landstreifen erworben, wo die Stadt Savannah entstand. Um die in Europa verbreitete Angst vor den Indianern abzubauen, brachte Oglethorpe zu Werbezwecken Indianerhäuptlinge mit Familien nach London, um das friedfertige Zusammenleben von Siedlern und Indianern in Georgia zu dokumentieren. Der schnelle Zuwachs der Bevölkerung resultierte aber nicht zuletzt aus einem Strom schottischer und deutscher Auswanderer, die vor allem zur Grenzsicherung (z. B. im Mündungsgebiet des Altamaha) angesiedelt wurden.

Zu diesen gehörte auch ein beträchtliches Kontingent von Salzburger Exulanten, auf die Oglethorpe in seinem Werbeschreiben Bezug nimmt. Während des Aufenthaltes der 1731 aus Salzburg ausgewiesenen Protestanten in Augsburg vermittelte der Pfarrer Samuel Urlesperger, aus dessen Berichten wir viel über die Bedingungen zwischen 1730 und 1750 in Georgia wissen, über die Londoner Gesellschaft für die Verbreitung christlicher Erkenntnis etwa 150 Familien nach Georgia, die in drei Transporten 1734, 1735,

1736 von London nach Amerika gebracht wurden. Sie siedelten in Ebenezer bzw. Neu-Ebenezer und lebten in einer Art Gütergemeinschaft unter Führung ihres Pfarrers Boltzius. Aufgrund der hohen Sterblichkeit wurden Negersklaven gekauft und beschäftigt, in Georgia trotz bestehender Verbote wohl kein Einzelfall, 1750 wurde das Verbot der Sklaverei folgerichtig aufgehoben.

Lit.: Samuel Urlsperger: Ausführliche Nachricht von den Saltzburgischen Emigranten. Die sich in America niedergelassen haben. Augsburg 1735–1747 – Ders.: Americanisches Ackerwerk Gottes. Augsburg 1755 – C.C. Jones: A History of Georgia. New York 1909, S. 67–313 – J.R. McCain: Georgia as a Proprietary Province. London 1938 – K. Coleman: Colonial Georgia. A History. New York 1976 – Harold E. Davis: The Fledgling Province. Social and Cultural Life in Colonial Georgia 1733–1776. Chapel Hill 1976, S. 7–32. TS

In Amerika gibt es genügend fruchtbares Land, um all die unnützen Armen in England und all die notleidenden Protestanten in Europa zu unterhalten, und doch verhungern Tausende aus bloßem Nahrungsmangel. Die Entfernung macht es schwierig, dorthin zu gelangen. Dieselbe Not, die bewirkt, daß diese Leute hier zu nichts zu gebrauchen sind, verhindert auch, daß sie ihre Überfahrt bezahlen können, und wenn andere sie für sie bezahlen, werden sie auf Jahre hinaus zu Bediensteten oder zu Sklaven derjenigen, die die Kosten übernommen haben[1]. Geld für die Überfahrt ist deshalb eine Notwendigkeit, aber es ist nicht das einzige Erfordernis, denn wenn sich Leute in Amerika niederlassen, dann müssen sie – auf dem zu besiedelnden Land – Bäume fällen, Häuser bauen, Städte befestigen, den Boden umgraben und säen, bevor sie eine Ernte einbringen können; bis dahin müssen sie mit Nahrungsmitteln versorgt und zusammengehalten werden, damit sie einander unter die Arme greifen können zum gegenseitigen Beistand und Schutz.

[Die Römer sahen in der Gründung von Kolonien eine ihrer wichtigsten Aufgaben, deren Kosten die Staatskasse übernahm.]

[Aus der *Charter:*] Nachdem Seine Majestät die elende Lage vieler Ihrer eigenen armen Untertanen, die aus reiner Not umzukommen drohen, wie auch das Leid vieler armer Ausländer, die hierzulande Zuflucht vor Verfolgung suchen, in Betracht gezogen hatte, und nachdem Sie Ihre Königliche Aufmerksamkeit der großen Gefahr zugewandt hatte, der die südlichen Grenzen von South Carolina auf Grund der geringen Zahl weißer Einwohner dort ausgesetzt sind, geruhte Sie gnädig – aus Ihrem väterlichen Mitgefühl Ihren Untertanen gegenüber –, einen Freibrief zu gewähren zur Inkorporierung einer Anzahl von Herren unter dem Namen: „Die Treuhänder zur Errichtung der Kolonie Georgia in Amerika". Sie sind ermächtigt, Spenden zu sammeln und sie auszugeben für die Bekleidung und Ausrüstung, für den Transport und den Unterhalt von Armenkolonien in Georgia, seien es Untertanen oder Ausländer. Des weiteren überläßt Seine Majestät alle Ihre Länder zwischen den Flüssen Savannah und Altamaha, die Sie zu einer Provinz mit dem Namen

---

[1] Gemeint ist hier die Gruppe der *indentured servants,* vgl. dazu Dok. 82.

Abb. 5: „Landanweisung an die vertriebenen Salzburger in Nordamerika" (1733, wahrscheinlich von J. F. Hauber): eine der ganz wenigen zeitgenössischen Darstellungen, auf welcher der eigentliche Vorgang der Landzuweisung an Neusiedler in Nordamerika festgehalten ist.

Georgia erhebt, den Treuhändern zur Verwaltung für die Armen und zur besseren Unterstützung der Kolonie. Auf das Verlangen der Herren hin wurden in den Freibrief Klauseln aufgenommen, die sie und ihre Nachfolger daran hindern, irgendeinen Lohn, irgendwelche Gebühren, Nebeneinkünfte oder Gewinne welcher Art auch immer durch diese oder von dieser Unternehmung zu erhalten; auch sollen sie keine Landzuweisungen innerhalb des besagten Gebietes für sich selbst oder für sie zu treuen Händen erhalten. Es gibt weitere Klauseln, die den Treuhändern geeignete Vollmachten gewähren, um die Kolonie zu errichten und zu regieren, und die allen, die dort siedeln werden, Glaubensfreiheit zusichern.

Die Treuhänder haben die Absicht, die unglücklichen Leute, die hier kein Auskommen finden können, zu unterstützen und sie in ordentlicher Weise anzusiedeln, so, daß sie eine wohlorganisierte Stadtgemeinde bilden. Sie werden, soweit ihre Gelder dafür ausreichen, die Kosten ihrer Passage nach Georgia übernehmen und ihnen den lebensnotwendigen Bedarf, Vieh, Land und Unterhalt gewähren, bis zu dem Zeitpunkt, zu dem sie imstande sind, ihre Häuser zu bauen und einen Teil ihres Landes urbar zu machen. Um zum Erfolg zu kommen, vertrauen sie zunächst auf die Güte der Vorsehung, sodann auf das mitfühlende Wesen des englischen Volkes; und sie zweifeln nicht daran, daß freigiebige Naturen manchen Luxus und manche Verschwendung unterlassen werden, wenn ihnen eine solche Gelegenheit geboten wird, £ 20 oder £ 10 zu spenden, um für immer einem Mann oder einer Frau bzw. einem Kind das Auskommen zu sichern.

[Um eine Veruntreuung der Spenden zu verhindern, wird das Geld bei der Bank von England hinterlegt; jede Spende wird in ein Buch eingetragen. Will ein Spender anonym bleiben, werden die Namen derjenigen eingetragen, die für ihn das Geld eingezahlt haben. Über die Verwendung der Gelder wird jährlich Rechenschaft abgelegt.]

Durch solch eine Kolonie werden viele Familien, die sonst verhungern würden, versorgt und zu Herren über Häuser und Ländereien gemacht; die Menschen in Großbritannien, denen diese notleidenden Familien zur Last fielen, werden davon befreit; eine ganze Reihe von Manufakturarbeitern wird hierzulande beschäftigt sein, um sie mit Kleidung, Arbeitsgeräten und anderen Bedarfsgütern zu versorgen; und indem den bedrängten Salzburgern und anderen verfolgten Protestanten Zuflucht gewährt wird, wird die Macht Britanniens – als eine Belohnung für seine Gastfreundschaft – erhöht werden durch das Hinzukommen so vieler frommer und arbeitsamer Untertanen.

Da die Kolonie Georgia auf etwa derselben Breite liegt wie Teile Chinas, wie Persien, Palästina und wie die Madeira[-Gruppe], ist es sehr wahrscheinlich, daß England nach einer ausreichenden Besiedlung und richtigen Bebauung von dort mit Rohseide, Wein, Öl, Farbstoffen, Spezereien und vielen anderen Materialien zur Weiterverfertigung versorgt werden wird, die von südlich gelegenen Ländern gekauft werden müssen. Wenn die Städte entlang der Flüsse Savannah und Altamaha gegründet und dicht besiedelt sind, werden sie eine Barriere bilden, die die südliche Grenze der britischen Kolonien auf dem amerikanischen Kontinent sichern wird gegen indianische und andere Feinde.

Alle menschlichen Tätigkeiten sind in einer Weise dem Zufall unterworfen, daß man sich für das Ergebnis nicht verbürgen kann; doch aus der vernünftigen Einsicht und aus der Natur der Dinge kann geschlossen werden, daß der Wohlstand und auch die Zahl der Einwohner in Großbritannien zunehmen werden durch die billige Einfuhr von Rohstoffen aus dieser neuen Kolonie, die in Britannien für den Weiterbetrieb verschiedener Fertigungszweige vonnöten sind. Denn unsere Manufakturarbeiter werden ermuntert werden, zu heiraten und sich zu vermehren, wenn sie sich in der Lage sehen, für ihre Familien zu sorgen, was notwendigerweise die erfreuliche Wirkung des Zuwachses und des billigen Bezugs der Rohstoffe für die Manufakturbetriebe sein wird, die wir gegenwärtig mit unserem Geld in fremden Ländern teuer einkaufen. Auch werden viele Leute hier eine Beschäftigung finden wegen der zusätzlichen Nachfrage der Leute aus dieser Kolonie nach denjenigen Manufakturwaren, die als Erzeugnis unseres eigenen Landes hergestellt werden, und es wird – wie man richtig beobachtet hat – immer dort Menschen im Überfluß geben, wo es volle Beschäftigung für sie gibt.

Das Christentum wird durch die Ausführung dieses Planes weiter verbreitet, denn die rechte Disziplin, die von der Gesellschaft eingeführt wurde, wird das Verhalten jener erbarmungswürdigen Wesen bessern, die durch sie unterhalten werden, und das Beispiel einer ganzen Kolonie, die ein rechtschaffenes, moralisches und frommes Benehmen an den Tag legen wird, wird in hohem Maße zur Bekehrung der Indianer und zur Überwindung der Vorurteile beitragen, die man durch die liederliche Lebensweise derjenigen bekam, die kaum etwas anderes vom Christentum haben als seinen Namen.

Die Treuhänder werden auf ihren Vollversammlungen die sinnvollsten Methoden in Erwägung ziehen, um erfolgreich eine tüchtige Kolonie zu errichten; daß dies getan werden kann, ist offensichtlich. Unter welchen Schwierigkeiten wurde Virginia gegründet? Die Küste und das Klima waren damals unbekannt, die Indianer waren zahlreich und standen den ersten Siedlern feindlich gegenüber, die dazu gezwungen waren, all ihre Vorräte aus England zu beziehen. Und doch ist es zu einer mächtigen Provinz herangewachsen, und die Staatskasse nimmt £ 100000 ein als Abgaben auf die Waren, die jedes Jahr von dort nach Hause geschickt werden. Noch vor 50 Jahren war Pennsylvania eine ebensolche Wildnis, wie es Georgia jetzt ist, und innerhalb dieser wenigen Jahre ernährt es jetzt – auf Grund der klugen Organisation von William Penn und derjenigen, die ihm beistanden – 80000 Einwohner und kann stolz sein auf eine Stadt[2], so glänzend wie die meisten in Europa.

Diese neue Kolonie wird eher ein Erfolg sein, als die beiden vorgenannten es waren, denn Carolina weist eine Überfülle von Nahrungsmitteln auf, das Klima ist bekannt, und es gibt Leute, die [die neuen Siedler] hinsichtlich der Jahreszeiten und in der Art und Weise der Bodenbebauung unterweisen können.

Es gibt nur ein paar indianische Familien im Umkreis von 400 Meilen, und die unterhalten eine feste Freundschaft mit den Engländern. Port Royal, der Liegeplatz der Schiffe Seiner Majestät, befindet sich 30 und Charleston, ein großes Handelszentrum, 120 Meilen entfernt. Falls die Kolonie angegriffen werden sollte, kann sie von See her von Port Royal oder von den Bahamas unterstützt werden, und die Miliz von South Carolina steht bereit, um ihr über Land zu Hilfe zu kommen.

Um die Unterstützung, die jetzt gegeben wird, weiterzuführen, werden Ländereien in der Kolonie reserviert werden; der Gewinn, der daraus erzielt wird, soll dazu dienen, die Treuhandschaft fortzusetzen. Das Geld, das ausgegeben wird, erhält also das Leben der Armen und bietet eine ausreichende

---

[2] Gemeint ist Philadelphia.

Versorgung für diejenigen, deren Ausgaben dadurch abgegolten werden; gleichzeitig aber wird ihre Arbeit an der Kultivierung ihres eigenen Grund und Bodens die reservierten Nachbargebiete wertvoll machen, und der Pachtzins aus diesen reservierten Ländereien wird einen dauerhaften Fonds darstellen, um mehr arme Leute zu unterstützen. Anstatt also das Geld für Ländereien auszugeben, mit deren Einkommen die Armen unterstützt werden, wird hier das Geld für die Armen ausgegeben, und durch die Unterstützung derjenigen, die jetzt vom Pech verfolgt sind, wird ein Fonds errichtet zur immerwährenden Hilfe für diejenigen, die es künftig sein werden.

Es wird nun jedem eine Gelegenheit geboten, diesem Vorhaben vorwärts zu helfen; die kleinste Spende wird angenommen und mit der größtmöglichen Sorgfalt angewiesen; jedes bißchen wird etwas bewirken, und eine große Zahl kleiner Spenden wird zu einer Summe anwachsen, mit der man sehr viel Gutes tun kann.

Falls irgendjemand, aus Mitgefühl am Elend der Unglücklichen, geneigt sein sollte, zu ihrer Unterstützung beizutragen, so wird er gebeten, seine Spende auf die Bank von England einzuzahlen auf das Konto der Treuhänder zur Errichtung der Kolonie Georgia in Amerika oder aber an einen der Treuhänder.
[...]

Aus: W. Keith Kavenagh (ed.): Foundations of Colonial America. A Documentary History. 3 vols. New York – London 1973. Vol. III: Southern Colonies, S. 1833–1835.   Mi

22. Koloniegründung zur Förderung der heimischen Wirtschaft: Schweden erwägt die Gründung von Überseehandelsgesellschaften und den Erwerb von Kolonien in Westindien und Afrika (1625)

Treibende Kräfte bei dem Versuch, der Ende des 16. Jahrhunderts aufsteigenden protestantischen Großmacht Schweden einen Anteil bei der Erschließung und wirtschaftlichen Nutzung der neuentdeckten überseeischen Gebiete zu sichern, hatten vor allem der niederländische Kaufmann Willem Usselincx und der schwedische König Gustav Adolf II. Nachdem Usselincx sich mit seinen Vorstellungen innerhalb der niederländischen Westindienkompanie nicht hatte durchsetzen können (vgl. Dok. 15), reiste er im Jahr 1624 nach Schweden. Seit dem Anfang des Jahrhunderts hatten sich dort Hunderte von niederländischen Emigranten niedergelassen, darunter auch viele Kaufleute aus Lüttich und Antwerpen, die vor allem der Metallverarbeitung in Schweden durch Investition und Innovation eine überragende Bedeutung verschafft hatten, aber auch als Berater in die Dienste der schwedischen Krone getreten waren. Im Kreise der Emigrantenkolonie, bei den Gebrüdern Spiring, Van Dijck, Cabeliau, Welshuisen, Erick von der Linde, Dirck Graswinckel, Louis de Geer, Thomas Blomaert, Govert Silentz, Markus Kock u. a., hoffte er ebenso auf Unterstützung wie bei der schwedischen Krone. Für den schwedischen König stellte während seiner gesamten Regierungszeit das größte Problem die Beschaffung von Mitteln für eine die Kräfte Schwedens bei weitem übersteigende Politik dar, hierbei war vorwiegend das Instrument der Handelsgesellschaft eingesetzt worden. Zum Zeitpunkt der Einreise Usselincx' nach Schweden befand sich zudem der Pfeiler der königlichen Einnahmen, der Kupferhandel, auf Grund einer Stagnation des Marktes und sinkender Preise auf unsicherem Grund. In einer Ende Oktober 1624 stattfindenden Audienz schlug Usselincx dem schwedischen König vor, durch die Gründung einer Handelsgesellschaft mit Handelsprivilegien für Afrika, Asien, Amerika und Magellanica[1] südlich des 36. Grads nördlicher Breite (d.h. südlich der Straße von Gibraltar) den finanziellen Schwierigkeiten ebenso abzuhelfen wie den Führungsanspruch Schwedens unter den protestantischen Mächten zu stärken. Usselincx' Interesse richtete sich vor allem auf Westindien, wo er neben Profiten auf eine Schwächung Spaniens und auf eine Minderung der Stellung der niederländischen Westindischen Kompanie hoffte. Die ähnlich gelagerten Temperamente der Verhandlungspartner erleichterten wohl eine schnelle Übereinkunft, bereits Mitte November 1624 stellte ein Prospektus das Vorhaben der Öffentlichkeit vor, am 21. Dezember 1624 erschien ein erster Entwurf und im Februar 1625 wurde der im folgenden abgedruckte General Compagnies Handlungs Contract in schwedischen, niederländischen und deutschen Fassungen publiziert. Die Organisation richtete sich nach holländischem Muster, kennzeichnend war das Kammersystem, abweichend von diesem Vorbild war die Beteiligung von Ausländern nicht nur möglich, sondern mit Blick auf die Kapitalarmut Schwedens geradezu erwünscht.

Usselincx' weitausgreifende Pläne und Projekte, in denen er glänzende Aussichten und sicheren Gewinn versprach, wurden jedoch nie realisiert. Der Erfolg der Werbungskampagne blieb weit hinter den Erwartungen zurück, trotz aller Bemühungen des Königs, trotz der Unterstützung der Regierung und trotz des unermüdlich die Werbetrommel rührenden Usselincx. In dessen häufiger Abwesenheit zogen es die Kompaniedirektoren vor, das Kapital sicher in Glashütten und Schiffswerften anzulegen. Als bis zum Ende des Jahres 1628 noch immer kein Schiff nach Westindien ausgelaufen war, demissionierte Usselincx; die wenigen, später von der Kompanie auf die Reise geschickten Schiffe wurden von den Spaniern und den Holländern abgefangen und konfisziert.

Im Laufe des Jahrhunderts wurden die der Handelsgesellschaft erteilten umfassenden Privilegien auf kleinere Gesellschaften aufgeteilt. Die Förderung des Kupferhandels stand sowohl bei der Gründung der Schwedischen Florida-Kompanie (vgl. Dok. 52) als auch bei der Afrika-Kompanie (1646) ursprünglich im Hintergrund. Die Afrika-Kompanie führte zwischen 1646 und 1663 ein eher schattenhaftes Dasein, sie konnte aber – dank des Engagements eines früheren Direktors der niederländischen Westindienkompanie, des Polen Henri Caerlof (vgl. Dok. 39) –, an der Guinea-Küste eine Reihe von Faktoreien (Osu, Oguaa, Anamabu, Takoradi, Jumore, Bonyere, Attuabo, Beyin) errichten bzw. den Niederländern abnehmen. 1663 wurden sie von den Niederländern erobert (Caerlof war in der Zwischenzeit in die Dienste der dänischen Krone getreten, die dank seiner hervorragenden Kontakte zu einheimischen Herrschern zur stärksten Kraft in dieser Region werden sollte), im Frieden von Breda 1667 mußte Schweden förmlich auf den Guinea-Handel verzichten.

Von 1668 bis 1674 bestand zumindest auf dem Papier eine schwedische Ostindien-

---

[1] Die in zeitgenössischen Quellen selten verwendete Bezeichnung Magellanica bezieht sich auf die südlich der Magalhães-Straße vermutete Terra australis (vgl. dazu Bd. 2, Kap. XIV).

22. Schwedische Pläne für Koloniegründungen in Übersee

kompanie, doch erst deren Nachfolgorganisation konnte zwischen 1731 und 1784 einen Teil des Ostindienhandels an sich ziehen. In der Karibik – dem eigentlichen Ziel von Willem Usselincx' Vorhaben – vermochte Schweden erst durch den Erwerb der Insel Saint-Barthélémy 1784 Fuß zu fassen, unter dem Gouverneur Johan Norderling entwickelte sich ein schwunghafter Sklavenhandel, der in den zwanziger Jahren des 19. Jahrhunderts durch abolitionistische Strömungen zum Erliegen kam.

Lit.: J. Franklin Jameson: Willem Usselincx. Founder of the Dutch and Swedisch West India Company. New York 1887 – J. Kretzschmar: Schwedische Handelskompanien und Kolonisationsversuche im 16. und 17. Jahrhundert. In: Hansische Geschichtsblätter 17 (1911), S. 215–246 – Charles de Launay: Histoire de l'expansion de Suède. Brüssel 1921 – W. J. Hoboken: The Dutch West India Company. The Political Background of its Rise and Decline. In: Britain and the Netherlands. Papers Delivered to the Oxford-Netherlands Historical Conference. London 1969, S. 41–61 – Albert van Dantzig: Les Hollandais sur la côte de Guinée à l'époque de l'essor de l'Ashanti et du Dahomey (1680–1740). Paris 1980.   TS

Der Reiche Schweden General Compagnies Handlungs Contract, dirigiret naher Asiam, Africam, Americam und Magellanicam. Sampt dessen Conditionen und Wilköhren.

Kundt und zuwissen sey jedermenniglich, daß wir untengeschriebene inn Gottes Nahmen und zu dessen außbreitung uns zusammen vertragen und vereinigt haben/ inn diesem Königreiche Schweden eine General Compania anzurichten/ umb zufahren unnd zuhandeln auff alle Länder und Orter/ da wir einigen Gewinst oder Nutzen zuschaffen verhoffen/ Insonderheit aber auff Africam, Asiam, Americam och Magellanicam, und inn solche Gesellschaft wollen wir auch gerne mit einnehmen alle vnd jede/ denen dieses vnser gutes fürnehmen gefallen möchte/ vnd die diesen vnsern Vertrag vermittelst Contribuierung kleiner oder grossen Summen mit vnterschreiben werden.

Dieweil nun dieses auß mangel eines völligen Vnterrichts vnsers Vorhabens/ vielen sehr frembd und wundersamb vorkommen möchte/ Alß wollen wir etwas von den vornembsten Vrsachen und motiven, die vns hiezu gebracht und bewogen/ kürzlichen anzuzeigen/ keine beschwerd machen/ und das vbrige sparen biß auff die Zeit/ da wir durch eine außführliche deduction vnsers intents gute fundamenta an Tag geben und erweisen werden.

Thun derowegen hiemit jederman vergewissern/ daß wir gute Kenntnuß und Wissenschaft haben/ wie in den oben gemelten Theilen der Welt ausser der Orter so nun allbereit befahren und handtieret werden/ noch viele andere Länder mehr verhanden/ deren Einwohnere eines Theils ein wol gepolicirt und freundlichs Volck/ andere Theils aber/ Barbarisch vnd wild: Etzliche noch vnbewohnt/ vnd gar viel die noch nit recht bekandt oder offenbahr worden/ welches darauß gnugsam erscheinet/ daß in America allein mehr alß etzliche Tausend Meilen Landes/ dahin kein Spanier niemals kommen/ die doch sehr bequehm zu allerhand negotiationem/ in erwegung dessen/ daß daselbsten viele fruchtbare reiche Länder/ von gesunder Lufft vnnd vnter guten Climatibus, da wir inn darbringung der Dinge die bey vns vberflüssig gefunden werden/ vnnd wider annehmung vnnd vberkommung dessen so vns mangelt/ gar wol freundlich und nützbarlich werden handlen können: Demnach nun sothaner Orter frequentirung/ wie uns bewust/ ganz wol thunlich/ so folget auch vnwidersprechlich/ daß nicht allein vns inn unserm eigenen: sondern auch den gantzen Christlichen Evangelischen wesen/ so wol im Geistlichen alß Weltlichen Stande vnaußdencklicher Nutz zufallen müsse: Dann anfenglich/ welchs auch das fürnembste/ vnnd darnach alle fromme Christen trachten sollen/ so hat man gewißlich zuhoffen/ daß die Kundtschafft vnnd Freundschafft von so viel vunterschiedenen Völckern gewaltig dienen werde/ zu Gottes Ehren/ die darinnen guts Theilß bestehet/ daß den bemelten Völckern vnd Nationen, die bißhero inn Blindheit/ Abgöttereyen und aller Gottlosigkeit gelebt/ das Seligmachende Wort vnsers HERRN JEsu Christi [sic] mag gepredigt/ vnnd sie dadurch zum Liecht der Warheit vnd der Ewigkeit Seligkeit gebracht werden.

Hiernechst wird auch dieses vnser löbliches Vorhaben gereichen zu grossen Nutz/Auffnahemung/Wolstandt vnd Vortheil des meisten Theils Europae, inn dem wir nicht vermeinen einigem Lande den Handel so es nun hat vnnd treibet/ zuentziehen/ sondern ihn durch Auffrichtung und stabilisierung dieses zuvor nicht gebrauchten und gantzen Wercks mehr Nutzen zuverschaffen/ angesehen dessen/ daß newe traffiquen, die Nahrung/ den Kauffhandel/ die Schiffarth vnnd die Vertheilung der manifactuten [sic] unumbgenglich befordern/ vnd mehr und mehr fortsetzen/ gestalt/ denn jedermann vbrig wol bekandt ist/ wie durch entdeckung der West Indien die Nahrung und Reichthumber inn Europa vberauß gewachsen/ vnd wie grosse menge von Kauffmans Wahren dorthin gesandt werden/ daherodann der grösseste Theil allerhand Nationen von Europa ihren Handel gestercket/ vermehret vnd gebessert haben. Solchen Handel nun/ wie obgemelt/ sollen dieselben nicht alleine behalten/ besondern auch noch durch einen gleichmessigen/ oder auch wol von mehrern Nutz und profit befordert/ vberkommen/ dadurch daß auff dieses Königreich solcher Handel angestellet und geführet wird. Wir wollen aber hie mit wenigen nur berühren/ daß Vortheil/ so sie alß frembde/ dadurch/ daß sie mit ihren Geldern/ (zwar nun aber hernachmals durchauß nicht) auch zugelassen werden/ Auffsicht/ Gewalt vnd Einkommen haben mögen/ inn gleicher manier, alß wann sie Eingesessene mit weren/ und wie andere zu dem ende thun/ dieser Orter ihre Wohnungen und Haußhaltungen angestellet hetten: Wollen auch mit wenigen erwehnen/ daß ausser dem inn diesem Königreiche an andern nutzbahren mit viel grossen Privilegien, begabten Kauffhandlungen gantz kein Mangel seyn wird/ deren sie alle theilhafftig werden/ allerdings zuwider den/ so in andern Ländern/ (do entweder kein Außländer zu den Indischen negotien zugelassen/ oder je nicht mit solcher Freyheit vnd Vortheil/ alß dieses Ortes geschicht/ sein Geldt einlegen mag) deßfalß gesetzet und vblich ist: Welche alles diejenigen Stätte/ inn welchen die Nahrung eine gute Zeit hero inn zimblichen Abgangk gerathen/ ohne daß die

Einwohner trachten/ durch andere Mittel wider herfür zukommen/ so denn Armuth und grosse ruin verursacht hat/ inn fleissige achtung zunehmen/ alldieweil sie sich hiedurch nicht allein verbessern/ sondern durch die profiten, welche durch ihre Mittel und Anstellung einer newen Nahrung vnd Handel/ ihnen heuffig zuwachsen werden/ sich wider auff die beine bringen vnd richten können.

Zum Dritten/ so soll auch dieses insonderheit dienen zu grossem Nutz/ Vortheil/ Reichthumb vnnd Gewinst den jenigen/ so ihr Geldt inn diese Companie legen werden/ welches dann die Exempel von Spanien vnnd Niederland gnugsamb vnd augenscheinlich darthun und erweisen: Wie dann allerdings kundt vnd offenbahr/ daß Spanien auß Amerika allein/ Africam und Asiam vngerechnet/ alle Jahr empfangen an Zwanzig Millionen Reichsthalers vngefehr/ so bestehen nicht allein in Goldt und Silber/ sondern auch inn allerhand Wahren/ Alß/ Quecksilber/ Perlen/ Schmaragden/ Amber/ Cochenilien/ Tanill/ Zucker/ Häuten/ Ingber/ Tabac, allerhand Holtz/ Gummen, vnd anderer Specereyen vnd Drogereyen, davon guter reinster Gewinst/ so wol für den König inn Spanien/ alß seine Vnterthanen erfolget/ ohne hierein zubegreiffen die Embter und Officia, welche der König Jährlichen vnter seiner Diener außtheilet/ so auff Millionen Ducaten sich erstrecken/ in dem etzliche Embter wol 100000 Ducaten wehrt/ vnd dannenhero ihrer viel zu Herzogen/ Marggraffen/ Graffen/ Herren und Edelleuten geworden seyn. Daß nun auch die vereinigten Provintzien/ vnd bevorauß Holland/ ein Viertzig Jahr hero grossen profit gezogen auß der Sehefahrt vnd dem Kauffhandel/ ist klärlich zusehen auß den grossen Reichthumbern vieler particular Personen/ vnd die Macht der Landen/ darinnen man anjetzo befordert/ entgegen gesetzt/ den jenigen welche sie zuvorn hetten. Da aber auß diesem Königreiche Schweden eben solche Handlungen/ vnd mit viel grösserm Nutz und Vortheil getrieben werden können/ ist gar leicht zu demostriren. Dann fürs Erste/ so werden alle die Wahren/ so aus Indien in dieses Königreiche und andere Europische Länder geführet werden/ mit mehr denn 130 pro cento an Zollen vnd andern Vnkosten beschweret/ welches alles wir dann für 30 pro cento werden verrichten/ vnnd ausser dem nichts minder ins gemein ebener massen andere thun/ von Fünftzig auff Hundert pro cento gewinnen können. Zum anderen/ so haben wir in diesem Königreiche/ Holtz/ Victualien/ Arbeitslohn/ Kupffer/ Eysen/ Stahl/ vnd andere zu dieser Handlung dienliche Ware gantz vberflüssig/ vnd umb weit bessern Kauff dann sie. Dieweil auch zum Dritten anders Orts niemand alß Eingeborenen nach Indien zufahren gestattet wird/ vnd wir ohn einiges nachdencken alle Nationen von Europa darzu gern gebrauchen vnd auffnehmen wollen/ werden wir gewiß kein mangel haben an Volck/ welches wir in guter menge vberführen/ vnd also von jnen [sic] die Nutzbarkeiten vnd Gewin desto mehr verlangen mögen.

Zum Vierdten/ ist diese Nation vnd andere die wir dazu nehmen wollen/ arbeitsamb/ sehr fleissig und guts Verstandes/ darumb wird auch mehr Nutzens denn andere/ die von Natur industrios oder ingeniós nicht seynd/ zugewarten haben. Vnd weil in Indien durch Sclauen, die viel kosten/ vnwillig arbeiten/ vnd durch Mißhandlung bald sterben/ ihrer viel/ vnd zwar der meiste Theil ihre Arbeit verrichten lassen/ So sollen wir durch den gebrauch eines freywilligen Volckes mehr gewinnen/ Dann von den Sclauen ist anders kein profit ausser die blosse Arbeit zuerlangen/ inn betrachtung/ daß sie alß nakkende Leute von den Handtwerckern nichts nehmen noch begeren: Da im gegentheil vnsers alß ein freyes Volck/ die Weib vnd Kinder haben/ allerhand Kauffmans Wahren vnd Handwercker benötigt seyn/ welchs alles denn Narung bringt und gibt.

Zum Fünfften/ vnd die Eingesessenen der Landen die bißhero befahren worden/ durch mangel eines sanfftmüttigen Regiments/ meisten Theil außgerottet/ und werden die vbrigen biß noch in solcher Unterdruckung gehalten/ daß ihnen ihr leben verdrießlich fellet. Wann wir nun mit denen/ damit wir vns bekandt machen werden/ freundlich/ wie geschehen soll vnd muß/ umbgehen/ vnd sie mit der Zeit zu mehrer Civilitet vnd Policey/ auch zur Christlichen Religion endtlich bringen/ ist je vnfehlbar/ daß vns mehr nutzens dadurch zufalle.

Zum Sechsten ist wol zu consideriren/ daß vber die bemelte Wahren von Kauffmanschafften/ vnd die Silber und GoldtMinen die uns wol bekandt seyn/ wir nach guter Gelegenheit wissen zu vberkommen/ von vielerley Sorten Früchte/ Wein/ Öhl/ Saltz/ Reiß/ Wollen/ BaumwollenGarn/ Pita, Seyden/ Farben/ Langen Pfeffer/ so von guter art alß der runde Ostindische/ wolriechende Seiffen/ Holtz/ Drogereien/ Gummen, und viel andere dinge/ die noch alle vnbekandt seyn/ wie dann vnterschiedene Länder vnderschiedene Früchte geben.

Zum Siebenden ist die Reise so kurtz/ daß auch das jenige welchs nur den vierdentheil eines Lübischen Schillings dieser Orter werth ist/ mit gutem Vortheil vbergebracht werden kan/ geschwiegen hieneben die grossen profiten/ welche vns der Handel auß Ostindien vnd Africa, daß dar mehr Genieß alß in America zuholen/ geben soll/ vnd der andern Nutzbarkeiten die wir auß sondern vrsachen verbeygehen und hinterhalten müssen.

Es ist auch zum Achten leicht zuerweisen/ daß wir nicht allein mehr Nutz und Vortheil alß andere auß diesem Handel vnd Compania zuerwarten/ sondern auch mit weniger Gefahr alles fortsetzen können. Dann vber die wenigen Vnkosten/ die wir zum Außrusten zur Sehe vonnöthen haben/ vnd die sehr dienliche Wahren/ Welche in diesen Landen gefallen/ mögen wir die Wahren auß der Ostsehe besser kauff/ vnd die von andern Ortern/ so guten kauff geben/ alß sie selbst/ in dem vnsere Gelegenheit und Condition viel besser dann die ihrige/ inn Versendung der Kauffmans Wahren/ die wir auß den obbemelten örtern bekommen sollen. Die Gefahr ist für vns darumb geringer/ weil wir weder daselbsten noch vnterwegens vns einiger Feindtschafft zubefürchten/ bevorauß/ da vnser Allergnedigster König mit allen seinen Nachbarn/ die etwas zu Wasser mechtig seyn/ in gutem Friede und fester Freundschafft stehet.

22. Schwedische Pläne für Koloniegründungen in Übersee

Wie nun vber solchs alles zum Neundten auch die Güter dieses Orts wol vnd herlich versichert seynd/ kan ein jetweder dem nur die Gelegenheit vnd grosse Macht dieses Königreichs/ fürnemblich aber die hochverstendige/ tapffere und gerechte Regierung I. Kön. Maj. desselben fürtreffliche Tugend/ Liebe seiner Vnterthanen und derer grossen Einigkeit/ inn geringsten bekandt/ leichtlich ermessen vnnd verstehen. Wie sehr leicht auch endtlich und zum Beschluß/ einen jeden seyn werde/ sein Theil zuerlegen/ ist dannenhero zuersehen/ daß er nicht mehr alß den ersten Theil in die Schantze zu setzen/ sintemal leichtlich geschehen könnte/ wir wir vns auß guten fundamenten die vngezweiffelte hoffnung machen/ daß ehe vnd zuvor der ander vnd dritte termin erlegt werde/ mußte man allbereit durch die ersten Außrüstungen so viel gewonnen/ daß nichts/ oder je gar wenig zugelegt werden dörffte. Zweifflen derowegen im geringsten nicht/ es werde ein jeder leichtlich können verstehen und vrtheilen/ wie auß deme/ so gar kürtzlich allhier gesetzt worden/ klärlich erscheinet/ daß dieses vnser fürnehmen nicht allein ein gut Rechtfertig und Ehrlich Werck/ sondern auch sehr zutreglich vnd Profitlich für die jenigen/ welchen gelieben wird/ ihr Gelt mit vns dergestalt zubestetigen/ in mitangehenger dieser erwegung/ daß die Gefahr viel geringer sey/ wann die Gelder und Güter auff viel örter und in viel Schiff vertheilet seyn/ als daß sie auff Interesse/ Kauffmanschafft/ Häuser oder feste Gründe gelegt werden: Sintemal diese alle durch vnglückliche Zufälle/ schlimme vnd böse Jahre/ Brandt vnnd Vberfall von Kriegßwesen/ einem offters all auff einmal entfrembdet und weggerafft werden/ gleich solchs die betrübten Kriege in Europa/ so wol an viel mechtigen Reichen/ Herren als gemeinen Leuten gnugsamb gelehrt und bezeugt haben: Da nemblich sie alles des ihrigen beraubet/ in die eusserste Armut gerathen seyn/ nachdem sie alle ihre Haab und Güter in einem Lande und auff einem Orte hatten. So gehet es auch mit den Gütern auff festen Lande also zu/ daß wann es sehr wol vnd glücklich stehet/ man Drey oder Viere pro cento/ vnd solchs mit grosser Mühe/ Sorg vnd Gefahr gewinne: Allein wir hoffen nicht/ sondern seynd versichert/ wann vns die Göttliche Gnade (daran nicht zuzweiffelen) beywohnen/ vnd vnser fürnehmen segnen wird/ daß wir in kurtzen Jahren von einem Pfenning drey oder vier machen/ Ja/ wann die Sache ihren guten und gewünschten fortgangk hat/ alle Jahre Heubtsumma von Heubtsumma gewinnen mögen.

[Es folgen die genauen, vor allem finanziellen, Bedingungen für die Teilhaber an der Schwedischen Süder Companie.]

Aus: Der Reiche Schweden General Compagnies Handlungs Contract, dirigiret naher Asiam, Africam, Americam und Magellanicam. Sampt dessen Conditionen und Wilköhren. Mit Kön. May. zu Schweden/ Vnsers Allergnedigsten Königs und Herrn gnediger Bewilligung/ auch hierauff ertheilten Privilegien, in öffentlichem Druck publiciret. Stockholm 1625 (John Carter Brown Library, Providence).

Zweites Kapitel

Festsetzung und Landnahme in Übersee

Die Erfahrungen und Eindrücke, welche die Europäer bei Festsetzung und Landnahme in Übersee machten, sowie die Folgerungen, die sie daraus zogen, waren von Fall zu Fall höchst unterschiedlich. Grundsätzlich scheinen sie von drei Hauptfaktoren bestimmt worden zu sein: Zum ersten hingen sie von den spezifischen Absichten der Neuankömmlinge ab, wobei ihre geistigen, religiösen und moralischen Haltungen und ihre technischen Fertigkeiten auf den verschiedensten Gebieten der materiellen Kultur auf die Gestaltung ihrer Lebensweise inmitten der neuen, fremden Welt Einfluß nahmen. Der Siedler hatte andere Absichten als der Kaufmann oder der Prospektor, die Entwicklungen ihres Lebensstils und ihres Lebensrhythmus wichen dementsprechend bald voneinander ab.

Zum zweiten prägten Art und Weise der Kontaktaufnahme der Europäer zu den in Übersee angetroffenen Bevölkerungen bereits den Versuch, mehr aber noch den tatsächlichen Vorgang der Festsetzung und Landnahme; dabei spielte eine gewisse Rolle die Bereitschaft oder Fähigkeit der einheimischen Bevölkerung, auf die Absichten der Neuankömmlinge einzugehen, eine noch größere Rolle spielte aber in der Regel die Fähigkeit der Europäer, auf die kulturellen, religiösen und rassischen Gegebenheiten in den „neuen Welten" ihrerseits Rücksicht zu nehmen. Drittens schließlich waren die Lebensverhältnisse, die sich bei Festsetzung und Landnahme der Europäer in Übersee ergaben, auch bedingt durch die Beschaffenheit des geographischen Raumes selbst. Seine Zugänglichkeit von der Alten Welt aus, seine klimatischen Verhältnisse, die Fruchtbarkeit und der Reichtum seines Bodens, die Vielfalt seiner Produkte prägten rasch und unwiderruflich die neu entstehenden Formen europäischen Lebens in Übersee, und zwar in unterschiedlich starker und intensiver Wechselwirkung mit den beiden eben genannten Faktoren.

Beim Versuch einer Typisierung des über Jahrhunderte hinweg vor sich gehenden Vorgangs von Festsetzung und Landnahme der Europäer in Übersee ließe sich etwa zu folgender Aussage kommen:

Die Angehörigen der ersten europäischen Expansionsnationen Portugal und Spanien suchten zunächst nach einem Seeweg nach Indien, vor allem, um den lukrativen Handel mit Spezereien aller Art unter ihre Kontrolle zu bekommen. Die Portugiesen wählten dazu den Weg um Afrika herum; dabei gingen sie planvoll und schrittweise vor, von der Gründung des Forts São Jorge da Mina an der Guineaküste im Jahre 1482 (Dok. 23), das u. a. als Stützpunkt für weitere Vorstöße in Richtung Indien dienen sollte, bis zur Inbesitznahme von Goa im Jahre 1510 (Dok. 24), das zum Mittelpunkt des neuen *Estado da India* wurde. Mit der Eroberung von Malakka (1511) und von Ormuz (1515) hatten die Portugiesen ihr Ziel, durch die Errichtung einer Seeherrschaft im Indischen Ozean den Gewürzhandel nach Europa weitgehend zu monopolisieren, erreicht.

Abb. 6: Goa, das Verwaltungszentrum des portugiesischen *Estado da India*, nach einer Karte von Pedro Baretto de Resende aus dem Jahr 1646.

In der Forschung ist die Frage umstritten, ob Cabral auf der zweiten portugiesischen Indienfahrt unbeabsichtigt auf die brasilianische Küste gestoßen war. Jedenfalls weckte der neue Kontinent zunächst nur relativ geringes Interesse; sporadische Landungen und Entdeckungsfahrten ins Innere, die nicht zuletzt von Gerüchten über Edelmetallvorkommen angeregt wurden, kennzeichneten die ersten Jahre der Erschließung Brasiliens (Dok. 25).

Unbeabsichtigt war die Entdeckung der Neuen Welt durch Kolumbus, als er im Auftrag der Katholischen Könige von Kastilien und Aragón bei seiner Suche nach einem westlichen Seeweg nach Indien auf Amerika traf. Zunächst nur als ein immenses Hindernis für eine freie Passage nach Indien angesehen, erlangte der neue Kontinent durch die Entdeckung seines Edelmetallreichtums rasch einen hohen Eigenwert. Die Konquista – zugleich der erste „gold rush" in der Geschichte Amerikas (vgl. Dok. 27) – öffnete den spanischen Eroberern in wenigen Jahren weite, oft schwer zugängliche Räume. Zahlreiche Menschen verließen damals Spanien, um auf der Suche nach schnellem Reichtum auch die noch unbekannten Randgebiete des Kontinents zu durchstreifen

(Dok. 28); vor allem im Bereich des heutigen Chile kam es dabei zu einem langandauernden und erbitterten Kleinkrieg mit den dort ansässigen Araukanern (Dok. 29).

Schon während der Konquista bemühte sich die spanische Krone, diesen oft ungestümen Entdeckungs- und Eroberungsdrang zu zügeln und die häufig anarchischen Verhältnisse unter den Ausgewanderten durch die Anlage von Siedlungen und durch den planmäßigen Aufbau einer Verwaltung zu überwinden; der Ausbau einer rudimentären Infrastruktur in dem weitgehend unerschlossenen Land wurde eines der wichtigsten staatlichen Ziele (Dok. 30).

Vergleicht man die Art und Weise, in der die Portugiesen ihren Einfluß im indischen Raum ausbauten, mit ihrem eigenen Vorgehen und mit dem Vorgehen der Spanier bei der Festsetzung in der Neuen Welt, so ergeben sich bemerkenswerte Unterschiede: Im indischen Bereich errichteten die Portugiesen lediglich Küstenstützpunkte, wohingegen sie – und in viel größerem Maße noch die Spanier – in Amerika in das Landesinnere vordrangen: Überlandexpeditionen zur Suche nach Edelmetallvorkommen waren charakteristisch für das erste Auftreten der Europäer in der Neuen Welt. Dieses eher spontane, sprunghafte Vorgehen in Amerika, das ganz im Gegensatz stand zu dem eher planvollen Vorgehen der Portugiesen im Raum um den Indischen Ozean, wurde erst ganz allmählich durch eine staatlich gelenkte Erschließungspolitik abgelöst.

Inwieweit waren diese Unterschiede durch den jeweiligen Expansionsraum, durch nationale Besonderheiten oder etwa durch die Tatsache bedingt, daß Portugiesen und Spanier sich als erste in Übersee festsetzten? Welche Bedeutung kommt in diesem Zusammenhang den eingangs vorgestellten Grundfaktoren zu? Der Fortgang der Expansion, das Auftreten europäischer Rivalen in Übersee kann darüber Aufschluß geben.

Die portugiesische Vormachtstellung im Indischen Ozean wurde durch die Niederländer gebrochen. Deren Ziele gingen über die der Portugiesen hinaus: Die niederländische Ostindische Kompanie (VOC) strebte die Monopolisierung des Gewürzgeschäftes von der Produktion bis zum Vertrieb an. Ihr Hauptaugenmerk richtete sich deshalb auf die Anbaugebiete der begehrten „Spezereien" in der Insulinde. Wie die Portugiesen vor ihr ging sie zunächst einmal daran, durch die Errichtung von Küstenstützpunkten in das Gewürzhandelsnetz einzudringen. So holte sie im Jahre 1611 von dem Herrscher in Jakatra auf Java die Erlaubnis ein, eine – noch unbefestigte – Faktorei zu errichten (Dok. 31), die sie bereits acht Jahre später, nach der Eroberung der Stadt, unter dem neuen Namen Batavia zum Zentrum ihres ostindischen Handelsimperiums ausbaute (Dok. 32). Nach dem weiteren Ausbau und der Konsolidierung der niederländischen Machtposition in der Insulinde erfolgte 1652 die Gründung von Kapstadt, das als Zwischenstation für die Handelsflotten auf ihrem Weg von und nach Batavia dienen sollte (Dok. 33).

In der weiteren Entwicklung ging die niederländische Festsetzung im Raum um den Indischen Ozean jedoch über das portugiesische Modell der Seeherrschaft hinaus. Als etablierte Macht auf Java wurde die Ostindienkompanie nach und nach in die Konflikte um die Vorherrschaft auf der Insel hineingezogen und verstand es, daraus für ihre Interessen Nutzen zu ziehen. Beschränkte sich die Kompanie bis zum Ende des 17. Jahrhunderts noch auf gelegentliche Interventionen bei den Auseinandersetzungen, die durch das Hegemonialstreben des Sultanats von Mataram hervorgerufen wurden, so kam ihr in der Folgezeit mehr und mehr die Rolle des dominierenden Partners in den beiderseitigen Beziehungen zu, bis sie 1743 ein förmliches Protektorat über Mataram errichtete (Dok. 34) und kurz darauf das Sultanat zugesprochen erhielt (Dok. 35). Sie war somit im Zuge einer langfristigen Entwicklung, die entscheidend geprägt war von den politischen Konstellationen in Übersee, zu einer Territorialmacht im indischen Raum geworden, ein Vorgang, für den auch die niederländische Eroberung von Ceylon charakteristisch ist.

Infolge der übermächtigen niederländischen Konkurrenz in der Insulinde sahen sich Engländer und Franzosen bei ihrer Handelstätigkeit auf den indischen Subkontinent verwiesen. Auch ihre Handelskompanien begannen damit, Faktoreien an der Küste anzulegen, die Franzosen etwa in Pondichéry an der indischen Koromandelküste (Dok. 41), die Engländer an der Goldküste (vgl. Dok. 50) und in Calcutta am Unterlauf des Ganges (Dok. 51). In beiden Fällen verstanden es die Agenten und Geschäftsführer der europäischen Handelskompanien, durch Geldzuwendungen an die in kriegerische Konflikte verstrickten indischen Potentaten Vorrechte zu erkaufen, so vor allem die Genehmigung zur Befestigung der Faktoreien. Eine ähnliche Entwicklung wie auf Java war eingeleitet – ihren Abschluß fand sie im frühen 19. Jahrhundert, als nach dem Zerfall des vordem mächtigen Mogulreiches die englische Ostindienkompanie zur beherrschenden Macht auf dem indischen Subkontinent aufstieg.

Diese für den indischen Raum typische Art der Festsetzung durch Errichtung von Küstenstützpunkten, die als befestigte Handelsplätze dienten, war auch kennzeichnend für die europäische Präsenz an der afrikanischen Guineaküste. Hier hatte sich jedoch eine Umorientierung in der Zielsetzung vollzogen: War das Fort São Jorge da Mina von den Portugiesen auch als Etappenstation auf der Route nach Indien errichtet worden, so diente es nach seiner Eroberung durch die Niederländer im Jahre 1638, ebenso wie die Niederlassungen der Engländer und Franzosen, aber auch kleinerer Nationen wie der Brandenburger (Dok. 53), als Sammelstelle für die als Arbeitskräfte in die Neue Welt verschickten Negersklaven. Der Errichtung der Handelsstützpunkte an der Guineaküste war, ähnlich wie im indischen Raum, in der Regel eine entsprechende Vereinbarung mit dem lokalen Stammeshäuptling oder Herrscher vorausgegangen (vgl. Dok. 39), zumeist in Form eines Pacht- oder Abtretungsvertrages.

Faktoreien, Forts, punktuelle Festsetzung, vertragliche Beziehungen zu autochthonen Herrschaftsinstanzen, die – wie das Beispiel der Niederländer auf Java zeigt – durch eine fortschreitende Einbeziehung in das politische Umfeld zur Territorialherrschaft führen konnten: Dies sind die Merkmale der europäischen Festsetzung und Landnahme im Raum um den Indischen Ozean und an der afrikanischen Westküste.

Wie vollzog sich nun die Festsetzung der Europäer in den übrigen Räumen Asiens, Ozeaniens und der Neuen Welt?

Rein völkerrechtlich wurden diese Gebiete im Gegensatz zu den Staatswesen im Raum um den Indischen Ozean von den Europäern im allgemeinen als *terrae nullius* (Niemandsland) angesehen. Die dort ansässigen Völkerschaften besaßen in den Augen der Europäer nicht die Qualität von – um es modern auszudrücken – Völkerrechtssubjekten; folglich wurde ihre vertragliche Zustimmung zur Herrschaftsübernahme durch die Europäer nicht als erforderlich angesehen. Die Rechtsgültigkeit kolonialer Besitzergreifung mußte also lediglich vor dem Forum konkurrierender Kolonialmächte dokumentiert werden, und dies geschah durch eine bestimmte Prozedur der Inbesitznahme, die von allen Expansionsnationen in einer mehr oder weniger festgelegten Weise befolgt wurde. Das bloße Sichten von Land genügte nicht, um einen international anerkannten Rechtstitel auf Herrschaft zu begründen; freilich wurde dafür auch keine effektive Unterwerfung des betreffenden Landes für notwendig erachtet. Vielmehr legitimierte sich die koloniale Besitzergreifung in der Neuen Welt wie auch im pazifischen Raum und in Sibirien durch die Ausführung rechtsförmlicher Handlungen: Nach der Landung an der Küste wurde das – oft ungenau definierte – Territorium zum Herrschaftsgebiet der betreffenden Kolonialmacht erklärt, als sichtbares Zeichen dieser Besitzergreifung wurden oft Kreuze, mit dem Wappen des Herrscherhauses versehen, errichtet und Maßnahmen vollzogen, die die Ausübung von Hoheitsgewalt symbolisieren sollten, wie etwa das Abschneiden von Zweigen, das Bewegen von Erde und ähnliches. Dieser ganze Vorgang wurde notariell beurkundet.

Beispiele für dieses Procedere sind die Besitzergreifung von Panamá durch die Spanier im Jahr 1519 (Dok. 26) oder die Inbesitznahme Louisianas durch die Franzosen im Jahr 1682 (vgl. Bd. 2, Dok. 95). Eine Anerkennung des Besitzrechtes der einheimischen Bevölkerung, wie sie in dem zwischen William Penn und verschiedenen Indianerhäuptlingen geschlossenen Abtretungsvertrag für Teile Pennsylvanias (Dok. 49) ebenso zum Ausdruck kommt wie im Vertrag Peter Minuits mit Delaware-Indianern bei der Gründung Neu-Schwedens (Dok. 52), blieb die Ausnahme.

Das erste Auftreten von Europäern in Amerika, wie es sich in der spanischen Konquista darstellte, war durch spontane Erkundungs- und Eroberungszüge in das Landesinnere gekennzeichnet; eine Frühphase, die allmählich durch die metropolitane Politik der systematischen Kolonisierung abgelöst wurde. Das Verlangen nach schnellem Reichtum, das erhebliche Risiken für Leib und Leben der kolonialen „Glücksritter" barg, bestimmte auch die ersten Versuche der Franzosen und Engländer, sich in der Neuen Welt festzusetzen. Das Scheitern einer Gruppe französischer Hugenotten, die bei ihrer Unternehmung in Florida über ihrem Streben nach schnellem Reichtum die notwendigen Vorkehrungen für ihre Verproviantierung vernachlässigten (Dok. 36), war eine Lehre für spätere Unternehmungen – so für die Gründung des englischen Virginia zu Beginn des 17. Jahrhunderts. Detaillierte, auf Erfahrungen basierende Anweisungen wurden den Kolonisten mitgegeben, um ein Gelingen des Festsetzungsversuches zu fördern (Dok. 43). Diese „Kolonisationstechnik" wurde ständig verfeinert, so daß etwa für die Erschließung des französischen Louisiana im frühen 18. Jahrhundert ein minutiös ausgearbeiteter Operationsplan zugrundegelegt werden konnte (Dok. 42).

Der amerikanische Kontinent, zuerst als ein Hindernis für die freie Passage nach Indien, dann als ein verheißungsvolles El Dorado angesehen, fand allmählich seine letzte und bedeutendste koloniale Bestimmung: Er wurde zu einem Einwanderungsgebiet mit schier unerschöpflicher Aufnahmekapazität, eine Entwicklung, die sich im spanischen Mittel- und Südamerika schon frühzeitig abzeichnete und in der Besiedlung des den Engländern und Franzosen verbliebenen Nordamerika kulminierte.

Drei Momenten kam dabei fundamentale Bedeutung zu: Zum einen dem dringenden Problem, während der ersten Jahre überhaupt zu überleben, zum zweiten der Notwendigkeit, das Land urbar zu machen, es der Besiedlung zu öffnen, und schließlich den Beziehungen zu den ansässigen Indianerstämmen.

Der harte Winter in Nordamerika (Dok. 37), Versorgungsschwierigkeiten aller Art und die hohe Sterblichkeit unter den Neusiedlern (Dok. 44) trieben manche Kolonisationsversuche an den Rand des Scheiterns. War diese kritische Phase der Behauptung in einer fremden Umwelt, die ohne die massive Unterstützung aus dem Mutterland nur unter den größten Entbehrungen durchzustehen war (Dok. 48), überstanden, so konnte man an die Amelioration des Bodens, die Errichtung rudimentärer Gemeinwesen und die Erzeugung kolonialer Exportprodukte denken – Maßnahmen, die der Kolonie dazu verhelfen sollten, sich selbst zu erhalten. In Virginia etwa begann man schon frühzeitig mit dem Anbau von Tabak, dem späteren Hauptausfuhrartikel der Kolonie – dies zu einem Zeitpunkt, als die ausreichende Versorgung mit Grundnahrungsmitteln zwar Fortschritte machte, aber noch keineswegs gesichert war (Dok. 44).

Einen jähen Rückschlag erlitt diese recht vielversprechende Entwicklung der ersten englischen Siedlungskolonie durch das sog. Indianermassaker des Jahres 1622 (Dok. 45). Das von Argwohn und Feindseligkeit, von gelegentlichem Handelsaustausch und permanentem Kleinkrieg geprägte Nebeneinander von Neusiedlern und Autochthonen, das sich an der für die Geschichte Nordamerikas so bedeutsamen „Frontier" entwickelte, zeigte sich bereits in den frühen Tagen der Kolonisation. Das stetige Zurückweichen der nordamerikanischen Urbevölkerung vor der europäischen Siedlerwelle stand im Gegensatz zu dem massiven, letztlich jedoch erfolglosen Widerstand, den die Kariben im westindischen Raum von den ihnen verbliebenen Inseln aus den Europäern entgegensetzten (Dok. 40).

Die Beziehungen zwischen den einheimischen Indianern und den europäischen Kolonisten in der Neuen Welt waren von einer elementaren Unversöhnlichkeit gekennzeichnet. Amerika war – anders als die Gebiete um den Indischen Ozean – zu einem Einwanderungsland geworden. Die englischen Puritaner, die sich in Neu-England festsetzten, betrachteten die neue Heimat regelrecht als ihr Gelobtes Land, in das sie Gott geführt hatte (Dok. 47). Champlain, der Gründer von Québec, spielte mit dem Gedanken einer Ansiedlung am St. Lorenz-Strom, wo er ein „neues Frankreich" erstehen zu sehen hoffte (Dok. 38).

So hebt sich die Neue Welt in Hinsicht auf Festsetzung und Landnahme durch die Europäer – ebenso wie Sibirien und später, im 19. Jahrhundert, Australien und Neuseeland – stark ab von Afrika (von der niederländischen Kapkolonie einmal abgesehen) und vom Raum um den Indischen Ozean. Die Europäer, die an den afrikanischen Küsten entlang in den Indischen Ozean eindrangen, waren primär von kommerziellen Interessen geleitet. Sie stießen – jedenfalls im indisch-asiatischen Raum – auf hochentwickelte Staatswesen und voll entwickelte Staatssysteme, in denen sie sich, ihren Absichten und Möglichkeiten entsprechend, etablierten – in der Form von Handelsgesellschaften, die ihrerseits Systeme von Küstenstützpunkten aufbauten. Ihre Präsenz, die sich auf eine militärische Überlegenheit zur See und auf fortschrittliche und oftmals auch aggressive kommerzielle Praktiken stützte, bekam eine eindeutig politische Dimension erst, als die einheimischen Mächte, auf deren Wohlwollen die Europäer lange angewiesen waren, infolge von inneren und äußeren Konflikten allmählich geschwächt worden waren.

War die Errichtung einer europäischen Territorialherrschaft im indisch-asiatischen Raum also eher eine Folge langfristiger politischer Entwicklungen, so scheint sie auf dem amerikanischen Doppelkontinent großenteils die Folge der raschen Besiedlung durch Weiße gewesen zu sein, wobei das nach der Konquista des Azteken- und Inka-Reiches entstandene Machtvakuum zusätzlich den Aufbau eines Herrschaftsapparates der Europäer herausforderte.

Lit.: Friedrich Freiherr von der Heydte: Discovery, Symbolic Annexation and Virtual Effectiveness in International Law. In: The American Journal of International Law 29 (1935), S. 448–471 – A. S. Keller, O. J. Lissitzyn, F. J. Mann: Creation of Rights of Sovereignty through Symbolic Acts 1400–1800. New York 1938. Ndr. 1967 – Ulrich Scheuner: Zur Geschichte der Kolonialfrage im Völkerrecht. In: Zeitschrift für Völkerrecht 27 (1938), S. 442–473 – Ch.-A. Julien: Les voyages de découverte et les premiers établissements (XVe–XVIe siècles). Paris 1948. Ndr. Brionne 1979 – M. A. P. Meilink-Roelofsz: Asian Trade and European Influence in the Indonesian Archipelago between 1500 and about 1630. The Hague 1962 – P. Chaunu: L'Amérique et les Amériques. Paris 1964 – Gundolf Fahl: Der Grundsatz der Freiheit der Meere in der Staatenpraxis von 1493 bis 1648. Eine rechtsgeschichtliche Untersuchung. Köln-Berlin-Bonn-München 1969 – Cornelis Ch. Goslinga: The Dutch in the Caribbean and on the Wild Coast (1580–1680). Assen 1971 – Marcel Trudel: The Beginnings of New France, 1524–1663. Toronto 1973 – K. G. Davies: The North Atlantic World in the Seventeenth Century. Minneapolis 1974 – D. B. Quinn: England and the Discovery of

America, 1481–1620. New York 1974 – John T. Juricek: English Territorial Claims in North America under Elizabeth and the Early Stuarts. In: Terrae Incognitae 7 (1975), S. 7–22 – N. M. Pearson: Merchants and Rulers in Gujarat. Berkeley 1976 – Günter Georg Kinzel: Die rechtliche Begründung der frühen portugiesischen Landnahmen an der westafrikanischen Küste zur Zeit Heinrichs des Seefahrers. Untersuchungen über Voraussetzungen, Vorgeschichte und Geschichte der portugiesischen Expansion in Nordafrika, Westafrika und auf den Inseln im Atlantik bis zum Jahre 1460. Göppingen 1976 – Malcolm Dunn: Kampf um Malakka. Eine wirtschaftsgeschichtliche Studie über den portugiesischen und niederländischen Kolonialismus in Südostasien. Wiesbaden 1984 – Jörg Fisch: Die europäische Expansion und das Völkerrecht. Die Auseinandersetzungen um den Status der überseeischen Gebiete vom 15. Jahrhundert bis zur Gegenwart. Stuttgart 1984 – Wilhelm G. Grewe: Epochen der Völkerrechtsgeschichte. Baden-Baden 1984, insb. S. 148–156 und S. 294–299 – Urs Bitterli: Vom Frieden zum Krieg in Pennsylvania. In: Ders.: Die Nähe der Ferne. Drei Aufsätze zur Geistesgeschichte der europäisch-überseeischen Beziehungen. Aarau 1985, S. 21–34 – Cornelis Ch. Goslinga: The Dutch in the Caribbean and in the Guianas 1680–1791. Assen 1985 – Urs Bitterli: Alte Welt – neue Welt. Formen des europäisch-überseeischen Kulturkontakts vom 15. bis zum 18. Jahrhundert. München 1986. Mi

23. Die Gründung des Forts São Jorge da Mina durch die Portugiesen an der Guinea-Küste (1482)

1441 hatte Antão Gonçalves die ersten Sklaven und den ersten Goldstaub aus Afrika nach Portugal gebracht und damit ein regelrechtes Jagdfieber ausgelöst. Geschäftemacher aller Art setzten sich mit Heinrich dem Seefahrer in Verbindung, der seit 1443 das Monopol für Fahrten südlich des Kaps Bojador besaß, womit nur mit seiner Lizenz und der Entrichtung des fünften Teils vom Ertrag an ihn Fahrten zulässig waren. Dennoch bildeten sich 1444 die ersten Gesellschaften für den Westafrikahandel, und in den vierziger Jahren fuhren über fünfzig Schiffe vorwiegend zur Sklavenjagd in das Gebiet zwischen Kap Blanco und dem heutigen Guinea Bissau. Seit 1444 bestand eine Niederlassung in Arguim, die einen Teil des Transsahara-Goldhandels auf portugiesische Schiffe leitete, aber zwischen 1461 und 1638 auch als zentrale Sklavenhandelsstation diente.

Nach dem Tode Heinrichs des Seefahrers stockte die portugiesische Entdeckertätigkeit. Seit 1469 war das Afrika- und das Entdeckungsgeschäft in Händen von Fernão Gomes (vgl. Bd. 2, Dok. 18), der für seine Entdeckung des Handels des Königsreiches von Ghana mit dem Gold von Aschanti geadelt wurde („da Mina"). Für König Afonso V. traten Auseinandersetzungen mit den Mauren in Nordafrika und der kastilische Erbfolgekrieg (1475 bis 1479) in den Vordergrund. Zwar beanspruchte die portugiesische Krone weiterhin sowohl auf Grund der Erstentdeckung als auch abgesichert durch päpstliche Bullen von 1452, 1455 und 1456 das Monopol des Guinea-Handels (vgl. Bd. 1, Dok. 40 und 41), dennoch trieben die Spanier von der günstig gelegenen Küste Andalusiens aus dort rege Geschäfte und ergiebigen Fischfang. Beides wurde 1475 durch ein Privileg Isabellas intensiviert.

Erst der Friede von Alcáçovas (1479) brachte eine erste Abgrenzung der kolonialen Interessensphären, für die Portugiesen war er ein einschneidender diplomatischer Erfolg, denn der Vertrag sprach ihnen das Monopol für die afrikanischen Küstengebiete südlich des Kaps Bojador bis nach Indien zu. In Portugal löste er eine Begeisterungswelle für Entdeckungen und Überseehandel aus, die von dem 1481 gekrönten König João II. intensiv gefördert wurden. Zuallererst wandte er seine Aufmerksamkeit einer Konsolidierung des Guinea-Handels zu, denn sowohl von spanischer als auch von englischer Seite gab es einschlägige Expeditionsvorhaben. Verräterische Korrespondenzen waren ans Licht gekommen, und über genuesische Seeleute gab es einen regelrechten Handel mit geschmuggelten Seekarten. Da aus den Abenteuern der Entdeckung längst auch ein großes Geschäft geworden war, waren Informationen und Nachrichten über Neuentdeckungen kaum zu unterdrücken. João II. entschied sich daher für die Errichtung eines Forts in der Nähe der ergiebigen Goldgruben von Aprobi. Die Gründung des Forts São Jorge da Mina, über die der folgende Ausschnitt aus der Chronik von Ruy de Pina berichtet, war so vor allem strategisch und ökonomisch bedingt, stellte aber auch einen folgerichtigen Schritt in bezug auf das weitere Vordringen der Portugiesen nach Süden dar, denn im Schutze dieses Stützpunktes sollten Diogo Cão und nach ihm Bartolomeu Dias (vgl. Bd. 2, Dok. 19 und 21) ihre Schiffe ausbessern, Ausrüstung und Vorräte ergänzen und ihre Mannschaften ausruhen lassen, bevor sie ihre Entdeckungsfahrten nach Süden fortsetzten.

Mit der Durchführung dieses Unternehmens wurde Diogo de Azambuja betraut, der zugleich Diplomat, Ingenieur und Soldat war. Seine Erfahrung trug zum Gelingen des Unternehmens entscheidend bei, denn für den Bau des Forts bedurfte es bedeutender organisatorischer Leistungen. Die Flotte legte am 11. Dezember 1481 in Lissabon ab und erreichte am 19. Januar 1482 die Gegend des späteren Forts. In Verhandlungen mit örtlichen Häuptlingen wurde ein Platz erworben, auf dem das Fort aus behauenen Steinen errichtet wurde, die aus Portugal herangeschafft werden mußten, ebenso wie später die Nahrungsmittel. Das Fort schützte bis zu seiner Einnahme durch die Niederländer 1637 den guinesischen Handel, der vor allem Gold, Sklaven und Pfeffer umfaßte, außerdem Elfenbein, Gummi, Palmöl und Wachs. Da Mina verschaffte nicht nur Zugang zum Goldhandel des westlichen Sudan (vgl. Bd. 1, Dok. 53), sondern auch zu den Goldwäschereien der Goldküste: Zwischen 1517 und 1561 flossen jährlich 150 bis 450 kg Feingold an die Münze in Lissabon.

Lit.: C. M. de Witte: Les Bulles Pontificales et l'expansion portugaise au XVe siècle. In: Revue d'histoire ecclésiastique 48 (1953), S. 683–718; 49 (1954), S. 438–461; 51 (1956), 413–453, 809–836; 53 (1958), S. 443–471 – William Blake: European Beginnings in West Africa 1454–1578. A survey of the first century of white enterprise in West Africa with special emphasis upon the rivalry of the Great Powers. London 1937 – Günther Hamann: Der Eintritt der südlichen Hemisphäre in die europäische Geschichte. Wien 1968, S. 127–129 – John Vogt: Portuguese Rule on the Gold Coast 1469–1682. Athens 1979. TS

[...]

Man sollte wissen, daß der König[1], als er noch Prinz war, vom [damaligen] König[2], seinem Vater, einen Freibrief der Krone erhalten hatte, der ihm die vollständige Hoheit über alle Stützpunkte in Afrika einräumte. Hinzu traten

---

[1] João II.
[2] Afonso V.

23. Gründung des Forts São Jorge da Mina durch die Portugiesen

die Gefälle und Handelsgewinne von Mina und der gesamten Guinea-Küste, die der König zu dieser Zeit für einen geringen Zins an Fernão Gomes, einen Bürger von Lissabon, verpachtet hatte.

Der König war ein kluger Mann, und er berücksichtigte den großen Gewinn und die beträchtliche Stärkung, die seine Untertanen an Körper und Seele erfahren würden, darüber hinaus [dachte er daran], daß sein Handel die Angelegenheiten der Ehre des Staates und seines Dienstes recht eigentlich abgesichert würden, wenn er in der Gegend von Mina ein eigenes Fort besitzen würde.

Da er wissen wollte, wie ein solches Fort gebaut werden könnte oder sollte, hielt er eine Sitzung seines Kronrates ab, um diese Angelegenheit zu besprechen. Es gab dort gegensätzliche Stellungnahmen und Ansichten.

Während einige dachten, die Sache würde leicht zu bewerkstelligen und sehr gewinnträchtig sein, glaubten andere, [das Ganze] sei sehr gefährlich, riskant und in Wirklichkeit unmöglich.

Selbst wenn der Bau [selbst] durchführbar wäre, so sei doch die Unterhaltung ungemein schwierig und zwar zum einen wegen der Abgelegenheit des Landes und wegen des ungesunden Klimas, zum anderen, weil man den Negern nicht trauen könne. Diese Einwände, so sagten sie, seien so gewichtig, daß man von einem Bau Abstand nehmen sollte.

Aber der König entschied trotz der vorgetragenen Bedenken, daß [das Fort] gebaut werden sollte.

Zu diesem Zweck befahl er, daß alles Nutzholz, alle Ecksteine, die man für die Tore, die Fenster, die Kapitelle der Pfeiler, den Turm und andere Dinge brauchen würde, bereits vorab in Portugal geschlagen bzw. behauen werden sollten, so daß sie sofort – und ohne jeden Verzug in der Arbeit – eingesetzt werden könnten.

Darüber hinaus wurde eine große Menge gemischten und gebundenen Kalks bereitgestellt, dazu noch Hohlsteine und Ziegel, Nägel und eisernes Handwerkszeug sowie alle anderen Dinge, die für eine solche Arbeit notwendig waren, und zwar in großem Überfluß.

Sechshundert Mann wurden aufgeboten und ausgerüstet, einhundert Baumeister und Zimmermeister sowie fünfhundert Mann für die Verteidigung und Versorgung.

Und man kam überein, daß das Ganze – wie es auch später geschah – in *urcas*[3] und großen Lastkähnen transportiert werden sollte. Dabei hegte man die Absicht, daß diese nicht wieder zurückkehren oder zum Segeln wiederverwendet werden sollten. Neben diesen *[urcas]* fuhren andere Naus und Karavellen, stark und in gutem Zustand, mit vielfältigen Vorräten, Medikamenten und wertvollen Waren. Sehr ehrenwerte Männer und Lehnsleute des Königs wurden als Kapitäne auf diese Schiffe berufen.

---

[3] Lastkähne, die nur zur einmaligen Verwendung bestimmt waren. Sie wurden nach der Ankunft in El Mina abgewrackt und als Bauteile verwendet.

Nachdem einige Personen, denen die Aufgabe angetragen worden war, dem König bereits abgesagt und sich mit ihrer Furcht vor den Schwierigkeiten und Gefahren entschuldigt hatten, war Fernão Lourenzo der erste, der den Auftrag freiwillig annahm. Er war Sekretär der Königlichen Finanzverwaltung und [unter anderem] mit der Finanzierung und Abwicklung [des Guineahandels] befaßt, bevor er später offiziell damit betraut wurde.

Der König lobte ihn zwar sehr und dankte ihm zutiefst für sein Angebot und seinen guten Willen, lehnte ihn aber doch ab, und zwar wegen ebendieser Aufgabe, mit der er befaßt war.

Dann erfuhr der König von der Tüchtigkeit, der Loyalität, dem großen Mut und der guten Einstellung von Diogo de Azambuja[4]. Dieser war Ritter an sei-

Abb. 7: São Jorge Da Mina (später: Elmina) an der Goldküste: der bedeutendste portugiesische Stützpunkt in Westafrika, 1637 von den Holländern erobert (Ausschnitt aus der Cantino-Weltkarte von 1502).

---

[4] Diogo de Azambuja (1432–1518) hatte sich bereits unter João II. bei der Belagerung von Alegrete hervorgetan, war diesem also persönlich bekannt.

23. Gründung des Forts São Jorge da Mina durch die Portugiesen

nem Hof und hatte sich bereits in anderen Aufgaben von beträchtlicher Wichtigkeit und großer Gefährlichkeit bewährt. Und indem er das große Vertrauen, das er in ihn setzte, hervorhob und ihm große Belohnungen und Vorteile versprach, betraute er ihn mit der Aufgabe. Und de Azambuja – wie andere von lobenswertem Gehorsam und sicherer Loyalität – nahm mit lächelndem Gesicht und festem Herzen an.

Und um den Auftrag in die Tat umzusetzen, wandte er sich nach Lissabon, um dort seine Vorbereitungen in Angriff zu nehmen. Dort brach er im Dezember, am Abend des Tages der heiligen Lucia[5], im Jahre 1481 auf. Die *urcas* hatte er bereits vorausgeschickt. Sie sollten auf ihn am Kap Verde warten.

Er hatte aber Befehl, daß das Fort in der Gegend von Mina an einem ihm zusagenden Platz zwischen dem *Cabo das Tres Pontas* und *dem Cabo das Redes*, die vierzig Leguas voneinander entfernt liegen, gebaut werden sollte. Und dementsprechend fuhr er auf dieser Strecke etwas vor der Flotte her, untersuchte die Küste mit großer Sorgfalt und Umsicht und wählte die Plätze aus, die ihm für sein Vorhaben günstig erschienen. Bei manchen, wo die Gegebenheiten des Festlandes vorteilhaft waren, fand er im Gegensatz dazu die Meeresverhältnisse wegen schlechter Ankermöglichkeiten ungünstig und wieder bei anderen, wo die Gegebenheiten des Meeres passend schienen, standen Land und Fels [dem Vorhaben] entgegen. Oder es gab Untiefen und Mangel an Wasser.

Aber schließlich kam er, geleitet vom Heiligen Geist und nachdem er sich dessen Obhut anempfohlen hatte, in der Nähe eines Dorfes an, das Zweiteiledorf *(vila das duas partes)* genannt wurde. Dort ging er am Mittwoch, dem 19. Januar im Jahre 1482 an Land. Er prüfte mit großer Sorgfalt den weitauftragenden Verlauf des Festlandes, das sich sehr gut zur Verteidigung eignete und auch gesund für die Leute war. Und nachdem er die Ankermöglichkeiten, die das Meer für die Schiffe bot, untersucht und für gut befunden hatte, stellte er fest, daß man einen besseren Platz für den Bau des Forts weder finden noch sich überhaupt vorstellen könne, insbesondere weil es dort viel Fels und eine größere Ansiedlung gab, die für die Einwohner [des Forts] die Hoffnung auf Frischwasser und andere Nahrungsmittel für längere Zeit berechtigt erscheinen ließ.

[...]

Aus: M. Lopes de Almeida (ed.): Ruy de Pina, Crónicas: D. Sancho I.; D. Afonso II.; D. Sancho II.; D. Afonso III. D. Dinis: D. Afonso IV. D. Duarte: D. Afonso V.; D. João II. Porto 1977, Cap. LVII. MM

---

[5] Es handelt sich um den 12. Dezember.

24. Afonso de Albuquerque schildert die Vorteile einer Einnahme von Goa (1510)

Der Überlegenheit ihrer Schiffartillerie, der Zerstrittenheit der Staatsgebilde auf dem indischen Subkontinent und dem entschlossenen, militärisch weitsichtigen Vorgehen des ersten Vizekönigs, Francisco de Almeida, und des auf ihn folgenden ersten Generalgouverneurs, Afonso de Albuquerque, verdanken die Portugiesen ihre im ersten Jahrzehnt des 16. Jahrhunderts im Bereich des Indischen Ozeans gewonnene Vorherrschaft. Die geschickte Anlage eines Systems von befestigten Handelsstützpunkten entlang der ostafrikanischen Küste, an der indischen Malabarküste sowie vor allem in Malakka versetzte die Portugiesen in die Lage, den gesamten Handelsverkehr in diesem Raum – insbesondere den gewinnträchtigen Gewürzhandel – unter ihre Kontrolle zu bringen.

Seit 1511 lag die Zentrale des auf die Seeherrschaft gegründeten *Estado da India* in Goa. Die auf einer durch Flußarme vom Festland getrennten Insel gelegene Stadt war für die strategischen Belange der Portugiesen sowohl wegen ihrer zentralen Lage als auch wegen der Vorteile, die sie für eine militärische Verteidigung bot, vorzüglich geeignet. Die von Afonso de Albuquerque in seinem Brief vom 17. Oktober 1510 geforderte Einnahme der Stadt würde die Portugiesen in die Lage versetzen, aus einer sicheren Position heraus den gesamten Schiffsverkehr entlang der Malabarküste unter ihre Kontrolle zu bringen.

Bereits im Februar 1510 war es den Portugiesen gelungen, Goa ohne nennenswerten Widerstand zu besetzen, da der Stadtherr, der Sultan von Bijapur, in militärische Auseinandersetzungen im Landesinneren verwickelt war. Der Sultan konnte jedoch die Portugiesen wieder aus der Stadt vertreiben. Erst im November 1510 gelang den Portugiesen unter Aufbietung aller militärischen Kräfte eine endgültige Festsetzung in der Stadt.

Lit.: R. S. Whiteway: The Rise of the Portuguese Power in India. London 1899 – M. A. P. Meilink-Roelofsz: Asian Trade and European Influence in the Indonesian Archipelago between 1500 and about 1630. The Hague 1962 – Charles R. Boxer: The Portuguese Seaborne Empire. London 1969, S. 39–64 – Bailey Diffie George Winius: Foundations of the Portuguese Empire 1415–1580. Minneapolis-London 1977. MM

Herr. – Die Angelegenheiten Goas sind so bedeutend, daß sie in hohem Maße die Sicherheit Indiens und alles, was wir beabsichtigen und erstreben, berühren: Kosten und Ausgaben, die Beamtenschaft, [den Handel mit] Holz, Eisen, Salpeter, Leinen, Reis, Gemischtwaren und Kleidern aus Baumwolle. Darüberhinaus scheint es mir, daß Indien, wenn wir nicht [eine Stadt] in Besitz nehmen, kaum zu halten sein wird, denn die Kalfaterer und Schiffszimmerleute [...] müssen sonst unter Umständen in einem so heißen Land arbeiten, daß sie nach einem Jahr kaum noch Menschen sind. Mit dem Besitz von Goa aber könnte Eure Hoheit auf [Arbeitskräfte] aus Portugal verzichten, denn hier gibt es mehr und bessere als diejenigen, die hierherkommen.

Neben diesem Vorteil, den [der Besitz von] Goa bietet, gibt es einen Aspekt, der sehr schädlich für die Sicherheit Indiens ist, nämlich, daß es dort viele Se-

24. Albuquerque schildert die Vorteile einer Einnahme von Goa

gelschiffe und Galeeren gibt und daß man dort so viele, wie man will, herstellen kann. Und wenn [Goa] von jenen ausländischen Türken *(Rumis)*[1] eingenommen würde, ginge von dort eine größere Kriegsgefahr aus als von allen anderen Orten [Indiens]. Stets könnten von dort [feindliche] Flotten und Piratenschiffe auslaufen. Und dies wäre so schädlich für die Sicherheit [unserer] Handelsschiffe, daß wir [die Stadt] einnehmen müssen. Es gibt keinen Zweifel: Wenn die Türken sich von dort zurückziehen müssen, können sie unseren Schiffen nicht [mehr] sehr gefährlich werden, denn sie könnten sie nur [dann] angreifen, wenn sie auf Angediva Kurs nehmen und sie dazu bringen, ihre Ladung aufzugeben.

[Goa] liegt auf einer Insel, umgeben von Wasser, es ist sehr wohlhabend *(de muita Remda)* und bringt hohe Einkünfte. Die Hafeneinfahrt führt viel Wasser und der Hafen ist völlig windgeschützt. Es gibt dort viele Arten von Lebensmitteln, umfangreiche Viehbestände, so viele Hirsche, daß es schon außergewöhnlich ist, Hasen, Rebhühner und reichlichen Reis- und Weizenanbau. [Darüberhinaus gibt es] viel Heu für die Pferdehaltung.

Wenn wir uns einmal dort festgesetzt haben, können wir [die Insel] halten und verteidigen. Wir brauchen nur [eine gewisse] Zeitspanne, um sie zu sichern. Wenn uns diese zur Verfügung steht, dann werden die Türken niemals mehr dort eindringen können.

Eure Hoheit mögen wohl bemerken: Wenn Ihr Euch zum Herrn von Goa macht, dann werdet Ihr das Königreich von Daquem[2] in eine so große Verwirrung stürzen, daß es das Festland in diesem Gebiet ohne Zweifel aufgeben wird, wenn Ihr Euch anschickt, in Goa ein Fort zu bauen. Denn dieser Staat hat kein wichtigeres Gut und keine andere Sicherheit als die Küstengebiete, die er in [der Gegend von] Goa besitzt. Dieses liegt nämlich auf einer Insel und [die Leute von Daquem] verlieren das Land, wenn sie sich nicht mehr dorthin zurückziehen können. Ich habe dies Wissen und die sichere Gewißheit von den Mauren selbst, da sich das Königreich von Daquem in jenem Zustand befindet, von dem ich Eurer Hoheit berichte:

Der König von Daquem hat das Land in *Capitanías* und Herrschaften an [einzelne] seiner Sklaven aufgeteilt. Es handelt sich dabei um Türken und einige wenige Perser. Diese haben sich gegen ihn erhoben, verweigern den Gehorsam und wollen ihn nicht mehr als König anerkennen. Sie schicken ihm, wenn sie wollen, einige Juwelen, aber sie führen [...] andauernd miteinander Krieg und nehmen einander Ortschaften weg. Manchmal verbünden sich die einen gegen die anderen, und jeder einzelne bemüht sich, den König von Daquem auf seine Seite oder in seine Gewalt zu bringen.

[...]

---

[1] Gemeint sind die Osmanen.
[2] Mohammedanisches Sultanat im Hinterland von Goa. Die Portugiesen waren in der Lage, die Auseinandersetzungen des Sultans von Daquem mit dem Stadtherrn Goas, dem Sultan von Bijapur, für ihre Zwecke auszunutzen.

Wenn Eure Hoheit Goa einnehmen, so wird dies ein großer Verlust für jene sein [...], und ich will mein Leben verlieren, wenn Eure Hoheit nicht einsehen, daß wir mit Goa bald eine sichere [Vorherrschaft in diesem Raum] gewinnen.

Aber wenn die Entscheidung über die Vorgehensweise so fällt, wie [ich vorschlage], fahren wir mit allen [verfügbaren] und zuvor entladenen Schiffen dorthin und bringen [die Stadt] in unsere Hand. Mir persönlich scheint es, daß, wenn wir die Mauren dort hinauswerfen, wir [die Stadt] gut befestigen und mit nur wenigen Leuten verteidigen können. Und was mich am meisten an der Einnahme Goas befriedigt: [Die Stadt] kann viel Volk aufnehmen und unterhalten, ohne daß für Euch irgendwelche Unkosten oder Ausgaben entstehen. Und wenn Goa gut gesichert und von Mauren frei ist, können dort 400 Portugiesen für immer leben. Aber darüberhinaus sage ich, daß die Stadt zwei, drei, ja viertausend Menschen aufnehmen kann. Eure Hoheit kann [unbehelligt] in Indien Tuche kaufen, wenn [Goa] die Sicherheit [dieser Gegend] aufrechterhält, und Ihr werdet in dieser Sicherheit herrschen [...].

Geschrieben von Cannanore am 17. Oktober 1510.
Eurer Hoheit Verwalter und Diener Afonso de Albuquerque.

Aus: Raymundo António de Bulhão Pato (ed.): Cartas de Affonso de Albuquerque. 7 vol. Lisboa 1884–1935. Vol. 1, S. 21–23.   MM

25. Die Errichtung der ersten portugiesischen Ansiedlungen in Brasilien: Aus dem Tagebuch des Pero Lopes de Sousa (1532)

Nachdem seit der Entdeckung des Seeweges nach Indien das Hauptinteresse der portugiesischen Krone zunächst dem Bereich des Indischen Ozeans und der mit seiner Beherrschung verbundenen Kontrolle des lukrativen Gewürzhandels gegolten hatte, wandte man sich während der Regierungszeit Joãos III. in den dreißiger Jahren des 16. Jahrhunderts verstärkt der Inbesitznahme und Nutzung der portugiesischen Besitzungen in Brasilien zu. Neben ökonomischen Interessen, vornehmlich der Gewinnung des wertvollen Brasilholzes, sah João III. die Notwendigkeit, die der portugiesischen Krone aus dem Teilungsvertrag von Tordesillas (1494) zustehenden Besitzrechte in Brasilien nunmehr tatsächlich und für andere europäische Nationen deutlich erkennbar wahrzunehmen. Dies konnte nur so geschehen, daß sich Portugiesen in größerer Zahl an der brasilianischen Küste festsetzten, Siedlungen anlegten und mit der ökonomischen Nutzung des Landes begannen.

In diesem Zusammenhang ist die Expedition Martim Afonso de Sousas (1531–1533) zu sehen, der den Auftrag hatte, die brasilianische Küste von Pernambuco bis zum Río de la Plata zu erkunden, gegen dort bereits angelegte Stützpunkte europäischer Konkurrenten, insbesondere der Franzosen, vorzugehen und an geeignet erscheinenden Stellen eigene Stützpunkte anzulegen. Pero Lopes de Sousa, der Autor des Tagebuches, aus dem wir im folgenden einige Abschnitte wiedergeben, ist ein Bruder des Martim Afonso und hatte das Amt eines stellvertretenden Befehlshabers der aus zwei Naus, einer Galeone und zwei Karavellen bestehenden Flotte inne. Während Martim Afonso

25. Errichtung der ersten portugiesischen Ansiedlungen in Brasilien

de Sousa im Jahre 1533 nach Lissabon zurückkehrte, blieb Pero Lopes bei den Siedlungen in Brasilien.

Lit.: Jodão de Freitas: A expedição de Martim Afonso de Sousa. In: História da colonização portuguesa do Brasil. Vol. III. Porto 1924, S. 97–166. MM

Sonntag, den 20. des besagten Monats [Januar 1532]. Am Morgen sah ich die Hafeneinfahrt von São Vicente [...].

Montag, 21. Januar. Wir setzten Segel, um an die Küste der Ilha do Sol[1] zu gelangen. Dort wollten wir vor den [widrigen] Windverhältnissen Schutz suchen. Am Mittag näherte sich uns die Galeone São Vicente, und man sagte uns, daß für den heutigen Tag wegen des Südostwindes ein Weitersegeln nicht mehr möglich sei.

Dienstag morgen. Ich nahm ein kleines Boot und wandte mich nach dem Westteil der Bucht [vor der wir lagen]. Dort entdeckte ich einen schmalen Fluß, wo die Schiffe windgeschützt ankern konnten. Am Nachmittag manövrierten wir die Schiffe, unterstützt von einem südlichen Wind, in die Flußeinfahrt. Kaum dort angekommen, befahl der Kapitän, Martim de Sousa, an Land eine kleine Hütte zu errichten, die die Segel und einige Vorräte aufnehmen sollte. Hier, im Hafen von São Vicente, zogen wir eines der Schiffe auf den Strand. Allen von uns erschien das Land so günstig, daß Kapitän Martim de Sousa beschloß, es besiedeln zu lassen. Und er schenkte allen Männern Akkerland. Er befahl auf der Insel São Vicente eine Siedlung anzulegen und auch weiter im Landesinnern eine zu errichten. Diese lag 9 Leguas [von der Küste] entfernt, an einem Fluß, der Piratininga genannt wurde. Auf diese zwei Siedlungen teilte er die Leute auf und ernannte die zuständigen Beamten. Alles brachte er in eine gute gesetzliche Ordnung, und den Leuten gefiel es so. Auf diese Weise konnten die Einwohner der beiden Ansiedlungen Gesetz und Ordnung halten, heiraten und in einer ihren Gewohnheiten gemäßen Weise leben. Jeder war Eigentümer seines Landes, konnte sich gegen Unrecht zur Wehr setzen und sich der Wohltaten eines seßhaften Daseins erfreuen. [...]

Am 5. Februar fuhr die Karavelle Santa Maria do Cabo in den Hafen von São Vicente ein. Kapitän Martim de Sousa hatte sie zum Hafen von Patos beordert, um dort nach Überlebenden eines kleinen Bootes zu suchen, das dort verlorengegangen war. Sie hatten aber Überlebende eines anderen Wracks vorgefunden, nämlich fünfzehn Spanier, die in diesem Hafen ansehnliche Zeit verbracht hatten. Diese Spanier unterrichteten Kapitän Martim de Sousa über weitere Dinge, auch über Gold und Silber, das man im Landesinnern finden solle. Sie zeigten Beweisstücke vor, um ihre Worte zu bekräftigen und beteuerten, daß die Edelmetalle [wirklich] von so weit her kämen.

Daraufhin rief Kapitän Martim de Sousa die Schiffsführer *(mestres)* und Steuerleute sowie auch einige andere mehr zusammen, um darüber zu beraten, was nunmehr zu tun sei. Nach zwei Monaten vor Anker waren einige

---

[1] Das heutige S.to Amaro.

Abb. 8: Sklavenmarkt in einer brasilianischen Stadt (um 1635, Zeichnung von Zacharias Wagner).

Schiffe schadhaft geworden und vom Holzwurm befallen, so daß sie sich nicht mehr für eine Überfahrt nach Portugal eigneten. Die Seeleute verdienten ihre Heuer, ohne einen Handstreich zu tun, und sie hatten alle Vorräte aufgezehrt. Man kam überein, daß Kapitän Martim de Sousa Schiffe und Seeleute nach Portugal zurückschicken sollte. Er selbst sollte mit den übrigen in den beiden Ansiedlungen, die er gegründet hatte, verbleiben und auf Nachricht von einer Expedition warten, die er ins Landesinnere beordert hatte.

Ich aber erhielt Befehl, mit zwei Schiffen nach Portugal zurückzukehren, um den König von unseren Taten in Kenntnis zu setzen.

Aus: Paulo Prado (ed.): Diário da Navegação de Pero Lopes de Sousa. Vol. I. Rio de Janeiro 1927, S. 334–346. MM

26. Die Rechtsform der spanischen Besitznahme in Übersee: Förmliche Besitzergreifung von Panamá (1519)

Die spanischen Entdecker und Eroberer waren durch die Kapitulationen mit der Krone verpflichtet, die aufgefundenen oder eroberten Gebiete für die Könige von Kastilien in Besitz zu nehmen. Diese Inbesitznahme erfolgte durch einen förmlichen Rechtsakt mit ziemlich fest umrissenem Zeremoniell, in deren Verlauf der Anführer eine förmliche Erklärung der Besitzergreifung im Namen seiner Herrscher vor allen Teilnehmern des Zuges und ggf. auch vor den Eingeborenen vortrug, dann die königliche Fahne aufpflanzte und hoheitliche Akte vornahm, wie etwa das Abschlagen von Bäumen bzw. Baumteilen, das Aufnehmen von Erde, Wasserschöpfen oder – im Falle eines Meeres – durch Befahren mit Schiffen und im Wasser Waten etc. Dieser Rechtsakt wurde sorgfältig zu Protokoll genommen und bezeugt, zum Zeichen der Besitznahme wurde ein Steinhaufen oder ein Kreuz hinterlassen. In der Anfangsphase verzeichnen solche Berichte oder Protokolle von Besitznahmen noch den an sich entscheidenden Umstand, daß dieser Besitznahme von niemandem widersprochen worden sei. Dieses Vorgehen stützte sich u. a. auf die mittelalterliche Auffassung, daß von Heiden besiedeltes Land eine „res nullius", also Niemandsland, sei und von jedem christlichen Herrscher in Besitz genommen werden könne, sofern nicht ein anderer christlicher Herrscher dagegen protestiere und begründete eigene Rechtsansprüche geltend machen könne. Solche Akte der Besitznahme bedeuteten nicht, daß die Krone von Anfang an die Absicht gehabt habe, eine direkte Herrschaft über das neue Land auszuüben und es zu besiedeln, es war vielmehr ein Rechtsakt sozusagen für alle Fälle, mit dem man gegebenenfalls Ansprüche gegenüber Dritten begründen konnte. Auch die Portugiesen waren an der afrikanischen Küste so verfahren, ohne je eine Siedlungskolonisation oder die Errichtung einer direkten Herrschaft über Land und Leute anzustreben.

Das vorliegende Dokument schildert die Besitzergreifung von Panamá durch Pedro Arias Dávila. Pedrarias Dávila – wie er in den Quellen genannt wird – hatte an dem Krieg gegen das letzte maurische Königreich auf der iberischen Halbinsel, Granada, und an den Expeditionen nach Afrika teilgenommen. Durch seinen Einfluß am Hof wurde er 1513 zum Gouverneur und Generalkapitän von Castilla del Oro (Panamá und Costa Rica) ernannt, da die Entdeckung des Pazifiks durch Balboa in Spanien noch nicht bekannt war (vgl. Bd. 2, Dok. 76). Dávila landete in Santa María de la Antigua am Golf von Darién und sandte von dort verschiedene Expeditionen aus, die das Gebiet des Isthmus von Panamá und den Süden Mittelamerikas erkundeten. Er verlegte die Hauptstadt von Santa María de la Antigua an die Pazifikküste nach Panamá, das von ihm 1519 gegründet wurde. Als Gouverneur der Isthmusländer ließ er seinen Schwiegersohn Balboa, den Statthalter der Südsee, in einem manipulierten Verfahren zum Tode verurteilen und hinrichten (vgl. Bd. 2, Dok. 76). Von 1527 bis zu seinem Tod im Jahr 1531 war er Gouverneur von Nicaragua.

In dem Maße, in dem die Spanier auf dem Festland auf die indianischen Hochkulturen stießen, trat die geschilderte Form der Besitzergreifung in den Hintergrund gegenüber dem Akt der freiwilligen oder mehr oder weniger erzwungenen Unterwerfung der indianischen Herrscher unter die Oberhoheit der spanischen Krone. Die förmliche Anerkennung der spanischen Herrschaft durch die angestammten Herren des Landes ersetzte mehr und mehr die in dem nachfolgenden Dokument beschriebene Form der Inbesitznahme. Die spanische Krone trat nunmehr ganz offen als unmittelbarer Rechtsnachfolger der indianischen Herrscher und Häuptlinge auf. Dies konnte für die Indios den großen Vorteil haben, daß die Spanier – wie zumindest de jure verpflichtend – die vorspanischen Rechts- und Besitzverhältnisse anerkennen mußten, soweit diese nicht gegen die guten Sitten oder den christlichen Glauben verstießen. So wurde z. B. Individualbesitz der Indios respektiert, wenn sich der Betreffende freiwillig unterworfen hatte; desgleichen erkannte die spanische Krone den dörflichen Gemeindebesitz an, ebenso entsprechende Wasserrechte etc.; Ländereien, die dagegen zum Unterhalt einer Priester- oder Kriegerkaste bestimmt waren, fielen an die Krone. Viele der indianischen Dorfgemeinden und Kaziken unternahmen daher schon bald nach der Eroberung juristische Schritte, um ihre Besitzungen auch von den neuen Herren verbrieft zu bekommen. Mißbräuchen sowohl von seiten der Spanier als auch von seiten indianischer Kaziken war dabei freilich Tür und Tor geöffnet, und in der Praxis waren sie nicht zu unterbinden. Pi

Lit.: J. M. Ots Capdequi: El Estado Español en las Indias. México 1946, S. 19–25 – Mario Góngora: El Estado en el derecho indiana. Epoca de Fundación 1492–1570. Santiago de Chile 1951 – Juan Manzano Manzano: La acquisición de las Indias por los Reyos Católicos y su incorporación a los reinos castellanos. In: Anuario de Historia del Derecho Español 21 (1951), S. 5–170 – Francisco Morales Padrón: Descubrimiento y toma de posesión. In: Anuario de Estudios Americanos 12 (1955), S. 321–380 – Alfonso García Gallo: Estudios de Historia del Derecho Indiano. Madrid 1972, S. 403–741 – Francisco Morales Padrón: Teoría y leyes de la conquista. Madrid 1979. RP

Akt der Besitzergreifung in der Provinz Paque[1] *an der Küste des Südens*[2] *durch den sehr erhabenen Herrn Pedrarias Dávila, Statthalter*[3] *Ihrer Hoheiten*[4]

In der Provinz Paque an der Küste des Meeres des Südens am 27. des Monats Januar im Jahre der Geburt unseres Erlösers Jesus Christus fünfzehnhundertneunzehn befand sich der sehr erhabene Herr Pedrarias Dávila, Statthalter Ihrer Hoheiten in diesen Reichen von Castilla del Oro[5] an der Mündung eines Flusses, der die Grenze der besagten Provinz bildet, ebenso wie die Hauptleute Andres Garairte und Francisco Pizarro[6] [...].

In unserer Anwesenheit, [der des] Luis Ponce und Cristóbal de Mozolay, Notariatsstellvertreter des sehr erhabenen Herrn Lope Conchillos[7], Sekretär Ihrer Hoheiten, in diesen besagten Reichen, nahm besagter Herr Statthalter eine Fahne aus weißem Taft, auf welcher das Bildnis Unserer Lieben Frau abgebildet war, in die rechte Hand und, wie auch alle anderen Anwesenden, auf

---

[1] Die Provinz Paque wird dem Gebiet um die heutige Stadt Pacora, südlich der Stadt Panamá Viejo, entsprechen.

[2] Dieser Name bezieht sich auf die Pazifikküste. In den spanischen Quellen wird der Pazifik als Südmeer *(Mar del Sur)* bezeichnet.

[3] Als Statthalter *(Teniente General)* war Pedrarias Dávila direkter Vertreter des Königs, d. h. er hatte schon fast die Stellung eines Vizekönigs. Als Generalkapitän besaß er nicht nur den militärischen Oberbefehl, sondern auch die Leitung des gesamten militärischen Versorgungs- und Nachschubwesens, weiterhin war mit diesem Amt die Ausübung der Militärgerichtsbarkeit verbunden.

[4] Johanna die Wahnsinnige und ihr Sohn Kaiser Karl V.

[5] Das Gebiet des heutigen Panamá und Costa Rica.

[6] Bei Francisco Pizarro (1476–1541) handelte es sich um den Eroberer Perus, der 1502 nach Amerika gekommen war und Balboa bei der Entdeckung des Pazifik 1513 begleitet hatte. 1524 brach er von Panamá nach Peru auf, das er 1535 entgültig eroberte (vgl. Bd. 2, Kap. XI).

[7] Lope de Conchillos (?–1521) gehörte zum Kreis um Ferdinand den Katholischen. 1507 wurde er Sekretär des Königs und dem Bischof Fonseca zugeteilt, der bis 1524 die überseeischen Angelegenheiten leitete. 1515 erhielt Conchillos die Kanzleiregistratur (hier wurden die von der Kanzlei ausgefertigten und gesiegelten Schriftstücke registriert) für Amerika (Manuel Giménez Fernández: Bartolomé de las Casas. Vol. 1. Sevilla 1953, S. 14). Auf die letztgenannte Funktion wird hier Bezug genommen.

26. Besitzergreifung von Panamá

dem Boden kniend und unter dem Schall der Trompeten, sprach besagter Statthalter sehr feierlich und mit lauter Stimme:

„O Mutter Gottes, zähme das Meer und mache uns würdig, unter deinem Schutz zu wandeln. Wir bitten dich, hilf uns, unter deinem Schutz diese Wasser und Lande des Meeres des Südens zu entdecken und ihre Menschen zu unserem heiligen katholischen Glauben zu bekehren."

Und sofort danach sprach besagter Statthalter in Anwesenheit der obengenannten Hauptleute und Soldaten und in unserer, besagter Notare: „Ich, Pedrarias Dávila, Statthalter in diesen Reichen und [in diesem] Festland von Castilla del Oro, deren Gouverneur und Generalkapitän für die Königin, Doña Juana, und den König, Don Carlos, ihren Sohn, unsere Herren, sage und verlange von Euch, Luis Ponce und Cristóbal de Mozolay, Notare, die Ihr anwesend seid, mir davon Zeugnis abzulegen, und zwar unterschrieben, auf daß es gültig sei, und von Euch allen, die Ihr es seht und hört, Zeugen zu sein, wie ich im Namen der sehr erhabenen und edlen Königin, Doña Juana, unserer Herrin, und des sehr erhabenen und Katholischen Königs, Don Carlos, ihres Sohnes, unseres Herrn, und der königlichen Krone von Kastilien[8], kraft der Vollmachten, die mir Ihre Hoheiten verliehen haben, Besitz ergreife in Fortsetzung der Inbesitznahme, die bis hierher durch die Personen erfolgt ist, die im Namen Ihrer Hoheiten in Tierra Firme[9] und diesen Reichen von Castilla del Oro und in ihren verschiedenen Regionen Besitz ergriffen haben. Und wenn es nötig ist, von neuem Besitz zu ergreifen, ergreife ich also Besitz und Quasibesitz[10] von diesem besagten Land und [in diesen] Reichen von Castilla del Oro, in ihren Orten und von den Häfen oder Buchten und von den anderen Eilanden und Inseln und von allem anderen, was von jetzt an hierzulande entdeckt werde und zu entdecken geheißen werde. Dazu bin ich gekommen auf Geheiß Ihrer Hoheiten und nehme ich Besitz und ergreife Quasibesitz von der ganzen Küste des neuen Landes und dem Meer des Sudens und allen Häfen und Zugängen und kleinen und großen Buchten, die es hier gibt, und allen Eilande und Inseln, die an der besagten Küste und dem Meer des Südens liegen, wie auch immer sie beschaffen sein mögen, und von allen Provinzen und allem Land oder Ländern, deren Flüsse in das besagte Meer fließen. Im Namen Ihrer Hoheiten und als Ihr Statthalter stehe ich an besagter Küste des besagten Meeres des Südens mit den Füßen auf den Steinen der Flüsse und mit

---

[8] Kronen als Herrschaftsinsignien spielen in den christlichen Reichen der iberischen Halbinsel des Spätmittelalters nur eine untergeordnete Rolle. Seit dem 13. Jahrhundert kommt vor allem in Aragón und Kastilien der Bezeichnung „Corona" oder „Corona Real" als rechtlichem Begriff eine wachsende Bedeutung zu, ohne daß der Gehalt dieses Terminus bisher genau geklärt wäre. Die „Corona" wird zu einer Rechtsperson, der etwas als unveräußerlicher Bestandteil angegliedert werden und die folglich etwas besitzen kann.
[9] Das Gebiet von Panamá und die Atlantikküste Kolumbiens. Da der amerikanische Kontinent noch nicht ausreichend erforscht war (1519!), wurde mit den Bezeichnungen *Tierra Firme* und *Castilla del Oro* ein nicht exakt abgegrenztes Gebiet angesprochen.
[10] Eine juristische Formel.

dem Haupt bis zu den Blättern der Wälder und weide[11] das Gras, trinke die Wasser und streife und fälle und beschneide die Wälder besagter Küste an dem besagten Platz und in der Provinz Paque, und ich sehe von hier aus mit meinen Augen große Teile von besagtem Meer des Südens und von den Inseln, die in ihm liegen, und von besagter Küste und ihrem Land, und auch Ihr, die ihr anwesend seid, seht solches und seid Zeugen, wie ich zum Zeichen der Inbesitznahme und Besitzergreifung, die ich sowohl im gesetzlichen wie tatsächlichen Sinn von der ganzen besagten Küste und vom Meer des Südens vornehme, indem ich leiblich dort bin und indem ich große Teile sehe sowohl von besagtem Meer und den Eilanden und Inseln darin wie auch von der Küste und dem Land und den Häfen und kleinen und großen Buchten und Provinzen, wie ich also zum Zeichen der gesetzlichen wie tatsächlichen und persönlichen Inbesitznahme und Besitzergreifung des Meeres des Südens, des neuen Landes, seiner Küste und allem, was sonst in ihm enthalten ist, die ich körperlich vornehme, wie es bereits beschrieben wurde, mit allem und jedem einzelnen und Teilen davon, diese königliche Fahne besagter Königin Doña Juana und des Königs Don Carlos, ihres Sohnes, unserer Herren, hisse, die aus rotem Damast ist und darauf die königlichen Wappen ihrer Hoheiten, besagter Könige, unserer Herren, gemalt und gestickt sind. Und daß ich Hernando de Vega und den anderen Bläsern befehle, die Trompeten zu blasen, und wie alle adeligen *(hidalgos)* Hauptleute und Gefährten und die sonst anwesenden Personen, gebürtige Vasallen der besagten Königin Doña Juana und des Königs Don Carlos, ihres Sohnes, unserer Herren, sage ich, und sagen sie und haben laut gesagt[12]: ‚Castilla del Oro und Tierra Firme und neues Land und Meer des Südens und seine Küste und Inseln und Eilande und Land und alle Provinzen, die in ihm sind, für die sehr hohe und erlauchte Königin Doña Juana, unsere Herrin, und den König Don Carlos, ihren Sohn, unseren Herrn, und nach ihnen für ihre Nachfolger in[13] Kastilien. Alles dies besagte neue Land und Meer des Südens und seine Küste und ganz Tierra Firme und [alle] Reiche von Castilla del Oro, und alles, was damit verbunden ist und dazu gehört und alles Entdeckte und alles, was von nun an entdeckt werde, gehört und soll gehören der königlichen Krone von Kastilien.

[Ihr seid Zeugen,] wie ich, besagter Statthalter, im Namen besagter Könige, unserer Herren, und ihrer Nachfolger in der königlichen Krone von Kastilien, Bäume beschneide und das auf diesem Boden wachsende Gras mähe und in das Wasser des besagten Meeres des Südens schreite, leiblich und aufrecht darin stehend, und das besagte neue Land und die Wasser besagten Meeres mit den Füßen betrete und im Namen Ihrer Hoheiten Befehle und Verbote

---

[11] „Paciendo" – er ißt also Gras.
[12] Die folgende Formel ist der Akklamation eines neuen Königs in Kastilien durch Bevölkerung und Herolde nachgebildet, die in der Chronistik des 15. und 16. Jahrhunderts allenthalben faßbar ist.
[13] Im Text steht „é", wohl ein Transkriptionsfehler, denn richtig und juristisch einwandfrei wäre „en", d. h. „in".

ausspreche. Und wie ich nun darüber hinaus zum Zeichen der Fortsetzung besagter Inbesitznahme und Besitzergreifung, die schon erfolgt ist, und die ich nun, falls nötig, von neuem vornehme, an Bord gehe und an Bord [...] der Schiffe zu gehen heiße, die auf mein Geheiß und im Namen Ihrer Hoheiten an besagtem Meer des Südens gebaut wurden und werden, und wie ich dieses Meer befahre auf besagtem Schiff, und wie ich auf besagtem Schiff besagte königliche Fahne besagter Könige, unserer Herren, hisse. Und wie ich befehle, besagte Trompeten zu blasen, und sie erschallen, und man sagt mit lauter Stimme und ruft öffentlich aus: ‚Meer des Südens für die sehr hohe und erlauchte Königin Doña Juana und für den sehr hohen katholischen König Don Carlos, ihren Sohn, unsere Herren, und nach ihnen für ihre Nachfolger. Das Meer des Südens ist Eigentum der königlichen Krone von Kastilien und gehört ihr.'

Und gleichfalls bezeugt Ihr mir, wie wir an besagtem Meer des Südens im Namen besagter Könige, unserer Herren, und als ihre gebürtigen Vasallen vier Schiffe gebaut haben, nämlich zwei Karavellen, einen Kahn und eine Barke, die zum Zeichen besagter Inbesitznahme und ihrer Fortsetzung an besagter Küste und auf besagtem Meer des Südens gefahren sind und fahren und fahren werden, und daß sie gefischt haben und fischen und frei und öffentlich und ungehindert auf ihm fahren."

[...]

Und wir, besagter Luis Ponce und Cristóbal de Mozolay, obengenannte Notare, die wir zusammen mit besagten Zeugen bei besagter Inbesitznahme und obengenannten Rechtsakten anwesend sind mit besagtem Herrn Pedrarias Dávila, Statthalter Ihrer Hoheiten, sahen und beglaubigen und bezeugen, daß sich alles so zutrug, wie oben gesagt und wie es auf vierblättrigem gefaltetem Bogen[14] geschrieben ist einschließlich dieser Seite, auf der wir, besagte Schreiber, unsere Unterschriften geleistet haben zum Zeugnis der Wahrheit. – Cristóbal de Mozolay, Notar. Luis Ponze, Notar. – [Zwei Unterschriften].

Aus: Colección de Documentos Inéditos, relativos al descubrimiento, conquista y colonización de las posesiones españolas en América y Oceanía, sacados en su mayor parte del Real Archivo de Indias. Ed. por Joaquín F. Pacheco. Vol. 2. Madrid 1964, S. 549–556.   Übers.: BK; Anm.: RP

---

[14] Hierbei handelte es sich um gefaltete Bogen zu vier Blättern, die oft zusammengenäht waren, ein zeitgenössisches Kanzleiformat. Die detaillierte Beschreibung sollte vor Fälschungen schützen.

27. Die Suche nach Gold leitet das Vordringen der Konquistadoren in Südamerika: Aus den Berichten des Hernán Cortés (1520)

In dem nur schwer zu entwirrenden Bündel von Motiven, die die Spanier zur Festsetzung und Landnahme in Amerika veranlaßten, spielte der so viel zitierte „Goldhunger" und das „Streben nach schnellem Reichtum" sicherlich eine wichtige Rolle. Dahinter verbergen sich freilich vielfach harte wirtschaftliche Zwänge. Die Teilnehmer der Eroberungszüge, allen voran die Anführer, hatten sich zumeist hoch verschuldet, um eine solche Unternehmung finanzieren zu können, und selbst die einfachen Teilnehmer waren ja keine Soldaten im eigentlichen Wortsinn, also „Soldempfänger", sondern auf eigenes Risiko und nur gegen die Anwartschaft auf Anteil am Gewinn beteiligt. Wirtschaftlicher Erfolg war somit geradezu ein Zwang für die Konquistadoren, der sie immer wieder vorwärts trieb, saßen ihnen doch die Gläubiger im Nacken. Entdeckungs- und Eroberungszüge waren eben immer auch ein äußerst risikoreiches und hoch spekulatives Unterfangen, und die Zahl derer, die dabei Hab und Gut und Leib und Leben einbüßten, ist erheblich größer als die Zahl derer, die schließlich Erfolg hatten. In der enorm hohen Risiko- und Spekulationsbereitschaft der Spanier, die nach Amerika gingen, ist letztlich die Ursache für die Expansion und zugleich auch ein wichtiger Grund für deren Erfolg zu sehen.

Es kann vor diesem Hintergrund nicht überraschen, daß die Entdecker und Eroberer sofort daran gingen, neu entdecktes oder erobertes Land nach seinen wirtschaftlichen Möglichkeiten zu erkunden. Je nach den wirtschaftlichen Zukunftsperspektiven – etwa Disponibilität von landwirtschaftlich nutzbarem Boden, allen möglichen Naturschätzen und natürlich von Arbeitskraft einheimischer Provenienz – waren die Anreize zur Seßhaftwerdung und Kolonisation unterschiedlich stark. Edelmetallvorkommen in einem Land bedeuteten wohl den stärksten Anreiz zur wirtschaftlichen Nutzung und zur Kolonisation, waren Gold und Silber für die Spanier doch nichts anderes als Bargeld oder Kaufkraft, womit man Schulden bezahlen, sich „standesgemäß" etablieren und gegebenenfalls auch produktiv investieren konnte.

Geradezu modellhaft ist das Vorgehen von Hernan Cortés im Aztekenreich. Er entstammte einer Familie des niederen Adels, hielt sich bis 1504 am königlichen Hof in Valladolid auf, begab sich dann nach La Española und nahm an der Besetzung Kubas im Jahr 1511 teil. Im Jahr 1518 erhielt er von dem neuen Gouverneur Velásquez den Auftrag, von Kuba aus mit dem neuentdeckten Reich Mexiko im Westen Handel zu treiben und die Kenntnisse über dieses Land zu erweitern. Während Velásquez sich um eine offizielle Ermächtigung der spanischen Krone zur Eroberung des Landes bemühte, rüstete Cortés – ganz gegen seine Weisungen – eine Invasionsarmee aus, um das Aztekenreich zu erobern. Als Rebell war er zum Erfolg verurteilt. Vor diesem Hintergrund erklärt sich, daß Cortés – der nicht nur ein talentierter Anführer im Krieg, sondern auch ein überaus erfolgreicher Unternehmer war – das Herrschaftsgebiet der Azteken sofort nach Edelmetallvorkommen, Abbaumöglichkeiten und -methoden erforschen ließ, nachdem er die Situation unter Kontrolle zu haben glaubte. Cortés, von dem Aztekenherrscher Moctezuma freundlich aufgenommen, hatte sich bald der Person seines Gastgebers versichert, indem er ihn – de facto – gefangengenommen hatte, nach außen hin ihn aber als seinen Gast ausgab. Aus dieser Situation heraus (vgl. Bd. 2,

Dok. 67) organisierte Cortés mit Unterstützung Moctezumas die in dem Dokument geschilderten Expeditionen, die für die beteiligten Spanier nicht ungefährlich waren. Man muß sich die Situation vor Augen halten, um die volle Bedeutung zu ermessen: Die wenigen hundert Spanier sitzen in der Hauptstadt des Aztekenreiches mit seinen Millionen Einwohnern, die ihnen potentiell feindlich, zumindest aber mißtrauisch und ablehnend begegnen; die Sicherheit der Invasoren beruht nur darauf, daß sie den Herrscher der Eingeborenen als Faustpfand haben. Dennoch hat Cortés nichts Eiligeres zu tun, als kaltblütig unternehmerische Dispositionen zu treffen und sich über Gewinnmöglichkeiten in dem neuen Land informieren zu lassen. Pi

Lit.: Constantino S. J. Bayle: El Dorado Fantasma. Madrid ¹1934, ²1943 – Philip W. Powell: Soldiers, Indians and Silver. The Northward Advance of New Spain. 1550–1600. Berkeley-Los Angeles 1952 [1. Kapitel] – Modesto Bargalló: La minería y metalurgía en la América española durante la época colonial. México 1955 – Salvador de Madariaga: Cortés. Eroberer Mexicos. Stuttgart 1956 – Eulalia Guzmán (ed.): Relaciones de Hernán Cortés a Carlos V sobre la Invasión de Anahuac. Vol. 1. México 1966 – Peter J. Bakewell: Silver Mining and Society in Colonial Mexico. Zacatecas 1546–1700. Cambridge 1971 – Cottie A. Burland: Montezuma, Herrscher der Azteken 1467–1520. Würzburg 1974 – James Lockhart und Enrique Otte: Letters and people of the Spanish Indies. Sixteenth Century. Cambridge-London-New York etc. 1976 – Pierre Chaunu: Séville et l'Amérique aux XVIᵉ et XVIIᵉ siècles. Paris 1977 – William H. Prescott: Die Eroberung von Mexiko. Hrsg. v. Gerdt Kutscher. München 1979 (amerik. Orig. Ausg.: History of the Conquest of Mexico, with a Preliminary View of Ancient Mexican Civilisation and the Life of the Conqueror Hernando Cortés. 3 vols. New York 1842). RP

[...] Nachdem ich von ihm[1] sehr genau erfahren hatte, daß er große Neigung verspürte, Eurer Hoheit[2] zu dienen, bat ich ihn – um Eurer Majestät vollständiger über die Dinge hier berichten zu können –, mir doch die Minen zu zeigen, wo das Gold gefördert würde, und er sagte, allem Anschein nach sehr bereitwillig, es werde ihm ein Vergnügen sein. Er ließ dann einige seiner Diener kommen und teilte sie jeweils zu zweit für vier Provinzen ein, wo nach seiner Aussage das Gold gefördert wurde. Er bat mich, ihm Spanier zur Verfügung zu stellen, die sie begleiten sollten, damit sie sähen, wie es gefördert werde, und so gab ich ihm ebenfalls für je zwei seiner Leute zwei Spanier bei. Und die einen begaben sich in eine Provinz, die Cuzula[3] heißt und achtzig Meilen von der großen Stadt Temixtitán[4] entfernt ist; die Eingeborenen jener Provinz sind

---

[1] Hier bezieht sich Cortés auf Moctezuma Xocoyotzin (1467–1520), den 9. Herrscher der traditionellen aztekischen Herrscherliste. Bei einem Zusammentreffen mit Cortés wurde er am 15.11.1519 gefangengenommen und starb im Juni des folgenden Jahres in Gefangenschaft.
[2] Der Bericht ist an Kaiser Karl V., König Karl I. von Kastilien und Aragón, gerichtet.
[3] Im Staate Oaxaca gibt es drei Ortschaften, die San Jerónimo de Sosola, San Juan de Sosola und San Mateo Sosola heißen. Sie müßten zu der alten Provinz Zozola oder Zuzula (Cuzula) gehört haben. Hier wurde wahrscheinlich Zapotekisch gesprochen. Zur Identifizierung der Orts- und Personennamen siehe Relaciones de Hernán Cortés a Carlos V sobre la Invasión de Anahuac. Ed. por Eulalia Guzmán. Vol. 1. México 1966, S. 99–101, 178, 254–258. Vgl. auch Peter Gerhard: A Guide to the Historical Geography of New Spain. Cambridge 1972.
[4] Temixtitán oder Tenochtitlán war die mächtigste Stadt des aztekischen Dreibundes; hier wurde über Krieg und Frieden entschieden.

Vasallen[5] des erwähnten Muteczuma. Dort zeigten sie ihnen drei Flüsse, und von andern brachten sie mir eine Goldprobe mit, die sehr gut war, obwohl sie mit wenig Gerät gefördert worden war, denn sie hatten nur die Instrumente, mit denen auch die Indios es fördern. Und auf dem Wege kamen sie durch drei Provinzen, nach Aussage der Spanier mit sehr gutem Land und vielen Dörfern und Städten und weiteren sehr zahlreichen Ortschaften mit so guten Gebäuden, daß es, so sagen sie, in Spanien keine besseren gibt.

[...]

Die anderen gingen in eine andere Provinz, die Malinaltebeque[6] heißt und siebzig Meilen von der besagten großen Stadt entfernt ist, und zwar mehr nach der Küste zu. Und auch sie brachten mir Goldproben aus einem großen Fluß, der dort fließt. Und die anderen kamen in eine Gegend, die an diesem Fluß stromaufwärts liegt und von Leuten anderer Sprache als der von Culúa[7] bewohnt wird; sie heißt Tenis[8], und der Herrscher dieser Gegend heißt Coatelicamat[9]. Da sein Land hoch oben in schroffem Gebirge liegt, ist er nicht dem erwähnten Muteczuma unterworfen, auch deshalb nicht, weil die Menschen jener Provinz sehr kriegerisch sind und mit Lanzen von 25 und 30 Spannen Länge kämpfen. Da sie keine Vasallen des besagten Muteczuma sind, wagten die Boten, die mit den Spaniern gingen, nicht, das Land zu betreten, ohne dies zuvor seinem Herrscher anzukündigen und dafür um Genehmigung zu bitten. Sie sagten ihm, sie gingen mit jenen Spaniern, um die Goldminen in seinem Land zu besichtigen, und sie bäten ihn in meinem Namen und im Namen des besagten Muteczuma, ihres Herren, um Erlaubnis. Der besagte Coatelicamat antwortete, er freue sich, daß die Spanier sein Land besuchten und die Minen und alles, was sie sonst noch wünschten, besichtigten, aber die von Culúa, welche die Leute Muteczumas sind, hätten sein Land nicht zu betreten, weil sie seine Feinde seien. Die Spanier waren etwas unschlüssig, ob sie allein gehen sollten oder nicht, denn ihre Begleiter rieten ihnen ab, man werde sie töten, man lasse sie, die von Culúa, nur deshalb nicht mit ihnen das Gebiet betreten, um sie töten zu können. Schließlich entschlossen sie sich, allein zu gehen. Sie wurden von dem erwähnten Herrscher und den Bewohnern seines Landes sehr freundlich empfangen; sie zeigten ihnen sieben oder acht Flüsse, von denen sie sagten, daß sie aus ihnen das Gold förderten. Und in ihrer Anwesen-

---

[5] Mit dem Begriff Vasallen bezeichnet Cortés die dem aztekischen Städtebund tributpflichtigen Herrschaften.

[6] Malinaltebeque entspricht dem Ort Malináltepec im nördlichen Zentrum des Staates Oaxaca. Der chinantekische Staat von Malináltepec war den Azteken tributpflichtig.

[7] Bevor die Azteken das Tal von Mexiko unterwarfen, beherrschten die Colhuaken das Land. Ihre Sprache war das Náhuatl. Die Bewohner Zentralmexikos wurden von den Spaniern Culúa genannt.

[8] Tenis war das Gebiet der *Tenimes,* der Barbaren. Hiervon wurde der Name Tenich oder Temich abgeleitet. Tenich entspricht dem heutigen Chinantla zwischen Oaxaca und Veracruz. Hier wurde Chinantekisch gesprochen.

[9] Coatelicamat, d. h. im Mund der Schlange, war der Herr von Tenich. In anderen Dokumenten erscheint dieser Name als topographische Bezeichnung.

heit förderten es die Indios, und sie brachten mir Proben von allem. Mit den Spaniern sandte mir der besagte Coatelicamat gewisse eigene Boten, durch die er mir seine Person und sein Gebiet zu Diensten Eurer Heiligen Majestät anbot, und sandte mir einige Goldjuwelen und Kleider, wie sie sie tragen.

Die anderen gingen in eine andere Provinz, die Tuchibeteque[10] heißt und fast in der gleichen Richtung dem Meer zu liegt, zwölf Meilen von der Provinz Malinalbeteque entfernt, wo man, wie ich schon sagte, Gold fand; und dort zeigte man ihnen zwei weitere Flüsse, aus denen sie ebenfalls Goldproben förderten.

[...]

Aus: Hernán Cortés: Cartas de relación de la conquista de México. Vol. I. 5. Auflage Madrid 1942, S. 85–87.
Übers: BK; Anm: RP

28. Die Erkundung des Unbekannten auf den Spuren sagenhafter Erzählungen: Marcos de Nizza berichtet über die Sieben Städte von Cíbola (1539)

Die Erkundung der neuen Gebiete erfolgte freilich nicht nur im Rahmen von organisierten militärischen Unternehmungen, sondern häufig auch in Form von regelrechten Expeditionen von einzelnen Spaniern oder kleinen Gruppen, die – je nach den gewonnenen Erkenntnissen – eine dauerhafte Besiedlung bzw. Inbesitznahme durch die Spanier zur Folge haben konnten. Oft waren Mythen, phantastisch ausgeschmückte Berichte und Gerüchte der Anlaß, um solche Expeditionen zu unternehmen, wie dies etwa mit der Sage von dem „Goldenen Mann", dem „Eldorado", dem Reich der Amazonen oder, wie im vorliegenden Fall, der Bericht von den 7 Städten von Cíbola der Fall war. Persönliche Interessen – bei Pater Marcos de Nizza dürfte es sich dabei um Missionspläne für seinen Orden gehandelt haben, was sich daraus erschließen läßt, daß er das Land nach seinem Ordensgründer benannte –, die rückblickende Verklärung ausgestandener Strapazen und Gefahren und der Eindruck der Andersartigkeit der neuen Gebiete im Vergleich zu schon bekannten Regionen führten oft dazu, daß die überlebenden Teilnehmer solcher Erkundungszüge übertriebene und phantastisch ausgeschmückte Berichte abgaben, die weitere offizielle Unternehmungen nach sich zogen oder Abenteurer anlockten, in deren Gefolge eine mehr oder minder fest organisierte und dauerhafte Landnahme erfolgte. Viele der Edelmetallvorkommen im Norden Mexikos sind durch solche Züge einzelner Personen oder organisierter Gruppen entdeckt worden und hatten die Gründung von spanischen Ansiedlungen zur Folge. Selbst ein Scheitern solcher Erkundungszüge konnte oft das Fortleben des Mythos oder der phantastischen Vorstellungen nicht verhindern, da die Indios, wie auch in dem vorliegenden Dokument, sehr oft die Taktik verfolgten, die Spanier immer weiter zu locken, indem sie die eigentliche Sensation immer noch einige Tagesmärsche weiter verlegten, um sich die Ankömmlinge auf elegante Weise vom Halse zu schaffen.

---

[10] Flußaufwärts von Malináltepec liegt der Ort Tuchitepeque, heute Tuxtepec genannt, im Süden des Staates Veracruz. Hier wurde Náhuatl gesprochen.

Der Franziskanermönch Marcos de Nizza (gestorben 1558) brach 1531 in die Neue Welt auf. Er begleitete Francisco Pizarro, den Eroberer des Inkareiches, auf dessen Expedition nach Peru, wo er die ersten Missionsversuche leitete. Trotz seiner Ernennung zum Ordensprovinzial von Neu-Spanien verließ er am 7. März 1539 Culuacán an der Pazifikküste, um die sagenhaften Sieben Städte zu erforschen. Bei seiner Rückkehr nach Mexiko-Stadt brachte er eine eindrückliche Schilderung von der Kultur und dem Reichtum der sagenhaften Sieben Städte im Norden von Neu-Spanien mit, die die Ursache für die Ausrüstung der Expedition des Francisco Vázquez de Coronado (vgl. Bd. 2, Dok. 75) war. Aufgebrochen in der Hoffnung, auf reiche Edelmetallschätze zu stoßen, war die Enttäuschung der Teilnehmer dieses Konquista-Unternehmens um so größer, als sich die Sieben Städte als ein Verband relativ unscheinbarer Dörfer der Pueblo-Indianer entpuppten. Marcos de Nizza kehrte daraufhin unverzüglich nach Neu-Spanien zurück und widmete sich der Indio-Mission.

Trotz seines Fabelcharakters ist sein Bericht bedeutsam, weil er als erstes einigermaßen klares Zeugnis der spanischen Erkundung des heutigen Südwestens der USA anzusehen ist und Kunde von Hopi-, Zuñi- und anderen Puebloindianern gibt, von einer Region, die nicht nur für die vorspanische Geschichte des amerikanischen Kontinents von großer Bedeutung ist (als Verbindungsglied zwischen den mesoamerikanischen Hochkulturen und denen der nordamerikanischen Eingeborenen, gehört doch ein Teil der Indios jener Region noch zur uto-aztekischen Sprachgruppe), sondern bis in die Neuzeit als Grenzzone zwischen Anglo- und Iberoamerika kulturgeschichtlich, politisch und auch demographisch von höchstem Interesse ist. Etwas verallgemeinernd wird man sagen dürfen, daß solche Einzelerkundungen, wie die des Pater Marcos de Nizza, meist in Gebiete führten, die späterhin eine eher marginale Rolle innerhalb des spanischen Kolonialreichs in Amerika spielten und in denen sich später als Folge solch unorganisierter Landnahme der Spanier Grenz- bzw. – im Sinne des nordamerikanischen Historikers Turner – Frontier-Situationen mit all ihren soziokulturellen Besonderheiten entwickelten. Pi

Lit.: Philip W. Powell: Soldiers, Indians and Silver. The Northward Advance of New Spain. 1550–1600. Berkeley-Los Angeles 1952 – R. A. Billington (ed.): Selected Essays of Frederick Jackson Turner: Frontier and Section. Englewood Cliffs 1961 – Richard Konetzke: Die ‚Geographischen Beschreibungen' als Quellen zur hispanoamerikanischen Bevölkerungsgeschichte der Kolonialzeit. In: Jahrbuch für Geschichte von Staat, Wirtschaft und Gesellschaft Lateinamerikas. Bd. 7 (1970), S. 1–75 – Sylvia Vilar: Trajectoire des curiosités espagnoles sur les Indes: Trois siècles d',interrogatorios' et ‚relaciones'. In: Mélanges de la Casa de Velázquez. Vol. 6 (Paris) (1970), S. 247–308 – Carl O. Sauer: Sixteenth Century North America. The Land and the People as seen by the Europeans. Berkeley-Los Angeles-London 1971 – Handbook of Middle American Indians. Vol. XII: Guide to Ethnohistorical Sources. Part I (ed. Howard F. Cline). Austin 1972, S. 183–395 – María del Carmen Velázquez: Establecimiento y pérdida del septentrión de Nueva España. México 1974 – Alistair Hennessy: The Frontier in Latin American History. London 1978 – Donald C. Cutter: Spanish Scientific Exploration Along the Pacific Coast. In: David J. Weber (ed.): New Spain's Far Northern Frontier. Essays on Spain in the American West. 1540–1821. Albuquerque 1979, S. 35–47 – George P. Hammond: The Search for the Fabulous in the Settlement of the Southwest. Ebenda, S. 17–33 – Michael M. Swann: Tierra Adentro: Settlement and Society in Colonial Durango. Boulder (Colorado) 1982 (Dellplain Latin American Studies No. 10).

RP

28. Marcos de Nizza berichtet über die Sieben Städte von Cíbola

Mit dem Beistand und Segen der heiligsten Jungfrau Maria, Unserer Lieben Frau, und unseres seraphischen Vaters, des heiligen Franziskus, verließ ich, Fr. Marcos de Nizza, der ich die Gelübde des Franziskaner-Ordens abgelegt habe, in Erfüllung der oben aufgeführten Instruktion des Erlauchtesten Herrn D. Antonio de Mendoza[1], Vizekönig und Gouverneur Seiner Majestät in Neu-Spanien, am Freitag, dem 7. März fünfzehnhundertneununddreißig die Stadt San Miguel in der Provinz Culuacán[2]. Es begleitete mich Pater Fr. Onorato, und ich nahm mit mir den Schwarzen Estéban de Dorantes und einige Indios von jenen, die besagter Vizekönig für diesen Zweck freigekauft hatte[3]. Francisco Vázquez de Coronado, Gouverneur von Neu-Galizien[4], hatte mir diese übergeben. Ebenso kamen mit uns eine weitere große Anzahl von Indios aus Petateán[5] und aus dem Dorf, das Cuchillo[6] heißt und wohl fünfzig Meilen von der erwähnten Stadt entfernt liegt. [...]

Auch entsandte ich den Schwarzen Estéban de Dorantes, dem ich auftrug, fünfzig oder sechzig Meilen auf dem nach Norden führenden Weg zu gehen, um zu sehen, ob sich in jener Richtung irgendetwas Bedeutendes in der Art, wie wir es suchten, in Erfahrung bringen ließe. Ich verabredete folgendes mit ihm: Sobald er von bevölkertem und reichem Land, das wirklich von Bedeutung wäre, hörte, sollte er nicht weitergehen, sondern entweder selbst umkehren oder mir Indios mit folgendem vereinbarten Zeichen schicken: Wenn es sich um etwas Nennenswertes handelte, sollte er mir ein weißes Kreuz von der Größe einer Spanne senden, und wenn es wirklich Bedeutendes wäre, sollte er das weiße Kreuz in der Größe von zwei Spannen senden, und wenn es sich um noch Größeres und Besseres als Neu-Spanien handelte, sollte er mir ein großes Kreuz senden. [...]

Nach vier Tagen kamen Estébans Boten mit einem sehr großen mannshohen Kreuz und sagten mir, was Estéban ihnen aufgetragen hatte: Ich solle ihnen auf der Stelle folgen, denn er sei auf Menschen gestoßen, die ihm vom großartigsten Land der Welt berichtet hätten, und er habe auch Indios bei sich, die dort gewesen seien, von denen er mir einen sandte. Und dieser erzählte mir soviel Großartiges von diesem Land, daß ich es nicht mehr glauben wollte, bis

---

[1] Antonio de Mendoza (gest. 1553) wurde am 17.4.1535 zum ersten Vizekönig von Neu-Spanien ernannt. Mit genauen königlichen Instruktionen versehen, förderte er die Erschließung und Kolonisation des Landes. Er führte den Buchdruck und die Münzprägung in Neu-Spanien ein. 1549 wurde er zum Vizekönig von Peru ernannt, um das vom Bürgerkrieg zerrissene Gebiet zu befrieden.
[2] Villa de San Miguel in Sinaloa liegt südlich von Culiacán (Culuacán) in der Nähe des heutigen Quila am Fluß San Lorenzo.
[3] Obwohl die Indios grundsätzlich freie Untertanen der kastilischen Krone waren, konnten sie versklavt werden, wenn sie Widerstand gegen die spanische Herrschaft leisteten.
[4] Vázquez de Coronado (ca. 1510–1550), gebürtig aus Salamanca, begleitete den Vizekönig Mendoza nach Neu-Spanien und wurde von ihm zum Gouverneur von Neu-Galizien – das Gebiet entspricht weitgehend dem heutigen Staate Jalisco – ernannt.
[5] Petateán wird am Flusse Petatlán im heutigen Sinaloa gelegen haben.
[6] Dieser Ort ist bei Peter Gerhard (The North Frontier of New Spain. Princeton 1982) nicht verzeichnet.

ich es nicht selbst gesehen hätte. Und er sagte mir, daß es von dem Ort aus, wo Estéban sich befand, dreißig Tagesmärsche bis zur ersten Stadt jenes Landes, nämlich Cíbola[7], seien. Und weil es mir wert erschien, hier aufzuschreiben, was dieser von Estéban gesandte Indio von dem Land erzählte, will ich es hiermit tun. Er versichert und sagt: In dieser ersten Provinz gibt es sieben sehr große Städte, jeweils von einem Herrn regiert. Und Häuser aus Stein und Kalk, groß, die kleineren mit einem Stockwerk und einer Dachterrasse darauf; andere von zwei und drei Stockwerken und das des Herrn mit vier Stockwerken, alle beieinanderliegend angeordnet. Und an den Portalen der wichtigsten Häuser viele Schmuckarbeiten aus Türkisen, die es, so sagte er, in großer Fülle gibt. Und die Bewohner dieser Städte gehen sehr gut gekleidet. Und viele andere Einzelheiten sagte er mir, sowohl von diesen sieben Städten als auch von anderen entfernteren Provinzen, von denen eine jede viel Großartigeres darstelle als diese sieben Städte; und um von ihm zu erfahren, woher er das wußte, gab es viele Fragen und Antworten, und ich fand ihn sehr verständig. [...]
Und so wanderte ich an jenem Tag, dem zweiten Tag nach Ostern, und zwei weitere Tage auf denselben Wegen wie Estéban; und an ihrem Ende traf ich auf die Leute, die ihm die Nachricht von den sieben Städten und dem entfernteren Land gegeben hatten. Diese sagten mir, daß man von dort aus in dreißig Tagesmärschen nach der Stadt Cíbola gelange, welche die erste der sieben Städte sei. Und dies sagte mir nicht nur einer, sondern viele; und insbesondere sagten sie mir von der Größe der Häuser und ihrer Beschaffenheit dasselbe, was mir die Ersteren gesagt hatten. Und sie sagten mir, es gebe außer diesen sieben Städten weitere Reiche, die Marata und Acus und Totonteac[8] hießen. Ich wollte wissen, wohin sie so weit fort von ihren Häusern gingen, und sie sagten mir, daß sie auf der Suche nach Türkisen und Rinderhäuten und anderen Dingen seien. Von beidem hat man in jenem Volk Mengen; ebenso wollte ich wissen, wie sie an diese Dinge herankämen, und sie sagten mir, dies geschehe mit ihrem Schweiß und ihrer Hände Arbeit, sie gingen nach der ersten Stadt, die Cíbola heißt, und dienten dort beim Umgraben des Bodens und bei anderen Arbeiten und erhielten dafür Rinderhäute, wie es sie dort gebe, und Türkise. [...]
Ich kam in ein anderes Dorf, wo ich von den dort lebenden Menschen sehr gut empfangen wurde. Auch diese versuchten, meine Kleidung zu berühren, und erzählten mir von dem Land, das ich suchte, mit so vielen Einzelheiten wie die Menschen zuvor, und sie sagten mir, daß von dort Menschen mit Estéban Dorantes vier oder fünf Tagesmärsche weit gegangen seien. Und hier traf ich auf ein großes Kreuz, das Estéban mir hinterlassen hatte zum Zeichen da-

---

[7] Die Stadt Cíbola gehörte den Zuñi, einem Indianerstamm im Westen Neumexikos an der Grenze zu Arizona.
[8] Marata gehörte zu den Forts am Südrand der Corn Mountains (Neumexiko), die von einem Zweig der Zuñi errichtet worden waren, dann aber von den Kriegern aus Cíbola zerstört wurden. Acus entsprach dem Fort Acoma westlich von Albuquerque. Das Reich Totonteac ist als das Gebiet der Hopi nordwestlich von Zuñi identifiziert worden.

28. Marcos de Nizza berichtet über die Sieben Städte von Cíbola

für, daß die Nachrichten über das Gute Land immer noch zunähmen, und er ließ mir ausrichten, ich solle mich sehr beeilen; er werde am Ende der ersten Einöde auf mich warten. Hier setzte ich zwei Kreuze und nahm entsprechend der Instruktion Besitz, denn dieses Land erschien mir besser als das hinter uns liegende, und ich hielt von hier ab Akte offizieller Besitznahme für angezeigt. [...]
  Ich bat sie, einige von ihnen möchten doch nach Cíbola gehen, um zu sehen, ob noch ein weiterer Indio entkommen wäre, und um irgend etwas von Estéban zu erfahren; dazu ließen sie sich jedoch nicht überreden. In Anbetracht dessen sagte ich ihnen, dann müsse auf jeden Fall ich nach der Stadt Cíbola gehen, und sie sagten mir, von ihnen werde niemand mit mir gehen. Da sie mich fest entschlossen sahen, sagten schließlich zwei Anführer, sie würden mitgehen, und mit ihnen und mit meinen Indios und Dolmetschern setzte ich meinen Weg fort, bis Cíbola zu sehen war. Die Stadt ist in einer Ebene gelegen, an den Hängen eines runden Berges. Diese Ortschaft ist sehr schön, schöner als alles, was ich hierzulande gesehen habe. Die Häuser sind genauso, wie die Indios sie mir beschrieben hatten; alle aus Stein mit ihren Stockwerken und Dachterrassen. So erblickte ich sie von einem Berg aus, wohin ich mich begeben hatte, um einen Ausblick auf die Stadt zu haben. Der Ort ist größer als die Stadt México. Einige Male war ich versucht hinzugehen, weil ich wußte, daß ich nichts als mein Leben aufs Spiel setzte, und dieses hatte ich in Gottes Hände gelegt an dem Tag, als ich die Reise begann. Schließlich aber fürchtete ich mich, weil ich bedachte, in welche Gefahr ich mich begeben würde, und weil niemand von diesem Land, das meiner Meinung nach das größte und beste aller entdeckten Länder ist, erfahren würde, wenn ich stürbe. Als ich den Anführern, die ich bei mir hatte, offenbarte, wie schön mir Cíbola erschien, sagten sie mir, sie sei die kleinste der sieben Städte, und Totonteac sei viel größer und besser als alle sieben Städte und habe so viele Häuser und Bewohner, daß sie nirgendwo zu enden scheine. Und angesichts der Beschaffenheit der Stadt erschien es mir richtig, dieses Land das neue Reich San Francisco zu nennen, und dort errichtete ich mit Hilfe der Indianer einen großen Steinhaufen, und obendrauf stellte ich ein schmales und kleines Kreuz, weil ich kein Hebezeug hatte, um ein größeres aufzustellen, und sagte, daß Kreuz und Marksteine im Namen des Don Antonio de Mendoza, Vizekönig und Gouverneur des Kaisers, unseres Herrn, in Neu-Spanien, zum Zeichen der Inbesitznahme, der Instruktion entsprechend, aufgestellt worden seien. [...]

Aus: Colección de Documentos inéditos, relativos al descubrimiento, conquista y colonización de las posesiones españolas en América y Oceanía, sacados, en su mayor parte, del Real Archivo de Indias. Ed. por Joaquín F. Pacheco. Vol. 3. Madrid 1865, S. 325–350.   Übers.: BK, Anm.: RP

29. Kämpfe der Spanier mit Indios in den Grenzregionen: Ein Brief des Gouverneurs von Chile Melchor Bravo de Saravia (1569)

In den Grenzregionen des spanischen Kolonialreiches, die man sich als ausgedehnte Zonen ziemlich dünner Besiedlung und extremer Naturbedingungen (tropische Wälder, ausgedehnte Savannen, Wüsten, Steppen, ausgedehnte Flußdeltas und dergleichen) vorzustellen hat, in die abwechselnd Spanier oder Indios in aggressiver Absicht vordrangen, entwickelten sich Grenzkonflikte und kriegerische Zusammenstöße, die teils bis weit ins 19. Jahrhundert andauerten. Besonders heftig waren diese Grenzkämpfe zwischen Spaniern und Indios im Süden Chiles und in Nordmexiko. Aus strategischen Gründen mußten die Spanier in beiden Gebieten versuchen, die Indios zurückzudrängen oder zumindest aufzuhalten, um wichtiges Siedlungsland zu schützen. In Nordmexiko mußten die im ariden Norden gelegenen Bergbauzentren geschützt und in Chile die zunehmend für die Versorgung Perus mit Agrarprodukten wichtiger werdenden Gebiete mit gemäßigtem Klima im mittleren Chile gesichert werden. In beiden Regionen sahen sich die Spanier gezwungen, eine ständige Militärorganisation aufzubauen, stehende Truppen zu unterhalten und eine Kette von Forts zu errichten. In diesen Regionen sahen sich die Spanier nur allzu oft schweren Bedrängnissen von seiten der kriegerischen und sich optimal im Einsatz ihrer Mittel anpassenden Indios (Pferde, gewisse Waffen etc.) ausgesetzt und mußten sich hinter ihre Linien zurückziehen und ganze Landstriche aufgeben, bevor man entweder durch Friedensschlüsse oder militärische Offensiven zeitweise wieder Boden gewinnen konnte. Diese Grenzkriege haben tiefgreifende Auswirkungen auf die sozioökonomischen Verhältnisse des Hinterlandes gehabt, ganz zu schweigen von den erheblichen finanziellen Aufwendungen.

Bei dem folgenden Dokument handelt es sich um ein Schreiben des Gouverneurs Melchor Bravo de Saravia an den spanischen König Philipp II. vom 5. Mai 1569. Saravia war 1567 zum Gouverneur und Generalkapitän von Chile ernannt worden. Bis 1547 war er Mitglied der Audiencia von Neu-Granada (Kolumbien), und von 1549 bis 1565 gehörte er der Audiencia von Lima an. Nach seiner Ankunft in Chile begab er sich in das Grenzgebiet von Concepción, von wo aus er den hier auszugsweise abgedruckten Brief schrieb, um die spanische Krone über die Lage im Grenzland zu unterrichten. Die spanischen Truppen wurden von Miguel de Avedano y Velasco angeführt, der seit 1567 als Statthalter *(Teniente General)* des Generalkapitäns fungierte. Im Grenzkrieg mit den Araukanern mußte er mehrere Niederlagen hinnehmen. Bei den Araukanern handelte es sich um nomadisierende Indios im mittleren und südlichen Teil des heutigen Chile und Argentinien. Sie wurden von den Spaniern nach dem Land Arauco (d.h. schlammiges Wasser) benannt. Sie selbst bezeichneten sich als Mapuche (d.h. das Volk des Landes). Der Grenzkrieg zwischen Araukanern und Spaniern war endemisch und konnte in Chile erst im 19. Jahrhundert beigelegt werden.

Das Dokument zeigt nicht nur die verzweifelte Lage, in der sich die Spanier in diesen Grenzkämpfen häufig befanden, sondern es läßt auch die Eigenheiten dieses Grenzkrieges deutlich werden. Kleine Einheiten spanischer Soldaten und Siedler versuchten, eine Reihe von befestigten Ortschaften oder Wehrdörfern gegen Indios zu behaupten, die eine Art von beweglichem Guerrillakrieg führten, indem sie einzelne Forts belagerten und die spanischen Verbindungslinien unterbrachen, so daß den Spaniern nur noch zur See Versorgungs- und Rückzugsmöglichkeiten offenstanden. Gleichzeitig läßt das Dokument erkennen, wie sehr die Spanier auf Hilfssendungen an Geld und Truppen aus Peru angewiesen waren und wie sehr zugleich Rivalitäten, Eifersüchteleien und Mißwirtschaft in der Verwaltung die spanischen Kriegsbemühungen hemmten.

Pi

Lit.: Francisco A. Encina: Historia de Chile. Desde la prehistoria hasta 1891. Vol. II. 4. Auflage. Chile 1956 – Alfonso de Ercilla: La Araucana. Madrid 1961 – Eugene H. Korth: Spanish Policy in Colonial Chile. The struggle for Social Justice, 1535–1700. Stanford 1968 – Floraglia Giménez de Arcondo: La defensa militar del sur de Chile: un fuerte apoyo, la Reina Luisa de Osorno. In: Memoria del tercer Congreso Venezolano de Historia del 26 de setiembre al 1 de octubre de 1977. Caracas 1979, S. 99–123 – Sergio Villalobos: La economía de un desierto. Tarapaca durante la colonia. Santiago de Chile 1979 [2. Kapitel] – Ders.: Tipos fronterizos en el Ejercito de Arauco. In: Memoria del tercer Congreso Venezolano de Historia. Caracas 1979, S. 517–537 – Alvaro Jara: Guerra y sociedad en Chile. La transformación de la Guerra de Arauco y la esclavitud de los indios. 2. Auflage. Santiago de Chile 1981 – Armando de Ramón und José M. Larrain: Orígenes de la vida económica chilena. 1659–1808. Santiago de Chile 1982.

RP

[...]

KATHOLISCHE KÖNIGLICHE MAJESTÄT. Nachdem ich Eurer Majestät geschrieben hatte, wie ich dieses Reich bei meinem Einmarsch vorfand und in welchem Zustand es war, sollten der General Don Miguel de Velasco und Martín Ruiz de Gamboa, sein Vetter, am Freitag, dem 7. Januar, ein Fort auskundschaften, wo sich, so hatte man mir gesagt, Indios versammelten. Da mußte ich feststellen, daß dort vierundvierzig ihrer Soldaten getötet und fast ebensoviele verletzt worden waren, und obwohl sie ihrerseits viele Indios töteten, konnten sie das Fort nicht erobern. Deshalb, und damit die Indios der Ebenen *(llanos)* bei der Nachricht über diesen Vorfall nicht rebellierten, mußte ich die mir verbleibenden Soldaten in den Ort Angol[1] bringen, der an der Grenze der *llanos* liegt. Vor meinem Abmarsch schrieb ich darum dem *Maestre de Campo*[2] Lorenzo Bernal, der mit dreißig Mann in den *llanos* war, in der Gemarkung dieser Stadt Concepción[3], er solle hierher kommen, damit die Indios die Stadt nicht umzingeln könnten, wie sie es andere Male getan hatten, wobei den Spaniern alles mögliche Ungemach zustieß. Nach dem ersten Tagesmarsch sandte ich hundertzwanzig Soldaten, die den Leuten in Tucapel und dem Fort von Arauca[4] zur Hilfe kommen sollten, damit jene beiden Provin-

---

[1] Die siebte Stadt, die die Spanier in Chile gründeten, hieß Angol. Sie lag etwas östlich von der heutigen Stadt Confines in der Provinz Bío-Bío.

[2] Der Anführer eines Tercio war der Maestre de Campo. Bei den Tercios handelte es sich um Fußtruppen, die seit dem 15. Jahrhundert von Spanien in den europäischen Kriegen eingesetzt wurden. Sie setzten sich aus einer wechselnden Zahl von Kompanien zusammen, die drei verschiedene Waffen mit sich führten: Piken, Arkebusen und Schwerter mit Rundschilden.

[3] Die Stadt Concepción del Nuevo Extremo am Bío-Bío wurde 1550 von Pedro de Valdivia, dem Eroberer Chiles, gegründet. Sie ist heute die Hauptstadt der gleichnamigen Provinz.

[4] Bei Tucapel und Arauca handelte es sich um zwei von drei Forts, südlich von Concepción, die

zen, die sich fast im Aufstand befanden, bei der Nachricht nicht rebellierten. Die Spanier in beiden Provinzen sollten sich mit meinen Soldaten zu einer Truppe vereinigen, weil eine Verteidigung anders kaum möglich war. Dies gelang trotz raschesten Vorgehens nicht. Den Grund wird Eure Majestät von General Don Miguel de Velasco hören, der zusammen mit seinem Vetter Martín Ruiz de Gamboa zu Hilfe eilte. Nachdem ich in Angol angekommen war, ließ ich die Verwundeten behandeln, und mit ihnen und einigen wenigen mehr, die mir verblieben waren, und weiteren fünfunddreißig oder vierzig, die ich in der Ortschaft fand, ließ ich jene *llanos* in ihrer ganzen Ausdehnung viele Male abgehen, und ich hielt sie nicht nur in der Ruhe und Freundschaft, die sie auch zuvor gezeigt hatten, sondern es schlossen sogar zwei aufständische [Gruppen] Frieden, die ihn nicht eingehalten hatten, als ich den ganzen Monat Januar und Februar bis Mitte März dort war. Man hatte mich von dieser Stadt aus gerufen und mir in vielen Briefen die Notwendigkeit meines Kommens geschrieben, wegen der Vorfälle, die sich hier zwischen den Oidores[5] ereignet hatten. Ich hatte die Städte Angol und Imperial[6], an der Grenze der *llanos* gelegen, mit Soldaten und Waffen versorgt, und zwar mit vierzig Soldaten, sowie dazu fünfzehn, die General Don Miguel de Velasco mitgebracht hatte; er hatte mit ihnen auf dem Seeweg Tucapel verlassen, um mir Bescheid zu geben über das, was dort passiert war, und um mir zu sagen, warum er nicht auf dem Landweg gezogen war, um sich mit mir zu vereinigen, wie ich es ihm befohlen hatte und was auch sehr sinnvoll gewesen wäre. Dann war ich in diese Stadt gekommen, und obwohl die Indios mich dort erwarteten und den Zugang besetzt hatten, marschierte ich heute vor vierzig Tagen Gott sei Dank ohne irgendein Risiko ein und fand Briefe von Martín Ruiz und vielen Bewohnern und Soldaten vor, die in Tucapel waren, und unter ihnen auch die Mitteilung, die ich beifüge, in der er die Notlage beschrieb, in der er sich befand; wenn ich nicht innerhalb von acht Tagen jemanden mit der Genehmigung entsenden würde, jenen Ort aufzugeben, könnten sie ihn nur verlassen. Ich sandte ihm daraufhin ein Schiff mit Briefen, in denen ich sie bat und ihnen auftrug, da sie ja nichts anderes mehr tun könnten, zuerst dem *capitán*[7] Gaspar de Barrera zu Hilfe zu eilen, der mit fünfundvierzig Spaniern in dem Fort von Arauca war, denn sie sähen ja die Gefahr, in der diese sich befänden, wenigstens aber sollten sie so lange ausharren, bis ich es, wenn möglich, von See her täte. Sie antworteten mir, daß sie ihm auf keinen Fall helfen könnten.

---

das von den Spaniern eroberte Territorium gegen Angriffe der Indios schützen sollten. Arauca lag an der Küste, Tucapel am Westhang der Kordillere von Nahuelbuta.

[5] Oidor (von lat.: *auditor*) wurden die Mitglieder der kollegial organisierten zentralen Ratsbehörden und der Appellationsgerichte auf Grund der Tatsache genannt, daß sie Rechtsstreitigkeiten *anhörten*, um darüber zu urteilen.

[6] Die Stadt Imperial liegt an der Pazifikküste südlich von Concepción in der Provinz Cautín.

[7] Der Capitán besaß zivile, militärische und jurisdiktionelle Gewalt sowie die Vollmacht zur Ernennung von Stellvertretern und nachgeordneten Amtsträgern.

29. Kämpfe der Spanier mit Indios in den Grenzregionen 149

Angesichts dieser Lage besprach ich mit fast allen *capitánes,* Bewohnern und Soldaten, die hier sind, die Möglichkeit, die Soldaten, Artillerie und Munition, die sich im Fort von Arauca befanden, herauszuholen, denn, so sagten sie, es konnte nicht gehalten werden. Und wenn dies nicht in Kürze geschähe und Tucapel nicht aufgegeben würde, könnte man es später nicht mehr tun, weil das ganze Land sie angreifen würde. Ich verabredete, *capitán* Juan Alvarez de Luna zu entsenden – einen sehr guten Soldaten, der Eurer Majestät in diesem Reich lange gedient hat – mit einer Fregatte und jenem Brief für den *capitán* Gaspar de Barrera, der für jenes Fort verantwortlich war. De Luna sollte mit allen Mitteln versuchen, Barrera jenen Brief zu senden und zu erfahren, wie seine Lage sei. Von ihm hatte man fast drei Monate lang keine Nachricht und konnte auch keine bekommen, da die Indios sämtliche Wege zu Lande und an der Küste besetzt hielten. De Luna stellte sich äußerst geschickt an: Nachts steckte er den Brief [durch die Verschanzung des Forts], ohne bemerkt zu werden. Als der *capitán* und die Soldaten, die bei ihm waren, den Brief gesehen und verstanden hatten – da die Indios sie jeden Tag belagerten, glaubten sie, sie würden das Fort weder verteidigen noch auf irgendeinem Wege entkommen können –, schafften er und die Soldaten noch in derselben Nacht Artillerie und Munition auf den Schultern heraus, und in der Morgendämmerung, bevor Indios kämen und sie störten, alle [jene] Indios, die sie als Diener und Freunde hatten. Als die [feindlichen] Indios kamen, hatten sie sich bereits eingeschifft, ohne irgendetwas verloren zu haben.

[...]

Ich habe Eurer Majestät schon geschrieben, daß wir am allernötigsten Soldaten brauchen wegen der vielen Indios, die es hier gibt. Die wenigen Spanier sind so arm und erschöpft und die Indios so tapfer und sie [die spanischen Soldaten] so furchtsam, daß ich sicher bin, daß sich dieses Land nicht halten läßt und im Gegenteil verlorengeht, wenn Eure Majestät nicht in Kurze Hilfe schicken lassen, indem von Spanien oder Peru oder *Tierra Firme*[8] vierhundert Mann kommen oder zumindest dreihundert, die in Peru bezahlt werden, denn hier gibt es nichts, womit sie bezahlt werden könnten, und Eure Majestät hat auch keine Einkünfte, aus denen sie besoldet werden könnten. Ebenso sind weitreichende Vollmachten für den erforderlich, der in diesem Land regiert, und vor allem, daß ihm im Notfall stets Hilfe aus Peru auf Kosten Eurer Majestät gesandt werde, und damit die wenigen Einkünfte, die Eure Majestät in diesem Land haben, ausgegeben werden können, ohne daß die Finanzbeamten und Oidores ihn mit dem Hinweis auf das Sendschreiben *(cédula)* vom *Bosque de Segovia*[9] daran hindern. Dies sage ich nicht um meinetwillen, oder weil ich hier regieren möchte; im Gegenteil bitte ich Eure Majestät, mich zum

---

[8] Das Reino de Tierra Firme umfaßte Panamá und die kolumbianische Atlantikküste.
[9] Vgl. zu den verschiedenen Arten staatlicher Rechtsetzung (provisiones, cédulas, capítulos de ordenanzas, instrucciones, cartas) Horst Pietschmann: Die staatliche Organisation des kolonialen Iberoamerika, Stuttgart 1980, S. 102–109.

Lohn für meine Arbeit und die zweiundzwanzig Jahre, die ich hier diene, woanders dienen zu lassen, wo ich mit mehr Ruhe und Frieden die wenigen Tage, die ich noch zu leben habe, beenden kann. [...]
  Dieses Land ist reich, wie ich Eurer Majestät geschrieben habe, sowohl an Gold als auch an Silber. Wenn es nur Frieden hätte! Aber diese Indios sind so hartnäckig und entschlossen, zu sterben oder uns aus dem Land zu vertreiben, daß man schlecht den ganzen Reichtum genießen kann. Ich schreibe dem Gouverneur von Peru, der *Licenciado* Castro[10] solle mir einige Hilfstruppen senden, denn er sieht ja die Notlage, in der ich bin, und soll nicht auf vergangene Dinge schauen, sondern darauf, daß er Eurer Majestät damit einen großen Dienst erweisen wird, und schreibe dasselbe an die Audiencia von Panamá[11], daß, wenn aus Spanien keine Hilfe kommt und sie keine geschickt haben, Eure Majestät ihnen dann befehle, sofort Hilfe zu senden. [...]

Aus: José Toribio Medina: Colección de documentos inéditos para la Historia de Chile. 2. Folge. Vol. 1 (1558–1672). Santiago de Chile 1956, S. 166–171. Übers.: BK; Anm.: RP

30. Vorstellungen der spanischen Krone über die Erschließung von Neu-Spanien (1535)

Die von der Krone entsandten Gouverneure und Vizekönige, die die Aufgabe übertragen bekamen, die Regierungsgewalt aus den Händen der Anführer der Konquista-Züge zu übernehmen, erhielten schon sehr früh Anweisungen ausgehändigt, die ihnen auftrugen, in welchen Bereichen sie Maßnahmen treffen sollten. Diese recht ausführlichen Dienstanweisungen sparen kaum ein Gebiet der politischen Organisation und der öffentlichen Verwaltung jener neu erworbenen Länder aus: Christianisierung der Eingeborenen und Kirchenbau, Inspektion aller Städte, Ortschaften und Ansiedlungen durch den neuen Amtsträger persönlich oder durch von ihm zu entsendende spezielle Untersuchungsbeamte, *Encomienda*, Indianertribut, Edelmetallbergbau und Münzprägung, Handel, Steuern, Statistik, Landwirtschaft bzw. Nutzung von Naturschätzen, Städtebau, Festungsanlagen, Siedlungspolitik, Einführung neuer Anbauformen usw. Schon bald wurde es üblich, daß zumindest die Vizekönige, sozusagen als Antwort auf die königliche Dienstanweisung, am Schluß ihrer Dienstzeit einen Bericht über die während ihrer Amtszeit ergriffenen Maßnahmen bzw. über die aufgetretenen Probleme und die allgemeine Lage in ihrem Jurisdiktionsgebiet abgaben, der in einer Ausfertigung dem Nachfolger und in einer anderen den Zentralbehörden des Mutterlandes

---

[10] Der Licenciado Don Lope de Castro, gebürtig aus Astorga (Spanien) und Ritter des Santiago-Ordens, gehörte seit 1541 der Audiencia von Valladolid als Richter an und war seit 1558 Mitglied des Indienrates. Nach der Ermordung des peruanischen Vizekönigs Diego López de Zúñiga (1564) wurde Lopez de Castro zum Gouverneur, Generalkapitän und Präsidenten der Audiencia von Lima ernannt. Fünf Jahre später löste ihn Vizekönig Francisco de Toledo in Peru ab. Lope de Castro nahm danach wieder seinen Platz im Indienrat ein.

[11] Die Audiencia von Panamá, deren Präsident gleichzeitig Gouverneur und Generalkommandant des Reino de Tierra Firme war, unterstand in loser Abhängigkeit dem peruanischen Vizekönig.

30. Pläne der spanischen Krone für die Erschließung Neu-Spaniens

ausgehändigt wurde. Instruktionen und Berichte („Memoria de gobierno", später „Instrucción" genannt) stellen zentrale Quellen für die Kenntnis der innenpolitischen Entwicklungen im kolonialen Hispanoamerika dar.

Die Ausführlichkeit der hier vorliegenden Instruktion vom 25. April 1535 für den ersten Vizekönig in Amerika nach Kolumbus, Antonio de Mendoza (vgl. Dok. 58), läßt deutlich erkennen, wie rasch in den etwa drei Jahrzehnten, seit die Politik der Siedlungskolonisation eingeschlagen worden war, das Reglementierungsbedürfnis der Krone angewachsen war, nicht zuletzt auch eine Konsequenz des sich im Mutterland durchsetzenden monarchischen Absolutismus. Dieser hat mit dem Ausbau der Verwaltung, der Reglementierung der Siedlungspolitik und des Städtebaus sowie von Handel und Verkehr, der Wirtschaft, ja sogar des Umweltschutzes – bereits unter Vizekönig Mendoza wurden Schutzmaßnahmen zur Erhaltung der Wälder gegen wildes Roden und Brenn- bzw. Bauholzschlagen getroffen – die Infrastruktur mitgeschaffen, die vielfach noch heute einzelne Lebensbereiche Hispanoamerikas bestimmt. Für eine solche Politik waren jedoch genaue Kenntnisse des Landes und der Lebensumstände seiner Bewohner erforderlich, weshalb die Krone schon früh statistische Erhebungen anordnete und ihren Stellvertreter anwies, möglichst persönlich das Land zu inspizieren und vor Ort die erforderlichen Maßnahmen zu treffen. Pi

Lit.: Arthur S. Aiton: Antonio de Mendoza. First Viceroy of New Spain. Durham 1927 – George Kubler: Mexican Architecture of the Sixteenth Century. Vol. 1. New Haven-London 1948 – Alejandra Moreno Toscano: Geografía económica de México (siglo XVI). México 1968 – Sylvia Vilar: Trajectoire des curiosités espagnoles sur les Indes: Trois siècles d',interrogatorios' et ‚relaciones'. In: Mélanges de la Casa de Velázquez. Vol. 6 (Paris) (1970), S. 247–308 – James Lockhart: Spanish Peru, 1523–1560. A Colonial Society. 2. Auflage. Madison 1974 – Mario Góngora: Studies in the Colonial History of Spanish America. Cambridge-London-New York etc. 1975 [3. Kapitel] – Jorge E. Hardoy und Richard P. Schaedel (ed.): Las ciudades de América Latina y sus áreas de influencia a través de la historia. Buenos Aires 1975 – Peggy Liss: Mexico under Spain, 1521–1556. Chicago-London 1975 – John V. Lombardi: People and Places in Colonial Venezuela. Bloomington-London 1976 – Lewis Hanke und Celso Rodríguez: Los virreyes españoles en América durante el gobierno de la Casa de Austria. Mexico. 5 vol. Biblioteca de Autores Españoles. Desde la formación del lenguaje hasta nuestros días. Vol. 273–277. Madrid 1976–78 – Silvio Zavala: Orígenes de la colonización del Río de la Plata. México 1977 [3. Kapitel] – Gabriel O. S. B. Guarda: Historia urbana del Reino de Chile. Santiago 1978. RP

Was Ihr, Don Antonio de Mendoza, Unser Vizekönig und General-Gouverneur der Provinz Neu-Spanien[1], zu Diensten Gottes, Unserer selbst und des ganzen dortigen Gemeinwesens zusätzlich zu dem in den Vollmachten und Aufträgen, die Ihr von Uns erhalten habt, Enthaltenen tun sollt, ist folgendes:

1. Sofort nach Ankunft in jenem Land, und sobald Ihr Euch ein erstes Bild davon gemacht habt, sollt Ihr Euch vor allem anderen darüber unterrichten, welche Beiträge für die geistlichen und kirchlichen Angelegenheiten gezahlt wurden und werden, besonders für die Errichtung der für den Gottesdienst

---

[1] Die Provinz Neu-Spanien, der Jurisdiktionsbezirk der Audiencia von Mexico, entsprach etwa dem Gebiet von Zentralmexiko.

notwendigen Kirchen und die Bekehrung und Unterweisung der indianischen Einwohner jenes Landes, und für andere solche Dinge, die den Dienst Gottes, Unseres Herrn, und die Entlastung Unseres königlichen Gewissens betreffen. Die Fehler, die nach Eurer Feststellung dabei aufgetreten sind, sollt Ihr mit jedem Prälaten in seiner Diözese besprechen. Dann sollt Ihr mir Bericht darüber erstatten und mir sagen, wofür nach besagter Prälaten und Eurer eigenen Meinung Vorsorge zu treffen ist, damit nach Prüfung Eurer Mitteilung und Meinung Ich die geeigneten Maßnahmen anordne. Inzwischen sollt Ihr mit besagten Prälaten in allen diesen Angelegenheiten nach Euren Möglichkeiten und Pflichten in der angemessensten Weise vorgehen.

2. Item. Ihr sollt allerschnellstens sowohl die Stadt Mexiko als auch alle anderen Städte, Dörfer, Siedlungen der ganzen Provinz visitieren[2], und zwar Ihr persönlich die wichtigsten und alle, die Ihr selbst bequem erreichen und visitieren könnt, und für alle jene, die Ihr persönlich nicht visitieren könnt, sollt Ihr fähige und vertrauenswürdige Personen benennen, die etwas von der Durchführung und Erfüllung des in diesem Kapitel Enthaltenen und all dessen, was damit zusammenhängt, verstehen. Ihr und jede einzelne besagter Personen sollt Euch über die Bedeutung eines jeden der Dörfer unterrichten und über die Anzahl seiner eingeborenen Bewohner und anderer, spanischer Bewohner, die es dort eventuell gibt, und darüber, was die Landesbewohner an Uns oder an die Personen, die sie in Unserem Namen in Encomienda haben, nach Eurer Feststellung in jedweder Weise zum Zeitpunkt der Visitation entrichten und zahlen. Dabei sollen Unsere Bücher über die vergangenen Visitationen herangezogen werden wie auch die Schätzungen und Beschreibungen, die Unser Präsident und die Oidores[3] darüber angefertigt haben. Ebenso sollt Ihr Euch darüber unterrichten, ob besagte Eingeborene leicht mehr Gold, Silber oder andere Dinge, die ihnen bezeichnet und taxiert wurden, beisteuern und bezahlen können, als sie gegenwärtig zahlen. Ebenso sollt Ihr Euch darüber unterrichten, wieviel Tribut jeder Ort umgerechnet auf Gold- und Silberwert bezahlt.

[...]

4. Weiterhin, nachdem Wir bezüglich der Bevölkerung besagten Landes und zur Verbesserung ihrer Lage befohlen haben, sie für gewisse Zeit und nach Unserem Gutdünken von der Alcabala[4] und anderen Steuern und Abgaben zu befreien, [...] gebührt es nun auf Grund der großen Bedürfnisse zur

---

[2] Die Behördenvisitation, die bereits unter Karl V. in Amerika eingeführt wurde, war ein wichtiges Kontrollinstrument der Krone und trug dazu bei, den Bürokratisierungsprozeß in den Kolonien zu beschleunigen. Die Durchführung der Visitationen wurde besonders bevollmächtigten königlichen Kommissaren anvertraut.

[3] Hiermit ist der Präsident der zweiten Audiencia von México, Sebastián Ramírez de Fuenleal (1531–1535), angesprochen.

[4] Bei der Alcabala handelte es sich um eine Verkaufssteuer, die vom Verkäufer zu zahlen war. In Kastilien betrug sie zwischen 5% und 10%, in Übersee bis 1635 2%. Die Steuersätze variierten je nach Produkt- und Personengruppe, und einige Teile der Bevölkerung waren exempt.

30. Pläne der spanischen Krone für die Erschließung Neu-Spaniens

Abb. 9: Antonio de Mendoza, ein enger Vertrauter Kaiser Karls V., war als erster Vizekönig von Neu-Spanien (1535–1550) Garant für die Loyalität des überseeischen Kronbesitzes.

Verteidigung Unserer Reiche vor den Feinden Unseres heiligen Glaubens, daß wir von Unseren Untertanen unterstützt werden, insbesondere mit den Alcabalas und Abgaben, die seit alters her an Uns gezahlt werden in Unseren Reichen von Kastilien. [Es folgt die Anweisung, zu prüfen, ob diese Steuern auch in Amerika gezahlt werden können.]

5. Item. Denn hier ist besprochen worden, daß die hauptsächliche und beste Weise, wie Wir Uns des Landes bedienen können, und zwar bei weniger Drangsal seiner Bewohner[5], besonders derjenigen, die nicht die Möglichkeit haben, die Tribute und Abgaben, die sie Uns zu entrichten haben, in Gold zu

---

[5] Naturales, d.h. Landesbewohner, wurde auch für Kastilier in Kastilien gebraucht, bezeichnet hier aber die Indios. Dies zeigt, daß zunächst der eher diskriminierende Name Eingeborene, Indígenas, nicht überall verwendet wurde.

bezahlen, in ihrem persönlichen Dienst besteht: In den Dörfern, die unter Unserer Verwaltung stehen, sollten sie verpflichtet sein, Personen aus ihrer Mitte für die Arbeit in den von Uns bezeichneten Gold- und Silberminen einzuteilen.
[...]
7. In vielen Petitionen, die aus besagtem Land seit einigen Jahren hierher gelangt sind, ist Uns berichtet worden, daß ein großer Teil des Handels zwischen Spaniern und Eingeborenen besagten Landes aufgehört habe und aufhöre und daß beim Verkaufen und Kaufen den einen wie den anderen viel Schaden und Verlust entstehe, weil dort keine Gold-, Silber- und Vellón-[6] Münzen geprägt würden. [...] Nachdem Wir dies festgestellt haben, sind Wir übereingekommen, daß in jenem Land Münzen geprägt werden [sollen], und [zwar] gegenwärtig nur Silber- und Vellónmünzen. Deshalb befehle ich Euch, entsprechend der Anordnung, die Euch von Meinem Indienrat erteilt werden wird, und den Dienstanweisungen, die dieserhalb ergehen werden, Münzen prägen zu lassen.
[...]
9. Item. Ihr sollt Euch darüber unterrichten, wieviele Konquistadoren am Leben sind und in Neu-Spanien wohnen oder sich dort mit Unserer oder der in Unserem Namen vom Präsidenten und von den Oidores ausgesprochenen Genehmigung nicht mehr aufhalten, und wieviele verstorben sind, deren Erben im dortigen Neu-Spanien leben, und wieviele andere Siedler es dort gibt und über ihrer aller Eigenschaften und wieviele Uns gedient haben und über die Vorteile, die sie seit ihrer Ankunft in besagtem Land gehabt haben, sowohl durch Gnadenerweise, die sie von Euch erfahren haben, als auch durch Abtretung [von Land oder Indios] oder auf jedwede andere Weise.
[...]
13. Weiterhin sind Wir darüber unterrichtet, daß es in vielen Gegenden der Provinz große und sehr ergiebige Gold- und Silberminen und andere Erzgruben gibt, und daß Uns, abgesehen vom Fünften[7], den Uns die mit Unserer Konzession und Genehmigung dort fördernden Privatpersonen gezahlt haben und zahlen, sehr gedient wäre und unsere königlichen Einkünfte erhöht würden, wenn Unsere Beamten für Uns und in Unserem Namen eine beträchtliche Anzahl schwarzer Sklaven oder derjenigen Indios, die berechtigterweise als Sklaven erworben und gehalten werden, in den Minen arbeiten ließen.
[...]
14. Weiterhin sind Wir darüber unterrichtet, daß die Provinz oder ihr größter Teil sehr fruchtbar und ergiebig ist, und daß sie eine Vielfalt an Erzeugnissen *(cosas)* hervorbringt, die Uns dienlich und den Landesbewohnern und

---

[6] Kupfermünzen mit geringem Silberzusatz wurden als Vellón-Münzen bezeichnet.
[7] Seit 1504 mußte von erbeutetem, gefundenem oder im Bergbau gewonnenem Gold, Silber oder anderen Metallen der fünfte Teil an die Krone abgeführt werden. Um den Bergbau in der Neuen Welt zu fördern, wurde in einigen Gebieten der Steuersatz auf 10% gesenkt.

Siedlern verdienstbringend sein könnten, wenn man sie sich mit Geschick und Sorgfalt zunutze zu machen verstünde. Deshalb beauftrage und befehle Ich Euch, der Ihr Uns dadurch sehr zu Diensten sein werdet, darüber Auskunft und Kenntnisse einzuholen, welche von den Produkten von solcher Güte sind, daß sie jetzt oder künftig Unsere Steuereinnahmen und Unser königliches Patrimonium vermehren können. Und Ihr sollt Verantwortung und Verwaltung jedes einzelnen dieser Produkte Unseren Beamten und anderen Personen übertragen.
[...]
18. Weiterhin sollt Ihr Euch über die Klöster unterrichten, die es in der Provinz schon gibt oder die im Bau sind, und über diejenigen, die zur besseren Unterweisung der Landesbewohner in Unserem heiligen Glauben sinnvollerweise neu zu errichten seien. Und Ihr sollt dafür sorgen, daß diese mit Hilfe besagter Indianer und den geringsten Kosten für Uns, aber ohne ihre Drangsalierung oder Bedrückung errichtet werden. [...]
19. Weiterhin sollt Ihr Euch über die Festungen und Forts unterrichten, die es in Mexiko und an anderen Orten der Provinz gibt, und über diejenigen, die zweckmäßigerweise neu zu errichten seien, sowohl in den Häfen als auch an anderen Orten des Landes. Und die Ihr für Uns dienlich und für die Sicherheit und Verteidigung des Landes für notwendig erachten mögt, sollt Ihr zu bauen befehlen, wie schon gesagt, mit Hilfe der Indios und ohne sie zu drangsalieren und zu bedrücken.
[...]
22. Weiterhin sollt Ihr Euch über die Siedlungen unterrichten, die in Oaxaca, Puebla de los Angeles, Santa Fé[8] und Michoacán errichtet wurden, und ob sie Gott und Uns frommen, und ob es sinnvoll ist, sie zu erhalten oder zu vergrößern oder zu verlegen oder diesbezüglich irgendetwas anzuordnen. Und Ihr sollt alles so versehen, wie es Euch zu Gottes und Unserem Frommen und zum Wohle für das Gemeinwesen jedes einzelnen dieser Dörfer am besten zu sein scheint. [...]
23. Weiterhin sollt Ihr Euch darüber unterrichten, in welchen Gegenden und Orten der Provinz es angebracht ist, einige Dörfer von Spaniern zu gründen, oder ob es zur Bekehrung der Landesbewohner zu Unserem heiligen Glauben und für ihre gute Behandlung gut wäre, wenn es in den Dörfern, wo sie wohnen, spanische Bürger und Bewohner gäbe[9].
[...]
26. Item. Wisset, daß Ich befohlen habe, einen gewissen *Asiento* und eine

---

[8] Die Stadt Santa Fé in der Nähe von Mexiko-Stadt wurde 1532 gegründet.
[9] In den Gesetzen von Burgos (1512) hatte die Krone angeordnet, die Indios in die Nähe spanischer Niederlassungen umzusiedeln, um so ihre Christianisierung und Hispanisierung zu erleichtern. Demgegenüber forderten vor allem die Dominikaner (Las Casas), die Indios in von den Spaniern getrennten Ortschaften zu konzentrieren, um so die Eingeborenen vor Übergriffen zu schützen. Die Krone verfolgte seit der Mitte des 16. Jahrhunderts eine strenge Segregationspolitik.

gewisse *Capitulación* mit Micer[10] Enrique und Alberto Aion, Deutsche, zu schließen über Zucht und Anbau von Waid[11] und Safran in Neu-Spanien, dessen Abschrift Euch zu Eurer Unterrichtung übermittelt wird.

Zu Barcelona, am 25. April 1535. Ich, der König. Auf Geheiß Seiner Majestät, Cobos, *Comendador Mayor*[12]. Gezeichnet von dem Grafen und Beltrán und Suŕez und Mercado.

Aus: Biblioteca de Autores Españoles. Desde la formación del lenguaje hast nuestros días (Continuación). Los Virreyes españoles en América durante el gobierno de la Casa de Austria. México. Vol. 1. Ed. Lewis Hanke, Celso Rodríguez. Madrid 1976, S. 22–31. Übers.: BK; Anm.: RP

31. Die Festsetzung der Niederländer auf Java (1610/11)

Die erste niederländische Flotte, die auf der Suche nach den Gewürzinseln nach Südostasien segelte, erreichte 1596 Bantam auf Java. Diese Stadt erwies sich schnell als bedeutendstes Handelszentrum der Insel und wurde für Jahrzehnte der wichtigste Pfeffereinkaufsplatz für die 1602 gegründete niederländische Vereinigte Ostindische Kompanie (VOC) und ihre englische Konkurrenzgesellschaft (East India Company). Aber auch mit anderen Hafenstädten Javas knüpfte man Beziehungen an, u. a. noch im selben Jahr mit dem benachbarten Jakatra. Ziel der Niederländer war es, überall dort, wo sie auf Gewinne hoffen konnten, ein Handelskontor zu errichten und gleichzeitig jede europäische Konkurrenz nach Möglichkeit auszuschließen. Der im November 1610 mit dem Pangeran (Fürst, Prinz) von Jakatra geschlossene Vertrag ist ein typisches Beispiel für eine ganze Reihe derartiger Übereinkünfte. Auf seiner Grundlage errichtete die VOC in der Stadt Jakatra eine Faktorei und auf der nahe gelegenen Insel, von den Holländern „Onrust" getauft, eine Schiffszimmerwerft.

Lit.: M. L. van Deventer: Geschiedenis der Nederlanders op Java. Deel I. Haarlem 1886 – F. S. Gaastra: De geschiedenis van de VOC. Bussum 1982, S. 39–41.   Pa

Vereinbarung und Vertrag, geschlossen durch den Kapitän Jacques l'Hermite dem Jüngeren im Namen und seitens der Edlen Hochmögenden Herren Generalstaaten der Vereinigten Niederländischen Provinzen und Seiner Exzellenz Maurits von Nassau etc[1]. auf der einen und dem Durchlauchtigen Widjåjå Kråmå, König von Jakatra, auf der anderen Seite, und zwar für ewig; diesen ... Anno ...[2]

---

[10] „Micer" ist ein vom italienischen Wort „Messere" abgeleiteter Ehrentitel, der für bürgerliche Vornehme, Gebildete und Rechtsgelehrte verwendet wurde.

[11] Pflanzliches Färbemittel, vgl. Dok. 10, Anm. 7.

[12] Francisco de los Cobos (1480/90–1547), Sekretär Karls V., einer der engsten Vertrauten des Kaisers, besaß die Würde eines „Comendador Mayor" des Ritterordens von Santiago. In Vertretung seines Sohnes Diego war Francisco de Los Cobos Kanzler der indianischen Provinzen und Reiche und unterzeichnete als solcher das vorliegende Dokument. Die anderen Unterschriften stammen von Mitgliedern des Indienrates.

[1] Statthalter der Niederlande, Prinz von Oranien.

[2] Nicht eingesetzt. Muß vermutlich November 1610 heißen, weil hier das Datum gemeint ist, an dem l'Hermite den ersten Vertrag abschloß. Dieser wurde im Januar 1611 durch den ersten Generalgouverneur der VOC für Ostindien, Pieter Both, bestätigt.

Erstens wird der genannte König den Untertanen der genannten Herren Staaten, die eine ordentliche Kommission haben, in Jakatra den freien Handel und einen angemessenen Wohnplatz verleihen, wo ihre Personen und Güter gut aufgehoben sein werden, und um denselben zu bauen, wird er uns einen im Chinesenviertel gelegenen Platz zuweisen, der fünfzig Faden in der Länge und ebensoviel in der Breite groß ist oder größer, falls wir dies benötigen. Für diesen genannten Platz werden wir dem König 1200 Realen von Achten[3] bezahlen. Er wird uns darauf nach unserem Belieben zimmern und ein steinernes Gebäude errichten lassen, so groß oder klein, wie es uns zupaß kommt; und er wird auch gehalten sein, [unsere] Häuser, Personen und Güter gegen alle Angriffe von Feinden, wer diese auch sein sollten, beschützen zu helfen.

Demgegenüber werden die besagten Hochmögenden Herren Generalstaaten der Vereinigten Niederlande gehalten sein, den genannten König von Jakatra, seine Untertanen und Länder beschirmen zu helfen und [ihm] gegen alle Gewalt und gegen alle kriegerischen Einfälle zu Wasser und zu Land beizustehen, die ihm durch Spanier, Portugiesen oder irgendwelche anderen Feinde direkt oder indirekt angetan werden sollten.

Aber falls der König außerhalb seines Landes irgendwelche Kriege oder Angriffe unternimmt, werden die genannten Holländer weder gehalten sein, ihm beizustehen, noch ihm zu Wasser oder Land irgendwelche Hilfe zu leisten.

Und damit später betreffs des Handels oder der Handelswaren keine Differenzen aufkommen, durch die eine Entfremdung der Parteien entstehen könnte, sind wir miteinander übereingekommen und haben folgendes vereinbart:

[Bestimmungen über Zölle und Abgaben auf Pfeffer, Sandelholz, andere Gewürze und chinesische Waren wie Seide und Porzellan.]

[Die Holländer] werden auch auf allen umliegenden Ländereien und Inseln des Königs ohne Behinderung und Belästigung zum Bau von Schiffen und anderem mehr Holz schlagen oder schlagen lassen dürfen.

[Entlaufene Sklaven, die der einen Partei gehören und zu der anderen geflüchtet sind, sollen ausgeliefert werden. Der König ist verpflichtet, den Holländern, wenn nötig, bei der Eintreibung ausstehender Schulden zu helfen. Übergriffe, die Angehörige der einen auf Angehörige der anderen Partei verüben, werden angemessen bestraft.]

Der König wird sich auch nicht dazu verstehen, irgendwelche Portugiesen oder Spanier zu irgendeinem Handel in seinem Land zuzulassen, sondern dieselben gänzlich daraus abwehren.

All diese obenstehenden Artikel miteinander abgeschlossen zu haben, be-

---

[3] Eine gebräuchliche Bezeichnung für den spanischen *Peso de a ocho*, eine Silbermünze im Wert von acht *Reales,* die sowohl im ost- wie im westindischen Raum ein sehr beliebtes Zahlungsmittel war.

kennen wir Unterzeichnende, und wir geloben beiderseits, sie nun und bis in Ewigkeit unverbrüchlich zu halten. In Kenntnis der Wahrheit ist dies mit unserem üblichen Handzeichen unterzeichnet in Jakatra, datum ut supra.

[Darunter stand: bestätige Obenstehendes. War gezeichnet Pieter Both.]

Aus: J. E. Heeres (Hg.): Corpus diplomaticum Neerlando-Indicum. Verzameling van politieke contracten en verdere verdragen door Nederlanders in het Oosten gesloten, van privilegebrieven, aan hen verleend, enz. Deel I: 1596–1650. o. O. 1907, S. 85–88. Pa

32. Jan Pietersz. Coen schildert die Eroberung von Jakatra (1619)

In den Jahren nach der Errichtung der niederländischen Faktorei blühte Jakatra auf, doch durch ungeschicktes Verhalten der die politischen Verhältnisse auf Java nicht durchschauenden Niederländer und durch ungebührliches Betragen einiger Vertreter der Ostindischen Kompanie (VOC) kam es sowohl mit dem Pangeran von Jakatra als auch mit dessen Lehnsherrn, dem Sultan von Bantam, zu Spannungen. Die auf die holländischen Erfolge neidischen Engländer, die sich von der VOC aus Banda und den Molukken verdrängt sahen, wußten das Mißtrauen der Javaner anzustacheln, welche vor allem den stillen, aber schnellen Ausbau des Kontors in Jakatra zu einer Festung argwöhnisch beobachteten. Angesichts der Ende 1618 von den Engländern und dem Pangeran von Jakatra gemeinsam begonnenen Feindseligkeiten gegen das neue Fort fand es Jan Pietersz. Coen, zu dieser Zeit Generaldirektor der VOC in Java, geraten,

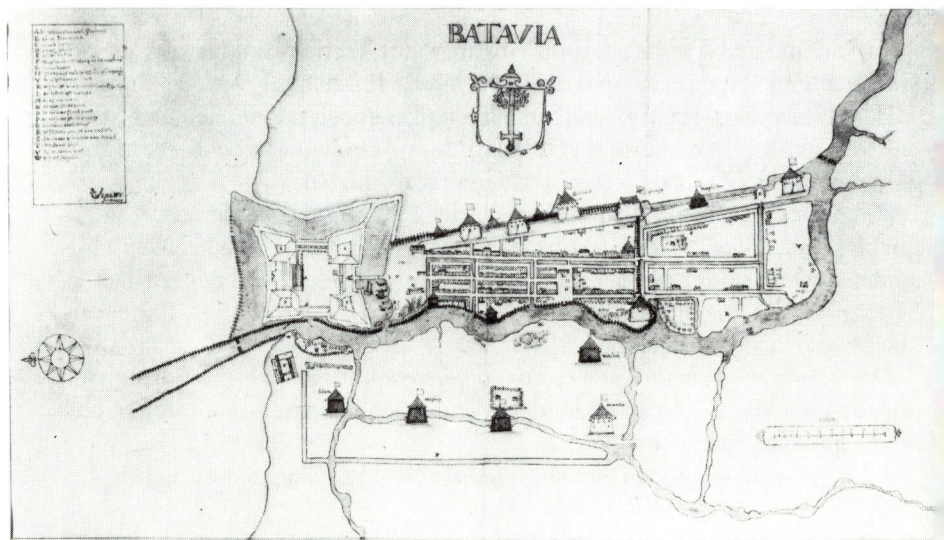

Abb. 10: Grundriß von Batavia aus dem Jahr 1629; links die von J. P. Coen begründete Zitadelle.

32. Coen schildert die Eroberung von Jakatra

mit den wenigen ihm zur Verfügung stehenden Schiffen zu den Molukken zu segeln, wo sich die Hauptmacht der Kompanie befand, um von dort Verstärkung zu holen. Die mit rund 250 Mann besetzte Festung wurde an der Landseite durch die Truppen des Pangeran und an der Seeseite durch eine englische Flotte eingeschlossen, konnte sich jedoch durch Unterhandlungen wochenlang halten. Inzwischen hatten die Vertreter der Kompanie in Bantam in dem dortigen Reichsverweser Mißtrauen gegenüber dem engen Einvernehmen zwischen dem Pangeran und den Engländern geweckt. Anfang Februar 1619 erschienen daher Truppen aus Bantam in Jakatra und setzten den übermütigen Vasallen ab: Bantam stellte seine völlige Souveränität über Jakatra wieder her. Die Engländer, ihres Verbündeten beraubt, zogen ab. Angesichts der Forderung des Reichsverwesers von Bantam, das Fort zu übergeben oder zu schleifen, entschloß sich die niederländische Besatzung zu äußerstem Widerstand. So lagen sich Bantamer in der Stadt und Niederländer in der Festung gegenüber, als am 28. Mai Coen, inzwischen zum Generalgouverneur ernannt, mit 18 Schiffen auf der Reede erschien. Unmittelbar nach der Ankunft beschloß der Flottenrat, Jakatra zu zerstören und auf den Trümmern der Stadt den lang gesuchten Sammelplatz für die Schiffe der Kompanie und das Verwaltungszentrum für Südostasien zu errichten. Die zwei Tage später folgende Eroberung und Vernichtung des alten Jakatra schilderte Coen selbst am 5. August 1619 in einem Brief an die *Heren XVII*, die Direktoren der VOC in den Niederlanden.

An seiner Stelle entstand Batavia (heute in abweichender Schreibweise gegenüber dem 17. Jh.: Jakarta), die Hauptstadt des niederländischen Reiches in Ostindien. Angesichts der militärischen Stärke der Kompanie fand sich Bantam notgedrungen mit dem Verlust des bisherigen Vasallenstaates ab. Bis zur Mitte des 18. Jahrhunderts gelang es Batavia, seinen Nachbarn Bantam in ein beinahe totales Abhängigkeitsverhältnis zu bringen.

Lit.: M. L. van Deventer: Geschiedenis der Nederlanders op Java. Deel I. Haarlem 1886 – F. S. Gaastra: De geschiedenis van de VOC. Bussum 1982, S. 39–41.   Pa

Als wir Jakatra am 28. Mai im obengeschilderten Zustand fanden, brachten wir gemäß obengenannter Resolution am 28. und 29. abends das Volk von den Schiffen an Land [und legten es] ins Fort. Den 30. dito sind bei Tagesanbruch 13 Kompanien mit wehenden Fahnen, ungefähr 1000 Mann stark, herausgezogen, haben Jakatra mit Gewalt angegriffen, die von Bantam herausgetrieben und durch Gottes Gnade [die Stadt] sehr glücklich erobert. Die von Bantam lagen ungefähr 3000 Mann stark in der Stadt, zusätzlich zu der Bevölkerung Jakatras. Als die Javaner sahen, daß tags zuvor so viel Volk in unser Fort gelegt wurde, flüchtete fast die ganze Bevölkerung Jakatras. Während die Unsrigen in Waffen auf die Stadt zu zogen, fuhr eine große Anzahl Prauen[1] voll Volk an unserem Fort vorbei, zwischen den Booten (die die Soldaten über den Fluß setzten) hindurch. Wir ließen sie auch passieren, ohne sie zu belästigen. Die Stadt Jakatra liegt am Westufer des Flusses. Am Ostufer ließen wir durch eine Kompanie Soldaten auf den dort gelegenen Befestigungsanlagen einen blinden Alarm schlagen und griffen die Stadt inzwischen auf der Nordseite an zwei verschiedenen Stellen an. Ein steinernes Bollwerk

---

[1] Javanische Boote.

wurde mit Leitern erklettert und an einer anderen Stelle eine hölzerne Brustwehr aus dicken Planken *(swalpen[2])* durchbrochen. Die von Bantam leisteten einigen Widerstand, doch sobald unser Volk in der Stadt war, ergriffen sie die Flucht. Auf dem Markt vor dem Königspalast formierten wir mit ungefähr 100 Mann wieder einen Angriff *(bravade)* und als die Unseren entschlossen aufzogen, flüchteten die Javaner. Bei der Einnahme der Stadt wurde einer der Unsrigen getötet und einige wurden verwundet. Wie viele Tote der Feind hatte, wissen wir nicht genau, da sie einige mitgeschleppt haben und nicht mehr als neun Tote von ihrer Seite gefunden wurden. Drei Frauen und ein Kind wurden auf der Flucht eingeholt, die gut behandelt und danach wieder zu den Ihren geschickt wurden. Die Stadt wurde völlig niedergebrannt und die wichtigsten Mauern wurden geschleift. Heute abend haben wir eine Prau nach Bantam gesandt und die Unsrigen [dort] angewiesen, dem Pangeran zu melden, wie wir mit der Flotte angekommen sind, Japara[3] und Jakatra eingenommen und zerstört haben, weil die von Japara einige der Unsrigen ermordet hatten und andere noch gefangen hielten und weil man sich in Jakatra unterstanden hatte, unsere Häuser zu plündern, den General und das Volk zu ermorden und alles zu rauben, was da war; und daß wir vorhaben, einen Kriegszug ins Landesinnere zu unternehmen und dann nach Bantam zu segeln und darum ersuchen, daß es dem Pangeran belieben möge, die Unsrigen, die er gefangen hält, frei an Bord zu schicken, um Weiterungen zuvorzukommen.

Aus: H. T. Colenbrander (Hg.): Jan Pietersz. Coen. Bescheiden omtrent zijn bedrijf in Indië. Deel I. 's-Gravenhage 1919, S. 470–471. Pa

33. Die Gründung der Kapkolonie: Aus dem Tagebuch Jan van Riebeecks (1652)

Seit Beginn des 17. Jahrhunderts diente die Tafelbai am Kap der Guten Hoffnung niederländischen und englischen Ostindienfahrern als Erfrischungsstation für ihre von Skorbut heimgesuchten Mannschaften und als Poststation, indem man Briefe für nachfolgende Schiffe unter auffällig gekennzeichneten Steinen hinterlegte. Obwohl die Direktoren der niederländischen Ostindischen Kompanie (VOC) ihren Kapitänen seit 1616 bindend vorschrieben, das Kap anzulaufen, kam es zu keiner formellen Inbesitznahme.

Am 25. März 1647 strandete die Haarlem auf dem Weg von Batavia in die Niederlande in der Tafelbai. Es gelang der Mannschaft, Ausrüstungsgegenstände und die Ladung des Schiffes zu bergen und an Land zu schaffen. Dort baute sie zu ihrem Schutz ein primitives Erdfort und wartete fast ein Jahr, bis im März die sog. Retourflotte unter Wollebrant Geleynsen das Kap anlief und sie und die geretteten Güter aufnahm. Die Männer der Haarlem hatten einiges Gemüse angepflanzt, dessen Samen sich zufällig an Bord befanden, und den Boden als äußerst fruchtbar befunden. Die Beziehungen zu

---

[2] Übersetzung nach frdl. Auskunft von F. S. Gaastra, Leiden, und Ingrid van Damme, Redaktion des Woordenboek van de Nederlandsche Taal, Leiden.
[3] Japara liegt an der Nordküste Javas, östlich von Jakarta.

33. Die Gründung der Kapkolonie durch Jan van Riebeeck

den Eingeborenen, die ihnen Rinder und Schafe verkauften, hatten sich sehr freundschaftlich gestaltet. Auf Grund dieser positiven Erfahrungen reichten zwei der Mannschaftsmitglieder, Leendert Jansz. und Nicolaas Proot, am 26. Juli 1649 bei der Kammer Amsterdam der VOC ein Memorandum ein, das die Vorteile herausstrich, die eine dauerhafte Festsetzung am Kap (Versorgungsstation und strategisch wichtiger Punkt) auf dem Weg zum und vom Fernen Osten haben würde. Am 30. August 1650 beschlossen die *Heren XVII*, das höchste Direktorium der Kompanie, diesen Vorschlag in die Tat umzusetzen. Man bot Nicolaas Proot den Posten des Kommandanten dieses Unternehmens an, doch dieser lehnte ab. An seine Stelle trat Jan van Riebeeck.

Riebeeck, geboren 1618, war 1639 als Schiffsarzt im Rang eines Unterchirurgen in den Dienst der VOC getreten, in Batavia aber schnell in die Handelslaufbahn gewechselt und hatte es bis zum Kaufmann im Kontor von Tonkin gebracht. Seine Karriere fand jedoch schnell ein Ende, als man ihn des Privathandels und einiger kleinerer Unterschlagungen verdächtigte, Vergehen, mit denen so gut wie alle Kompaniebedienstete in Übersee ihr Gehalt aufzubessern suchten. Die Strafe in Form einer Geldbuße fiel daher glimpflich aus, doch mußte er Indien auf einem Schiff der Retourflotte unter Geleynsen verlassen. Während der Heimreise erlebte er die Bergung der Männer und Güter der Haarlem und hielt sich dabei ungefähr drei Wochen am Kap auf. Von dem Wunsch beseelt, wieder in die Dienste der VOC zu treten und seine unterbrochene Laufbahn fortzusetzen, meldete er sich für die Aufgabe der Koloniegründung am Kap und wurde angenommen.

Am 24. Dezember 1651 verließen die Schiffe Drommedaris und Reijger sowie die kleine Jacht De Goede Hoop, die für den Gebrauch der Kapkolonisten bestimmt war, die Reede bei Texel. An Bord der Drommedaris befand sich Riebeeck mit seiner Familie. Auch einige andere Schiffsinsassen hatten ihre Frauen und Kinder bei sich. Die von den *Heren XVII* ausgefertigte Instruktion sah vor, am Kap ein Fort zu bauen, das den Namen „Gute Hoffnung" erhalten sollte, Gärten anzulegen und die Viehzucht mit von den Eingeborenen erworbenen Tieren zu beginnen. Zu diesem Zweck sollten siebzig Männer am Kap zurückbleiben, während die beiden Schiffe nach Erfüllung ihrer Aufgabe nach Batavia weitersegeln sollten.

Die kleine Flotte brachte eine schnelle und glückliche Reise hinter sich. Es waren nur wenige Sterbefälle an Bord zu verzeichnen, als am 5. April 1652 der Tafelberg in Sicht kam. Zwei Tage später, am Abend des 7. April, ging Riebeeck zum ersten Mal an Land, um einen Platz für das Fort auszusuchen.

Die folgenden Abschnitte aus seinem Tagebuch schildern das erste, entbehrungsreiche Jahr der Kolonisten am Kap. Bei ihrer Ankunft war der Boden infolge der jährlichen Dürreperiode völlig ausgetrocknet, knochenhart und kahl. Die folgende Regenzeit brachte Krankheit und Tod. Die neu angelegten Gärten wurden zweimal von den Wassermassen weggespült. Am schlimmsten litten Siedler und Arbeiter jedoch unter der Tatsache, daß der erwartete Fleischnachschub zunächst ausblieb. Man traf anfangs nur auf die armseligen Goringhaikonas (Strandläufer) unter ihrem Anführer Autshumao, genannt Harry oder Herry, die kein Vieh besaßen. Sie lebten in erbitterter Feindschaft mit den reichen Viehnomaden vom Stamm der Goringhaiques, die von den Niederländern Saldanier oder Kapmänner genannt wurden. Erst als diese im Oktober mit ihren riesigen Herden erschienen, nahm das Schicksal der kleinen Ansiedlung eine positive Wendung. Im Tausch gegen Tabak, Kupferdraht und -platten erhandelte Riebeeck bis Ende Januar 1653 230 Rinder, Kühe und Bullen, und 580 Schafe. Ende 1652 konnte man auch die ersten größeren Mengen von Landbauprodukten ernten, so daß der Kommandant nicht ohne Stolz in sein Tagebuch eintrug, von nun an könne man die Aufgabe als Verpflegungs- und Erfrischungsstation erfüllen und sei für die Ankunft der Retourflotte aus Ostindien gerüstet.

Lit.: George M'Call Theal: History of South Africa under the Administration of the Dutch East India Company (1652 to 1795). 2 vols. London 1897. Ndr. New York 1969 – E. C. Godée Molsbergen: De stichter van Hollands Zuid-Afrika Jan van Riebeeck 1618–1677. Amsterdam 1912 – Ders.: Jan van Riebeeck en zijn tijd. Een stuk zeventiende-eeuwse Ostindië. Amsterdam 1937 (Patria III) – C. Louis Leipoldt: Holland gründet die Kapkolonie. Jan van Riebeecks Leben und Werk. Leipzig 1937.

Pa

April Anno 1652

Sonntag, den 7. dito. [...]

Diesen Abend fuhren wir noch einmal zusammen an Land, um uns beiläufig einmal aus nächster Nähe zu besehen, wo das Fort gebaut werden müßte. Wir bekamen an diesem Abend auch zwei Wilde an Bord, von denen einer etwas Englisch sprach und denen wir den Bauch reichlich mit Essen und Trinken füllten. Aber wie wir von ihnen vernehmen konnten, wird von ihnen kein Vieh zu bekommen sein, da sie uns durch Worte in gebrochenem Englisch und durch Zeichen zu verstehen gaben, daß sie nur Fischer seien und die Tiere immer durch die von Saldania gebracht würden; [...].

Den 8. dito. Den ganzen Morgen hatte es ziemlich stark aus SSO geweht, was bis zum Mittag anhielt, bei klarem, hellen Sonnenschein. Gegenwärtig scheint Trockenzeit zu herrschen, da der Boden überall durch die Dürre des Landes auseinander gesprungen ist und wir viele Arme kleiner Flüsse völlig ausgetrocknet finden.

Heute ließen wir den Rat[1] zusammenrufen, um mit demselben gründlich über unser zu beginnendes Befestigungswerk etc. zu beratschlagen, wozu wir gestern in nächster Nähe einen Platz ausersehen hatten; es wurde beschlossen, heute einmal näher zu untersuchen und abzumessen, ob er auch groß genug und geeignet wäre, was wir, nachdem wir unsere Ratssitzung verlassen hatten, auch taten und den Platz als geeignet und groß genug befanden, dicht am Hauptarm des „Frischen Flusses," der augenscheinlich in die Gräben rund um das Fort geleitet werden kann.

[Am selben Abend werden 100 Mann an Land geschickt, um dort das Fort zu errichten. 81 bleiben an Bord der drei Schiffe, um die dort nötigen Arbeiten auszuführen und die für das Kap bestimmte Ladung zu löschen.]

Dem 9. dito. Schöner Sonnenschein und ziemlich warmes Wetter. Der *Opperhooft*[2] Riebeeck fuhr morgens früh an Land, wo er an diesem Tag das Fort vollständig absteckte; und nachdem er die äußersten Poligone, oder des Boll-

---

[1] Riebeeck spricht von sich selbst entweder in der 1. Pers. Pl. oder in der 3. Pers. Sing. Der Rat setzte sich – wie in solchen Fällen üblich – aus den Führern und Offizieren der in der Tafelbai liegenden Schiffe zusammen, mit Riebeeck als Vorsitzendem, da er Leiter des Unternehmens war.

[2] Gebräuchlicher Titel für den Vorsteher eines wichtigen Handelsstützpunktes der VOC.

werks äußerste Eckpunkte 21 Ruten rheinländischen Maßes[3] voneinander entfernt abgemessen hatte, fuhr er abends wieder an Bord.
[...]
Den 10. dito. Schönes warmes Wetter. Der genannte Riebeeck fuhr morgens früh an Land, wo er begann, das Volk mit Schaufeln, Spaten, Picken, Hacken und Schubkarren an die Arbeit zu stellen. Er fand die Erde so locker, daß man damit kaum feste Wälle wird machen können; und obwohl [die Arbeiter] viel Gestrüpp zwischen die Erde mengten, ist trotzdem zu befürchten, daß [die Wälle] durch starken Regen ziemlich abgeschwemmt werden, es sei denn, wir fänden Boden, der geeignet ist, um Grassoden [daraus zu stechen], um sie von außen auf [die Wälle] zu setzen, wonach wir am erstmöglichen Tag (nachdem wir erst die nötigere Arbeit in Gang gebracht haben) Ausschau halten werden.
[...]
Gegen Mittag kam ein kleiner Trupp von ungefähr neun oder zehn Wilden von Saldania an, gegen den sich die Strandläufer (die täglich mit Frauen und Kindern bei uns bei den Zelten sitzen) in Verteidigungsbereitschaft stellten und auf den sie mit solchem Mut und solcher Wut mit Wurfspießen, Pfeil und Bogen zuliefen, daß wir genug zu tun hatten, sie zum Stehen zu bringen. [Auf Betreiben der Weißen schließen die Angehörigen beider Stämme einen Waffenstillstand, der den ganzen Tag eingehalten wird.] Die von Saldania gaben durch Zeichen und viele Worte in gebrochenem Niederländisch und Englisch (die sie augenscheinlich vom Volk der verunglückten Haarlem[4] gelernt und in Erinnerung hatten) zu verstehen, daß sie für Kupfer und Tabak innerhalb weniger Tage Rinder und Schafe bringen würden, wozu wir sie freundlich und durch gute Bewirtung anhielten.
[...]
Den 12. dito. [Steife Brise], jedoch ohne solche Böen wie gestern, von denen einige so heftig waren wie Orkane. Und obwohl es sehr steif wehte, haben wir es dennoch im Namen des Herrn mit einer Schaluppe und sechs mutigen Ruderern gewagt, an Land zu fahren, da während unserer Abwesenheit, wie wir mit dem Fernrohr erkennen konnten, niemand bei der Arbeit blieb, obwohl täglich drei Untersteuerleute mit dem Befehl an Land bleiben, darauf aufzupassen, daß das Volk die Arbeit nicht unterbreche. [...]
Den 13. dito. [Es wird Grassoden gefunden, der jedoch wegen der Trockenheit nicht ausgestochen werden kann.]
Heute tauschten wir eine Kuh und ein junges Kalb für drei Platten Kupfer und drei Stückchen von einem halben Faden[5] Kupferdraht ein, wovon die Schiffe den angemessenen [Anteil] erhielten[6].

---

[3] Eine Rute rheinländischen Maßes hatte 12 Fuß. (Anm. des südafrik. Hgs.)
[4] Die Haarlem war 1647 in der Tafelbei gestrandet. Ihre unter Sand begrabenen Überreste wurden von Riebeeck noch gefunden.
[5] Seemannsches Längenmaß, entspricht 1,892 m.
[6] Das bedeutet, daß das Fleisch der Tiere zwischen der Mannschaft an Land und der an Bord der drei Schiffe aufgeteilt wurde.

[...]

Den 20. dito. [Die Salamander verläßt die Tafelbai.]

Abends westlicher Landwind. Wir stellten 5 Kanonen vorläufig auf die Schanzen, außen an den zwei zur See gerichteten Bollwerken je zwei, um das Gebiet entlang des Strandes und auch das Land zu bestreichen, und eine genau in die Mitte, die quer über den Wall [das Gebiet] zum Tafelberg hin bestreicht [...].

Den 21. dito. Der Wind aus NW mit einer ziemlichen Kühlte[7] bei schönem Sonnenscheinwetter. Wir feuerten heute die gestern [aufgestellten] Stücke scharf geladen ab und stellten Röhren *(pijpen)* in der Art von Schanzkörben vor sie. Auch sind wir heute ein gutes Stück die Schlucht des Tafelberges ungefähr zwei Meilen weit hinaufgegangen, wo wir durchwegs den schönsten und flachsten Lehmboden und andere schöne, fruchtbare Erde entdeckten, wie sie weit und breit nicht an anderen Stellen der Erde gefunden werden kann, aber von unserem wenigen Volk kann nicht der hundertste Teil gepflügt oder bebaut werden. Es wäre darum nicht befremdlich, wenn zu diesem Zweck einige arbeitsame Chinesen mit allerhand Samen und Pflanzen hierher kämen, wo von ihnen eine weit bessere Ernte zu erwarten stände, als jemals von der Insel Formosa[8] erhofft werden kann, weil der Boden hier viel fetter ist und es verschiedene morastige Stellen gibt.

[...]

Den 24. dito. Westlicher Wind mit annehmbarem Wetter. Wir fuhren mit all unserem Gepäck und der ganzen Familie an Land, um dort in einer aus losen Planken provisorisch etwas flüchtig aufgeschlagenen Hütte zu bleiben, damit die Arbeit etwas besser vorangeht.

[...]

Den 29. dito. Schönes, helles Wetter wie gestern und westlicher Wind. Wir steckten an diesem Morgen auf dem südlichen Bollwerk eine provisorische Brustwehr von 6 Fuß Breite ab; auch begannen wir, an der Stelle des Walls, mit dem bisher noch nicht begonnen wurde, eine solche Brustwehr derselben Breite zu machen, um uns, wie schon gesagt, fürs erste mit derselben zu umschließen und so provisorisch vor einem Angriff geschützt zu sein. Das Nordbollwerk ist an diesem Tag wegen der Härte des Bodens, der dort aus dem Graben ausgehoben wird, noch nicht bis zu seiner Höhe von 4 Fuß gewachsen.

Inzwischen wird an den Kellern des Wohn- und Packhauses gegraben, außerdem werden durch die Zimmerleute die dazu nötigen Holzteile mit größtem Fleiß angefertigt. Auch werden durch den uns aus dem Vaterland mitgegebenen Gärtner einige kleine Bodengevierte, vorerst zur Probe, besät, was zunächst noch wenig Fortgang haben wird, da wir unser Volk für die Arbeit an der Befestigungsanlage zu sehr benötigen. Doch lassen wir uns wegen

---

[7] Wort für Windstärke in der Seemannssprache.
[8] Formosa befand sich zu dieser Zeit im Besitz der VOC, die daraus mit Hilfe der chinesischen Dorfbewohner eine Landbaukolonie gemacht hatte.

des Winters und der Trockenzeit wenig verdrießen. Aber sobald wir uns mit einer losen Brustwehr umschlossen haben werden und die feuchte Zeit zu nahen beginnt, werden wir [diese Aufgabe] mit etwas mehr Kräften anpacken, obwohl nicht der tausendste Teil der geeigneten Erde und der Talebene durch dies wenige Volk gepflügt und eingesät werden kann. [...]

Mai Anno 1652

[...]
Den 11. dito. Südöstlicher Wind, ziemlich harte Kühlte. Der Oberkaufmann Riebeeck fuhr an Bord des Schiffes Drommedaris und ließ dort den Breiten Rat[9] zusammenkommen, durch den beschlossen wurde, daß man – da die Arbeit hier an Land an der Festung mit den wenigen arbeitenden Leuten von den [Schiffen] Drommedaris und Reijger etwas schleppend vorankommt und die Schiffe Walvis und Oliphant[10] viele Kranke an Bord haben, von denen einige an Land gebracht wurden, um sich zu erholen – von denselben 50 Mann hier zurücklassen wird, damit sie nach Wiederherstellung ihrer Gesundheit mit an den Werken arbeiten helfen und die genannten Schiffe von ihnen entlastet werden; bei der ersten Gelegenheit [will man] sie dann nach Batavia schicken. [Zurückbleiben sollen] nämlich vom Walvis 30 und vom Oliphant 20 [Mann], sowie Lebensmittel für drei Monate auf ordentliche Empfangsbestätigung, was genauer aus der Resolution vom heutigen Datum entnommen werden kann.
[...]
Den 14. dito. Der Wind wie vorher, mit schönem, klaren Sonnenscheinwetter. Heute begann die Fleute Reijger, ihre geladenen Vorräte für das Kap zu löschen und in dem Teil des Hauses zu bergen, der errichtet und provisorisch mit Planken gedeckt wurde. Heute waren auch viele Walfische in der Bai, die in der Sonne lagen und spielten und so zahm zu sein schienen, daß sie leicht zu fangen sein werden, wenn wir nur erst unsere andere erforderliche Arbeit getan haben.
Den 15. dito. [...] Diesen Mittag gaben wir dem Fort auf Befehl unserer Herren Meister[11] den Namen Gute Hoffnung und benannten die Bollwerke oder Eckpunkte nach den hier auf Reede liegenden Schiffen, nämlich:
das Südbollwerk wird Drommedaris genannt;
das Ostbollwerk Walvis;
das Westbollwerk Oliphant und
das Nordbollwerk Reijger,

---

[9] Der „Breite Rat" trat immer dann zusammen, wenn mehrere niederländische Schiffe in Gemeinschaft segelten oder wie hier gemeinsam vor Anker lagen. Er setzte sich aus den Offizieren und Kapitänen der Schiffe zusammen (vgl. Anm. 1).
[10] Diese beiden Schiffe waren am 3. Januar von Texel abgesegelt und hatten auf dem Weg nach Batavia die Tafelbai am 7. Mai erreicht.
[11] Gemeint sind die *Heren XVII*, die obersten Direktoren der VOC.

und die kleine Jacht selbst trägt den Namen des ganzen Forts: Gute Hoffnung. Womit die Schiffe Walvis und Oliphant ihren Abschied nahmen und wir ihnen unsere Berichte an den Edlen Herrn General und die Ratsherren von Indien[12] geschlossen einhändigten.
[...]
Den 25. dito. [...] Das Volk beginnt hier an Land ziemlich krank zu werden, sowohl an Roter Ruhr als auch an anderen Krankheiten und Fiebern, augenscheinlich wegen der Kälte und dem Ungemach, unter der [die Menschen] hier auf Grund der dürftigen Unterkünfte leiden, mit denen wir uns selbst vorerst auch noch behelfen; aber wir hoffen, schnellstens etwas Besseres fertigzustellen, während wir bisher noch damit beschäftigt waren, unsere Lebensmittel und andere Trockenwaren unter Dach zu bekommen. Speck[-] und Fleisch[fässer] liegen noch auf dem nackten Feld, nur mit einigen losen Planken [zum Schutz] vor der Sonne etwas bedeckt.
[...]
Den 28. dito. [Die Drommedaris verläßt die Tafelbai.] Diese letzte Nacht ist unser oberster Hauszimmermann Hendrick Jansz. aus Utrecht an der Roten Ruhr gestorben, und auch der Oberbarbier[13] von der Krankheit befallen worden. Es scheint, daß Gott der Allmächtige uns mit dieser Plage hier schwer heimsucht, da seit sechs bis sieben Tagen sieben bis acht [Leute] krank geworden sind.
[...]

Juni Anno 1652

[...]
Den 3. dito. [...] Die Krankheit nimmt ständig und täglich mehr und mehr zu, so daß wir gegenwärtig von 116 Mann nicht mehr als 60 nur leidlich Gesunde zum Arbeiten haben.
[...]
Den 6. dito. [Platzregen behindert die Arbeit und verdirbt die Lebensmittelvorräte.]
Abends ist die Frau des Krankentrösters[14] mit einem kleinen Sohn niedergekommen, dem ersten Kind, das innerhalb des Forts Gute Hoffnung geboren wurde. Erst vorgestern hatten wir dem Krankentröster einen Platz im Fort angewiesen, wo bisher noch niemand anderer außer ihm wohnt, da wir noch allesamt in den außerhalb des Forts vor dem Schuppen aufgeschlagenen Hütten

---

[12] Gemeint sind der Generalgouverneur und der ihm beigeordnete Indienrat, die in Batavia residierten.

[13] Also der erste der Wundärzte. Diese an Bord der Schiffe der damaligen Zeit fahrenden „Chirurgen" waren zwar keine studierten Mediziner, hatten aber neben dem Haareschneiden die Versorgung von Wunden gelernt und auf ihren Reisen mehr oder weniger Erfahrungen bei der Behandlung von Infektions- und Tropenkrankheiten gesammelt.

[14] Geistlicher unterer Rangstufe, der vor allem Kranken und Sterbenden beistehen sollte und bei den Andachten Gebete und Psalmen vorsprach.

hausen, aber wir hoffen, in der nächsten Woche fast alle ins Innere [des Forts] zu ziehen und dort etwas bessere Wohnplätze zu finden.
[...]
Den 19. dito. Trockenes Wetter mit scharfen Südostwinden. Beim Umgraben des Bodens fanden unsere Gärtner eine schöne Sorte Spargel, woraufhin wir bei einer näheren Untersuchung das Land voll [davon] gefunden haben. Er wächst wild an vielen Stellen und ist von gutem Geschmack und einer Form wie in der Heimat. Darum lassen wir dieselben [Spargel] verpflanzen und veredeln, um sie, wenn möglich, zu einem noch besseren und willigeren Wachstum zu bringen. Außer dem Kleeampfer, den man hier gewöhnlich zu finden pflegt, haben wir noch eine gewisse andere Ampfersorte in ziemlichem Überfluß gefunden, die der holländischen ähnlich und viel besser und gesünder als der Kleeampfer ist. Es scheinen sich mit diesem Regen viele Kräuter zu offenbaren, und wie es sich ansehen läßt, wird es auch mit den holländischen Früchten in der kommenden fruchtbaren Zeit gut gehen; momentan sind wir noch damit beschäftigt – neben der Arbeit an der Festung etc. – mit fünf bis sechs Mann etwas Boden zur Aussaat von allerlei heimatlichen Samen in der obengenannten fruchtbaren Periode vorzubereiten, da dasjenige, was bereits gesät wurde, täglich durch den Hagel und die starken Winde zerschmettert, in Stükke geschlagen und völlig verdorben wird. Jedoch sind wir in Bezug auf holländisches Gemüse soweit gekommen, daß wir [es] täglich an unserer Tafel und die Kranken schon Radieschen, Kopfsalat und Kresse genießen können. [...] Aber uns fehlen Rinder und Schafe, da die von Saldania wegen der kalten und unwirtlichen Zeit noch nicht damit ankommen, während diese Strandläufer, die täglich hier bei uns sind und unter dem Schutz unserer Kanonen leben, selbst nichts anderes essen als einzig Klippmuscheln und die Gewächse des Landes. Und wenn die von Saldania kommen, fliehen sie sogleich, außer einem, der etwas gebrochenes Englisch spricht und versprochen hat zu bleiben, um uns bei denen von Saldania als Dolmetscher zu dienen. Was daraus wird und ob er uns wird nutzen können, lehrt die Zeit.
[...]

Juli Anno 1652
[...]
Den 22. dito. [... Es gibt einen weiteren Todesfall. Von den zahlreichen Kranken befinden sich einige auf dem Wege der Besserung.]
Gegen [Einbruch der] Nacht nahm das harte Wetter mehr und mehr zu mit den stärksten und schwersten Wolkenbrüchen der Welt, wodurch wir den 23. dito (nachdem das Wetter sich etwas beruhigt hatte) all unsere in dem neuen Garten getane schwere Arbeit mit einem Mal überflutet und all unsere Saat ertrunken und verdorben fanden, was wir mit sehr großem Verdruß ansehen mußten, da wir verschiedene kleine Äcker mit Weizen, Gerste, Erbsen, Kohl und anderen Land- und Gartenfrüchten besät und bepflanzt hatten,

von denen einige so schön standen, daß es eine Freude war, sie anzuschauen. Doch es war dort soviel Niederschlag gefallen, daß das Land an verschiedenen Stellen wie ein See [unter Wasser] stand, da die Flüsse nicht alles hatten fassen können. In unserem Packhaus stand gut ein halber Fuß Wasser und innen im Fort glitzerte es an verschiedenen Stellen. Auch waren die Gräben rundum (wo bisher auf andere Weise kein Tropfen Wasser hineinkommen kann) ganz voll geregnet und eine ungefähr 2½ Fuß stark aus Lehm und schweren Steinen 8 Fuß hoch zu einer Kombüse aufgeführte Mauer war durch die mächtige und übermäßige Wassereinspülung auch ganz zusammengefallen. Aber die Werke unserer Festung, die mit Soden bedeckt sind und an denen wir noch täglich fleißig beschäftigt waren, blieben, gottlob, stark und fest [...].
[...]

August Anno 1652

[...]
Den 3. dito. [...] Am heutigen Tag sind wir mit allen Mann vom Strand mit unserer Behausung ins Innere des Forts gezogen, wo wir bereits eines, nämlich das Nordbollwerk, genannt Reijger, gut 16 Fuß hoch in voller Verteidigungsbereitschaft haben und damit beschäftigt sind, das diagonal gegenüberliegende Südbollwerk ebenfalls zu vollenden und was dergleichen mehr noch zu tun ansteht.
[...]
Den 29. dito. Mit wenig südöstlichem Wind bis nachmittags. Dann begann der Wind mit sehr schwerem Regen und Hagelschauern nach Norden zu drehen, wodurch das ganze Land wieder gleichsam wie ein See unter Wasser stand; und hätten wir nicht einen Graben gegraben und einen kleinen Deich um den neuen Garten angelegt, wäre derselbe wieder überschwemmt und die ganze Saat verdorben worden, was nun durch dies Mittel verhütet blieb.

September Anno 1652

[...]
Den 26. dito. Ungestüme nordwestliche Winde, was unser Werk wenig förderte. Und das Volk begann bereits ziemlich zu murren über die anhaltende mühsame Arbeit an der Befestigung, das Umgraben der Ländereien sowie auch über das Essen. Da der Stockfisch aufgebraucht ist und manchmal ein Tag verstreicht, an dem kein frischer Fisch gefangen werden kann, kann deshalb in Ermangelung desselben nur zweimal täglich, nämlich morgens Grütze und abends Erbsen, gegessen werden. Auch daß heute, wie es vorher schon geschehen ist und es notwendigerweise (falls keine Schiffe vom Mai aus der Heimat erscheinen[15]) noch öfter vorkommen wird, ein Fleisch- oder Specktag

---

[15] Gemeint ist die Flotte, die jährlich im Mai/Juni von den Niederlanden aus den Weg nach Batavia antrat.

durch frischen Fisch oder Geflügel ersetzt wird, um besagten Proviant (von dem bereits mehr als die Hälfte verbraucht ist) etwas zu strecken, da wir mit Fleisch und Speck (falls wir inzwischen keine Schiffe aus der Heimat oder Vieh von den Eingeborenen bekommen) nicht bis zur Ankunft der Retourflotte aus Indien reichen werden, und noch viel weniger mit Erbsen und Grütze, womit wir im alleräußersten Fall nicht länger als noch zwei Monate auskommen, und daß wir beim Brot die Ration auch auf drei Pfund die Woche werden vermindern müssen – von all dem haben wir diesen Leuten (soviel sie wissen mußten) Bericht gegeben und sie für diesmal noch zufrieden gestellt. Und gleichzeitig [haben wir] einige wichtige Punkte aus dem allgemeinen Artikelbrief vorgelesen, wonach jeder ehren- und eideshalber verpflichtet ist, sich (bezüglich der Rationen beim Essen und Trinken) gemäß der Zeit- und Sachlage der von den Befehlshabern ausgegebenen Anweisung zu verhalten und trotzdem ohne Widerspruch an den Befestigungsanlagen der Kompanie und anderen nötigen Vorhaben zu arbeiten sowie die Wachen wahrzunehmen und die Feldzüge mitzumachen, so, wie und wo dies die Not oder Zeitumstände erfordern.

[...]

Sonntag, den 29. dito. [Bei schönem Wetter besteigen elf Weiße und ein Hottentotte den Tafelberg. Der Aufstieg ist mühsam, der Berggipfel besteht aus einer langgestreckten Ebene mit einigen kleinen Wasserpfützen.]

[...]

Oktober Anno 1652

[...]

Sonntag, den 27. dito. [...] Wir haben heute das erste Mal zum Lammfleisch von unseren neuen Rüben gegessen, worunter einige ein halbes Pfund schwer und mindestens so delikat waren wie im Vaterland, ohne den geringsten Wurmstich. [...] Wir haben diesen Abend auch zum ersten Mal rote Rüben oder rote Beete, ansehnlich dick, ausgezogen und gegessen, die hier ebenfalls gut zu gedeihen scheinen.

Den 28. dito. Wind NW mit schönem, warmem Wetter. Wir säten in die am besten vorbereitete Erde etwas Kürbis, wovon wir mit der Zeit gute Früchte zu genießen hoffen.

Abends kamen wieder acht bis neun Einwohner von Saldania mit der Nachricht zu uns vor das Fort, daß sie dicht beim Salzfluß einige Schafe weiden hatten, die sie an uns (andeutend, nachdem sie geschlafen hatten[16]) verhandeln wollten, und daß ihre Stammesgenossen mit Frauen und Kindern sowie zahlreichem Vieh in wenigen Tagen folgen würden, baten aber für diese Botschaft um etwas Tabak, von dem wir ihnen etwas schenkten.

[...]

---

[16] Also am anderen Morgen.

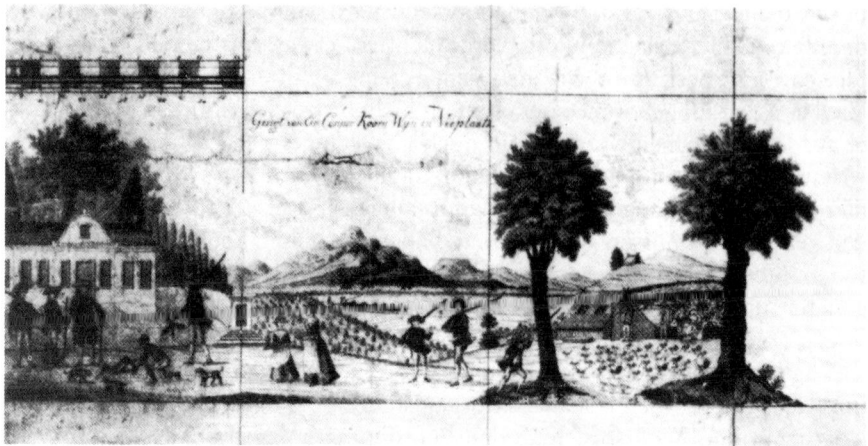

Abb. 11: Blick auf eine niederländische Farm am Kap der Guten Hoffnung im 18. Jahrhundert.

Dezember Anno 1652

[...]
Christtag, den 25. dito. Schönes, warmes Sonnenscheinwetter. Wir erhandelten heute acht Schafe.

In der letzten Nacht wurde ein Schaf im Kral von einem wilden Tier beinahe zur Hälfte aufgefressen, obwohl ein Mann die ganze Nacht hindurch mit einer Muskete und einer brennenden Lunte durch und um den Kral ging, sowie manchmal der Schildwache, die ihre Runden um das Fort drehte, antworten mußte.

Und als es diesen Abend dunkel geworden war, kamen wohl sieben bis acht Stück der wilden Tiere wieder über die Gräben (die gut 8 Fuß breit und 4 Fuß tief voll Wasser stehen) in den Kral unter das Vieh, so daß die Wächter auf sie feuern mußten, bevor sie sich davon machen wollten. Darum gaben wir den Befehl, daß fortan nachts acht Personen das Vieh bewachen müssen, und lassen abwechselnd zwei von ihnen dauernd um den Kral herumgehen und ihn gleichzeitig durchqueren sowie dauernd Feuer stochern, mit dem Ziel, die wilden Tiere dadurch scheu zu machen und das Vieh desto besser zu schützen. [Später soll zwischen den Bollwerken Drommedaris und Oliphant, wo sich nun ein Garten befindet, ein fester Kral errichtet werden, der mit einer 8 Fuß hohen Brustwehr umgeben und von einem Wassergraben als Tränke durchzogen werden soll.] [...]

Den 26. dito. [...] Am heutigen Tag, dem zweiten Christtag, haben wir die erste Butter gekirnt und aus ungefähr einem halben Anker[17] Milch 2 Pfund an-

---

[17] Altes Hohlmaß, entsprach ungefähr 38,8 Litern. Vgl. Van Dale: Groot Woordenboek der Nederlandse Taal I, S. 168.

sehnlich schöne gelbe Butter bekommen; auch tun wir unser Bestes, um Käse zu machen, wozu uns verschiedene Geräte fehlen.
[...]
Den 28. dito. Es wehte noch beinahe ebenso stark aus SO bei klarem, hellem Himmel, aber der Tafelberg war stark mit Wolken bedeckt. Über ihn fällt der Wind wie aus einem Sack herunter, wodurch auch viel reifes Korn aus den Ähren weggeweht wurde, so daß wir kaum den vierten Teil einbringen konnten.
[...]
Den 30. dito. [...] Als wir heute die Gärten besuchten, fanden wir, daß durch den starken Wind, der die letzten fünf bis sechs Tage sehr heftig geweht hat, unsere jungen Zuckererbsen (die schön in Blüte gestanden hatten und augenscheinlich gegen Ankunft der Retourflotte reif gewesen wären), völlig in Fetzen geblasen wurden sowie auch, daß die Bohnen, die so schön standen, daß es eine Lust war, nun fast alle verdorben sind. Am erstaunlichsten aber ist, daß der Kopfsalat (von dem sehr viel beinahe reif im Garten steht) durch den Wind überhaupt keinen Schaden erlitt. Wir sammeln ihn bei diesem stillen Wetter ein, ebenso die Radieschen, den Spinat, die Endivien und andere Saaten, die nun jeden Tag fast alle reif werden. Wie es aussieht, werden wir wegen der Trockenheit vor Februar oder März nicht wieder säen können und die Retourschiffe aus Indien werden all unsere Gemüsearten noch nicht ausgereift finden außer gelben Wurzeln, Rüben, Radieschen, Zuckerrüben und Kohl, die wir, so Gott will, ungefähr bei ihrer Ankunft allem Anschein nach in reichlichem Überfluß reif und in Vorrat zu haben hoffen, da der Kohl sich nach Wunsch zu schließen beginnt und die genannten Wurzeln ganz dick werden, von denen wir bereits an allen Tagen zum Schaffleisch an unserer Tafel essen. Auch das Buttern geht seinen befriedigenden Gang, so daß wir bereits um die 6 Pfund frische Butter gewonnen haben und manchmal an das Volk Schüsseln voll Buttermilch austeilen, welche den ankommenden Schiffen auch zu einer nicht geringen Erfrischung gereichen wird. Es fehlen uns nur Gerätschaften, um Käse zu machen, während sich die Dinge in bezug auf das Vieh leidlich gut anlassen [...]. Auch treffen wir bereits Vorbereitungen, um aus unserem neuen Weizen Brot zu backen und um, wenn es möglich ist, alles in Gang zu bringen und die Schiffe gut zu versorgen, was durch Gottes Gnade allem Anschein nach von nun an bereits befriedigend geschehen kann. Aber es scheint, daß von April bis Oktober die beste Erfrischung durch allerhand Gemüsearten und liebliche Gartenfrüchte wie Kopfsalat, Zuckerrüben, Kerbel etc. anzutreffen sein wird und für die Schiffe im Februar und März das meiste Vieh, Wurzeln, Kohl, und Knollen etc.[vorhanden sein werden], doch Milch während des ganzen Jahres, wozu denn auch Kühe gehalten werden müssen. [...]

Aus: Daghregister gehouden by den oppercoopman Jan Anthonisz. van Riebeeck. Deel I: 1651–1655. Uitgave van die Van Riebeeck-Vereniging. Kaapstad 1952, S. 24–28, 30–31, 33, 35–36, 38–40, 43–44, 49, 51, 55, 61–62, 78, 107–110.
Pa

34. Die Ausbreitung der niederländischen Herrschaft auf Java (1743)

Seit dem Untergang des Reiches von Madjapahit Ende des 15. Jahrhunderts war Java in kleinere Herrschaften aufgesplittert. Im letzten Viertel des 16. Jahrunderts bildete sich jedoch in Zentraljava ein regionales Machtzentrum: das Reich von Mataram. Der dritte Herrscher dieser Dynastie, Sultan Agung (1613–1645), nahm 1624 den Titel Susuhunan (soviel wie Religions-, Heeresführer und oberster Herrscher) an und verfolgte eine expansionistische Politik. Durch eine Reihe von Kriegszügen brachte er widerstrebende javanische Fürsten unter seine Herrschaft. Sein Drang nach Vorherrschaft kollidierte mit den Interessen der niederländischen Ostindischen Kompanie (VOC). Die Beziehungen der beiden Parteien zueinander waren von Anfang an gespannt. Nach der Festsetzung der Niederländer in Batavia war vorauszusehen, daß Agung versuchen würde, diese neue politische Kraft zu unterwerfen. Die beiden Belagerungen Batavias 1628 und 1629 waren jedoch völlige Fehlschläge. Dies verhinderte auch einen Angriff auf Bantam, da der Susuhunan mit einem Defensivbündnis zwischen Bantam und Batavia rechnen mußte. Batavia mit seinem Umland und das Reich von Bantam blieben demnach die einzigen Gebiete der Insel, die nicht in ein Abhängigkeits- oder Lehnsverhältnis zu Mataram gerieten. Damit hatte sich die VOC auf Java als selbständige Macht von Rang etabliert.

Trotz der Niederlagen vor Batavia war Agung die Bildung eines großen Reiches gelungen, dessen Einheit sich jedoch bald nach seinem Tod als äußerst brüchig erwies. Sein Sohn Amangkurat I. (1646–77) war ein Despot, der unter seinen Gegnern, auch denen in der eigenen Familie, ein grausames Blutbad anrichtete. Seine Schreckensherrschaft weckte die natürlichen Widerstandskräfte innerhalb des javanischen Adels. 1670 brach unter der Führung des Fürsten von Madura eine große Rebellion zugunsten des Kronprinzen aus. Die Residenz des Susuhunan fiel 1677 in die Hände der Aufständischen; Amangkurat I. starb auf der Flucht. Der Kronprinz folgte seinem Vater als Amangkurat II. (1677–1703), hatte sich jedoch zuvor mit dem Fürsten von Madura überworfen. Dieser wäre sicher Sieger und Begründer einer neuen Dynastie geworden, hätte Amangkurat I. nicht kurz vor seinem Tod die VOC um Hilfe ersucht gehabt. Zum ersten Mal intervenierten niederländische Streitkräfte in Zentraljava und stellten die Macht Amangkurats II. wieder her. Die Kompanie ließ sich ihre Dienste bezahlen. Der Susuhunan verpfändete ihr solange die Häfen seines Reiches und deren Einkünfte, bis dadurch die Kriegsschulden abbezahlt sein würden. Außerdem wurden der Grundbesitz und die Handelsvorrechte der VOC erweitert. Die Kompanie war damit ihrem Ziel, den Alleinhandel von ganz Java in die Hand zu bekommen, ein großes Stück näher gerückt.

1680 gründete Amangkurat II. in Kartasura eine neue Residenz, die unter fünf Herrschern 60 Jahre lang bestand. Diese Jahrzehnte wurden durch nicht weniger als vier Kriege erschüttert: durch den Aufstand Surapatis (1686–1703), den ersten (1703–08) und den zweiten (1718–23) javanischen Erbfolgekrieg und durch den sogenannten „chinesischen Krieg" (1740–45). All diese Auseinandersetzungen lassen sich auf ähnliche Ursachen zurückführen. Hofintrigen innerhalb der weitverzweigten königlichen Familie hatten einen beinahe dauernden Zustand von Anarchie zur Folge; die Aversion der Küstengebiete und Ostjavas gegen die Autorität Zentraljavas und religiöse Spannungen in der javanischen Gesellschaft lösten immer wieder Rebellionen aus. Zu diesen in der Geschichte Javas altbekannten Faktoren kam ein neuer: die Einmischung der Niederländer. In javanischen Augen legitimierte sich ein Herrscher durch sichtbaren Erfolg in Gestalt von persönlichem Reichtum und einer zahlreichen Anhängerschaft unter dem Adel. Fehlte der allgemeine Konsens der Reichsgroßen, trat gewöhnlich ein Rebell auf, sammelte eine Gefolgschaft um sich und versuchte, eine neue Dynastie zu gründen. Einige der fürstlichen Rivalen glaubten, sich die militärischen Kräfte der Kompanie bei Erbfolgestreitigkeiten zunutze machen zu können. Die Kompanie jedoch unterstützte jeweils den Thronanwärter, den sie auf Grund eines Erbfolgerechtes nach europäischen Maßstäben für legitimiert hielt, und zerstörte damit auf Dauer das traditionelle Wechselspiel zwischen den Herrscherhäusern. Den von ihr auf den Thron gesetzten Herrschern fehlte die Gefolgschaft des Adels; ihre Anwesenheit auf dem Thron forderte die jeweils folgende Rebellion geradezu heraus. Es entstand eine Jahrzehnte dauernde Abfolge von Thronerhebungen durch die Kompanie und Aufständen gegen die von ihr gekürten Herrscher. Dabei konsolidierte die VOC ihre Stellung durch eine Reihe von Verträgen und Konzessionen, mit denen ihre Schützlinge für ihre Hilfe bezahlten.

Diese Entwicklung erreichte ihren Höhepunkt im „chinesischen Krieg", der mit einem Aufstand der Chinesen gegen die Niederländer im Umland Batavias begann und dann auf ganz Java übergriff. Der Susuhunan witterte eine Gelegenheit, sich von den drückenden Verpflichtungen gegenüber der Kompanie zu befreien und schloß sich den Rebellen an. Nach ersten Erfolgen der niederländischen Truppen änderte er seine Haltung jedoch wieder, woraufhin sich der Aufstand nun gegen ihn wandte. Kartasura wurde verwüstet, aber wie schon so oft ergriff die Kompanie für den Mann Partei, den sie für den durch Erbrecht legitimierten Herrscher hielt und verhalf Paku Buwono II. wieder auf den Thron. Seinen zeitweiligen Abfall von der VOC mußte er jedoch im Vertrag vom 11. November 1743 durch weitgehende Zugeständnisse und den Verlust wichtiger Teile seiner Herrschaft büßen. Durch die Abtretung aller Küstenregentschaften wurde das Reich von Mataram zum Binnenstaat, und der Monopolhandel der Kompanie in ganz Java war dadurch verwirklicht.

Lit.: M. L. Deventer: Geschiedenis der Nederlanders op Java. 2 Deelen. Haarlem 1886–87 – Clive Day: The Policy and Administration of the Dutch in Java. New York 1904. Ndr. 1975 – H. J. de Graaf and Th. G. Th. Pigeaud: Islamic States in Java, 1500–1700. 's-Gravenhage 1976 (Verhandelingen van het Koninklijk Instituut voor Taal-, Land- en Volkenkunde 70). Pa

Versöhnungs-, Friedens-, Freund- und Bundesgenossenschafts-Artikel zwischen der Durchlauchtigen Niederländischen Ostindischen Kompanie einerseits und dem Susuhunan Paku Buwono Senapatty Ingallaga Abdul Rachman Sahidin Panatagama andererseits, im Namen und im speziellen Auftrag Seiner Edlen, dem Hochedlen Herrn Generalgouverneur Gustav Wilhelm Baron von Imhoff und der Edlen Herren Räte von Niederländisch Indien, die die höchste und souveräne Gewalt seitens der Generalen Vereinigten Niederländischen Patentierten Ostindischen Kompanie in diesen Ländern repräsentieren, durch den Herrn Hugo Verysel, Generalsteuereinnehmer der Domänen der Kompanie, Komissar für die Angelegenheiten Javas und Bevollmächtigter für die besagten Friedensverhandlungen, in Kartasura Adiningrat festgesetzt und aufgestellt

Art. 1. Nachdem der Herr Generalgouverneur und die Herren Räte von Indien auf Grund der anhaltenden Bitten des Susuhunan um Vergebung dessen, was im Jahr 1741 zu Surakarta betreffs der europäischen Besatzung der Kompanie und dann weiter während der Chinesenunruhen auf Java vorgefallen ist, und auf Grund seiner Beteuerung aufrichtiger Reue über die Tatsache, daß er in dieser Angelegenheit von der Pflicht eines aufrichtigen Bundesgenossen abgewichen ist, und seiner Versicherung, daß dies vornehmlich den üblen Ratschlägen einiger böswilliger und untreuer Minister zugeschrieben werden muß, sowie auf Grund seines Gelöbnisses, in Zukunft diese neue Wohltat der Kompanie, durch die er sein Reich und seine Regierung[smacht] erneut von derselben empfangen wird, mit äußerster Aufrichtigkeit und Rücksichtnahme *(aanklevinge)* auf die Belange der Hocherwähnten Kompanie an allen Tagen anzuerkennen, dem besagten Susuhunan im Namen und seitens der Niederländischen Ostindischen Gesellschaft vergeben und ihm all diejenigen Ursachen einer Beleidigung und eines gerechtfertigten Ressentiments, wie sie in obengenannten Fällen Ihren Hocherwähnten Edlen zugefügt wurden, verziehen haben, und [nachdem] demzufolge für gut befunden wurde, den genannten Susuhunan Paku Buwono selbst und seine Erben, so lange dieser Vertrag heilig gehalten wird, wieder auf den Mataramschen Thron zu setzen, auf den seine Vorväter außer mit Gottes [Hilfe] nur mit dem Beistand und durch den Schutz der Niederländischen Kompanie gelangten, so erkläre ich, Hugo Verysel, Bevollmächtigter der Hocherwähnten Niederländischen Kompanie, von meiner Seite im Namen wie oben ausgeführt, den besagten Susuhunan Paku Buwono hiermit wieder darin einzusetzen, und erkläre ich, Susuhunan Paku Buwono, mein Reich aus Barmherzigkeit und Erbarmen der Kompanie unter den hier folgenden Bedingungen wieder zu empfangen, die durch mich und meine Nachfolger auf dem Thron, auf dem ich durch Gottes Hilfe und die Macht der Durchlauchtigen Kompanie nun aufs neue bestätigt werde, als ein ewiggültiges Gesetz heilig und aufrichtig gehalten werden sollen.

Art. 2. Es soll dann, nun und an allen Tagen, zwischen den Untertanen der Durchlauchtigen Niederländischen Ostindischen Kompanie und den Völkern von Java eine aufrechte Freundschaft und Harmonie herrschen, damit sie einander in aller Not und Verlegenheit getreu mit Rat und Tat zur Seite stehen und aufs beste versuchen, Schaden voneinander abzuwehren, gerade so, als ob sie ein einziges Volk wären.

Art. 3. Und um dies desto besser zu untermauern, sollen sowohl der Reichsverweser als auch andere Hauptregenten und alle diejenigen, die an den Stränden irgendwelche Macht haben[1], wenn sie durch den Susuhunan ange-

---

[1] Die sogenannten „Strandregenten" in den Küstengebieten der Insel.

stellt und bevor sie zur Ausübung ihres Amtes zugelassen werden, in Person in Semarang in die Hände des Kommandeurs, der dort seitens der Niederländischen Ostindischen Kompanie den Befehl führt, den Eid der Treue und des Gehorsams ablegen, ebenso wie gegenüber ihrem Fürsten und in gleicher Beziehung wie zu demselben; ja, [sie sollen] gleichzeitig ausdrücklich geloben, daß sie, wenn die Befehle, die sie von dem einen sowohl wie von dem anderen empfangen werden, einander widersprechen, immer denen der Hocherwähnten Kompanie den Vorzug geben werden, bis daß sie auf ihre näheren Vorstellungen, die deswegen nach Semarang oder nach Batavia zu richten sind, nähere Befehle bekommen.

Art. 4. Der Susuhunan wird auch niemanden in die genannten Ehrenämter eines Reichsverwesers oder Hauptregenten erheben oder an den Küsten irgendwelche Haupt- oder andere Regenten anstellen dürfen, außer nach vorheriger Bestätigung durch den Hocherwähnten General und die Räte, denen die [Namen der] Nominierten zur Erlangung ihrer Zustimmung entweder durch den Susuhunan selbst oder durch seinen Reichsverweser vorgetragen werden sollen, [und zwar] durch einen direkt an Ihre Hochedlen [gerichteten] Brief, oder durch den Kommandeur in Semarang, nachdem ihm dies durch den Hof mitgeteilt und aufgetragen wurde. Ebenso darf der Susuhunan in gleicher Weise auch keinen der obengenannten Regenten aus ihrem Dienst verstoßen, ohne die Gründe dafür zuvor dem Herrn General und den Herren Räten mitgeteilt und deren Zustimmung erlangt zu haben. Dies alles soll als offenbarer Beweis dazu dienen, daß die Kompanie und Java fortan untrennbar und ein Ganzes sein werden.

[Art. 5. Sowohl der Susuhunan als auch die Kompanie verzichten darauf, einen der jetzt amtierenden Regenten für die Vorgänge seit 1741 zur Verantwortung zu ziehen.]

Art. 6. Der Susuhunan erklärt hiermit weiter, der Kompanie die gesamte Landschaft bzw. Insel Madura mit allen Rechten der Oberherrschaft, die Seine Hoheit und deren Vorfahren auf der besagten Insel gehabt haben, zu überlassen und abzutreten, in der Weise, wie es im Vertrag vom 5. Oktober 1705 bezüglich Sumeneps und Pamekasans[2] geschah, und zwar, wenn es nötig ist, in der allerbesten Form, in der das geschehen kann. Er erklärt für sich und seine Nachfolger im Reich nun und in alle Ewigkeit, nie und nimmer irgendwelche Macht über die Gebiete und Völker [der Insel] beanspruchen und noch viel weniger ausüben zu wollen, sondern im Gegenteil für die genannte Abtretung an die Kompanie auf Treu und Glauben mit all seiner Macht und seinem Vermögen einzustehen, so oft er darum von der Kompanie gebeten wird, gegen all diejenigen, die der Kompanie bei der friedlichen Beherrschung dieser Gebiete irgendwelche Hindernisse, sei es von inner- oder von außerhalb, in den Weg stellen wollen, wer dieselben auch sein sollten.

---

[2] Orte im Ost- und Südteil der Insel Madura, die mitsamt der zugehörigen Umlande 1705 an die Kompanie fielen.

[Art. 7. Entschädigung des gegenwärtigen Regenten von Madura. Art. 8. Der Sohn eines nach Ceylon verbannten Regenten, der jetzt in Batavia lebt, soll ein angemessenes Einkommen zugewiesen erhalten und wieder bei Hofe zugelassen werden.]

Art. 9. Alle Gebiete, die in diesem Krieg durch die Waffen der Kompanie erobert wurden, erklärt dieselbe hiermit edelmütig an den Susuhunan zu restituieren und zu vollem Eigentum zurückzugeben, ausgenommen all die Distrikte, die im folgenden Artikel genauer benannt werden. Und der Susuhunan erklärt, sich mit der Restitution – in der Form, wie sie jetzt vorgenommen wird – als völlig zufriedengestellt zu betrachten und demzufolge für sich und seine Erben im Reich auf alle Ansprüche bezüglich der in diesem Krieg erlittenen Schäden und Verluste, die zu irgendeiner Zeit gemacht werden könnten, zu verzichten.

Art. 10. In Anerkennung dieser edelmütigen Restitution und der Wiedereinsetzung des Susuhunan in das javanische Reich erklärt der Susuhunan hiermit, an die Kompanie zu überlassen und mit demselben Recht der Oberherrschaft, das er bisher über die Gebiete hatte, vollkommen zu übergeben und abzutreten:

Erstens die Ostspitze dieser Insel Java, in der Weise, als ob eine Linie von Pasuruan und weiter süd- und nordwärts über einige nahe gelegene Orte und Flüsse bis an die Küste gezogen worden wäre, als Grenzscheidung zum Land des Susuhunan, so daß also alles, was östlich der Linie liegt, [Eigentum] der Kompanie sein und bleiben wird, und was westlich liegt, [Eigentum] des Susuhunan, ebenso und in der Weise, wie der Fluß Losary an der Westküste die Grenze zwischen dem Land Ihrer Hoheit und dem der Kompanie darstellt. Diese Ostspitze von Java wird die Kompanie fortan mit demselben Souveränitätsrecht besitzen, das der Susuhunan darüber hatte. Und der vorgenannte Ort, an dem die Grenzscheidung beginnen soll, wird der Wahl der Kompanie überlassen, ebenso wie auch die weiteren Grenzen nach ihrem Gefallen und sobald sich dazu eine Gelegenheit ergibt, reguliert werden.

Zum zweiten werden an die Kompanie generell sechshundert Ruten[3] Land entlang der Küste des Meeres, und ebensoviel entlang der Ufer aller ins Meer mündenden Flüsse auf und rund um ganz Java mit allen Rechten des Eigentums, der Oberherrschaft und des Gebrauchs nach eigenem Wohlgefallen abgetreten. Der Susuhunan erklärt für sich und seine Erben im Reich, in den genannten Uferzonen sowohl der See als auch der Flüsse nicht die geringste Jurisdiktion über die genannte Entfernung hinaus auszuüben, so oft die Kompanie dies untersagen wird und sich des genannten Eigentumsrechtes und dieser Abtretung bedienen will. [Außerdem erklärt er,] niemanden unter denen, die innerhalb der genannten Entfernung entlang der See und der Flüsse sitzen, dazu zu zwingen, von dort wegzuziehen und unter seiner Jurisdiktion Wohnsitz zu nehmen, wenn die Kompanie es für gut befindet, von dieser Abtretung

---

[3] Längenmaß (vgl. Dok. 33, Anm. 3).

Gebrauch zu machen. Demgegenüber gesteht die Kompanie dem Susuhunan zu, den genannten Landstreifen, wo und so lange er nicht ins Eigentum der Kompanie übergegangen ist, bis zur Aufkündigung unter seiner Regierung zu behalten, ohne daß dies zu irgendwelchen Konsequenzen und noch viel weniger zu irgendeinem Präjudiz für diese allgemeine und spezielle Abtretung führen kann, die als in der besten Form mit allen Hoheits- und Vorrechten, die der vorige Eigentümer darüber ausgeübt hat, vorgenommen angesehen wird.

Zum dritten wird auf dieselbe Weise mit allen Freiheiten, Herrlichkeiten und Vorrechten der Souveränität Surabaya mit seinen zugehörigen Regentschaften oder Bezirken zu vollem Eigentum abgetreten und übergeben, in der Form, in der dasselbe bisher unter dem Susuhunan gestanden hat, und also auch innerhalb derselben Grenzen, die der Bezirk dieser Regenten bisher hatte, welche, falls darüber irgendwelche Meinungsverschiedenheiten entstehen sollten, durch erfahrene einheimische Häupter näher bezeichnet und festgesetzt werden sollen, die in einer bestimmten Anzahl von beiden Seiten der Vertragsschließenden zu ernennen sind. Jene erklären, daß sie sich in diesem Punkt auch mit dem Spruch derselben [Häupter] als einverstanden betrachten werden.

Zum vierten wird in derselben Weise, wie es eben von Surabaya gesagt wurde, an die Kompanie auch der gesamte Bezirk von Rembang mit allen dazugehörigen Wäldern übergeben und abgetreten; ebenso Japara[4] mit seinen Wäldern und allen anderen Vorteilen, Gerechtigkeiten und dortigen Einkünften, in der Form, wie dieselben vom Susuhunan genossen und besessen wurden und mit so vollkommenem Recht, wie es der Susuhunan auf sie hatte.

[Zum fünften überträgt der Susuhunan der Kompanie auch das Recht der Zollerhebung und die Hafengelder in den abgetretenen Gebieten und bürgt für deren Besitz.] Darüber hinaus bleibt noch das in voller Kraft und Gültigkeit, was gemäß einem gewissen Schriftstück aus dem Jahr 1707 zur genaueren Interpretation des 10. Artikels des obengenannten Vertrages vom 5. Oktober 1705 formuliert wurde, [nämlich,] daß es niemandem als der Kompanie allein freistehen wird, an irgendwelchen anderen Orten Seiner Hoheit Handelskontore, Forts oder Befestigungen zu errichten und sich in denselben niederzulassen, was hiermit als wiederholt und erneuert betrachtet wird.

[Art. 11 bis 15: Die Kompanie stellt dem Susuhunan Truppen zur Verfügung, die dieser bezahlen und verpflegen muß. Bestimmungen über die Bezahlung rückständiger Gelder und Reis- sowie Bohnenlieferungen und über die Verteilung der Kosten, die der letzte Krieg verursachte. Art. 16 bis 19: Vereinbarungen über die Lieferung von Baumwollgarnen, die vermehrte Anpflanzung von Pfeffer, Indigo und Maulbeerbäumen für die Seidenraupenkultur. Art. 20: Alles auf Java anfallende Holz, das die Einwohner nicht selbst benöti-

---

[4] Japara und Rembang liegen an der Nordküste Javas, östlich von Batavia/Jakarta.

gen, muß an die Kompanie geliefert, Schiffe, auch der Einheimischen, dürfen nur noch in Batavia gezimmert werden. Art. 21: Die Javaner dürfen mit eigenen Schiffen nur noch innerhalb einer fünf Meilen-Zone entlang der javanischen Küste und bis Bali und Madura fahren. Art. 22: Münzschlagrecht für die Kompanie. Art. 23: Schürfrechte für die Kompanie.]

Art. 24. Schließlich und endlich werden hiermit in allen Punkten, die in diesem neuen Versöhnungs-, Friedens-, Freundschafts- und Bundesgenossenschafts-Vertrag nicht berührt wurden, die früheren Verbindlichkeiten, Übereinkommen und Verträge, die zwischen der Kompanie und dem Susuhunan sowie seinen Vorfahren geschlossen und eingegangen wurden, und besonders die aus den Jahren 1705 und 1733 in der besten Form erneuert, welche hiermit als [in diesen neuen Vertrag] einbezogen betrachtet werden, insoweit in den dort ausbedungenen Punkten jetzt keine Änderung vorgenommen wurde.

So geschlossen und vereinbart am Hof des Susuhunan zu Kartasura di Ningrat am 11. November Anno 1743.

[Darunter hing das in roten Lack gedrückte Siegel der Kompanie und auf der Seite war unterzeichnet: H. Verysel, J. H. Theling.]

[Daneben des Susuhunans und drei andere Siegel, mit einigen daneben stehenden javanischen Schriftzeichen.]

[Darunter:] Wir Unterzeichnende sind beim Unterzeichnen und Siegeln dieses Vertrages [Zeugen] gewesen, gezeichnet – J. van Hohendorff, P. J. Bangeman, J. van Suchtelen, F. Lesueur, J. B. Toutlemonde.

[Weiter unten:] Und es wurden von diesem Vertrag zwei gleichlautende Abschriften auf ein und dieselbe Weise unterzeichnet und gesiegelt, von denen eine bei Seiner Hoheit und eine bei dem Herrn Kommissar verblieb.

[Darunter stand:] Kollationiert, bestätigt – gezeichnet – J. van Suchtelen.

[Weiter unten:] Bestätigt: P. A. van de Parra, Sekretär.

Aus: F. W. Stapel (Hg.): Corpus diplomaticum Neerlando-Indicum. Verzameling van politieke contracten en verdere verdragen door de Nederlanders in het Oosten gesloten, van privilegebrieven, aan hen verleend, enz. Deel V: 1726–1752. o. O. 1938, S. 359–375.   Pa

35. Die Abtretung des Reiches von Mataram an die Niederländer (1749)

Nachdem Paku Buwono II. mit Hilfe der niederländischen Ostindischen Kompanie Ende 1743 seinen Thron wieder hatte besteigen können, gründete er in Surakarta eine neue Residenz, doch die Ruhe auf Java währte nur so lange, bis einer seiner Brüder, durch Hofintrigen angestachelt, es wagte, die Waffen gegen den regierenden Herrscher zu erheben. Verbündet mit seinem Neffen Mas Saïd begann Mangkubumi einen der längsten und blutigsten Kriege, die Java je erlebte. Mitten in dieser Auseinandersetzung starb 1749 Paku Buwono II. Auf seinem Sterbebett übertrug er das Reich von Mataram und die Erbfolgeregelung durch die im folgenden abgedruckte Abtretungsurkunde vom 11. Dezember 1749 der VOC. Damit war die Kompanie formell Souve-

35. Die Abtretung des Reiches von Mataram an die Niederländer

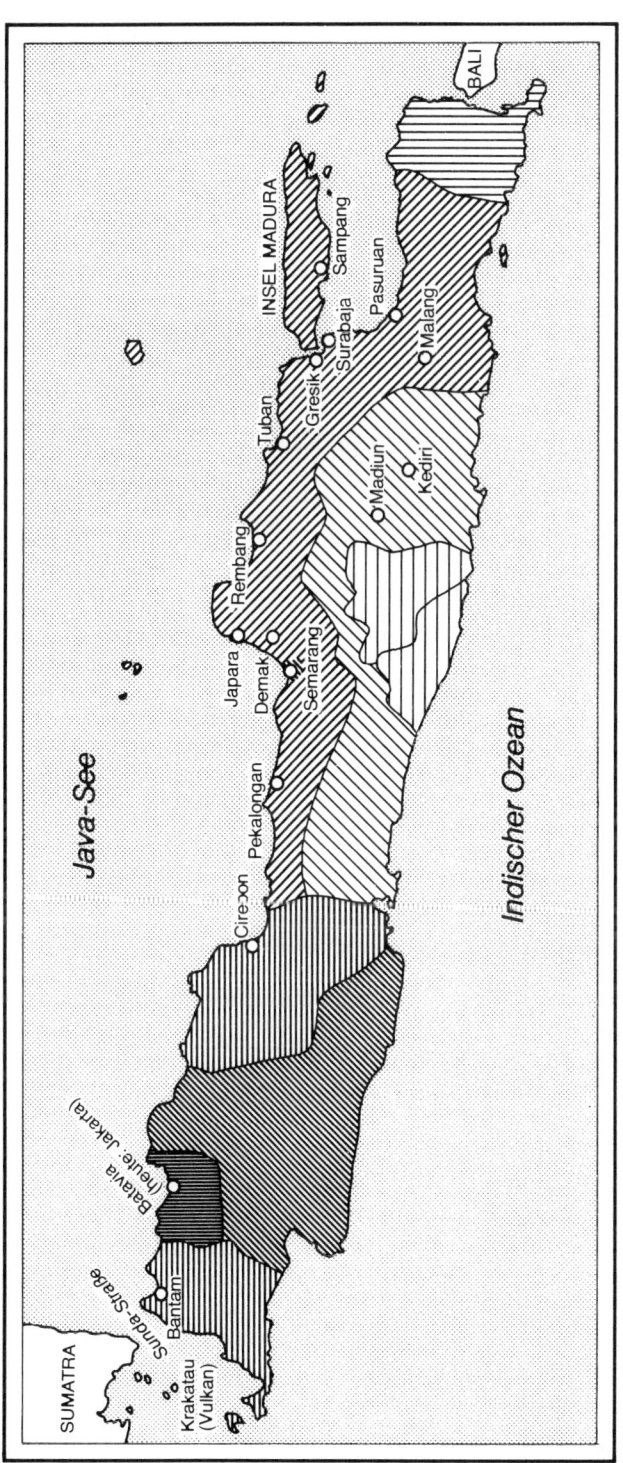

Karte 3: Die Festsetzung der VOC auf Java.

rän über ganz Zentraljava, sah sich aber einem rebellierenden Mangkubumi gegenüber, der in seiner Residenz Jogjakarta weit mehr Adlige um sich sammeln konnte als der Sohn Paku Buwonos in Surakarta. Anfang 1750 war Surakarta bedroht, und der größte Teil des Reiches in Mangkubumis Hand. In den folgenden Jahren wechselte das Kriegsglück. Mangkubumi fiel 1752 in die Küstengebiete ein, deren Abtretung durch seinen Bruder er für unrechtmäßig hielt. Inzwischen hatte man in Batavia Bilanz gezogen und festgestellt, daß die Kriege der letzten hundert Jahre die Kompanie mehr gekostet als ihr die vorteilhaften Verträge eingebracht hatten. Es setzte sich die Erkenntnis durch, daß eine dauernde Befriedung Javas auf dem bisher verfolgten Weg nicht erreicht werden konnte. Die Lösung fanden Niederländer und Javaner schließlich in der Legalisierung der ständigen Uneinigkeit des Adels: Das alte Reich von Mataram wurde zwischen dem Susuhunan und Mangkubumi geteilt, der den Titel eines Sultans annahm. Beide galten als gleichrangige Herrscher. Mas Saïd erhielt ein kleines, untergeordnetes Fürstentum als Vasall des Susuhunans. 1755 empfing Mangkubumi sein Teilreich als Lehen von der Kompanie mit Erbfolgerecht für seine Nachkommen. Die Stabilität war unter der nominellen Oberhoheit der VOC wieder hergestellt. Java erlebte in einer siebzigjährigen Friedensperiode einen ökonomischen und agrarischen Aufschwung. Dabei hatte der Vertrag von 1749 für das Verhältnis zwischen Javanern und Niederländern keine herausragende Bedeutung, da die Kompanie weder die Möglichkeit noch die Absicht hatte, eine echte Kontrolle über die Vorgänge in Zentraljava auszuüben und sich gegenüber innerjavanischen Angelegenheiten weise Zurückhaltung auferlegte. Das änderte sich erst zu Beginn des 19. Jahrhunderts, als Männer wie Daendels und Raffles daran gingen, den javanischen Herrschern gegenüber Souveränität nach europäischem Muster auszuüben.

Lit.: M. L. van Deventer: Geschiedenis der Nederlanders op Java. 2 Deelen. Haarlem 1886–87 – Clive Day: The Policy and Administration of the Dutch in Java. New York 1904. Ndr. 1975 – Pierre Gonnaud: La colonisation hollandaise à Java. Paris 1905 – M. C. Ricklefs: Jogjakarta under Sultan Mangkubumi 1749–1792. A History of the Division of Java. London–New York–Toronto–Kuala Lumpur 1974 – H. J. de Graaf and Th. G. Th. Pigeaud: Islamic States in Java, 1500–1700. 's-Gravenhage 1976 (Verhandelingen van het Koninklijk Instituut voor Taal-, Land- en Volkenkunde 70). Pa

Abtretungs- und Übergabeakte des Mataramschen Reiches durch Susuhunan Paku Buwono etc. etc. zugunsten der Durchlauchtigen Ostindischen Kompanie, verliehen bei der Übergabe des genannten Reiches an den Gouverneur und Direktor über Java, Johan Andries Baron van Hohendorff

Ich, Susuhunan Paku Buwono Senapatty Ingalaga Abdul Rachman Sahidin Panatagama, bekenne und erkläre hiermit öffentlich, daß ich, da ich mich auf Grund der schweren Krankheit, mit der ich von der Hand des Allmächtigen geprüft werde, außerstande befinde, länger das mächtige Mataramsche Reich zu beherrschen, Wirren von ihm abzuhalten und es geziemend zu regieren, das genannte Reich mit allem, was dazu gehört, aller Gewalt, Macht und Autorität, welche ich bis heute innehatte, an die Durchlauchtige Ostindische Kompanie und in die Hände des hier jetzt seitens der genannten Kompanie anwesenden Gouverneurs und Direktors über Java, genannt im Vorspann [dieser Akte], übergebe. Überdies danke ich hiermit völlig von der Regierung ab und erkläre, von nun an darauf nicht mehr das geringste Anrecht zu haben oder zu behalten, sondern das besagte Reich, wie gesagt, hiermit aus eigenem freien Willen an die besagte Durchlauchtige Kompanie abgetreten und übergeben zu haben, damit beizeiten in deren Namen zum Besten von Land und Volk nach Gefallen und Gutdünken Seiner Hochedlen Graf Gustav Wilhelm Baron von Imhoff, Generalgouverneur, [und] der Ratsherren von Indien, die die höchste und souveräne Gewalt seitens der besagten Generalen Niederländischen Patentierten Ostindischen Kompanie repräsentieren, in den Regierungsangelegenheiten die nötigen Befehle und Anordnungen getroffen werden können. Ich erkläre und bezeuge, mich damit und mit allen Reichsangelegenheiten fortan in keiner Weise mehr bemühen zu wollen noch zu werden, selbst wenn es Gott dem Allmächtigen gefallen sollte, mich von dieser Krankheit wieder zu erlösen und noch einige Jahre im Land der Lebenden weilen zu lassen, sondern daß ich in einem solchen Fall die restlichen Tage meines Lebens in Stille zu verbringen wünsche, ohne mich im geringsten um [irgendwelche] Angelegenheiten zu bemühen oder irgendwelche Prachtentfaltung beizubehalten, auf welche ich hiermit verzichte. Ich empfehle meine [dereinst] hinterbliebenen Kinder, vornehmlich den Kronprinzen Adipatty Anom, dem Schutz und Schirm der genannten Durchlauchtigen Ostindischen Kompanie.

Und zum Zeichen der Wahrheit habe ich die Akte dreifach eigenhändig unterzeichnet und mit meinem großen Siegel gesiegelt.

[Darunter stand:] Surakarta, den 11. Dezember Anno 1749.

[Am Rand befand sich des Kaisers Siegel, in roten Lack gedrückt, und daneben standen einige Schriftzeichen, durch den kranken Susuhunan Paku Buwono eigenhändig niedergeschrieben.]

[Darunter:] In unserer Gegenwart – ward gezeichnet – B. Toutlemonde und P. Schik.

Aus: F. W. Stapel (Hg.): Corpus diplomaticum Neerlando-Indicum. Verzameling van politieke contracten en verdere verdragen door de Nederlanders in het Oosten gesloten, van privilegebrieven, aan hen verleend, enz. Deel V: 1726–1752. o. O. 1938, S. 494–495. Pa

36. Vom anfänglichen Scheitern der Franzosen in der Neuen Welt (1562/1565)

Die Aufteilung der überseeischen Welt in eine portugiesische und eine kastilische Interessensphäre durch den Vertrag von Tordesillas (1494) war von Frankreich von Anfang an vehement angefochten worden. König Heinrich II. (1557–1559) suchte daher, in konsequenter Fortsetzung der Politik seines Vaters, nach Ansatzpunkten, um die französischen Ansprüche in einen territorialen Zugewinn umsetzen zu können. Das französische Interesse konzentrierte sich dabei verstärkt auf Brasilien, dessen Verwaltungsorganisation Mängel aufwies. Portugiesische Beobachter konstatierten eine Zunahme der französischen Präsenz durch Händler, Seefahrer und Missionare in dieser Region, und Jesuitenmissionare berichteten von guten Kontakten zwischen französischen Seefahrern und der autochthonen Bevölkerung.

Die direkte, staatlich veranlaßte französische Intervention ging dann auf die Initiative eines kleinen französischen Adligen zurück, Nicolas Durand de Villegaignon, eines Studienfreunds Calvins und in vielen Kämpfen im Mittelmeer erprobten Militärs. Im Jahr 1555 verschaffte er sich die Unterstützung des damaligen Admirals von Frankreich, Gaspard de Coligny, und des Kardinals de Lorraine für ein Siedlungsprojekt an der brasilianischen Küste. Der in der Forschung immer wieder betonte protestantische Charakter dieses Unternehmens erscheint eher zweifelhaft. Im protestantisch geprägten Handelsmilieu der Normandie sah man zwar in der Neuen Welt, angesichts der sich zuspitzenden Lage der Protestanten in Frankreich, einen möglichen Zufluchtsort, aber die Unterstützung des Führers der katholischen Seite de Lorraine weist in eine andere Richtung. Coligny wandte sich erst nach dem Tod des Königs dem Protestantismus engagiert zu, und bei Villegaignon mochte eher eine Rolle spielen, daß ihm ein weiterer Aufstieg in der königlichen Verwaltung durch einen Bruch mit seinen Vorgesetzten verwehrt schien.

Das Unternehmen stand unter keinem glücklichen Stern. Da sich zu wenig willige Siedler fanden, mußten zum einen Sträflinge, zum anderen Ordensleute in großer Zahl mitgenommen werden. Villegaignon landete nicht am brasilianischen Festland, sondern besiedelte eine kleine Insel in der Bai von Guanabara, wo er die Siedler nach der Errichtung eines Fort Coligny „im antarktischen Frankreich" regelrecht kasernierte, um Kontakte mit Eingeborenen zu verhindern. Es kam zu Konflikten mit Indios, die die Belieferung der Siedler verweigerten, zu einem Aufstand der Handwerker, der grausam niedergeschlagen wurde, zu Epidemien und Desertion. Da Villegaignon nur im kleinen protestantischen Kern der Kolonisten Unterstützung fand, bat er Calvin um ein Siedlerkontingent, das 1557 eintraf und auch kalvinistische Geistliche umfaßte. Es kam zu theologisch inspirierten Disputen, in denen Villegaignon sich vom Protestantismus distanzierte und zum Kampf gegen die Häretiker überging, der paranoide Züge annahm. Die kleine Kolonie zerfiel, die Kalvinisten siedelten an der Küste, Villegaignon kehrte nach Frankreich zurück. Die Anwesenheit der Franzosen hatte auch den portugiesischen Gouverneur Mem de Sa auf den Plan gerufen, dessen Flotte 1560 mit Unterstützung portugiesischer Missionare die Eroberung und Zerstörung der Kolonie gelang. 1565 wurde an ihrer Stelle Rio de Janeiro gegründet.

Im folgenden (Dok. 36a) schildert Jean de Léry, der sein Studium bei Calvin zur Teilnahme an der Besiedlung Brasiliens unterbrochen hatte, die konfessionellen Streitpunkte. Léry führte während seines etwa zweijährigen Aufenthalts ein Tagebuch, aus dem er jedoch erst 18 Jahre später ein Buch formte, das sich auch als Entgegnung auf die Darstellung der Vorgänge durch einen anderen, katholischen Siedler – André Thevet[1] – verstand. Léry, der den Beinamen „Montaigne des anciens voyageurs" erhielt, bildet durch seine nüchterne Beschreibung der Eigenheiten der Tupí-Sozietäten, die Schilderung von Flora und Fauna Portugiesisch-Amerikas und durch seine Kommentare zur Auseinandersetzung zwischen Franzosen und Portugiesen um den Herrschaftsanspruch in Brasilien die vielleicht wertvollste Quelle zur frühen Geschichte dieser Region.

Nach dem Scheitern der Kolonie in Brasilien und der zunehmenden Verfolgung der

---

[1] André Thevet: Les singularitez de la France antarctique, autrement nommée Amérique, et de plusieurs Terres et Isles decouvertes de nostre temps. Paris 1558 – Ders.: La cosmographie universelle. Illustrée de diverses figures des choses plus remarquables, vues par l'Auteur et incognues de noz anciens et modernes. Paris 1575.

Hugenotten in Frankreich setzte Coligny auf eine Politik der nationalen Einigung durch gemeinsamen Kampf gegen Spanien. Bei den normannischen Protestanten, die auf dem Kriegsschauplatz in Westindien die französische Sache verfochten, verband sich der antirömische Affekt nahtlos mit dem antispanischen. Neugeschaffene Stützpunkte sollten nun nicht mehr nur der Suche nach Gold, verschiedenen Handelsaktivitäten und der Piraterie dienen, sondern auch als Zufluchtsstätte für Hugenotten. Florida als Zielpunkt solcher Aktivitäten war für Spanien eine doppelte Provokation, ein Verlust Floridas gefährdete die Silberroute und die spanischen Provinzen, die Etablierung von Häretikern gefährdete die Missionierung der Eingeborenen in Las Indias. 1562 brach eine Expedition – die Verbindungen zum Brasilienprojekt aufweist, z. B. über die Person des späteren Garnisonskommandanten Nicolas Barré – unter Leitung von Kapitän Ribault auf. Der erste Versuch einer Festsetzung scheiterte an Konflikten innerhalb der Kolonie, das bereits errichtete Fort Charlesfort (wahrscheinlich an der Mündung des heutigen Savannah River) wurde aufgegeben. 1564 brach ein zweites, doppelt so großes Kontingent von Siedlern unter der Leitung von Kapitän Laudonnière auf. Während ein Teil der Expedition zur Beschaffung von Nachschub und zur Anwerbung weiterer Personen nach Frankreich zurückkehrte, erbauten die wenigen Zurückbleibenden das Fort de la Caroline (in der Nähe der Mündung des heutigen St. John's River), schlossen Freundschaft mit verschiedenen Indianerstämmen, suchten nach Goldminen und schienen kaum geneigt, das Land urbar zu machen. Es kam sogar zu einer regelrechten Rebellion einiger Unterführer, denen das Reichwerden zu langsam ging. Laudonnière unterdrückte diesen Aufstand auf blutige Weise.

Der zweite Bericht (Dok. 36b) ist von Laudonnière verfaßt. Es läßt erkennen, wie sehr sich die Franzosen auf die Vorräte, den erwarteten Nachschub aus Frankreich und den Handel mit den Indianern verließen und wie wenig sie als echte Siedler gekommen waren. Obwohl Kapitän Ribault bei seiner Rückkehr im Sommer 1565 über 600 Siedler mitbrachte (Handwerker und Bauern mit Frauen und Kindern), wurde auch dieser ernsthafte Kolonisationsversuch vereitelt: durch die Spanier, die die Sicherheit ihrer Verbindungswege in die Neue Welt bedroht sahen. Eine Flotte unter dem Kommando von Pedro Menéndez de Avilés eroberte die Kolonie und metzelte – im sogenannten Massaker von Matanzas – alle Franzosen außer Frauen, Kindern und Katholiken hin. Als der normannische Adlige Dominique de Gourges 1568 eine Fahrt nach Florida unternahm, wollte er nur noch Rache an den Spaniern üben, was ihm mit der Hilfe von verbündeten Eingeborenenstämmen auch gelang. Die Hoffnungen auf ein Refugium für Protestanten erfüllten sich nicht. Die Ermordung Colignys in der Bartholomäusnacht (24. 8. 1572) und die verheerenden Religionskriege machten allen Plänen für eine dauerhafte Besiedlung Amerikas durch französische Kolonisten bis nach der Jahrhundertwende ein Ende.

Lit.: Paul Gaffarel: Histoire de la Floride française. Paris 1975 – Eugène Guénin: Les premiers essais de colonisation. Les Français au Brésil et en Floride (1530–1568). Paris 1910 – Francis Parkman: Pioneers of France in the New World. Boston 1922 – Ch.-A. Julien: Les voyages de découverte et les premiers établissements (XVe–XVIe siècles). Paris 1948. Ndr. Brionne 1979 – Jeannine Jacquemin: La colonisation protestante en Floride et la politique européenne au XVIe siècle. In: Bulletin de la société d'histoire du protestantisme français 101 (1955), S. 181–208 – J. P. Duviols: Voyageurs français en Amérique. Colonies espagnoles et portugaises. Paris 1978. SP/TS *a. Der Genfer Pfarrer Jean de Léry kommentiert den Zerfall des Siedlungsprojekts in Brasilien (1562)*

Villegaignon und Cointa[2] zögerten nicht, Streitigkeiten vom Zaun zu brechen, die grundlegende Glaubenssätze betrafen. Vor allem aber über einen Teil des Gottesdienstes [debattierten sie mit uns:] Denn so sehr sie auch die Lehre der römischen Kirche von der Transsubstantiation als eine absurde Auffassung ablehnten, und so wenig sie geneigt waren, sich die Lehre von der Konsubstantiation zu eigen zu machen, konnten sie doch auch dem nicht beipflichten, was die kalvinistischen Geistlichen darüber lehrten und mit dem Wort Gottes belegten: daß Wein und Brot nicht wirklich in Leib und Blut des Herrn verwandelt worden waren, der auch nicht in ihnen anwesend war, weil Jesus Christus im Himmel weilt, von wo er sich, durch die Kraft des Heiligen Geistes, als trostspendende Nahrung jenen mitteilt, die die Zeichen des Glaubens erkennen. Villegaignon und Cointa meinten jedoch, die Worte: „Hier ist mein Leib, hier ist mein Blut", könnten nur so verstanden werden, daß Leib und Blut Christi in Wein und Brot wirklich enthalten seien [...]. Da Villegaignon in diesen Fragen zutreffend und unzweideutig unterrichtet sein wollte, schickte er am 4. Juni den Geistlichen Chartier auf einem Schiff nach Frankreich, nachdem es mit Brasilholz und anderen Produkten dieses Landes beladen worden war. Chartier sollte zu diesen strittigen Fragen die Ansichten unserer Kirchenlehrer einholen, vor allem aber die von Meister Calvin, dessen Lehrmeinung er [Villegaignon] sich unterwerfen wollte. Und in der Tat hörte ich ihn oft sagen: „Herr Calvin ist eine der gelehrtesten Personen seit den Tagen der Apostel" [...].

Ich erwähne beiläufig, daß lange vor der Ankunft Villegaignons auf dieser Insel einige schiffbrüchige Seeleute aus der Normandie sich auf das Festland der nahen Küste hatten retten können. Sie lebten ohne Gottesfurcht unter den Wilden, und lagen mit Frauen und Mädchen zusammen. Ich selbst habe gesehen, daß sie mit ihnen bereits Kinder im Alter von vier oder fünf Jahren hatten. Villegaignon verbot bei Todesstrafe, daß irgendeiner mit den Frauen der Wilden die Hütte teilte [...].

Aber er [Villegaignon] verharrte in einem Geist des Widerspruchs, er konnte sich nicht mit der einfachen Verfahrensweise abfinden, die die Heilige Schrift für die Spendung der Sakramente vorsah. Als wir am Tag nach Pfingsten zum zweiten Mal zusammen die Messe feierten, überraschte er uns mit der Mitteilung, daß der Heilige Cyprian und der Heilige Clemens vorgeschrieben hätten, daß bei der Feier der Eucharistie Wasser in den Wein gegeben werden müsse. Und er beharrte nicht nur hartnäckig und nachdrücklich auf der Ausführung dieser Vorschrift, sondern wollte uns auch glauben machen, daß das konsekrierte Brot den Körper ebenso stärke wie die Seele. Und außerdem brachte er vor, daß Salz und Öl mit dem Taufwasser gemischt werden müßten und daß ein Geistlicher kein zweites Mal heiraten dürfe [...].

---

[2] Jean Cointa, ehemaliger Franziskanerpater, Doktor der Theologie an der Sorbonne.

36. Vom anfänglichen Scheitern der Franzosen in der Neuen Welt

Bald nach der Feier des Pfingstfestes erklärte Villegaignon in aller Öffentlichkeit, daß er seine Meinung über Calvin geändert habe. Ohne die Antworten abzuwarten, für deren Einholung er Chartier nach Frankreich entsandt hatte, stellte er fest, Calvin sei ein gefährlicher Häretiker, der vom rechten Glauben abgefallen sei. Uns gegenüber zeigte er sich ablehnend und legte fest, daß ab Ende Mai die Predigt nurmehr eine halbe Stunde dauern sollte. Er selbst nahm nur noch selten daran teil [...]. Wir warfen unter uns die Frage auf, was diesen Sinneswandel veranlaßt haben konnte. Einige von uns meinten, Kardinal de Lorraine und andere, die ihm aus Frankreich geschrieben hatten und ihm die Briefe durch den Kapitän eines Schiffes hatten überbringen lassen, das 30 Meilen von unserer Insel entfernt Anker geworfen hatte, hätten ihm ins Gewissen geredet, weil er die römische Religion verraten habe, und aus Gewissensnöten habe er seine Meinung geändert. Ich selbst habe allerdings nach meiner Rückkehr gehört, Villegaignon habe vor seiner Abfahrt mit Kardinal de Lorraine abgesprochen, einen Glaubenswechsel vorzutäuschen, um sich der Genfer Kirche im Allgemeinen und Calvins im Besonderen bei seinen Plänen bedienen zu können.

Wie dem auch sei, ich kann bezeugen, daß er nach seinem Gesinnungswandel so griesgrämig wurde – als ob er einen Schinder in seinem Gewissen habe –, daß niemand freiwillig vor ihn hintreten wollte, da er geschworen hatte, er werde jedem Kopf, Arme und Beine brechen, der ihn verärgern würde. Ich erwähne in diesem Zusammenhang sein grausames Verhalten gegenüber einem Franzosen mit Namen Roche, den er in Ketten hielt. Er ließ ihn von einem seiner Untergebenen mit groben Stockschlägen so lange auf den Magen schlagen, bis der [Schläger] völlig außer Atem war [...]. Der arme [geschlagene] Mann war halb tot, es hätte nicht viel gefehlt, und er hätte seinen Beruf als Tischler nicht mehr ausüben können. Ebenso verfuhr er mit anderen Franzosen, die er aus dem gleichen Grund in Ketten halten ließ. Auf Grund der schlechten Behandlung, die er ihnen vor unserer Ankunft hatte zuteil werden lassen, hatten sie sich untereinander verschworen, ihn ins Meer zu werfen. Denn sie mußten [beim Bau des Forts] ärger schuften als Galeerensklaven, obwohl keiner von ihnen [gelernter] Zimmermann war. Noch schlimmer behandelte er 30 oder 40 wilde Frauen und Männer, die unsere Verbündeten vom Stamm der Tutupinamba im Krieg erbeutet und an ihn verkauft hatten. Ich selbst sah ihn eines Tages einen von diesen eingeborenen Sklaven mit Namen Mingant – wegen eines Vorkommnisses, für das ihn ein anderer wohl nicht einmal gescholten hätte – auf eine Kanone binden, wo er ihm heißen Speck auf das Gesäß tropfen und dort schmelzen ließ. Angesichts dieser Behandlung sagten die armen Menschen in ihrer Sprache: Wenn wir gewußt hätten, daß Paycolas (so nannten sie Villegaignon) uns so behandeln würde, hätten wir uns lieber von unseren Feinden auffressen lassen als zu ihm zu kommen. [...]

Als Jean Gardien und ich eines Tages vom Festland zurückkehrten (wo wir uns dieses Mal 14 Tage bei den Wilden aufgehalten hatten), gab er vor, nichts von der Erlaubnis zu wissen, die wir von seinem Stellvertreter Barré vor unserem Aufbruch erhalten hatten. Da wir sein Verbot mißachtet hätten, wonach die Insel niemand ohne seine Erlaubnis verlassen durfte, befahl er, daß man uns – wie seinen Sklaven – eine Kette um den Fuß schloß. Und unser Anführer Du Pont (dessen Ansehen bei uns täglich sank) beschwor uns inständig, anstatt uns zu Hilfe zu kommen oder Villegaignon an der Ausführung zu hindern, die Strafe für 1 oder 2 Tage zu erdulden, bis sich Villegaignons Zorn gelegt habe. [...]

Villegaignon kam Ende Oktober zu uns und sagte, da er uns und den Glauben, dem wir anhingen, mehr und mehr verachte, wolle er uns nicht länger in seinem Fort und seiner Insel haben. Er befahl uns, die Siedlung zu verlassen. So zogen wir uns auf das Festland zurück, nachdem wir acht Monate auf der Insel und im Fort Coligny gelebt hatten, zu dessen Bau wir wesentlich beigetragen hatten.

Aus: Jean de Léry: Histoire d'un voyage fait en la terre du Brésil. Ed. par Jean-Claude Morisot. Genève 1975, S. 67–84. TS

b. Kapitän Laudonnière berichtet über die Probleme der französischen Landnahme in Florida (1565)

Die Indianer haben die Angewohnheit, ihre Häuser zu verlassen und sich drei Monate lang in die Wälder zurückzuziehen, nämlich im Januar, Februar und März: In dieser Zeit konnte man auf keine Weise einen Indianer zu Gesicht bekommen. Denn dann gingen sie auf Jagd, bauten kleine Hütten in den Wäldern auf, in die sie sich zurückzogen, während sie von dem lebten, was sie erbeuteten. Dies war der Grund, weshalb wir von ihnen während dieser Zeit keine Lebensmittel bezogen. Und hätte ich nicht große Vorräte angelegt, so daß meine Leute bis Ende April reichlich [zu essen] hatten (dies war der späteste Zeitpunkt, an dem wir Hilfe aus Frankreich erwarten durften), so wäre ich davon überrumpelt worden. Diese Hoffnung [auf die baldige Ankunft der Franzosen] war der Grund, weshalb sich die Soldaten keine große Mühe machten, mit ihren Lebensmitteln sparsam umzugehen, zumal ich auch das an sie austeilen ließ, was ich aus dem Land selbst beziehen konnte, ohne daß ich mir davon mehr vorbehalten hätte als dem einfachsten Soldaten der ganzen Kompanie. Als der Monat Mai kam, ohne daß irgendeine Hilfe aus Frankreich eingetroffen wäre[3], litten wir unter einem so großen Mangel an Lebensmitteln, daß wir uns mit Erdwurzeln und Sauerampfer, den wir inmitten der Wiesen fanden, behelfen mußten. Denn wenn auch die Wilden zu dieser Zeit zurückgekehrt

---

[3] Diese Jahreszeit war tatsächlich günstig für eine Fahrt von Frankreich nach Florida, weil dann das Wetter beständiger und die Gefahr tropischer Zyklone geringer war. Wir wissen durch Le Challeux, daß sich das Auslaufen der französischen Schiffe nach Florida bis zum 22. Mai verzögerte, weil das Beladen der Schiffe in Dieppe mehr als vier Monate in Anspruch nahm und sie darüber hinaus durch ungünstige Winde in England bis zum 14. Juni zurückgehalten wurden, so daß sie erst am 14. August in Florida ankamen (Anm. Suzanne Lussagnet).

waren, so halfen sie uns doch nur mit ein wenig Fisch aus, ohne den wir aber tatsächlich vor Hunger gestorben wären. Auch hatten sie uns zuvor das meiste ihrer Hirse und ihrer Bohnen im Austausch gegen unsere Waren gegeben. Diese Hungersnot dauerte von Anfang Mai bis Mitte Juni. Während dieser Zeit unternahmen die bis zum äußersten geschwächten armen Soldaten und Tagelöhner, da sie nicht arbeiten konnten, nichts anderes, als einer nach dem anderen auf einem ganz in der Nähe des Forts liegenden Berg Wache zu stehen, um Ausschau zu halten, ob sie nicht irgendein französisches Schiff entdecken könnten. Als sie endgültig jede Hoffnung verloren hatten, versammelten sie sich alle und kamen zu mir mit der Bitte, den Befehl zu geben, daß sie nach Frankreich zurückkehren dürften.

[Es wird zwar ein Schiff gebaut, aber die Männer geraten in eine solche Windstille, daß sie zur Umkehr gezwungen sind. Dort trifft sie Kapitän Ribault dann an.]

Aus: Suzanne Lussagnet (éd.): Les Français en Amérique pendant la deuxième moitié du XVIe siècle. Les Français en Floride. Paris (PUF) 1958, S. 141–142: „L'Histoire notable de la Floride située ès Indes occidentales contenant les trois voyages faits en icelle par Capitaines & Pilotes François, descrits par le Capitain Laudonniere, qui a commandé l'espace d'un an trois moys... Paris 1584".

SP

37. Marc Lescarbot schildert den ersten harten Winter für die Franzosen in Kanada (1604/1605)

De Monts, der 1603 von Heinrich IV. ein Patent zur Kolonisierung Kanadas erhalten hatte, richtete seine kleine Kolonie zunächst auf der von Champlain entdeckten Insel Sainte-Croix ein, die einige Seemeilen vom Fluß Scoudie (Neu-Braunschweig) entfernt liegt und die im folgenden beschrieben wird. An die Neusiedler in Nordamerika, die zunächst kaum über landwirtschaftliche Erfahrungen verfügten, stellte die Überwinterung stets besonders hohe Anforderungen. Auch auf Sainte-Croix forderten Lebensmittelmangel und Krankheiten so viele Todesopfer, daß es De Monts und Champlain 1605 vorzogen, die Kolonie nach Port-Royal, dem heutigen Annapolis-Royal, auf Neu-Schottland zu verlegen. Hier sollte die Keimzelle für die spätere Besiedlung Kanadas entstehen (vgl. Dok. 12).

Lescarbot, der Verfasser des nachfolgenden Quellenstücks, ein Advokat und Schriftsteller aus Passion, erlebte zwar diesen harten Winter auf der Insel Sainte-Croix selbst nicht mit, aber er lernte zwei Jahre später die Überlebenden in Port-Royal kennen, wo er sich fast ein Jahr lang aufhielt. Als er 1607 wieder nach Paris zurückkehrte, verfaßte er eine dreibändige „Histoire de la Nouvelle-France" (erschienen 1609), die neben einem Rückblick auf die ersten Entdeckungsfahrten seit Jacques Cartier (1534, vgl. Bd. 2, Dok. 57) und einer Schilderung der Sitten und Gebräuche der Indianer, deren Sprache er erlernte, vor allem Zeugnis von der schwierigen Anfangsphase der ersten französischen Siedler in Neu-Frankreich ablegt. Seine Geschichte zählt neben den Reiseberichten Champlains zu den wenigen Zeugnissen, die wir aus dieser Periode besitzen.

Es hat den Anschein, daß Lescarbot, der mit seinen Veröffentlichungen einen Beitrag zur Steigerung des Auswanderungswillens leisten wollte, gerade mit seinen Schil-

derungen des rauhen Klimas und der langen Winter in Neu-Frankreich die öffentliche Meinung in Frankreich negativ beeinflußte.
  Lit.: Benjamin Sulte: Histoire des Canadiens-Français 1600–1880 6 vol. Montréal 1882–1884. Vol. I (1882), S. 53–68 – Francis Parkman: Pioneers of France in the New World. Boston 1894 – Pierre Deffontaines: L'homme et l'hiver au Canada. Paris 1957 – L'homme et l'hiver en Nouvelle-France. Présentation par Pierre Carle et Jean-Louis Minel. Québec 1972 – Marcel Trudel: The Beginnings of New France, 1524–1663. Toronto 1973 – Charles-André Julien: Les Français en Amérique au XVIIe siècle. Paris 1976. SP

Nach der oben erwähnten Fahrt [von 1604] ließ Sieur de Monts[1] sein Fort ausbauen, das an der Spitze der Insel Sainte-Croix angelegt worden war, gegenüber dem Ort, an dem er die Kanonen aufgestellt hatte. Dies war reiflich überlegt, um den ganzen Flußlauf kontrollieren zu können. Aber es war mißlich, daß das Fort an der Nordseite bis auf die Bäume, die am Ufer der Insel standen und in der näheren Umgebung nicht hatten gefällt werden dürfen, vollkommen ungeschützt war. Außerhalb dieses Forts gab es Unterkünfte für die Wachmannschaft, einige groß und geräumig, andere klein. Alle zusammen bildeten eine Art Vorstadt. Einige [Kolonisten] hatten sich auf dem Festland in der Nähe des Baches kleine Hütten gebaut. Der im Fort gelegene Wohnsitz des Sieur de Monts war hingegen mit schönem kunstvollem Holzwerk verziert, und [hier] wurde die Fahne Frankreichs gehißt. An einer anderen Seite [befand] sich das Magazin, von dem Wohl und Wehe jedes einzelnen abhing, ebenfalls aus kunstvollem Holzwerk gefertigt und mit Dachschindeln gedeckt. Dem Magazin gegenüber lagen die Unterkünfte und Häuser der Sieurs d'Orville, de Champlain, Champ-Doré[2] und anderer vornehmer Männer. Auf der anderen Seite der Unterkunft des Sieur de Monts gab es einen offenen Minengang, der zur Austragung von Wettkämpfen oder zum Schutz der Arbeiter in Regenzeiten diente. Zwischen dem Fort und der Kanonenplattform lagen nur Gärten, in denen sich jeder nach Herzenslust beschäftigte. Der ganze Herbst (1604) wurde auf diese Weise verbracht. Und vor Wintereinbruch stand es nicht schlecht, denn die Unterkünfte waren bezogen und die Insel urbar gemacht. So konnten die Schriften von Maître Guillaume[3] die Runde machen, die allerlei Neuigkeiten enthielten. Unter anderem führte dieser Hellseher

---

[1] De Monts unternahm 1604 verschiedene Entdeckungsfahrten und wählte, abgeschreckt von den klimatischen Bedingungen von Tadoussac (Platz am St. Lorenz-Strom etwas unterhalb des späteren Québec), die Insel Sainte-Croix in der Fundy Bay als ersten Siedlungsort aus. Dann begab er sich neuerlich auf Reisen, um die günstigsten Pelzhandelsorte ausfindig zu machen.
[2] Samuel de Champlain (1570(?)–1635), Gründer der Kolonie Neu-Frankreich; Champ-Doré, ein Schiffseigentümer aus Saint-Malo, fuhr schon früh nach Kanada; 1599 erhielt er das Pelzhandelsmonopol; 1603/04 begleitete er De Monts nach Kanada; über viele Jahre hinweg zählte er zu den Freunden Champlains und unternahm viele Fahrten von Frankreich nach Kanada. Über D'Orville konnte nichts in Erfahrung gebracht werden.
[3] Maître Guillaume war ein sagenumwobener Hofnarr Heinrichs IV. Selbst nach seinem Tode zirkulierten viele Flugschriften unter seinem Namen, die Kritiken an mächtigen Persönlichkeiten des öffentlichen Lebens enthielten.

darin aus, daß Sieur de Monts die Absicht habe, Kanada die Dornen auszureißen. Und wenn man alles wohl abwägt, handelte es sich bei derartigen Unternehmungen wirklich um solch ein Unterfangen, denn sie stecken voller Mühsal und ständigen Gefahren, voller Sorgen, Ängste und Unannehmlichkeiten. Aber Tugend und Mut, die zusammen all dies meistern, bringen es zustande, daß diese Dornen zu Nelken und Rosen für jene werden, die sich zu derart heroischen Taten entschließen, um sich dem Andenken der Menschheit zu empfehlen, und die Augen vor den Vergnügungen der Weichlinge verschließen, die nur das Zimmer hüten können[4].

Als die wesentlichen Vorbereitungen abgeschlossen waren und Vater Grisart, d. h. der Winter, eintraf, mußte jeder das Haus hüten und daheim bleiben. Während dieser Zeit hatten unsere Leute auf der Insel besonders mit drei Unannehmlichkeiten zu kämpfen, nämlich mit Holzmangel (denn das Holz, das auf der genannten Insel vorhanden gewesen war, hatte zum Bau der Gebäude gedient), mit Mangel an Süßwasser und mit der Wache, die man nachts hielt aus Furcht vor Überfällen der Wilden, die am Fuße der Insel in Hütten wohnten, oder vor einem anderen Feind, war doch die Rachsucht und Wut vieler Christen von der Art, daß man sich vor ihnen mehr in acht zu nehmen hatte als vor ungläubigen Völkern[5]. [...]

Man war also, wenn man Wasser oder Holz benötigte, dazu gezwungen, den Fluß zu überqueren, der mehr als dreimal so breit wie die Seine in Paris an irgendeiner Stelle ist. Dies war eine mühevolle und langwierige Angelegenheit, da man häufig einen Tag auf das Boot warten mußte, bevor man es selbst benutzen konnte. Dazu kamen Kälteeinbrüche und Schneefälle und so starker Frost, daß der Cidre in den Fässern vereiste und jeder seinen Anteil nach Gewicht bemessen mußte. Wein wurde nur noch an einigen Tagen der Woche ausgegeben. Mehrere Faulpelze tranken Schneewasser, um sich die Mühe zu sparen, zum Fluß zu gehen. Nun kurz zu den unbekannten Krankheiten, die mit jenen vergleichbar sind, die uns schon Kapitän Jacques Cartier vorgestellt hat [...]. Gegen diese Krankheit[6] gab es kein Heilmittel. Die armen Kranken siechten dahin und gingen nach und nach zugrunde, da ihnen keine Linderung in Form von Milch oder Brühe zuteil wurde, womit der Magen hätte ernährt werden können, der wegen eines üblen Geschwürs, das wächst und im Munde wuchert und das, wollte man es entfernen, schon an einem einzigen Tag größer als vorher wäre, kein festes Fleisch mehr vertragen konnte. [...] Es war ein Trauerspiel, fast alle [Kolonisten] so entkräftet und die armen Kranken allesamt dahinsiechen zu sehen, ohne daß ihnen hätte geholfen werden können. Von dieser Krankheit wurden 36 betroffen und weitere 36 oder 40, die ebenfalls darunter litten, gesundeten, sobald der Frühling kam[7]. [...]

---

[4] Hier klingt an, wie sehr Lescarbot den Mut der Entdecker und Eroberer, der ersten Kolonisten schätzte und wie hoch er ihre zivilisatorische Leistung bewertete.
[5] Lescarbot hebt hier auf befürchtete englische Überfälle ab.
[6] Skorbut.
[7] Champlains Angaben weichen davon ab; er spricht von über 70 Toten.

Aus: Marc Lescarbot: Histoire de la Nouvelle-France. Paris 1617. Ndr. bei H. P. Biggar (ed.): The History of New France by Marc Lescarbot. 3 vols. Toronto 1907. Ndr. New York 1968 (Champlain Society. Publ. I). Vol. II, S. 514–515. SP

38. Pläne für den Ausbau von Québec zum Zentrum Neu-Frankreichs: Memorandum von Samuel Champlain an den französischen König (um 1615)

Samuel de Champlain (1570(?)–1635), Begründer der Kolonie Neu-Frankreich, unternahm von 1603 bis 1615 eine Reihe von Expeditionen nach und im heutigen Ostkanada und Neu-England, die zum einen das Ziel hatten, geeignete Siedlungsgebiete sowie Erzvorkommen ausfindig zu machen, und die zum anderen eine Nordwest-Passage nach Asien erkunden sollten. Dabei knüpfte er Kontakte mit vielen Indianerstämmen, empfahl, freundschaftliche Beziehungen zu den Huronen und nicht zu den Irokesen aufzunehmen, und veröffentlichte mit seinen höchst präzisen Reiseberichten ausgesprochen wertvolle Dokumente über die Anfänge der französischen Kolonisierung von Kanada.

Am 3. Juli 1608 gründete er Québec, die erste Niederlassung von Franzosen auf dem nordamerikanischen Festland. Dadurch sollte es den Einwanderern leichter gemacht werden, seßhaft zu werden, Landwirtschaft zu betreiben und nicht länger nur dem Pelzhandel nachzugehen. Auch als Gouverneur sah Champlain darin die einzige Möglichkeit, der Kolonie eine feste Basis zu geben, die sie in die Lage versetzte, Angriffen von indianischer oder europäischer Seite zu widerstehen. Aus diesen Gründen intervenierte Champlain mehrere Male direkt bei Hofe. Eine solche Demarche stellt auch das nachfolgende Schreiben an den König dar.

Obwohl sich Champlain bereits 1618 dazu beglückwünschte, daß in der Umgebung Québecs die Felder bestellt und Gemüsegärten angelegt seien, die einen Vergleich mit denen Frankreichs nicht zu scheuen bräuchten, zählte Québec, das 1629 bis 1632 vorübergehend von den Engländern besetzt wurde, danach nur noch etwa 60 Einwohner. Zwar war das Fort erbaut, aber die wenigen Häuser waren recht unansehnlich, und nur eine einzige Familie hatte einen Bauernhof angelegt.

Bis zu seinem Tode sollte es Champlain aber gelingen, viele neue Gebäude zu errichten, die Befestigungsanlagen weiter auszubauen, Aussaat und Rodung voranzutreiben und die Kontakte mit den Indianern der Umgebung zu vertiefen, so daß Québec immer mehr französische Einwanderer anzog und aufhörte, nur ein Posten für den Pelzhandel zu sein. Ihm gebührt das Verdienst, Québec zum Zentrum der französischen Kolonisation in Kanada gemacht zu haben, in dem die zivile und militärische Verwaltung wie auch der Bischof ihren Sitz nahmen.

Lit.: Benjamin Sulte: Histoire des Canadiens-Français 1608–1880. 6 vol. Montréal 1882–1884 – Morris Bishop: Champlain. The life of fortitude. New York 1948. Ndr. New York 1979 – L.-A. Vigneras: Le voyage de Samuel Champlain aux Indes occidentales. In: Revue d'Histoire de l'Amérique française 11 (1957–58), S. 163–200 – Charles-André Julien: Les Français en Amérique au XVIIe siècle. Paris 1976. SP

Sieur de Champlain möchte im Einvernehmen mit Seiner Majestät und sofern Sie es für gut befindet, das folgende Projekt in Angriff nehmen und vorantreiben: [Er beabsichtigt] in Québec, dem Aufenthaltsort von Sieur de Champlain, in einem 900–1000 Pas[1] großen, am St. Lorenz-Strom gelegenen Gebiet eine Stadt von den Ausmaßen von Saint-Denis aufzubauen. Diese Stadt wird er, wenn es Gott und dem König gefallen sollte, Ludovica nennen. In der Stadtmitte wird man eine schöne Kirche errichten lassen, die dem Heiland gewidmet und Erlöserkirche genannt wird, in Anerkennung und zum Andenken des Heils, das Gott über diese armen Völker bringen möge, die seinen Heiligen Namen nicht kennen. Damit wird dem Willen des Königs Rechnung getragen, sie zum heiligen christlichen Glauben und in den Schoß unserer heiligen Mutter Kirche zu führen.

Es wird neben der genannten Stadt ein aus fünf Wachtürmen bestehendes Fort errichtet werden, an einem an zwei Stellen erhöhten Ort. Dieses wird die Stadt und den Fluß kontrollieren. Gegenüber auf der anderen [Fluß-] Seite wird eine Festung derselben Größe entstehen, um die Fluß-Durchfahrt vollkommen unter Kontrolle zu haben, da sie die einzige Möglichkeit darstellt, weiter ins Landesinnere vorzudringen. Die Entfernung Québecs von der Flußmündung beträgt etwas mehr als 30 Meilen. Das vom Meer etwa 26 Meilen entfernt liegende Land ist zur Linken wie zur Rechten voller Berge, furchterregender Felsen und unwirtlicher Landschaften, die man auf keine Weise durchqueren kann, zumal es dort keinen Fluß- oder Seehafen gibt, um die Schiffe hinzuschleppen, mit Ausnahme von einem, Tadoussac, wohin sich die großen Handelsschiffe zurückziehen. Und dort wird an der höchsten Erhebung eine sehr vorteilhafte Festung zu errichten sein, in die man die Garnison legen wird. Und diese Garnison wird alle sechs Monate ausgewechselt. Tadoussac liegt unterhalb von Québec. In den 35 Meilen Gebiet zwischen Québec und Tadoussac können sich weder Freund noch Feind aufhalten.

Sieur de Champlain betrachtet es für eine dauerhafte Niederlassung in Neu-Frankreich als notwendig, daß dorthin erstens unverzüglich fünfzehn Franziskaner gesandt werden[2], damit dieses heilige Werk den Segen Gottes erhalte; diese werden in einem Kloster untergebracht, das in der Nähe der erwähnten Erlöserkirche zu errichten sein wird; daß dorthin zweitens 300 Familien gebracht werden, die jeweils aus vier Personen, aus Mann, Frau, Sohn und Tochter oder Diener und Dienerin, jünger als 20 Jahre, bestehen sollen. Und solange alle Gemeinwesen, die es gibt, auf vier Säulen ruhen, auf Militär, Justiz, Handel und Ackerbau, ist es erforderlich, im Anschluß an die Kirche über die militärische Stärke zu sprechen, die durch 300 gut bewaffnete und disziplinierte Soldaten zu erreichen wäre. Nichtsdestoweniger sollten sie abwechselnd zu allen anfallenden Arbeiten herangezogen werden, da es für die

---

[1] Pas (Schritt), ein altes französisches Längenmaß, entspricht 0,66 m.
[2] Obwohl Champlain zu den ersten gehörte, der die Jesuiten nach Neu-Frankreich bringen sollte, setzte er sich hier noch für die Rekollekten ein, Franziskanermönche besonders strenger Observanz, die bis 1632 die Indianermission leiteten und dann das Monopol an die Jesuiten verloren.

Abb. 12: Québec, das Verwaltungszentrum von Neu-Frankreich, im Jahr 1699 (Kartusche zu einer Karte von J.-B.-L.-Franquelin).

Einrichtung von Kolonien von Schaden ist, dort Personen welchen Standes auch immer hinzuschicken, die für ihren Lebensunterhalt nicht sorgen können.

Es ist zu bedenken, daß es, falls die Ansiedlung in Québec nicht aufrechterhalten und befestigt wird und mangels Leuten, die die angrenzenden Gebiete bewohnen und die Stellung der Kolonie verstärken könnten, die Engländer oder Holländer wären, unsere dortigen Nachbarn, die uns von dort vertreiben würden, wie sie es schon den Jesuiten des Sieur de Poutrincourt antaten[3], deren Siedlung sie einnahmen und verbrannten.

Die Holländer haben sich in einem Gebiet niedergelassen, wohin nur noch ihre Landsleute dürfen. Dieser Ort liegt nicht sehr weit von Québec entfernt[4].

Die Engländer haben sich in Virginia angesiedelt, wohin kein Franzose darf.

Auch im Norden haben sich die Engländer festgesetzt[5] und gestatten es nur ihren Landsleuten, aber keinem Ausländer, dort Wale zu fangen.

Wenn es ihnen gelänge, sich des St. Lorenz-Stroms und unserer Niederlassung zu bemächtigen, könnten sie jährlich mindestens 600 oder 700 französische Schiffe daran hindern, auf Kabeljaufang zu gehen. Es ist notwendig, auf Abhilfe zu sinnen und die Angelegenheit rechtzeitig in Ordnung zu bringen.

Aus: Les voyages de Samuel Champlain. Saintongeais père du Canada. Introduction, choix de textes et notes par Hubert Deschamps. Paris 1951, S. 272–274.   SP

39. Die französische Westindienkompanie verhandelt mit dem König von Ardrah wegen einer befestigten Handelsstation an der Guinea-Küste (1670)

Französische Festsetzungsversuche in Afrika im Laufe des 17. Jahrhunderts scheinen vor allem von der Idee getragen, nach dem Aufziehen einer Fahne und dem Beginn der Missionierung von Eingeborenen stelle sich ein florierender Handel von selbst ein. Auf den die afrikanische Westküste sporadisch erreichenden Schiffen befanden sich immer hohe Militärs und Missionare, die in pompöser Weise französische Präsenz demonstrierten, in diplomatischen Verkehr mit einzelnen Landesfürsten traten und umfangreiche Handelsgeschäfte in Aussicht stellten. Den Worten folgten aber – auf Grund des Ruins der immer wieder gegründeten Afrikahandelskompanien, des starken Engagements der französischen Krone in europäischen Zwistigkeiten und einer durchweg unglücklichen Personalpolitik – nur selten Taten, und so gelang die dauerhafte Gründung von Niederlassungen nur an der Sklavenküste und in Senegambien, nicht jedoch an der Goldküste, wo sich mitunter über dreißig Forts und Faktoreien der Holländer, Engländer, Dänen und Brandenburger befanden.

Nachdem die Errichtung von Handelsstationen durch normannische Kaufleute in den dreißiger und vierziger Jahren fehlgeschlagen war, denen Richelieu 1634 das Monopol für den Handel von Sierra Leone bis zum Kap Lopes erteilt hatte, versuchte die französische Krone nach der Gründung einer westindischen Kompanie (1665) verstärkt an der Guinea-Küste Fuß zu fassen. Die Besiedlung der Antillen und ein wachsender Arbeitskräftebedarf der dortigen Plantagen verlangten nach einer Beteiligung am afrikanischen Sklavenhandel. In diesen Zusammenhang gehört die Reise eines Beauftragten der Westindien-Kompanie (d'Elbée) nach Westafrika, über die der nachfolgend abgedruckte Bericht informiert. Diese Passagen finden sich in einem umfassen-

---

[3] Anspielung auf die Angriffe von Engländern auf Port Royal (Neu-Schottland) im Jahre 1613.
[4] Neu-Amsterdam (New York) und Fort Nassau.
[5] An der Davis-Straße und der Hudson-Bai.

den Reisebericht des Chevalier Renaud des Marchais, der in den Jahren von 1725 bis 1727 im Auftrag der französischen Indien-Kompanie eine Rundreise durch französische Besitzungen, mit Stationen in Westafrika, Französisch-Guayana und auf den Antillen, unternahm. Die 1731 veröffentlichte Fassung seiner Reiseschilderungen stammt aber nicht von des Marchais selbst, sondern aus der Feder des französischen Dominikaners Jean-Baptiste Labat, eines Spezialisten auf dem Feld der im frühen 18. Jahrhundert immer mehr Leser anziehenden Reiseliteratur. Er hatte Ende der neunziger Jahre des 17. Jahrhunderts als Missionar auf Martinique und Guadeloupe gewirkt (vgl. Dok. 73), die Bekehrung von Indianern und Negern hatte ihn dort allerdings weniger beschäftigt als seine Tätigkeit als Agronom, Ingenieur, Militär und Verwaltungsfachmann. Nach seiner Rückkehr nach Frankreich widmete er sich zwischen 1712 und 1735 im Kloster der Abfassung von Reiseberichten: Zuerst entstanden mehrere Bände über seinen Aufenthalt auf den Antillen, dann mehrere Bücher über seine Reisen nach Spanien und Italien in den Jahren von 1709 bis 1712, schließlich zwei umfängliche Werke über Afrika. 1728 erschien seine „Nouvelle relation de l'Afrique" in fünf Bänden, 1730 folgten vier Bände über die Reisen von des Marchais.

Daß seine Kompilation bis in das frühe 19. Jahrhundert als Autorität für die Geschichte, Geographie und Naturkunde Senegambiens galt und auch heute noch von besonderem Wert ist, obwohl Labat selbst nie einen Fuß auf afrikanischen Boden gesetzt hat, liegt in dem Umstand begründet, daß Labat offenbar freien Zugang zu Berichten von staatlichen Funktionären und Kompaniebediensteten hatte (etwa von André Brue, De la Courbe und eben d'Elbée), die er hemmungslos ausschlachtete. Wie er zu seinen Quellen kam, ist bislang ungeklärt; einiges spricht für die Vermutung, daß er als Beichtvater Vaubans und anderer Notabler Kontakte zu einflußreichen Personen im Dienst der Krone knüpfen konnte.

Die in seinen Afrika-Büchern zahlreichen Beschreibungen von Zusammenkünften weißer und schwarzer Führungspersönlichkeiten – zu denen auch das folgende Dokument zu rechnen ist – lassen den Afrikaner als einen Handelspartner erscheinen, der dem Europäer an Verhandlungsgeschick und Geschäftstüchtigkeit in nichts nachsteht, er verfügt über eigene Machtmittel und weiß sie auch zu gebrauchen, wie König Tézifon in seinen bei Labat geschilderten Zusammenkünften mit d'Elbée. Ohne das Einverständnis und den guten Willen der Negerkönige war ein profitabler Afrikahandel gar nicht denkbar, denn die Eingeborenen kontrollierten sowohl die Zugangswege zum Hinterland als auch die Produktion der Exportgüter und den Sklavenmarkt. Labat schildert die schwarzen Fürsten deutlich als Respektsperson und schildert ausgiebig die vorbildliche administrative Organisation der verschiedenen Teilstaaten, die Art der Delegation der Macht an Vasallen und Provinzstatthalter, die Regelung der Thronfolge und die Geschichte der Königshäuser. Der Stil der Verhandlungen unterschied sich, abgesehen von pittoresken Details, kaum von europäischen Formen. Man begegnete sich mit ausgesuchter Höflichkeit und zeigte sich entgegenkommend und nachgiebig in formalen Belangen, bei den entscheidenden Fragen wurde aber mit der Anwendung aller zu Gebote stehenden taktischen Kniffe und Listen operiert.

Beachtung verdient auf Grund seiner schillernden Biographie auch der – aus Pillau stammende – ortskundige Berater des französischen Flottenkommandeurs: Henri Caerlof (auch Heinrich, Hendrick, Hendrik oder Heyndrick Caarlof, Carlof, Carloff, Caerloff, Caerlofsen, Caarlofsen usw.), der Vielfalt der Schreibweisen seines Namens entspricht die Vielfalt seiner Funktionen an der Westküste zwischen 1640 und 1680. Er taucht erstmals, im Alter von 23 Jahren, 1645 im Personalverzeichnis des niederländischen Forts El Mina auf. Innerhalb weniger Monate wird er vom Unterkommis zum Fiscael (der dritthöchsten Position) befördert, bereits 1646 fungiert er als Oberkommis und stellvertretender Leiter der Niederlassung in Accra. 1648 überwirft er sich mit der Westindischen Kompanie und wird nach seiner Rückkehr nach Holland im Jahr 1649 von Laurens De Geer als Direktor der schwedischen Afrika-Kompanie angeworben (vgl. Dok. 22). Da nach dem Tode De Geers dessen Erben die pseudo-schwedische, in Wirklichkeit von niederländischen Finanziers ins Leben gerufene Handelsgesellschaft nicht unterstützen wollen, scheidet er 1656 aus dem schwedischen Dienst aus und bietet der dänischen Krone seine Mitarbeit an, die sein Angebot nur zu gern akzeptiert, sieht sie doch nun die Chance, in den gewinnträchtigen Sklavenhandel an der Guinea-Küste einzusteigen. Hatte Caerlof auf Grund seiner ausgezeichneten Verbindungen zu einheimischen Fürsten vorher ausgewählte niederländische Niederlassungen für den schwedischen Handel umfunktionieren können, gewinnt er nun schwedische und niederländische Handelsstationen für die dänische Krone. 1658 erobert er das Fort Carolusburg, kapert das Schiff Stockholm Slott, läßt sich von den Dänen auszahlen und setzt sich nach Europa ab. Umlaufende Gerüchte über bevorstehende Friedensverhandlungen zwischen Schweden und Dänemark bewegen ihn dazu, das als Prise genommene Schiff zu verkaufen. Überworfen mit der dänischen, schwedischen und niederländischen Handelsgesellschaft begibt er sich nach Frankreich. 1665 schließt er dort mit der französischen Westindienkompanie (für die Staatsminister Colbert ihn als Berater gewonnen hat, wie Caron für die französische Ostindienkompanie, vgl. Dok. 136) einen Vertrag, durch den er sich zur Lieferung einer bestimmten Zahl von Sklaven in den kommenden sechs Jahren nach den französischen Antillen verpflichtet; bezahlt wird er mit Zucker, der in Frankreich verkauft werden soll. Für das Jahr 1669 ist von ihm ein Transport von 750 Sklaven nach Martinique, 1672 von 350 Sklaven nach Guadeloupe belegt. Seine Teilnahme an der französischen Expedition im Jahr 1670 nutzt er zur Eröffnung eines Kontors in Ardrah, wo er durch verbilligte Abgabe seiner Waren den Holländern den Rang abläuft. Ohne den Schutz der französischen Flotte muß er aber bald nach Ouidah ausweichen, wo seine Niederlassung durch von den Niederländern aufgehetzte Nachbarstämme niedergebrannt wird. Da ihm der englisch-französische Krieg in der Karibik die Geschäfte verdirbt, wechselt er erneut die Seite. Im zweiten Frieden von Westminster (1674) war die Insel Tobago (Nieuw-Walcheren) wieder an die Niederlande zurückgegeben worden, 1676 verkaufen die Erben der Patroons Lampsin die Insel – unter Umgehung der WIC – an die Provinz Holland. Caerlof schlägt vor, die Insel mit holländischen und französischen Flüchtlingen aus Brasilien, Guayana und den Kleinen Antillen zu besiedeln und zu einem befestigten Handelszentrum auszubauen. Er fordert zu diesem Zweck die Aussendung einer Flotte und gewinnt für diesen Plan nacheinander den Sekretär der Amsterdamer Admiralität Hiob de Wildt, den Kanzler, den Prinzen von Oranien und die Amsterdamer Kammer der WIC. Als die Flotte im Spätsommer 1676 mit 100 Siedlern und einigen Hundert Sklaven ablegt, ist Caerlof als designierter Gouverneur dieser neuen Kolonie an Bord, allerdings verliert sich danach seine Spur. Vielleicht kam er bei der Eroberung der Insel durch die Franzosen im gleichen Jahr ums Leben.

Die von König Tézifon im Gespräch mit d'Elbée bereits befürchtete Unzuverlässigkeit französischer Zusagen sollte sich bewahrheiten. Die Westindien-Kompanie machte Bankrott, das Afrika-Monopol wurde einer Senegal-Kompanie übertragen, die an einer Faktorei in Ardrah kein Interesse hatte. Zur Durchsetzung französischer Interessen an der Guinea-Küste entsandte Ludwig XIV. im Jahr 1677 unter Leitung von Admiral Ducasse eine Flotte, die die Insel Gorée unweit der Senegal-Mündung den Niederländern abnehmen konnte. Gorée wurde zusammen mit dem an der Mündung des Senegals gegründeten Fort Saint-Louis die wichtigste französische Niederlassung, von wo im frühen 18. Jahrhundert jährlich ca. 2000 Sklaven exportiert und ein lebhafter Handel mit dem Landesinneren abgewickelt wurden. Saint-Louis zählte in der zweiten Hälfte des 18. Jahrhunderts ca. 7000, die Insel Gorée ca. 2500 Einwohner. Eine erfolgversprechende Siedlung am Übergang von der Elfenbein- zur Goldküste – Assini – konnte wegen des Drucks der Niederländer nur wenige Jahre gehalten werden (1687–1702). Wichtig hingegen war die international besetzte Sklavenhandelsstation Ouidah (Juda) an der Sklavenküste, deren Dauerhaftigkeit sich wohl vor allem aus einem 1703 geschlossenen Stillhalteabkommen der konkurrierenden europäischen Handelsgesellschaften erklärt, das der König von Ouidah zur Aufrechterhaltung des Friedens in der von ihm kontrollierten Region diktiert hatte.

Lit.: H. Labouret-P. Rivet: Le Royaume d'Arda et son évangélisation au XVIIe siècle. Paris 1929 – P. Roussier: L'établissement d'Issiny 1687–1702. Paris 1935 – Suzanne Berbain: Le comptoir français de Juda au XVIIIe siècle. Paris 1942 – André Delcourt: Les français et les établissements français au Sénégal de 1713 à 1763. Dakar 1952 – Abdoulaye Ly: La Compagnie du Sénégal. Paris 1958 – Urs Bitterli: Die Entdeckung des schwarzen Afrikaners. Versuch einer Geistesgeschichte der europäisch-afrikanischen Beziehungen an der Guinea-Küste im 17. und 18. Jahrhundert. Zürich [1]1970. Zürich-Freiburg [2]1980 – Albert Van Dantzig: Les Hollandais sur la côte de Guinée à l'époque de l'essor de l'Ashanti et du Dahomey 1680–1740. Paris 1980. TS

Eine Seereise des Herrn d'Elbée an die Guinea-Küste, in das Königreich Ardrah, und ein Aufenthalt in der Hauptstadt Groß-Ardrah in den Jahren 1669 und 1670

Am folgenden Tag [5. Januar 1670] ließ Carloef sich an Land setzen und begab sich nach Offra. In Klein-Ardrah[1] hatte er von dem königlichen Statthalter[2] erfahren, daß die Holländer von den Absichten der [französischen West-indien-]Kompanie Wind bekommen hätten und alles daran setzten, deren Vorhaben zu vereiteln. Der Statthalter sandte einen Boten nach Groß-Ardrah, um den Hof von der Ankunft der französischen Schiffe in Kenntnis zu setzen, während Carloef seinerseits einen Boten mit Briefen an alte Bekannte [am Hof] im Marsch setzte. Bei seinem Eintreffen in Offra wurde er von dem Vizekönig sehr freundlich begrüßt und kehrte [beruhigt] an Bord des französi-

---

[1] Afrikanische Staaten an der Westküste besaßen in aller Regel eine viele Kilometer von der Küste entfernt im Landesinneren liegende Hauptstadt. Zur Erleichterung des Kontakts mit den europäischen Handelspartnern entstanden an der Küste kleinere Siedlungen, die als Teile der Hauptstadt angesehen wurden. Der Küstenort war die kleine, die Siedlung im Landesinnern die große Hauptstadt; daher leiten sich Benennungen wie Groß- und Klein-Ardrah, Groß- und Klein-Accra, Groß- und Klein-Kommenda usw. ab.

[2] Der Verfasser einer 1749 in Leipzig erschienenen deutschen Übersetzung des Reiseberichts von Renaud des Marchais gibt den im Originaltext stehenden Begriff *fidalgo* mit *Statthalter* wieder. Gemeint ist eine Person aus der Umgebung des Königs, der in der „kleinen" Hauptstadt die Verhandlungen mit den europäischen Handelspartnern führt. In niederländischen Quellen findet sich für diese meist aus dem Kreis der Höflinge stammenden Personen der Begriff *makelaers*.

schen Admiralsschiffes zurück, um Herrn d'Elbée über den Stand der Dinge Bericht zu erstatten. Zu diesem Zeitpunkt kam auch der Leiter der holländischen Faktorei an Bord der *Justice*, um dem Admiral ein Willkommen zu entbieten und ihm als Begrüßungsgabe frische Lebensmittel zu überreichen. Beides wurde freundlich angenommen und der holländische Faktor aufs beste bewirtet und mit Geschenken überhäuft, obgleich [der französische Admiral] d'Elbée von der feindseligen Haltung des Holländers überzeugt war.

Dann begab sich Du Bourg[3] an Land und reiste nach Offra, wo ihn der englische Faktor mit einer Unterkunft und mit Vorräten versorgte, denn den Eingeborenen ist es strikt untersagt, etwas zu verkaufen, bevor der König durch Befehl den Handel [mit den Ausländern] freigibt. Ungeachtet fehlender, königlicher Weisungen nahm ihn der Vizekönig mit großer Höflichkeit auf. Drei Tage verstrichen, ohne daß eine Antwort des Hofes eingetroffen wäre. Caerlof war darüber nicht wenig überrascht, hatte er doch auch dem König einen Brief geschrieben, in welchem er seiner Majestät ihre alte Freundschaft in Erinnerung rief, und daß sie in jungen Jahren aus einem Glas getrunken hätten[4] – das ist ein Brauch, der unter diesem Volk als Zeichen einer beständigen Freundschaft gilt, deren Bruch die Götter nicht ungestraft lassen.

Mittlerweile waren die Geschenke der Kompanie für den König an Land gebracht worden. Darunter fand sich auch eine feine, vergoldete Kutsche, mit einem prächtigen Paar Pferdegeschirre, von der Art des Fuhrwerks, das die Portugiesen eingeführt hatten. Es ist aber eine bewährte Gewohnheit des Hofes von Ardrah, daß er die Fremden auf eine Antwort warten läßt. Aus Freundschaft zu Henri Carloef gefiel es aber dem König, in diesem Fall die [sonst übliche] Wartezeit zu verkürzen. 10 Tage nach dem Abschicken des Briefes überbrachte ein vom Hof abgeordneter Hauptmann Caerlof (der sich in der Unterkunft von Du Bourg aufhielt) Grüße des Königs. Der König sei hocherfreut, daß einer seiner alten Freunde, der würdig wäre, mit ihm [dem König] zu sprechen, noch am Leben sei. Caerlof solle unverzüglich die Ehre eines Empfangs zu Teil werden; um ihm seine andauernde Freundschaft zu bekunden, wolle er nicht bereits vorher, wie bei anderen Besuchern, die Geschenke in Empfang nehmen. Er [der Hauptmann] fügte hinzu, der König sei überaus geneigt, den Franzosen entgegenzukommen und ihnen die Privilegien einzuräumen, die andere Nationen in seinem Reich bereits genössen, vielleicht sogar bereit, ihnen größere Freiheiten zu gewähren. Seine Majestät hätte ihrem Sohn und ihrem zuständigen Beauftragten für den Handel befohlen, sich

---

[3] Du Bourg war von der Westindienkompanie die Leitung der zu gründenden Niederlassungen und des Forts übertragen worden.

[4] Die mit dem Begriff „bu bouche à bouche" ausgedrückte Vertrautheit bezieht sich nicht auf gemeinsame Jugenderinnerungen. Der König Tézifon war nach dem Bericht des französischen Admirals d'Elbée etwa 70 Jahre alt, Caerlof 48. Caerlof hatte vielmehr auf einer 1646 noch im Dienst der WIC unternommenen Reise von El Mina nach São Tomé die Bekanntschaft des Königs gemacht und dem König aus seiner „Kriegskasse" als *fiscael* (Schatzmeister) der Kompanie großzügig Kredit gewährt.

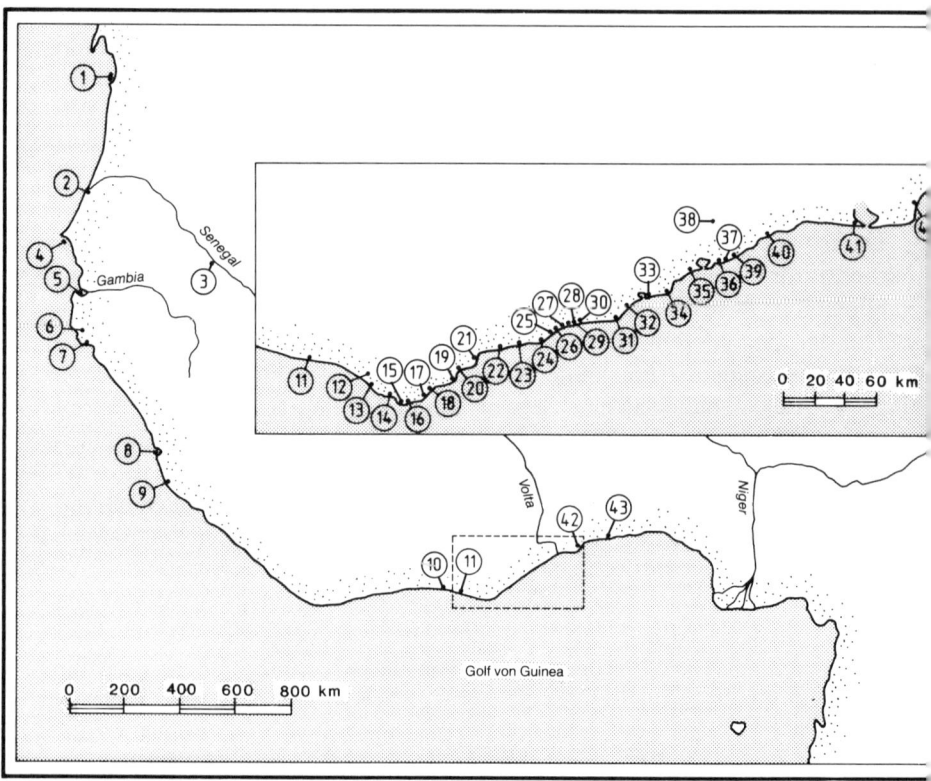

Karte 4: Die wichtigsten befestigten europäischen Handelsstationen an der afrikanischen Guineaküste. Die einzelnen Abschnitte der Guineaküste sind nach den seit den portugiesischen Entdeckungsfahrten nach Europa exportierten Haupterzeugnissen dieser Regionen benannt, die ursprünglich dem portugiesischen Kronmonopol unterlagen: Von West nach Ost folgen aufeinander die Pfefferküste (Liberia), die Elfenbeinküste (die den gleichnamigen Staat bildet), die Goldküste (Ghana) und die Sklavenküste (Togo, Dahomé und Nigeria). Seit etwa 1650, nachdem auch an der Goldküste Sklaven zur bedeutendsten Ware geworden waren, weil versklavte Afrikaner aus dieser Region in der Karibik die höchsten Preise erzielten, konzentrierten sich die europäischen Handelsstationen in dem Küstenbereich zwischen Assini und dem Fluß Volta.

39. Französische Verhandlungen wegen einer Faktorei an der Guinea-Küste

Durch / getrennte Zahlen bezeichnen verschiedene Gründungsversuche, durch + verbundene Zahlen bedeuten die Koexistenz konkurrierender Handelsstationen.

1. Arguin (port.: Arguim): 1448 port., 1580 span., 1634 holl., 1678 frz., 1685–1721 brand.
2. Saint Louis: 1612/1659 frz.
3. Saint Joseph: 1698 frz.
4. Gorée: 1617 holl., 1674 frz.
5. James Island: 1618 engl., 1651 kurl. (Fort Andreas), 1664 engl.
6. Cacheu: 1460 port. + 1679 frz.
7. Bissau: 1471–1703 port. + 1679–1736 frz., 1765 port.
8. Bunce Island: um 1670 engl.
9. York Island (im Shebro): 1668 engl.
10. Assini: 1637/1687/1700 frz.
11. Beyin: 1650–1658 schwed., 1768 engl.
12. Ankobra: 1721 holl.
13. Axim: 1502–1642 port., seit 1642 holl.
14. Groß-Friedrichsburg: 1683–1721 brand., seit 1721 holl.
15. Takrama: um 1695 brand.
16. Akwida: 1684 brand., seit 1687 holl.
17. Dixcove: 1684 engl., 1690–1692 brand., seit 1692 engl.
18. Butri: seit 1598 holl. + 1650–1658 schwed.
19. Takoradi: 1653 schwed., 1658 dän., 1665 holl., seit 1666 engl.
20. Sekondi: seit 1670 holl. + seit 1673 engl.
21. Shama: 1558 port., seit 1640 holl.
22. Kommenda: seit 1663 engl. + seit 1688 holl.
23. Elmina: (port: São Jorge da Mina) 1482 port., seit 1637 holl.
24. Cape Coast: 1637 holl., 1652 schwed., 1658 dän., seit 1664 engl.
25. Mouri: 1598/1612 holl.
26. Anasham: 1683 engl.
27. Anomabu: 1640 holl., 1652 schwed., 1658 dän., seit 1666 engl.
28. Egya: 1678 engl.
29. Kormantin: 1631 engl., seit 1665 holl.
30. Amoku: 1764 frz.
31. Tantamkweri: 1673 engl.
32. Apam: 1697 engl.
33. Winnebah: 1680 engl.
34. Beraku: 1667 holl.
35. Shido: 1706 engl.
36. Accra: 1650 schwed. + seit 1650 holl. + 1658 dän. + seit 1671 engl.
37. Christiansborg: 1661 dän.
38. Kpompko: 1772 dän.
39. Teshi: um 1752 dän.
40. Prampram: 1721 engl.
41. Ada: 1731 dän.
42. Keta (Qvitta): 1710 dän.
43. Whydah (Ouidah, Judah): 1667 frz. + 1670 holl. + 1683 engl. + 1708 port.

sobald als möglich nach Offra zu begeben, um sie [die Franzosen] zum Hof zu geleiten. Die Franzosen verbreiteten [nur zu] gern diese Nachrichten, die die Holländer mit Besorgnis erfüllten.

Zwei Tage später traf der Erbprinz, zusammen mit dem königlichen Handelsbeauftragten, in Offra ein. Du Bourg machte ihm in Begleitung von Carloeff unverzüglich seine Aufwartung. Diese Zusammenkunft verging jedoch unter dem bloßen Austausch von gegenseitigen Höflichkeitsbezeugungen, und angesichts der fortgeschrittenen Stunde blieben die Geschäfte völlig unerwähnt. Am folgenden Tag stattete der Erbprinz, in Begleitung des Handelsbeauftragten, seinen Gegenbesuch ab. Nach weiteren Höflichkeitsbekundungen teilte er Du Bourg mit, er sei von seinem Vater gesandt worden, um ihn nach Groß-Ardrah zu führen. Zunächst wolle er jedoch zu seinen [Du Bourgs] Ehren ein Essen am Strand veranstalten; wenn er dann wieder nach Offra zurückgekehrt wäre, wolle er mit ihm zum Hof aufbrechen.

Am 20. Januar wurde der Prinz an das Meeresufer getragen, wo für ihn schon ein großes Zelt errichtet worden war. Er wurde von dem Handelsbeauftragten, von Du Bourg und Caerlof, von dem englischen Faktor und den Schreibern der holländischen Faktorei begleitet. Sobald er sich am Strand sehen ließ, begrüßte ihn der französische Admiral d'Elbée, der sich noch an Bord seines Schiffes befand, mit vier Salven, die aus zwölf Kanonen abgefeuert wurden. Danach fuhr er an Land. Sobald sich das Boot dem Strand näherte, schickte ihm der Erbprinz einige Personen aus seinem Gefolge entgegen, die ihn auf ihre Schultern nahmen und an Land brachten. Andere hoben das Boot mit allen Insassen in die Höhe und setzen es auf dem Strand nieder. Nachdem d'Elbée einige Schritt weit gegangen war, ersuchte ihn ein Bediensteter auf Portugiesisch, er möchte doch stehen bleiben. Er kam dieser Aufforderung nach, und all das Volk, das in großer Zahl herbeigelaufen war, um ihn zu sehen, zog sich aus Ehrerbietung zurück, so daß er am Strand mit seinem Gefolge und den Bediensteten allein zurückblieb.

Gleich darauf näherte sich eine Kompanie Schwarzer, welche Stäbe trugen, die in Gestalt eines S gekrümmt und an deren Ende kleine Fahnen festgemacht waren, mit welchen sie tausend geschickte Kunststückchen machten. Nach diesen kamen Trommelschläger, deren Trommeln bemalt waren und an jedem Ende spitz zuliefen. Sie schlugen sie gut und hielten einen angenehmen und wohlklingenden Takt. Diesen folgten andere, welche Instrumente von poliertem Eisen, wie kleine Glocken, trugen, auf welchen sie, zur Zusammenstimmung mit den Trommeln, mit Stöcken spielten. Nach ihnen kam ein großer Trupp Komödianten oder Spielleute, von welchen einige tanzten, andere sangen, andere machten verschiedene, seltsam anmutende Bewegungen, wiederum andere erzählten lustige Geschichten. Einige unter ihnen hatten kupferne und elfenbeinerne Trompeten von verschiedener Größe, deren Schall mit der anderen Musik den Takt hielt. Alle diese Menschen machten die Musikanten des Prinzen aus und begleiteten ihn, wenn es einen offiziellen Anlaß gab. Sie gingen in guter Ordnung an dem Herrn d'Elbée vorbei und suchten ihm mit ihren Trompetenkunststückchen Freude zu bereiten. Die Bediensteten des fürstlichen Hauses kamen in einiger Entfernung an der Spitze der Leibwache, die mit ihren Musketen auf den Schultern marschierte und Säbel mit vergoldeten Griffen an ihrer Seite hatte. Auf diese folgte der Oberstallmeister, der in einer prächtigen Kleidung und mit dem Hut auf dem Kopf ganz allein ging und auf seiner Schulter den Säbel des Prinzen trug, so wie das Schwert des Staates vor dem Dogen zu Genua hergetragen wird. Der Prinz kam gleich nach ihm, unter einem großen Sonnenschirm, der über seinem Kopf getragen wurde. Er ging ganz langsam und lehnte sich auf zwei von seinen Bediensteten. Der Großhauptmann – Befehlshaber über die Reiterei – ging zu seiner Rechten, und der Beauftragte für den Handel zu seiner Linken. Auf ihn folgten verschiedene Adlige und Älteste, und der Zug wurde von mehr als zehntausend Negern beschlossen.

Als sich der Prinz dem Herrn d'Elbée bis auf zehn Schritt genähert hatte, stand er still, und der Bedienstete des Prinzen sagte zu Herrn d'Elbée, jetzt wäre es an der Zeit, weiter zu gehen. Dieser tat dies und grüßte den Prinzen, der ihm seine Hand reichte auf französische Art, mit einer kleinen Verbeugung, und reichte dem Prinzen ebenfalls die Hand. Der Prinz drückte sie sanft und sah ihn unverwandt an, ohne ein Wort zu sprechen. Herr d'Elbée schwieg einen Augenblick, um seine Ehrfurcht anzuzeigen, und dann hielt er eine Rede in portugiesischer Sprache. Obgleich der Prinz das Portugiesische sehr wohl verstand, ließ er sich das Gesagte aus Gründen der Staatsräson übersetzen. Bei seiner Antwort bediente er sich eben dieses Dolmetschers. Er brachte zum Ausdruck, wie angenehm es ihm sei, ihn [d'Elbée] zu sehen. Er wolle all das Ansehen, daß er bei seinem Vater, dem König, habe, zum Vorteil [des französischen Admirals] verwenden. Danach nahm er ihn bei der Hand und ließ ihn an seiner Seite unter dem Sonnenschirm gehen. Er wollte sogar das Boot, mit dem sich d'Elbée hatte an Land setzen lassen, in Augenschein nehmen. Er unterzog es einer eingehenden Prüfung, nahm die am Boot angebrachte [französische] Flagge und ließ sie vor seinem Zelt aufrichten, wo eine Kompanie von gut ausgerüsteten Musketieren angetreten war, die Soldaten trugen Säbel und Taschen. Diese Zeichen des Wohlwollens verdrossen die Niederländer, denen solche Gunstbezeigungen nie zuteil geworden waren.

Als die Zeit zur Mittagsmahlzeit gekommen war, legte man in die Mitte des Zeltes feine Decken, um welche im Viereck herum damastene Kissen gruppiert wurden, auf denen der Prinz Platz nahm. Zu seiner Rechten mußte sich Herr d'Elbée setzen, zur Linken die Herren Du Bourg, Caerlof nebst dem englischen Faktor. Die Bewirtung bestand aus verschiedenen gebratenen und gekochten Speisen, Fleisch vom Rind, von wilden Schweinen, Ziegen, jungen Hühnern und anderem Geflügel, dazu wurden unter der Verwendung von Palmöl verfertigte Saucen gereicht. Es gab keine Teller, sondern halbe Kalebassen, die mit einem so glänzenden Firnis angestrichen waren, daß sie wie Schildpatt aussahen. Während der Mahlzeit wedelten zwei Bedienstete dem Prinzen mit Fächern, die von wohlriechendem Leder gemacht waren, kühle

Luft zu. Alle Diener, die dem Prinzen aufwarteten, taten es kniend und mit großer Ehrerbietung. Auf der einen Seite des Prinzen, ein wenig hinter ihm, hielten sich drei Personen auf, die er zu sich rief, um ihnen Brot- und Fleischbrocken in den Mund zu stecken. Man sagte Herrn d'Elbée, es handele sich um die Lieblinge des Prinzen. Nachdem der letzte Gang serviert war, wurde in kristallenen Gläsern Wasser zum Waschen herumgegeben. Nach diesen wurden den Gästen feine Servietten oder baumwollene Tücher gereicht, die zusammengefaltet waren. Dann brachten die Bediensteten Palmweine, Sekt, Portwein und französische Weine.

[Es folgt eine Schilderung der Reise nach Groß-Ardrah. Die Reisegesellschaft langt nach verschiedenen Festlichkeiten und Aufenthalten dort am 25. Januar an].

Am 27. Januar hatte Du Bourg Audienz beim König. Er übergab seiner Majestät die Kutsche und die anderen Geschenke, die die Kompanie für den König mitgeschickt hatte. Danach ersuchte er ihn um die Erlaubnis, eine Faktorei in Offra bauen zu dürfen und stellte in Aussicht, daß jedes Jahr 4 Schiffe eintreffen würden, um den Handel zu beleben. Der König gab ihm zur Antwort: Was den Handel anbelange, so schickten ihm bereits die Holländer jedes Jahr mehr Schiffe, als er beladen könne. Im vergangenen Jahr seien einige gezwungen gewesen, ohne Ladung wieder abzulegen. Zu diesem Zeitpunkt lägen sechs an der Küste und vier weitere warteten auf der Höhe von El Mina auf ein Zeichen der Faktorei. Er leide also weder an Schiffen noch an Waren Mangel. Zudem hätten ihm die Holländer ansehnliche Bedingungen für den Abschluß eines Vertrages angeboten, mit dem er ihnen das Recht einräumen solle, in seinem Königreich allein – unter Ausschluß der ausländischen Konkurrenten – Handel zu treiben. Eigentlich spräche alles für einen solchen Abschluß, denn die Engländer betrieben ihre Handelsstation nachlässig und auch die Franzosen, die früher mit ihm verhandelt hätten[5], schienen ihr Wort nicht besser zu halten, was er den Holländern nicht nachsagen könne. Dennoch habe er – mit Blick auf die großen Taten des Königs von Frankreich und die Vorhaben seines Handelsministers [Colbert] – seinen Handelsbeauftragten angewiesen, den Franzosen in Offra eine Faktorei aufzubauen, diese Handelsstation zu beschützen und ihnen in allen Dingen seine Hilfe angedeihen zu lassen [...]. Am 8. Februar wurde öffentlich im ganzen Land ausgerufen, daß der König der französischen Handelsgesellschaft das Recht eingeräumt habe, Sklaven zu handeln. [Es folgt ein Bericht über die ersten Transaktionen. Am 1. März war das Schiff *Justice* segelfertig, das Schwesterschiff *Harmonie* jedoch noch ohne Ladung].

Um die Sache zu beschleunigen, unternahm der Admiral d'Elbée eine zwei-

---

[5] Die Westindienkompanie hatte 1666 Villault de Bellefond und 1667 Du Casse auf eine Inspektionsreise an die Guinea-Küste geschickt. Du Casse drang in das Königreich von Ouidah (Juda) vor, das unter der Oberhoheit von Ardrah stand. Vermutlich bezieht sich Tézifon auf die Du Casse-Expedition, der auch zwei Kapuziner angehört hatten, deren Missionsversuche zu erheblichen Unruhen in der Region geführt hatten.

te Reise an den Hof, begleitet von Caerlof und Marriage⁶. [...] Der König selbst besucht keinen Menschen, doch als Zeichen seiner besonderen Gewogenheit gewährte er d'Elbée vor dem Mittagessen eine Audienz. [...] Als sich d'Elbée mit drei tiefen Verbeugungen näherte, reichte ihm der König seine Hand, und nachdem er die des Admirals ergriffen hatte, knackte er dreimal mit seinem Daumen, was ein außerordentliches Zeichen der Freundschaft ist. Er ließ darauf Decken und Kissen bringen, damit sich d'Elbée mit seinen Offizieren darauf setzen könnte. Nach der üblichen Begrüßungszeremonie ersuchte d'Elbée den König darum, er möge den Franzosen erlauben, eine Faktorei nach ihrer Art zu errichten, denn die inzwischen gebaute sei zu klein und auch sonst unzweckmäßig. Auch möge er seine Befehle hinsichtlich der Sicherheit des Leiters der Niederlassung und der Faktoren in Offra erteilen. Der König entgegnete, er nähme die Bediensteten der Kompanie gerne unter seinen Schutz und wolle Sorge tragen, daß ihnen kein Leid geschähe und sie keinen Grund zur Klage fänden. Auch wolle er unverzüglich einen Befehl ausfertigen, durch den seine Untertanen gehalten seien, binnen 24 Stunden ihre Schulden bei der Kompanie zu begleichen. Was die Niederlassung in Offra beträfe, fände er sich bereit, seinem Sohn und den beiden Hauptleuten Befehl zu erteilen, sich persönlich dorthin zu begeben und die Gebäude erweitern zu lassen. Allein, eine befestigte Niederlassung könne er ihnen nicht bewilligen: „Ihr wollt ein Haus bauen, in das Ihr anfänglich zwei kleine Kanonen setzen werdet. Im Jahr darauf werdet Ihr es mit vier weiteren bestücken und binnen kurzem hättet Ihr aus Eurer Niederlassung ein Fort gemacht. Ihr könntet Euch zum Herren über meine Besitzungen machen und Ihr wärt in den Stand gesetzt, mir Eure Vorschriften zu diktieren".

[Nach der Übergabe weiterer Geschenke und der Aufstellung einer Wunschliste durch den König bricht d'Elbée auf, am 13. März legt auch das Schiff *Harmonie* vollbeladen ab].

Aus: Jean-Baptiste Labat: Voyage du chevalier Des Marchais en Guinée, îles voisines et à Cayenne fait en 1725, 1726, 1727. 4 vol. Paris 1730. Ndr. Amsterdam 1931. Vol. 2, S. 231–247.　　　　　TS

40. Der Dominikaner Dutertre schreibt über den Krieg der französischen Eroberer gegen die Kariben von Guadeloupe (um 1650)

Im Jahre 1631 beauftragte Kardinal Richelieu den Kapitän de l'Olive damit, die Nachbarinseln von Saint-Christophe, der ersten französischen Kolonie in der Karibik, zu erkunden. Daraufhin ließ dieser die Inseln Guadeloupe, Dominica und Martinique in Augenschein nehmen und empfahl – trotz der feindseligen Haltung ihrer Bewohner, der Kariben – ihre Eroberung. Als de l'Olive im Jahre 1635 in Frankreich um finanziel-

---

⁶ Marriage war der Kapitän des Schiffes *Eintracht*, er verstarb vor dem Ablegen des Schiffes.

le Unterstützung nachsuchte, sah sich die alte Handelskompanie außerstande, seine Bitte zu erfüllen. Daraufhin wurde auf Initiative Richelieus eine größere *Compagnie des Isles d'Amérique* eingerichtet, die de l'Olive und Ossenville beauftragte, Guadeloupe zu erobern, wo sie am 29. Juni 1635 eintrafen. Obwohl sie angewiesen waren, das Land nur in Übereinkunft mit den Kariben zu besetzen, lieferten sich die Franzosen von Anfang an heftige Kämpfe mit ihnen, die erst 1640 mit ihrer gewaltsamen Vertreibung endeten. An die Stelle des ersten Gouverneurs de l'Olive trat nun Jean Aubert, der die Voraussetzungen für den wirtschaftlichen Aufschwung schuf, den die Insel während der folgenden französischen Kolonisation erlebte.

P. Dutertre, der Verfasser der nachfolgenden Schilderung dieses langjährigen Krieges mit den Kariben, war ein Dominikanerpater, der sich 1640 nach Guadeloupe begab und in den Jahren 1667–71 eine dreibändige Geschichte der französischen Antillen veröffentlichte, die auch viele offizielle Dokumente enthält. Noch heute gilt sie als eines der wenigen Zeugnisse über die Anfänge der Franzosen in der Karibik. Daneben beschäftigte sich Dutertre auch mit den Riten und Gebräuchen der Kariben sowie mit Flora und Fauna der Inselwelt. Obwohl seine *Histoire* zweifellos das Ziel verfolgte, die Kolonisierung der Franzosen in der Karibik in einem positiven Licht erscheinen zu lassen, um die Auswanderung von Landsleuten zu fördern, weist sie auch kritische Bemerkungen über das Vorgehen so mancher französischer Eroberer auf.

Lit.: M. Crouse: French Pioneers in the West Indies. New York 1940.   SP

Vom 26. Januar 1636 an bis zum Jahr 1639 begannen die Wilden gegenüber den Franzosen alle möglichen Arten von Feindseligkeiten. Sie nützten den Hunger, das Elend und die [hohe] Sterblichkeit aus, durch die die Kolonie tagtäglich mehr geschwächt wurde, und schlossen mit jenen [Wilden] von Dominica und Saint-Vincent mehrere Abkommen, damit auch sie über unsere Leute herfielen, die sie ohne Mitleid massakrierten, wenn sie sie abseits [von ihren Siedlungen] antrafen. Es trifft aber auch zu, daß die Franzosen ihnen keinen Pardon gaben. Und so wurde der Krieg um so erbitterter geführt, je mehr Vorteile die einen über die anderen gewannen.

Als die Wilden einen Monat nach der Kriegserklärung feststellten, daß Sieur de l'Olive Männer von seinem Fort entfernt auf einer Plantage arbeiten ließ, bewaffneten sich zwei- oder dreihundert Wilde in dreizehn Pirogen, um sie zu überfallen. Sie hätten ihren Plan auch ausführen können, wären sie nicht von unseren Franzosen entdeckt worden. Aber da diese sie rechtzeitig bemerkten, blieb Sieur de l'Olive Zeit genug, um mit seinen Leuten zu Hilfe zu eilen und ihnen in der Nähe des Meeres einen Hinterhalt zu legen. Als die Wilden niemanden sahen, sprangen sie wagemutig an Land und stießen bis zu dem Hinterhalt vor, wo mehrere von ihnen von Gewehrsalven getroffen zu Boden sanken. Obwohl diese unvorhergesehene Salve sie überrumpelte, zeigten sie keinerlei Überraschung, und der Mut verließ sie nicht; im Gegenteil: Sie gingen in Verteidigungsstellung und ließen einen so dichten Pfeilhagel auf unsere Leute niederprasseln, daß alle durchbohrt worden wären, hätten sie nicht einen von Bäumen und Büschen geschützten Hinterhalt bezogen. Der Kampf wurde von den Wilden mit Verbissenheit geführt. Da aber die Waffen

40. Krieg der französischen Eroberer gegen die Kariben von Guadeloupe 205

ungleich waren und unsere Franzosen aus der Deckung heraus kämpften, wurden sie [die Kariben] schließlich zum Rückzug gezwungen und mußten mit ihren Pirogen das Weite suchen. Dabei kämpften sie noch im Rückzug. Und es verdient hier erwähnt zu werden, daß sie, selbst als sie von den Unseren auf das hartnäckigste verfolgt wurden, niemals einen der ihren zurückklie-

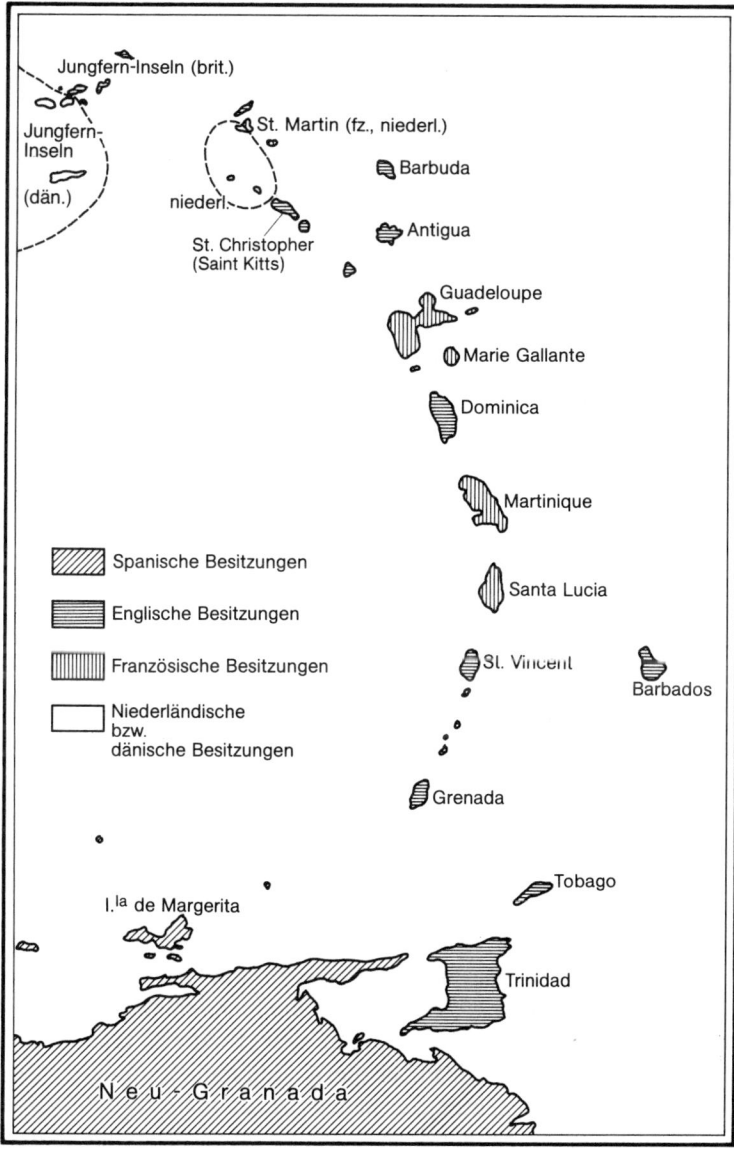

Karte 5: Die Europäer auf den kleinen Antillen im 18. Jahrhundert.

ßen. Dazu hatten sie sich in zwei Gruppen geteilt: Die eine sammelte die Toten und Verwundeten ein, während die andere Widerstand leistete und den Gegenschlag auffing. Sie verloren bei dieser Gelegenheit 25 oder 30 Männer, hinzu kommen die Verwundeten. Und die Sieger gewannen dabei zwei Pirogen, die mit Matten und anderen Gütern der Wilden beladen waren.

Auf diesen Sieg folgte ein anderer, den die Franzosen über dieselben Wilden Ende Oktober desselben Jahres 1636 errangen: Als sie [die Kariben] nämlich bemerkten, daß 30 Männer der Kolonie auf einer Plantage in Capeterre arbeiteten, stellten sie eine kleine Seestreitmacht aus 15 Pirogen mit 700–800 Männern zusammen, die sie von den Nachbarinseln angeworben hatten, um unsere Leute in einem Überraschungsangriff während der Arbeit zu überwältigen. Aber ein kränkelnder Franzose entdeckte einige von ihnen [den Wilden] im Walde, und die Furcht flößte ihm so viel Kraft ein, daß er noch rechtzeitig zum Fort gelangte, um unsere Leute wegen der Landung der Wilden zu alarmieren. Auf den Rat dieses Kranken hin bezogen alle Franzosen hinter einer kleinen Palisadenhecke Deckung, die extra zu diesem Zweck – als Schutz vor einem solchen feindlichen Einfall – angelegt worden war. Aber die Wilden, die sie [die Franzosen] an Geschicklichkeit übertrafen, töteten vier von ihnen und verwundeten sechs oder sieben mit Pfeilen. Die restlichen Franzosen verteidigten sich so gut, daß die Wilden, als mehrere der Ihren getötet und verwundet worden waren, den Rückzug antreten mußten, indem sie aber weiterkämpften und ihre Verwundeten und Toten einsammelten, bis auf einen, der getötet wurde, als er sich im Sand eingegraben hatte. Unter jenen, die auf seiten der Wilden getötet wurden, habe sich – so nahm man an – auch ein französischer Renegat befunden, der nach Diebstahl unseres Kirchenschatzes ein sehr schönes Kruzifix in Stücke gebrochen und ein wertvolles Reliquienkästchen mit Füßen getreten haben soll. Daraufhin habe er mit einem brennenden Stück Stoff die Kapelle anstecken wollen und sei mit diesem Brandsatz in der Hand umgekommen.

Diese Kriegsvorteile heilten aber die [französischen] Bewohner nicht von einer panischen Angst, die sich in ihren Herzen festgesetzt hatte. Alles flößte ihnen Furcht ein: In den roten Blättern des Waldes vermeinten sie Wilde wiederzuerkennen, von denen sie verfolgt zu werden glaubten, woraufhin sie auf der ganzen Insel Alarm schlugen. Ein schwimmendes Stück Holz hielten sie für eine beladene Piroge ihrer Feinde. Auch während der Nacht fanden sie keine Ruhe, denn sie wußten nicht, an welchem Ort sie tagsüber Schutz suchen sollten. Sieur de l'Olive, der alle Sorgfalt darauf verwandte, dieser heimgesuchten Kolonie zu helfen, teilte die Leute in zwei Gruppen auf, die er gut bewaffnet im wöchentlichen Wechsel in die Buchten schickte, um Schildkröten zu erlegen. Diese Maßnahme war einige Zeit erfolgreich und bewahrte die Kolonie vor der Hungersnot. Da aber die Wilden immer auf der Lauer lagen und beständig Hinterhalte legten, aus denen heraus sie häufig Franzosen töteten, war man dazu gezwungen, sich im Fort einzuschließen und es nur äußerst selten zu verlassen. Dadurch nahm der Hunger weiter zu. Die Mehrzahl [der

Kolonisten] starb aus Not und Elend. Jene, die sich in die Wälder vorwagten, um irgend etwas zum Essen zu suchen, gingen elend zugrunde. Man fand dort sogar mehrere, die von ihren Hunden gefressen worden waren. [...]
Der Überfluß, der dann später auf der Insel herrschen sollte, [...] zeigte sehr gut, daß dieser Hunger eine Züchtigung Gottes darstellte, mit der diese Leute bestraft werden sollten, und eine Rache, die er für das Blut der Wilden nahm, die auf grausame Weise massakriert worden waren. [...] So wurde das Schiff des Kapitäns Barbeau, das von der Kompanie ausgerüstet und mit Lebensmitteln für Guadeloupe beladen war, auf der Fahrt von allem möglichen Unglück heimgesucht. Denn die Seefahrer irrten sich dermaßen, daß sie – auf der Höhe des 15. Breitengrades angekommen, von wo aus sie nur noch die Route nach Westen hätten einschlagen müssen [...] – die Küste Floridas anliefen, die mindestens 500 Meilen von Guadeloupe entfernt liegt. Einen so merkwürdigen Irrtum hat es, seit man die Inseln anläuft, nicht gegeben. Darauf ist es zurückzuführen, daß auf diesem Schiff, das fast sechs Monate auf See blieb, fast alle Lebensmittel, die es geladen hatte, verbraucht oder verdorben waren. Auf diesen Irrtum folgten zwei weitere Unbilden. Die erste bestand darin, daß Sieur de l'Olive sich mit seiner Barke voller Lebensmittel aus Saint-Christophe kommend schon auf Sichtweite von Guadeloupe befand, als er an der Spitze der Insel die spanische Flotte bemerkte und gezwungen war, wieder Saint-Christophe anzulaufen. Den elenden Hungernden blieb nur der Blick auf das, was ihre Misere hätte lindern können. Das zweite Mißgeschick berührte sie kaum weniger, denn als Sieur de l'Olive einen Trupp seiner besten Leute auf einer anderen Barke eingeschifft hatte, um Brot aus Saint-Christophe holen zu lassen, gaben diese elenden [Kreaturen] ihrem eigenen Leben den Vorzug über das der anderen, machten sich mit der Barke auf und davon und sind seither nie wieder gesehen worden.

Aus: R. P. J. B. Dutertre: Histoire générale des Antilles. 4 vol. Réd. d'après l'édition de Thomas Jolly de 1667–1671. Fort-de-France/Martinique 1973. Vol. I, S. 91–94. SP

41. Die Franzosen gründen die Faktorei Pondichéry an der indischen Koromandelküste (1674/1690)

Die französische Indien-Expedition unter Admiral und Vizekönig de la Haye (vgl. Dok. 13) hatte die französische Position nicht nur nicht gestärkt, sondern bereits bestehende Beziehungen und Handelskontakte unterminiert, u. a. durch die überfallartige Besetzung der Stadt São Tomé, die dem König von Golconda unterstand, von dem die französische Niederlassung in Masulipatnam abhing. Außerdem hatte der Übergriff auf die Koromandelküste die Feindseligkeit der Niederländer heraufbeschworen, die nach der Rückeroberung von Trinquemale die Franzosen nicht im Besitz von São Tomé lassen würden. In dieser schwierigen Lage beauftragten die Direktoren der französischen Ostindienkompanie – Lahaye und Caron – einen jungen Agenten, François Martin, von Sher Khan Lodi, dem Gouverneur der in Tanjore und dem Carnatic liegenden Besitzungen des Königs von Bejapore, ein Stück Land als Ausweichquartier zu erwerben. Martin hatte mit seiner schwierigen Mission Erfolg, er wählte eine Parzelle im Mündungsgebiet des Flusses Gingy, 60 Meilen südlich von São Tomé.

Martin war der uneheliche Sohn eines Pariser Kaufmanns, der nach dem Tod seines Vaters auf Grund von Erbauseinandersetzungen Paris verlassen mußte und sich 1664, angeregt durch Werbeplakate, bei der neugegründeten Ostindienkompanie bewarb. Seinen schnellen Aufstieg verdankte er wohl guten Beziehungen zu einflußreichen Pariser Geschäftskreisen, er rechtfertigte diesen Aufstieg aber durch planvolle und energische Aktivitäten in Indien. Nachdem die Niederländer mit der Hilfe einheimischer Verbündeter die französischen Besatzungstruppen in São Tomé zur Kapitulation gezwungen hatten, zog sich der Großteil der Franzosen nach Surat zurück, Martin entschied sich mit 60 Mitarbeitern für einen Neuanfang auf dem neuerworbenen Besitz im Gebiet von Gingy. Aufgrund geschickter Verhandlungsführung und der Überlassung eines Kredits an Sher Khan Lodi erhielt er 1674 die Konzession für eine Niederlassung. Durch zuziehende Textilarbeiter entstand schnell ein Dorf (Phoolchery, später Pondichéry genannt), die Produktion machte schnelle Fortschritte, 1676 meldete Martin bereits ein Tuchlager im Wert von einer Million Livres. Als er 1681 nach Surat wechselte, um die Nachfolge des erkrankten Direktors François Baron anzutreten, war Pondichéry gefestigt, eine kleine Milizarmee war aufgebaut worden, und zum Dank für den auf Dauer gewährten Kredit hatte Sher Khan Lodi der Ostindienkompanie das Dorf Pondichéry und die daraus zu ziehenden Einkünfte überlassen.

Als Martin 1686 wieder als Direktor nach Pondichéry wechselte, hatte der Handel einen enormen Aufschwung genommen, erstmals hatten Ladungen 1684 in Rouen gut verkauft werden können. Aber die politische Situation war unsicherer geworden. Die Königtümer von Benjapore und Golconda hatten ihre Unabhängigkeit verloren, Pondichéry lag im Grenzgebiet der Kampfzone zwischen den Marathen und dem vorrückenden Mogulherrscher Aurangseb. 1687 kam es zu einer Hungerperiode wegen ausgebliebener Regenfälle, aufgrund von Krieg und Pest flohen die Einwohner nach Tanjore. Da aus Frankreich keine Unterstützung zu erwarten war, weil sich die militärischen Anstrengungen auf eine Eroberung des Königreichs von Siam richteten, stellte sich die Notwendigkeit nach einer Befestigung der Niederlassung gegen Übergriffe von europäischen Konkurrenten und indischen Angreifern um so dringlicher.

Martin schildert im folgenden Auszug aus seinen Memoiren (Dok. 41 a) seine Bemühungen, eine Erlaubnis für die Errichtung eines Forts zu erwirken. Seine Ausführungen machen die außerordentlichen Schwierigkeiten der Europäer deutlich, sich in dem undurchsichtigen Beziehungsgeflecht indischer Höfe die notwendigen vertraglichen Absprachen zu sichern. Daß er sich bei der Umsetzung seiner Ziele geschickt die finanziellen Schwierigkeiten des in kriegerische Auseinandersetzungen, die anläßlich der Erb- und Nachfolgestreitigkeiten um die Führung des Marathen-Reiches nach dem Tode von Sevadgi ausbrachen, verstrickten Fürsten von Gingy zunutze machte, wirft ein erstes Schlaglicht auf künftige Taktiken, die französische Kolonialbeamte zur Erweiterung ihres Einflusses auf dem indischen Subkontinent anwenden sollten.

Die Lage der französischen Kompanieniederlassungen in Indien schien durch die Genehmigung, den französischen Stützpunkt bei Pondichéry zu befestigen, Ende der achtziger Jahre konsolidiert. Allerdings blieb die politische Situation in dieser Region nach wie vor prekär: Die übermächtigen holländischen Konkurrenten beobachteten mit wachsendem Argwohn den Aufschwung der französischen Handelsaktivitäten an der Koromandelküste. Und auch die Position der Ostindienkompanie am Hofe des

41. Die Franzosen gründen Pondichéry an der Koromandelküste

Ram Radscha in Gingy war keineswegs auf Dauer gesichert, die indischen Potentaten neigten auf Grund pekuniärer Engpässe immer wieder dazu, einmal erteilte Genehmigungen mit fadenscheinigen Argumenten wieder zur Disposition zu stellen, um bei Neuverhandlungen, durch geschicktes Ausnutzen der Rivalitäten unter den um Erweiterung ihrer Einflußbereiche ringenden Europäern, die Rechte teurer zu verkaufen. In neuerlichen Verhandlungen über Zölle und sonstige Einnahmen gelang es dem Generaldirektor der französischen Handelskompanie, François Martin, aber im Jahr 1690 ein weiteres Mal, die wesentlich finanzkräftigeren Holländer zu verdrängen. Der im folgenden abgedruckte Brief des Ram Rascha (Dok. 41 b) dokumentiert den Abschluß des Abkommens.

Doch auch seine Wirkung war nur von begrenzter Dauer. Drängende Geldsorgen bewegten 1693 den Ram Radscha, ganz Pondichéry, also auch den Grund und Boden, zum Verkauf anzubieten. Die ständig am Rande des Bankrotts stehende französische Ostindienkompanie mußte das Angebot wegen der Höhe des Verhandlungsobjekts ausschlagen, die Rückwirkungen der europäischen Kriege, in die Frankreich zwischen 1689 und 1713 nahezu ununterbrochen verwickelt war, ließen die staatliche Unterstützung weitgehend versiegen. Die Holländer dagegen nutzten die günstige Gelegenheit, um den lästigen Konkurrenten an der Koromandelküste zu verdrängen, von 1693 bis 1697 kam Pondichéry in holländischen Besitz und wurde erst im Frieden von Rijswijk erneut französischer Stützpunkt, in den dann auch der oberste Verwaltungsrat und die Direktion der Handelskompanie in Indien verlegt wurden.

Daß der Indienhandel der Kompanie an der Wende vom 17. zum 18. Jahrhundert nicht völlig zum Erliegen kam, beruhte allein auf dem Einsatz von François Martin und seiner Familie. Er baute Pondichéry bis zu seinem Tod 1706 zu einem starken Stützpunkt mit einer Kette von ertragreichen Niederlassungen aus, und sein Schwiegersohn Deslandes errichtete in dem 1674 erworbenen Stützpunkt Chandarnagore in Bengalen, im Gangesdelta unterhalb der Stadt Hugli, zwischen 1690 und 1694 ebenfalls eine befestigte französische Handelsstadt. Das Interesse in französischen Handelskreisen am Indien-Engagement blieb gering, die Gesellschaft war von Anfang an unterkapitalisiert, die Höhe der Verschuldung von mehr als einer Million Livres schloß angesichts nicht eintreibbarer Aktivposten eine Sanierung aus. Bereits 1708 versuchte sich die Kompanie aufzulösen, seit 1708 war für private Indienfahrten gegen eine Abgabe der Weg frei, seit 1714 stellte die Ostindiengesellschaft ihre Tätigkeit praktisch ein. 1719 in die Law'sche Überseehandelsgesellschaft eingebracht, stand sie – nach dem Zusammenbruch der Vorhaben Laws – dank der Zuweisung des Tabakmonopols seit 1723 wieder auf eigenen, tragfähigen Beinen und schrieb seit 1732 positive Bilanzen. Über die Zentrale in Pondichéry wurden die Kontore in Bengalen, an der Carnatic-Küste, an der Malabar-Küste und in Surat geleitet. Bis zur politisch bedingten Auflösung der Kompanie im Jahr 1769 entwickelte sich die kommerzielle Seite des Unternehmens, auf Grund der hohen Rendite indischer Handelsgüter, aber auch dank des tatkräftigen Einsatzes von Gouverneuren und Räten wie Dupleix und Bussy, glänzend.

Lit.: G. P. Malleson: Histoire des Français dans l'Inde depuis la fondation de Pondichéry jusqu'à la prise de cette ville (1674–1761). Paris 1874 – Henri Weber: La compagnie française des Indes (1604–1875). Paris 1904 – Paul Kaeppelin: La Compagnie des Indes Orientales et François Martin (1664–1719). Paris 1908 – S. P. Sen: The French in India. First Establishment and Struggle. Calcutta 1947 – Holden Furber: Rival Empires of Trade in the Orient 1600–1800. Oxford 1976. TS

a. François Martin gibt Einblick in die Schwierigkeiten der Verhandlungen mit einheimischen Vermittlern (1674)

Im guten Glauben auf die Zuverlässigkeit der Zusagen der Brahmanen, die uns versicherten, daß sie für die Befestigungsarbeiten einen Firman [Erlaubnisschein] des Generalgouverneurs Ary Radscha erhalten hatten, machten wir uns an die Arbeit. Als die Befestigungsmauer im Westen fertiggestellt war und wir mit den Arbeiten im südlichen Abschnitt begannen, meldeten sie das den Ministern des Radschas von Gingy. Daraufhin erhielten wir ein Schreiben des Gouverneurs, indem er seine Überraschung bekundete, daß wir um die Handelsniederlassung eine Befestigungsanlage errichteten, ohne ihn davon in Kenntnis gesetzt und seine Erlaubnis dazu erhalten zu haben. Wir wandten uns um Hilfe an die Brahmanen, die wir für die Verhandlungen engagiert und die uns die Erlaubnis übermittelt hatten [...]. Diese schuftigen Brahmanen besaßen aber die Dreistigkeit, uns zu entgegnen, von einer Erlaubnis sei nie die Rede gewesen, sie hätten uns nur auf das Versprechen hin mit der Arbeit beginnen lassen, daß wir dem Generalgouverneur der Provinz und seinen Ministern Geschenke zukommen lassen würden. Die erforderliche Summe schraubten sie auf den Betrag von 50000 Francs [...]. Wir führten endlose Gespräche mit diesen Halunken, für ein Geschenk von 1000 Pagoden wollten sie die Interessen der Handelsgesellschaft gegenüber dem Generalgouverneur und seinen Ministern vertreten. Wir weigerten uns, auf diesen Vorschlag einzugehen, daraufhin hinderten sie am 24. September die Arbeiter an der Wiederaufnahme der Arbeit.

Dadurch sahen wir uns gezwungen, uns direkt an den Hof von Gingy zu wenden, was wir mit Blick auf die notwendig werdenden Bestechungsgelder tunlichst hatten vermeiden wollen. Wir schickten einen unserer eingeborenen Mitarbeiter mit Briefen zu Ary Radscha und seinen Ministern, in denen wir die Lage der Dinge schilderten. Wir legten die Gründe dar, die uns in einer Zeit, wo die Armee des Moguls bis in die Nähe von Pondichéry vorgedrungen war, nach einer Sicherung unserer Handelsniederlassung streben ließen. Wir baten um die Erlaubnis zur Fortsetzung der Arbeiten und verwiesen darauf, daß wir dadurch das Land und die aus verschiedenen Ortschaften nach Pondichéry geflüchteten Untertanen des Fürsten schützen helfen würden.

[Es folgen Berichte über englisch-portugiesische Konflikte und über einen geplanten Krieg des Moguls gegen den Ram Radscha von Gingy.]

Nachdem wir die Arbeiten an den Befestigungsanlagen eingestellt hatten, stellten die Brahmanen fest, daß wir nicht gewillt waren, sie weiter als Mittelsmänner einzusetzen, sondern daß wir in Zukunft andere Wege beschreiten wollten. Weil sie sich der Vorteile beraubt sahen, die sie sich von ihrer weiteren Verwendung [bei der Verwirklichung der französischen Pläne] versprochen hatten, schikanierten sie uns auf tausenderlei Arten, wobei sie sich auf Briefe beriefen, die sie von den Ministern erhalten haben wollten. Sie untersagten sogar unseren Händlern, Stoffe in die Handelsagentur *(Loge)* bringen zu lassen,

41. Die Franzosen gründen Pondichéry an der Koromandelküste

und drohten, die Waren zu konfiszieren. Diese Verbote bereiteten uns jedoch keine Schwierigkeiten. Wir schickten [einfach] Leute als Begleitschutz der Träger, die die Waren aus dem Lager in die Handelsniederlassung trugen.[Es folgen einige Bemerkungen zum Umgang mit Einheimischen.]

Als wir bei der Rückkehr unseres Abgesandten aus Gingy erfuhren, daß er sich mit einem Kommandanten einer militärischen Einheit in Verbindung gesetzt hatte, der versprochen hatte, sich unserer Sache anzunehmen, kamen wir zu dem Schluß, daß unsere Schwierigkeiten und unsere Ausgaben mit der Zahl der Personen wuchs, die wir zur Lösung unserer Probleme einsetzten. Wir entschieden uns dafür, Sieur Germain an den Hof des Gingy zu schicken, um mit dem Fürsten [direkt] zu verhandeln, damit die Angelegenheit [der Status der Franzosen in Pondichéry] ein für allemal ins Reine gebracht werden konnte. Er begab sich am 17. November 1688 mit Anweisungen für seine Verhandlungsführung dorthin [...].

Die Genehmigung der Bauten zog sich noch auf dieselbe Weise wie in den vorangegangenen Monaten während des ganzen Monats November hin. Sieur Germain fand bei seiner Ankunft den ganzen Hof des Gingy in heller Aufregung vor, weil Nachrichten über den Vormarsch der Armee des Moguls eingetroffen waren. Die fehlenden Geldmittel zur Bezahlung der Truppen führten zu Tumulten und Aufruhr. Der Generalgouverneur Ary Radscha wagte es nicht einmal mehr, sich in der Öffentlichkeit zu zeigen, so sehr sah er sich von den Soldforderungen der Offiziere bedrängt. Die Minister und *Soubedars*[1] oder Intendanten hatten nichts anderes mehr im Sinn als die Suche nach Geld. Der für die Gerichtsbarkeit des Gebietes von Pondichéry und Umgebung zuständige Intendant wurde [daher] damit beauftragt, unsere Angelegenheit zum Abschluß zu bringen. Nachdem der besagte Germain auf die überzogenen Forderungen mit nichts anderem geantwortet hatte, als daß wir dann die [bisherige] Anlage völlig aufgeben würden und daß wir, wenn wir nicht die absolute Gewißheit hätten, daß die Handelsniederlassung an ihrem angestammten Platz bleiben könnte, uns in das Gebiet von Tanjore begeben würden, wo bereits eine Niederlassung im Entstehen begriffen sei, setzte dieser Beamte die definitive Forderung auf 5000 Chacras[2] fest. Durch die Entrichtung dieses Betrages stünde es uns frei, die Niederlassung zu befestigen, mit einer Mauerlage nach unserer Wahl. Er gestand auch vier Türme – deren Größe er festlegte – an allen vier Ecken der Befestigungsanlage zu. Das wäre alles, was er anbieten könnte. Wenn wir dieses Angebot ablehnten, käme uns jedes spätere Angebot teurer zu stehen. Ihre Geschäfte befänden sich [angesichts des bevorstehenden Angriffs des Moguls] in einem Zustand, der kein [weiteres] Zugeständnis mehr zulasse. Er beauftragte den Sieur Germain, mich zu unterrichten. Zunächst lehnten wir diesen Vorschlag ab. Ein Teil des Monats verstrich mit diesbezüglichen Anfragen und Antwortschreiben. Als

---

[1] Hafenmeister, zuständig für die Zolleinnahmen.
[2] Ein Chacra entsprach ungefähr einer halben Pagode, d. h. 5 Livres 10 Sols.

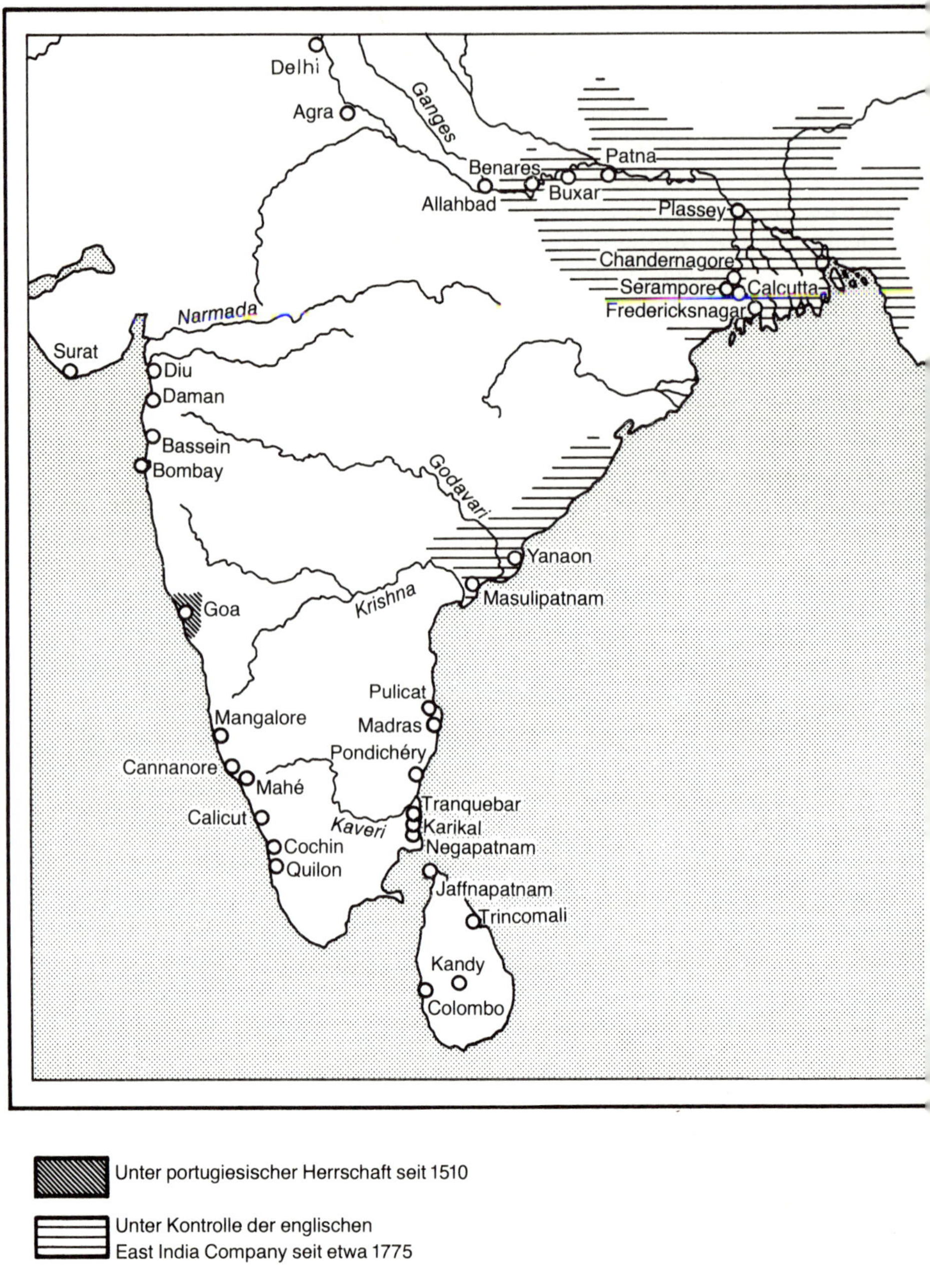

212 II. Festsetzung und Landnahme in Übersee

Unter portugiesischer Herrschaft seit 1510

Unter Kontrolle der englischen
East India Company seit etwa 1775

aber Sieur Germain, der Einblick in Vorgänge am Hofe hatte, zu bedenken gab, daß die Verhandlungsergebnisse nicht weiter zu verbessern wären, entschied man sich am Ende doch dafür, nachzugeben. Die 5000 Chacras wurden gezahlt und an den Hof geschickt.

Obwohl wir Mühe gehabt hatten, uns zur Zahlung der geforderten Summe zu entschließen, erkannten wir doch den darin liegenden Vorteil sehr gut: In einer Zeit kriegerischer Auseinandersetzungen, deren Eskalation wir voraussahen, erhielten wir für die Handelsgesellschaft die Freiheit zugestanden, eine Befestigungsanlage zu errichten, die uns zumindest die Möglichkeit geben würde, aus dem Krieg Nutzen zu ziehen. Das Fort, das man uns genehmigt hatte, stimmte zwar mit den Regeln und Vorschriften des Baus von Befestigungsanlagen nicht überein, aber es würde uns nach seiner Fertigstellung vor einem Handstreich einer europäischen Nation und einem Angriff regulärer Truppen der Einheimischen von Land aus bewahren. Darüber hinaus könnten wir nach der Fertigstellung der Festungsanlage – so als wären wir unsere eigenen Herren – eine Anlage nach Vorschrift bauen, sofern die Handelsgesellschaft es befürworten würde, eine solche Anlage zu tätigen. Der Posten Pondichéry würde es wegen seiner Lage und seiner Handelsvorteile verdienen.

Aus: Mémoires de François Martin, fondateur de Pondichéry (1665–1696). Pub. par A. Martineau. Introd. par H. Froidevaux. 3 vol. Paris 1931–1934. Vol. II, S. 563–569.   TS

Karte 6: Die wichtigsten europäischen Faktoreien und Stützpunkte in Indien.

Bassein port. 1534–1739.
Bombay port. 1534; brit. 1661.
Buxar engl. Sieg 1764.
Calcutta engl. 1690.
Calicut port. 1510; engl. 1616.
Cannanore holl. 1556–1791.
Chandernagore französ. 1673.
Cochin port. 1502; holl. 1663–1795.
Colombo port. 1517–1656; holl. 1656–1796.
Daman port. 1558.
Diu port. 1535.
Fredricksnagar dän. 1616–1845.
Goa port. 1510–1961.
Jaffnapatnam port. 1560; holl. ca. 1640.
Kandy holl. ca. 1655.
Karikal französ. 1739.

Madras brit. 1639.
Mahé französ. 1726.
Mangalore port. 1556–1673.
Masulipatnam holl. 1610.
Nogapatnam port. ca. 1560; holl. 1659–1781.
Plassey engl. Sieg 1757.
Pondichéry französ. 1672–1693; holl. 1693–1697; französ. 1697–1761; brit. 1761–1817.
Pulicat holl. 1609–1825.
Quilon port. 1505.
Serampore dän. ca. 1630.
Surat holl. 1602; engl. 1759.
Tranquebar dän. 1620–1845.
Trincomali holl. 1639–1795.
Yanaon französ. 1750.

b. Der Ram Radscha von Gingy sichert der französischen Niederlassung Handelsrechte zu (1690)

[Brief des Ram Radscha, Herr über Gingy, Pondichéry usw. an François Martin, Generaldirektor der königlichen Kompanie von Frankreich in Indien]

M. Germain und der Braghmane Vitoula Agapy, die Sie zu uns geschickt haben, sind gut hier angekommen und haben uns all das berichtet, was Sie ihnen zu unserer Information aufgetragen hatten: Daß nämlich Sambogy Radscha, unser Bruder, und dessen Stellvertreter Cany Calasse, die nach dem Tode von Sinagy Radscha, unseres Herrn und Vaters, regierten, um eine Geldanleihe bei den französischen Beamten des Handelskontors von Rajapore nachgesucht hätten, die ihnen auch unter der Bedingung gewährt worden sei, daß sie dieses Geld an das Handelskontor von Pondichéry zurückzahlten. Dieses sagten die genannten Sambogy und Cany Calasse schriftlich zu, in der Voraussicht, diese Summe von Argy Radscha, unserem Schwiegervater, zu erhalten, der seinerzeit das Land von Gingy und Pondichéry im Auftrage von Sambogy Radscha regierte. Und nachdem Generaldirektor Martin dieses Versprechen erhalten hatte, präsentierte er es Argy Radscha, der 280 Pagoden von der sich auf 1500 Pagoden belaufenden Schuldenverpflichtung bezahlte und versprach, die restliche Summe später zu begleichen. Als dann Argy Radscha starb und Wir, Ram Radscha, an die Regierung gelangten, ließen Sie uns das besagte Versprechen vorlegen, das noch nicht eingelöst worden war. Und Sie haben uns darum gebeten, es [die Schulden] zu begleichen. Nachdem Wir uns die Staatskasse von Gingy und Pondichéry haben vorstellen lassen, mußten Wir Ihnen zur Antwort geben, daß derzeit dafür kein Geld vorhanden sei, und Wir baten Sie sogar darum, uns weitere 6000 Chacras zu leihen. Als Sicherheit für diese Summe übereigneten Wir Ihnen die Aus- und Einfuhrzölle von Pondichéry, dem ganzen Stadtgebiet und dem Land, in dem Sie sich niedergelassen haben, sowie jene der Basare und Joncans[3] und den Fischfang im Flusse. Davon kann die königliche französische Kompanie solange zehren, bis die genannte Summe vollständig zurückbezahlt sein wird. Und als dies so von Ihrer Seite akzeptiert worden war, haben Sie die Auszahlung der genannten 6000 Chacras veranlaßt und Sie wurden [daraufhin] in die obengenannten Rechte und Titel eingesetzt. Und bezüglich der anderen Summe von 2036¼ Pagoden versprechen Wir Ihnen [hiermit], sie auf andere Weise zu bezahlen, oder aber die Ein- und Ausfuhrzölle des ganzen Dorfes Pondichéry, des Gebietes, in dem Sie sich niedergelassen haben, die Basare und Joncans sowie der Fischfang im Fluß bleiben Ihnen als Pfand, bis die genannte Summe [vollständig] zurückerstattet sein wird.

Ausgefertigt in Gingy, den 7. Juni 1690.

---

[3] Im Tamilischen *Chungam*: allgemeine Bezeichnung der Ein- und Ausfuhrabgaben, die durch einheimische Fürsten Vorderindiens erhoben wurden.

Aus: Alfred Martineau (éd.): Archives de l'Inde française. Lettres et conventions des gouverneurs de Pondichéry avec différents princes hindous. 1666 à 1793. vol. III. Pondichéry 1911/14, S. 6–7.

SP

42. Hinweise für Neusiedler: Instruktion für die Anlage einer Plantage in Louisiana (um 1730)

Zu Beginn der achtziger Jahre des 17. Jahrhunderts hatte Colbert beschlossen, das Gebiet an der nördlichen Küste des Golfs von Mexiko in französischen Besitz zu nehmen, vor allem um die Konkurrenten (England und Spanien) an einer weiteren Expansion zu hindern. Frankreichs Position war in dieser Sache nicht sonderlich stark, die Entdeckerrechte kamen den Spaniern zu, die auch bereits 1589 dort Fort San Agustín gegründet hatten. 1682 kam der fanatische Entdecker Robert Cavelier de la Salle dann an die Mündung des Mississippi (den er Fleuve Colbert nannte) und nahm das Land Louisiana für seinen König Ludwig den Großen in Besitz (vgl. Bd. 2, Dok. 95). Die Verwicklung in europäische Händel hinderten Frankreich aber an einer weiteren Verfolgung seiner nordamerikanischen Pläne. Erst Marineminister Jérôme de Maurepas, Comte de Pontchartrain, entsandte 1698 unter Leitung von Pierre Le Moyne d'Iberville eine zweite Expedition in diese Region, um sie gegen Spanien sichern zu lassen. 1699 entstand als erste Siedlung Fort Maurepas an der Biloxi Bay, der 1711 Mobile, im heutigen Alabama, als Hauptstadt der neuen Kolonie folgte; die Kolonie unterstand der Verwaltung in Kanada (Neu-Frankreich) und sollte auch von dort besiedelt werden. In der ersten Zeit hing sie völlig von der Unterstützung der Krone ab, die aber, in den 13 Jahren nach der Koloniegründung im spanischen Erbfolgekrieg engagiert, keinerlei Mittel freimachen konnte. Das Marineministerium sah sich nicht einmal imstande, Matrosen und Offiziere zu besolden; Schiffe verrotteten, Epidemien wüteten in den Seehäfen. In dieser Situation war es unmöglich, Schiffe, Vorräte oder Kolonisten bereitzustellen. 1704 fanden sich in Mobile 180 Bewohner, darunter kein einziger Siedler. 1708 zählte man zwar 279 Einwohner, aber davon standen allein 157 im Sold des Königs, es gab vielleicht zehn Siedlerfamilien; 1714 war die Bevölkerung auf 380 Personen gewachsen, von denen 170 zum militärischen Personal gehörten.

In Frankreich galt Louisiana als Faß ohne Boden, in der Öffentlichkeit sprach man von der „Hölle in Louisiana". Louisiana besaß bis zu dieser Zeit keinen einzigen guten Hafen, der Küstenzugang war durch Sandbänke erschwert. Die Einfahrt in den Golf war in Kriegszeiten von den Westindischen Inseln aus leicht zu sperren, Wirbelstürme bildeten eine ständige Gefahr. Die Verluste an Bord bei Fahrten durch tropische Gewässer – mit drei Monaten mußte gerechnet werden – waren hoch, ein Fünftel galt als normal, aber auch ein Drittel der Passagiere zu verlieren war nicht ungewöhnlich. Das Klima war heiß, feucht, für Europäer ungesund. Aus den Sümpfen stiegen Stechmückenschwärme, und eine halbtropische, dschungelartige Vegetation stand einer Bewirtschaftung des Landes entgegen. Nahrungsmittel wie Handelswaren verdarben schnell. Die Kosten von 80 000 livres im Jahr ließen die Krone 1707 eine Aufgabe der Kolonie ins Auge fassen, und 1712 spielte Ludwig XIV. mit dem Gedanken, Louisiana gegen die spanische Hälfte von Santo Domingo einzutauschen.

1712 wurde das Handelsmonopol dem Pariser Spekulanten Antoine Crozat übertragen. Der neue Eigentümer nahm einige Verbesserungen vor (Einrichtung einer funktionierenden Verwaltung, Umstrukturierung der Landwirtschaft hin auf Maisanbau und Viehzucht, Import von Tausenden von Negersklaven). Aber Crozat war mehr an der Suche nach Edelmetallen und an der Ausbeutung des Spanien-Handels interessiert. Im Jahr 1717 hatte Crozat alle Hoffnung auf Gewinne aufgegeben und verzichtete auf sein Monopol. 1717 bis 1731 gelangte Louisiana dann in die Hand der neuen *Mississippi-Kompanie*, die ab 1720 als *Compagnie des Indes* alle französischen Handelsrechte monopolisierte. Ihre Gründung im Jahr 1717 sollte eine Grundlage schaffen für die großangelegten Spekulationsgeschäfte von John Law zur Sanierung der Staatsfinanzen. Waren vorher eine Handvoll Siedler nach Louisiana gekommen, agierte die Kompagnie nun im großen Stil: Im deutschsprachigen Raum wurden 1600 Siedler angeworben, Arbeitshäuser und Gefängnisse wurden geleert, mit Spezialeinheiten Bettler in Paris aufgegriffen, wobei vor der Abfahrt schnell Zwangsheiraten durchgeführt wurden. Zwischen 1717 und 1721 kamen so wohl an die 12000 Siedler, angelockt durch eine Werbung, die El Dorado nach Louisiana verlegte.

Erfolge blieben jedoch aus, viele Ansiedler starben, seit 1720 setzte sogar ein Strom von Heimkehrern ein. 1721 gab es in Louisiana noch ca. 6000 Einwohner, 1726 sollen es nur noch 2228 gewesen sein. Mit der Gründung von Nouvelle Orléans (heute: New Orleans) durch Adrien de Pauger im Jahr 1718, das 1722 zur Hauptstadt erklärt wurde, entwickelte sich langsam ein prosperierendes Zentrum. Die hier im folgenden abgedruckte Instruktion zur Einrichtung einer Pflanzung in Louisiana ist undatiert (bislang auch unveröffentlicht) und anonym. Sie ist außerordentlich informativ und zeugt von einer soliden Kenntnis der Gegebenheiten. Sie wird daher wohl in die Konsolidierungsphase nach 1725 fallen, nicht in die Zeit des von John Law und der Mississippi-Kompanie ausgelösten Louisiana-Booms, der ebenso schnell in sich zusammenbrach, wie er emporgeschossen war; statt schnellen Reichtums hatten die Siedler einen schnellen Tod gefunden. Die Instruktion gibt einen ganzen Katalog von praktischen Hinweisen. Besonders interessant erscheint, auf welche Kategorien von Arbeitskräften sich die projektierten Plantagen stützen sollten: auf einige qualifizierte Arbeiter, die als Engagés mit privilegierten Verträgen kommen und entlohnt werden, vor allem aber auch Tabak- und Salzschmuggler, die in mehrjähriger Zwangsarbeit ihre Strafe abbüßen sollten, auf indianische Sklaven- und Lohnarbeit, wobei direkt auf spanische Vorbilder eingegangen wird, und nicht zuletzt auf Sklavenarbeit. Hiermit werden gerade die für Louisianas Wirtschaft typischen Elemente referiert. Bemerkenswerterweise reichte der spanische Einfluß so weit, daß von den Spaniern erarbeitete Techniken zum Einpökeln von Fleisch oder zur Anlage von Viehweiden den Neusiedlern als unbedingt nachahmenswert empfohlen wurden.

Lit.: N. M. Miller Surrey: The Development of Industries in Louisiana during the French Regime 1673–1763. In: Mississippi Valley Historical Review 9 (1922), S. 227–235 – André Chevillon: La découverte et la prise de possession de la Louisiane. In: Louisiane et Texas. Paris 1938, S. 13–33 – Clarence P. Gould: Trade between the Windward Islands and the Continental Colonies of the French Empire. In: Mississippi Valley Historical Review 25 (1939), S. 473–491 – Henry Folmer: Contraband Trade between Louisiana and New Mexiko in the Eighteenth Century. In: New Mexiko Historical Review (1941), S. 244–274 – Marcel Giraud: France and Louisiana in the Early Eighteenth Century. In: Mississippi Valley Historical Review 16 (1950), S. 657–674 (frz. Version in: Revue historique 204 [1950], S. 185–208) – Marcel Giraud: Histoire de la Louisiane française. 3 vol. Paris 1953–1966 – J. D. Hardy: The Transportation of Convicts to Colonial Louisiana. In: Louisiana History 7 (1966), S. 207–220 – René LeConte: The Germans in Louisiana in the Eighteenth Century. In: Louisiana History 8 (1967), S. 67–84 – John C. Rule: Jerome Philypeaux, Comte de Pontchartrain and the Establishment of Louisiana 1696–1715. In: John F. McDermott (Ed.): Frenchmen and French Ways in the Mississippi Valley. Urbana 1969, S. 127–140 – J. G. Clark: New Orleans. An Economic History (1718–1812). Baton Rouge 1970.   TS

Instruktion für die Einrichtung einer vier Quadratmeilen großen Plantage in Louisiana

Man muß mit der Wahl eines Generaldirektors der Pflanzung beginnen, der die Rechtschaffenheit eines Mannes besitzt, dem man bezüglich sparsamer Ausgaben und einer genauen Buchführung volles Vertrauen schenkt. Diese Wahl ist sehr sorgfältig zu treffen, da er sich [auch] in der Landwirtschaft auskennen und über ein ausreichendes Urteilsvermögen verfügen sollte, um in allen Situationen die angemessenen Entscheidungen zu treffen. Er sollte [schließlich] unablässig bestrebt sein, den Ertrag der Pflanzung, die Anzahl des Viehs zu erhöhen und den Handel auszuweiten.

Er wird einen Unterdirektor für die Buchführung benötigen. [Es folgt eine Aufstellung der anfallenden Buchhaltung.] Im Lande selbst [in Louisiana] stellen sie [die zwei Direktoren] einen dritten Direktor ein, der die Sprache der Eingeborenen spricht. Es ist erforderlich, daß er das Gebiet, das sie bewohnen werden, kennt.

Die zwei in Frankreich ernannten Direktoren sind damit zu beauftragen, einen Chirurgen, einen Priester, einen Koch, einen Gehilfen und 53 Arbeiter, wie sie in dieser Denkschrift noch erläutert werden, anzuheuern und nach Port-Louis, dem Ort ihrer Verschiffung, zu bringen.

Es ist darauf zu achten, diese [Männer] für drei Jahre unter Vertrag zu nehmen, die erst bei ihrer Ankunft auf der Pflanzung abzulaufen beginnen. Man soll nur solche einstellen, sofern irgend möglich, die, falls sie nicht in ihrem Beruf einzusetzen sind, alle zum Gedeihen der Pflanzung notwendigen Arbeiten verrichten können.

Das Schwierigste ist die Auswahl dieser Arbeiter. Man wird nachstehend aufgelistet finden, welchen Lohn man ihnen etwa zahlen sollte. Aber am wirkungsvollsten ist es, sie gemäß ihrer Tüchtigkeit zu entlohnen, wobei man sich an die Personen, die die Anwerbung durchgeführt haben werden, halten sollte.

Es ist zu beachten, daß sie vom Tag der Verschiffung an bis zur Ankunft auf der Plantage auf Kosten der Kompanie ernährt und befördert werden.

Zur selben Zeit müssen die Werkzeuge und die für die Pflanzung notwendigen Gebrauchsgüter beschafft und nach Port-Louis gebracht werden. Das gleiche [gilt] für die Lebensmittel. Man findet nachstehend eine Aufstellung aller erforderlichen Artikel. Die Kompanie läßt diese [Waren] wie die Arbeiter auf ihre Kosten verschiffen und zur Plantage befördern.

[Vorschläge zur Kontrolle der Buchführung]

Die zwei in Frankreich ernannten Direktoren und der von ihnen in Louisiana berufene Vorsteher [der dritte Direktor], der den Titel *Commandeur* führt, leiten die erforderlichen Maßnahmen und holen Informationen zur Auswahl eines Landstücks ein. Dieses sollte einen guten Boden haben, bequem zu Schiff anlaufbar sein, und insofern mühelos und so oft wie es der Handel mit den Kompaniekontoren und der mit der übrigen Kolonie nötig machen sollte, zu erreichen sein.

Wenn sie [die drei Direktoren] nach reiflicher Überlegung eine Wahl getroffen haben und an dem Ort angekommen sind, besichtigen sie ihn vor Baubeginn ganz genau, weil sie im Falle getäuschter Erwartungen dazu berechtigt sind, sich weiter flußauf- oder flußabwärts in einem noch nicht vergebenen Gebiet anzusiedeln. Da, nachdem sie sich niedergelassen haben werden, die Leute der Kompanie, die sie dort hingebracht haben, sie dort [allein] zurücklassen werden, muß vor der Einschiffung nach Louisiana für fünfzehn Tage Zwieback gebacken werden, damit sie die Zeit überbrücken können, bis sie selbst Öfen und Baracken erbaut haben.

Der in die Kolonie berufene Vorsteher wird vier Eingeborene aus dem nächstgelegenen Dorf als Jäger anwerben, um die Fleischversorgung sicherzustellen.

Er wird immer so viele [Indianer] anstellen, wie er für Jagd und Fischfang benötigt, um es seinen Leuten an nichts fehlen zu lassen.

Im Winter wird für die fünf Sommermonate eingepökelt. Dafür wird das Salz aufbewahrt. Er [der Vorsteher] achtet darauf, daß das Pökelfleisch filetiert in die Tonnen gelegt und in der Sonne getrocknet wird, bevor es konserviert wird. So kann es nicht verderben. Die Spanier von Santo Domingo konservieren es auf diese Weise so lange, wie sie wollen.

Er [der Vorsteher] sorgt dafür, daß flußaufwärts auf der Mississippi-Fahrt Geflügel und Säue eingekauft werden, damit bei Ankunft ein Wirtschaftshof eingerichtet werden kann. Dafür setzen sie [die Direktoren] irgendeine Frau ein.

Sie bestellen bei den Generaldirektoren der Kompanie einige Kühe. Ferner kaufen sie von Franzosen bzw. erhandeln sie von Eingeborenen einige Pferde oder Stuten.

Er [der Vorsteher] vermischt Weizenmehl [mit Mais] zur Versorgung der Salzschmuggler, um es zu strecken. Er [der Mais] ist ferner für die Versorgung des Geflügels zu verwenden und man sollte auch die Schweine daran gewöhnen. Bei allen Wilden findet sich Gemüse. Es empfiehlt sich, Vorräte davon anzulegen.

Er [der Vorsteher] wird die für diesen Handel geeigneten Waren vor Abfahrt in den Magazinen der Kompanie [in Louisiana] einkaufen. Der Vorsteher weiß, wie sie zusammenzustellen sind. Am Mississippi erwerben sie [die drei Direktoren] zwei Pirogen für die Erfordernisse der Pflanzung und um sich auf dem Wasserwege dorthin begeben zu können, wohin der Dienst sie rufen wird.

Sie [die drei Direktoren] stellen die Leute, die nicht [schwer] arbeiten können, dazu an, Hütten zu bauen und das Land für einen großräumigen Garten urbar zu machen. Und sobald sich alle eingerichtet haben, setzen sie die Urbarmachung fort, indem sie zunächst das Land für Getreidesorten, die zur Ernährung geeignet sind, wie Weizen, Reis und Mais, zur Aussaat vorbereiten, danach das [Land] für Tabak-, Indigo- und andere Kulturen, damit die Neger, sobald sie den Generaldirektoren von der Kompanie zugeteilt werden, nützlich beschäftigt werden können.

Sie [die drei Direktoren] tragen Sorge dafür, daß ein Abholzen von Maulbeerbäumen unterbleibt. Sie werden sich im Gegenteil dafür einsetzen, viele für die Seidenraupenzucht anzupflanzen. Mit einem kleinen Geschenk wird ein Eingeborenendorf für diese Arbeiten zu gewinnen sein, sofern sie ihm Land zur Verfügung stellen, auf dem die Maulbeerbäume am besten gedeihen, und sofern in Dorfnähe Seidenraupenzüchter angesiedelt werden, die sie unterweisen können. Mit diesen Vorkehrungen wird man sie in den Stand setzen, sofort derartige Produkte herzustellen. Diese [Mitwirkung] ist vor allem dadurch zu erreichen, daß man eine Wasser- oder Windmühle errichtet, die das Getreide dieser Eingeborenen mahlt. Dafür werden sie alle Seidenkokons, die sie aufgezogen haben, abgeben als Bezahlung für das Mahlen ihres Getreides. Dies ist unschwer anzunehmen, wenn man weiß, wie faul die Eingeborenen von Natur aus sind, und daß die meiste Arbeit der Frauen und Kinder darin besteht, den Mais mit Holzmörsern zu zerstampfen, was sehr mühsam und so schwer zu schaffen ist, daß sie ihn [den Mais] häufig als grob gekochte Körner essen müssen. Seidenraupenzucht ist für sie eine bevorzugte Abwechslung.

Es ist [aber] den Seidenhasplern zu verbieten, ihnen jemals das Haspeln zu zeigen, und darauf zu achten, daß niemals in ihrer Anwesenheit gearbeitet wird. Denn sie sind sehr eifrig und geschickt und würden es rasch lernen, wodurch es ihnen möglich wäre, die Produkte anderswo als auf der Pflanzung zu verkaufen.

Sie [die drei Direktoren] achten ferner darauf, daß die Siedler nicht auch in die mißliche Lage vieler Einwohner Amerikas geraten, deren Häuser so vereinzelt liegen, daß man vor Hitze darin eingeht. Aus diesem Grunde [wegen des Schattens] sollten sie auch den Hochwald erhalten.

Der Vorsteher besucht die Arbeiter regelmäßig, um sie zur Arbeit anzuhalten. Der Generaldirektor begibt sich auch manchmal dorthin, um ihnen durch seine Anwesenheit einen Anreiz zu geben. Er kann über den in Frankreich vereinbarten Lohn hinaus jene Arbeiter belohnen, die ihre Sache vorzüglich machen, um die übrigen anzustacheln.

Die Kompanie teilt den Generaldirektoren der Pflanzungen Negersklaven zu 700 Livres das Stück zu, die mit Waren und Lebensmitteln aus der Pflanzung bezahlt werden sollen. [...]

Das Holz soll so bevorratet werden, daß es daran niemals fehlen wird. [Denn] es werden viele Bretter gebraucht, um Waren in Fässer füllen zu können, und auch für die verschiedenen Gebäude und den täglichen Bedarf wird es benötigt.

Ein weiteres Gelände wird als Weide vorgesehen, wobei uns Neu-Spanien, das an Louisiana grenzt, als Vorbild dienen sollte: Dort gibt es Güter, auf denen man das Vieh nicht zählen kann; das bedeutet Reichtum, der Überfluß schafft.

Aufstellung der [benötigten] Arbeiter
2 Zimmermeister, die Häuser und Wasser- und Windmühlen zum Mahlen des Getreides bauen können, zu einem Jahreslohn von 300–350 Livres. 2 Maurer, ein Gießer und ein Verputzer für 200–250 Livres. 2 Ziegelbrenner für 150–200 Livres. 2 Schmiede für 300–350 Livres. 2 Kutschenbauer für 150–200 Livres. 2 Sattler idem. 2 Plankenschneider idem. 1 Böttcher idem. 2 Zimmerleute für 150 Livres. 2 Müller idem. 2 Bäcker für 100–150 Livres. 4 Brettschneider *(Scieurs de Long)* idem. 2 Bootszimmerer und Kalfaterer für 360–400 Livres. 10 Landarbeiter, davon 2 Gärtner mit 100–150 Livres. 6 Tabakpflanzer mit 100–200 Livres. 6 Seidenraupenzüchter und -haspler, Frauen wie Männer, idem. 40 Salz- oder Tabakschmuggler [...].

Es folgt eine genaue Aufstellung der erforderlichen Werkzeuge und Nahrungsmittel, der günstigsten Einkaufsmöglichkeiten in Frankreich sowie der in der Kolonie üblichen Tarife].

Aus: Instruction pour établir les habitations à la Louisiane. 8 S. o. O. o. J. Anonym. Archives Nationales. Paris AD VII 2 a. SP

43. Ratschläge für Kolonisten: Aus den Instruktionen der Virginia Company (1606)

Das englische Interesse an Koloniegründungen auf dem nordamerikanischen Festland, das sich zuerst in den Unternehmungen Gilberts, Raleighs und Greenvilles manifestierte, ließ während des Krieges mit Spanien gegen Ende des 16. Jahrhunderts nach. Mit dem Friedensschluß von 1604 richteten interessierte Kreise in London und in Westengland jedoch erneut ihre Aufmerksamkeit auf die Etablierung von Kolonien in Amerika. Kaufleute und Landadel investierten in Verfolgung kommerzieller, spekulativer und nationalistischer Ziele in die neugegründete *Virginia Company,* die Teilhabergruppen aus London und Plymouth aufwies. Ein von der Krone eingesetzter Beirat sollte ihre Aktivitäten koordinieren und dem untergeordneten Exekutivrat in der Kolonie Anweisungen erteilen.

In das Dokument, das wohl von Hakluyt als einem Mitglied des Beirates mitverfaßt wurde, flossen die bisherigen Kolonisationserfahrungen – und nicht nur die englischen – ein. Wenn auch gute Aussichten Erwähnung finden, so sind es vor allem die Risiken eines solchen Vorhabens, die verdeutlicht werden. Auffällig ist auch der eminent militärische Charakter des Unternehmens.

Lit.: W. F. Craven: White, Red, and Black: The Seventeenth Century Virginian. Charlottesville 1971. Mi

Anweisungen, als Ratschläge erteilt von uns, die Seine Majestät, der König, geruhte, in den Beirat für die geplante Fahrt nach Virginia zu berufen, und die be-

43. Instruktionen der Virginia Company für Kolonisten

folgt werden sollen von den Kapitänen und der Mannschaft, die nun ausgeschickt werden, sich dort niederzulassen

Wenn wir auch nicht bezweifeln, daß Ihr besondere Vorsorge treffen werdet, um die Anweisungen zu befolgen, die von Seiner Majestät, dem König, festgesetzt und unter dem Kleinen Siegel an Euch weitergeleitet wurden, so hielten wir es dennoch für nützlich, die folgenden Richtlinien und Punkte zur besseren Führung bei Eurer ersten Landung Eurer Aufmerksamkeit anzuempfehlen.

Wenn es Gott gefallen sollte, Euch an die Küste Virginias zu senden, so gebt Euch große Mühe, einen sicheren Hafen an der Mündung irgendeines schiffbaren Flusses zu finden, wobei Ihr den auswählt, der am weitesten ins Inland führt. Und solltet Ihr verschiedene schiffbare Flüsse entdecken und unter ihnen einen, der zwei Hauptarme hat, so wählt, falls der Unterschied nicht groß ist, den, der sich am meisten nach Nordwesten wendet, denn auf diesem Weg solltet Ihr am schnellsten das andere Meer finden[1].

Wenn Ihr den Fluß ausgewählt habt, an dem Ihr zu siedeln beabsichtigt, so landet Euren Proviant und Eure Ausrüstung nicht voreilig an, sondern laßt zunächst Kapitän Newport auskundschaften, wie weit dieser Fluß wohl schiffbar ist, so daß Ihr den stärksten, gesündesten und fruchtbarsten Platz wählt. Wenn Ihr nämlich [Euren Wohnplatz] oft verlegt, so werdet Ihr, abgesehen vom Zeitverlust, Euren Proviant und Euer Wasserfaß, das Ihr ohnehin nur unter großen Schwierigkeiten in kleinen Booten transportieren könnt, großenteils ruinieren. Wenn Ihr dagegen einen Platz auswählt, der so weit flußaufwärts liegt, wie eine Barke von fünfzig Tonnen segeln kann, so könnt Ihr alle Eure Vorräte mit Leichtigkeit am Ufer absetzen und umso besser mit allen Gegenden im umliegenden Land in Handelsaustausch treten. [Je weiter flußaufwärts ein solcher Ort liegt, desto schwerer ist er für Feinde von der See her zu erreichen.]

Und um nicht in einer Weise überrascht zu werden wie die Franzosen in Florida von Menéndez und die Spanier ebendort von den Franzosen[2], tut Ihr gut daran, folgende doppelte Vorsorge zu treffen: Errichtet erstens ein kleines Fort an der Flußmündung, das an die zehn Mann aufnehmen kann; diese laßt Ihr mit einem leichten Boot zurück, so daß [die Besatzung], wenn eine Flotte in Sicht ist, schnell kommen kann, Euch zu warnen. Zweitens dürft Ihr es auf keinen Fall zulassen, daß irgendwelche Eingeborenen der Umgegend zwischen Euch und der Küste hausen; denn, wie sehr Ihr ihnen auch entgegenkommt, allmählich werden sie unzufrieden mit Eurem Aufenthalt, und sie werden bereit sein, Angehörige einer jeden Nation zu führen und zu unter-

---

[1] Den Pazifik.
[2] Menéndez de Avilés, Gouverneur von Kuba, zerstörte 1565 nach einem Überraschungsangriff die Niederlassung französischer Hugenotten in Florida; ein französischer Vergeltungsschlag folgte. Vgl. Dok. 36.

stützen, die kommen, um Euch zu überfallen. Falls Ihr dies vernachlässigt, vernachlässigt Ihr Eure Sicherheit.

Wenn Ihr [die Gegend] so weit flußaufwärts erkundet habt, wie Ihr zu siedeln gedenkt, und Euren Proviant und Eure Ausrüstung angelandet habt, so tut Ihr gut daran, Eure hundertundzwanzig Mann in drei Gruppen aufzuteilen, so daß jeder seine Aufgabe erhält. Eine Abteilung davon mag zum Befestigungs- und Hausbau bestimmt werden, wobei Eure erste Arbeit Euer Proviantlagerhaus sein muß. Die andere könnt Ihr bei der Vorbereitung des Bodens und bei der Aussaat Eures Getreides und Eurer Rüben beschäftigen. Zehn von diesen vierzig müßt Ihr als Wachtposten am Hafenausgang zurücklassen. Die übrigen vierzig könnt Ihr zwei Monate lang zur Erkundung flußaufwärts und in der Umgebung verwenden; diese Aufgabe könnten Kapitän Newport und Kapitän Gosnold mit diesen vierzig Kundschaftern übernehmen. Wenn sie Hochland oder Hügel ausmachen sollten, so könnte Kapitän Gosnold zwanzig Mann der Truppe übernehmen, um unter Mitführung von einem halben Dutzend Spitzhacken die Gegend zu durchstreifen und zu versuchen, irgendwelche Erzvorkommen ausfindig zu machen. Die übrigen zwanzig könnten auf dem Fluß weiter vorstoßen und Äste auf dem Ufer einschlagen, damit die anderen Boote ihnen über dieselben Biegungen folgen. Ihr könnt auch ein Fährboot, wie es hier auf der Themse benutzt wird, mitnehmen, das Ihr zum Vorsitzenden[3] zurückschicken könnt zur Ergänzung der Ausrüstung oder irgendeines anderen Mangels, so daß Ihr nicht genötigt seid, bei jedem kleinen Bedarf zurückzukehren.

Wenn möglich müßt Ihr herausfinden, ob der Fluß, an dem Ihr Euch niederlaßt, aus einem Gebirge oder aus einem See entspringt. Falls er aus einem See entspringt, wird die Passage zum anderen Meer leichter sein. Und es ist durchaus wahrscheinlich, daß Ihr einen findet, der aus demselben See entspringt und in entgegengesetzter Richtung fließt, zum Ostindischen Meer *(East India Sea)* hin, denn die großen und bekannten Flüsse Wolga, Dnjepr und Dwina haben ihre drei Quellen beinahe vereinigt und dennoch fließt der eine in das Kaspische Meer, der andere in das Schwarze Meer und der dritte in das Weiße Meer[4].

[Eingeborene sind möglichst nicht zu behelligen. Doch soll man haltbare Nahrungsmittel von ihnen einhandeln, damit keine Hungersnot ausbricht, falls die erste eigene Aussaat mißlingt.]

Eure Kundschafter, die mit angeworbenen Führern das Land durchstreifen, müssen sehr darauf aufpassen, daß diese ihnen nicht entschlüpfen. Laßt sie zur größeren Sicherheit einen Kompaß mitnehmen, und sie sollen aufschreiben, wie weit sie in jeder Kompaßrichtung marschieren, denn dieses Land hat keinen Weg oder Pfad, und falls Euch Eure Führer in den ausgedehnten Wäldern oder in der Wüste entlaufen, so dürftet Ihr kaum je den Weg zurück finden.

Und wie erschöpft Eure Soldaten auch immer sein mögen, laßt es niemals

---

[3] Des Exekutivrates in der Kolonie.
[4] Analogieschlüsse dieser Art dienten des öfteren als Ansporn für Entdeckungsfahrten.

zu, daß sie den Einheimischen das Tragen ihrer Waffen anvertrauen, denn wenn sie mit Eurer Schußwaffe, die sie allein fürchten, weglaufen, werden sie sie mühelos mit ihren Pfeilen töten. Und wenn irgend jemand von Euch vor ihren Augen einen Schuß abgibt, so geht sicher, daß der Betreffende aus Euren besten Schützen ausgewählt wird; wenn sie nämlich sehen, wie Eure Anfänger ihr Ziel verfehlen, werden sie die Waffe als nicht so fürchterlich ansehen und aus diesem Grunde kühn genug sein, Euch zu überfallen. Vor allen Dingen hängt die Tötung eines Eurer Männer nicht derart an die große Glocke, daß die Einheimischen es erfahren. Wenn sie erkennen, daß Ihr auch nur gewöhnliche Menschen seid und daß sie unter großen eigenen Verlusten einen Teil von Euch schwächen können, werden sie viele Überfälle auf Euch wagen. Sollte das Land volkreich sein, so tut Ihr auch gut daran, sie Eure Kranken, falls Ihr welche habt, nicht sehen oder sie davon hören zu lassen, denn auch dies könnte sie zu vielen Unternehmungen ermutigen.

Ihr müßt Euch besonders darum kümmern, einen Platz für Eure Niederlassung auszuwählen, der nicht überreich ist an Wäldern in der Nähe Eurer Stadt, denn alle Männer, die Ihr habt, werden nicht imstande sein, zwanzig Acres[5] pro Jahr zu roden, abgesehen davon, daß sie als Versteck für Eure Feinde in der Umgegend dienen können.

Ihr dürft Euch auch nicht an einer niedriggelegenen und feuchten Stelle ansiedeln, weil sie sich als ungesund erweisen wird. Ihr solltet die gute Luft nach den Leuten beurteilen, denn in einem Teil dieser Küste, wo das Land niedriggelegen ist, haben die Leute triefende Augen und geschwollene Bäuche und Beine. Sollten die Eingeborenen jedoch stark sein und ebenmäßig gewachsen, so ist dies ein Anzeichen für einen gesunden Landstrich.

Ihr müßt Befehl geben, die bei Euch zurückgelassene Pinasse unter das Fort zu ziehen und ihre Segel und Anker ans Ufer zu schaffen – ein kleiner Wurfanker reicht zum Festmachen –, damit sich nicht eine übelwollende Person mit ihr davonmacht.

[Sie sollen sorgfältig darauf achten, daß die Seeleute nicht mit ihrer Heuer die Tauschpreise verderben. Nur von der Ratsversammlung beauftragte Personen dürfen Waren ankaufen.]

Es wäre auch nötig, daß alle Eure Zimmerleute und die übrigen Bauarbeiter zuerst Euer Lagerhaus und die anderen Räume zum öffentlichen und allgemein notwendigen Gebrauch errichten, bevor irgendein Haus für eine Privatperson erbaut wird. Und wenn die Arbeiter auch zu irgendwelchen Privatpersonen gehören, so laßt sie dennoch alle zusammen zunächst für die Gemeinschaft und dann für Privatpersonen arbeiten.

Und in der Erkenntnis, daß man Ordnung zum gleichen Preis erzielt wie Verwirrung, ist es ratsam, Eure Häuser gleichmäßig und auf einer Linie aufzureihen, so daß Eure Straße eine ausreichende Breite aufweist und rechtwinklig an Euren Marktplatz herangeführt wird, und zwar so, daß Ihr von dort aus,

---

[5] Acre = 4046,8 m².

wohin sich jedes Straßenende öffnet, mit ein paar Feldgeschützen jede Straße in ganzer Länge beherrschen könnt. Den Marktplatz könnt Ihr auch befestigen, wenn Ihr dies für notwendig haltet.

Ihr werdet gut daran tun, Kapitän Newport einen ausführlichen Bericht mitzugeben über alles, was getan wird, auf welcher Höhe Ihr Euch niedergelassen habt, wie weit im Inland, welche Handelsartikel Ihr findet, welchen Boden, welche Hölzer in ihren verschiedenen Arten. In dieser Weise sollt Ihr uns über alle weiteren Dinge einzeln in Kenntnis setzen. Und Ihr dürft es nicht dulden, daß irgendjemand ohne den Passierschein des Vorsitzenden und der Ratsversammlung zurückkehrt oder irgendeinen Brief über irgendetwas schreibt, was andere entmutigen könnte.

Schließlich und vor allen Dingen: Der Weg zu Gedeihen und gutem Erfolg ist, [alle] eines Sinnes zu sein, zu Eurem Vorteil und dem Vorteil Eures Landes, und Gott, dem Spender alles Guten, zu dienen und Ihn zu fürchten, denn jede Kolonie, die unser himmlischer Vater nicht gegründet hat, wird ausgelöscht werden.

Aus: E. G. R. Taylor (ed.): The Original Writings and Correspondence of the Two Richard Hakluyts. 2 vols. London 1935 (Hakluyt Society. 2nd ser. Nos. 76, 77). Vol. II, S. 492–496. Mi

44. Zukunftsperspektiven für die Entwicklung Virginias (1619)

John Pory, der Verfasser des nachfolgenden Briefes, studierte und graduierte in Cambridge; er war zeitweise Schüler von Richard Hakluyt. Im Januar 1619 begleitete er den zum Gouverneur ernannten Sir George Yeardley nach Virginia. Er war Sekretär der Kolonie und wurde zum Präsidenten der ersten Generalversammlung bestellt, die im Juli 1619 in Jamestown zusammentrat, eine Stellung, für die er als ehemaliges Mitglied des Unterhauses einschlägige Erfahrung mitbrachte. Sein Brief vom 30. September 1619, der ausführlich auf die Entwicklungschancen der Kolonie eingeht, wirft auch ein Streiflicht auf die Lebensweise der ersten Kolonisten, auf ihr soziales Gebaren und auf die Problematik der Isolation inmitten einer fremden Umwelt.
Lit.: Alf J. Mapp: The Virginia Experiment. The Old Dominion's Role in the Making of America (1607–1781). La Salle/Ill. ²1974, S. 7–58. Mi

Mein sehr ehrenwerter und gütiger Lord!
Da ich auf einen so günstigen Boten wie dieses Kriegsschiff aus Flushing [Vlissingen] gestoßen bin, konnte ich nicht anders, als Eurer Lordschaft, der ich immerwährend verbunden bin, die kümmerlichen Früchte unserer Mühen hier mitzuteilen: Dabei werden Euer Gnaden zwar viele Irrtümer und Unvollkommenheiten ausmachen, dazu Dinge von geringem Wert; doch darüber hinaus werdet Ihr mit Befriedigung den eigentlichen Beginn und die Grundlagen unseres jungen Gemeinwesens erkennen, das zwar im Augenblick verachtenswert ist, das Euer Gnaden jedoch noch als eine blühende Besitzung erleben werden, ungeachtet der Spanier oder der Indianer.

44. Zukunftsperspektiven für die Entwicklung Virginias

Der Anlaß, warum dieses Schiff hierherkam, war ein zufälliges Zusammentreffen in Westindien mit der Treasurer, einem englischen Kriegsschiff, das durch eine Vollmacht des Herzogs von Savoyen mit der Erlaubnis ausgestattet ist, spanische Schiffe als rechtmäßige Prisen zu nehmen. Dieses Schiff, die Treasurer, lief im April vorigen Jahres von England aus, ungefähr einen Monat, so glaube ich, bevor zwischen dem König von Spanien und jenem Fürsten Frieden geschlossen wurde. Es kam hierher zu Captain Argall, dem damaligen Gouverneur dieser Kolonie und [zugleich] einem seiner Mitbesitzer. Er verproviantierte und bemannte es von neuem – mehr aus Gewinnsucht, der Wurzel allen Übels, als aus echter Liebe für diese Niederlassung – und schickte es mit der gleichen Vollmacht aus, um in [West-]Indien zu kreuzen. Das Ergebnis hiervon – so müssen wir befürchten – wird ein Angriff der Spanier auf uns sein, entweder aus Vergeltung oder aber als Vorkehrung, damit wir diesen Ort nicht allmählich zum *sedem belli* [Kriegsschauplatz, Kriegsherd] für Westindien machen. Aber unser Gouverneur, ein Soldat, der ganz in dieser Akademie des Krieges, den Niederlanden, aufgezogen wurde, beabsichtigt, sich um sie zu kümmern – an ein oder zwei Stellen am Fluß, die [noch] zu befestigen sind; in der Zwischenzeit spornt er durch sein Beispiel dieses streitbare Volk an, seinen Mut zusammenzunehmen – und kein besseres könnte, in Anbetracht seiner geringen Zahl, einem Fürsten zu Diensten sein.

Die Angehörigen unserer Nation wie auch die Indianer wurden in diesem brennend heißen Sommer von vielen Krankheiten und großer Sterblichkeit heimgesucht. Dafür jedoch hat uns unser Herrgott – sein Name sei deshalb gepriesen – mit solch prächtigem Überfluß entschädigt, wie wir ihn seit unserer ersten Ankunft in diesem Lande noch nicht erlebt haben. Ich für meinen Teil wurde, teils auf dem Land, teils auf See, von einem Tropenfieber von vier bis fünf Monaten Dauer geplagt. Nun jedoch – Gott sei gepriesen – bin ich so gesund, wie ich es jemals in meinem Leben war. Hier bin ich – wovon Euer Lordschaft sicherlich Kenntnis haben – aus Mangel an etwas Besserem der Sekretär der Besitzung, der erste, der jemals dazu ausersehen und durch eine Vollmacht des Rates und der Kompanie in England – mit ihrer eigenhändigen Unterschrift und ihrem Gemeinschaftssiegel [ausgestattet] – dazu ernannt wurde. Meinen Unterhalt muß ich durch mein Gehalt bestreiten, was sich dieses Jahr – so sagt mir der Gouverneur – auf eine Summe von £ 300 Sterling belaufen könnte; fünfzig davon verdanke ich ihm allein, und ich bete zu Gott, daß der Rest noch einen Hunderter mehr ausmacht. Bis jetzt habe ich noch nichts erhalten, außer – falls ich dies ohne Prahlerei anmerken darf – einen allgemeinen Ruf von Rechtschaffenheit, weil ich zu allen Angelegenheiten offen und nur meinem Gewissen verpflichtet meine Meinung gesagt habe und weil ich gegen jedermann Recht geübt habe, soweit ich dies nur erkennen konnte.

Was die Beschaffenheit dieses Landes angeht, so gibt es drei Dinge, die dieser Kolonie in wenigen Jahren zur Vollendung verhelfen könnten: Landbestellung nach englischer Art, Weinberge und Viehzucht. Was ersteres betrifft, so gibt es viel Ackerland, das von den Indianern zu unserem sofortigen Gebrauch gerodet wurde und nun derart erschöpft ist, daß es ihren Mais nicht mehr tragen wird, der zu seinem Unterhalt außergewöhnlich viel Feuchtigkeit und natürliche Nährstoffe benötigt. Dagegen wird es alle Sorten unseres Getreides in Überfülle tragen. Wir haben dieses Jahr einen reichen Ertrag an Weizen gehabt, obwohl die letzte Saat 1618 nur auf das Stoppelfeld verstreut wurde, also von selbst eingesät wurde, ohne jeglichen sonstigen Dünger. Im letzten Juli pflanzten wir, sobald wir diesen selbstgesäten Weizen geerntet hatten, auf demselben Land Mais an, der in großer Fülle gedieh; auf diese Weise haben wir also in einem Jahr zwei Ernten auf ein- und demselben Feld. Die größte Mühe, die wir bis jetzt auf den Weizenanbau verwandt haben, gaben wir uns mit dem Boden, der zum ersten Male umgegraben wurde – und der wurde nur einmal gepflügt und geeggt, wesentlich weniger als das, was bei der Ackerbestellung in der christlichen Welt üblich ist; falls wir einmal gänzlich in der Lage sind, entsprechend zu verfahren, so werden wir aus dieser Erde [wahre] Wunder hervorbringen.

Weinreben gibt es hier in einer solchen Fülle, daß, wo immer man hintritt, sie drauf und dran sind, den Fuß zu umranken. Ich habe hier von einer großen schwarzen Traube gekostet, so groß wie eine Damaszener-Pflaume; sie hatte einen wahren Muskateller-Geschmack. Diese Rebe, die sich jetzt unnütz bis in die Spitzen hoher Bäume rankt, würde eine unvergleichliche Frucht abgeben, wenn man sie in einen Weinberg verpflanzen und dort züchten würde. Einen ähnlichen oder gar einen besseren Geschmack fand ich in einer kleineren Sorte schwarzer Trauben. Ich habe [auch] gehört, daß es im Land weiße Trauben von ebenfalls hervorragender Güte gibt; sie sind jedoch sehr selten, und ich habe sie noch nie gesehen oder gekostet. Was das Vieh angeht, so vermehrt es sich hier kräftig, sowohl Rinder als auch Schweine und Ziegen, und es ist viel größer gewachsen als die entsprechenden Exemplare, die aus England zunächst hierher gebracht wurden. Nicht weniger wahrscheinlich ist es, daß unsere Hengste und Stuten sich vermehren, die sich durch ihre feine Gestalt auszeichnen und durch einen ebenso großen Élan und Mut.

Unser ganzer Reichtum besteht im Augenblick aus Tabak, wovon ein Mann allein durch seine Arbeit in einem Jahr für sich den Wert von £ 200 Sterling erwirtschaftete, und ein anderer hat mit Hilfe von sechs Bediensteten bei einer Ernte einen Gewinn von £ 1000 Sterling erzielt. Dies sind wahre, jedoch wirklich seltene Beispiele, die aber von anderen durchaus erreicht werden können.

Unser hauptsächlicher Besitz – so hätte ich sagen sollen – besteht in Bediensteten. Aber dabei ist anzurechnen, daß sie mit Waffen, Kleidung und Bettzeug auszustatten sind und daß ihr Transport und ihre gelegentlichen Ausgaben [zu übernehmen sind], sowohl auf See als auch, wie allgemein üblich, während ihres ersten Jahres an Land. Wenn sie aber durchkommen, so erweisen sie sich als sehr abgehärtete, gesunde und fähige Leute.

Damit nun Euer Lordschaft erkennen, daß wir nicht die armseligsten Bettler auf der Welt sind: Unser Kuhhirte hier in James City geht des Sonntags aus, von Kopf bis Fuß ausstaffiert mit neuer, glänzender Seide, und die Frau eines [Kolonisten], der sich in England zur schwarzen Kunst bekannte – kein Gelehrter etwa, sondern ein Kohlearbeiter aus Croydon – trägt ihre struppige Biberhaube mit einem schönen Hutband aus Perlen und einem dazu passenden Kostüm aus Seide. Um aber das gemeine Volk zu verlassen und höher zu klimmen: Der Gouverneur hier, der bei seiner ersten Ankunft neben einer großen Menge an Selbstwertgefühl nichts mitbrachte als sein Schwert, war, als er zusammen mit seiner Gemahlin kürzlich in London weilte, in der Lage, mit nichts als seinen hiesigen Einkünften an die £ 3000 auszugeben, um sich für seine Reise auszustatten. Und zum ersten Mal in sieben Jahren bin ich davon überzeugt, – *absit invidia verbo* [Neid sei meiner Rede fern] –, daß der Posten eines Gouverneurs hier ebenso profitabel sein kann wie der des Statthalters in Irland.

Trotz alledem möchte ich für mich behaupten, daß ich, als ich im letzten Jahr mit Eurer Lordschaft in Middleborough weilte – *si mens non laeva fuisset* [wenn die Erinnerung nicht trügt] –, mit Euch nach Den Haag hätte gehen können und mich dort nun in weit besserer Gesellschaft befinden würde – was ja nun den Inbegriff eines jeden Lebens ausmacht –, und ich hätte voll im Dienste Eurer Lordschaft aufgehen können, was ich seitdem tausend Mal vergeblich versucht habe. Da ich nun sehe, daß ich dieses einzigartige Glück versäumt habe, muß ich für den Rest auf Gottes Vorsehung vertrauen, der – so hoffe ich – mir gegenüber so barmherzig sein wird, um mir noch einmal, bevor ich sterbe, den Anblick Eures Antlitzes zu gönnen, wobei ich – und ich heuchle nicht – ebenso viel Glück empfinde wie bei all dem sonst, was ich mir auf der Welt vorstellen kann.

Als ich hier ankam, betrübte mich die Einsamkeit und Öde dieser Gegend nicht wenig, verglichen mit jenen Gebieten in der christlichen und türkischen Welt, wo ich mich aufgehalten hatte[1]; ebenso [setzte mir] die Trennung von allen Ereignissen und Vorfällen [zu], die dort so zahlreich sind. Zwar kamen in diesen fünf Monaten meiner Anwesenheit hier nach und nach elf Schiffe diesen Fluß herauf, die jedoch mehr mit Unkenntnis als mit irgendeiner anderen Ware beladen waren. Schließlich und endlich härtete ich mich durch die Gewöhnung an diese Abstinenz von aller Wißbegierde ab und bin [nun] voll und ganz entschlossen, mich nur um meine Angelegenheiten hier zu kümmern, und gleich nach meiner Feder stets ein gutes Buch bereit zu haben – die beste und auserlesenste Gesellschaft in der Einsamkeit. Im übrigen entgehe ich inmitten dieser kristallklaren Flüsse und wohlriechenden Wälder vielen Geldausgaben- und vielem Neid, vieler Geringschätzung, Eitelkeit und Gedankenqual. Doch habt, mein gütiger Lord, ein wenig Mitleid mit mir, und möget Ihr geruhen, mir diejenigen Abhandlungen und Berichte seit der Zeit, der ich bei Euch weilte, zuzuschicken, die Euer Lordschaft für gut erachten; so es Euch gefällt, mögt Ihr dieselben in einer Kassette an Mr. Ralfe Yeardley adressieren,

---

[1] Pory hatte mehrere Jahre als Mitglied von Gesandtschaften Europa und den Orient bereist.

einen Apotheker, den Bruder unseres Gouverneurs Sir George Yeardley, der unter dem Zeichen der Artischocke in der Great Woodstreet wohnt, damit er sie bei erster Gelegenheit, zusammen mit den Sachen seines Bruders, an mich schickt.

Diese Briefsendung übergab ich einem gewissen Marmaduke Rayner, einem Engländer, der in diesem flämischen Kriegsschiff in der Stellung eines Steuermanns mitfährt. Wenn er zu Eurer Lordschaft gelangt, wie er es versprochen hat, wird er ein vortrefflich geeigneter Bote sein.

Ich wünsche Eurer Lordschaft und meiner hochverehrten Lady alles erdenkliche Glück und verbleibe, räumlich zwar weit entfernt, doch nahe in meiner Zuneigung,

Euer Lordschaft untertänigster und stets bereiter Diener
John Pory
James City in Virginia, 30. September 1619.

Aus: L.G.Tyler (ed.): Narratives of Early Virginia, 1606–1625. New York 1907. Ndr. 1959, S.282–287. Mi

45. Ein Bericht über das Indianermassaker in Jamestown (1622)

Die Ansätze zur Schaffung einer tragfähigen wirtschaftlichen Basis erfuhren in Virginia einen herben Rückschlag durch das sogenannte Indianermassaker des Jahres 1622. Die Feindseligkeiten zwischen Kolonisten und Indianern, die die Gründung von Virginia begleiteten, waren ab 1613 von einer Periode friedlicherer Beziehungen abgelöst worden. Auf die Heirat zwischen John Rolfe und Pocahontas, der Tochter des Indianerführers Powhatan, folgte eine Reihe von Verträgen, die das Verhältnis zwischen Neusiedlern und Einheimischen gütlich regeln sollten. Mit dem Tode Powhatans hatte aber die Ruhe an der Indianergrenze ein Ende. Am Karfreitag des Jahres 1622 überfielen Indianer die verstreuten Siedlungen der Kolonisten und töteten 347 von ihnen, etwa ein Viertel der gesamten weißen Einwohnerschaft Virginias. Diesem Massaker folgten mehrere englische Vergeltungsexpeditionen, in deren Verlauf Hunderte von Indianern umgebracht wurden. Der Bericht von Edward Waterhouse, damals Sekretär der Kolonie, macht die Unversöhnlichkeit deutlich, mit der sich Kolonisten und Indianer gegenüberstanden.

Lit.: David Horowitz: The First Frontier. The Indian Wars and America's Origins, 1607–1776. New York [1978], S.85–103 – Carl Bridenbaugh: Jamestown 1544–1699. New York-Oxford 1980, S.10–76. Mi

Ein Bericht über das barbarische Massaker während einer Zeit des Friedens und des Bündnisses, das auf verräterische Weise von den eingeborenen Ungläubigen an den Engländern verübt wurde, am 22. März des letzten Jahres

[...]

Damit jedoch alle Leute die unparteiische Offenheit dieser Abhandlung erkennen können, gestehen wir freimütig ein, daß das Land nicht so gut ist, wie die Eingeborenen schlecht sind. Ihre barbarische Wildheit benötigt mehr Kultivierung als selbst der Boden, da sie doch mit mehr Rohheit überzogen sind als ein Dornengestrüpp.

[...]

Im letzten Mai erhielten wir Briefe von Sir Francis Wyatt, dem Gouverneur in Virginia, die uns wissen ließen, daß er bei der Ankunft in Virginia zu seinem Regierungsantritt im letzten November das Land – wie es auch alle Leute dort glaubten – im Zustand eines sicheren und unverletzlichen Friedens vorfand; dies nicht nur, weil dieser Friede feierlich ratifiziert und gelobt und [die Kunde davon] auf Ersuchen des eingeborenen Königs auf Messing gestanzt und in dieser Form an einer gewaltigen Eiche angebracht worden war, sondern auch weil er vorteilhaft für beide Seiten war; für die Wilden, weil sie als der schwächere Teil von ihm sicher beschirmt und beschützt wurden, für uns als der – wie damals geglaubt wurde – einfachste Weg, um unsere Vorhaben wie die Errichtung von Gebäuden, das Anlegen von Pflanzungen und die Bemühung um ihre Bekehrung auf friedliche und ehrliche Weise zu betreiben und voranzubringen. Und die Täuschung eines festen Friedens und einer festen Freundschaft war derart, daß selten oder niemals ein Schwert getragen wurde und noch seltener eine Flinte, außer zur Jagd auf Wild oder Geflügel.

In diesem Vertrauen auf Sicherheit wurden die Pflanzungen der einzelnen Kolonisten *(adventurers)* und Siedler verstreut und unregelmäßig angelegt, so wie eben ein auserlesener Streifen fruchtbaren Bodens dazu verlockte; je weiter von den Nachbarn entfernt, um so besser, dachte man. Die Häuser standen den Wilden allgemein offen; sie wurden stets freundlich an den Tischen der Engländer bewirtet und für gewöhnlich in ihren Schlafzimmern untergebracht.

[...]

Und so kamen sie am Freitagmorgen, dem 22. März (jenem verhängnisvollen Tag), und auch am Abend unbewaffnet in unsere Häuser, wie an anderen Tagen zuvor, ohne Bogen und Pfeile oder andere Waffen, um uns Felle, Wild, Truthähne, Fisch und andere Nahrungsmittel zu verkaufen oder sie gegen Glas, Perlen und andere Kleinigkeiten einzutauschen. Ja, an einigen Orten ließen sie sich zum Frühstück an den Tischen unserer Leute nieder, die sie dann sofort mit deren eigenen Geräten und Waffen, die in den Häusern lagen oder standen, auf gemeine und barbarische Weise ermordeten, wobei weder Alter noch Geschlecht, Mann, Frau oder Kind verschont blieb. Ihre grausame Tat wurde so plötzlich vollbracht, daß wenige oder niemand die Waffe oder den Schlag erkannte, der sie niederstreckte.

Auf diese Weise erschlugen sie auch viele unserer Leute, die sich zu dieser Zeit in den Feldern und außerhalb ihrer Häuser bei ihren verschiedenen Verrichtungen und bei der Feldarbeit befanden, einige beim Anpflanzen von Mais und Tabak, einige bei der Gartenarbeit, einige bei der Herstellung von Ziegeln, beim Hausbau, beim Sägen und bei anderen Arten bäuerlicher Tätigkeit.

[...]

Und auf diese Weise fielen an diesem verhängnisvollen Freitagmorgen unter

den blutigen und barbarischen Händen dieses heimtückischen und unmenschlichen Volkes gegen alle Gesetze Gottes und der Menschen, der Natur und der Nationen 347 Männer, Frauen und Kinder, die meisten durch ihre eigenen Waffen. Und nicht zufrieden damit, nur ihr Leben genommen zu haben, fielen sie später wieder über die Toten her, begingen, so gut sie konnten, einen neuen Mord, schleiften die Leichen hin und her, verstümmelten und zerfetzten sie in viele Stücke und trugen einige Teile unter Hohnlachen hinweg in einem gemeinen und tierischen Triumph.
[...]
Der wahre Grund für diesen Überfall lag hauptsächlich in der Anstiftung durch den Teufel, den Feind ihrer Erlösung; auch die ständige Furcht, die sie ergriffen hatte, daß wir sie nämlich durch unseren stetigen Zuwachs nach und nach aus diesem Land verdrängen würden, so wie sie zuvor von den Spaniern aus Westindien vertrieben worden waren, erzeugte diese blutige Tat.
Niemals jedoch wurde ein Volk mehr von Kummer und Scham erfüllt als sie selbst [die Engländer], daß sie nämlich von derart nackten und feigen Leuten so dahingeschlachtet wurden, Leuten, die es nicht mitanzusehen wagen, wenn ein Stock wie eine Flinte gehandhabt wird oder eine Frau eine ungeladene Flinte trägt; da laufen sie davon wie die Hasen, viel schneller als vor dem Teufel, ihrem Peiniger, den sie aus Furcht anbeten, wenngleich sie auch zugeben, ihn nicht zu lieben.
[...]

Aus: Louis B. Wright and Elaine W. Fowler (ed): English Colonization of North America. London 1968, S. 124–126.
Mi

46. Protest der Siedlerversammlung gegen die autokratische Führung der Kolonie in Virginia durch den Gouverneur (1624)

Das folgende Dokument wurde verfaßt während der Auseinandersetzung um eine Einziehung der Charter für Virginia und die Unterstellung der Kolonie unter die direkte Kontrolle der Krone. Auslösendes Moment dabei war die langanhaltende Kontroverse innerhalb der Londoner *Virginia Company* um die Grundsätze der politisch-administrativen Struktur der Kolonie. Die Gruppe um den langjährigen Schatzmeister der Kompanie, Sir Thomas Smith, befürwortete eine eher autokratische Führung durch den Gouverneur, während die Anhänger seines Kontrahenten Sir Edwin Sandys für eine größere Eigenverantwortlichkeit der Kolonisten eintraten. Die Sandys-Fraktion, die ab 1618 in der Virginia Company die Oberhand hatte, war der Krone und dem *Privy Council* wegen ihrer politischen Prinzipien ein Dorn im Auge; die angespannte Finanzlage der Kompanie, der ständige Zwist unter ihren führenden Mitgliedern, dazu das Indianermassaker von 1622: All dies bewog die Krone, die Umwandlung Virginias in eine Kronkolonie zu betreiben; eine Maßnahme, die schließlich im Juni 1624 vollzogen wurde.
Die nachfolgende Erklärung der Generalversammlung der Kolonisten vom Januar

1624 ist als politische Streitschrift gegen Sir Thomas Smith mit einiger Vorsicht zu betrachten. Die Polemik in der Diktion und die Einseitigkeit in der Schuldzuweisung sollten jedoch nicht den Blick verstellen für die immensen Probleme, mit denen sich die ersten Siedler konfrontiert sahen; das folgende Dokument ist dafür ein beredtes Zeugnis.

Lit.: George Louis Beer: The Origins of the British Colonial System, 1578–1660. o. O. 1908. Ndr. Gloucester/Mass. 1959.

Mi

Die Antwort der Generalversammlung in Virginia auf eine Erklärung über die Lage der Kolonie in den zwölf Jahren von Sir Thomas Smiths Administration, wie sie von dem Ratsherrn Johnson und anderen vorgelegt wurde

Da wir es als eine Sünde gegen Gott und unsere eigenen Leiden betrachten, es hinzunehmen, daß die Welt durch unwahre Berichte getäuscht und dem Laster der Lohn der Tugend zuteil wird, haben wir – und viele von uns waren Augenzeugen und Leidtragende jener Zeit – im Namen der ganzen Kolonie von Virginia in unserer Generalversammlung aus Pflichtgefühl diesem Land gegenüber und aus Liebe zur Wahrheit die folgende Bloßstellung jener Lobeshymnen verfaßt, die in der vorgenannten Erklärung enthalten sind.

Wir behaupten, daß sich die Kolonie in jenen zwölf Jahren der Administration von Sir Thomas Smith die meiste Zeit über [in einem Zustand] großer Not und Bedürftigkeit befand und unter den strengsten und unmenschlichsten Gesetzen[1], die in gedruckter Form hierhergeschickt wurden [regiert wurde]. Gesetze, die dem ausdrücklichen Wortlaut des höchst gnadenreichen Freibriefs des Königs zuwiderliefen und erbarmungslos angewandt wurden, oft ohne Verhandlung und Urteilsspruch. Die zugeteilte Ration für eine Person betrug in jener Zeit nur acht Unzen Mehl und einen halben *Pint*[2] Erbsen pro Tag – das eine wie das andere verschimmelt, verdorben, voller Spinnweben und Maden, ekelerregend für Menschen und für Tiere nicht zu gebrauchen; viele wurden so gezwungen, auf der Suche nach Linderung [der Not] zu den feindlichen Wilden zu fliehen; nach ihrer erneuten Festnahme wurden sie auf unterschiedliche Arten getötet, durch Hängen, Erschießen und Rädern; andere trieb der Hunger dazu, etwas zum Essen zu stibitzen, und einem von ihnen wurde für den Diebstahl von zwei oder drei *Pints* Hafermehl eine Schnürnadel durch die Zunge getrieben; dann wurde er mit einer Kette an einen Baum gebunden, bis er verhungerte. Falls jemand krank war und deshalb nicht arbeiten konnte, bekam er überhaupt keine Ration und ging folglich zugrunde. In dieser höchsten Not wurden viele des Lebens überdrüssig, gruben Löcher in die Erde und versteckten sich dort, bis sie verhungerten.

Wir können für unseren Lebensmittelmangel nicht unsere Führer hier ver-

---

[1] Die „Laws Divine, Morall and Martiall", die zuerst im Jahre 1610 in Virginia Anwendung fanden und die die Kolonie in ihrer später erweiterten Form praktisch ständig unter Kriegsrecht stellten.
[2] Entspricht etwa einem halben Liter.

antwortlich machen, denn unser Unterhalt sollte aus England bezogen werden. Hätten sie uns nämlich zu dieser Zeit größere Rationen gegeben, so wären wir alle umgekommen. So erbärmlich war unsere Knappheit an Lebensmitteln, daß wir gezwungen waren, Hunde, Katzen, Ratten, Schlangen, Blätterpilze, Pferdehäute und was nicht alles zu essen; wegen der Not, an der er litt, brachte ein Mann seine Frau um und salzte sie ein, um sie zu verzehren, wofür er verbrannt wurde. Viele ernährten sich im übrigen von den Leichnamen der Verstorbenen, und einer, der nicht zu sättigen war, konnte aus Gewöhnung an diese Nahrung nicht davon abgehalten werden, bis er dann dafür hingerichtet wurde. Unsere Lage war in der Tat so erbärmlich, daß es, als die Indianer eine Stute getötet hatten, der glücklichste Tag war, den einige von uns jemals zu erleben hofften, da wünschten wir nämlich, als sie gekocht wurde, daß Sir Thomas Smith auf ihrem Rücken im Kessel säße.

Und während nun behauptet wird, daß in jenen Tagen nur sehr wenige Untertanen Seiner Majestät übrig blieben und gerade die von niedrigstem Stand, so antworten wir, daß auf einen, der jetzt stirbt, damals fünf zugrunde gingen – viele davon aus altehrwürdigen Häusern und von Besitzungen stammend, die einen jährlichen Ertrag von £ 1000 einbrachten – einige mehr, andere weniger – und daß diese ebenfalls durch Hunger umkamen. Diejenigen, die überlebten und die ihr Vermögen wie auch ihr Leben eingesetzt hatten, wurden dazu gezwungen, der Kolonie zu dienen, als ob sie Sklaven gewesen wären, sieben oder acht Jahre, um ihre Freiheit [zu erlangen]; sie hatten Arbeiten zu verrichten, so hart und knechtisch, wie der gemeinste Kerl, der aus Newgate[3] herangeschafft wurde.

Und was Erkundungen angeht, so sagen wir, daß in jenen zwölf Jahren nichts erkundet wurde, in diesen letzten vier oder fünf Jahren dagegen viel mehr als früher.

Was unsere Häuser und Kirchen in jener Zeit angeht, so waren sie infolge unseres Unglücks so armselig und dürftig, daß sie nicht länger als ein oder zwei Jahre stehenbleiben konnten; die Leute gingen nämlich gar nicht an die Arbeit, sondern drohten Sir Thomas Smith aus der Bitterkeit ihres Gemüts heraus mit abscheulichen Flüchen. Auch konnte man in diesen Gebäuden nicht den Segen Gottes erhoffen, da sie doch auf dem Blut so vieler Christen gegründet waren.

An bewohnten Orten gab es nur James City, Henrico, die Bezirke Charles, West und Sherley sowie Kicoughtan, die in jener Zeit auch alle verfielen bis auf zehn oder zwölf Häuser in der Stadt James City. Zur gegenwärtigen Zeit gibt es viermal so viele [Häuser] wie damals, die jene an Güte um das Vierzigfache übertreffen. Befestigungen gegen einen auswärtigen Feind gab es überhaupt nicht, und die, die es gegen den inneren Feind gab, waren sehr gering an der Zahl und in einem erbärmlichen Zustand. Es gab nur eine Brücke, die in jener Zeit auch noch zerfiel. Wenn durch das angesprochene Elend nicht so

---

[3] Das zeitgenössische Londoner Zentralgefängnis.

viele umgekommen wären, so hätte es – und daran zweifeln wir nicht – in dem Land wesentlich mehr als tausend Leute gegeben, als Sir Thomas Smith aus der Administration ausschied.

Wir glauben indes, daß Sir George Yeardley bei seiner Ankunft als Gouverneur[4] nicht mehr als vierhundert vorfand; den meisten davon mangelte es an Getreide, sie besaßen fast kein Vieh, keine Schweine, kein Geflügel oder andere notwendige Vorräte, um sich zu ernähren. Geistliche zur Unterweisung der Leute gab es einige; ihre Tauglichkeit und Befähigung wollen wir nicht tadeln, doch waren verschiedene von ihnen nicht ordiniert.

Wir wissen, daß wir zu keiner Zeit einen Überschuß an Waffen, Schießpulver und Kriegsvorräten aufzuweisen hatten; [was da war], war von der Qualität her fast durchweg unbrauchbar. Wir geben zu, daß zu jener Zeit Versuche gemacht wurden [mit dem Anbau] verschiedener gängiger Erzeugnisse; die Kolonie hatte damals jedoch nicht die Mittel, damit fortzufahren, und wir hoffen, daß damit zu gegebener Zeit bessere Fortschritte gemacht werden. Wäre nicht das Massaker dazwischengekommen[5], so hätte man viele von ihnen vervollkommnen können. Was Boote angeht, so war in den Tagen jener Administration nur eines übrig, das in der Kolonie Dienst tat; demgegenüber gibt es jetzt, neben vier oder fünf Schiffen und Pinassen, nicht weniger als vierzig; die Barken und Leichter, die damals nur in geringer Zahl angefertigt wurden, wurden von den Leuten nur unwillig und so zerbrechlich gebaut, daß sie in dieser Zeit ebenfalls zerfielen.

Zu keiner Zeit konnten wir erkennen, daß sich die Eingeborenen des Landes freiwillig fügten und sich unserem gnädigen Herrscher unterwarfen, daß sie stolz waren auf diesen Status oder daß sie jemals zum Unterhalt der Kolonie Abgaben an Getreide leisteten. Auch konnten wir ihnen zu keiner Zeit eine Achtung vor Partnerschaft einflößen, die groß genug gewesen wäre, um einander hilfreich zur Seite zu stehen – im Gegenteil: Was jemals für den anderen getan wurde, geschah aus Furcht, nicht aus Liebe, und ihr Getreide beschafften wir im Austausch oder mit dem Schwert.

Welchen Grad der Reife die Kolonie am Ende jener zwölf Jahre erreicht hatte, mag – so glauben wir – unschwer aus dem abgelesen werden, was wir vorstehend aufgeführt haben. Und bevor wir dazu gebracht werden, unter einer ähnlichen Administration zu leben, ersuchen wir Seine Majestät, Beauftragte herüberzuschicken mit der Ermächtigung, uns aufzuhängen.

Der Ratsherr Johnson, einer der Autoren jener Erklärung[6], hat Grund, ihn [Sir Thomas Smith] zu loben, ist er doch untrennbar verwickelt in seine Vergehen und Schändlichkeiten.

Auf der Grundlage des allgemeinen Berichts über das Land, dem wohl nie-

---

[4] Im Jahre 1619.
[5] Der Indianeraufstand des Jahres 1622 (vgl. Dok. 46).
[6] Bezieht sich offenbar auf die eingangs erwähnten „unwahren Berichte", gegen die sich die Kolonisten wenden.

mals widersprochen wurde, versichern wir, daß dies alles wahr ist – wir, von denen alle oder der größte Teil Augenzeugen oder Bewohner des Landes waren, als sich alle Einzelheiten, die hier aufgeführt wurden, zutrugen.
[Es folgen die Unterschriften der dreißig Verfasser.]

Aus: L. G. Tyler (ed.): Narratives of Early Virginia, 1606–1625. New York 1907. Ndr. 1959, S. 422–426.
Mi

47. Neu-England als das gelobte Land der Puritaner (1631)

Die Puritaner, die mit der von John Winthrop geführten Flotte 1630 nach Neu-England kamen, waren nicht die ersten Europäer in diesem Teil Amerikas. Ab 1615 hatte der im Auftrag der Northern Virginia Company fahrende Kapitän John Smith begonnen, die Neu-England-Küste genauer zu erforschen und zu kartographieren. Seine Entdeckungen und Beobachtungen publizierte er in mehreren Werken (u. a.: A Description of New England, 1616 – New England Trials, 1622 – Generall Historie of Virginia, New England and the Summer Isles, 1624). Das Hauptinteresse dieser frühen Fahrten galt der Suche nach geeigneten Stützpunkten für Fischerei (die Küstengewässer vor Neufundland, Maine und Neu-England waren als sehr fischreich bekannt) und Pelzhandel. Bis 1630 entstanden zahlreiche Handelsposten an der Küste Neu-Englands, die von der Northern Virginia Company und deren Nachfolgeorganisation, dem Council for New England, eingerichtet und unterhalten wurden. Die erste permanente Siedlungskolonie in Neu-England wurde von puritanischen Emigranten (Pilgrim Fathers) (vgl. Dok. 19), die zum Teil schon in Exilgemeinden in Holland (besonders in Leiden) gelebt hatten, 1620 in Plymouth gegründet.

Die Aktivitäten in Neu-England waren von dem puritanischen Geistlichen John White aus Dorchester aufmerksam verfolgt worden. In Dorchester wurde eingesalzener Fisch aus nordamerikanischen Gewässern vermarktet, den eine Fangflotte aus dem nahegelegenen Weymouth nach England brachte. White sah für die Puritaner eine Chance darin, auf der wirtschaftlichen Basis des Pelz- und Fischhandels eine Kolonie an der nordamerikanischen Küste zu errichten und damit ihren Schwierigkeiten in England zu entkommen. Die von ihm von Dorchester aus initiierten Kolonialunternehmungen, die überwiegend von der puritanischen Gentry getragen wurden, schlugen zwar zunächst hauptsächlich aus Kapitalmangel fehl, mündeten aber schließlich 1628/29 in der Gründung der Massachusetts Bay Company, die mit einer tragfähigen Finanzierung und einem königlichen Landpatent für Neu-England ausgestattet wurde.

Die Verschärfung der politischen Auseinandersetzung in England trug dazu bei, daß sich 1630 Hunderte von Puritanern zur Auswanderung entschlossen. 1628 war William Laud Bischof von London geworden. Laud war eine Hauptstütze der strikt puritanerfeindlichen Kirchenpolitik Charles' I. Dieser selbst hatte im März 1629 das Parlament aufgelöst. Mit der Auflösung war gleichzeitig die Aufhebung der Immunität der Abgeordneten verbunden. Diesen Umstand nutzte Charles zur Verfolgung von Führungspersönlichkeiten der puritanischen und presbyterianischen Opposition.

Einerseits gab die politische Lage in England den Puritanern den Anlaß, dem Vorbild der Pilgrim Fathers auf der Mayflower zu folgen, andererseits flößte die seriöse Finanzierung des Unternehmens und das Prestige der organisatorischen und geistigen

47. Neu-England als das gelobte Land der Puritaner

Führer aus dem Kreis der Handelsherren, der Gentry und der akademisch ausgebildeten puritanischen Geistlichkeit das nötige Vertrauen ein. Schon vor der Erteilung des königlichen Landpatents liefen von 1628 an jährlich mehrere Schiffe der Massachusetts Bay Company die Küste Neu-Englands an, um Kolonisten in ihre neue Heimat zu bringen. Der Aufbau einer Subsistenzwirtschaft in den Kolonien, die die in den ersten Jahren ständig steigende Zahl der Auswanderer mit Nahrung, Kleidung und Wohnung versorgen konnte, wurde zur Hauptaufgabe der neugegründeten Siedlungen. Die verstreuten Handelsposten, die von den Siedlern vorgefunden wurden, waren für diese Aufgabe nicht eingerichtet. Außerdem waren sie von Anteilseignern des Council for New England wie Sir Ferdinando Gorges aufgebaut worden, die das Land der Massachusetts Bay Company als ihr Eigentum betrachteten und in scharfe Konkurrenz zu den Neuankömmlingen traten. Die ackerbauenden Indianer Neu-Englands waren durch Epidemien stark dezimiert worden, was zwar einerseits die Landnahme der Europäer erleichterte, andererseits den Ankauf von Lebensmitteln im Land stark einschränkte. Die kräftezehrende mehrwöchige Überfahrt, das ungewohnte Klima und die Abhängigkeit von der Versorgung durch Schiffe aus England in der Aufbauphase der Kolonien führten daher zu einer latenten, bisweilen akut aufbrechenden Versorgungskrise und einer hohen Sterblichkeitsrate.

Dies waren jedoch nicht die einzigen Gründe, die Thomas Dudley – zu dieser Zeit stellvertretender Gouverneur in Neu-England – dazu bewogen, den folgenden, eher desillusionierenden Bericht zu geben. Obwohl die puritanischen Führer das Unternehmen vor ihrer Abreise ausdrücklich nicht als „Auszug des erwählten Volkes Israel aus Ägypten in ein neues Kanaan" verstanden wissen wollten, sondern ihrer „lieben Mutter", der anglikanischen Kirche, weiterhin Treue zusicherten, zeigten sich nach der Ankunft in Amerika bald separatistische Züge. Starken Anteil an dieser Entwicklung hatten puritanische Geistliche, wie der im Bericht erwähnte John Wilson. Die akademisch ausgebildeten Geistlichen sahen in dem Neuanfang in der Wildnis eine einmalige Möglichkeit, ein Staatswesen nach biblischen Vorbildern aufzubauen. Sie erhielten durch die Organisationsweise der Gemeindekirche, die sich als identisch mit der politischen und der gesellschaftlichen „Gemeinde" verstand, eine außerordentliche, in den ersten Jahren der Kolonien fast uneingeschränkte Machtfülle. Die Bibel wurde – in der Interpretation der puritanischen Geistlichkeit – so zum ersten Gesetzbuch in Neu-England. Voraussetzung für die Mitgliedschaft in einer Gemeinde und damit für das Wohnrecht im Gebiet der Massachusetts Bay Company war ein nach dem Buchstaben der Bibel geführtes Leben, das von den Gemeindegeistlichen bis in Bereiche des privaten Haushalts hinein überprüft wurde. Verstöße gegen diese rigide puritanische Grundordnung wurden zunächst mit der Ausweisung, später auch mit Leibes- und Lebensstrafen geahndet. Thomas Dudley, der 1634 zum Gouverneur gewählt wurde, galt selbst als strenger Verfechter dieser Ordnung. Die überwiegend wirtschaftlichen Aspekte für die Auswanderung in die Neue Welt, mit denen John White für seine Kolonialprojekte geworben hatte, wollten die Führer der neuen Kolonien schon bald nach ihrer Ankunft in Amerika durch Sendungsbewußtsein und Konformität mit der puritanischen Lebensweise ersetzt wissen.

Lit.: Edward Arber (ed.): The Story of the Pilgrim Fathers, 1606–1623 as told by Themselves, their Friends, and their Enemies. London 1897. Ndr. New York 1969 – Lyon G. Tyler: England in America 1580–1652. New York 1904. Ndr. 1969 (The American Nation: A History. Vol. 4) – Herbert E. Bolton und Thomas M. Marshall: The Colonization of North America 1492–1783. New York 1920. Ndr. 1971 – Samuel Eliot

Morison: Builders of the Bay Colony. Boston – New York 1930. Ndr. Boston 1978 – Edmund S. Morgan: The Puritan Dilemma: The Story of John Winthrop. Boston 1958 – Ders.: The Founding of Massachusetts. Historians and the Sources. Indianapolis–New York–Kansas City 1964 – Peter N. Caroll: Puritanism and the Wilderness: The Intellectual Significance of the New England Frontier, 1629–1700. New York 1969 – Charles E. Clark: The Eastern Frontier: The Settlement of Northern New England 1610–1763. New York 1970 – Sydney Ahlstrom: A Religious History of the American People. New Haven 1972 – David D. Hall: The Faithfull Shepherd: A History of the New England Ministry in the Seventeenth Century. Chapel Hill 1972 – Emory Elliot: Power and the Pulpit in Puritan New England. Princeton 1975. ThB

[...] Da ich nun etwas Zeit zur Verfügung habe, um auf die Motive anderer Leute einzugehen, an diesen Ort zu kommen oder dies zu unterlassen, so meine ich, in meiner knappen Art, folgendes: Falls jemand hierherkommt, um hier aus materiellen Gründen zu siedeln, jemand, der zu Hause gut leben könnte, so begeht er einen Irrtum, den er bald bereuen wird. Falls dies jedoch aus religiösen Gründen [erfolgt] und seiner Umsiedlung keine besonderen Hindernisse entgegenstehen, mag er hier finden, was ihn durchaus zufriedenstellen wird, z.B.: Baumaterial, Brennholz, Ackerboden, Seen und Flüsse zum Fischen, reine Luft zum Atmen, gutes Wasser zum Trinken, bis Wein und Bier hergestellt werden können; dies alles mag, neben den Kühen, Schweinen und Ziegen, die bereits hierhergeschafft wurden, zur Ernährung ausreichen, zumal Geflügel und Wild hier, ebenso wie in England, Leckerbissen darstellen. Was Kleidung und Bettzeug angeht, so müssen sie mitgeführt werden, bis schließlich unser Fleiß ihre Herstellung hier möglich macht. In einem Wort: Wir besitzen noch wenig, um das man uns beneiden könnte, sondern ertragen – mit der Krankheit und Sterblichkeit unserer Leute – einiges, was [eher] Mitleid verdient. Und ich gebrauche um so bereitwilliger diese offene und klare Sprache, damit andere nicht in ihren Erwartungen enttäuscht werden, wenn sie hierherkommen – was wir zu unserem großen Nachteil taten auf Grund von Briefen, die uns von hier nach England geschickt wurden, in denen aufrichtige Leute – aus dem Wunsch, andere zu sich herüberzuziehen – etwas übertrieben von den vielen Dingen hier berichteten. Wenn gottesfürchtige Leute aus religiösen Gründen herüberkommen wollen, um uns bei dem guten Werk, an dem wir arbeiten, zu unterstützen, so glaube ich, daß sie für sich und ihr Vermögen keine Verwendung finden werden, die mehr zum Ruhme Gottes und zur Förderung ihres Ansehens [beiträgt]. Sie dürfen jedoch nicht zur ärmeren Sorte gehören – auf etliche Jahre hinaus –, denn wir haben aus Erfahrung gelernt, daß solche Leute das Werk behindern und nicht vorantreiben. Und was gottlose und verkommene Personen angeht, so kann man sich über ihr Versehen, hierherzukommen, nur wundern, wo sie doch hier nichts finden, was sie zufriedenstellen könnte. Falls es jemanden gibt, den Tugend auszeichnet und der mit den Mitteln ausgestattet ist, sich selbst und seine Angehörigen achtzehn Monate lang zu ernähren, [ein Haus] zu bauen und das Land zu bestellen, so laßt ihn herüberkommen in unser Mazedonien[1], um uns zu helfen, damit er sich und seinen Besitz nicht bei einer weniger gewinnbringenden Beschäftigung verbraucht; andere, so glaube ich, sind für dieses Unterfangen noch nicht geeignet.

Was nun die Entmutigung angeht, die die Krankheiten und die Sterblichkeit, die uns und – wie oben erwähnt – auch die Leute von Plymouth in jedem ersten Jahr befallen, bei denjenigen hervorrufen mag, die mit entsprechenden Gedanken gespielt haben – und von dieser Sterblichkeit kann man von uns, fast wie von den Ägyptern sagen, daß es kein Haus gibt, wo nicht ein Toter zu beklagen ist, und in einigen Häusern deren viele: Die natürlichen Gründe scheinen im Mangel an warmer Unterkunft und bekömmlicher Nahrung zu liegen, an die Engländer zu Hause gewohnt sind, und in der plötzlichen Zunahme der Temperatur, der diejenigen ausgesetzt sind, die hier im Sommer landen; das gesalzene Fleisch auf See hat ihre Körper entsprechend vorbereitet, denn in den letzten zwei Jahren starben nur die am Fieber, die im Juni oder Juli landeten. Dagegen starben diejenigen, die im Winter in Plymouth an Land gingen, an Skorbut, ebenso wie diejenigen unter uns aus ärmlicheren Verhältnissen, deren Häuser und Bettzeug sie nicht genügend warmhielten und deren Nahrung nicht ausreichte, um sie bei gutem Mut zu halten. Gott mag andere Gründe haben, wie uns unser getreuer Prediger Mr. Wilson, als er kürzlich diesen Punkt ansprach, aufzeigte; ich sehe davon ab, dies darzulegen, und überlasse diese Angelegenheiten der weiteren Diskussion unter Ärzten und Geistlichen.

[...]

Aus: Everett Emerson (ed.): Letters from New England: The Massachusetts Bay Colony, 1629–1638. Amherst 1976. (The Commonwealth Series. Vol. 2), S. 75–76. Mi

48. Erste Eindrücke eines Kolonisten einfacher Herkunft vom Leben in Neu-England (1631)

Der folgende Brief schildert in ebenso schlichter wie eindringlicher Sprache die Schwierigkeiten, denen sich die ersten Kolonisten in Neu-England gegenübersahen. Der Schreiber, John Pond, gehörte wohl als Bediensteter John Winthrops zu einer Gruppe von Auswanderern, die den puritanischen Führer im Sommer 1630 nach Neu-England begleiteten. Nur die rechtzeitige Ankunft der Lyon im Februar des darauffolgenden Jahres, mit der der Mangel an Nahrungsmitteln fürs erste behoben werden konnte, rettete die noch verbliebenen Neusiedler vor dem Hungertod. Die Lyon, die den nachstehenden Brief auf ihrer Rückreise nach England beförderte, nahm auch über achtzig Personen auf, die an der Möglichkeit einer Festsetzung in Neu-England verzweifelten und in das alte England zurückkehrten.

---

[1] Eine Anspielung auf eine Stelle in der Bibel, in der Paulus ein Mann aus Mazedonien erschien und ihn um missionarischen Beistand bat.

Lit.: Alden T. Vaughan: New England Frontier: Puritans and Indians, 1620–1675. Boston 1969 – Wesley F. Craven: White, Red, and Black: The Seventeenth-Century Virginian. Charlottesville 1971, S. 1–39 – Edmund S. Morgan: The First American Boom: Virginia 1618–1630. In: William and Mary Quarterly 28 (1971), S. 169–198 – Irene W. Hecht: The Virginian Muster of 1624/5 as a Source for Demographic History. In: William and Mary Quarterly 30 (1973), S. 65–92. Mi

Inniggeliebte [Eltern], gütiger Vater und gütige Mutter!
Ich empfehle mich Euch in demütiger Ehrerbietung und vertraue auf Gott, daß Ihr bei guter Gesundheit seid. Ich bitte Euch, grüßt meinen Bruder Joseph in Liebe von mir und dankt ihm für seine Güte, die ich in London von ihm erfahren habe und die mehr als einen *Farthing*[1] wert war. Ich weiß, liebender Vater, und ich gestehe, daß ich Euch ein ungehorsames Kind war, als ich bei Euch und von Euch lebte, worüber ich sehr unglücklich und bekümmert bin. Ich vertraue auf Gott, daß er mich so lenkt, daß ich Euch nie mehr derart verletze, und ich vertraue auf Gott, daß Ihr mir dies verzeiht; ich schreibe Euch, damit Ihr verstehen könnt, was für ein Land dieses neue England ist, wo wir leben.

Hier gibt es nur wenige Indianer, und eine große Zahl von ihnen ist in diesem Winter gestorben, an der Pest, wie man glaubt. Das sind durchtriebene Leute, und sie täuschen und betrügen, und schlau sind sie dazu. Während wir eine große Menge an Biber [-Fellen] erwarteten, gibt es hier wenig oder gar nichts. Ihr Sagamore[2] John wiegt sie, und viele von uns treiben Tauschhandel mit ihnen; oft werden sie zu acht Schillingen das Pfund eingewogen. Es sind stattliche Leute von ebenmäßigem Wuchs; viele von ihnen gehen nackt mit einem Fell um die Hüften; einige jedoch tragen die Kleidung von Engländern.

Und das Land ist sehr felsig und hügelig, mit streckenweise offenem Gelände; der Grund ist ganz flach. Es gibt hier schon guten Boden, auch Sumpfboden, aber es gibt hier keinen milden Herbst *(Michaelmas spring)*. Vieh gedeiht gut hier, aber es gibt nur wenig Milch. Das beste Nutzvieh sind Schweine, und ein gutes Schwein bringt hier fünf Pfund beim Verkauf und eine Ziege – eine Hausziege[3] – ist drei Pfund wert. Hier gibt es eine ganze Menge Holz, eine ganze Menge Eicheln und eine ganze Menge Fisch, wenn wir Boote hätten, mit denen wir acht oder zehn Meilen auf See hinausfahren könnten zum Fischen. Es gibt hier [auch] eine ganze Menge Wildhühner; es ist jedoch schwer, sie zu erlegen. Es ist schwerer, einen Schuß anzubringen, als in Alt-England. Und die Leute hier sind anfällig für Krankheiten, denn an Skorbut und an dem brennenden Fieber[4] sind über zweihundert [Leute] hier gestorben, und viele

---

[1] Eine alte englische Kupfermünze im Wert eines Viertelpenny.
[2] Eine indianische Bezeichnung für den Rang eines Häuptlings.
[3] „Gardene goat" im Original. Der Herausgeber des Originals vermutet eine inkorrekte Schreibweise für „garden".
[4] Gemeint ist wohl Typhus.

liegen siech darnieder. Alle Männer aus Sudbury[5] sind tot, außer dreien, auch die Frauen und einige Kinder. Nahrungsmittel gibt es hier zu einem erstaunlichen Preis. Weizenmehl kostet vierzehn Schillinge pro Bushel und Erbsen zehn Schillinge, Malz kostet zehn Schillinge, indianischer Saatweizen kostet fünfzehn Schillinge und ihr anderer Weizen[6] zehn Schillinge; Butter kostet zwölf Pence das Pfund, Käse acht Pence das Pfund, und alle Arten von Gewürzen sind sehr teuer und fast gar nicht zu bekommen. Wenn dieses Schiff nicht gerade jetzt angekommen wäre, hätten wir arge Not leiden müssen; Gott sei dafür gedankt, daß er es herschickte.

Ich erhielt aus dem Schiff ein Hogshead[7] Mehl, und der Gouverneur erzählte mir von einem Hundredweight[8] Käse, von dem ich einen Teil erhalten habe. Ich danke Euch zutiefst dafür.

Ich erwartete zwei Kühe, von denen ich keine bekam. Ehrlich gesagt möchte ich gar nicht, daß Ihr mir welche schickt, denn das Land ist nicht so, wie wir erwartet hatten. Deshalb, teurer Vater, möchte ich Euch dringend darum bitten, mir ein Firkin[9] Butter zu schicken und ein Hogshead ungemahlenes Malz, denn wir trinken nichts als Wasser, dazu ein grobes Tuch zum Preis von vier Pfund, damit es auch dick ist.

Und was die Frachtgebühr angeht – falls Ihr die Sachen aus Liebe [zu mir] schicken solltet – so will ich sie begleichen. Hier gibt es nämlich nichts zu haben, ohne die Waren, mit denen wir in die Gebiete im Osten gehen, um unter den Indianern Tauschhandel zu treiben; hier, wo wir leben, gibt es nämlich keine Biber, und man kann kein Tuch bekommen, um Kleidung daraus zu machen. Schuhe kosten mich fünf Schillinge das Paar, und Tuch, das pro Yard zwei Schillinge und acht Pence kostet, ist hier fünf Schillinge wert.

Deshalb, Vater, bitte ich Euch: Schickt mir vier oder fünf Yard Tuch, damit wir uns einige Kleidungsstücke anfertigen können; und, teurer Vater, obwohl ich weit weg bin von Euch, so flehe ich Euch doch an, daß Ihr Euch meiner als Euer Kind erinnert; wir wissen nicht, wie lange wir noch bestehen können, denn wir können hier nicht ohne Nahrungsmittel aus Alt-England überleben.

Deshalb, so bitte ich Euch, trennt Euch nicht von den Ladenbeständen, denn ich glaube, daß sie letzten Endes, falls ich es erlebe, meinen Lebensunterhalt abgeben müssen. Wir wissen nämlich nicht, wie lange diese Kolonie Bestand haben wird, denn einige der Kaufleute, die sie aufrecht erhielten, haben ihre Leute abgezogen und haben sie aufgegeben. Darüberhinaus hat [uns] Gott den stärksten Pfeiler im Land weggenommen, Mr. Johnson und Lady Arabella, seine Frau; er war der Mann im Land mit dem größten Vermögen und einer, der sehr viel Gutes getan hätte.

---

[5] Eine Kleinstadt nordöstlich von London.
[6] Wohl Mais.
[7] Ein altes Flüssigkeitsmaß, bei Wein 286 l.
[8] Entspricht etwa einem Zentner.
[9] Entspricht 40,9 l.

Fünfundzwanzig Passagiere kamen herüber, und über achtzig Personen gingen wieder zurück, weitere achtzig wären noch gefahren, wenn sie nur die nötigen Mittel gehabt hätten, um nach Hause zu gelangen. Denn es gibt hier viele, die letztes Jahr herübergekommen sind, was sie zweihundert Pfund kostete, bevor sie Alt-England verließen, was von jetzt bis Michaeli[10] kaum dreißig Pfund kosten wird.

Hier können wir also [nur] leben, wenn wir jedes Jahr Vorräte aus Alt-England erhalten; sonst könnten wir nicht existieren.

Ich will hart arbeiten und einen Acre[11] mit indianischem Weizen[12] bebauen; falls wir Fisch als Dünger zusetzen, wird dies zwanzig Schillinge kosten, falls wir keinen Fisch zusetzen, werden wir nur eine dürftige Ernte haben.

So bitte ich Euch dringend, Vater, denkt an meine Lage, denn hier werde ich nur ein recht armseliges Dasein fristen oder gar nicht existieren können, wenn ich nicht von Euch, teurer Vater, mit Nahrungsmitteln aus Alt-England unterstützt werde. Ich hatte vorgehabt, mit diesem Schiff nach Hause zu kommen, denn meine Vorräte waren beinahe aufgebraucht; nun aber danke ich Euch demütig, daß Ihr mir in Eurer großen Liebe und Güte einige Vorräte geschickt habt, sonst wären ich und die Meinen bereits halb verhungert.

Nun aber will ich – sollte es Gott gefallen, meine Gesundheit zu erhalten – soviel Mais anpflanzen, wie ich nur kann; falls [jedoch] Nahrungsmittel von jetzt bis Michaeli nicht billiger werden und ich von Euch nicht höre, was ich wohl am besten tun solle, nehme ich mir vor, nach Hause zu kommen.

Meine Frau empfiehlt sich in gehorsamer Ehrerbietung Euch und meiner Mutter; grüßt meinen Bruder Joseph und Sarah Myler herzlich von mir. So überlasse ich Euch dem Schutz des allmächtigen Gottes.

Von Walltur Town[13] in Neu-England
den 15. März 1631.

Wir waren ernstlich krank, als wir auf See waren; wir hatten die Pocken. Niemand dachte, daß ich und mein kleines Kind überleben würden; mein Junge liegt darnieder und mein Mädchen auch, und auf dem Schiff, mit dem ich kam, starben vierzehn Personen.

Übergebt dies meinem geliebten Vater William Pond in Edwardston in Suffolk.

Aus: Everett Emerson (ed.): Letters from New England: The Massachusetts Bay Colony, 1629–1638. Amherst 1976 (The Commonwealth Series. Vol. II), S. 64–66.   Mi

---

[10] 29. September [gnt].
[11] Entspricht 0,405 Hektar (4050 m³).
[12] Gemeint ist Mais.
[13] Wohl als Watertown zu lesen.

49. Friedliche Landnahme in Nordamerika: William Penns Vertrag mit indianischen Stämmen (1682)

Am 4. März 1681 übereignete König Charles II. das Gebiet zwischen den Kolonien New York und Maryland William Penn, dessen Vater, Admiral William Penn, dem Königshaus der Stuarts große Dienste erwiesen hatte. Schon sehr frühzeitig hatte sich William Penn jun., ungeachtet persönlicher und beruflicher Nachteile, der Glaubensgemeinschaft der Quäker angeschlossen, die zahlreichen Schikanen und Verfolgungen von staatlicher Seite ausgesetzt war. Penn wandte sich deshalb der Neuen Welt zu, wo die religiösen und politischen Prinzipien der Quäker eher zu verwirklichen sein würden.

Penn, durch die königliche Charter zum obersten Eigentümer über Pennsylvania ernannt, erkannte nichtsdestoweniger ein Besitzrecht der ortsansässigen Indianerstämme an; sein Bestreben, moderne europäische Rechtsnormen auch auf die Beziehungen zu den Indianern anzuwenden, sein religiös inspirierter Gerechtigkeitssinn, der einem wohlwollenden Paternalismus gegenüber den Eingeborenen Vorschub leistete, waren für einen Kolonisator seiner Tage gewiß ungewöhnlich. Der folgende Landabtretungsvertrag stellt nicht nur ein relativ seltenes Beispiel friedlichen Landerwerbs in Übersee dar, er unterrichtet auch ausführlich über die rege indianische Nachfrage nach europäischen Produkten.

Lit.: John E. Pomfret: The First Purchase of Pennsylvania, 1681–1700. In: Pennsylvania Magazine of History and Biography 80 (1956), S. 137–163 – Edwin B. Bronner: William Penn's „Holy Experiment". The Founding of Pennsylvania, 1681–1701. New York 1962 – Urs Bitterli: Die Kulturbeziehungen als „Heiliges Experiment". Die Engländer in Pennsylvanien. In: Ders.: Alte Welt – neue Welt. Formen des europäisch-überseeischen Kulturkontakts vom 15. bis zum 18. Jahrhundert. München 1986, S. 123–151.

Mi

Dieser Vertrag, der geschlossen wurde am fünfzehnten Tag des Juli, im Jahre unseres Herrn eintausendsechshundertundzweiundachtzig – nach englischer Zählung – zwischen den Indianerhäuptlingen Idquahon, Ieanottowe, Idquoquequon, Sahoppe für ihre Person sowie Okonikon, Merkekowon, Orecton für Nannacussey, Shaurwawghon, Swanpisse, Nahoosey, Tomakhickon, Westkekitt und Tohawvis auf der einen und William Penn, Esq., dem obersten Eigentümer der Provinz Pennsylvania, auf der anderen Seite gibt folgendes zu Urkund: In Anbetracht der und als Gegenleistung für die Geldbeträge und die einzelnen Güter, Waren und Gerätschaften, die hierin im folgenden angeführt und bezeichnet werden, nämlich dreihundertundfünfzig Faden Wampum[1], zwanzig weiße Decken, zwanzig Faden grober Wollwaren, sechzig Faden gerauhter Halbwollware[2], zwanzig Kessel – darunter vier große –, zwanzig

---

[1] Die indianische Bezeichnung für Muschelperlen, die auf einer Schnur aufgereiht waren und als Zahlungsmittel dienten.
[2] In der Textvorlage heißt es: „... twenty fathoms of strawd waters, sixty fathoms of daffodils ...". Der Übersetzer ist Prof. William Kirwin und Dr. Shannon Ryan von der Memorial University,

Abb. 13: William Penn erwirbt von den Indianern Pennsylvania (nach einem Gemälde von Benjamin West, entstanden um 1750).

Flinten, zwanzig Mäntel, vierzig Hemden, vierzig Paar Strümpfe, vierzig Hacken, vierzig Äxte, zwei Fässer Schießpulver, zweihundert Stangen aus Blei, zweihundert Messer, zweihundert kleine Gläser, zwölf Paar Schuhe, vierzig Kupferdosen, vierzig Tabakzangen, zwei kleine Behälter mit Pfeifen, vierzig Scheren, vierzig Kämme, vierundzwanzig Pfund rotes Bleioxyd[3], einhundert Ahlen, zwei Handvoll Fischhaken, zwei Handvoll Nadeln, vierzig Pfund Gewehrkugeln, zehn Bündel Glasperlen, zehn kleine Sägen, zwölf Abziehmesser, vier Anker[4] Tabak, zwei Anker Rum, zwei Anker Apfelwein, zwei Anker Bier und dreihundert Gulden, die von dem genannten William Penn, seinen Bevollmächtigten oder Rechtsnachfolgern den genannten Indianerhäuptlingen für ihren und ihrer Leute Gebrauch zur freien Verfügung ausgezahlt und geliefert wurden bei und bereits vor der Besiegelung und Übertra-

---

Newfoundland, wegen der Klärung dieser Frage zu Dank verpflichtet; ihre Nachforschungen ergaben, daß diese Stelle zu lesen ist als „twenty fathoms of stroud mater [ial]s, sixty fathoms of duffels".

[3] Als Färbemittel benutzt.

[4] Ein altes Maß für Wein und Spirituosen, das in seiner Größe je nach Anwendungsgebiet stark variierte.

gung des folgenden, bestätigen die genannten Häuptlinge hiermit, daß sie damit und dadurch voll befriedigt, zufriedengestellt und entschädigt sind; [in Anbetracht dessen und als Gegenleistung dafür] haben die genannten Indianerhäuptlinge als Partner dieses Vertragsdokuments sowohl für und im Namen ihrer eigenen Person als auch für und im Namen der ihnen untergebenen Indianer oder Völkerschaften, für die sie Sorge tragen, dem genannten William Penn, seinen Erben und Rechtsnachfolgern für immer übertragen, veräußert, verkauft und ausgehändigt und hiermit übertragen, veräußern, verkaufen und händigen sie vollständig, unanfechtbar und absolut all jenes Gebiet oder all jene Gebiete aus, die sich in der oben erwähnten Provinz Pennsylvania befinden oder dort liegen, beginnend an einer bestimmten weißen Eiche auf dem Land, das sich jetzt im Besitz von John Wood befindet und von ihm Gray Stones genannt wird, gegenüber den Fällen des Delaware-Flusses, und von dort am Flußufer aufwärts bis an eine Ecke, wo am Ende eines Berges eine mit dem Buchstaben P markierte Fichte steht, und von der besagten Ecke mit der markierten Fichte weiter in westnordwestlicher Richtung am Rand oder Fuß der Berge bis an eine Ecke mit einer weißen Eiche, die mit dem Buchstaben P gekennzeichnet ist und die an dem Indianerpfad, der zu einer Indianersiedlung mit Namen Playwickey führt, und nahe dem oberen Ende eines kleinen Flusses namens Towsissinck steht, und von dort aus in westlicher Richtung an einen kleinen Fluß, der Neshammonys Creek heißt, und den besagten Nes-

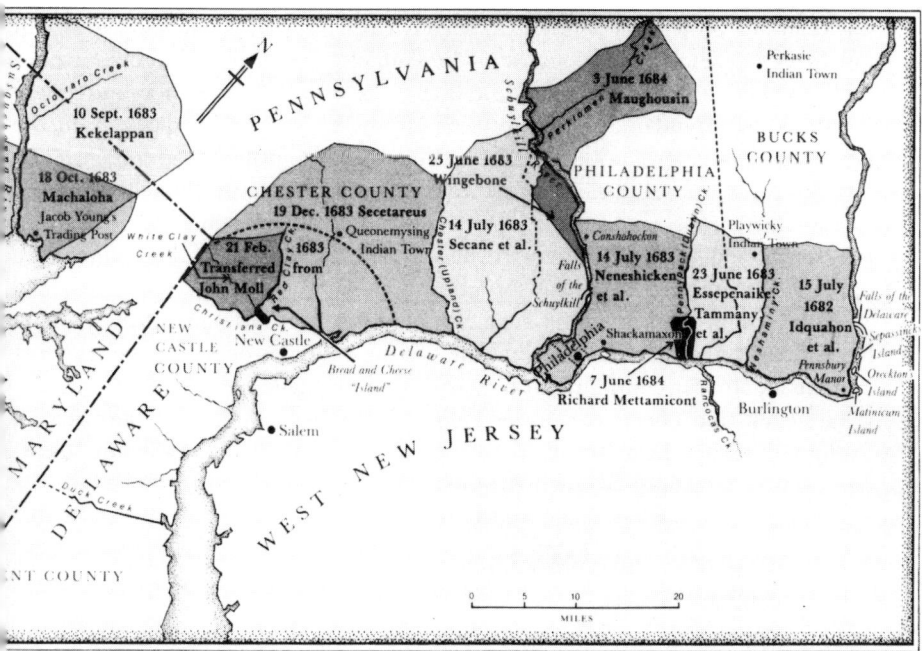

Karte 7: Landerwerbungen William Penns von den Indianern 1682–1684.

hammonys Creek entlang bis an den Delaware- oder Makeriskhickon-Fluß, und dann begrenzt durch den genannten Hauptfluß, bis zur besagten, oben genannten weißen Eiche auf John Woods Land, dazu alle die Inseln, die unter den verschiedenen Namen Mattinicank-Insel, Sepassincks-Insel und Orecktons-Insel bekannt sind oder so genannt werden und die sich im besagten Delaware-Fluß befinden oder liegen, zusammen mit sämtlichen Inseln, Inselchen, Flüssen, Bächen, Flüßchen, Gewässern, Teichen, Seen, Ebenen, Hügeln, Bergen, Wiesen, Mooren, Sümpfen, Bäumen, Wäldern, Minen, Erzen und mit allen sonstigen Bestandteilen, die zu dem genannten Gebiet oder den genannten Gebieten gehören oder in irgendeiner Weise mit ihm verbunden sind, wie auch mit der Anwartschaft und Anwartschaften, dem Nacherbenrecht und Nacherbenrechten darauf und mit all dem Besitzrecht, Anrecht, Rechtstiteln, dem Nutzen, dem Gebrauch, der Teilhaberschaft, dem Anspruch und den Forderungen welcher Art auch immer, sowohl von ihnen, den genannten Indianerhäuptlingen und Vertragschließenden, als auch von sämtlichen anderen Indianern, die davon betroffen sind oder die irgendeinen Anteil daran haben. Das bezeichnete Gebiet oder die Gebiete, die Inseln und sämtliche weiteren oben genannten Ländereien, die übertragen wurden, mit allen und jeden ihrer dazugehörenden Teile, sollen der genannte William Penn, seine Erben und Rechtsnachfolger für immer haben und besitzen, ausschließlich und auf immer zum eigenen Gebrauch und Nutzen des genannten William Penn, seiner Erben und Rechtsnachfolger. Und jeder einzelne der genannten Indianerhäuptlinge, ihrer Erben und Nachfolger soll und wird hiermit dem genannten William Penn, seinen Erben und Rechtsnachfolgern auf immer das bezeichnete Gebiet oder die Gebiete, Inseln und sämtliche weiteren, obengenannten Ländereien, die übertragen wurden, mit allen und jedem ihrer dazugehörenden Teile garantieren und sie stets verteidigen gegen sie, die genannten Indianerhäuptlinge, ihre Erben und Nachfolger und gegen jeden einzelnen Indianer und sämtliche Indianer, deren Erben und Nachfolger, die irgendein Anrecht, einen Rechts- oder Besitztitel auf oder über die bezeichneten Territorien, die übertragen wurden, oder auf oder über irgendeinen Teil davon beanspruchen oder beanspruchen sollten.

Zum Zeugnis dessen haben die genannten Vertragsparteien auf diesen vorliegenden Vertrag am Tag und im Jahr, wie sie eingangs oben angegeben wurden, 1682, abwechselnd ihre Unterschrift und ihr Siegel gesetzt.

Gesiegelt und überreicht in der Gegenwart von Lasse Cock, Pieowjicom, Richard Noble, Thos. Revell, Kowyockhickon, Attoireham, William Markham, stellvertretender Gouverneur unter William Penn, Esq.

Aus: W. Keith Kavenagh (ed.): Foundations of Colonial America. A Documentary History. 3 vols. New York 1973. Vol. II: Middle Atlantic Colonies, S. 1605–1607.   Mi

50. Der englische Kaufmann John Snow analysiert die Schwierigkeiten der Royal African Company an der afrikanischen Westküste (1705)

Nachdem ein englisches Schiff um 1530 Kontakte zum Benin-Reich in Westafrika hatte knüpfen können, wurden seit der Mitte des 16. Jahrhunderts regelmäßig von englischen Häfen aus Fahrten nach Afrika unternommen, die vor allem von Kaufleuten aus Exeter und Devon finanziert wurden. In diesem Zusammenhang entstehende Konflikte mit den Portugiesen an der westafrikanischen Küste und mit den Spaniern in der Karibik verhinderten allerdings den Aufbau dauerhafter Beziehungen. Seit 1618 war jedoch eine Gesellschaft mit Monopol für Guinea und Benin für den Afrika-Handel zuständig, der sich dann so gewinnbringend gestaltete – durch den Kauf von Gold und Elfenbein –, daß zu seiner Sicherung 1632 an der Goldküste in Kormantin eine befestigte Handelsniederlassung errichtet wurde. Durch die Reise des Prinzen Rupert nach Gambia im Jahr 1652 zog Afrika das Interesse des englischen Königshauses auf sich, und durch das persönliche Engagement des Herzogs von York kam es 1660 zur Gründung der *Company of Royal Adventurers of England Trading with Africa*. Die Gründung der Gesellschaft fiel zusammen mit dem wachsenden Bedarf der englischen Kolonien an Arbeitskräften, seit 1655 stand auch Jamaica unter englischer Herrschaft; von Gold, Elfenbein und Stoffen verlagerte sich das Handelsgeschäft auf den Kauf und den Transport von Sklaven. Obwohl Rückschläge mit erheblichen finanziellen Verlusten nicht ausblieben und die Struktur der Gesellschaft häufig verändert werden mußte (seit 1672: *Royal African Company*), wurde das Engagement bis in die achtziger Jahre stetig verstärkt. Hauptsitz war das 1664 den Schweden abgenommene Fort Carolusburg (Cape Coast Castle), zeitweilig unterhielt die Kompanie 17 Niederlassungen, auch in Gambia, an der Sierra-Leone-Küste und auf den Bunce-Inseln, deren Personalbestand 1689 immerhin über 300 weiße Bedienstete und mehrere Hundert Sklaven ausmachte. (Zum Vergleich: Die niederländische Westindienkompanie hatte 1645 223 weiße Mitarbeiter und 409 Sklaven an der afrikanischen Westküste.)

Diesem starken Engagement in finanzieller und personeller Hinsicht standen jedoch nie auch nur befriedigende Einkünfte gegenüber, und seit dem Ende des 17. Jahrhunderts kam es gleichsam zu einer chronischen Paralyse der Gesellschaft. Dafür war eine Vielzahl von Gründen ausschlaggebend: Die Royal African Company konnte sich niemals gegenüber der holländischen Konkurrenz gleichrangig etablieren. Die holländische Westindienkompanie hatte ursprünglich den Bereich der Goldküste von allen Sklavenhandelsaktivitäten ausgenommen, um den ungestörten Zugang zum afrikanischen Goldhandel nicht zu gefährden. Als die englische Handelsgesellschaft dieses Prinzip jedoch durchbrach und über Kormantin einen blühenden Sklavenhandel aufzog, wobei Sklaven der Goldküste in der Karibik binnen kurzem wesentlich bessere Preise erzielten als Sklaven von der Sklavenküste (mindestens 4 Pfund mehr pro Mann), brachte die WIC Kormantin an sich und konzentrierte ihr Engagement nahezu vollständig auf die Goldküste. Demgegenüber brachte die englische Präsenz in Gambia, Sierra Leone und Guinea eine Erhöhung der Kosten, die nicht durch entsprechende Einnahmen gedeckt war. Auch war die englische Gesellschaft nicht imstande, ihre hohen Personal- und Unterhaltskosten an der Guineaküste zu decken, wozu mindestens Waren im Werte von 90000 Pfund hätten verkauft werden müssen. Auch vermochte sie den Bedarf der Antillen-Inseln an Sklaven nicht zu befriedigen, sie mußte daher 1698 gegen eine Gebühr von 10 Prozent der Handelsgewinne private englische Gesellschaften zum Sklavenhandel zulassen. Diese Unternehmen liefen ihr bald völlig den Rang ab: Zwar vermochte die Royal African Company die Zahl der gehandelten Sklaven zu steigern (1680–88: 6396; 1697–1705: 17760), dennoch hielt sie nur ein Fünftel des Gesamtvolumens dieses Handels, da die privaten Gesellschaften zwischen 1697 und 1705 71268 Sklaven auf die Antillen verschifften. Neben der Konkurrenz der Holländer und der englischen „Ten-Per-Center" spielten die Kriege unter den einheimischen Stämmen, die das Handelsgeschäft nach der Einschätzung eines Zeitgenossen zu einem Lotteriespiel werden ließen, und die Etablierung anderer Handelsgesellschaften (Franzosen, Brandenburger, Dänen) bei den Verlusten der englischen Gesellschaft eine wichtige Rolle. Auch internationale Kräfteverschiebungen waren nicht ohne Auswirkung auf die Lage in Afrika. Die 1698 in Minas Gerais entdeckten Goldminen führten in Brasilien zu einem explosionsartigen Ansteigen des Arbeitskräftebedarfs (vgl. Dok. 118). Aus strategischen Gründen unterstützte England seit den sechziger Jahren Portugal, um in Südeuropa ein Gegengewicht gegen Spanien zu halten. Die englische Krone befürwortete daher 1698 nicht nur die Einrichtung einer portugiesischen Sklavenhandelsstation in Ouidah, sondern protegierte seit dem Vertrag von Methuen 1703 auch den Brasilien-Handel. Der dadurch gewonnene Zugang zum brasilianischen Edelmetallmarkt ließ, zum Schaden der Royal African Company, das Interesse an Goldlieferungen aus Guinea stark sinken. Nicht zuletzt gilt es die hohe Personalfluktuation zu bedenken: Von jeweils zehn zwischen 1680 und 1780 nach Afrika entsandten Bediensteten starben sechs in Afrika im ersten Jahr, zwei vor dem Ende der dreijährigen Mindestdienstzeit, einer kehrte nach England zurück und von einem ist das Schicksal unklar, wahrscheinlich ist Desertion. Die von John Snow 1705 mit Einblick in die afrikanischen Verhältnisse vorgelegten Verbesserungsvorschläge führten zwar nie zu Reformen, sie bieten jedoch einen guten Einblick in die Schwierigkeiten, denen sich die Gesellschaft gegenüber sah.

Lit.: A.W.Lawrence: Trade Castles and Forts of West Africa. London 1923 – Kenneth G. Davies: The Royal African Company. London 1957 Ndr. New York 1975 – K.Y.Daaku: Trade and Politics on the Gold Coast 1600–1720. Oxford 1970 – M.Priestley: West African Trade and Coast Society. London 1970 – W.Rodney: A History of the Upper Guinea Coast 1545–1800. Oxford 1970. TS

An das Direktorium der Royal African Company
Geehrte Herren,
in Entsprechung Ihrer dringlichen Bitte habe ich hier schriftlich festgehalten, was mir die wichtigsten Gründe für den Niedergang Ihres Handels mit Afrika zu sein scheinen. Ich habe auch den Versuch unternommen, Ihnen meine Vorstellungen darzulegen, wie nach so vielen Verlusten ein Handel [mit Afrika] gestaltet sein sollte, damit er sich wirklich vorteilhaft entwickelt.

In erster Linie sind als mißlich die Gewalt und die Zwänge herauszustellen, mit denen die Schwarzen veranlaßt werden sollen, nur mit den befestigten Niederlassungen [der englischen Gesellschaft] Handel zu treiben, und die solche Ausmaße annehmen, daß man ihre Waren beschlagnahmt, die Bevölkerung in der Umgegend der Niederlassung niedermetzelt und die betreffenden Personen mit einem Brandmal versieht.

Um diese Mißstände abzubauen, scheint es unerläßlich, nachdrücklich zu veranlassen, daß gegenüber den Schwarzen keine Gewalt ausgeübt wird, und daß man sie – ohne von uns belästigt zu werden – dahin gehen läßt, wohin sie selbst gehen wollen. In einem zweiten Schritt sollten geeignete Maßnahmen ergriffen werden – damit nicht der Eindruck entsteht, wir seien an Handelsgeschäften nicht mehr interessiert –, so daß die Könige und Stammesältesten des Landes ihre Untertanen dazu bringen, mit ihren Sklaven zuerst zu den Forts zu kommen; mit dem, was dort nicht angekauft wird, sollen die Schwarzen sich dann in aller Freiheit einen Markt suchen.

Die Vorteile eines solchen Verfahrens für die Handelsgeschäfte Eurer Bediensteten liegen auf der Hand. Mit einem Schlage würden die Vorbehalte und die Abneigung bei den Schwarzen abgebaut, die sich bei ihnen dadurch ausgebildet hatten, daß sie von Euren Bediensteten so übel behandelt wurden, worüber sie sich bei ihren Führern ständig beklagen. Außerdem würdet Ihr ihrer mehr Herr sein als jemals zuvor. [...]

Um die [dann verbesserten] Beziehungen zu den Schwarzen nicht neuerlich zu gefährden, muß die größte Sorgfalt hier in England selbst darauf verwendet werden, daß nur solche Personen in den Dienst der Gesellschaft gestellt werden, die eine gewisse Erfahrung in der Führung von Menschen haben. Sie müssen sowohl ein gewisses Alter haben als auch gewandt in der Gesprächsführung sein, solche Qualitäten sind an der [afrikanischen] Westküste unerläßlich, wenn man das Vertrauen der Neger gewinnen will. Und in einem Land mit einer solch hohen Sterblichkeitsrate gelangt oft ein junger Bursche in eine führende Position, mit der Notwendigkeit, Untergebene zu lenken und ihnen Weisungen zu erteilen, obwohl er kaum in der Lage ist, sich selbst zu lenken. Durch die unverhofft an ihn fallende Stellung erhält er Gelegenheit, so viel Schaden anzurichten, wie er es sich in seinen kühnsten Träumen nicht hätte vorstellen können. [...] Dafür gibt es Beispiele genug. [...] Es gibt auf der Erde kaum ein Volk, bei dem man mit seinen Wünschen so schnell zum Ziel kommt wie bei den Schwarzen, wenn man sie freundlich behandelt und sie mit einem kleinen Geschenk davon überzeugt, daß das, was man von ihnen erwartet, zu ihrem eigenen Besten ist. Alle anderen Vorgehensweisen mit Gewalt und Zwang – wie gerechtfertigt ihre Anwendung auch zu sein scheint – haben bislang nur zu virulenten Konflikten geführt, die nicht endgültig bereinigt werden konnten.

Ein zweites Fehlverhalten gegenüber den Schwarzen besteht in der Weigerung, einmal zugestandene Abgaben zu entrichten (wobei ich hier nicht der Frage nachgehen kann, ob es besonders klug ist, im vorhinein solche Zugeständnisse zu machen) wie auch im Bestreiten festgeschriebener Rechte, in der Verweigerung der mit ihnen vereinbarten Bodenpachten oder im Eintreiben alter Kredite, die noch den Vorgängern heute regierender Könige gewährt wurden. Von Übel ist auch der Mangel an Seidenstoffen und scharlachroten Gewändern in den Lagern der Forts, die mitunter einem König oder einem Stammesältesten geschickt werden müssen, um den Handel voranzubringen. Es liegt auf der Hand, wieviel böses Blut bei den Großen in diesem Punkt entstehen kann und wie nachteilig sich das für Eure Interessen auswirkt. In Punkten, wo die Schwarzen das Recht auf ihrer Seite glauben, muß ihnen in allem nachgegeben werden, denn sie sind sehr starrköpfig bei Dingen, die wohletablierte Bräuche berühren. Nicht selten gewinnt man bei fünf anderen Problemen, wenn man ihnen in einer Sache Zugeständnisse macht. [...]

Schwarzen zu vertrauen halte ich für eine so große Sünde gegenüber Euren Interessen, daß sie kaum vergeben werden kann, und als Fehlverhalten ist sie kaum weniger schlimm einzuschätzen als die Gewaltanwendung gegenüber den Schwarzen. Zur Beseitigung eines solch schädlichen Verhaltens schlage ich vor, daß jeder, der einem Schwarzen vertraut, für den dadurch entstehenden Verlust haftbar gemacht wird. Eine solche Vorschrift würde die verantwortlichen Bediensteten in den Niederlassungen immer so vorsichtig sein lassen, daß sie Vertrauen nur in goldene Pfänder setzen würden, was ohne Rückwirkung auf den Verlauf der Geschäfte wäre. Zuletzt muß erwähnt werden, daß in Euren Faktoreien immer Seidenstoffe oder sehr feines scharlachrotes Tuch vorhanden sein sollte, damit bei schlechtem Geschäftsgang ein Stück davon verschenkt werden kann, um den Handel zu beleben.

Ich habe miterlebt, in wie wunderbarer Weise diese Methode den Niederländern zum Erfolg verholfen hat, und ich habe sie selbst in Winnebah[1] praktiziert, so daß ich Euer Ehren nur nachdrücklich versichern kann, daß dies ein Punkt von großem Interesse ist. Durch dieses Verfahren ist es dazu gekommen, daß die Schwarzen aus dem Hochland, wenn sie herunter an die Küste kommen, sich mit ihren Waren immer zuerst an die Holländer wenden, weil wir ja niemals über ein geeignetes Sortiment an Handelsgütern verfügen[2]. Die Holländer sichern sich dadurch das Gold, während sie die Sklaven, die ohne Interesse für ihren Handel sind, uns überlassen[3]. Bei einigem Nachdenken wird man nicht leugnen können, daß dies die wahre Ursache ist, warum die Holländer ein Schiff mit einer Ladung Goldstaub im Wert von 15 oder 20 000 Pfund nach Hause schicken können, während es Euch auch zu den besten Zeiten nur mit Mühe gelingt, eine Ladung im Wert von 4000 Pfund zusammenzubekommen.

Ein weiterer Grund für Eure schlechte geschäftliche Lage liegt darin, daß wir uns in die Nachfolgeregelungen ihrer Könige zu mengen trachten, aus der

---

[1] Neben Dixcove, Sokondi, Kommenda und Shido die wichtigste, dem englischen Fort Cape Coast Castle unterstellte Handelsniederlassung an der Goldküste, 60 Kilometer östlich von Cape Coast, etwa auf halber Strecke zum dänischen Fort Christiansborg gelegen.

[2] Zwischen den Niederlassungen in Afrika und der Zentrale der Gesellschaft war das ein ständiger Konflikt. Ein Großteil der aus England übersandten Waren erwies sich als unverkäuflich, mitunter lagerten für fast 100 000 Pfund Ladenhüter in den Lagern, die auf Grund der klimatischen Verhältnisse bald völlig wertlos waren. Angesichts dieser Mengen an unverkauften Beständen verweigerte London die Lieferung der immer wieder angeforderten Luxusgüter.

[3] Der Text ist hier unklar. Es ist anzunehmen, daß Snow folgendes meint: Den holländischen Niederlassungen war von der WIC das Recht eingeräumt worden, Sklaven, die den Erwartungen potentieller Käufer in Westindien nicht zu entsprechen schienen, an der Küste weiterzuverkaufen, vor allem an die sogenannten Zehn-Prozenter, aber wohl auch an die englischen Faktoreien.

50. Schwierigkeiten der Royal African Company in Westafrika

Sorge heraus, sie könnten den Holländern mehr entgegenkommen als uns[4]. Man kann kaum abschätzen, was dieses Verhalten Euch beide, Euch und die Holländer gekostet hat, aber ich bin völlig sicher, daß selten ein Bemühen zweckloser war. Ein Schwarzer vergißt alle Verpflichtungen außer der gerade anstehenden. Nur die sind seine Freunde und seine Herren, die ihn am häufigsten und bei allen Gelegenheiten gut behandeln. Laßt das die Handlungsmaxime Eurer Agenten und der Leiter Eurer Niederlassungen sein, und es wird nie einen Grund zur Eifersucht auf Vorteile geben, die die Holländer durch ihre Vorschläge bei der Nominierung der Könige gewinnen könnten.

Der letzte Grund für den Niedergang des Handels liegt in dem Glauben, man müsse zur Ausweitung des Handels Agenten in die von der Küste entfernten Regionen schicken, um bekannt zu machen, welche Waren zum Verkauf stehen, welche Preise für Sklaven gezahlt werden und zu welchen Konditionen Gold angekauft wird. Unglücklicherweise bringt ein solches Vorgehen nicht nur keinen Erfolg, sondern es verursacht geradezu größten Schaden. Denn die an der Küste lebenden Schwarzen sehen darin eine absichtsvolle Störung ihres Handels. Um keine Nachteile zu erleiden, stürzen sie sich geradewegs den Zehn-Prozentern[5] in die Arme und halten ihre Skaven zurück, bis deren Schiffe ankommen. Außerdem verursacht ein solches Verhalten eine Vielzahl von Konflikten an den Grenzen der einzelnen Stämme, denn schließlich ist jedes Königreich auf die eine oder andere Weise am Handel beteiligt und stolz darauf, die gefragten Waren zum günstigsten Preis anbieten zu können. Statt zu Geschäften kommt es zu endlosen Debatten, und man muß noch froh sein, wenn nichts Schlimmeres daraus erwächst.

Soviel zu den Schwarzen. Und um nun zu den Europäern zu kommen: Es ist ganz sicher, daß die fortgesetzten Auseinandersetzungen zwischen den Holländern und uns, um Fragen, wo die Richtigkeit der Standpunkte beider Seiten eigentlich nicht in Zweifel zu ziehen ist, weil beide Seiten von den Eingeborenen gebeten worden sind, Niederlassungen zu errichten, wohl eine der wichtigsten Ursachen für den Ruin des Handels sind. Um wenigstens auf diesem Gebiet zu einem dauerhaften Frieden zu kommen, scheint sich mir kein anderer Ausweg anzubieten, als daß die Holländer die Niederlassung Barracoe aufgeben, und einwilligen, sich dort nie wieder niederzulassen, und wir zu den selben Bedingungen Sokondi räumen. Und Eure Ehren dürfen versichert sein, bei diesem Vorgehen wäre der Vorteil auf Ihrer Seite. In dem Gebiet zwi-

---

[4] Eine Reihe der von Snow erhobenen Vorwürfe richten sich zumindest implizit gegen den seit 1703 an der Goldküste residierenden Generalagenten der Kompanie, Sir Dalby Thomas, der neben der Kündigung von Grundrenten auch lebhaft in innerafrikanische Thronstreitigkeiten eingriff.

[5] Unter Zehn-Prozentern sind die Schiffe von englischen privaten Handelsgesellschaften zu verstehen, die seit 1698 gegen eine Zahlung einer Gebühr von zehn Prozent der Erträge im Monopolgebiet der Royal African Company Handel treiben durften. Da sie keine Niederlassungen (mit hohen Personal-, Waren- und Instandhaltungskosten) zu unterhalten brauchten, erzielten sie hohe Gewinne.

schen dem Kap das Tres Pontas und dem Fluß Vulter[6] sollten keine neuen Niederlassungen errichtet werden, unter welchem Vorwand auch immer, und diejenigen, die seit dem Januar 1704 gegründet worden sind, sollten beseitigt und auch nie wieder besiedelt werden. Keine Schleichwege oder Vorwände sollten in dieser Sache toleriert werden. Wer von den Agenten der Kompanie auch immer diese Vertragsartikel bricht, sollte – in beiden Handelsgesellschaften – nach Hause geschickt werden [...].

Nach all dem, was ich nun vorgeschlagen habe, sollte deutlich geworden sein, daß der gleiche gute Wille, die gleichen Handelsbräuche, die gleiche Vorsicht und die gleiche Friedfertigkeit, die im Handel in Europa angewandt werden, auch für die Abwicklung der Geschäfte in Afrika unabdingbar sind [...].

Ich kann mir kaum vorstellen, daß meine Vorschläge akzeptiert werden. Immerhin sollten sie Euer Ehren zeigen, daß ich Ihnen ebensolchen Erfolg wünsche, wie ich ihn in meiner armseligen Handelsstation in Winnebah erreicht habe. Sollte dieser Brief impertinent oder gar aufrührerisch erscheinen, so weiß ich dafür nur eine Entschuldigung: Er kam auf nachdrücklichen Wunsch zustande, dem ich mich nicht entziehen wollte. Ich bin, geehrte Herren, Ihr gefälliger, bescheidener Diener.

Jon. Snow

Aus: Public Record Office London, Treasury Records (Expired Commissions. Records of Africa Companies). Vol. T/102, S. 47–50   TS

51. Die Gründung englischer Handelsniederlassungen in Indien

Die englische East India Company war 1599 von einer Gruppe von Londoner Kaufleuten gegründet worden, die durch die Rückkehr der niederländischen Indienflotte ihren gewinnträchtigen Gewürzhandel mit dem Orient gefährdet sahen. Im Jahr 1600 verlieh die Krone eine Charter of Incorporation und genehmigte die Indienfahrt. Doch die ersten Reisen führten nicht nach Vorderindien, sondern zu den Pfeffermärkten auf Sumatra, Java und den Molukken. Die Engländer sahen sich jedoch bald auf Indien verwiesen, da es den Niederländern seit 1619 zunehmend gelang, ihren Einfluß im Bereich des Malaiischen Archipels auf eine feste Grundlage zu stellen (vgl. Dok. 32). In den ostasiatischen Gewässern konnten es die Schiffe der Kompanie nicht mit den Holländern aufnehmen, die hier die unbestrittene Seeherrschaft und eine leistungsfähige Infrastruktur besaßen; auch beeinträchtigte die nur geringe Kapitalausstattung die englische Leistungs- und Konkurrenzfähigkeit.

Nachdem die EIC 1608 erste Kontakte mit dem Handelszentrum Surat an der Westküste Indiens geknüpft hatte (wo 1613 die erste englische Faktorei in Indien entstehen sollte), boten sich 1610 zwei Niederländer (Pieter Floris und Lucas Antheunis) an, die

---

[6] Diese beiden geographischen Angaben umreißen praktisch das ganze Gebiet der Goldküste, in dem sich die europäischen Handelsniederlassungen befanden. Auf Karten findet sich in der Regel als Name des Flusses „Volta".

51. Gründung englischer Handelsniederlassungen in Indien

Koromandelküste für die englische Kompanie zu erschließen. Die Direktoren der EIC akzeptierten dieses Angebot in der Hoffnung, Textilien von der indischen Ostküste beim Gewürzhandel in Indonesien einsetzen zu können. Floris und Antheunis errichteten ein Kontor in Masulipatnam, eröffneten den Handel mit Siam und kehrten 1615 mit einer reichen Ladung zurück. Die Region um Masulipatnam produzierte jedoch vor allem weiße Baumwollstoffe. Um in das Herstellungsgebiet der feinen, bemalten Stoffe im Carnatic vordringen zu können, gründete die EIC 1626 eine zweite Faktorei in Armagon, rund vierzig Meilen nördlich von Pulicat, dem wichtigsten holländischen Stützpunkt an der Koromandelküste. Der Handel machte jedoch kaum Fortschritte, weil dieser Landstrich von Kriegen, Seuchen und Hungersnöten heimgesucht wurde und die Holländer den indischen Weberkasten mit Repressalien für den Fall drohten, daß sie mit Engländern Geschäfte machen sollten.

Als Francis Day 1634 an die Spitze der Faktorei in Armagon trat, bemühte er sich intensiv um einen anderen Standort für die englische Handelsniederlassung. Ursprünglich beabsichtigte die Kompanie nicht, asiatische Gebiete zu erwerben, doch zur Ausweitung eines umfangreichen Handels mußten feste Stützpunkte geschaffen werden, die den Handelsbetrieb vor Übergriffen und Belästigungen durch indische Potentaten und europäische Konkurrenten absichern zu können. 1639 entdeckte Day in der Nähe des portugiesischen Stützpunktes São Tomé, unmittelbar südlich des Fischerdorfes Madraspatnam, eine kleine Landzunge, die an drei Seiten (entweder durch Flußläufe oder durch das Meer) geschützt war; dieser Platz erschien ihm ideal für die Anlage eines Forts. Am 22. August 1639 gab Damarla Venkatappa, der Naik von Chandragiri, einer Küstenregion südlich von Pulicat, seine formelle Einwilligung unter vorteilhaften Bedingungen, die hier im folgenden Schreiben (Dok. 51a) der Handelsvertretung in Masulipatnam an die Londoner Zentrale der Kompanie wiedergegeben werden. Ventakappa erhoffte sich von einem Handelsaufschwung erhöhte Staatseinkünfte. Day löste 1640 das Kontor in Armagon auf und errichtete bis zum Sommer 1641 bei Madraspatnam das Fort St. George, von wo eine Reihe von Kontoren in Masulipatnam, Cuddalore und in anderen Landstrichen kontrolliert wurden.

Die Anfänge waren schwierig. Day wurde wegen seiner eigenmächtigen Handlungsweise und wegen der hohen Kosten in eine Art Sündenregister *(Black Book)* der Kompanie eingetragen, politische Wirren in Indien zerrütteten den Handel, 1647 fielen fast alle Weber und Stoffmaler um Madras einer Hungersnot zum Opfer. Doch ab dem Frühjahr 1650 stabilisierten sich die Verhältnisse, Koromandel-Textilien verkauften sich in England weit besser als Stoffe aus Surat, weil sie sich auf Grund der hohen Qualität auch zum Re-export auf den Kontinent eigneten. Angesichts der wachsenden Bedeutung des Handels an der indischen Ostküste im Vergleich zu den sinkenden Erträgen aus den Geschäftsaktivitäten im Malaiischen Archipel und mit Blick auf den drohend heraufziehenden ersten englisch-holländischen Krieg erhielt Madras bereits 1651 die Verwaltungshoheit *(Presidency)* über alle englischen Niederlassungen östlich von Kap Komorin, während Bantam – das zuvor zuständige Zentrum – nur mehr den Status eines normalen Stützpunktes zugebilligt bekam. In den folgenden Jahren erlebte Madras einen kometenhaften Aufstieg, überholte Surat an Bedeutung und wurde zum wichtigsten Handelsplatz der EIC in Indien. Diese Entwicklung läßt sich auch an der Personalstandsliste des Forts St. George aus dem Jahr 1677 ablesen (Dok. 51b).

1668 übernahm die Kompanie von der englischen Krone die Insel Bombay (Mitgift der portugiesischen Gemahlin König Charles' II.), mit dem besten Hafen an der Westküste Indiens, den Gerald Aungier in wenigen Jahren zu einer blühenden Handelsmetropole ausbaute. Von hier aus überwachte die Gesellschaft die Handelsniederlassungen an der Malabarküste (dem alten Pfefferland) und in Surat. Auf Grund des steigenden Interesses an indischen Baumwolltextilien verlagerte sich der Schwerpunkt der Handelsinteressen aber nach Osten, vor allem nach Bengalen, wo 1668 eine erste Faktorei in Dacca eröffnet werden konnte. Die Niederlassungen florierten so, daß die bengalische Faktoreigruppe 1682 von Madras unabhängig wurde.

Die englischen Geschäfte wurden aber durch zunehmende politische Wirren empfindlich gestört. Seit 1670 ließ die Verwaltungseffizienz im Reich des Moguls Aurangseb spürbar nach, so daß sich die Kompanie ständig zunehmenden Geldforderungen, Zollerhöhungen und Drangsalierungen durch Beamte und Kleinfürsten ausgesetzt sah; durch die religiöse Erweckungsbewegung der Marathen kam es auch zu kriegerischen Auseinandersetzungen. Die East India Company entschied sich für die Anwendung von Gewalt, der lukrative Textil- und Salpeterhandel, den die Kompanie in Bengalen betrieb, sollte durch eine befestigte Niederlassung von der prekären Duldung durch den Nawab von Bengalen befreit werden. Angestrebt wurde eine Einnahme Chittagongs am Ostrand des Gangesdeltas. Auf Grund mangelnder Orts- und Sachkenntnis, durch fehlende Abstimmung mit den Handelsniederlassungen vor Ort und infolge unrealistischer Ziele scheiterte das Vorhaben völlig und belastete die Beziehungen zu den regionalen Machthabern nachhaltig. Die Kompanie hatte es nur der Voraussicht, der Hartnäckigkeit und den guten, in den Jahren seines Aufenthalts in Bengalen seit 1658 gewachsenen Beziehungen ihres Agenten Job Charnock zu verdanken, daß sie sich in Bengalen halten konnte.

Als Agent and Chief of the Bay hatte er gegen das Chittagong-Unternehmen erfolglos opponiert, er sah angesichts der gegebenen Machtlagerungen keine Chance für ein Gewinnen der Auseinandersetzung. Nach der Aufgabe der zentralen Niederlassung Hugli 100 Meilen im Landesinnern hatte er sich mit seinen Leuten an einen strategisch günstigen Ort zurückgezogen, eine Erhebung in einem sumpfigen Gelände, auf der die Dörfer Sutanati, Kalikata und Govindpur lagen. Nach langen Auseinandersetzungen mit den regionalen Machthabern und der unentschlossenen Kompanieführung, die weitere Ausgaben scheute, gelang es Charnock, den Ort zwischen 1686 und 1692 zur neuen Zentrale in Bengalen zu machen. Nach seinem Tod (1693) konnte diese Niederlassung 1696 durch Fort William zumindest provisorisch gesichert werden, 1700 wurde sie Sitz der neuen Presidency in Bengalen, das spätere Calcutta.

Der folgende Brief aus dem Jahr 1706 (Dok. 51 c) zeigt die Bemühungen der Kompanie, den – von allen Niederlassungen in Indien – am wenigsten gesicherten Besitz um Fort William zu stabilisieren und auszubauen. Gerüchte um einen bevorstehenden Tod des Fürsten Aurangseb schürten Unsicherheit, denn es stand zu befürchten, daß mit seinem Abtreten von der politischen Bühne das Mogul-Reich in verschiedene Nachfolgestaaten zerfallen würde. Der Mogul hatte der Kompanie das Recht eingeräumt, die *zamindari*, die dem Kaiser geschuldeten Steuern, in den drei Dörfern gegen eine Abgabe von 1200 Rupien einzutreiben. Die Kompanie strebte eine neue Übereinkunft *(faman)* an, die erst 1717 nach langwierigen Verhandlungen und umfänglichen Bestechungen getroffen werden konnte. Die Kompanie wurde für die Übernahme von Verwaltungsleistungen – die Eintreibung der Steuern – von allen Zöllen und Abgaben befreit, Grundlage für ihren weiteren Aufstieg in dieser Region.

Lit.: S. A. Khan: The East India Company's War with Aurangzeb. In: Journal of Indian History 1 (1921–2), S. 70–91 – Sukumar Bhattacharya: The East India Company and the Economy of Bengal from 1704 to 1740. London 1954 – D. K. Bassett: Early

English Trade and Settlement in Asia, 1602–1690. In: J. S. Bromley – E. H. Kossmann (ed.): Britain and the Netherlands in Europe and Asia. London 1968, S. 83–109 – Susil Chaudhuri: Trade and Commercial Organization in Bengal 1650–1720. With Special Reference to the East India Company. Calcutta 1975 – Susil Chaudhuri: The Trading World of Asia and the English East India Company 1660–1760. London 1978 – Michael Schorowsky: Die Engländer in Indien 1600–1773. Bochum 1978.   Pa/TS

a. Die Errichtung der Faktorei in Madras (1639)

[...]
Als nächstes müssen wir daran denken, Eure Gnaden davon in Kenntnis zu setzen, daß Francis Day, als Mr. Ivy und die anderen Kaufleute in Armagon waren, damit beauftragt wurde, sich nach St. Thomas[1] zu begeben, um zu sehen, welche Farbstoffe in jener Gegend erhältlich sind, aber auch um herauszufinden, ob es dort nicht einen geeigneten Ort gäbe, den man befestigen könnte. Diesen Auftrag führte er nun aus. Und am ... im letzten August[2] kam der genannte Francis Day nach Erledigung der Dinge, die ihm aufgetragen waren, hierher zurück und berichtete uns von seiner Tätigkeit. Zunächst machte er uns deutlich, daß an einem Ort namens Madraspatnam, der bei St. Thomas gelegen ist, die besten Farbstoffe hergestellt werden oder zumindest so gute wie nur irgendwo an dieser Küste, desgleichen feiner Kattun von ausgezeichneter Qualität, auch Morees[3] und Percalla[4], von denen wir Muster gesehen haben, und dies um 20 Prozent billiger als anderswo. Der Naik dieses Landes wünscht sehr, daß wir uns dort niederlassen, denn er hat uns sehr günstige Angebote gemacht. Als erstes bietet er uns an, daß wir dort ein Fort errichten können, in einer von uns festzulegenden Anlage, und zwar auf einem hochgelegenen Stück Land, das an das Meer grenzt, dort, wo ein Schiff beliebiger Tragfähigkeit innerhalb der Reichweite einer Muskete vor Anker liegen kann und das nah an einem Fluß gelegen ist, der für Boote von fünfzig Tonnen Tragfähigkeit schiffbar ist. Und erst nachdem er uns die Besitzrechte übertragen hat – und nicht schon vorher – sollen wir die Unkosten erstatten, die ihm dabei entstanden sind. Zweitens überträgt er uns für die Dauer von zwei Jahren alle Nutzungsrechte einer nahegelegenen Stadt, die augenblicklich etwa 2000 Pagodas[5] pro Jahr ausmachen mögen. Nach Ablauf dieser Zweijahresfrist sollen die Einnahmen aus dieser Stadt zu gleichen Teilen an ihn und an uns gehen. Drittens sind wir im Hafen von Madraspatam auf Dauer von Zollabgaben befreit, und falls wir irgendwelche unserer Waren durch sein Land befördern, zahlen wir nur den halben Betrag des Zollsatzes, der gewöhnlich

---

[1] São Tomé, portugiesische Niederlassung (Meliapur).
[2] Auslassung im Original.
[3] Weißer Baumwollstoff, Grundmaterial für Chintz, von mittlerer bis feiner Qualität.
[4] Weißer Baumwollstoff von grober bis feiner Qualität, ebenfalls Grundmaterial für Chintzherstellung (bedruckt).
[5] *Pagoda:* südindische Goldmünze, schwankte im 17. und 18. Jahrhundert im Wert zwischen sechs bis acht, manchmal neun englischen *Shillings.*

von anderen Kaufleuten erhoben wird. Viertens werden wir das Münzprivileg besitzen, ohne dafür Gebühren entrichten zu müssen. Fünftens verpflichtet sich der genannte Naik, alle Geldbeträge, die wir an Handwerker bezahlen, unter der Voraussetzung zu erstatten, daß er von den Zahlungen stets in Kenntnis gesetzt wird. Sechstens haben wir für alle Vorräte, die wir für das Fort oder die Schiffe einkaufen, keinerlei Abgaben zu bezahlen. Und schließlich soll für den Fall, daß ein Schiff oder Fahrzeug, das uns oder unseren Freunden gehört, zufällig an die Küste seines Herrschaftsbereiches verschlagen wird, alles, was geborgen werden kann, auf Anforderung zurückgegeben werden.

Dies sind ansehnliche Vorrechte, und man mag die Frage stellen, warum er uns diese günstigen Angebote unterbreitet. Er beantwortet diese Frage selbst: Erstens hegt er den Wunsch, daß sein Land reich werden und gedeihen möge, was seiner Ansicht nach dadurch geschehen kann, daß er Kaufleute in sein Herrschaftsgebiet zieht. Zweitens will er für sein Geld gute Pferde aus Persien einhandeln. Drittens möchte er jedes Jahr einen Bediensteten auf unseren Schiffen nach dem Golf von Bengalen schicken, der für ihn Falken, Affen, Papageien und dergleichen kauft; und falls er Veranlassung hat, eines seiner eigenen Schiffe dorthin oder nach Persien zu schicken, dann kann einer unserer Männer mitfahren. Und schließlich ermöglicht es ihm das Fort, wenn es stabil gebaut ist, sich nötigenfalls gegen seine Nachbarn zu verteidigen.

Aus: H.D. Love: Vestiges of Old Madras, 1640–1800. 4 vols. London 1913. Vol. 1, S. 20–21.   Mi

b. Das Personal in Fort St. George im Jahr 1677

1. Baronet Sir William Langhorn, Handelsbevollmächtigter und Kommandant, hierhergekommen als Nachfolger des Bevollmächtigten Foxcroft. Jetziges Gehalt £ 200, Gratifikationen £ 100 pro Jahr. Ankunft 14. Juni 1670 – £ 300.
2. Mr. Streynsham Master, zweiter Mann in der Faktorei, hierhergekommen als Nachfolger von Sir William Langhorn. Ankunft 7. Juli 1676 – £ 300.
3. Mr. Joseph Hynmers, Buchhalter, hierhergekommen am 14. Juni 1670 als vierter Mann in der Geschäftsleitung zu £ 50 pro Jahr – £ 100.
4. Mr. Edward Herrys, Lagerhausverwalter, hierhergekommen als Handelsvertreter zu £ 20 pro Jahr. Ankunft 1. August 1662 – £ 70.
5. Mr. John Bridger, Generalzahlmeister, hierhergekommen [als Mitglied] der Geschäftsleitung zu £ 40 pro Jahr. Ankunft 21. August 1668 – £ 50.
6. Mr. Timothy Wilkes, Richter und Zollinspektor [mit Sitz] in der Herberge *(Choultry)*, hierhergekommen als Handelsvertreter zu £ 35 pro Jahr; sein Gehalt wurde 1674 auf £ 40 pro Jahr angehoben. Ankunft 20. August 1668 – £ 40.
7. Mr. Jacob Smith, Richter und Zollinspektor [mit Sitz] in der Herberge,

51. Gründung englischer Handelsniederlassungen in Indien

hierhergekommen als Assistent von Sir William Langhorn zu £ 5 pro Jahr; sein Gehalt wurde 1674 auf £ 40 pro Jahr angehoben. Ankunft 14. Juni 1670 – £ 40.
8. John Nicks kam hierher als Lehrjunge zu £ 5 pro Jahr. Ankunft 8. September 1668. Handelsvertreter 1676 – £ 20.
9. John Davis kam hierher als Lehrjunge zu £ 5 pro Jahr. Ankunft 10. September 1668. Handelsvertreter 1676 – £ 20.
10. John Thomas kam hierher als Lehrjunge zu £ 5 pro Jahr. Ankunft 10. September 1668. Handelsvertreter 1676 – £ 20.
11. Elihu Yale kam hierher als Schreiber. Ankunft 23. Juni 1672 – £ 10.
12. Vincent Sayon kam hierher als Schreiber. Ankunft 23. Juni 1672 – £ 10.
13. Francis Ellis kam hierher als Schreiber. Ankunft 23. Juni 1672 – £ 10.
14. John Wilcox kam hierher als Schreiber. Ankunft 27. Juni 1673 – £ 10.
15. John Pouncett kam für Surat hierher. Ankunft 27. Juli 1673 – £ 10.
16. Francis Mansell. Ankunft 24. Juni 1675 – £ 10.
17. Richard Browne. Ankunft 23. Juni 1675 – £ 10.
18. Charles Eyre. Ankunft 28. Juni 1675. Schreiber – £ 10.
19. James Wheeler. Ankunft 24. Juni 1675. Schreiber – £ 10.
20. Jonathan Prickman. Ankunft 28. Juni 1675 – £ 10.
21. Richard Milton, hierhergekommen als Lehrjunge am 27. Juni 1673 – £ 5.

Richard Portman, Kaplan. Ankunft 7. Juni 1676. Gehalt £ 50, Gratifikationen £ 50 – £ 100.
John Waldo, Wundarzt. Ankunft 14. Juni 1670 – £ 30.
Bezaliek Sherman, Wundarzt. Ankunft 7. August 1676 – £ 30.
Nathaniel Kerble, Gehilfe in der Münzstätte. Ankunft hier am 14. Juni 1670 – £ 20.

Aus: H. D. Love: Vestiges of Old Madras, 1640–1800. 4 vols. London 1913. Vol. 1, S. 393–394. Mi

c. Die Festsetzung der East India Company in Bengalen (1706)

Es bereitet uns große Freude zu lesen, daß das Fort in einem so guten Zustand ist, und wir zweifeln nicht daran, daß es weiterhin gut erhalten werden wird. Was seine Anlage angeht, so glauben wir, daß einige unter unseren europäischen Kapitänen Euch zweifellos ihre Ansicht darüber mitteilen können, wo es ihrer Meinung nach durch zusätzliche Bauten verstärkt werden könnte, denn Geschützlehre und Festungsbauwesen sind Teile der Ausbildung eines geschickten Seemanns. Es ist nicht unsere Absicht, das Geld auszugeben, das nötig wäre, um es zu einer vollendeten Festung auszubauen, die dazu geeignet wäre, den Angriffen eines europäischen Feindes zu widerstehen, denn wir befürchten eine solche Gefahr nicht; wir wollen es vielmehr zur Verteidigung gegen die Mohammedaner einrichten, für den Fall, daß sie Euch angreifen, insbesondere wenn – was sehr wahrscheinlich ist – Bürgerkriege auf den Tod des

Moguls[6] folgen. Wir erwarten nämlich, daß sie es nicht leichtfertig wagen werden, Euch anzugreifen, wenn nur allgemein bekannt ist, daß Ihr Euch in einem starken Fort befindet. Wenn Ihr jedoch auf guten Rat hin Grund zu haben glaubt, die Kosten für einige notwendige Zusatzbefestigungen nicht zu scheuen, so gestatten wir Euch, dies zu tun in der Hoffnung, daß von dieser Freiheit nicht ohne guten Grund Gebrauch gemacht wird und wenn, dann nur mit allergrößter Sparsamkeit.

Man teilt uns mit, daß Ihr vorhabt, Calcutta umzubauen und es regelmäßiger zu gestalten. Ist dies der Fall, so empfehlen wir Euch, die Straßen so anzuordnen, daß die Kanonen des Forts derart in Stellung gebracht werden können, daß sie die einzelnen Straßen beherrschen und so den Feind zurückschlagen können, der in sie eingedrungen ist; auch sollten die Häuser in einer solchen Entfernung vom Fort stehen, daß sie keinen Teil davon beschädigen können, falls sie durch Zufall oder weil sie in Brand gesetzt wurden, in Flammen aufgehen sollten.

Es ist ein Vergnügen für uns zu vernehmen, daß die Einkünfte in Calcutta steigen, was [uns] nicht überrascht, da Ihr hinzufügt, daß die Zahl der Einwohner dort zunimmt; und obwohl es noch nicht so weit ist, hoffen wir doch, daß die Einkünfte durch ihre geschickte Verwendung mit der Zeit so gesteigert werden können, daß sie die Kosten für Fort William tragen. Da wir zu Beginn keine Zollgebühren erhoben haben wie in Madras, sind wir auch nicht geneigt, die Entwicklung des Ortes in ihrem Anfangsstadium durch irgendwelche Neuerungen zu behindern; auch werden dann die Zamindars[7] in der Umgebung, die Euch wegen Eurer blühenden Verhältnisse beneiden, beim Duan[8] keine ungerechtfertigten Klagen gegen uns erheben können. Aber nach einigen Jahren, wenn ungestörter Besitz von längerer Dauer uns in die Lage versetzt, uns auf eine Ersitzung zu berufen, werden wir darüber nachdenken, welche zusätzlichen Abgaben wir erheben können, Abgaben, die von den Leuten leicht zu tragen sind und die keine Klagen laut werden lassen; und die Tatsache, daß wir keine Zollgebühren verlangen, ist noch ein weiterer Grund dafür, daß wir für unsere Passierscheine für Schiffe Geld nehmen sollten.

Obwohl für uns kein Grund zu zweifeln besteht, so können wir es an dieser Stelle dennoch nicht unterlassen, Euch zu einer unparteiischen Rechtsprechung gegenüber allen Euren Einwohnern in den drei Dörfern zu raten; dann werden die Eingeborenen bald den Unterschied erkennen zwischen der milden Herrschaft der Engländer und der willkürlichen Tyrannei der Mohammedaner.

Ihr teilt uns mit, daß Ihr Euch darum bemühen wollt, den letzten Penny aus unseren Grundrenten, Pachtzinsen, Abstandszahlungen und anderen Baga-

---

[6] Der Großmogul Aurangseb starb im Jahre 1707.
[7] Grundeigentümer in Bengalen, die zum Eintreiben der Staatseinkünfte verpflichtet waren, darüber hinaus aber oft auch administrative und jurisdiktionelle Funktionen ausübten.
[8] Gemeint ist wohl der Nawab von Bengalen.

tellabgaben herauszuholen; wir verlassen uns auf dieses Versprechen und stellen es Eurer Umsicht anheim, alle vernünftigen Methoden anzuwenden, die Eurer Meinung nach zu diesem Zweck taugen; Kenntnis darüber könnt Ihr bald erlangen, indem Ihr in Erfahrung bringt, welche Abgaben in anderen Dörfern und Orten der Umgebung gezahlt werden, und entsprechenden Methoden in Euren [Dörfern] folgt, was die Art und Weise angeht, sie jedoch – falls Ihr das für tunlich erachtet – leichter gestaltet, was die Höhe angeht.

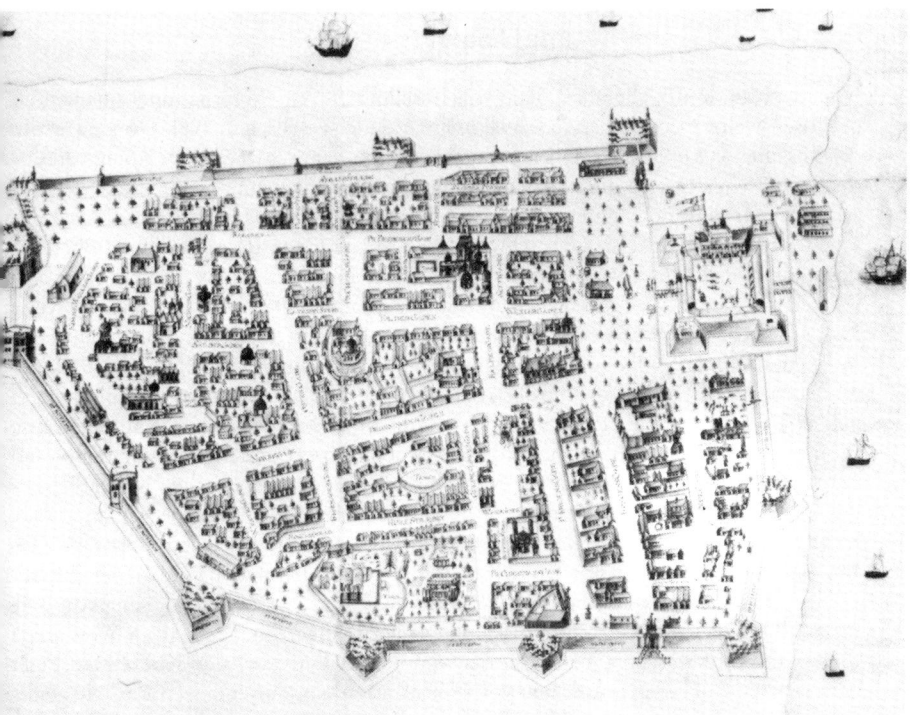

Abb. 14: Der dänische Stützpunkt Tranquebar an der Koromandelküste (1733, Zeichnung von Gregers Daa Trellund); rechts oben die Zitadelle Daneborg.

Falls die Mohammedaner versuchen sollten, auf Grund falscher Darstellungen gegenüber dem Duan oder sonstwie, Euch irgendwelche Schwierigkeiten zu bereiten, so müßt Ihr Eurem Schicksal ins Auge sehen und es niemals hinnehmen; beherzter, überlegter und entschlossener Widerstand gleich zu Beginn wird ihre Hoffnungen zunichte machen und eine wirksame Barriere in ihrem Weg sein, die derartige Versuche in der Zukunft verhindert.

Wenn das Gebäude, das im Augenblick in der Mitte des Forts errichtet wird, fertig ist, so gebt uns darüber Bescheid, auch was seine Kosten angeht und zu welchem Zweck es gebaut wurde; wir nehmen an, es ist für eine bequemere Unterkunft und Wohnung für unsere Angestellten bestimmt; Ihr hät-

tet jedoch gut daran getan, uns davon zu unterrichten, wofür es vorgesehen ist.
[...]

Aus: C. R. Wilson (ed.): Old Fort William in Bengal. A Selection of Official Documents dealing with its History. 2 vols. London 1906 (Indian Records Series). Vol. I, S. 61–62.   Mi

52*. Die schwedische Florida-Kompanie gründet eine Kolonie am Delaware (1638)

Nachdem die weitreichenden Pläne von Usselincx für eine international finanzierte, praktisch weltweit operierende schwedische Handelsgesellschaft (vgl. Dok. 22) trotz des im Jahr 1632 unternommenen Versuchs, die mit dem schwedischen König verbündeten deutschen Stände durch das Recht auf die Bildung eigener Kammern in der Gesellschaft für eine Beteiligung zu gewinnen, mit der Niederlage von Nördlingen gescheitert waren, machte sich der schwedische Kanzler Oxenstierna, wohl mit Blick auf das stagnierende schwedische Kupfergeschäft, zumindest Usselincx' Projekt einer Kolonie in der Neuen Welt zu eigen. Auf einer 1635 nach Holland unternommenen Reise kam er in Kontakt mit Samuel Blommaert, einem wie Usselincx aus Antwerpen stammenden Kaufmann, der in Amsterdam über großen Einfluß verfügte, Anteilseigner und mehrmals Direktor der niederländischen Westindienkompanie war. Blommaert bekleidete seit Jahren die Funktion eines Faktors für den schwedischen Kaufmann Eric Larsson von der Linde, hatte in den Jahren 1630 und 1631 umfängliche Getreide- und Kupfergeschäfte für Schweden abgewickelt und von der schwedischen Krone Privilegien für den Aufbau verschiedener Manufakturen erhalten. Er eignete sich aber wohl nicht nur wegen seiner langjährigen Beziehungen zur schwedischen Krone als Gesprächspartner, sondern vor allem wegen seiner vielfältigen Beteiligung an den holländischen Ansiedlungen in Amerika und seiner Projekte für eine Erschließung von Barbados. Blommaert, der Oxenstierna anfänglich zu einem Engagement in Westindien und an der afrikanischen Westküste riet, vermittelte dann aber den Kontakt zu Peter Minuit, dem früheren Gouverneur von Neu-Amsterdam, durch dessen Ratschläge die schwedischen Kolonisierungspläne feste Konturen erhielten.

Peter Minuit stammte aus Wesel, seine Familie scheint im Getreidehandel tätig gewesen zu sein. Als die spanische Besetzung der Stadt zwischen 1614 und 1629 den Handel nahezu vollständig zum Erliegen brachte, setzte er sich 1624 nach Amsterdam ab, wo er – dank familiärer Verbindungen, als Schwiegersohn von Hendrick Huygen – schnell Anschluß an einflußreiche Kreise fand und 1626 zum Generaldirektor von Neu-Niederland ernannt wurde. 1632 schied er aus nicht ganz geklärten Gründen, aber wohl im Unfrieden, aus den Diensten der WIC aus. Zwischen 1626 und 1632 hatte er nicht nur Manhattan Island zu einem wichtigen Handelsplatz ausgebaut, sondern von den Indianern auch Staten Island erworben und eine blühende Farm aufgebaut, die wesentlich zur Versorgung der Kolonie beitrug. Neben den in der Geschichte der

---

* In Band 2 dieser Edition findet sich auf den S. 152 und 161 ein Verweis auf Bd. 3, Dok. 52. Die besagte Quelle (Aufhebung des Überseehandelsverbots durch die Katholischen Könige) ist jedoch aus redaktionellen Gründen nun unter Nr. 57a wiedergegeben.

europäischen Überseehandelsgesellschaften eine gravierende Rolle spielenden Personalkonflikten – zwischen Minuit und dem Geistlichen bzw. dem Sekretär der Kolonie kam es zu heftigen Auseinandersetzungen – scheint für seine Abberufung als Gouverneur aber vor allem ein Richtungsstreit unter den Direktoren der WIC ausschlaggebend gewesen zu sein. Ursprünglich war die Besiedlung von Neu-Niederland sogenannten *Patroons* überlassen worden, die große Flächen zugewiesen erhielten, die sie in eigener Regie an Siedler verteilen sollten (vergleichbar mit dem Seigneurie-System in Neu-Frankreich und dem Manor-System in Maryland). Neugewählte Direktoren, die bei der Landvergabe übergangen worden waren, trachteten nach einer Revision dieses Besiedlungsmodells, wobei darauf verwiesen wurde, daß dadurch die Pelzhandelsinteressen der Gesellschaft unzureichend gesichert wären. Minuit stand auf der Seite der Patroons, unter denen sich auch Samuel Blommaert befand.

Durch die Abwerbung Blommaerts (der 1636 zum schwedischen Residenten in Amsterdam ernannt wurde) und Minuits (der zum Gouverneur der geplanten Kolonie designiert wurde) wurde die Gründung der schwedischen Florida-Kompanie entscheidend vorangebracht, denn Blommaert brachte – neben sechs hochrangigen schwedischen und sechs niederländischen Anteilseignern – einen Großteil des Kapitals ein, während Minuit überragende organisatorische Fähigkeiten und einzigartige Ortskenntnisse beisteuerte. Er hatte seit der Verhulst-Expedition an allen niederländischen Erkundungsunternehmungen und Besiedlungsaktionen teilgenommen. Nach den wohl von Blommaert und Minuit gemeinsam verfaßten Geheimen Instruktionen (abgedruckt bei Weslager, 1961), die als Grundlage für die Durchführung des Siedlungsunternehmens dienten, war das Gebiet westlich des Delaware für die Kolonie ausersehen. Hier hatten die Holländer zwar eine Niederlassung gegründet, später jedoch die Besiedlung abgebrochen. Minuit kannte die Bedeutung der beiden Nebenflüsse Schuylkill und Minquas Kill als Zentren des Biberpelzhandels und wußte um die Möglichkeiten des Tabak- und Getreideanbaus in dieser Region. Er hatte nicht nur große Erfahrung im Umgang mit den Indianern und wußte um besonders gefragte Waren, er kannte auch alle Stärken und Schwächen der niederländischen Nachbarkolonie.

Nach der Ankunft des Expeditionskorps im März 1638 wickelte Minuit Landkauf und Sicherung der Kolonie in drei Monaten ab. Auf der Rückreise kam er auf der Insel St. Christopher, wo er seine Ladung weisungsgemäß gegen Tabak umtauschen wollte, während eines Hurrikans ums Leben; damals gingen alle Unterlagen – vor allem sein Reisetagebuch sowie Karten und Verträge – verloren. Der schwedische Gesandte in Den Haag, Peter Spiring Silfverkrona von Noresholm, selbst Anteilseigner der Florida-Kompanie, veranlaßte daher zur Sicherstellung der schwedischen Rechte in Nordamerika die im folgenden abgedruckte Erklärung von vier Offizieren der schwedischen Expedition vor einem Amsterdamer Notar.

Lit.: F. Kapp: Peter Minnewitt aus Wesel. In: Historische Zeitschrift 15 (1866), S. 225–261 – Christopher Ward: The Dutch and Sweden on the Delaware (1609–1664). Philadelphia 1930 – Evelyn Page: The First Frontier – The Swedes and the Dutch. In: Pennsylvania History 15 (1948), S. 276–304 – Clinton A. Weslager: The Secret Instructions for Peter Minuit. In: Ders.: Dutch Explorers, Traders and Settlers in the Delaware Valley 1609–1664. Philadelphia 1961, S. 159–183 – Carl Bridenbaugh: The Old and the New Societies of the Delaware Valley in the seventeenth Century. In: Ders.: Early Americans. New York-Oxford 1981, S. 50–64.   TS

Beeidigte Erklärung von vier Seeleuten über den Erwerb von Indianerland durch die Kompanie

Durch diese Notariatsurkunde *(instrumentum publicum)*[1] sei jedermann, den es betrifft, kundgetan, daß am 29. Dezember des Jahres 1638 vor mir, Peter Ruttens, dem vom Hohen Gerichtshof der Niederlande zugelassenen und vereidigten Notar, ansässig in der Stadt Amsterdam, und in Gegenwart der unten genannten Zeugen folgende Personen persönlich erschienen sind: der Maat Michell Simonss. aus Sardam[2], etwa 54 Jahre alt; der Kanonier Johan Joachimss., etwa 30 Jahre alt; der zweite Maat Jacob Evertss. Sandelin[3] aus Schottland, etwa 38 Jahre alt; der Oberbootsmann Peter Johannss. aus dem Distrikt Bemster[4], ca. 27 Jahre alt. Alle vier Genannten haben vordem in den genannten Funktionen auf dem Schiff Kalmar Nyckel gedient und sind auf diesem Schiff von Westindien in dieses Land gekommen. Sie bezeugen, daß der oben angeführte Maat [Simonsson] zusammen mit dem [Kompanie-]Direktor Peter Minuit, dem Schiffer Johan von de Water und dem früheren Oberbootsmann Andress Lucassen sowie weiteren Offizieren auf diesem Schiff war. Auf Veranlassung des ehrenwerten Peter Spiring, Herrn von Norsholm, Finanzrats der Krone von Schweden und deren Resident in Den Haag wurde eine Untersuchung durchgeführt, und die obengenannten [Seeleute] haben durch ihr Manneswort und einen Eidesschwur die folgende Darstellung als wahr bestätigt.

Zuerst berichteten die oben genannten Michell Simonss. und Johan Joachimss., wie sie, in dem nun zu Ende gehenden Jahr, den South River bis zur Einmündung eines anderen Flusses, des Minquas Kil, befahren hatten, den sie einige Meilen hinaufsegelten. Sie machten dabei ihre Ankunft und Gegenwart durch allerlei Zeichen kund, sowohl durch das Abfeuern von Kanonen als auch durch andere Maßnahmen. Sie folgten dem besagten Fluß und erkundeten das umliegende Land, aber weder fanden noch sahen sie Anzeichen oder Spuren christlicher Bewohner. Auch trafen oder bemerkten sie keinerlei Christenmenschen. Darauf ließ der oben genannte Direktor Peter Minuit nach den Indianerstämmen suchen, denen das Land gehörte, und ließ sie zu sich rufen. Er fragte sie, ob sie bereit wären, den Fluß zu verkaufen, mit all dem umliegenden Land, in der Ausdehnung von so viel Tagesreisen, wie er es verlangen würde. Nachdem die Stämme gemeinsam [über diese Forderung] beraten hat-

---

[1] Es handelt sich um eine Beweisurkunde.
[2] Gemeint ist die zehn Kilometer nordwestlich von Amsterdam gelegene Stadt Zaandam. Der Maat Simonsson hatte nach dem Tod von Minuit und von Kapitän de Water das Kommando des Schiffes auf der Fahrt nach Holland übernommen, wie es die geheimen Instruktionen für Minuit vorgeschrieben hatten.
[3] Sandelin taucht auch weiterhin in den Personallisten der Floridakompanie auf. Bei der dritten Expedition von Schweden nach Neu-Schweden im Jahr 1641/42 ist er Maat des Schiffes Caritas. 1644 scheint er ein eigenes Schiff erworben zu haben, mit dem bezeichnenden Namen *Scotch Dutchman*, das im Handel mit Neu-Amsterdam eingesetzt wurde.
[4] Eine in dem gleichnamigen Bezirk gelegene Stadt, 18 Kilometer nördlich von Amsterdam gelegen. Diese Region war erst 1612 auf Initiative von Usselincx hin dem Meer abgewonnen worden.

52. Gründung der Kolonie Neu-Schweden am Delaware

ten, stimmten sie zu. Da die Vertragspartner so zu einer Übereinstimmung gekommen waren, erschienen am 29. März dieses Jahres vor dem versammelten Rat des Schiffes [Kalmar Nyckel] im Namen ihrer Stämme fünf Stammesfürsten: Mattahorn, Mitot Schemingh, Eru Packen, Mahamen und Chiton, die einen als Vertreter der Ermewarmoki, die anderen als Vertreter der Mantes- und Minqua-Stämme. Und an diesem Ort und zu dieser Stunde überließen und übertrugen diese Häuptlinge, in Gegenwart des Schiffsrates und damit in Gegenwart der beiden erstgenannten Zeugen, all das geforderte Land, flußaufwärts und an beiden Ufern, soviel Tagesreisen wie [von Minuit] verlangt. Da die Indianer jedoch unsere Sprache nicht verstanden, übertrug der obengenannte Andress Lucassen, der schon früher länger in dieser Gegend gelebt hatte und ihrer Sprache mächtig war, die Abmachungen in ihre Sprache. Daraufhin erklärten sie [die Häuptlinge] einer nach dem anderen, in welcher Weise sie das Land mit allen Rechten und Verfügungsgewalten der Schwedischen Florida-Kompanie unter dem Schutz und der Patronage der königlichen Prinzessin und Jungfrau Christina, der gewählten Königin der Schweden, Goten und Wenden überließen und übertrugen. Und zu gleicher Zeit bestätigten sie, daß sie für die Überlassung dieses Landes zu ihrer vollen Zufriedenheit durch den Erhalt von guten und geeigneten Handelsgütern bezahlt und abgefunden worden waren, die ihnen in der Gegenwart der obengenannten Zeugen und anderer Mitglieder des Schiffsrates ausgehändigt worden waren. Die erstgenannten Zeugen und Beglaubiger versichern, daß sie all das gehört und gesehen haben und als Augenzeugen anwesend waren.

Der obengenannte Jacob Evertss. Sandelin bezeugt, daß er mit dem bereits mehrfach erwähnten Direktor Peter Minuit den Minquas Kil flußaufwärts befahren hat und mehrere Meilen weit in das Land vorgestoßen ist[5]; sie stießen nirgendwo auf Zeichen oder Spuren von christlichen Bewohnern. Und er legte außerdem nieder, zusammen mit dem obengenannten Oberbootsmann Peter Johannss., daß sie beide, in Gemeinschaft mit der übrigen Besatzung des Schiffes, die Häuptlinge der obengenannten Stämme das Schiff betreten sahen, wo sie [die Zeugen] den Verhandlungen beiwohnten und hörten, wie die besagten Häuptlinge das Land in der obenbeschriebenen Art und Weise der Schwedischen Florida-Kompanie überließen und übertrugen. Und danach legten sie alle vier Zeugnis ab und bekräftigten nacheinander, daß nach dem Abschluß des Vertrages Wappensteine Ihrer Königlichen Majestät von Schweden aufgestellt wurden[6], begleitet von Kanonenschüssen und anderen feierlichen Zeremonien und in Gegenwart der besagten Stammeshäuptlinge, und,

---

[5] Da Sandelin hier alleine über eine Fahrt mit Minuit berichtet, ist anzunehmen, daß diese Fahrt nicht mit der Kalmar Nyckel, sondern mit dem Beiboot unternommen wurde.
[6] In der bei Johnson abgedruckten deutschen Abschrift der Urkunde lautet die Formulierung „Aufrichtung... der Wappen". Da kaum an das Einmauern eines Wappensteins in ein bestehendes Gebäude zu denken ist, wurden wohl mit dem Wappen der Schwedischen Krone versehene Pfosten aufgestellt.

262   II. Festsetzung und Landnahme in Übersee

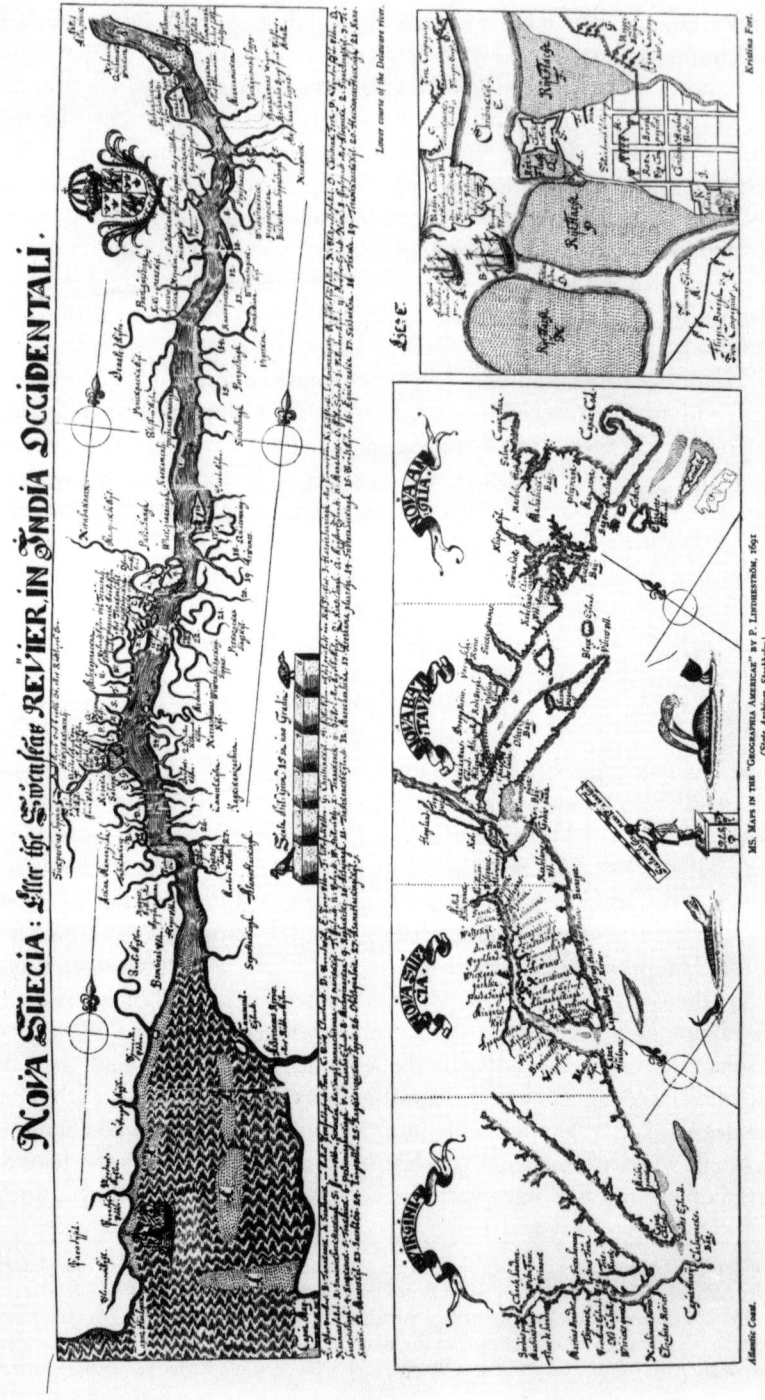

Abb. 15: Neu-Schweden am Delaware; Grundriß des Forts Kristina 1654, ein Jahr vor der Eroberung durch die niederländische Westindische Compagnie (Zeichnung von Pehr Lindheström).

daß das Land Neu-Schweden genannt wurde. Danach wurde eine Festung am Ufer des Flusses errichtet, der Fluß erhielt den Namen Elbe[7], die Festung wurde Fort Christina genannt.

Nach dem Abschluß ihres Berichts bestätigten die Beglaubiger nachdrücklich die Wahrhaftigkeit ihrer Darstellung und daß sie als richtig betrachtet werden muß. Sie boten auch an, ihre Darlegung durch einen Eid vor mir, dem vorher genannten Notar, zusätzlich zu erhärten.

Dem Antragsteller [Peter Spiring] wurde die Erlaubnis erteilt, ein Dokument oder mehrere Urkunden in geeigneter Form zu diesem Vorgang anfertigen zu lassen, wann und wo immer es ihm nützlich erscheint. Dies wurde getan, in der Stadt Amsterdam, in der Kanzlei meines Büros, in der Gegenwart der ehrenwerten Cornelius Vignois und David de Willet, die zu diesem Zweck als glaubwürdige Zeugen hinzu gebeten worden waren. Auf Antrag bestätigt durch den obengenannten.

Peter Ruttens, Notarius Publicus. 1639[8].

Aus: Armandus Johnson: The Swedish Settlements on the Delaware. 2 vols. Philadelphia 1910, S. 184–185 [Faksimile der deutschen, bei Rutens angefertigten Übersetzung des holländischen Originals]. Englische Übersetzung in: Albert Cook Myers (ed.): Narratives of Early Pennsylvania. Philadelphia 1909, S. 86–89. [Bei der hier gegebenen Fassung handelt es sich um eine Übertragung in ein verständlicheres Deutsch.]   TS

53. Otto Friedrich von der Gröben berichtet über die Gründung des brandenburgischen Forts Groß-Friedrichsburg an der Guinea-Küste (1683)

Die Monopole der niederländischen Überseehandelsgesellschaften verwehrten den kapitalkräftigen Kaufleuten, die ihnen nicht angehörten, die Möglichkeit, ihr Geld vom eigenen Land aus in den Kolonialhandel zu investieren. Obwohl es gesetzlich verboten war, floß daher seit der Gründung der Ost- und der Westindischen Kompanie überschüssiges niederländisches Kapital in ausländische Kolonialunternehmungen, z. B. nach Schweden, Dänemark und Frankreich. Auch die vom Großen Kurfürsten Friedrich Wilhelm von Brandenburg 1682 gegründete Brandenburgisch-Afrikanische Kompanie (BAC) finanzierte sich zu einem großen Teil aus niederländischen Quellen und wurde in Struktur und Verwaltung weitgehend an die großen niederländischen Vorbilder angeglichen. Am 1. Januar 1683 nahm der brandenburgische Major Otto Friedrich von der Gröben mit feierlichem Zeremoniell den Berg Manfro am Kap das Tres Pontas an der Guineaküste (heute Ghana) für seinen Kurfürsten in Besitz. Wenig später schloß er mit den Häuptlingen der Umgebung einen Vertrag, der ein gegenseitiges Schutz-

---

[7] Auf zeitgenössischen Karten trägt dieser Fluß den Namen Christina Creek.
[8] Die Abschriften des am 29. Dezember 1638 abgefaßten Originals tragen die Jahresangabe 1639. Das mag damit zusammenhängen, daß von dem niederländischen Original auch deutsche Übersetzungen angefertigt worden sind, deren Beurkundung sich verzögerte.

und Treuegelöbnis enthielt und den Brandenburgern ein Handelsmonopol für ihr Stammesgebiet zugestand.

Die Geschichte der brandenburgisch-preußischen Handelsstützpunkte ist nur kurz. Obwohl sich die Brandenburger trotz aller Anfeindungen, vor allem seitens der niederländischen Westindischen Kompanie (WIC), fest in Afrika etablieren konnten, war die BAC nie ein profitables Unternehmen. Eine der Ursachen waren die großen europäischen Kriege um die Wende zum 18. Jahrhundert, während derer die Verbindung zu den überseeischen Forts jahrelang abriß. Deren Besatzungen hielten sich zwar durch den Handel mit Monopolbrechern aller Nationen über Wasser, doch konnte die Muttergesellschaft daraus keinen Gewinn ziehen. Deshalb verkaufte der Enkel des Großen Kurfürsten, Friedrich Wilhelm I. von Preußen, 1717 die afrikanischen Besitzungen an die WIC.

Trotz der vergleichsweise geringeren Bedeutung der Brandenburger für die Geschichte der Guineaküste erscheint es gerechtfertigt, den hier folgenden Abschnitt aus dem Tagebuch Gröbens abzudrucken, weil er auf typische Weise das Verhältnis zwischen den Eingeborenen und den Weißen aufzeigt. Es wurde durch gegenseitige Abhängigkeit bestimmt. Das allgemeine Interesse der Küstenstämme an europäischen Stützpunkten erklärte sich aus den daraus resultierenden Vorteilen. Man erhielt die Gelegenheit, begehrte Waren, vor allem Waffen, zu erhandeln, und die Möglichkeit, sich bei Stammesfehden in den Schutz des jeweiligen Forts zurückzuziehen. Die Europäer, die sich „ihren" Negern gegenüber zu Schutz und Beistand verpflichtet hatten, konnten auf diese Weise ungewollt und unversehens in einen solchen Krieg hineingezogen werden. Es war ihnen nicht möglich, das von ihnen gewünschte Land einfach in Besitz zu nehmen. Sie mußten es kaufen (wie Gröben den Berg Manfro), pachten oder erhielten es vom örtlichen Häuptling geschenkt, der sich ein Widerrufsrecht vorbehielt und außerdem für alle Hilfeleistungen seiner Stammesangehörigen und alle von den Weißen in Anspruch genommenen Naturprodukte der Umgebung eine Bezahlung verlangte. Obwohl die Afrikaner nach europäischer Auffassung bei Vertragsabschluß Untertanen des jeweiligen europäischen Staates wurden, konnte von einer Herrschaft der Weißen über die Schwarzen keine Rede sein. Die Afrikaner sahen sich vielmehr als gleichberechtigte Partner; die zwischen beiden Parteien abgeschlossenen Verträge beruhten auf dem Prinzip der Gegenseitigkeit. Hielten die Weißen die Abmachungen nicht ein, betrachteten sich auch die Schwarzen aus ihren Verpflichtungen gelöst und gingen Bündnisse mit einer Konkurrenzgesellschaft ein. Vor allem auf dem Gebiet des Handels waren die Europäer völlig von den Stammesführern abhängig, denn diese kontrollierten die Zugangswege zum Hinterland, die Anfuhr gewisser Exportgüter (Gold, Elfenbein) und den Sklavenmarkt. Die Weißen in ihren Handelsstützpunkten blieben auf das angewiesen, was ihnen auf den üblichen Handelswegen angeliefert wurde. Stammeskriege konnten die Zufuhr monate-, sogar jahrelang stocken lassen. Weitblickende Negerhäuptlinge wußten aus dieser Situation Kapital zu schlagen und sich eine ungeheure Machtfülle zu erwirtschaften. Einer von ihnen war Jan Conny, der die Festung Groß-Friedrichsburg nach Abzug der letzten Preußen jahrelang gegen die WIC hielt und dort auf eigene Faust einen schwunghaften Handel betrieb, bis er 1725 im Busch verschwand.

Lit.: Richard Schück: Brandenburg-Preußens Kolonialpolitik unter dem Großen Kurfürsten und seinen Nachfolgern (1647–1721). 2 Bde. Leipzig 1889 – A. W. Lawrence: Trade Castles and Forts of West Africa. London 1963 – Eberhard Schmitt: Die brandenburgischen Überseehandelskompanien im XVII. Jahrhundert. In: Schiff und

53. Gründung des Forts Groß-Friedrichsburg

Zeit 11 (1980), S. 6–20 – Ders.: The Brandenburg Overseas Trading Companies in the 17th Century. In: Companies and Trade, ed. by Leonard Blussé and Femme Gaastra. Leiden 1981, S. 159–176 – Hans Georg Steltzer: „Mit herrlichen Häfen versehen". Brandenburgisch-preußische Seefahrt vor dreihundert Jahren. Frankfurt-Berlin-Wien 1981.

Pa

Dieweil wir den Berg/ zu Erbauung einer Vestung/ so bequem (als irgends einen Ort auf der gantzen Guineischen Küste) gefunden/ foderte ich die 2. Capitains/ und beyde Ingenieurs, resolvirten zusammen/ ohne fernere Weitläufftigkeit auf gedachtem Berge Post zu fassen; Worauff ich meine Soldaten zusammen kommen lassen/ ihnen vorstellende/ wie man Willens wäre ein Fort auf gedachtem Berge zu bauen. Wer Lust hätte eine gewisse Zeitlang allhier in Guarnison zu bleiben/ sollte sich angeben; Darauff sich alle mit einander auf gewisse Conditiones freywillig offeriret.

Also zogen wir nach Lösung fünff Stücken/ mit Paucken und Schallmeyen ans Land/ und erfuhren bey unserer Ankunfft/ daß 2. Capiscirs[1] aufm Berg wären/ worauff ich mit fliegender Fahne/ Paucken und Schallmeyen mich zu ihnen hinauff begeben / da sie mir entgegen gekommen/ und mich in eine alte aufgeworffene Hütte gebeten/ allwo ich ihnen mein Vornehmen zu verstehen gegeben/ und sie mit wenig Worten zu meinem Willen gebracht. Noch denselbigen Tag habe ich sechs dreypfündige Stücke/ durch einen engen Steig oben auf die Spitze gezogen/ und geschleppet; So ohne der Naturellen Hülffe unmöglich hätte geschehen können/ weil der Berg zu hoch und der Weg zu rauhe war/ auch ließ ich mir noch selbigen Tag ein Zelt von einem Schiff-Segel auffschlagen/ und blieb die Nacht über am Lande.

Den folgenden Tag/ als den ersten Januarii, Anno 1683 brachte Capitain Voß die grosse Churfl. Brandenburgische Flagge vom Schiffe/ die ich mit Paucken und Schallmeyen auffgeholet/ mit allen im Gewehr stehenden Soldaten empfangen/ und an einem hohen Flaggen-Stock auffziehen lassen/ dabey mit 5 scharff-geladenen Stücken das Neue-Jahr geschossen/ denen jedes Schiff mit 5. geantwortet/ und ich wieder mit drey bedancket. Und weil Sr: Churfl: Durchl: Nahme in aller Welt Groß ist/ also nennete ich auch den Berg: Den Grossen Friedrich-Berg. Diesen Tag baueten sich unsere Soldaten ihre Baraquen, und ich ließ durch die Nägers vor mich und meine Officirer auch eine lange Baraque auffrichten. Indessen berieff ich meine Officirer nebst den zween Capiscirs zu mir ins Zelt/ gab ihnen mein Vornehmen abermahl zu verstehen/ und begehrete mich ihrer Treue durch einen Eyd zu versichern. Worauff sie geantwortet: Daß ich daran nicht zu zweiffeln/ dafern ich mit ihnen Fetisie[2] sauffen wolte/ daß wir es gleichfalls treu mit ihnen meynen sie nie verlassen/ und wider ihre Feinde vertheidigen wolten. Welches da ichs eingewilliget: ward eine Schale mit Brandtwein herbey gebracht/ und mit Schieß-

---

[1] Capucier: Häuptling, Stammesältester.
[2] Fetisch.

Abb. 16: Der brandenburgische Stützpunkt Groß-Friedrichsburg an der Goldküste (Skizze von 1697).

Pulver durchgerühret. Daraus muste ich die unangenehme Gesundheit anfangen/ die beyden Capiscirs folgeten mir nach/ und beschmierten mit dem Rest den gemeinen Schwartzen die Zunge/ damit sie auch getreu bleiben möchten. Nach Verrichtung dieser herrlichen Ceremonien beschenckete ich so wohl die Capiscirs, als auch die umbstehende Schwartzen reichlich/ der Meynung/ ich würde nicht mehr nöhtig haben Praesenten auszutheilen; Aber die Zeit hat mich nachmahls viel ein anders gelehret. Selbigen Tag brachten wir noch 2. sechspfündige Stücke auf den Berg.

Den folgenden Tag aber ward von denen Ingenieurs das Fort abgestochen/ von denen Schwartzen Pallisaden angeschafft/ und von meinen Soldaten abgesetzet. [...]

Folgenden Tag setzte ich den Contract zu Papier/ den ich mit denen Capiscirs (derer 14. nunmehr auf dem Berge waren) geschlossen/ weil sie es selbst an mich offtmahls gesuchet. Da ich sie von der Accodaischen Gesandtschafft wissen lassen/ waren sie noch Mißtrauischer/ indem sie in Furcht stunden/ wir möchten sie verlassen. Derowegen berieff ich sie in mein Gezelt/ setzte mich mit dem Commendanten Philipp Blancken/ und denen Capiscirs an eine Taffel/ gab ihnen abermahl die im Contract stehende Puncta auf Portugiesisch zu verstehen/ und begehrete/ sie möchten selbige beschweren. Da foderten sie erstlich gewisse Wahren von mir/ davor sie unserer Compagnie den Berg und die umliegende Gegend Eigenthümlich verkaufften. Nachmahls ließ ich eine Schale mit Brandtwein/Wermuht-Extract und Violensafft zu richten/ nahm einen Löffel in die Hand/ und fragte den Aeltesten/ ob ihm beliebe zu trincken/ selbiger sagete: Ja/ ich trincke/ folgende Puncta, so man mir vorgelesen/ zu halten/ unter dieser über uns wehenden Flagge zu leben/ und zu sterben. Breche ich meinen Eyd/ so lasse mich der grosse Monarch augenblicklich sterben. Einige unter ihnen wolten zwar Fetisie trincken/ konnten aber nicht ehe mit den Ihrigen den Berg beziehen/ als umb drey/vier/biß sechs Monaten/ solches aber wolten die andern nicht zu geben. Nachdem sie nun alle den Eyd geleistet/ nahm der älteste Capiscir die Schale in die Hand/ und begehrete: Ich solte ihnen allen nebst dem Commendanten schweren/ sie wider alle ihre Feinde zu beschirmen/ und in keiner Noht zu verlassen/ ihnen ihr Weib und Kinder nicht wegzunehmen/ oder zu verkauffen/ item, wider die Holländische Compagnie zu vertheidigen. Welches ich ihnen alles zu halten versprochen/ ausgenommen/ wann sie den Holländern würden Ursach geben/ oder was entfremden. Damit steckete mir der Capiscir einen Löffel voll des Tranckes in den Halß/ daß ich 6. Wochen daran genug hatte/ wie auch dem Commendanten/ welcher (weiß nicht/ ob im Schertz oder Ernst/ wie ich wohl ehe glaube) darauff sprach: Soll ich euch eure Weiber und Töchter nicht nehmen/ so gebet mir ein Weib. Ein Capiscir fiel ihm in die Rede; Wolten wir nach Landes-Gebrauch trauen/ so stünden ihre Töchter zu unsern Diensten. Wir nahmen dieses in Schertz an/ gaben ihnen ihre Praesenten/ dazu noch einen Ancker Brandtwein/ und liessen sie von uns.

Aus: Otto Friedrich von der Gröben: Guinesische Reisebeschreibung. Marienwerder 1694, S. 77–79, 82–83.

Drittes Kapitel

Auswanderung und Siedlungspolitik

Nach den Kreuzzügen des Mittelalters stellte die Auswanderung von Europäern nach Amerika und in die Karibik das bedeutsamste demographische Ereignis dar, das für den afrikanischen und asiatischen Raum allerdings keinerlei Entsprechung fand. Denn nach Amerika kamen bis 1914 etwa 50 Millionen weiße Einwohner und wenigstens 10 Millionen Negersklaven, während sich z. B. bis 1800 gerade 16 000 europäische Siedler in der Kapkolonie niederließen und zu den Philippinen bis zum 18. Jahrhundert nur etwa 200 000 Spanier auswanderten. Nimmt man das englische Beispiel, so findet man um 1640 bereits 37 000 Siedler auf der Insel Barbados, während die englische Präsenz in Westafrika zu keiner Zeit in diesem Jahrhundert die Zahl von 330 Personen überschritt und in Asien etwa die Gesamtzahl von 1000 Personen erreichte. Eine Erklärung für diese Entwicklung findet sich in dem Umstand, daß an der afrikanischen Küste und im Bereich des Indischen Ozeans von den europäischen Mächten – über deren Handelskompanien – fast ausschließlich Handelsstützpunkte eingerichtet wurden, die sich – im Gegensatz zu den Niederlassungen im amerikanischen Raum – nicht zu Siedlungskolonien weiterentwickelten. Vom 15. bis zum Ende des 18. Jahrhunderts gelangten über 6 Millionen Europäer nach Amerika, von denen etwa 3,5 Millionen aus Spanien, 1,75 Millionen aus England, 1,5 Millionen aus Polen und 250 000 aus süddeutschen Ländern stammten, während aus Frankreich kaum 100 000 Siedler kamen und noch weniger aus Holland auswanderten.

Diese Zahlen, insbesondere die niedrige Quote von Franzosen, sind überraschend, wenn man sie in Relation zu den zum Teil riesigen Territorien setzt, die Spanien, Portugal, England, Frankreich und Holland in Übersee erwarben, wirtschaftlich nutzten und beherrschten. Noch heute ist es schwierig, diese nationalen Disproportionalitäten schlüssig zu erklären, vor allem weil bislang keine international vergleichende Statistik erarbeitet worden ist. Verantwortlich für diesen Mangel ist der Umstand, daß die große Migrationswelle von Europa in die Neue Welt in den verschiedenen Ländern unterschiedlich gut dokumentiert ist. Zwar gibt es für Spanien vollständige Passagierlisten der Überseefahrten sowie neuere Untersuchungen zur Herkunft der Auswanderer, u. a. von P. Boyd-Bowman, doch ist heute unbestritten, daß die beträchtliche illegale Auswanderung über diese Quellen nicht erfaßt werden kann. Für Frankreich stehen nur die von G. Debien ermittelten Zahlen jener Auswanderer zur Verfügung, die sich zur mehrjährigen Zwangsarbeit in Abgeltung ihrer

Überfahrt verpflichteten, der sogenannten *Engagés* (vgl. Dok. 66). Mit den Arbeiten von Magalhães-Godinho und Furtado liegen jetzt recht genaue Angaben zu den verschiedenen Phasen der portugiesischen Auswanderung zumindest nach Brasilien vor, und seit den Arbeiten von Hansen ist auch für England bekannt, aus welchen Gebieten wieviele Bürger England mit dem Ziel Amerika verließen. Durch das Fehlen einer grundlegenden Synthese erklärt sich sowohl die Angabe widersprüchlicher Zahlen in der Forschung als auch die Schwierigkeit, soziale Zusammensetzung und Auswanderungsmotive präzise zu fassen.

Fest steht immerhin, daß die Zunahme der europäischen Siedler in Übersee mehr auf natürliche Vermehrung als auf Zuwanderung zurückzuführen ist, wobei allerdings verschiedene Phasen der demographischen Entwicklung unterschieden werden müssen: In der Gründungsphase der Kolonien konnte die anfängliche Zahl der Neusiedler nur durch ununterbrochene Transporte von Menschen aus der Metropole aufrechterhalten werden. Wegen der hohen Sterblichkeit, die durch Hungersnöte, Krankheiten, schlechte Ortswahl, Auseinandersetzungen mit der autochthonen Bevölkerung sowie durch Nachschub- und Akklimatisierungsschwierigkeiten bedingt war, mußten drei- bis siebenmal so viele Menschen nach Amerika auswandern, um die Ausgangszahlen stabil zu halten. War diese Initialphase einmal überstanden – sie konnte auf Grund einer Vielzahl von Faktoren von Kolonie zu Kolonie in ihrer Dauer durchaus variieren –, wurde sie bei den von europäischen Männern und Frauen besiedelten Gebieten zumeist von einem Stadium außergewöhnlich hohen Wachstums abgelöst, das durch eine verschwindend geringe Anzahl alter Leute, einen überdurchschnittlich hohen Prozentsatz junger Paare, ein sehr niedriges Heiratsalter und extrem hohe Geburtenraten bei relativ niedriger Säuglingssterblichkeit verursacht war. Die Dauer dieser zweiten Phase, in der Familien mit bis zu acht Kindern in Neu-England oder Neu-Frankreich die Regel waren, richtete sich in erster Linie danach, ob noch Land für Neusiedler zu Verfügung stand oder nicht. Diese Phase läßt sich vor allem in den dreizehn neuenglischen Kolonien gut rekonstruieren. War die Verteilung des zu Verfügung stehenden Landes weitgehend abgeschlossen, vollzog sich neuerlich ein demographischer Wandel: Die Kolonie wuchs nur noch in einem dem Mutterland vergleichbaren Ausmaß; ihre demographischen Verhältnisse normalisierten sich gewissermaßen. Nun verzögerten sich Heiraten durch einen erschwerten Landerwerb, das hatte eine Senkung der Geburtenrate zur Folge usw. Diese drei Wellen demographischer Entwicklung sind mit gewissen Nuancen in allen Siedlungskolonien Süd- und Nordamerikas anzutreffen; eine Ausnahme bildet Brasilien insofern, als die Portugiesen mehrheitlich nicht im Familienverband auswanderten, sondern sich häufig mit Nichteuropäerinnen vermischten.

Sieht man von der Phase der Entdeckungen und Eroberungen einmal ab, in der das Bild des Auswanderers mehr vom Typ des Abenteurers, des Konquistadors, des Entdeckers und des Eroberers geprägt war, ist es für den europäi-

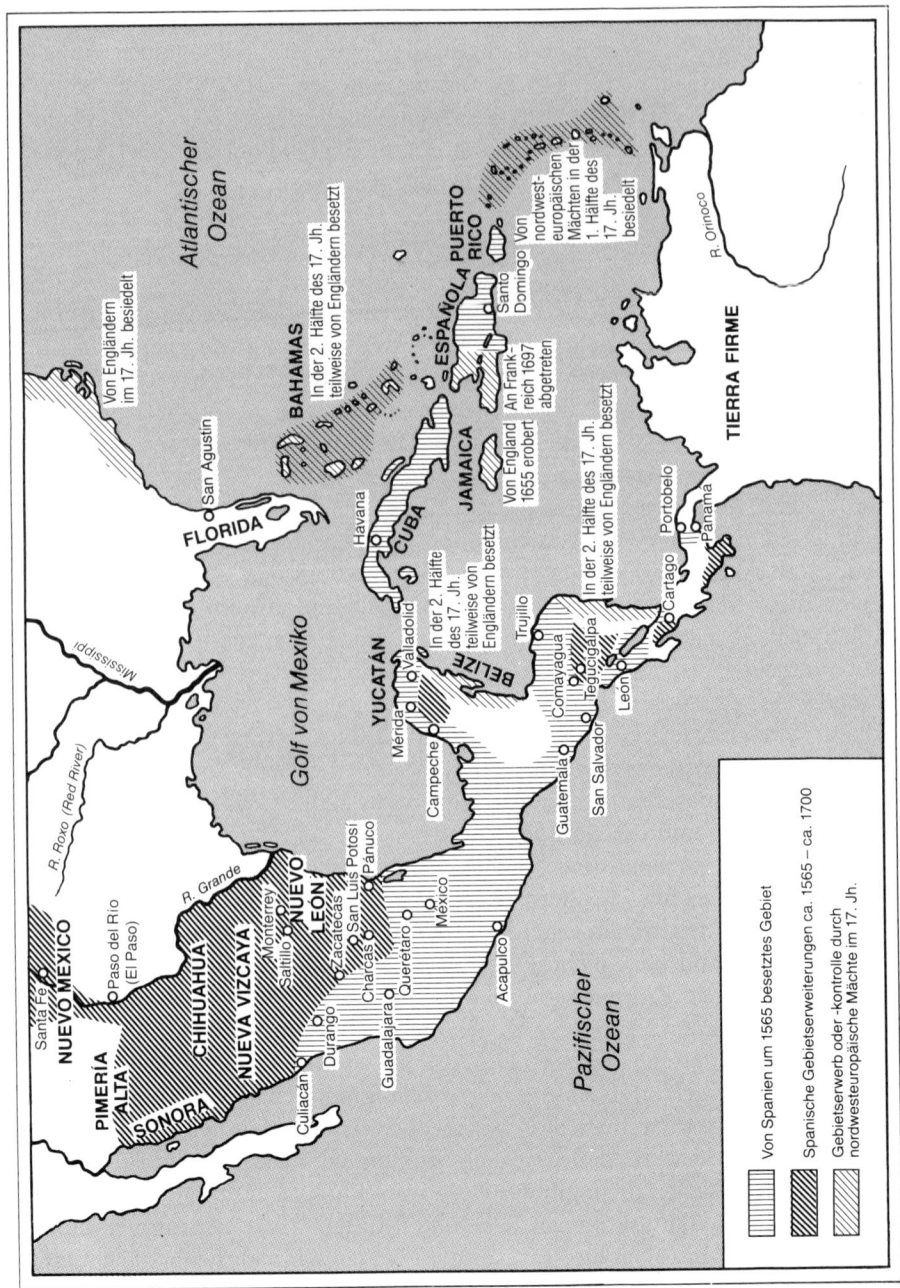

schen Auswandererstrom charakteristisch, daß er vor allem von armen Familien und Einzelpersonen bäuerlicher Herkunft gebildet wurde. Die Steigerung oder Senkung der Auswandererzahl wurde also in starkem Maße von den jeweiligen nationalen Voraussetzungen ökonomischer wie politischer Art beeinflußt, aber wohl auch in der Folgezeit durch vielversprechende Entwicklungen in den Kolonien selbst verstärkt. Wenn die Masse der Auswanderer das kaum abschätzbare Wagnis, allein oder mit der ganzen Familie nach Übersee auszuwandern, einging, so signalisierte dieser Entschluß einerseits, wie miserabel es ihnen im Mutterland gegangen war, und andererseits, wie groß ihre Hoffnung war, in der Neuen Welt eine vielversprechende Existenz aufbauen zu können. Vor diesem Hintergrund mochte, wie im Falle der protestantischen Auswanderer, die freie Religionsausübung einen wichtigen zusätzlichen Impuls abgeben; aber auch politische Rechte, wie sie die englischen Auswanderer erhielten, spielten eine nicht zu unterschätzende Rolle. Nicht zuletzt war es angesichts der sozialen Zusammensetzung der europäischen Migration nach Amerika überaus relevant, auf welche Weise staatlicherseits die Auswandererfrage behandelt wurde, wobei diese Antworten gerade für die Erklärung der großen nationalen Diskrepanzen von Belang sein dürften.

Überwachung und Kontrollen beherrschten das Bild der spanischen Auswanderung, waren in Abschwächung aber auch in Frankreich, jedoch kaum oder gar nicht in Portugal, England oder den Niederlanden anzutreffen. Diese Unterschiede der Auswanderungspolitik hingen zum einen mit den nationalen ökonomischen, sozialen und politischen Voraussetzungen in den Mutterländern zusammen, zum anderen resultierten sie wohl auch daraus, welche Funktion man den Kolonien beimaß und in wessen Händen die praktische Durchführung der Auswanderung lag, ob beim Staate oder bei Handelsgesellschaften und Privatiers. Dabei richtete sich die staatliche Reglementierung vor allem auf konfessionelle Fragen: Die Kolonien der katholischen Mächte sollten im Prinzip frei sein von Dissidenten, also von Protestanten, Juden oder Mauren, während die protestantischen Nationen in der Regel die „Papisten" auszuschalten suchten, dabei aber weniger Kontrolle und Druck zur Realisierung dieses Ziels aufwandten. Die katholischen Mächte begegneten Ausländern mit großem Mißtrauen und bemühten sich – wenn auch auf Dauer ohne Erfolg –, deren Festsetzung in den Kolonien zu verhindern. Es ist auffällig, wie sehr gerade in diesem Punkt Anspruch und Wirklichkeit auseinanderklafften, und es wirft ein bezeichnendes Licht auf die unzureichenden Kontrollmechanismen frühneuzeitlicher, auch sogenannter absolutistischer Herrschaftsformen, wenn man bedenkt, wie viele rassische Minderheiten, konfessionelle Dissidenten und Ausländer sich vor 1800 tatsächlich vor allem in den spanischen und portugiesischen Kolonien in Amerika niedergelassen haben.

Die spanischen Könige reglementierten wie keine andere europäische Macht die Auswanderung (Dok. 57). Sie ließen alle Auswanderer registrieren und kontrollieren, wobei aber der Bedarf der Kolonien an „Nachschub" stets den Ausschlag für die verordnete Schärfe der Kontrollen gab, deren Ausführung stand wegen der vielfältigen Formen der Korruption ohnehin auf einem anderen Blatt. Die Krone Spaniens begünstigte auf der anderen Seite aber die Auswanderung durch umfangreiche Privilegien (Dok. 58), wie freie Überfahrt, Landversprechungen, Zuschüsse in Naturalien und Steuererleichterungen. Sie förderte besonders die Auswanderung von Familien und erreichte dadurch, daß viele Spanier aus dem Handwerkermilieu oder der bäuerlichen Armut nach Übersee auswanderten (Dok. 62 und 64). In Verbindung mit einer den Umständen eng angepaßten Rassenpolitik hatten diese Leitlinien spanischer Auswanderungspolitik zur Folge, daß die spanischen Kolonien in Amerika kaum unter einem Mangel an Neusiedlern litten.

Auch die französische Krone reglementierte die Auswanderung: Allen Nichtkatholiken wurde schon bald nach Abschluß der Etablierungsphase nicht nur der Zutritt zu den Kolonien versagt, sie wurden sogar aus den Kolonien verwiesen, mit zumindest für Kanada fatalen Folgen. Daß diese Bevölkerungsgruppe in den englischen Kolonien Zuflucht suchte, in die ohnehin weit mehr Europäer auswanderten als in die französischen Gebiete, führte dazu, daß sich die Schere zwischen der Bevölkerungszahl beider Kolonialreiche weiter öffnete. Hinzu kam, daß die Handelskompanien, denen bis in das späte 17. Jahrhundert die Erfüllung festgelegter Mindesteinwandererquoten auferlegt worden war, die eingegangenen Verpflichtungen nie einlösen konnten. Auch fehlte es zunächst an einer Verwaltungsstruktur, die korrigierend hätte eingreifen können. Als sich all dies unter Colbert änderte und die Kolonien den Status von Kronkolonien erhielten, hatte sich die Zielsetzung der königlichen Kolonialpolitik entscheidend verändert: Nunmehr dominierten merkantilistische Erwägungen, wonach sich nicht allein die wirtschaftliche Entwicklung der Kolonien nach den Bedürfnissen der Metropole auszurichten habe, sondern auch die Auswanderungspolitik. Befürchtungen griffen um sich, daß das Mutterland durch allzu freizügige und begünstigte Auswanderung entvölkert werden könne, zumindest aber wichtiges Potential, jedenfalls unter den Handwerkern, verlieren würde. Den Widerspruch zwischen den Forderungen nach neuen Kolonisten und dem Anwachsen metropolitaner Beschränkungen versuchte Colbert durch ein kontrolliertes Wachstum abzuschwächen, das in Kanada mit Hilfe einer jährlichen Volkszählung gemessen werden sollte (Dok. 72). Dieses Verfahren, das auch seine Nachfolger beibehielten, stellte zwar eine administrative Verbesserung dar, änderte aber nichts an der Tatsache, daß die Zuwanderung in die französischen Kolonien überaus niedrig blieb und z. B. in Kanada bis 1763 die Zahl von 10000 kaum überschritt, in augenfälligem Gegensatz zu Neu-England, das zu keinem Zeitpunkt an einem Mangel an Zuwanderungswilligen litt. Innenpolitische Faktoren wie der Bürgerkrieg in Frankreich, die Ausweisung der Hugenotten sowie die relativ rückständige Struktur der Landwirtschaft mögen die Auswandererzahl zusätzlich verringert haben. Aber sie resultierte wohl vor allem aus der in der französischen Öffentlichkeit ausgeprägt geringen Attraktivität der Kolonien selbst: Zwar erhielt man dort leichter Land zugeteilt als im Mutterland, aber doch mit sehr viel mehr Auflagen als in Kolonien anderer Kolonialmächte. Die Möglichkeit, vielfältigen Zwängen des Mutterlandes durch eine Auswanderung nach Übersee zu entgehen, fehlte in Frankreich, und angesichts der kostspieligen Überfahrt, die der Staat nur in Ausnahmefällen förderte, war die allgemeine Steuerfreiheit für Kolonisten als massenwirksames Stimulans unzureichend.

Im Unterschied dazu ist Portugals Auswanderungsbewegung beachtlich: Trotz ungünstigerer demographischer Voraussetzungen wanderten hier vergleichsweise viele Menschen aus. Die Krone nahm im Gegensatz zum spanischen oder französischen Beispiel Abstand von einer Reglementierung; dagegen blieb es von der Krone geförderter privater Initiative vorbehalten, Auswanderungsunternehmungen zu finanzieren und durchzuführen. Vor allem der Anreiz, Land und steuerliche Vorteile zu erhalten (Dok. 54), zog die Masse verarmter Bauern und Handwerker, aber auch portugiesische Adlige an, die nicht selten mit einer größeren Anzahl abhängiger Bauern auswanderten. Erst im 17. Jahrhundert, als die Auswanderungswelle auf Grund einer sich verschärfenden ökonomischen Krise in Portugal selbst, aber auch wegen neuer Goldlagerfunde in Übersee drastisch anschwoll, auf über 3000 bis 4000 Siedler jährlich, wurden Ausreisebeschränkungen erlassen, um eine Entvölkerung Portugals zu verhindern.

Anders lagen die Dinge in England. Hier erhielten Kompanien oder auch Einzelpersonen für näher umrissene Gebiete in Amerika Privilegien und Auflagen, und sie waren es, die die Auswanderung in eigener Regie organisierten. Im Unterschied zu der Auswanderung der katholischen Mächte waren die englischen Emigranten in der überwiegenden Mehrzahl protestantischen Glaubens. Für viele, die außerhalb der Staatskirche standen, schien sich in Übersee die erträumte Gelegenheit zu bieten, nach den Regeln ihrer Religionsauffassung zu leben. Wenn die Religion bei den Puritanern einen großen Impuls für die Auswanderung geben konnte (Dok. 77), darf aber als Hintergrund der Umstand nicht außer Acht gelassen werden, daß sich der kleinere und mittlere bäuerliche Besitz im Mutterland seit dem Spätmittelalter ständig verringerte und Amerika die Aussicht bot, zu Landbesitz zu gelangen. Dies war die zentrale Ursache für die Übersiedlung ganzer Dörfer nach Amerika, deren Gemeinschaftsgeist und gewachsener Zusammenhalt in der Neuen Welt ein wichtiges Startkapital darstellten. Daneben spielten natürlich auch politische Rechte und kommerzielle Vergünstigungen eine wichtige Rolle, die den Auswanderungswilligen zugesprochen wurden (Dok. 80). Wohl wanderten vor allem junge Männer aus, es ist aber für die Zusammensetzung der englischen Emigration typisch, daß sich viele Familien ihnen anschlossen. Einflußreiche englische Politiker förderten die Auswanderung auch deshalb, weil sie die Kolonien als ein Auffangbecken für sozial Deklassierte verstanden (Dok. 21). Dieses Konzept wurde zwar von Frankreich – eher halbherzig – nachgeahmt, aber die englische Krone machte es sich zu eigen und betrieb intensiv und interessiert seine Umsetzung. Ansonsten hielt sie sich – trotz wachsender Befürchtungen von Anhängern merkantilistischer Vorstellungen – weitgehend aus den mit der Auswanderung zusammenhängenden Fragen heraus und überließ die konkrete Ausformung und Umsetzung Handelsgesellschaften oder Privatpersonen.

Einen Sonderfall stellt zweifellos die Auswanderung von Rußland nach Sibirien dar, da es sich hier um den Typus einer Binnenwanderung zur Inbesitznahme und Besiedlung eines Gebietes handelte, das nicht durch ein Meer von der Metropole getrennt war. Nichtsdestoweniger trafen auch die Zaren verschiedene Entscheidungen und veranlaßten Maßnahmen, um die Erschließung dieses neuen Siedlungsraumes zu regulieren. Förderung von Neuansiedlungen, Begünstigungen für Auswanderungswillige prägen hier ebenso das Bild (Dok. 88) wie der erfolglose Versuch, die illegale Abwanderung von lehnspflichtigen Bauern zu verhindern, die die Hauptmasse der Neusiedler Sibiriens stellten (Dok. 89), ein Phänomen, das allein aus der engen räumlichen Verflechtung Rußlands mit der neuen Kolonie zu erklären ist.

Für die meisten Kolonien erwuchs aus dem Mangel an europäischen Frauen schon bald ein tiefgreifendes soziales Problem, denn die Siedler neigten dazu, von der Obrigkeit unerwünschte Verbindungen mit einheimischen Frauen einzugehen. Am wenigsten betroffen wurden von diesem Problem die englischen Kolonien, weil hier durch die Auswanderung geschlossener Familienverbände, durch eine Abgrenzung von den Indianern und auf Grund der strikten puritanischen Regeln für die Gestaltung des Lebens ein solcher Konflikt zwischen persönlichen Bedürfnissen der Siedler und staatlichen Erwartungen gar nicht erst aufkam. Die spanische Krone begegnete dem Mangel an Europäerinnen zunächst mit einer flexiblen Rassenpolitik, die aber im Gefolge einer großzügigeren Förderung der Auswanderung ganzer Familien bzw. durch die Begünstigung oder sogar die Verpflichtung zur Familienzusammenführung dann stark an Toleranz einbüßte. Demgegenüber schaltete sich die portugiesische Krone in den ersten Jahrhunderten der Auswanderung kaum ein, wodurch eine Rassenvermischung einsetzte, die für ganz Lateinamerika einzigartig war. Hiergegen zogen insbesondere Missionare zu Felde, die dem vermeintlich damit einhergehenden Sittenverfall nur durch eine gleichsam systematische „Einfuhr" von europäischen Frauen abzuhelfen hofften (Dok. 55), praktisch umgesetzt wurden diese Forderungen allerdings kaum. Daß dieses Problem selbst für die Verhältnisse in Asien von Belang war, zeigen die vergeblichen Bemühungen der Niederländer, Frauen zur Auswanderung nach Batavia zu bewegen, um dort eine Siedlungskolonie nach westlichem Muster zu schaffen (Dok. 85).

Die Besiedlung Kanadas litt in erster Linie an einem Mangel an Frauen. Es war das Verdienst des Intendanten Talon, die wohl größte Schwäche der französischen Auswanderung, das Fehlen von Familien, erkannt und Maßnahmen zu ihrer Abhilfe in die Wege geleitet zu haben. In Zusammenarbeit mit Colbert – aber nicht selten auch von diesem gebremst – setzte er Pläne für die systematische Einfuhr von ledigen Frauen zum Zweck ihrer Verheiratung und mit dem Ziel der Bevölkerungsvermehrung mit zum Teil drakonischen Maßnahmen durch (Dok. 68 und 69). Nichtsdestoweniger blieb ein großer demographischer Durchbruch aus, das Verhältnis der Geschlechter blieb außerordentlich unausgewogen: bei den ca. 10 000 Franzosen, die bis 1763 nach Kanada kamen, lag der Frauenanteil gerade bei 11 Prozent.

Einen recht hohen Anteil der französischen Auswanderer nach Übersee stellten die „Engagés", die ihre Überfahrt nicht bezahlen konnten und sich deshalb zu einer meist dreijährigen Zwangsarbeit verpflichteten (Dok. 66 und 70). Diese Kategorie von Auswanderern fehlt in den spanischen und portugiesischen Kolonien völlig, weil hier die Mutterländer meist die Kosten für den Transport übernahmen, sie besaß aber auch eine zentrale Bedeutung für die englischen Kolonien. Mindestens die Hälfte, wenn nicht zwei Drittel der englischen Auswanderer oder der ausländischen Protestanten, die in den englischen Kolonien Zuflucht suchten (Dok. 21), begannen ihre ersten Jahre in Amerika als „Sklaven auf Zeit", als *Indentured Servants* oder *Redemptioners*. Wieviele Mißstände sich bei Anwerbung und Vertragserfüllung einschlichen, wie schwer es ihnen gemacht wurde, nach Ablauf ihrer Zwangsarbeit auch wirklich in den Besitz des versprochenen Landanteils und der für seine Nutzung erforderlichen Gerätschaften zu kommen (Dok. 82), und wie groß die Gefahr war, danach neuerlich zu einem innerkolonialen Handelsobjekt zu werden (Dok. 81), ist in den letzten Jahren von der Forschung deutlicher herausgearbeitet worden.

Allein in den Niederlanden und in England wurde den von den katholischen Mächten verfolgten Protestanten die Möglichkeit gewährt, in die jeweiligen Kolonien auszuwandern, wobei Erwägungen, den Arbeitskräftemangel zu beheben, von großer Wichtigkeit gewesen sein dürften. So wanderten bis 1800 über 3000 Franzosen unter holländischer Ägide in die Kapkolonie aus (Dok. 87), während sich die Engländer vor allem um die deutschen Auswanderungswilligen bemühten, mögen es nun die Pfälzer (Dok. 92), die Salzburger Protestanten (vgl. Dok. 21) gewesen sein, die sich vor allem in Pennsylvania oder North Carolina niederließen. Die große Bereitschaft und die relativ große Zahl dieser deutschen Auswanderer erklärt sich wohl vor allem aus materieller Not (Dok. 91), nicht selten verschärft durch zyklische Agrarkrisen und Hungerwinter, aber auch aus der Suche nach Religionsfreiheit. Daß sie dabei mehr als einmal Opfer betrügerischer Anwerbungspraktiken wurden bzw. sogar von manchen in Geldnot befindlichen Fürsten regelrecht nach Amerika verkauft wurden, sei hier nur am Rande vermerkt.

Im Unterschied zu den spanischen und portugiesischen, aber auch zu den holländischen Kolonien war der Anteil von ausgewiesenen Straftätern in den englischen und französischen Kolonien (vgl. Dok. 43) außerordentlich hoch, und auch für die Besiedlung Sibiriens wurde in der zweiten Hälfte des 17. Jahrhunderts verstärkt auf sie zurückgegriffen (Dok. 90). Die französische und die englische Krone begünstigte die Deportation in die Kolonien aus zweierlei Gründen: Zum einen konnte auf diese Weise der Nachfrage nach billiger Arbeitskraft entsprochen werden, zum anderen wurde das Mutterland dadurch von sozialen Problemherden befreit, die sich aus dem Anwachsen der „unruhigen", nicht seßhaften „Elemente" in der Bevölkerung für die politische Ordnung ergaben. Eine besondere Qualität erreichte diese unfreiwillige weiße Auswanderung aber erst im 18. Jahrhundert, als in Australien (Dok. 84) und in Cayenne in Französisch-Guayana (Dok. 76) regelrechte Sträflingskolonien eingerichtet wurden.

Daß den Franzosen gerade Cayenne für diese Zwecke geeignet erschien, erklärt sich sicherlich aus den immensen Schwierigkeiten, mit denen sie bei der Besiedlung von Französisch-Guayana von Anfang an zu kämpfen hatten, vor allem aber aus dem Scheitern des in der damaligen Auswanderungsgeschichte einmaligen Großversuchs, Tausende französischer, franko-kanadischer und auch deutscher Auswanderer mit einem Schlag in dieser Kolonie ansässig zu machen. Dieses von dem Minister Choiseul inspirierte Unternehmen, das Frankreich zumindest einen festen Punkt auf dem amerikanischen Festland bewahren und sichern sollte, nachdem es im Pariser Frieden (1763) Kanada verloren hatte, kostete infolge schlechter Vorbereitung und Koordination bei mangelhaften, zum Teil katastrophalen infrastrukturellen Bedingungen mehreren tausend Menschen das Leben und ließ Französisch-Guayana zu einem Alptraum für jeden Auswanderer werden (Dok. 76). Es war im öffentlichen Bewußtsein so negativ besetzt, daß es sich zu Deportationszwecken geradezu anbot.

Der enge Zusammenhang zwischen Auswanderungs- und Siedlungspolitik liegt angesichts der sozialen Zusammensetzung der europäischen Auswanderer nach Übersee auf der Hand: Da die Masse der Auswanderer aus der Bauernschaft stammte und aus den unterschiedlichsten Gründen von der eigenen Scholle vertrieben worden war, hing die Attraktivität Amerikas als Einwanderungsland vor allem davon ab, auf welche Weise der Landhunger von Auswanderungswilligen gestillt werden konnte. Kennzeichnend für die Anfänge der Besiedlung Amerikas durch europäische Siedler ist zunächst, daß die jeweiligen europäischen Herrscher sich auch als Beherrscher des amerikanischen Grund und Bodens betrachteten. Dadurch fühlten sie sich legitimiert, ihre postulierten Rechts- und Eigentumsansprüche Dritten, vornehmlich Privatpersonen aus dem Adel oder Gesellschaften, zu bestimmten Konditionen und mit ausdrücklichen Auflagen zu übertragen. Den Autochthonen Süd- und Nordamerikas wurde bei dieser Transaktion zumeist nur eine untergeordnete Rolle eingeräumt. Ihre Ansprüche auf das Territorium wurden von den Spaniern nur so lange geduldet, wie sie Wohlverhalten an den Tag legten (Dok. 61). Günstigstenfalls wurde ihnen das Land wie in Virginia, Pennsylvania, am Delaware oder in New York abgekauft. Im französischen Fall stellte man sie nach ihrer Bekehrung zum Katholizismus zwar den Franzosen rechtlich gleich, mißachtete ihre Besitzansprüche auf das Land aber völlig. In der Regel nahmen die Europäer das Land ohne alle Umstände in Besitz und schufen dadurch vollendete Tatsachen.

Karte 9: Die Europäer in Südamerika um 1700.

Die rechtlichen Formen, die bei der Vergabe von Land an Kolonisten gewählt wurden, konnten sich daher stark an den in der Metropole vorherrschenden Konditionen und Verfahrensweisen orientieren. Und da die Agrarverhältnisse der meisten Metropolstaaten noch überwiegend von eher feudalen Elementen geprägt waren, zumindest was die Zeit der Etablierung der Kolonialreiche angeht, die für die Modalitäten der Landvergabe zweifellos richtungsweisend war, war es nur folgerichtig, daß man auf bestehende Strukturen zurückgriff. Allerdings war dies nur das Prinzip; in der Praxis bestanden zwischen den Kolonien verschiedener Mutterländer gemäß den Differenzen in den jeweiligen metropolitanen Agrarverfassungen große Unterschiede. Darüber hinaus entwickelten sich auch die Kolonien ein und derselben Metropole auseinander, je nachdem, welcher Nutzungstyp sich in einem längeren Prozeß als dominierend herausschälte: Kleinbauernwirtschaft in Nordamerika oder Plantagenwirtschaft auf der Basis von Großgrundbesitz in Mittel- und Südamerika sowie in den südlichsten englischen Kolonien Nordamerikas.

In den spanischen Kolonien kamen Neusiedler zunächst relativ leicht zu Grundbesitz (Dok. 59), wobei aber die ökonomischen Möglichkeiten der Kolonisten Umfang und Beschaffenheit des zugewiesenen Landes maßgeblich beeinflußten, um die überkommene Sozialstruktur und gesellschaftliche Hierarchie auch innerhalb der Kolonie zu festigen. Verfolgte die Krone mit dieser Landvergabepolitik vor allem das Ziel, aus den Abenteurern und Eroberern der ersten Jahre der Konquista seßhafte Kolonisten zu machen, so lockerte sie in der zweiten Hälfte des 17. Jahrhunderts das generelle Verbot weiterer Entdeckungsfahrten. Allerdings verknüpfte sie diese Konzession mit der Auflage, stärker als bisher bei der Anlage neuer Siedlungen das von den Indianern bewohnte Gebiet zu respektieren.

Die portugiesische Krone versuchte die Probleme der Besiedlung Brasiliens zunächst dadurch zu lösen, daß sie große Landgebiete als lehnsartige Schenkung *(donatária)* an interessierte Adlige vergab. Mit deren feudalen Besitzrechten korrespondierte in den Anfangsjahren vielfach eine Besiedlungsstruktur fronhaften Zuschnitts. Mit der Anwendung des Sesmaria-Gesetzes auf Brasilien fand jedoch die portugiesische Krone bereits seit 1534 eine Form der Landvergabe, die auch für den einzelnen Kolonisten attraktiv war. Nach den Grundsätzen dieses in Portugal seit dem 14. Jahrhundert gültigen Gesetzes konnte der Mehrzahl portugiesischer Kolonisten Land unter der Voraussetzung zugeteilt werden, daß sie es bewohnten, urbar machten, bewirtschafteten und den sog. Quinto, den fünften Teil der Erträge, an die Krone abführten. Das Sesmaria-Gesetz wurde unverändert bis in das 18. Jahrhundert hinein angewandt und bestimmte in Brasilien die Praxis der Landvergabe (Dok. 56).

Auf den französischen Antillen bildete sich ebenso wie auf den englischen und spanischen Antillen sehr rasch eine Siedlungsstruktur heraus, der Plantagenwirtschaften das Profil verliehen, die in heftiger Konkurrenz zueinander und unter dem Druck metropolitaner Ansprüche zu einer Wirtschaftsform wurden, für die die Einfuhr von Negersklaven unerläßlich war. Feudale Strukturen, die diese Entwicklung nur behindert hätten, wurden hier rasch von einer profitorientierten Nutzung des Bodens abgelöst. Diese Entwicklung läßt sich nirgends deutlicher als auf den französischen Antillen beobachten (Dok. 73), wo im krassen Gegensatz zu den Verhältnissen in Neu-Frankreich kaum rein feudale Besitzverhältnisse überleben konnten.

Ähnliche Tendenzen lassen sich auch in den südlichen englischen Kolonien feststellen, wenn man Virginia und die Eigentümerkolonie Maryland vergleicht, in denen der Tabakanbau dominierte, allerdings in Virginia zunächst auf der Basis von größeren und kleineren Landschenkungen nach dem *Head-Right-System* (Dok. 83) und in Maryland auf der Grundlage einer stark feudal geprägten *Charter* (Manor-System). Ebensowenig wie die feudalen Elemente der Agrarverfassung Marylands langfristig überlebten, konnte sich der kleinbäuerliche Besitz in Virginia auf Dauer halten: Trotz unterschiedlicher Voraussetzungen transformierte sich die Agrarverfassung beider Kolonien durch ökonomische Zwänge zur reinen Plantagenwirtschaft auf der Basis von Großgrundbesitz und Sklavenarbeit. In den meisten Plantagenkolonien wichen selbst Subsistenzwirtschaften dem Druck zunehmender Monokultur: Für drei Jahrhunderte sollte es für diese Kolonien charakteristisch werden, daß ihre Lebensmittelversorgung weitgehend auf die Zufuhr aus der Metropole oder aus anderen Kolonien angewiesen blieb.

Diese Aufgabe erfüllten insbesondere die mittleren und nördlichen englischen Kolonien recht gut, wobei in Neu-England Fischfang und Pelzhandel neben der landwirtschaftlichen Produktion rangierte. Hier schufen günstige Landvergabemodalitäten die Voraussetzung für eine breite Streuung der kleinbäuerlichen Produktion. Denn jeder Neusiedler erhielt, zumindest solange Land im Überfluß vorhanden war, mindestens 50 Acres pro Person zugewiesen, und dies zu einem niedrigen Steuersatz. Dieses Verfahren, das immer größere Auswandererströme anzog und dadurch auch die landwirtschaftlichen Erträge erhöhte, trug dazu bei, daß sich die *Frontier-Line*, die Besiedlungsgrenze, unaufhaltsam ins Landesinnere verschob, wodurch wiederum neben der ökonomischen auch die politische Position der englischen Kolonien verbessert wurde. Dies sollte sich bei den schwelenden und eskalierenden Auseinandersetzungen mit den französischen Kolonien, die das 18. Jahrhundert prägten, als entscheidend erweisen.

Im Unterschied dazu konnte Kanada nicht einmal Colberts Pläne auf Dauer erfüllen, nämlich die regelmäßige und ausreichende Versorgung der französischen Antillen mit Getreide, Fisch, Holz und anderen Versorgungsgütern sicherzustellen. Das lag sicher zum einen an der niedrigen Zahl der Siedler, es hing zum anderen aber auch mit der Struktur der Agrarverfassung zusammen. Denn wie in keiner anderen Kolonie auf dem amerikanischen Kontinent setzten sich hier feudale Strukturen durch und wurden auch während der gesamten französischen Kolonialzeit beibehalten. Dazu gehörten nicht nur Verleihungen von Grundherrschaften *(Seigneuries)*, wie sie traditionell üblich waren

(Dok. 71), sondern den Grundherren *(Seigneurs)* wurden auch Privilegien zuerkannt, wie sie sie zur selben Zeit im Mutterland nicht mehr besaßen und die sie in Kanada weidlich auszunutzen bestrebt waren (Dok. 74). Darüber hinaus – und dies weist zurück auf Traditionen des 12. und 13. Jahrhunderts – wurden die *Seigneurs* und ihre Pächter bei Indianereinfällen oder Übergriffen anderer Kolonien zum Dienst an der Waffe verpflichtet. Noch zu Beginn des 18. Jahrhunderts wurde bei dem Siedlungsvorhaben für die Prinz-Edward-Insel auf diese alten Formen zurückgegriffen (Dok. 75). Der freie bäuerliche Besitz, mit dem der Intendant Neusiedler anziehen und fördern konnte, war demgegenüber weitgehend ohne Bedeutung. Diese die Einwanderung und die Produktion hemmende Wirkung feudaler Strukturen wurde auch bei den Patronskolonien in Neu-Niederland deutlich, wo zwei Gründungen nach kurzer Zeit aufgegeben werden mußten und nur die von Rensselaerswyck sich über Jahrhunderte halten konnte, eben die Kolonie, in der die Landwirtschaft eher kapitalistisch organisiert war und deren *Patroon* Pachtverträge mit den Siedlern abschloß.

Bei allen Unterschieden der rechtlichen Strukturen und der sich daraus entwickelnden landwirtschaftlichen Formen in den Kolonien gab es doch auch allgemeingültige Prinzipien, die die Siedlungspolitik der verschiedenen Mutterländer prägten: So war es in den Kolonien generell leichter, Land zu erwerben, und dies zu günstigeren Konditionen als im Mutterland. Allerdings sollten, anders als in den Metropolstaaten, die Lehnsherren selbst auf ihren Gütern wohnen und persönlich Sorge dafür tragen, daß das Land auch urbar gemacht und kultiviert wurde. Gerade auf diesen letzten Aspekt – die Gegensteuerung gegen den um sich greifenden Absentismus und die Bodenspekulation – richtete sich die Aufmerksamkeit der metropolitanen Gesetzgeber: Die Verordnungen häuften sich in allen Mutterländern, nach denen das verliehene oder zugewiesene Land innerhalb einer bestimmten Frist urbar gemacht werden sollte und andernfalls die Konfiskation drohte. Das Gegenteil, viel brachliegendes Land auf den neuen, augenscheinlich zu großen Landgütern, scheint die Regel in Übersee gewesen zu sein, was auf ein weiteres, überall anzutreffendes Problem weist: Obwohl alle Metropolstaaten gerade den kleinen und mittleren bäuerlichen Besitz zu fördern suchten, um für die Masse der Auswanderer eine solide Existenzgrundlage zu schaffen, entstand durch Verkauf, Vererbung und vor allem durch zunehmende Spekulationstätigkeit Großgrundbesitz, insbesondere in Gebieten, in denen die Plantagenwirtschaft dominierte, und seine Entstehung ging immer einher mit der Vernichtung kleinbäuerlicher Existenzen (Dok. 63). Daneben entwickelten sich in den Kolonien der katholischen Mächte – von Kanada bis nach Südamerika – die Orden und kirchlichen Institutionen zu den größten Grundbesitzern überhaupt, und das war ein Trend, gegen den selbst die detailliertesten Bestimmungen (vgl. Dok. 110) nichts auszurichten vermochten, weil er seine Entstehung höheren Werten verdankte, der Sicherung des Seelenheils.

Auch für die Anlage von Siedlungen gab es übergeordnete Kriterien, die nicht nur in den Siedlungskolonien von Neu-Niederland (Dok. 86), Kanada und in den englischen Kolonien galten, sondern auch für die Ortswahl in Süd- und Mittelamerika den Ausschlag gaben: in erster Linie die Zugänglichkeit, die Flußnähe, die strategische Lage, die Bodenbeschaffenheit, womit vor allem Aspekte der Nachschubsicherung und der Verteidigungsmöglichkeit berücksichtigt wurden. Trotz dieser konzeptionellen Übereinstimmung unterschieden sich die praktischen Umsetzungen vor Ort erheblich voneinander. Wie in keiner anderen Kolonie der Europäer in Amerika wurde in den spanischen Kolonien die Stadt schon frühzeitig zum Mittelpunkt jeder Art von gesellschaftlichem Leben, denn hier markierte die Gründung von Städten den Abschluß der Konquista und den zügigen Aufbau eines geregelten Gemeinwesens mit so durchgebildeten administrativen Körperschaften, wie sie anderswo nicht bestanden (Dok. 60 und 65). Hinzu kam, daß das Land von den Städten aus kolonisiert wurde. So erhielten viele spanische Siedler neben einem Grundstück in der Stadt, deren Pläne ganz schematisch nach spanischen Vorbildern entworfen worden waren, auch ein kleines Stück Land außerhalb der Stadtgrenze zugewiesen; dadurch sollten Landwirtschaft und Viehzucht gefördert werden, um die neuentstandenen Zentren von Nahrungsmittelnachschub weitgehend unabhängig zu machen.

In anderen Siedlungskolonien gab hingegen der Flußlauf die Richtung an, in der immer weitere Landesteile erschlossen wurden, wie in den englischen Kolonien, in Kanada und, mit Abstrichen, in Neu-Niederland. Eine Mischform existierte schließlich in Brasilien und in Neu-England, in denen es jeweils auf das Land verstreute Zentren gab, aus denen sich im weiteren Verlauf nach und nach Städte entwickeln sollten: Die *towns* in Neu-England blieben lange Zeit größere ländliche Gemeinwesen, die relativ unabhängig voneinander wirtschafteten und regierten.

Die Ursachen dieser Differenzen müssen zum einen in den unterschiedlichen Zielsetzungen der Metropolstaaten gesucht werden, die wie im spanischen und auch im französischen Falle einen Absolutheitsanspruch der Krone umzusetzen suchten, der für seine Realisierung einer raschen Herausbildung von Verwaltungszentren bedurfte. Zum anderen weisen die Divergenzen, wie es am Beispiel der englischen Kolonien besonders deutlich wird, auf die verschiedenartigen Einflußmöglichkeiten der Kolonisten: Denn hier lag es bei den Kolonisten selbst, das Land nach Maßgabe von Prinzipien, die mit der Kolonialverwaltung abgestimmt waren, zu erschließen und zu besiedeln (Dok. 80). Schließlich spielte als dritter Aspekt die Ausgangslage in den Kolonien eine hervorragende Rolle, insbesondere was das Verhältnis der neuen Siedler zur autochthonen Bevölkerung anging. Die spanischen Kolonisten bevorzugten es beispielsweise aus verschiedenen ökonomischen Erwägungen heraus, sich in der Nähe von Indiodörfern niederzulassen, während die europäischen Siedler in Nordamerika stets Indianerangriffe befürchten mußten und zur besseren Verteidigung spezielle Siedlungsformen konzipierten, so etwa der französische Intendant Talon, der sich vergeblich für die Etablierung von Haufendörfern als Alternative zu den Siedlungen längs des St. Lorenz-Stroms einsetzte (Dok. 67).

Auswanderung und Siedlungspolitik sind zwei Faktoren, die wechselseitig aufeinander wirken, die sich begünstigen oder hemmen konnten: Während es für die Auswanderer Priorität besaß, wie sie in Übersee zu Land kommen würden, war umgekehrt das Ausmaß der Besiedlung, durch das erst die wirkliche Durchdringung und Eroberung des zunächst nur abstrakt postulierten Herrschaftsanspruchs markiert wurde, für die reale Stärke der Kolonien in ökonomischer wie politischer Hinsicht ausschlaggebend. Diesem Abhängigkeitsverhältnis trugen die Kolonialmächte durchaus unterschiedlich Rechnung, was sich zum einen aus den voneinander abweichenden Konzeptionen ergab, die die Mutterländer ihren spezifischen Voraussetzungen gemäß mit dem Kolonialisierungsprozeß verfolgten, zum anderen aber auch mit den vorgefundenen Bedingungen in den Kolonien selbst zusammenhing.

Nicht zuletzt dadurch erklären sich die unterschiedlichen Vorgehensweisen bei der Besiedlung verschiedener Kolonien ein und desselben Mutterlandes. Daher korrespondierten mit scharfen Kontrollen der Auswanderung nicht unbedingt Behinderungen beim Landerwerb, wie am Beispiel der spanischen Kolonien deutlich wird. Wohl aber konnte sich bei starker Reglementierung beider Bereiche eine solche Schwächung der Kolonie einstellen, daß sie – wenn sie nicht anderweitig kompensiert wurde – der Metropole an einen Kolonialrivalen verloren gehen konnte, wie es im Falle Kanadas geschah. Auch die Beispiele der Kolonien Neu-Niederland und Neu-Schweden unterstreichen nur, wie schwer das Fehlen einer kontinuierlichen Einwanderung von Neusiedlern eine Kolonie in der Anfangsphase belastete und wie leicht sie dadurch ein Opfer der stetigen Ausbreitung von Konkurrenten werden konnten. Insbesondere der Typus der Siedlungskolonie war für eine solche Entwicklung anfällig, weniger der der Plantagenkolonie. Vor allem die an Einwanderern zahlenmäßig weit überlegenen und wirtschaftlich prosperierenden englischen Kolonien verhielten sich expansiv. Das englische Modell, die Lösung des Verhältnisses von Auswanderung und Landerwerb zumeist privaten Kolonisationsunternehmen zu übertragen, brachte eine große Variationsbreite der Siedlungsarten hervor und führte dazu, daß die Auswanderung wie in keinem anderen Land zu einem regelrechten Geschäft wurde und England zur Drehscheibe für protestantische Auswanderer aus ganz Europa avancierte. Dies hatte wiederum zur Folge, daß in den englischen Kolonien das beanspruchte Land sogleich besiedelt und die *Frontier-Line* unaufhörlich nach Westen verschoben wurde, was zweifellos die Stärke ihrer Position in Nordamerika ausmachte.

Die Portugiesen in Brasilien wurden nur durch geringfügige staatliche Eingriffe beeinträchtigt und kamen – zumindest seit dem 16. Jahrhundert – relativ leicht zu Landbesitz. Eine prosperierende Kolonialwirtschaft führte darüberhinaus dazu, daß Brasilien für die Portugiesen als Einwanderungsland seine Anziehungskraft behielt.

In Fragen der Auswanderungs- und Siedlungspolitik fanden weder die katholischen noch die protestantischen Mächte zu übereinstimmenden Lösungen. Hier wie dort gab die Flexibilität aller Beteiligten den Ausschlag, wenn es hieß, die ökonomischen, sozialen und politischen Möglichkeiten der verschiedenen Kolonietypen – ob Siedlungs- oder Plantagenkolonie oder Handelsstützpunkt – freizulegen; eine Flexibilität, die ihre Grenzen zu allererst in der ökonomischen wie in der politischen Realität der Mutterländer fand.

Lit.: W. B. Munro: The Seigniorial System in Canada. A Study in French Colonial Policy. New York 1907 – Walter A. Knittle: Early Eighteenth Century Palatine Emigration. Philadelphia 1937 Ndr. Baltimore 1979 – N. L. Hansen: The Atlantic Migration (1607–1860). Cambridge 1940 Ndr. London 1951 – W. B. Munro: The Immigrant in American History. Cambridge 1941 – Gabriel Debien: Le peuplement des Antilles françaises au XVIIe siècle. Les engagés partis de La Rochelle. 1681–1717. Le Caire 1942 – Richard Konetzke: La emigración de mujeres espanoles a América durante la época colonial. In: Revista internacional de sociología 3 (1945), S. 123–150 – José Maria Ots Capdequi: El régimen de la tierra en América espanola en el período colonial. Ciudad Trujillo 1946 – A. E. Smith: Colonists in Bondage. White Servitude and Convict Labor in America. 1607–1776. Chapell Hill 1947 – Gabriel Debien: Les engagés pour le Canada au XVIIe siècle vus de La Rochelle. In: Revue historique de l'Amérique française VI (1952), S. 177–233, S. 347–407 – Maurice Chevalier: La formation des grands domaines au Mexique. Terre et société aux XVIe–XVIIe siècles. Paris 1952 – J. Henripin: La population canadienne au début du XVIIIe siècle. Paris 1954 – Frédéric Mauro: Le Portugal et l'Atlantique au XVIIe siècle. 1570–1670. Paris 1960 – Peter Boyd-Bowmann: La emigración peninsular a América. 1520–1539. In: Historia Mexicana 13 (1963), S. 165–192 – Charles R. Boxer: Race Relations in the Portuguese Colonial Empire. Oxford 1963 – J. N. Biraben: Le peuplement du Canada. In: Annales de démographie historique (1966), S. 105–138 – R. C. Harris: The Seigniorial System in Early Canada. Madison 1966 – Frédéric Mauro: L'expansion européene (1600–1870). Paris 1967 – Carsten Goehrke: Die Wüstungen in der Moskauer Rus. Studien zur Siedlungs-, Bevölkerungs und Sozialgeschichte Wiesbaden 1968 (Quellen und Studien zur Geschichte des östlichen Europa. Bd. 1), S. 190–192 – V. Magalhaes-Godinho: L'émigration portugaise du XVe siècle à nos jours. Histoire d'une constante structurale. In: Mélanges E. Labrousse. Paris 1974, S. 253–268 – V. I. Sunkov: Ocerki po istorii kolonizacii Sibiri v XVII – nacale XVIII veka. Moskva 1946 (neu publiziert In: Ders.: Voprosy agrarnoj istorii Rosii. Moskva 1974, S. 25–192) – Jean Meyer: Les Européens et les autres de Cortés à Washington. Paris 1975, S. 135–159 – Allan Frost: Convicts and Empire. A Naval Question 1776–1811. Melbourne 1980 – Wolfgang Reinhard: Geschichte der Europäischen Expansion. Bd. 1: Die Alte Welt bis 1818. Bd. 2: Die Neue Welt. Stuttgart 1983 und 1985.   SP/TS

54. Ein königliches Werbepatent für die portugiesische Auswanderung nach Brasilien (1550)

Für das nur dünn besiedelte Portugal brachte die Erschließung und Nutzung Brasiliens erhebliche Probleme mit sich. Zwar gelangte relativ früh ein gewisser Menschenüberschuß aus den portugiesischen Hafenstädten nach Übersee, die ländliche Bevölkerung Portugals aber hatte, abgesehen von nicht sehr zahlreichen Fällen wirtschaftlicher Not, zunächst kaum ein Interesse daran, nach Übersee auszuwandern. Im Gegensatz zu weiten Teilen Spanisch-Amerikas schien in Brasilien kaum die Chance gegeben, durch Auffindung von Edelmetallen schnell zu Reichtum zu gelangen. Gegen Ende des 16. Jahrhunderts dürfte daher die Zahl der in Brasilien lebenden Portugiesen nicht mehr als 10000 betragen haben.

Der Bedarf an Arbeitskräften, vor allem für den ländlichen Bereich, mußte angesichts dieser Rahmenbedingungen durch Versklavung von Indianern (vgl. Dok. 95) oder seit Beginn des Zuckerrohranbaus in den siebziger Jahren des 16. Jahrhunderts vor allem durch Einfuhr von afrikanischen Sklaven gedeckt werden. Daneben aber stellte sich das Problem der militärischen Sicherung des Landes, denn bis in die vierziger Jahre des 16. Jahrhunderts gehörte Brasilien faktisch nicht mehr zu Portugal als zu Frankreich. 1531 hatten die Franzosen die Faktorei von Itamarca erobert und eine Garnison von 60 Mann zurückgelassen, und auch nach der Landnahmeexpedition der Brüder de Sousa (vgl. Dok. 25) und der Errichtung von Kapitanien waren die portugiesischen Siedlungen immer wieder durch Indio-Überfälle und französische Landungsunternehmen (vgl. Dok. 36) gefährdet. Zu einer aktiven Siedlungspolitik als Verteidigungsstrategie gab es kaum eine Alternative.

Wie das im folgenden abgedruckte königliche Schreiben zeigt, unternahm die Krone im Zusammenhang mit der Einrichtung einer Zentralverwaltung in Brasilien den Versuch, die Auswandererquote durch die Vergabe von Werbepatenten zu steigern. Eine zentrale Behörde – wie in Spanien die *Casa de la Contratación de las Indias* (vgl. Dok. 57) –, die die Auswanderung nach Übersee hätte organisieren können, gab es in Portugal nicht. Es ist auch bezeichnend für den Mangel an Auswanderungswilligen in Portugal, daß die in der vorliegenden Quelle vom 11. September 1550 behandelte Auswandererwerbung auf den von den Portugiesen beherrschten und seit der Mitte des 15. Jahrhunderts besiedelten Azoren durchgeführt werden sollte.

Lit.: J. F. Almeida Prado: Primeiros povoadores do Brasil. Rio de Janeiro 1925 – António da Silva Rego: Portuguese Colonization in the 16th Century. A Study of the Royal Ordonnances. Johannesburg 1959 – F. Mauro: Le Portugal et l'Atlantique au XVIIe siècle 1570–1670. Paris 1960.   MM/TS

Ein Schreiben des Königs João III. an den Gouverneur der Azoren

Pedro Annes do Canto. Ich, der König, sende Euch viele Grüße. Durch eine Nachricht des Tomé de Sousa, des Kapitäns von Bahía de Todos os Santos und Gouverneurs der Länder Brasiliens, und [durch Hinweise] anderer Personen habe Ich erfahren, daß die Einfriedung einer Stadt, die Ich in der besagten *Capitanía* von Bahía zu bauen befohlen habe, fast fertiggestellt ist. Die Mauern haben eine Höhe, daß man sie zur Nacht schließen kann, und es gibt ausrei-

54. Werbepatent für die portugiesische Auswanderung nach Brasilien

chend Artillerie, die auf vier Bollwerken, die sich in der besagten Einfriedung befinden, postiert ist. Somit ist diese Stadt sehr stark und verteidigungsfähig. Und das Landgebiet der besagten *Capitanía* ist derart umfangreich und fruchtbar, daß, wenn das Land dort mit Leuten wohl versorgt wäre, sich der Plan erfüllen könnte, dort große Gewinne zu erzielen und das Land viel besser zu nutzen *(se enobrecerá muito)*.

Und deshalb könnte es sein, daß sich auf jenen Inseln [den Azoren] einige Personen finden, denen Ich auf ihren Antrag hin Überfahrtmöglichkeiten und Proviant für eine Reise stellen werde, wenn sie sich [in Brasilien] anzusiedeln wünschen. Ich freue Mich, dies zu tun, damit das gesagte Landgebiet bevölkert und seine Nutzung verbessert wird. Und Euch beauftrage Ich, in jener Stadt Angra und in allen anderen Dörfern und Ansiedlungen jener Inseln bekanntzumachen, daß Ich befehle, allen Personen, die in den besagten Ländern Brasiliens leben wollen, Überfahrt und Proviant zu stellen. Und darüberhinaus werden ihnen von dem besagten Tomé de Sousa Landgebiete zugeteilt werden, die sie frei bebauen und nutzen sollen, ohne daß sie dafür mehr zahlen müssen, als den Gott zustehenden Zehnten[1].

Und Ich möchte folglich, daß allen, die dorthin gehen wollen, mitgeteilt wird, daß Ihr ihnen eine Überfahrtmöglichkeit einrichtet, die sie benutzen können, und daß Ihr sie für die Reise mit Lebensmitteln versorgt, denn Ich beauftrage Euch mit der Durchführung dieser Aufgabe.

All jene Personen, die in den besagten Ländern wohnen wollen, sollen in einer Liste verzeichnet werden. Und wenn es so viele sind, daß sie ausreichen, um ein Schiff zu füllen, sollt Ihr beliebige Schiffe chartern, die sich im Hafen der Insel befinden und die sich dazu eignen, die besagten Leute zu der *Capitanía* von Bahía zu transportieren. Ihr sollt vom Rentmeister *(almoraxife)* oder Steuereinnehmer *(recebedor)* der besagten Insel die Lebensmittel empfangen, die für die besagten Leute notwendig sind, um [die Reise] durchzuführen. Ich ordne an, daß sie dafür einen angemessenen Vorrat erhalten. Darüberhinaus ordne Ich an, daß Ihr noch einige weitere Ausgaben tätigt [...], denn es ist möglich, daß es notwendig wird, sogleich einen Teil der Chartersumme an den Herrn oder Eigner eines Schiffes zu bezahlen. In jedem Falle aber sollt Ihr beim Chartern eine auf Euren Namen lautende Bescheinigung, die die Chartersumme beziffert, ausstellen, die der besagte Schiffseigner dem besagten Tomé de Sousa präsentieren soll [...].

In der besagten Weise sollt Ihr Überfahrt und Proviant für alle jene Personen besorgen, die in die besagten Teile von Brasilien auswandern wollen, und zwar bis zu 300 Personen. Alle sollen direkt zu der besagten *Capitanía* gebracht werden, und man soll [dort] in Erfahrung bringen, wo sich der besagte Tomé de Sousa befindet. Und wenn es sich als notwendig erweist, sollt Ihr Anweisung geben, daß die besagten Auswanderer eine dieser Aufgabe gewachse-

---

[1] Es handelt sich um den Getreidezehnten an den Christusorden auf der Basis des *Lei das Sesmarias* von 1375, das seit 1532 auch in Brasilien galt.

ne und vertrauenswürdige Person begleitet, um ihr die besagten Lebensmittel auszuhändigen, damit sie ordnungsgemäß verteilt und nicht vergeudet werden [...]. Und wenn Ihr meint, daß man der besagten Person dafür ein gewisses Gehalt zahlen sollte, soll dieses auf Meine Kosten nach Eurem Gutdünken bezahlt werden. Auszahlen soll [dieses Gehalt] der Rentmeister oder Steuereinnehmer auf Eure Anweisung hin [...]. Und das Gehalt der besagten [Begleit-]Person soll, wie gesagt, nach Eurem Gutdünken bestimmt werden. Aber es soll nicht zwei *Milreaes*[2] pro Monat übersteigen, die Summe, die Ich den Kapitänen Meiner Schiffe auszuzahlen befohlen habe. Ich beauftrage Euch, diese Aufgabe durchzuführen, wie Ihr alle Dinge erledigt, mit denen Ich Euch betraue, nämlich so gut Ihr könnt. Ihr sollt die Leute dazu bringen, daß sie sich freuen, in jenen Gebieten von Brasilien zu leben, denn das wird Mir große Befriedigung verschaffen.

Bartolomeu Fernandes hat dies zu Lissabon am 11. September 1550 ausgefertigt.

Und sorgt dafür, daß die Personen, die solchermaßen in jene Ländereien Brasiliens auswandern, verheiratet sind. Wenigstens sollten dies so viele wie irgend möglich sein. Und wenn Euch der vorliegende Brief übergeben wird, sollt Ihr Mir darüber berichten, wieviele Menschen Eurer Ansicht nach [noch dorthin] geschickt werden könnten, und was in dieser Hinsicht noch zu tun wäre, um mehr [Leute hinüberschicken] zu können. Möglicherweise werde Ich Euch den Auftrag erteilen, dafür Sorge zu tragen.

Aus: Arquivo dos Açores. Vol. XII. Ponta Delgada 1892, S. 414.   MM

55. Pater Manuel de Nobrega unterbreitet Vorschläge für die Beseitigung des Mangels an europäischen Frauen in Brasilien (1549)

Der Mangel an europäischen Frauen war ein Problem, das sich insbesondere in der Anfangsphase der Besiedlung überseeischer Gebiete stellte. Die harten Bedingungen, die die Auswanderer in der ersten Zeit vorfanden, und die Tatsache, daß Landnahme, Festsetzung und Gründung erster Ansiedlungen zumeist von Soldaten vorgenommen wurden, die nach der Eroberung als Siedler im Lande blieben, führten zu einem ausgeprägten Männerüberschuß. Unter Umgehung in Europa gültiger Moralgrundsätze und ohne die diesbezüglichen Vorschriften der Kirche zu beachten, vermischten sich daher die ersten portugiesischen Siedler in Brasilien mit Indianerinnen und mit Afrikanerinnen, die sie als Sklavinnen nach Übersee mitgebracht hatten. Dies war eine Entwicklung, die die portugiesische Krone – im Gegensatz zu der von den Spaniern seit der zweiten Hälfte des 16. Jahrhunderts betriebenen Rassenpolitik – nicht zuletzt auch wegen des in Portugal herrschenden Mangels an Auswanderungswilligen duldete, ja zum Teil sogar förderte.

---

[2] Der *Real* war eine in Portugal seit dem letzten Drittel des 15. Jahrhunderts sehr verbreitete Silbermünze.

55. Mangel an europäischen Frauen in Brasilien

Pater Manuel da Nobrega, der Beauftragte des Jesuitenordens für Brasilien, beurteilt diese Verhältnisse in dem im folgenden abgedruckten Ausschnitt aus einem Brief vom 9. August 1549 an Pater Simão Rodrigues in Lissabon zwangsläufig anders als die vom Frauenmangel betroffenen Siedler. Er propagiert eine verstärkte Anwerbung von Europäerinnen zur Auswanderung. Gleichzeitig glaubt er, mit seinen Vorschlägen zur Lösung sozialer Probleme des Mutterlandes beitragen zu können.

Lit.: João Capistrano de Abreu: Os caminhos antigos e o povoamento do Brasil. Rio de Janeiro 1934 – Charles R. Boxer: Race Relations in the Portuguese Colonial Empire. Oxford 1963. MM

Die Gnade und die Liebe Unseres Herrn Jesus Christus möge stets mit uns sein. Amen.

[...] Hierzulande gibt es eine große Sünde, nämlich, daß so gut wie alle Männer ihre Negersklavinnen als Konkubinen *(mancebas)* halten und auch frei geborene Negerinnen zur Frau begehren. Dies tun sie entsprechend den Gebräuchen des Landes, viele Frauen zu halten. Und sie verlassen diese [Frauen] wieder, wann immer es ihnen gefällt, was für die neue Kirche, die der Herr zu begründen wünscht, ein großer Skandal ist.

Alle aber entschuldigen sich dafür bei mir damit, daß es keine Frauen gebe, die sie heiraten könnten, und ich weiß, daß sie heiraten würden, wenn sie jemanden dafür fänden. Das geht soweit, daß man bereits darüber in ein Handgemenge geriet, wer eine Frau zur Ehe nehmen dürfe, die Haushälterin eines verheirateten Mannes war, der kürzlich mit der Flotte herüberkam. Auch eine Sklavin des Gouverneurs wurde von [portugiesischen Männern] zur Ehefrau begehrt, und man machte sich anheischig, sie loszukaufen.

Ich bin daher der Meinung, daß es eine sehr nützliche Sache wäre, wenn Seine Hoheit einige Frauen [aus Portugal] herüberschicken würde, die in der Frage der Eheschließungen hierzulande ein wenig Abhilfe schaffen könnten. Dies könnten durchaus auch gefallene Mädchen sein, denn sie werden alle gut verheiratet, so daß sie nicht zu jenen gehören würden, die für Gott und die ganze Welt eine endgültige Schande sind. Und ich sage, daß sie alle gut verheiratet werden, denn dies ist ein großes und weites Land. Von einer einmal gesetzten Pflanze kann man dort zehn Jahre lang ernten, und sobald man auch nur eine Wurzel in die Hand nimmt, wachsen schon die Zweige, und alsbald sprießen sie. Und in eben dieser Weise wären bald auch diese Frauen ein Mittel zum Leben, wie andererseits jene Männer ihnen einen Ausweg [zur Rettung] ihrer Seelen bieten würden. Das Land aber würde auf diese einfache Weise bevölkert werden.

[Es folgen weitere Ausführungen über das Konkubinat sowie Fragen der Indianerpolitik und der Mission.]

Gegeben zu Bahía am 9. August 1549.
Manuel da Nobrega.

Aus: Serafim Leite (ed.): Monumenta Brasiliae I (1538–1553). Roma 1956, S. 119–120. MM

56. Ein Erlaß über die Landvergabe in Brasilien (1706)

Die Vergabe von Landgebieten in Brasilien basierte seit der Begründung von *Capitanías* im Jahre 1532 auf der bereits seit 1375 im Mutterland angewandten *Lei das Sesmarias*. Der Begriff *Sesmaria*, der das Landvergabepatent bezeichnet, hängt zusammen mit dem Amt der *Sesmeiros*, sechs gewählter Männer, von denen jeweils einer an einem der sechs Arbeitstage der Woche für die Landverteilung zuständig sein sollte.

Hatte das Gesetz der *Sesmarias* am Ausgang des 14. Jahrhunderts dazu gedient, in Portugal durch die schwarze Pest entvölkerte oder aber den maurischen Almohaden entrissene Gebiete wieder zu besiedeln, so war es in Übersee durch seine Hauptmerkmale – Verpflichtung des Landeigentümers zu Besiedlung und tatsächlicher Nutzung des zugewiesenen Landes sowie Beschränkung seiner Besteuerung auf den an den Christusorden zu entrichtenden Zehnten – vorzüglich dazu geeignet, die Weite des Landes tatsächlich in Besitz zu nehmen, dem Landeigentümer durch ein gemäßigtes Steueraufkommen ökonomische Anreize zu bieten und im Zuge der Inbesitznahme Neuland vor dem Zugriff von Konkurrenten zu sichern. Dabei war es wichtig, daß nicht genutztes Land wieder enteignet werden konnte.

Die Mehrzahl der durch *Sesmarias* zugeteilten Ländereien (67–73%) hatte eine Ausdehnung von ungefähr 8–15 km². Etwa ein Fünftel erstreckte sich über 20 bis 25 km², während ein gutes Zehntel der Landzuweisungen sogar eine Ausdehnung von 40 bis zu 250 km² erreichte. Erst im Jahre 1820 wurde das Gesetz der *Sesmarias* abgeschafft; noch heute aber prägen seine Spuren den Charakter der ländlichen Gebiete Brasiliens.

Lit.: A. H. de Oliveira Marques: Introdução à história da agricultura em Portugal. Lisboa 1962 – Costa Porto: Estudo sobre o sistema sesmarial. Recife 1965. MM

D. Fernando Martins Mascarenhas[1], etc. Alle diejenigen, die den vorliegenden Landvergabebrief sehen, mögen wissen, daß ich ein Gesuch des Balthazar Fernandes Leme, eines verheirateten Einwohners der Stadt Curitiba, der für seinen und seiner Familie Lebensunterhalt eine Landzuweisung zum Zwecke des Ackerbaus und der Viehzucht benötigt – beides wird Seiner Majestät bezüglich der zu zahlenden Steuern von Nutzen sein –, [positiv beschieden habe]. Das erbetene Landstück beginnt beim Besitztum des Bazílio da Silva Sagado und verläuft in Ost-West Richtung 5 Leguas am linken Ufer des Rio Grande entlang. Das Hinterland erstreckt sich weitere 5 Leguas in Nord-Süd Richtung. [...]

Und da nach Aussagen des königlichen Schatzmeisters sowie des Kronanwalts bisher niemand anderer diese Ländereien zugesprochen bekommen hat, weise ich Balthazar Fernandes Leme im Namen Seiner Majestät – Gott möge Sie schützen – das Land, 3 Leguas in der Längsausdehnung und 1 Legua in der Breite, beginnend an der Grenzlinie des Bazílio de Silva Sagado und in Ost-West-Richtung am linken Ufer flußabwärts des Rio Grande zu. Denn diese Ländereien sind ohne Besitzer und ihre Vergabe betrifft daher keine dritte Partei.

---

[1] D. Fernando Martins Mascarenhas de Lancastro war 1705–1709 Generalkapitän der *Capitanía* von Rio de Janeiro.

Niemand soll, nachdem die vorliegende Landzuweisung rechtskräftig ist, Anspruch auf die Ländereien erheben dürfen, vorausgesetzt, daß der zukünftige Eigentümer das betreffende Gebiet innerhalb von zwei Jahren urbar macht und auf ihm Wohnsitz nimmt.

Falls der zukünftige Eigentümer diesen Auflagen nicht nachkommen oder das Land an irgendjemanden verkaufen sollte, der es bebauen will, so verliert er jeden Anspruch auf den Besitz und das Gebiet wird als vakant betrachtet. Es kann [dann] gemäß den Anordnungen Seiner Majestät vom 22. Oktober 1698 von jedermann, der es kultivieren will, erworben und diesem anderen zugesprochen werden.

Ich befehle allen Offizieren und Justizbeamten dieser *Capitanía* und der betreffenden Gegend, die vorliegende Landvergabe zur Kenntnis zu nehmen, die sich in Übereinstimmung mit der obenerwähnten Erklärung auf die obengenannten Ländereien des besagten Balthazar Fernandes Leme bezieht, und die diesbezüglichen Vereinbarungen zur Ausführung zu bringen. Um dies zu bekräftigen, habe ich das vorliegende Dokument unterschrieben und mit meinem Wappensiegel siegeln lassen, so wie es in den Büchern des Gouvernements verzeichnet steht.

Gegeben in der Stadt S. Sebastião de Rio de Janeiro am 12. April des Jahres 1706. Geschrieben von dem Sekretär Bartholomeu Siqueira Cordovil.

Unterzeichnet von D. Fernando Martins Mascarenhas de Lancastro.

Aus: Archivo do Estado de São Paulo (ed.): Publicação official de documentos interessantes para a história e costumes de São Paulo. Vol. LII. São Paulo 1930, S. 12–14. MM

57. Die Regelung der Auswanderung nach Amerika durch die spanische Krone (1495/1511)

Die spanische Auswanderung nach Amerika ist Thema zahlreicher Untersuchungen gewesen, die sich mit Teilaspekten dieses Problemkreises befassen. Glaubte man zunächst aus den Registern der zentralen kastilischen Behörden die Auswanderung quantitativ erfassen zu können, erwies sich schon bald, daß offenbar ein großer Teil der spanischen Auswanderer gar nicht in den offiziellen Registern auftaucht. Die systematische Erfassung einzelner Personen anhand der Chronistik und anderer früher Quellen, wie sie etwa Boyd-Bowman versuchten, bestätigten daher nur, was man ohnehin vermutete: Der größte Teil der Auswanderer im 16. Jahrhundert kam aus Estremadura und Andalusien und war mehrheitlich mittlerer und niederer sozialer Herkunft. In jüngster Zeit erbrachten Untersuchungen spanischer Historiker auf der Basis lokalen Quellenmaterials neue Ergebnisse, so daß sich für die europäische Einwanderung nach Amerika im 16. Jahrhundert allmählich ein klareres Bild ergibt. Die Einwanderung aus Europa im 17. und 18. Jahrhundert ist dagegen weitaus weniger gut erforscht, man weiß lediglich, daß insbesondere im 18. Jahrhundert das Gros der Auswanderer aus Nordspanien, vor allem dem kantabrischen Raum stammte. Die Forschung ist hier jedoch im Fluß, auch über die nichtspanische europäische Auswanderung nach Süd- und

Mittelamerika sind in letzter Zeit neue Erkenntnisse gewonnen worden. Zumindest in quantitativer Hinsicht ist man über die erzwungene afrikanische Einwanderung – über den Sklavenhandel – nach Spanischamerika besser informiert, da die Sklaveneinfuhr zumindest anhand der erteilten Einfuhrlizenzen in groben Zügen rekonstruiert werden kann. Die zahlenmäßig in Neu-Spanien nicht ganz unbedeutende Einwanderung von Asiaten (Filipinos) seit dem 16. Jahrhundert ist freilich noch weitgehend unerforscht. Der Einwanderung von Ausländern gegenüber verhielt sich die Krone aber schon früh restriktiv, in jedem Fall unternahm sie aber den Versuch, Überblick und Kontrolle über die Wanderungsbewegung in die entdeckten Gebiete zu behalten.

Die spanische Besiedlung Amerikas war daher nie eine freie Wanderungsbewegung, kein spontaner Aufbruch einzelner Familien, Gruppen oder Personen zur Begründung einer neuen Heimat in Übersee. Jeder Entschluß zur Auswanderung oder auch nur zu einer vorübergehenden Reise in die überseeischen Gebiete bedurfte normalerweise einer Erlaubnis von seiten der Krone. Insofern stellt die spanische Kolonisation Amerikas den Musterfall einer staatlich reglementierten Auswanderungspolitik dar. Die spanischen Herrscher beanspruchten seit der ersten Fahrt des Kolumbus die Kontrolle über alle Fahrten in das Ozeanische Meer, ihr Erlaß vom 3. September 1501, der bei Zuwiderhandlung die Beschlagnahmung des Schiffes mitsamt der Ladung androhte, ist in die *Leyes de las Indias,* das koloniale Gesetzbuch von 1680, aufgenommen worden und bis zum Ende des spanischen Imperiums gültig geblieben. Das in den ersten Erlassen über Entdeckungsreisen dokumentierte Streben der Krone nach einer Bewahrung des spanischen Hoheitsrechts auf die entdeckten Gebiete und deren Erschließung war auch bestimmend für die Gesetzgebung über die Einreise und Einwanderung in die überseeischen Länder. Diese Anordnungen bezogen sich sowohl auf die quantitative Beschränkung der Auswanderer wie auf ihre qualitative Auslese.

Bereits für die zweite Reise des Kolumbus galt die Anordnung, daß alle auf den Schiffen mitfahrenden Personen sich bei dem Admiral und bei dem mit der Organisation der Flotte beauftragten Erzdiakon Fonseca und dessen Sekretär Juan de Soria zu melden hatten, um sich registrieren zu lassen. Diese Personenkontrolle war auch durch den Umstand veranlaßt, daß fast alle Teilnehmer der Expedition als besoldete Angestellte der Krone die Reise aufnahmen. Als sich jedoch herausstellte, daß zur Durchführung solch ausgedehnter Kolonisationsunternehmungen die finanziellen Mittel der Krone nicht ausreichten, lockerte sie das System der staatlich dirigierten Handelsunternehmungen mit besoldeten Angestellten und rief mit dem Erlaß von 1495 (Dok. 57a) zur Privatinitiative auf. Dieser Beschluß der Könige hatte wohl auch den Grund, daß sich im Laufe des Jahres 1494 eine Reihe von Entwicklungen eingestellt hatten, die für die Kolonisation der Insel La Española abträglich waren: Die Entdeckungsfahrten in Richtung Kuba waren ungünstig verlaufen, Hunger begann sich auf der Insel auszubreiten, Streitigkeiten zwischen dem Admiral und königlichen Beamten waren an der Tagesordnung, und die Eingeborenen erhoben sich gegen die Spanier. Es kam geradezu zu einer Entvölkerung La Españolas, der man mit dem Dekret über die freie Ausreise steuern wollte. Ein weiterer Erlaß aus dem selben Jahr sollte Befürchtungen der Kaufleute zerstreuen, daß ihre Waren in Westindien willkürlicher Beschlagnahmung ausgesetzt sein würden oder daß sie und ihr Personal dort gegen ihren Willen festgehalten würden.

Interessant ist Dokument 57a auch deshalb, weil es zeigt, welche Bestimmungen vor der Gründung der *Casa de la Contratación* im Jahre 1503 Gültigkeit hatten. Die Auswanderung durfte nur von Cádiz aus und mit Zustimmung der königlichen Beamten

57. Regelung der Auswanderung nach Amerika durch die spanische Krone

erfolgen. Außerdem bestanden feste Steuerregelungen und definierte Rechte für die Auswanderer. Die im Jahr 1503 in Sevilla eingerichtete *Casa de la Contratación* wurde auch mit der Überwachung und Lenkung der spanischen Auswanderung nach Amerika betraut, jeder, der dorthin eine Reise antreten wollte, hatte sich künftig die Genehmigung dieser Kontrollbehörde zu beschaffen. Nach einem Erlaß König Ferdinandos aus dem Jahr 1509 hatten die Sevillaner Beamten Personalregister aller Ausreisenden anzulegen und darin auch die berufliche Tätigkeit jedes einzelnen aufzunehmen. Eine Abschrift dieser Personalbeschreibung sollte an die Behörden von La Española geschickt werden. Diese Bestimmungen wurden dann auch in die Dienstanweisungen für die *Casa de la Contratación* von 1511 übernommen (Dok. 57b).

Dieses königliche Sendschreiben suchte die Auswanderung großzügig zu fördern, weil sich auf La Española bereits der Rückgang der eingeborenen Bevölkerung deutlich bemerkbar machte und man sich anschickte, ein neues, ausgedehntes Gebiet zu besiedeln. Im gleichen Jahr sollte die berühmte Predigt des Antón Montesinos in Santo Domingo (vgl. Dok. 100) die grausame Behandlung der Autochthonen durch die Spanier geißeln und damit die berühmte Kolonialdebatte im Spanien des 16. Jahrhunderts auslösen, die wiederum die Krone zu mannigfachen Einschränkungen und Änderungen in ihrer Auswanderungspolitik veranlaßte. Die Maßnahmen zur Überwachung der Auswanderung wurden immer mehr oder weniger streng durchgeführt, je nachdem, wie sich der Bedarf der Kolonien darstellte. Die königlichen Erlasse fungierten daher als eine Art Schleuse, mit der man den Auswandererstrom im öffentlichen Interesse regulieren konnte. Pi/TS

Lit.: Wilhelm Pferdekamp: Deutsche im frühen Mexiko. Stuttgart-Berlin 1938 – Catálogo de Pasajeros a Indias durante los siglos XVI, XVII y XVIII. 3 vol. Sevilla 1940–46 – Juan Friede: The Catálogo de Pasajeros and Spanish Emigration to America to 1550. In: Hispanic American Historical Review 31 (1951), S. 333–348 – Lewis Hanke: The Portuguese in Spanish America. With Special Reference to the Villa Imperial de Potosí. In: Revista Historia de América (México) 51 (1961), S. 1–48 – Peter Boyd-Bowman: Indice geobiográfico de cuarentamil pobladores españoles de América en el siglo XVI. 2 vol. Bogotá 1964-México 1968 – Vicente de Amezaga Aresti: El elemento vasco en el siglo XVIII venezolano. Caracas 1966 – Philip D. Curtin: The Atlantic Slave Trade. A Census. Madison-Milwaukee-London 1969 – J.I. Israel: The Portuguese in Seventeenth-Century Mexico. In: Jahrbuch für Geschichte von Staat, Wirtschaft und Gesellschaft Lateinamerikas 11 (1974), S. 12–31 – Peter Boyd-Bowman: Patterns of Spanish Emigration to the New World 1493–1580. Buffalo-New York 1973 – J.I. Israel: Race, Class and Politics in Colonial Mexico 1610–1670. Oxford 1975 – Peter Boyd-Bowman: Patterns of Spanish Emigration to the Indies 1579–1600. In: The Americas (Washington) 33 (1976), S. 78–95 – Miguel Acosta Saignes: Historia de los Portugueses en Venezuela. Caracas 1977 – Charles F. Nunn: Foreign Immigrants in Early Bourbon Mexico. Cambridge 1979 – Carmen Gómez Pérez: Los extranjeros en la América colonial: Su expulsión de Cartagena de Indias en 1750. In: Anuario de estudios americanos 37 (1980), S. 279–311 – Paul E. Lovejoy: The Volume of the Atlantic Slave Trade: A Synthesis. In: Journal of African History 23 (1982), S. 473–501 – Richard Konetzke: La emigración de mujeres españolas a América durante la época colonial. In: Günter Kahle/Horst Pietschmann (Hg.): Lateinamerika, Entdeckung, Eroberung, Kolonisation. Wien 1983, S. 1–28. RP *a. Gesetz der Katholischen Könige über die freie Ausreise (1495)*

Don Fernando und Doña Isabel, von Gottes Gnaden König und Königin von Kastilien etc. Wie man Uns berichtete, würden einige Personen, Bürger und Einwohner der Städte, Ortschaften, Dörfer und Häfen Unserer Königreiche und Herrschaften, Unsere Untertanen und Landsleute *(súbditos e naturales)* gerne ausreisen, um im überseeischen Indien[1] – über die Inseln und das Festland hinaus, welche auf Unser Geheiß in jenem Teil des Ozeans bereits entdeckt worden sind – neue Inseln und Festlandsgebiete zu entdecken und dort Gold, Metalle und andere Waren zu gewinnen, andere hinwiederum zur Insel Española, die ebenfalls auf Unser Geheiß hin erkundet und entdeckt worden ist, fahren, um dort zu leben und sich anzusiedeln, wenn sie von Uns dazu die Erlaubnis bekämen und für einige Zeit mit Vorräten ausgerüstet würden; [sie] sehen jedoch ab von diesem Vorhaben wegen des von Uns erlassenen Verbotes, demzufolge bei Strafe keine Person ohne Unsere Erlaubnis nach Indien fahren darf. Angesichts all dessen und in dem Bewußtsein, daß die Entdeckung, Nutzung und Besiedlung dieser Länder und Inseln jenseits der bereits entdeckten Insel Española ein Dienst ist, den Wir Gott Unserem Herrn schuldig sind, weil die Einwohner jener Länder durch den Umgang mit Spaniern zur Erkenntnis Gottes Unseres Herrn gebracht und zu Unserem heiligen katholischen Glauben bekehrt werden, weil es ferner zu unserem Nutzen und zum allgemeinen Besten Unserer Königreiche, Herrschaften und Untertanen und Landsleute *(súbditos e naturales)* dient, haben wir Uns entschlossen, kraft dieser [Urkunde], Unseren Untertanen die Erlaubnis zu geben, nach den genannten Inseln und den Festlandsgebieten zu reisen, sie zu erforschen und dort Handel zu treiben, und zwar unter den Bedingungen, die in dieser Unserer Urkunde enthalten und erklärt sind auf diese Weise:

Erstens: Alle Schiffe, die unter irgendeinem der nachstehend in diesem Brief erwähnten Umstände nach den genannten Inseln segeln wollen, dürfen ihre Ausreise nur von Cádiz und von keinem anderen Hafen aus antreten. Vor ihrer Abreise haben sie sich bei den dort von Uns oder Unseren Bevollmächtigten eingesetzten Beamten vorzustellen, damit diese registrieren, wer nach Indien fährt. Jeder von ihnen hat die ihn betreffenden Vorschriften, die in dieser Urkunde aufgeführt werden, zu beachten und zu befolgen.

Alle, die ohne Besoldung nach der Insel La Española gehen und sich dort niederlassen wollen, können dies ungehindert tun. Sie können dort ohne Beschränkung als freie Männer leben, brauchen keine Steuern zu zahlen und dürfen die Häuser, die sie bauen, die Felder, die sie bestellen, und die Pflanzungen, die sie anlegen, als ihr freies Eigentum für sich und ihre Rechtsnachfolger behalten gemäß der Zuteilung an Land und Liegenschaften durch die von Uns auf der genannten Insel damit Beauftragten. Diesen Personen, die solchermaßen auf der genannten Insel La Española leben und wohnen und von

---

[1] Gemeint sind die bis dahin von den Spaniern entdeckten Gebiete im Karibischen Raum.

57. Regelung der Auswanderung nach Amerika durch die spanische Krone

Uns, wie schon oben erwähnt, keine Besoldung erhalten, wird man für ein Jahr Unterhalt geben; Wir gewähren ihnen ferner die Gunst, und es ist Unser Wille, daß sie – mit Erlaubnis Unserer Bevollmächtigten auf der Insel La Española – den dritten Teil des Goldes, welches sie auf der Insel finden, für sich behalten sollen, soweit es nicht zum Tauschhandel gebraucht wird; die zwei anderen Drittel sind für Uns; sie müssen sie Unserem Steuereinnehmer *(receptor)* auf der Insel abliefern; sofern sie die Lizenz besitzen, dürfen sie alle anderen Waren und sonstigen Güter, die sie auf der Insel vorfinden, für sich behalten unter Abgabe eines Zehntels vom Wert an Uns oder Unseren Beauftragten, ausgenommen das Gold, von dem sie Uns, wie oben gesagt, zwei Drittel abgeben müssen. Sie müssen es auf der genannten Insel Española Unseren Beamten vorweisen, dann Unserem Empfangsbevollmächtigten, der es für Uns entgegennimmt, die zwei Drittel des Goldes bezahlen, ebenso das oben erwähnte Zehntel aller anderen vorgefundenen Dinge.

Item: Somit kann von nun an jeder von Unseren Untertanen und Landsleuten *(súbditos e naturales)*, der das wünscht, Unsere Gunst und Einwilligung vorausgesetzt, zur Erkundung von Inseln und festem Land in die genannten indischen Regionen reisen, ebenso zu den bereits entdeckten oder weiteren, und dort Handel treiben *(rescatar)*, nur nicht auf der genannten Insel Española, und von den dort wohnenden Christen jede Art von Waren erwerben, ausgenommen Gold. Sie können sich dazu jedes beliebigen Schiffes bedienen, nur müssen sie die Ausreise aus Unseren Reichen von der Hafenstadt Cádiz aus antreten und sich dort Unseren Beamten vorstellen. Sie haben auch auf jedem dieser Schiffe eine oder zwei Personen, die von diesen Beamten, bei denen sie sich vorstellen, bestimmt werden, und überdies zu einem Zehntel der Tonnage ihrer Schiffe für Uns Ladung mitzunehmen, ohne dafür Frachtgeld zu erhalten. Die Ladung, die sie für Uns befördern, müssen sie auf der Insel Española löschen und der oder den dort auf Unsere Anordnung zum Empfang dessen, was von hier aus hinübergeschickt wird, bevollmächtigten Personen übergeben, wobei der Empfang bestätigt werden muß. Wir wünschen, und das ist Unser Gunsterweis, daß von dem, was die genannten Personen auf jenen Inseln und jenem Festland vorfinden, ihnen neun Zehntel bleiben und ein Zehntel für Uns, was sie Uns zu entrichten haben, sobald sie in Cádiz wieder den Boden Unserer Königreiche betreten. Sie müssen diesen Betrag der von Uns beauftragten Person bezahlen, und erst, wenn sie bezahlt haben, dürfen sie nach Hause fahren oder wohin sie sonst wollen, mit allem, was sie mitgebracht haben. Sie müssen bereits bei der Ausfahrt von Cádiz Sicherheit geben, daß sie diese Bedingung erfüllen.

Item: Alle Personen, die irgendwelche Lebensmittel und Vorräte nach der Insel Española und jeglicher anderen Insel, die auf Unser Geheiß hin besiedelt wurde, mitnehmen wollen, dürfen sie auf besagte Inseln bringen und abgabenfrei veräußern. Die Preise müssen sie mit den Käufern aushandeln und können dafür Waren in Zahlung nehmen oder Gold, das dort vorhanden ist. Wenn sie aber alle diese Vorratsgüter oder einen Teil davon an die Beamten verkaufen, die dort für die Versorgung der Leute, die Uns dienen, verantwortlich sind, soll bei der Bezahlung wie oben gesagt verfahren werden oder man soll ihnen einen Schuldschein *(cédula)* aushändigen, den sie dann hier [im Mutterland] einlösen können. Wir sichern ihnen zu, daß sie auf diese Schuldscheine ihr Geld erhalten, vorausgesetzt, daß ihre Schiffe mit ihrer Vorratsladung auch tatsächlich von Cádiz auslaufen, damit sie sich dort Unseren Beamten vorstellen, wie oben gesagt frachtfrei mit einem Zehntel ihrer Tonnage für Uns Ladung nach den genannten Inseln befördern und sich, wie im obigen Kapitel beschrieben, zur Zahlung des Zehntels von allem, was sie dort gewonnen haben, verpflichten; diese Zahlung ist, wie bereits gesagt, bei der Rückkehr nach Cádiz zu entrichten.

Des weiteren: Nachdem Wir bereits Don Cristóbal Colón, Unserem Admiral von den besagten [west]indischen Ländern, das Privileg *(merced)* eingeräumt haben, in jedem Schiff, das dorthin fährt, ein Achtel des Laderaums zu benutzen, bestimmen Wir nunmehr, daß jener Admiral oder wer von ihm dazu bevollmächtigt ist, von sieben Schiffen, die nach Indien fahren, eines mit seinen Tauschgütern beladen darf.

Alles hier Gesagte und jeden Teil davon befehlen Wir, aufs genaueste zu beachten und zu erfüllen, wie es in dieser Urkunde geschrieben steht; und damit der ganze Inhalt jedermann kund werde, befehlen Wir, daß er auf den Plätzen und Märkten und anderen üblichen Versammlungsorten aller Städte, Ortschaften, Dörfer und Häfen Andalusiens und anderer Teile Unserer Königreiche, wo es tunlich ist, ausgerufen werde und jeder, der es wünscht, eine Abschrift bekommt: Solcherweise geben Wir diesen Erlaß *(carta)* heraus, unterschrieben mit Unseren Namen und gesiegelt mit Unserem Siegel. Verfügt in der Stadt Madrid am zehnten Tag des Monats April im Jahre tausendvierhundertundfünfundneunzig Unseres Erlösers Jesus Christus. ICH, DER KÖNIG, ICH, DIE KÖNIGIN. Ich, Fernando Álvarez de Toledo, Sekretär des Königs und der Königin, Unserer Herren, ließ es in Ihrem Auftrag schreiben. Beglaubigt: Rodericus, doctor. Registriert: Doctor Francisco Díaz, Kanzler.

Aus: Colección de Documentos inéditos relativos al Descubrimiento, Conquista y Organización de las Antiguas Posesiones Españoles de América y Oceanía. Vol. XXX. Madrid 1878. Ndr. Nendeln 1966, S. 317–324. Engl

b. Königliches Sendschreiben an die Casa de la Contratación de Las Indias[2] in Sevilla (1511)

Der König. An Unsere Beamten der *Casa de la Contratación de las Indias* in der Stadt Sevilla: Mir ist berichtet worden, daß wegen der vielen Auskünfte und

---

[2] Die 1503 gegründete „Casa de la Contratación" befaßte sich ausschließlich mit überseeischen Angelegenheiten. Hier wurde der transozeanische Schiffs- und Handelsverkehr organisiert und kontrolliert, außerdem war die Casa de la Contratación mit der Einziehung einiger Steuern und mit der Überwachung der Auswanderung beauftragt worden. Daneben erfüllte sie auch technisch-wissenschaftliche Funktionen. 1524 wurde sie dem neu gegründeten Indienrat unterstellt. In Handelsangelegenheiten wurde hier in erster Instanz Recht gesprochen.

Prüfungen, die in jener *Casa* eingeholt bzw. durchgeführt werden bei den Personen, die nach den Indien, den Inseln und [dem] Festland des ozeanischen Meeres, fahren wollen, viele Personen davon absehen hinzufahren, die [jedoch] reisen würden, wenn besagte Prüfungen nicht stattätten. Weil Ich aber wünsche, daß besagte *Indias* besiedelt und so weit wie möglich entwickelt werden, ist es Meine Gnade und Mein Wille, daß von jetzt an nach den besagten Indien, Inseln und [dem] Festland des ozeanischen Meeres alle Personen, die Einwohner, Bürger und Ansässige dieser Reiche und Herrschaften sind, fahren können, die dies wünschen und für richtig halten, ohne daß durch Euch oder eine andere Person irgendeine Auskunft eingeholt oder Prüfung durchgeführt werden soll; lediglich die Namen der Reisenden sind in jener *Casa* aufzuschreiben, damit bekannt ist, wer hinfährt. Deshalb befehle Ich Euch, nach besagten Indien alle Einwohner, Bürger und Ansässigen dieser Reiche und Herrschaften gehen zu lassen, die dies wünschen, ohne über ihre Reise weitere Prüfung durchzuführen oder Auskunft einzuholen, sondern in den Registern jener *Casa* ihre Namen einzutragen und aus welchem Ort sie stammen. Hiermit erteile Ich Genehmigung und Befugnis, daß alle fahren können, ungeachtet jeglicher Briefe und Befehle und Verbote Unsererseits, die in gegenteiliger Weise erlassen sind: Diese widerrufe Ich und erkläre sie für null und nichtig. Und damit hierüber jedermann unterrichtet sei und von der Genehmigung und Befugnis wisse, die Ich erteile, befehle Ich Euch, diese Meine *Cédula* auf den Plätzen und Märkten und an anderen bekannten Stellen dieser Stadt und der anderen Orte dieses Bezirkes, wo Ihr es für nötig erachtet, ausrufen und veröffentlichen zu lassen. Gegeben zu Burgos am Neunten des Monats September fünfzehnhundertundelf. Ich der König. Auf Befehl Seiner Majestät. Lope Conchillos[3]. Abgezeichnet vom Rat[4].

Aus: Diego de Encinas: Cedulario Indiano. Ed. Alfonso García Gallo, Madrid 1945, S. 396.

Übers.: BK, Anm: RP

---

[3] Lope de Conchillos gehörte zum Kreis um Ferdinand den Katholischen. Nachdem er 1507 dem Sekretär des Königs, Bischof Fonseca, zugeteilt worden war, der bis 1524 die überseeischen Angelegenheiten leitete, erhielt er 1515 die Kanzleiregistratur, wo die von der Kanzlei ausgefertigten und gesiegelten Schriftstücke registriert wurden. Er war speziell für Amerika zuständig, darauf wird hier Bezug genommen.

[4] Der königliche Rat (Consejo Real), das oberste politische und administrative Organ der kastilischen Krone, war bis zur Gründung des Indienrats (1524) auch für die überseeischen Angelegenheiten zuständig.

58. Die Privilegierung von Eroberern und Kolonisten nach der Dienstanweisung für Antonio de Mendoza (1535)

Die Krone hat die spanische Landnahme in Amerika bereits seit der Zeit der Katholischen Könige Ferdinand und Isabella durch Anreize in Form von allerlei Privilegien zu fördern gesucht. Neben der Erhebung in den hohen Adel für einzelne erfolgreiche Anführer von Entdeckungs- und Eroberungsunternehmungen bzw. gruppenweiser Verleihung des niederen Adelsprivilegs der *Hidalguía*, neben Steuervergünstigungen, Anweisungen zur Bevorzugung der Eroberer und der ersten Siedler bei der Land- und Ämtervergabe sowie verschiedenen wirtschaftlichen Privilegien spielten vor allem die politischen Privilegien der erblichen Vergabe von Ämtern und der Begründung von im Lehnsrecht wurzelnder erblicher Grundherrschaften in der Diskussion die entscheidende Rolle. Die Eroberer waren vor allem bestrebt, die Institution des Repartimiento bzw. der Encomienda zu einer förmlichen und unbeschränkt erblichen Grundherrschaft mit Jurisdiktion und Herrschaftsrechten über die betroffenen Indios auszubauen, obwohl ausdrücklich unterstrichen werden muß, daß diese Einrichtungen lediglich die Abtretung von Tributleistungen einzelner Indiogruppen an Eroberer und Kolonisten durch die Krone umfaßte, bei gleichzeitiger Verpflichtung der Begünstigten zur Sorge für die Christianisierung und den Schutz der betroffenen Indios sowie für die Seßhaftwerdung und die Bereithaltung von Waffen. Die Eroberer strebten mit der Umfunktionierung dieser Tributleistungen, im Verbund mit dem in erblichem Besitz seiner Ämter befindlichen Anführer des Konquista-Zuges, die politische und wirtschaftliche Beherrschung des neu erworbenen Landes an. Diesen Wünschen ist die Krone jeweils vor der Eroberung durch Erteilung großzügiger Privilegien entgegengekommen, und sie hat auch danach immer noch für lange Zeit dem Wunsch Ausdruck gegeben, den Forderungen der Eroberer und Ansiedler zu entsprechen. Sie verfolgte dabei aber eine hinhaltende Taktik und suchte – über die Errichtung eines staatlich kontrollierten Beamtenapparates – das Heft in diesem Kampf um Macht erst einmal in die Hand zu bekommen.

Das vorliegende Dokument, die Instruktion für Antonio de Mendoza (vgl. Dok. 30), den ersten Vizekönig von Neu-Spanien, vom 25. April 1535 bringt diese Haltung deutlich zum Ausdruck: Einmal wird die Entschlossenheit der Krone bekundet, die Eroberer und ersten Siedler entsprechend ihren Verdiensten mit Grundherrschaften auszustatten, zum anderen wird aber auf die Notwendigkeit zu sorgfältiger Prüfung des Problemkomplexes verwiesen. In dieser Form verfuhr die Krone mit den Kolonisten bis ins 17. Jahrhundert hinein. Obwohl es in späterer Zeit sogar entsprechende gesetzliche Regelungen gab (vgl. Dok. 62), wurden zugleich immer so viele Prüfungsvorbehalte gemacht, daß es schließlich nie zur rechtlichen Verankerung und konkreten Realisierung dieser feudalen Privilegien kam.

In Anbetracht des Umstandes, daß sich immer wieder die Debatte um den „feudalen" oder „kapitalistischen" Charakter der spanischen Landnahme entzündet, muß festgehalten werden, daß es in Spanisch-Amerika zur Einrichtung eines Feudalsystems im rechtlichen Sinne nie kam. In der Forschung wird das äußerst umfangreiche und komplexe Privilegienwesen aus der Zeit der Landnahme und der Kolonisation zwar immer – wenn auch in mehr oder minder allgemeiner Weise – betont, in seiner Bedeutung für die Kolonialpolitik der Krone wie für die Entwicklung der sozioökonomischen Strukturen in Hispanoamerika ist es bislang in gründlicher, monographischer Form jedoch nicht aufgearbeitet worden. Pi

58. Privilegierung von Eroberern und Kolonisten in Neu-Spanien

Lit.: A. René Barbosa Ramírez: La estructura económica de la Nueva España (1519–1810). México 1971, S. 37–104 – Elinore M. Barrett: Encomienda, Mercedes and Haciendas in the Tierra Caliente of Michoacán. In: Jahrbuch für Geschichte von Staat, Wirtschaft und Gesellschaft Lateinamerikas 10 (1973), S. 71–112 – Marcello Carmagnani: L'America latina dal 1500 a oggi. Nascita, espansione e crisi di un sistema feudale. Milano 1975 – William L. Sherman: Forced Native Labor in Sixteenth-Century Central America. Lincoln-London 1979 – Horst Pietschmann: Staat und staatliche Entwicklung am Beginn der spanischen Kolonisation Amerikas. Münster 1980 – Marvyn H. Bacigalupo: A Changing Perspective: Attitudes toward Creole Society in New Spain (1521–1610). London 1981 – Silvio Zavala: Otra vez de encomienda y propiedad territorial. In: Justicia, Sociedad y Economía en la América Española (siglos XVI, XVII y XVIII). Trabajos del VI. Congreso del Instituto Iternacional de Historia del Derecho Indiano. Valladolid 1983, S. 341–358. RP

10. Und weil es stets Unser Wille war und ist, in ehrenvoller und angemessener Weise diejenigen, die Uns bei der Eroberung und Befriedung des Landes gedient haben, zu belohnen und den Personen, die dort siedelten und siedeln, eine Gnade zu erweisen, sollt Ihr, nachdem Obiges geschehen ist, eine Denkschrift aufsetzen. Sie soll aufführen, was Eurer Meinung nach gut und richtig sei, von dem Rest der Provinz als Gnade jedem einzelnen der Konquistadoren und Siedler in dem Land und Ort zu gewähren. Dabei ist in jedem einzelnen der Kapitel der Denkschrift zu erklären, was nach Eurem Gutdünken als eigene Gemarkung zuzuweisen ist und was Wir ihnen als Lehen oder in Form eines anderen Titels gewähren, je nachdem, was am angebrachtesten ist, und wie es von Uns verfügt wird, und sie sollen es mit Befugnissen zur Rechtsprechung in erster Instanz, mit den Modalitäten und Bedingungen, die auferlegt werden, erhalten. Und Ihr sollt in jedem Kapitel erklären, welchen Ertrag oder Nutzen jeder einzelne der besagten Konquistadoren oder Siedler aus dem Lehen und dem Grund und Boden, den Wir ihm verleihen, erhalten, wobei davon auszugehen ist, daß Uns als Anerkennung Unserer Oberhoheit und Herrschaft von ihnen als Unseren Lehnsleuten auf ewig ein gewisser Teil von allem Einkommen und Nutzen jener Lehen zusteht. Besagte Denkschriften sollt Ihr Uns senden, damit Wir sie in größtmöglicher Kürze überprüfen lassen und verfügen, was als Belohnung der Konquistadoren und für die Besiedlung und Nutzung des Landes angebracht ist. Es gab und gibt verschiedene Meinungen, insbesondere über die Landverteilung, die Gott und Uns frommen, wobei es an Euch ist, die Meinungen zu überprüfen, nachdem Ihr einigermaßen über das Land unterrichtet seid, und die Sache mit den Prälaten und Mönchen und anderen rechtschaffenen Personen zu besprechen und Mir ihrer aller Meinung zusammen mit der Euren zu schicken, auf daß mit größerer Abstimmung und Beratung Geeignetes verfügt werde. Eure Meinung soll auch enthalten, wie hoch Unser Anteil an den Einkünften und Gewinnen der Lehen, die besagten Siedlern gegeben werden, sein muß.

Aus: Lewis Hanke (ed.): Los virreyes españoles en América durante el Gobierno de la Casa de Austria: México. Vol. I. Madrid 1976, S. 26. BK

59. Landschenkungen an Spanier in Mexiko (1533)

Die im Gefolge der Entdeckungsreisen bekannt gewordenen Länder lockten in den ersten Jahrzehnten vor allem Abenteurer und Individualisten, die aus den Zwängen der festgefügten Standesgesellschaften auszubrechen suchten. Die ersten Ankömmlinge in den neu entdeckten überseeischen Gebieten waren in der Mehrzahl Soldaten, neben Berufssoldaten auch ehemalige Söldner. In Spanien waren nach der Eroberung Granadas im Jahr 1492 durch die Katholischen Könige und dem definitiven Abschluß der Reconquista viele Söldner freigesetzt worden, die sich nach der Entdeckung der ersten Inseln in der Karibik nach Las Indias aufmachten, um dort zu Reichtum zu kommen oder wenigstens eine neue Existenzgrundlage zu finden. Diese Eroberer konnten dann aber nach Abschluß der Eroberungszüge auch als Siedler ihre alten Soldatengewohnheiten nicht aufgeben. Wie wir aus einer Fülle zeitgenössischer Berichte wissen, zogen sie das Umherschweifen dem seßhaften Leben vor, und selbst der berühmte Konquistador Bernal Díaz berichtet, daß er nur auf nacktem Boden und unter freiem Himmel habe schlafen können. Dieser Typus unter den spanischen Siedlern Amerikas wehrte sich dagegen, sich an einem Ort niederzulassen, Wurzeln zu schlagen und ein von den staatlichen Organen kontrolliertes Leben zu führen. Aus dem Jahr 1528 verfügen wir über einen Bericht von zwei Richtern aus Santo Domingo, daß die Städte sich überall rapide entvölkerten. Alle Menschen, so schien es ihnen, waren nur auf der Durchreise. Diejenigen, die zu Geld oder Gold gekommen waren, strebten zurück nach Kastilien, die Armen dagegen wollten von der einen Stadt in die nächste ziehen, um Schätze zu entdecken und so ebenfalls zu Reichtum zu kommen. Neben dem Rückgang der eingeborenen Bevölkerung war die Land- und Stadtflucht der eingewanderten Siedler in der ersten Hälfte des 16. Jahrhunderts ein grassierendes Problem. Die Stadt Colima, im Bereich der Audiencia von Mexiko in Neu-Spanien gelegen, zählte 1522 25 Caballeros (Ritter) und 120 Peneros (Fußvolk), während sie zehn Jahre später nur noch 51 Einwohner aufwies. Viele Neusiedler im Bereich von Neu-Spanien brachen in diesen Jahren nach Kalifornien oder zu den Philippinen auf.

Die Krone versuchte, wie das vorliegende Dokument von Johanna der Wahnsinnigen (1479–1555, seit 1516 Königin von Spanien) vom 16. Februar 1533 zeigt, mit Landschenkungen (den *mercedes de tierra*) oder durch andere Privilegien (Schürfrechte für Gold, Silber oder Rechte für die Perlenfischerei), die spanischen Eroberer zu seßhaften Siedlern zu machen, indem man anstelle von der Jagd nach El Dorado und der Suche nach geheimnisumwitterten Schätzen reale Besitztümer bot. Die Ansiedlung der Stadtbürger erfolgte dabei durch königliche Landzuteilungen. Jeder Siedler erhielt ein Grundstück zugewiesen, wo er sein Haus zu erbauen hatte. Neben dem städtischen Bauplatz wurden ihnen auch außerhalb der Stadt kleinere Landparzellen zugeteilt, für Garten, Ackerbau oder Vieh. Diese Zuteilung von Ackerland wurde *mercedes de tierra* oder *mercedes de labranza*, die von Weideland *mercedes de estancias de ganado* genannt. Der zugeteilte Grund und Boden war nicht immer von gleicher Größe und gleicher Güte. Die *peonía* war die Maßeinheit, nach der die Zuteilung an die spanischen Fußsoldaten erfolgte; eine *caballería*, ursprünglich das einem Ritter zustehende Land, besaß eine fünfmal so große landwirtschaftliche Nutzfläche wie eine *peonía*. Eine *merced de tierra* konnte mehrere *peonías* oder *caballerías* umfassen. In Mexiko wurden allerdings nur *caballerías* verliehen. Diese gelenkte Landzuweisung führte zu dem bekannten Schachbrettmuster der spanischen Kolonialstädte.

59. Landschenkungen an Spanier in Mexiko

Bei der Umsetzung des königlichen Erlasses kam es allerdings bald zu unerwünschten Auswirkungen, denn es zeigte sich, daß die einfachste und wirksamste Art, sich in den Besitz von Ländereien zu setzen, darin bestand, Mitglied des Land zuteilenden Stadtrates zu werden. Die von der Krone ursprünglich ins Auge gefaßte soziale Kontrolle der Landzuweisung wurde dadurch unterlaufen, Korruption führte zu einer Anhäufung riesiger Areale, die oft nicht erschlossen und nicht bewirtschaftet wurden.

Lit.: Sherburne F. Cook – Lesley B. Sympson: The Population of Central Mexico in the Sixteenth Century. Berkeley 1948 – François Chevalier: La formation des grands domaines au Mexique. Terre et société aux XVIe–XVIIe siècles. Paris 1952 [engl. Ausgabe: Berkeley-Los Angeles-London 1963] – Woodrow Borah: La despoblación del México Central en el siglo XVI. In: Historia Mexicana 12 (1962), S. 1–12 – Sherborne F. Cook/Woodrow Borah: Materials for the Demographic History of Mexico. In: Dies.: Essays in Population History. Mexico and the Caribbean. 2 vols. Berkeley-Los Angeles-London 1971, S. 1–65 – Murdo J. MacLeod: Spanish Central America. A Socioeconomic History, 1520–1720. Berkeley-Los Angeles-London 1973.   TS

An den Präsidenten und die Richter *(oidores)* der königlichen Audiencia von Mexiko in Neu-Spanien, den Justizrat, die Stadträte, Edelleute, Knappen, Beamten und Ehrenhaften Männer aller Orte in Neu-Spanien:

Wir wissen aus Erfahrung, daß einer der Gründe, die das Anwachsen der Zahl Unserer christlichen Untertanen auf Unseren Westindischen Inseln und dem Festland behindern, der Umstand ist, daß die Konquistadoren und die Siedler, die nach Las Indias gehen, nicht die Absicht haben, für immer dort zu bleiben. Vielmehr streben sie danach, Gold, Silber und andere wertvolle Dinge zu erwerben, um damit in Unsere Königreiche [in Spanien] zurückzukehren. Dies hat nicht nur zur Störung des Bevölkerungswachstums geführt, sondern auch zur schlechten Behandlung der Indios und zur Vernachlässigung Unseres Bemühens, sie zu Unserem heiligen katholischen Glauben zu bekehren. Eine der Maßnahmen, von der Wir Uns ein Wachstum der Bevölkerung und einen dauernden Verbleib der Siedler versprechen, ist, daß sie alle von Uns Schenkungen erhalten, sowohl in Form von Ländereien, Gewässern und Häusern, als auch von Schürfrechten für Gold, Silber und andere Metalle, darüber hinaus für die Perlenfischerei und andere Vergünstigungen. Auch sollen sie öffentliche Ämter zu ihrer Ehre und ihrem Nutzen zugesprochen erhalten. Alle jetzt sich bereits dort befindlichen Siedler wie auch Neuankömmlinge sollen Indios als Encomienda oder auf einer anderen Rechtsgrundlage erhalten[1]. Sie sollen jedes Jahr für Gebäude und andere im Lande bleibende Dinge ein Zehntel dessen an die Krone abgeben müssen, was sie an den Indios oder auf

---

[1] Den spanischen Konquistadoren wurden von der Krone als Belohnung für erwiesene Dienste Indios zugeteilt, sie konnten bei der Bestellung ihrer Ländereien auf der Krone zustehende Tributpflichten der Eingeborenen zurückgreifen. Das meint das Wort Repartimiento. Der Begriff Encomienda (von *encomendar:* anvertrauen) umfaßt den gleichen Vorgang wie *Repartimiento,* beinhaltet jedoch auch eine moralische Verpflichtung der privilegierten Kolonisten *(encomenderos)* gegenüber den ihnen anvertrauten Indios.

andere Weise in Las Indias verdient haben. Das so Erworbene sei ihr Eigentum, und sie sollen zu jeder Zeit darüber verfügen können, ohne jede Einschränkung. Aus einer solchen Regelung wird man großen Nutzen ziehen, denn selbst wenn jemand Las Indias verläßt und alles dort Erworbene mitnimmt, werden die Plantagen und Gebäude zum Nutzen des Gemeinwesens und zum Besten anderer Siedler dort verbleiben. Neuankömmlinge werden sich auf Grund dieser [bereits bestehenden] Einrichtungen dort lieber ansiedeln, was zum Wachstum der Bevölkerung führen wird.

Dies alles wurde in Unserem Indienrat besprochen und für die genannten Ziele als nützlich befunden. Wir wollen daher, daß es mit Zustimmung der gegenwärtig in diesem Land befindlichen Siedler durchgeführt und angeordnet wird. Daher befehle ich Euch – da es für Unseren Dienst und das dauernde Wohl dieses Landes wichtig erscheint – Euch zu versammeln und darüber zu beraten, zusammen mit den Leuten, die Ihr als passend erachtet. Ihr sollt die Entscheidung fällen, die Euch für den genannten Zweck nützlich erscheint. Was Ihr auch immer mit dem Willen der Einwohner dieser Länder und ihrer Mehrheit beschließt: Befehlt und sorgt dafür, daß es so ausgeführt werde, daß die Siedler dadurch möglichst wenig benachteiligt werden. Eure Anordnungen und Vorkehrungen sollt Ihr Uns zusenden, damit Wir die nötigen Befehle und Bestätigungen erteilen. Darüber hinaus ordnen Wir an, daß alles, was zu dem erwähnten Zweck entschieden und mit der Mehrheit der erwähnten Siedler beschlossen wird, mit möglichst geringer Benachteiligung der Siedler ausgeführt werden soll. Für die Nichteinhaltung sollt Ihr Strafen aussetzen, die Wir hiermit bestätigen. Von diesem Zwang sollen nach Unserem Willen jene Siedler befreit werden, die bei Inkrafttreten des Befehls bereits eine nach Eurer Meinung ausreichende Summe für Plantagen, Gebäude oder andere im Lande verbleibende Dinge ausgegeben haben. Ihnen soll nach Unserem Willen keinerlei Nachteil entstehen.

Ausgefertigt in Madrid am 16. Februar 1533. ICH DIE KÖNIGIN.

Unterzeichnet: del Conde, Beltrán, Suares, Bernal, Mercado.

Aus: Colección de Documentos inéditos para la Historia de Hispano-América. Vol. 9. Madrid 1930, S. 360–362. TS

60. Bernabé Cobo schildert die Gründung von Lima (1535)

In dem Vertrag, den ein Konquistador mit der Krone im Heimatland abschloß – der sog. *Capitulación* (vgl. Bd. 2, Einführung zu Kap. XI) – waren Stadtgründungen eine unter vielen Auflagen, die er zu erfüllen hatte.

Als Platz für eine Stadtgründung sollte ein Standort gewählt werden, der sich als vorgeschobener Militärposten eignete, an dem spanische Encomenderos zu siedeln bereit waren, die Stadt und Umland verteidigen konnten. Zusätzlich sollte der Ort ein

60. Bernabé Cobo schildert die Gründung von Lima

gutes Klima aufweisen, gutes Wasser (frisch, sauber und fließend, oder auch Brunnenwasser), Wälder für Brennholz, Sägewerke und Schreinerei, gutes Weideland für Pferde, gutes Saat- und Gemeindeland; vor allem aber gute, seßhafte, friedliche Indios, die geeignet waren, an die Spanier verteilt zu werden. Kurzum, es sollte ein Ort sein, der die Gründer und ihre Nachkommen für die Mühen der Konquista belohnte und sich zu einem wirtschaftlichen, kulturellen und religiösen Zentrum ausbauen ließ. Wurde eine Stadtgründung in der Nähe der Küste vorgenommen, war zusätzlich von Bedeutung, daß gute Voraussetzungen für das Anlegen eines Hafens gegeben waren.

Über zwei Jahre nach Beginn der Konquista Perus (vgl. Bd. 2, Dok. 80–83) war es dem Gobernador Francisco Pizarro noch nicht gelungen, eine Stadt zu gründen, die sich zur neuen Hauptstadt hätte machen lassen. Er hatte zwar mit Cuzco die Metropole des alten Inka-Großreichs besetzt; er hatte Manco als spanischen Vasallen zum Inka eingesetzt, der damit für die Loyalität seiner Untertanen verantwortlich war. Aber als neue Hauptstadt des spanischen Reiches Neu-Kastilien (= Großperu) eignete sich das Zentrum Cuzco nicht: Fast am Osthang der Anden gelegen, war es zu weit vom Meer entfernt.

Als Zwischenlösung hatte Pizarro im April 1534 Jauja im mittelperuanischen Hochland am Ufer des Mantaro zur Hauptstadt bestimmt. Aber auch Jauja lag weit vom Meer entfernt, zudem vermehrte sich das Vieh in dieser schneereichen Region nicht, und auch die Indios verhielten sich nicht mehr in dem Maße kooperativ wie ehedem: Die Stadt lag in einer guten und im Grunde reichen Gegend, aber das Land war durch Bürgerkriege und infolge der Belastungen durch die spanische Konquista verarmt und ausgeblutet (vgl. Bd. 2, Dok. 90). Als Pizarro in der Ratssitzung vom 29. November 1534 die Frage zur Entscheidung vorlegte, ob die Hauptstadt des Reiches letztlich im Gebirge oder am Meer gelegen sein solle, stimmte man für eine Verlegung ans Meer.

So schickte der Gobernador am 6. Januar 1535 drei Beauftragte aus, um einen geeigneten Platz für eine Stadtgründung an der Küste ausfindig zu machen. Diese Beauftragten entschieden sich für einen Standort im Tal des Flusses Rimac („der, der spricht"; span.: „Lima"). Das Klima dort war angenehm, es gab Wasser und Brennholz und nicht weit entfernt einen guten Naturhafen für größere Schiffe. Der Curaca [Fürst] des Landstrichs hieß Taulichusco und empfing sie friedlich. Am 18. Januar 1535 vollzog Pizarro die Gründung der Stadt, die den Namen Ciudad de los Reyes („Stadt der Könige") erhielt. Die meisten aber nannten sie nach ihrem einheimischen Namen „Lima".

Der Akt der Stadtgründung erfolgte entsprechend dem vorgeschriebenen feierlichen Zeremoniell, wonach der Platz für die vorgesehene Stadtgründung erst in Besitz zu nehmen war. Dieser Vorgang bestand aus drei Teilen: Aufruf, Herausforderung zum Zweikampf und Durchführung („la proclamación, el desafío y la ejecución"). Die Handlung wurde am *rollo* oder *picota*, einem in den Boden getriebenen, oben zugespitzten Stamm, vorgenommen, um den die zukünftigen Stadtbewohner einen Kreis bildeten. Der Gobernador zückte sein Schwert, wies in alle vier Himmelsrichtungen und verkündete seine Absicht, an dieser Stelle eine Stadt zu Ehren Gottes und Seiner Majestät zu gründen. Laut rief er den Namen der neuen Stadt und forderte die Anwesenden auf – falls sie mit der Wahl des Ortes nicht einverstanden seien –, zum Zweikampf anzutreten. Diese Aufforderung wiederholte er dreimal. Nachdem das Einverständnis feststand, näherte er sich dem *rollo* und hieb ihm von oben bis unten mit seinem Schwert einen Teil der Rinde ab, zwischendurch schnitt er damit auch Gesträuch oder Gras am Boden ab, oder er schleuderte einige Steine ins Weite. All diese

Handlungen nahm er vor, um darzutun, daß von diesem Platz im Namen des Königs Besitz ergriffen wurde.

Schließlich war die Stadt gegründet, und ein Notar schrieb mit einer Kondor- oder Pelikanfeder, die er in ein Horn mit Indigotinte tauchte, die Namen und den Besitzstand der zukünftigen Bürger der Stadt in einen Folianten. Jeder der um die *picota* versammelten Bürger setzte seine Unterschrift mit Schnörkel darunter; die Analphabeten beschränkten sich auf den Schnörkel, und ein anderer schrieb ihre Namen dazu. Mit dieser Amtshandlung entstand die erste Rathausakte der Stadt.

Den Akt der Gründung von Lima sowie die umständlichen Vorbereitungen dazu beschreibt die folgende Quelle, die wir dem Chronisten Bernabé Cobo (1586–1657) verdanken, einem Jesuiten, der vierzig Jahre in Peru verbrachte. Cobo konnte zur Abfassung seiner „Fundación de Lima" die Materialien des Archivs zu Lima heranziehen, die er ausgiebig verwendet und in sein Werk eingearbeitet hat.

Lit.: John P. Moore: The Cabildo of Péru under the Habsburgs. A Study in the Origins and Powers of the Town Council in the Viceroyality of Peru 1530–1700. Durham (N.C.) 1954 – Richard M. Morse: Some Characteristics of Latin American Urban History. In: American Historical Review 67 (1962), S. 317–338 – José A. del Busto Duthurburu: La marcha de Francisco Pizarro de Cajamarca al Cuzco. In: Revista Histórica 26 (1962–63), S. 147–174 – James Lockhart: Spanish Peru 1532–1560. Madison 1968 – Inge Wolf: Regierung und Verwaltung der kolonialspanischen Städte in Hochperu 1538–1650. Köln-Wien 1970 – Jorge E. Hardoy: El Modelo Clásico de la Ciudad Colonial Hispanoamericana. In: Verhandlungen des 38. Internationalen Amerikanistenkongresses. München 1972. Vol. 4, S. 143–171 – Guillermo Lohmann Villena: Los regidores del cabildo de Lima desde 1535 hasta 1635. Estudio de un grupo de domino. In: Revista de Indias 127–130 (1972), S. 161–216 – Jorge E. Hardoy y Carmen Aranovich: Escalas y funciones urbanas de la América Española hacia 1600. Un ensayo metodológico. In: Revista de Indias 131–138 (1973–74), S. 345–383 – María Antonia Durán Montero: Fundación de ciudades en el Peru durante el siglo XVI. Sevilla 1978. Engl

[Zu Beginn seiner Geschichte über die Gründung Limas stellt Cobo kurz die Motive und die Vorgänge dar, die dazu führten, die neue, kürzlich gegründete und als Hauptstadt Neu-Kastiliens vorgesehene Stadt Jauja aus dem Gebirge an die Küste zu verlegen. Danach berichtet Cobo ausführlich über die Vorbereitungen, einen geeigneten neuen Standort zu finden.]

Sobald die Verlegung der neuen Stadt beschlossen war, brach der Gouverneur mit einem Teil der Leute zur Küste auf, um persönlich das Gelände zu sichten, das für die Anlage einer Stadt am geeignetsten war. Er benannte Personen aus dem Gebiet von Jauja, die mit besonderer Sorgfalt die Gegend erkunden und auf ihre Tauglichkeit für eine Besiedlung hin untersuchen sollten. Als der Gouverneur ins Tal von Pachacamac, vier Leguas[1] von dieser Stadt [Lima] entfernt, gekommen war, betraute er weitere vom Stadtrat *[cabildo]*[2] benannte Personen mit der Aufgabe, den Ort ausfindig zu machen, an dem nun

---

[1] Legua: Spanisches Längenmaß, die sog. Spanische Meile (5,571 km).
[2] Der Cabildo war das gewählte Organ stadtherrlicher Amtsgewalt. Er setzte sich aus den Ratsmitgliedern (Regidores) zusammen, deren Zahl je nach Größe der Stadt zwischen sechs und zwölf variierte.

die Stadt erbaut werden sollte; dies alles ist aus dem Auftrag an die Kundschafter ersichtlich:

„Ich, der Komtur *[comendador]*[3] Don Francisco Pizarro, Adelantado, Generalkapitän und Gouverneur[4] dieser Provinzen Neu-Kastiliens, von Seiner Majestät ernannt, erkläre: Entsprechend der Bitte der Stadtbürger und der Allgemeinheit von Jauja, die Stadt zu verlegen, nachdem man erkannt hatte, daß sie sich an dem bestehenden Ort nicht in der Weise halten könne, wie es Seiner Majestät zum Nutzen gereiche und es das Wohl der Indios erfordere, weil diese wegen des weiten Anmarsches zu den Dienstverpflichtungen ihre Kräfte verlören, sich deswegen die Zahl verringere und die Stadtbürger Not litten, [und] des weiteren wegen vieler anderer offensichtlicher Gründe und weil es mir zum Nutzen Seiner Majestät förderlich schien, hielt ich es für ratsam, die genannte Siedlung in die Provinz Pachacamac zu verlegen, an den Sitz des Kaziken von Lima. Denn jener [Sitz] lag allem Anschein nach inmitten eines Gebietes, wo die besagten Indios mit weniger Anstrengungen ihre Arbeitsleistungen erbringen können und besser zu beschützen sind; zudem gab es hier einen guten Hafen zum Be- und Entladen von Schiffen, die in Zukunft in diese Reiche kommen, um von hier aus die anderen schon gegründeten und im Landesinneren noch zu gründenden Orte mit den notwendigen Dingen zu versorgen; überdies bildete der vorgesehene Ort den regionalen Mittelpunkt für die genannten Vorhaben. Und da es vor der Anlage eines solchen Ortes nötig ist, Gemarkung und Land des genannten Kaziken von Lima zu besichtigen und den denkbar geeignetsten Platz auszusuchen, der allen notwendigen Eigenschaften für eine gute Ortswahl entspricht, muß man für die Erledigung des Gesagten verständige Personen benennen, welche die Qualität und die Tauglichkeit des Geländes, die für die Gründung erforderlich sind, auch erkennen.

Deshalb beauftrage ich Euch, Ruy Díaz, Juan Tello und Alonso Martín de Don Benito, die Ihr schon lange in diesen Gebieten lebt, auch bei der Gründung vieler Orte beteiligt gewesen seid und über die notwendige Erfahrung und Kenntnis für die Suche nach einem geeigneten Platz verfügt, hiermit im Namen Seiner Majestät, das genannte Unternehmen gemeinsam auszuführen. Ich trage Euch auf, daß Ihr alsbald aufbrecht und den Ort und die Gegend von Lima aufsucht; dort und in der Umgebung sollt Ihr sorgfältig ausfindig machen, wo die besagte Stadt angelegt und gegründet werden kann, die solcherart beschaffen ist, daß sie auch dauerhaften Bestand hat, wie es Seiner Majestät frommt. Und nachdem Ihr die Stelle ausfindig gemacht habt, sollt Ihr mit einem entsprechenden Bericht zurückkommen, damit ich das anordnen kann, was Seiner Majestät ebenso wie der Gründung der Stadt am meisten

---

[3] Der Titel Komtur weist Pizarro als Ritter des Santiago-Ordens aus.
[4] Die Anführer der spanischen Entdeckungs- und Eroberungszüge erhielten im allgemeinen Titel und Amt eines Adelantado, Generalkapitäns und Gouverneurs, d. h. oberste zivile, militärische und richterliche Gewalt.

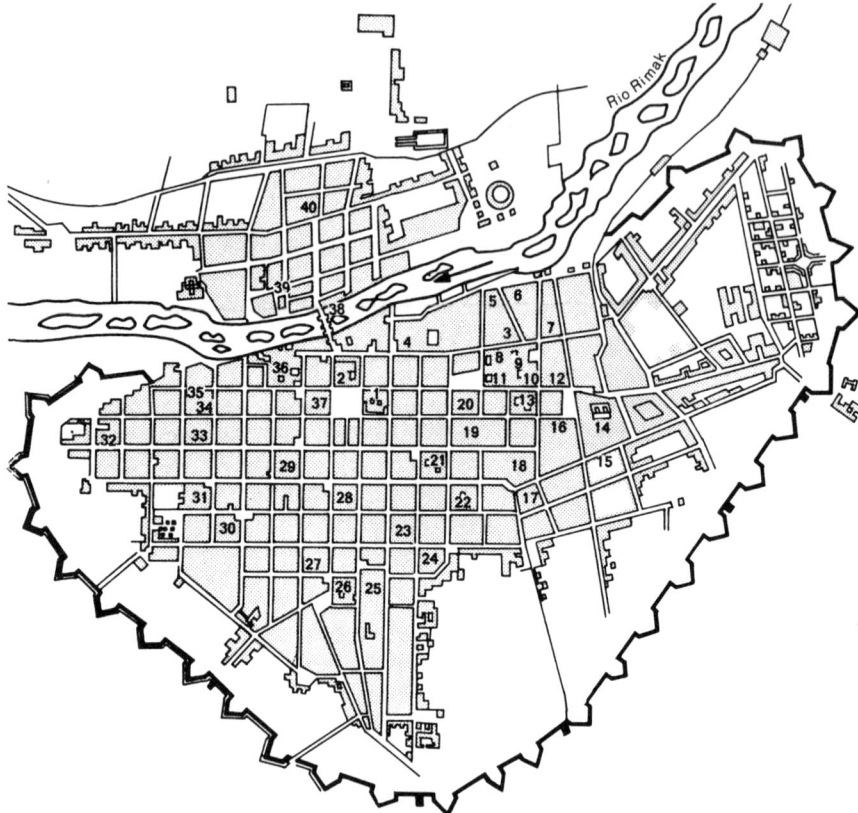

Abb. 17: Stadtplan von Lima, der Hauptstadt des Vizekönigreichs Peru (1796).

1. Kathedrale
2. Palast des Vizekönigs und Staatsgefängnis
3. Kirche Nuestra Señora de los Desamparados
4. Hauptkloster von San Francisco
5. Kollegium von Santo Toribio
6. Augustinerkollegium von San Ildefonso
7. Bruderschaft zur Tröstung Sterbender
8. Universität von San Marcos
9. Nonnenkloster des Trinitarierordens
10. Münze
11. Frauenhospital
12. Nonnenkloster der Franziskaner
13. Dominikanerkollegium St. Thomas
14. Indianerhospital und Pfarrkirche von St. Anna
15. Negerhospital von St. Bartholomäus
16. Europäerhospital von St. Andreas
17. Kollegium von San Pedro Nolasco
18. Dominikanernonnenkloster von Santa Rosa
19. Nonnenkloster von Mariae Empfängnis
20. Inquisition
21. Oratorium von San Felipe Neri
22. Königliches Zollhaus
23. Bernhardinernonnenkloster der Heiligen Dreieinigkeit
24. Waisenhaus
25. Nonnenkloster der Encarnación
26. Erholungsheim San Juan de Dios
27. Kapuzinerkloster
28. Hauptkloster der Mercedarier
29. Hauptkloster der Augustiner
30. Pfarrkirche von San Marcelo
31. Kloster der Nazarener
32. Benediktinerkloster Montserrat
33. Pfarrkirche von San Sebastián
34. Hospital vom Heiligen Geist
35. Dominikanerkloster Santa Rosa la Vieja
36. Hauptkloster der Dominikaner
37. Rathaus und Stadtgefängnis
38. Brücke über den Rimacfluß
39. Kapelle von Baratillo
40. Pfarrkirche und Hospital von San Lázaro

dient. Und da Holz angesichts des bestehenden Mangels in dieser Gegend das notwendigste Material zu sein scheint, lege ich Euch ans Herz, daß Ihr danach sucht und, wohin auch immer Ihr gelangen werdet, von den Kaziken Informationen über Holz zu bekommen versucht; achtet auf alles, damit Ihr von allen Vorzügen, über die besagter Ort nach Eurem Eindruck verfügt, vollständig und wahrhaftig berichten könnt, worauf ich mich verlasse. Gegeben zu Pachacamac, den 6. Januar 1535. Francisco Pizarro; im Auftrag Se. Hochwohlgeboren – Antonio Picado."

Mit dieser Anordnung und diesem Auftrag brachen die drei Benannten ins Tal von Lima auf, und nachdem sie es durchmessen, alles gesehen und die Tauglichkeit und Eignung erwogen hatten, kehrten sie nach Pachacamac zurück, um den Gouverneur den Bericht und die Nachricht zu liefern, die in folgenden Ausführungen enthalten sind.

[Am 13. Januar 1535 gaben die Mitglieder der Dreierkommission nach vorheriger eidlicher Versicherung, die Wahrheit zu sagen, nacheinander ihre Erfahrungsberichte, die sich in Inhalt und Wortlaut sehr ähneln. Als letzter führte Ruy Díaz aus:]

„Er sei eine der vom Gouverneur benannten Personen gewesen, den für eine Stadtgründung in der Gegend von Lima geeigneten Platz ausfindig zu machen; seit einigen Tagen sei er mit den genannten Juan Tello und Alonso Martín de Don Benito am Sitz des Kaziken von Lima und seiner Umgebung auf der Suche unterwegs gewesen; nachdem er sehr sorgfältig danach Ausschau gehalten habe, wo man entsprechend den Eigenschaften, die eine Stadtgründung erfordere, die neue Stadt errichten könne, erscheine ihm, soweit er das Land in Augenschein habe nehmen können, der Platz Lima an der gesamten Küste der für eine Stadtgründung geeignetste zu sein: Denn der ausfindiggemachte Ort sei allem Anschein nach von gesundem Klima und nahe beim Hafen am Meer gelegen, er habe gute Luft und ausgezeichnetes Saat- und Gemeindeland, und zwar ohne Nachteil für die Indios; in seiner Gemarkung gebe es genug Holz, und es seien alle Voraussetzungen für eine dauerhafte und gute Stadtgründung vorhanden. Dies sei seine Meinung entsprechend dem geleisteten Schwur, und er unterzeichne es mit seinem Namen. Ruy Díaz. In meiner Gegenwart durchgelesen, Antonio Picado."

An diesen erwähnten Urkunden sieht man, welche überaus großen Bemühungen der Gouverneur Don Francisco Pizarro, Gründer und Vater dieses Gemeinwesens *(república)*, darauf verwandte, um für dieses einen angemessenen Platz zu finden, und nach welch abgewogener Beratung und sorgfältiger Prüfung Lima dazu auserwählt wurde; fast scheint es, als ob jener vortreffliche Mann den bemerkenswerten Aufstieg und die heutige Größe dieser Stadt vorausgeahnt habe, die er damals auf recht kleinen und schwachen Grundmauern errichtete. [...]

Nachdem der Gouverneur Don Francisco Pizarro die unter Eid abgegebenen Erklärungen der Kundschafter über den Ort, den sie für die neue Gründung gefunden hatten, gehört hatte, begab er sich ohne Zögern von Pachacamac aus dorthin, um mit eigenen Augen zu sehen, ob dieser Ort so günstig sei, wie man ihn ihm geschildert hatte; vor allem aber, um persönlich die Gründung dieser Stadt vorzunehmen. Sobald er in diesem Tal und am Ort Lima angekommen war, und er alles so vorfand, wie man ihm berichtet hatte, billigte er die Wahl des Ortes und nahm, beeindruckt von dessen Vorzügen, die Gründung dieser Stadt durch folgende Verfügung vor:

„In dem besagten Ort Lima erklärte am 18. Januar des Jahres 1535 der Gouverneur in Gegenwart von mir, dem erwähnten Schreiber und Notar, und von den unten unterzeichneten Zeugen: Angesichts der von der Gerichtsbehörde, dem Stadtregiment und von den Bürgern der besagten Stadt Jauja an ihn gerichteten Eingabe habe er Ruy Díaz, Juan Tello und Alonso Martín de Don Benito ausgesandt, damit sie den genannten Platz des Kaziken von Lima besichtigten, wie auch geschehen sei. Wie weiter aus den obigen Ausführungen hervorgehe, hätten diese ihm diesbezüglich ihre Meinung mitgeteilt, und nun sei er zusammen mit den Beamten Seiner Majestät[5] gekommen, mit Alonso Riquelme, dem Schatzmeister, mit García de Salcedo, dem Inspektor, und mit Rodrigo de Mazuelas, der gemeinsam mit dem genannten Inspektor von dem erwähnten Stadtregiment für diese Aufgabe ernannt worden sei und das Land des Kaziken von Lima mehrere Male besichtigt und den besten Ort ausgesucht habe. Sie seien alle der Meinung, daß der genannte Ort am geeignetsten sei; er liege nahe am Fluß und vereinige in sich die obengenannten für Dörfer und Städte zur Gründung und zum weiteren Aufstieg erforderlichen Eigenschaften. Er sei geeignet, auf Dauer zu bestehen, und liege günstig; deshalb nutze er Seiner Majestät, ermögliche Erhaltung und Besiedlung dieser Reiche sowie Errettung und Bekehrung der Kaziken und Indios in diesen Gebieten und biete die Voraussetzung für eine bessere und schnellere Unterweisung der Indios im katholischen Glauben[6]. Daher befehle er [Pizarro] im Namen Seiner Majestät als dessen Gouverneur und Generalkapitän dieser besagten Reiche in Übereinstimmung mit den anwesenden Beamten Seiner Majestät und dem erwähnten Rodrigo de Mazuelas: Nachdem man den geeigneten Ort gefunden habe, solle der besagte Ort Jauja und ebenso der von San Gallán dorthin verlegt werden, da sie [jetzt] keinen günstigeren Standort besäßen. [...] Da es nun, wie gesagt, angebracht sei, die erwähnten Orte neu zu gründen, befehle er die Verlegung und Neugründung am besagten Platz, der, wie er anordne, bis in alle Ewigkeit den Namen „Stadt der Könige" *(Ciudad de los Reyes)* tragen solle. [...]

Und da das Entstehen eines jeden Ortes wie auch jeder Stadt im Namen Gottes und zu Seinem Dienst erfolgen soll, sei es recht und billig, mit Seiner Kirche den Anfang zu machen. So fing er bei der Gründung und dem Grundriß dieser Stadt mit dem Bau der Kirche an, der er den Widmungsnamen

---

[5] Hiermit sind die königlichen Beamten *(Oficiales Reales)* gemeint, die in der Finanzverwaltung tätig waren. Sie übten folgende Ämter aus: Rechnungsführer *(Contador)*, Schatzmeister *(Tesorero)*, Verwalter der Sachwerte *(Factor)* und Inspektor der Edelmetallschmelzen *(Veedor)*.

[6] Zum Bekehrungs- und Missionsauftrag der Spanier vgl. Dok. 96.

„Nuestra Señora de la Asunción" [Mariä Himmelfahrt] gab. In seiner Eigenschaft als Gouverneur und Generalkapitän Seiner Majestät in diesen Reichen errichtete er die besagte Kirche, sobald der Hauptplatz abgesteckt war. Eigenhändig legte er den Grundstein und richtete die ersten Balken als ein sichtbares Zeichen für die Inbesitznahme durch Ihre Majestäten und für deren Anspruch auf diese Reiche sowohl zu Wasser als auch auf dem bereits entdeckten und noch zu entdeckenden Land. Danach verteilte er die Grundstücke an die Stadtbürger dieses genannten Ortes entsprechend dem Grundriß, den man für diese Stadt entwarf. [...] Der Gouverneur und die Beamten Seiner Majestät unterzeichneten [den Gründungsakt] mit ihrem Namen, ebenso der besagte Rodrigo de Mazuelas; als Zeugen waren an diesem Ort und Kazikensitz Lima: Ruy Díaz, Juan Tello und Domingo de la Presa, Notar Seiner Majestät, anwesend. – Francisco Pizarro, Alonso Riquelme, García de Salcedo, Rodrigo de Mazuelas."

Die Stadt wurde entsprechend der Entwurfsskizze, die man auf Papier gezeichnet hatte, in ihrem Grundriß bei eben dem vorhandenen Indiodorf Lima angelegt. Sie lag am Ufer des Flusses [Rimac] auf der südlichen Seite, genau dort, wo sich heute der Hauptplatz und die Casas Reales[7] befinden; sie war 40 Leguas vom alten Ort im Tal von Jauja, 38 Leguas von San Gallán und 2 Leguas vom Meer und vom Hafen Callao entfernt und lag auf knapp 12° südlicher Breite. [...]

Das Landgebiet[8], das der Stadt bei ihrer Gründung zugewiesen wurde, umfaßte den Gerichtsbezirk des hiesigen Erzbistums und einen Teil des Bistumsbezirks von Guamanga. Den Bewohnern des Gebietes verlieh der Gouverneur Repartimientos[9] von ansässigen Indios. Allerdings hatte das so weit ausgedehnte Territorium nicht lange Bestand, da es die Absicht des Gouverneurs war, die Ortschaften der Spanier in dem nämlichen Gebiet der Repartimientos anzulegen, die den Siedlern anvertraut waren; dadurch sollte vermieden werden, daß die Indios so entkräftet würden, wie es ein weiter Anmarsch zur Arbeitsleistung bei den Encomenderos[10] mit sich gebracht hätte. [Nach dieser grundsätzlichen Feststellung gibt Cobo die Aufteilung des ehemaligen Landgebiets von Lima in kleinere Landgebiete mit neuen Städten als jeweiligen Mittelpunkt an; zu seiner Zeit betrug das Territorium von Lima noch 5 Leguas im Umkreis, allerdings mit Encomiendas außerhalb dieses Gebietes.]

---

[7] In den Casas Reales wohnten und arbeiteten die königlichen Beamten; auch der Rat tagte hier.
[8] Die spanische Kolonisation war dadurch gekennzeichnet, daß die neuen Städte bei der Kontrolle des eroberten Landes eine wichtige Rolle spielten, indem sie die Aufgabe hatten, ein ausgedehntes Landgebiet administrativ zu erfassen, dort Recht zu sprechen oder die Wirtschaft zu organisieren. In der Festlegung der Territoriumsgrenzen entstand häufig ein Netz städtischer Landgebiete. Der gebräuchliche Terminus für die Städte war *República*, zur Kennzeichnung der städtischen Herrschaftsbefugnisse. Die Ähnlichkeit mit Stadtrepubliken des Mittelmeerraums ist nicht zu übersehen.
[9] Repartimiento bedeutete im Rahmen der Inwertsetzung der eroberten Gebiete die Zuweisung von Indios als Arbeitskräfte an Spanier.
[10] Inhaber einer Encomienda, Empfänger von Indiotributen.

[Nach einer längeren Betrachtung über die Namen der neuen Stadt „Stadt der Könige" *(Ciudad de los Reyes)* – Cobo weist auf die Übereinstimmung des Datums 6. Januar als Aussendetag der drei Kundschafter mit dem Feiertag der Hl. Drei Könige hin – bzw. „Lima", der von der alten indianischen Bezeichnung für den dortigen Fluß Rimac („der, der spricht") herrühre, sowie nach einer ausführlichen Beschreibung der Umgebung von Lima, mit der noch einmal die glückliche Ortswahl für die Hauptstadt verdeutlicht wird, widmet Cobo dem Grundriß der Stadt und der Parzellierung der Stadtgrundstücke ein umfangreiches Kapitel:]

Zur Gründung der Stadt ließ der Gouverneur zuerst ihren Grundriß mit den Maßen der Straßen und der Cuadras [Gevierte] auf Papier zeichnen und bezeichnete auf der Karte die Grundstücke, die er an die einzelnen Siedler verteilte, indem er den Namen jedes einzelnen in das ihm zufallende Grundstück eintrug. Da er dabei nicht die kleine Zahl der Bürger zugrundelegte, mit denen er die Stadt gründete – es waren ja nicht einmal 100 –, sondern seinen Blick auf die Größe richtete, zu der die Stadt im Laufe der Zeit heranwachsen würde, nahm er ein ausgedehntes Gelände. Dieses teilte er nach dem Schachbrettmuster in 117 Inseln auf, die man gemeinhin Cuadras nennt, eben weil sie quadratisch sind. Er gab jedem Feld eine Seitenlänge von 450 Fuß[11] und bestimmte für die Siedlung eine Gesamtgröße von 13 Cuadras in der Länge und neun Cuadras in der Breite, die einzelnen Cuadras durch Straßen voneinander getrennt. Die Straßen legte er schnurgerade an, alle gleich mit einer Breite von 40 Fuß, so daß eine Cuadra, wenn man die Straßenbreite hinzurechnet, auf etwa 500 Fuß Seitenlänge kommt. [...] Er gründete die Stadt in einem Abstand von 100 Schritten zum Fluß – diesen Streifen beließ er als *ejido*[12] –, durch den Hügel San Cristóbal von den eine Viertellegua entfernten Bergen las Lomas abgeschirmt.

Jede Cuadra unterteilte er in vier gleiche Teile derart, daß jedes Grundstück seine Straßenecke bekam; er nannte ein solches Teilstück Solar. Jedem Konquistadoren und Encomendero von Indios wies er einen Solar von denjenigen Cuadras zu, die dem Hauptplatz am nächsten lagen; hier sollten sie ihre Häuser bauen. Einigen besonders Verdienten gab er zwei Solares. Weil aber innerhalb des vorgesehenen Stadtgebiets noch viele Cuadras leer blieben, vergab er zusätzlich zu den erwähnten Bauplätzen noch weitere Solares als Gärten oder für die Hütten *(ranchos)* der indianischen Bediensteten. So gab er u. a. allein dem Hauptmann Francisco de Chávez als Hüttensiedlung für seine Indios 10 Solares über die hinaus, die er schon für Gärten erhalten hatte, wie aus dem Protokoll der Stadtgründung hervorgeht. Die Konquistadoren bekamen die Grundstücke umsonst mit der einzigen Auflage, sie einzuzäunen und binnen Jahresfrist zu bebauen; andernfalls würden die Grundstücke wieder frei an die Stadt zurückfallen.

---

[11] Ein Fuß = ca. 29 cm.
[12] Ejido ist das nicht bestellte, direkt an die Bebauung angrenzende Gelände, das als Gemeindeviehweide und zur Erholung diente.

60. Bernabé Cobo schildert die Gründung von Lima

Der Gouverneur ließ viele Grundstücke leer, damit der Cabildo sie später an zuziehende Neubürger verteilen konnte. Diese erhielten dann die Grundstücke gegen eine jährliche Abgabe einer bestimmten Zahl von Hühnern für den Gemeindebesitz der Stadt. [...]
Die Liste mit den Namen der ersten Bürger dieser Stadt, ihren Repartimientos [außerhalb der Stadt] sowie mit den ihnen zugeteilten Grundstücken ist vom Original, das im Archiv des Cabildo aufbewahrt wird, abgeschrieben; sie lautet wie folgt:
Für die Kirche einen Solar.
Für den Pfarrer einen Solar, der an die Kirche angrenzt.
Für den Inspektor *[veedor]* García de Salcedo, Encomendero von Nasca, zwei Solares in der gleichen Cuadra wie die Kirche mit Front zum Hauptplatz *(Plaza)*[13].
Für den Gouverneur Don Francisco Pizarro, Encomendero von Atabillos und Huayllas, vier Solares; das ist die Cuadra, wo heute der Palast [des Vizekönigs] steht.
Für den Schatzmeister Alonso Riquelme, Encomendero von Sotechube [...], zwei Solares mit einer Straßenecke zum Hauptplatz; sie grenzen an die von Pizarro und Salcedo, die Straße dazwischen.
Für Antonio Picado, Sekretär des Gouverneurs Pizarro und Encomendero von Huarochirí, einen Solar, der an den von Riquelme grenzt.
Für Francisco Martín de Alcántara, Bruder des Gouverneurs und Encomendero von Hananguanca in Jauja, Santa und Caraguayllo, einen Solar mit der Ecke zum Hauptplatz, der an einen des Gouverneurs grenzt, die Straße dazwischen.
[Es folgen 14 weitere Personen, fast alle Encomenderos; an sie fielen insgesamt noch 16 Solares.]
Die Grundstücke der bis hier Genannten liegen in den acht Cuadras am Hauptplatz. Was sonst noch entsprechend dem Grundriß an Boden verblieb, wurde wie folgt verteilt:
Für das Hospital zwei Solares.
Für das Kloster de la Merced vier Solares.
Für das Kloster Santo Domingo zwei Solares.
Für das Kloster San Francisco zwei Solares.
Für den zukünftigen Bischof zwei Solares.
Für Seine Majestät zwei Solares.
[Die Liste enthält dann noch weitere 100 Personen, unter denen nicht nur Encomenderos, sondern auch Schreiber und Notare sowie mehrere Handwerker vertreten sind. Cobo kommentiert die Gesamtzahl und die ersten Bauten:]
Nicht alle, die hier als ansässige Bürger aufgeführt sind, waren es vom Tag der Gründung an, erfolgte doch die erste Besiedlung mit einer viel kleineren

---

[13] Den Hauptplatz in Lima, die Plaza, bildete eine unbebaute Cuadra.

Zahl. Erst nach und nach schrieben sich alle diejenigen in den Plan der Stadt ein, die in den ersten zwei bis drei Jahren zuzogen.

Die ersten Häuser, die den Ansiedlern als erste Bleibe genügten, nur erdgeschossig und von primitiver Bauart, da man mit dem Material auskommen mußte, das es damals im Land gab, hatten alle Platz auf den ersten beiden Reihen rund um den Hauptplatz [24 Cuadras]; die Zahl der Bürger war damals noch so klein.

[Cobo versäumt nicht, neben den planerischen und städtebaulichen Aspekten auch auf die politisch-administrative Seite der Stadtgründung einzugehen: die Einsetzung des Stadtregiments als der dem Gouverneur nachgeordneten zivilen, richterlichen und militärischen Verwaltungsinstanz in der Stadt selbst wie auch im zur Stadt gehörenden Territorium. Cobo zitiert zahlreiche diesbezügliche Dokumente und faßt zusammen:]

Da ein Ort ohne Recht, ohne Regierung und ohne gute und gerechte Gesetze noch nicht den Namen Gemeinwesen als politisches Gefüge verdient und nicht mehr darstellt als einen Rumpf ohne Leben und Seele, und weil der Gouverneur Don Francisco Pizarro sich darum sorgte, daß dies neue Gemeinwesen auch wirklich vollkommen würde und zu Recht diese Bezeichnung führen könne, setzte er den Cabildo und das Stadtregiment ein, nachdem er die Stadt gegründet hatte. Und dafür, und um die Grundstücke an die Siedler zu verteilen, hatte er vier Tage benötigt. Er benannte für das Jahr 1535 die Stadtrichter *(alcaldes)* und so viele Ratsmitglieder, wie er für den damaligen Zeitpunkt für ausreichend hielt[14].

Aus: Bernabé Cobo: Fundación de Lima. In: Obras del P. Bernabé Cobo de la Compañía de Jesús. Vol. II (Biblioteca de Autores Españoles. T. 92). Madrid 1964, S. 285–290, 293, 302–305.   Kö

61. Die Anlage von Indio-Reduktionen[1] – Rassentrennung zum Schutz der Eingeborenen? (1546)

In ihrem Bestreben, Siedlungs- und Lebensformen in Amerika nach europäischem Vorbild zu organisieren, machte die Krone auch vor den amerikanischen Ureinwohnern nicht halt und suchte etwa seit der Mitte des 16. Jahrhunderts ganz zielstrebig, Europäisierung und Christianisierung mit dem Schutz der Indios in Einklang zu bringen. Hatte man zunächst auf den karibischen Inseln noch versucht, dieses Ziel durch möglichst enges räumliches Zusammenleben von Indios und Europäern zu erreichen, so begann die Krone vor allem auf den Druck des Dominikanerordens hin seit den 40er Jahren des 16. Jahrhunderts das Prinzip von den „zwei Gemeinwesen" („dos repúblicas") zu entwickeln und auch durchzusetzen. Dieses Prinzip ging von der Erkenntnis aus,

---

[14] Pizarro setzte acht Regidores ein.
[1] Um die Christianisierung, Hispanisierung und auch die Kontrolle der eingeborenen Bevölkerung zu vereinfachen, siedelte man verstreut lebende und nomadisierende Indios in größeren Dörfern bzw. Städten an, die nach dem Vorbild spanischer Städte verwaltet werden sollten. Diese Siedlungen bezeichnete man als Reduktionen.

daß die Indios durch den Kontakt mit den Siedlern physisch und psychisch Schaden nahmen, so daß Spanier und Autochthone voneinander zumindest räumlich getrennt werden und beide Bevölkerungselemente als organisatorische Bezugseinheiten eigene Munizipien erhalten sollten. Diese Rassentrennung zum Schutz der Eingeborenen machte es erforderlich, die spanische Munizipalorganisation auch unter den Indios einzuführen und zugleich Indiosiedlungen nach spanischen Urbanisationsvorstellungen einzurichten, damit die Geistlichkeit sich ungestört von äußeren Einflüssen der Christianisierung und Europäisierung der Indios widmen könnte. Vor allem zwischen 1560 und 1630 hat es – in regional sehr unterschiedlicher Intensität – Umsiedlungsmaßnahmen unter den Indios gegeben, die von der Einrichtung eines Munizipalverwaltungssystems in den Indiodörfern begleitet waren, das sich eng an das spanische Vorbild anlehnte. Diese Umsiedlungsmaßnahmen hatten freilich zahlreiche soziale, ökonomische und demographische Probleme zur Folge, die zumindest teilweise zum Rückgang der Indiobevölkerung beitrugen. Immerhin war etwa zu Beginn des 17. Jahrhunderts das System der spanischen Munizipalverwaltung unter den Eingeborenen weitgehend verwirklicht. Die indianischen Siedlungen hatten freilich zum größten Teil nur den Rechtsstatus von Dörfern, und nur in Neu-Spanien erhielten einige bei der Konquista auf seiten der Spanier beteiligte Ortschaften den Rechtsstatus einer spanischen „Ciudad" oder „Villa", wie z. B. die Stadt „Tlaxcala", – Städte, in denen entsprechend auch nur ein von Indios gebildeter „Cabildo" existieren durfte. Pi

Lit.: Byrd Simpson: Studies in the Administration of the Indians in New Spain. Berkeley-Los Angeles 1934–1940 – François Chevalier: Les Municipalités Indiennes en Nouvelle Espagne 1520–1620. In: Anuario de Historia del Derecho Español 15 (1944), S. 352–386 – Silvio Zavala/José Miranda: Instituciones indígenas en la Colonia. In: Métodos y resultados de la política indigenista en México. In: Memorias del Instituto Nacional Indigenista 4 (1954), S. 29–112 – Charles Gibson: The Aztecs under Spanish Rule. A History of the Indians of the Valley of Mexico 1519–1810. Stanford 1964 – Magnus Mörner: La corona española y los foraneos en los pueblos indios de América. Stockholm 1970 – José Miranda: Vida colonial y albores de la independencia. México 1972, S. 74–82 – Francisco de Solano: Politica de concentración de la población indigena: objectivos, proceso, problemas, resultados. In: Revista de Indias 36 (1976), S. 7–29 – Hans J. Prem: Milpa und Hacienda. Indianischer und spanischer Landbesitz im Becken des Alto Toyac, Puebla, México 1520–1650. Wiesbaden 1978 – Juan A. und Judith E. Villamarin: Chibcha Settlement under Spanish Rule 1537–1810. In: David J. Robinson (ed.): Social Fabric and Spatial Structure in Colonial Latin America (University Microfilms International) Michigan 1979 (Dellplain Latin American Studies I), S. 25–84 – George A. Collier/Renato R. Rosaldo/John D. Wirth (ed.): The Inca and Aztec States 1400–1800. Anthropology and History. New York 1982 [bes. Kapitel 4] – Wolfgang Trautmann: Der kolonialzeitliche Wandel in der Kulturlandschaft in Tlaxcala. Ein Beitrag zur Berücksichtigung wirtschafts- und sozialgeographischer Aspekte (Essener Geographische Arbeiten. Bd. 5). Paderborn 1983. RP

Von den Reduktionen und Indiodörfern

Mit großer Sorgfalt und besonderer Aufmerksamkeit wurde immer versucht, die geeignetsten Maßnahmen zu ergreifen, auf daß die Indios im heiligen katholischen Glauben und Evangelium unterwiesen würden und, die Irrtümer ihrer alten Riten und Zeremonien vergessend, in Harmonie und Eintracht zusammenlebten. Damit dies gelänge, traten die Mitglieder Unseres Indienrates und andere fromme Männer verschiedene Male zusammen, und die Prälaten Neu-Spaniens versammelten sich im Jahre fünfzehnhundertsechsundvierzig auf Geheiß des Kaisers Karl V., ruhmreichen Gedenkens, und beschlossen in dem Wunsch, Gott und Uns zu dienen, daß die Indios in Dörfern zusammenzuziehen seien und nicht mehr vereinzelt, durch Gebirge und Berge voneinander getrennt, sich aller geistlichen und weltlichen Wohltaten begebend, ohne den Beistand Unserer Geistlichen und die Hilfe, welche die Menschen in ihren Nöten einander gewähren müssen, leben sollten. Und weil die Zweckmäßigkeit dieses Beschlusses anerkannt war, ist durch verschiedene Befehle der Herren Könige, Unserer Vorgänger, den Vizekönigen, Präsidenten und Gouverneuren geboten worden, die Reduktion, Siedlung und Unterweisung der Indios mit großer Behutsamkeit und Mäßigung durchzuführen, mit soviel Milde und Sanftmut, und ohne in unangemessener Weise vorzugehen, daß diejenigen, die man nicht sofort ansiedln konnte, die gute Behandlung und Behütung der bereits Zusammengezogenen sehen und sich freiwillig melden, und es wurde befohlen, daß sie nicht mehr Abgaben als angeordnet zu zahlen hätten. Da Obiges im größten Teil Unserer *Indias* [bereits] durchgeführt wurde, verordnen und befehlen Wir, daß es in allen übrigen Teilen ebenfalls beachtet und erfüllt werde, und daß die *Encomenderos* es so und gemäß den Gesetzen dieses Titels fordern.

[...]

Gesetz IV. In jeder Reduktion gebe es eine Kirche mit Tür und Schlüssel.

In sämtlichen Reduktionen, seien die Indios auch nur gering an Zahl, ist eine Kirche zu errichten, in der mit Würde die Messe gelesen werden kann. Sie soll eine Tür mit Schlüssel haben, auch wenn sie einer Pfarrei untersteht, und von dieser entfernt liegt.

[...]

Gesetz VIII. Die Reduktionen müssen gemäß diesem Gesetz [folgende] Eigenschaften aufweisen:

Die Plätze, an denen Dörfer und Reduktionen gebildet werden sollen, müssen über Wasser, Land und Wald verfügen, über Eingänge und Ausgänge und Äcker und *Ejido* von einer Meile Länge, wo die Indios ihr Vieh halten können, ohne daß dieses sich mit dem der Spanier vermischen kann.

Gesetz IX. Den zusammengezogenen Indios darf Land, das sie zuvor besessen haben, nicht abgenommen werden.

Die Indios werden sich bereitwilliger und eher in Siedlungen zusammenfinden, wenn ihnen die Ländereien und Landwirtschaften, die sie an den Orten haben, welche sie verlassen sollen, nicht fortgenommen werden. Wir befehlen, daß hieran nichts geändert werde und daß sie das Land so behalten dürfen, wie sie es früher hatten, damit sie es bebauen und zu ihrem Nutzen beackern.

[...]

Gesetz XV. In den Reduktionen gebe es indianische Stadtrichter und Räte.

Wir ordnen an, daß es in jedem Dorf und jeder Reduktion einen indiani-

schen Stadtrichter aus ebendieser Reduktion gebe. Wird die Anzahl von achtzig Häusern überschritten, gebe es zwei Stadtrichter und zwei Räte, gleichfalls Indios, und auch wenn das Dorf sehr groß ist, gebe es nicht mehr als zwei Stadtrichter und vier Räte. Sind es weniger als achtzig Indios, aber mindestens vierzig, gebe es nur einen Stadtrichter und einen Rat. Diese haben in Anwesenheit der Priester zu Neujahr andere zu wählen, wie es in Dörfern von Spaniern und Indios praktiziert wird.
[...]
Gesetz XXI. In Indiodörfern dürfen keine Spanier, Schwarzen, Mestizen und Mulatten wohnen.

Wir verbieten und untersagen, daß in den Reduktionen und Indiodörfern Spanier, Schwarze, Mulatten oder Mestizen leben dürfen oder leben, denn die Erfahrung lehrt, daß einige Spanier, die unter Indios Handel treiben, Geschäfte machen, wohnen und leben, Unruhegeister sind, mit schlechtem Lebenswandel, Diebe, Spieler, lasterhafte und verirrte Männer; die Indios fliehen, um kein Unrecht zu erfahren, und verlassen ihre Dörfer und Provinzen. Neger, Mestizen und Mulatten – abgesehen davon, daß sie sie schlecht behandeln – nutzen sie aus, bringen ihnen ihre schlechten Sitten und Müßiggang bei und auch manche Fehler und Laster, die das von Uns gewünschte Ergebnis, nämlich ihre Errettung, Erhöhung und Ruhe, zunichtemachen und ins Gegenteil verkehren können. Und Wir befehlen, daß sie hart bestraft und in den Dörfern nicht geduldet werden, und die Vizekönige, Präsidenten, Gouverneure und Rechtspfleger sollen dies mit Sorgfalt, wo sie können, höchstpersönlich oder mit Hilfe integrer Beamter durchführen. Was die Mestizen und *Zambaigos*[2] betrifft, die Söhne von Indiofrauen sind und unter Indios geboren wurden und deren Häuser und Höfe erben sollen, so kann bei ihnen eine Ausnahme gemacht werden, denn es wäre hart, sie von ihren Eltern zu trennen.

Aus: Recopilación de leyes de los Reinos de las Indias. Vol. II. Madrid 1973 [6. Buch, 3. Titel, Gesetze 1, 4, 8, 9, 15, 21], S. 198–200.   Übers.: BK; Anm.: RP

62. López de Velasco beschreibt die Spanier, die nach Amerika gehen (um 1570)

Der im Gefolge von Montesinos' Predigt (vgl. Dok. 100) vor allem von den Dominikanern auf die Krone ausgeübte Gewissensdruck in allen „Kolonialfragen", die Erfahrungen mit unbotmäßigen und rebellischen Eroberern, die sich ausbildenden politischen Vorstellungen in bezug auf die Organisierung von staatlicher und gesellschaftlicher Ordnung in Übersee und schließlich die Missionsbestrebungen der Orden, die auch von der Krone nachdrücklich unterstützt wurden, führten zu zahlreichen restriktiven Bestimmungen der Krone bezüglich der Erteilung von Lizenzen zur Auswanderung nach Amerika. Der nachfolgende Auszug aus der „Geographie und universellen

---

[2] Die Kinder eines Negers und einer Indiofrau wurden *Zambos* oder *Zambaigos* genannt.

Beschreibung der Indien" des López de Velasco, eines hohen Kronbeamten, der das dickleibige Kompendium in den siebziger Jahren des 16. Jahrhunderts auf der Grundlage von Materialien des Indienrates, mit dessen Präsidenten Juan de Ovando López de Velasco befreundet war, verfaßte, gibt sehr genau die Erfahrungen mit mehr als einem halben Jahrhundert spanischer Auswandererpolitik wieder: Die Leute, die nach Amerika gehen, sind überwiegend Abenteurer auf der Suche nach Reichtum, Macht, Ämtern und Würden, die den Regierenden erheblichen Verdruß bereiten. Man versuchte, durch zahlreiche Beschränkungen dieser Probleme und Schwierigkeiten Herr zu werden, doch diese Maßnahmen griffen nicht, auch weiterhin gelangten die unerwünschten Elemente weitgehend ungehindert nach Amerika, unter Umgehung der Kontrollen, mit illegalen Mitteln und auf dunklen Pfaden.

Ziel der Auswanderungspolitik der Krone war sicherlich, rechtgläubige und rechtschaffene, arbeitsame und tugendhafte Personen nach Übersee gelangen zu lassen, die den Eingeborenen als Vorbild für einen christlichen Lebenswandel dienen konnten und mit denen spanische Lebensart und Kultur in Amerika Wurzeln fassen sollten. Aus diesem Grunde verbot man den in der Quelle genannten Personen die Ausreise, darüber hinaus auch noch Zigeunern und Personen, die einen unehrenhaften Beruf ausübten. Zeitweise schloß man auch Advokaten von der Auswanderung aus, weil sie Rechtshändel anstachelten, auch Conversos (vom Judentum zum Christentum übergetretene Personen und deren unmittelbare Nachkommen).

Mit der Durchführung all dieser restriktiven Bestimmungen war die Sevillaner Handelsbehörde, die *Casa de la Contratación*, beauftragt, deren Beamte damit nicht nur überfordert waren, sondern die darüber hinaus auch in nicht geringem Maße von der Tolerierung der geschilderten Zustände profitierten. Das hispanoamerikanische Quellenmaterial des 16. Jahrhunderts, insbesondere Prozeß- und Inquisitionsakten, belegt eindeutig, daß es den von den Verboten betroffenen Personengruppen ohne allzu große Probleme gelang, nach Übersee auszuwandern und sich in der entstehenden Kolonialgesellschaft zu etablieren. Trotz aller gesetzlichen und administrativen Maßnahmen ist die spanische Auswanderungspolitik mit ihren Zielsetzungen mithin gescheitert. Erfolge wurden nicht durch Verbote erzielt, sondern vereinzelt durch konkrete Ansiedlungsprojekte, die die Krone gesetzlich und verschiedentlich auch finanziell unterstützte, wie etwa mit der Gründung der Kolonistenstadt Puebla in Neu-Spanien oder der vereinzelten Ansiedlung kanarischer Bauern im Verlauf der späteren Kolonialzeit (die Bauern der Kanarischen Inseln standen im Ruf, besonders geeignete Kolonisten zu sein). Die frühen Versuche zur Anlage agrarischer Musterkomplexe, wie beispielsweise der von Bartolomé de las Casas (vgl. Dok. 101), waren dagegen vergleichsweise wenig erfolgreich.
Pi

Lit.: Francisco Morales Padrón: Colonos canarios en Indias. In: Anuario de Estudios Americanos 8 (1951), S. 399–441 – Juan Friede: Algunas observaciones sobre la realidad de la emigración española a América en la primera mitad del siglo XVI. In: Revista de India 12 (1952), S. 467–497 – J. Pérez Vidal: Aportación de Canarias a la población de América. Su influencia en la lengua y en la poesía tradicional. In: Anuario de Estudios Atlánticos 1 (1955), S. 91–197 – François Chevalier: Significación social de la fundación de la Puebla de los Angeles en el siglo XVI. Puebla 1957 – Manuel Giménez Fernández: Bartolomé de las Casas. Vol. 2: Capellán de S. M. Carlos I, Poblador de Cumana (1517–1523). Sevilla 1960 – J. I. Israel: Race, Class and Politics in Colonial Mexico 1610–1670. Oxford 1975 – Peggy K. Liss: Mexico under Spain 1521–1556. Society and Origins of Nationality. Chicago-London 1975 – Magnus Mörner: La emigración española al Nuevo Mundo antes de 1810. Un informe del estado de investigación. In: Anuario de Estudios Americanos 32 (1951), S. 399–441 – Solange Alberro: La actividad del Santo Oficio de la Inquisición en Nueva España 1571–1700. México 1981 – Richard Konetzke: Legislación sobre inmigración de extranjeros en América durante la época colonial. In: Lateinamerika. Entdeckung, Eroberung, Kolonisation. Gesammelte Aufsätze von Richard Konetzke. Hg. v. Günter Kahle/Horst Pietschmann. Köln-Wien 1983, S. 29–59. RP

Von den Spaniern, die nach Amerika gehen

Die Spanier wären in jenen Provinzen viel zahlreicher, wenn allen die Konzession gegeben würde, die eine solche wünschen. Es sind nun aber im allgemeinen die Arbeitsscheuen und die Männer hochfahrenden Gemüts und Geistes, die eher begierig sind, in kurzer Zeit reich zu werden, als in dem Land für immer wohnen zu bleiben, geneigt, aus diesen Reichen [der Krone Spaniens in Europa] in jene zu gehen. Sie geben sich nicht damit zufrieden, Essen und Kleidung dort sicher zu haben, woran es ihnen in jenen Ländern bei mäßigem Fleiß nicht mangeln kann, seien sie nun Handwerker und Bauern oder nicht; ihrer selbst vergessend streben sie nach Höherem und streifen faulenzend im Land umher und beanspruchen Ämter und Repartimientos[1]. So werden diese Leute für sehr schädlich für Ruhe und Frieden des Landes gehalten, und deshalb wird so wenigen wie möglich die Konzession erteilt, in jenes Land zu fahren, besonders nach Peru, wo diese Leute äußerst abträglich gewesen sind, wie die Rebellionen und Unruhen gezeigt haben, die es dort gegeben hat[2]. Daher dürfen nur die Inhaber von Ämtern in jene Länder fahren und in beschränktem Maße Gesinde und Dienstpersonal, welches sie brauchen, sowie diejenigen, die in den Kampf und zu neuen Entdeckungen ziehen, und die Händler und Kaufleute und ihre Faktoren, denen die Beamten in Sevilla die Konzession für eine begrenzte Zeit, die nicht über zwei oder drei Jahre hinausgeht, erteilen, und die eigene Waren und Besitz bis zu einem bestimmten Wert mitnehmen dürfen[3]. Folgende Personen erhalten keine Erlaubnis, nach den Indias zu fahren: Ausländer dieser Reiche, auch Portugiesen, dürfen dort weder wohnen noch arbeiten; aus diesen Reichen dürfen keine Juden oder Mauren oder Personen, die von der Heiligen Inquisition bestraft wurden, hinfahren. Verheiratete dürfen nicht ohne ihre Frauen fahren, mit Ausnahme der Händler und derjenigen, die mit zeitlicher Beschränkung fahren; ebenso keine entlaufenen Mönche und ehemaligen berberischen oder levantinischen Sklaven,

---

[1] Abtretung von dem spanischen König zustehenden Tributleistungen an Privatpersonen, unter bestimmten Auflagen. Vgl. Dok. 7.
[2] Dies bezieht sich auf die Auseinandersetzungen zwischen den Anhängern Almagros und denen Pizarros sowie auf den Aufstand des Gonzalo Pizarro (1537–1548) (vgl. Bd. 2, Dok. 88 und Bd. 3, Dok. 9).
[3] Waren des persönlichen Bedarfs konnten steuerfrei nach Übersee exportiert werden.

sondern nur die Sklaven aus Manicongo[4] und Guinea[5]. Aber trotz des Verbotes und des Bemühens, das darauf verwendet wird, niemanden ohne Konzession hinüberfahren zu lassen, fahren sie, sich als Händler und Seeleute ausgebend, überall hin. [...]

Die Spanier jener Länder teilen sich in [zwei Gruppen,] die Konquistadoren, die an der Eroberung und Befriedung des Landes teilhatten, und die ersten Siedler; diese alle sollen bei den Zuteilungen der Indios, wenn sie neu vergeben werden oder freigeworden sind, und bei der Vergabe von Ämtern und anderen Nutzungen des Landes bevorzugt werden, zuvörderst die Konquistadoren und dann die Siedler, die von Rechts wegen am meisten begünstigt werden. Nicht alle Einwohner werden Bürger der Orte genannt, sondern nur diejenigen, die Repartimientos in dem Land haben, und diese können sie nicht haben, wenn sie das Land ohne Genehmigung verlassen. Sie sind verpflichtet, Waffen und Pferde für seine Verteidigung zu halten. Die übrigen sind Landwirte, Bergleute und Handwerker mit verschiedensten Berufen – davon gibt es in jenen Ländern sehr gute, sowohl Indios als auch Spanier –, und Kaufleute und Händler oder deren Faktoren. Den sichersten und angesehensten Erwerbszweig des Landes bilden die Tribute und Zuteilungen von Indios, die man nicht abtreten, verkaufen, umtauschen oder veräußern kann, weil sie nur auf zwei Lebensalter vergeben werden; danach sind sie wieder frei oder fallen an die Krone zurück. Die ertragreichsten Unternehmungen jener Länder waren immer die Gold- und Silberminen; dabei stand an erster und allgemeinster Stelle die Goldmine und an zweiter die Silbermine dort, wo es kein Gold gab, wohl aber reiche Silberminen entdeckt wurden. Nach den Minen kommt dann der Handel mit landwirtschaftlichen Produkten, hauptsächlich Weizen, Wein, Wolle, Früchte, Geflügel und Vieh aus Spanien. Wolle und Häute ebenso wie etwas Seide werden schon in diese Reiche von Neu-Spanien und nach den Inseln des Nördlichen Meeres[6] gebracht, desgleichen viel Zucker, Röhrenkassie, Edelhölzer. Nach Amerika werden aus Spanien Wein, Öl, Tuche und Seiden und Leinen, Eisen und Stahl und Gegenstände daraus wie Waffen und Werkzeuge sowie Bücher, Papier, Bekleidung, Geschirr und andere angefertigte Kleinigkeiten, die in Amerika noch nicht hergestellt werden, gebracht.

Aus: Juan López de Velasco: Geografía y descripción universal de las Indias desde el año de 1571 al de 1574. In: Boletín de la Sociedad Geográfica de Madrid. Madrid 1894, S. 36–39.

Übers.: BK; Anm.: RP

---

[4] Manicongo oder Monicongo hieß die Küstenregion nördlich und südlich der Kongomündung, das Gebiet ist weitgehend mit dem heutigen Angola identisch.

[5] Die Westafrikanische Küste südlich des Kap Bojador mit dem wichtigsten portugiesischen Stützpunkt São Jorge da Mina wurde als „Guinea" bezeichnet.

[6] Mar del Norte (Nordmeer) bezeichnete den Golf von Mexiko, die Karibik und darüber hinaus den Nordatlantik.

63. Der Lizentiat Pinedo berichtet seinem König über Bodenspekulationen in Neu-Galicien (1585)

Lassen die staatlichen Anordnungen zur Landverteilung an Eroberer und Kolonisten das Bestreben erkennen, nur soviel Land zu verteilen bzw. zuteilen zu wollen, wie der Begünstigte auch bearbeiten konnte, so daß sich allenfalls mittlere Besitzgrößen ergaben, so wich die Realität davon doch stark ab, wenn auch in regional sehr unterschiedlicher Form. Bereits um die Mitte des 16. Jahrhunderts setzte in den wichtigsten Gebieten Spanisch-Amerikas eine Bodenspekulation und ein „Run" auf Landbesitz ein, nachdem die Eroberer und ersten Siedler ihre Hoffnungen auf die Errichtung eines Feudalsystems nach dem Vorbild des Mutterlandes schwinden sahen. Begünstigt wurde diese Entwicklung durch den drastischen Rückgang der Indiobevölkerung, aber auch durch Rechtsunsicherheiten in der Phase des Übergangs von vorspanischen zu kolonialen Rechtsverhältnissen. An dieser Bodenspekulation beteiligten sich übrigens auch die Eingeborenen, vor allem die Kaziken und der angestammte indianische Adel, der seinen privaten Landbesitz vergrößerte. Der Transfer von Indioland in die Hand der Spanier war regional sehr verschieden und konnte praktisch zum Verlust des gesamten Gemeindelandes in einzelnen Indiomunizipien führen oder aber, wie in einigen Gebieten Neu-Spaniens, etwa in Oaxaca, dazu, daß die Indios sich weitestgehend gegen die spanische Landusurpation behaupten konnten. Letzteres war sicherlich nicht die Regel, sondern eher die Ausnahme, soweit bis heute zu übersehen ist. Eine ausgesprochene Landnot wurde unter der Indiobevölkerung freilich erst wieder gegen Ende der Kolonialzeit im Gefolge einer starken Bevölkerungszunahme erkennbar.

Es wäre allerdings unzutreffend anzunehmen, daß sich bereits im Gefolge der erwähnten Bodenspekulation der Großgrundbesitz in der Form herausbildete, wie er uns heute als zentrales Problem in Hispanoamerika begegnet. Die frühkolonialen Besitzverhältnisse erwiesen sich im Lichte der neueren Forschung als außergewöhnlich instabil und waren durch häufigen Besitzerwechsel, Aufteilung und Neugruppierung der Besitzverhältnisse charakterisiert, da zumindest im Verlauf der Kolonialzeit die vorwiegend für den Binnenbedarf produzierende Landwirtschaft teils unter Arbeitskräftemangel, teils unter Absatzschwierigkeiten infolge von Marktenge und Transportkostenniveau, oder unter zu geringer Kapitalausstattung, enormen Ertragsschwankungen und wachsender Verschuldung gegenüber Kirchenfonds litt. Das vorliegende Dokument ist von einem Mitglied des Appellationsgerichts von Neu-Galicien abgefaßt, datiert auf den 30. März 1585. Die Audiencia von Neu-Galicien hatte ihren Sitz in Guadalajara in Neu-Spanien. Ihr Jurisdiktionsgebiet umfaßte die heutigen mexikanischen Bundesstaaten Aguas Calientes, Teile von Jalisco, sodann Nayarit, Durango, Zacatecas, Sinaloa und einen kleinen Teil von San Luís Potosí. Das Schreiben Pinedos läßt klar erkennen, daß sich die staatlichen Autoritäten der kolonisatorischen, wirtschaftlichen, sozialen und militärischen Konsequenzen der ungehemmten Bodenspekulation klar bewußt waren, andererseits aber kein anderes Mittel zur Beseitigung dieses Mißstandes sahen als neuerliche staatliche Reglementierung, die sich ja bereits allenthalben als ineffizient erwiesen hatte.   Pi

Lit.: Silvio Zavala: De Encomiendas y propiedad territorial en algunas regiones de la América española. México 1940 – James Lockhart: Encomienda and Hacienda. The Evolution of the Great Estate in the Spanish Indies. In: Hispanic American Historical

Review 49 (1969), S. 411–429 – William B. Taylor: Landlord and Peasant in Colonial Oaxaca. Stanford 1972 – François Chevalier: La formación de los latifundios en México: tierra y sociedad en los siglos XVI y XVII. 2. erweiterte spanische Auflage. Madrid 1976 – Michael G. Riley: Fernando Cortés and the Marquesado in Morelos 1522–1547. A Case Study in the Socioeconomic Development of Sixteenth Century Mexico. Albuquerque 1973 – Robert G. Keith: Conquest and Agrarian Change. The Emergence of the Hacienda System on the Peruvian Cost. Cambridge (Mass.) – London 1976 – Hans J. Prem: Milpa und Hacienda. Indianischer und spanischer Landbesitz im Becken des Alto Toyac, Puebla México 1520–1650. Wiesbaden 1978 – Christiana Borchart de Moreno: La transferencia de la propiedad agraria indígena en el corregimiento de Quito hasta finales del siglo XVII. In: Caravelle 34 (1980), S. 5–19 – Eric van Young: Mexican History since Chevalier. The Historiography of the Colonial Hacienda. In: Latin American Research Review 18 (1983), S. 5–61 – Gisela von Wobeser: La Formación de la Hacienda en la época colonial. El uso de la tierra y del agua. México 1983. RP

Eure Majestät ist sicher bereits umfassend darüber unterrichtet worden, wie die Gouverneure im Auftrag Eurer Majestät die Ländereien, Weiden und Tränken verteilen. Die Weiden verteilen sie folgendermaßen: Einem Stück Land mit Kleinviehhaltung messen sie 2000 Schritt zu und einem mit Großvieh 3000, und niemand kann anders als in der Größe von dreitausend oder zweitausend Schritt, je nachdem, ob es sich um Weidung von Groß- und Kleinvieh handelt, eine Farm gründen bzw. als Gunstbezeugung geschenkt erhalten. Sie [die Spanier] werden geheißen, das Land innerhalb einer gewissen Zeit zu besiedeln, wobei die Weiden gemäß den Sendschreiben Eurer Majestät Gemeinschaftsbesitz sein sollen; wenn sie es nicht besiedeln, soll es unbesetzt bleiben, damit es frei verschenkt und besiedelt werden und Großvieh darauf gehalten und Vieh darauf getrieben werden kann sowie Pferche und Gebäude [darauf] errichtet werden können, wo das Vieh zusammengetrieben und gezähmt wird; denn wenn Großvieh ohne umzäunte Pferche und Ställe gehalten wird, in denen es nachts schlafen kann, geht es durch und flieht und verwildert.

Nun haben sich diejenigen, die eine Farm gründeten, entweder durch Schenkung oder durch Kauf von anderen alle Ländereien des Umkreises verschafft, so daß es Züchter gibt, die acht und zehn und zwanzig Meilen große zusammenhängende *Estancias* haben mit einer einzigen Farm, auf der sie sehr wenig Vieh halten. Daraus erwächst den hiesigen Bewohnern ernstlich Nachteil und Schaden, denn da so viel Land besetzt ist oder, besser gesagt, widerrechtlich usurpiert wurde, können ihnen keine Ländereien mehr zugewiesen werden, und da sie die Farm nur jenseits der dreitausend Schritt errichten und Vieh weiden lassen können, ist ihnen dies nirgends möglich. Obwohl die Weideflächen Gemeinschaftsbesitz sind und es so viele Ländereien gibt und obwohl eigentlich nur ein Platz Siedlung genannt wird, auf dem es Menschen, Vieh und Pferche gibt, weil aber andererseits diejenigen, die den Besitz haben, auch diejenigen sind, die die Macht haben, wagen die Leute es nicht, gegen sie zu prozessieren oder sie um unbesiedeltes Land zu bitten, und selbst wenn sie

sie bäten, würden sie, meine ich, ihrem Wunsch nicht nachkommen. Es würde Eurer Majestät und der Besiedlung dieser Reiche sehr dienen, wenn dieser Mißstand abgestellt würde, hauptsächlich für die Kriegszone[1]. Denn wäre Meile für Meile entsprechend der Verordnung besiedelt, so gäbe es weniger Schäden und mehr Menschen, und die Indios würden es nicht wagen einzufallen, wie sie es jetzt so unbehelligt tun [können]. Das größere Vieh, so gering seine Anzahl auch immer sein mag, vermehrt sich überall dort sehr, wo es Futter findet anstatt Soldaten, die das Land verteidigen, und wenn die Ländereien verteilt würden, gäbe es für alle genug, und das Land würde besiedelt, und es gäbe viel mehr Vieh.

Ganz genau dasselbe geschieht in den Minen. Obwohl es Gesetze und Verordnungen gibt, nach denen sie [die Minen] bei zwei Monaten Nichtbearbeitung als verlassen gelten, haben die alten Minenbesitzer alle Minen an sich genommen, und wenn sie eine einzige normal bearbeiten, werden ihnen die übrigen nicht genommen; so sind sie mit Minen überladen, ohne sie zu bearbeiten und zu nutzen. Auch hier wäre es angebracht anzuordnen, wie alle zu arbeiten haben oder wie besagte Minen zu bearbeiten sind.

Aus: François Chevalier: La formation des grands domaines au Mexique. Terre et société aux XVIe–XVIIe siècles. Paris 1952, S. 426–427. BK

64. Die beruflichen Perspektiven spanischer Auswanderer: Ein Ehepaar eröffnet eine Schneiderwerkstatt in Puebla (1589)

Die Quellen, die über die Zusammensetzung der spanischen Auswanderung nach Amerika – über soziale, geographische und berufliche Herkunft – Auskunft geben könnten, sind weitgehend unbrauchbar (vgl. Dok. 57 und 62). Verläßlichere Anhaltspunkte zu diesem wichtigen Fragenkomplex lassen sich wohl in erster Linie aus der Untersuchung der Ankömmlinge in Amerika und ihrem dortigen Schicksal gewinnen. Nach dem jetzigen Kenntnisstand ist davon auszugehen, daß fast alle sozialen Schichten, Berufsgruppen und Regionen Auswanderer nach Amerika freisetzten, sieht man einmal vom hohen Adel und vom hohen Klerus ab. In regionaler Hinsicht überwogen offenbar Südspanier aus Andalusien und Estremadura. Die überwiegende Anzahl der Auswanderer kam aus den Städten oder hatte zumindest zwischen dem Wegzug vom Lande und der Auswanderung längere Zeit in städtischem Milieu verbracht. Neben allen möglichen handwerklichen Berufen findet sich unter den Auswanderern auch eine nicht unerhebliche Zahl von Vertretern mehr intellektueller Berufe, wie sie Advokaten, Notare, Ärzte und natürlich Geistliche ausübten. Zumindest stößt man auf eine beachtenswerte Zahl von Personen, die lesen und schreiben können oder sogar über eine humanistische Grundbildung verfügen, ein Umstand, der u. a. auch durch die hohe Zahl von Chronisten in den Reihen der Eroberer und ersten Siedler belegt wird. Entschei-

---

[1] Im Norden des Vizekönigreichs Neu-Spanien herrschte bis ins 18. Jahrhundert ein fortwährender Grenzkrieg zwischen europäischen Siedlern und nomadisierenden Indios, der den Auseinandersetzungen mit den Araukanern in Chile ähnelte.

dend aber scheint zu sein, daß das Gros der Auswanderer zumindest im praktischen Bereich sehr vielfältige Funktionen wahrzunehmen verstand. Der Handwerker entwickelte sich offenbar oftmals zum Krieger, dann zum Händler, Landwirt oder gar zum Beamten. Analphabeten erwiesen sich nicht selten als gewandte Unternehmer oder militärische Anführer, sogar als befähigte Richter.

Abb. 18: „Blick auf die Stadt Lima von der Plaza de Toros aus". Handkolorierter Kupferstich von Alejandro Malespina (1754–1809), einem italienischen Seefahrer in spanischem Dienst.

Die Masse der Kolonisten ging allen möglichen Betätigungen nach, die nur zu einem geringen Teil durch Herkunft oder im Mutterland erworbene berufliche Qualifikationen vorgeprägt waren. Erkennen und Wahrnehmen der gebotenen Chancen, persönliche und familiäre Beziehungen – sowohl zum Mutterland als auch zum neuen sozialen Umfeld – und nicht zuletzt Glücksumstände und Zufälligkeiten bestimmten die soziale Stellung des Einwanderers in seiner neuen Heimat nicht selten noch mehr als der soziale oder berufliche Hintergrund im Mutterland.

Das folgende Dokument – ein Brief der Handwerkerfrau María de Carranza aus Puebla an ihren Bruder Hernando de Soto in Sevilla – verdeutlicht einige der angesprochenen Aspekte. Zum einen zeigt er die Bedeutung der Stadt Sevilla als Ausgangspunkt der Auswanderung. Durch die Errichtung der *Casa de la Contratación*, der spanischen Zentralbehörde zur Lenkung und Überwachung der Auswanderer, verwandelte sich diese Stadt binnen weniger Jahre in eine Metropole von internationaler Bedeutung. Innerhalb von fünfzig Jahren verdoppelte sich ihre Bevölkerungszahl.

64. Berufliche Perspektiven spanischer Auswanderer

Nach den amtlichen spanischen Unterlagen, die allerdings notorisch lückenhaft sind, stammten von den 5481 Personen, die zwischen 1493 und 1519 zu den Antillen auswanderten, mehr als 78 Prozent aus den andalusischen Provinzen Sevilla und Huelva. Unter ihnen befanden sich auch 308 Frauen (5,6 Prozent) – eine in ihrer Bedeutung bislang nur unzureichend gewürdigte Komponente der Auswanderung –, die sich vor allem auf die sicherste Insel der Antillen, La Española, begaben. Von 1520 bis 1539 zählte man unter 13 262 Auswanderern immerhin 845 Frauen, darunter nur 252 verheiratete, die mit ihren Ehemännern nach La Española und nach Mexiko gingen. Zu dieser Minderheit der Ehepaare, die allerdings meist schnell Wurzeln faßten und daher ein stabiles Element in der sonst durchaus heterogenen Gesellschaft der Kolonien waren, gehörten auch María de Carranza und ihr Ehemann Diego Sánchez. Die Auswanderung nach Mexiko war bereits seit 1523 bedeutend, verstärkte sich aber zu einer regelrechten Welle, als Neu-Spanien 1535/36 Vizekönigreich wurde. In dieser Wanderungsbewegung scheint die Stadt Puebla, die im Jahr 1532 von den Franziskanern gegründet worden war, eine besondere Anziehungskraft auf die Auswanderer ausgeübt zu haben: Von den 168 Bürgern im Jahr 1552 stammten 38,7 Prozent aus Andalusien und 23,2 Prozent aus der Estremadura. Grundlage des wachsenden Wohlstands dieser Kolonialstadt war das Textilgewerbe. Schneider aus Spanien, die sich dort niederließen, waren materiell besonders gut gestellt. Zeitgenössische Quellen geben an, daß der Tageslohn (zuzüglich der Mahlzeiten) im Jahr 1576 6 Reales betrug. Der Beruf des Ehemannes der María de Carranza, Diego Sánchez, ist daher bezeichnend, er scheint Textilhandwerker gewesen zu sein. Nachrichten über die soziale Herkunft und das Milieu der Familie Sánchez-Carranza fehlen, doch wissen wir, daß viele Textilhandwerker der Gruppe der Conversos entstammten (Spanier, die vom jüdischen zum katholischen Glauben übergetreten waren). Sie waren gerade in Sevilla zahlreich. Die spanischen Ansiedlungen in Las Indias litten aber unter der mangelnden Bereitschaft der Konquistadoren und Kolonisten, seßhaft zu werden und geregelter Arbeit nachzugehen (vgl. Dok. 59). Fachkräfte waren Mangelware und konnten, gemessen an spanischen Verhältnissen, durchaus zu einem gewissen Wohlstand gelangen. María de Carranza und ihr Mann zahlen zu dieser Gruppe der erfolgreichen Handwerker, mit der Schilderung des besseren Lebensstandards in der Neuen Welt will María de Carranza ihre in Andalusien verbliebenen Verwandten zur Übersiedlung bewegen. Durch den Rückgriff auf die Familie sucht sie Abhilfe für die Personalnot ihres kleinen Betriebes zu schaffen. Der Bruder soll nicht nur unter den Handwerkern für Puebla werben (gesucht werden vor allem Weber, Wollkämmer und Kerzenmacher), sondern auch das in der Heimat verbliebene Kapital in Waren, vor allem in Stoffe, die in Übersee gefragt sind, umsetzen.

Lit.: Huguette et Pierre Chaunu: Séville et l'Atlantique (1504–1650). Vol. 2–5. Paris 1955–56 – Peter Boyd-Bowman: Indice geo-biográfico de 40000 pobladores de América en el siglo XVI. 2 vol. México-Bogotá 1964–68 – Ruth Pike: Aristocrats and Traders. Sevillian Society in the Sixteenth Century. Ithaca-London 1972 – James Lockhart: Spanish Peru 1532–1560. A Colonial Society. Madison ²1974 – A. Curtis: The Historiography of Latin America. A Guide to Historical Writing 1500–1800. Metuchen/N.J. 1975 [zu López de Velasco] – Peter Boyd-Bowman: Patterns of Spanish Emigration to the Indies until 1600. In: Hispanic American Historical Review 56 (1976), S. 580–604 – Magnus Mörner: La evolución demográfica de Hispanoamérica durante el período colonial (Research Paper Series. Paper No. 14. Institute of Latin American Studies). Stockholm 1979. Pi/TS

Über alles geliebter Bruder!
Viele Briefe habe ich Dir geschrieben und nie eine Antwort erhalten. Ich besitze [nur] einen Brief von Dir und habe ihm mit großer Befriedigung entnommen, daß Du gesund bist, ebenso wie meine Schwester und meine Neffen. Gott gebe, daß ich Euch eines Tages wiedersehe, wie ich es mir wünsche. Mein Mann, Diego Sánchez Guadalupe, war nicht weniger über diese Nachricht erfreut als ich, obwohl wir uns noch mehr freuen würden, Euch hier zu sehen, was unser größter Wunsch ist. Wir haben Euch so oft hierher gerufen, aber Ihr wollt wohl in der Armut und Bedürftigkeit verbleiben, in der Ihr in Spanien lebt. Ich bitte Dich bei der Liebe Gottes, laß mich nicht so sehr unter Deiner Abwesenheit leiden und leide Du [selbst] nicht so große Not, denn ich kann Dir helfen. Komm endlich und laß Deine Kinder nicht [länger] Hunger und Not erdulden, ohne etwas dagegen zu unternehmen. Ich hätte Euch das Geld für die Reise geschickt, aber da ich bisher keine Antwort auf meine Briefe bekommen habe, wagte ich es nicht. Geh nach Ronda und kassiere den Erlös aus meinen Häusern. Verpfände sie, wenn Du willst. Nimm die Zinsen für vier oder fünf Jahre im voraus ein. Das überlasse ich Deiner Entscheidung. Leg alles – mit Ausnahme dessen, was Du für die Reisekleidung brauchst – in feinen Leinenwaren aus Rouen oder Holland an. Mache alles selbst und überlaß die Ausführung meines Auftrags keinem anderen.

Beachte, daß jeder, der Kinder mitbringt, [für die Reise] sehr gut ausgerüstet sein muß. Sechs Doppelzentner Zwieback sollten genügen, [aber] lieber mehr als weniger. Erledige den Einkauf selber, da Du etwas davon verstehst. Kauf' in Ronda vier Schweineschinken, vier Käse, zwölf Pfund Reis, Kichererbsen und Bohnen – [auch hier] besser zu viel als zu wenig von allem –, Essig und Öl, jeweils vier Krüge sowie getrocknetes und gut gewürztes Hammel- und Rindfleisch. Außerdem weiße Kleidung aus Tuch für Dich, soviel Du mitbringen kannst, da sie hier teuer ist.

Tu alles, was in Deiner Macht steht, um zwei Handwerker mitzubringen, einen Wollweber und einen Wollkämmer. Damit würden wir viel verdienen, außerdem einen geprüften und geschickten Kerzenmacher. Kauf diesen beiden Kleidung für die Reise und schließ' einen Vertrag mit ihnen, von dem Tag an, wo sie absegeln. Ich verpflichte mich, alles zu erfüllen, sobald sie [hier] angekommen sind. Das alles wirst Du viel besser erledigen, als ich es könnte.

Dein Schwager Diego Sánchez Guadalupe, dem Ihr mehr verdankt als mir, teilt meine Wünsche. Um mich glücklich zu sehen, wäre er selbst zu Euch gefahren und ich hätte ihn um Deinetwillen und wegen meiner Schwester und meinen Neffen auch fahren lassen. Da ich aber nicht allein bleiben wollte und er [auch schon] ein älterer Mann ist, habe ich der Reise nicht zugestimmt.

Sag meiner über alles geliebten Schwester, sie soll diesen Brief als ihr Eigentum betrachten. Wie ist es möglich, daß ihr das Herz nicht wie mir vor Sehnsucht nach einem Wiedersehen zerspringt! Ich verstehe, daß sie der Grund ist, warum Du [bisher] nicht gekommen bist. Aber sie versäumt viel, wenn sie auf ein Land verzichtet, in dem es an Nahrung nicht fehlt und in dem sie mir ein schönes Alter bereiten könnte. In ihrem eigenen Interesse bitte ich sie, rasch zu kommen und mir durch ihre Ankunft und die meiner geliebten Neffen einen schönen Lebensabend zu verschaffen.

Cristóbal de Velasco, mein Schwager, war hier. Ich habe ihn bewirtet und mich an seiner Gegenwart erfreut. Danach reiste er weiter nach Panamá und ließ mich untröstlich über seinen Fortgang zurück. [...]

Aus: Cartas privadas de Puebla del Siglo XVI (ed. Enrique Otte). In: Jahrbuch für Geschichte, Staat, Wirtschaft und Gesellschaft Lateinamerikas 3 (1966), S. 75–77.   TS

65. Die koloniale Stadt als Herrschaftsinstrument der spanischen Krone am Beispiel von Havanna (1668)

Nachdem bereits an früherer Stelle darauf verwiesen wurde, daß die spanische Kolonisation in Amerika einen spezifisch urbanen Charakter hatte (vgl. Dok. 59), wird anhand der vorliegenden Quelle deutlich, wie weitgehend der Einfluß des Stadtregiments auf die Regelung der wirtschaftlichen, sozialen und polizeilichen Angelegenheiten war. Solche Dienstanweisungen, die ausgehend von allgemeinen Normen auch die regionalen Besonderheiten berücksichtigten und von den Provinzautoritäten erlassen sowie schließlich vom König gebilligt wurden, regelten die öffentlichen Angelegenheiten jeder kolonialspanischen Stadt und ihres jeweiligen Umlandes. Das vorliegende Dokument läßt ganz deutlich erkennen, daß sich die Autorität des Stadtregiments weit ins Umland erstreckte und erst an den – in der Frühphase der Kolonialzeit kaum eindeutig gezogenen – Grenzen des Nachbarmunizipiums oder des benachbarten königlichen Verwaltungsdistrikts endete, d. h. aber, daß die Stadt das flache Land beherrschte und gerade in der frühen Kolonialzeit auch eine wichtige Funktion als Herrschaftsinstrument der Krone ausübte.

Die vielfältigen Ge- und Verbote bieten darüber hinaus einen guten Einblick in die Realität des städtisch-ländlichen Alltagslebens im Einzugsbereich eines der zentralen Dreh- und Angelpunkte der spanischen Herrschaft in Amerika, nämlich der Hafenstadt La Habana (Havanna), über die in der fraglichen Zeit fast der gesamte Schiffsverkehr zwischen Spanien und seinen Überseegebieten verlief. Weiterhin dokumentiert die Quelle eindringlich, daß die kolonialspanische Stadt nicht, wie z. B. die spätmittelalterlich-frühneuzeitlichen mitteleuropäischen Städte, ein Ort mit verhältnismäßig weitreichenden Bürgerfreiheiten, geprägt von bürgerlichem Gewerbefleiß einer aufstrebenden sozialen Schicht, war, sondern ein vergleichsweise geschlossenes, oligarchisches und genossenschaftlich-autoritäres soziales System darstellte, in dem Sklavenarbeit bzw. die Arbeit von andersrassigen Unterschichten eine wichtige Rolle spielte, und das einer starken obrigkeitlichen Reglementierung und Bevormundung zumindest de jure unterworfen war. In dem zuletzt genannten Aspekt zeigt sich deutlich der Machtanspruch des monarchischen Absolutismus, der, auf Grund seiner relativ frühen Ausbildung in Kastilien, in Hispanoamerika dazu führte, daß selbst eine eingeschränkt freie Entfaltung des Stadtbewohners sehr schnell in die Illegalität führte und sehr früh eine Diskrepanz zwischen gesetzlicher Norm auf der einen und individuellem und kollektiven Verhalten sowie – letztlich – sozialer Realität auf der anderen Seite zu einem Charakteristikum der politischen Kultur werden ließ.   Pi

Lit.: George Kubler: Mexican Architecture of the sixteenth Century. New Haven--London 1948 – Jorge E. Hardoy: Las formas urbanas europeas durante los siglos XV al XVII y su utilización en América Latina. Notas sobre el transplante de la teoría y práctica urbanistica de españoles, portugueses, holandeses, ingleses y franceses. In: Instituto de Estudios Peruanos (ed.): Urbanización y proceso social en América. Lima 1972, S. 157–190 – Jorge E. Hardoy/Richard P. Schaedel (ed.): Asentamientos urbanos y organización socioproductiva en la historia de América Latina. Buenos Aires 1973 – Dies.: Las ciudades de América Latina y sus áreas de influencia a través de la historia. Buenos Aires 1975 – Norman F. Martin: Los vagabundos en la Nueva España, siglo XVI. México 1975 – Francisco Domínguez Company: Contenido urbanistico de las actas de fundación. In: Revista de Historia de América 91 (1981), S. 9–27 – Inge Langenberg: Urbanisation und Bevölkerungsstruktur der Stadt Guatemala in der ausgehenden Kolonialzeit. Eine sozialhistorische Analyse der Stadtverlegung und ihrer Auswirkungen auf die demographische, berufliche und soziale Gliederung der Bevölkerung 1773–1824. Köln–Wien 1981 [mit weiterer Literatur] – VI Congreso Internacional de Historia de América. Celebrado en Buenos Aires del 13 al 18 octubre de 1980 con el patrocinio de la municipalidad de la Ciudad de Buenos Aires. 6 vols. Buenos Aires 1982.

RP

Dienstanweisung für den Rat und das Regiment der Stadt La Habana und der weiteren Städte und Ortschaften dieser Insel [Kuba], erlassen und angeordnet von Alonso de Cáceres[1], *Oidor* besagter Königlicher *Audiencia* der Stadt Santo Domingo, *Visitador* und *Juez de Residencia* dieser Insel

1. Wir verordnen und befehlen, daß Justiz und Regiment[2] dieser Insel sich jede Woche freitags um 8 Uhr morgens versammeln, um die Angelegenheiten dieser Stadt im Sinne einer guten Regierung und des Wohls der Allgemeinheit zu behandeln und zu erledigen, und zwar in den Gebäuden, die für den Stadtrat bestimmt sind, und nicht etwa anderweitig. Da diese Versammlungen stets, wie gesagt, freitags jeder Woche stattzufinden haben, sollen die Räte, der Gouverneur, die Stadtrichter nicht eigens herbeigerufen werden müssen – denn Tag und Stunde jeder Woche sind bereits festgelegt –, sondern sie müssen von sich aus darauf achten, zur besagten Stunde zu erscheinen. Wenn Freitag ein Feiertag ist, soll der Stadtrat am vorangehenden Tag zusammentreten. [...]

26. Für den Bau, der für den Transport des Wassers von der Zapfstelle durchgeführt wird, und jederlei sonstige öffentliche Bauvorhaben soll der Stadtrat Inspektoren und Handwerker ernennen, die sie beaufsichtigen; diese

---

[1] Dr. Alonso de Cáceres Ovando, *Oidor* der Audiencia von Santo Domingo, kam 1573 nach Kuba, um mit richterlichen Vollmachten versehen *(Juez de Residencia)* eine *Visitation*, also eine Überprüfung der Tätigkeit des Gouverneurs Pedro Menéndez Avilés durchzuführen, dessen fünfjährige Amtszeit abgelaufen war. In seinen Dienstanweisungen für die Verwaltung der Stadt La Habana trug Cáceres Ovando der Tatsache Rechnung, daß la Habana dadurch, daß die Flotten auf dem Rückweg nach Spanien hier anlegten, periodisch zu einem Bevölkerungs- und Handelszentrum wurde.

[2] Der Ausdruck *Justicia y Regimiento* bezieht sich auf die Ratsmitglieder und die von ihnen gewählten Stadtrichter *(Alcaldes)* von La Habana.

sollen auch die Löhne vereinbaren und festlegen und keine anderen Personen oder Justizbeamten [sollen das tun], denn es wurde die Erfahrung gemacht, daß andernfalls Schwierigkeiten auftreten.

27. Weil es dieser Stadt an Gemeindebesitz mangelt und sie im ganzen nicht einen *Real*[3] an regelmäßigem Eigeneinkommen hat, soll das gesamte Wasser, das übrigbleibt, nachdem die Brunnen auf dem Marktplatz und an sonstigen öffentlichen Stellen gespeist und am Kai die Seeleute versorgt wurden, an einige Bewohner, deren Häuser am Wege liegen, verkauft werden können und verkauft werden, damit sie ihre Weiden wässern können, und zwar zu dem Preis, der dem Stadtrat richtig erscheint, und den er festsetzt, und dieses Geld sei Gemeindebesitz und für die Kasse des Rates.

28. In den Gebäuden des besagten Stadtrats sei eine Truhe, wo die Register der Sendschreiben und Dienstanweisungen Seiner Majestät aufbewahrt werden, die in diesem Stadtrat anfallen, und die Urkunden und verbrieften Rechte dieser Stadt und sonstige Dinge, die S. M. durch seine Gesetze und Verordnungen verfügt, und eine zweite, in der das Geld dieser Stadt verwahrt werde; zu ihr sollen drei Schlüssel gehören: Einen Schlüssel soll einer der Stadtrichter haben, einen zweiten der dienstälteste Ratsherr und den dritten der Schreiber des Rates.

29. Turnusmäßig soll einer der Ratsherren jeden Monat abgeordnet werden, den Schlachthof zu inspizieren und zu überprüfen; er soll dafür Sorge tragen, daß es nicht an Fleisch fehle, und daß dieses zur festgesetzten Stunde und mit Reinlichkeit abgewogen werde, und daß es ausgehändigt und verteilt werde an alle Ortsangehörigen, und was sonst noch damit zusammenhängen möge. Ebenso soll er sich um den Fischmarkt kümmern, daß der Fisch entsprechend diesen Verordnungen gewogen und verkauft werde. Er soll alle Preisfestsetzungen für den Wein und die anderen Lebensmittel vornehmen, die zu verkaufen sind, dafür Preise festsetzen und die Gewichte und alles Sonstige nachprüfen, damit alles sein Gewicht und Maß habe, und alle Maße eichen, die mit Hilfe des im Stadtrat befindlichen Musters und Maßes gemessen und angepaßt worden sind. Mit Sorgfalt soll er diese Verordnungen durchführen und diejenigen bestrafen, die gegen sie verstoßen. Dieser Abgeordnete soll einen Monat lang dienen und dieses Amt versehen; danach ein anderer, der an der Reihe ist, angefangen beim Dienstältesten.

[...]

36. Am Ersten jedes Monats berichte der Abgeordnete des Vormonats dem Stadtrat über das, was er im Monat seines Turnus' getan hat, und über die vorhandenen Vorräte und über alles weitere nach seinem Verständnis Berichtenswerte, und rechne einschließlich der entsprechenden Zahlungen die Strafen und Preisfestsetzungen vor dem Schreiber ab, und der Schreiber beglaubige, daß er keine weiteren erhalten hat. Die Gelder sollen dann in die Kasse des

---

[3] Der *Real*, eine Silbermünze, wog 3,4 g bei einer Feinheit von 93%. Vier *Reales* entsprachen einem halben Peso.

Stadtrats eingezahlt und alles soll in das Buch eingetragen werden, das in besagter Kasse zu sein hat. Ebenso halte er die laufenden Vorgänge fest, die er dem nachfolgenden Abgeordneten hinterläßt, auf daß dieser sie weiter verfolge und innerhalb einer Frist von acht Tagen abschließe. Zu diesem Zweck soll an eben dem 1. jedes Monats eine außerordentliche Ratssitzung abgehalten werden, und auch wenn dieser Tag ein Feiertag ist, soll er nicht auf den folgenden Tag verschoben werden.
[...]
38. Der Abgeordnete achte mit Sorgfalt darauf, daß er alle Preisfestsetzungen vornehme, für deren [Einhaltung] er entsprechend diesen Verordnungen Strafen androhe, und daß er [auch] Gewichte und Maße verkünde und festlege, und daß ihm für die Preisfestsetzungen folgende Gebühren gezahlt werden: Für jedes Faß Wein vier *Reales* oder eine *Azumbre*[4] Wein, davon die Hälfte für die Truhe des Rates und die Hälfte für den Abgeordneten, und für die Preisfestsetzung von Seife von mindestens einem *Quintal*[5] eine *Libra*, und wenn es weniger ist, entsprechend. Item soll für die Preisfestsetzung für Feigen und Mandeln und andere Trockenfrüchte ab einem *Quintal* eine Libra gezahlt werden, und wenn es weniger ist, entsprechend, die Hälfte für die Truhe des Rates und die andere für den Abgeordneten. Item für die Preisfestsetzungen für Mandeln mit Schale und andere Trockenfrüchte, die nach *Fanegas*[6] gemessen werden, einen *Almud*, und wenn es weniger ist, entsprechend, die Hälfte für die Truhe des Rates und die andere für den Abgeordneten. Item werde den Zuckerbäckern der Preis festgesetzt für das Zuckerwerk, das sie herstellen, und ihnen allen mäßiger Gewinn gegeben; die Preisfestsetzungen sollen zweimal jährlich erfolgen, nicht öfter. Wenn sie viele Sorten von Konfitüren und Konserviertem herstellen, sollen für alle diese Sorten Preise festgesetzt werden, aber der Abgeordnete kann, auch wenn es viele Sorten sind, nicht mehr als eine Libra Zuckerwerk für alle besagten Preisfestsetzungen nehmen.

39. Für das Eichen von einem *Cuartillo*[7] oder einem halben *Cuartillo*, einer *Arroba* oder einer halben *Arroba* sollen vier *Reales* genommen werden; für das Siegeln von einer halben *Fanega* wird ein *Almud* oder für das Messen einer Elle[8] werden vier *Reales* genommen, die Hälfte für die Truhe des Rates.

40. Wer mit falschem Gewicht oder Maß mißt, soll beim ersten Mal drei Dukaten[9] bezahlen, ein Drittel für den Anzeigenden und Richter, zwei Drittel für die Truhe des Rates, man soll ihm das Gesicht zeichnen und ihn an den

---

[4] Ein *Azumbre*, ein Hohlmaß, ca. 2 Liter.
[5] Ein *Quintal* wog 46 Kilogramm; 100 Pfund *(Libras)* entsprachen einem *Quintal*.
[6] Bei der *Fanega* handelte es sich um ein Hohlmaß für Getreide, sie entsprach 55,5 Litern. Eine halbe *Fanega* wurde als *Almud* bezeichnet.
[7] Ein *Celemín* (4,6 l) enthielt vier *Cuartillos*. Eine *Arroba* wog 11,5 Kilogramm.
[8] Die Elle *(Vara)* entsprach 83,6 cm.
[9] Der Dukat *(Ducado)* hatte sich bereits im 16. Jahrhundert zur reinen Recheneinheit entwickelt, die 375 *Maravedís* oder 11 *Reales* entsprach.

Pranger stellen; beim zweiten Mal soll diese Strafe verdoppelt werden und sollen zehn Tage Kerker hinzukommen, und beim dritten Mal soll er zum Betrüger erklärt werden.

41. Weil diese Stadt keinerlei Besitz hat, womit sie irgendetwas für das Wohl der Allgemeinheit tun könnte, und so arm ist, daß sie nicht einmal über die Mittel verfügt, ein Haus für den Stadtrat und die Schatztruhe [Kasse] zu bauen, soll darum gebeten werden und wird hiermit Seine Majestät demütig im Namen der Stadt und ihres Rates um die Gnade gebeten, diese Verordnungen zu bestätigen, daß die darin enthaltenen Strafen an die Kasse des Rates dieser Stadt gezahlt werden, wie durch sie erklärt wird, und damit die Stadt einige Gelder einnimmt, mit denen die Verwaltungsgeschäfte unterstützt und das öffentliche Wohl gefördert werden können.

[...]

43. Es sollen weder der Abgeordnete noch der Stadtrat und die Verwaltung noch irgendeine andere Rechtsperson Gebühren für Preisfestsetzungen oder Sonstiges erheben bei den Kaufleuten, die mit Weinen und Lebensmitteln oder mit Waren aus Kastilien oder Waren, die auf dem Seeweg unter Risiko herbeigeschafft werden, handeln; diese [Kaufleute] sollen frei verkaufen können, wie S. M. befohlen hat, weil sie sonst nicht in diese Stadt kommen, wohl wissend, daß ihnen auf ihre Waren Steuern erhoben werden. Aber den Kleinhändlern und Wiederverkäufern, die besagte Weine, Lebensmittel und Waren in dieser Stadt und diesem Hafen kaufen, sollen Preise und Steuern für den Wiederverkauf festgesetzt werden, wobei ihnen ein mäßiger Gewinn gelassen wird.

44. Bei solchen Händlern, die Weine, Mehl und andere Dinge aus Kastilien oder Neu-Spanien oder aus anderer Gegend auf dem Seeweg bringen und denen Preise und Abgaben nicht festgesetzt werden können, sollen besagte Waren und Lebensmittel besichtigt und geprüft werden können, um zu sehen, ob der Wein sauer geworden oder geschädigt ist, und ob das Mehl geschädigt oder verdorben ist, und ob das, was für den Verkauf bestimmt ist und sich in einem verkaufsfähigen Zustand befindet, noch verkauft werden darf. Wenn [die Waren] in einem Zustand sind, daß sie noch verkauft werden können, sollen sie frei verkäuflich sein; aber wenn sie so verdorben sind, daß sie nicht mehr zu verkaufen sind, soll den Kaufleuten befohlen werden können, die Waren nicht zu verkaufen. Ob sie aber infolge dieser Inspektion geschädigt werden oder auch nicht, es kann ihnen keine Gebühr für Inspektion oder Schreiber oder sonstiges abgenommen werden. Und ebenso können die Gewichte und Maße geprüft werden, ohne daß ihnen eine Gebühr abgenommen wird. Wenn Gewicht und Maß aber falsch sind, soll dies gemäß diesen Verordnungen geahndet werden.

45. Damit niemand Waren anhäufen kann, um sie allein zu verkaufen, und damit im Gegenteil das Volk sie erhalte, soll jedweder Händler, der welche Waren auch immer in dieser Stadt oder diesem Hafen zum Wiederverkauf erwerbe, verpflichtet sein, sie alle vorzuzeigen und sie mit ihren Preisen beim

Stadtrat aufzuschreiben und zu beeiden, daß der angegebene Preis genau dem entspricht, was sie ihn gekostet haben. Jedweder Bewohner dieser Stadt soll von besagten Waren diejenigen nehmen können, die er für sein Haus braucht, und zwar bis zur Hälfte jeder Warensorte, innerhalb von neun Tagen ab dem Tag, an dem sie vorgezeigt wurden, und unter sofortiger Bezahlung des Preises, den der Händler dafür zu zahlen hatte, und auch, wenn jener sie auf Kredit gekauft hatte, soll er sofort bar bezahlen müssen und schwören, daß er sie für die Versorgung seines Hausstandes benötigt und daß er sie braucht. Dem Händler, der seine Auflistung der Waren und ihrer Preise mitbringt, soll an Gebühren nur ein *Real* für den Schreiber berechnet werden, der die Liste führen muß; an die Türen des Stadtrates soll der besagte Schreiber eine Abschrift besagter Auflistung und Preise anbringen, damit die Bewohner Bescheid darüber erhalten. Der Händler aber, der solche Waren ohne diese Auflistung verkauft, soll eines Drittels des verkauften Wertes verlustig gehen; ein Fünftel sei für den Abgeordneten oder Richter, der seine Bestrafung ausgesprochen und vollzogen hat, und die anderen Teile für die Truhe des Rates dieser Stadt, und [der Händler] soll verpflichtet sein, die Ware innerhalb von sechs Tagen, nachdem er sie kaufte und in sein Haus brachte, aufzulisten.

46. Die Waren, die in diesem Hafen aus Kastilien oder aus anderen Gegenden ankommen, und für die keine Handelshemmnisse auferlegt werden, dürfen frei in andere Gegenden verbracht werden, wenn gesagt wird, daß dort Bedarf besteht; denn es ist nicht wahrscheinlich, daß sie für andere Gegenden unter Gefahren und Kosten aufs Spiel gesetzt werden, wenn in dieser Stadt [La Habana] Bedarf besteht und annehmbare Preise vorgefunden werden. Aus demselben Grund soll auch für die Ortschaften im Innern der Insel frei verladen werden dürfen, seien die Lebensmittel und Waren auch in dieser Stadt gekauft worden, denn es ist auch richtig, die übrigen Orte dieser Insel, die im Inneren liegen, zu versorgen.

47. Weil die Indios den Wein sehr zügellos trinken und die Erfahrung gelehrt hat, daß sie nicht arbeiten und sich um nichts kümmern, solange sie trinken, woraus viele andere Nachteile erwachsen, soll niemand Wein im Indiodorf, in Guanabacoa[10] oder in einer Taverne verkaufen dürfen oder zum Verkauf in Krügen mitnehmen. Wer dies tut, soll beim ersten Mal zwanzig Dukaten Strafe zahlen; davon sei ein Fünftel für den Abgeordneten oder Richter, der die Strafe verhängt hat, und die übrigen Teile für die Truhe des Rates. Beim zweiten Mal soll die Strafe verdoppelt werden und sollen zehn Tage Kerker hinzukommen, und beim dritten Mal soll eine einjährige Verbannung aus dieser Stadt und ihrem Gerichtsbezirk verhängt werden, zusätzlich zu dem besagten Bußgeld. Hier in dieser Stadt darf ebenfalls kein Wein an besagte Indios verkauft werden, bei Strafe besagter Dukaten, aufgeteilt wie beschrieben. Und wenn ein Indio aus irgendeinem Grund das Bedürfnis hat,

---

[10] Die Indiogemeinde Guanabacoa liegt südöstlich von La Habana.

Wein zu trinken, soll der Protektor der Indios[11] die Erlaubnis erteilen können, diesem soviel Wein zu geben, wie ihm – dem Protektor – richtig erscheint; wenn es keinen Protektor gibt, soll der Gouverneur, sofern er anwesend ist, diese Erlaubnis erteilen, in seiner Abwesenheit ein Stadtrichter.

48. Weil einige umherziehende Kleinhändler auf dem Land Wein, Werg und Leinen und andere Dinge verkaufen, und zwar an Schwarze und Viehhüter und Aufseher, die mit Häuten, Talg, Maniok und anderen Erzeugnissen der Farmen und Weiden ihrer Herren bezahlen, und weil dies eine Art Diebstahl ist und kein Kraut dagegen gewachsen ist, soll niemand aufs Land auf besagte Farmen und Weiden oder Schweinezüchtereien Wein, Werg, Leinen oder sonst irgendetwas bringen und dort verkaufen, weder an den unfreien noch an den freien Schwarzen, weder an den Viehhüter noch sonst irgendeine Person. Wer dies tut, wird mit dem Verlust aller Waren bestraft, die er zum Verkauf mit sich führt, und [erhält zusätzlich eine Buße in der doppelten Höhe] ihres Wertes: Ein Fünftel davon sei je zur Hälfte für den Anzeigenden und den Richter, der das Urteil erläßt, und die anderen Teile für die Truhe des Rates dieser Stadt.

49. Kein Schankwirt darf Wein an unfreie Schwarze verkaufen, aber weil es viele gibt, die Geld verdienen und die von ihren Herren ausgeschickt werden, um ihnen ihren Tagelohn zu überlassen, und weil diese Schwarzen arbeiten und einen Beruf ausüben und manchmal das Bedürfnis haben, Wein zu trinken, darum sollen solche Schankwirte ihnen in ihren Schenken bis zu einem halben *Cuartillo* Wein zu trinken geben, und nicht mehr, darüber hinaus dürfen sie ihnen nichts geben. Die Schwarzen dürfen auch nichts im Krug oder Gefäß mitnehmen, sondern müssen den Wein dort in der Schenke austrinken. Wenn der Schankwirt beim Verkauf anders verfährt, soll er beim ersten Mal mit zwei Dukaten Bußgeld belegt werden, ein Drittel davon soll für den Anzeigenden und den verurteilenden Richter sein, zwei Drittel für die Kasse des Rates; beim zweiten Mal soll das Bußgeld verdoppelt werden, und beim dritten Mal soll er das doppelte Bußgeld bezahlen und seinen Beruf als Schankwirt nicht mehr ausüben dürfen. Mit dieser Strafe soll jeder belegt werden, der den Wein verkauft, sei er auch ein Händler, der ihn aus Kastilien gebracht hat und ihn in seinem Haus verkauft.

[...]

51. Weil in diese Stadt manchmal falsche Seiden gebracht werden und Fehlmaße, die nicht die Breite haben, die sie aufweisen müßten, ordnen wir an und befehlen wir, daß der Händler, dem solcher Taft oder solche falsche Seide oder Fehlmaße geliefert wurden, verpflichtet sei, dies zu deklarieren, um diese Stoffe nach Kastilien zurückzuschaffen an die Person, die sie gesandt hatte. Er darf sie nicht verkaufen oder in seinem Laden führen; wenn er sie aber ver-

---

[11] Die Beschützer und Verteidiger der Indios *(Protectores y Defensores de Indios)* hatten für das Wohlergehen der eingeborenen Bevölkerung auf gerichtlichem und außergerichtlichem Wege zu sorgen (s. auch Constantino Bayle: El Protector de Indios. Sevilla 1943).

kauft oder in seinem Laden führt, soll er ihrer verlustig gehen, und es soll ein Drittel für den Anzeigenden und Richter, der ihn verurteilt, und zwei Drittel für die Truhe des Rates sein. Wer aus Kastilien falsche Seide oder gegen die Gesetze dieser Reiche Seide liefert, soll ihrer verlustig gehen, und die Aufteilung soll in der schon erwähnten Form vorgenommen werden. Diese Verordnung soll aber nicht statthaben bei der Seide, die aus Neu-Spanien oder aus Campeche gebracht wird, weil dies andere Sorten sind und sie nicht wie die Seide verarbeitet werden kann, die aus Kastilien kommt.

52. Kein unfreier Schwarzer darf ein Schwert, ein Messer oder sonstige Waffen tragen, selbst wenn er mit seinem Herrn geht; nur wenn er des Nachts mit seinem Herrn geht und nicht in anderer Weise, oder wenn er tags mit seinem Herrn aufs Feld geht. Beim ersten Verstoß soll er der mitgeführten Waffe verlustig gehen, und beim zweiten Mal soll er der Waffen verlustig gehen und zwanzig Peitschenhiebe am Baum, am Pranger oder an der Kerkertür erhalten. Und [nur dann,] wenn Schwarze, die Viehhüter sind oder auf dem Feld arbeiten, Messer und Stichmesser und andere Waffen tragen, mit denen sie Sehnen durchtrennen, abdecken und sonstige Arbeiten verrichten, sollen diesen Schwarzen solche Waffen nicht weggenommen werden dürfen; sie sollen auch dann nicht bestraft werden, wenn sie mit ihren Waffen vom Feld zum Haus ihres Herrn und bis in ihre eigene Hütte gehen oder wenn sie diese wieder verlassen, um aufs Feld oder ihre Weiden zurückzukehren.

[...]

54. Weil viele Bürger Schwarze – Männer und Frauen – zum Geldverdienen schicken und solche Frauen in verschiedenen Dingen tätig werden und wie Freie umhergehen und arbeiten und tätig werden in dem, was sie wollen, und nach einer Woche oder einem Monat ihren Herren den Lohn aushändigen; und weil andere Bürger Herbergen unterhalten, in denen sie Passagieren Unterkunft und Essen geben und in diesen Häusern Schwarze ihres Eigentums halten und es häufig geschieht, daß solche Schwarzen – Männer und Frauen –, sobald sie wissen, daß die Flotte oder anderen Schiffe auslaufen werden, sich verstecken und mit der Weißwäsche, die man ihnen zum Waschen, und mit anderen Dingen, die man ihnen bis zur Abfahrt des Schiffes zum Aufbewahren gegeben hatte, fliehen und, wohl wissend, daß der Passagier nicht an Land bleiben kann, sondern abreisen muß, die Sachen behalten und andere die Werkzeuge und sonstigen Dinge, die man ihnen zum Arbeiten ausgehändigt hatte, behalten, und weil es noch weitere Unannehmlichkeiten gibt: Darum verordnen und befehlen wir, daß niemand einen Schwarzen oder eine Schwarze zum Geldverdienen schicken oder ihnen ein Gasthaus einrichten darf oder sonstige Dinge, ohne dies vorher im Rat bekanntzugeben und dort genehmigen zu lassen. Der Stadtrat darf diese Genehmigung nicht erteilen, ohne daß die fragliche Person sich vor dem Schreiber des Stadtrates verpflichtet, sämliche Schäden voll und ganz zu bezahlen, die solche Schwarzen, die sie auf diese Weise zum Geldverdienen schicken und in ein eigenes Haus setzen, angerichtet haben, und für alles an Wäsche und sonstigen Dingen, die solche

Schwarzen behalten haben, anstandslos aufzukommen. Wenn die Person über keine finanziellen Mittel verfügt, soll sie dafür bürgen. Wer aber eine Schwarze oder einen Schwarzen arbeiten schickt oder ihm bzw. ihr ein Wirtshaus einrichtet, soll zwei Dukaten bezahlen, ein Drittel für den Anzeigenden und Richter, der ihn verurteilt, und die anderen Teile für die Truhe des Rates. Und der Schreiber soll für den Antrag auf Genehmigung und Verfügung höchstens einen *Real* kassieren und für die erteilte Genehmigung einen *Real*.

55. Kein unfreier Schwarzer darf eine eigene Hütte zum Schlafen haben, auch wenn er Geld verdient, sondern er soll im Hause seiner Herren schlafen, wo seine Herren leben und wohnen; auch dürfen sie von niemandem eine Hütte mieten oder von ihren Herren erhalten. Der unfreie Schwarze, der eine eigene Hütte hat und dort schläft, auch wenn er des Herrn eigener Sklave ist, oder der, dem sie vermietet wird, soll der Hütte verlustig gehen; der fünfte Teil sei für den Anzeigenden und Richter, der ihn verurteilt, und der Rest für die Truhe des Rates, es sei denn, seine Herren hätten besagte Hütte oder besagtes Haus mit Genehmigung des Rates gebaut, wie in der voraufgehenden Verordnung gesagt.

56. Kein unfreier Schwarzer darf sich nach dem Abendläuten der Glocken außerhalb des Hauses seines Herrn oder der Person, der er dient, aufhalten, sofern er nicht von seinem Herrn geschickt wurde. Wer nach dem Abendläuten in anderer Weise außerhalb des Hauses angetroffen wird, soll mit dreißig Peitschenhieben im Gefängnis oder vor der Gefängnistür, je nach Gutdünken des Richters, bestraft werden. Deshalb werde jeden Abend mindestens eine Viertelstunde geläutet, und zweieinhalb Stunden nach Einbruch der Dunkelheit werde noch einmal geläutet. Der *Alguacil*[12] erhalte als Gebühr zwei *Reales* und weitere zwei der Henker. Damit in diesem Fall keine Gerichtskosten und Prozesse entstehen, benachrichtige der *Alguacil* nach Festnahme eines Schwarzen sofort oder am darauffolgenden Morgen den Gouverneur oder Stadtrichter. Dieser soll sofort ohne irgendeine Verzögerung und ohne Prozeß, sondern auf Grund der Nachforschung, die er dort anstelle, die Strafe festlegen. Wenn er sie aber nicht sofort festlegt, soll er dem Herrn jenes Sklaven das Entgelt für die Tage bezahlen, während derer der Sklave eingekerkert ist. Dann soll nur die entsprechende Eintragung gemacht werden, und der Schreiber schreibt den Urteilsspruch und Befehl des Richters, ohne daß dieser Gebühren einzieht, und der Schreiber erhält nur einen *Real*. Wenn der Herr des Sklaven nicht will, daß besagtem Sklaven besagte dreißig Peitschenhiebe versetzt werden, soll er einen Dukaten für die Truhe des Rates zahlen.

[...]

58. Weil manche Leute auf dem Weideland und den Farmen, wo sie arbeiten, flüchtige Schwarze und entsprungene Sklaven aufnehmen, ihnen zu essen

---

[12] Mehrere Mitglieder *(Regidores)* des Stadtrates *(Cabildo)* hatten ein festes, an ihre Person gebundenes Amt inne. Mit dem Amt des Alguacil Major war die Ausübung der Polizeigewalt und die Aufsicht über die städtischen Gefängnisse verbunden.

geben und sie viele Tage lang auf ihren Weiden und Farmen ausnutzen und sie manchmal ihren Herren abkaufen, indem sie sagen, daß sie sie auf ihr Risiko kaufen für den Fall, daß sie sie fänden, und die Eigentümer solcher Sklaven diese weit unter Preis verkaufen, da sie verwildert und flüchtig sind, und weil weitere Betrügereien und Schwindeleien vorkommen: Darum ordnen wir an, daß niemand einen flüchtigen Schwarzen auf seinem Weide- und Farmland aufnehmen und ihm zu essen geben darf, ebenso wie kein Viehhüter oder Aufseher ihn aufnehmen oder ihm zu essen geben darf. Wer ihn aber aufnimmt und ihm zu essen gibt und ihn ausnutzt, soll belangt werden, ebenso Mitwisser und Hehler, und er soll verpflichtet sein, seinem Herrn alle Tagelöhne zu bezahlen, die ab dem Tag, seit er den Sklaven ausgenutzt hat, bis dieser wieder in der Gewalt seines Herrn ist, angefallen wären. Wenn der Sklave aber flieht und nicht wieder erscheint, soll er dessen Herrn den entsprechenden Wert des Sklaven bezahlen. Und damit niemand Unwissenheit heucheln kann, indem er sagt, daß der Sklave nicht flüchtig war, und daß es Brauch des Landes sei, jeglichen Sklaven, der des Weges kommt, aufzunehmen und ihm zu essen zu geben, soll als flüchtig jeder Sklave gelten, der sich länger als einen Tag auf jedwedem Weideland oder jedweder Farm aufhält, und dem dann Essen und Aufnahme zuteil werden. So kann nicht mehr Unwissenheit vorgegeben und gesagt werden, man habe nicht gewußt, daß der Sklave flüchtig sei.

59. Jedweder Viehhüter und Aufseher darf und soll jedweden flüchtigen oder entsprungenen Schwarzen festnehmen und soll weder Strafen noch Vorwürfe deswegen erfahren, sofern er den Sklaven sofort den Gerichten zuführt. Wenn er dies nicht kann und keine Sicherheit dafür hat, benachrichtige er dessen Herrn und die Justizbehörden darüber, daß er ihn gefangenhält, und kann ihn inzwischen im Block gefangenhalten, den sie auf besagten Farmen und Weideflächen bereitzuhalten verpflichtet sind.

60. Weil viele ihre Sklaven ausnutzen und ihnen weder Essen noch Kleidung, ihre Blöße zu bedecken, geben, woraus folgt, daß solche Sklaven auf den benachbarten Farmen stehlen, um zu essen zu haben, und auf Grund solch schlechter Behandlung verwildern und fliehen, darum verordnen und befehlen wir, daß alle, die Schwarze auf Farmen, Weideflächen, Schweinezüchtereien und anderen Stellen haben, ihnen für ihre Arbeit ausreichend zu essen geben müssen. Ebenso müssen sie ihnen jährlich mindestens zwei Hosen und Hemden aus Hanf geben. Sie dürfen ihnen keine übermäßigen, grausamen Strafen erteilen. Um zu sehen, ob diese Bestimmungen erfüllt und wie die Sklaven behandelt werden, seien die Stadtrichter dieser Stadt, einer im Monat März und der andere im Monat Oktober, verpflichtet, die Weiden und Farmen zu inspizieren, sich über die Behandlung besagter Schwarzer zu informieren und festzustellen, ob man ihnen besagte Nahrung und Bekleidung gegeben hat. Sollten sie unverbesserliche, verstockte Schwarze antreffen, welche die anderen aufwiegeln, müssen sie deren Herrn befehlen, sie von seinem Gut zu entfernen und sie nach außerhalb zu verkaufen.

[...]

65. Die koloniale Stadt als Herrschaftsinstrument der spanischen Krone

63. Niemand darf Grund und Boden mit Beschlag belegen für den Hausbau oder Land für das Weiden von Kühen oder für Stuten oder für Schweinezucht oder Farmen oder jedwede sonstige Sache, ohne zuvor die entsprechende Genehmigung eingeholt zu haben. Zuwiderhandlung wird mit zweihundert Dukaten geahndet, ein Viertel für den Anzeigenden und Richter, der den Urteilsspruch fällt, der Rest für die Truhe dieser Stadt.

64. Grundstücke und Bauplätze für Häuser und Land für Farmen und Rinder- und Pferdeweiden und Schweinezüchtereien und andere Viehzucht und Landwirtschaft sind im Rat dieser Stadt und den übrigen Stadträten dieser Insel zu beantragen, jeweils in dem zuständigen Gerichtsbezirk, wie sie auch bisher seit Entdeckung dieser Insel stets dort erteilt und gewährt worden sind. Der Stadtrat kann, jedoch ohne die Öffentlichkeit oder Dritte zu schädigen, besagte Bauplätze und Grundstücke vergeben.

65. Wer besagte Bauplätze und Grundstücke beantragt, hat den Platz anzuzeigen, wo er wohnt und besagten Grund und Boden fordert; dabei ist genau und ausdrücklich anzugeben, wie groß das Stück Land nach allen Richtungen ist. Solchermaßen im einzelnen deklariert, ist der Antrag dem Stadtrat einzureichen, der Auskunft darüber erteile, ob das beantragte Stück Land ohne öffentlichen Schaden und Benachteiligung Dritter genehmigt werden kann. Um besagte Auskunft erteilen zu können, sollen alle jene geladen werden, die am nächsten wohnen, auch wenn sie angeblich sehr weit entfernt wohnen, damit sie, wenn sie es wünschen, das Gegenteil sagen und beweisen können. Ebenso werde der *Procurador*[13] der Stadt geladen, auf daß er sehe, ob dem Gemeinwesen oder dem erforderlichen *Ejide* oder den Gemeindejagden Schaden entsteht. Nachdem auf diese Weise festgestellt wurde, daß dies nicht der Fall ist, erteile der Stadtrat die Genehmigung. Wenn besagte Auskunft und Vorladung in anderer Weise erfolgen und der Stadtrat besagte Genehmigung erteilt, gilt alles als null und nichtig, als wäre sie niemals erteilt worden.

66. Auf daß diese Stadt größer und schöner werde, sollen allen Interessenten Bauplätze an jedweder Stelle gegeben werden können, auch wenn solche Stellen zuvor für Farmen genehmigt waren. Besiedlung und Bebauung der Gemeinde ist der Vorzug zu geben, denn sonst könnte diese Stadt nicht größer werden, und für Farmen und denjenigen, der Landwirtschaft betreiben will, gibt es viel Platz überall auf der Insel.

67. Wenn irgendein Bauplatz gewährt wird, soll er unter der Bedingung überlassen werden, daß er auch bebaut wird, und zwar innerhalb von sechs Monaten. Wird innerhalb dieser sechs Monate nicht gesiedelt und gebaut, kann der Grund und Boden einer anderen Person, die ihn anfordert, gegeben werden.

---

[13] Der *Procurador* vereinigte in einer Hand die Aufgaben eines Rechtsbeistandes des Stadtrates, eines Hüters der Rechte und Privilegien der Stadt und ihres Magistrates sowie die eines Anwalts des Allgemeinwohls. Er nahm an den Sitzungen des Stadtrates mit beratender Stimme teil und hatte das Recht, wichtig erscheinende Fragen dem Stadtrat zur Entscheidung vorzulegen.

68. Die Person oder Personen, denen Grund und Boden für jedwede Viehzucht gegeben wird, sind verpflichtet, innerhalb der Frist Vieh darauf zu treiben; andernfalls darf das Grundstück nicht verkauft oder einer anderen Person überschrieben werden, sondern es soll besiedelt oder dem Rat überlassen werden, damit dieser es jemand anderem gewähren kann. Wer dennoch verkauft oder überschreibt, geht des doppelten Betrags, den er bei Verkauf oder Überschreibung erhält, verlustig, wobei ein Viertel für den Anzeigenden und Richter, der den Urteilsspruch fällt, sei und der Rest für die Truhe des Rates. Wenn er es aber unentgeltlich überschreibt, werde er mit dreißig Dukaten Strafe, die in der erwähnten Weise aufzuteilen sind, belegt.

69. Wenn die Bauplätze in der besagten Weise überlassen werden, sollen zwecks Grundrißbestimmung ein Stadtrichter und ein Ratsherr, den der Stadtrat abordne, zugegen sein, ebenso wie ein Baumeister; diese Personen haben darauf zu achten, daß keine öffentlichen Straßen berührt werden, die gerade verlaufen sollen, und daß das Gebäude so gut und schön wie nur irgend möglich gebaut werde. Und zur Grundrißbestimmung und zum Abstecken der Farm- und Weideflächen werde eine Person vom Stadtrat ernannt, und sechs Tage zuvor sind die nächsten Nachbarn zu laden, damit sie selbst oder ihre Vertreter bei der Vermessung zugegen seien.

70. Weil es nahe dieser Stadt Gemeindewiesen und -wälder gibt, wo wegen der Stadtnähe alle auf die Jagd gehen oder jagen lassen und Fleisch für ihre Haushaltungen oder zum Verkauf bringen, damit alle Bürger und Reisenden versorgt werden können und das Fleisch preiswert sei, darum verordnen wir, daß auf diesen Gemeindewiesen und -wäldern, die in der Nähe der Stadtmark und des *Ejido* liegen, niemandem in acht Meilen Umkreis von dieser Stadt Genehmigung für Rinder- und Schweinezucht erteilt werden kann, somit ist auf allen Flächen, außerhalb des *Ejidos* und der Stadtnähe für Farmen Platz. Wenn dennoch eine Genehmigung erteilt wird, ist sie null und nichtig, und besagter Grund und Boden ist sofort und ohne Aufhebens wieder wegzunehmen.

[...]

73. Weil es von alters her noch einige Gemarkungen gibt, die für Rinder und anderes Vieh gewährt worden waren, und ihre Besitzer auf diesen Gemarkungen sehr wenig und fast kein Vieh haben und die ihnen gewährte Gemarkung behalten, obwohl soviel Platz für das Vieh, das sie haben, gar nicht erforderlich ist, und weil auf diese Weise viele Ländereien, und zwar die besten, brachliegen und ohne Nutzen sind, und weil die Bürger in unfruchtbaren Wäldern Land suchen, um dort Rinder zu weiden, und weil dies nachteilig für die Gemeinschaft ist: Darum verordnen und befehlen wir, daß besagten Personen, die besagte Gemarkungen und Weiden besetzt halten, Bescheid gegeben werde, daß sie innerhalb von einundhalb Jahren genügend Vieh darauf halten müssen, das auf besagter Gemarkung weidet und frißt; wo aber die für das Vieh und ihren sonstigen Tierbestand erforderliche Gemarkung in der Größe überschritten wird, soll sie anderen gegeben werden, denn es gibt einige, welche

die größten Gemarkungen und Ländereien und Weiden der Insel ohne irgendwelchen Nutzen besetzt halten.

74. Weil es manches Weideland gibt, das ohne Grenzen und Grenzsteine abgegeben und gewährt wurde, was große Verwirrung nach sich zieht, soll besagtes Weideland mit Grenzsteinen versehen und sollen Grenzen festgesetzt werden, und zwar von zwei Personen, die von dem Besitzer jener Weide oder Länderei einerseits und von dem Nachbarn oder nächsten Anrainer andererseits benannt werden, sowie einem Dritten, den der Stadtrat benennt; was die Ersteren festlegen, schreibe der Letztere auf.

75. Weil einige Leute Jagden haben und sie als ihr Eigentum bezeichnen, damit niemand sonst dort jagt, und weil sie oder die Personen, deren Rechtstitel oder -nachfolge sie innehaben, dort angeblich Weideland haben und damit viele Jahre lang besagte Jagden besitzen und behaupten, sie hätten dort Rinder, und weil Obengenanntes, nämlich daß sie, ohne Vieh zu züchten, die Jagden besitzen, schädlich ist, darum verordnen und befehlen wir, daß derjenige, der Weideland ohne Vieh, Jagden ohne Ochsentreiber und Leute, und was sonst noch für die Aufzucht von Vieh erforderlich ist, besitzt, Bescheid erhält, innerhalb von einem oder zwei Jahren auf besagtem Weideland Vieh züchten zu müssen oder innerhalb dieser Frist besagtes verwildertes Vieh, das sich dort angeblich befindet und welches er angeblich jagt, zu entfernen. Nach den erwähnten zwei Jahren soll das Land als gemeindliche Jagd dienen und kann einem anderen Bürger gegeben werden, der auf besagtem Weideland Vieh züchte.

76. Weil es in den Wäldern wildes Vieh gibt, sowohl Rinder als auch Schweine, die noch von den Tieren abstammen, die zu Anfang auf diese Insel gebracht wurden, und weil die Jagden hier gemeinschaftlich für alle Bewohner da sind, darum verordnen und befehlen wir, daß alle Bewohner außerhalb der Grenzen und Marksteine, mit denen die Weiden und Schweinezüchtereien begrenzt sind, wildes Vieh jagen und erlegen können. Wenn allerdings irgendein Vieh beschlagen oder markiert getroffen wird, ist das beschlagene und markierte, aber wild lebende Tier seinem Herrn vorzubehalten.

77. Weil Ländereien für Weideland ohne Grenzen und Marksteine abgegeben und gewährt worden sind und lediglich der Platz für das Weideland bezeichnet wurde, sind viele Schäden verursacht worden vom [Vieh] und sind Prozesse geführt worden über das Vieh, das gejagt wurde, das aber noch nicht beschlagen und markiert war. Bei diesen Streitigkeiten sind gerechte Urteilssprüche schwer zu fällen, denn der eine sagt aus, daß sein Vieh in denselben Gemarkungen wie das des anderen weidet und rechtfertigt sich damit, daß er Vieh ohne Beschläge oder Brand weder jagt noch erlegt, und der andere sagt ebenfalls aus, daß in derselben Gemarkung *sein* Vieh weidet. Das Eine wie das Andere ist wahr, und so kann nicht gerecht entschieden und geschlichtet werden. Um solche Prozesse zu vermeiden, verordnen und befehlen wir, daß in anhängigen und künftigen Meinungsverschiedenheiten dieser Art jede Partei eine Person benenne und der Stadtrat und die Verwaltung eine weitere, die

dann jeder der beiden Parteien die Gemarkungen und Grenzen zuweisen, bis wohin sie mit ihren Leuten herrenloses oder wildes Vieh jagen und erlegen können; und jenseits der Grenzlinie, die besagte drei Personen oder zwei von ihnen ihm zuweisen und vermarken, dürfen sie mit Leuten und Messern künftig nicht mehr einfallen. Zuwiderhandlung wird mit dreißig Dukaten geahndet, die für die Truhe des Rates bestimmt sind. Wenn also jenseits besagter Gemarkung und Grenzsteine ein Vieh oder Rind mit Eisen oder Zeichen gefunden wird, ist es beiseitezutun und darf nicht erlegt werden, auf daß Eisen und Markierung stets dem Eigentümer des Viehs vorbehalten bleibe.

78. Weil viele, die zur Jagd gehen, fremdes Vieh, das am Ohr markiert ist, töten und, damit dies nicht bekannt, sondern im Gegenteil angenommen wird, daß es sich um herrenloses und wildes und nicht markiertes Vieh handele, ihm die Ohren abschneiden, darum verordnen wir, auf daß dieser Mißstand ein Ende habe, daß niemand Häute ohne Ohren verkaufen darf. Zuwiderhandelnde gehen besagter Häute und deren verdoppelter Anzahl verlustig, für den Anzeigenden der dritte Teil, den Rest für die Truhe des Rates.

79. Wenn Grund und Boden, wie er oben erwähnt wurde, zu gewähren ist, sollen dort, wo es Indios gibt, Grundstücke und Plätze auf deren Farmen und Züchtereien zunächst für sie vorbehalten sein, und vor der Gewährung soll zuerst dem Protektor der Indios eine Abschrift zugehen, damit er sieht, ob der Grund und Boden für sie notwendig oder ob die Gewährung schädlich für sie ist.

[...]

81. Wer Weiden und Schweinezüchtereien hat, ist verpflichtet, von dem Schlachthof dieser Stadt [zum Zwecke des Verkaufs] abwiegen zu lassen, was für die Versorgung dieser Stadt nötig ist. Der Stadtrat und die Stadtverwaltung kann jedem einzelnen die Menge von Vieh zuteilen, die jeder einzelne abwiegen muß, und in welchem Monat und an welchem Tag, und bei dieser Zuteilung soll berücksichtigt werden, wieviel Stück Vieh jeder hat. Es muß zu annehmbaren Preisen, nach Gutdünken des Stadtrats, abgegeben werden.

82. Weil manche nachts mit Hunden auf die Jagd gehen und die Hunde das kleinere Vieh und Kälber und Rinder immer so zurichten, daß ihre Häute nicht mehr zu verkaufen sind, und sobald sie die Tiere gepackt haben, sie töten, wodurch die Jagden zu Ende gehen, ohne daß derjenige, der solche Kälber und kleinen Rinder tötet, irgendwelchen Gewinn und Nutzen hätte, weil er die Häute nicht verkaufen kann: Darum verordnen und befehlen wir, daß niemand mehr mit Hunden auf die Jagd geht, bei Strafe von sechs Dukaten, ein Drittel für den Anzeigenden und Richter, der den Urteilsspruch fällt, der Rest für die Truhe des Rates. In eingezäuntem Gelände darf jedoch straflos mit Hunden gejagt werden.

83. Niemand darf Fleisch in seinem Haus oder dem eines anderen wiegen anstatt in dem Schlachthof dieser Stadt, und wenn Schiffe da sind und im Schlachthof das Abwiegen nicht möglich ist, können der Gouverneur oder die Stadtrichter die Genehmigung zum Wiegen erteilen, so und nicht anders. Wer sein Fleisch wiegt, obwohl kein Schiff in diesem Hafen ist, zahle drei Dukaten,

ein Drittel für den Anzeigenden und Richter, der den Urteilsspruch fällt, der Rest für die Truhe des Rates. Aber wir erlauben den straffreien Verkauf von gesalzenem und eingepökeltem Fleisch und von Lebendfleisch.

84. Niemand darf Fisch außerhalb des Fischmarktes oder des dafür bezeichneten Platzes verkaufen, bei Strafe von zwei Dukaten, ein Drittel für den Anzeigenden und Richter, der den Urteilsspruch fällt, und der Rest für die Truhe des Rates. Der Verkauf ist in Form einer Versteigerung durchzuführen; für die Versteigerung sind keine Gebühren zu zahlen.

Aus: Contribuciones a la Historia municipal de América. Ed. Rafael Altamira y Crevea. México 1951, S. 79–99.   Übers.: BK; Anm.: RP

66. Auswanderungswillige Franzosen verdingen sich gegen freie Überfahrt als Arbeitskräfte in den Kolonien: Formular eines Vertrages für die Rekrutierung von *Engagés* (1653)

Bei der Besiedlung der französischen Kolonien in Amerika spielte das sogenannte *Engagé*-System zur Rekrutierung neuer Einwanderer eine ganz bedeutende Rolle: So begaben sich von 1680 bis 1715 etwa 6000 *Engagés* auf die französischen Antillen und etwa 4000 von La Rochelle nach Kanada.

Bei den *Engagés* handelte es sich zumeist um männliche Personen, die über keine größeren finanziellen Rücklagen verfügten und nur in den seltensten Fällen einen Beruf erlernt hatten. Aus diesem Grunde waren sie nicht in der Lage, die Kosten für die Überfahrt selbst zu bestreiten. Angesichts des chronischen Arbeitskräftemangels in den Kolonien wurde ihnen deshalb die Möglichkeit geboten, mit einer Privatperson oder Handelsgesellschaft einen Vertrag über eine kostenlose Überfahrt abzuschließen, wofür sie sich ihrerseits verpflichten mußten, drei Jahre lang für ihre jeweiligen Herren zu arbeiten. Nach Ablauf ihrer Dienstzeit sollten sie dann ein Landstück, Geräte und Ausrüstung erhalten, wobei die Regelungen und Umsetzungen im einzelnen starke Differenzen aufwiesen, nicht zuletzt auf Grund unterschiedlicher Bedingungen, die von der Art der Arbeit und vom Ort der Verdingung herrührten. Im übrigen war es nicht nur von Belang, ob der *Engagé* direkt von einem Pflanzer oder einem Mittelsmann engagiert war, ob er als einzelner oder als Teil eines Kollektivs kam, bedeutsam war auch, daß sein Status für den Zeitraum seiner Arbeitsverpflichtung dem eines Sklaven sehr ähnlich sein konnte. So bestand z. B. die Möglichkeit, einen *Engagé* für ein Drittel der Vertragsdauer, d. h. für ein Jahr, zu „vermieten". Da die Behandlung der *Engagés* z. T. noch härter als die der Sklaven war, weil die Pflanzer in einem enger begrenzten Zeitraum aus ihnen das Optimum an Arbeitskraft herauszuholen trachteten, erlebten viele dieser „Sklaven auf Zeit" das Ende ihrer Dienstbarkeit oder gar die persönliche Freiheit zur Bewirtschaftung eigenen Landes nicht.

Lit.: Léon Vignols: L'institution des engagés (1626–1774). In: Revue d'histoire économique et sociale (1928), S. 12–45 – Gabriel Debien: Le peuplement des Antilles françaises au XVIIe siècle. Les engagés partis de La Rochelle. 1683–1717. Le Caire 1942 – Ders.: La société coloniale aux XVIIe et XVIIIe siècles. Les engagés pour les Antilles (1634–1715). In: Revue d'histoire des colonies 38 (1951), S. 1–280.   SP

Vordruck des Vertrags, den man mit den Arbeitsleuten abschließt, die sich für drei Jahre bei der Kompanie verdingen

Es war persönlich anwesend ...

Dieser hat sich verpflichtet und ist verpflichtet durch dieses [Dokument] gegenüber ... im Namen und im Auftrag und mit Sondervollmacht der Herren Aktionäre der Kompanie zum Zwecke der Verbreitung des Christentums, des Handels und Wandels auf dem amerikanischen Festland, wie es ihre Kommissionen vom ... Tag des ... 1653 [vorsehen], sich mit dem ersten Transport auf das amerikanische Festland zu begeben, der von der genannten Kompanie durchgeführt wird. Und [er verpflichtet sich,] für sie zu arbeiten, so, wie es ihm von den Direktoren an Ort und Stelle aufgetragen werden wird, [und zwar] während der Zeit von drei Jahren. Als Entschädigung für seinen Dienst hat ... dem [Engagé] mit Namen ... versprochen und verspricht ihm durch dieses [Dokument], ihn zu ernähren und von der Kompanie während des genannten Zeitraums unterhalten zu lassen. Und nach Ablauf desselben wird er an Ort und Stelle mit dem Wert eines Drittels seiner Arbeitsleistung bezahlt, wenn er es nicht vorziehen sollte, die Summe von ... für jeden Hektar Land zu erhalten, den er urbar gemacht, gepflanzt und angebaut haben wird. Das wird seiner Wahl anheimgestellt. Und darüber hinaus wird an ihn verteilt und [wird ihm] kostenlos das Land zur Verfügung gestellt, das er mit seinen Leuten wird beackern können, um ein Gehöft nach Wunsch zu schaffen. Vom Abfahrtstag wird der genannte ... den genannten ... in Kenntnis setzen, damit er sich am Ort der Verschiffung einfinde oder damit er dorthin mit den anderen von einem Beamten der genannten Kompanie gebracht werde.

Zu den verschiedenen Vertragsteilen haben sich gegenseitig und in allen Teilen verpflichtet, ...

Ausgefertigt und abgeschlossen ...

Unterschrift ...

Aus: Bibliothèque Nationale. Paris. 4° LK^{12} 821: Mémoire pour servir de brève instruction, tant aux Directeurs et Commissionnaires Provinciaux de la grande Compagnie de l'Amérique, qu'à ceux qui s'y voudront intéresser, ou passer dans le Pais. Paris 1653, S. 32–33.   SP

67. Der Intendant Talon zeigt Schwächen der Siedlungsstruktur von Neu-Frankreich auf (1667)

Im Jahre 1665 hatte Colbert den neueingesetzten Intendanten Talon (1665–1672) angewiesen, eine dem Kolonisierungsprozeß abträgliche Streuung der Bauernstellen zu unterbinden. Denn in Neu-Frankreich ließen sich die Siedler fast ausschließlich am St. Lorenz-Strom nieder, zunächst längs des Nordufers, sodann an der Südseite. Erst Jahrzehnte später sollten Siedler weiter ins Landesinnere vordringen. Daher kannte Kanada keine um eine Kirche konzentrierten Dörfer. Das einzige wirkliche „Zentrum" bildete der St. Lorenz-Strom, an dem sich ein endloses Straßendorf zu erstrecken schien. Die Ursache für diese einseitige Besiedlungsstruktur, deren Mängel Intendant Talon im folgenden referiert, indem er seine Alternative, die Bildung von Haufendörfern, begründet, lag nicht nur darin, daß die Grundherrschaften nach Anteilen am Flußufer vergeben und auch die Unterpachten entsprechend eingerichtet wurden, sondern auch darin, daß zunächst die Kommunikationsverbindungen zu Lande recht schwierig waren und der Fluß daher den wichtigsten Verkehrsweg darstellte.

Obwohl Talon den hier vorgeschlagenen Plan realisierte und insgesamt drei Dörfer in der Nähe von Québec anlegen ließ, änderte sich doch dadurch nichts Grundsätzliches an der Besiedlung Neu-Frankreichs: Nach wie vor diktierte der St. Lorenz-Strom ihre Richtung.

Lit.: R.C. Harris: The Seigniorial System in Early Canada. Madison 1966.   SP

[Gründe für die Bildung von Dorfgemeinden]

Aus dem ersten Grunde, weil sich die Einwohner Kanadas dadurch öfter sehen würden, dann untereinander kennenlernen, einander schätzen würden und leichter gegenseitig helfen könnten, als sie es tun, wenn ihre Höfe [weit] voneinander entfernt liegen.

Aus dem zweiten Grunde, weil sie dann leichter zusammenkommen könnten, um sich den Überfällen der Irokesen zu widersetzen und ihre Häuser vor Feuer und ihre Familien vor der Verzweiflung zu bewahren, wie sie es nur zu oft zu ihrem [eigenen] Nachteil und zur großen Belastung der Kolonie haben hinnehmen müssen.

Aus dem dritten Grunde, daß ihnen dann ein Priester leichter die heiligen Sakramente spenden und Gottes Wort und die Wahrheiten des Evangeliums verkünden könnte, während sie ihrerseits bequemer alles empfangen und ebenso am Gottesdienst teilnehmen könnten, weil es dann zwischen zwei Dörfern eine Kirche mit einem Pfarrer geben würde, die einige von ihnen bislang in mehr als drei oder vier Meilen Entfernung von ihrem Haus aufsuchen mußten[1].

Aus dem vierten Grunde, weil dann für sie die Stelle eines Richters[2] geschaffen würde, der sich zwischen je zwei oder drei Dörfern niederlassen würde. [...]

Aus dem fünften Grunde, weil ihnen im Falle von Krankheit und Verwundung viel schneller von ein und demselben Arzt[3] geholfen werden könnte, der die Betreuung von zwei oder drei Gemeinden übernehmen würde.

Aus dem sechsten Grunde, weil dann für das gemeinsame Hüten des Viehs eine Gemeindewiese eingerichtet würde, so daß das Getreide vor den Verwü-

---

[1] Bis 1667 gab es in ganz Kanada nur neun Pfarreien; 1681 erhöhte der Bischof diese Zahl auf 15, und 1685 gab es auf die ganze Kolonie verteilt 25 Pfarreien bzw. Missionsstellen. Entgegen den Wünschen des Königs und der hohen Verwaltungsbeamten blockierte Bischof Laval die Einrichtung neuer Pfarreien wegen angeblichen Geldmangels und dies, obwohl die Kirche zunächst 13% Kirchenzehnt erhielt.
[2] Es handelt sich dabei um einen auf gewisse Ressorts spezialisierten Richter (Anm. Allaire).
[3] Neu-Frankreich besaß damals mehrere Bader, die als Chirurgen galten; demgegenüber waren die examinierten Mediziner rar (Anm. Allaire).

stungen bewahrt würde, die die Tiere gewöhnlich in den Feldern jener Gebiete anrichten, die nicht zur Dorfgemeinde gehören. [...]

Nachdem nunmehr der Nutzen feststeht, Dörfer in Form von Dorfgemeinden anzulegen, verdient es darüber hinaus Berücksichtigung, wieviel für den Dienst des Königs und für das Wohl Kanadas davon abhängt, sie möglichst nahe bei Québec einzurichten, wofür folgende Gründe sprechen:

Zum einen der gegenseitigen Hilfe wegen, die Québec und die dort zu schaffenden Ansiedlungen einander gewähren könnten: Die einen [die Dörfer], indem sie Québec mit ihren Erzeugnissen beliefern – mit Holz, Getreide, Gemüse, Futtergras und anderen landwirtschaftlichen Produkten – und mit den Erträgen ihrer Viehwirtschaft – mit Geflügel, Eiern, Butter, Milch, Käse und anderen lebensnotwendigen und in Québec sehr gesuchten Waren, die dort sehr teuer sind –; während die Dorfbewohner im Austausch für ihre Waren in Québec Handelsartikel erhalten, die für die Kolonisten aus Frankreich eintreffen: Stoffe, Tuche, Schuhe und anderes mehr.

Aus dem zweiten Grunde, weil allein die Nähe Québecs die Hilfeleistungen, die es den Dörfern im Notfall gewähren müßte, sehr vereinfachen würde, weil die Irokesen wüßten, daß die Dörfer im Angriffsfalle Unterstützung erhalten. Umgekehrt könnte Québec, wenn es von Europäern oder irgendeinem Indianerstamm attackiert werden sollte, von der großen Anzahl von Einwohnern, die diese Dörfer stellen würden, in der Abwehr verstärkt werden. [...]

Und drittens hätte die Nähe Québecs auch für die Anlage neuer Höfe viele Vorteile, weil die aus Frankreich kommenden Familien dann leichter in das geistliche und weltliche Leben in Kanada eingeführt werden könnten.

Und wenn man es bejaht, daß diese neuen Dörfer mit den Höfen der neuzugewanderten Familien, die von Seiner Majestät geschickt werden, in der Nähe Québecs gegründet werden, sollte man – was ihre Anlage selbst angeht – darin übereinkommen, daß sich ihre Form der Natur und der Lage des Grundstücks anpaßt, was [im voraus immer] schwer zu bestimmen ist. Das Haufendorf oder die quadratische Anlage scheint aber die geeignetste Form zu sein, sofern es das Gebiet zuläßt. [...]

Nachdem in den Weilern, Dörfern oder Marktflecken Parzellen für die Familien freigehalten werden, die in diesem Jahr ankommen, ist anzuordnen, daß die Verteilung des übriggebliebenen [Landes] von erfahrenen Siedlern[4] vorgenommen wird. Denn sie sind in der Lage, die Oberhäupter der neuangekommenen und sich niederlassenden Familien darüber zu unterrichten, wie man den Boden in den jeweiligen Jahreszeiten am vorteilhaftesten bestellt, sei es mündlich oder durch das Beispiel ihrer Arbeit.

Und ich möchte ergänzend bemerken, daß es zu wünschen wäre, wenn sich Leute verschiedener Berufe wie Tischler, Maurer, Schuhmacher und andere, die durch ihr Gewerbe zum gemeinsamen Nutzen der Einwohner dieser

---

[4] Sog. *Vieux hivernants*, d. h. jene, die das Jahr über in Kanada lebten und nicht nur im Sommer wie die Händler (Anm. Allaire).

Marktflecken beitragen könnten, dort niederließen. Denn dann gäbe es die zur Ernährung wie zur Unterbringung und Bekleidung der Menschen notwendigen Dinge an Ort und Stelle, ohne daß man den Marktflecken verlassen müßte. [...]
Und da Seine Majestät die Absicht zu haben scheint, die ganzen Unkosten für die Anlage der Höfe, d. h. für Rodung, Urbarmachung und Bestellung von je zwei Hektar Land sowie den Vorschuß von ein wenig Mehl für die neuangekommenen Familien vollständig zu bestreiten, kann man auch sie [die Neusiedler] zu dem verpflichten, was den älteren Siedlern abverlangt wird: Nachdem sie zwei Hektar Land erhalten haben, die nach Anbau und Aussaat Früchte tragen können, sollen sie im dritten oder vierten Jahr nach ihrer Ankunft zwei weitere [Hektar] urbar machen. Im ersten oder zweiten [Jahr] würde sie diese Aufgabe zu sehr vom Aufbau ihres Hofes abhalten, der all ihre Aufmerksamkeit erfordert, da davon das [Los] ihrer Familien vollkommen abhängt. Und zum Ausgleich für den durch die Landvergabe erzielten Gewinn werden sie anstelle von Pachtzinsen[5], Zinsgütern *(Censives)*[6] oder anderen Lasten, die bei Landverleihungen in diesem Lande [Kanada] üblich sind, ihren Erstgeborenen zum Waffendienst verpflichten. Mit sechzehn Jahren wird er seine Probezeit in einer Garnison des Forts ableisten. Dabei hat er auf keinen anderen Sold Anspruch als auf seinen Unterhalt oder auf das, was der Staatshaushalt Seiner Majestät während seiner Dienstzeit [zusätzlich] bewilligen wird. [...]

Aus: Ordonnances, commissions etc. des gouverneurs et intendants de la Nouvelle-France. 1639–1706. Ed. par P.-G. Roy. 2 vol. Vol. I. Beauceville 1924, S. 55–64; 56–59; 61–62. Abgedruckt auch in: Talon. Textes choisis. Pub. par M. d'Allaire. Ottawa 1970, S. 27–31.　　　　　SP

68. Staatsminister Colbert auf der Suche nach Frauen für Kanada: Ein Brief an den Bischof von Rouen aus dem Jahr 1670

Das Anwachsen der französischstämmigen Bevölkerung in Kanada wurde von den zuständigen Stellen in der Metropole und in der Kolonie Neu-Frankreich als zentrale Bedingung angesehen, um sich langfristig in Nordamerika zu behaupten. Denn die Konkurrenz von seiten Neu-Englands und Neu-Niederlands war nicht zu unterschätzen, litten doch die englischen Kolonien nie unter einem Mangel an landhungrigen Neusiedlern.
Da aber schon Mitte des 17. Jahrhunderts ersichtlich geworden war, daß man in Kanada kaum so rasch zu Reichtum gelangen könne wie etwa auf den französischen Antillen, daß zudem das rauhe Klima und die langen Winter den Neusiedlern stark zu schaffen machen würden, stand Kanada in der öffentlichen Meinung Frankreichs als

---

[5] *Cens,* eine mehr symbolische Abgabe an den *Seigneur,* wodurch aber die Abhängigkeit dokumentiert wurde (Anm. Allaire).

[6] *Censives* sind Ländereien, die einem Zins unterliegen. In der Regel handelt es sich dabei um all jene Landstücke, die nicht als Lehen vergeben wurden.

Einwanderungsland nicht eben an erster Stelle. Allein der Pelzhandel versprach schnell größere Gewinne, durchkreuzte aber die offiziellen Pläne, den Anteil der seßhaften Bevölkerung zu erhöhen, und wurde deshalb immer stärker reglementiert.

Nicht von ungefähr ging Staatsminister Colbert davon aus, daß die Kolonie nur dann zu halten war, wenn es durch eine stetige Zunahme an Siedlern sowie eine Weiterentwicklung der Landwirtschaft gelingen würde, die Selbstversorgung der Kolonisten zu gewährleisten. Aus diesem Grunde entfaltete er eine geradezu systematische Auswanderungspolitik: Neben der Förderung der Auswanderung von *Engagés* und Salzschmugglern sowie anderer wegen geringfügiger Delikte Verurteilter widmete Colbert der Auswanderung von Frauen eine besondere Aufmerksamkeit, wollten sich doch über 800 Soldaten aus dem Carignan-Regiment auf Grund günstiger Landzuteilungskonditionen für immer in Kanada niederlassen (vgl. Dok. 71). So organisierte Colbert seit 1665 die Auswanderung von Frauen aus dem Pariser Generalhospiz. Darüber hinaus sollten aber vermehrt – wie der nachfolgende Brief vom 17. Februar 1670 zeigt – auch Frauen vom Lande geworben werden, die bessere Voraussetzungen mitbrachten, um die Härten des Neusiedlerlebens zu überstehen.

Lit.: Gustave Lanctot: Filles de joie ou filles du Roi. Montréal 1952 – Jean-Noël Biraben: Le peuplement du Canada français. In: Annales de démographie historique (1966), S. 105–138 – Roger Le Moine: La première immigration française au Québec. In: La découverte de l'Amérique. Dixième stage international d'études humanistes, Tours 1966. Paris 1968, S. 127–155 – Silvio Dumas: Les filles du Roi en Nouvelle France. Etude historique avec répertoire biographique. Québec 1972.   SP

[An den Erzbischof von Rouen, M. Harlay de Champvallon]
St. Germain, den 27. Februar 1670

In den letzten Briefen, die ich aus Kanada erhalten habe, teilte man mir mit, daß die Mädchen, die man im vergangenen Jahr dort hingeschickt hat und die aus dem Generalhospiz [von Paris] stammten, für das Klima oder die Landarbeit nicht robust genug seien. Es wird als vorteilhafter angesehen, dort junge Mädchen vom Lande hinzuschicken, die die Mühsal ertragen können, die es in dem Lande [Kanada] auszuhalten gilt.

In den in der Umgebung von Rouen liegenden Gemeinden ließen sich [sicherlich] 50 oder 60 [Mädchen] finden, die man zur Überfahrt [nach Kanada] ermuntern könnte, um dort zu heiraten und für immer zu bleiben. Da Sie bislang stets mit viel Hingabe und Eifer für die Vergrößerung dieser Kolonie eingetreten sind, habe ich angenommen, daß Sie meine folgende Bitte aufgreifen werden: Bieten Sie Ihr Ansehen und die Autorität, die Sie bei den Pfarrern der 30 oder 40 besagten Sprengel genießen, dafür auf, daß sich dort jeweils [in jedem Sprengel] ein oder zwei Mädchen freiwillig melden, um in das genannte Land [Kanada] auszuwandern und dort hingeschickt zu werden. Da Sieur Guénet, Kaufmann aus Rouen, mit ihrer Überfahrt betraut ist, wird er die Ehre haben, Sie aufzusuchen und Ihre diesbezüglichen Befehle entgegenzunehmen.

Aus: Lettres, instructions et mémoires de Colbert, pub. par Pierre Clément. 8 vol. Paris 1861–1882. Vol. III, 2 (1865): Instructions au Marquis de Seignelay. Colonies, S. 476.   SP

69. Der Intendant Talon verzeichnet demographische Erfolge in Neu-Frankreich (1670)

Colberts Anstrengungen zur Steigerung der Bevölkerungszahlen Neu-Frankreichs wurden von seiten der Kolonialverwaltung auf das eifrigste unterstützt: So ergriff der Intendant Talon (1665–1672) eine ganze Palette von Maßnahmen, um die erfolgreiche Umsetzung der Forderungen des Ministers sicherzustellen. Für Heirat gab es diverse Vergünstigungen und finanzielle Hilfen, während Junggesellen die Jagd-, Fisch- und Handelserlaubnis entzogen wurde. Familien mit besonders vielen Kindern erhielten Prämien, alle jene hingegen, die als Männer mit 18/19 oder als Mädchen mit 14/15 noch nicht verheiratet waren, hatten Strafen zu gewärtigen.

Für die Verheiratung der von Colbert aus dem Pariser Generalhospiz ausgewählten Mädchen und Frauen (in den Jahren 1665 bis 1669 immerhin 661 Personen) organisierte die Kolonialverwaltung regelrechte Heiratsmärkte, auf denen sich die Bewerber innerhalb von 15 Tagen die „Frau fürs Leben" auszusuchen hatten. Der Erfolg ließ nicht lange auf sich warten: Nicht genug damit, daß im Sommer 1670 bereits 135 der insgesamt 165 neu angekommenen Frauen verheiratet worden waren, auch die Geburtenrate schnellte in die Höhe. So bekamen die von 1665 bis 1670 verehelichten Paare im selben Zeitraum über 2000 Kinder. Im folgenden Schreiben vom 10. November 1670 macht Talon auf die Erfolge aufmerksam, hebt aber auch die für eine erfolgreiche Fortführung notwendigen Voraussetzungen hervor.

Lit.: Silvio Dumas: Les filles du Roi en Nouvelle France. Etude historique avec répertoire biographique. Québec 1972.

SP

[...] Die jungen Frauen, die in diesem Jahr angekommen sind, wurden bis auf 15 alle verheiratet. Diese habe ich auf die bekannten Familien verteilen lassen, bis die Soldaten, die um sie angehalten haben, einige Häuser erbaut haben und für ihren Unterhalt aufkommen können.

Zur Beschleunigung der Verheiratung dieser Mädchen habe ich ihnen wie gewöhnlich neben einigen Lebensmitteln im Werte von 50 Livres kanadischer Währung [auch] Gegenstände des täglichen Bedarfs mitgegeben, die für ihren Haushalt angemessen schienen.

Mademoiselle Étienne, die ihnen [den Mädchen] von den Herren Direktoren des Generalhospizes [in Paris] [als Begleiterin] zur Verfügung gestellt worden war, kehrt nach Frankreich zurück, um sich über den Lebenswandel jener [Mädchen] zu informieren, die man dieses Jahr zu schicken gedenkt. Wenn Seine Majestät die Güte haben wird, weitere [Mädchen] zu entsenden, wäre es gut, genauestens darauf zu achten, daß jene, die für dieses Land ausgewählt werden, in keiner Weise von der Natur benachteiligt sind, daß sie nichts Abstoßendes in ihrer äußeren Erscheinung haben, daß sie gesund und kräftig genug für die Landarbeit sind oder zumindest, daß sie über einige Geschicklichkeit bei Handarbeiten verfügen. In diesem Sinne habe ich auch an die Herren Direktoren geschrieben. Drei oder vier Mädchen aus gutem Hause und von guten Eigenschaften könnten vielleicht nützlich sein, um Offiziere, die nur noch ihrer Bezüge und des Ertrags ihrer Ländereien wegen im Lande bleiben und sich auf Grund der Standesunterschiede nicht enger binden wollen, zur Heirat zu bewegen.

Die im vergangenen Jahr gesandten Mädchen sind fast alle verheiratet, sind schwanger oder haben Kinder bekommen; ein Zeichen für die Fruchtbarkeit dieses Landes [...].

Wenn der König andere Mädchen oder Witwen vom Alten ins Neue Frankreich bringen läßt, wäre es gut, sie mit einem Zeugnis ihres Pfarrers oder des Richters ihres Wohnortes auszustatten, das erkennen läßt, daß sie alle ledig und heiratsfähig sind. Ohne solch ein [Zeugnis] machen die hiesigen Geistlichen Schwierigkeiten, ihnen das Sakrament [der Ehe] zu gewähren. Tatsächlich geschieht dies nicht ohne Grund: Zwei oder drei Fälle von Bigamie sind hier aufgedeckt worden.

Aus: Talon. Textes choisis, pub. par M. d'Allaire. Ottawa 1970, S. 23–25.   SP

70. Die französische Krone verordnet eine Beschränkung der Dienstpflicht für *Engagés* (1670)

Die miserablen Lebens- und Arbeitsbedingungen der *Engagés* in den französischen Kolonien, die auf Grund der sich ergebenden Konflikte häufig die französischen Beamten in den Kolonien beschäftigten und dadurch auch dem zuständigen Minister nicht entgehen konnten, bewegten die Krone zum Einschreiten. Denn die lebhaften Rückkehrerberichte machten die unhaltbaren Zustände auch in der Öffentlichkeit bekannt und beeinträchtigten die ohnehin nur geringe Bereitschaft zur Auswanderung noch weiter. Am 14. Juli 1670 reduzierte der Staatsrat auf einen Antrag Colberts hin die Dienstpflicht auf 18 Monate.

Diese Änderung stand jedoch nur auf dem Papier: Zum einen hielten sich politisch einflußreiche Kolonisten oft nicht daran, zum anderen unterliefen vermögende Siedler die neue Bestimmung, indem sie von einer Verpflichtung weißer Arbeitskräfte überhaupt Abstand nahmen und es vorzogen, verstärkt Sklaven zu erwerben. Insofern blieben alle Versuche der Krone, durch eine Förderung der Einwanderung französischer Kolonisten die Bevölkerungsstruktur, vor allem der Plantagenkolonien, nachhaltig zugunsten der Weißen zu beeinflussen, vergeblich. Obwohl die Dienstpflicht später offiziell wieder auf drei Jahre heraufgesetzt – und damit dem Willen der Plantagenbesitzer entsprochen – wurde, nahm die Attraktivität der Institution der Trente-Six-Mois (wie die *Engagés* in den Kolonien auch genannt wurden) bei den „Plantokraten" im weiteren Verlauf des 18. Jahrhunderts ständig ab, und zwar in dem Maß, wie der Bedarf an unqualifizierten Arbeitskräften ausreichend und relativ kostengünstig durch afrikanische Sklaven gedeckt werden konnte.

Auf einem anderen Blatt stand von jeher die Versorgung der Kolonien mit qualifizierten Arbeitskräften, insbesondere Handwerkern, an denen nach wie vor ständiger Mangel herrschte. Dieser Umstand erlaubte es ihnen, hinsichtlich Bezahlung, Unterhalt und Vertragsdauer Sonderkonditionen mit ihren überseeischen Vertragspart-

nern auszuhandeln, die sie in jeder Hinsicht gegenüber der Masse der *Engagés* begünstigten.
Lit.: Gabriel Debien: La société coloniale aux XVIIe et XVIIIe siècles. Les engagés pour les Antilles (1634–1715). In: Revue d'histoire des colonies 38 (1951), S. 1–280. SP

Verordnung des Staatsrats, die den Arbeitsdienst für jene, die auf Kosten anderer in die Kolonien gelangen, auf achtzehn Monate beschränkt

Der König ist darüber unterrichtet worden, daß mehrere Seiner Untertanen einmal gehegte Pläne, nach den [Antillen-]Inseln und dem amerikanischen Festland auszuwandern, um die dortigen französischen Kolonien zu vergrößern, wieder aufgegeben haben, weil sie von der berechtigten Furcht geplagt wurden, nach ihrer Ankunft drei Jahre lang bei Personen in Diensten zu stehen, die sie nicht kennen würden und von denen sie eine schlechte Behandlung zu erwarten hätten. [...] Man muß in Betracht ziehen, daß dieser üblich gewordene dreijährige Arbeitsdienst, der wie ein Gesetz in diesen Ländern galt, in den Zeiten geduldet werden konnte, in denen die geringe Zahl der Einwanderer es nötig erscheinen ließ, diejenigen, die schon einmal da waren, länger zurückzuhalten. Dagegen sind seit einiger Zeit derartige Reisen von Frankreich aus so häufig geworden, daß bei vielen das Interesse geweckt worden ist, diese [Reise] selbst zu unternehmen. Die Furcht vor dieser Art von Knechtschaft könnte dem Wachstum der Kolonie mehr Schaden zufügen, als die Beibehaltung des [dreijährigen] Arbeitsdienstes an Nutzen erbringen könnte. Und da es der Wunsch Seiner Majestät ist, den Aufenthalt in diesen Kolonien durch Ihre Hilfe und Ihren Schutz für alle Ihre Untertanen, die sich dort niederlassen wollen, so angenehm und leicht wie möglich zu gestalten, möchte Sie es unterbinden, daß deren Leichtgläubigkeit weiterhin durch Ränke der Händler, Schiffskapitäne und anderer mißbraucht werden kann, und bewirken, daß es [hinfort] keinen weiteren Anlaß zu Klagen gebe, die einige erhoben haben und über die harte Verpflichtung zu einem so langen Arbeitsdienst [noch] erheben, von der man ihnen häufig vor der Abfahrt nichts gesagt hatte: Der König hat in Seinem Rat diesen Brauch aufgehoben und für ungültig erklärt, der in allen Ländern Seines Gehorsams in Westindien eingeführt wurde und dort an Gesetzes Statt Geltung hat, daß ein jeder, der in das besagte Land gefahren ist – auf Kosten und für das Geld eines anderen – einer Dienstverpflichtung von drei Jahren für die Begleichung seiner Überfahrt unterworfen ist, und wünscht, daß sie [die Dienstpflicht] nur noch 18 Monate andauere. Wenn diese abgelaufen sind, erklärt Seine Majestät all jene in dieser Lage Befindlichen für frei und für imstande und fähig, sich einen Herrn ihrer Wahl zu suchen oder Ackerbau zu betreiben und Höfe zu erwerben oder sich jeder anderen Beschäftigung zuzuwenden, die ihnen als passendste erscheinen mag, ohne daß irgend jemand sie zu einer Dienstleistung oder dem Verbleib in dem Haus, wo der Betreffende dienstverpflichtet gewesen ist, zwingen könnte, wenn die Zeit [des Arbeitszwangs] verstrichen ist. Nichtsdestoweniger beabsichtigt Seine Majestät nicht, das vorliegende Reglement auf die Handwerker und Gewerbetreibenden, die in Frankreich Verträge über hohe Bezahlung abgeschlossen und beachtliche Vorschüsse erhalten haben, auszudehnen. Sie werden gehalten sein, den Inhalt ihrer Verträge zu erfüllen und den Dienst zu leisten, den sie zugesagt haben. Es sei denn, sie zögen es vor, jene [Dienstherren] für die erhaltenen Vorschüsse und Nahrungsmittel, sowie für die ihretwegen getätigten und vertraglich vereinbarten Kosten ihrer Überfahrt zu entschädigen, in welchem Falle die zuständigen Richter vor Ort dem hierfür gültigen Vertragsgesetz folgen werden, ohne dabei jemals von der Verordnung abzurücken. Seine Majestät befiehlt dem Generalstatthalter, der zu Ihrem Dienst in diesen Ländern weilt, den Gouverneuren und Statthaltern sowohl der Inseln als auch des Festlandes von Amerika, die Durchführung der vorliegenden Verordnung in die Hand zu nehmen. Sie sollen auch darauf [achten], daß jene, die sich für 18 Monate zum Dienst verpflichten, gut von ihren Herren behandelt werden, daß sie mit guter und ausreichender Nahrung versehen und daß sie bei Krankheiten, die während der Zeit ihrer Arbeitsverpflichtung auftreten können, gut versorgt werden. Und die Verordnung und [das] Reglement werden verlesen, veröffentlicht und ausgehängt in den Seehäfen Frankreichs ebenso wie in allen Orten der Inseln und des amerikanischen Festlandes, so daß dies keinem unbekannt bleibt.

Beschlossen im Staatsrat des Königs in Anwesenheit Seiner Majestät in Saint-Germain-en-Laye am 28. des Monats Februar Tausendsechshundertsiebzig. Gezeichnet: Colbert. Registriert im oberen Rat von Martinique am 14. Juli 1670.

Aus: Moreau de Saint-Méry: Loix et constitutions des colonies françaises de l'Amérique sous le Vent. 6 vol. Paris 1784–1790. Vol. I (1784), S. 190–191.   SP

71. Die militärische Besiedlung Neu-Frankreichs: Lehnsbrief für einen Offizier (1672)

In der ersten Hälfte des 17. Jahrhunderts war die Entwicklung Kanadas kaum vorangekommen, wofür sowohl mangelndes Interesse bei Krone wie Bevölkerung als auch Mängel der Provinzverwaltung verantwortlich zu machen sind. Colbert richtete bei dem Versuch, die Staatsfinanzen zu konsolidieren, sein besonderes Augenmerk auf Neu-Frankreich. Er führte eine völlige Reorganisation der Verwaltungsstruktur durch, deren hervorstechende Merkmale zum einen der paramilitärische Charakter, zum anderen die Nicht-Käuflichkeit der Ämter war; alle Funktionen wurden nur mit ausgewiesenen Fachleuten besetzt. Ein besonderer Glücksfall war die Besetzung des Intendantenamtes mit Jean Talon, der dieses Amt – mit Unterbrechungen – zwischen 1665 und 1672 ausübte. Mit Ideenreichtum, Eifer und exzellentem Urteilsvermögen reichte er eine Fülle von administrativen Vorschlägen ein und setzte getroffene Entscheidungen in fruchtbarer Zusammenarbeit mit Colbert um (es wird allerdings in der Forschung selten erwähnt, daß er mit Jean Bodart de Champigny und Gilles Hocquart, die 16 bzw. 17 Jahre ihre Funktion ausübten, gleichwertige Nachfolger fand).

71. Die militärische Besiedlung Neu-Frankreichs

Bevor Colbert seine Projekte für Bevölkerungswachstum und wirtschaftliche Prosperität umsetzen konnte, mußte ein zentrales Problem – die Indianergefahr – ausgeräumt werden. Während im Bereich von Akadien die dort ansässigen Indianer (Angehörige der Abenaqui, Mic-Mac und Maecite) mit den Franzosen Frieden hielten – wobei die französischen Siedler auf Grund ihrer geringen Zahl Konflikten aus dem Weg gehen mußten und sich nach dem englischen Indianerkrieg 1675/76 noch stärker an die französische Schutzmacht anlehnten –, war die Situation in Kanada kritischer. Dort ging die Gefahr nicht von expansionswilligen Engländern, sondern von den streitbaren Stämmen der Irokesenkonföderation aus. 1665 wurde das Regiment Carignan-Salières mit über 1000 Mann Stärke nach Kanada verlegt. In zwei Feldzügen drangen die Soldaten in das Gebiet der Mohawks vor. Zwar konnte die europäische Militärtaktik die indianischen Waldkrieger nicht besiegen (die französischen Verluste lagen weit höher), aber die Dörfer und Vorräte der indianischen Gegner wurden vernichtet. Da sie gleichzeitig von indianischen Nachbarstämmen angegriffen und von einer Pockenepidemie heimgesucht wurden, schlossen die Irokesen 1667 einen Frieden, der der französischen Verwaltung für fast 20 Jahre Raum für ungestörte Aufbauarbeit gewährte.

Der Intendant Talon faßte den Plan einer militärischen Besiedlung Neu-Frankreichs, die die Struktur der kanadischen Landwirtschaft entscheidend prägte. Da die Zuwanderung aus Frankreich unbedeutend war (trotz aller flankierenden Maßnahmen, vgl. Dok. 68) und die Verdoppelung der Bevölkerung durch eine geringe Sterblichkeit und eine hohe Geburtenrate (vgl. Dok. 69) für die wirtschaftlich effektive Nutzung des Landes unzureichend war, schlug Talon einen Verbleib des Carignan-Salières-Regiments in Neu-Frankreich vor. Nachdem bereits die Siedler zwischen ihrem 16. und 60. Lebensjahr in Milizen zusammengefaßt waren, deren Funktionsträger wichtige Aufgaben in der Verwaltung wahrnahmen, sollte mit diesem Projekt – in Anlehnung an die römische Tradition der *praedia militaria* – die Verteidigungskraft der Kolonie verstärkt, die Urbarmachung des Landes bei geringen Aufwendungen für die Staatskasse vorangetrieben, sollten zahlreiche Neusiedler gewonnen werden. Es war daran gedacht, Offizieren Grundherrschaften zu verleihen, die wiederum Unteroffiziere und einfache Soldaten als Pächter aufzunehmen hätten, die mit einem gewissen Startkapital ausgestattet würden. Der Truppenkommandant, Generalkapitän Alexandre Prouville de Tracy, und der Gouverneur Courcelle unterstützten dieses Vorhaben, und König Ludwig XIV. begünstigte es, indem den zur Siedlung entschlossenen Soldaten Vorräte und ein Jahressold als einmalige Förderung zugesagt wurden. Insgesamt entschlossen sich 25 Offiziere und fast 500 Soldaten zum Bleiben, denen sich aus Frankreich 6 Infanteriehauptleute mit Kompanien von jeweils 50 Soldaten anschlossen; diese bekamen Sold für 18 Monate ausbezahlt.

Dadurch erhielt die Bevölkerung einen erheblichen Zuwachs, das grundherrschaftliche System und die landwirtschaftliche Entwicklung erhielten einen merklichen Impuls, auch war das Militär ein wichtiger Wirtschaftsfaktor. Noch einschneidender aber war die sozialpsychologische Wirkung, denn die Zahl der Neusiedler überstieg die Zahl der bereits ansässigen Siedler. Der Seigneur wurde zum militärischen Führer seiner Hintersassen, was zu einer Belebung traditioneller aristokratischer Werte und zu einer stupenden militärischen Leistungskraft in dem immer schwach besiedelten Kanada führte.

Der im folgenden abgedruckte Lehnsbrief, der den Hauptmann Pierre de Saurel zum Grundherrn machte, vermittelt ebenso die metropolitanen Ziele und Absichten, wie er über die Privilegien und Auflagen informiert, die den Seigneurs gegeben wurden. Originell war die in der Metropole unbekannte Verpflichtung, das Land selbst zu bewohnen und Kolonisten dort anzusiedeln. Angesichts einer Diskussion um den feudalen Charakter der Besiedlung Kanadas verdient festgehalten zu werden, daß die verbrieften Rechte des Grundherrn in einer Gesellschaft, die unter einem Mangel an Arbeitskräften litt, von verschwindend geringer Bedeutung waren. Siedler begaben sich aus einem einzigen Grund in die „Obhut" eines Grundherrn: Das wirtschaftlich wertvollste und militärisch sicherste Land lag am St. Lorenz-Strom, dort war das Land am frühesten vergeben worden (um 1760 gab es in Kanada 250 Seigneurien mit 3,2 Mio ha). Der Grundherr erfüllte in Kanada eher „die Funktion eines Land- und Siedlungsagenten" (Wolfgang Reinhard). Aus diesem Grund bildete sich im 17. Jahrhundert das typische Siedlungsbild Alt-Kanadas heraus: Es reihen sich schmale, wenige hundert Meter breite Landstreifen den Fluß entlang, unterbrochen von einem Herrenhaus oder einer Kirche.

Trotz allen kurzfristigen Erfolgen verwies dieser großangelegte, umsichtig durchgeführte Siedlungsimpuls den Pelzhandel, der von nicht-seßhaften Waldläufern betrieben wurde, nicht auf den zweiten Rang. Im Jahr 1709 legte der Ingenieur Gédéon de Catalogne im Auftrag des Intendanten Raudot einen Bericht über die Ressourcen und den Zustand kanadischer Grundherrschaften vor. Aus seinen Untersuchungen von 90 Seigneurien in den Distrikten Québec, Montréal und Trois Rivières ergab sich, daß die Grundherrschaften solche Ausdehnungen erreicht hatten, daß sie auch mit der vierfachen Zahl an Pächtern nicht zu bestellen waren. Auf manchen Farmen fehlten Pächter völlig, auf anderen waren die landwirtschaftlichen Techniken miserabel, fast durchweg wurde Pferdezucht der Zucht von Rindern vorgezogen, und nicht zuletzt hatte die Kirche die Zahl der Feiertage so sehr ausgedehnt, daß zwischen Mai und September gerade 90 Arbeitstage verblieben waren.

Lit.: W. B. Munro: The Seigniorial System in Canada. A Study in French Colonial Policy. New York 1907 – S. Diamond: Le Canada français au XVIIe siècle: une société préfabriquée. In: Annales (E.S.C.) 16 (1961), S. 317–354 – R. C. Harris: The Seigniorial System in Early Canada. Madison 1967 – Marcel Trudel: The Seigneurial Regime. Ottawa 1967 – W. J. Eccles: The Social, Economic and Political Significance of the Military Establishment in New France. In: Canadian Historical Review 52 (1971), S. 134–157 – R. Cole Harris: The Extension of France into rural Canada. In: J. R. Gibson (ed.): European Settlement and Development in North America. Toronto 1978, S. 27–45. TS

Lehnsbrief über die Seigneurie Saurel, gewährt Pierre de Saurel, Offizier des Carignan-Salières-Regiments

Jean Talon, etc., allen, die diese vorliegenden Briefe sehen werden, zum Gruß:

Seine Majestät hat stets mit der Sorgfalt und dem Eifer, die Ihr als dem ältesten Sohn der Kirche wohl anstehen, nach Mitteln gesucht, um in den am weitesten entfernt liegenden Ländern die Verbreitung des Glaubens, die Verkündung des Evangeliums und den Ruhm Gottes mit dem Namen des Christentums zu fördern – [dies war] erstes und wichtigstes Ziel der Errichtung der französischen Kolonie in Kanada. Daneben [war Sie bestrebt], die vom Verkehr der in der Gesellschaft lebenden Menschen am weitesten entfernt liegenden Gegenden der Welt mit der Größe Ihres Namens und der Stärke Ihrer Waffen bekannt zu machen. Und in der Einschätzung, daß es dafür keine wirkungsvolleren [Mittel] gebe, als diese Kolonie aus Männern [zu bilden], fähig, sie [die Kolonie] mit ihren persönlichen Qualitäten auszufüllen, sie durch ihre Arbeit und ihren Fleiß beim Ackerbau zu mehren und [sie] durch eine energische Verteidigung gegen die Schmähungen und Angriffe, denen sie im Laufe der Zeit ausgesetzt sein könnte, zu erhalten, hat Sie [Seine Majestät] in dieses Land eine gehörige Anzahl Ihrer treuen Untertanen bringen lassen, Offiziere Ihrer Truppen in dem Carignan-Regiment, und andere, die in der Mehrzahl, den großen und frommen Zielen Seiner Majestät folgend, sich gerne an das Land binden wollen, indem sie dort in einem ihren Möglichkeiten angemessenen Rahmen Landbesitz in Form von *Seigneuries* [Grundherrschaften] bilden. Und der Sieur de Saurel, Hauptmann im Carignan-Regiment, hat Uns darum ersucht, ihm eine *[Seigneurie]* zu verleihen. Kraft der Uns verliehenen Macht und unter Berücksichtigung der guten, nützlichen und löblichen Dienste, die er Seiner Majestät in verschiedenen Gegenden im alten wie im neuen Frankreich, seitdem er auf Befehl Seiner Majestät dorthin gegangen ist, erbracht hat, haben Wir gegeben und verliehen, bewilligen, geben

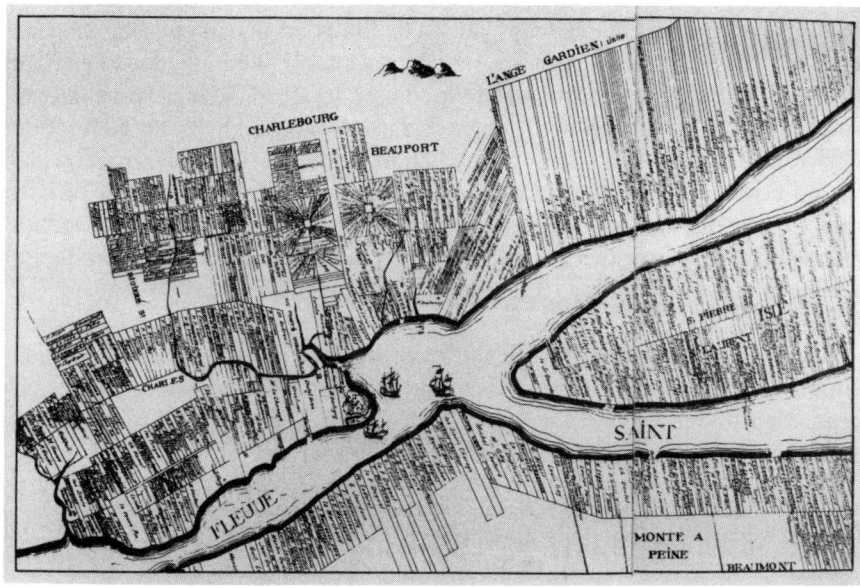

Abb. 19: Kataster der Region von Québec 1709 (erstellt von Gédéon de Catalogne und Jean-Baptiste Découagne).

und verleihen Wir durch diese vorliegende [Urkunde] dem Sieur de Saurel Land in der Größe von 2½ Meilen an der Längsseite, das am St. Lorenz-Strom zu nehmen ist, und zwar: 1½ Meilen über dem Fluß Richelieu [gelegen] bei einer Breite von zwei Meilen, wenn es [das Gebiet] sich soweit erstreckt, mit den – in Unserer Landkarte so genannten – Inseln Saint-Ignace, Isles Rondes und Isles de Grâce. [Er soll] die Nutznießung des besagten Landstückes als Lehen und einschließlich der *Seigneurie* Gerichtshoheit innehaben für sich, seine Leibeserben und Rechtsnachfolger, mit der Auflage der Ergebenheit, die der genannte Sieur de Saurel, seine Erben und Rechtsnachfolger gehalten sein werden, im Schloß Saint-Louis von Québec zu entbieten. Von diesem [Lehen] wird er die Abgaben sowie die gebräuchlichen Grundzinsen nach Maßgabe des Gewohnheitsrechts *(Coutume)* des Gerichts und der Grafschaft von Paris erheben, dem einstweilen in diesem Punkte gefolgt werden wird. Und zwar solange, bis es von Seiner Majestät anders angeordnet wird und bis die Berufung des Richters, der am besagten Ort eingesetzt werden kann, vor einem Gericht behandelt wird [...], unter der Auflage, daß er [Saurel] fortfahren wird, auf der Grundherrschaft selbst zu leben und zu wohnen und leben und wohnen zu lassen, und daß er in den Verträgen, die er mit seinen Pächtern abschließt, festsetzen wird, daß sie sich das Jahr über dort aufhalten und auf den Landstücken leben und wohnen, die er ihnen wird bewilligt haben oder bewilligen wird. Und wenn dies nicht eingehalten wird, würde er mit vollem Recht wieder in den Besitz der besagten Landstücke [der Pächter] gelangen; [dies alles unter der Auflage], daß der genannte Sieur de Saurel von den Eichen, die er für sich zurückbehalten wird, um sein Haus zu errichten, jene erhalten wird, die zum Schiffbau geeignet sind; daß er sogar die besagten Eichen auf dem Gebiet der einzelnen Landstücke, die er an seine Pächter vergeben hat, zu erhalten Sorge tragen wird; ebenso, daß er unverzüglich den König oder Uns von Minen, Fundstellen, Mineralien in Kenntnis setzen wird, wenn sich irgend etwas auf dem Gebiet des genannten Lehens [der Seigneurie] finden sollte, unter der Auflage, dort die erforderlichen Wege und Durchgänge anzulegen. Das alles mit der Genehmigung Seiner Majestät, von der [er] die Bestätigung der vorliegenden [Briefe] in einem Jahr und einem Tag entgegenzunehmen hat.

Als Zeugnis dessen haben Wir diese vorliegende [Urkunde] unterzeichnet, Unser Wappensiegel darunter setzen und von Unserem Sekretär gegenzeichnen lassen.

In Québec, am 29. Oktober Tausendsechshundertzweiundsiebzig. TALON

Aus: William Bennett Munro (ed.): Documents Relating to the Seigniorial Tenure in Canada, 1598–1854. Toronto 1908. Ndr. New York 1968 (The Champlain Society Vol. III), S. 34–36.   SP

72. Bevölkerung und landwirtschaftliche Produktion in Neu-Frankreich (1685/1700)

Sébastien de Prestre de Vauban, der wohl bedeutendste französische Militärbaumeister seiner Zeit, verfolgte die Entwicklungen in Kanada mit besonderer Aufmerksamkeit. Ihn interessierte dabei nicht nur die militärische Sicherung der Kolonie, sondern er widmete sich allen wesentlichen Problemen der Kolonisation dieses Raumes, wie seine Korrespondenz mit verschiedenen Persönlichkeiten des politischen und wissenschaftlichen Lebens offenbart. Seiner Vertrauensstellung am Hofe ist auch der folgende Brief zuzuschreiben, der an die seinerzeit von Colbert ins Leben gerufene, jährlich durchgeführte Bevölkerungszählung der Kolonie Neu-Frankreich anknüpft und Verbesserungsvorschläge macht. Der Adressat des Schreibens (Dok. 72b) ist der Generalgouverneur Neu-Frankreichs, Louis-Hector de Callières, der als Nachfolger Frontenacs von 1698 bis 1703 amtierte und als ehemaliger Gouverneur von Montréal ein exzellenter Kenner der kanadischen Verhältnisse war. Mit dessen Bruder, dem bevollmächtigten Staatssekretär des königlichen Kabinetts, war Vauban freundschaftlich verbunden.

Vauban unterstreicht in seinen Überlegungen die Bedeutung, die einer Bevölkerungszunahme zuzumessen war, und er hoffte, mit einer genaueren Aufschlüsselung einzelner Positionen sowie mit neu eingeführten Rubriken die Gründe spezifizieren zu können, die nachteilige Entwicklungen verursachten oder förderten. Insofern zählt Vauban zu den Begründern der Bevölkerungsstatistik.

Die beigefügte Zählung aus dem Jahr 1685 (Dok. 72a), die die Bevölkerung in ihrer Alters- und Geschlechtsstruktur aufschlüsselt und gesonderte Angaben über seßhafte Indianer enthält, ist deshalb besonders aufschlußreich, weil sie über die Angaben zur Bevölkerung hinaus auch Daten über die landwirtschaftliche Produktion, Ackerland, Vieh und Mühlen enthält.

Lit.: Georges Langlois: Histoire de la population canadienne française. Montréal 1935 – Jacques Henripin: La population canadienne au début du 18ᵉ siècle: nuptialité, fécondité, mortalité infantile. Paris 1954 – Jean Hamelin: Economie et société en Nouvelle-France (Cahiers de l'Institut d'Histoire de l'Université Laval). Québec ¹1960, ³1970.   SP

a. Eine Statistik aus dem Jahr 1685

Allgemeine Zählung der Regierung von Kanada im Jahre 1685

Anzahl der Männer, Frauen, Jungen und Mädchen, der Waffen, Grundstücke, Tiere, Häuser und Mühlen.

Geistliche

Monseigneur der Bischof
44 Priester, davon 15 im Seminar von Montréal
12 andere Geistliche
43 Jesuiten (33 Patres und 10 Brüder)
12 Rekollekten[1] (9 Patres und 3 Brüder)
28 Ursulinen[2] (22 Nonnen und 6 Laienschwestern)
26 Barmherzige Schwestern in Québec (20 Nonnen und 6 Laienschwestern)
16 Barmherzige Schwestern in Montréal (13 Nonnen und 3 Laienschwestern)
13 Schwestern der Kongregation in Montréal

---

[1] Eine besonders strenge Richtung innerhalb des Franziskanerordens.
[2] Der Ursulinenorden, nach der Heiligen Ursula benannt und 1535 gegründet, orientierte sich an den Regeln des Augustinerordens. Die Ursulinen wirkten vor allem in der Mädchenerziehung (noch heute ist dies in Europa und Nordamerika ein Schwerpunkt der Ordenstätigkeit).

III. Auswanderung und Siedlungspolitik

	Häuser	Mühlen	Männer	Frauen	junge Männer	Knaben	junge Frauen	Mädchen	Feuerwaffen	Pferde	Hornvieh	Ackerland in ha
Nördlich des Flusses[3] Grundherrschaften Québec: Hauptstadt und Umgebung	203	5	238	245	324	375	145	280	249	31	525	2152
Stadt Trois-Rivières	36	1	31	37	44	50	21	50	68	3	139	361
Stadt Marie und die ganze Insel Montréal	308	4	324	259	285	383	86	339	384	24	928	3980
Insel Jésus und La Chesnaye	29	1	13	14	20	9	2	18	35	0	115	521
Repentigny, St. Sulpice, La Valtrie Autray	43	1	35	31	19	47	18	39	53	0	173	517
Villemeur, Wolfsfluß, Kap Madeleine	48	1	44	46	23	43	24	43	53	7	182	529
Champlain und Batiscamp	88	2	85	91	61	28	48	120	103	10	341	1557
St. Charles de Roche, Fluß Ste. Anne	38	2	31	30	14	49	12	34	35	0	131	385
Deschambaux, Port Neuf, La Pointe aux Ecureuils	16	2	16	14	17	27	8	15	38	2	82	200
Neufville	76	1	66	66	32	130	35	114	48	0	173	880
De Maure, Cap Rouge, Champigny, Godarville	57	1	48	44	31	84	19	43	36	2	145	699
Sillery, St. Ignace und St. Michel	46	2	49	50	41	78	33	60	57	20	186	1143
Comté Dorinville und Charlebour	81	1	80	73	33	116	45	80	42	8	188	727
Beauport	40	2	43	38	51	39	32	53	47	4	124	879
Insel und Grafschaft St. Lorenz	181	2	200	177	137	311	127	253	139	19	832	3073
Beaupré	114	2	112	107	150	136	110	128	119	35	1233	1646
Südlich [des Flusses] Chasteau Guay, La Prerye, Insel St. Paul	44	1	44	40	14	42	12	41	53	3	212	175
Longueuil, Boucharville, Insel Ste. Thérèse	70	1	88	61	102	38	38	95	84	2	293	1205
Cap Varennes, Kap St. Michel u. Verchères	33	1	36	32	43	14	14	44	35	1	158	448
Contre Cœur, St. Ours u. Chambly	34	2	34	26	11	57	13	48	36	0	135	205
Sorel, St. François u. Cressé	52	2	52	45	24	75	26	57	62	1	217	519
Du Tott, Villiers und Gentilly	33	0	28	29	8	28	9	42	29	0	76	311

[3] Des St. Lorenz-Stroms.

72. Bevölkerung und landwirtschaftliche Produktion in Neu-Frankreich

	Häuser	Mühlen	Männer	Frauen	junge Männer	Knaben	junge Frauen	Mädchen	Feuerwaffen	Pferde	Hornvieh	Ackerland in ha	Schafe&Ziegen
...ière, Ste-Croix und Villieu	20	0	20	19	15	31	14	21	32	0	94	238	0
...n	52	2	57	53	40	106	34	88	55	0	233	436	0
...ont, La Durantaye und ...hier	17	1	16	18	4	24	11	19	11	0	40	106	0
...x oyes, Vincelotte, Lespinay Bon Secours	45	2	43	40	24	67	15	50	54	3	197	421	0
...atière, La Bouteillerie, Fluß Wolfs	19	1	18	15	12	46	10	25	40	0	141	259	0
...tzahl Grundherrschaften: ...ndianer	1853 Zelte	43	1853	1700	1516	2606	961	2199	1997	175	7313	23572	924
...rançois Xavier du Sault	68		147	195	23	173	22	122					
...Bergen von Montréal	36		50	50	21	37	14	40					
...ry	17		104	104	55	77	45	75					
...ette	16		29	29	14	39	9	17					
...tzahl der Wilden	137		330	330	113	326	90	254					
...tzahl der Franzosen und ...den	1990	43	2183	2125	1629	2932	1051	2453	1997				

...September 1685 bis zum 15. Oktober 1686 gab es in allen Sprengeln des Landes 130 Hochzeiten, 556 Taufen ...7 Beerdigungen.

...tzunahme (abzüglich der Sterbefälle)	349
...me der Wilden in Sault	50
...me der Wilden in den Bergen von Montréal	20
...me der Wilden in Sillery	200
	619

...ouise Dechêne (éd.): Correspondance de Vauban relative au Canada. Paris 1968, S. 48–49 (Statistik). SP

b. Vorschläge Vaubans für eine effektivere Erfassung der Daten (1700)

Paris, den 17. Mai 1700

Vor vier oder fünf Tagen erhielt ich, mein Herr, jenen [Brief], den Sie mir zu schreiben die Ehre gemacht haben, mit der Volkszählung oder der Übersicht (*tableau*) von Kanada, die die Anzahl der Einwohner, den Anteil des urbar gemachten Bodens und des Viehs eines jeden Hofes auf eine so genaue Weise angibt, daß diese Lektüre viel Freude bereitet. Diese Zählungen haben ihren Nutzen darin, daß sie immer den Stand verdeutlichen, in dem sich der Zuwachs und die Abnahme der Bevölkerung, der Grundstücke und des Viehs befinden. Das ist meines Erachtens eine Angelegenheit, für die man größte Aufmerksamkeit aufbringen muß und die eine der wichtigsten Regeln einer guten Staatsführung ausmachen sollte. Aus diesem Grunde fordere ich Sie nachdrücklich dazu auf, mein Herr, dieselben Untersuchungen für Ihren Regierungsbezirk alljährlich wiederholen zu lassen. Es wird nur von Ihnen selbst abhängen, einige Spalten den Tabellen hinzufügen zu lassen, um die Anzahl der Pflüge und der Mühlen in jedem Sprengel zu vermerken. Diese Untersuchungen oder Zählungen verdienen es, sehr sorgfältig in allen Rathäusern der wichtigsten Orte Ihres Regierungsbezirks registriert zu werden, so daß man sie von Zeit zu Zeit miteinander vergleichen und sich darauf beziehen kann.

Ich werde diesem Schreiben ein Formular beilegen, das ich mehreren meiner Freunde gegeben habe, um in Ihrem Verwaltungsbezirk eine Zählung durchführen zu lassen. [Es folgen Erläuterungen zu anderen Anlagen sowie zu einigen persönlichen Bekannten.]

Sie haben nichts über Akadien[4] gesagt, gehört es nicht zu Ihrem Gouvernement? Ich bitte Sie, mir bei nächster Gelegenheit mitzuteilen, was Sie darüber wissen. Ich werde mein Bestes tun, um den Herrn Grafen von Pontchartrain[5] bezüglich [der Lage] Kanadas und insbesondere wegen der [mangelhaften] Befestigung Québecs wachzurütteln, da es mir höchst beschämend zu sein scheint, daß man seit 150 Jahren noch immer nicht daran gedacht hat, auch nur die kleinste Zufluchtsstätte für die Kolonie selbst zu schaffen.   Vauban

Aus: Louise Dechêne (éd.): Correspondance de Vauban relative au Canada. Paris 1968, S. 45–46.
    SP

73. Der Dominikaner Labat berichtet über die Landvergabe auf den französischen Antillen (um 1700)

Jean-Baptiste Labat war 1683, mit zwanzig Jahren, in Paris in den Dominikanerorden eingetreten, dem neben den Orden der Jesuiten und Kapuziner die Seelsorge auf den französischen Antillen oblag. 1693 hatte er sich dann für einen Einsatz in Westindien entschieden, um über die Missionstätigkeit der Enge des Landpredigerdaseins zu entfliehen. In den Jahren seines Aufenthaltes auf verschiedenen Antilleninseln (1694–1705) scheint er ein detailliertes Tagebuch geführt zu haben, das als Grundlage für die Niederschrift eines Reiseberichtes diente, der 1722 erstmals (in sechs Bänden) erschien. Labats Schilderungen stießen bei den zeitgenössischen Lesern auf großes Interesse, sie erlebten eine Reihe von Auflagen und wurden in mehrere Sprachen übersetzt (1782 von Georg Casimir Schad ins Deutsche). Seine Darstellung ist auch heute noch auf-

---

[4] Akadien *(Akadie)* wird gemeinhin mit dem heutigen Nova Scotia gleichgesetzt. Es erstreckte sich aber zu Beginn des 17. Jahrhunderts für die französischen Eroberer auch auf das Gebiet des heutigen New-Brunswick.

[5] Louis Phélypeaux de Pontchartrain trat 1690 die Nachfolge des Marineministers Seignelay an. Da er schon mit dem Finanzministerium voll ausgelastet und kein Fachmann der Marine war, sträubte er sich zuerst, gab dann aber dem Drängen des Königs nach, der den Kreis seiner langjährigen, vertrauenswürdigen Mitglieder des Ministerrates nicht erweitern wollte. Pontchartrain sah es nun in seiner Doppelfunktion als eine seiner wichtigsten Aufgaben an, die Ausgaben für die Kolonien möglichst niedrig zu halten, um den Krieg in Europa finanzieren zu können.

73. Labat über die Landvergabe auf den französischen Antillen

schlußreich und fesselnd. Labat war nicht nur ein leidenschaftlicher Schriftsteller (er verfaßte auch Berichte über seine Reisen nach Spanien und Italien und legte zwei Bücher über Afrika vor (vgl. Dok. 39)), sondern auch ein scharfsinniger und ungemein wißbegieriger Beobachter. Es gab kaum etwas, was nicht seine Aufmerksamkeit auf sich zog, vor allem naturwissenschaftliche und völkerkundliche Fakten registrierte er gewissenhaft, was mit seinen Studien an der Universität Nancy zwischen 1685 und 1687 zusammenhängen mag. Seine naturwissenschaftlich-technische Begabung kam ihm beim Bau von Zuckerraffinerien und Klostergebäuden ebenso zugute wie bei der Anlage von Befestigungen, sein Organisationstalent machten sich sein Orden wie auch die französische Verwaltung zunutze, wodurch Labat vielfältige Einblicke in die Lebensverhältnisse erhielt. In den Anfangsjahren waren die Missionare auf die Mildtätigkeit ihrer Gemeindemitglieder angewiesen gewesen, aber nach reichen Schenkungen konnten sie eigene Plantagenwirtschaften betreiben, wobei sie sich auch dem Sklavenhandel widmeten.

Im folgenden beschreibt Labat die Regeln, die ein Neusiedler einzuhalten hatte, um Land zu erhalten. Auf den französischen Antillen hatte sich die Landverteilung zunächst sehr unkontrolliert vollzogen. Neusiedler besetzten Land und machten es ihren Möglichkeiten entsprechend urbar. Die Kompanien bemühten sich aber in der Folgezeit darum, ein Verfahren zu institutionalisieren, um genau begrenzte Flächen zu bestimmten Rechten und Auflagen an Einzelpersonen zu vergeben. Aber zu keinem Zeitpunkt gelang es einer der aufeinander folgenden Handelsgesellschaften, ein grundherrschaftliches System wie etwa in Neu-Frankreich (vgl. Dok. 71) zu schaffen.

Labats Hinweis auf die finanziellen Möglichkeiten des Bewerbers, die das Ausmaß der Konzession bestimmen sollten, zeigt, wieviel Handlungsspielraum den obersten Verwaltungsbeamten gegeben war. Die Bestimmungen, das Land selbst zu bewohnen, es innerhalb einer bestimmten Frist urbar zu machen und es keinesfalls zu spekulativen Zwecken zu mißbrauchen oder es weiterzuverkaufen, wurden ebensowenig beachtet wie das Gebot, das betreffende Land bei einem derartigen Mißbrauch zu konfiszieren. Diese Tendenzen standen wohl in unmittelbarem Zusammenhang damit, daß die breite Streuung des Landbesitzes, wie sie im Prinzip vorgesehen war, im Widerspruch zur Herausbildung der Plantagenkulturen stand, zu deren Protagonisten auch die höchsten Verwaltungsbeamten gehörten, die meistens selbst zu den Großgrundbesitzern zählten. Die kleineren oder auch mittleren Landeigentümer, die Tabak anbauten und mit den Händlern assoziiert waren, sahen sich deshalb verstärktem Druck reicher Kolonisten und königlicher Beamten ausgesetzt, ihr Land abzutreten. Diese Entwicklung wurde durch schlechte Ernten und Fortschritte bei der Anpflanzung von Zuckerrohr forciert und zeichnete sich auf Martinique und Guadeloupe seit den Jahren 1665–70 und auf Saint-Domingue seit etwa 1670 ab.

Lit.: H. Baguet: Le régime des terres aux Antilles françaises et la condition des personnes avant 1789. Paris 1905 – P. Cultru: Colonisation d'autrefois. Le commandeur de Poincy à Saint Christophe. In: Revue d'histoire des colonies françaises 3 (1915), S. 289–254 – Maurice Satineau: Histoire de la Guadeloupe sous l'Ancien Régime (1634–1789). Paris 1928 – Louis-Philippe May: Histoire économique de la Martinique (1635–1763). Paris 1930 – H. Desportes: Mode d'approbation des terres. In: Annales des Antilles (1955), S. 71–88 – Christian Schnakenbourg: Le ,terrier' de 1671 et le partage de la terre en Guadeloupe au XVIIe siècle. In: Revue française d'histoire d'Outre-Mer 57 (1980), S. 37–52 – J. Petitjean-Roget: La société d'habitation à la Martinique. Un demi siècle de formation 1635–1685. 2 vol. Paris 1980. TS

Neue Pflanzungen. Wie man die Ländereien erhält und wie man sie urbar macht

Wer kein Land besitzt und keines käuflich erwerben kann oder will, beantragt [einfach] eine Zuweisung von Land, das noch ohne Besitzer ist und folglich dem König gehört. Zu diesem Zweck wende man sich an den Gouverneur und den Intendanten, denen die Eingabe zu übergeben ist. Darin lege der Antragsteller seinen Stand, die Zahl seiner Kinder und seiner Sklaven und seine sonstigen [finanziellen] Möglichkeiten dar. Er beantrage das Grundstück, indem er die Ausmaße in Länge und Breite festlegt. Diesem [Antrag] füge er ein Zertifikat des örtlichen Hauptmanns und des königlichen Landvermessers bei, welche die Wahrheit des in der Bittschrift Angegebenen und vor allem bestätigen, daß dieses Grundstück weder belegt noch an jemand anderen vergeben ist. Auf diese Darlegung hin veranlassen diese Herren [Gouverneur und Intendant] die rasche Zuweisung des beantragten Grundstückes, dessen Ausmaß sie nach Bedarf und Möglichkeiten des Antragstellers bemessen und mit folgenden Klauseln [versehen]: „Der Bittsteller soll seine Konzession beim Gerichtsschreiber registrieren lassen. Er hat dafür Sorge zu tragen, daß die nächsten Nachbarn des von ihm beantragten Landes bei der Übergabe anwesend sind und schriftlich erklären, daß sie keinerlei Ansprüche [auf das Gebiet] haben. Und schließlich muß er innerhalb von drei Jahren mindestens den dritten Teil des zugeteilten Landes urbar machen und bewohnen, bei der Strafe, des Besitzes verlustig zu gehen und die Landzuweisung zu verlieren." Diese Bedingungen sind sehr vernünftig, und wenn man sie mit der Genauigkeit befolgt hätte, die sie verdienten, wären die Inseln weit besser bevölkert und bewohnt, als sie es sind, weil [dann] alle Neusiedler Land finden würden, anstatt daß die Grundstücke Personen zugeteilt werden, denen es häufig unmöglich ist, davon in hundert Jahren [auch nur] ein Drittel urbar zu machen. Es gibt sogar Einwohner, die Konzessionen an verschiedenen Stellen ein und derselben Insel erhalten, wo sie nach sehr vielen Jahren nicht mehr als 100 bis 150 *Pas carrés*[1] urbar gemacht haben, allein um ihren Besitz zu markieren, ohne sich der Mühe zu unterziehen, die Arbeit fortzusetzen, wie es ihre Pflicht wäre.

Es ist wahr, daß die Gouverneure und Intendanten manchmal diese zugeteilten und vernachlässigten Grundstücke wieder zur königlichen Domäne schlagen. Aber das ist häufig nichts anderes als eine Zeremonie oder eine Strafe, die nur einen unglücklich in Not Geratenen trifft, der nicht über genügend Einfluß verfügt, sich dagegen wehren zu können, ein Opfer des Gesetzes zu werden. Man kann verfolgen, daß dieselben Ländereien [sodann] an andere [Personen] vergeben werden, die keinen besseren Gebrauch davon machen, die sie verkaufen und einen ständigen Handel damit treiben, allen Verboten zum Trotz, die diesen schimpflichen und doch so verbreiteten Kommerz un-

---

[1] *Pas carré* entspricht 0,660 qm.

tersagen. Es wäre keineswegs schwierig, das, was ich hier behaupte, mit vielen Beispielen zu belegen.

Wenn die Verleihung genehmigt, registriert, die Nachbarn [zur Anwesenheit bei der Übergabe] aufgerufen und die Inbesitznahme vollzogen ist, sucht man [möglichst] einen etwas höherliegenden Platz aus, um dort das Herrenhaus zu erbauen, das [dort] mehr Frischluft und eine schönere Aussicht bietet [...] oder zumindest [gestattet], die Arbeit, die auf der Pflanzung anfällt, bequemer überblicken zu können. Wenn es auf dem Gelände einen Fluß oder irgendeinen Bach gibt, der beständig Wasser führt, oder eine Quelle, so entferne man sich so wenig wie möglich von dieser Stelle, da es eine große Annehmlichkeit ist, für die Bedürfnisse des Hauses, für die Neger und das Vieh sowie für mögliche Brände über Wasser zu verfügen.

Man beginne zunächst damit, einige Hütten aus Kleinholz zu errichten, die man mit Blättern der Fächerpalme oder mit Rohr deckt. Sodann fällt man die Bäume, wobei man mit der Rodung dort beginnen sollte, wo das Haupthaus errichtet werden soll. Die meisten Einwohner haben – ganz wie die Kariben – die schlechte Angewohnheit, die Bäume nach und nach vollständig abzuholzen und dann, wenn sie trocken sind, zu verbrennen, ohne darüber nachzudenken, ob sie für Bauten geeignet wären oder ob es der günstigste Zeitpunkt sei, sie abzuholzen und zu konservieren. Aber diejenigen, die über einen gesunden Menschenverstand verfügen und wirtschaftlich denken, bevorzugen ein bedachtsameres Vorgehen und erhalten alle Bäume, die für Bretter, *Cartelage*[2], Balken und anderes Bauholz geeignet sind, was besonders heutzutage, wo Bauholz sehr rar und überaus teuer ist, beträchtlichen Gewinn einbringt. Will man die Bäume fällen, die weiterzuverwerten sind, so warte man die Tage mit abnehmendem Mond ab. Sie sind der Länge nach in Stücke zu zerlegen, so wie man es für richtig hält. Dann sind sie aufeinander zu stapeln. Darüber sollte ein kleines Dach angebracht werden, um ihn [den Stapel] vor Regen zu schützen, bis man Zeit findet, sie [die Hölzer] zu bearbeiten. Danach scharrt man die Zweige und das wertlose Zeug, das man verbrennen will, zu mehreren Haufen zusammen. [Es folgen sehr detaillierte Anweisungen zur richtigen Verbrennung.] Wenn der Boden dann gesäubert ist, erbaut man die Hütten oder Häuser, deren Pfähle mit drei oder vier Füßen im Boden mit einem Verbindungspflock verankert werden. Das Ende der kleinen Pfähle wird bogenförmig ausgeschnitten, um den Dachstuhl und den Dachboden zu tragen. Man errichte eine Palisade oder man umzäune das Haus mit Rohr und gespaltenen Palmblättern. Und man decke sie [die Häuser und Hütten] mit Palmblättern und Rohr.

Sofort säe man Erbsen und Mais auf dem freibleibenden Teil des gerodeten [Landstücks]. Und wenn dieses etwas umfangreicher ist, pflanze man dort Maniok, Kartoffeln, Ignamen[3] und einige Kräuter.

---

[2] Dünne Holzbretter für Tischlereibedarf.
[3] Eßbare Wurzelart.

Es ist unglaublich, mit welcher Leichtigkeit und in welchem Überfluß dieser jungfräuliche Boden all das hervorbringt, was man dort anpflanzt und aussät.

Man sollte es niemals daran fehlen lassen, Orangen- und Zitronenbäume zu züchten. Die anpassungsfähigen Einwohner ziehen die chinesischen Orangen allen anderen vor, weil sich neben den Kindern die Neger und Durchreisenden damit versorgen, um den Durst zu löschen. Die Pferde und alle anderen Tiere fressen sie und setzen Fett an. Hinzu kommt, daß die Bäume, die sie tragen, sich besonders gut als Hecken eignen, weil sie mit den wohl längsten und stärksten Dornen ausgerüstet sind, die so sehr ineinander verwachsen, daß die sich daraus entwickelnden Hecken oder Haine für Menschen und Tiere undurchdringlich sind.

Aus: Jean-Baptiste Labat: Nouveau voyage aux isles de l'Amérique. 4 vol. Paris 1742. Ndr. Fort de France 1972. Vol. II, S. 115–118. SP

74*. Der Intendant Raudot meldet Mißbräuche der *Seigneurs* in Neu-Frankreich (1707)

In den Jahren 1707/1708 verfaßte Raudot, der neben Talon wohl am meisten zum Aufbau einer geordneten Verwaltung in Neu-Frankreich beigetragen hat, mehrere Berichte an den Marineminister Pontchartrain, die Schwächen des seigneurialen Systems in Kanada zum Gegenstand hatten. Sie gehören zu den wenigen Dokumenten, die uns Einblicke in die sozialen Verhältnisse einer Grundherrschaft ermöglichen. Auf Grund ihrer Praxisnähe rangieren sie gleich neben den wenig später verfaßten Untersuchungen des königlichen Beauftragten Catalogne (vgl. Dok. 71). Raudots Kritik, die im folgenden auszugsweise wiedergegeben ist, richtete sich vor allem auf die Pressionen, die von Grundherren gegen ihre Grundholden ausgeübt wurden, und die sich vor allem aus nur mündlich abgesprochenen Landvergabekonditionen sowie aus einer rigorosen Anwendung der dem Grundherrn zustehenden Frondienste und der Zwang- und Bannrechte ergaben. Die Grundherren suchten Forderungen durchzusetzen, die erheblich über die im Gewohnheitsrecht der *Coutume de Paris* festgeschriebenen Margen hinausgingen, nach denen sich auch die Seigneurs von Neu-Frankreich zu richten hatten. Raudots Beschwerden stießen bei Pontchartrain auf große Resonanz, so daß nach der Einholung zusätzlicher Gutachten die sogenannten *Arrêts de Marly* (1711) erlassen wurden, auf Grund derer Seigneurs die Konfiskation von Ländereien angedroht wurde, von denen sie abwesend waren oder die sie veröden ließen.

Doch wie schon frühere Erlasse führten die *Arrêts de Marly* keineswegs zu einer Besserung der Verhältnisse. Das hatte allerdings weniger mit dem von Raudot beklagten Eigennutz, normannischen Starrsinn und der Prozeßfreudigkeit der Grundherren zu tun, vielmehr waren Mißstände und Mißbräuche in der Konstruktion der Grundherrschaften in Neu-Frankreich gleichsam als Strukturelemente eingelagert. Auf den ersten Blick fallen die Unterschiede zu europäischen Verhältnissen nicht ins Auge: Der Sei-

---

* In Band 2 dieser Edition findet sich auf den S. 37, 522 und 536 ein Verweis auf Bd. 3, Dok. 74. Die besagte Quelle (Einrichtung einer Sträflingskolonie in New South Wales) findet sich jedoch aus redaktionellen Gründen nun unter Nr. 84.

gneur hatte dem König Treue zu schwören und bei Besitzwechsel Abgaben zu zahlen; von seinen Hintersassen beanspruchte er jährlich und bei Erbfall Zahlungen sowie Frondienste; der Hintersasse mußte gegen Gebühr auf der herrschaftlichen Mühle mahlen und im herrschaftlichen Ofen sein Brot backen lassen (Mühlen- und Ofenbann); dem Seigneur kam in vielen Fällen die niedere Gerichtsbarkeit zu. In wirtschaftlicher Hinsicht hatte diese grundherrschaftliche Struktur jedoch kaum Folgen im Sinn einer Ausbeutung der Bauern: Weil sich Grundholden nur schwer finden ließen, da Land in ausreichendem Maße auch außerhalb der Grundherrschaften zu Verfügung stand, wenn auch von geringerer Qualität und mit Standortnachteilen, war 1663 von dem Land der 69 neu-französischen Grundherrschaften nicht einmal ein Prozent an Bauern weiterverliehen worden.

Die Modalitäten der Landvergabe an abgabepflichtige Bauern waren gemessen an europäischen Verhältnissen günstig. Seit 1663 war der Umfang der an Seigneurs vergebenen Landkonzessionen erheblich reduziert worden, und von Zeit zu Zeit wurden Landverleihungen widerrufen, weil das Land nicht bestellt oder besiedelt worden war. Die dem Grundherrn zustehenden Abgaben waren so niedrig (sie machten vielleicht zehn Prozent des Ertrags der überlassenen Ländereien aus), daß mancher Seigneur gar nicht den Versuch unternahm, sie einzutreiben. Erst bei Ansiedlung von 40 oder 50 Siedlerfamilien konnte der Seigneur mit einer Jahresrente von 1500 livres rechnen. Er mußte daher zur Steigerung seiner Einkünfte verstärkt auf die Nutzung des Domänenlandes setzen, daraus ergab sich die Bedeutung der Frondienste. Zudem war er gehalten, das Getreide seiner Hintersassen gegen eine feststehende Gebühr (*banalité*: $1/14$ des Ernteertrages) zu mahlen. Bei der geringen Bevölkerungsdichte war eine Rentabilität der Mühle kaum zu erreichen, daher gab es 1688 erst 44, 1734 erst 118 Mühlen in Kanada. Verweigerte der Grundherr die Errichtung einer Mühle binnen Jahresfrist, konnte das Mahlrecht durch den Intendanten an einen Grundholden verliehen werden. Außerdem konnten kanadische Siedler gegen geringe Abgaben soviel Land erhalten, wie ihnen zu bestellen möglich war, und ihr Vieh auf der grundherrschaftlichen Gemeindewiese weiden lassen. Ihr Korn mußte ebenso zu feststehenden Gebühren gemahlen werden wie der zur Regelung von Rechtsstreitigkeiten eingerichtete Gerichtshof ihre Verfahren durchzuführen hatte. An Nahrung war kein Mangel, Wolle, Leinen und Leder für Bekleidung konnte selbst gewonnen werden. Ein gewisser Wohlstand zeigte sich in der Errichtung von Steinhäusern, zu deren Beheizung auf dem eigenen Land ausreichend Holz vorhanden war.

Der Lebensstandard des Grundherrn unterschied sich im späten 17. Jahrhundert nur unwesentlich von dem seiner Grundholden, was den Streit um die wenigen ihm verbliebenen Vorrechte besonders heftig werden ließ. Die ihm zustehenden Abgaben waren von der Krone festgesetzt; wenn die Bauern ihren Verpflichtungen nachkamen, konnten sie nicht durch andere ersetzt werden, um höhere Einkünfte zu erzielen. Dadurch fehlte auch ein Reservoir an billigen Arbeitskräften. Dieser Mangel und das Insistieren der Krone auf einer Nutzung zugeteilten Landes ließen die Entstehung großer Landgüter wie in Spanisch-Amerika und in den Plantagenkolonien nicht zu. Erbgesetze der *Coutume de Paris*, das Vorhandensein von unbesiedeltem Land und die Vorschrift, ein Fünftel des bei Verkäufen von Land erzielten Preises an die Krone abzuführen, verhinderten eine Spekulation mit Land in nennenswertem Umfang, die z. B. in Virginia nicht unüblich war.

Lit.: N.-E. Dionne: Les Raudot: intendants de la Nouvelle-France. In: Revue canadienne 31 (1895), S. 567–610 – R. Roy: Les intendants de la Nouvelle-France. In: Mémoires de la société royale de Canada 9 (1903), S. 65–107 – E. H. Adair: The French Canadian Seigneury. In: Canadian Historical Review 35 (1954), S. 187–207 – Donald J. Horton: Jacques Raudot. In: David M. Hayne (ed.): Dictionnaire biographique du Canada. Vol. 2: 1701–1710. Toronto 1969, S. 579–585 – R. C. Harris: The Seigniorial System in Early Canada. Madison 1966 – Marc Trudel: The Seigniorial Regime. Ottawa 1967. TS

[...] Man hat hier bei der Landvergabe oft keinen großen Wert auf Formalitäten gelegt. Mehrere Einwohner haben auf das Wort der Grundherren hin gearbeitet, andere auf Grund einfacher Schriftstücke, die die Auflagen der Landvergabe nicht vermerkten. Daraus ist ein sehr großer Mißstand erwachsen. Denn diese Einwohner, die ohne gültigen [Rechts-]Titel gearbeitet haben, sind nun Pachten und höchst beschwerlichen Dienstleistungen unterworfen, weil die Seigneurs ihnen nur zu diesen Bedingungen [gültige] Verträge aushändigen wollten. Diese mußten sie akzeptieren, um nicht ihre [bereits geleistete] Arbeit umsonst getan zu haben. Daraus folgt, daß auf fast allen Grundherrschaften unterschiedliche Abgaben erhoben werden: Auf der einen zahlt man nach dieser Art, auf der anderen nach jener, je nach den Charaktereigenschaften und dem Gutdünken der Seigneurs, die sie [die Landparzellen] an Siedler vergeben haben. Sie [die Seigneurs] haben sogar in fast alle Verträge ein Optionsrecht *(retrait roturier)*[1] für sich eingeführt, für den Weiterverkauf des an Siedler vergebenen Landes, von dem in der *Coutume de Paris*[2] nicht die Rede ist, die aber nichtsdestoweniger die Rechtstradition ist, die in diesem Land Kanada zu befolgen ist. [...]

Es gibt Verleihungen, bei denen die dem Seigneur zu zahlende Grundrente *(chapons)* in Naturalien oder mit Geld zu verrichten ist[3], je nachdem, wie es der Grundherr wünscht. Die Abgabe wird auf 30 Sous veranschlagt, obwohl sie nicht mehr als 10 Sous wert ist. Die Seigneurs zwingen ihre Bauern *(tenanciers)* dazu, die Abgabe in Geld zu zahlen, was den Pächtern sehr ungelegen kommt, weil es ihnen häufig gerade daran fehlt, denn: Obwohl 30 Sous ein geringer Betrag zu sein scheinen, bedeutet er viel in einem Land, wo Geld sehr knapp ist. Zudem scheint mir, daß bei allen Grundzinsen – sofern eine Wahlmöglichkeit besteht – sie immer im Sinne des Schuldners getroffen werden sollte.

---

[1] Die *Coutume de Paris* sah eine Abgabe an den Grundherrn beim Weiterverkauf des Landes – in Höhe von einem Zwölftel des Verkaufserlöses – vor. Ohne das Recht des *Retrait roturier* konnte ein Erwerber des Landes kaum daran gehindert werden, die Abgabe an den Grundherrn nach einem willkürlich, meist erheblich unter dem realen Wert des Landes festgesetzten Kaufpreis zu entrichten. Der *Retrait roturier* gestand dem Grundherrn das Recht zu, wenn ein Siedler sein Land verkaufte, das Land zum erzielten Preis zurückkaufen zu können.

[2] Die *Coutume de Paris* kannte den *Retrait roturier* nicht, jedoch war er in anderen Rechtstraditionen in Frankreich durchaus vorgesehen (vgl. Ernst Glasson: Précis élémentaire de l'histoire du droit français. Paris 1904, S. 476). Die *Coutume de Paris* führt jedoch bei der Verpachtung des Landes einen *Retrait conditionnel* auf, ein Rückkaufrecht binnen vierzig Tagen, das eine Umgehung der Abgabe von einem Fünftel des Verkaufspreises verhindern sollte.

[3] Die Grundrenten *(chapons)* wurden in der Regel in Getreide und Geflügel entrichtet.

Es bedeutet hingegen eine Bestrafung des Pächters, wenn er nicht in Naturalien zahlen darf[4].

Die Seigneurs haben auf ihren Gütern noch den Ofenbann eingeführt, von dem die Einwohner niemals profitieren können, weil die Höfe sehr weit vom Haus des Seigneurs entfernt liegen, wo dieser Backofen aufgestellt werden soll[5]. So ist es unmöglich, daß er [der Backofen] sich an einem ihnen allen leicht zugänglichen Ort befindet, wo immer man ihn auch aufstellt. Es ist ihnen auch, weil die Höfe so weit voneinander liegen, nicht möglich, ihren Teig zu allen Jahreszeiten dort hinzutragen. Im Winter wäre er gefroren, bevor sie dort ankämen.

Die Seigneurs selbst wissen, wie unbegründet ihr Anspruch ist, eben durch die Unmöglichkeit, ihn zu erfüllen. Und so fordern sie ihn [den Ofenbann] zur Zeit nicht. Aber sie werden daraus einen künftigen Rechtstitel konstruieren, um ihre Pächter zu bedrängen oder zwingen zu können, sich durch einen hohen Zins davon loszukaufen, und um dadurch ein Recht zu erwerben, aus dem die Einwohner keinerlei Vorteile ziehen können. Das nennt man, mein Herr, einen Titel usurpieren, um sie [die Pächter] in Zukunft zu plagen. [...]

Aus: William Bennett Munro (ed.): Documents relating to the Seigniorial Tenure in Canada, 1598–1854. Toronto 1908. Ndr. New York 1968 (The Champlain Society. Vol. III), S. 73–75.   SP

75. Besiedlungsprojekte für die Île Saint-Jean (Prinz-Edward-Insel) im Jahr 1719

Durch den Frieden von Utrecht (1713) hatte Frankreich mit der Hudson-Bai, Neufundland und Akadien Schlüsselpositionen an der kanadischen Küste verloren. In französischer Hand blieben nur noch die Inseln Cape Breton, die Prinz Edward-Insel (Île Saint-Jean) und Miscou-Island. Damit waren aber die Verbindungen zum Landesinnern stark reduziert und zudem von den unter englischer Herrschaft stehenden Besitzungen eingekreist. Besonders bedrohlich waren die Konsequenzen für den französischen Kabeljaufang. Hinzu kam, daß sich in dieser kritischen Situation die Bereitschaft in der Metropole verringerte, die ohnehin kostspielige Kolonie Neu-Frankreich weiterhin zu unterstützen.

Daher bemühten sich die Spitzen der Kolonialverwaltung, Gouverneur Vaudreuil und Intendant Begon, selbst darum, zumindest die wenigen verbliebenen Positionen an der Küste durch eine stärkere Besiedlung zu behaupten. Zur Erreichung dieses

---

[4] In der Regel wurde gegen Raudots Plädoyer von den Gerichten in Übersee davon ausgegangen, daß der Grundbegriff jeweils festsetzte, in welcher Form die Abgaben entrichtet werden sollten. Manches spricht dafür, daß der Seigneur bei hohen Preisen für Getreide Geld, bei niedrigen Preisen jedoch Naturalien verlangte. 1730 schrieb ein königlicher Erlaß dann fest, daß die Wahlmöglichkeit dem Grundherrn zukam, wenn in der Verleihungsurkunde für den Siedler keine andere Verfahrensweise festgeschrieben worden war.
[5] Die *Coutume de Paris* schrieb das Recht für den Grundherrn fest, einen Ofen zu errichten, in dem seine Grundholden ihr Brot backen lassen mußten. Die Abgabe betrug ein Vierundzwanzigstel des gebackenen Brotes.

Zieles wurden mehrere Wege beschritten. Die Île Saint-Jean wurde dem Grafen Saint-Pierre, einem Vertrauten der Herzogin von Orléans, als adliges Freigut ohne Gerichtsbarkeit verliehen. Zudem wurde eine Siedlungsgesellschaft gegründet, die – wie das nachfolgende Dokument zeigt – Konditionen für zwei Kategorien von Einwanderern erarbeitete: Für jene, die aus Frankreich kommen würden, und für solche, die sich von Kanada aus zu einer Umsiedlung entschlössen, wobei ihnen allerlei Vergünstigungen zugesagt wurden. Insgesamt wurde der Graf Saint-Pierre dazu verpflichtet, zu Beginn mindestens 100 Siedler zu werben und in den folgenden Jahren jeweils 50.

Den französischen Bewohnern Akadiens, die eine Umsiedlung auf die Île Saint-Jean einem Leben unter englischer Herrschaft vorzogen, wurde vom englischen Gouverneur zunächst die Ausreise verweigert. Zwischen 1749 und 1755 emigrierten dann jedoch auf Grund verschärfter Repressalien über 2000 *Acadiens* dorthin.

Lit.: H. R. Casgrain: L'île Saint-Jean – île du Prince Edouard sous le régime français. Une seconde Acadie. Québec 1894 – D. C. Harvey: The French in Prince Edward-Island. New Haven 1926 – F. H. Hammang: The Marquis de Vaudreuil: New France at the Beginning of the Eighteenth Century. Bruges 1938. SP

Bedingungen, die die Kompanie für die Île Saint-Jean all jenen einräumt, die sich in ihrer Kolonie niederlassen wollen

Die Gesellschaft wird allen sich meldenden Siedlern ein Landstück mit einer Front von zwei *Arpents*[1] und einer Tiefe von 40 *Arpents* in gerader Linie geben, das sie sich an Flüssen, Meeresarmen oder dem Meer selbst aussuchen, einerlei auf welcher Seite der Insel. Jeder Siedler wird jährlich in den ersten zwei Jahren nur dreißig Sous pro *Arpent* und drei Kapaune in Naturalien oder 15 *Sous* für jeden Kapaun bezahlen. Diese dreißig *Sous* pro *Arpent* werden als Zins für Lehen, Holznutzung, Verkaufsrecht sowie andere Rechte angesehen und sind nicht ablösbar.

Die Gesellschaft kann auf jedem Gehöft sechzig Bäume nach ihrer Wahl markieren, die der Siedler nicht ohne Erlaubnis schlagen darf, weil sie für das öffentliche Wohl oder die Bedürfnisse der Gesellschaft reserviert sind.

Kein Siedler darf Bäume auf dem Gelände des Nachbarn ohne dessen Erlaubnis schlagen, noch auf irgendeinem anderen noch nicht vergebenen Gelände ohne die Erlaubnis des Kommandanten oder des Gouverneurs, es sei denn, um auf der Jagd oder auf einer Reise Feuer zu machen.

Jeder Siedler darf auf seinem Gelände nach eigenem Gutdünken jede Art von Getreide, Korn oder Gemüse anbauen, ohne der Gesellschaft das Recht für diese Nutzung des Bodens zu bezahlen.

Die Siedler dürfen alles Wild, alle Vögel und Fische auf den nicht vergebenen Gebieten jagen oder fischen, ebenso in den Meeresarmen, Flüssen oder auf offener See, allerdings unter der Bedingung, der Gesellschaft das Vor-

---

[1] Ein *Arpent* war ein französisches Flächenmaß, das je nach Landstrich überaus verschieden ausfallen konnte. Am verbreitetsten war aber der Pariser *Arpent*, der etwa einem Drittel eines heutigen Hektars entspricht.

kaufsrecht für Häute und Felle, Öle und Kabeljau zu dem gleichen Preis einzuräumen, den sie auf der Isle Royale[2] bekommen, alles zahlbar in Waren, Getränken, Mehl usw., die in den Magazinen der Gesellschaft im allgemeinen vorrätig sein werden, das heißt: die Waren zu vierzig Prozent des in Frankreich gültigen Preises, ohne irgendwelche Vorteile anderer Art; Weine, Mehl und Pökelfleisch zu sechzig Prozent wegen der Verschiffungskosten. Der Angestellte der Gesellschaft kann diese Waren sogar in Silber oder in Wechseln auf Frankreich unter Abzug der Versicherungskosten bezahlen.

Wenn ein Siedler im Magazin der Kompanie die Waren oder Lebensmittel, die er braucht, nicht finden kann, so kann er dies notieren lassen, und man wird ihm die Ware im nächsten Frühjahr liefern, alles, was er verlangt, zu den vorher erwähnten Bedingungen. Aber die Siedler dürfen ohne schriftliche Erlaubnis des Gouverneurs weder Waren noch Lebensmittel von anderen Personen als von der Kompanie kaufen, bei Androhung einer Geldstrafe und Konfiszierung [des Erworbenen].

Die Kompanie wird Waffen, Blei, Pulver, Werkzeuge aller Art und im allgemeinen alles, was die Siedler brauchen, zu den oben erwähnten festgesetzten Preisen liefern.

Die Siedler dürfen weder auf den vergebenen Ländereien noch in den Flüssen und Meeresarmen vor den Ländereien der Nachbarn ohne deren Erlaubnis fischen.

Da jeder Siedler viel Wald roden muß, bevor er Getreide säen kann, wird die Gesellschaft verschiedene Modelle von Brettern, Bohlen, Masten, Pfählen, Balken, Mühlenarmen und Achsen, Radspeichen und Felgen, Pfeifen und Holz für Schiffe, Wagen, Schaluppen aller Art liefern. Diese Hölzer werden von dem Magazin zu den gleichen Preisen wie auf der Isle Royale angekauft werden, und auf diese Weise können strebsame Siedler jeden Tag im Jahr ihre Arbeit nützlich für sich verwerten.

Die Siedler müssen das Holz, das sie der Kompanie verkaufen wollen, zum Verladeplatz bringen.

Sobald Getreide gesät ist, verpflichtet sich die Kompanie, Mühlen zu bauen, denen der Siedler nur die in Kanada üblichen Mahlgebühren zu zahlen hat.

[Siedler, die Kabeljau fischen wollen, erhalten gegen annehmbare Preise die nötigen Gerätschaften wie Haken usw.]

Die Gesellschaft wird den Siedlern, soweit es ihr möglich ist, die ersten Rinder, Schafe, Schweine, Geflügel und andere Tiere zu den Preisen liefern, die sie in Akadien, oder wo sie sonst einkauft, kosten würden, damit diese soviel Vieh aufziehen können, wie es ihnen richtig erscheint.

Da es auf der Île Saint-Jean viele Wiesen gibt, um Vieh zu weiden und Heu zu machen, verpflichtet sich die Gesellschaft, diese Wiesen als Gemeineigen-

---

[2] Isle Royale war die französische Bezeichnung für das heutige Cape Breton.

tum zurückzuhalten und nur jene, die sich mähen lassen, den Siedlern im Verhältnis zu ihrem Vieh für 5 Sous Gebühren je *Arpent* zu überlassen; alle übrigen Wiesen, die als Weide dienen, werden als Gemeineigentum angesehen und solange unentgeltlich sein, wie sie nicht gemäht werden.

Die Siedler können ihr Vieh in allen Wäldern, auf allen Ländereien und Wiesen weiden lassen, die nicht vergeben sind.

Es wird den Siedlern erlaubt sein, für den eigenen Gebrauch so viele Kanus, Schiffe, Schaluppen und Flöße zu bauen, wie sie es für die Fischerei und den Verkehr zwischen den Siedlungen für notwendig halten. Sie können das Holz dazu in allen nicht vergebenen Gebieten der Insel schlagen, wenn sie um die Erlaubnis des Kommandanten nachsuchen. Selbstverständlich dürfen sie diese Hölzer nicht an Leute verkaufen, die nicht auf der Insel seßhaft sind.

Nach einem Aufenthalt in der Kolonie von drei Jahren, die zum Aufbau der Siedlung verwendet werden sollen, wird jeder Siedler verpflichtet sein, der Kompanie jährlich zwei Arbeitstage à 20 Sous pro Tag als Gemeindefron und zur Abgeltung des Weiderechts zur Verfügung zu stellen.

[Es besteht Aufenthaltspflicht: Ist ein Siedler drei Monate nicht auf seinem Landstück, fällt sein Eigentum an die Gesellschaft zurück.]

Wenn ein Siedler die Kolonie verlassen will, um sich an anderer Stelle niederzulassen, kann er seinen Hof und alles, was ihm in der Siedlung gehört, verkaufen, aber nur an Ortsansässige und unter der Bedingung, daß der Käufer vor Abreise des Verkäufers einzieht und sich die Verkaufsgebühren nach der *Coutume* von Paris[3] richten.

Alle bewegliche Habe kann an die Siedler verkauft werden, und zwar ohne jede Abgabe an die Kompanie.

Wenn ein Einwohner, dessen Familie in der Siedlung bleibt, nach Frankreich reisen will, wird die Gesellschaft ihn gegen eine Gebühr von 100 Livres auf ihren Schiffen hin- und zurückbringen.

Da die Gesellschaft Geistliche in ihrer Kolonie unterhält, werden Beerdigungen, Hochzeiten und Taufen für die Siedler während der ersten drei Jahre ihres Aufenthalts kostenlos sein; danach werden die Siedler dem Geistlichen und der Kirche die gleichen Gebühren zahlen, die man in Kanada bezahlt, ebenso den gleichen Zehnten.

Die Gesellschaft verpflichtet sich, innerhalb der nächsten zehn Jahre, beginnend mit dem laufenden Jahr, alle notwendigen Kirchen und Kapellen zu bauen.

Da die Gesellschaft über Ärzte und Medikamente in ihrer Kolonie verfügt, verpflichtet sie sich, den Siedlern diese innerhalb der ersten drei Jahre, gerechnet vom Ankunftstag an, kostenlos zur Verfügung zu stellen.

---

[3] Das Pariser Gewohnheitsrecht *(Coutume de Paris)* war das für ganz Neu-Frankreich geltende Recht.

75. Französische Besiedlungsprojekte für die Île Saint-Jean

Bedingungen, die die Kompanie für die Île Saint-Jean Kanadiern gewährt, die sich in der Kolonie niederlassen wollen

Die Gesellschaft stellt in Québec ein Schiff für die Überfahrt nach der Île Saint-Jean für jene zur Verfügung, die sich mit ihrem Gepäck und ihren Waffen einfinden werden.

Die Kompanie wird sie vom Tag ihrer Einschiffung in Québec bis zur Ankunft auf der Île Saint-Jean kostenlos verpflegen.

Dieses Schiff wird von Québec Ende August abfahren, um das schöne Wetter und die gute Jahreszeit auszunutzen; auf diese Weise haben die Siedler Zeit, sich in der Kolonie vor Wintereinbruch Hütten zu bauen.

[Alle Neuankömmlinge erhalten zwei Monate lang kostenlos Lebensmittel, um bauen und sich einrichten zu können.]

Es wird den Siedlern erlaubt sein, sich selbst das Gelände auszusuchen, wo sie sich niederlassen wollen, an welcher Küste und auf welcher Stelle der Insel es ihnen am günstigsten erscheint, vorausgesetzt, daß es nicht bereits an andere vergeben wurde. Im übrigen gewährt man ihnen die weiteren Bedingungen entsprechend dem Memorandum der Kompanie.

Nach zwei Monaten werden die Lebensmittel, die die Gesellschaft den Siedlern bisher umsonst geliefert hat, in der für jede Familie notwendigen Menge zum Preis von vierzig Prozent für trockene Lebensmittel und von sechzig Prozent für Getränke, Mehl und Pökelfleisch über den Kosten des Einkaufs in Frankreich oder an anderen Orten geliefert werden.

Die Siedler, die sich in Québec einschiffen wollen, dürfen Lebensmittel und Geräte in der Menge mitnehmen, wie sie sie für den eigenen Bedarf für nötig halten. Wenn sie, auf Saint-Jean angekommen, noch etwas zum Verkauf übrig haben, werden sie den Magazinen der Gesellschaft den Vorzug geben.

Denen, die sich nach Saint-Jean einschiffen wollen, ist es erlaubt, sich der Schiffe, Schaluppen, Barken, Transporter oder anderer Fahrzeuge, die ihnen gehören, zu bedienen. Sie sind nicht gezwungen, die Schiffe der Gesellschaft zu benutzen, und sie können für ihren eigenen Gebrauch und auf eigene Kosten alles in die Kolonie bringen, was ihnen gut scheint und die Zeit des Einlebens erleichtert.

Alle Siedler, die sich in die Kolonie begeben, um sich dort niederzulassen, sei es auf den Schiffen der Kompanie oder auf anderen Schiffen und auf eigene Kosten, genießen in jedem Fall das Vorrecht der zweimonatigen Gratisversorgung mit Lebensmitteln nach ihrer Ankunft.

Die Siedler, die das Vorrecht der zweimonatigen Gratisversorgung genossen haben und nicht auf Saint-Jean bleiben wollen, können wieder wegziehen, sobald sie die betreffenden Lebensmittel bezahlt haben.

Die Gesellschaft wird in Geld oder in französischen Wechselbriefen *(lettres de change)* jene Siedler bezahlen, die nicht die Waren des Magazins gebraucht haben, damit sie untereinander eine Art von Handel entwickeln können.

Wohlverstanden, sie dürfen keine Waren aus Frankreich kaufen, die mit anderen Schiffen als denen der Kompanie gekommen sind.

Sollten die Siedler aus dem Land gewonnene Waren haben, für die die Gesellschaft keine Verwendung hat, dürfen sie diese auf der Isle Royale oder in den anderen französischen Kolonien verkaufen. Sie müssen vorher schriftlich die Erlaubnis des Gouverneurs oder des Kommandanten der Kolonie eingeholt haben, die gegeben werden wird, damit sie Gelegenheit haben, ihren Handel auszuweiten, soweit sie es können; allerdings darf nichts, was aus Holz ist, aus der Kolonie ausgeführt werden, damit sie nicht zugrunde geht.

Wenn sich einige Walfische, Tümmler oder andere ungewöhnliche Fische an Land treiben lassen, wird die Hälfte jenen gehören, die sie finden und sicherstellen, die andere Hälfte der Kompanie. Dasselbe gilt in Kriegszeiten für Schiffe oder andere Waren der Feinde, vorausgesetzt, daß die Rechte des Admirals[4] vorher aufgehoben worden sind.

Wenn unter den Siedlern Händel um Interessen oder ähnliche Dinge auftreten, sollen sie, solange es noch keine geregelte Justiz gibt, durch ein Mehrheitsvotum einer Gruppe von fünf Personen entschieden werden, bestehend aus: dem Kommandanten oder Gouverneur als Präsidenten und vier Siedlern mit Wohnsitz und Wohnrecht, die von den interessierten Parteien, von jeder Seite zwei, gewählt werden.

Die Siedler haben das Recht, der Kompanie schriftliche Memoranden einzureichen, wenn sie von dem Gouverneur oder dem Kommandanten der Gesellschaft Unrecht erlitten zu haben glauben.

Aus: Archives Nationales. Paris. AD VII 2 A. Fi

76. Choiseul scheitert mit einer forcierten Besiedlung von Französisch-Guayana (1764/1774)

Der Ausgang des Siebenjährigen Krieges war für Frankreich machtpolitisch ein regelrechtes Desaster: Es verlor im Frieden von Paris auf dem nordamerikanischen Kontinent Kanada und Louisiana sowie im Mittelmeer Menorca; es büßte seine afrikanischen Faktoreien bis auf Gorée und Albrida ein, in Indien verblieben ihm nur fünf Handelsniederlassungen (Goa, Mahé, Calicut, Cochin und Pondichéry), in der Karibik mußte es sich fortan mit Guadeloupe und Martinique begnügen.

Um gegenüber dem Rivalen England verlorenen Boden wieder gut machen zu können, setzte die Marine ein mittelfristiges Aufrüstungsprogramm durch (statt schwerer Kriegsschiffe wie die Briten baute man nun leichte Fleuten und schnelle Fregatten); zur Manifestation des französischen Anspruchs auf Besitzungen in der südlichen Hemisphäre dienten die Reisen von Louis-Antoine de Bougainville (vgl. Bd. 2, Dok. 111). Zur Kompensation der territorialen Verluste startete Marineminister Choiseul außer-

---

[4] Bei Konfiszierung von Schiffen und deren Ladung stand dem Admiral immer ein Fünftel des Verkaufserlöses zu.

76. Die Besiedlung von Französisch-Guayana schlägt fehl

dem von der Karibik aus eine Gegenoffensive, geplant war der Aufbau einer Musterkolonie, die wirtschaftlich profitabel und militärisch nützlich sein sollte. Dafür wählte er – obwohl es im Kreis der mit Kolonialfragen befaßten Instanzen eine starke Strömung für eine Stärkung der französischen Position in Afrika gab – Französisch-Guayana, die kleine, zwischen Surinam und Brasilien gelegene Kolonie, die bis dahin immer im Schatten französischer Kolonialpolitik gestanden hatte, wenn sie auch seit der Ernennung von La Ravadière zum königlichen Generalleutnant von Westindien und der brasilianischen Länder (1604) immer wieder öffentliches Interesse erregt hatte, denn ihre Vegetation war legendär und ihr Boden sollte den Schatz des letzten Inka-Königs bergen. Noch im Jahr 1720 hatte ein französischer Gouverneur diesen sagenhaften Reichtümern durch eine Expedition nachspüren lassen.

Verschiedene Handelsgesellschaften hatten sich erfolglos an einer wirtschaftlichen Nutzung der Kolonie versucht (1626, 1633, 1643, 1652, 1664), die dort gegebenen Hindernisse erwiesen sich als unüberwindlich: das Klima, die sumpfige und bergige Landschaft, der dichte Dschungel, die Feindseligkeit der eingeborenen Stämme, die Nachbarschaft von Engländern, Franzosen und Portugiesen. Obwohl nicht einmal im Zentralort Cayenne in der Mitte des 17. Jahrhunderts eine dauernde Niederlassung bestand, hatten damals bereits 1300 Siedler den Tod gefunden. 1674 ging dann Colbert zu einer direkten Verwaltung über. Er führte in der Umgebung von Cayenne Zucker-, Baumwoll- und Indigokulturen ein; um dem Mangel an Arbeitskräften abzuhelfen, ließ er afrikanische Sklaven und französische Sträflinge nach Guayana verschiffen.

Doch auch diese Maßnahmen brachten allenfalls vorübergehend eine Verbesserung, im Frieden von Utrecht gelang es Portugal, die brasilianische Grenze um 200 Kilometer nach Norden zu verschieben, das bedeutete einen beträchtlichen Gebietsverlust. Gab es 1692 etwa 600 Franzosen und 1500 Sklaven, so nennt eine Zählung von 1716 296 Weiße, 28 Mulatten und 2436 Sklaven. Leichte Fortschritte zeigten sich unter der Verwaltung der drei Orvilliers, Vater, Sohn und Enkel (1700–1763), die Bevölkerung verdoppelte sich (1749: 456 Weiße, 21 Mulatten, 5471 Sklaven), 1716 wurde mit dem Anbau von Kaffee begonnen, seit 1730 wurden die Kakaobäume genutzt. Jesuiten, u. a. Lombard und Fauques, schufen Missionsstationen im Bereich der Kourou-Mündung und erkundeten das Land. Im Zuge der Entdeckungsreisen unter militärischer Führung machten Publikationen Guayana einer weiteren Öffentlichkeit bekannt, so La Condamines Amazonas-Entdeckung (1743) und Barrières Berichte aus Guayana.

1763, bei Beginn von Choiseuls Bevölkerungsprojekt, war die Lage noch immer prekär. Der Gouverneur sah sich außerstande, die Garnison zu besolden. Lebensmittel mußten für teures Geld von den Holländern in Surinam beschafft werden. Das Land war zwar erkundet, aber es gab keinerlei Karten. Der Zentralort Cayenne, auf der gleichnamigen Insel gelegen, zählte ca. 1600 Einwohner (davon 1500 Sklaven), das kultivierte Gebiet der Kolonie auf dem Festland umfaßte in dem riesigen Areal gerade 1300 Hektar. Die verstreuten Plantagen waren zufällig entstanden, in der Regel vom nächsten Nachbarn weit entfernt. Gegenseitige Hilfe, regelmäßige Kommunikation, innerkolonialer Handel, Transportwege und -mittel und auch gesellschaftliches Leben fehlten weitgehend. Es mangelte daher im Vorfeld der geplanten Ansiedlungen nicht an warnenden Stimmen von Kennern des Landes, etwa von dem früheren Gouverneur Orvilliers und dessen Nachfolger Behague.

Gegen die Vorschläge seiner Ratgeber, die ein schrittweises Vorgehen empfahlen, entschied sich Choiseul für eine Operation im großen Stil. Die Kolonie sollte in Zukunft den Antillen Holz, Gemüse und Vieh liefern, nachdem die Lieferungen aus Kanada und Louisiana weggefallen waren, auch schien es Voraussetzungen für gewinnversprechenden Baumwoll-, Kakao- und Zuckerrohranbau zu geben. Unterstützt von dem deutschen Finanzier Bombarde, machte Choiseul das Guayana-Projekt zu einem persönlichen Vorhaben. Choiseul und sein Vetter Choiseul-Praslin ließen sich das Gebiet zwischen dem Kourou und dem Maroni als oberste Lehnsherren mit voller Gerichtsbarkeit, unabhängiger Verwaltung und bei umfassender Verfügungsgewalt über die staatlichen Gelder zusprechen, mit denen dieses in der französischen Kolonialgeschichte des Ancien Régime einmalige Projekt finanziert werden sollte.

Als Zentrum der Ansiedlung wurden die Ufer des Flusses Kourou ausersehen, dieser Fluß war auf 45 Meilen schiffbar, sein Mündungsgebiet war durch die Jesuitenmissionen hinreichend erkundet. Das Vorhaben wurde lautstark vermarktet, zu Tausenden verbreitete Propagandaschriften versprachen Kolonisten goldene Berge. Da die Resonanz in Frankreich überaus gering war, rekrutierte man Siedler aus Deutschland, Belgien, der Schweiz und sogar auf Malta. Die Durchführung des großangelegten Vorhabens lag in Händen von eigens dafür berufenen Beamten: bei dem Gouverneur Turgot (eines Bruders des späteren Ministers), der durch ein Buch über Naturgeschichte bekannt geworden war, und bei dem Intendanten Thibault de Chanvalon, dem früheren Intendanten der Auvergne, der als Mitglied des Obersten Rates von Martinique und als Verfasser eines Reiseberichtes *Voyage à la Martinique* Verwaltungserfahrungen und Ortskenntnisse besaß. Während Chanvalon mit der Ansiedlung von 1500 französischen Siedlern gerechnet hatte, die er nach Guayana begleitete – während Turgot bis zum Ende des Jahres 1764 Frankreich überhaupt nicht verließ –, wurde er von den Bedingungen in Guayana und der Ankunft von Tausenden weiterer Siedler überrascht. Sein warnender Brief an Choiseul vom 17. April 1764 erhellt die chaotischen Verhältnisse, die das Siedlungsprojekt vor Ort schuf (Dok. 76 a).

Statt einer wirtschaftlich blühenden Kolonie, die die militärische Sicherung und die Nahrungsmittelversorgung der französischen Besitzungen in der Karibik gewährleisten konnte, stand am Ende von Choiseuls großangelegtem Siedlungsprojekt eine Katastrophe. Mindestens die Hälfte der Siedler (etwa 7000) verloren auf Grund unzureichender Ernährung und fehlender ärztlicher und medikamentöser Versorgung ihr Leben, bis auf einen verschwindend kleinen Rest (in den Quellen ist von 20 Familien die Rede) mußten die mit verlockenden Versprechungen nach Guayana geholten Siedler in ihre Heimatländer zurückgebracht werden. Bedeutende Investitionen (wohl mindestens 20 Millionen Livres) mußten ohne jeden Ertrag abgeschrieben werden, mit fatalen Folgen für die ohnehin überbeanspruchte Staatskasse.

Als das Desaster in der Heimat ruchbar wurde, machte sich endlich der Gouverneur Turgot zur Übernahme seines Postens auf. Da in der Siedlung Kourou Epidemien grassierten, blieb er in Cayenne, stellte ein Beschwerdeheft gegen Chanvalon zusammen, verteilte Gelder an die Mitglieder der alten Kolonie-Verwaltung und löste die Neusiedlungen auf. Bei seiner Rückkehr übergab er Chanvalon den Gerichten und setzte sich vorsichtshalber ins Exil ab. Chanvalon wurde zum Sündenbock erkoren, in der Festung Saint-Michel eingekerkert, 1767 zu lebenslänglicher Haft unter Einziehung allen Besitzes verurteilt. Erst nach Wiederaufnahme des Verfahrens, die nicht zuletzt durch das im folgenden wiedergegebene Bittgesuch des Bruders von Chanvalon an König Ludwig XVI. aus dem Jahr 1774 in die Wege geleitet wurde, wurde das erste Urteil 1776 revidiert. Chanvalon wurde freigesprochen, in seinen Besitz wieder eingesetzt, erhielt eine Entschädigung und wurde 1781 rehabilitiert. Die eigentlich Verantwortlichen, der Minister Choiseul und die Beamten des Marineministeriums, gingen straffrei aus.

76. Die Besiedlung von Französisch-Guayana schlägt fehl

Die Hintergründe und Ursachen dieser Katastrophe sind vielschichtig. Zuallererst mißachteten Choiseuls Pläne die – auf Grund der örtlichen Gegebenheiten – kurzfristig außerordentlich begrenzten ökonomischen Möglichkeiten ebenso wie die erheblichen Akklimatisierungsschwierigkeiten für Neusiedler. Für die angestrebte Errichtung einer Kolonie neuen Typs fehlten fast alle Voraussetzungen: Die Verwalter vor Ort, die die ältere Ansiedlung in Cayenne leiteten, fühlten sich übergangen und boykottierten die Neuankömmlinge, und insbesondere die neuen Verwaltungsbeamten unter ihnen (so untersagte der Gouverneur Behague nach Ankunft von Chanvalon im Dezember 1763 die Rückkehr eines Schiffes nach Frankreich, das den leitenden Beamten in Frankreich die drohende Katastrophe signalisieren sollte). Die leitenden Beamten des Projekts hatten nicht nur mit den erheblichen Koordinierungsschwächen innerhalb des Marineministeriums zu kämpfen, ihnen machte nicht nur die fortgesetzte Destruktion zu schaffen, sie verschlechterten ihre Situation auch durch gegenseitigen Kleinkrieg und Gerangel um Zuständigkeiten. Die mitgebrachten Lebensmittel waren durch die Reise verdorben und hielten dem Klima nicht stand; die Lieferung von Verpflegung, für die die Metropole zuständig war, stand in keinem Verhältnis zu der Anzahl der Neuankömmlinge. Durch Engpässe in Frankreich kam der Terminplan durcheinander, die Regenzeit hielt alle Siedler in einem provisorischen Aufnahmelager zurück, das von dem Vortrupp unter Préfontaine (nur dank der Hilfe der Jesuiten, die sich nach der 1762 erfolgten Ausweisung ihres Ordens aus Frankreich mit Choiseul gut stellen wollten) errichtet, aber nur für ein Zehntel der dann wirklich eintreffenden Menschenmassen konzipiert worden war. Bei der Landverteilung und bei der Landbestellung kam es zu Schwierigkeiten, weil zum einen ein Großteil der Siedler die Arbeitsaufnahme verweigerte (denen die Werbebroschüren ein Leben der Muße versprochen hatten), zum anderen wesentliche Arbeitsgeräte fehlten, da die Ausrüstungsgegenstände in Frankreich ohne Sachkenntnis von Beamten des Marineministeriums zusammengestellt worden waren (darunter fanden sich z. B. Tausende von Strohhüten und sinnigerweise Schlittschuhe); später konnte daher auch nichts geerntet werden. Auf den Schiffen brachen schon während der Reise nach Guayana wegen der Zusammenballung von Menschen Epidemien aus, die durch die Insektenplage, mangelnde Hygiene, schlechte Ernährung und fehlende medizinische Betreuung verheerende Ausmaße annahmen.

Unter dem Gouverneur Malouet durchgeführte Besiedlungsmaßnahmen machen deutlich, was bei dem zur Verfügung stehenden Kapital und der massiven Hilfestellung der Pariser Behörden bei sorgfältiger Planung hätte erreicht werden können. Malouet verfügte über Verwaltungserfahrungen aus Saint-Domingue und orientierte sich an den Anpflanzungen auf den Antillen-Inseln. Er begann mit einer ausgedehnten Inspektionsreise der Savannen und der Delta-Gebiete und besuchte dann Surinam, um in dieser wirtschaftlich blühenden Provinz der Holländer Erfahrungen zu sammeln. Von dort brachte er einen Agraringenieur mit, der auf der Insel Cayenne und an den Flußtälern Kanalsysteme zur Trockenlegung dieser Gebiete anlegen ließ. Malouet ließ dieses Land parzelliert Siedlern anweisen, die vorgeschossene Beträge in Naturalien zurückzahlen konnten, die ihnen überlassenen Sklaven mußten erst nach einer Anlaufzeit von 10 Jahren bezahlt werden. 1768 wurde das System des *Exclusif* aufgehoben und die Kolonie für den Handel mit allen interessierten Partnern geöffnet. Ab 1773 wurde mit der systematischen Anlage von Gewürz-, Nelkenbaum-, Zuckerrohr- und Muskatbaumpflanzungen begonnen. In den Savannengebieten bewährte sich die Rinderzucht (der 1789 als Deputierter der Generalstände gewählte Siedler Pomme verfügte über 120000 Stück Vieh). 1788 zählte die Bevölkerung 1307 Weiße, 480 Mulatten und

10678 Sklaven, Waren für 670000 Livres wurden importiert, für 530000 Livres exportiert.

Im öffentlichen Bewußtsein wurden diese Fortschritte jedoch nicht zur Kenntnis genommen. Guayana hatte seit der Katastrophe am Kourou, nicht zuletzt dank der Berichte der Heimkehrer, einen üblen Ruf. Choiseuls Projekt war ein Sargnagel des Ancien Régime, denn es hatte die Unfähigkeit der ministeriellen Verwaltung nachdrücklich vorgeführt. In der Revolutionszeit wurde Cayenne zur Sträflingsinsel erkoren, auf die eidverweigernde Priester, Girondisten und später Royalisten deportiert wurden.

Lit.: Précis historique de l'expédition du Kourou 1763-1765. Paris 1842 – Willy Markus: Choiseul und die Katastrophe am Kourouflusse. Berlin 1905 – Jean Chaia: Echec d'une tentative de colonisation de la Guayana au XVIIIe siècle. Etude médicale de l'expédition du Kourou. Paris 1958 – Carlo Laroche: Un tragique essai de colonisation en Guyane. L'expédition du Kourou (1763-1764). In: Revue historique de l'Armée 19 (1963), S. 65-78.   TS

a. Warnungen des Intendanten Chanvalon vor einem staatlich verordneten Wachstum der Kolonie (1764)

Ich darf nicht zögern, Ihnen mitzuteilen, daß ohne jeden Nachschub [aus Frankreich] alles verloren sein wird, wenn Sie nicht schnellstens gezielte Vorkehrungen treffen, um die gewaltigen Transporte von Menschen aufzuhalten, die man uns alle auf einmal hierher schickt. Ich habe die Ehre gehabt, Ihnen durch Mr. [Monseigneur] d'Amblimonts zu schreiben. Ich habe ihn darum gebeten, mit Ihnen persönlich zu sprechen. Ich kann es nicht oft genug wiederholen: Es wird nur der Schmerz bleiben, Sie später daran zu erinnern, daß ich Ihnen dies bereits in Frankreich vorausgesagt hatte, wo ich mir die Freiheit genommen hatte, Sie davor [vor der übereilten Bevölkerungspolitik] zu warnen.

Monseigneur, es ist vollends um diese Kolonie geschehen, wenn die Transporte von Menschen in so großer Zahl auf Kriegs- und Handelsschiffen anhalten, und wenn jeder von denen, die man schickt, nicht nur keine Nahrung mit sich führt, sondern auch keine Kleidung, keine Ausrüstungsgegenstände und keinerlei Arzneimittel gegen Krankheiten und für andere Bedürfnisse. Man kann sich in einem unbewohnten Land und inmitten des Urwaldes nur allmählich, nach und nach niederlassen. Und dabei haben wir, ich wage es zu sagen, alle Erwartungen hinsichtlich der Bereitstellung von Unterkünften übertroffen, die wir haben ausbauen und erweitern lassen, soweit es seit unserer Ankunft während der Regenzeit zu bewerkstelligen war.

Unabhängig von den 1650 Personen, die mit dem letzten Transport gekommen sind[1], treffen mit jedem Schiff, aus welchem Hafen Frankreichs auch immer, weitere Menschen ein. Und M. Choquet kündigt mir für die nächsten Tage einen ebenso umfangreichen Transport an.

---

[1] Chanvalon bezieht sich auf die Ankunft eines Schiffes mit unerwarteten Kolonisten am 19. März 1764. Es handelte sich nach dem Transport unter Préfontaine, der Fregatte Fortuna und dem allgemeinen Konvoi unter Chanvalon um das vierte Landungsunternehmen im Rahmen der Guayana-Kolonisation.

76. Die Besiedlung von Französisch-Guayana schlägt fehl

Abb. 20: Die Ankunft französischer Kolonisten in Cayenne (Stich von Israel Silvestre).

Bereits jetzt sind mehrfach Unruhen und Aufstände auf den Isles du Salut[2] ausgebrochen, obwohl die königlichen Schiffe eine Wache an Land postiert haben. Mit dem Ziel, die [Arbeits-]Lager in Frankreich zu leeren, erhöht man die Zahl der Passagiere auf den Schiffen. Dadurch ist eine sehr große Zahl von Kranken bei uns angekommen, über 150 befinden sich schon auf den kleinen Inseln[3]. Ihre Anzahl steigt ständig weiter. Wir verfügen dort über kein Krankenhaus. Das hiesige Lazarett und das Lager[4] sind mit denen, die wir dorthin haben bringen lassen, und mit denen, die erst kürzlich angekommen sind, völlig überfüllt.

[Es folgen Angaben, daß bislang erst ein Sechstel der ausstehenden Geldbeträge eingegangen sei und das Versprechen, selbst unter schwierigsten Bedingungen die übernommene Aufgabe erfüllen zu wollen.]

Aus: Archives Nationales. Paris. Col. C¹⁴ MSS. SP/TS

---

[2] Es handelt sich um drei kleinere Inseln (Île du Diable, Isle Royale, Île Saint-Joseph), die Inselgruppe hatte von den Jesuiten, die seit den zwanziger Jahren das Kourou-Gebiet erkundet hatten, den Namen Îles du Diable, nach der größten Insel, erhalten. Chanvalon taufte sie kurzerhand – wohl aus psychologischen Gründen – in Îles du Salut um.
[3] Gemeint sind die Îles du Salut.
[4] Chanvalon bezieht sich auf die Niederlassung, die der Vortrupp unter Préfontaine mit Hilfe von Indios aus den jesuitischen Missionsstationen seit Mitte Juli im Bereich des Kourou-Deltas errichtet hatte.

b. Hintergründe des Massensterbens der Siedler (1774)

Sire.
Der König, Ihr Vorfahr [Louis XV], unterstützte 1762 das vom Herzog von Choiseul inspirierte Unternehmen, eine Kolonie in Guayana zu errichten. Dieses Vorhaben versprach Frankreich große Vorteile, vielleicht sogar eine Entschädigung für den Verlust von Kanada. Aber dieses Unternehmen machte eine Abfolge von Maßnahmen erforderlich, dessen Kette – einmal unterbrochen – das Unglück nach sich ziehen mußte, das Ihre Untertanen in dieser Kolonie heimsuchte.
Der Sieur Acaron war mit diesem Projekt im Auftrage des Ministers betraut.
Sicherlich war der erste Beamte von seinem Eifer in die Irre geleitet. Er wollte der Natur und dem Klima gewaltsam und mit unbedachten Aktivitäten das entreißen, was Mr. de Choiseul als aufgeklärter Minister auf lange Sicht und mit angemessenen Operationen hatte erreichen wollen.
Die Anzahl der Menschen, die die Grundlage dieser Kolonie abgeben sollte, deren Intendanz dem Sieur Thibaut de Chanvalon, meinem älteren Bruder, übertragen worden war, war unwiderruflich auf 1500 Personen festgesetzt worden.
Die Verträge für die Kleidung, die Medikamente und für andere Versorgungsgüter wurden auf der Grundlage dieser Übereinkunft abgeschlossen.
Der Sieur Préfontaine, Kommandant der neuen Kolonie[5], sollte im März 1763 abfahren, zwei Monate vor dem Intendanten. Seine Aufgabe bestand darin, ein Lager vorzubereiten, wo man die Kolonisten solange unterbringen wollte, bis die Landstücke, die ihnen verliehen werden sollten, verteilt worden wären.
Die Fregatte La Fortuna aus Toulon hätte mit Vieh und frischen Lebensmitteln beladen dem allgemeinen Konvoi[6] vorausgeschickt werden sollen.
Hindernisse, deren Ursachen mir unbekannt sind, verzögerten sogar die Fahrt nach Compiègne sowie die nachfolgende und entscheidende Arbeit des Ministers mit den Verwaltern der neuen Kolonie.
Da die Abfahrt von Sieur Préfontaine verschoben wurde, mußte notwendigerweise auch die des allgemeinen Konvois gestoppt werden.
Schon war die für die Ankunft der Kolonisten günstige Jahreszeit verstri-

---

[5] Chanvalon hatte im Frühjahr 1763 zu Erkundungs- und Vorbereitungszwecken einen Vortrupp nach Guayana entsandt, der unter Leitung von Sieur Préfontaine, der zwanzig Jahre in Guayana gelebt hatte, stand. Anfang der sechziger Jahre war er mit Vorschlägen für eine Bevölkerung Guayanas mit weißen Siedlern an Choiseul herangetreten und hatte so wohl das Siedlungsprojekt entscheidend beeinflußt. Er schiffte sich mit 127 Siedlern auf drei Schiffen am 17. Mai in Rochefort ein und erreichte Cayenne am 14. Juli.
[6] Bei dem allgemeinen Konvoi handelt es sich um den Transport der ursprünglich ins Auge gefaßten 1500 Siedler. Chanvalon brach am 14. November mit 1429 Personen und zwölf Schiffen auf und langte am 22. Dezember 1763 in Cayenne an.

chen, und es hatten in Guayana die periodischen Regenfälle eingesetzt, die die Arbeiten so schwierig und gefährlich für die Kolonisten gestalten, die [noch] nicht akklimatisiert sind.

Der allgemeine Transport ging im Hafen von Cayenne erst Ende Dezember 1763 vor Anker. Die Fregatte Fortuna war inzwischen angekommen. Wie groß muß die Überraschung meines Bruders gewesen sein, als er feststellte, wie [sehr] seine Dispositionen [inzwischen] verändert worden waren. Anstelle von Vieh und frischen Lebensmitteln hatte sie [die Fregatte] eine Masse weiterer Männer und Frauen an Bord, die aus verschiedenen Ländern zusammengetrommelt worden waren und allesamt von der venerischen Krankheit befallen schienen[7].

Die 1500 nach Guayana transportierten Menschen wurden in zwei Kategorien eingeteilt, in eine, die dazu bestimmt wurde, den Boden für jene zu beackern, die über Mittel verfügten, Land zu erwerben. Die Regierung hatte den Wunsch geäußert, daß die zweite Gruppe eine gewisse Summe für diese Arbeiten hinterlegen sollte, die bei der Einrichtung und Urbarmachung ihrer Gehöfte erbracht würden.

Alle lehnten es aber ab, die von ihnen mitgebrachten Gelder in die königliche Kasse oder in die Hände des Schatzmeisters der Kolonie zu legen. Alle drängten darauf, sie [die Beträge] dem Intendanten zu übergeben. Dieser besaß die unvorsichtige Nachgiebigkeit, den Bitten von Sieur Acaron stattzugeben[8].

Seine [Chanvalons] größte Sorge bei seiner Ankunft bestand darin, den größten Teil dieses Geldes bei dem Schatzmeister der alten Kolonie[9] zu hinterlegen.

Er behielt davon nur einen sehr kleinen Teil, um den augenblicklichen Bedürfnissen der Kolonisten Genüge tun zu können, die sich mit ihm zum Lager begeben sollten, das M. de Préfontaine vorbereitet hatte. Zweieinhalb Monate gingen zwischen der Ankunft des allgemeinen Transports und dem Löschen der zwölf Schiffe, die den Konvoi bildeten, ins Land. Mehr als ein Schiff pro Woche zu löschen, bedeutet in einem Land, wo man die Ladung zwölf Meilen weit transportieren muß und fast 1500 Menschen dorthin [in das von der Landestelle zwölf Meilen entfernte Lager] zu bringen hat, die Anspannung aller Kräfte, berücksichtigt man die Hindernisse, die es dabei zu überwinden gilt:

die große Entfernung,

die geringe Zahl kleiner Transportmittel: zwei kleine Boote und eine Piroge,

Eifersüchteleien, die zwischen der neuen Kolonie und der von Cayenne entstanden, der diese kleinen Boote gehörten und die sie selbst häufig brauchte,

---

[7] Die Fregatte La Fortune hatte im Oktober 1763 Frankreich verlassen, mit 300 Bettlern und Sträflingen an Bord.
[8] Die Veruntreuung der Gelder hatte bei der Verurteilung Chanvalons eine wichtige Rolle gespielt, sein Bruder versuchte durch diese Darlegung dessen Unschuld zu belegen.
[9] Gemeint ist die Siedlung auf der Insel Cayenne mit dem Fort Saint-Louis.

die Unmöglichkeit schließlich, die Transporte zu vervielfachen, indem man sie auf dem Landweg durchgeführt hätte[10].

Die bevorstehende Regenzeit hätte selbst den unvorsichtigsten Verwalter an dem Vorhaben hindern müssen, die Siedler auf ihre Höfe zu bringen. Die durchzuführenden Landzuteilungen verlangten nach mehreren Vorkehrungen: erstens Erkundung der Bodenbeschaffenheit und Ortskenntnis; zweitens Errichtung der ersten Gebäude; drittens Vorbereitung der Versorgung. Der Zeitraum zwischen der Regenzeit und dem Beginn der Arbeiten wurde für diese wichtigen Vorarbeiten verwandt.

Die Kolonisten genossen in Frieden die Wohltaten des Königs, als der Tod durch einen unvorhergesehenen Transport von 2400 Menschen nach Guayana gebracht wurde. Sie kamen an, bar aller Lebensmittel, Arzneien, ohne Schlafgelegenheiten oder Wetterschutz. Sie waren von drei Arten ansteckender Krankheiten befallen, von bösartigem Fieber, von Skorbut und von der Ruhr. Die Ausbreitung der Epidemie, die durch die tropische Hitze in Guayana zum Ausbruch kam, wurde noch durch die Häufung der Transporte beschleunigt, die nun alle 15 Tage aufeinander folgten. 9000 Menschen waren schon auf ein Gebiet verteilt, wo nur für 1500 Lebensmittel vorbereitet waren.

Zu diesem Zeitpunkt gab es, obwohl alle Mittel zur Linderung der Not aufgeboten wurden, kein Verhältnis mehr zwischen dem Bedarf und den Möglichkeiten.

Mein Bruder, der von Toten, Sterbenden und von durch die Schrecken der Todesgefahr entmutigten Menschen umgeben war, mußte seine eigenen Vorräte preisgeben.

Als er selbst von der Epidemie angesteckt wurde, ließ ihm sein angegriffener Zustand nur noch die traurige Wahl zwischen notwendig fehlerhaften Entscheidungen, die durch die unüberwindlichen Umstände diktiert wurden. Verschiedene Teile der Verwaltung gerieten durcheinander.

Der Verlust von 6000 Menschen, falsche Verwendung von 20 Millionen Livres, womit mein Bruder nichts zu tun hatte, das gänzliche Scheitern des Großprojekts, all diese Faktoren waren für die Menschheit wie auch für das Ansehen des verstorbenen Königs von Bedeutung. Er [der König] bemühte sich darum, die Ursachen dieser fürchterlichen Vorfälle aufzudecken.

[Es folgen Angaben, auf welche Schwierigkeiten diese Untersuchung stieß, welche Forderungen die Überlebenden erhoben und inwiefern der beschuldigte Bruder des Verfassers unschuldig sei].

Aus: Archives nationales. Paris. Col. C[14] 31bis MSS.   SP/TS

---

[10] Cayenne verfügte über den einzigen Hafen; die Sümpfe im Mündungsgebiet des Kourou waren zu Fuß nicht passierbar.

77. Das Cambridge Agreement: Der Beschluß der Puritaner zur Auswanderung nach Neu-England (1629)

Die Aktivitäten des puritanischen Geistlichen John White aus Dorchester hatten wohl wesentlich zur Gründung der Massachusetts Bay Company beigetragen (vgl. Dok. 48). Sie bildete die Nachfolgeorganisation der in den Jahren 1623 bis 1626 glücklos operierenden Dorchester Bay Company of Adventurers. Voraussetzung für den Erfolg der 1629 mit einem königlichen Landpatent ausgestatteten Massachusetts Bay Company war die Gewinnung wirtschaftlich potenter Kaufleute aus London. Unter ihnen waren Matthew Cradock, der mit 2000 Pfund an der englischen Ostindienkompanie beteiligt war, Sir Richard Saltonstall, Erbe des Lord Mayors von London, Theophilus Eaton, Vizegouverneur der Eastland Company, die Handel mit Städten im Ostseeraum trieb, und der Wollhändler John Venn. Die Beteiligung dieser Persönlichkeiten verschaffte der Kompanie eine solide, finanzielle Ausstattung, sie stellte aber auch wirtschaftliches Know-how zur Verfügung. Eine zweite Gruppe, die wesentlich zum Gelingen des Unternehmens beitrug, bestand aus Männern der puritanisch geprägten Gentry, die zum großen Teil selbst keine Anteile zeichneten, aber ihre Fähigkeiten und ihre soziale Autorität einbrachten, wie John Winthrop, Thomas Dudley und Isaac Johnson.

Die puritanische Gentry war während der ersten Regierungsjahre Charles' I. zunehmend unter Druck geraten, da sie wirtschaftlich mit den Günstlingen des Hofes nicht mehr Schritt halten konnte und ins gesellschaftliche Abseits geriet, weil sie den aufwendigen, standesgemäßen Lebensstil nicht mehr finanzieren konnte. Ihr gesellschaftlicher Einfluß war auch dadurch bedroht, daß sie von Ämtern, die traditionell mit der Stellung eines Gentleman verbunden waren, vor allem im Bereich der Rechtspflege (z.B. als Friedensrichter), zumindest teilweise ausgeschlossen wurde. Ein Treff- und Sammelpunkt der puritanischen Gentry war der Wohnsitz des Earl of Lincoln, Tattershall. Hier verkehrte auch der puritanische Geistliche John White, der allem Anschein nach den Kontakt zwischen den Londoner Finanziers und der Gentry um Winthrop herstellte.

Neben den Auswanderungswilligen aus der puritanischen Gentry gab es auch unter den Finanziers eine Gruppe um Sir Robert Saltonstall, die in Amerika einen neuen Anfang wagen wollte. Beide Gruppen hatten ein Interesse daran, den Sitz der Kompanie, den Versammlungsort der Generalversammlung der Anteilseigner der Kompanie, die vierteljährlich zusammentrat, aber auch den Aufbewahrungsort des königlichen Landpatents in die zu gründenden Siedlungen in der Neuen Welt zu verlegen, um die Kompanie dem unmittelbaren Zugriff königlicher Willkür zu entziehen. Den Hintergrund solcher Erwartungen bildete die Einziehung des königlichen Landpatents der Virginia Company durch James I. im Jahr 1624, nachdem in Virginia ein *House of Burgesses* als Selbstbestimmungsorgan der Siedler eingerichtet worden war.

Zunächst stieß die Forderung nach einer Verlegung des Kompanie-Sitzes nach Amerika im *General Court* der Massachusetts Bay Company in London auf Widerstand. Deshalb trafen sich die Auswanderungswilligen der Gentry und der Kompanieeigner in Cambridge, dem geistigen Zentrum des Puritanismus in England. Die hier getroffene Vereinbarung zwischen den beiden Gruppen, das Cambridge Agreement, nahm die Generalversammlung der Kompanie in der darauf folgenden Sitzung an. Dadurch wurde das Cambridge Agreement zu einem der bedeutendsten Dokumente der frühen

Geschichte Neu-Englands, denn die Verlegung des Kompanie-Sitzes nach Amerika sicherte für mehrere Jahrzehnte die eigenständige Entwicklung der puritanischen Kolonien an der Massachusetts Bay.
Lit.: Herbert E. Bolton/Thomas M. Marshall: The Colonization of North America 1492–1783. New York 1920. Ndr. New York 1971 – Samuel E. Morison: Builders of the Bay Colony. Boston–New York 1930. Ndr. Boston 1978 – Edmund S. Morgan: The Founding of Massachusetts. Historians and the Sources. New York–Indianapolis–Kansas City 1964 – Peter N. Caroll: Puritanism and the Wilderness: The Intellectual Significance of the New England Frontier 1629–1700. New York 1969.   ThB

Nach gebührender Erörterung des Zustandes des nun für Neu-England verfügbaren Kolonisationsgebietes, an dem wir, die Unterzeichner, uns beteiligt haben, und nach Abwägung der Größe des Werkes, was seine Wirkung für den Ruhm Gottes und das Wohl der Kirche angeht, auch was die Schwierigkeiten und die Entmutigung, die aller Wahrscheinlichkeit nach für die Ausführung dieses Unternehmens vorausgesagt werden müssen, betrifft, auch in der Erwägung, daß dieses ganze Wagnis aus dem gemeinsamen Vertrauen erwächst, das wir zu der Treue und Entschlossenheit eines jeden haben, so daß keiner von uns ohne die Versicherung der übrigen es gewagt hätte: Um uns und anderen, die uns in dieser Tat folgen sollten, nunmehr Mut zu machen und damit jedermann ohne Bedenken seinen Besitz und seine Geschäfte so regeln kann, wie es für die Vorbereitung dieser Fahrt am besten geeignet erscheint, vereinbaren wir zwischen uns uneingeschränkt und ehrlich, und jeder von uns verspricht hiermit frei und aufrichtig und verpflichtet sich mit dem Wort eines Christen und in der Gegenwart Gottes, dem Erforscher aller Herzen, daß wir uns wirklich so sehr um die Ausführung dieses Werkes bemühen wollen, wie wir unter dem Beistand Gottes in unseren Personen dazu fähig sind, und daß wir uns mit denen unter unseren Angehörigen, die mit uns gehen werden, und den Vorräten, mit denen wir uns bequem ausstatten können, bis zum Ersten des nächsten März nach dem besagten Kolonisationsgebiet in dem Hafen oder den Häfen dieses Landes einschiffen, auf die man sich in der Kompanie einigen wird, mit dem Ziel, unter Gottes Schutz die Meere zu überqueren, in Neu-England zu siedeln und dort zu verbleiben. Dies immer unter dem Vorbehalt, daß vor Ende des nächsten September die gesamte Leitung zusammen mit dem Patent für das besagte Kolonisationsgebiet zunächst einmal durch eine Verfügung der Versammlung rechtmäßig an uns und die übrigen, die in dem besagten Kolonisationsgebiet siedeln werden, transferiert wird und bestimmungsgemäß dort verbleibt, und unter dem weiteren Vorbehalt, daß, falls irgend jemand durch gerechtfertigte und unabänderliche Pachtfristen oder andere Gründe verhindert ist, er mit dem Einverständnis von dreien aus vier Unterzeichnern für diesen Zeitraum und für die Dauer solcher Pachtfristen von dieser Verpflichtung befreit ist; weiterhin versprechen wir – jeder für seine Person –, daß derjenige, der aus eigenem Verschulden bis zu dem festgesetzten Tag nicht abfahrbereit ist, die Summe von drei Pfund für jeden

Tag Verzögerung bezahlt zur Verwendung durch die übrigen Kompaniemitglieder, die bis zu diesem Tag und Zeitpunkt bereit sind.
Dies wurde getätigt durch Beschluß der Versammlung am 29. August 1629.
[Es folgen die Namen der zwölf Unterzeichner.]

Aus: Jack Phillip Greene (ed.): Settlements to Society: 1584–1763. New York u.a. [1966]. (A Documentary History of American Life. Vol. 1), S. 63–64. Mi

78. Eine Neu-England-Stadt: New Plymouth im Jahr 1626

Für ihre Ansiedlung hatten die Pilgerväter ursprünglich die Region um den Hudson River, im nördlichen Bereich des Gebiets der Virginia Company, ins Auge gefaßt. Auf Grund mangelnder Ortskenntnisse siedelten sie jedoch weiter nördlich an der Küste. Nach anfänglichen Spannungen bildete sich zwischen den Siedlern und den im Siedlungsbereich ansässigen Indianerstämmen ein friedliches Zusammenleben heraus, das auf einem Aufeinanderangewiesensein basierte: Die Wampanoags erhofften sich die Unterstützung der Siedler gegen den feindlichen Stamm der Narragansets, die Siedler wollten Teile des Indianerlandes in Besitz nehmen und von den Indianern landwirtschaftliche Techniken erlernen. Sehr bald wurden von dieser Kooperation Handelsinteressen der niederländischen Westindischen Kompanie berührt, die – nachdem vorher über Jahrzehnte bereits niederländische Händler den Pelzhandel beherrscht hatten – im Jahr 1624 von den Indianern Land erworben und auf der Halbinsel Manhattan eine ständige Niederlassung errichtet hatte. Da die Niederländer nicht über die von den Indianern besonders begehrten Wollstoffe verfügten, frequentierten die indianischen Stämme der Delaware-Region und aus dem südlichen Bereich Neu-Englands nicht länger die holländischen Handelsstationen, sondern boten ihre Pelze den englischen Siedlern an. Die Siedler reagierten schnell auf dieses Angebot und errichteten 1626 eine Handelsniederlassung an der Buzzard Bay.

Alarmiert von dieser Entwicklung beauftragte der Direktor der neu-niederländischen Kolonie, Peter Minuit, den leitenden Kaufmann der Handelsgesellschaft, Isaack de Rasières, eine Erkundungsreise zu unternehmen. Rasières hielt seine Beobachtungen in einem ausführlichen Schreiben an einen Direktor der Westindischen Kompanie in der Amsterdamer Zentrale, Samuel Blommaert, fest, der zwischen 1622 und 1629 dem leitenden Direktorium angehörte, in Neu-Niederland Ländereien erworben hatte und umfängliche Besiedlungsprojekte ventilierte. Der Bericht Rasières ist das erste Zeugnis vom Zusammenleben der englischen Siedler in den Gründungsjahren Neu-Englands. Sechs Jahre nach ihrer Gründung macht die Stadt New Plymouth den Eindruck einer gut organisierten, etablierten Kolonistengemeinde (während gleichzeitig erfolgende Siedlungsvorhaben in den Grenzen der späteren Kolonie Massachusetts scheiterten). Ins Auge springt zuerst der wehrhafte Charakter des Ortes.

Lit.: Carl Bridenbaugh: Cities in the Wilderness: The First Century of Urban Life in America 1625–1742. New York 1938 – George D. Langdon: Pilgrim Colony. A History of New Plymouth 1620–1691. New Haven 1966 – John Demos: A Little Commonwealth: Family Life in Plymouth Colony. New York 1970 – Timothy H. Breen/Stephen Forster: The Puritans Greatest Achievement: A Study in Social Cohesion in Seventeenth Century Massachusetts. In: Journal of American History 60 (1973), S. 5–22. TS

[...] New Plymouth liegt am Abhang eines Hügels, der sich ostwärts zur Meeresküste hin erstreckt; eine breite Straße ... führt den Hügel hinab ...¹ Die Häuser sind aus gezimmerten Planken errichtet; die Gärten sind an der Rückseite und längsseits ebenfalls mit gezimmerten Planken umzäunt, so daß also ihre Häuser und Hinterhöfe auf eine sehr gute Weise angeordnet und mit einer Palisade gegen einen plötzlichen Angriff [versehen sind]. An den Enden der Straßen stehen drei Tore aus Holz. In der Mitte, an der Straßenkreuzung, befindet sich das Haus des Gouverneurs; davor befindet sich ein quadratisches Bollwerk, auf dem vier kleine Geschütze in Stellung gebracht sind, um längs der Straßen feuern zu können. Auf dem Hügel haben sie ein großes quadratisches Haus mit einem flachen Dach, das aus dicken, zugeschnittenen Planken errichtet wurde und durch Eichenbalken gestützt wird; obendrauf stehen sechs Kanonen, aus denen Eisenkugeln von vier und fünf Pfund Gewicht verschossen werden können; mit ihnen beherrschen sie das umliegende Land. Den unteren Teil benutzen sie als Kirche, wo sie am Sonntag und an den üblichen Feiertagen den Gottesdienst feiern. Sie sammeln sich auf Trommelschlag, jeder mit seiner Muskete oder Flinte, vor dem Haus ihres Hauptmanns; sie haben ihren Umhang an und stellen sich, drei nebeneinander, in Reih und Glied auf; sie werden von einem Sergeanten ohne Trommelschlag geführt. Dahinter kommt der Gouverneur in einem langen Gewand; neben ihm, auf der rechten Seite, geht der Prediger, der seinen Umhang anhat, und auf der linken Seite der Hauptmann mit seinem Seitengewehr; er hat seinen Umhang an und führt einen kleinen Stock in seiner Hand. So marschieren sie auf disziplinierte Weise, und jeder legt seine Waffe in seiner Nähe ab. Sie sind also beständig auf der Hut, Tag und Nacht. Ihre Regierungsform richtet sich nach dem englischen Vorbild.

[...] Ihre Höfe sind nicht so gut wie die unsrigen, denn der Boden ist steiniger und deshalb nicht so gut für den Pflug geeignet. Sie teilen ihr Land in dem Verhältnis auf, wie jeder einzelne seinen Beitrag zu den 18 000 Gulden leistet, die sie denjenigen versprochen haben, die sie herübergebracht haben. Auf diese Weise erlangen sie ihre Freiheit, ohne irgendjemandem Rechenschaft geben zu müssen. Nur wenn der König beschließen sollte, einen Generalgouverneur zu schicken, würden sie gehalten sein, ihn als obersten Herrscher anzuerkennen. [...] Ihre Versorgung mit Nahrungsmitteln ist besser als bei uns, denn sie haben Fisch im Überfluß vor ihrer Haustüre. Auch gibt es viel Vogelwild wie Wildgänse, Reiher und Kraniche sowie andere kleinfüßige Vögel, die dort im Winter in Überfülle vorkommen.

Die [Indianer-] Stämme in ihrer Nachbarschaft haben alle dieselben Gebräuche, wie sie oben bereits beschrieben worden sind, sie führen sich nur besser auf als unsere, denn die Engländer geben ihnen das Beispiel einer besseren Regierungsform und eines besseren Lebens; auch geben sie ihnen bis zu einem

---

¹ Auslassungen in der Vorlage.

gewissen Grad Gesetze, und zwar auf Grund des Ansehens, das sie schon von Beginn an bei ihnen errungen haben.

Aus: Louis B. Wright und Elaine W. Fowler (eds.): The Moving Frontier. O.O. 1972 (The Great Explorers Series), S. 122–123.   Mi

79. Die Ausdehnung des Siedlungsraumes in Massachusetts (1640/1668)

Im Bereich von Neu-England ist im Gegensatz zu den mittleren und südlichen Kolonien die geschlossene Siedlungsweise vorherrschend. Obwohl genügend Land für eine Verteilung zur Verfügung stand, entstanden keine verstreuten Aussiedlerhöfe, sondern grundsätzlich kleine Städte. Das Schutzbedürfnis gegenüber feindlich gesonnenen Indianern dürfte dafür ebenso verantwortlich zu machen sein wie das puritanische Gemeindeideal mit einer gleichsam institutionalisierten gegenseitigen Überwachung. Die Ausdehnung des Siedlungsraumes orientierte sich am Ideal des Zusammenhalts der in ihrem reformierten Glauben vereinten Familienverbände, das Verfahren war standardisiert: Eine Gruppe von Kolonisten, die die bestehenden Siedlungen mit ihrem knapp werdenden Land verlassen wollte, suchte bei der Generalversammlung von Massachusetts um die Zuweisung von Land für eine neue Siedlung *(township)* nach. Der folgende Bericht (Dok. 79a) von Edward Johnson, der mit dem ersten Siedlerkontingent 1630 nach Massachusetts gekommen war und eine Geschichte der Gründungsjahre verfaßte, macht deutlich, an welchen Normen sich die Landvergabe ausrichtete. Die Generalversammlung von Massachusetts setzte nach der Antragstellung ein Komitee ein, dem die Erkundung eines geeigneten Geländes übertragen wurde, wobei den Wünschen der Neusiedler so weit wie möglich entsprochen wurde. Das Komitee faßte seine Ergebnisse in einem Bericht an die Generalversammlung zusammen (Dok. 79b), die bei einer Befürwortung des Komitees den entsprechenden Besitztitel ausfertigte.

Lit.: Carl Bridenbaugh: Cities in the Wilderness. The First Century of Urban Life in America 1625–1742. New York 1938 – Sumner C. Powell: Puritan Village: The Formation of a New England Town. Middletown 1963 – K. A. Lockridge/Alan Kreider: The Evolution of Massachusetts Town Government 1640–1740. In: William and Mary Quarterly 23 (1966), S. 549–574 – Peter N. Caroll: Puritanism and the Wilderness 1629–1700. New York 1969 – K. A. Lockridge: A New England Town. The First Hundred Years: Dedham/Mass., 1636–1736. London 1970 – R. E. Wall: Massachusetts Bay. The Crucial Decade 1640–1650. New Haven 1972 – T. H. Breen/S. Forster: Moving to the New World: The Character of Early Massachusetts Immigration. In: William and Mary Quarterly 30 (1973), S. 189–222 – Benjamin W. Labaree: Colonial Massachusetts. A History. Millwood/N. Y. 1979, S. 47–65.   Mi/TS

a. Edward Johnson berichtet über die Gründung von Woburn (1640)

Am Anfang aber setzte die Generalversammlung der Kolonie die Grenzen dieser Stadt (wie bei allen anderen Gründungen) fest. Sie sollte eine Ausdehnung von vier Quadratmeilen haben, beginnend am Ende der Grenzlinien von der Stadt Charlestown. Die Landvergabe geht an sieben Bürger, von gutem der Stadt Charlestown. Die Landvergabe geht an sieben Bürger, von gutem und ehrenhaften Ruf, mit der Auflage, innerhalb von zwei Jahren auf dem zugewiesenen Land Wohnhäuser zu errichten, damit sich gemäß dem Beschluß der Versammlung dort eine Stadt entwickeln kann. Diesen sieben Männern wird Vollmacht erteilt, allen Personen Land zuzuweisen, die willens sind, ihren Wohnsitz im besagten begrenzten Bezirk zu nehmen, und die dadurch in den Genuß aller Privilegien dieser Stadt gelangen. Ihnen soll ein großzügig bemessenes Stück Land zugeteilt werden, sowohl Weide- als auch Hochland, wobei sich die Größe an der Landbestellungskapazität ihres jetzigen und ihres zukünftigen Bestandes an [Zug-]Vieh und Arbeitskräften bemessen soll; auch sollen bei der Zuteilung von Land jene mitbedacht werden, die vielleicht noch später im Bereich dieser Stadt siedeln wollen. Die Landvergabe soll ohne Ansehen der Person erfolgen, allerdings sollen solche Bewerber abgewiesen werden, die einen unmäßigen Lebensstil haben und von einem aufrührerischen Geist beseelt sind, weil sie für eine bürgerliche Gesellschaft so lange ungeeignet sind, wie sie ihre Art der Lebensführung nicht verändern.

Diese sieben Männer legen den Verlauf der Straßen in der Stadt fest, wie es die Erschließung des Landes erfordert, und sind für die Aufrechterhaltung der politischen und religiösen Ordnung der Gesellschaft verantwortlich. Zu diesem Zweck erhalten die Siedler, deren Land dem Platz für die Abhaltung der Gottesdienste am nächsten liegt, in diesem Bereich weniger Land, werden dafür aber mit weiter außerhalb vom Stadtkern gelegenen Parzellen, die zum Anbau von Getreide jeder Art geeignet sein sollen, abgefunden. Sie [die sieben Männer] wiesen niemanden wegen seiner Armut ab, sondern halfen den Ärmeren je nach ihren Möglichkeiten bei der Errichtung der Häuser und wiesen ihnen Land entsprechend [der bereits erwähnten Landbestellungskapazität] zu. Die ärmsten Siedler erhielten sechs oder sieben Acres[1] an Weideland und ungefähr zwanzig Acres höher gelegenes Land. Auf diese Weise wurde die Stadt besiedelt, bis zur Zahl von ungefähr sechzig Familien, und auf diese Art wurden alle Städte in Neu-England bevölkert.

Aus: J. F. Jameson (ed.): Johnson's Wonder-Working Providence. New York 1910, S. 213–214. TS

b. Ein Kommissionsbericht über Landerkundung (1668)

Gemäß der Anweisung der Versammlung vom 15. Mai 1667 haben wir den dort genannten Ort erkundet. Wie wir herausfanden, liegt er zwölf Meilen westlich von Marlborough nahe der Straße nach Springfield und umfaßt ein großes Gebiet von sehr gutem, mit Kastanien bewachsenem Land. An Grasland fanden wir nicht so viel vor, weil, wie uns mitgeteilt wurde, ein recht beträchtlicher Teil des Weide- und Hochlandes, etwa 5000 Acres, bereits bestimmten Personen zugeteilt worden ist, was von dieser Versammlung

---

[1] Ein Acre = 4046,8 m².

bestätigt wurde. So fallen in dieses Gebiet die 3200 Acres, die an den verstorbenen Fähnrich Moyse und seine Brüder, sowie die 1000 Acres, die an die Kirche von Malden vergeben wurden, und die 500 Acres, die von Fähnrich Moyse anderen abgekauft wurden. Trotz alledem können wir uns vorstellen, daß genug Grasland vorhanden ist für eine kleine Ansiedlung oder Stadt von ungefähr dreißig Familien. Und falls jene Bauernhöfe ihr angegliedert würden, so könnte es ungefähr sechzig Familien versorgen. Aus diesem Grunde halten wir es für zweckmäßig, daß die ehrenwerte Versammlung geruht, es [das Gebiet] für eine Stadt zu reservieren, da es günstig gelegen ist, durch Teiche und Bäche gut mit Wasser versorgt ist und etwa auf dem halben Weg zwischen Boston und Springfield liegt, jeweils etwa eine Tagesreise entfernt. Zur Besiedlung desselben unterbreiten wir der Versammlung folgende [Vorschläge]:

1. Es soll ein angemessenes Stück Land für eine Stadt vergeben werden, in der für das Gebiet bestmöglichen Form, mit einer Fläche von ungefähr acht Quadratmeilen.

2. Es soll ein umsichtiges und geeignetes Komitee eingesetzt werden, das ermächtigt ist, es [das Gebiet] zu vermessen, Siedler aufzunehmen, die Angelegenheiten dieses Ortes beim Aufbau der Stadt und bei der Zuweisung der Grundstücke zu regeln und in allen Problemen praktischer Natur Anweisungen und Vorschriften zu erteilen, bis sich an dem Ort eine ausreichende Anzahl von umsichtigen Bewohnern und Personen niedergelassen hat, die nach Ansicht der Versammlung in der Lage sind, die dortigen Angelegenheiten zu leiten.

3. Das gesamte Komitee soll in geziemender Weise dafür Sorge tragen, daß ein guter Diener des Wortes Gottes so bald wie möglich dorthin berufen wird, damit die Leute, die dort angesiedelt werden, nicht wie die Lämmer in einem so großen Gebiet leben.

4. An einer geeigneten Stelle sollen zwei- oder dreihundert Acres Land mit einem Anteil an Grasland nach Gutdünken des Komitees für das Commonwealth[2] reserviert und angewiesen werden; das Komitee soll die Vollmacht und Berechtigung besitzen, darauf Bewohner auf Lebenszeit oder befristet anzusiedeln, unter Entrichtung eines kleinen Pachtzinses, der nach den ersten sieben Jahren zahlbar ist.

Die Versammlung stimmt diesem Bericht zu und ordnet an, daß ein Komitee eingesetzt wird, bestehend aus Hauptmann Daniel Gookin, Hauptmann Thomas Prentice, Mr. Daniel Hinckman und Leutnant Beare oder jeweils drei von ihnen; einer davon, so wurde es gewünscht und vorgetragen, soll Hauptmann Daniel Gookin sein.

Aus: Keith W. Kavenagh (ed.): Foundations of Colonial America. A Documentary History. 3 vols. New York 1973. Vol. I: Northeastern Colonies, S. 591. Mi

---

[2] Die in Massachusetts gebräuchliche Bezeichnung für die eigene Kolonie.

80. Die Besiedlung von Carolina: Vorrechte für Erstsiedler (1663)

Nach 1660 kam es noch einmal zu einer Welle von Koloniegründungen (1663 Carolina, 1664 New York und New Jersey, 1681 Pennsylvania), die gemeinsame Grundzüge aufweisen. Es handelt sich durchweg um Eigentümerkolonien, deren Regierung von Anfang an in Händen der Eigentümer liegt; bei den Eigentümern handelt es sich um Mitglieder des königlichen Hauses oder um enge Gefolgsleute des Königs. Bei allen Kolonien handelt es sich um weit ausgedehnte Gebiete, mit eher unscharf definierten Grenzziehungen, bei denen sich das Problem einer massierten Besiedlung stellte. Die Interessen der Eigentümer lassen sich wohl am besten als das Streben abwesender Landspekulanten charakterisieren, die auf eine ordentliche Rendite für getätigte Investitionen hoffen. Die Gründung von Georgia ergab sich deutlich aus solchen spekulativen Intentionen, sie hing mit Entwicklungen in Virginia und auf den westindischen Inseln zusammen.

Die Ausbreitung der Großplantage vor allem auf Barbados, die mit Sklavenarbeit betrieben wurde, entzog vielen weißen Einwohnern ihre ohnehin eher bescheidene Existenzgrundlage. Sir John Colleton, ein Royalist, der während des englischen Bürgerkriegs auf Barbados Zuflucht gefunden hatte, betrieb die Umsiedlung von verarmten Weißen auf das amerikanische Festland mit seinem immer noch unerschöpflich scheinenden Landreservoir. In William Berkeley, dem Gouverneur von Virginia, der seit längerem eine Siedlerabwanderung in ein Gebiet südlich seiner Kolonie festgestellt hatte (das spätere North Carolina), fand er einen Partner, der wie er selbst aus dem Erwerb von kolonialem Grundbesitz und der Ansiedlung von Kolonisten Profit zu ziehen hoffte. Sie fanden schnell die Unterstützung hochstehender Persönlichkeiten aus der Umgebung des Königs. Die Freibriefempfänger waren neben Colleton und Berkeley außerdem Sir John Carteret und John, Lord Berkeley (enge Gefolgsleute des Herzogs von York), Lord Ashley, der leitende Minister Earl of Clarendon, der Duke of Albemarle (der frühere General Monk) und der Earl of Craven. Alle waren Mitglieder der Kommissionen und Räte, die mit der Verwaltung von Handel, Kolonien und Marine befaßt waren, sie waren die Förderer weiterer kolonialer und kommerzieller Unternehmungen (etwa der Royal African Company). Um Kosten für die Verschiffung von Kolonisten aus England zu sparen, begannen die Freibriefempfänger einen Werbefeldzug, der Siedler aus anderen amerikanischen Kolonien nach Carolina ziehen sollte. Wie die im folgenden abgedruckte Erklärung zeigt, sollten vor allem politische Vorrechte, großzügige Konditionen bei der Landvergabe, religiöse Toleranz und kommerzielle Vergünstigungen als Anreiz dienen.

Blickt man auf die von Colleton ursprünglich ins Auge gefaßte Umsiedlung ärmerer Siedler von Barbados, so stellt man fest, daß auffällig viele reiche Siedler von Barbados Landbesitz in Carolina erwarben, vor allem aus der Schicht von 175 Zuckerrohrpflanzern, die mehr als 60 Sklaven besaßen, das beste Land ihr eigen nannten, den meisten Zucker verkauften und die Führungspositionen der Insel monopolisierten. Zwei Gründe waren dafür ausschlaggebend: Zum einen war den Eigentümern von Carolina sehr an solventen Landkäufern gelegen, die die weitere Besiedlung des Landes vorantreiben konnten, zum anderen suchten die reichen Pflanzerfamilien nach Betätigungsfeldern für ihre jüngeren Kinder, Barbados bot keine weiteren Expansionsmöglichkeiten, auch

80. Die Besiedlung von Carolina: Vorrechte für Erstsiedler (1663)

förderte das ungesunde Klima wohl bei nicht wenigen den Wunsch nach einem Ortswechsel. 18 der 33 früheren Gouverneure von Carolina weisen Verbindungen nach Barbados auf. Diese innerkoloniale Migration bestimmte auch die wirtschaftliche Struktur der Kolonie.

Lit.: Wesley F. Craven. The Colonies in Transition 1660–1713. New York 1968 – Converse D. Clowse: Economic Beginnings in Colonial South Carolina 1670–1730. Columbia 1971 – Richard S. Dunn: The English Sugar Islands and the Founding of South Carolina. In: South Carolina Historical Magazine 72 (1971), S. 81–93 – Daniel W. Fagg: Sleeping not with the King's Grant. A Rereading of Some Proprietary Documents 1663–1667. In: North Carolina Historical Review 48 (1971), S. 171–185 – Carl and Roberta Bridenbaugh: No Peace Beyond the Line. The English in the Caribbean 1624–1690. New York 1972 – Richard S. Dunn: Sugar and Slaves. The Rise of the Planter Class in the English West Indies, 1624–1713. New York 1972 – Richard Waterhouse: England, the Caribbean and the Settlement of Carolina. In: Journal of American Studies 9 (1975), S. 259–281 – Robert K. Ackerman: South Carolina Colonial Land Policies. Columbia 1977 – Robert M. Weir: Colonial South Carolina. A History. New York 1983.

TS

Erklärung und Angebote an alle, die in Carolina siedeln wollen

25. August 1663

Seine Majestät geruhte gnädigst – in der frommen und ehrbaren Absicht, den christlichen Glauben unter den barbarischen und unwissenden Indianern zu verbreiten, aber auch, Ihr Reich und Ihre Herrschaft zu vergrößern und Ihre Untertanen zu bereichern, uns, Edward, Earl of Clarendon, Hochkanzler von England, George, Duke of Albermarle, Oberstallmeister Seiner Majestät und Generalkapitän all Ihrer Streitkräfte, William, Lord Craven, John, Lord Berkeley, Anthony, Lord Ashley, Schatzkanzler Seiner Majestät, dem Ritter und Baronet Sir George Carteret, stellvertretenden Hofkämmerer, dem Ritter William Berkeley und dem Ritter und Baronet Sir John Colleton durch Ihren Freibrief unter dem Datum des 24. März, im 15. Jahr Ihrer Regierung[1], all das Territorium oder Gebiet mitsamt den großen und kleinen Inseln zu übertragen und uns dies zu bestätigen, das in Ihrem Herrschaftsbereich in Amerika gelegen ist und sich befindet und das sich erstreckt vom Nordende der Insel, die Lucke-Insel genannt wird und in dem Meer vor Südvirginia liegt, in 36 Grad nördlicher Breite, zum Westen hin bis an das Südmeer[2] und so südwärts bis an den St. Matthias-Fluß, der an die Küste Floridas heranreicht, in [31] Grad nördlicher Breite[3].

Im Verfolg dieser Verleihung und in der reinen und trefflichen Absicht, diese Landstriche in nutzbringender und vorteilhafter Weise für Seine Majestät

---

[1] In der Zählung dieser Urkunde bleibt die Zeit des republikanischen Commonwealth aus naheliegenden Gründen unberücksichtigt.
[2] Eine in der Zeit übliche Bezeichnung für den Pazifischen Ozean.
[3] Eine Angabe des Breitengrades wird im Original nicht gegeben; in der Carolina-Charter, deren topographische Begrenzung der Verleihung ansonsten identisch ist, wird die südliche Grenze mit 31° n. Br. angegeben.

und Ihr Volk zu entwickeln, erklären wir hiermit und unterbreiten all den geschätzten Untertanen Seiner Majestät, wo immer sie auch wohnen oder sich aufhalten, die folgenden Angebote und verpflichten uns hiermit unverbrüchlich, sie in der Weise auszuführen und einzuhalten, wie es die ersten Kolonisten *(undertakers)* in der ersten Niederlassung vernünftigerweise verlangen können.

1. Falls sich die ersten Kolonisten am Charles-Fluß nahe dem Kap Fear niederlassen sollten, was anscheinend gewünscht wird, so steht es ihnen frei, dies an der Einfahrt auf der Backbordseite [Nordküste] zu tun, falls in irgendeinem anderen Teil des Gebietes, so können beide Seiten gewählt werden, sollte die Niederlassung an einem Fluß liegen. Wir reservieren für uns zwanzigtausend Acres Land, das von unseren Beauftragten in jeder Niederlassung abgegrenzt und vermessen wird, dort, wo sie es für geeignet halten, und auf eine Weise, die die Kolonie weder behindert noch schwächt; es ist unsere Absicht, dieses Land durch unsere Beauftragten und Bevollmächtigten rechtzeitig besiedeln und kolonisieren zu lassen, wobei sie sich der Regierung der jeweiligen Kolonie unterordnen.

2. Die ersten Kolonisten sollen auf ihren Wunsch hin ermächtigt werden, auf ihre eigenen Kosten die Einfahrt in den Fluß zu befestigen, auch die Meeresküste und die Insel. Sie verpflichten sich, durch einen Eid oder ein Gelöbnis, das sie selbst entwerfen, Seiner Majestät, Seinen Erben und Nachfolgern gegenüber treu und gehorsam zu sein.

Abb. 21: Blick auf eine frisch gerodete Farm an der amerikanischen Ostküste (Zeichnung zu einem Reisebericht aus dem Jahr 1793).

3. Bevor sie oder einige von ihnen sich dorthin begeben, um zu siedeln, schlagen uns die Kolonisten dieses Siedlungsvorhabens dreizehn Personen unter denen vor, die auszuwandern beabsichtigen; aus dieser Zahl werden wir einen beauftragen, das Amt des Gouverneurs zu bekleiden – für drei Jahre vom Zeitpunkt seiner Ernennung an – und weitere sechs aus den dreizehn, um ihm als Ratsversammlung zur Seite zu stehen. Der größere Teil dieser Zahl, unter Einschluß des Gouverneurs oder seines Stellvertreters, übt für den obenbezeichneten Zeitraum die Regierung aus. Wir werden auch aus den obenerwähnten sechs Ratsmitgliedern Nachfolger für den Gouverneur bestimmen, die im Todesfall oder bei Entlassung aus dem Amt ihm in der Regierung nachfolgen sollen. Aus den übrigen sechs von den dreizehn Genannten werden wir auch Nachfolger für Ratsmitglieder bestimmen, im Todesfall oder bei Amtsentlassung sowie nach Ablauf der ersten drei Jahre und weiter so alle drei Jahre. Am 25. März[4] oder vorher, vor Ablauf der Amtszeit des Gouverneurs, werden uns von den Grundeigentümern *(freeholders)* der Kolonie oder von den Personen, die sie dazu bestimmen, weitere dreizehn Personen vorgeschlagen, davon vier aus der Zahl derjenigen, die zum Zeitpunkt der Wahl der dreizehn in der Regierung sind; aus dieser Zahl werden wir am darauffolgenden 10. April oder zuvor für die obengenannten Fälle und in der obenbezeichneten Weise einen Gouverneur und sechs Ratsmitglieder ernennen und sie bevollmächtigen, zusammen mit ihren jeweiligen Nachfolgern.

4. Wir werden, soweit es unser Freibrief erlaubt, den größeren Teil der Grundeigentümer oder ihre Vertreter oder Abgeordneten, die von ihnen nach einer entsprechenden Vereinbarung aus ihrer Mitte gewählt werden – nämlich zwei aus jeder Gruppe, Abteilung oder Pfarrgemeinde – ermächtigen, mit dem Rat und unter der Zustimmung des Gouverneurs und der Ratsversammlung ihre eigenen Gesetze zu erlassen, die den Gesetzen Englands nicht widersprechen, sondern mit ihnen in allen Zivilangelegenheiten so weit wie möglich übereinstimmen sollen; sie sind dabei der Oberaufsicht einer allgemeinen Ratsversammlung unterworfen, die zur gemeinsamen Verteidigung des Ganzen aus jedem Bezirk der Provinz gewählt wird, gemäß einer zu treffenden Vereinbarung. Diese Gesetze werden uns innerhalb eines Jahres nach ihrer Veröffentlichung zur Bestätigung vorgelegt, sind allerdings bereits in Kraft, bevor um die besagte Bestätigung nachgesucht und sie von uns bescheinigt wird; sind sie einmal bestätigt, so gelten sie, bis sie von derselben Stelle widerrufen werden oder ihre Geltungsdauer erlischt.

5. Wir werden in so weitgehender Weise, wie sie die Kolonisten verlangen, Selbstbestimmung und Freiheit des Gewissens in allen religiösen und geistigen Angelegenheiten gewähren und, zumal wir in unserem Freibrief die Vollmacht dazu besitzen, sie als unantastbar unter ihnen aufrechterhalten.

6. Wir werden den Kolonisten und Siedlern die vollen Vorteile aus den Immunitäten gewähren, die uns durch den Freibrief für unsere Dienste an Seiner

---

[4] Der Jahresbeginn nach dem zu dieser Zeit in England noch üblichen Julianischen Kalender.

Majestät verliehen wurden; so aus der Zollfreiheit für Gerätschaften aller Art, die dort von Nutzen sind und von England zum Gebrauch der Siedler exportiert werden, und für bestimmte Erzeugnisse der Kolonien wie Wein, Öl, Rosinen aller Art, Oliven, Kapern, Wachs, Korinthen, Mandeln und Seide; jeder Artikel kann sieben Jahre lang nach allen Herrschaftsgebieten Seiner Majestät eingeführt werden, und zwar zollfrei, nachdem vier *tons*[5] der jeweiligen Sorte in einem Schiff, wie obenerwähnt, importiert wurden.

7. Wir übereignen allen jetzigen Kolonisten und ihren Erben auf Dauer pro Kopf einhundert Acres Land zu *Free and Common Socage*[6], fünfzig Acres Land für jeden Bediensteten, den sie dorthin bringen oder schicken und der Waffen tragen kann, mit einer guten durchbohrten Zündschloßmuskete bewaffnet ist und zwanzig Pfund Schießpulver und zwanzig Pfund Kugeln – zwölf Kugeln pro Pfund – mit sich führt; dreißig Acres für jede Bedienstete; jedem Bediensteten, der innerhalb des bezeichneten Zeitraums ankommt, zehn Acres nach Verstreichen seiner Dienstzeit; und jeder Bediensteten sechs Acres nach Verstreichen ihrer Dienstzeit. Man nehme zur Kenntnis, daß es hierbei nicht unsere Absicht ist, länger als für die ersten fünf Jahre – beginnend mit der Errichtung der ersten Ansiedlung – verpflichtet zu sein, die obengenannten Anteile an Grund und Boden an Herren und Bedienstete zu vergeben.

8. Wir werden den Gouverneur und die Ratsversammlung anweisen, dafür Sorge zu tragen, daß in der Kolonie für je fünfzig Acres, die wir übereignen, stets ein Mann in der vorgenannten Bewaffnung und Ausrüstung zur Verfügung steht; und daß Ersatz bereitsteht, um im Todesfall oder falls die Besitzer des besagten Landes die Kolonie verlassen, die Zahl zu ergänzen, und zwar innerhalb von zwölf Monaten nach Bekanntwerden des Ausfalls.

In Anbetracht des Vorstehenden erwarten wir als Anerkennung und als Beitrag zu den Kosten, die wir hatten und haben werden, innerhalb des Zeitraumes, wie er oben begrenzt und bezeichnet wurde, einen halben Penny für jeden *Acre*, der in obenerwähnter Weise von uns übereignet wird; und daß die Gerichtsgebäude und die Häuser für öffentliche Versammlungen mit den öffentlichen Geldern der Kolonie auf dem Grund und Boden errichtet werden, der von uns in Besitz genommen wurde; sie sollen jedoch von der Allgemeinheit benutzt werden, und zwar für immer, unter Entrichtung einer kleinen Anerkennungssumme.

Eigenhändig ausgefertigt an diesem fünfundzwanzigsten Tag des August, im Jahre des Herrn 1663.

Aus: The Colonial Records of North Carolina. 10 vols. Raleigh 1886–1890. Vol. I, S. 43–46. Mi

---

[5] Eine Gewichtseinheit, die 20 Cwt *(Hundredweight)* enthielt und etwa 1000 kg entspricht.

[6] Ein im frühneuzeitlichen England sich durchsetzender Besitztitel über Grund und Boden, dessen Inhaber frei und gegen einen geringen jährlichen Bodenzins von sämtlichen überkommenen Abgaben und Diensten entbunden war.

81. Das Problem innerkolonialer Migration am Beispiel der Insel Barbados (1670)

Der starke Einwandererstrom auf die englischen Karibik-Inseln in der ersten Hälfte des 17. Jahrhunderts wurde um 1650 abgelöst von einer innerkolonialen Wanderungsbewegung, die von den früh besiedelten Inseln wie Barbados oder St. Christopher wegführte. Die Entwicklung hin zur Großplantage, die Erschöpfung des Bodens, die besonders die kleinen Grundbesitzer traf, der Fall der Zuckerpreise, dazu die zunehmende Konkurrenz der Negersklaven auch im handwerklichen Bereich entzogen vielen weißen Einwohnern ihre bescheidene Existenzgrundlage. Die Erschließung von Neuland im karibischen Raum, so etwa in Surinam oder auf Jamaica, und auf dem nordamerikanischen Festland bot ihnen die Möglichkeit eines neuen Anfangs. Der Exodus weißer Einwohner wurde von Regierungsseite mit Besorgnis registriert, entzog er doch den Inseln das Gros ihrer Milizsoldaten gerade zu einer Zeit, als der Handels- und Kolonialkrieg mit den Niederlanden seinen Höhepunkt erreichte. Administrative Regelungen für die Auswanderung waren die Folge, die – wie das folgende Gesetz vom 11. August 1670 aus Barbados zeigt – auch der Abwanderung von Bediensteten und Schuldnern Einhalt gebieten sollten.

Lit.: Richard S. Dunn: The Barbados Census of 1680. Profile of the Richest Colony in English America. In: William and Mary Quarterly 26 (1969), S. 3–30 – Carl and Roberta Bridenbaugh: No Peace Beyond the Line. The English in the Caribbean 1624–1690. New York 1972 – Richard S. Dunn: Sugar and Slaves. The Rise of the Planter Class in the English West Indies 1624–1713. Chapel Hill 1972 – Richard Sheridan: Sugar and Slavery. An Economic History of the British West Indies 1623–1775. o. O. 1974.

Mi

Eine Verordnung, um zu verhindern, daß Leute von dieser Insel fortgelockt werden

Da nun verschiedene übelgesinnte Leute vor kurzem diese Insel verlassen haben und andere, die noch hier sind, viele freie Männer, deren Dienstzeit unlängst abgelaufen ist, sowie andere Handwerker und kleine Siedler auf dieser Insel durch üble Praktiken, Schmeicheleien und Schliche dazu verlockt, angestachelt und dann viele von ihnen hier in andere Kolonien gebracht haben und noch bringen, indem sie sie als dienstverpflichtete Bedienstete aufnahmen, die nur für ihren Transport oder andere geringfügige Leistungen von ihrer Ankunft an für [einige] Zeit zu dienen hätten, und ihnen eine große Menge an Grund und Boden sowie andere Vorteile in jenen entfernten Gebieten versprachen, wo sie dann, kaum waren sie angekommen, verkauft und von Ort zu Ort geschafft wurden und ihrer Stellung nach zu nichts anderem wurden als zu Sklaven oder kaum etwas Besserem; sie also aufs äußerste getäuscht und zugrundegerichtet wurden und ihre aufrichtigen Erwartungen vollkommen zunichte gemacht wurden, die sich auf Versprechungen stützten, die auf ihren Vorteil gerichtet zu sein schienen – nun, da sie nach langer Dienstzeit, die sie bereits abgeleistet hatten, zur Ware werden, während sie hier ein angenehmes

Leben hätten führen und aus leichter Arbeit Gewinn hätten erzielen können: Um nun solchen verwerflichen Praktiken für die Zukunft zu begegnen, verfügen und bestimmen der Stellvertretende Gouverneur, der Rat und die Abgeordneten dieser Insel, die nun versammelt sind, und es wird hiermit verfügt und bestimmt, daß jede Person oder alle Personen als Gesetzesbrecher angesehen werden, die nach Veröffentlichung der vorliegenden [Verordnung] vereinbaren oder sich vertraglich verpflichten oder darein einwilligen, irgendeine Person oder irgendwelche Personen von dieser Insel fortzuschaffen, um sie – sei es für längere oder kürzere Zeit – an irgendeinem Ort dienstzuverpflichten als Gegenleistung für seine, ihre oder deren Überfahrt oder Beförderung oder wegen Schulden oder Forderungen – wobei die entsprechende Dienstzeit als Entschädigung abgeleistet wird, und man die Absicht hat, der später zu bezeichnenden Strafe zu entgehen, und zwar im Falle einer jeden Person, mit der ein solcher Vertrag eingegangen wurde, und daß eine jede derartige Übereinkunft oder Abmachung völlig nichtig ist; und für einen jeden derartigen Verstoß oder Gesetzesbruch soll er oder sie den Betrag von viertausend Pfund Muskovadezucker[1] verwirken und bezahlen – die eine Hälfte an denjenigen, der darüber Mitteilung macht, die andere Hälfte zum Nutzen für diese Insel; die Eintreibung erfolgt durch eine Schuldenklage, eine Klageschrift, eine Beschwerde oder Anklage auf der nächsten Gerichtssitzung nach Eingang einer solchen Klageschrift, Beschwerde oder Anklage, falls dies der betreffende Informant wünscht.

Dies steht stets unter dem Vorbehalt, daß eine jede Person, die mit der Familie wegzieht oder aus eigenem Antrieb und Interesse in eine andere Kolonie geht, das Recht hat, jemanden dorthin zu schicken, der nicht in den Diensten eines anderen steht, und seine eigenen Bediensteten auch nur, wenn sie selbst damit einverstanden sind, wobei zunächst die Bestimmungen und Verfahren für Personen, die von hier weggehen, zu beachten sind und – wie üblich – ein Passierschein eingeholt wird, damit nicht, wie oben erwähnt, jemand fortgeschafft wird, nur als Gegenleistung für die Überfahrt oder wegen irgendwelcher geringen Schulden, wofür eine Dienstzeit an einem anderen Ort vereinbart wird, die die Entschädigung dafür darstellt.

Und es wird ferner verfügt, daß ein jeder, der selbst oder durch andere irgend jemanden von dieser Insel fortlockt, der Frau und Kinder hat und seine besagte Frau und die Kinder zurückläßt, die dann der Pfarrgemeinde, in der sie leben, zur Last fallen, daß [also] derjenige oder diejenigen, die sich dieses Vergehen zuschulden kommen lassen, verpflichtet sind, diese auf seine oder ihre eigenen Kosten zu unterhalten und zu versorgen, oder aber der Geldbuße oder -strafe unterliegen, die der Kirchenvorstand der Pfarrgemeinde, in der sie damals wohnten, verhängt. Der betreffende Kirchenvorstand wird hiermit ermächtigt, die besagte Geldstrafe festzusetzen und sie einzuklagen, wie im Falle des Lohnes von Bediensteten; die Geld-

---

[1] Ein aus dem Nachprodukt der Raffinade gewonnener Zucker minderer Qualität.

strafe ist für den Gebrauch der Armen in der betreffenen Pfarrgemeinde bestimmt.

Und falls irgendeine Person oder irgendwelche Personen in Zukunft irgendwann in den Besitz eines Passierscheins aus der Kanzlei des Sekretärs dieser Insel gelangen, um von hier in irgendeinem Schiff oder Fahrzeug abzureisen, und hinterher den besagten Passierschein einem anderen übergeben, wodurch jemand fortgebracht wird, der in Wirklichkeit nicht derjenige ist, der darin genannt wird, und auf diese Weise die Einwohner dieser Insel schlimm betrogen und schwer geschädigt werden: So wird denn durch den Stellvertretenden Gouverneur, den Rat und die Abgehordneten dieser Insel, kraft ihrer Vollmacht, verfügt und bestimmt, daß wer auch immer einen Passierschein aus der Kanzlei des Sekretärs erhält und ihn – wie eben dargelegt – weitergibt, so daß eine andere Person fortgebracht wird, oder ihn einem Kapitän eines Schiffes oder Fahrzeugs anbietet, damit jemand durch seine Vorlage fortgebracht werden kann, so soll er für sein Vergehen und seine böse Absicht, den Einwohnern hier Schaden und Verluste zuzufügen, nach einem Schuldspruch durch die Friedensrichter auf ihren *Quarter-Sessions*[2] dazu verurteilt werden, drei Tage lang auf einem öffentlichen Platz in der Stadt St. Michael's auf dieser Insel am Pranger zu stehen, mit einer Mitteilung über seinem Kopf, auf der mit großen Buchstaben der begangene Betrug verkündet wird; darüber hinaus soll er zwanzig Hiebe auf seinen bloßen Rücken erhalten, es sei denn, die Partei, die den besagten Passierschein zuerst erhielt, hat ihn durch irgendein Mißgeschick oder sonstwie verloren und teilt seinen Verlust umgehend einem der Friedensrichter Seiner Majestät mit – dem, der dem Ankerplatz des Schiffes am nächsten wohnt, und der hiermit aufgefordert wird, darüber dem Kapitän des Schiffes, an den der Passagierschein gerichtet ist, Mitteilung zu machen, und ansonsten jegliche Sorgfalt darauf zu verwenden, den Schaden abzuwenden, der bei einem Verlust eines solchen Passierscheins eintreten könnte.

Ausgegeben und mit meiner Unterschrift versehen, am 11. August 1670.
Unterzeichnet
Christopher Codrington

Aus: Acts of Assembly passed in the Island of Barbados from 1648 to 1718. London 1721, S. 80–81.

Mi

82. Der englische *Privy Council* erläßt Verfahrensregeln für die Anwerbung von *Indentured Servants* (1682)

Bevor der Sklavenhandel in großem Stil betrieben wurde, waren es zumeist sogenannte *Indentured Servants,* die die Nachfrage nach Arbeitskräften der englischen Plantagen auf den Karibik-Inseln und in den Festlandkolonien Virginia, Maryland und Carolina befriedigten. In der effektiven Nutzung dieses Verfahrens zur Beschaffung von Ar-

---

[2] Die vierteljährlichen Gerichtssitzungen der Friedensrichter.

beitskräften, das sich auf Vorbilder in der englischen Landwirtschaft stützen konnte, lag sicher ein Grund, warum es England gelang, seine Kolonien schneller und dichter zu bevölkern als Frankreich: Mittellose Jugendliche und junge Männer aus Stadt und Land, vereinzelt auch junge Frauen, suchten ihr Los durch Auswanderung in die Kolonien zu bessern, wobei ihnen die Aussichten in Übersee von eigens dazu bestellten Agenten der Überseekaufleute in leuchtenden Farben ausgemalt wurden. Gegen eine Prämie führten die Agenten die Auswanderungswilligen ihren Auftraggebern zu, mit denen die Auswanderer als Gegenleistung für die freie Überfahrt einen meist drei- bis fünfjährigen Dienstverpflichtungsvertrag abschlossen. Bei der Ankunft in den Kolonien verkauften die Kaufleute diesen Vertrag an die Pflanzer, und damit ging die Arbeitsverpflichtung der *Indentured Servants* auf die Plantagenbesitzer über.

Wegen des sehr lückenhaften Quellenmaterials sind exakte Angaben über das Ausmaß der Auswanderung auf Grund des Indentured Servant-Systems kaum möglich. Die Angaben aus den Hafenstädten ergeben zwischen 1654 und 1775 eine Gesamtzahl von 20 657 registrierten Servants (16 847 Männer und 3810 Frauen). Realistische Schätzungen gehen davon aus, daß um 1670 etwa 15 000 Servants in Dienst standen. Ohne die relativ hohe Mortalitätsrate sowohl auf den Karibik-Inseln wie auch in Virginia in Rechnung zu stellen, mußten, da jedes Jahr Servants nach Beendigung ihres Vertragsverhältnisses freigesetzt wurden, jährlich mindestens 3500 neue Servants zur Aufrechterhaltung dieses Arbeitskräftepotentials nach Amerika verschifft werden. Bis 1670 kamen drei Viertel aller Einwanderer nach Virginia als Servants, und auch danach wohl pro Jahr immer noch 1500 (während das Servant-System in den wirtschaftlich, sozial wie religiös anders strukturierten Neu-England-Kolonien überhaupt keine Rolle spielte). 1707 standen in Maryland 3000 Servants 4657 Sklaven gegenüber. Trotz der Zunahme des Sklavenimports vor allem in der Karibik dürften bis zum Ende des 17. Jahrhunderts mehr Servants als Sklaven den Weg über den Atlantik eingeschlagen haben.

Blickt man auf die am Servant-System beteiligten Gruppen (Kaufleute, Pflanzer, Servants), so war die Bilanz dieses Geschäfts für den Servant mit Abstand am schlechtesten. Er erhielt bei seiner Einschiffung meist nicht nur keinen Vertrag, sondern war in den Kolonien den Bräuchen der Region *(custom of the country)* unterworfen. Nicht wenige Beobachter schätzten die Lage des Servants schlechter ein als die der Sklaven. Die meist beträchtlichen Kosten der Sklaven legten eine pflegliche Behandlung nahe, während der Pflanzer während der Dienstzeit des Servants alle vorhandene Arbeitskraft aus ihm herauszupressen suchte. Hatte der Servant seine Dienstzeit absolviert (nicht selten verlängerte sie sich durch Wechsel der Dienstherren), waren seine Chancen zum Landerwerb bzw. auf Landzuteilung nicht eben hoch. Am Ende der Vertragszeit wurde er in Naturalien ausbezahlt, auf Barbados mit 400 Pfund Zucker oder Tabak, die Regelungen in Maryland sahen Kleidung, drei Fässer Korn, Werkzeuge und ein Gewehr vor. Ohne Kapital und ohne die Möglichkeit zur Bildung von Rücklagen war das zugeteilte Land meist weder zu bestellen noch zu halten. Von jeweils zehn Servants trat daher nur einer seinen Landbesitz an, einer reüssierte als Handwerker oder Aufseher auf den Plantagen, die anderen acht starben vor Ablauf der Dienstzeit, kehrten nach England zurück (wenn sie die Passage bezahlen konnten) oder endeten in der weißen Armut.

Vor diesem Hintergrund sind die Ursachen für die Langlebigkeit des Servant-Systems schwer auszumachen. Doch der am Rande des Existenzminimums lebende Engländer sah sich im 17. Jahrhundert vielfältigen Fährnissen ausgesetzt (Unglücksfälle in der Familie, schlechte Ernten, hohe Steuern und Abgaben, Krankheiten, Arbeitslosigkeit, Teuerung, Militärdienst), die die Auswanderung als das kleinere Übel erscheinen lassen mochten. Nicht gering zu erachten ist die Rolle der Servants-Händler: Bei Transportkosten in Höhe von vielleicht 6 Pfund und bei Ablösesummen für sechsjährige Verträge von etwa 18 Pfund waren bedeutende Gewinne zu erzielen. Es steht daher außer Frage, daß die Aussicht auf Gewinn etliche Kaufleute und Agenten dazu veranlaßte, bei der Anwerbung von Servants auch zu unlauteren Mitteln zu greifen, die vom Pressen in den Dienst der Navy nicht weit entfernt gewesen sein dürften. Die im folgenden abgedruckte Regelung des Servants-Geschäfts durch die englische Regierung aus dem Jahr 1682 (der weitere Erlasse 1686 und 1717 folgten) ging jedoch nicht von den Klagen betrogener Servants aus, sondern von den Kaufleuten, die eine rechtliche Sicherung ihres Handels gegen Entschädigungsklagen von gekidnappten Servants anstrebten. Sahen die Regelungen von 1682 und 1686 vor, daß der Vertrag vor einem Magistratsbeamten geschlossen werden sollte, so setzte der Erlaß von 1717 ganz im Sinne der Kaufleute fest, daß jede wie auch immer zustandegekommene Unterschrift eines Servants verbindlich war. Bis in die Zeit der amerikanischen Revolution blieb dieses Verdingungssystem trotz Verdrängung durch Sklavenarbeit von erheblicher Bedeutung.

Lit.: Eugene J. McCormac: White Servitude in Maryland 1634–1820. Baltimore 1904 – Cheesman A. Herrick: White Servitude in Pennsylvania. Philadelphia 1926 – Marcus W. Jernegan: Laboring and Dependant Classes in Colonial America 1607–1783. Madison 1931. Ndr. Westport 1960, ²1980 – Richard B. Morris: Government and Labor in Early America. New York 1946 – Abbot E. Smith: Colonists in Bondage. White Servitude and Convict Labor in America 1607–1776. Chapel Hill 1947. Ndr. Gloucester 1965 – William B. Smith: White Servitude in Colonial South Carolina. Columbia 1960 – R. Russell Menard: From Servant to Freeholder: Status Mobility and Property Accumulation in Seventeenth Century Maryland. In: William and Mary Quarterly 30 (1973), S. 37–64 – Ralph Gray/Betty Wood: The Transition from Indentured to Involuntary Servitude in Colonial Georgia. In: Explorations in Economic History 13 (1976), S. 353–370 – Lorena S. Walsh: Servitude and Opportunity in Charles County, Maryland 1658–1705. In: Aubrey C. Land/Lois Green Carr/Edward C. Papenfuse (eds.): Land, Society and Politics in Early Maryland. Baltimore 1977, S. 111–133 – S. Souden: „Rogues, Whores and Vagabonds". Indentured Servant Migrants to North America and the Case of Mid-Seventeenth Century Bristol. In: Social History 3 (1978), S. 23–42 – James Horn: Servant Emigration to the Chesapeake in the Seventeenth Century. In: Thad W. Tate/David L. Ammerman (eds.): The Chesapeake in the Seventeenth Century, Chapel Hill 1979, S. 51–95 – David W. Galenson: White Servitude in Colonial America. Cambridge 1982. TS

Es ist Seiner Majestät unterbreitet worden, daß durch zahlreiche Täuschungsmanöver einer windigen Sorte von Leuten, die man *Spirits*[1] nennt, viele Untertanen Seiner Majestät an Bord von Schiffen gelockt wurden, wo sie ergriffen und mit Gewalt nach den Kolonien Seiner Majestät in Amerika transportiert wurden; auch haben etliche arbeitsscheue Personen, die sich freiwillig in die Liste für den Transport dorthin eintragen ließen und bei ihrem Dienstantritt

---

[1] In etwa wiederzugeben als Schlepper.

dafür Geld erhielten, hinterher vorgetäuscht, sie seien betrogen und gegen ihren Willen fortgeschafft worden; sie haben ihre Freunde veranlaßt, gegen die Kaufleute, die sie hinüberbrachten oder in deren Diensten sie stehen, mit einer Anklage oder Anzeige beim *Crown Office*[2] im Namen Seiner Majestät vorzugehen. Dies stellt ein großes Ärgernis für sie [die Kaufleute] dar und bedeutet eine Behinderung für die Abwicklung des Handels der besagten Kolonien und der Schiffahrt dieses Königreichs. Mehrere Kaufleute und Pflanzer haben so in aller Ergebenheit das Ersuchen an Seine Majestät gerichtet, Sie möge gnädigst geruhen, solche Regelungen für die Weiterbeschäftigung ihrer Bediensteten in den Kolonien Seiner Majestät zu treffen, wie Sie sie in Ihrer Königlichen Weisheit für angebracht erachtet. Dadurch sollte sich Seine Majestät so weit von ihren korrekten Geschäftspraktiken überzeugen können, daß Sie sämtliche Verfahren gegen sie vor den Gerichten Seiner Majestät einstellt; auch sollte dadurch der üble Leumund, der ihnen jetzt allgemein wegen dieser arglistigen Personen anhaftet, von all denen genommen werden, die in Zukunft den Regelungen folgen, die anzuwenden Seine Majestät für geeignet hält.

Nachdem nun Seine Majestät das besagte Ersuchen dem Königlichen Ratschluß unterzogen hat, geruht Sie gnädigst zu erklären, daß diejenigen Kaufleute, Faktoren, Schiffskapitäne oder weiteren Personen, die beim Anwerben von Bediensteten für die Kolonien Seiner Majestät die im folgenden aufgeführten Regelungen anwenden, nicht durch Gerichtsverfahren von seiten Seiner Majestät verunsichert werden sollen, vielmehr wird Seine Majestät nach Vorlage einer entsprechenden Bescheinigung veranlassen, daß alle diese Verfahren eingestellt werden, damit sie [die Anwerber] von daher nicht weiter belästigt werden.

1. Solche Bedienstete müssen durch einen Dienstverpflichtungsvertrag *(indenture)* eingestellt werden, der in Gegenwart des oder der Beamten, die künftig dazu bestimmt werden, von dem Bediensteten zu bestätigen ist, indem ein Teil desselben von dem Bediensteten unterzeichnet wird und der Beamte dies seinerseits durch seinen Namen und seine eigenhändige Unterschrift anerkennt oder bestätigt. Dieser Vertrag verbleibt beim Sekretär des Friedensrichters, um während der nächsten Gerichtssitzung dort in einem bestimmten Ordner abgelegt, numeriert und zu den Akten gelegt zu werden.

2. Der Sekretär des Friedensrichters hat ein sauber geschriebenes Buch zu führen, worin der Name der auf diese Weise verpflichteten Person, der Name des Beamten, vor dem dies vollzogen wurde, Zeit und Ort dieser Handlung sowie die Nummer des Ordners eingetragen wird; damit das Ganze umso leichter gefunden werden kann, werden die Eintragungen alphabetisch vorgenommen nach dem ersten Buchstaben des Nachnamens.

---

[2] Das Kriminalamt des höchsten englischen Gerichtshofes des gemeinen Rechts, der *King's* bzw. *Queen's Bench Division*.

3. Alle Personen, die über einundzwanzig Jahre alt sind oder nach dem Urteil des Beamten, der sie in Augenschein genommen und überprüft hat, zu sein scheinen, können in der Gegenwart eines Friedensrichters oder des Bürgermeisters oder des höchsten Beamten des Ortes, wo sie sich einschiffen werden, verpflichtet werden; die Beamten müssen voll und ganz von ihm [dem Bediensteten] überzeugt werden, daß er selbst und aus freien Stücken dem Eintritt in das vorgesehene Dienstverhältnis zugestimmt hat.

4. Falls eine Person unter einundzwanzig Jahren alt ist oder zu sein scheint, wird sie in Gegenwart des Oberbürgermeisters von London oder eines der Richter oder eines Ratsherrn von London verpflichtet, die sorgfältig zu überprüfen haben, ob die Person, die verpflichtet werden soll, Eltern oder Dienstherren hat; falls sie nicht frei ist, dürfen sie [die Beamten] einen solchen Dienstverpflichtungsvertrag nicht ausfertigen, es sei denn, die Eltern oder Dienstherren erteilen ihr Einverständnis; darüber hinaus hat eine Person, die den besagten Bediensteten unter dem im Dienstverpflichtungsvertrag genannten Namen und Beinamen kennt, auf dem besagten Dienstverpflichtungsvertrag eben diese Kenntnis zu bezeugen.

5. Ist die Person unter vierzehn Jahren alt, so darf sie, wenn ihre Eltern nicht anwesend sind und zustimmen, nicht vor Ablauf von mindestens vierzehn Tagen nach Eingehen der Verpflichtung an Bord gebracht werden, damit ein eventueller Fehlgriff vor ihrem Abtransport entdeckt werden kann. Wenn ihre Eltern nicht vor dem Beamten erscheinen, so sind sie oder – falls sie nicht gefunden werden können – die Kirchenvorsteher oder Gemeindeaufseher des Pfarrbezirks, wo er [der Minderjährige] zuletzt lebte, zu benachrichtigen – so, wie es der besagte Beamte für geeignet hält und anordnet.

[Entstehen den betroffenen Kaufleuten finanzielle Einbußen durch überhöhte Entlohnungsforderungen der mit diesen Nachforschungen betrauten Beamten, wird der König sich um ihre Entlastung bemühen.]

Seine Majestät beliebt ferner anzuordnen, daß diese Verfügung gedruckt und veröffentlicht wird, damit alle Personen, die davon berührt sind, sie zur Kenntnis nehmen und sich von ihr leiten lassen.

Aus: Acts of the Privy Council of England, Colonial Series. 6 vols. Hereford 1908–1912. Vol. II, S. 41–43. Mi

83. Landvergabe in Virginia (1697)

Das Headright-System stellte in den englischen Plantagenkolonien auf dem amerikanischen Festland das übliche Landvergabeverfahren dar. Es wurde bereits in den Gründungsjahren Virginias unter der Leitung der *Virginia Company* praktiziert und fand im Laufe des 17. Jahrhunderts nach Übernahme der Kolonie durch die Krone allgemeine Anwendung. Jedem Auswanderer aus England wurden 50 Acres Land als *Headright* zugestanden sowie weitere 50 Acres für jede Person, die er mit sich nach Amerika brachte. Der Überfluß an zur Verfügung stehendem Land erlaubte eine solch großzügige Zuteilung, die ihrerseits den größten Anreiz zur Auswanderung nach Virginia und dessen Nachbarkolonien darstellte. In der ersten Hälfte des 17. Jahrhunderts funktionierte das System gut, so wurden zwischen 1621 und 1625 unter 184 Landzuweisungen nur zwei Landstücke von mehr als 1000 Acres zugewiesen, die Mehrzahl lag unterhalb von 200 Acres. In der zweiten Jahrhunderthälfte änderte sich das Bild, zu dieser Zeit lag die durchschnittliche Größe der zugewiesenen Ländereien bereits bei 674 Acres.

Die Ursache für diese Entwicklung lag nicht zuletzt in den Möglichkeiten zum Mißbrauch des Headrightsystems. Oftmals wurde eine Ansiedlung nur vorgetäuscht, um an den Grundbesitztitel zu gelangen. Zudem eröffnete es die Möglichkeit, ausgedehnte Ländereien zu erwerben, die dann oftmals landwirtschaftlich nicht voll genutzt wurden. Durch das Indentured Servant-System (vgl. Dok. 82) gelang es reichen Landbesitzern, immense Landzuweisungen zu erhalten. Den Gipfel des Mißbrauchs stellte das Vorgehen eines Siedlers dar, der seinen Viehbestand mit christlichen Namen versah und so für jede Kuh, jedes Pferd, jedes Schwein Landzuweisungen ergaunerte. Der folgende Bericht von drei Virginia-Siedlern an den *Board of Trade* aus dem Jahr 1697 präsentiert die wesentlichen Mängel der Landvergabe in Virginia.

Lit.: Philip A. Bruce: Economic History of Virginia in the Seventeenth Century. 2 vols. New York 1896. Vol. 1, S. 487–571 – Beverley W. Bond: The Quit Rent System in the American Colonies. New Haven 1919 – Viola F. Barnes: Land Tenure in English Colonial Charters of the Seventeenth Century. In: Essays in Colonial History Presented to Charles McLean Andrews by his Students. New Haven 1931, S. 54–82 – Alfred N. Chandler: Land Title Origins. New York 1945 – W. Stitt Robinson: Mother Earth. Land Grants in Virginia 1607–1699. Williamsburg 1957 – M. C. Voorhis: The Land Grant Policy of Colonial Virginia 1607–1774. Madison 1967 – Carville V. Earle: The Evolution of a Tidewater Settlement System. All Hallow's Parish, Maryland 1650–1783. Chicago 1975 – R. K. Ackermann: South Carolina Colonial Land Policies. Columbia 1977 – Gregory A. Stiverson: Poverty in a Land of Plenty. Tenancy in Eighteenth Century Maryland. Baltimore 1977 – Sung Bok Kim: Landlord and Tenant in Colonial New York. Manorial Society 1664–1775. Chapel Hill 1978 – Kelvin P. Kelly: In dispers'd Country Plantations. Settlement Patterns in Seventeenth Century Surry County, Virginia. In: Thad W. Tate/David L. Ammerman (eds.): The Chesapeake in the Seventeenth Century. Chapel Hill 1979, S. 183–205.   TS

Das vom König festgesetzte Verfahren [für die Vergabe von Land] war von der ersten Besiedlung dieses Landes an [derart], daß jedem, der sich in dieses Land Virginia aufmachte, 50 Acres Land zugewiesen werden sollten[1]. Ein solches Vorgehen wäre eine bleibende Ermutigung für alle Auswanderungswilligen gewesen bis zu dem Zeitpunkt, zu dem dieses Land in ausreichendem Maße bevölkert gewesen wäre. Aber so wie die Dinge gehandhabt worden sind, ist nun zwar alles Land durch den König vergeben worden, und dennoch ist das Land allenfalls schwach besiedelt. Die erste größere Abweichung von der Absicht des Königs bestand in der Unwissenheit und in den Betrügereien der Landvermesser, die oftmals Vermessungskarten herausgaben, ohne jemals das betreffende Land inspiziert oder ohne auch nur ihr Büro verlassen zu haben.

---

[1] Diese Regelung galt erst seit dem Jahr 1619. Sie war eine Reaktion auf den mangelnden Erfolg der Virginia Company bei der Besiedlung des Landes.

83. Landvergabe in Virginia

Sie umschrieben das betreffende Landstück durch die Benennung einiger, durch natürliche Gegebenheiten gezogener Grenzlinien; sie waren sich bewußt, daß sie damit größere Spielräume einräumten, denn sie wollten den

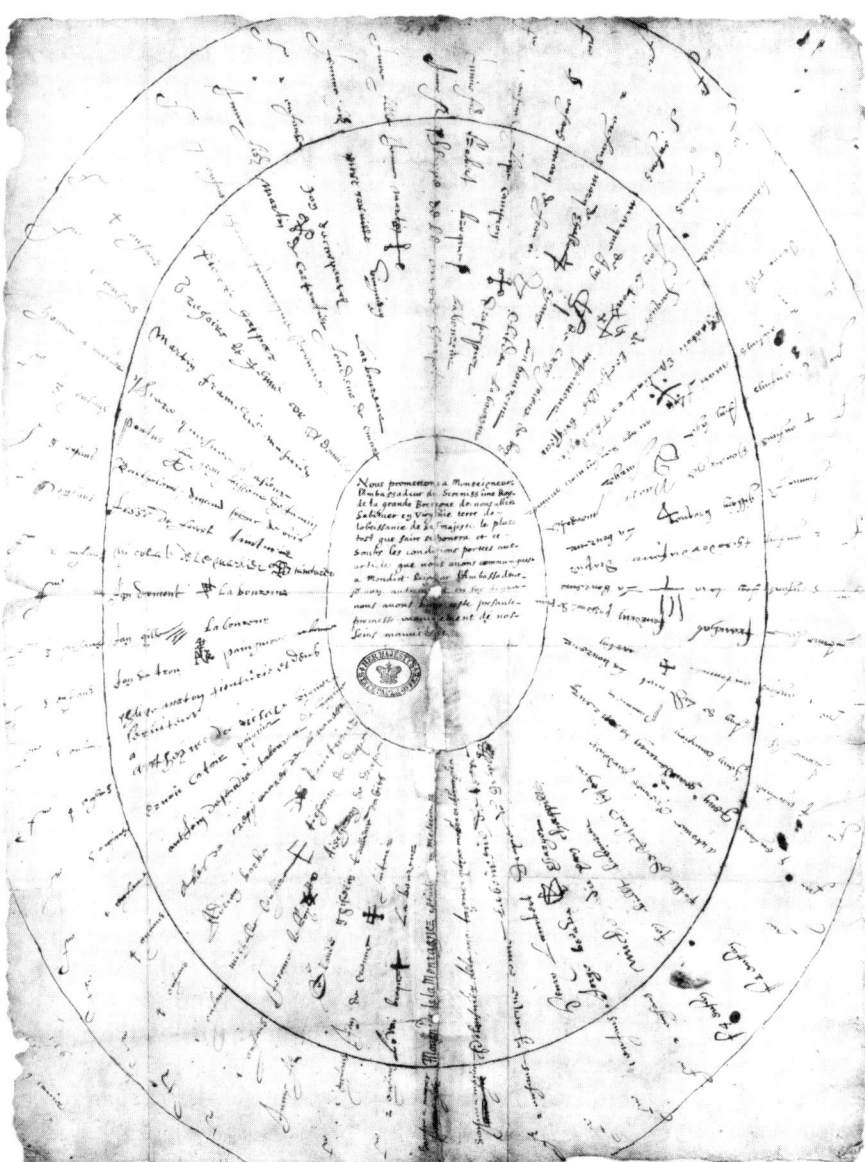

Abb. 22: Round Robin Petition (Juli 1621): Wallonische und französische Emigranten suchen um die Ausreise nach Virginia nach; die kreisförmige Anordnung der Unterschriften sollte Nachforschungen nach den Initiatoren und Erstunterzeichnern der Petition, die Repressalien der Krone befürchteten, erschweren.

Personen, für die sie die Vermessungsarbeiten verrichteten, den Zugriff auf größere Parzellen Land ermöglichen, ohne daß diese für das gesamte [von ihnen beanspruchte] Land auch die Abgaben zu entrichten hätten. Nicht weniger freigiebig zeigten sich die Gerichtshöfe bei den Ausstellungen von Besitzbescheinigungen: Denn wenn der Eigner eines Schiffes bei irgendeinem Gerichtshof vorstellig wurde und beschwor, er habe außer seiner eigenen Person auch noch viele Seeleute und Passagiere zu verschiedenen Zeiten in dieses Land gebracht und versicherte, daß er seine [dadurch erworbenen] Rechte auf Landzuweisung nirgends sonst wahrnehmen wolle, bekam er unverzüglich eine Urkunde, die ihm das Anrecht auf die [durch die angegebene Personenzahl errechnete] Landzuweisung bestätigte, und über diese Rechte konnte er nach seinem Gutdünken verfügen oder das Land veräußern. Aber vielleicht machten auch die betreffenden [von dem Schiffseigner bereits für seine Landzuweisung in Rechnung gestellten] Seeleute sich auf und beschworen, daß sie soundsoviele Male dieses Land angelaufen hätten und daß sie ihre Rechte nirgends sonst aktenkundig gemacht hätten, und auf diese Auslassungen hin erhielten auch sie eine Anweisung über die betreffende Anzahl an Rechten. Auch die Herren, die die in dieses Land verschifften Servants aufgekauft haben, werden ihren Eid vor einem anderen Gericht vorgebracht und versichert haben, daß sie soundsoviele Personen gekauft haben, die sich selbst in dieses Land begeben hätten, und auch ihnen wurden die entsprechenden Rechte zugesprochen. So wurde das Land nach und nach verteilt, und die Auswanderer selbst, die im Land verbleiben, das ursprünglich für sie gedacht gewesen ist, erhalten davon den geringsten Teil. Große Freizügigkeit in der Vergabe von Rechtszertifikaten zeigten auch die Schreiber auf Kreisebene, vor allem die Schreiber im Büro des Provinzialsekretärs, das eine beständige Quelle solcher Rechtstitel gebildet hat und auch weiterhin bildet, denn dort kann man solche Rechte für sehr wenig Geld erwerben, zwischen ein und fünf Schillingen pro Recht auf 50 Acres.

Diese Vorgänge waren der Regierung nicht unbekannt, doch sie drückte beide Augen zu, sie hielt es offenbar für ein verzeihliches Verbrechen, daß das Land der Krone an Personen vergeben wurde, die in Wirklichkeit und nach dem Gesetz darauf gar keinen Anspruch hatten; aber so wurde das Land wenigstens vergeben und dem König flossen Grundrenten zu, während für nicht vergebenes Land nichts bezahlt wird. Doch sie [die Regierung] übersah dabei, daß der kleine Gewinn, der der Krone über die Grundherren zufließt, kaum den großen Schaden auszugleichen im Stande ist, der dadurch entsteht, daß das Land nicht bevölkert wird, was die notwendige Konsequenz der von den zuständigen Stellen angewandten Methode der Landvergabe ist. Der König und das Königreich von England erzielen durch einen einzigen Pflanzer zweihundert Mal so viel an Einnahmen als dem König über die Grundrenten für die 50 Acres zufließen, wenn er wenigstens diese Abgaben von den Grundbesitzern erhielte.

[Es folgt eine Berechnung, die ergibt, daß die von einem Tabakpflanzer der Krone entrichteten Abgaben sich auf 56 Pfund 6 Schillinge belaufen; dieser

Betrag entspricht den Abgaben, die die Krone aus den Grundrenten von 93,833 Acres Land erzielen kann.]

Die Arbeit eines Mannes entspricht also den Grundrenten von fast 100 000 Acres Land, also der Landzuweisung von jeweils 50 Acres an 2000 Personen. Dabei wären auch die Grundrenten außerdem nicht verloren gewesen, sondern sie wären [eben erst] zu dem Zeitpunkt entrichtet worden, wo die betreffenden Parzellen besiedelt worden wären. Der grundlegende Fehler, königliches Land unbestellt liegen zu lassen, und das Versäumnis, die Ansiedlung in Form von Städten zu vollziehen, wie es in einigen anderen Kolonien geschehen ist, sind die Ursachen, warum Virginia bis zum heutigen Tag nur so dünn besiedelt ist.

Jeder, dem durch eine Urkunde eine Parzelle königlichen Landes zugewiesen wird, ist, durch die Bestimmungen der Urkunde, zu zwei Dingen verpflichtet. Zum einen muß er das Land besiedeln oder bepflanzen, innerhalb einer Frist von drei Jahren, gerechnet vom Ausstellungsdatum der Urkunde, sonst fällt das Land an die Krone zurück. Die andere Pflicht besteht in der Zahlung von einem Schilling pro 50 Acres pro Jahr. Besitzergreifung des Landes meint in der Rechtsauslegung von ihnen [der Pflanzer] die Errichtung eines Hauses [...] Dabei spielt für sie keine Rolle, wie klein das Haus ist. Und wenn es auch nur ein Schweinestell ist, den Vorschriften ist damit Genüge getan. Bepflanzung meint nach ihrer Rechtsauslegung die Urbarmachung und Bestellung eines Acre an Ackerland, wobei es keine Rolle spielt, in wie schlechter Weise auch immer dabei verfahren wird. Und die Ausführung von einer dieser beiden Tätigkeiten, innerhalb der zugestandenen Drei-Jahres-Frist, sichert dem Grundbesitzer das gesamte ihm zugewiesene Land, und sei es auch noch so groß. Das ist die Erklärung dafür, daß inzwischen zwar alles fruchtbare Land in dieser Kolonie zugeteilt worden ist, man in der landwirtschaftlichen Nutzung dieser Kolonie jedoch wenig Fortschritte erkennen kann.

Aus: H. D. Farish (ed.): Henry Hartwell, James Blair, Edward Chilton: The Present State of Virginia (1697). New York 1940, S. 16–19.   TS

84. Die Einrichtung einer Sträflingskolonie in New South Wales (1786–1789)

Die Verschickung von Sträflingen nach Übersee hatte bei der Besiedlung der amerikanischen Kolonien immer eine Rolle gespielt; so hatte bereits Lord Chief Justice Sir John Popham die Gründung der Virginia Company befürwortet, um durch die Besiedlung der neuen Kolonie England von potentiellen Kriminellen zu entlasten. Nachdem die nach Amerika verfrachteten Sträflinge lange Zeit zahlenmäßig kaum ins Gewicht fielen, stieg die Zahl der deportierten Sträflinge seit etwa 1670 stetig an. Das hing sowohl mit dem großen Arbeitskräftebedarf der Kolonien zusammen als auch mit dem Versuch der englischen Regierung, die englischen Gefängnisse zu entlasten. Die Zahl der steigenden Deportationsurteile steht allerdings nicht in Zusammenhang mit der in der Forschung immer wieder angeführten wachsenden Kriminalität der städtischen Zentren, sondern beruht auf der steten Ausdehnung der Strafe einer zwangsweisen Verschickung in die Kolonien auf immer weitere Straftatbestände. Mit dem Verlust der nordamerikanischen Besitzungen entfiel jedoch seit 1775 diese für die englische Regierung bequeme und kostengünstige Möglichkeit, sich asozialer und unerwünschter Elemente zu entledigen.

Die englische Regierung schob zunächst eine Entscheidung vor sich her. Da das Problem jedoch seit 1778 nach einer Lösung drängte, wurde eine Untersuchungskommission eingesetzt, die verschiedene Deportationsregionen ins Auge faßte. Man entschied sich gegen einen Vorschlag von Sir Joseph Banks (der James Cook auf seiner ersten Weltumseglung (1768–1771) begleitet hatte, vgl. Bd. 2, Dok. 113), eine Sträflingskolonie außerhalb der englischen Besitzungen in New South Wales zu errichten, da mit der *Royal African Company* eine Abmachung getroffen werden konnte, die die Verschickung von Sträflingen nach Gambia ermöglichte. Nachdem das ungesunde Klima der afrikanischen Küstenzone die deportierten Sträflinge schnell dahinraffte und sich Widerstand in der Bevölkerung regte (nicht ohne Grund hatte der streitbare Parlamentarier Edmund Burke diese Verschickungen als besonders drakonische Form der Todesstrafe bezeichnet), kam man von diesem Verfahren schnell wieder ab. Die in England notwendig gewordenen Notaufnahmelager für Sträflinge riefen jedoch seit 1784 auch den Protest lokaler Eliten auf den Plan, der die englische Regierung erneut zu Entscheidungen zwang. Bei seiner erneuten Anhörung plädierte Joseph Banks wieder für New South Wales (vgl. das folgende Dok.). Mangels geeigneter Alternativen und mit Blick auf die strategischen Möglichkeiten einer solchen Kolonie im indisch-pazifischen Bereich machte sich die englische Regierung seinen Vorschlag zu eigen. Im Januar 1788 traf Kapitän Arthur Philipps mit mehr als 700 Sträflingen in der von Banks als besonders anziehend geschilderten Botany Bay ein. Da sich dieser Ort bald als völlig ungeeignet erwies, kam es weiter nördlich, bei Port Jackson, zur Gründung der Sträflingskolonie. Nachdem in der Kolonie längere Zeit anarchische Zustände herrschten, stabilisierte sich die Lage unter Gouverneur Macquarie (1809–1821). Um 1820 zählte New South Wales bereits 40000 Einwohner und wies 14000 Hektar bebauten Landes auf.

Lit.: G. A. Wood: The Plan of a Colony in New South Wales. In: Journal of the Royal Australian Historical Society 6 (1920), S. 36–68 – Eris O'Brien: The Foundation of Australia (1786–1800). A Study in English Criminal Practice and Penal Colonization in the Eighteenth Century. Sydney 1931. Ndr. Westport/Conn. 1970 – H. C. Cameron: Sir Joseph Banks. London 1952 – John Cobley: The Convicts 1788–1792. Sydney 1965 – G. Cale: Reflexions on the Colony of New South Wales. Melbourne 1966 – A. G. L. Shaw: Convicts and the Colonies. London 1966 – R. B. Madgwick: Immigration into Eastern Australia 1788–1851. Sydney 1969 – M. Barnard Eldershaw: Philipp of Australia. Sydney 1977 – Alan Frost: Convicts and Empire. A Naval Question 1776–1781. Melbourne 1980 – P. J. Marshall/Glyndwr Williams: Enlarging the Sphere of Contemplation. The Exploration of the Pacific 1760–1800. In: Dies. (eds.): The Great Map of Mankind. British Perceptions of the World in the Age of the Enlightenment. London-Melbourne-Toronto 1982, S. 258–298.   TS

Herr Joseph Banks wurde gebeten, seine Meinung darüber zu äußern, welcher Ort am ehesten für eine derartige Ansiedlung in Frage käme – falls es nämlich als zweckmäßig erachtet werden sollte, auf irgendeinem entfernten Teil der Erde eine Kolonie von abgeurteilten Verbrechern zu errichten, von wo aus ein Entkommen für sie schwierig wäre und wo sie auf Grund der Fruchtbarkeit des Bodens in der Lage wären, nach dem ersten Jahr mit nur wenig oder gar keiner Hilfe aus dem Mutterland ihren Lebensunterhalt zu bestreiten. Er teilte Eurem Ausschuß mit, daß der Ort, der ihm für einen solchen Zweck am besten geeignet schien, Botany Bay sei, an der Küste von Neu-Holland im Indischen Ozean gelegen, etwa eine Reise von sieben Monaten von England entfernt; er erwarte nicht, daß irgendein Widerstand von seiten der Eingeborenen dort sehr wahrscheinlich sei, denn er habe während seines Aufenthaltes dort, im Jahre 1770, nur sehr wenige von ihnen gesehen, und es habe seiner Meinung nach in der ganzen Gegend dort nicht mehr als fünfzig gegeben; er habe Grund zur Vermutung gehabt, daß das Land nur sehr dünn besiedelt sei; diejenigen, die er gesehen habe, seien nackt und hinterhältig gewesen, mit Lanzen bewaffnet, aber äußerst feige; sie hätten sich ständig vor unseren Leuten zurückgezogen, wenn diese nur das geringste Anzeichen von Widerstand zu erkennen gegeben hätten; er sei Ende April und Anfang Mai 1770 in dieser Bucht gewesen, als das Wetter mild und gemäßigt gewesen sei; das Klima, so vermute er, sei dem um Toulouse im Süden von Frankreich ähnlich, denn er habe die südliche Hemisphäre kälter gefunden als die nördliche, und zwar in einem solchen Verhältnis, daß irgendein bestimmtes Klima in der Südhemisphäre im Norden etwa zehn Grad näher am Pol seine Entsprechung finde; der Anteil des fruchtbaren Bodens sei klein im Vergleich zum Ödland, genüge jedoch, um eine beträchtliche Zahl von Menschen zu ernähren; es habe keine zahmen Tiere gegeben, und er habe auch während seines Aufenthaltes von zehn Tagen keine wilden gesehen; er habe jedoch den Dung von Tieren bemerkt, die Känguruhs genannt würden, die etwa die Größe eines mittleren Schafes hätten, aber sehr flink und schwierig zu fangen seien; einige dieser Tiere habe er auch in einem anderen Teil der Bucht gesehen – auf demselben Kontinent; es habe keine Raubtiere gegeben, und er zweifle nicht daran, daß unsere Ochsen und Schafe, falls sie dorthin gebracht würden, gedeihen und sich vermehren würden; es habe einen großen Reichtum an Fischen gegeben, er selbst habe eine große Menge davon mit dem Netz heraufgeholt und gefangen, und er habe mehrere Stechrochen harpuniert, eine Art Rochen, die alle sehr groß gewesen seien; einer habe 336 Pfund gewogen; das Gras sei lang und üppig gewesen, und es habe einige eßbare Pflanzen gegeben, besonders eine Art von wildem Spinat; das Land sei gut mit Wasser versorgt; es habe Bauholz und Brennstoff im Überfluß gegeben, die für jede Zahl von Häusern reichen würde, deren Bau man für notwendig halten mag.

Auf die Frage, wie eine Kolonie dieser Art zu Beginn ihrer Gründung bestehen könne, antwortete er, daß sie [die Sträflinge] mit Sicherheit bei der Landung mit einer ganzen Jahresration an Lebensmitteln, Kleidern und Getränken ausgestattet werden müßten, des weiteren mit allen Arten von Werkzeugen zur Bodenbebauung und zum Hausbau, mit Schwarzvieh, Schafen,

Abb. 23: Port Jackson, die erste größere britische Siedlung in New South Wales (unbekannter Maler Ende des 18. Jahrhunderts, genannt Port Jackson Painter).

Schweinen und Geflügel, mit Saatgut für alle Arten von europäischem Getreide und Hülsenfrüchten, mit Saatgut für den Gartenbau, mit Waffen und Munition zu ihrer Verteidigung; ebenso sollten sie kleine Boote, Netze und Angelgerät bekommen; all dies, mit Ausnahme der Waffen und Munition, könnte am Kap der Guten Hoffnung gekauft werden; und zweifellos könnten sie später mit einer geringen Portion Fleiß ihren Lebensunterhalt ohne jegliche Unterstützung aus England bestreiten. Er empfahl, eine große Anzahl von Personen auszuschicken, zwei- oder dreihundert mindestens; ein Entkommen wäre schwierig für sie, denn das Land liege abseits von allen Gebieten der Erde, die von Europäern bewohnt sind. Und auf die Frage, ob er sich vorstellen könne, daß das Mutterland wohl irgendeinen Nutzen aus einer in Botany Bay errichteten Kolonie ziehen könne, entgegnete er, daß sich die Leute notwendigerweise vermehren und Bedarf an vielen europäischen Handelswaren entwickeln würden, wenn sie untereinander eine Zivilverwaltung einrichten würden; und es sei nicht daran zu zweifeln, daß ein Landstrich wie Neu-Holland, der größer sei als ganz Europa, etwas bieten werde, was Nutzen und Gewinn abwerfe.

Aus: Vincent Harlow/Frederick Madden (eds.): British Colonial Developments, 1774–1834: Select Documents. Oxford 1953, S. 426–428. Mi

85. Die niederländische Ostindische Kompanie fördert die Auswanderung von Mädchen und jungen Frauen nach Ostindien (1621)

Es war Jan Pietersz. Coen, zunächst Generaldirektor, dann Generalgouverneur der Ostindischen Kompanie (VOC) in Südostasien, der in seinen Briefen an die Direktoren *(Bewindhebbers)* in Europa immer wieder die Notwendigkeit unterstrich, in wichtigen Gebieten Ostindiens niederländische Kolonien zu gründen, wollte die Kompanie ihre Erwerbungen und Eroberungen auf die Dauer erhalten und sichern. Nach seinen Vorstellungen sollten die Kolonisten entweder als Plantagenbesitzer oder als Kaufleute tätig sein, die mit ihren eigenen Schiffen überall in Asien Handel trieben. Allerdings hätte das Monopol der VOC dann auf wenige Handelswaren, z.B. Gewürze, beschränkt werden müssen.

Einen Anfang mit der Kolonisation gedachte er zu machen, indem er Bediensteten der Kompanie, deren Dienstzeit abgelaufen war, auf eigenen Wunsch den Status von Freibürgern verlieh. Freilich mußte man den Männern, wollte man sie in Übersee halten, die Möglichkeit geben, mit einer standesgemäßen Ehefrau eine Familie zu gründen. Der Mangel an niederländischen Frauen bildete hier ein entscheidendes Hindernis. Deshalb fanden sich in Coens Schreiben wiederholt Passagen, in denen er darauf drängte, Familien mit Kindern, vor allem mit Töchtern, sowie Mädchen und junge Frauen aus den niederländischen Waisenhäusern nach Ostindien ausreisen zu lassen. Er betonte dabei immer wieder, daß es sich um ehrliche und sittsame Leute handeln müsse, damit man sich nicht wegen unsittlichen und lockeren Betragens der Kolonisten vor den Einheimischen zu schämen brauche, so daß diese den Respekt vor den Weißen verlören.

Seine Vorstellungen machten auf die Direktoren einen solchen Eindruck, daß sie 1621 die hier folgenden Vorschriften erließen, die Waisenmädchen und ganzen Familien die Möglichkeit boten, auf Kompanieschiffen eine kostenlose Passage nach Asien zu erhalten. Um möglichst viele potentielle Bräute anzuwerben, erhielten Frauen und Mütter, die mehrere eigene oder Waisentöchter mitnahmen, eine Prämie. Überdies versprach die Kompanie jeder jungen Frau für den Fall ihrer Eheschließung ein Geldgeschenk.

Obwohl diese günstige Regelung bis 1631 in Kraft war, blieb die Auswanderung aus den Niederlanden nach Übersee – sowohl nach Ost- wie nach Westindien – vergleichsweise gering. Coen, der seine Kolonisationspläne 1623 in einem ausführlichen Memorandum an die Direktoren im Zusammenhang darlegte (vgl. Dok. 14), ging von einer drückenden Überbevölkerung der Niederlande aus, für die die Abwanderung in die Kolonien ein Ventil sein konnte. Zu dieser Ansicht war er möglicherweise angesichts des Zustroms aus den südlichen Niederlanden während seiner Jugendzeit gekommen, als meist gut bemittelte protestantische Südniederländer vor dem harten spanischen Regiment in die nördlichen, freien Provinzen auswichen. Diese Prämisse erwies sich als falsch. Obwohl der Dreißigjährige Krieg die Absatzmöglichkeiten in Mitteleuropa drastisch verringerte, blühten die holländischen Städte auf. Es herrschte Arbeitskräftemangel, so daß der sogenannte „Kleine Mann" und erst recht die begüterten Bürger, die allein über das Kapital verfügt hätten, in Ostindien Plantagen oder Handelshäuser zu gründen, keine Veranlassung hatten, einen Neuanfang in Übersee zu wagen. Vor allem Frauen waren selten auswanderungswillig. Manchen Familienvater dürfte auch die lange, beschwerliche Seereise abgeschreckt haben, die vor allem unter Frauen und Kindern Todesopfer forderte, wenn an Bord Skorbut auftrat.

Diejenigen, die sich dennoch als Freibürger, zumeist in der Hauptstadt Niederländisch-Ostindiens, Batavia, niederließen, sahen sich von der Kompanie bald in ihren Erwartungen getäuscht. Hatten die Direktoren noch im Oktober 1624 beschlossen, Coens Vorstellungen eines Freihandelssystems für Freibürger zu verwirklichen, so nahmen sie diese Entscheidung bereits 1627 wieder zurück. Ihr Egoismus ließ es nicht zu, am Handelsmonopol der Kompanie Abstriche zu machen. Darum erhielten die Freibürger nur eine auf wenige Orte und Produkte beschränkte Handelserlaubnis. Entsprechende Regelungen wurden immer wieder geändert und beschnitten. Da viele Freibürger, vor allem ehemalige Kompaniebedienstete niedrigeren Ranges, nur nach einer Möglichkeit suchten, schnell und mühelos reich zu werden, gingen sie vielfach zu seeräuberischen Methoden auch gegenüber Untertanen der mit der VOC befreundeten asiatischen Nationen über. Dies führte wiederholt zu Spannungen zwischen der Kompanie und den Kolonisten. Die Auswanderung wurde von offizieller Seite nicht mehr gefördert, obwohl sich für die Kompaniebesitzungen in Ostindien aus dem Fehlen einer aus Europa stammenden Bevölkerung bei der Versorgung mit Lebensmitteln und Gebrauchsgütern für den Alltag Probleme ergaben. Die Frage wurde daher von verschiedenen Nachfolgern Coens angeschnitten, doch konnten sich die Direktoren der Kompanie zu keiner anderen Haltung durchringen.

Lit.: W. Ph. Coolhaas: Verloren Kansen. Rede uitgesproken bij de aanvaarding van het ambt van buitengewoon hoogleraar in de geschiedenis der betrekkingen van Nederland (en andere europese landen) met de overzeese wereld aan de Rijksuniversiteit te Utrecht op 3 October 1955. Groningen – Djakarta 1955. Pa

Bedingungen und Vorschriften, unter denen einige ehrbare, verheiratete Personen mit ihren Kindern sowie einige Mädchen ohne ihre Eltern von allen Kammern[1] zum Dienst für die Vereinigte Kompanie angenommen werden dürfen, um mit deren Schiffen nach Ostindien zu fahren und ihre Wohnstatt in der Stadt Batavia im Reich von Jakatra, gelegen auf der Insel Java Maior, zu nehmen, damit die genannte Stadt und das Land bevölkert werde, wie im folgenden ausgeführt werden wird

1. Zunächst sollen alle solche verheirateten Personen und Familien, die sich unter den hier folgenden Bedingungen in den Dienst der Vereinigten Ostindischen Kompanie begeben wollen, gehalten sein, den *Bewindhebbers* Beweise ihres guten und ehrlichen Lebenswandels und [den Nachweis] vorzulegen, vor welchem Pfarrer oder Magistrat sie getraut wurden, worüber, wie es üblich ist, ein ordentlicher Bericht angelegt werden muß, damit sie, nachdem dies geschehen ist, alsdann unter den nachfolgenden Bedingungen angenommen werden können.

2. Die Männer, die mit ihren Frauen und Kindern nach Ostindien fahren, werden, solange die Reise dorthin dauern wird, d. h. bis zu ihrer Ankunft in der Stadt Batavia, eine solche monatliche Bezahlung und Besoldung genießen,

---

[1] Die Ostindische Kompanie der Niederlande bestand aus mehreren Kammern, die jeweils die Beschlüsse des obersten Direktionskollegiums, der *Heren XVII*, ausführten.

wie es die *Bewindhebbers* mit ihnen ausmachen werden, sei es, daß die genannten Männer zum Dienst auf dem Schiff, oder daß sie als Soldaten angenommen werden, jeder nach seinen Kenntnissen und Fähigkeiten.

3. Die Ehefrauen, die nur mit ihren Männern und Kindern mitfahren, ohne einige fremde Kinder in ihrer Obhut zu haben, werden, falls sie sich während der Reise ehrbar betragen, bei der Ankunft in Indien anstelle eines monatlichen Lohnes eine einmalige Anerkennung aus den Mitteln der Kompanie in Höhe von 20 Realen von Achten[2] genießen, unter der Bedingung, daß sie vier, drei oder mindestens zwei kleine Töchter haben, die mit ihnen die Reise antreten.

4. Eine Frau, die mit ihrem Mann und ihren Kindern – darunter mindestens drei oder vier kleine Töchter – nach Indien fährt, und die zusätzlich noch einige andere ehrbare junge Mädchen unter ihre Fürsorge und Erziehung nimmt, mindestens bis zur Anzahl von zehn oder zwölf und im Alter nicht jünger als acht Jahre, einer solchen Frau wird monatlich, bis sie nach Indien gekommen sein wird, die Summe von acht Gulden bezahlt werden, und zusätzlich zu diesem Monatslohn wird ihr – wenn sie sich gut und ehrbar betragen hat – noch die Summe von 20 Realen von Achten zu der Besoldung geschenkt werden, die der Mann fordern kann.

5. Alle Mädchen und jungen Töchter, die unter diesen Bedingungen mit ihren Eltern nach Indien fahren werden, sollen eine Bezahlung und einen Lohn bekommen, um sich zu kleiden und um sich zu behelfen *(te reden)*, nämlich diejenigen, die zwischen vier und acht Jahre alt sind, zwei Gulden im Monat, und alle, die über acht Jahre alt sind, monatlich vier Gulden, welche Bezahlung fortgesetzt wird, bis sie verheiratet sein werden, oder bis sie auf Grund ihres angemessenen Alters der Vormundschaft der Kompanie entwachsen sein werden.

6. Und diese Bezahlung wird in Indien alle sechs Monate an die Eltern ausbezahlt werden, die Töchter nach Indien mitgebracht haben, oder an die Vormünder, die anstelle der verstorbenen Eltern eingesetzt wurden.

7. Die Frauen und Mädchen sollen allein in der Hütte der Schiffe[3] – die dazu hergerichtet wurde – von den Müttern, die sich auf die Reise begeben, gehalten und beaufsichtigt werden, wo sie von denselben Müttern erzogen, versorgt und, soweit das je nach Verlauf der Reise möglich sein wird, im Nähen, Lesen und Schreiben unterrichtet werden. Ebenso sollen dieselben Frauen und Kinder in der genannten Hütte auch essen und schlafen, ohne mit dem gewöhnlichen [Schiffs-] Volk in Berührung zu kommen.

8. Ein Mann, der mit seiner Ehefrau und seinen Kindern nach Indien fährt, darf auf den in Asien verkehrenden *(binnenslants)* Schiffen der Kompanie oder an Land im Dienst der Kompanie bleiben und weiterhin tätig sein, wie es

---

[2] Real von Achten: übliche Bezeichnung für den spanischen Peso de a ocho, eine Silbermünze im Wert von 8 Reales. Sie war in Asien wie in Westindien ein beliebtes Zahlungsmittel.
[3] Oberster Raum auf dem Achterschiff, normalerweise Behausung der Offiziere.

ihm gutdünken wird, falls er sich gut und anständig beträgt, oder er darf jederzeit Freibürger werden, falls er meint, dadurch mehr profitieren zu können, wobei er den Ordonnanzen, Gesetzen und polizeilichen Anordnungen *(politiën)* unterworfen bleibt, die diesbezüglich sowohl durch die Vereinigte Kompanie als auch durch den Generalgouverneur und die Ratsherren von Indien erlassen wurden oder noch zu erlassen sind.

9. Die Familien, die von hier aus hinüberfahren und sich in der Stadt Batavia niederlassen werden, dürfen sich dort durch das Handwerk oder Gewerbe ernähren, das sie als das am besten geeignete betrachten, mit der Einschränkung, daß sie sich nicht darauf verlegen, eine Herberge zu halten, Wein, Branntwein, Arrak und andere trinkbare Waren sowie Tabak zu verkaufen oder auf andere Weise unehrenhaft Haus zu halten, bei der Strafe, die durch den Generalgouverneur und die Räte von Indien dafür nach Gelegenheit festzusetzen ist.

[10. Eine Rückkehr in die Niederlande ist erst nach zehn Jahren möglich.]

11. Alle Mädchen und jungen Töchter, die ohne ihre Eltern nach Indien gebracht werden und also Waisen sind, werden unter der Erziehung und Vormundschaft des Generalgouverneurs oder desjenigen verbleiben, den Seine Edlen dazu bestimmen wird, bis sie verheiratet sind oder das Alter von 20 Jahren erreicht haben; und während dieser Vormundschaft dürfen sie sich keinesfalls verheiraten oder sich an jemanden versprechen, außer mit Zustimmung des Generalgouverneurs und der Indienräte.

[12. Die Mädchen dürfen nur Kompaniebedienstete oder Freibürger heiraten.]

13. Alle die Töchter, die aus diesem Land dorthin gefahren sind, sich immer ehrenhaft betragen haben und mit oder auf Anraten des Generalgouverneurs und der Ratsherren von Indien heiraten, werden aus Mitteln der Kompanie als einmalige Anerkennung und Geschenk die Summe oder den Gegenwert von fünfzig Realen von Achten genießen, um damit ihren Hausstand zu begründen.

So beschlossen und festgesetzt in der Versammlung der Siebzehn in Amsterdam, den ... April 1621[4].

Aus.: Pieter van Dam: Beschryvinge van de Oostindische Compagnie. Deel III, uitgeven door F. W. Stapel. 's-Gravenhage 1943, S. 361–364.　　　　　　　　　　　　　　　　Pa

86. Die Besiedlungspolitik der niederländischen Westindischen Kompanie in Neu-Niederland (1624)

1609 fand Henry Hudson auf der Suche nach einer Nordwest-Passage den heute nach ihm benannten Hudson River (vgl. Band 2, Kap. IX). Seine Auftraggeber, die Direktoren der niederländischen Ostindischen Kompanie, die ihn ausgeschickt hatten, um nach einer Nordost-Passage zu suchen, zeigten kein Interesse an seiner Entdeckung. Einige unternehmungsfreudige holländische Kaufleute jedoch begannen in den folgen-

---

[4] Genaues Datum nicht eingesetzt (Anm. des niederl. Hgs.).

den Jahren einen lohnenden Pelzhandel mit den Indianern. Die europäischen Händler errichteten flußaufwärts eine kleine Befestigung (heute Albany), der sie den Namen Fort Nassau gaben.

1621 lief der zwölfjährige Waffenstillstand mit Spanien aus. Die Kriegspartei in den Niederlanden, die mit dem Sturz des Kanzlers Oldenbarnevelts 1618 an die Macht gekommen war, hatte nur auf diesen Zeitpunkt gewartet, um eine Westindische Kompanie (WIC) zu gründen, die neben dem Handel einen Kaper- und Eroberungskrieg gegen den „Erbfeind" führen sollte. Neu-Niederland, das Gebiet am Hudson River, fiel in ihr Oktroigebiet, für das sie ein Handelsmonopol zugesprochen bekam. Es war der einzige Teil, der nicht unmittelbar in der iberischen Interessensphäre lag, und blieb daher für die Direktoren der WIC von untergeordneter Bedeutung.

Im November 1623 beschlossen die *Heren XVII*, das oberste Direktorium der Kompanie, ein Schiff mit einigen Auswandererfamilien nach Neu-Niederland zu senden, um dort mit der Kolonisation zu beginnen. Wahrscheinlich wollte man mit dieser Entscheidung hauptsächlich den Ansprüchen zuvorkommen, die inzwischen der englische Gesandte im Haag im Namen seiner Regierung auf das gesamte Gebiet geltend gemacht hatte. Im April 1624 segelte die Nieu Nederlandt mit dreißig meist wallonischen Familien über den Atlantik. Achtzehn von ihnen fuhren den Hudson River bis zu der Stelle hinauf, an der die Pelzhändler das inzwischen verfallene Fort Nassau errichtet hatten, und bauten dort eine neue Befestigung, die nun den Namen Fort Oranje erhielt. Die übrigen Familien ließen sich am Delaware und Connecticut nieder. Einige Männer blieben auf der Halbinsel Manhattan zurück, um sie in Besitz zu nehmen. Die Vertreter der Kompanie nahmen sofort Kontakte mit den Indianern auf, so daß bereits im ersten Winter mehrere hundert Biber- und Otterfelle erhandelt werden konnten. Die ersten Berichte aus der neuen Kolonie klangen ermutigend, da man im ersten Sommer auch schon mit dem Landbau begonnen hatte.

Obwohl die WIC im Winter 1624/25 alle Kräfte aufbot, um eine Entsatzexpedition nach dem im Sommer eroberten Bahía in Brasilien auszurüsten, versäumte die für Neu-Niederland zuständige Kammer Amsterdam keine Zeit, die vielversprechenden Anfänge in Nordamerika zu unterstützen. Offensichtlich verfolgte sie den Plan, alles Erforderliche für eine sich selbst erhaltende Kolonie auf einmal zur Verfügung zu stellen. 1625 wurden daher insgesamt sechs Schiffe nach Neu-Niederland abgefertigt. Das erste, die Oranjeboom, segelte bereits im Dezember 1624 oder Januar 1625 ab, wahrscheinlich, um rechtzeitig zur Frühjahrssaat an Ort und Stelle zu sein. An Bord befanden sich neue Kolonisten, Saatgut aller Art, verschiedene Bäume und Weinstöcke. Kommis Willem van Hulst, der nach seiner Ankunft den Befehl über alle bereits niedergelassenen und zukünftigen Siedler führen sollte, erhielt die im folgenden wiedergegebene ausführliche Instruktion. Seine Hauptaufgabe bestand in einer genauen Untersuchung des Landes auf Bodenschätze und Anbaumöglichkeiten, die eine planvolle Bewirtschaftung und Besiedlung ermöglichen sollte.

Mit dem nächsten Schiffen kamen Vieh (dessen Transport für die damaligen nordwesteuropäischen Seemächte noch eine große technische Leistung darstellte), Saatgut und landwirtschaftliche Geräte. Die Kolonie nahm einen guten Anfang. Bis September 1626 konnte Manhattan für Waren im Wert von 60 Gulden von den Indianern erworben, auf der Südspitze der Insel ein großes Fort namens Amsterdam abgesteckt und mit der Rodung für neun Farmen begonnen werden, die die WIC auf eigene Rechnung betreiben wollte. Aus diesen bescheidenen Anfängen entstand die Stadt New York.

In der Folgezeit erhielt Neu-Niederland weder neue Kolonisten noch neues Vieh. Die Lebensmittellieferungen wurden nach zwei Jahren ebenfalls eingeschränkt. Offensichtlich waren die Direktoren der WIC der Meinung, vorerst genug getan zu haben und die Kolonisten sich selbst überlassen zu können. Deren Beteiligung am Pelzhandel wurde durch neue Regelungen praktisch unmöglich gemacht, wodurch ein kleiner Zusatzverdienst entfiel. Aus diesen und anderen Gründen waren die Siedler nicht in der Lage, die Erwartungen der *Heren XVII* auf die Erwirtschaftung eines Überschusses zu erfüllen. Die Direktoren, auf schnellen Gewinn erpicht, hatten vor allem auf Lieferungen von Getreide, Holz und Holzprodukten für den Schiffbau gehofft, aber nicht bedacht, daß es einige Zeit erforderte, bis genügend Land gerodet, Sägemühlen gebaut und größere Ernten eingebracht werden konnten. Die zunächst bei Fort Oranje, am Delaware und am Connecticut niedergelassenen Kolonisten waren zudem 1626 nach Manhattan umgesiedelt worden und hatten von vorne beginnen müssen. Voll Enttäuschung entschieden die *Heren XVII* 1628, seitens der Kompanie kein Kapital mehr in die Kolonisierung Neu-Niederlands zu investieren. Statt dessen ermöglichen sie es ab Juni 1629 interessierten Privatleuten, sogenannten „Patroons", unter gewissen Bedingungen auf eigene Kosten und Gefahr Landstriche in Neu-Niederland mit angeworbenen Kolonisten zu besetzen. Zu Beginn der dreißiger Jahre wurden mehrere solcher Patron-Kolonien gegründet, doch nur einer, Rensselaerswyck, war eine längere Lebensdauer beschieden. Das verlassene Gebiet am Delaware wurde von Schweden besetzt, die dort die Kolonie Neu-Schweden gründeten (vgl. Dok. 52) und erst 1655 wieder vertrieben werden konnten.

Lit.: Bertus Harry Wabeke: Dutch Emigration to North America 1624–1860. 1944. Ndr. Freeport N.Y. 1970 – Van Cleaf Bachman: Peltries or Plantations. The Economic Policies of the Dutch West India Company in New Netherland 1623–1639. Baltimore-London 1969 – Michael Kammen: Colonial New York. A History. New York 1975 – G.F. de Jong: The Dutch in America, 1609–1974. Boston 1975 – Henri and Barbara van der Zee: A Sweet and Alien Land. The Story of Dutch New York. New York – London 1978.

Pa

Instruktion für Willem van Hulst, Kommis auf der Reise nach Neu-Niederland und provisorischer Direktor der Siedler, die bereits dort im Lande leben und die noch dorthin gebracht werden, bis daß es der Kompanie beliebt, dort ein anderes Gouvernement zu errichten

Zunächst soll er dafür Sorge tragen, daß der Gottesdienst sowohl an Bord als auch an Land zu den gehörigen Zeiten abgehalten wird, und er soll den Seelsorger Sebastian Jansz. Crol sein Amt in Übereinstimmung mit der ihm vom Kirchenrat gegebenen Vollmacht und Instruktion ausüben lassen, denselben in angemessenem Respekt halten und darauf sehen, daß der dortigen Gemeinde von demselben beim Spenden der Heiligen Taufe, beim Lesen von Predigten und Gebeten und bei der Tröstung der Kranken anständig gedient wird und daß die Indianer aus Gottes Heiligem Wort in der christlichen Religion unterrichtet werden. Auch soll er allen Götzendienst verhindern, damit der Name Gottes und Unseres Seligmachenden Herrn Jesu Christi dadurch von niemandem gelästert und der Sabbat des Herrn nicht verletzt werde, auf daß durch das Beispiel der Gottseligkeit und äußersten Zucht der Christen die Heiden umso eher zu solchen Erkenntnissen gebracht werden mögen.

Und damit jeder leichtfertig verübte Totschlag vermieden und verhindert wird, [hat er] sich genau an die 37 Artikel des Artikelbriefes zu halten und alle Ehebrecher und Ehebrecherinnen, Diebe und falschen Zeugen und unnützen Personen unter den Christen aus dem Land zu schaffen und hierher zu schikken, insgleichen auch die Faulenzer, die von der Kompanie Lohn beziehen, damit sie hierzulande nach Verdienst bestraft werden.

[Er muß auch darauf achten], daß den Indianern von niemandem in irgendeiner Weise Leid, Gewalt, Betrug, Spott oder Schmach angetan wird, sondern daß denselben außer Ehrlichkeit im Handel auch in allen Verträgen, Handlungen und Gesprächen alle Frömmigkeit, Treue und Zuverlässigkeit erwiesen wird, ohne sie durch Verkürzung der Elle und Verringerung von Maß, Gewicht oder Zahl zu betrügen, und daß man mit denselben durchweg freundlich umgeht.

[Streitigkeiten unter den Christen sind gütlich beizulegen. Aufrührerische Elemente sind nach Europa zurückzuschaffen.]

Weiter soll er die neu mitgehenden Familien auf angemessene Art auf die Orte verteilen, die bereits besetzt wurden, doch die Südkolonie am meisten mit Volk verstärken, und bei der Verteilung von Ländereien darauf achten, daß rund um das Fort oder die Wälle ein Streifen von der Entfernung eines Musketenschusses, oder soviel die Lage erlaubt, zum Bedarf der Kompanie und zur Vergrößerung des Platzes frei bleibt.

Auch, daß zuerst durch Abschreiten oder Abmessen [des Landes] eine Karte oder Zeichnung angefertigt wird, um die Verteilung dann um so besser und zunächst von einem Ende aus vorzunehmen, ohne hier und da stückweise zu beginnen. Weiter [soll er darauf achten,] jeder Familie soviel Land zu geben, wie sie bequem bearbeiten kann, und dabei soweit wie möglich der beiliegenden Karte zu folgen.

Nachdem die Abteilung [der Parzellen] vorgenommen wurde, [soll er] jedem seinen Anteil durch Auslosung anweisen.

Dabei [hat er] für die Kompanie dasjenige [Land] zu reservieren, das in der Karte mit einem „C" bezeichnet ist, nämlich beiderseits des Weges zwei Parzellen, jede 50 Ruten breit und 200 Ruten lang, doch alles entsprechend der örtlichen Gegebenheit.

Und es kommt in Betracht, dort, wo keine Ebbe und Flut festzustellen ist, die Wohnplätze so weit wie möglich flußabwärts zu errichten, damit man die Landbauprodukte desto bequemer in Kähnen zu den Scheunen bringen kann.

[Es muß berücksichtigt werden,] daß die hügeligen Landstriche, auf welche mittags die im Süden stehende Sonne voll scheint, die besten sind; daß die Hügel, die an der Ostseite des Flusses liegen, am wenigsten geeignet sind, um sie mit Wein oder Korn zu bepflanzen, daß aber die an der Westseite die besten sind und prinzipiell die, die sich nach Süden erstrecken. Demzufolge soll er die Lage aller Landstriche und Regionen an den dortigen Flüssen genau untersuchen und untersuchen lassen und darauf achten, ob die in den

Flüssen liegenden Inseln entweder durch das Meer oder durch den Wasserstand oder Eisgang oder anderes mehr Überschwemmungen unterworfen sind.

Dazu soll er Pierre Minuit als Volontär und andere, die er dazu für fähig hält, den Fluß so hoch hinauffahren lassen, wie sie es fertigbringen können, um Lage [und Gegebenheiten] des Landes in Augenschein zu nehmen, und sie mit Proviant und Waffen versorgen, ihnen auch einige Handelswaren mitgeben für den Fall, daß sie unterwegs mit den Indianern Handelsbeziehungen anknüpfen können.

Er soll alle Stellen, die nach Acker- und Weideland aussehen und an denen Holz aller Art, Mineralien und anderes mehr zu finden ist, fortlaufend [in die Karte] einzeichnen und ihre Länge und Breite mit Schritten abmessen lassen, eintragen und überall hier und da Löcher graben lassen, um festzustellen, ob das Erdreich anders als an der Oberfläche ist. Und [er soll eintragen,] welche Pflanzen, Holz oder Gras darauf stehen und welche Tiere, Vierbeiner und Vögel, dort angetroffen werden.

Desgleichen müssen alle Wasserfälle oder Flußmündungen notiert werden, an denen man Säge- und andere Mühlen betreiben lassen kann, und [er soll] einige der Besten auswählen, die am geeignetsten sind und am nächsten bei den Wohnplätzen und dem Holz liegen, das in der Mühle verarbeitet werden muß, wobei die Maxime gelten soll, daß die Mühlen und andere [derartige] Einrichtungen, wenn es ohne Behinderung und Unbequemlichkeit geschehen kann, stromabwärts von Holz oder Wohnplätzen liegen sollten.

Er soll an allen geeigneten Stellen die Buchten, Untiefen, Sandbänke, Klippen und die Breite des Flusses eintragen und einzeichnen, wo man am besten ein Fort zur Verteidigung errichten würde, und uns dies übersenden. Dabei hat er zu beachten, daß die beste Stelle die ist, an der der Fluß schmal ist, das Fort von keinem höheren Punkt beschossen werden kann, an die man mit großen Schiffen nicht allzu dicht herankommen kann und von der aus [die Besatzung] eine weite Sicht hat, ohne von Bäumen oder Bergen behindert zu werden, und wo man, wenn möglich, Wasser in den Graben leiten kann, und daß [an der Stelle] kein Sand-, sondern Lehm- oder anderer fester Boden ist.

Falls die Stellen, an denen die Forts errichtet wurden, zur Verteidigung nicht die geeignete Lage haben, [hat er] gut zu überlegen, ob es, ehe man mehr Arbeit und Unkosten in sie steckt, nicht geraten wäre, andere geeignete Stellen auszusuchen. Doch falls die Familien, die bereits dort sind, an dieser Stelle bleiben wollen, [soll er] ihnen dies zugestehen und trotzdem nach [anderen] geeigneten Orten für die künftig kommenden Familien ausschauen. Und falls die Lage des Forts oben am Nordfluß derartig ist, daß die Siedler sich dort wegen der Überschwemmungen des Flusses kaum ernähren könnten, [soll er] in diesem Fall diese Kolonisten lieber zum Fort auf der Nußinsel umsiedeln und dort oben zur Fortsetzung des Handels mit den Indianern nur einen [Handels-] Posten unterhalten. [...]

Da uns die Situation eines gewissen die Hohe Insel zu nennenden Eilandes, das ungefähr 25 Meilen flußaufwärts unter der ersten Stromschnelle im Süd-

fluß liegt, vorgestellt und sie von uns untersucht wurde, finden wir es geraten
– es sei denn, es werde ein noch geeigneterer Platz gefunden –, dort alle Familien sowie die in Dienst genommenen Bauern und das Vieh anzusiedeln, die
mit dem Schiff Oranjeboom und dem nächsten Schiff dorthin gesandt werden,
da dieselbe Insel in sich ein ebenes Feld und fruchtbaren Boden bildet und an
beiden Seiten viel gutes Acker- und Weideland sowie Waldungen aus allerlei
Hölzern hat, so daß sich dort eine Menge Familien, mehr als am Nordfluß,
werden ernähren können.

Zu diesem Zweck ist an der geeignetsten Stelle stromabwärts auf der Insel
ein derartiges provisorisches Fort zu errichten, daß das Volk und das Vieh darin bestmöglich geschützt werden können, wobei die Abmessungen lieber etwas zu groß als zu klein zu wählen sind.

Für den Fall, daß auf der genannten Insel und auch an anderen Orten, die
uns nützlich sind, einige Indianer wohnen sollten oder Ansprüche auf sie erheben, [soll man] dieselben nicht mit Gewalt oder Drohungen von dort vertreiben, sondern sie durch gutes Zureden dazu überreden oder, wenn das nicht
hilft, ihnen zu ihrer Befriedigung etwas dafür geben oder sie unter uns wohnen lassen und darüber einen Vertrag aufsetzen, den sie auf ihre Weise unterzeichnen – Verträge, welche der Kompanie in anderen Situationen sehr dienlich sein können.

Und zur besseren Sicherung sowohl des Handels als auch zum Ausschluß
fremder Nationen, [soll van Hulst] bedenken, ob es nicht praktikabel wäre,
mit den Eingeborenen der einen oder anderen Region Verträge abzuschließen, in denen sie geloben, mit niemand anderem Handel zu treiben als mit den
[Leuten] der Kompanie, wohingegen wir auch verpflichtet wären, alle Pelze,
die sie uns herbeischaffen können, unter solchen Bedingungen, die man redlich finden wird, oder zu dem Preis, zu dem wir sie bisher gekauft haben, zu
übernehmen.

Und da diese Nationen untereinander sehr uneinig, mißtrauisch und streitsüchtig *(vendicatyff)* sind, so soll er sich mit aller Vorsicht hüten, sich leichtfertig in ihre Querelen oder Kriege verwickeln zu lassen oder Partei zu ergreifen,
sondern sich zwischen beiden neutral verhalten und die verschiedenen Parteien durch die geeignetsten Mittel zu Frieden und Einigkeit bringen.

Zu diesem Zweck und zu unserem Nutzen sind die Indianer durch kleine
Geschenke anzulocken, um von ihnen die Geheimnisse dieser Region und die
Lage im Landesinneren zu erfahren, doch darf ihre Faulheit nicht bestärkt und
ihnen in ihrem Mutwillen nicht zu sehr nachgegeben werden.

Er soll es ebenfalls, soweit es ihm möglich ist, vermeiden, mit den Franzosen
und Engländern in irgendwelche Streitigkeiten zu kommen, und insbesondere
alle Handgreiflichkeiten vermeiden, es sei denn, daß er genötigt wäre, sich
selbst und die, die seiner Sorge anbefohlen sind, gegen offene Gewalt zu verteidigen.

Und wenn einige [Personen] fremder Nationalität kommen, [soll er] ihnen
ihre Kommission abnehmen oder zumindest die von ihnen unterzeichneten

Kopien einfordern und an uns übersenden und die Abschriften dort behalten. Und falls diese [Leute] dort mit den Indianern handeln wollen, hat er ihnen mit Schleuderpreisen den Markt zu verderben.

[...]

Da mit diesem und den folgenden Schiffen verschiedene Bäume, Weinstöcke und allerlei Samen geschickt werden, soll er Sorge tragen, daß dieselben in der jeweils für sie günstigsten Saison auf den Ländereien gepflanzt und gesät werden, die für die Kompanie bebaut werden, doch [soll er] davon den Kolonisten nach eigenem Gutdünken abgeben und es ihnen in Rechnung stellen, und uns soll er von jeder Fruchtsorte nach und nach Proben übersenden.

Er soll auch besonders auf die Weinstöcke achten, die es dort im Überfluß gibt, ob sie [die Trauben] von gutem Geschmack und geeignet sind, um Wein daraus zu pressen oder um sie als Rosinen zu trocknen; in diesem Fall [soll er] sie an den besten Stellen, wo der meiste Sonnenschein hinfällt, pflanzen und anbauen lassen. Wenn sie dazu nicht geeignet sind, [soll er] durch Erprobung untersuchen, ob man dieselben nicht durch Verpflanzung und andere Behandlung veredeln oder zumindest Branntwein daraus brennen oder Weinessig *(asyn)* oder einfachen Essig *(verjuis)* daraus gewinnen könnte. Wenn nicht, [soll er] uns dies anzeigen, damit wir bei Gelegenheit allerlei Sorten von Weinstöcken von hier dorthin senden. Außerdem [soll er] überlegen, ob man einige Ableger aus Spanien, von den Kanarischen Inseln oder von anderen Orten bekommen könnte.

Und bezüglich des Anis und des Kümmels, die zur Probe mitgeschickt werden, [soll er] dieselben zu verschiedenen Zeiten und an unterschiedlichen Stellen säen und beobachten lassen, zu welcher Zeit und an welcher Stelle sie am besten wachsen und am meisten abwerfen.

Wenn die Familien etwas Korn, Heu, Flachs, Hanf oder anderes in Vorrat haben, das der Kompanie dienlich ist und das sie nötig hat, soll man ihnen dies zu einem angemessenen Preis abnehmen und es ihnen auf ihrer Rechnung gutschreiben. Und wenn sie [die Kolonisten], ihre Frauen oder Kinder geeignet sind, in irgendwelchen besonderen Diensten der Kompanie verwendet zu werden, soll dies mit ihrem Einverständnis für eine angemessene Bezahlung, wie oben auf Rechnung, geschehen.

[Van Hulst] soll zur Sammlung der allgemeinen der Kompanie gehörenden Produkte Scheunen und Lagerhäuser [zu bauen] befehlen, damit alle unnütze Vergeudung verhütet werde; er soll zunächst und dann weiter jedes Jahr eine Liste aller Namen der Kolonisten, ihrer Ehefrauen und Kinder sowie der Bauern und all derjenigen, die zu Wasser oder zu Land im Dienst der Kompanie stehen, übersenden, zusammen mit ihrer [jeweiligen] Abrechnung über das, was sie gut haben oder schuldig sind.

[...]

Er soll eine genaue Faktur und ein Inventar über alle früher abgesandten und übriggebliebenen Handelswaren sowie über diejenigen, die nun mitgeschickt werden, anfertigen, auch über die allen gemeinsam zur Verfügung stehenden Geräte, die die Kompanie bereits sowohl an den einen wie an den anderen Fluß geschickt hat und noch schicken wird. Außerdem [hat er] genaue Rechenschaft darüber abzulegen, an wen er sie [die Handelswaren] geliefert hat, wo sie verhandelt wurden und über die Rückfrachten, die von dort kommen, insgleichen über die Lebensmittel, Schaluppen, Munition und anderes mehr, wovon er uns eine Abschrift zu senden hat, damit sie hier in unser Kontorbuch eingetragen wird.

Und damit die Kompanie schneller von den hohen Unkosten für den Unterhalt der Kolonisten entlastet werden kann, [hat er] besonders auf die Müßiggänger zu achten, um dieselben Mangel leiden zu lassen, wenn sie ihre Pflicht nicht erfüllen wollen, so daß sie dadurch genötigt werden, sich desto eher an die Arbeit zu begeben.

[...]

Er soll den Handel mit Fellen und anderem mehr, was das Land dort abwirft, zu vermehren suchen und am Handelsplatz der Indianer einen Posten einrichten lassen, um die Waren darin zu bergen. Zu passender Zeit [soll er] eine oder mehrere Schaluppen dorthin senden, um dort Handel zu treiben. Dazu soll er solche Personen nehmen, die am fähigsten sind und auch schreiben können, um Aufzeichnungen darüber zu machen. Er soll nicht versäumen, einige Hirsch- oder andere Häute, die von den Indianern bearbeitet wurden, sowie solche Dinge, die sie nach ihrem Vermögen daraus herstellen, als Muster zu schicken.

[Er soll] den Kolonisten und anderen freien Personen wohl zugestehen, im Landesinneren Handel zu treiben und Pelztiere zu fangen, doch müssen sie diese Felle und Güter zu den Preisen an die Kompanie liefern, zu denen wir sie an den Handelsplätzen der Indianer bekommen. Er kann nicht zulassen, daß [weiße Pelzjäger] der Kompanie für die Felle einen höheren Preis abnehmen.

[Van Hulst hat bei jeder Gelegenheit an die Kompanie eine Handelsabrechnung und Hinweise zu übersenden, welche Waren am meisten gefragt sind. Niemand darf auf eigene Rechnung Waren in die Heimat schicken.]

[Er hat] genau darauf zu achten, daß die Ladung von Beilen, Dachsbeilen, Messern und anderen Eisenwaren nicht verrostet, sondern sauber gehalten wird, und daß die anderen Waren nicht durch Unachtsamkeit verderben.

Er hat zuerst provisorisch eine Wasser- oder Windmühle bauen zu lassen, um François Fezard Holz sägen zu lassen, und demselben die Hilfe zur Verfügung zu stellen, die er nötig hat.

Inzwischen sollen die anderen Zimmerleute verteilt werden, um Holz zu fällen und damit eine Scheune für das Vieh und Wohnhäuser für die im Dienst der Kompanie stehenden Bauern aufzuschlagen, wobei es vorerst genügt, daß dieselben dicht und trocken und ohne weitere Verzierung sind, um damit nicht zuviel Zeit zu verlieren.

Er hat darauf zu achten, daß das Holz dort geschlagen wird, wo es gebrauchsfertig und am nächsten bei der Hand steht, und [zwar] das beste zuerst, das am ergiebigsten ist, um die Unkosten zu senken.

[Als Rückfracht für die Schiffe ist vor allem Ulmenholz gefragt, das für Kanonenlafetten zurechtgesägt werden soll.]
[Er hat] auch nach einem geeigneten Platz auszuschauen, an dem man Schiffe, Schaluppen oder Kähne zimmern sowie reparieren und kalfatern könnte.
Er soll alle in speziellen Diensten der Kompanie stehenden Leute zu der Arbeit einteilen, zu der sie am geeignetsten sind und von der sie am meisten verstehen, und uns mitteilen, wozu [zu welchen Arbeiten] er zu viele oder zu wenige Leute hat, ohne jemand müßig herumgehen zu lassen.
Er soll den Proviant gemäß der beiliegenden Rationenliste unter das Bootsvolk, die Kolonisten und die anderen im Dienst der Kompanie stehenden [Personen] austeilen, die Kinder dabei entsprechend berücksichtigen, ohne zu dulden, daß jemand, der eine Sorte [der Lebensmittel] nicht mag, an deren Stelle etwas anderes nimmt, wodurch eine Art von Lebensmitteln übrig bleiben und die andere nicht ausreichen würde. Und er soll jeden Monat sowohl den Kolonisten als auch den anderen das, was sie erhalten haben, in Rechnung stellen und es denen, die auf eigene Kosten fahren, zu den Preisen anrechnen, die in der beiliegenden Liste verzeichnet stehen.
[...]
[Er hat darauf zu sehen,] daß die Munition aus Pulver und Blei, die Geschütze und anderen Waffen gut gewartet werden, damit diese in Notfällen benutzt werden können und daß damit auch kein Unglück geschieht.
[Er soll] durch Pierre Minuit und andere, die er dafür für die Fähigsten hält, untersuchen lassen, welche Mineralien und Kristalle sowohl im [Gebiet des] Nord- als des Südflusses vorhanden sein könnten, und zu diesem Zweck die Berge, in denen dergleichen vermutet wird, rundum besichtigen und Schächte, zuerst am Fluß, dann auf halber Höhe und dann auf dem Gipfel des Berges, graben oder hacken zu lassen, um zu sehen, was darin sein könnte, und [er soll] uns von allem, was vielversprechend aussieht, verschiedene Proben schikken, desgleichen von Farbstoffen, Drogen, gummiartigen Stoffen und Kräutern, Baum- und Blumenpflanzen.
[Er soll] genau untersuchen und von den Indianern in Erfahrung bringen lassen, ob es dort nicht Schwefel- oder Salzberge gibt, oder ob einer unter den Indianern etwas besitzt, das irgendeinem Metall wie Gold, Silber, Kupfer, Eisen, Blei und anderem mehr gleicht, und sie fragen, woher sie dies haben. Auch [soll er] sie ausfragen, ob tiefer im Landesinneren Seen oder andere große Gewässer liegen und welche Kenntnis sie davon untereinander haben; und wenn unser Vieh dort ankommt, [soll er sie fragen], ob sie solche Tiere schon gesehen oder von ihnen sprechen gehört haben.
[Er hat die Fischfangmöglichkeiten zu untersuchen und nach Perlaustern und Stellen für Salzpfannen auszuschauen.]
[Er hat] darauf zu achten, Holzkohle brennen zu lassen, wodurch auf die Steinkohle verzichtet werden kann, und [er soll] auch darauf achten, ob in den Bergen nicht Steinkohle gefunden wird. [...]

Alle Offiziere und Matrosen sind gehalten, freiwillig und ohne Murren oder Widerspruch für den Bedarf und zum Dienst der Kompanie überall im Land Holz zu fällen oder sägen zu helfen, und wer [einer entsprechenden Anordnung] nicht nachkommt, geht eines Monatssoldes verlustig.

[Aus gewichtigen Gründen dürfen van Hulst und der ihm beigegebene Rat Teile dieser Instruktion abändern. Frühere Instruktionen bleiben, soweit sie dieser neuen nicht widersprechen, in Kraft.]

Aus: A. J. F. Laer (ed.): Documents relating to New Netherland, 1624–1626, in the Henry E. Huntington Library. San Marino/Cal. 1924, S. 36–79. Pa

87. Die Ansiedlung französischer Hugenotten am Kap der Guten Hoffnung (1688–1689)

In der Geschichte der niederländischen Ostindischen Kompanie (VOC) stößt man trotz der Gründung einer Vielzahl von Niederlassungen in Übersee nur auf die Einrichtung einer einzigen Siedlungs- und Landbaukolonie: am Kap in Südafrika. Das ist kein Zufall, denn die VOC stand der Einwanderung von europäischen Siedlern in ihren Einflußbereich grundsätzlich ablehnend gegenüber. Da sie sich schon außerstande sah, die illegalen Handelsaktivitäten ihrer Bediensteten zu beschneiden oder gar zu unterbinden, die ihr ein Dorn im Auge waren, mußte sie die Präsenz von ihrer Kontrolle weitgehend entzogenen Kolonisten als eine gravierende Gefährdung ihres Handelsmonopols empfinden (vgl. Dok. 16). Auch als es 1652 zur Errichtung einer Niederlassung am Kap kam (vgl. Dok. 33), die als Anlaufstation zur Verpflegung und Ausrüstung ihrer Schiffe auf dem Seeweg nach Asien dienen sollte, wich die Leitung der Kompanie von der Richtschnur ihrer Politik – keine Siedler! – nicht ab. Allerdings kollidierte dieses Prinzip bald mit dem zentralen Ziel ihrer Geschäftstätigkeit, der Erwirtschaftung möglichst großer Gewinne, denn die Station am Kap entwickelte sich zu einem Zuschußgeschäft: Anders als im Bereich der Kompanie-Niederlassungen in Asien waren am Kap ein Handel mit der einheimischen Bevölkerung zur Deckung des Bedarfs an Lebensmitteln und die Anwerbung von Arbeitskräften nicht möglich. Da sich die Kolonie jedoch nahezu ausschließlich aus Soldaten und Bediensteten der Kompanie zusammensetzte, die Feldarbeit rundweg ablehnten, mußten die Güter des täglichen Bedarfs für teures Geld importiert werden.

Daher beschloß die VOC im Jahr 1657, zur Sicherstellung der wirtschaftlichen Autarkie bäuerliche Siedler in Südafrika zuzulassen. Doch ihre Werbung von niederländischen Siedlern hatte trotz der – im internationalen Vergleich der Kolonialmächte – ausgesprochen günstigen Landvergabemodalitäten kaum Erfolg. Die Einwohner der Generalstaaten sahen keinen Grund, ihre prosperierende Heimat, die weder Arbeitslosigkeit noch religiöse Verfolgung kannte, für einen mit vielerlei Fährnissen verbundenen Neubeginn in Übersee zu verlassen. Als unter der Regierung Ludwigs XIV. und vor allem nach dem Widerruf des Edikts von Nantes (1685) Protestanten in Massen aus Frankreich in die Niederlande flüchteten (insgesamt wohl annähernd 80000 von vielleicht 200000 Protestanten), bemühten sich die Direktoren der Kompanie, zumindest einige hundert dieser Flüchtlinge für die Kapkolonie zu verpflichten, in der zu dieser Zeit 573 Freibürger und 150 bis 200 Soldaten lebten. Das leitende Gremium der VOC,

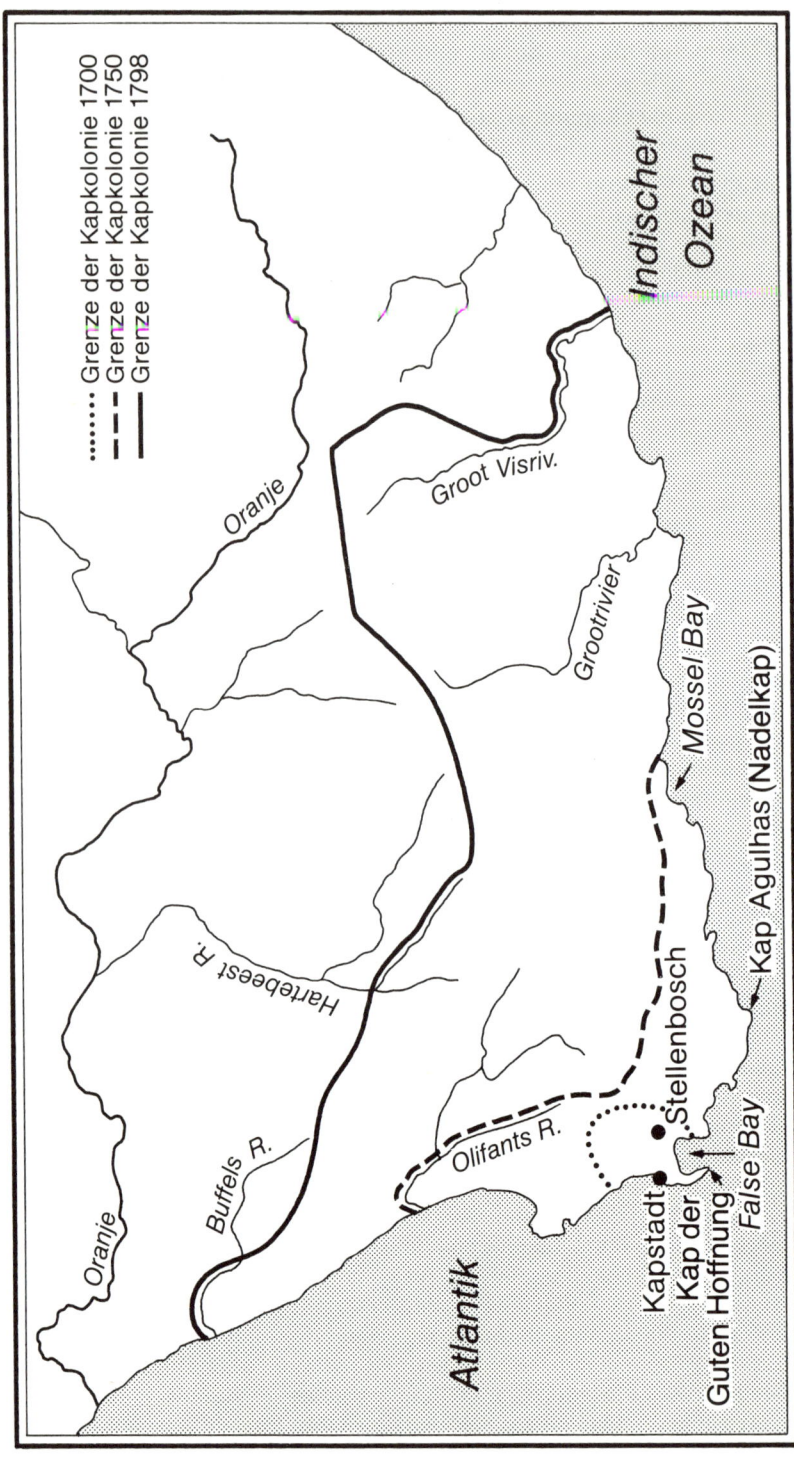

Karte 10: Die Holländer in Südafrika im 17. und 18. Jahrhundert.

87. Ansiedlung französischer Hugenotten in der Kapkolonie

die *Heren XVII,* hoffte, die Hugenotten würden Kenntnisse und Fertigkeiten mitbringen, die in der Kolonie bis dahin fehlten, z. B. im bereits eingeführten Weinbau und bei der Produktion von Olivenöl, Essig und Branntwein.

Am 3. Oktober 1685 beschlossen die Direktoren die genauen Auswanderungsbedingungen: Den Siedlern sollte soviel Land geschenkt werden, wie sie bebauen könnten; dafür hatten sie sich auf 15 Jahre zu verpflichten und den Generalstaaten und der Kompanie den Treueid zu schwören; außerdem sollten Werkzeuge, Saatgut, Vieh, Lebensmittel und die weiteren, notwendigen Ausrüstungsgegenstände von der Kompanie gestellt werden, deren Kosten allerdings später zurückgezahlt werden mußten. Doch auch hier war der Modus – die mögliche Abgeltung in Naturalien – ausgesprochen siedlerfreundlich. Die Kompanie pochte aber darauf, daß die Kolonisten ihre Erzeugnisse nur an sie verkaufen durften. Das Echo auf dieses Angebot blieb aus, da die überdurchschnittlich gebildeten und beruflich qualifizierten Hugenotten in den Niederlanden durchweg gute Verdienstmöglichkeiten fanden, meldeten sich in den beiden folgenden Jahren gerade zwei Auswanderungswillige. Doch die Kompanie gab ihre Hoffnung nicht auf. Als 1687 auch eine Gruppe piemontesischer Waldenser, als Vorhut eines Kontingents von 600 Personen, die in Nürnberg zurückgeblieben waren, den Weg in die Niederlande fand, beschlossen die *Heren XVII,* erneut um Kolonisten zu werben. Der langjährige Syndikus der Kompanie, Pieter van Dam, faßt die noch einmal verbesserten Bedingungen für Siedler (u. a. eine nur fünfjährige Verpflichtungszeit, die Möglichkeit zur Rückkehr in die Niederlande, die Bewilligung eines französischen Geistlichen) in dem nachfolgend abgedruckten Dokument zusammen.

Die Resonanz unter den Hugenotten war auch dieses Mal nicht überwältigend, doch auf die Werbekampagne hin, die ausdrücklich auf landwirtschaftliche Fähigkeiten abgehoben hatte, meldeten sich etwa 200 Siedler. Die erste Auswanderergruppe im Jahr 1688 umfaßte 67 Männer, 33 Frauen und 51 Kinder; unter ihnen befanden sich 42 Landwirte, wenige Handwerker, aber auch vier Ärzte und eine Hebamme. Gerade die letzte Gruppe wurde dringend benötigt, denn der Anteil der Kinder an die Koloniebevölkerung stieg zwischen 1660 und 1700 von 23 auf 54 Prozent. Während der nächsten zwanzig Jahre erreichten vereinzelt weitere französische Kolonisten das Kap, man wird insgesamt mit 250 Hugenotten-Auswanderern rechnen können. Weil die große Zahl von im Handwerk tätigen *Réfugiés* die Konkurrenz auf dem Arbeitsmarkt der niederländischen Städte vergrößerte, stieg auch die Zahl der niederländischen Auswanderer, so daß die Aufnahmefähigkeit der Kolonie ausgeschöpft war. Seit etwa 1700 lehnte die Regierung der Kolonie einen weiteren Zuzug von Siedlern ab, mit voller Zustimmung der Koloniebevölkerung.

Die Integration und Assimilation der Hugenotten vollzog sich innerhalb weniger Jahre. Sie wurden von den Behörden und ihren künftigen Mitbürgern hilfsbereit aufgenommen, die ihnen zugesagten Siedlungsbedingungen wurden eingehalten, jede Familie erhielt ein ausreichendes Grundstück, Lebensmittel, Ausrüstung und Holz für die ersten Behelfsunterkünfte. Die Kapbürger veranstalteten eine Sammlung für die Neuankömmlinge, und wenig später sandte der Kirchenrat von Batavia einen Betrag von 6000 Reichstalern, die Hilfskasse einer Kirchengemeinde auf Formosa, die wegen der Eroberung dieser Insel durch einen chinesischen Rebellenführer seit 1662 herrenlos geworden war. Die meisten hugenottischen Siedler brachten es bald zu einem bescheidenen Wohlstand, eine Vielzahl von Ehen zwischen niederländischen und französischen Siedlerfamilien trug zum Verschmelzungsprozeß der Koloniebevölkerung entscheidend bei.

Den einzigen Streitpunkt bildete der Umstand, daß die hugenottischen Einwanderer mit ihrem Geistlichen keine Kongregation bilden durften, sondern nur als Teil der Kirchengemeinde von Stellenbosch galten. Die Kompanie wollte unter allen Umständen verhindern, daß die Franzosen in der Kolonie Enklaven bildeten, und hatte dem Kapkommandanten Anweisung gegeben, sie in erheblicher Entfernung voneinander zwischen den niederländischen Farmern anzusiedeln. Neben diesen in die Siedlungsstruktur und den Zusammenhalt der Gemeinde eingreifenden Maßnahmen suchte die Kompanie auch durch eine aktive Sprachpolitik die Assimilierung der Einwanderer zu beschleunigen. Die Furcht vor einer möglichen Überfremdung hatte die VOC wohl auch von dem Projekt einer Ansiedlung von Waldensern Abstand nehmen lassen. Die dürftigen Angaben in den niederländischen Quellen suchen die Schuld für das Scheitern dieses Vorhabens zwar bei den piemontesischen Flüchtlingen, doch dürfte deren Verlangen auf eine gemeinsame Ansiedlung für die Kompanie unerfüllbar gewesen sein. Auch hätten dann 600 Altsiedlern ca. 850 fremdstämmige Neusiedler an einer für die VOC strategisch wichtigen Stelle ihres Imperiums gegenübergestanden.

Der Anteil der Hugenotten an der Bevölkerung der Kapkolonie überstieg im 18. Jahrhundert wohl kaum 15 Prozent, bei etwa 27 Prozent Deutschstämmigen und 50 Prozent niederländischen Einwohnern (um 1800). Doch war ihr Anteil an der Herausbildung der burischen Nation bestimmend. Bei den deutschen Bewohnern der Kolonie handelte es sich durchweg um ehemalige Bedienstete der Kolonie, die – als individuelle Einwanderer – meist bereits älter waren und am Kap geborene Frauen heirateten, während der kollektive, hugenottische Einwandererschub durch Familienstruktur, Religionsgemeinschaft und gemeinsames Schicksal geprägt war, sich durch eine hohe Integrationswilligkeit auszeichnete und entscheidend zur wirtschaftlichen Erschließung des Landes beitrug.

Lit.: George McCall Theal: History of South Africa. Vol. 3: Foundation of the Cape Colony by the Dutch (1652 to 1795). London 1907. Ndr. Kapstadt 1964 – Colin G. Botha: The French Refugees at the Cape. Kapstadt 1909. Ndr. Kapstadt 1970 – Henri Deherain: Etudes sur l'Afrique. Le Cap de Bonne Espérance au XVIIe siècle. Paris 1909 – Henri Goiran: L'installation des Huguenots français dans la colonie du Cap. In: Revue des sciences politiques 51 (1928), S. 411–432 – J. B. Rabie: L'arrivée des réfugiés au Cap de Bonne Espérance. In: Bulletin de la Société de l'Histoire du Protestantisme Français 80 (1931), S. 221–229 – Eduard Moritz: Die Deutschen am Kap unter der holländischen Herrschaft 1652–1806. Weimar 1938 – Charles D. Hérisson: La contribution des Huguenots français et de leurs descendants à la vie nationale Sud-Africaine. In: Bulletin de la Société de l'Histoire du Protestantisme Français 98 (1951), S. 69–90 – M. F. Katzen: White Settlers and the Origins of a New Society 1652–1788. In: Monica Wilson/Leonard Thompson (eds.): The Oxford History of South Africa. Vol 1. London 1969, S. 183–252 – Maurice Boucher: French Speakers at the Cape in the First Hundred Years of Dutch East India Company Rule. The European Background. Pretoria 1981 – Theo Kiefner: Die Waldenser auf ihrem Weg aus dem Val Cluson durch die Schweiz nach Deutschland 1752–1755. 2 Bde. Göttingen 1985 – Jörg Fisch: Die Hugenotten am Kap der Guten Hoffnung oder Die ideale Entstehung des weißen Südafrikaners. In: Heinz Duchhardt (Hg.): Die Vertreibung der Hugenotten aus Frankreich als europäisches Ereignis. München 1986, S. 58–77.   TS

87. Ansiedlung französischer Hugenotten in der Kapkolonie

[...] Als danach der Ausbau des Kaps wieder etwas mehr Aufmerksamkeit erfuhr, wurden die Kammern ermächtigt – um die dortige Landwirtschaft auszuweiten, deren Aussichten sich gemäß der Absicht der deswegen verabschiedeten Resolution[1] mehr und mehr als vorteilhaft erwiesen, und um die Kompanie etwas von den hohen Kosten für die Garnison zu entlasten sowie auch, um dafür zu sorgen, daß man dieselbe [Garnison] nicht mehr, wie man es bis zu diesem Zeitpunkt hatte tun müssen, jährlich mit Reis zu versorgen brauchte – eine größere Anzahl von Kolonisten dorthin zu schicken, vorausgesetzt, daß es geeignete Leute seien, und in der Erwartung, daß sie sich selbst würden ernähren können. Unter sie sollten auch französische Flüchtlinge des reformierten Glaubens aufgenommen werden und auch, wenn sie zu bekommen wären, einige Weinbauern, die sich auch auf die Herstellung von Weinessig und die Destillation von Branntwein verstanden; weiter 48 junge Töchter oder Mädchen und darunter besonders solche, die sich auf die Landarbeit verstanden und mit ihr aufgewachsen waren. Dazu wurde ein besonderes Reglement aufgestellt, das unter anderem enthielt, daß dem, der sich mit dem Landbau zu beschäftigen trachtete, soviel Land zu eigen gegeben werden sollte, wie er bearbeiten könnte, und obendrein [sollten ihm] leihweise alle nötigen Landbaugeräte, das Saatgut und das Vieh überlassen werden, mit der Auflage, daß er dies der Kompanie je nach Gelegenheit mit Getreide oder anderem wieder abgelte. So [beinhaltete das Reglement] auch [Bestimmungen darüber], wie lang die Aufenthaltsdauer derselben [Auswanderer] dort sein sollte und was sie, wenn sie wieder von dort abreisten, für die Überfahrt und als Kostgeld bezahlen müßten, ferner, daß sie ihren Besitz zu Geld zu machen hätten, welches sie bei der Kompanie gegen einen Wechsel hinterlegen müßten, damit es ihnen hierzulande mit 4 Prozent Gewinn wieder ausgezahlt werden könnte. Und es wurde ihnen zusätzlich freigestellt, beliebig viel Bargeld mitzunehmen. Hinter dem genannten Reglement war der Eid angefügt und zu finden, den sie ablegen mußten[2].

Und während bisher nur von den französischen Flüchtlingen gesprochen wurde, wurde später beschlossen, daß Gleiches auch für die geflohenen Piemonteser oder Talleute, unsere Glaubensverwandten[3], gelten soll, um diese ebenfalls dorthin gehen zu lassen. Auch [wurde festgesetzt], daß ihnen ein französischer Geistlicher zur Verfügung gestellt werden sollte, doch [enthielt das für sie aufgestellte Reglement] die Änderung, daß die Verbindlichkeit ihrer Aufenthaltsdauer, die zuvor auf fünfzehn Jahre befristet und festgesetzt worden war, nur fünf Jahre betragen sollte, und dies noch mit der Abmilderung, daß jemand, falls er sich dadurch belastet fühlen sollte, um Verkürzung

---

[1] Gefaßt von den *Heren XVII* am 3. Oktober 1685. Sie regelte die Auswanderung zum Kap und verpflichtete alle Auswanderer, mindestens fünfzehn Jahre dort zu bleiben.
[2] Dieses Reglement datiert vom 20. Oktober 1687. In dem Eid gelobten die Auswanderer Gehorsam gegenüber den Generalstaaten, dem Prinzen von Oranien, den Direktoren der VOC und dem Generalgouverneur in Batavia sowie gegenüber allen sonstigen Befehlshabern der VOC.
[3] Meist Waldenser genannt (Anm. des niederl. Hgs.).

der Zeit nachsuchen dürfe, die ihm, wenn Gründe dafür vorlägen, auch gewährt werden sollte. Außerdem wurden die Kosten für die Überfahrt und das Kostgeld, wenn sie wieder nach Hause zurückzukehren wünschten, ebenfalls gemildert. Doch dürften die Kammern keine Papisten[4] als Freibürger dorthin gehen lassen.

Abb. 24: Tafelberg und Kapstadt 1762 (kolorierte Zeichnung von Johannes Rach).

Und da man es bei näherer Betrachtung für gut befand und beschloß, dort eine ansehnliche Kolonie zu errichten, wurden die Kammern auf sehr eindringliche Weise aufgefordert, diesem Werk ihre Hand zu bieten und zu diesem Zweck so viele Kolonisten – und darunter auch geflüchtete Franzosen und Piemonteser – dorthin überzusetzen, wie sich dazu geneigt zeigen sollten, und daß zusätzlich zu denen, die sich auf den Ackerbau verstanden oder denselben dort ausüben wollten, auch Leute aus allerlei Handwerken und Wissenschaften [dorthin gebracht werden sollten], und dies mit der Erlaubnis, an solche, die eine Familie hatten und mit derselben dorthin zu gehen wünschten, für ihre Ausrüstung ein Geschenk von sechzig bis hundert Gulden zu geben und an alleinstehende Personen dreißig bis fünfzig Gulden.

Das obengenannte Reglement wurde ebenso wie der Eid, den sie ablegen mußten, in die französische Sprache übersetzt, wobei [letzterer] vor allem enthielt, daß sie alle Gesetze, *Plakate*[5] und Ordonnanzen, die von den *Bewind-*

---

[4] Gebräuchlicher pejorativer Ausdruck für Katholiken.
[5] Öffentliche Anschläge und Bekanntmachungen mit Gesetzeskraft.

hebbers, dem Generalgouverneur und den Räten[6] oder dem örtlichen Gouverneur oder Kommandeur bereits erlassen wurden oder die noch zu erlassen waren, in allen Punkten getreu und nach ihrem [besten] Vermögen halten und ihnen nachkommen und sich weiter in alles so schicken und alles so auf sich nehmen würden, wie es ein guter und getreuer Untertan schuldig und zu tun gehalten ist. [...]

Aus: Pieter van Dam: Beschryvinge van de Oostindische Compagnie. Tweede Boek. Deel III, hg. v. F. W. Stapel. 's-Gravenhage 1939, S. 501–503.

Pa

88. Der Zar sucht nach freiwilligen Siedlern für Sibirien (1608)

Durch die Ansiedlung russischer Kolonisten in Sibirien sollte in erster Linie eine autarke Versorgung der zivilen und militärischen Bevölkerung mit Getreide erreicht werden. Die neuangesiedelten „ackerpflichtigen Bauern" hatten eine bestimmte Landquote des Staatsackers zu bearbeiten und die Erträge abzuliefern. Neben Anwerbungen von freiwilligen Siedlern gab es in den ersten Jahrzehnten des 17. Jahrhunderts auch Zwangsrekrutierungen; sie wurden schließlich eingestellt, da sich die Wojewoden der betroffenen Gebiete (d. h. vor allem des nordrussischen Küstengebietes und der unmittelbar westlich des Ural gelegenen Kreise) dem ständigen Abfluß der Bevölkerung widersetzten. Da die russischen Bauern seit dem Ende des 16. Jahrhunderts an die Scholle gebunden waren und offizielle Umsiedlungsaktionen sich daher nur auf die seltene Kategorie der nicht schollenpflichtigen Bauern erstreckten, blieben die Auswirkungen solcher Maßnahmen beschränkt.

Lit.: George V. Lantzeff: Siberia in the Seventeenth Century. A Study of the Colonial Administration. Berkeley–Los Angeles 1943 – V. I. Šunkov: Očerki po istorii kolonizacii Sibiri v XVII – načale XVIII veka. Moskva 1946. Neu publiziert in: Ders.: Voprosy agrarnoj istorii Rosii. Moskva 1974, S. 25–192.

Schgg

Vom Zaren und Großfürsten Wassíli Iwánowitsch[1] von ganz Rußland an Fjódor Petrówitsch Akínfow und den Kanzleisekretär Naúm Románow in Groß-Perm.

Im heutigen 7117. Jahr[2], am 8. Oktober [1608], haben Uns aus Sibirien, aus der Stadt Pelým, Iwán Godunów und Pjotr Islénjew geschrieben, daß sie gemäß Unserem Befehl für den Bezirk Tobóry im Kreis Pelým freiwillige ackerpflichtige Bauern anwerben mußten, fünfzig bis hundert Leute, vom Vater der Sohn, von den Onkeln die Neffen und von den Brüdern die Brüder und von den Nachbarn die Nachbarn – also die Nicht-Lastenpflichtigen[3]. Für [den

---

[6] Gemeint sind die Direktoren der Kompanie in den Niederlanden sowie der Generalgouverneur und der Indienrat in Batavia.
[1] Wassíli Iwánowitsch Schúiski, 1606–1610.
[2] Im Jahr 7117 „Nach Erschaffung der Welt" (byzantinische Zeitrechnung), d. h. zwischen 1. 9. 1608 und 31. 8. 1609 n. Chr.
[3] Zu dieser Zeit gab es in Rußland eine Grundsteuer, die sich nach Größe und Wirtschaftskraft des Betriebes bemaß. Die Formel „vom Vater der Sohn, von den Onkeln die Neffen..." bezeichnet

Kauf von] Pferden für Unseren Staatsacker und für den Bau von Höfen sollte aus Unserem Staatsschatz Unterstützung gewährt werden. Nun gebe es aber in Pelým keine noch nicht ansässigen Freiwilligen, die als Staatsbauern nach Tobóry angeworben werden könnten. In Perm und in Sol Kámskaja dagegen wären noch Freiwillige für den Staatsacker in Tobóry zu finden, doch ohne einen Befehl von Uns würde man sie nicht wegziehen lassen; wir sollten [Perm] deshalb einen entsprechenden Befehl erteilen.

So wurde heute auf Grund eines Befehls von Uns ein vertrauenswürdiger Kleinbojar[4] aus Pelým nach Groß-Perm und Sol Kámskaja beordert. Nach seiner Ankunft in Perm und Sol Kámskaja soll er – in ständigem Kontakt zu Euch in Perm – Freiwillige für den Staatsacker in Tobóry anwerben; etwa fünfzig bis hundert Nicht-Lastenpflichtige, gemäß Unserem ergangenen Befehl. Für den Umzug dieser Bauern nach Pelým sollen als Reisegeld 150 Rubel geschickt werden.

Sowie Ihr dieses Unser Schreiben erhaltet und man aus Pelým wegen der freiwilligen ackerpflichtigen Bauern einen Kleinbojaren zu Euch nach Perm und Sol Kámskaja geschickt hat, sollt Ihr zusammen mit diesem Kleinbojaren in Perm und in Sol Kámskaja fünfzig bis hundert ackerpflichtige Bauern für den Staatsacker in Tobóry, im Kreis Pelým, anwerben, und zwar Freiwillige, vom Vater der Sohn, von den Brüdern die Brüder, von den Onkeln die Neffen und von den Nachbarn die Nachbarn – die Nicht-Lastenpflichtigen. In Perm und Sol und in den Kreisen sollen die Ausrufer auf den Märkten und auf den kleinen Marktplätzen folgendes verkünden – nicht nur an einem Tag – und sagen: „Diejenigen, die als Bauern nach Tobóry gehen wollen, sollen nach Unserem Befehl in Tobóry auf dem Staatsacker angesiedelt werden und sich dabei eine solche Landquote aussuchen, wie sie bewirtschaften zu können glauben. Ackerland und übriges Nutzland sollen ihnen gegeben werden, ebenso Unterstützungsgelder aus Unserem Staatsschatz für Pferde und für den Bau von Höfen. Unseren Staatsacker müssen sie – wie die Bauern von Tjumén und Werchotúrje – je nach den Landquoten bestellen, auf denen sie sich vereinbarungsgemäß niedergelassen haben. Abgabenfreiheit soll ihnen für ein, zwei oder mehr Jahre gewährt werden, je nach dem Wildnischarakter des Landes."

Wenn die Freiwilligen für den Staatsacker in Tobóry angeworben werden, müßt Ihr ihre Namen und die Zahl ihrer Familienangehörigen in eine Liste eintragen lassen und sie – nachdem Ihr mit ihnen die Abgabenfreiheit und Unterstützung vereinbart und ihnen Fuhrwerke gegeben habt – zusammen mit dem Kleinbojaren in die Stadt Pelým ausreisen lassen. [Als Garantie] gegen Flucht[absichten] und für die [Arbeit] auf Unserem Staatsacker und für Unse-

---

die Nicht-Lastenpflichtigen, d.h. männliche Verwandte (Söhne, Neffen, Brüder) und Außenstehende („Nachbarn", eigentlich „Mitbewohner"; verarmte Bauern ohne eigenen Hof), die auf dem Hof eines Grundsteuer- und damit Schollenpflichtigen lebten und arbeiteten.

[4] Kleinbojar („sýn bojárski", eigentlich „Bojarensohn"): niederste Stufe des Dienstadels.

re Unterstützungsgelder müßt Ihr ihnen schriftlich bekräftigte Bürgschaften abnehmen und alle diese schriftlichen Bürgschaften sowie die Liste der Bauern und ihrer Familienangehörigen mit dem erwähnten Kleinbojaren nach Pelým senden. Für den Umzug sollt Ihr ihnen in Perm und Sol von dem Geld, das mit dem Kleinbojaren aus Pelým gesandt werden wird, Unterstützungsbeiträge austeilen, je nach Leuten und Familien einen Rubel oder zwei, so daß sie bis Pelým reisen können. Den restlichen Betrag, auf den Ihr Euch [mit ihnen] geeinigt habt, wird man ihnen auf Unsere Anordnung hin in Werchotúrje geben. Den Wojewoden Stepán Godunów und Iwán Pleschtschew in Werchotúrje müßt Ihr einen Bericht und eine Liste schicken, [mit Anweisungen,] wem auf Grund Eurer Vereinbarungen wieviel zusätzliche Unterstützungsgelder auszuhändigen sind. Wie viele freiwillige, in Perm und Sol angeworbene ackerpflichtige Bauern Ihr nach Pelým ausreisen laßt, was Ihr mit ihnen bezüglich der Unterstützungsgelder und der Abgabenfreiheit vereinbart, wer für die Reise namentlich wieviel Geld aus Unserem Staatsschatz erhält, was zusätzlich in Werchotúrje auszuzahlen ist und wer sich zur Ansiedlung auf welcher Landquote verpflichtet, darüber sollt Ihr Uns unverzüglich einen Bericht nach Moskau schreiben und ihn im Amt des Kasaner Hofes[5] abgeben lassen.

Geschrieben in Moskau, im Jahre 7117, am 6. August.

Aus: Akty istoričeskie, sobrannye i izdannye Archeografičeskoju kommissieju. Tom II. Sankt Petersburg 1841, S. 297–298.

Schgg

89. Ein Schreiben über die Registrierung illegaler Zuwanderer aus Rußland nach Sibirien (1646)

Die Hauptmasse der bäuerlichen Kolonisten Sibiriens stellten die Lauflinge, d. h. Bauern, die – obwohl sie an die Scholle gebunden waren – ihre lastenpflichtigen Höfe in Rußland verlassen hatten und heimlich – z. T. mit Hilfe professioneller „Umsiedlungsagenten" *(Slobódtschiki)* – nach Sibirien gekommen waren. Häufig verdingten sie sich dort in irgendeiner Form bei privaten (kirchlichen wie weltlichen) Grund- oder Hofbesitzern. Die Haltung der Regierung in dieser Angelegenheit war nicht einheitlich. Zum einen durfte sie die Abwanderung der seit den 1580er Jahren schollenpflichtigen Bauern aus Nordrußland nicht dulden, zum anderen bildete eine ausreichende Zahl von Kolonisten die unabdingbare Voraussetzung für eine agrarische Selbstversorgung Sibiriens. Zum Teil wurden Läuflinge, die sich in Sibirien niedergelassen hatten, zwar ausfindig gemacht, jedoch nicht zurückgesandt, sondern lediglich als Bauern auf Staatsakker oder als *Posád*-Bewohner[1] wieder direktem Staatsnutzen zugeführt. Zeitweise –

---

[5] Von 1599 bis 1637 wurden die sibirischen Angelegenheiten durch das „Amt des Kasaner Hofes" verwaltet, in dessen Ressort alle östlichen Randgebiete des Russischen Reiches fielen. 1637 wurde als zuständige Zentralbehörde das „Sibirische Amt" gegründet.
[1] *Posád:* Siedlung der nichtbäuerlichen steuerpflichtigen Bevölkerung (vor allem Handel- und Gewerbetreibende).

besonders in der zweiten Hälfte des 17. Jahrhunderts –, als die Entvölkerung Nordrußlands ein immer größeres Ausmaß anzunehmen begann, mußten ertappte Läuflinge jedoch nach Rußland zurückgeschickt werden, und im Grenzkontrollpunkt Werchotúrje sollten Sperren den Strom der flüchtigen Bauern aufhalten.

Die Interessen der Wojewoden im menschenarmen Sibirien stimmten mit den Intentionen Moskaus nicht überein. Bemüht, mit allen gesetzlichen und meist mit ungesetzlichen Mitteln zu Kolonisten zu kommen, machten sie sich gegenseitig ganze Trecks von freiwilligen Umsiedlern abspenstig, verbargen Läuflinge – die an den Wojewoden von Turinsk gerichteten Warnungen vom 2. September 1646 sind keineswegs leere Drohungen – oder händigten den illegalen Zuwanderern sogar Passierscheine aus, mit denen sie ihre noch in Rußland lebenden Familienangehörigen nach Sibirien holen sollten.

Lit.: V. Aleksandrov: Russkoe Nase lenie Sibiri XVII – načala XVIII. Moskva 1964.

Schgg

Karte 11: Die russische Expansion in Asien im 16., 17. und 18. Jahrhundert.

89. Registrierung illegaler Zuwanderer aus Rußland nach Sibirien

Meinem Herrn, Fürst Pjótr Románowitsch, entbietet Iwán Saltyków seinen untertänigen Gruß.

Im heutigen 155. Jahr, am 2. September [1646], wurde uns in einem Schreiben des Herrschers, Zaren und Großfürsten Alexéi Micháilowitsch von ganz Rußland durch den Staatssekretär Grigóri Protopópow nach Tobólsk geschrieben:

„Der Herrscher erhielt Kenntnis davon, daß in den vergangenen Jahren *Posád*-Bewohner und viele ackerpflichtige Bauern wegen Getreidemißernten und Armut mit ihren Frauen und Kindern ihre lastenpflichtigen Landlose in den *Posáds* und in den Kreisen verlassen haben und aus den Städten des nordrussischen Küstengebietes: Groß-Ustjúg, Sol Wytschegódskaja, Groß-Perm, Wjátka, Kewrola, Mesén und aus anderen Städten Rußlands weg- und nach Sibirien gezogen sind. In den sibirischen Städten und Kreisen begannen diese Zuwanderer als *Sakládtschiki*[2] in gefreiten Siedlungen[3] des Erzbischofs und der Klöster zu leben, andere als Bauern und Hälftner[4] auf Kirchenland oder auf Ackerland von Kleinbojaren, Kanzleisekretären und verschiedenen Dienstleuten. Andere leben in *Posáds* und in den Kreisen unter der *Posád*-Bevölkerung oder als *Sachrebétniki*[5] bei ackerpflichtigen Bauern und Kurieren und zahlen dem Staatsschatz des Herrschers keinen Geld- und Getreidezins. Die seinerzeitigen Wojewoden aber kümmerten sich nicht darum und ließen solche Zuwanderer in Sibirien nicht aufspüren und als *Posád*-Bewohner oder ackerpflichtige Bauern und Zinsbauern ansiedeln, sondern versteckten sie und nahmen ihnen dafür zum Teil noch Schmiergelder ab. Der Herrscher hat [nun] befohlen, daß nach all diesen Zuwanderern aus Rußland, die nach Sibirien gekommen sind und sich in gefreiten Siedlungen des Erzbischofs und der Klöster oder als Bauern, Hälftner, Bobylen[6] und *Sachrebétniki* auf Kirchenland und bei den Vorstehern von Tobólsk, bei Kleinbojaren, Kanzleisekretären und anderen niedergelassen haben, gefahndet werden soll. Dabei soll genau notiert werden, um wieviel Zuwanderer es sich handelt, um wen namentlich, aus welcher Stadt, seit wann er als Bauer des Erzbischofs oder eines Klosters oder auf Kirchenland oder bei Kleinbojaren, Kanzleisekretären und Dienstleuten lebt oder als Hälftner oder *Sachrebétnik* bei *Posád*-Bewohnern, Kurieren und ackerpflichtigen Bauern. Und wenn die Zuwanderer aus Rußland, die in Sibirien als *Sakládtschiki* des Erzbischofs und der Klöster in den *Posáds* leben, registriert worden sind, soll man sie aus der Verfügungsgewalt des Erzbischofs und der Klöster entfernen und direkt dem Herrscher un-

---

[2] *Sakládtschiki*, Hälftner, *Sachrebétniki*, Bobylen: Verschiedene unterbäuerliche Gruppen: Bauern und Landarbeiter ohne eigenen lastenpflichtigen Grund und Boden in unterschiedlichen Abhängigkeitsverhältnissen zu privaten oder kirchlichen Grundherren.

[3] Gefreite Siedlung *(Slobodá)*: Siedlung, deren Einwohner von Steuer- und Abgabepflichten befreit waren. In Sibirien vor allem bäuerliche Siedlungen, wo die Siedler statt Steuern Getreide abliefern mußten, d. h. verpflichtet waren, den Staatsacker zu bestellen.

[4] Vgl. Anm. 2.
[5] Vgl. Anm. 2.
[6] Vgl. Anm. 2.

terstellen, indem man sie in *Posáds* als *Posád*-Bewohner ansiedelt. Diejenigen aber, die bei Klöstern, Vorstehern, Kleinbojaren, Dienstleuten und Kanzleisekretären als Bauern leben oder bei *Posád*-Bewohnern als Hälftner oder bei Kurieren und ackerpflichtigen Bauern als *Sachrebétniki*, sollen alle direkt dem Herrscher unterstellt und je nach Bedarf in gefreiten Siedlungen als ackerpflichtige Bauern oder Zinsbauern angesiedelt werden. Gemäß dem früheren Befehl des Herrschers sollen ihnen Darlehen und Subventionen gewährt werden, damit keiner von diesen Zuwanderern abgabenunfähig wird. Die Steuer- und Ansiedlungsregister müssen an den Herrscher nach Moskau ins Sibirische Amt gesandt werden. Den Wojewoden aller sibirischen Städte mit Staatsacker soll über den Befehl des Herrschers entsprechender Bericht erstattet werden."

Aus Tobólsk sind Andréi Sékerin und der Kanzleisekretär Pósnik Deméntjew in die Festung Turinsk entsandt worden. Und Du, Herr, sollst die Verwalter des Erzbischofs von Sibirien, Gerássim, sowie die Vorsteher der Festung Turinsk, die Kleinbojaren, Kanzleisekretäre, Strelitzen-Hundertschaftsführer, Atamáne[7], die Litauer und Westeuropäer, die Strelitzen und Kosaken, alle Bewohner des *Posád*, die ackerpflichtigen Bauern und Kuriere der Festung Turinsk zu Dir in die Amtsstube rufen. Wenn alle in der Amtsstube zusammengekommen sind, sollst Du ihnen diesen Befehl des Herrschers laut vorlesen lassen, so wie er in diesem Bericht zitiert wird. Nach der Lesung mußt Du [sie] [Aufzählung der Anwesenden] aufs schärfste befragen: Wie viele Zuwanderer aus Rußland als *Sakládtschiki* des Erzbischofs Gerássim und der Klöster im *Posád* von Turinsk und in den gefreiten Siedlungen [leben], [wie viele] als Bauern bei Klöstern und bei verschiedenen Dienstleuten von Turinsk auf den Dörfern, [wie viele] bei *Posád*-Bewohnern auf den Höfen oder im Kreis von Turinsk oder bei ackerpflichtigen Bauern und Kurieren in den Dörfern als Lohnarbeiter, Hälftner oder *Sachrebétniki;* wer namentlich, aus welchen Städten, und seit wann sich wer bei wem aufhält. Von ihren Aussagen über die Zuwanderer sollen [sie] [Aufzählung der Anwesenden] auf Deinen Befehl hin schriftliche, mit ihren Unterschriften versehene Erklärungen zu Andréi Sékerin und zum Kanzleisekretär Pósnik Deméntjew bringen. Sobald ihnen die unterschriebenen Erklärungen übergeben worden sind, müssen Andréi und Pósnik [sie] [Aufzählung der verschiedenen Kategorien der Zugewanderten] alle an Ort und Stelle persönliche registrieren und diese Leute befragen [Fragen über Herkunft und Einwanderung] und sie genau in die Bücher eintragen mit Vaters- und Rufnamen, ebenso ihre Kinder, Brüder und Neffen und wer wo als was lebte. Diese Register müssen sie mit ihren Unterschriften versehen nach Tobólsk bringen. [...] Und von sämtlichen registrierten Zuwanderern müssen Andréi und Pósnik schriftlich bekräftigte Bürgschaften entgegenneh-

---

[7] Strelitzen: „Schützen" – stehende und in bestimmten Garnisonsstädten stationierte Truppe; Atamán: Kosakenhauptmann. Mit „Kosaken" sind hier nicht freie Kosaken gemeint, sondern die vom Staat besoldeten Dienst-Kosaken (Dienstleute); Litauer und Westeuropäer: Kriegsgefangene aus Polen-Litauen und den germanischen Ländern Europas, die in Sibirien angesiedelt und bisweilen zu verantwortungsvollen Aufgaben herangezogen wurden.

men, daß sie in den *Posáds* als *Posád*-Bewohner oder in den gefreiten Siedlungen als ackerpflichtige Bauern leben werden, wo der Herrscher es befiehlt; daß sie nirgendwohin flüchten, als *Posád*-Bewohner im *Posád* alle Lasten übernehmen und als Bauern in den gefreiten Siedlungen den Staatsacker des Herrschers pflügen, Getreidezins und dem Herrscher zustehende Geldabgaben zahlen werden; daß sie sich mit Höfen, Äckern und Geräten versehen werden und daß sie die Darlehen des Herrschers in Geld und Getreide voll und ganz in den Staatsschatz des Herrschers zurückzahlen werden. Diese schriftlichen Bürgschaften müssen sie [Andréi und Pósnik] nach Tobólsk bringen. Du aber, Herr, sollst dem Befehl des Herrschers folgen, wie er in diesem Schreiben zitiert wird, und Dich mit Eifer der Sache des Herrschers annehmen, dem Herrscher Deinen redlichen Dienst leisten und veranlassen, daß alle Leute in der Festung Turinsk vor Andréi Sékerin und dem Kanzleisekretär Pósnik Deméntjew ohne Umschweife wahrheitsgetreu über die Zuwanderer aus Rußland Aussagen machen. Du darfst nicht zulassen, daß jemand solche Zuwanderer bei sich verbirgt; denn die sibirischen *Posáds* und gefreiten Siedlungen mit Staatsacker sollen mit solchen Zuwanderern bevölkert werden. Solltest Du Dich aber nicht um die Sache des Herrschers kümmern, sondern aus üblem Eigennutz allen Leuten befehlen, die Zuwanderer im *Posád* der Festung Turinsk und im Kreis Turinsk zu verbergen, und solltest Du sie nicht auffordern, vor Andréi Sékerin und dem Kanzleisekretär Pósnik Deméntjew über sie auszusagen, so werden über Dich und alle Leute von Turinsk, die solche Zuwanderer aus Rußland bei sich verbergen, dafür des Herrschers große Ungnade und Strafe kommen. Außerdem sollst Du, Herr, anordnen, daß dem Andréi Sékerin und dem Kanzleisekretär Pósnik Deméntjew in dieser Angelegenheit des Herrschers Dienstleute als Gehilfen und Wagen gestellt werden, wenn sie irgendwohin fahren oder jemanden entsenden müssen, damit ihnen in dieser Angelegenheit des Herrschers keine Hindernisse und Verzögerungen begegnen.

Aus: Dopolnenija k Aktam istoričeskim. Tom III. Sankt Petersburg 1848, S. 65–68.   Schgg

90. Peuplierungspolitik in Sibirien: Ein Schreiben des Zaren Alexéi Micháilowitsch über die Verheiratung von Verbannten (1648)

Die Zahl der nach Sibirien verbannten „Räuber und Verbrecher" blieb bis zur Mitte des 17. Jahrhunderts relativ gering (von 1593 bis 1645 waren es etwa 1500[1]); erst seit der zweiten Hälfte des Jahrhunderts nahm sie stark zu. Die Verschickten wurden zum

---

[1] Zahlen nach P. N. Bucinskij (Zaselenie Sibiri i byt pervych ee nasel'nikov. Char'kov 1889). Vgl. V. I. Šunkov: Očerki po istorii kolonizacii Sibiri v XVII – načale XVIII veka. [1946]. In: Ders.: Voprosy agrarnoj istorii Rossii. Moskva 1974, S. 33.

Teil in den Garnisonsstädten in den Militärdienst aufgenommen, zum Teil auch als Bauern auf Staatsäckern angesiedelt – jedoch mit nur geringem Erfolg, denn sehr viele dieser „Zwangsbauern" verstanden zu wenig von der neuen Beschäftigung und setzten sich ab. Ihre Integration scheiterte auch am Widerstand der alteingesessenen Kolonisten.

Lit.: V. I. Šunkov: Očerki po istorii kolonizacii Sibiri v XVII – načale XVIII veka. In: Ders.: Voprosy agrarnoj istorii Rosii. Moskva 1974, S. 25–192.   Schgg

Vom Zaren und Großfürsten Alexéi Micháilowitsch[2] von ganz Rußland an Unseren Wojewoden Afanássi Filípowitsch Sýtin in Kusnézk, in Sibirien.

Im heutigen 156. Jahr, am 15. Dezember [1647], hat Uns der seinerzeitige Wojewode Afanássi Súbow geschrieben, daß in den vergangenen Jahren in die Festung Kusnézk Verbannte gesandt worden seien, Räuber und Verbrecher, unter ihnen viele Ledige, die in der Festung Kusnézk als ackerpflichtige Bauern angesiedelt werden sollten. Die alteingesessenen ackerpflichtigen Bauern aus Tomsk aber wollten ihre Töchter und Nichten nicht an diese Verbannten verheiraten; sie verheirateten diese Töchter und Nichten an Söhne, Neffen und Brüder von Kosaken. [Deshalb] habe er, Afanássi, befohlen, daß diejenigen Dienstleute, die ihre Söhne, Brüder und Neffen an Töchter und Nichten von ackerpflichtigen Bauern verheiraten, je fünf Rubel in Unseren Staatsschatz bezahlen müßten; denn diese ledigen Verbannten könnten in der Festung Kusnézk außer bei den alteingesessenen ackerpflichtigen Bauern nirgendwo heiratsfähige Töchter finden. Doch er habe mit seinem Gebot die Dienstleute von Kusnézk nicht davon abhalten können, ihre Söhne weiterhin an Töchter von ackerpflichtigen Bauern zu verheiraten.

Und sowie Du diese Unsere Urkunde erhältst, sollst Du den alteingesessenen ackerpflichtigen Bauern von Kusnézk befehlen, daß sie ihre Töchter und Nichten an ledige Verbannte verheiraten, die sich als ackerpflichtige Bauern niedergelassen haben, damit diese ledigen Verbannten von der Flucht abgehalten und seßhaft gemacht werden können. Wenn die alteingesessenen ackerpflichtigen Bauern ihre Töchter und Nichten [weiterhin] nicht an ledige Verbannte verheiraten werden, mußt Du ihnen sagen, daß man ihnen in Zukunft wegen ihrer Widerspenstigkeit eine große Geldstrafe zu Unseren Gunsten auferlegen werde.

Geschrieben in Moskau, im Jahre 7156, am 30. August.

Aus: Akty istoričeskie, sobrannye i izdannye Archeografičeskoju kommissieju. Tom IV, Sankt Petersburg 1842, S. 60.   Schgg

---

[2] Alexéi Micháilowitsch, 1645–1676.

91. Die deutsche Auswanderung nach Amerika (1684/1709)

Stand die offizielle englische Kolonialpolitik im 17. Jahrhundert der Zuwanderung von Nicht-Engländern nach Amerika äußerst skeptisch gegenüber, so vollzog sich im 18. Jahrhundert ein deutlicher Wandel, der sich aus der Befolgung merkantilistisch beeinflußter Doktrinen ergab: Die Volkswirtschaft des Mutterlandes sollte keine wertvollen Arbeitskräfte an die Kolonien verlieren, die Auswanderung wurde daher beschränkt. Da aber nur bevölkerungsstarke Kolonien eine die Wirtschaft des Mutterlandes belebende Nachfrage an Gewerbeerzeugnissen hervorrufen konnten und in Neu-England ständig Arbeitskräfte für die Landgewinnung und die Bodenbestellung fehlten, mußte die Zuwanderung aus Drittländern gefördert werden. Da Europa – zumindest in einigen Regionen – zu Beginn des Jahrhunderts von einer der das Ancien Régime prägenden Subsistenzkrisen heimgesucht wurde, wundert es nicht, daß Jahr für Jahr Tausende auswanderten. Man nimmt heute an, daß zwischen 1700 und 1775 allein 250000 bis 300000 Menschen aus Europa nach Amerika eingewandert sind, das entspräche fast einem Fünftel des gleichzeitigen Bevölkerungsanstieges in den Kolonien. Neben den seit 1720 vermehrt nach Amerika auswandernden Iren und Schotten stellten deutschsprachige Länder bei weitem das größte Kontingent.

Die deutsche Auswanderung nach Nordamerika reicht zurück bis zur Rheinlandreise von William Penn im Jahr 1677. Auf dieser Reise hatte Penn Kontakte zu Pietisten in Frankfurt um Philipp Jacob Spener und den Tuchhändler Jacob van der Walle sowie zu Mennonitengemeinden in Krefeld und Krisheim geknüpft. Über Penns Agenten Benjamin Furley in Rotterdam beteiligten sich diese Gruppen 1682 an Penns Kolonisierungsunternehmen, nachdem er vom König die Charter erhalten hatte. In Frankfurt schlossen sich pietistische Finanziers um Jacob van der Walle, die im Stalhof verkehrten, zur Frankfurter Landkompanie zusammen, in deren Auftrag Franz Daniel Pastorius 15000 Acres Land von Penn kaufte und die Stadt Germantown (heute ein Stadtteil von Philadelphia) gründete (Dok. 91 a). Die Mennoniten vom Niederrhein bildeten mit 13 Familien die erste geschlossene Gruppe von deutschen Auswanderern und siedelten sich in Germantown an, das sich auch später eines regen Zustroms aus Deutschland erfreute. 1684 kam eine Gruppe von Labadisten, 1694 trafen Rosenkreuzer unter der Leitung von Johann Kelpius dort ein. Doch diese Zuwanderung von einzelnen, kleineren und größeren Gruppen, meist aus dem protestantischen Sektenmilieu, schwoll dann im ersten Jahrzehnt des 18. Jahrhunderts zu einem regelrechten Massenexodus aus deutschen Fürstentümern an, der mit den kriegerischen Auseinandersetzungen im Rahmen des spanischen Erbfolgekrieges zusammenhing. Die ersten großen Auswandererkontingente aus der Pfalz, aus hessischen Territorien und aus Württemberg wurden in New York angesiedelt, später wurde Pennsylvania zu einem Verteilungszentrum, von wo aus sich die Einwanderer nach Maryland, Virginia, North Carolina, Kentucky, Tennessee und sogar nach Louisiana (vgl. Dok. 43) ausbreiteten. In South Carolina handelte es sich vorwiegend um Badener und Württemberger, in Virginia um Westfalen, die wegen ihrer handwerklichen Fähigkeiten schnell Wurzeln fassen konnten (z.B. im Bergbau). Allein im Jahr 1719 landeten ca. 7000 deutsche Einwanderer in Philadelphia, in den folgenden 50 Jahren schätzt man die Quote auf 2000 pro Jahr, bis zum Ausbruch der Amerikanischen Revolution 1774 mögen es insgesamt 125000 Deutsche gewesen sein.

In der neuen Umwelt wurde zwischen Einwanderern aus dem Alten Reich selbst und deutschsprachigen Einwanderern kaum differenziert. 1710 kamen Schweizer nach North Carolina (vgl. Dok. 92), 1732 gründete Jean Purry aus Neuchâtel mit mehreren Hundert seiner Landsleute eine weitere Ansiedlung in dieser Region. Schwere Mißernten in den dreißiger Jahren und die abnehmende Bereitschaft zum Eintritt in den auswärtigen Militärdienst (der zuvor die wichtigste Alternative für unversorgte Söhne in der Schweiz gewesen war) sorgten dafür, daß vermutlich 25 000 Schweizer im Laufe des 18. Jahrhunderts nach Pennsylvania, South und North Carolina einwanderten. Auch ein Teil der über 30 000 des Landes verwiesenen Salzburger Protestanten siedelte in Georgia (vgl. Dok. 21).

Das Zeugnis (Dok. 91b) aus einem kleineren deutschen Fürstentum macht deutlich, daß die materielle Not als Folge von Mißernten und Kriegswirren die Auswanderung aus der Heimat motivierte, die oft angeführte religiöse Intoleranz der Obrigkeit war in diesem Fall eher von untergeordneter Bedeutung. Mit dem in der Heimat erfahrenen Elend kontrastierten die Verlockungen der Neuen Welt, wie sie vor allem von den Eigentümern der Kolonien Pennsylvania und Carolina in einer Fülle von Werbeschriften ausgemalt wurden, die reisende Agenten unter das Volk brachten. Eine freiheitliche politische wie religiöse Verfassung und die Möglichkeit des billigen Landerwerbs bildeten die Hauptanziehungspunkte für die Übersiedlung nach Amerika. Sie wurde zum einen erleichtert durch das britische Naturalisierungsgesetz aus dem Jahr 1709, zum anderen durch den Umstand, daß schon die Verdingung eines einzelnen Mannes als Arbeitskraft für eine begrenzte Zeitspanne die Auswanderung ganzer Familienverbände möglich machte. Die Zahl der Auswanderer schwoll innerhalb von wenigen Wochen so stark an, daß sich der Landesherr genötigt sah, die Genehmigung zum Verlassen seines Fürstentums zu verweigern: eine Maßnahme, der nur geringer Erfolg beschieden war.

Lit.: G. D. Bernheim: German Settlement in North and South Carolina. Philadelphia 1872 – J. F. Sachse: The German Sectarians of Pennsylvania 1708–1800. 2 vols. Philadelphia 1899–1900 – L. F. Bittinger: The Germans in Colonial Times. Philadelphia–London 1901, S. 11–183 – O. Kuhns: The German and Swiss Settlements of Colonial Pennsylvania. New York 1901, S. 1–192 – A. B. Faust: Swiss Emigration to the American Colonies in the Eighteenth Century. In: American Historical Review 22 (1906), S. 21–44 – Ders.: The German Element in the United States. New York 1909, S. 30–262 – D. Haeberle: Auswanderung und Koloniegründung der Pfälzer im 18. Jahrhundert. Kaiserslautern 1912 – S. G. Wolf: Urban Village. Population, Community and Family Structure in Germantown, Pennsylvania 1683–1800. Princeton 1976 – Wolf-Heino Struck: Die Auswanderung aus Hessen und Nassau in die Vereinigten Staaten. In: Nassauische Annalen. Bd. 89 (1978), S. 78–114. TS

a. Franz Daniel Pastorius berichtet aus Germantown an die Frankfurter Landkompanie (1684)

Die sämtliche Teutsche Compagnia oder Societät, hatte zu ihrem gevollmächtigten Sachwalter verordnet den Reißbegirigen Franciscum Danielem Pastorium J. U. licentiatum. Dieser reisete von Franckfurt am Mayn ab und kam nacher London, Beschloß einen Kauff, nahm Anweisungs-Schein zur Vormessung deß gekaufften, und segelte unter GOttes [sic] Geleid glücklich über den Oceanum, und that dann aus Philadelphia den 7. Martii 1684 diesen Bericht:

Das erkauffte Land nun betreffend, wird solches in dreyerley Art eingetheilet. Nemlich erstlich funffzehentausend Ackers[1] beysammen an einem Stück und an einem schiffreichen Wasser gelegen. Zweytens 300. Ackers in der Stadt Libertät, welches der Strich Landes ist zwischen denen beeden Flüssen de la Ware[2] und Scollkill[3]. Drittens: drey Loß[4] in der Stadt, Häuser darauf zu bauen.

Als ich nun nach meiner Ankunft bey William Penn um Warants[5], jetzt gedachte drey Theile abzumessen und Possession zu kriegen, anhielte. Da war seine erstere Antwort: Das anlangend die drey Loß in der Stadt, und die 300 Ackers in der Freyhet, solche von rechtswegen der Societät nicht zukämen, dieweilen sie aller erst nachgekaufft worden, nachdeme Er William Penn allschon von Engeland abgereiset und die Bücher zu London geschlossen wären gewesen. Nachdeme ich ihme aber repraesentirt, daß die Teutschen darumb in Consideration zu ziehen wären, weilen sie die allerersten gewesen die sich mit ihme in einen Kauff eingelassen hätten. Da hat er mir so balden drey Loß zu Anfangs der Stadt hinter einander von seines jüngeren Sohnes Antheil abmessen lassen.

Wann man nun die Häuser, an dem Delu Waro Fluß gelegen, in der Ordnung abzehlet, so ist der Teutschen Societät ihr Wohn- und Kauffhaus an der Zahl das neundte. [...]

Daß solche bey denen Erstern Anfangs-Jahren zwar noch schlechten profit machen könne, indeme der Geldmangel in dieser Provitz annoch kundbar, unn man auch aus diesem Lande noch keine Retour-Güter nacher Engeland ausfinden könne. Und weilen für jetzo der Gouverneur William Penn hauptsächlich intendire die Weberey und den Weinwachs zu establiren, so solle der Compagnie belieben, eine Quantität Weinfexer hineinzuschicken, wie auch allerhand Feld- und Garten-Samen. Item etliche grosse eiserne Kochhäfen, und ineinander gesteckte Kessel. Item einen eisernen Ofen, etliche Balldecken und Madrazen, auch einige Stuck Barchent, und weis leinen Tuch, welches in ihrem Kauffhause mit Vortheil verkaufft werden könne.

Es seye den 16. Nov. zu Philadelphia Jahrmarckt gewesen, da aber in der Societät Kauffhaus wenig über 10 Thaler seye gelöst worden, aus vorgedachtem Geld-Mangel, und weilen die Neu-Ankommenden aus Teutsch- und Engeland meistentheils so viel Kleider mit sich bringen, daß sie in einigen Jahren nichts bedörffen.

So viel unsere neuangelegte Stadt Germanopolim anbelanget, so ligt dieselbe auf einen guten schwarzen Erdboden, ist mit verschiedenen anmuthigen

---

[1] Im deutschen Sprachraum Synonym für das Flächenmaß Tagewerk, hier jedoch von engl. *acre* abgeleitet. Penn hatte Land in Einhundert-Acres-Parzellen zum Verkauf angeboten.
[2] Delaware, im folgenden auch Delu Waro genannt.
[3] Schuylkill.
[4] Eine direkte Ableitung vom engl. *lot* in der Bedeutung von Parzelle.
[5] Von engl. *warrant* in der Bedeutung von Vollmacht, Berechtigungsschein.

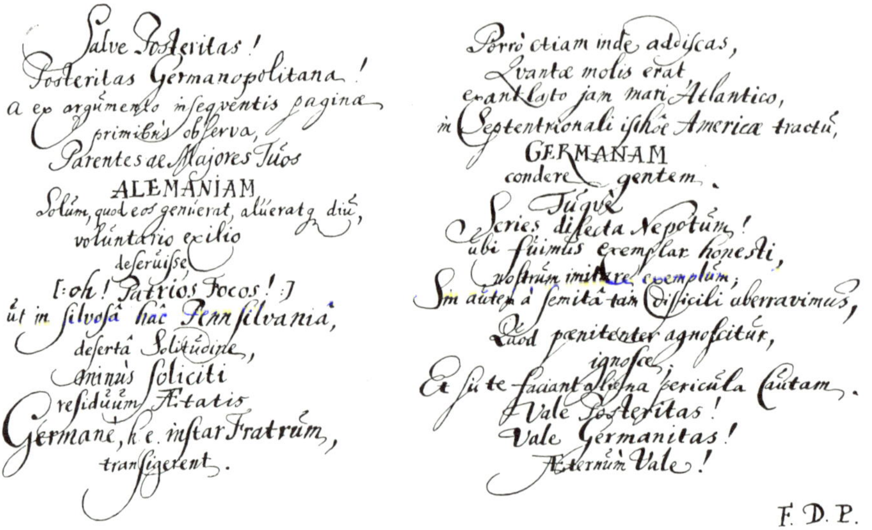
Salve Posteritas!
Posteritas Germanopolitana!
Et ex argumento insequentis paginae
primitus observa,
Parentes ac Majores tuos
ALEMANIAM
Solum, quod eos genuerat, aluerat que diu,
voluntario exilio
deseruisse,
[: oh! Patrios Focos! :]
ut in silvosa hac Pennsilvania,
deserta Solitudine,
minus soliciti
residuum Aetatis
Germane, h.e. instar Fratrum,
transigerent.

Porro etiam inde addiscas,
Quantae molis erat,
transacto jam mari Atlantico,
in Septentrionali isthoc Americae tractu,
GERMANAM
condere gentem.
Tuque
Series dilecta Nepotum!
ubi fuimus exemplar honesti,
nostrum imitare exemplum;
Sin autem a semita tam difficili aberravimus,
Quod poenitenter agnoscitur,
ignosce,
Et sic te faciant aliena pericula cautam.
Vale Posteritas!
Vale Germanitas!
Aeternum Vale!

F. D. P.

Abb. 25: Vorrede im Grundbuch von Germantown: Pastorius' Gruß an die Nachkommenschaft (1691):
Sei gegrüßt, Nachkommenschaft!/Nachkommenschaft in Germantown!/Und aus dem Inhalt der folgenden Seite/sollst du Kenntnis davon erhalten,/Daß Deine Eltern und Vorfahren/DEUTSCHLAND,/Das Land, das sie geboren und lange ernährt hat,/ in freiwilliger Verbannung/verlassen haben/(o Haus und Hof in der Heimat!),/um in diesem waldreichen Pennsylvanien,/in Einöde und Einsamkeit/und in geringerem Maße von Sorgen bedrängt,/den Rest ihres Lebens/in geschwisterlicher Gemeinsamkeit, also wie Brüder,/zu verbringen.//Sodann mögest du daher auch des weiteren erfahren,/Wieviel Mühe es gekostet hat,/nach der Überquerung des Atlantik/hier in dieser Gegend im Norden Amerikas/eine BRÜDERLICHE/Gemeinde zu gründen./Und du,/geliebte Reihe der Enkel:/Da, wo wir ein Vorbild an Ehrenhaftigkeit gewesen sind,/da folge unserem Beispiel;/Wenn wir aber von dem so beschwerlichen Pfad/der Tugend/abgeirrt sind,/– Voll Reue bekennen wir dies –/so gewähre uns Verzeihung;/Und auf diese Weise mögen dich die Gefahren, in die andere geraten sind, dazu mahnen, wohlbedacht zu sein./Lebt wohl, ihr Nachfahren!/Lebt wohl, ihr Brüder!/Lebt wohl für immer!

F[ranz] D[aniel] P[astorius]

Übers.: GS

Brunnquellen umgeben. Die Hauptgasse ist 60. die Zwerggasse[6] 40. Fuß weit, und hat jede Familia eine Hoffstätt[7] von 3. Acker groß.

---

[6] Eigentlich Zwerchgasse, in der Bedeutung von Quergasse oder Seitenstraße.

[7] Hofstätten waren seit dem Mittelalter Parzellen in Städten. Sie umfaßten das Grundstück, auf dem Wohnhaus, Neben- und Wirtschaftsgebäude und bisweilen auch Gärten gebaut bzw. angelegt wurden. Hofstätten waren im allgemeinen zu Hofstättenblöcken zusammengefaßt und durch rundumlaufende Straßen und Gassen, meist auch durch Wasserzu- und -ablauf erschlossen.

Aus: Umständige Geographische Beschreibung Der zu allerletzt erfundenen Provintz Pennsylvaniae, In denen End-Gräntzen Americae In der West-Welt gelegen, Durch Franciscum Danielem Pastorium. Frankfurt-Leipzig 1700, S. 15–17.

b. Entvölkerung durch Auswanderung im Fürstentum Nassau-Dillenburg (1709)
[Gesuch um die Entlassung aus dem Untertanenverband]
Durchleuchtigster Fürst
gnädigster Fürst unndt Herr.
    Weilen wir arme Leuth sind, so sich auff den gantz fwenig habenten gütterger nicht ernehren können, so sind wir gesinnet, uns sambt unßerm Weib unndt Kindern in die frembte nach Carolinam zu begeben, umb alda unßern stück brott etwa zu erhalten. Dieweilen aber ohne erhaltenen abschied nicht forttgehen mögen, Alß bitten Ihro Hoch fürstlichen Durchleuchtigkeit unterthänigst, sie wollen gnädigst geruhen und uns beyden armen Unterthanen die abziehung in gnaden erlauben. Darüber gnädigster erhörung erwarttent.
Euer Hochfurstlichen Durchleuchtigkeit
Unterthänigster
Johann Kring von Dilbrecht und
Tilmanus Noh von Allendorff.

[Auf der Rückseite]

[Dekret:]
Schultheiß zu Heyger soll hierauf berichten.
Dillenburg den 24ten Julij 1709.
Fürstliche Canzley Daselbst.
[Bericht:]
Durchleuchtigster Fürst, gnädigster Fürst und Herr.
    Supplicanten Zustandt ist schlecht, wie Sie dan uf Ihren gütern, falß Sie darbey nit suchen werden, annoch andertwerts einen Heller zu verdienen, sich nit wohl ernehren können, so unterthänigst unverhalten sollen.
Euer Hochfürstlichen Durchleuchtigkeit
Unterthänigst-treu-verpflichteter
Diner und Knecht Philippi m.pp.
[Anmerkung]
Dimissi den 25. Julij 1709.
Kring mit Weib und 5 Kindern;
Noh mit Weib und 1 Kind.

[Verbot weiterer Ausreise durch den Landesherrn]
Von gottes gnaden, Wilhelm[8].
    Lieber getreuer. Nachdeme unßere bißhero gebrauchte Landesvätterliche

---

[8] Es handelt sich um Wilhelm IV.

Verwarn- und ergangene Verordnung, wieder alle geschöpfte gute Zuversicht die würckung und Krafft bey vielen unßern unterthanen annoch nicht erreichen mögen, daß Dißelbe von der seltzamen und thörichten Raiße nach denen neuen Plantagien in America abzubringen geweßen, sondern fast täglich der armen Verführten und zu ihrem augenscheinlichen gäntzlichen ruin undt verderben eilenden leuten mit Supplicirung umb ihren abscheidt unß noch immerhin beunruhigen, und hernach mit Verkauffung ihrer güter, nicht-Zahlung ihrer schulden, auffwickel- und verführung anderer und dergleichen, nicht geringe desordres zu unßerm grösten mißfallen, im Lande verursachen. So seindt wir dißer undt anderer trifftigen ursachen halben genöthiget worden, einvor allemahl nachfolgende Ernstliche Verordnung ergehen zu laßen:

1. Soll hinführo, keinem wer der auch seye, von unß kein abscheidt ertheilet werden, maßen wir überzeuget seindt, daß dieße vornehmendte abzügen und raißen, zu übergroßem Elendt und verderben der armen Leute gereichen darin wir gewißens halben nicht einwilligen, vielweniger auff einigerley weiße beförderlich seyn können.

2. Sollen alle diejenige, so sich bey dir oder anderswo dießes vorhabenden abzugs halber angeben, alles besten fleißes davon abzustehen, verwarnet, und Ihnen die gegenwertige große noth, darinn die stecken, so allbereit abgezogen seindt, mit dem bedeuten vorgehalten werden, daß Ihnen aller regres inß land benommen. Da Sie nun daran sich nicht kehren und denen beglaubten nachrichten und verwarnungen, so von verschiedenen orten auß Holl- und Engellandt fast täglich dißfalß einlangen, keinen glauben beymeßen wollen, sondern auff ihrer gefasten Resolution verharren, dem Vatterland solcher gestalt, ohne dazu genugsam tringendte noth den rücken zu kehren und mit verkauff, oder feilbiethung ihrer güter dazu den anfang machen; So solstu Ihnen länger nicht als zum Höchsten 3. wochen Zeit dazu verstatten, also baldt *nach deren Verfließung* aber

3. Ihre Creditors citiren, befindenden Dingen nach, mit denen vorhandenen gereidesten Mitteln dieselbige contentiren, auch da dergleichen nicht vorhanden undt zulänglich wären, annehmliche, denen creditoren etwa verpfändet – oder nicht verpfändete güter vor Zahlung hingeben und zuschreiben laßen, die übrige unbewegliche gütter aber

4. Vor unß und unßerm Fiscum, als gütter so, verlaßen undt keinen Herrn mehr haben, einziehen, und über solche eine genaue Specification verfertigen und dem darüber a part zu führen habenden Protocoll beyzulegen. Maßen wir vor eines nicht gestatten können, daß dergleichen ungehorsame, mißtrauendte und in gewißer absicht pflicht- und treu vergeßene unterthanen bey dießen theuer- und beschwerlichen Zeiten, den gantzen Winter über, noch allhier im Lande verbleiben, und den geringen Vorrath auffzehren helffen, hernach er aber und wann Sie andere, in leistung ihrer Schuldigkeit wirr undt träge gemacht, ihres weges ziehen wollen; vors andere aber, durch verleihung dießer gütter ahn andere, die auff das Landt komendte onera, so viel thunlich ahn der abziehenden statt, legen und von denen, die im Lande bleiben und sich Ehr-

lich nehren und der göttlichen Vorsehung gerne vertrauen und stille halten, abbringen mögen.

5. Also soll Niemandem weiter als sein bewegliches zu verkauffen oder mitzunehmen, verstattet werden, doch daß auch davon, wan es zureichen will, die Schulden bezahlet, mit denen unbeweglichen güttern aber, wie abgesetzet es gehalten werden, damit auch zugleich dadurch alles verdrießliche Zancken undt streitten umb den näheren Kauff oder abtrieb vermieden werdte.

6. Solten sich aber freundte und anverwanthe finden, die derer ahn dießer abzugs Seuchen krank seyender Kinder zu sich nehmen und auß dem bevorstehenden Elendt retten wolten; Sollen solchen falß, zum besten der armen umschuldigen Kinder, die hinterlaßendte beweg- und unbewegliche güter, außgenommen eines Zehrpfennigs zur raiße, in ein Inventarium gebracht und biß zu dießer Kinder vollmündige Jahre, denen anverwandten überlaßen werden.

Dießen unßeren Ernstlichen befehl und verordnung hastu jeglichen orts Heimbergern und geschwornen Vorstehern vorzuleßen, und selbst alles fleißes pflichtmäßig nachzuleben.

Endlich und

7. Solt du, wie ehe wie beßer, eine genaue Specification aller derjenigen Nahmen und Famillen zu unßrer Cantzley einschicken, die würcklich weggezogen sindt, sambt einem Bericht, wie undt auff was weiße derselbigen gütter wiederum angebracht worden.

Wir verbleiben dir damit in gnaden gewogen.
Gegeben Dillenburg den 30ten Augusti 1709.
Ahn die Sambtliche Beambten.
Konzept.

Aus: Deutsch-Amerikanische Geschichtsblätter. Jahrbuch der Deutsch-Amerikanischen Historischen Gesellschaft von Illinois 12 (1912), S. 155–156, 181–183.

92. Die Massenauswanderung aus der Pfalz: Christoph von Graffenried wirbt Siedler für North Carolina (1709)

Zu Beginn des 18. Jahrhunderts bereiste der aus der Schweiz geflohene Mennonit Franz Ludwig Michel verschiedene nordamerikanische Kolonien, um dort das Terrain für den Erwerb von Land und die Gründung einer Siedlung für seine vor allem in Bern angefeindeten Glaubensbrüder zu sondieren. Auf seine euphorischen Briefe hin gründeten Kauf- und Geschäftsleute aus dem protestantischen Sektenmilieu eine Gesellschaft (Georg Ritter und Kompanie), die Pläne für die Anwerbung von Siedlern ausarbeitete und sich um den Erwerb von Land bei der englischen Krone bemühte. Ursprünglich hatte man eine Ansiedlung in Virginia ins Auge gefaßt, doch gestalteten sich die Verhandlungen schwierig. Die Dinge nahmen eine andere Wendung, als einer der Anteilseigner, Christoph von Graffenried, während eines Aufenthaltes in London mit dem Generallandvermesser der Kolonie North Carolina, John Lawson, zusammentraf. Lawson hielt sich zur Anwerbung von Siedlern in Europa auf und überwachte gleichzeitig die Drucklegung seines Buches *A New Voyage to Carolina* (1709, deutsch: Hamburg 1712), in dem er ein strahlendes Bild vor allem der Verhältnisse in der Region um den Fluß Neuse entwarf, wo er selbst 640 Acres Land erworben hatte. Graffenried, dessen Vorhaben von der Berner Regierung gefördert wurde, die die Chance sah, ungeliebte Elemente (Arme, Baptisten, Anabaptisten, Mennoniten) loszuwerden, und der, selbst hochverschuldet, in Amerika einen Fluchtpunkt vor seinen Gläubigern sah, kam schnell zu einer Einigung mit den Eigentümern der Kolonie, die außerordentlich günstige Konditionen boten (10 Pfund für 1000 Acres, eine zwölfjährige Option für den Zukauf von Land und den Titel Landgraf ab 5000 Acres Land). Probleme bereitete nur die Stellung von Siedlern, da große Teile des ursprünglichen Siedlerkontingents sich für einen Verbleib in den Niederlanden entschieden.

Einen Ausweg eröffneten Flüchtlinge aus der Pfalz. Im Jahr 1709 verließen etwa 13500 von ihnen ihre Heimat und suchten zunächst in England Zuflucht. Für diesen Massenexodus gab es eine Reihe von Gründen: Vor allem zog der Spanische Erbfolgekrieg – wie schon die ihm vorausgehenden Konflikte im 17. Jahrhundert – den Pfälzer Raum im besonderen Maß in Mitleidenschaft; aber auch die drückende Steuerlast und die verheerenden Folgen des Jahrhundertwinters 1708/1709 taten ein übriges, um den Entschluß zur Auswanderung zu befördern. Erste Station der Auswanderer in Europa war London, das sich auf Grund der Konzentration von Besiedlungsprojekten zur europäischen Auswandererdrehscheibe entwickelt hatte. Die Pfälzer waren allerdings auch von Werbeagenten der Kolonieeigentümer von Carolina und Pennsylvania nach England gelockt worden, die in Reklameschriften verkündet hatten, Queen Anne komme für die Kosten des Transports in die Kolonien auf. Der Weitertransport der in aller Regel völlig mittellosen Emigranten warf erhebliche Probleme auf, da die englische Regierung es ablehnte, die Kosten der Überfahrt aus öffentlichen Mitteln zu bestreiten. Transport und Ansiedlung der Auswanderer wurden vielmehr weitestgehend der privaten Initiative überlassen. Allerdings wurde durch königliche Proklamation ein Komitee eingesetzt, das die Modalitäten der Überfahrt und die Ansiedlung vor allem der seit 1709 zu Tausenden nach London strömenden Pfälzern mit interessierten Unternehmern aushandeln sollte. Die Eigentümer von Carolina hatten sich mit dem Board of Trade in Verbindung gesetzt, um günstige Konditionen für Siedler zwischen 15 und 45 Jahren aushandeln zu können. In diese Verhandlungen schaltete sich nun Christoph von Graffenried ein, indem er sich bereit erklärte, 600 der Pfälzer Flüchtlinge auf den von ihm erworbenen Ländereien (10000 Acres zwischen den Flüssen Neuse und Cape Fear) mit 250 Acres pro Familie anzusiedeln, während die Kolonieeigentümer die Kosten der Überfahrt zu tragen hatten.

Die Anfänge der Siedler in Carolina gestalteten sich schwierig, da zum einen die Beauftragten der Kolonieeigentümer – Lawson und Gale – im Siedlungsgebiet keinerlei Vorbereitungen getroffen hatten, zum anderen Graffenried seinen Landbesitz durch Zahlung erheblicher Beträge gegen Ansprüche von Lawson und die der benachbarten Indianerstämme sichern mußte. Die von Graffenried gegründete Stadt Neuse-Bern (später durch eine Verballhornung New Bern) entwickelte sich bald zu einem Handelszentrum, wurde aber schon 1711 in seiner Entwicklung durch einen Überfall von Indianern zurückgeworfen, die sich durch die massive Ausbreitung der an Zahl rasch zunehmenden Siedler bedroht sahen. Graffenried, der sich nach einer Gefangenschaft bei den Indianern zum Fürsprecher friedlicher Beziehungen machte, konnte sich jedoch

92. Die Massenauswanderung aus der Pfalz

gegenüber den Siedlern nicht durchsetzen, die eine militärische Lösung verfochten. 1715 wurden die Indianer endgültig aus ihren Stammesgebieten vertrieben.

Lit.: Linville L. Hendren: De Graffenried and the Swiss and Palatine Settlement of New Bern. In: Trinity College Historical Society Papers 4 (1900), S. 64–71 – Walter A. Knittel: Early Eighteenth Century Palatine Emigration. Philadelphia 1937. Ndr. Baltimore 1979 – Alonzo T. Dill: Eighteenth Century New Bern. In: North Carolina Historical Review 22 (1945), S. 1–21, 292–319 – F. Trautz: Die Pfälzische Auswanderung nach Nordamerika im 18. Jahrhundert. Heidelberg 1959 – H. T. Dickinson: The Poor Palatines and the Parties. In: English Historical Review 82 (1967), S. 464–485 – Hugh Lefler/William S. Powell: Colonial North Carolina. New York 1973, S. 56–80 – K. Scherer: Die Auswanderung aus der Pfalz. In: Willi P. Adams (Hg.): Die deutschsprachige Auswanderung in die Vereinigten Staaten. Berlin 1980, S. 81–109. TS

Die Vertragsartikel, die an diesem zehnten Tag des Oktober im Jahre Unseres Herrn Eintausendsiebenhundertundneun und im achten Jahr der Regierung Unserer Herrscherin Anne, von Gottes Gnaden Königin von Großbritannien, Frankreich und Irland, Verteidigerin des Glaubens, abgeschlossen, ausgefertigt, veröffentlicht und vereinbart wurden zwischen Herrn Christoph von Graffenried aus London und Herrn Lewis Mitchell, ebenfalls aus London, auf der einen und Baronet Sir John Philips, Baronet Sir Alexander Cairnes, dem Ritter Sir Theodore Janson, dem Doktor der Theologie White Kennet, Dekan von Peterborough, Herrn John Chamberlain, dem Doktor der Medizin Frederick Slore und dem Kaufmann Herrn Micajah Perry auf der anderen Seite – sieben der Bevollmächtigten und Treuhänder, die unlängst durch den gnädigen Patentbrief Ihrer Majestät unter dem Großsiegel von Großbritannien dazu ernannt und bestellt wurden, die Gelder, die für den Unterhalt und die Ansiedlung der vor kurzem in Großbritannien eingetroffenen notleidenden Pfälzer gesammelt werden sollen, einzukassieren, entgegenzunehmen und zu verwenden.

Nachdem nun die obengenannten Christoph von Graffenried und Lewis Mitchell für sich und ihre Erben einen großen Landstrich in jenem Teil der Herrschaftsgebiete Ihrer Majestät in Amerika, der North Carolina genannt wird, zu Eigentum erworben und darauf einen rechtmäßigen Anspruch haben – ein Landstrich, der im Augenblick aus Mangel an Einwohnern unbebaut ist und brach liegt – und sie, die genannten Christoph von Graffenried und Lewis Mitchell, bei den Bevollmächtigten, die durch den obenerwähnten Patentbrief für die Sicherung des Unterhalts und die Ansiedlung der bedürftigen und notleidenden Pfälzer bestellt wurden, darum nachgesucht haben, daß eine Anzahl der genannten notleidenden Pfälzer dazu herangezogen werde, auf dem besagten Landstrich im obenerwähnten North Carolina zu siedeln – zum Nutzen der genannten Christoph von Graffenried und Lewis Mitchell wie auch zur Linderung der Not und zur Unterstützung der genannten notleidenden Pfälzer; und nachdem nun die genannten Bevollmächtigten es für richtig befunden haben, zu diesem Zweck sechshundert der betreffenden Pfälzer, was in etwa zweiundneunzig Familien entspricht, abzustellen, und für jeden der besagten sechshundert notleidenden Pfälzer den Betrag von zwanzig Schillingen in Kleidern ausgegeben und aufgewandt haben und gleichfalls den genannten Christoph von Graffenried und Lewis Mitchell für jede der genannten sechshundert Personen die Summe von fünf Pfund zehn Schillingen gesetzmäßigen Geldes von Großbritannien gezahlt oder die Bezahlung garantiert haben als Entgelt für und zum Zwecke ihrer Beförderung nach dem obenerwähnten North Carolina und ihre zügige Ansiedlung dort: So wird denn von und mit den genannten Parteien des vorliegenden Vertrages folgendes festgelegt, beschlossen und vereinbart:

Erstens, daß die genannten Christoph von Graffenried und Lewis Mitchell für die oben bezeichnete Leistung auf ihre eigenen Kosten und ihre eigene Rechnung innerhalb des Jahres, das auf das Datum dieses Dokuments folgt, in oder auf zwei eigens dafür bereitgestellten Schiffen sechshundert der betreffenden notleidenden Pfälzer einschiffen oder einschiffen lassen, wie es von den genannten Bevollmächtigten angeordnet wird, was zusammengenommen etwa zweiundneunzig Familien ausmachen mag, und dafür Sorge tragen, daß die betreffenden Personen direkt nach dem obenerwähnten North Carolina transportiert werden, wobei sie während ihrer Fahrt dorthin mit Proviant und anderen Bedarfsartikeln zu versorgen sind; des weiteren, daß nach der Ankunft der betreffenden sechshundert notleidenden Pfälzer in dem obenerwähnten North Carolina die genannten Christoph von Graffenried und Lewis Mitchell innerhalb von drei Monaten nach ihrer Ankunft dort so viel von dem besagten obenerwähnten Landstrich durch Begrenzungen und Marksteine vermessen und aufteilen oder vermessen und aufteilen lassen, daß auf jede Familie der betreffenden sechshundert notleidenden Pfälzer zweihundertundfünfzig Acres kommen, seien es nun mehr als zweiundneunzig Familien oder weniger; und daß die besagten jeweiligen zweihundertundfünfzig Acres für jede Familie so nahe beieinander wie möglich liegen, damit für die Ausübung ihrer Religion wie auch für die Handhabung ihrer weltlichen Angelegenheiten bei den besagten notleidenden Pfälzern die gegenseitige Hinwendung zueinander und ihre Unterstützung untereinander umso eher gewährleistet sind; und um bei der Aufteilung der besagten jeweiligen zweihundertundfünfzig Acres Land bei den genannten Pfälzern Streitigkeiten und Zank zu vermeiden, wird vereinbart, daß das besagte Land, nachdem es auf jeweils zweihundertundfünfzig Acres pro Familie ausgelegt ist, durch das Los auf die einzelnen Familien aufgeteilt wird; des weiteren, daß die genannten Christoph von Graffenried und Lewis Mitchell, ihre Erben, Testamentsvollstrecker oder Nachlaßverwalter innerhalb von drei Monaten nach der Ankunft der besagten notleidenden Pfälzer im obenerwähnten North Carolina jeder Familie der besagten notleidenden Pfälzer durch das Los zweihundertundfünfzig Acres des obengenannten Landstrichs übergeben und übertragen und die besagten jeweiligen zweihundertundfünfzig Acres unter ausreichenden Rechtsgarantien dem Oberhaupt oder den Oberhäuptern jeder Familie, ihren Erben und Rechtsnachfolgern auf immer abtreten und übertragen; ihr Besitz bleibt während der darauffolgenden ersten fünf Jahre ohne irgendeine Gegenleistung, und nach der genannten Zeitspanne von fünf Jahren ist den genannten Christoph von Graffenried und Lewis Mitchell, ihren Erben, Testamentsvollstreckern und Nachlaßverwaltern jährlich und für jedes Jahr für jeden Acre die Summe von zwei Pence rechtmäßigen Geldes dieses Landes zu entrichten und zu zahlen; des weiteren wird vereinbart, daß die genannten Christoph von Graffenried und Lewis Mitchell für ein ganzes Jahr nach der Ankunft der besagten notleidenden Pfälzer im obengenannten North Carolina die besagten notleidenden Pfälzer mit ausreichenden Mengen an Getreide, Lebensmittelvorräten und anderen für einen ausreichenden Lebensunterhalt notwendigen Dingen versorgen oder dies veranlassen und sie ihnen liefern; man ist jedoch übereingekommen, daß die besagten notleidenden Pfälzer den genannten Christoph von Graffenried und Lewis Mitchell, ihren Erben, Testamentsvollstreckern und Nachlaßverwaltern am Ende des ersten darauffolgenden Jahres jeweils den vollen Wert dessen zurückzahlen und begleichen, was sie jeweils aus der bereitgestellten Menge erhalten; des weiteren, daß die genannten Christoph von Graffenried und Lewis Mitchell auf ihre eigenen Kosten und ihre eigene Rechnung die besagten Pfälzer innerhalb von vier Monaten nach ihrer Ankunft dort zu ihrem Gebrauch und Nutzen mit zwei Kühen und zwei Kälbern, mit fünf Sauen und ihren Jungen, mit zwei Mutterschafen und zwei Lämmern und mit einem männlichen Tier von jeder Sorte, das fortpflanzungsfähig ist, versorgen und sie ihnen übergeben und überstellen oder dies veranlassen; nach Ablauf von sieben Jahren wird jede Familie den genannten Christoph von Graffenried und Lewis Mitchell, ihren Erben oder Testamentsvollstreckern den Wert des ihnen auf diese Weise überlassenen Viehs zurückerstatten, wobei die Hälfte des nach dem Ablauf der besagten sieben Jahre erreichten Bestandes in ihren Händen verbleibt; des weiteren, daß die genannten Christoph von Graffenried und Lewis Mitchell unmittelbar nach der Aufteilung der besagten zweihundertundfünfzig Acres auf die Familien der genannten Pfälzer jedem der genannten Pfälzer kostenlos eine genügende Anzahl von Werkzeugen und Gerätschaften zum Fällen von Holz und zum Bauen von Häusern etc. übergeben und überlassen; und schließlich wird durch und zwischen allen Parteien dieses Vertragsdokuments vertraglich festgelegt, bestimmt und vereinbart, daß diese Artikel in dem Sinne ausgelegt und gedeutet werden sollen, der für das Wohlbefinden, die Zufriedenheit und den Vorteil der besagten notleidenden Pfälzer, die in dem Land oder der Provinz von North Carolina zu siedeln beabsichtigen, am zuträglichsten ist; daß die besagten notleidenden Pfälzer, soweit sie das tun und ausführen, was dem vorliegenden Vertrag gemäß von ihrer Seite zu tun ist, den Nutzen und Vorteil hieraus haben und genießen sollen ohne irgendeine weitere oder andersgeartete Forderung von Seiten der genannten Christoph von Graffenried und Lewis Mitchell, ihrer Erben, Testamentsvollstrecker oder Nachlaßverwalter oder eines von ihnen; und daß man sich, sollte es Schwierigkeiten geben, an den jeweils amtierenden Gouverneur des Landes oder der Provinz von North Carolina wendet, dessen Verfügungen und Anweisungen, die der Zielsetzung des vorliegenden Vertrages nicht widersprechen dürfen, für die genannten Christoph von Graffenried und Lewis Mitchell, ihre Erben, Testamentsvollstrecker und Nachlaßverwalter wie auch für die besagten notleidenden Pfälzer bindend sein sollen.

Zu Urkund dessen haben die genannten Parteien dieses Vertragsdokuments am obenbezeichneten Tag abwechselnd ihre Unterschriften und Siegel angebracht.

John Philips
Alexander Cairnes
White Kennet
John Chamberlain
Frederick Slore
Micajah Perry

Gesiegelt und ausgehändigt durch die hierin genannten Sir John Philips, Alexander Cairnes, White Kennet, John Chamberlain, Frederick Slore, Micajah Perry, die zwei Sechspennymarken vorwiesen.

In unserer Gegenwart
William Taylor, James de Pratt.

Wir, die hierin genannten Christoph von Graffenried und Lewis Mitchell, verpflichten uns hiermit für unsere Personen und für unsere Erben, Testamentsvollstrecker und Nachlaßverwalter und vereinbaren mit den hierin erwähnten Bevollmächtigten und Treuhändern, für und auf Grund derselben oben erwähnten Gegenleistung fünfzig weitere notleidende Pfälzer im Familienverband aufzunehmen und zuzulassen, die auf die gleiche Weise wie die hierin bezeichneten sechshundert notleidenden Pfälzer behandelt werden und die gleichen Landzuweisungen, Vorrechte, Zuwendungen und Vorteile haben und erhalten sollen, wie sie die besagten sechshundert Pfälzer durch jeden Artikel und jede Klausel, die hierin aufgeführt ist, haben, haben mögen oder haben sollten, so als ob die genannten fünfzig Pfälzer darin eingeschlossen oder die genannten Artikel, Klauseln und Vereinbarungen hier von neuem im einzelnen wiederholt und ihnen vorgetragen worden wären.

Zu Urkund dessen fügen wir hier unsere Unterschrift und unser Siegel an, diesen 21. Tag des Oktober, im Jahre des Herrn 1709.

Christoph von Graffenried
Lewis Mitchell

Diese Vereinbarung wurde in unserer Gegenwart gesiegelt und ausgehändigt.

W. Taylor, J. de Pratt.

Aus: The Colonial Records of North Carolina. 10 vols. Raleigh 1886–1890. Vol. I, S. 986–990. Mi

Viertes Kapitel

Mission und Kirche

Mission und Kirchengründung in Übersee ist bis ins 18. Jahrhundert überwiegend eine katholische Angelegenheit geblieben, obwohl die Vorstellung von einer missionarischen Sterilität des älteren Protestantismus heute nicht mehr zu halten ist. Man hatte versucht, das katholische Übergewicht durch Hinweise auf theologische Unterschiede zwischen dem alten und dem neuen Glauben zu begründen, ebenso wie sekundär den ungleichen Missionserfolg des Luthertums und des Kalvinismus. Aber Luthers Theologie war für Mission durchaus offen, auch wenn er als Erneuerer der alten Kirche, wie er sich verstand, keine Notwendigkeit für eine besondere Missionstheorie sah. Calvin engagierte sich von denselben Voraussetzungen her für hugenottische Missionsversuche in Brasilien. Die reformatorische Erwählungslehre braucht der Mission so wenig im Weg zu stehen wie die Naherwartung des Endgerichts; analoge Vorstellungen sind ja auch der altgläubigen Missionstheologie nicht fremd. Wie zunächst fast alle Missionare der verschiedenen christlichen Richtungen ging z. B. auch der Jesuit Franz Xaver ganz selbstverständlich von der traditionellen und für abendländische Intoleranz grundlegenden Lehre aus, daß nur gerettet wird, wer glaubt und sich taufen läßt; wer nicht (richtig) glaubt, ist verdammt (Markus 16,16). Wenn aber spätere Jesuitenmissionare annahmen, daß edle Heiden auch ohne das Christentum zum Heil gelangen könnten, so finden sich derartige humanistisch inspirierte Gedanken auch bereits bei Bibliander im Umkreis Zwinglis. Selbst chiliastische Impulse sind keine Besonderheit der Evangelischen, sondern spielen in der mexikanischen Franziskanermission eine wichtige Rolle.

Das katholische Übergewicht hat vorwiegend praktische Gründe, an erster Stelle den zeitlichen Vorsprung der alten Kirche im Bereich der katholisch bleibenden iberischen Mächte. Ferner haben sich die evangelischen Kirchen mit der Abschaffung der Orden der einzigen kirchlichen Institution beraubt, die über die nötige Motivation und Organisation für Missionsarbeit verfügte. Schließlich wirkt sich die Tatsache aus, daß die evangelischen Mächte die koloniale Bühne in Gestalt privilegierter Handelsgesellschaften betraten, deren eindeutige Profitorientierung für Missionsunternehmen noch ungünstiger war als die iberische Kombination von Herrschafts- und Wirtschaftsinteresse. Doch ob in dieser oder jener Form, in jedem Fall bleiben Kirche und Mission eng von weltlichen Mächten abhängig; das ist ein überall maßgebendes gemeinsames Strukturelement, das sich auch dort durchsetzt, wo man wie im

Falle der römischen Propaganda-Kongregation dieser Abhängigkeit entkommen möchte: An die Stelle der formellen Abhängigkeit von Portugal tritt die informelle von Frankreich. Diese Relation ist auch umkehrbar, denn wenn Kirche in Übersee spätestens seit dem 16. Jahrhundert nur noch als Konfessionskirche auftritt, so bedeutet dies nicht nur religiöse Engherzigkeit, sondern auch Verstärkung politischer Konflikte. Die Rivalität zwischen Engländern und Franzosen in Nordamerika, die Bedrohung des portugiesischen und des spanischen Weltreiches durch Engländer und Niederländer ist stets zugleich ein Glaubenskonflikt. Wenn die Inquisition in Mexiko englische Seeleute „bekehrt" bzw. verbrennt, dann ist dies ein Akt politischer Defensive so gut wie konfessioneller. Ebenso gehört die Beseitigung der katholischen Hierarchie in den indischen Eroberungen untrennbar zur politischen Offensive der Niederländer.

Die katholische Überseemission beginnt mit der iberischen Patronatskirche. Das ist ein System königlicher Kirchen- und Missionsherrschaft (port. *padroado*, span. *patronato* oder *padronazgo*), das der Krone weitgehende Verfügung über die Kirche gewährt, ihr aber dafür die Pflicht zu ihrem Unterhalt und zur Finanzierung der Mission auferlegt. Wie immer man den Charakter der päpstlichen Bullen, die 1418–1493 für Portugal und Spanien erlassen wurden (vgl. Bd. 1, Dok. 40 und 41), auch beurteilen mag, fest steht, daß die Könige darin als Gegenleistung für die ihnen verliehenen Rechte zur Ausbreitung des Glaubens und Errichtung der Kirche in den betreffenden Gebieten verpflichtet wurden. In Portugal wurde die Pflicht zur Mission und zur Gründung und Ausstattung von Kirchen zusammen mit der Jurisdiktion darüber vom Papst 1456 dem als Nachfolgeorganisation der Templer gegründeten Christusorden übertragen. Dessen Großmeister war Heinrich der Seefahrer. Nach dessen Tod gingen diese Pflichten und Rechte bis 1551 schrittweise auf die Krone über. Die spanischen Könige erhielten 1493 vom Papst den Missionsauftrag und das Missionsmonopol für „Westindien" und global dieselben Rechte wie die portugiesischen Herrscher in Afrika und Ostindien. 1501 wurde ihnen der Kirchenzehnte in den neuen Ländern übertragen gegen die Verpflichtung, Kirchen zu bauen und zu dotieren. 1508 schließlich erhielten sie analog zu den Verhältnissen im neueroberten Granada das Universalpatronat für Amerika, d. h. das Recht, für die Besetzung der höheren Pfründen (Konsistorialbenefizien) dem Papst, für die niederen Pfründen den Bischöfen verbindliche Vorschläge zu machen. Weitere Befugnisse kamen hinzu, so 1518 das Recht, Diözesangrenzen festzusetzen. Da das auf dieser Grundlage entstandene spanische Kirchenregiment Rom weitgehend von Amerika ausschloß und sich auch in rein geistliche Angelegenheiten einmischte, wurde dieser den kirchenrechtlichen Vorstellungen vom Patronat nach dem Reformkonzil von Trient (1545–63) widersprechende Zustand mit der Theorie vom „Vicariato Real" legitimiert, insbesondere durch J. Solorzano Pereira „De Indorum Iure" 1639. Danach ist der König nicht nur Patron, sondern ein unabsetzbarer Bevollmächtigter (Vikar) des Papstes.

IV. Mission und Kirche

Nachdem die Kanarischen Inseln von Spanien aus erobert und christianisiert worden waren (1404 wurde dort ein Bistum gegründet), waren auch die portugiesischen Entdeckungsfahrten rund um Afrika von missionarischen Aktivitäten begleitet. Die bisweilen geradezu herzlichen Beziehungen des Hofes zu Nzinga Mbemba, getauft Dom Afonso, dem Herrscher des Kongoreichs (1506–1543), erweckten große Hoffnungen, die enttäuscht wurden, weil die Portugiesen anderen Gebieten die Priorität einräumten und im Kongo selbst den Sklavenhandel auf Kosten der Mission verstärkten (Dok. 93). 1514 übertrug der Papst die Jurisdiktion von Kap Bojador bis Indien vom Vikar des Christusordens auf den Bischof des neugegründeten Bistums Funchal auf Madeira.

Obwohl schon die ersten Indienfahrer von Missionaren begleitet waren, standen kulturelle und sprachliche Barrieren einer Ausbreitung des Christentums über den unmittelbaren portugiesischen Machtbereich hinaus im Wege. Nur bei gesellschaftlichen Randgruppen und in kritischen Situationen konnten Erfolge erzielt werden, so bei der bedrohten Fischerkaste der Paraver an der Südostküste 1535–37 (Dok. 94). 1534 wurde Funchal zum Erzbistum mit vier Suffraganbistümern erhoben, darunter Goa für das Gebiet vom Kap der Guten Hoffnung bis Japan. 1558 wurde Goa Erzbistum mit Suffraganen in Cochin (für Südindien und Bengalen) und Malakka (für den ganzen Osten). 1579 kam Macao und 1588 Funay in Japan dazu. 1567, 1575, 1585, 1592 und 1606 fanden in Goa Provinzialkonzilien statt, bedeutsam für die Verbreitung tridentinischer Prinzipien und die Regulierung der Mission. Grundsätzlich sollte ohne viel Rücksicht auf soziokulturelle Differenzen das abendländische Christentum eingeführt werden. Die Problematik dieses Modells wird deutlich am wechselvollen Schicksal der beim Eintreffen der Portugiesen bereits vorhandenen nestorianischen Thomas-Christen und ihres (Erz-)Bistums Cranganore. Auf der Synode von Diamper wurden sie 1599 recht gewaltsam latinisiert und Goa unterstellt – aber nicht auf Dauer.

Ob das portugiesische Patronat nun nur für den königlichen Herrschaftsbereich oder ganz Asien gelten sollte, zunächst gab es einfach keine andere Möglichkeit, nach Asien zu gelangen und dort zu missionieren, als über Portugal. So ging auch der erste große Asienmissionar der Jesuiten Franz Xaver (1505–1552) den Weg über Lissabon. Aber er und die Jesuiten nach ihm griffen im Gegensatz zu den bisher in Asien tätigen Franziskanern, Dominikanern und Augustinern deutlich über das portugiesische Reich hinaus, vor allem in Japan, wo Xaver 1549–51 die Grundlagen einer rasch aufblühenden Mission schuf. Bedingungen dieses Erfolges waren der religiöse und politische Pluralismus im Lande einerseits, die geschickte Anpassung der Missionare an die japanische Mentalität andererseits (Dok. 97). Mit der neuen Einigung Japans seit 1573 und vor allem dem Shogunat des Hauses Tokugawa (seit 1599/1603) hing jedoch das Schicksal der Japanmission von ihrer Nützlichkeit für den von den Portugiesen monopolisierten Chinahandel ab. Die Missionare haben selbst im Chinageschäft investiert, was vom kanonischen Recht verboten, aber zur Finanzierung des aufwendigen Missionsstils notwendig war (Dok. 98). Veränderungen in China und das Auftauchen spanischer, englischer und niederländischer Konkurrenten machten die portugiesischen Jesuiten als Dolmetscher und Vermittler entbehrlich und als Agenten verdächtig. Die religiöse und politische Reaktion kulminierte in schweren Christenverfolgungen. Nach einem Christenaufstand 1637 wurde der Handel mit Portugal 1639 abgebrochen. Das Land blieb geschlossen, nur ein Geheimchristentum existierte weiter, neben rein wirtschaftlichen Kontakten mit den Holländern.

Aus dem Anpassungserfolg in Japan zogen die Jesuiten Folgerungen für China und Indien. Tatsächlich gelang es P. Matteo Ricci nach 1583, in der Rolle eines dem konfuzianischen Literaten angeglichenen Gelehrten aus dem Westen in das Reich der Mitte einzudringen und eine Mission in der Oberschicht zu etablieren. Nicht zuletzt die Gelehrtenrolle erwies sich als Vehikel der Mission: Im Schatten der als Gelehrte, besonders als Astronomen, und als Techniker am Kaiserhof geschätzten Jesuiten konnte sich das Christentum im Land ziemlich ungehindert entfalten. In Indien versuchte P. Roberto de Nobili seit 1607 ebenfalls, die Gleichsetzung von Christianisierung und Europäisierung zu überwinden und die Botschaft unter den Bedingungen der Hindu-Kastengesellschaft zu verkünden. Auf die beträchtlichen sprachlichen und philosophischen Leistungen, die von Jesuiten in diesem Zusammenhang vollbracht wurden, kann nur hingewiesen werden.

Der Katastrophe in Japan folgte aber bald eine Krise in China und Indien. Der Verlust von Ceylon (1638–57), Malakka (1641) und Cochin (1663) an die Holländer führte zur weitgehenden Beseitigung der kirchlichen Infrastruktur. Seit den 1630er Jahren wurde die Anpassungsmethode der Jesuiten von Franziskanern, Dominikanern und bald auch europäischen Jansenisten als gefährliche Verfälschung des Christentums denunziert. In dem nun ausbrechenden „Ritenstreit" behielt um 1700 ein zwar respektabler, aber engherziger Konfessionalismus und Europäismus die Oberhand (Dok. 99).

Das portugiesische Brasilien stand fast wie Afrika lange im Schatten der indischen Unternehmung. Zwar kamen bald Franziskaner ins Land, aber eine feste kirchliche Organisation und planmäßige Indio-Mission begann erst um 1550. 1549 trafen die ersten Jesuiten ein, 1551 wurde das Bistum Bahía errichtet, unter dem Erzbistum Lissabon, das 1558 für den atlantischen Raum zuständig wurde wie Goa für den indischen. Die erfolgreiche Indio-Mission der Jesuiten (Dok. 95) ging bald dazu über, ihre Schützlinge in geschlossenen Missionsdörfern *(aldeias)* anzusiedeln und sie gegen die Kolonisten, die von der Indio-Sklaverei lebten, zu verteidigen. Erst 1677 wurden weitere Bistümer gegründet und zu einer Kirchenprovinz Bahía zusammengefaßt, der bezeichnenderweise auch Angola als „Subkolonie" Brasiliens angehörte, während die Bistümer des Nordostens bei dem von dort besser zugänglichen Lissabon blieben.

Da Spanisch-Amerika in weit höherem Maß als irgendeine der portugiesischen Besitzungen Siedlerkolonie geworden ist, ergaben sich hier rasch massi-

IV. Mission und Kirche

ve Konflikte zwischen Erobererinteresse und Missionsinteresse. Zunächst hatte der Missionsgedanke zur Legitimation der Konquista (Dok. 96) und der Ausbeutung der Indios mittels der sogenannten „Encomienda" zu dienen; in der Theorie hatte der Encomendero nämlich als Gegenleistung für die Arbeit der ihm „anvertrauten" Indios für deren religiöse Betreuung zu sorgen. Genauso bemerkenswert wie die gutgläubige oder zynische Benutzung der christlichen Botschaft als Eroberungs- und Herrschaftsideologie ist aber auch der energische und durchaus nicht wirkungslose Protest, der sich schon in den Anfängen der spanischen Kolonialherrschaft dagegen erhob. Insbesondere der Dominikanerorden hat seit der grimmigen Adventspredigt seines Mitgliedes Montesinos 1511 (Dok. 100) nicht aufgehört, für die Rechte der Indios und eine friedliche Verkündigung des Evangeliums zu kämpfen. Dabei kamen Ordensbrüder in Spanien zu Hilfe, insbesondere der berühmte Theologe Francisco de Vitoria (1486–1546), der in „De Indis" (1539) die spanische Kolonialideologie systematisch zerpflückte. Wichtigster Protagonist gegen Indio-Sklaverei und Encomienda und für die Menschenwürde der von Spaniern häufig den Tieren gleichgeachteten Indios wurde Bartolomé de las Casas O. P. (1474–1566). Er wurde am spanischen Hof vorstellig und versuchte es mit Siedlungs- und Missionsexperimenten (Dok. 101) sowie mit zahlreichen Schriften. Ein polemisches Konzentrat aus seiner großen, mehrfach überarbeiteten „Historia de Las Indias" (Dok. 96 c), die „Brevissima relación de la destrucción de las Indias" (1542, gedr. 1552), wurde von den Gegnern Spaniens für Propagandazwecke gebraucht und hat daher Las Casas' Ruf in seinem Vaterland ruiniert. Aber die Dominikaner blieben nicht ohne Erfolge: Eine päpstliche Bulle trat 1537 für Menschenwürde, Freiheit und Eigentum der Indios ein, die Krone schaffte die Indio-Sklaverei 1530 vorläufig, 1542 endgültig ab, der Encomienda wurde 1536, wenigstens im Prinzip, der Charakter der Zwangsarbeit genommen, in den Leyes Nuevas 1542 (vgl. Bd. 5) war sogar ihre Abschaffung vorgesehen, was aber 1545 widerrufen werden mußte. Bei den Kriegs- und Eroberungszügen der zweiten Hälfte des 16. Jahrhunderts wirkten nicht selten Ordensleute als Aufpasser der Krone gegen Ausschreitungen der Soldaten und Befehlshaber mit. Nach Dussel wurden zeitweise bis zu zwei Dritteln der neugeschaffenen Bischofsstühle mit indianerfreundlichen Ordensleuten besetzt, die das zunächst den Bischöfen übertragene Amt des Indioprotektors energisch wahrnahmen.

Dabei waren die Franziskanerobservanten in anderer Art kaum weniger wichtig. Vor allem seit den Untersuchungen von Phelan über Gerónimo de Mendieta (1525–1604) wissen wir, wie sehr die ersten Franziskaner, die 1524 nach Mexiko kamen, die sog. „zwölf Apostel" aus Estremadura, vom eschatologischen Gedankengut der Spiritualentradition geprägt waren (vgl. Dok. 8): In chiliastischer Naherwartung des Jüngsten Tages galt es, mit den in ihrer Armut und Einfachheit dem franziskanischen Ideal so nahestehenden Indios, ein Idealreich zu gründen, in dem andere Spanier im Grunde entbehrlich waren. Durch ihr Eingehen auf die Indios wurden die Franziskaner in Mexiko zu

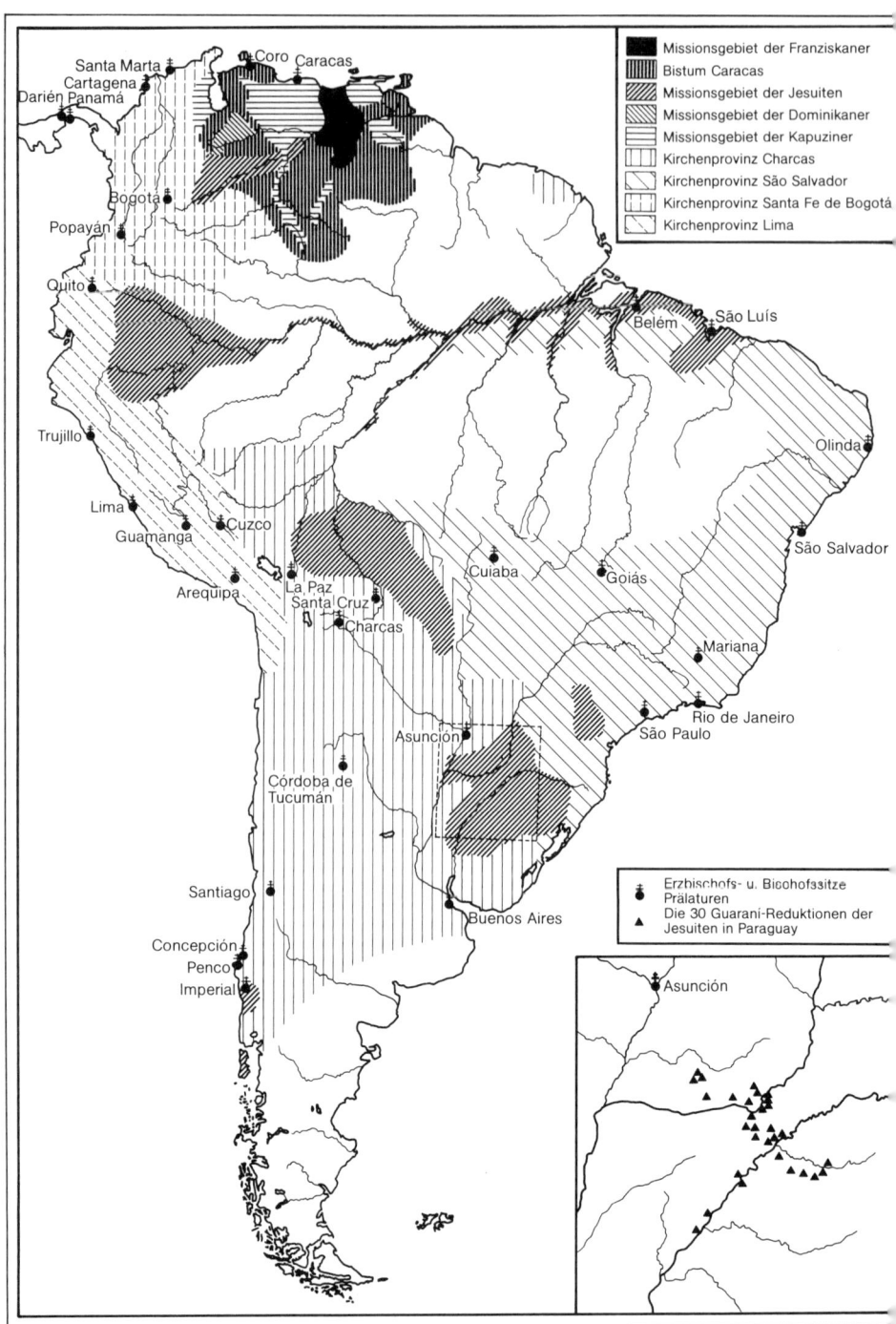

Karte 12: Mission und Kirchenorganisation in Südamerika im 18. Jahrhundert.

IV. Mission und Kirche

Pionieren der Linguistik und Ethnographie; 80 der 109 im 16. Jahrhundert verfaßten Bücher über mexikanische Sprachen stammen von ihnen. 1533–36 entstand das Kolleg Santa Cruz de Tlatelolco, eine Sekundarschule für die künftige Elite eines christlichen, aber indianischen Mexiko, die das übliche franziskanische Bildungsprogramm mit der Pflege einheimischer Tradition verband, bis sie nach der Wende gegen einheimische Eliten, insbesondere Priester, gegen Ende des Jahrhunderts einging. Ab 1557 verfaßte Fray Bernardino de Sahagún (ca. 1500–1590) im Auftrag seines Ordens eine der wichtigsten Quellen für unsere Kenntnis des vorspanischen Mexiko, die „Historia general de las cosas de Nueva España", um den Missionaren die nötige Kenntnis des Landes und der Sprache zu geben. Die antiindianische Reaktion beraubte aber auch dieses Werk für lange Zeit seiner Wirkung. Durch den Franziskanerbischof Zumarraga war auch der spätere Bischof von Michoacán Vasco de Quiroga (ca. 1477–1565) mit der „Utopia" des Thomas Morus bekannt geworden, nach deren Muster er 1531/33 zwei indianische Idealgemeinden gründete. Die Dörfer existieren heute noch, wir wissen aber nicht, wie lange sie nach dem ursprünglichen Modell funktioniert haben.

Dies ist aber nur die eine Seite. Dieselben Franziskaner rühmen sich, heidnische Schriften und Götzenbilder zu Hunderten vernichtet zu haben. Beim Verdacht auf Rückfall ins Heidentum oder heimlichen Götzendienst waren sie mit ihren Methoden nicht wählerisch (Dok. 103). Die Wirksamkeit der auch in Amerika eingeführten spanischen Inquisition wurde allerdings 1575 definitiv auf den Schutz vor heimlichen Juden und Ketzern und dergleichen eingeschränkt; für die noch im Glauben schwachen Indios war sie dann nicht mehr zuständig. Man hatte inzwischen nämlich festgestellt, daß das Heidentum trotz formeller Bekehrung allerorten weiterlebte. Zwar beweist die Nachricht von einer „spanischen" Marienerscheinung vor einem Indio 1531 erfolgreiche Verschmelzung indianischer und christlicher Elemente – Guadalupe sollte für die nationale Integration Mexikos noch hochbedeutsam werden. Aber der Regelfall scheint eher das Weiterleben heidnischer Tradition in christlichem Gewand gewesen zu sein. Besonders in Peru mußte man sich von der Mitte des 16. bis zur Mitte des 17. Jahrhunderts intensiv mit diesem Problem beschäftigen. Verschiedene Indio-Aufstände und die steigenden Forderungen der Krone, die an die Stelle der Mißbräuche der Konquistadoren traten und nur von zusammensiedelnden Indios befriedigt werden konnten, trugen das ihrige dazu bei, den missionarischen Optimismus weiter zu dämpfen. So pendelte sich die Missionsmethode auf einer mittleren „realistischen" Linie ein. Ihr Klassiker wurde der Jesuit José de Acosta (1540–1600) mit „De procuranda Indorum salute" 1588 (Dok. 104).

Ausgangspunkt der Mission war die Sammlung der Indios in Dörfern *(misiones* oder *reducciones)*, wo ihnen von den Glaubensboten zunächst einmal die Grundlagen des Ackerbaus und der sonstigen mediterranen Zivilisation beigebracht wurden. Zu diesem Zweck wurden die einheimischen Sprachen und Kulturen gepflegt, obwohl, ganz im Sinne der Krone, Hispanisierung das letzte Ziel blieb. Nach Kenntnis der wichtigsten Gebete und Gebote konnten die Indios dann getauft werden; weitere Unterweisung mußte aber noch folgen. Zur Beichte herrschte infolge indianischer Vorbilder heftiger Andrang, was zu Mißverständnissen und Mißbräuchen führte. Ob neubekehrte Einheimische überhaupt zur Eucharistie zugelassen werden könnten, war lange umstritten – genau wie in der niederländischen Mission auf Formosa. Auch in Europa war ja Zurückhaltung bzw. rigorose Abendmahldisziplin üblich – sollte man unter diesen Umständen angebliche halbe Tiere zum Tisch des Herrn zulassen? Philipp II. befahl es 1578, und Acosta sprach sich dafür aus, weil das Sakrament gerade für die Schwachen da sei. Am zurückhaltendsten war man mit der Zulassung zu den Weihen, auch die Franziskaner sahen sich nach der ersten Begeisterung in ihren Erwartungen enttäuscht. Hochmut, Trunksucht und Unfähigkeit zum Zölibat waren die Hauptvorwürfe. Außerdem schien es nicht an weißen Priestern zu fehlen. So wurde die Weihe von Indios auf den Provinzialkonzilien von Mexiko 1555 und Lima 1567 ausdrücklich verboten. Auch die Orden übten Zurückhaltung. Nur bei Mestizen war man etwas großzügiger; 1576 gestattete Gregor XIII. ausdrücklich die Weihe von Mestizen und Illegitimen. Das Verbot der Indio-Weihen verschwand allmählich; vielleicht unter dem Eindruck entsprechender Verfügungen Roms. Aber erst seit dem 17. Jahrhundert tauchen in untergeordneter Stellung indianische Priester auf. Die katholische Missionsliteratur sieht hier einen Hauptgrund für die Tatsache, daß die Kirche in Lateinamerika bis ins 19. Jahrhundert den Charakter einer ausländischen Institution behalten hat. Der Historiker Boxer hält es für möglich, daß diese lateinamerikanische Entwicklung Auswirkungen auf die Einschränkung des einheimischen Klerus auch in anderen Gebieten gehabt hat. Die Unbefangenheit der Anfänge im Kongo war vorüber, überall entstand im 16. Jahrhundert weniger eine Rassen- als eine Hautfarbenschranke *(pigmentocracy)*. Es gab nur wenige Neger oder Inder als Priester, schon gar nicht in den Orden, während zugunsten der Japaner, Chinesen, Koreaner und Vietnamesen eine Ausnahme gemacht wurde – sie galten als Weiße.

Mit der Domestizierung „wilder" Indios in Siedlungen erfüllte der Missionar im spanischen Kolonialreich mit der religiösen zugleich eine politische Aufgabe. Der Franziskaner- oder Jesuitenmissionar wurde der für das spanische Kolonialreich typische Vertreter der Gattung „Grenzer", sowohl was den abenteuerlich-ungeschützten Umgang mit „Wilden" als was die hochpolitische Grenzsicherung angeht. Anfänge liegen bereits bei Las Casas (Dok. 101), die beiden wichtigsten Beispiele sind der Südwesten der heutigen USA, wo der ehemalige Ingolstädter Mathematiker P. Eusebius Kühn S. J. (1644–1711) als Forschungsreisender, Missionar und Indio-Politiker tätig war und noch heute als „Chino" in der indianischen Tradition weiterlebt, wo im 18. Jahrhundert die Franziskaner in Kalifornien dem russischen Vordringen entgegengestellt wurden, schließlich und vor allem der sog. „Jesuitenstaat" von Paraguay (Dok. 105).

Wenn „misiones" und „reducciones" nach etwa 10 Jahren eine Kirche und

IV. Mission und Kirche

geordnete Verhältnisse aufzuweisen hatten, erhielten sie den Status einer „doctrina", einer ordentlichen Indio-Pfarrei. Ungeachtet der geforderten Trennung von Indios und Weißen auf unterer Ebene, die beibehalten wurde, kamen sie damit unter die Jurisdiktion der Bischöfe, während bisher ausschließlich der jeweilige Missionsorden zuständig gewesen war. Wenn sie statt der eigentlich vorgesehenen Weltgeistlichen ihre Ordensseelsorger behielten, unterstanden diese jetzt in ihrer Eigenschaft als Pfarrer dem Bischof, seit das Trienter Konzil 1563 die exemte Seelsorge der Orden abgeschafft hatte. Die Krone hat nur bestimmte Orden zur Mission zugelassen: Die Franziskaner 1493, die Dominikaner 1509, die Mercedarier 1514, die Augustiner 1533, später die Jesuiten 1665 und die Kapuziner 1657. Andere Orden, etwa beschauliche, wurden in Amerika nicht geduldet. Aber die Krone finanzierte Ausstattung und Reise der Missionare, die in beträchtlicher Zahl in die neue Welt geschickt wurden.

Ausreise von Missionaren nach Amerika

	15. Jh.	16. Jh.	17. Jh.	18. Jh.	19. Jh.	Total	in Prozent
Franziskaner	5	2782	2207	2736	711	8441	55,91
Jesuiten	–	351	1148	1690	–	3189	21,12
Dominikaner	–	1579	138	116	4	1837	12,16
Kapuziner	–	–	205	571	26	802	5,31
Mercedarier	3	312	73	–	–	388	2,57
Augustiner	–	348	31	1	–	380	2,51
Karmeliten	–	28	12	–	–	40	0,26
Verschiedene	2	18	–	–	–	20	0,13
	10	5418	3814	5114	741	15097	100

(Nach P. Borges Morán: El envío de misioneros a América, S. 537)

Die amerikanische Selbstrekrutierung des Klerus bleibt demgegenüber unbekannt; es scheint aber stets Mangel geherrscht zu haben, zumindest für die Versorgung der Mission.

Teils mit, teils neben den Missionsorden wurde beizeiten wie im portugiesischen Machtbereich eine ordentliche Hierarchie königlichen Patronats errichtet; laut Dussel gab es im Jahr 1600 bereits 30 Bistümer. Ursprünglich gehörten die neuen Diözesen zur Kirchenprovinz Sevilla, 1546 aber wurden die Erzbistümer Santo Domingo, Mexiko und Lima errichtet. 1565 folgte Bogotá und 1609 La Plata (Charcas/Sucre in Bolivien) für den ganzen Süden des Kontinents. Die Hierarchie unterstand wie die Mission dem Besetzungsrecht und der Aufsicht des königlichen Patronats, die vom Indienrat, von den Vizekönigen, Audiencias und Gouverneuren wahrgenommen wurden. Das ging nicht ohne Konflikte; die Bischöfe waren einerseits auf Unabhängigkeit bedacht, betrachteten sich aber auch als königliches Kontrollorgan gegenüber den Beamten (Dok. 95). Auf der anderen Seite neigten die Beamten je länger desto mehr dazu, das königliche Kirchenregiment nicht auf dem Umweg über den kirchlichen Apparat, sondern durch direkte Eingriffe an Ort und Stelle auszuüben. Schließlich wurde auch der kirchliche Zehnte von königlichen Beamten eingezogen. Er wurde aber Ende des 17. Jahrhunderts noch keineswegs allgemein auch von den Indios erhoben. Folgender Verteilungsschlüssel kam für den Zehnertrag zur Anwendung: Je ein Viertel erhielten Bischof und Domkapitel, vom Rest vier Neuntel die Pfarrer und ihre Helfer, drei Neuntel die Kirchenfabriken und die Hospitäler, zwei Neuntel die Krone.

Der Einfluß des Papstes blieb gering, war aber keineswegs ganz ausgeschlossen. Zwar wurde 1573 die Appellation nach Rom praktisch unterbunden, aber die lateinamerikanischen Bischöfe waren z. B. durchaus zur *Visitatio liminum* in zehnjährigen Abständen verpflichtet. Auch über die Nuntiatur in Madrid ließ sich manches erreichen. Die Kirche Lateinamerikas blieb keineswegs vortridentinisch, wie man manchmal lesen kann; vielmehr befahl Philipp II. selbst 1564 die Befolgung der Konzilsdekrete. Wie anderswo üblich, wurden zu diesem Zweck Provinzialkonzilien abgehalten: In Lima 1552, 1567, 1583, 1591 und 1601, in Mexiko 1555, 1565 und 1585, in Santo Domingo 1622, in Bogotá 1625 und in Charcas 1629. Dem Gesetzgebungswerk der Konzilien von Lima 1583 und Mexiko 1585 kommt für die Neugestaltung der Kirche nach tridentinischen Grundsätzen und die definitive Regulierung der Mission grundlegende Bedeutung zu. Schwierigkeiten mit der Krone ließen die Konzilien aber einschlafen; erst Ende des 18. Jahrhunderts regte die Krone selbst erneut derartige Versammlungen an.

Die Philippinen gehören in ihrer Abhängigkeit von Mexiko trotz großer Entfernung in dieses System hinein; das Bistum Manila blieb bis zur Errichtung einer eigenen Kirchenprovinz 1595 Suffragan von Mexiko. Eroberung und Christianisierung entsprechen auf den ersten Blick dem üblichen Schema. Doch weil damit erst 1565 begonnen wurde, konnte man bewußt amerikanische Erfahrungen nutzen und den Vorgang erheblich friedlicher und effizienter ablaufen lassen als dort. Vermutlich hat aber das Fehlen größerer Zahlen spanischer Glücksritter bzw. deren Konzentration in Manila mit zu diesem günstigeren Bild beigetragen.

In einem infolge weit gestreuter, vorwiegend personaler Herrschaft durchlässigen System konnte das Papsttum unbesorgt das Missionsgeschäft einzelnen Königen überlassen. Im heraufkommenden modernen Staat wandelten sich aber Missionsmonopol und Patronat im spanischen Amerika zur fast lückenlosen Kirchenherrschaft. Auf der anderen Seite zeigte die Entwicklung am Indischen Ozean, wie die kirchlichen Angelegenheiten infolge ihrer Bindung an Portugal unter neuen Mächtekonflikten zu leiden hatten. Das ohnehin missionarisch stärker engagierte nachtridentinische Papsttum war daher sehr daran interessiert, die Kontrolle über die Mission zurückzugewinnen. Nach verschiedenen organisatorischen Experimenten wurde schließlich 1622 durch Gregor XV. eine ständige Kardinalskommission, wie sie seit 1588 für andere

Bereiche als „Ministerien" der Kirche existierten, speziell für die Verbreitung des Glaubens errichtet, die „Sacra Congregatio de Propaganda Fide". 1626/27 entstanden eine polyglotte Druckerei und ein Kolleg für Priesternachwuchs, das allerdings lange kaum Alumnen aus Übersee zählte. Protestantenmission und Ostkirchenkontakte gehörten nämlich ebenfalls zu den Aufgaben der Propagandakongregation. Trotz zunächst behutsamer Taktik gegenüber dem königlichen Patronat wurde die Kongregation in Spanien für Amerika schroff abgewiesen. Der portugiesische Anspruch auf ein Missionsmonopol in Asien aber ließ sich angesichts der veränderten Verhältnisse nicht mehr behaupten. 1600–1673 führte Rom dort schrittweise die volle Missionsfreiheit ein, einschließlich des Zuganges auf anderen als portugiesischen Schiffen und auf anderen Wegen als über Goa. Katholische Missionare, die auf Schiffen protestantischer Mächte gereist waren, wurden aber von der Inquisition von Goa als Ketzer wegen Nichtanerkennung der Patronatsbullen verfolgt. Dennoch konnte ab 1658 mit dem Aufbau einer nur von Rom abhängigen Missionshierarchie in Gestalt der „Apostolischen Vikare" für Hinterindien, China und das nicht-portugiesische Vorderindien begonnen werden. Ordentliche Bischöfe besaßen gegenüber Rom eine gewisse Selbständigkeit, waren damals aber fast immer irgendeiner weltlichen Kirchenherrschaft unterworfen. Beides trifft für die Apostolischen Vikare als bloße Titularbischöfe und päpstliche Kommissare nicht zu. Die neue Institution war ab 1592 an einem Einzelfall in den Niederlanden, dann 1637 in Vorderindien erprobt worden. Der Widerstand der Orden, die ja ebenfalls ein Missionsmonopol älteren Typs besaßen, wurde durch die Verpflichtung zu einem Gehorsamseid gegenüber den Apostolischen Vikaren gebrochen. Dennoch führte das neue System bisweilen zu einem Chaos von Initiativen und Konflikten, bis sich um 1700 die moderne Lösung einzubürgern begann, nach der Rom jeweils ein bestimmtes Gebiet einer bestimmten (Ordens-)Genossenschaft zur Mission zuweist und den Apostolischen Vikar dieser Genossenschaft entnimmt. Das neue Unabhängigkeitsprogramm für die Mission lief aber nicht nur auf Unterwerfung unter die Kontrolle Roms hinaus; strenges Verbot jeder Art von wirtschaftlicher und politischer Betätigung gehörte ebenso dazu wie die Verpflichtung zu kultureller Anpassung und zum Aufbau eines einheimischen Klerus (Dok. 106).

Das neue Programm brauchte aber auch neues Personal und neue Ressourcen. Obwohl die *Propaganda* vergleichsweise gut ausgestattet war (1662: Kapital 562 553 Scudi, Jahresertrag 22 246 Scudi), genügten die Mittel Italiens nicht für die vielfältigen Aufgaben (1662: Defizit 18 000 Scudi). Man wandte sich daher an die letzte katholische Großmacht Frankreich. 1660 entstand im Zusammenhang mit der Entsendung der ersten Apostolischen Vikare, die alle Franzosen waren, die „Société des Missions Etrangères de Paris", kein Orden mehr, sondern eine Weltpriestergenossenschaft. So wurde trotz aller Vorsichtsmaßnahmen Roms die neue Epoche der Missionsgeschichte bis zu einem gewissen Grad ein französisches Zeitalter, zur Freude Ludwigs XIV., aber nicht ohne Verletzung der neuen Unabhängigkeitsgrundsätze, verfügten manche Missionare doch über allzu gute Beziehungen zu den Handelsgesellschaften Colberts. Dennoch, von einem straffen Patronat war nicht mehr die Rede.

Inzwischen hatte Frankreich bescheidene Erfolge mit der Errichtung seiner Nouvelle France in Kanada, die im Gegensatz zu früheren Kolonisationsversuchen von Richelieu seit 1626 bewußt als streng katholisches Land konzipiert war. Als erste Seelsorger und Missionare waren wie andernorts Franziskanerobservanten (die sog. Rekollekten) ins Land gekommen, 1625 folgten die Jesuiten. Nach Beendigung der englischen Besetzung stand Kanada 1632–57 religiös wie politisch weitgehend unter der Kontrolle der Jesuiten, die sich mit ihrer an südamerikanischen Erfahrungen orientierten Methode unter großen Strapazen um die Bekehrung der Indianer bemühten (Dok. 107). Die Mission scheiterte aber am europäischen Einfluß, weniger am Schnapshandel, der sich überall unangenehm bemerkbar machte, als an der unauflösbaren Verflechtung mit den Konflikten um das Pelzgeschäft zwischen Huronen und Irokesen sowie ihren europäischen Hintermännern. Die kanadische Mission war aber die erste auf der Welt, in der Frauen tätig wurden; die Ursulinen und die sog. Hospitalières waren 1639 nach Québec gekommen (Dok. 108). Seit 1631 war die Errichtung eines Bistums im Gespräch, blieb aber umstritten: Die Krone, der Erzbischof von Rouen, der die Jurisdiktion über Kanada beanspruchte, und die von ihm nach der Jahrhundertmitte ins Land gebrachten Sulpizianer wünschten ein französisches Patronatsbistum, die *Propaganda* und die Jesuiten ein Apostolisches Vikariat. Zunächst gab die Krone nach, 1658 wurde ein Apostolisches Vikariat errichtet. Nach weiteren Konflikten wurde es aber 1674 in ein theoretisch unmittelbar Rom, praktisch aber dem Erzbischof von Paris unterstelltes „normales" französisches Bistum verwandelt. Die Jesuiten mußten ihren Einfluß nun mit anderen teilen, der bis heute spürbare katholische Charakter des Landes aber blieb. Kirchlicher Geschäftssinn erregte Anstoß bei der Konkurrenz, kirchliche Prägung des Alltagslebens bei kritischen Geistern (Dok. 109). Maßnahmen zur Beschränkung kirchlichen Grunderwerbs (Dok. 110) waren allerdings im neuen Wirtschaftsparadies Westindien dringender. Die gescheiterten Spekulationsgeschäfte des Jesuiten Lavalette auf Martinique wurden zur Legitimation der Aufhebung des Jesuitenordens herangezogen. Man muß freilich festhalten, daß zum wirtschaftlichen Engagement von Orden und Missionsgesellschaften aller Art in Westindien auch eine bisweilen heroische Mission unter den Negersklaven gehört.

Die unbestreitbare Tatsache, daß die englischen Kolonisten Nordamerikas mit Ausnahme der Quäker in der Regel ein schlechteres Verhältnis zum Indianer hatten als die Franzosen, läßt sich nur zum Teil auf den Gegensatz zwischen jesuitischer Anpassungsbereitschaft und puritanischem Rigorismus zurückführen, der notorische Landhunger der Engländer spielt keine geringere Rolle. Hier war der Squatter der Typ des Grenzers, dort der Pelzjäger und der Missionar. Der englische Puritanismus bezog vielmehr den Missionsgedanken durchaus in sein theokratisches Reformprogramm ein. 1649 wurde auf Initia-

IV. Mission und Kirche 451

tive des Long Parliament die „New England Company" für Indianermission gegründet, die älteste noch existierende Missionsgesellschaft und das Vorbild für spätere Gründungen. Freilich ist „Bekehrung" im Verständnis der Puritaner etwas weit Anspruchsvolleres als in der Praxis katholischer Missionare; der „praying Indian" begegnete daher hier noch größerer Skepsis als dort. Die dennoch erzielten Erfolge des bedeutenden Missionars und Linguisten John Eliot (1604–1690) (Dok. 111) haben aber den Indianerkrieg von 1675 nur zum kleineren Teil überlebt. Hinfort stagnierte die Mission.

Im Bereich der reinen Handelsgesellschaften herrschte naturgemäß das Gesetz des Profits, zumindest bei den niederländischen Kompanien, aber doch mit bescheidenen Einschränkungen zugunsten der Kirche. Der kalvinistische Charakter der niederländischen Gemeinschaften auf See und in Übersee und ihre Versorgung mit Predigern und Hilfskräften mit Elementarausbildung (Krank-bezoekers: Krankenbesucher, Zieken-troosters: Siechentröster) auf Kosten der Kompanie war zwar selbstverständlich, deren seelsorgerische und missionarische Aktivität wurde aber wie die ganze Politik streng den kommerziellen Interessen untergeordnet. So wurde die theoretisch vorgesehene Unterdrückung von Papismus, protestantischem Dissentertum, Islam und Heidentum höchst unterschiedlich und im Lauf der Zeit immer liberaler gehandhabt. Kritik am Regiment der Kompanie wurde nicht geduldet, auch wenn sie auf Mission ausdrücklich verzichtete, weil sie dem Handel mit Moslems schaden konnte. Doch war der Ostindischen Kompanie schon 1618 von dem späteren Molukkenmissionar Justus Heurnius in „De legatione ad Indos capessenda admonitio" ihre Verantwortung für das Seelenheil der Heiden vorgehalten worden, so daß sie ab 1622 in Leiden ein Ostindienseminar unter Anton Walaeus unterhielt, bis es ihr 1633 zu teuer wurde. Zwei in ähnlicher Absicht auf Ceylon gegründete Schulen wurden eher als Ausbildungsstätte für Verwaltungskader wichtig. Regelrecht missioniert wurde ja nur unter den Katholiken von Südindien, Ceylon und Amboina sowie unter den Animisten Formosas. In Südindien und Ceylon blieb der Erfolg trotz beachtlichen Engagements gering (Dok. 112). Auf Amboina hingegen konnte dank Isolierung der katholische Einfluß ausgeschaltet und die Bevölkerung allmählich zum Kalvinismus bekehrt werden, was nach 1945 zur Flucht der reformierten und daher gegenüber den Niederlanden loyalen Südmolukker nach Holland geführt hat. Dank Kuepers kennen wir die beachtlichen missionarischen Anstrengungen, die 1627–62 in Formosa unternommen wurden, heute genauer. Sie blieben aber Episode wie die niederländische Herrschaft selbst. Dasselbe gilt übrigens auch von den einzigen nennenswerten Missionserfolgen im Bereich der Westindischen Kompanie unter den Tupís Brasiliens 1624–54.

Das 18. Jahrhundert brachte neue Impulse aus dem Bereich des Pietismus, die dänische Indienmission mit Personal aus Halle seit 1706 und die verschiedenen Unternehmungen der Herrnhuter seit 1732, vor allem die Negersklavenmission in Westindien. Auch im anglikanischen und kalvinistischen England und Amerika kam es zu neuen Initiativen, die teilweise bereits zu den Erweckungsbewegungen des 19. Jahrhunderts hinüberführen. Bereits 1698/99 wurde die „Society for the Propagation of Christian Knowledge" gegründet, 1701 die „Society for the Propagation of the Gospel in Foreign Parts" – übrigens wie schon die „New England Society" als Gegenmaßnahme gegen die Propagandakongregation. Bei diesen Initiativen tritt die Mission durch „Laien" mehr und mehr in den Vordergrund. Wenn man freilich den modernen, aber dennoch keineswegs anachronistischen Maßstab der Begründung lebensfähiger einheimischer Kirchen anlegt, bleiben diese wie die meisten älteren evangelischen Missionsunternehmungen Episode. Aber auch die stolze Bilanz der fast überall anwesenden und aktiven katholischen Kirche nimmt sich unter diesem Aspekt bescheidener aus. Bleibende Erfolge wurden auch hier eigentlich nur in Amerika erzielt, gekrönt durch Errichtung einer ordentlichen Hierarchie. Sie beruhen aber eher auf weißen Einwanderern als auf der Bekehrung der Ureinwohner.

Lit. [allgemeine und im Text genannte Werke]: Revue d'histoire ecclésiastique [laufende Bibliographie zur Kirchen- und Missionsgeschichte] – Atlas zur Kirchengeschichte. Bearb. J. Martin. Freiburg 1970 [überkonfessionell] – Lexikon für Theologie und Kirche. 2. Aufl. 11 Bde. Freiburg 1957–67 [katholisch] – Handbuch der Kirchengeschichte. Hg. H. Jedin. 7 Bde. in 10 Tln. Freiburg 1962–79 [katholisch, in d. Bdn. IV u. V einige Kapitel über Missionsgeschichte von J. Glazik und J. Beckmann] – Die Kirche in ihrer Geschichte. Ein Handbuch. Hg. B. Moeller, Göttingen 1961 ff. [evangelisch, faszinierende Darstellung der neueren Missionsgeschichte von H.-W. Gensichen] – K. S. Latourette: A History of the Expansion of Christianity. 7 Bde. New York 1937–45 [evangelisch] – A. Mulders: Missionsgeschichte. Regensburg 1960 [katholisch] – A. Jann: Die katholischen Missionen in Indien, China und Japan. Ihre Organisation und das portugiesische Patronat vom 15. bis ins 18. Jahrhundert. Paderborn 1915 [katholisch, teilweise veraltet, aber materialreich] – C. R. Boxer: The Church militant and Iberian expansion, 1440–1770. Baltimore 1978 [glänzende Zusammenfassung von einem Profanhistoriker] – A. Ybot León: La iglesia y los eclesiásticos españoles en la empresa de Indias. 2 vol. Barcelona 1954–63 [Gesamtdarstellung in der Reihe: Historia de América y de los pueblos americanos 16/17] – L. Lopetegui/F. Zubillaga: Historia de la iglesia en la América española desde el descubrimiento hasta los comienzos del siglo XIX. México. América central. Antillas. Madrid 1965 [katholisch, sehr gründlich] – J. L. Phelan: The Millenial Kingdom of the Franciscans in the New World. Berkeley-Los Angeles 2. Aufl. 1970 – P. Borges Morán: El envio de misioneros a América durante la época española. Salamanca 1977 – E. Dussel: Les évêques hispano-américains. Défenseurs et évangélisateurs de l'Indien 1504–1620. Wiesbaden 1970 – Sacrae Congregationis Propaganda Fide Memoria Rerum 1622–1972. Ed. J. Metzler. 3 Bde. in 5 Tln. Rom 1971–76 [Sammelwerk, Beiträge auch zu einzelnen Missionsgebieten] – J. J. A. M. Kuepers: The Dutch Reformed Church in Formosa 1627–1662. Mission in a Colonial Context. Immensee 1978 – Horst Pietschmann: Die Kirche in Hispanoamerika. Eine Einführung. In: Willi Henkel: Die Konzilien in Lateinamerika. Teil I: Mexiko 1555–1897. Paderborn-München-Wien-Zürich 1984, S. 1–48. WR

93. Die Missionierung des Kongoreiches: Ein Brief des bekehrten kongolesischen Königs Dom Afonso (1514)

Diogo Cão, der 1483 die Kongomündung entdeckt hatte, gelangte auf seiner dritten Reise 1487 nach Mbanza Congo, den Herrschersitz des Kongo-Reiches im äußersten Norden des heutigen Angola, unweit der Küste südlich des Stromes. Der Oberherr des Landes knüpfte freundschaftliche Beziehungen zu den Portugiesen, 1490 kamen die ersten Missionare ins Land. 1506 gewann der getaufte Fürstensohn Dom Afonso, zuvor Nzinga Mbemba, vermutlich nicht ohne portugiesische Hilfe die Oberhand über seinen heidnischen Rivalen und herrschte bis 1543. Als überzeugter Christ stellte er die Bekehrung seines Volkes ins Zentrum seiner Politik. Er nahm dabei die Hilfe seiner königlichen Amtsbrüder in Portugal in Anspruch; 29 zu diesem Zweck geschriebene Briefe haben sich erhalten, zum großen Teil im Original. Die Schreiben der portugiesischen Könige sind verloren, nicht aber andere aufschlußreiche Dokumente, insbesondere nicht die Instruktion *(regimento)* König Manuels für seinen Vertreter Simão da Silva von 1512, die eine Art „Entwicklungshilfeprogramm" entwirft, mit dem Ziel einer Übertragung der portugiesischen Kultur in den Kongo, wobei dem Christentum die zentrale Rolle zugedacht war. 1508 hatte Dom Afonso seinen Sohn Dom Henrique zum Studium nach Portugal geschickt, 1512 wurde eine regelrechte Obödienzgesandtschaft zum Papst nach Rom geplant. 1518 wurde der Prinz Dom Henrique von Leo X. zum Titularbischof von Utica ernannt und 1521 als erster und für lange Zeit letzter Afrikaner zum Bischof geweiht. Von seiner Wirksamkeit im Kongo als Weihbischof des zuständigen Bischofs von Funchal auf Madeira ist nichts bekannt. 1534 wurde das für den Kongo zuständige Suffraganbistum der neugeschaffenen Kirchenprovinz Funchal jedenfalls nicht in Mbanza Congo/São Salvador, sondern auf der Insel São Tomé errichtet. Darin findet das Hauptproblem der kongolesisch-portugiesischen Beziehungen, unter dem die Mission stets zu leiden hatte, seinen angemessenen Ausdruck. Bereits in unserem Brief ist zu sehen, daß Mission und „Entwicklungshilfe" mit dem Handel, und zwar vor allem dem Sklavenhandel, konkurrierten, selbst bei Missionaren. Zentrum des Kongohandels und des Sklavenhandels im besonderen war die Portugiesenkolonie São Tomé, die ihre Vermittlerposition zu behaupten und die Aufnahme direkter Kontakte des Kongo mit Portugal zu verhindern wußte. Der Sklavenhandel war zwar zunächst mit afrikanischen Gepflogenheiten durchaus vereinbar, weitete sich jedoch mit der Zeit zur Landplage aus. Dom Afonso und seine Nachfolger aber wurden Bestandteil des Systems, denn falls sie Widerstand geleistet hätten, wären sie leicht gegen willfährigere Partner auszutauschen gewesen: Der Sklavenhandel gehörte zur Machtgrundlage dieser afrikanischen Herrscher. Neuen Anläufen blieb ebenfalls durchschlagender Erfolg versagt. 1596 wurde São Salvador endlich selbständiges Bistum, doch residierte dort in zweihundert Jahren nicht einmal insgesamt zwölf Jahre lang ein Bischof.

Neben dem Sklavenhandel machten sich im 17. Jahrhundert auch die Folgen des niederländisch-portugiesischen Konflikts störend bemerkbar. Ferner litt die Mission unter Priestermangel; nur italienische Kapuziner wurden von den Portugiesen für Dauer zugelassen. 1703–06 war die Mission mit einer synkretistischen afrikanisch-christlichen Sekte anti-europäischer Stoßrichtung konfrontiert. Sie blieb eben stets im Schatten des europäischen Handels- und Herrschaftssystems.

Lit.: J. Cuvelier: L'ancien royaume du Congo. Bruxelles 1946 – J. Cuvelier/L. Jadin: L'ancien Congo d'après les archives romaines. Bruxelles 1954 – G. Balandier: La vie quotidienne au royaume du Congo du XVIe au XVIIIe siècle. Paris 1965 – Mireille Dicorato: Les débuts du royaume de Congo et le règne d'Afonso Ier jusqu'à 1514. Aix-en-Provence 1967 – T. Filesi: Le relazioni tra il regno del Congo e la Sede Apostolica nel XVI secolo. Como 1968 – W. G. L. Randles: L'ancien royaume du Congo des origines à la fin du XIXe siècle. Paris 1968 – J. Metzler: Missionsbemühungen der Kongregation in Schwarzafrika. In: Ders. (Hg.): Sacrae Congregationis Propaganda Fide Memoria Rerum 1622–1972. Vol. 2. Roma 1973, S. 882–910. WR

Brief der Manikongo Nzinga Mbemba / Dom Afonso an König Manuel von Portugal

Mbanza Congo/São Salvador, 5. Oktober 1514

Sehr hoher und großmächtiger Fürst und Herr. Wir, Dom Afonso, durch Gottes Gnade König des Kongo, Herr der Ambundus etc., empfehlen Uns Eurer Hoheit als einem König und Herrn, den Wir sehr lieben. Wir tun Euch kund, daß Wir schon zu Lebzeiten Unseres Vaters Christ waren und ebenso wie Unser Vetter Dom Pedro fest am Glauben Unseres Herrn Jesus Christus hingen. Ein Adeliger Unseres Landes berichtete dem König, daß Wir Christen seien und an Gott und nicht an die Götzenbilder glaubten. Daraufhin sagte der König, Unser Vater, er wolle Dom Pedro vor seinen Rat laden, um ihn hinrichten zu lassen, und sehen, ob Gott ihn retten werde. Was Uns angeht, so wolle er Uns Unser Einkommen entziehen und Uns wie einen Vagabunden umherirren lassen, bis Wir entweder stürben oder er Uns töten ließe. Er wollte sehen, ob Gott Unser Herr Uns in dieser Lage andere Untertanen geben würde, weil Wir so fest an ihn glaubten. Als Mein Vetter und Ich nun sahen, daß Unser Vater befahl, Uns zu töten, priesen Wir Gott unseren Herrn. Im Zeitlichen waren Wir sehr erschüttert und empfanden großen Schmerz und Angst, geistlich aber empfanden Wir große Freude darüber, aus Liebe zu Gott Unserem Herrn und nicht wegen etwas Bösem, das Wir Unserem Vater angetan hätten, zu sterben.

In diesem Augenblick starb Unser Vater, und Wir kamen mit der Hilfe Gottes und der heiligen Jungfrau Maria, seiner Mutter, in diese Stadt, um vom Reich Besitz zu ergreifen. Alle waren gegen Uns, selbst Unsere Verwandten und Brüder. Wir hatten keine Hilfe als Unseren Herrn und die Patres Rodrigo Anes und Antonio Fernandes, die Uns viel Mut einflößten. Dom Pedro und Ich begannen zu beten und den Herrn um den Sieg über unsere Feinde zu bitten. Gott bewies seine Barmherzigkeit gegen Uns und gewährte Uns, was Wir erbeten hatten. Hierauf traf ein Schiff des Gonçalo Roís in unserem Reich ein. Er war nach São Jorge da Mina[1] gefahren und kam, diese Patres abzuholen, die so lange hier waren. Wir ließen die beiden Patres Gonçalo Roís 1500 Kupferringe *(manillas)* und 150 Sklaven geben. Zugleich schickten Wir einen von

---

[1] Das portugiesische Fort El Mina an der Guineaküste, heute in Ghana.

Francisco Fernandes geschriebenen Brief an Eure Hoheit mit. Darin berichteten Wir von dem großen Sieg, den der Herr Uns gewährt hatte. Wir berichteten, daß Unser Reich schon christlich sei, und baten Eure Hoheit, Uns einige Kleriker oder Brüder zu senden, um Uns zu belehren und Uns zu helfen, den Glauben zu mehren. Gleicherweise haben Wir Unseren Sohn Dom Henrique und Unseren Neffen Rodrigo de Santa Maria geschickt, damit Eure Hoheit sie unterweisen lasse.

[Trotz Kupfer- und Sklavensendung leistet der Gouverneur von São Tomé keine Hilfe gegen die noch heidnischen Untertanen. Aber Dom Afonso behält durch Bekehrung seines wichtigsten Gegners die Oberhand. Das Eintreffen von Missionaren aus Portugal feiert der König mit einer Rede, in der er sein Volk zur Bekehrung auffordert].

Zahllose Männer und Frauen bekehrten sich nun und wurden Christen. Danach riefen Wir alle Unsere Brüder, Söhne und Neffen sowie die Söhne Unserer Diener zusammen. Es waren gut vierhundert Männer und junge Leute. Wir ließen sehr hohe Palisaden mit vielen Dornen darauf errichten, damit sie sich nicht darüber schwingen und entfliehen könnten. Dann vertrauten Wir diese jungen Leute den Ordensgeistlichen zum Unterricht an. Zugleich ließen Wir weitere Palisaden neben den erstgenannten errichten. In dieser Umzäunung befanden sich vier Zellen, in denen die Patres gemeinsam leben sollten, wie es ihre Ordensregel vorschreibt. Diese Patres blieben aber nur drei oder vier Tage beisammen; dann löste João de Santa Maria[2] sofort die Gemeinschaft auf. Zwei Patres baten Uns, nach Portugal zurückkehren zu dürfen, weil Eure Hoheit sie hierher gesandt habe, um Gott zu dienen und ein gutes Beispiel zu geben, und jetzt andere diese gute Anordnung zerstörten. Sie wollten gehen, um nicht ein so großes Unrecht mitansehen zu müssen. Es handelt sich um die Patres Antonio de Santa Cruz und Diogo de Santa Maria. Pater Aleixo starb vor Kummer. Zugleich baten Uns andere Patres, Pero Fernandes zum Oberen zu bestimmen, keineswegs um [unter ihm] in Klausur zu leben, sondern im Gegenteil um sich dieser Bindung zu entledigen und jeder für sich zu leben. Wir gaben ihnen zur Antwort, daß es nicht in unserer Macht stehe, aus einem Weltpriester einen Ordensmann zu machen. Da trennten sie sich alle. Sie bezogen verschiedene Hütten und empfingen dort die jungen Leute zum Unterricht. Täglich kamen sie und baten Uns um Geld *(zimbus)*[3]. Als Wir ihnen welches gaben, begannen sie alle zu handeln, zu kaufen und zu verkaufen. Angesichts dieser Unordnung baten Wir sie um der Liebe unseres Herrn willen, [wenigstens] nur wirkliche Sklaven und vor allem keine Frauen zu kaufen, um kein schlechtes Beispiel zu geben und Uns nicht vor den Augen des Volkes, dem Wir gepredigt hatten, als Lügner hinzustellen. Ohne sich darum zu kümmern, begannen sie, ihre Häuser mit Frauen von schlechtem Lebens-

---

[2] Oberer der zwölf Regularkanoniker von St. Johann Baptist, die 1508 als Missionare in den Kongo kamen und von denen hier die Rede ist.
[3] Kaurimuscheln, die Landeswährung.

wandel zu füllen. Der Pater Pero Fernandes nahm eine Frau ins Haus, die einen Mulatten gebar. Aus diesem Grunde ergriffen die jungen Leute, die er unterrichtete und in seinem Haus beherbergte, die Flucht und erzählten die Sache ihren Eltern und anderen Verwandten. Alle begannen nun zu spotten und über Uns zu lachen. Sie sagten, daß alles Lüge sei und daß Wir sie für Unsere und der Weißen Zwecke betrogen hätten. Darüber sind Wir sehr traurig und wissen nicht, was Wir antworten sollen. [...]

Aus: A. Brasio (ed.): Monumenta Missionaria Africana. Vol. I/1. Lisboa 1952, S. 294–323 – L. Jadin/M. Dicorato (éd.): Correspondance de Dom Afonso, Roi du Congo 1505–1543. Bruxelles 1974, S. 77–101. WR

94. João da Cruz berichtet über die Bekehrung der Paraver in Südindien (1537)

Die Perlenfischerei an der sogenannten Fischerküste zwischen dem Gebiet ostwärts des Kaps Comorin, der Südspitze Indiens, und Ceylon lag in den Händen der hinduistischen Kaste der Paraver, die unter den Königen von Pandya eine privilegierte Stellung besaßen. Ihre geschlossene Bekehrung zum Christentum seit dem Jahre 1535 war ein außergewöhnliches Ereignis in der Geschichte der indischen Mission und bildete eine der Voraussetzungen zur Entsendung des Hl. Franz Xaver und zur Berufung der Societas Jesu nach Indien (seit 1541).

Die wertvollen Erträge der Perlenfischerei waren stets Gegenstand begehrlicher Pläne der im Bereich der Fischerküste gelegenen Hindukönigreiche gewesen, und bereits vor der Ankunft der Portugiesen war die vormals privilegierte Kaste der Paraver in die Abhängigkeit indisch-arabischer Handelskreise aus Kâyalpatnam und Kilakkarai geraten. Für die Paraver lag es daher nahe, sich während der Auseinandersetzungen um die Vorherrschaft im Handel an der Malabarküste, die bis zum Ende der dreißiger Jahre des 16. Jahrhunderts dauerten, unter den Schutz der Portugiesen zu stellen. Von Dauer konnte dieser Schutz jedoch nur sein, wenn sie sich zum Christentum bekehrten und sich dadurch noch enger an Portugal banden.

João da Cruz, der Autor, dem wir den im folgenden abgedruckten Bericht vom 15. Dezember 1537 verdanken, stammt aus der Kaste der Chetti, die in Calicut hochangesehen war. Der Samorim von Calicut schickte ihn im Jahre 1513, erst fünfzehnjährig, an den Hof König Manuels I. nach Lissabon. Im Jahre 1515 trat João da Cruz zum Christentum über, wurde geadelt und nahm den Namen an, unter dem wir ihn kennen. Nach Indien zurückgekehrt, setzte er sich mit großem Eifer für die Ausbreitung seines neuen Glaubens ein, wirkte politisch für die Interessen der Portugiesen, mit denen er seine eigenen verband, und betätigte sich in den verschiedensten Handelsgeschäften – wie sein Brief an König João III. zeigt, eher ohne große Erfolge.

Der Brief des João da Cruz zeigt in einer fast naiv anmutenden Offenheit die vielschichtigen Zusammenhänge, die zwischen materiellen Interessen einzelner, ökonomischen Gruppeninteressen, den politischen Interessen der portugiesischen Krone und der Ausbreitung des christlichen Glaubens in der vergleichsweise hochentwickelten Kulturlandschaft und Staatenwelt Indiens bestand.

Die Massenbekehrung der Paraver leitete eine Entwicklung ein, an deren Ende die

94. Die Bekehrung der Paraver in Südindien

Vorherrschaft der Portugiesen an der Malabarküste stand. Im Jahre 1540 konnte man die immer wieder aufflackernden militärischen Auseinandersetzungen nunmehr endgültig durch einen Friedensvertrag mit dem Samorim von Calicut, der bis dahin den Widerstand gegen den Einfluß der Portugiesen angeführt hatte, beenden.

Lit.: Georg Schurhammer, S.J.: Die Bekehrung der Paraver (1535–1537). In: Ders.: Gesammelte Studien. Bd. II: Orientalia. Rom 1963, S. 215–254 – S.B. Kaufmann: A Christian Caste in Hindu Society: Religious Leadership and Social Conflict among the Paravas of Southern Tamilnadu. In: Modern Asian Studies 15 (1981), S. 203–234. MM

Senhor!

Im Jahre 1535 gab man mir einen Brief Eurer Hoheit mit einem *Alvará*[1], in dem Ihr mir die Gnade erwiesen habt, man solle mich vom Tage der Überreichung an zwei Jahre lang nicht zwingen, die 4000 Cruzados[2] zu zahlen, die ich Eurer Hoheit schulde. [...] Und um meinen Lebensunterhalt zu sichern, wandte ich mich mit einem Dutzend Pferden zum Kap Comorin. Ich lieh sie hier [in Cochin] mit geborgtem Geld und brachte sie daraufhin zum König des Landes, damit er mir eine Gnade dafür erweise. Dieser nahm sie zwar an, bezahlte sie aber bis heute noch nicht, so daß ich noch mehr ruiniert bin [als zuvor].

Während ich so auf meine Bezahlung wartete, kam mir eine Idee, wie ich Unserem Herrn und Eurer Hoheit einen großen Dienst erweisen und auch das Vermögen wieder zurückbekommen könnte, das ich verloren und im Dienste Eurer Hoheit verbraucht hatte. Und ich beschloß, die Leute an der Meeresküste dazu zu bringen, Christen zu werden. Viele Tage verwandte ich auf dieses Vorhaben, und ich machte eine Anzahl von Dingen aus meinem Besitz den Vornehmen zum Geschenk, damit sie sich zum Christentum bekehrten und auch die anderen dazu aufforderten. Und es gefiel Gott Unserem Herrn, mir die Gnade zu erweisen, daß durch mich die gesamte Küsten[-bevölkerung] begann, mit Hilfe Eurer Hoheit, sich zum Christentum zu bekehren.

Und sobald ich sie soweit gebracht hatte, daß sie Christen werden wollten, begab ich mich umgehend nach Cochin. Ich brachte an die zwanzig der vornehmsten [Männer] mit zum *Vedor da Fazenda*[3], Pero Vaz, zum Generalvikar und zum Statthalter. Diese veranlaßten umgehend die notwendigen Maßnahmen zum Dienste Gottes und Eurer Hoheit, und sie schickten mich sofort mit dem Generalvikar und vier Klerikern zurück. So machten wir sofort 50000 Seelen zu Christen: Frauen, Männer und Kinder. Und später kamen noch zahllose dazu, so daß jetzt bereits 80000 Seelen Christen sind[4]. Ich habe unter ihnen gearbeitet, um Unserem Herrn und Eurer Hoheit zu dienen, und habe dabei viel Geld ausgegeben, das ich mir borgen mußte. Es schien mir

---

[1] Schriftlicher Befehl des Königs.
[2] Portugiesische Münzeinheit, Kreuzer: 1 Cruzado = 40 Centavos.
[3] Inspektor der königlichen Faktorei in Cochin.
[4] João da Cruz übertreibt aus verständlichen Gründen. Wie spätere Zählungen ergaben, kann es sich um höchstens 20000 Bekehrte gehandelt haben.

nämlich, daß Ihr mir dafür die Gnade erweisen würdet, die meine Dienste verdienen. Deshalb bitte ich Eure Hoheit, denkt an mich und gewährt mir die Gnade, wenigstens die, die Perlenfischerei für vier bis fünf Jahre [zu kontrollieren][5], um noch mehr Leute dazu zu gewinnen, daß sie Christen werden, und zwar mit Hilfe von Geschenken vom Geld aus [den Erträgen der] Perlenfischerei (das Eure Hoheit ja doch niemals für eine Eurer Faktoreien bekommt, weil die Kapitäne, die die Fischerei betreiben, es unterschlagen). Auf diese Weise will ich an die zweitausend Seelen dazu bewegen, Christen zu werden, und ich hoffe, mit Gottes Hilfe wird das gelingen.

Und dafür möge Eure Hoheit daran denken, daß der König von Calecu mir 35000 Pardaos[6] an Geld abnahm, weil ich in Portugal Christ wurde. Und er hätte mir wohl auch noch Frau und Kinder fortgenommen sowie viele andere Güter, die sehr wertvoll waren, wenn ich nicht in die Festung von Calecu geflohen wäre. Alles das habe ich um des Dienstes an Gott und Eurer Hoheit willen [verloren]. Und aus diesem Grunde bitte ich Eure Hoheit um der Liebe Gottes und um der Seele Eures seligen Vaters willen sowie wegen des Dienstes, den ich nunmehr Unserem Herrn und Eurer Hoheit erwiesen habe: Erlaßt mir jene 4000 Cruzados, denn ich bin arm und habe nicht die Mittel, sie Eurer Hoheit zu bezahlen. Damit würdet Ihr mir ein bedeutendes Almosen geben und eine große Gnade erweisen.

Und auf der Rückreise vom Kap Comorin hierher nach Cochin im September und Oktober 1537 kam ich durch das Reich Travancor und hatte Gelegenheit, mit dem König zu sprechen. Ich gab ihm, wie es bei solchen Besuchen Brauch ist, einige Geschenke, beriet ihn [und seine Leute] und wies darauf hin, wie nützlich es für ihr Seelenheil wäre, wenn sie und die Vornehmen des Landes Christen würden. [Das wäre auch nützlich] für den guten Frieden und die Freundschaft mit Eurer Hoheit, und der Statthalter würde ihnen dann auch wieder gestatten, Pferde auf dem Landwege zu importieren, was bisher verboten war. Diese [Pferde] benötigten sie dringend für die Kriege, die der Große König [Großmogul] mit seinen Nachbarn führt.

Und es hat Unserem Herrn gefallen, daß er [der Herrscher von Travancor] auf meine Worte hin den [Leuten] an der Meeresküste die Erlaubnis gab, Christen zu werden. Und er schickte darüber hinaus sofort seine Gesandten hierher. Diese warten zur Zeit auf den Statthalter und auf den Generalvikar, damit sie sie zu Christen machen und einige Kleriker schicken, wie auch am Kap Comorin verfahren wurde. Wenn Gott will, werden sie mit Seiner Hilfe, der Gunst Eurer Hoheit und mit ein wenig Arbeit von meiner Seite alle zu Christen werden, und zwar von Quilon bis nach Koromandel[7].

Im Reich Narsinga bekehren sie sich an der Meeresküste zu Christen. Es

---

[5] Da Cruz bittet um das Monopol für die Perlenfischerei.
[6] Indische Münzeinheit.
[7] Es handelt sich um die Makuas vom Kap Comorin bis Vilinjam, die der Hl. Franz Xaver 1544 taufte.

handelt sich um etwa 60000 Seelen. Ich ließ ihnen sagen, daß bestimmte Leute von ihren Vornehmen kommen sollten, um Christen zu werden. Sie kamen, um das Wasser der Taufe zu empfangen. Und ich schickte ihnen zwei Boote *(Champanas)* mit jenen Leuten, die Christen werden wollten. Aber als weitere ihrer Leute zurückfuhren, um das Wasser der Taufe zu empfangen, beschlagnahmte unsere Koromandelflotte [die Boote ...].

Daraus kann Eure Hoheit erkennen, von welcher Art die Gerechtigkeit dort ist, wo es keinen Statthalter gibt. Ich selbst war zu dieser Zeit nicht in jener Gegend, denn ich befand mich in Travancor.

Und es gehorchen Eurer Hoheit sechs oder sieben Könige mit vielen Untertanen. Sie wollen Eurer Hoheit Tribut zahlen, und so Gott will, werden viele von ihnen sich zum Christentum bekehren.

Und der Gnadenerweis, den Eure Hoheit mir zukommen lassen möge, soll von [Europa] sogleich ausgefertigt werden, denn ich habe kein Geld [mehr], um irgend jemanden aus diesen Ländern zu gewinnen.

Cochin, heute den 15. Dezember 1537.
Dom Joham da Cruz.

Aus: Georg Schurhammer, S.J.: Letters of D. João da Cruz in the National Archives of Lisbon. In: Kerala Society Papers, Trivandrum 6 (1930), S. 304–307, Q. 211.   MM

95. Indio-Schutz und Indio-Mission der Jesuiten in Brasilien (1558/1653)

Die portugiesische Krone hatte in den Anweisungen für den ersten Generalgouverneur in Brasilien, Tomé de Sousa, im Jahr 1548 verfügt, daß im Zusammenhang der Erschließung Brasiliens und der Errichtung einer Zentralverwaltung in Bahía die eingeborene Bevölkerung in besonderen Siedlungen zusammenzuziehen sei. Diese Indio-Reduktionen, *Aldeias* genannt, sollten der Abschließung bereits „zivilisierter" Indios von ihren Stammesbrüdern dienen und ihre Arbeitskraft für die Siedler nutzbar machen. Mit der Durchführung dieser königlichen Verfügung wurde die Societas Jesu betraut, mit Tomé de Sousa kamen daher auch sechs jesuitische Patres nach Brasilien. In den Aufbaujahren der Kolonie, während die Siedler die neue Hauptstadt errichteten und Plantagen anlegten, begannen die Jesuiten eine breit angelegte Missionierungskampagne im Umfeld von Bahía, die auf eine Domestizierung und Bekehrung der Indios abzielte. 1552 konnte der Provinzial Nóbrega dem portugiesischen König João III. die Gründung einer ersten *Aldeia* melden, der im gleichen Jahr fünf weitere folgten. Wie der im folgenden abgedruckte Brief eines an der Indio-Mission direkt beteiligten Paters zeigt (Dok. 95 a), arbeiteten die Jesuiten eng mit den staatlichen Stellen zusammen, und diese Zusammenarbeit blieb für das ganze 16. Jahrhundert charakteristisch. Die in der Quelle geschilderte Ernennung eines vornehmen Indio zum Dorfamtmann in direktem Anschluß an eine Massentaufe verdeutlicht das Zusammenspiel von Mission und staatlicher Verwaltung.

Die Sorge der Jesuiten um das Seelenheil der brasilianischen Indios war allerdings von vornherein den Interessen der Siedler gegenläufig, die die autochthone Bevölkerung vor allem als ein Potential billiger Arbeitskräfte sah und an deren Versklavung interessiert war. In den ersten Jahren bis etwa 1570 führte dieser Konfliktstoff nicht unmittelbar zum Ausbruch, weil wegen der noch geringen Zahl der Siedler, der noch großen Zahl der frei lebenden Indios und der wenigen, kaum ins Gewicht fallenden Missionsdörfer der Interessengegensatz verdeckt blieb. Da sich aber die Plantagen enorm ausbreiteten und die Zuckerproduktion florierte, der Arbeitskräftebedarf also ständig stieg, andererseits die Zahl der Indios infolge von Seuchen und durch Flucht ins Landesinnere in gleicher Weise stetig abnahm, richteten sich die Augen der Siedler begehrlich auf die nahe der städtischen Siedlungen in den *Aldeias* lebenden, bereits domestizierten Indios. Es kam immer wieder zu Reibereien und Überfällen, 1570 sah sich die Krone zu einem ersten Indio-Schutzgesetz veranlaßt; die Jesuiten reagierten mit einer Konzentration der Indios in drei großen Reduktionen, in denen Mitte der achtziger Jahre zeitweilig 40000 Indios lebten, deren Christlichkeit allerdings in Flugschriften und Eingaben der Siedler lebhaft bezweifelt wurde.

Ganz anders stellte sich die Situation im Süden Brasiliens dar, wo die jesuitischen Indio-Dörfer Übergriffen spanischer Sklavenfängerbanden ausgesetzt waren, vor allem aber im äußersten Norden Brasiliens, im Bereich des 1618 errichteten Estado do Maranhão. Hier blieb die staatliche Verwaltung immer schwach und konnte sich gegenüber der zum Teil militanten Interessenvertretung der Siedler niemals durchsetzen. Die Indio-Mission in diesem Bereich wurde vor allem von einer Person getragen, von António Vieira, einer äußerst schillernden, aber auch äußerst bedeutsamen Gestalt der portugiesischen Politik des 17. Jahrhunderts. Vieira war 1608 in kleinen Verhältnissen

Abb. 26: Brasilianische *Aldeia:* Dorf der Tupí (um 1636, Zeichnung von Zacharias Wagner).

geboren worden (eine Großmutter war Mulattin), durch die Übernahme eines kleinen Amtes am obersten Gerichtshof in Bahía kam sein Vater 1609 nach Brasilien, 1614 zog die Familie nach, 1623 trat António in den Jesuitenorden ein, wo er auf Grund eines ausgeprägten Predigertalents bald in hohe Funktionen kam und Kontakte zu führenden Beamten der Krone knüpfen konnte. 1641 wechselte er als Berater des Königs nach Lissabon, wo er in der Folge mit diplomatischen Aufgaben in Frankreich, Holland und Italien betraut wurde. Vieira war der populärste Prediger Portugals, Predigten waren in einer Gesellschaft ohne Zeitungen und politische Literatur das bevorzugte Instrument zur Beeinflussung der öffentlichen Meinung. Der englische Gesandte berichtete, daß Vieiras Predigten unverzüglich gedruckt wurden und auch im Ausland weiteste Verbreitung fanden, seine *Sermões* gehören noch heute zu den großen Klassikern der portugiesischen Literatur.

1652 kehrte er – es scheint: eher zögerlich – als Missionar nach Brasilien zurück, wo die Mission allem Anschein nach in die Bemühungen der Krone um eine Befriedung der Provinz integriert werden sollte. Die im folgenden wiedergegebene Predigt (Dok. 95 b), ein bedeutsames Dokument aus dem Prozeß der Formulierung einer portugiesischen Indio-Schutzpolitik, hielt Vieira kurz nach seinem Eintreffen in Maranhão. Er verfügte zwar über die Unterstützung der Krone, hatte jedoch alle Gruppen in der Kolonie (konkurrierende Orden, Siedler, Verwaltung) gegen sich. Die Orden neideten den Jesuiten die diesen von der Krone eingeräumte Monopolstellung in der Indio-Mission. Die Verwaltung sah in Vieira einen erheblichen Störfaktor in einer ohnehin konfliktreichen Provinz. Die Siedler liefen Sturm gegen eine humane Indio-Behandlung, wobei sich das Problem dadurch verschärfte, daß Nordbrasilien faktisch von den Sklavenlieferungen aus Angola – als alternativem Arbeitskräftepotential – ausgeschlossen war. Vieira kämpfte bis ins hohe Alter, zeitweise auch der Verfolgung durch die Inquisition ausgesetzt. Er starb 1697, ohne sich durchgesetzt zu haben, noch auf dem Sterbebett mit dem Indio-Schutz befaßt.

Lit.: Alexander Marchant: From Barter to Slavery. The Economic Relations of Portuguese and Indians in the Settlement of Brazil (1500–1580). Baltimore 1942. Ndr. Gloucester 1966 – Mathias Kiemen: The Indian Policy of Portugal in America, with Special Reference to the Old State of Maranho. In: The Americas 5 (1948), S. 131–171 – Ders.: The Indian Policy of Portugal in the Amazon Region 1614–1693. Washington 1954 – Charles R. Boxer: A Great Luso-Brazilian Figure: Padre António Vieira, S. J., 1608–1697. London 1957 – Ders.: Race Relations in the Portuguese Empire 1415–1825. Oxford 1963, S. 86–101 – Maxime Haubert: L'église et la défense des sauvages. Le Père Antoine Vieira au Brésil. Bruxelles 1964 – G. Thomas: Die portugiesische Indianerpolitik in Brasilien 1500–1640. Berlin 1968 – Dauril Alden: Black Robes versus White Settlers in Colonial Brazil. In: Howard Peckham/Charles Gibson (eds.): Attitudes of Colonial Powers toward the American Indian. Salt Lake City 1969, S. 19–45 – José Gonsalves Salvador: Christãos novos, Jesuitas e Inquisição. São Paulo 1969 – J. Hemming: Red Gold. The Conquest of the Brazilian Indians. Cambridge 1978 – Urs Höner: Die Versklavung der brasilianischen Indianer. Der Arbeitsmarkt in Portugiesisch-Amerika im 16. Jahrhundert. Zürich 1980. TS *a. Ein Schreiben von António Pires an den Provinzial des Jesuitenordens in Lissabon (1558)*

Ehrwürdiger Vater, Ihr werdet bereits aus den beiden Mitteilungen, die im Verlauf dieses Jahres 1558 von hier abgegangen sind, entnommen haben, was Unser Herr in Seinem bedürftigen Weinberg durch die Patres und Brüder der Gesellschaft Jesu getan hat. Aber obwohl es nicht sehr von dem abweicht, was in der Vergangenheit bereits berichtet wurde, möchte ich im vorliegenden Brief etwas über die Früchte sagen, die in der Folgezeit mit göttlicher Hilfe und Gnade eingebracht werden konnten. Pater Ambrôsio Pires[1], der den Gouverneur Dom Duarte da Costa[2] begleitet hat, wird in der Lage sein, mehr Einzelheiten und eingehende Informationen zu liefern.

Vor allem, Ehrwürdiger Vater, müßt Ihr wissen, daß wir allezeit die größtmögliche Mühe darauf verwenden, den hiesigen Indios die wahre Kenntnis unseres Heiligen Glaubens zu vermitteln. Zu diesem Zweck suchen wir die einfachste und angenehmste Weise [der Vermittlung], denn wir erhoffen längerfristig bessere Ergebnisse unserer Bemühungen, als wir sie bisher vorfinden. Selbstverständlich aber wahren wir beim Voranschreiten unseres Werkes den Anstand, den dieses erfordert. Und auch der Gouverneur läßt in dem Eifer und guten Willen, den Gott ihm verliehen hat, nichts ungetan, was er zur Durchführung seines Auftrages für notwendig erachtet.

So haben wir nach Wegen gesucht, damit mehr Indios als bisher unterrichtet und intensiver im Glauben unterwiesen werden können. Um aber diese Absicht auszuführen, ist es zunächst notwendig, mit einigen Hindernissen fertig zu werden, die die Indios selbst aufgerichtet haben. Dabei war der erste Schritt – und er bedeutete schon einen großen Erfolg –, die Indios aus vier verstreuten Ansiedlungen zu einem großen Dorf zusammenzufassen. Während zuvor viele von uns notwendig waren, um sie zu lehren und zu unterweisen, da sie verstreut waren, werden nunmehr nach der Zusammenlegung wenige von uns gebraucht. Darüberhinaus ist es auf diese Weise einfacher, ihre Irrungen und Sünden zu bekämpfen, denen sie zuvor noch nachhingen, als sie räumlich so verteilt waren. Wir hoffen, mit dieser von Gott gegebenen guten Ordnung und Harmonie mehr Erfolg bei ihnen zu haben. Und das wird zur Ehre und zum Ruhm Seines Heiligen Namens und zum genaueren Verständnis [Seines Glaubens] gereichen.

Behinderungen, die wir inständig hofften überwinden zu können, waren die andauernden und grausamen Kriege, die sie untereinander austragen. Ihre Unrast war das Haupthindernis für eine gegenseitige Verständigung. Ihre ständigen kriegerischen Auseinandersetzungen hatten viele Tote zur Folge, und sie würden sich gegenseitig verspeisen, ein [Brauch], der sehr schwer zu

---

[1] Pater Ambrôsio Pires war Beauftragter der Gesellschaft Jesu für Brasilien. Sein Bericht stammt vom 19. Juli 1558.
[2] Duarte da Costa war Generalgouverneur von 1553 bis 1557.

unterbinden war, auch wenn sie ihm nicht länger anhängen. Zumindest ist kein Fall bekannt, daß sie es getan hätten, denn wenn es herauskommt, werden sie dafür sehr streng bestraft, wie sie es für eine solche schwerwiegende und menschlichen Gebräuchen zuwiderlaufende Sünde verdienen. Wenn dieser Fortschritt weiter so verläuft, wie er dies mit Gottes Gnade zu tun scheint, dann werden wir in der Lage sein, in der Zukunft eine noch größere Ernte einzubringen.

Ganz zu Anbeginn, als der Gouverneur beschloß, das Land zu befrieden und alle jene verbrecherischen Kriegsbräuche, wie Mord und das Essen von Menschenfleisch, zu verbieten, und als er ein Gesetz verabschiedete, um all dieses zu unterbinden, machten sich einige Indios darüber lustig. Zuvor waren sie nämlich nicht sehr [streng] für Verstöße bestraft worden, und sie stellten den Verzehr von Menschenfleisch nicht ein, auch wenn sie vortäuschten, dies zu tun. Aber sobald der Gouverneur davon erfuhr, befahl er, den nächstbesten, der Menschenfleisch aß, gefangenzusetzen. Ohne jemand weiter um Rat zu fragen außer den Heiligen Geist [...], befahl er, Soldaten und Boote bereitzustellen. Und er ordnete an, zwei Häuptlinge, Vater und Sohn, festzunehmen. Alle Indios überkam daraufhin große Angst, und noch viel größer war der Kummer des Teufels, weil ihm so viele verlorene Seelen entrissen worden waren.

Als die Dinge so standen, trug sich ein ähnliches Vorkommnis zur Zeit des Gouverneurs Dom Duarte da Costa zu. Ein anderer Indio, und zwar der hochmütigste in der ganzen Gegend, in dessen Dorf wir ein Missionsgebäude errichten wollten, lebte in solcher Ungebundenheit, daß es schien, als fürchte er niemanden. Und er war dagegen, daß das Gebäude dort errichtet würde. Darüberhinaus mißdeutete er die Zeichen der Zeit, verachtete die Gesetze und aß mit seinen Anhängern an großen Festtagen Menschenfleisch.

Der Gouverneur befahl ihn aus diesem Grunde zu sich und sagte, andernfalls wolle er seine Gefangennahme anordnen. Als der Indio dies vernahm, kam er sofort. Er glaubte, er werde nunmehr hingerichtet, wie es ihm der Bote, der ihm den Befehl des Gouverneurs überbracht hatte, gesagt hatte. Bevor er seine Leute zurückließ, sprach er zu ihnen und sagte, sie sollten sich anstrengen, um gut zu werden. Sie sollten aber bleiben, wo sie waren, denn er würde für sie alle bezahlen. Als der Indio dann in der Residenz des Gouverneurs ankam, wurde er von diesem unfreundlich empfangen. Der Indio aber warf sich dem Gouverneur zu Füßen, küßte diese, bat ihn um Vergebung und bot an, die Patres in seinem Dorf aufzunehmen und alle ihre Anordnungen auszuführen. Er brachte dies alles so bußfertig vor, daß er Gnade verdiente. [Einige Zeit später] kam ein weiterer Häuptling und tat das gleiche. Dies sind die Früchte, die der Herr von einem Acker erntet, der bisher brach lag, und im Dienste Gottes wurde beschlossen, sofort zum Dorf des Indios aufzubrechen und dort ein Gebäude zu errichten, wo die Indios unterrichtet werden konnten.

Zur gleichen Zeit wurde eine Legua[3] von dieser Stadt [Bahía] entfernt eine Kirche erbaut. Dort wurden vier Indiodörfer, die am nächsten bei der Stadt lagen und wo wir zuvor bereits missioniert hatten, zusammengefaßt. Dies war die erste Indioreduktion, die wir errichteten, und sie trägt den Namen São Paulo[4].

Dies zeigt mit Sicherheit, daß es der Wille Unseres Herrn war, eine Tür zu öffnen, die so lange Zeit verschlossen war, nämlich neben der Unterwerfung und Einschüchterung der Indios [zu erreichen], daß sie von einigen Sünden abließen, die unter ihnen häufig sehr verbreitet waren.

Während des Kirchenbaus und der Errichtung der Missionsgebäude, in denen die Patres als Lehrer der neuen Christengemeinde die Indios versammelten, offenbarte Unser Gott Sein Wohlgefallen, denn obwohl während der regenreichen Winterzeit gebaut wurde, war die Arbeit in vier Monaten fertig. Die erste Messe wurde in dieser Kirche am Peter- und Paulstag mit der größten Feierlichkeit zelebriert. Der Gouverneur, begleitet von den angesehensten Männern der Stadt, besuchte die Kirche, und es wurde für alle ein Essen gegeben. Die Feierlichkeiten begannen mit einer Erstkommunion. Zu Beginn der Messe segnete der Pater, angetan mit dem priesterlichen Ornat, die Kirche, und dann begann die feierliche Taufe, während der 84 Menschen getauft wurden. Für all diese übernahm der Gouverneur die Patenschaft. In dieser heiligen Handlung zeigte er deutlich den Eifer und den guten Willen, die er für diese Aufgabe hegte. Er stand selbst am Taufbecken, legte seinen Patenkindern die Hand auf und zeigte soviel Liebe, wie sie einer nur fühlen kann, wenn er die Rettung einer Seele erlebt. Bruder António Rodrigues, ihr Lehrer und Dolmetscher, übernahm ebenfalls die Patenschaft.

[...]

Im Verlauf der Feierlichkeit ernannte der Gouverneur einen von den vornehmsten Indios zum Amtmann des Dorfes, er befahl, daß er sich hinfort standesgemäß kleiden sollte, und händigte ihm seinen Amtsstab aus. Dies rief unter [den Indios] große Heiterkeit hervor, denn es war neu. Diese gute Ordnung zog viele an, nicht nur jene, die in unserer Nähe wohnten, sondern auch solche, die zehn Leguas entfernt lebten, kamen und erbaten dieselben Gesetze. Uns aber [baten sie], sie zu unterweisen, und versprachen, uns in allen Dingen Folge zu leisten. Es hat den Anschein, als fänden sie zu einer christlichen Lebensweise.

Im Vertrauen darauf, daß der Herr uns aus der Heimat viele Arbeiter für die Aufgaben Seines Dienstes senden werde, fahren wir fort, unser Tätigkeitsfeld auszudehnen. Stets bitten wir dabei Gott um Hilfe und Unterstützung, damit wir unsere Aufgaben zur größeren Ehre und zum Ruhm Seiner Göttlichen Majestät erfüllen können.

---

[3] Eine portug. Legua entspricht etwa einem Kilometer.
[4] Es handelt sich nicht um das heutige São Paulo, sondern um eine Ortschaft in der Nähe von Bahía.

Wir beten um Seine allerheiligste Gnade, so daß wir mit dieser Hilfe vertrauensvoll Seinen Dienst leisten können, in dessen Pflicht wir stehen. Amen.

Aus: Edward Bradford Burns (ed.): A Documentary History of Brazil. New York 1966. Ndr. New York 1969, S. 56–61.   MM

b. Eine Predigt des Jesuiten António Vieira in São Luís do Maranhão (1653)

Zu welch einem wohlfeilen Preis erhält der Teufel heute Seelen, verglichen mit dem, was er früher für sie geboten hat. Und es gibt auf der ganzen Welt keinen Markt, wo sie ihm billiger zum Kauf angeboten würden als hier in unserem Land. In der Heiligen Schrift bietet der Teufel alle Königreiche dieser Erde für eine einzige Seele, in Maranhão muß er nicht einmal ein Zehntel davon aufwenden, um alle Seelen in seinen Besitz bringen zu können. Hier muß man keine Welt und keine Königreiche, keine Städte, keine Dörfer, keine Siedlungen anbieten, hier genügt es, ein paar Tapuya-Indios zu offerieren, und schon wird der Teufel auf beiden Knieen verehrt. Was für ein günstiger Handelsplatz! Ein einziger Indio für eine Seele. Dieser Indio wird für die wenigen Tage Euer Sklave sein, die er auf dieser Erde zu leben hat, Ihr aber werdet zu ewiger Sklaverei in der Hölle verdammt sein. Das ist der Handel, den der Teufel mit Euch abschließt, und Ihr willigt nicht nur in ihn ein, Ihr zahlt dem Teufel [sogar noch] Geld [dafür obendrein]. [...]

Christen, Adel und Volk von Maranhão, wißt Ihr, was Gott von Euch in dieser Fastenzeit verlangt? Ihr sollt die Ketten der Unfreiheit brechen und die frei lassen, die Ihr gefangen haltet und unterdrückt. Das sind die Sünden von Maranhão, und das sind die Dinge, über die Gott mir befohlen hat, Euch die Augen zu öffnen. Gott trug mir auf, Euch diese Dinge zu erklären, und darum spreche ich [so] zu Euch. Ihr alle lebt im Zustand tödlicher Sünde, Ihr alle befindet Euch in einer Phase der Verdammnis, und Ihr alle werdet unfehlbar in der Hölle enden. Zweifelt nicht daran, viele sind schon dort, und Ihr werdet ihnen bald dorthin folgen, wenn Ihr Euer Leben nicht ändert.

Ist es [denn] möglich, daß ein ganzes Volk in Sünde lebt, daß ein ganzes Volk in der Hölle enden soll? Wer das bezweifelt, versteht nichts vom Übel ungerechter Knechtschaft. Die Söhne des Volkes Israel zogen nach Ägypten, und nach dem Tode Josephs ließ der Pharao sie ergreifen und machte sie zu Sklaven. Gott wollte dieses arme, im Elend lebende Volk befreien, und daher sandte er Moses dorthin, ohne Begleitung, mit einem Stab als einzigem Machtmittel. Gott wußte, daß zu dem Vorhaben, die Gefangenen zu befreien, ein Stab ausreichend war, obwohl er es mit einem so tyrannischen Herrscher zu tun hatte wie dem ägyptischen Pharao und mit einem so grausamen Volk, wie die Ägypter es waren. Als der Pharao sich weigerte, die Gefangenen freizugeben, fielen vielfältige Plagen über ihn her. Das Land war von Fröschen bedeckt, und der Himmel war von Moskitoschwärmen verdunkelt. Die Flüsse färbten sich mit Blut, und aus den Wolken quollen Blitze und Donner hervor.

Ganz Ägypten war wie vom Donner gerührt und vom Tode bedroht. Wißt Ihr, was diese Plagen über die Erde gebracht hat? Ungerechte Knechtschaft! Wer brachte in dieses Land Maranhão die Plage der Holländer? Wer schleppte die Pocken ein? Wer erzeugte Hunger und Trockenheit? Die gefangenen Indios. Moses bestand darauf und bedrängte den Pharao, daß dieser die Israeliten frei lassen sollte. Und was antwortete der Pharao darauf? Nun, er sagte eine Sache und tat eine andere. Er sagte: Ich kenne Deinen Gott nicht, und ich muß die Gefangenen keineswegs freilassen. Doch, trotz allem, Dein Anliegen scheint mir gerechtfertigt, und daher erkläre ich die Gefangenen für frei. Wißt Ihr, warum Ihr den unrechtmäßig in Euren Besitz gelangten Sklaven nicht die Freiheit gebt? Ihr habt Gott vergessen. Der Mangel an Glauben ist Ursache aller Übel. Wenn Ihr wahren Glauben besitzen würdet, wenn Ihr an die ewige Verdammnis in der Hölle glauben würdet, dann würdet Ihr nicht einmal die Gefangenschaft eines einzigen Tapuya auf die leichte Schulter nehmen. Mit welchem Vertrauen kann der Teufel heute zu Euch sagen: *Si cadens adoraveris me?* [Wenn du kniefällig mich verehrst, werde ich dir diese Reichtümer schenken] (Matth. 4.9). Nun, mit all der Gewißheit, die ihm daraus erwächst, daß er Euch die Welt angeboten hat. Der Teufel hat sich sein Vorhaben gut zurecht gelegt, er denkt: Ich lege diesem Mann alles zu Füßen; wenn er gierig und habsüchtig ist, wird er das Angebot nicht ausschlagen. Wenn er einwilligt, dann wird er mich verehren, denn Gier und Habsucht sind eine Form von Götzendienst. So steht es schon beim Heiligen Paulus.

Es war auch die Gier, die dem Pharao befahl, die Gefangenen in Knechtschaft zu behalten und sie nicht freizugeben, während er gleichzeitig beteuerte, daß er Gott nicht kenne. Das war seine Rede. Seine Taten sahen anders aus: Er setzte den fliehenden Israeliten mit der Macht seines ganzen Königreiches nach, um sie erneut in Gefangenschaft zu setzen. Doch was geschah? Das Rote Meer wich vor den Söhnen Israels zurück und machte eine Gasse frei, so daß sie trockenen Fußes an Land gelangen konnten (denn Gott weiß, wie Wunder zu bewirken sind, um Gefangenen die Freiheit zu geben). Es spielt keine Rolle, daß die Hebräer dieses Wunder nicht verdienten. Sie waren des Wunders weniger würdig als die Tapuyas, denn wenige Tage später tanzten sie um das goldene Kalb, und von den über 6000 Menschen gelangten nur zwei Gerechte in das Gelobte Land. Doch Gott ist langmütig, ihm geht es um die Freiheit, und er gewährt sie selbst denen, die sie nicht verdienen. Nachdem die Hebräer ans andere Ufer gelangt waren, betrat auch der Pharao die von den Mauern aus Wasser gebildete Gasse, doch als er das Meer durchqueren wollte, flutete das Wasser zurück und ertränkte die ganze Armee. Was mich am meisten beeindruckt, ist die Art und Weise, in der Moses uns von diesem Ereignis erzählt: Daß das Wasser sie umhüllte und daß das Meer sie ertränkte und daß die Erde sie verschlang. Wie kann die Erde sie verschlingen, wenn das Meer sie ertränkt? Diese Menschen hatten einen Körper und eine Seele. Das Wasser ertränkte die Körper, weil sie sich an der Oberfläche des Wassers befanden, die Erde jedoch verschlang die Seelen, weil sie in die Hölle fuhren. Alle, ohne

Ausnahme, endeten in der Hölle, denn wo alle an der Jagd teilnehmen und wo alle Gefangene machen, da sind alle verdammt. Darum ist diese Geschichte ein ausgezeichnetes Beispiel. Laßt uns nun einen Blick auf die Begründung werfen.

Jeder Mensch, der anderen ihre Freiheit raubt und ihnen, obwohl er anders könnte, die Freiheit vorenthält, ist verdammt. Alle oder doch zumindest fast alle [hier] sind daher verdammt. Ihr werdet mir entgegenhalten, daß, selbst wenn meine Annahme richtig wäre, sie [doch davon] nichts gewußt hätten und daß sie daher ihre Gutgläubigkeit retten würde. Ich bestreite das. Sie dachten darüber zwar nicht nach, und doch wußten sie, daß es gerecht wäre, so wie Ihr es wißt. Wenn sie darüber nicht nachdachten und es nicht wußten, so wären sie doch gehalten gewesen, darüber nachzudenken und es zu wissen. Einige sind verdammt durch ihr Wissen, andere durch ihre Zweifel, und wieder andere durch ihre Unwissenheit. [...] Wenn sich doch die Gräber öffnen wollten und einige von denen, die im Stande des Unglücks gestorben sind, vor Euch erscheinen könnten, damit Ihr im Licht ihres Elends diese unbestreitbare Wahrheit begreifen könntet. Wollt Ihr wissen, warum Gott ihnen nicht die Gnade zuteil werden läßt, vor Euch zu erscheinen? Es ist genau, wie Abraham zu dem Geizhals sagte, als dieser ihn bat, er möge doch Lazarus vom Tode auferwecken: Habent Moysen et Prophetas [Sie haben Moses und die Propheten] (Luk. 16.29). Niemand muß aus der Hölle geholt werden, um Euch die Wahrheit vor Augen zu führen, denn Ihr habt Moses und die Gesetze, Ihr habt die Propheten und die Gelehrten. Meine Brüder, wenn einer unter Euch ist, der Zweifel daran hat, hier sind die Gesetze, hier sind gelehrte Männer, befragt sie. In diesem Staat gibt es drei Orden, alle haben Männer von großer Gelehrsamkeit und unbezweifelbarer Tugend. Fragt sie. Vertieft Euch in dieses Problem und informiert Euch selbst. Es ist nicht einmal notwendig, daß Ihr die Ordensmänner befragt: Geht in die Türkei, geht in die Hölle, selbst dort in der Türkei wird sich kein Türke finden, der so türkisch, und in der Hölle wird sich kein Teufel finden, der so teuflisch wäre, sich zu der Behauptung zu versteigen, ein frei geborener Mann könne ein Sklave sein. Wie könnt Ihr daran zweifeln?

Ich weiß schon, was Ihr mir entgegnen wollt: Unser Volk, unser Land, unsere Regierung kann ohne die Indios nicht aufrecht erhalten werden. Wer soll uns einen Eimer voll Wasser holen und wer eine Ladung Holz für uns transportieren? Wer wird unsere Maniok-Wurzeln mahlen? Sollen das unsere Frauen tun? Oder unsere Söhne? Um Euch zu beruhigen, wie Ihr gleich sehen werdet, will ich Euch einem solchen Zustand nicht aussetzen. Aber wenn die Lage oder das Gewissen es erfordern sollten, dann würde ich Eure Fragen bejahen, ja, nachdrücklich bejahen. Ihr, Eure Frauen, Eure Söhne, wir alle sind durchaus in der Lage, uns durch unserer eigenen Hände Arbeit zu erhalten. Es ist besser, vom eigenen Schweiß zu leben als vom Blut der anderen!

Ihr werdet mir sagen, daß Eure Sklaven für Euch Hände und Füße geworden sind. Und Ihr werdet hinzufügen, daß Ihr sie liebt, da Ihr sie wie Kinder aufzieht und mit ihnen so liebevoll umgeht wie mit eigenen Kindern. Das mag sein, doch Christus sagt zu diesem Land: Si oculus tuus scandalizat te, erue eum et si manus, vel pes tuus scandalizat te, amputa eum [Wenn dein Auge dir zum Ärgernis wird, so reiß es aus, und wenn deine Hand oder dein Fuß dir zum Ärgernis wird, so hau ihn ab] (Matth. 5.29; Mark. 9.42, 44). Damit will Christus nicht sagen, daß wir unsere Augen herausreißen oder unsere Hände und Füße abschneiden sollen. Er meint damit vielmehr: Wenn etwas, das wir so sehr lieben wie unsere Augen oder etwas, das für uns so notwendig ist wie unsere Hände und Füße, uns Schmerzen bereitet, dann sollen wir diese Quelle des Schmerzes von uns abtrennen, selbst wenn es uns weh tut. Wer unter Euch liebt nicht seinen Arm oder seine Hand, doch wer würde einer Amputation nicht zustimmen, um sein Leben zu retten, wenn Arm oder Hand vom Wundbrand befallen wären? Wenn es unabdingbar ist, um das Gewissen zu beruhigen oder die eigene Seele zu retten, daß man sich von allem trennt und so

Abb. 27: Florian Paucke SJ: Skizze einiger Geistlicher im Bereich der Jesuitenmission in Südamerika (von links nach rechts: „Alumnus aus dem Jesuiter Alumnat. Portugiesischer Jesuit mit dem Quadrat und Rochet. Almnus auß dem bischöpflichen Alumnat. Spanischer Jesuit mit seinem quadrat und Chor Rock. Alumnus auß dem Jesuiter Alum. mit dem Doctor Zeichen an der becca, und auf sienem quadrat").

elend lebt wie Hiob, dann darf man davor nicht zurückschrecken. Doch faßt Euch, meine Freunde, soweit soll es nicht kommen, davon sind wir weit entfernt. Ich habe die Sachlage sorgfältig studiert und bin zu einem Vorschlag gekommen, bei dessen Annahme alle Einwohner dieses Landes, mit nur ganz geringen Einbußen an weltlichen Gütern, ihr Gewissen erleichtern und eine bessere Zukunft mitaufbauen können. Hört mir aufmerksam zu.

Alle Indios dieses Staates verteilen sich auf drei Gruppen: entweder sie gehören zu denen, die als Sklaven dienen, oder zu denen, die als freie Einwohner in den königlichen Dörfern *(aldeias)* leben, oder zu denen, die im Hinterland noch im Naturzustand leben. Bei der letzten Gruppe handelt es sich um die, die Ihr stromaufwärts kauft oder „rettet", wobei das heilige Wort „retten" hier für einen brutalen und unfreiwillig erlittenen Handel verwendet wird. Sie werden in bösem Glauben besessen und vererbt. Es ist darum keine geringe Tat, wenn sie Euch für die erlittene Behandlung vergeben. Wenn nun einige von ihnen nach ihrer Freilassung – vor allem die Dienstboten, die Ihr in Eurem Haus aufgenommen und dort wie Kinder behandelt habt – spontan und freiwillig sich dazu entschließen, Euch weiter zu dienen und bei Euch zu bleiben, wird sie niemand aus Eurem Dienst entfernen wollen. Und was wird mit denen geschehen, die nicht in Euren Diensten bleiben wollen? Sie werden gehalten sein, in den Siedlungen des Königs zu leben, wo sie Euch in der Art und Weise dienen werden, die ich gleich vorstellen werde. Es wird Euch in jedem Jahr gestattet sein, Expeditionen ins Landesinnere zu unternehmen, wo Ihr jene wirklich retten könnt, die als Gefangene bald verzehrt werden sollen. Diese, die Ihr vor dem sicheren Tod bewahrt habt, könnt Ihr als Sklaven behalten. Außerdem werden jene zu Sklaven, die in gerechten Kriegen gefangen werden. Diese Frage werden der Gouverneur dieses Staates, der oberste Richter dieses Staates, die Geistlichen von Maranhão oder von Pará und die Prälaten der vier [in Brasilien tätigen] Orden der Karmeliter, der Franziskaner, der Dominikaner und der Societas Jesu zu entscheiden haben. All jene, die nach der Überprüfung als echte Gefangene eingestuft werden, werden den Einwohnern ausgehändigt werden. Und was wird mit jenen geschehen, die in einem Krieg gefangen werden, der als nicht gerecht qualifiziert werden wird? Sie werden entweder in neu zu gründende Reduktionen eingewiesen oder auf bereits bestehende verteilt werden. Dort werden sie dann, zusammen mit den anderen Indios in den Reduktionen, den Einwohnern für Arbeiten ausgeliehen werden, höchstens für sechs Monate im Jahr, wobei zwei Monate Mietarbeit abwechseln sollen mit zwei Monaten, die sie ihren Familien und ihren eigenen Arbeiten widmen können. Auf diese Weise werden alle Indios dieses Staates den Portugiesen entweder als legitime Sklaven dienen – das sind jene, die vor dem Tod gerettet wurden oder in einem gerechten Krieg gefangen wurden – oder aber als jene ehemaligen Sklaven, die freiwillig ihren alten Herren weiter zu dienen wünschen oder aber als jene aus den Reduktionen, die das halbe Jahr über für den Nutzen und das Wachsen des Staates arbeiten. So bleibt als letzte Aufgabe nur noch, die Entlohnung für die Arbeit und den Dienst der Indios aus den Reduktionen zu bestimmen. Das ist ein Punkt, über den jede andere Nation auf dieser Welt in Lachen ausbrechen würde, und nur in diesem Land ist das ein Streitfall. Das Geld dieses Landes besteht in Stoffen und Baumwolle, daher wird der monatliche Lohn der Indios auf ein Stück Stoff von sieben Fuß Länge festgesetzt, das einen Marktwert von vielleicht zwanzig Pfennigen hat. Damit erhält ein Indio nicht einmal einen Pfennig Lohn pro Tag. Das ist daher ein unbedeutender Preis, und es ist eines vernünftigen Mannes und eines Mannes, der dem christlichen Glauben anhängt, unwürdig, eine solche Abgabe nicht entrichten zu wollen, um seine Seele zu retten und die Hölle zu umgehen. Gibt es einen gemäßigteren Vorschlag? Gibt es ein vernünftigeres Verfahren? Wer auch immer mit diesem Vorschlag unzufrieden ist, ist entweder kein Christ oder besitzt keinen Verstand. Um zum Schluß zu kommen, laßt uns die Vor- und Nachteile dieses Vorschlags erwägen.

Der einzige Nachteil liegt darin, daß einige von Euch ein paar Indios verlieren werden. Ich verspreche Euch, es werden wirklich nur einige wenige sein. Aber die, die daran zweifeln, frage ich: Fliehen oder sterben nicht mitunter einige Eurer Indios? Es sind sogar viele. Soll der Tod vollbringen, was die Vernunft verwehrt? Soll der Zufall tun, wozu sich ein gutes Gewissen nicht durchringen kann? Wenn die Pocken Eure Indios befallen und sie sterben, was könnt Ihr tun? Ihr werdet Geduld zu bewahren haben. Ist es dann nicht besser, die Indios für einen Dienst an Gott zu verlieren als durch eine Strafe Gottes? Die Antwort liegt auf der Hand.

Fragt man nach den Vorteilen, so sind hauptsächlich vier zu nennen. Erstens werdet Ihr ein reines Gewissen haben und nicht länger in einem Zustand tödlicher Sünde leben. Ihr werdet als Christen leben können, Euch wird als Christen die Beichte abgenommen werden, Ihr werdet als Christen sterben, und Ihr werdet als Christen Eure Besitztümer vererben können. Kurz gesagt: Ihr werdet in den Himmel kommen und nicht in die Hölle, was ein tragisches Ende wäre. Der zweite Vorteil besteht darin, daß Ihr den Fluch von Euren Familien nehmt. Denn es gibt keinen größeren Fluch für ein Haus oder eine Familie, als von dem Schweiß und dem Blut anderer zu leben. Der dritte Vorteil ist, daß auf diese Weise eine größere Zahl von Indios vor den kannibalischen Praktiken bewahrt wird. Es ist wichtig, die Wälder zu durchstreifen, um Indios vor der Tötung und dem Verspeisen zu bewahren. Als vierten Vorteil sehe ich, daß in Zukunft Eure Petitionen zum Arbeitskräfteproblem würdig sein werden, Seiner Majestät vorgelegt zu werden, und würdig sein werden, seine Zustimmung und Bestätigung zu erhalten. Jeder, der nach etwas Illegalem oder nach etwas Ungerechtem verlangt, verdient es, daß man ihm auch das Legale und das Gerechte verwehrt, und jeder, der ein gerechtes, vernünftiges und von einem guten Gewissen getragenes Anliegen vorbringt, verdient die Erfüllung seiner Forderung. Ihr erinnert Euch an den Vorschlag, den Ihr unterbreitet habt? Es war ein Vorschlag, den treue Untertanen des Königs nicht mit gutem Gewissen vortragen können und den auch Minister des Königs nicht mit gutem Gewissen befürworten können. Und selbst wenn der König den Forderungen stattgegeben hätte, welcher Nutzen wäre Euch daraus erwachsen? Wenn der König mich ermächtigt, falsch zu schwören, ist der Meineid deshalb keine Sünde? Und wenn der König mir erlaubt, zu stehlen, ist der Diebstahl deshalb keine Sünde? Das Gleiche trifft auf die Behandlung der Indios zu. Der König kann anordnen, daß sie frei gelassen werden, aber seine Rechtsgewalt reicht nicht so weit, daß er aus Freien Sklaven machen könnte. Wenn solch ein Verlangen in Lissabon vorgetragen wird, müßten sich die Pflastersteine der Straße gegen die Bevölkerung von Maranhão erheben. Wenn Ihr aber ein gerechtes, den Gesetzen entsprechendes und christliches Verlangen unterbreitet, dann würden selbst diese Steine Eure Partei ergreifen. [...]

Aus: Edward Bradford Burns (ed.): A Documentary History of Brazil. New York 1966. Ndr. New York 1969, S. 82–89.　　　　　　　　　　　　　　　　　　　　　　　　　　　　TS

96. Modalitäten des „Gerechten Krieges" der Spanier gegen die Indios (1513)

Eine amtliche Entscheidung über die Kriterien eines gerechten Krieges gegen die Indios war aktuell geworden, „als 1513 die große Expedition des Pedrarias Dávila zur Eroberung des mittelamerikanischen Festlandes vorbereitet wurde. Die Ausfahrt dieser Flotte mußte hinausgezögert werden, bis auf königlichen Befehl Theologen und Juristen ihr Gutachten über die Rechtslage des Indianerkriegs und der Indianerversklavung abgegeben hatten" (Konetzke). Das Ergebnis dieser Beratungen war das vom Kronjuristen Palacios Rubios verfaßte Requerimiento. Dieses theologisch-juristische Schriftstück enthält Erklärungen über die Erschaffung der Welt und des Menschen, über die Schenkung aller westindischen Inseln und des Festlandes durch den Papst an die Katholischen Könige und schließlich die Aufforderung an die Eingeborenen, das Christentum anzunehmen und sich ihren neuen Herren zu unterwerfen. Für den Fall der Ablehnung wird mit Krieg und Versklavung von Männern, Frauen und Kindern gedroht. Das Dokument ist aufs engste den absolutistischen Doktrinen des römischen Rechts verhaftet. Am guten Willen des Fürsten zu zweifeln, kam für Palacios Rubios einem Sakrileg gleich. Das Requerimiento war keineswegs auf Partnerschaft in Form von Handelsbeziehungen und Bündnissen oder auf ein Schutzverhältnis zum unterworfenen Volk konzipiert, sondern auf vollständige und bedingungslose Unterwerfung. Nach spanischen Juristen war der Herrscher von Erb- und Wahlreichen an die Grundrechte und Gewohnheiten des Landes gebunden, zu deren Beachtung er sich verpflichtet, wenn das Volk ihn als legitimen Herrscher anerkennt. Nicht so in neuerworbenen Gebieten, die Patrimonialeigentum der Krone mit Alleinherrschaft werden. Daher hießen die überseeischen Eroberungen *Reinos patrimoniales*. Bei den Kontroversen zwischen Krone, Klerus und Juristen vor Abfassung des Requerimiento erhitzte der vielschichtige Komplex Macht, Recht und christliche Verkündigung die Gemüter. Doch als über die Zukunft der Indios entschieden wurde, war niemand zugegen, der ihre Belange vertrat. Es ging nur um die Frage, wann und wie ein gerechter Krieg *(guerra justa)* gegen die Indios gerechtfertigt werden könne. Die Lösung war die Verlesung des Requerimiento *in situ*, die wie ein notarieller Akt von einem Schreiber zu Protokoll genommen wurde. Jeder Konquistador war künftig verpflichtet, dieses Schriftstück bei neuen Entdeckungs- und Eroberungszügen mit sich zu führen. Das „Friedensangebot" des Requerimiento ist durch Vorbehalte abgesichert, so daß im Falle der Nichtannahme der Völkermord vorab gerechtfertigt ist.

Die Teilnehmer der Expedition des Pedrarias, unter ihnen Hernando de Soto, Diego de Almagro, Sebastián de Benalcázar, Bernal Díaz del Castillo und der spätere Chronist Gonzalo Fernández de Oviedo, die am 12. April 1514 in Richtung Neue Welt in See stachen, standen diesem Manifest nicht nur skeptisch gegenüber, sie belustigten sich darüber. Las Casas, der leidenschaftliche Vorkämpfer für die Rechte der Indios, berichtet von dem Vorgehen auf ihrer Expedition und bezeichnet das Requerimiento als „ungerecht, absurd und rechtlich ungültig". Nichtsdestoweniger blieb es in gemilderter Form noch lange in Geltung.

Lit.: Lewis Hanke: The Spanish Struggle for Justice in the Conquest of America. Boston ¹1949, ²1965, S. 29–36 – Gonzalo Fernández de Oviedo: Historia General y Natural de las Indias. Parte 1ª. Libro XXIX. Cap. VII. Ausgabe Madrid 1959 (Biblioteca de Autores españoles. Vol. 119), S. 227–232 – Richard Konetzke: Süd- und Mittelamerika I. Die Indianerkulturen Altamerikas und die spanisch-portugiesische Kolonialherrschaft. Frankfurt am Main 1965, S. 111–114 und 166–168 – Die Eroberung Perus in Augenzeugenberichten. Hg. und eingel. v. Lieselotte u. Theo Engl. München 1975, ²1977, S. 62–65.
    Engl

a. Das Requerimiento des Kronjuristen Palacios Rubios (1513)

Im Namen S. M., Don N., des Königs von Kastilien etc., gebe ich, N., sein Diener, Bote und Hauptmann, euch, so gut ich vermag, kund und zu wissen, was folgt: Gott, unser Herr, der Einige und Ewige, schuf Himmel und Erde, einen Mann und eine Frau, von denen wir und ihr alle Menschen auf der Welt abstammen, wie auch alle, die künftig nach uns kommen werden. Aber wegen der Menge der Völker und Stämme, die aus ihnen seit Erschaffung der Welt vor 5000 und mehr Jahren hervorgingen, mußten sich die einen hier-, die anderen dorthin wenden und in viele Reiche und Provinzen verteilen, da sie in einem Lande sich nicht alle ernähren und erhalten konnten. Unter allen diesen Menschen beauftragte Gott unser Herr einen, den heiligen Petrus, daß er über alle Menschen auf Erden Herr und Meister sei, dem alle zu gehorchen hätten, und machte ihn zum Oberhaupt des ganzen menschlichen Geschlechtes, wo immer Menschen leben und wohnen, welchem Gesetz, welcher Sekte und welchem Glauben sie auch angehören. Und er gab ihm die ganze Erde als sein Reich und Herrschaftsgebiet und befahl ihm, seinen Sitz in Rom aufzuschlagen als einem Ort, der besonders geeignet ist, die Welt zu beherrschen, stellte es ihm aber auch frei, seinen Sitz an jedem anderen Ort der Erde zu nehmen und alle Völker zu lenken und zu richten, Christen, Mauren, Juden, Heiden und Angehörige jeglicher Sekten oder Glaubensbekenntnisse. Den haben sie Papst genannt, das heißt verehrungswürdigen höchsten Vater und Bewahrer, denn er ist Vater und Herrscher über alle Menschen. Diesem Sankt Petrus haben die Menschen gehorcht und ihn als Herrn, König und Oberen der ganzen Welt anerkannt, und so auch alle anderen, die nach ihm zum Pontifex gewählt wurden. So hat man es bis heute gehalten und wird es halten bis zum Ende der Welt. Einer der letzten Päpste, die an seiner Stelle zu dieser Würde und auf diesen Thron gekommen sind, hat kraft seiner Herrschaft über die Welt diese Inseln und dieses ozeanische Festland den Katholischen Königen von Spanien, damals Don Fernando und Doña Ysabel glorreichen Angedenkens, und ihren Nachfolgern in diesen Königreichen, unseren Herren, mit allem, was darin ist, zum Geschenk gegeben, wie es in gewissen, darüber ausgestellten Urkunden geschrieben steht, die ihr einsehen könnt, so ihr wollt.

Nachdem nun S. M. dank dieser Schenkung König und Herr dieser Inseln und Festlandsgebiete ist, und da einige Inseln mehr, ja fast alle, diesem solchermaßen installierten König und Herrn Gehorsam geleistet haben und ihm nun dienen, wie es Untertanen obliegt, mit gutem Willen, ohne Widerstand und das geringste Zögern, da sie ferner, instruiert durch alles vorher Gesagte, die zu ihrer Missionierung zu unserem heiligen Glauben gesandten Ordensbrüder aufnahmen und ihnen gehorchten, und das alles dankbar und aus freiem Willen, und sich ohne Belohnung oder sonstige Bedingungen zu Christen bekehrten und es noch sind, und S. M. sie froh und wohlwollend annahm und sie dementsprechend wie die anderen Untertanen und Vasallen behandeln ließ, so seid ihr zu dem Gleichen gehalten und verpflichtet. Deswegen bitten und ersuchen wir euch nach bestem Vermögen, daß ihr auf unsere Rede hört und eine angemessene Weile darüber beratet, daß ihr die Kirche als Oberherrn der ganzen Welt und in ihrem Namen den Hohenpriester, Papst genannt, sowie an seiner Statt Seine Majestät als Herrn und König dieser Inseln und dieses Festlandes kraft der erwähnten Schenkung anerkennt und euch einverstanden erklärt, daß die hier anwesenden Ordensbrüder euch das Gesagte erklären und verkünden. Handelt ihr danach, dann tut ihr recht und erfüllt eure Pflicht; dann werden Seine Majestät und ich in Ihrem Namen euch mit Liebe und Güte behandeln, euch eure Frauen und Kinder frei und ohne Dienstbarkeit belassen, damit ihr über sie und über euch selbst nach eurem Belieben und Gutdünken verfügen könnt. Man wird euch in diesem Falle nicht zwingen, Christen zu werden; es sei denn, daß ihr, in der Wahrheit unterwiesen, selbst den Wunsch habt, euch zu unserem heiligen katholischen Glauben zu bekennen, wie es fast alle Bewohner der anderen Inseln getan haben. Darüber hinaus wird Seine Majestät euch viele Privilegien und Vergünstigungen geben und euch viele Gnaden erweisen.

Wenn ihr das aber nicht tut und böswillig zögert, dann werde ich, das versichern wir euch, mit Gottes Hilfe gewaltsam gegen euch vorgehen, euch überall und auf alle nur mögliche Art mit Krieg überziehen, euch unter das Joch und unter den Gehorsam der Kirche und Seiner Majestät beugen, eure Frauen und Kinder zu Sklaven machen, sie verkaufen und über sie nach dem Befehl Seiner Majestät verfügen. Wir werden euch euer Eigentum nehmen, euch schädigen und euch Übles antun, soviel wir nur können, und euch als Vasallen behandeln, die ihrem Herrn nicht gehorsam und ergeben, sondern widerspenstig und aufsässig sind. Wir bezeugen feierlich, daß das Blutvergießen und die

Schäden, die daraus erwachsen, allein euch zur Last fallen, nicht Seiner Majestät, nicht mir und nicht diesen Rittern, die mit mir gekommen sind. Alles, was ich euch hier gesagt und gefordert habe, bitte ich den anwesenden Notar schriftlich zu beurkunden.

[Signiert von:] Episcopus Palentinus, comes – F. Bernardus, Trinopolitanus episcopus – F. Tomás Matienzo – F. Al. Bustillo, magister – Licenciatus de Sanctiago – El doctor Palacios Rubios – Licenciatus Sosa – Gregorius, licenciatus [Diese Angabe ist entnommen aus Oviedo, S. 228].

Für Neuspanien [Mexiko] Jahr [15]18, Dezember, Buch A, Blatt 25 und Jahr [15]23, Oktober, gleiches Buch, Blatt 170 und Jahr [15]27, Buch B, Blatt 271; für Tierra Firme Jahr [15]13, Juli, Buch A, Blatt 49; für Peru Jahr [15]33, März, Buch A, Blatt 118 und Jahr [15]26, November, Buch Tierra Firme B, Blatt 219.

Aus: Colección de documentos inéditos relativos al descubrimiento, conquista y organización de las antiguas posesiones españolas de Ultramar. Madrid 1894. Neuauflagen Madrid 1927. Nendeln/Liechtenstein 1967. Vol. 20, S. 311–314.   Engl

b. Die Handhabung des Requerimiento nach Oviedo

[In einem von den Bewohnern fluchtartig verlassenen Dorf sagte der Notar Oviedo zu seinem Hauptmann:]

„Herr, ich habe den Eindruck, diese Indios wollen die Theologie dieses Requerimiento nicht anhören, noch habt Ihr jemanden, der es ihnen erklärt, ([denn] die Priester warteten in den Schiffen). Euer Gnaden befehle daher, es aufzubewahren, bis wir einen dieser Indios in einen Käfig stecken können, damit er es langsam lerne und der Bischof es ihm auslegen kann".

Ich gab ihm das Requerimiento zurück, er nahm es und lachte schallend, und mit ihm alle, die mich gehört hatten.

[Seine Erfahrungen faßt Oviedo folgendermaßen zusammen:]

Ich wünschte, es gelänge, ihnen [den Indios] das Requerimiento zunächst einmal verständlich zu machen, aber man unternimmt nicht einmal den Versuch, da er als unnötig und überflüssig erachtet wird. Auf die gleiche Art und Weise, mit der der General [Pedrarias] zu seiner Zeit von Beginn an diese katholische Pflichtübung jedesmal absolvierte, bevor er die Indios mit Krieg überzog, ebenso und zum Teil noch schlimmer trieben es später die verschiedenen Hauptleute bei ihren *Entradas* [Raubzügen].

1516 fragte ich den Doktor Palacios Rubios, der dieses Requerimiento angeordnet hatte, persönlich, ob bezüglich des Requerimiento die Christenheit nun ein ruhiges Gewissen haben könne. Er bejahte dies; man müsse sich nur genau an das Requerimiento halten. Ich aber bemerkte, wie er wiederholt über das lachte, was ich hierzu aus eigener Erfahrung und von den Eroberungszügen anderer Hauptleute zu erzählen hatte. Ich aber hätte viel mehr Grund, über ihn und seine Traktate zu lachen, obwohl er im Ruf eines gelehrten Mannes stand und einen Sitz im *Consejo Real de Castilla* hatte, wenn ich mir vergegenwärtige, daß die Indios auf Anhieb verstehen sollten, was in diesem Requerimiento steht, ohne daß man ihnen eine angemessene Zeitspanne oder Jahre dafür zubilligte.

Aus: Gonzalo Fernández de Oviedo: Historia General y Natural de las Indias. Parte 1ª. Libro XXIX. Cap. VII. Ausgabe Madrid 1959 (Biblioteca de Autores españoles). Vol. 119), S. 230.

Engl

c. Die Handhabung des Requerimiento nach Las Casas

Weder Pedrarias noch alle, die mit ihm [auf den Isthmus] gekommen waren, hatten einen anderen Wunsch [...] als zu möglichst viel Gold zu kommen [...]. Pedrarias schickte in jedes Dorf, von dem er erfuhr, daß es Gold habe, einen Trupp, um es auszurauben. Der menschlichen Vernunft und den göttlichen und menschlichen Gesetzen zum Hohn befahl er – getreu den Anordnungen aus Kastilien –, das Requerimiento zu verlesen. Wie aber entledigten sich die Spanier, die er ausschickte, des Befehls zur Rechtfertigung ihrer *Entradas* [Raubzüge] – denn so nannten sie ihre frommen Vorhaben?

Sie näherten sich bei Nacht in großer Stille und mit äußerster Vorsicht, damit man sie nicht höre, ihrem Ziele eine Meile, eine halbe oder eine viertel Meile, und lasen von fern her das Requerimiento den Bäumen vor wie folgt: „Kaziken und Indios dieses Dorfes! Wir, die Christen von Kastilien, lassen Euch wissen, daß ein Gott und ein Papst ist..." Dann forderte der Hauptmann den anwesenden Notar auf, schriftlich zu beurkunden, daß den Kaziken und den Indios alles vorgetragen worden sei, was Ihre Königliche Hoheit aufgetragen habe. Jene aber hätten sich geweigert, sich Ihrer Königlichen Hoheit zu unterwerfen und Christen zu werden. Anschließend bei Morgengrauen [...] überfielen sie die Bewohner des Dorfes in ihren armseligen Schlafstätten. Diese hinterhältigen Übergriffe mußten sowohl dem Herrn Bischof wie auch Pedrarias bekannt gewesen sein, denen es ja in erster Linie oblag, sie zu verhindern und zu bestrafen.

Aus: Bartolomé de Las Casas: Historia de las Indias. Ausgabe México 1951. Vol. III, S. 410. Engl

97. In der Diskussion zwischen dem Jesuitenpater Cosme de Torres und japanischen Buddhisten stoßen asiatische und europäische Denkweise aufeinander (1551)

Bereits wenige Jahre, nachdem die Portugiesen Japan erreicht hatten, landete 1549 der Jesuitenmissionar Franz Xaver zusammen mit Pater Cosme de Torres und Bruder Juan Fernández auf der Südinsel Kyushu. Mit Hilfe von Dolmetschern – Bruder Fernández hatte bereits in Indien Japanisch gelernt – begann die Mission. Nach einem infolge der neu ausbrechenden Kriegswirren erfolglosen Vorstoß in die Landeshauptstadt Miyako/Kyoto ließen sich die Jesuiten im äußersten Südwesten der Hauptinsel Honshu nieder, wo Yamaguchi als Residenz des mächtigsten Daimyo des Landes ein bedeutendes kulturelles und religiöses Zentrum mit über 100 Klöstern und Tempeln darstellte. Heftige, aber offenbar erfolgreiche Auseinandersetzungen mit Vertretern der verschiedenen buddhistischen Sekten, die damals in Japan den Ton angaben, folgten. Als Xaver im September 1551 zum Fürsten von Bungo in Nord-Kyushu gerufen wurde, meinten die Gegner, mit den beiden Zurückgebliebenen leichtes Spiel zu haben. Doch auch P. Torres wußte trefflich zu streiten. Da der sprachenkundige Protokollant Bruder Fernández seinem Oberen einen detaillierten Bericht darüber zuschickte, können wir uns glücklicherweise eine Vorstellung von diesen Gesprächen machen, die als erste Dokumentation vom Zusammenstoß asiatischer und europäischer Art zu denken hochbedeutsam sind. Die Jesuiten erweisen sich als Meister der aristotelisch-scholastischen Art zu argumentieren, während ihre Gesprächspartner offenbar in ihrem auf die Einheit des Kosmos gegründeten Weltbild wenig Platz für den Dualismus von Geist und Materie und das personale Gottes- und Menschenbild haben.

So muß im ersten Gespräch den Vertretern des Zen-Buddhismus ziemlich mühsam die Sonderstellung des bewußtseinsbegabten Menschen im Kosmos erläutert werden. Von der grundlegenden Bedeutung der Meditation für diese Schule ist nicht die Rede.

In den folgenden Unterredungen mit im Text nicht näher spezifizierten Buddhistengruppen geht es um Probleme, die zwischen Asien und Europa stets strittig blieben: die geistige Natur der Seele, die Theodizee und die andersartige Sexualethik, wobei im damaligen Japan das Problem der weitverbreiteten Homosexualität besonderes Gewicht besaß.

Abschließend kommt es zum Gespräch mit typischen Vertretern des Mahayana-Buddhismus, für die Buddha das anbetungswürdige Absolute, im volkstümlichen Mythos der göttliche Heilsbringer ist. Die Verwandtschaft solcher Erlösungslehren mit christlichen wird im Gespräch verfehlt.

Von Anpassungsbereitschaft kann offensichtlich auf seiten der Jesuiten nicht die Rede sein. Nur im Bereich der Etikette und des Verhaltens werden Zugeständnisse gemacht, nachdem Franz Xaver und später Alessandro Valignano die Bedeutung einer richtig gewählten sozialen Rolle für den Missionserfolg erkannt hatten. Dennoch entstand eine blühende Kirche in Japan, die freilich bald nach der Jahrhundertwende der politischen Entwicklung zum Opfer fiel.

Lit.: M. Anesaki: History of Japanese Religion. London 1930 – W. Gundert: Japanische Religionsgeschichte. Tokio 1935 – C. R. Boxer: The Christian Century in Japan 1549–1650. Berkeley 1951. Ndr. 1974 – G. Schurhammer: Franz Xaver. Sein Leben und seine Zeit. Bd. II/III: Japan und China 1549–1553. Freiburg 1973.   WR

Aus dem Protokoll des Bruders Juan Fernández über die Diskussion des Paters Cosme de Torres mit den Buddhisten (Yamaguchi, 20. Oktober 1551).

Nachdem Ew. Hochw. abgereist waren, gab es vielerlei Fragen, welche die Japaner stellten. Sie waren ganz verändert, als sie sahen, daß Ew. Hochw. fortgegangen seien, derart, daß sich das Haus füllte vom Morgen bis zur Nacht; denn sie meinten, jetzt sei niemand mehr da, der mit der Gnade und Hilfe des Hl. Geistes sie besiegen könnte.

Auf diese Fragen antwortete P. Cosme de Torres, und ich diente dabei als Dolmetscher.

Und da der Pater mir befohlen hat, immer in japanischer Sprache aufzuschreiben, was Jene fragen, und er ihnen antwortet, so will ich von jenen Punkten, die ich aufgeschrieben habe, hier Ew. Hochwürden Mitteilung machen.

Zuerst kamen viele Zen-shu, Priester und Laien. Wir fragten sie, was sie täten, um Heilige zu werden. Sie antworteten lachend, es gäbe keine Heiligen; es sei also gar nicht notwendig, sich seinen Weg zu suchen. Denn nachdem jenes große Nichts[1] ins Dasein getreten sei, könne es nichts anderes tun, als sich wieder ins Nichts zu verwandeln.

Wir fragten sie viele Dinge, um ihnen klar zu machen, daß es ein Prinzip *(principio)* gebe, das allen anderen Dingen ihren Anfang *(principio)* gibt.

Sie gaben zu, daß dem so sei, indem sie sagten, „Dies ist ein Prinzip, aus dem alle Dinge hervorgehen: Menschen, Tiere, Pflanzen. Jedes geschaffene Ding hat in sich dieses Prinzip, und wenn der Mensch oder das Tier sterben, dann verwandeln sie sich in die vier Elemente, in das, was sie waren, und dieses Prinzip kehrt zurück in das, was es ist." Dieses Prinzip, sagen sie, ist weder gut noch böse, hat weder Seligkeit noch Schmerz, stirbt nicht und lebt nicht, so daß es ein Nichts ist.

Wir fragten, ob ein Unterschied sei zwischen Menschen und Tieren. Sie antworteten, im Geborenwerden und Sterben seien sie gleich. Aber in einer Beziehung seien die Tiere besser; denn im Leben lebten sie ohne Sorgen, Gewissensbisse und Traurigkeit, anders aber die Menschen.

Wir fragten, was das, worin der Mensch sich von den Tieren unterscheide, nämlich, daß er Traurigkeit, Sorgen und Gewissensbisse fühle, was das sei?

Sie antworteten, wie es viele Arten von Tieren gebe, und so verschieden voneinander in den Lebensbedingungen, so sei auch der Mensch verschieden unter ihnen.

Wir sagten ihnen, wenn es auch vielerlei Insekten und andere Tiere gebe und sie auch verschieden seien im Körper, so seien sie doch, Große und Kleine, insofern sie weder Gut noch Böse kennten, alle von einer Art. Der Mensch aber sei hierin sehr verschieden von ihnen allen und einzig in seiner Art.

Sie antworteten: „Mag dem auch so sein, im Geborenwerden, im Sterben und in der Seele sind doch die Menschen und Tiere eins."

Wir sagten ihnen, das sei nicht der Fall. Auch wenn man ein Kind nach der Geburt unter die Tiere versetzte, so daß es keine Menschen sähe; sobald es die Körperkräfte dazu habe, spreche es und wisse Gut und Böse zu unterscheiden, und wenn es etwas gegen die Vernunft tue, habe es Gewissensbisse. Sie sollten sagen, was das für ein Ding sei, womit es die Gewissensbisse empfinde.

Sie antworteten, weil der Mensch jenes Prinzip in sich habe, darum habe er jene Sorgen und Gewissensbisse. In diesem Prinzip, sagen sie, sei weder etwas Gutes noch Böses, es lebe und sterbe auch nicht.

---

[1] Nirwana.

Wir sagten ihnen: „Das, was weder lebt, noch stirbt, noch fühlt, wie kann das Gut oder Bös kennen und Gewissensbisse haben?"

Sie antworteten: „Wir haben die Vernunft, und mit der Vernunft kann man lernen, gut zu leben. Aber im Leben kann man mit der Vernunft nicht lernen noch einsehen, was nach dem Tod mit uns geschehen wird."

Wir sagten ihnen: „Ein Mensch, der gut lebt, stirbt niemals schlecht. Denn wer in seinem Leben alle Dinge mit Vernunft tut, der lebt ohne Gewissensbisse und stirbt getröstet. Das ist ein klares Zeichen, daß der nicht schlecht enden kann."

Sie sagten, wir hätten recht. [...]

Sie sagten, von der Materie des Körpers wüßten sie wohl, daß es vier Elemente wären: aus was für Materie aber erschaffe Gott die Seele?

Wir antworteten ihnen: „Als Gott die Welt erschuf, brauchte er, um die Elemente Sonne, Mond usw. zu machen, keine Materie zum Erschaffen zu suchen, sondern einzig mit seinem Wort und Willen schuf er sie neu. Ebenso schafft er auch die Seelen ohne jede Materie, einzig durch sein Wort und seinen Willen."

Sie fragten, welche Farbe und welche Art der Anwesenheit *(manera de presencia)* die Seele habe?

Abb. 28: Ein Jesuit und zwei Franziskanermissionare in Japan (Ausschnitt aus einem zwischen 1580 und 1610 entstandenen japanischen Wandschirm).

Wir antworteten ihnen, sie habe weder Farbe noch Körper; denn nur die Elemente, Himmel, Sonne, Mond und Sterne hätten einen Körper.
Sie antworteten, wenn sie weder Körper noch Farbe haben, dann sei sie also nichts.
Wir fragten sie, ob es Wind gebe in der Welt?
Sie sagten: „Ja."
Wir fragten sie, ob der Wind Ort *(presencia)* und Farbe habe?
Sie sagten: „Nein."
Da sagten wir ihnen: „Wenn die Luft, die ein körperliches Ding ist, da ist, ohne Ort oder Farbe zu besitzen, wie wird es mit der Seele sein, die in sich kein körperliches Element hat, und die ein lebendes Ding ist, obwohl sie keinen Körper besitzt?"
Sie antworteten, wir hätten recht. [...]
Sie sagten: „Wenn Gott barmherzig ist und die Menschen geschaffen hat, damit sie in die ewige Seligkeit eingehen, wie kommt es, daß er den Teufel ihnen soviel Böses antun läßt [?]"
Wir antworteten: „Der Teufel hat keine weitere Gewalt gegen den Menschen, als daß er ihm den Gedanken ins Gedächtnis eingibt, Böses zu tun. Die Menschen haben die Erkenntnis des Guten und Bösen, und die Freiheit zu tun, was sie wollen. Die Schuld liegt also auf ihrer Seite, wenn sie Böses tun, da sie wissen, daß sie gegen die Vernunft handeln und daß ihnen Übel daraus entstehen muß."
Sie sagten: „Wenn Gott aus Barmherzigkeit die Menschen erschaffen hat, damit sie gut seien, und um ihnen die ewige Seligkeit zu geben, warum schuf er sie denn dann so, daß sie immer Böses tun und begehren?"
Wir antworteten: „Gott schuf alle Dinge gut. Auch den Menschen schuf er gut, mit klarer Erkenntnis, das Böse zu meiden und von sich zu entfernen. Aber wenn die Menschen Schlechtes tun, dann machen sie sich selbst schlecht, indem sie das Gegenteil von dem tun, was sie mit dem Verstand und der Vernunft, die sie von Gott erhalten haben, als gut erkennen." [...]
Sie sagten: „Ein fremdes Weib, das einen Mann hat, wenn man das nimmt, das ist eine Sünde; tut man es aber mit einer Ledigen, dann ist es keine Sünde."
Wir antworteten: „Wenn ein Mann viele Frauen hat, lebt er niemals in Frieden, weder er, noch die Frauen, noch die Kinder. Außerdem sind wir natürlicherweise verpflichtet, dem andern das nicht anzutun, wovon wir nicht wollen, daß sie es uns täten. Es wäre doch mir sehr unlieb, wenn meine Frau einen andern Mann nähme. Wenn ich also eine andere als meine Frau nehme, dann tue ich das, wovon ich nicht will, daß man es mir tue. Ferner: Jede Frau, auch wenn sie keinen Mann hat, hat stets Brüder oder Verwandte. Wenn nun ein Anderer mit meiner Schwester oder Verwandten Unzucht treibt, so bringt er über mich die Schande. Wenn ich also jene ledige Frau verführe, so bringe ich Schande über deren Verwandte."
Sie sagten: „In bezug auf die Frauen mag das der Fall sein; in bezug auf Knaben aber nicht; denn daraus folgt keine Schande für die Eltern und noch

weniger für den Knaben, mit dem man Sodomie[2] treibt, denn er hat keine Jungfräulichkeit, die er verlieren könnte. Die Sodomie ist also keine Sünde."

Wir antworteten ihnen: „Als Gott alle Dinge schuf, schuf er von jedem Ding ein männliches und ein weibliches, und dies, um ihr Geschlecht fortzupflanzen. Jene Sünde ist also gegen die Natur; die Tiere begehen sie nicht und begehren sie auch nicht: der Mensch, der sie also begeht, ist schlechter als das Tier und sündigt auf das Schwerste." [...]

Hernach kamen andere, die Shaka[3] anbeten.

Als wir sie fragten, warum sie ihn anbeteten, antworteten sie: „Shaka war immer und wird [immer] sein, und vom Anfang der Welt bis zur Zeit, wo er vom Weib geboren wurde, was jetzt schon gegen 2500 Jahre her ist, wurde er 8000mal geboren."

Wir fragten: „Jene 8000mal, von wem wurde er da geboren, und wozu und in welcher Zeit wurde er geboren [?]"

Sie antworteten, sie wüßten nichts weiter, als daß Shaka, nachdem er als Mensch von sieben Jahren geboren worden war, eine Hand zum Himmel erhob und die andere auf die Erde legte und sagte: „Ich war allein im Himmel und auf der Erde". Und hernach verkündete er viele Lebensgeschichten von vergangenen Heiligen, wie z. B. das Leben des Amida, damit die, welche diese vergangenen Heiligen anbeteten, sich retten könnten. Er schrieb auch Bücher, damit sie ihn anbeteten und gerettet würden. Und hernach im Alter von 49 Jahren sagte er betrachtend, jene vergangene Zeit sei ohne Wissen gewesen, und darum habe er soviele Dinge geschrieben. Jetzt aber sage er, wer gerettet werden wolle, der solle durch Betrachtung von sich erfahren, was sein Ende sei, und wer das nicht wisse, der werde verdammt werden; denn er habe das jetzt durch Betrachtungen so erfahren.

Wir fragten: „Wenn Shaka vor jener Stunde gestorben wäre, in der er durch Betrachtung erfuhr, was sein Ende sei, wäre er dann verdammt worden?"

Sie sagten: „Nein, denn er war immer heilig. Aber in seinem Leben schrieb er jene Bücher, damit die Einfältigen, die nicht betrachten könnten, sich retten könnten, indem sie ihn und die anderen Heiligen anbeteten."

Wir fragten, ob alle die, welche Shaka und die andern Heiligen anbeteten, gerettet würden, auch wenn sie verständig wären?

Sie bejahten das.

Wir sagten ihnen, wenn dem so sei, warum habe dann Shaka in der Stunde, da er 49 Jahre alt war, gesagt, daß er nichts gewußt habe, als er jene Bücher verfaßte, und daß nur der gerettet würde, der betrachte? Das sei also eine Lüge, und wenn er ein wahrer Heiliger gewesen wäre, ohne Anfang und Ende, dann hätte er nicht lügen dürfen, denn der Schöpfer und Erlöser der Welt, in

---

[2] Gemeint ist hier Homosexualität.
[3] Shaka/Sakyamuni, der göttliche „historische" Buddha, neben dem Lichtbuddha Amida und dem großen Sonnenbuddha Dainichi der wichtigste im damaligen Japan. Da er von mehreren Sekten verehrt wird, läßt sich der hier angesprochene Kreis seiner Anbeter nicht genauer spezifizieren; in Frage kämen die Nichiren- oder Tendai-Sekten.

dem gibt es keine Lüge. Und da er damals log, so sehe man, daß es auch eine Lüge war, was er mit sieben Jahren sagte, daß er allein im Himmel und auf der Erde war, und daß jene, die ihn anbeten und tun, was er lehrte, nicht gerettet werden können, da Alles Lügen seien. [...]

Aus: G. Schurhammer: Die Disputation des P. Cosme de Torres S. J. mit den Buddhisten in Yamaguchi im Jahre 1551 (Mitteilungen der Deutschen Gesellschaft für Natur- und Völkerkunde Ostasiens. Bd. 24A). Tokio 1929, S. 66–68, 71, 75–77, 81–82.

98. Der jesuitische Visitator für Japan Francisco Vieira berichtet über finanzielle Probleme der Missionstätigkeit (1618)

Der im folgenden abgedruckte Bericht Francisco Vieiras, des Visitators der Societas Jesu für Japan, an den Ordensgeneral gibt uns Aufschluß über die finanziellen Probleme der Missionstätigkeit des Ordens in Japan. Die Jesuitenpatres finanzierten ihre Arbeit vor allem aus drei Quellen:
1. Regelmäßige finanzielle Zuwendungen von Papst und portugiesischer Krone,
2. Gewinne aus Eigentum des Ordens in Indien, Malakka und Japan,
3. Profite aus dem Japan-Macao-Handel, an dem die Gesellschaft teilnahm.

Dabei war die zuletzt genannte Handelstätigkeit durchaus legal und wurde von der portugiesischen Krone unterstützt. Da jedoch die offiziellen Mittel vielfach nicht ausreichten, entwickelten, wie der Brief des Visitators an einer Reihe von Beispielen zeigt, einzelne Mitglieder und untergeordnete Institutionen des Ordens darüberhinaus eine rege private wirtschaftliche Aktivität. Diese private Handelstätigkeit hatte seit den siebziger Jahren des 16. Jahrhunderts unkontrollierbare Ausmaße angenommen. Sie diente zwar zunächst den finanziellen Belangen der Jesuiten, schädigte aber daneben oftmals die politischen Interessen der portugiesischen Krone sowie die eigentlichen Missionsziele des Ordens. Insbesondere die japanischen Kaufleute sahen die wirtschaftliche Konkurrenz der Missionare mit großem Mißvergnügen und verwandten ihren beträchtlichen politischen Einfluß gegen die Portugiesen.

Seit 1581 verbot der Orden denn auch wiederholt jegliche private Handelstätigkeit seiner Mitglieder, ohne diese jedoch wirklich unterbinden zu können. Erst als im Vorfeld konsequenter antiportugiesischer Politik seit Mitte der zwanziger Jahre des 17. Jahrhunderts offizielle japanische Stellen gegen die Handelstätigkeit der Jesuiten einschritten, wurde diese faktisch eingestellt.

Lit.: Charles R. Boxer: The Christian Century in Japan, 1549–1650. London 1951 – Takase Kōichirō: Unauthorized Commercial Activities by Jesuit Missionaries in Japan. In: Acta Asiatica. Bulletin of the Institute of Eastern Culture 30 (Tokyo 1976), S. 19–33.

MM

Bericht des Francisco Vieira, des Visitators der Gesellschaft Jesu in Japan, über unerlaubte kommerzielle Betätigung von Jesuiten[missionaren]

Es ist kaum verwunderlich, daß es in Rom einige Beunruhigung über Zügellosigkeiten im Bereich der Kirche in Japan gibt. Die meisten dieser Vorkommnisse stehen im Zusammenhang mit der Verletzung des Armutsgebotes, das in der Tat schon seit einigen Jahren vor Beginn der gegenwärtigen [Christen-] Verfolgung vernachlässigt worden ist. Von daher ist es nur zu verständlich, daß die Ordensgeneralität, wie es auch klar aus ihren Briefen hervorgeht, den schlimmsten Befürchtungen Ausdruck gegeben und jede Anstrengung unternommen hat, die Dinge wieder ins Lot zu bringen. Über die von Papst und König erlaubten gemeinsamen Investitionen in rohen Häuten und Stückgütern, die aus Macao geliefert werden und dazu dienen, das für die kirchliche Arbeit notwendige Kapital bereitzustellen, haben die Superioren und Rektoren [des Ordens] in Miyako und Nagasaki sowie einige Priester, die in ländlichen Gegenden *(inhacas)* eingesetzt sind, sich in unehrenhafte Handelsgeschäfte eingelassen, soweit ihnen die Umstände Gelegenheit dazu boten. Die betreffenden Ordensniederlassungen *(Casas)* haben privates Geld angehäuft, das sie im Handel verdient haben. Dieses Geld ist im allgemeinen als Betriebskapital verwendet worden, so z.B. das Anlagevermögen des Kollegiums von Nagasaki und das der *Casa* von Kyoto.

Die *Casa* von Kyoto zum Beispiel verfügte über Vermögenswerte von mehr als 4000 *Tael*, als ihr Missionsgebäude im Zuge der jüngsten [Christen-]Verfolgung zerstört wurde. Dies entspricht 4000 Cruzados in portugiesischer Währung. Das Anlagevermögen anderer *Casas* ist unterschiedlich hoch, einige besitzen mehr, andere weniger als die *Casa* von Kyoto.

Die meisten der Patres aber, insbesondere die ordentlichen Mitglieder [der Gesellschaft], die in den *Casas* wohnen, haben sich nicht nur von diesen Handelsgeschäften ferngehalten, sie haben darüber hinaus auch gemäß dem apostolischen Armutsgebot gelebt. Dies, obwohl sie mit den gleichen missionarischen Aufgaben betraut waren wie jene anderen, die in Handelsgeschäften tätig geworden sind. Sie haben jene Handelsaktivitäten verurteilt, nach Rom gemeldet und ein solches Verhalten aufs schärfste kritisiert. Neben dem oben erwähnten Anlagevermögen [für Handelsgeschäfte] gab es in den *Casas* auch solches für Maler und Drucker. Sogar Vicente Carruba, ein Bruder, der Drechslerarbeiten ausführt, hat für seine Werkstatt Vermögenswerte angehäuft.

Leute dieses Schlages haben nicht nur im Umland Handel getrieben, sondern [ihre Aktivitäten] auch aufs Ausland, nach Macao, den Philippinen, Kotschinchina und Kambodscha ausgedehnt. Und dieser Handel wurde mit Billigung der höchsten Superioren durchgeführt.

Aus: Archivum Romanum Societatis Iesu. Jap. Sin. 17, f. 154. Gedruckt in: Takase Kōichirō: Unauthorized Commercial Activities by Jesuit Missionaries in Japan. In: Acta Asiatica. Bulletin of the Institute of Eastern Culture 30 (Tokyo 1976), S. 28–29. MM

99. Der Ritenstreit – päpstliche Verbote einer Anpassung der Mission an die asiatischen Hochkulturen (1704/1733)

Die Missionare aus dem Jesuitenorden haben wohl am klarsten erkannt, daß das Problem der Ausbreitung des Christentums in Asien außerhalb des unmittelbaren Machtbereichs der Europäer darin bestand, nicht nur Randgruppen der jeweiligen Gesellschaften, sondern auch deren kulturelle und politische Eliten zu gewinnen. Das ist aber nur durch ein gewisses Maß kultureller Anpassung seitens der Missionare möglich, zumindest solange das betreffende sozio-kulturelle System intakt und sein politisches Selbstbewußtsein ungebrochen bleibt. Nach den Erfahrungen des Franz Xaver hat daher der Visitator Alessandro Valignano um 1580 für Japan ein System ausgearbeitet, das auf eine modifizierte Übernahme der sozialen Rolle und der dazugehörigen Etikette der buddhistischen Bonzen durch die Patres hinauslief. Als dieses Modell 1583 auf China übertragen werden sollte, stellte sich aber rasch heraus, daß die maßgebende Elite hier nicht die Bonzen, sondern die konfuzianischen Literaten waren. Die von Matteo Ricci vorgenommene Anpassung an deren Maßstäbe brachte aber neuartige Probleme mit sich. Die japanische Etikette war mit dem Christentum vereinbar, im übrigen ließ ihm der dortige religiöse und politische Pluralismus Bewegungsfreiheit – solange er bestand. In China hingegen waren Gesellschaft und Politik in ein kosmologisches System eingebettet, dessen Riten, insbesondere der Konfuzius- und der Ahnenkult, für jeden selbstverständlich, für die Angehörigen der Führungsschicht aber obligatorisch waren. Die Gottesfrage war für die Chinesen weniger wichtig; der neue Gott konnte mittels Übernahme einer geeigneten Bezeichnung leicht in das chinesische Pantheon integriert werden. Doch der christliche Gott ist ein eifersüchtiger Gott, der Anspruch auf Ausschließlichkeit erhebt – auch begrifflich. Ferner konnten zwar „aufgeklärte" Chinesen und Europäer die erwähnten Riten der Pietät als rein bürgerliche Angelegenheit interpretieren, für die Massen aber behielten Konfuziusverehrung und Ahnenkult religiöse Qualität. So kam es schon Anfang des 17. Jahrhunderts innerhalb des Jesuitenordens zu Auseinandersetzungen über die richtige religiöse Terminologie auf Chinesisch; mit dem Auftreten von Missionaren aus den Bettelorden seit 1631, die vor allem Bekehrungen in den Unterschichten zu verzeichnen hatten, wurde die Zulässigkeit der Pietätsriten für chinesische Christen strittig. Das (und nicht etwa die Auseinandersetzung um die Liturgie in chinesischer Sprache) ist der sog. „Ritenstreit".

In Indien kam eine Anpassung an die Moslems nach abendländischer Tradition nicht in Frage. Bei den Hindus herrschte zwar ein gewisser religiöser Pluralismus, aber das sozio-kulturelle System der Kastengesellschaft, das hier die Einheit stiftete, war nichtsdestoweniger durch und durch ritualisiert und besaß damit religiösen Charakter. Alltäglicher Lebensvollzug als Ritual sowie kultische und kastenmäßige Reinheit bzw. Unreinheit spielten die zentrale Rolle. Wer Christ wurde, war zunächst gezwungen, aus dem Kastensystem und damit der indischen Gesellschaft auszuscheiden. Die Portugiesen haben das bewußt gefördert, indem die Neophyten etwa zum Essen von Rindfleisch veranlaßt wurden. Damit waren aber nur Erfolge bei den Randgruppen zu erzielen. Der Jesuit Roberto de Nobili versuchte ab 1607 das Leben eines Saniasi, eines Hindu-Heiligen, zu führen und die indischen Sitten so weit wie möglich zu respektieren, um Zugang zur Oberschicht zu erhalten. Obwohl er zunächst dank guter Beziehungen die päpstliche Zustimmung erhielt, kam es doch, ähnlich wie in China, im Laufe des 17. Jahrhunderts zu Konflikten zwischen seinen Nachfolgern und den weniger anpassungswilligen Kapuzinern.

Die Auseinandersetzung verquickte sich nicht nur mit den Intrigen römischer Hofparteien, sondern angesichts der wachsenden Bedeutung Frankreichs auch mit den Konflikten innerhalb der französischen Kirche. Die Jansenisten, darunter auch Blaise Pascal, wurden die wildesten Gegner der jesuitischen Anpassungsmethode. Das immer noch nicht völlig durchsichtige Auf und Ab der Züge und Gegenzüge führte schließlich um 1700 zur weitgehenden Verwerfung der Anpassungskonzeption durch den Papst. Ungeachtet aller Drahtzieher hat man sich die Entscheidung in Rom jedoch nicht leicht gemacht. Aber die gewissenhafte Prüfung des Für und Wider mündete bezeichnenderweise eben doch in den sicheren Weg eines korrekten, aber engen Konfessionalismus und Europäismus. Mit dem Verbot der chinesischen Riten und dem Auftrag, in Indien nach dem Rechten zu sehen, schickte Clemens XI. 1703 Charles Thomas Maillard de Tournon in den Osten. Tournon erließ in Indien ein Verbot der einheimischen Riten und versuchte auch in China durchzugreifen. Da die Jesuiten aber um diese Zeit noch keineswegs machtlos waren, ging die Auseinandersetzung weiter. Mit Tournons Edikt für Indien mußte sich 1733 die römische Inquisition befassen. Punkt für Punkt wurde es von den Kardinälen dieser Kongregation geprüft und darüber entschieden, in der Regel weniger schroff als von Tournon, aber durchaus in seinem Sinne. Erst mit zwei Bullen Benedikts XIV., 1742 „Ex quo singulari" für China und 1744 „Omnium sollicitudinum" für Indien, fand der Ritenstreit sein offizielles Ende. Er versickerte anschließend in der Aufhebung des Jesuitenordens 1758–1773, der allgemeinen Missionskrise gegen 1800 und dem Überhandnehmen des Europäismus in der Mission der neuen Zeit.

Lit.: Wolfgang Reinhard: Gelenkter Kulturwandel im siebzehnten Jahrhundert. Akkulturation in den Jesuitenmissionen als universalhistorisches Problem. In: Historische Zeitschrift 223 (1976), S. 529–590 [mit weiterer Literatur]. WR

a. Das Verbot der chinesischen Riten durch Papst Clemens XI. (1704)

Weil der höchste Gott *(Deus optimus Maximus)*[1] bei den Chinesen mit europäischem Vokabular nicht angemessen zum Ausdruck gebracht werden kann, ist zur Bezeichnung dieses wahren Gottes das Wort *Tien Chu,* das heißt: Herr des Himmels, zuzulassen, das sich bekanntlich bei den chinesischen Missionaren und Gläubigen durch langen Gebrauch bewährt hat. Die Bezeichnungen *Tien* (Himmel) und *Xang Ti* (oberster Kaiser) aber sind völlig abzulehnen.

Deshalb ist es auch nicht zu gestatten, Tafeln mit der chinesischen Aufschrift *King Tien* (der Verehrung des Himmels geweiht) in christlichen Kirchen aufzuhängen oder bereits aufgehängte weiter zu behalten.

Dazu ist es keinesfalls und aus keinem Grund den Christgläubigen zu gestatten, bei den Opferfeiern den Vorsitz zu führen, mitzuwirken oder teilzunehmen, die von den Chinesen alljährlich zu den Tag- und Nachtgleichen dem Konfuzius und den Ahnen dargebracht werden, weil sie von Aberglauben befleckt sind. Ebenso ist nicht zu gestatten, daß dieselben Christgläubigen in den

---

[1] Der beim römischen Heidentum ausgeborgte Begriff erregte offenbar keinen Anstoß.

Konfuziustempeln, die auf Chinesisch *Miao* heißen, die Zeremonien, Riten und Opfer vornehmen, die zu Ehren dieses Konfuzius dann in den einzelnen Monaten zu Neumond und Vollmond von den Mandarinen oder ersten Beamten und anderen Amtsinhabern sowie den Literaten abgehalten werden; bald von diesen Mandarinen oder Gouverneuren bzw. Richtern, bevor sie ihr Amt antreten, oder wenigstens nach seiner Inbesitznahme; bald von den Literaten, die nach Zulassung zu ihren Graden sich unverzüglich zum Tempel des Konfuzius begeben. [...]

Ferner ist den genannten Christen nicht zu gestatten, irgendwie Opfer, Riten oder Zeremonien vor Ahnentafeln in Privathäusern oder an den Ahnengräbern oder bevor Verstorbene dem Grab übergeben werden, wie sie zu deren Ehren üblich sind, gemeinsam mit Heiden oder getrennt vorzunehmen, daran mitzuwirken oder teilzunehmen; im Gegenteil, weil je nach Erwägung alles dessen, was von dort hier vorgebracht wurde, und sorgfältiger und reiflicher Diskussion nachgewiesen ist, daß alles Besagte nicht so vorgenommen werden kann, daß es vom Aberglauben zu trennen wäre, darf den Anhängern des christlichen Gesetzes nicht einmal gestattet werden, vorher einen öffentlichen oder geheimen Vorbehalt *(protestatio)* abzugeben, sie vollzögen dies nicht als religiösen, sondern bürgerlichen und sogar politischen Totenkult und erbäten oder erhofften sich nichts von den Toten.

Nicht freilich ist damit jene rein körperliche *(materialis)* Anwesenheit zu verwerfen, die Christen bei diesen abergläubischen Akten bisweilen leisten müssen, freilich ohne ausdrücklich oder stillschweigende Zustimmung oder gar Mitwirkung an den von Heiden vollzogenen abergläubischen Akten, weil anders Haß und Feindschaft nicht vermieden werden können. Freilich sollte vorher, wenn möglich, eine Glaubenserklärung abgegeben werden und die Gefahr des Abfalls ausgeschlossen sein.

Endlich darf den Christgläubigen nicht gestattet werden, nach der Sitte jener Länder Ahnentafeln in ihren Privathäusern zu haben, mit der chinesischen Inschrift, die „Thron oder Sitz des Geistes oder der Seele N." bedeutet, auch nicht in der verkürzten Form „Sitz" oder „Thron". Wo aber die Tafeln nur den Namen des Verstorbenen tragen, kann ihr Gebrauch geduldet werden, wenn nur bei ihrer Herstellung alles vermieden wird, was nach Aberglauben riecht, und Ärgernis ausgeschlossen ist, d. h. wenn Nichtchristen nicht meinen können, die Tafeln würden von den Christen im selben Sinn aufbewahrt wie bei ihnen, und wenn den Tafeln eine Erklärung darüber beigegeben wird, was der Glaube der Christen von den Toten und was Pietät der Kinder und Enkel gegen die Ahnen [nach christlichem Verständnis] zu sein hat.

Durch das Vorstehende soll nichtsdestoweniger nicht verboten werden, andere Akte zu Ehren der Verstorbenen vorzunehmen, wenn es unter den bei den Heiden üblichen welche gibt, die weder abergläubisch sind noch den Anschein von Aberglauben erwecken, sondern in den Grenzen bürgerlicher politischer Riten bleiben. Was nun aber solche sind und mit welchen Kautelen sie geduldet werden können, ist dem Urteil des jeweiligen Apostolischen Kom-

Abb. 29: Der Jesuit Johann Adam Schall von Bell (1592–16): Leiter des astronomischen Instituts in Peking, baute astronomische Instrumente, goß Kanonen, reformierte den chinesischen Kalender, wurde als Vertrauter des Kaisers Shuh-Shi 1658 Mandarin I. Klasse, galt als einer der Regenten Chinas.

missars und Generalvisitators in China oder seines Vertreters und der Bischöfe und Apostolischen Vikare jener Gegenden zu überlassen. Die sollen freilich unterdessen sich mit allem möglichen Eifer und aller Sorgfalt bemühen, daß die Zeremonien der Heiden ganz und gar aufgehoben und nach und nach von den Christen jene Riten zum Gebrauch rezipiert werden, die die Katholische Kirche in ihrer Frömmigkeit für die Verstorbenen vorschreibt.

Aus: Breve Clemens' XI., inseriert in die Bulle „Ex quo singulari" Benedikts XIV. 1742. In: Magnum Bullarium Romanum. Bd. XVI. Luxemburg 1752, S. 107. WR

b. Protokoll der Inquisitionssitzung, die das Verbot indischer Riten festschreibt (1733)

Mittwoch, 21. Januar 1733
Erste Frage: Ob und wie folgender Teil des Dekrets des Kardinals Tournon auszuführen ist: Wir verbieten zwingend, bei der Taufe von Kindern und Erwachsenen jeden Geschlechts und Standes Sakramentalien wegzulassen. Vielmehr sind alle öffentlich zu vollziehen und deutlich der Speichel, das Salz und das Anhauchen anzuwenden, die die Katholische Kirche aus der Apostolischen Tradition empfangen und wegen der in diesen heiligen Zeremonien verborgenen Geheimnisse der göttlichen Güte gegen uns heilig und unverletzt bewahrt hat. [...]
Entscheidung der Kardinäle: Das Dekret des Kardinals Tournon soll bestätigt, aber dem Papst geraten werden, den Missionaren von Madura, Mysore und Carnatic für zehn Jahre Dispens zu gewähren, den Speichel bei der Taufe wegzulassen und das Anhauchen heimlich zu vollziehen, jedoch nur in besonderen Fällen, in denen eine schwere Notwendigkeit die Gewissen der Missionare bedrängt, wenn sie nur nicht an dem Irrtum leiden, Speichel und Atem für eine ungeeignete und untüchtige Materie für die Taufsakramentalien, nämlich für untüchtig zur Taufe zu halten. Den Missionaren ist aufzuerlegen, angemessene Belehrung und jede andere mögliche Sorgfalt darauf zu verwenden, daß die Abneigung der Leute gegen den Speichel und das Anhauchen verschwindet. Und von der Belehrung und den übrigen angewandten Mitteln haben sie innerhalb des Dezenniums an den Heiligen Stuhl zu berichten. [...]
Zweite Frage: Ob und wie das genannte Dekret im folgenden auszuführen sei: Ferner schreiben wir vor, daß nach löblichem Brauch der Kirche dem Täufling vom Taufenden der Name eines Heiligen aus dem *Martyrologium Romanum*[2] gegeben wird. Gänzlich verboten sind Namen von Götzen und Büßern der falschen Religion[3], die die Neubekehrten nach heidnischem Brauch geführt haben, bevor sie durch die Taufe der göttlichen Gnade wiedergeboren wurden.
Entscheidung der Kardinäle: Das Dekret ist zu mildern, indem das Wort

---
[2] Der seit 1584 ausschließlich verbindliche amtliche Heiligenkalender der römischen Kirche.
[3] Hinduheilige, insbesondere die nach sehr strengen asketischen Regeln lebenden Saniasi.

„Wir schreiben vor" durch die Klausel „Sie mögen dafür sorgen, soweit es möglich ist" ersetzt wird, aber bei Aufrechterhaltung des Verbots von Götzen und Büßernamen. [...]

Mittwoch, 22. April 1733

Fünfte Frage: Ob und wie das genannte Dekret im folgenden auszuführen sei: Da es ferner Landessitte ist, daß Kinder von sechs oder sieben Jahren, bisweilen von noch zarterem Alter, auf Grund von Abmachungen der Eltern eine unauflösliche Ehe schließen [...], befehlen wir den Missionaren, daß sie derartige [kirchenrechtlich] ungültige Ehen unter Christen nicht gestatten und das Zusammenleben so vermählter Gatten nicht dulden, bis sie nach Erreichung des legitimen Alters und Erkundung ihres Konsenses vor der Kirche gemäß der vom Heiligen Trienter Konzil vorgeschriebenen Form[4] eine wahre und kanonische Ehe geschlossen haben.

Entscheidung der Kardinäle: Das Dekret ist zu vollziehen, aber mit der Erklärung, daß die vom Heiligen Trienter Konzil für Ehen vorgeschriebene Form dort zu beachten ist, wo das Dekret des besagten Konzils Kapitel 1 Sessio 24 *De Reformatione Matrimonii* publiziert ist oder in Zukunft publiziert wird und seine Beobachtung nicht unmöglich ist. Und die Missionare sollen möglichst dafür sorgen, daß in allen Missionen jener Gegend besagtes Konzilsdekret publiziert wird. [...]

Mittwoch, 22. Juli 1733

Elfte Frage: Ob und wie das genannte Dekret im folgenden auszuführen sei: Es ist schändlich, eine christliche Jungfrau anläßlich ihrer ersten Menstruation zu feiern, es den Verwandten, Nachbarn und Freunden mitzuteilen und es unverschämt zu veröffentlichen und ihnen nach Sitte und Brauch der Heiden aus einem so schmutzigen Anlaß in ihrem Haus ein Fest zu geben. Darum verbieten wir den rechtgläubigen Mädchen solche Feste und Riten und schaffen sie ab und befehlen den Missionaren, nicht nur sie, sondern auch ihre Eltern zu ermahnen, wie wenig doch eine solche anscheinend von schamlosen Eltern eingeführte Gewohnheit zu den Gesetzen jungfräulicher Schamhaftigkeit passe, daß sie so nach Erschütterung der Sittsamkeit der Mädchen sie zügellos zur Wollust zu reizen vermögen.

Entscheidung der Kardinäle: Daß die Missionare für die Abschaffung des Menstruationsfestes sorgen mögen, es aber als Hochzeitsfest gestatten sollen. [...]

Mittwoch, 9. September 1733

[Zwölfte Frage: Wie das Dekret auszuführen sei, daß es keinen christlichen Kranken, auch wenn er dem niedrigsten Stand der Parias angehört, in der Krankheit an einem Beichtvater fehlen darf, und daß die Missionare solche

---

[4] Um die freie Entscheidung der Ehepartner gegenüber ihren Familien und die kirchliche Kontrolle zu sichern, wurde vom Trienter Konzil (1545–1563) jede Ehe für ungültig erklärt, die nicht vor dem Pfarrer und zwei Zeugen geschlossen wird. Das Dekret wurde jedoch keineswegs sofort überall akzeptiert und publiziert; die neue Praxis setzte sich nur langsam durch.

Kranken ohne Ansehen von Person und Geschlecht an ihrem Krankenlager aufsuchen müssen, um ihm Zuspruch, Gebet, die Heilige Kommunion und die letzte Ölung zu bringen.]
Entscheidung der Kardinäle: Das Dekret des Kardinals Tournon ist zu beachten. Darüber hinaus sind die Missionare zu ermahnen, daß sie auch keine Inder zur Taufe zulassen, die meinen, daß die Parias von Gott verworfen seien und daher nicht auf das Heil hoffen dürften, sofern sie nicht diese Auffassung ablegen. [...]

Aus: Protokoll der Inquisitionssitzungen von 1733, inseriert in der Bulle „Omnium sollicitudinum" 1744. In: Magnum Bullarium Romanum. Bd. XVI. Luxemburg 1752, S. 236–238.   WR

100. Die Adventspredigt des Antón Montesinos eröffnet das Ringen der Dominikaner um die Menschenrechte der Indios (1511)

1511 hielt der Dominikanerpater Antón Montesinos[1] in der strohgedeckten Kirche von Santo Domingo auf La Española (Haïti) eine mit seinen Mitbrüdern abgesprochene Adventspredigt: „Ihr seid alle in Todsünde und lebt und sterbt in ihr wegen der Grausamkeit und Tyrannei, die ihr gegen jene unschuldigen Völker gebraucht [...]. Mit welchem Recht habt ihr so abscheuliche Kriege [...] gegen diese Völker geführt?"[2]. Montesinos ging sogar soweit, die spanischen Siedler aufzufordern, die ihnen zugeteilten Indios freizulassen, und drohte, denjenigen, die es nicht tun würden, die Lossprechung bei der Beichte zu verweigern.

Die Empörung unter den Siedlern war allgemein. Materieller Ruin oder Verlust des Seelenheils bedeutete wahrhaftig keine schmackhafte Alternative.

Für König Ferdinand kam den überseeischen Reichen Las Indias „die bedeutsame Funktion zu, die Geldmittel für die ständig wachsenden Kosten der spanischen Außenpolitik in Europa zu liefern"[3]. Sie waren Patrimonialeigentum der Krone *(reinos patrimoniales),* und er konnte darüber frei verfügen.

Die Montesinospredigt machte Skandal bis ins Mutterland. König Ferdinand reagierte empfindlich und gab Order, die Dominikanerbrüder sollten erst einmal die Schenkungsurkunde Alexanders VI. und die anderen einschlägigen Urkunden lesen, bevor sie so urteilten; „ihre jetzige Meinung sei nur erklärbar durch mangelnde Information über die Rechte, die Wir auf diese Insel [La Española] haben, und durch Unkenntnis der Gründe, die nicht nur den Dienst rechtfertigen, wie ihn die Indios derzeit leisten, sondern sogar bedeutend mehr Fronen erlauben würden"[4]. Der Herrscher erklärte ausdrücklich: Wenn es eine Gewissenschuld gebe, dann trügen diese er selbst und seine Ratgeber[5].

---

[1] Zur Schreibweise des Namens: bei Las Casas Antón Montesino, sonst auch Antonio Montesinos oder Antonio de Montesinos.
[2] Las Casas, S. 176.
[3] Konetzke, S. 111.
[4] Hanke, S. 54; Chacón y Calvo, S. 429–431.
[5] Konetzke, S. 175.

Die Dominikaner ließen sich jedoch nicht einschüchtern. Als Montesinos schließlich sein Anliegen persönlich dem Herrscher vortrug, zeigte dieser sich erstaunt und verwirrt über das Ausmaß an Unrecht, das man den Indios zufügte, und beauftragte einige Theologen und Juristen, sich mit den Tatbeständen zu befassen und angemessene Gesetze vorzubereiten.

Im Verlauf von zwanzig Sitzungen wurden immer wieder die gleichen Argumente vorgebracht, die Indios seien faul, und das sei das größte Übel für sie selbst, für die Spanier und die Krone; der König habe die Pflicht, ihnen zu helfen, ihre Faulheit zu überwinden. Die Hofprediger zitierten Aristoteles, Thomas von Aquin, Duns Scotus und andere Scholastiker, und die Diskussion drohte auf den Punkt zurückzufallen, den Indios die freie Menschennatur wieder völlig abzusprechen, woraufhin Montesinos mit einem der Sprüche Salomons konterte: „Antworte dem Narren nicht nach seiner Narrheit, daß du ihm nicht auch gleich werdest" (Sprüche 26,5).

Der Ausschuß räumte schließlich ein, die Indios seien freie Menschen und verdienten eine menschenwürdige Behandlung, aber sie müßten dem Zwang unterworfen und nahe bei den Spaniern gehalten werden; nur so werde ihre Bekehrung garantiert. Formal wurde festgestellt, das System der *Encomienda* (Dienstverpflichtung von Indios an einzelne Spanier) sei grundsätzlich rechtens „dank der päpstlichen Gnade und Schenkung und vereinbar mit dem göttlichen Recht und dem Menschenrecht". Daraufhin wurden die Gesetze von Burgos erlassen (1512), die erste Kodifikation von Gesetzen, die die Indios in der Neuen Welt betreffen[6].

Was hatte Montesinos erreicht? Zunächst sehr wenig. Ein Beispiel aus den Gesetzen von Burgos: Die Spanier erhielten die Auflage, für die Indios neue Häuser und Ortschaften zu bauen. Die alten Behausungen der Indios aber sollten abgebrannt werden, damit sie die Lust verlören, dahin zurückzukehren. Bei den Umsiedlungen solle man keine Gewalt anwenden, sondern mit großer Freundlichkeit vorgehen. Ein Kazike auf La Española schwor, im Falle der Zwangsumsiedlung mit allen seinen Untertanen den tödlichen Saft der Yucca zu trinken[7]. Die Verweigerung der Indios äußerte sich immer wieder in Flucht und Selbstmordwellen. Die Gesetze von Burgos hatten de facto nichts bewirkt. Und doch sind die Worte: „Ego vox clamantis in deserto" (Ich bin die Stimme des Predigers in der Wüste), mit denen Antón Montesinos 1511 seine Adventspredigt begann, während der Konquista nie mehr ganz verstummt. Die einmal ausgelöste Diskussion riß nicht ab; das bekannte *Requerimiento* von 1513 spiegelt Teile davon wider. Las Casas erreichte 1542 bei Karl V. die Verabschiedung der *Nuevas Leyes:* das System der *Repartimientos* und *Encomiendas,* d.h. der Verteilung, Zuteilung und „Überantwortung" der Indios in kleineren und größeren Gruppen und Bezirken zu Dienst-, Sach- und Tributleistungen an die Konquistadoren, sollte langsam auslaufen. Die Aufregung und Empörung unter den Konquistadoren und Siedlern in Mexiko und Peru war nicht weniger groß als damals nach der Predigt des Montesinos auf La Española. In Mexiko wurden die *Nuevas Leyes* unterlaufen, in Peru lösten sie unter Gonzalo Pizarro einen Aufstand gegen die Krone aus (vgl. Dok. 7) mit dem Ziel, die Autonomie durchzusetzen, um nicht auf die Früchte der Konquista verzichten zu müssen[8]. Die *Nuevas Leyes* scheiterten, weil sie zu radikal die Privilegien, auf denen die Wirtschaft aufgebaut war, abbauen wollten. Auch die Krone dachte nicht daran, auf die Goldlieferungen zu ver-

---

[6] Hanke, S. 49–51.
[7] Hanke, S. 51, S. 97.
[8] Engl: Die Eroberung Perus in Augenzeugenberichten, S. 287–322.

zichten, und wie sollte das ohne Anwendung von Zwang und ohne Hilfe der Spanier in Übersee gehen[9]?

Seit Montesinos seine Predigt gehalten hatte, waren 31 Jahre vergangen, Mexiko und Peru waren fest in der Hand der Krone, und auf dem mittel- und südamerikanischen Kontinent gab es keinen großen Indiostaat mehr. Aber seine Ideen wurden weitergetragen von zahlreichen Mönchen und einer Minderheit von Soldaten und Verwaltungsleuten. Lewis Hanke schreibt über Montesinos, diesen fast unbekannten Mönch und Wegbereiter des Las Casas im Kampf um die Gerechtigkeit in der spanischen Konquista von Amerika: „Keine Schriften von Montesinos sind auf uns überkommen, kein Portrait von ihm, und über sein Leben nach der berühmten Predigt wissen wir wenig, außer, daß er einst am spanischen Hof für die Belange der Indios sprach und seinen Tod als ihr Beschützer in Venezuela fand. Millionen von heutigen Amerikanern haben nie seinen Namen gehört. Die einzigen Zeugnisse über seinen großen geschichtlichen Augenblick haben wir in den königlichen Instruktionen, die ihm Schweigen auferlegten, sowie in der ‚Historia de la Indias' von Las Casas, dessen Schilderung, geschrieben vor über 400 Jahren, uns lebendig die Leidenschaft und Kraft zum Kampf für die Freiheit der Menschen in Amerika vermittelt."[10]

Lit.: Robert Streit: Die erste Junta von Burgos im Jahre 1512. In: Zeitschrift für Missionswissenschaft 13 (1923), S. 198–217 – Rafael Altamira: El texto de las leyes de Burgos de 1512. In: Revista de Historia de América 4 (1938), S. 5–79 – Guis G. Alonso Getino: Influencia de los dominicos en las leyes nuevas. Sevilla 1945 – Juan Friede: Die Franziskaner im Nuevo Reino de Granada und die indigenistische Bewegung des 16. Jahrhunderts. In: Saeculum 8 (1957), S. 372–381 – Lewis Hanke: The Spanish Struggle for Justice in the Conquest of America. Boston [7]1965 ([1]1949) – Silvio Zavala: Bartolomé de las Casas ante la esclavitud de los indios. In: Cuadernos americanos 25 (1966), S. 142–156 – Edward H. Spicer: Political Incorporation and Cultural Change in New Spain. A Study in Spanish-Indian Relations. In: Howard Peckham/Charles Gibson (eds.): Attitudes of the Colonial Powers toward the American Indian. Salt Lake City 1969, S. 107–135 – Juan Friede/Benjamin Keen (eds.): Bartolomé de las Casas in History. Towards an Understanding of the Man and his Work. De Kalb 1971 – Marianne Mahn-Lot: Bartolomé de las Casas et le droit des Indiens. Paris 1982. Engl

Zu dieser Zeit hatten die Mönche [Dominikaner] in Santo Domingo [auf La Española] das traurige Leben und die harte Knechtschaft der Eingeborenen dieser Insel beobachtet. Sie sahen, wie sie zugrunde gingen, ohne daß ihre spanischen Herren sich darum kümmerten, als seien es unnütze Lebewesen. Von ihrem Hinsterben nahmen sie nur insoweit Notiz, als sie ihnen in den Goldminen und bei anderen einträglichen Arbeiten fehlten; aber deshalb dachten sie nicht etwa daran, den Überlebenden mehr Mitgefühl und Menschlichkeit entgegenzubringen, sondern fuhren fort, sie in der gewohnten Weise zu unterdrücken, auszubeuten und zu verderben. Gewiß gab es unter den Spaniern Unterschiede: Die einen waren grausam, ohne Mitleid und Erbarmen und nur

---

[9] Konetzke, S. 190. Konetzke bezieht sich auf die *Real Provisión* vom 20. Oktober 1545, veröffentlicht in: Richard Konetzke: Colección de Documentos para la Historia de la Formación Social de Hispanoamérica 1493–1810. Madrid 1953. Vol. I: 1493–1592, S. 236–237.
[10] Hanke, S. 48.

darauf bedacht, durch das Blut dieser Elenden selbst reich zu werden, andere weniger grausam, und wieder andere [gab es], denen man zutrauen konnte, daß sie deren Elend und Not jammerte; aber allen, den einen wie den anderen, waren ausgesprochen oder unausgesprochen ihre eigenen, privaten und diesseitigen Interessen wichtiger als das Heil, das Leben und die Errettung dieser Unglücklichen. Außer Pedro de la Rentería[11], über den ich, so es Gott gefällt, weiter unten berichten werde, erinnere ich [Las Casas] mich an keinen Menschen, der sich der Indios, deren er sich bediente, erbarmt hätte.

Als nun die Mönche lange Zeit hindurch sahen, beobachteten und feststellten, was die Spanier den Indios zufügten, wie wenig sie sich um deren leibliches und seelisches Wohl kümmerten, und wie groß die Unschuld, die nicht geachtete Geduld und Sanftmut der Indios war, begannen sie als geistlich gesinnte gottesfürchtige Männer die Wirklichkeit am Gesetz zu messen und miteinander über dieses schändliche und unerhörte schreiende Unrecht zu reden. Sie fragten sich: „Sind das nicht Menschen? Muß man nicht an ihnen das Gebot der Liebe und Gerechtigkeit erfüllen? Hatten sie nicht ihre eigenen Länder, ihre angestammten Herren und Obrigkeiten? Haben sie uns irgend etwas zuleide getan? Sind wir nicht verpflichtet, ihnen das Gesetz Christi zu predigen und mit aller Kraft an ihrer Bekehrung zu arbeiten? Wie ist es möglich, daß die zahlreiche Bevölkerung, die, wie man uns berichtet hat, auf dieser Insel gelebt haben soll, in der kurzen Zeit von fünfzehn oder sechzehn Jahren so grausam vernichtet werden konnte?" [...] In ihrem Entsetzen über solche aller Menschlichkeit und allem christlichen Handeln hohnsprechenden Taten faßten die Brüder Mut, dieser schrecklichen Form tyrannischen Unrechts von Anfang bis Ende den Kampf anzusagen. Getragen von Eifer und Sorge für die Ehre Gottes und schmerzlich berührt über die schmähliche Mißachtung der Gesetze und Gebote Gottes, über den Schaden, der dem Christentum zugefügt wird durch die Taten, die zum Himmel stinken, und voller Erbarmen für die große Zahl von Seelen, die, da sich niemand ihrer annahm, gestorben waren und weiterhin stündlich starben, flehten sie Gott an und befahlen sich ihm, beteten, fasteten und wachten, um nicht irre zu gehen in einer so wichtigen Sache; denn ihnen war klar bewußt: Diese in einen so abgrundtiefen Schlaf gesunkenen Menschen aus ihrer Gefühllosigkeit aufzuwecken, war völlig neu und mußte einen gewaltigen Skandal hervorrufen. Schließlich wurden sie nach wiederholter gründlicher Beratung einig, öffentlich in der Predigt von den Kanzeln zu verkündigen und zu erklären, diejenigen unserer Landsleute, die diese Menschen in ihrer Gewalt hatten und unterdrückten, befänden sich im Stand der Sünde; sie würden, wenn sie darin stürben, am Ende für ihre Unmenschlichkeit und Habsucht ihren Lohn empfangen.

Die Gelehrtesten unter ihnen einigten sich auf Anordnung des Paters Pedro

---

[11] Pedro de la Rentería war ein Freund und Kompagnon des Las Casas auf Kuba. Als Bartolomé de Las Casas seine *Encomienda* zurückgab, finanzierte sein Freund seine Reise nach Spanien, wo er sich bei der Krone für die Belange der Indios einsetzte (Las Casas, S. 251-252 und 357-360).

de Córdoba, ihres Vikars, eines überaus klugen Dieners des Herrn, über eine Predigt, die als erste in dieser Sache gehalten werden sollte, und bestätigten sie alle mit ihrer Namensunterschrift, damit es klar sei, daß es sich hier nicht nur um eine Sache des dazu bestimmten Predigers, sondern um ein Vorgehen nach Beratung und mit Zustimmung und Billigung aller handle.

Der Vikar bestimmte, daß diese Predigt von dem Bruder Antón Montesinos, dem hervorragendsten Kanzelredner außer ihm, gehalten werden sollte. Er war der Zweite von den Dreien, die diesen [Dominikaner-]Orden hier einführten, wie bereits oben in Buch zwei, Kapitel [54] gesagt wurde. Dieser Pater Antón Montesinos hatte eine Gabe zum Predigen; schroff verurteilte er die Laster, farbig und wirkungsvoll waren seine Predigten und Worte, und so brachte er, oder man nahm es zumindest an, reiche Frucht. Weil er stark und aufrecht war, übertrugen sie ihm die erste Predigt über diese für die Spanier auf der Insel so neue Angelegenheit. Die Neuheit bestand in nichts anderem, als zu bekräftigen: Diese Menschen zu töten sei eine größere Sünde als Wanzen zu zertreten.

Da es Vorweihnachtszeit war, beschlossen sie, daß die Predigt am vierten Adventssonntag gehalten werde, wo man das Evangelium nach St. Johannes singt: „Die Pharisäer schickten zu St. Johannes dem Täufer und ließen ihn fragen, wer er sei, und er antwortete: *Ego vox clamantis in deserto* [Ich bin die Stimme des Predigers in der Wüste]."

Damit die ganze Stadt Santo Domingo zu der Predigt erscheine und niemand fehle, wenigstens von den Honoratioren, suchten sie den zweiten Admiral [Diego Colón, den Sohn des Entdeckers], der damals die Insel regierte, die königlichen Beamten und alle gelehrten Juristen, die dort wohnten, persönlich auf und luden sie zu ihrer Predigt am Sonntag in die Hauptkirche ein. Sie betonten, wie wichtig ihr Erscheinen ihnen sei; denn sie hätten etwas zu verkünden, was alle angehe. Alle sagten gerne zu, einerseits sowohl wegen der ehrerbietigen Aufwartung, die sie ihnen gemacht hatten, wie auch, weil man sie wegen ihrer Tugenden und bescheidenen Lebensweise und ihrer Strenge in Glaubenssachen hochschätzte, andererseits, weil jeder hören wollte, was es denn sei, was sie alle in so hohem Maße anginge. Hätten sie geahnt, um was es ging, man wäre nicht dazu gekommen, es ihnen zu predigen, denn so etwas wollten sie nicht hören, noch hätten sie es zugelassen, daß es gepredigt würde.

Als nun der Sonntag und die Zeit der Predigt gekommen war, bestieg Pater Antón Montesinos die Kanzel und nahm als Thema und Grundlage seiner schriftlich vorbereiteten und von den übrigen Brüdern gegengezeichneten Predigt das Wort: „Ego vox clamantis in deserto". Nach den einführenden Worten, die sich auf die Adventszeit bezogen, begann er ihnen eindringlich darzulegen, wie die Gewissen der Spanier dieser Insel eine unfruchtbare Wüste seien, wie blind sie dahinlebten, in welcher Gefahr ewiger Verdammnis sie stünden, weil sie die überaus schweren Sünden gar nicht bemerkten, in die sie, ohne es zu fühlen, versunken seien und in denen sie sterben müßten. Auf seinem Thema beharrend fuhr er fort: „Um euch [eure Sünden] vor Augen zu führen, habe ich, der ich die Stimme Christi auf dieser Insel bin, die Kanzel bestiegen; euch aber tut not, daß ihr aufmerksam, von ganzem Herzen und mit all euren Sinnen auf sie hört; sie ist für euch so ungewohnt, so schroff, so hart, so schrecklich und gefährlich, wie ihr nie vermeintet, sie zu hören." Diese Stimme sprach über eine gute Weile eindringlich mit strafenden, erschrecklichen Worten auf sie ein; sie fingen an zu zittern und sie fühlten sich wie am Tage des Jüngsten Gerichts. Es war eine große, allumfassende gewaltige Stimme, die ihnen erklärte, was es mit dieser Stimme auf sich habe und was sie aussage. „Diese Stimme", so fuhr er fort, „sagt: Ihr seid alle in Todsünde und lebt und sterbt in ihr wegen der Grausamkeit und Tyrannei, die ihr gegen jene unschuldigen Völker gebraucht. Sagt, mit welchem Recht und mit welcher Gerechtigkeit haltet ihr jene Indios in einer so grausamen und schrecklichen Knechtschaft? Wer hat euch Vollmacht gegeben, so verabscheuungswürdige Kriege gegen diese Menschen zu führen, die ruhig und friedlich ihre Heimat bewohnten, von denen ihr unzählige durch unerhörte Mord- und Gewalttaten ausgelöscht habt? Wie könnt ihr sie so unterdrücken und plagen, ohne ihnen zu essen zu geben, noch sie in ihren Krankheiten zu pflegen, die sie sich durch das Übermaß an Arbeit, die ihr ihnen auferlegt, zuziehen, und sie dahinsterben lassen, oder deutlicher gesagt, töten, nur um täglich Gold zu graben und zu erschachern? Was tut ihr, um sie zu lehren, daß sie Gott, ihren Schöpfer, erkennen, getauft werden, Messe hören, Feiertage und Sonntage halten? Haben sie nicht vernunftbegabte Seelen? Seid ihr nicht verpflichtet, sie zu lieben wie euch selbst? Das versteht ihr nicht? Das fühlt ihr nicht? Was für ein tiefer Schlaf, welche Lethargie hält euch umfangen? Seid sicher, daß ihr in diesem Zustand, worin ihr euch befindet, genausowenig das Heil erlangen werdet wie Mauren und Türken, die den Glauben an Jesus Christus nicht haben und auch nicht danach fragen!" Solcher Art legte er ihnen die Stimme [Christi] aus. Viele waren sprachlos, einige wie von Sinnen, die anderen verstockt, manche sogar zerknirscht, aber keiner, wie ich später hörte, bekehrt.

Nach der Predigt verließ er [Montesinos] die Kanzel, mit kaum geneigtem Kopf, denn er wollte keine Furcht zeigen, weil er ja keine hatte, auch kümmerte es ihn nicht viel, seinen Hörern zu mißfallen, sofern er tat und sagte, was Gott wohl gefiel. Mit seinen Gefährten eilte er in sein strohgedecktes Haus, wo sie nichts anderes als Kohlbrühe ohne Öl, wie das oft der Fall war, zu essen hatten. Kaum war er aus der Kirche, vernahm man ein allgemeines Raunen, ich weiß nicht, ob es möglich war, die Messe zu Ende zu lesen. Man kann sich lebhaft vorstellen, daß an diesem Tag bei Tisch nicht über die „Verachtung der Welt" debattiert wurde. Nach dem Essen – es dürfte keine sehr behagliche Mahlzeit gewesen sein – versammelte sich die ganze Stadt im Hause des Admirals [Statthalters], des zweiten in dieser Würde und in diesem königlichen Amt, des Don Diego Colón, des Sohnes des ersten Entdeckers von Indien. Vor allem kamen die königlichen Beamten, wie Schatz- und Zahlmeister, Faktor und *Veedor*, und beschlossen, den Prediger unter Druck zu setzen und einzuschüchtern, desgleichen die anderen Ordensbrüder, wenn sie ihn nicht bestraften als einen Menschen, der Ärgernis verursache, unerhörte neue Ansichten verbreite, alle angreife und gegen den König und seine Herrschaft über dieses Land Indien gehetzt habe; denn er habe gesagt, sie seien nicht befugt, die ihnen vom König zugeteilten Indios zu behalten; das sei schwerwiegend und nicht zu verzeihen. Sie klopften an der Klosterpforte, und als der Pförtner öffnete, sagten sie ihm, er solle den Vikar rufen und den Bruder, der so Ungeheuerliches gepredigt habe. Es erschien aber nur der ehrwürdige Vikar, Pater Pedro de Córdoba. Diesem sagten sie mehr herrisch als demütig, er solle den rufen, der gepredigt habe. Der Vikar antwortete klug, das sei nicht nötig, denn er sei der Obere dieser Brüder, und er könne ja Antwort geben. Hartnäckig forderten sie, ihn rufen zu lassen, er aber entschuldigte sich mit viel Klugheit und Würde, mit bescheidenen und ernsten Worten, wie es seine Art zu reden war, und wich ihnen aus. (Schließlich, dank der Gaben, mit denen die Vorsehung ihn ausgestattet hatte, wirkte er derart verehrungswürdig, daß die Anwesenden ihr Verhalten änderten.) Als der Admiral und die übrigen sahen, daß dem Pater Vikar mit gewichtigen Worten und Gründen der Vernunft nicht beizukommen war, versuchten sie es mit Demut und baten, er solle ihn doch rufen lassen, sie wollten ja nur in seiner Gegenwart mit ihm reden und von ihnen [beiden] wissen, was für Gründe sie bewogen hätten, etwas derart Neues und Schädliches zu predigen zum Nachteil des Königs und zum Schaden aller Einwohner dieser Stadt und der ganzen Insel. Da es dem heiligen Mann schien, daß sie anderen Sinnes geworden seien und ihre anfängliche Aufregung sich gelegt habe, ließ er den Bruder Antón Montesinos rufen, der ungeachtet der Furcht, die ihn beschlich, kam. Sobald alle sich niedergesetzt hatten, brachte zunächst der Statthalter seine und der übrigen Klage vor. Er sagte, dieser Pater habe sich unterstanden, Dinge zu predigen, durch die dem König ein schlechter Dienst erwiesen werde und dem ganzen Land Schaden erwachse, denn er habe gesagt, sie durften die Indios nicht behalten, die ihnen doch der König gegeben habe, der Herr über ganz Indien sei; auch hätten ja die Spanier diese Inseln mit großer Mühe gewonnen und die darin wohnenden Ungläubigen, die sie innehatten, unterworfen. Diese skandalöse Predigt sei so zum Nachteil des Königs und zum Schaden der Bewohner dieser Insel, daß sie zu dem Schluß gekommen seien, der Pater müsse alles widerrufen, was er gesagt habe; wo nicht, so würden sie für entsprechende Abhilfe sorgen.

Der Vikar antwortete darauf, was der Pater gepredigt habe, sei mit seinem und aller anderen Einverständnis, Willen und Gutdünken geschehen; nach Würdigung aller Gesichtspunkte, reiflicher Überlegung und eingehender Beratung habe man beschlossen, ihnen das als evangelische Wahrheit zu predigen und als notwendig zum Heil aller Spanier und aller Indios dieser Insel, die sie täglich zugrunde gehen sähen, ohne daß mehr darauf geachtet würde, als wenn es wilde Tiere wären. Dazu seien sie durch Gottes Gebot und durch ihr Taufgelübde verpflichtet, erstens als Christen, zweitens als Brüder des Bettelordens, die die Wahrheit zu predigen hätten. Darin, dessen seien sie sicher, würden sie dem König keinen schlechten Dienst erweisen, der sie hierher geschickt habe, um zu predigen, was sie als notwendig zum Heil der Seelen erkannt hätten, sondern sie glaubten im Gegenteil, ihm damit in aller Treue zu dienen, und sie seien gewiß: wenn seine Hoheit recht unterrichtet würde über das, was hier vorgehe, und über das, was sie darüber gepredigt hätten, würde er ihre Dienste anerkennen und ihnen Dank dafür wissen.

Wenig fruchteten die Worte und die guten Gründe, die der heilige Mann zur Rechtfertigung der Predigt vorlegte; er vermochte sie weder zufriedenzustellen, noch sie zu beruhigen. Sie waren aufs äußerste aufgebracht zu vernehmen, daß sie die Indios nicht weiterhin tyrannisieren dürften, denn auf diese Weise befriedigten sie ihre Habsucht; ohne Indios sahen sie sich um ihre Hoffnungen und erlittenen Mühen geprellt. Ein jeder, der da anwesend war, voran die Honoratioren, brachte das vor, was ihm gerade so einfiel.

Sie alle kamen überein, der Pater solle am kommenden Sonntag widerrufen, was er gepredigt habe; und in ihrer Blindheit gingen sie soweit, ihnen nahezulegen, ihre Koffer zu packen, und sich nach Spanien einzuschiffen, wenn er das nicht tue. Darauf antwortete der Vikar: „Das, meine Herren, würde uns keine große Mühe machen!" Es entsprach der Wahrheit: Ihr ganzer Schatz war ihre aus einfachem Stoff gewirkte Mönchskutte und einfache Decken, mit denen sie sich nachts wärmten; die Betten bestanden aus Brettern und Strohsäcken, die auf Traggabeln ruhten; man nennt sie *Cadalechos* [Jedermannsbetten]. Die Meßgeräte und die paar Bücher hatten leicht in einer Truhe Platz.

Als sie bemerkten, wie wenig sie mit all ihren Drohungen ausrichten konnten, schlugen sie wieder sanftere Töne an und baten, es sich doch nochmals zu überlegen und es wohl zu bedenken und dann in einer neuen Predigt das Gesagte abzuschwächen, um so das Volk zufriedenzustellen, das in hohem Maße aufgebracht sei. Schließlich, als sie weiterhin darauf bestanden, daß diese erste Predigt abgeschwächt und die Leute zufriedengestellt würden, willigten die Ordensleute, um sie loszuwerden und ihrem eitlen Gerede ein Ende zu setzen, darin ein, daß derselbe Bruder Antón Montesinos am folgenden Sonntag wieder predige, die Sache noch einmal aufnehme, über das Gepredigte sage, was ihm angebracht scheine, und sich nach Möglichkeit bemühe, sie zufriedenzustellen und das Gesagte zu erläutern. So wurde es vereinbart, und mit dieser Aussicht gaben sie sich voller Hoffnung zufrieden.

Einige unter ihnen brachten sofort in Umlauf, man habe mit dem Vikar und den Brüdern vereinbart, daß am kommenden Sonntag jener Bruder widerrufe. Zu dieser zweiten Predigt brauchte man nicht mehr einzuladen, denn es gab keinen Menschen in der ganzen Stadt, der sich nicht in der Kirche eingefunden hätte; einer forderte den anderen auf, sich den Frater anzuhören, wenn er alles widerrufe, was er am letzten Sonntag gesagt habe.

Zur Stunde der Predigt bestieg er die Kanzel. Für seine „Zurücknahme" und „Widerruf" hatte man als Bibeltext aus dem 36. Kapitel des Buches Hiob eine Stelle ausgesucht, welche folgendermaßen beginnt: „Repetam scientiam meam a principio et sermones sine mendatio esse probabo", [frei übersetzt] „Ich werde noch einmal von Anfang an die von mir erkannte Wahrheit, die ich vergangenen Sonntag euch gepredigt habe, vortragen und beweisen, daß jene meine Worte, die euch so erbitterten, wahr sind" [Vers. 3/4]. Als dieses Thema anklang, merkten die Hellhörigen sofort, worauf er hinaus wollte, und es kam sie hart an, ihn weiter reden zu lassen. Er begann seinen Text auszulegen und wiederholte alles, was er bereits in der vorigen Predigt verkündet hatte und unterbaute es mit immer neuen Argumenten und Zitaten. Er hielt ihnen erneut das Unrecht der Unterjochung jener geplagten und heimgesuchten Völker vor und wiederholte seine Erkenntnis: Sie könnten jede Hoffnung um das Heil ihrer Seelen aufgeben. Um dessentwillen und damit sie sich noch rechtzeitig bekehrten, ließen [die Brüder] sie wissen, daß sie Leuten wie ihnen keine Beichte mehr abnähmen; das gelte nicht nur jenen, die auf Beutezüge ausgingen, sondern ihnen erst recht. Das könnten sie ruhig, an wen sie wollten, in Kastilien schreiben und dort verbreiten; denn sie [die Mönche] stünden in der Gewißheit, daß sie hiermit Gott dienten und dem König keinen geringen Dienst erwiesen.

Nach der Predigt ging er in sein Kloster, und das ganze Volk blieb aufgebracht in der Kirche zurück, murrend, noch weit zorniger gegen die Mönche als vorher, weil es sich in seinen eitlen und widersinnigen Hoffnungen auf einen Widerruf getäuscht fand. Als ob durch einen solchen Widerruf des Bruders Gottes Gesetz aufgehoben würde, gegen welches sie durch Unterdrückung und Ausrottung dieser Völker laufend verstießen.

Aus: Bartolomé de Las Casas: Historia de la Indias. Lib. III. Cap. III–V. Ausgabe Madrid 1957 (Biblioteca de Autores españoles. Vol. 96), S. 174–179. Engl

101. Vertrag über die Missionierung des Kriegslandes Guatemala (1537)

Der Norden Guatemalas ist noch heute eine Art Rückzugsgebiet, in dem sich Reste der Maya und ihrer Religion gehalten haben. Auch die spanischen Eroberer drangen erst spät in dieses tropische Regenwaldgebiet vor, das ja auch nicht durch Bodenschätze oder ausgedehnten Ackerbau attraktiv war. So konnten sich kriegerische Mayastämme noch Jahrhunderte behaupten: Auf einer Insel des Peten-Sees fanden noch 1697 traditionelle Menschenopfer statt. Die Spanier, die bis Mitte der dreißiger Jahre des 16. Jahrhunderts dreimal abgewehrt worden waren, sprachen vom „Kriegsland" *(Tierra de Guerra).*

Seit Januar 1537 befand sich Bartolomé de Las Casas, der berühmte Verteidiger der Indios, in dem 1529 gegründeten Dominikanerkonvent der Provinzhauptstadt Santiago de Guatemala. Die Konstellation war günstig für einen Versuch zur Verwirklichung seiner Lieblingsidee, die Indios ohne Anwendung von Gewalt friedlich zu bekehren und, das sollte man nicht übersehen, der spanischen Krone zu unterwerfen. Die Indiofreunde befanden sich auf einem Höhepunkt ihres Einflusses bei Hofe; am 2. Juni 1537 wird die auf deren Initiative zustande gekommene Bulle „*Sublimis Deus*" veröffentlicht, in der Papst Paul III. die bei den Spaniern weitverbreitete Auffassung ausdrücklich verurteilt, die Indios seien halbe Tiere und gar nicht fähig, den Glauben anzunehmen. Von Guatemala war 1536 der Konquistador Pedro de Alvarado, als Mann der ersten Stunde ein Held, aber auch ein Indioschinder, nach Spanien gegangen und interimistisch von dem indiofreundlichen Juristen Alonso de Maldonado als Gouverneur abgelöst worden, der sofort damit begann, die Indiotribute zu überprüfen und neu festzusetzen. So konnte es zu dem Vertrag der Dominikaner mit dem Gouverneur über die friedliche „Eroberung" von Tuzulutlán, dem südlichen Teil des Kriegslandes westlich des Golfo dulce, des äußersten Ausläufers des Golfes von Honduras, kommen. Im Lauf der Zeit sollte sich herausstellen, daß die Kontrolle dieses Gebietes nicht nur im Hinblick auf die wilden Stämme weiter nördlich strategisch wichtig war, sondern auch zur Unterbindung protestantischen englischen Einflusses von Belize her. Kern der Abmachung ist der Verzicht auf die *Encomienda* und das (hier allerdings nur befristete) Verbot für Spanier, das Missionsgebiet zu betreten, beides grundlegend für die weitere spanische Missions- und Indiopolitik, etwa in Paraguay. Nachdem bereits bestehende Ansprüche auf eine *Encomienda* im Missionsgebiet gerichtlich abgewehrt waren, blieb das Unternehmen *Verapaz* (Wahrer Frieden), wie die Dominikaner das Kriegsland hinfort euphemistisch nannten, von spanischen Ausschreitungen einigermaßen verschont; die Nachbarschaft von Yucatán war in dieser Hinsicht bedrohlicher als Guatemala. Aber auch aus der im Sinne von Las Casas zeitweilig geplanten Ansiedlung spanischer Bauern neben den Indios wurde nichts; Verapaz war zu arm. Der Erfolg der friedlichen Mission führte unter diesen Umständen nicht zu einer besonders günstigen Lage der Indios, denn die Lasten, die die Krone diesen ihren unmittelbaren Untertanen auferlegte, scheinen ziemlich drückend gewesen zu sein. Vor allem aber scheiterte das Unternehmen in einer geplanten Signalwirkung. Der Verkehr mit den jenseits Verapaz wohnenden wilden Stämmen beschränkte sich nach gescheiterten Missionsversuchen bald wieder auf Krieg.

Lit.: André Saint-Lu: La Vera Paz. Esprit évangélique et colonisation. Paris 1968 – Magnus Mörner: La Corona español y los foráneos en los pueblos de indios de América. Stockholm 1970 – Juan Friede/Benjamin Keen (eds.): Bartolomé de Las Casas in History. Towards an Understanding of the Man and his Work. De Kalb 1971 – Willi Henkel: Die Las Casas-Forschung 1966–1976. In: Neue Zeitschrift für Missionswissenschaft 33 (1977), S. 81–98 – [Die auf sechs Bände veranschlagte grundlegende Biographie von Manuel Giménez Fernández: Bartolomé de Las Casas, ist durch den Tod des Verfassers bei zwei Bänden (Sevilla 1953–60), die bis 1523 reichen, stehengeblieben.] WR

Vertrag des Gouverneurs von Guatemala Alonso Maldonado mit dem Dominikanervikar Bartolomé de Las Casas Über die Missionierung des „Kriegslandes", 2. Mai 1537

Ich, der Lizenziat Alonso, Gobernador dieser Stadt und Provinz Guatemala für Seine Majestät, erkläre, daß Ihr, Pater Fray Bartolomé de Las Casas und die Ordensleute, die bei Euch sind, Euch entschlossen habt, Euch zur Ehre Gottes, zum Heil der Seelen und zum Dienst Seiner Majestät damit zu befassen und daran zu arbeiten, bestimmte Provinzen wilder Indios *(yndios naturales)* zu befrieden, die innerhalb und an den Grenzen dieser *Governación* liegen, sich aber nicht im Gehorsam des Königs unseres Herrn und im Verkehr mit den Spaniern befinden, sondern wild und kriegerisch *(de guerra)* sind, so daß kein Spanier wagen würde, sich dorthin zu begeben, wo sie sich aufhalten. Ihr beabsichtigt, sie sicher und friedlich zu machen und zur Unterwerfung unter die königliche Herrschaft und zur Anerkennung Seiner Majestät als Herrn zu bewegen, damit sie in unserem heiligen katholischen Glauben unterrichtet werden können und Ihr und die anderen Mönche, die sich damit befassen werden, ihnen die christliche Lehre predigen könnt. Ihr habt mich davon in Kenntnis gesetzt, damit ich es für gut befinde. Weil Ihr aber befürchtet, daß die genannten Indios und Provinzen, wenn sie nach ihrer Befriedung und Unterwerfung unter den König als *Encomienda* vergeben werden *(se encomendasen a Españoles)*, wie gewohnt mißhandelt und dadurch so verstört werden, daß sie den Glauben und die christliche Lehre nicht annehmen, habt Ihr mich im Namen Gottes und Seiner Majestät ersucht, Euch im Namen des Königs zu versprechen und zu versichern, daß ich alle Provinzen und Indios, die Ihr zu Frieden und Unterwerfung unter Seine Majestät bewegt, unmittelbar Seiner königlichen Hoheit *(en su real cabeza)* unterstelle und sie nicht als *Encomienda* an irgendeinen Spanier gebe. Nur so könnt Ihr Euch damit befassen, sie zu sicheren Untertanen zu machen, und all Eure Kraft auf das genannte Ziel verwenden. Verspreche ich Euch das nicht, werdet Ihr Euch nicht damit befassen, weil Ihr so, wie Ihr sagt, nicht hoffen könnt, irgendein Ergebnis zu erzielen; weder kann man sie dann bewegen, Christen zu werden, noch sie gute Sitten lehren.

Weil dies aber ein ausgezeichnetes Werk im Dienst und zum Ruhm Gottes durch Seine Majestät und zum Wohl und Heil der wilden Indios dieser Provinzen ist, und weil Seine Majestät offensichtlich nichts mehr begehrt als die Bekehrung dieser Ungläubigen, erkläre und verspreche ich Euch und gebe mein Wort namens und seitens Seiner Majestät kraft meiner königlichen Vollmachten; wenn Ihr oder jeder andere der von Euch hier anwesenden Ordensleute, nämlich Bruder Bartolomé de Las Casas, Bruder Rodrigo de Adrada und Bruder Pedro de Angulo[1], Ruhe schafft und mit Eifer und Sorgfalt Provinzen und Indios, die ganz oder zum Teil zu dieser *Governación* gehören, die ich für Seine Majestät verwalte, dazu bewegt, daß sie sich friedlich verhalten, Seine Majestät als Herrn anerkennen und ihm mit mäßigem Tribut dienen, den sie nach ihren persönlichen Möglichkeiten und dem armseligen Besitz, den sie haben, geben können – in Gold, wenn es im Lande vorkommt, oder in Baumwolle oder in Mais oder in irgend etwas anderem, das sie haben, womit sie handeln oder worüber sie unter sich Verträge abschließen, dann werde ich kraft meiner königlichen Vollmachten und im Namen des Königs alle, die Ihr zu sicheren Untertanen macht, und alle ihre Provinzen unmittelbar Seiner Majestät *(en cabeça de Su Magestad)* als Vasallen unterstelle und sie niemand anderem übergeben. Ich werde sie weder jetzt noch später einem Spanier als *Encomienda* geben, und ich werde bei schwerer Strafe für fünf Jahre verbieten,

---

[1] 1561–62 erster Bischof des 1561–1605 existierenden Bistums Verapaz.

daß Spanier sie belästigen und sich in ihr Land begeben, damit sie nicht beunruhigt werden, ihnen kein Ärgernis gegeben und Eure Predigt und Bekehrungsarbeit nicht gestört wird. Es sei denn, ich käme in Person, wenn es Euch gut scheint und in Eurer Begleitung, um den Willen Gottes und Seiner Majestät zu erfüllen und Euch zu helfen, soviel in meinen Kräften steht, unter den Eingeborenen dieser Gebiete Frucht zu bringen, indem Ihr sie zur Erkenntnis Gottes und zum Dienst Seiner Majestät führt.

So gereichen Eure Mühen und Euer Eifer im Dienste Seiner Majestät derselben zu hoher Befriedigung. Die Zählung der besagten fünf Jahre soll mit dem Monat beginnen, in dem Ihr diese Wildnis betretet, die Tage nicht gerechnet, die Ihr an den Grenzen dieser Provinz verbringen müßt, um zu Vereinbarungen mit ihnen [den Indios] zu gelangen, sie zu beeinflussen und zu informieren, um sie zuverlässiger zu machen. Alles Gesagte und mehr werde ich erfüllen und einhalten, ich werde es schriftlich geben und sowohl Seine Majestät und den königlichen Indienrat als auch den Herrn Vizekönig von Neu-Spanien ersuchen, es so, wie es ist, zu billigen, anzunehmen und zu bestätigen. Ich werde die auf den zweiten Mai eintausendfünfhundertsiebenunddreißig datierte *Cédula*[2] im Namen Seiner Majestät mit meinem Namen unterzeichnen. Ich erkläre, daß ich alles oben Aufgeführte erfüllen werde, bis Seine Majestät davon Kenntnis hat und vielleicht etwas anderes anordnet, was Seinem Dienst besser gerecht wird. Ferner, daß die fünf Jahre sich auf das Einlassen von Spaniern in diese Gebiete beziehen und daß der besagte Termin entfallen soll, sobald es Euer Ehrwürden und mir gut erscheint. Der Lizenziat Maldonado.

Aus: Archivo General de Indias, Sevilla, Guatemala 393,2. Fol. 136ᵛ–138ʳ, nach A. Saint-Lu: La Vera Paz. Paris 1968, S. 16–19.   WR

102. Peter von Gent erzählt von seiner Aufbau- und Lehrtätigkeit in Mexiko (1529)

Nach dem Untergang des Aztekenreiches (vgl. Bd. 2, Dok. 81) begann mit der Ankunft der sogenannten „zwölf Apostel" aus der Franziskanerprovinz San Gabriel de Estremadura im Jahre 1524 die methodische Christianisierung der Urbevölkerung Mexikos. In der Folgezeit leisteten vor allem Franziskaner, Augustiner, Dominikaner und Jesuiten im 16. Jahrhundert eine insgesamt erfolgreiche Missionsarbeit, die auch durch das weniger rühmliche Verhalten einzelner kaum geschmälert wird. Die Konvente der verschiedenen Ordensgemeinschaften wurden zu Pflanzstätten des Glaubens, Basen der schulischen und handwerklichen Unterweisung, Sammelbecken gegensätzlicher künstlerischer Strömungen und Zentren der Wissenschaft und der Forschung. Bernardino de Sahagún, Vasco de Quiroga und Bartolomé de Las Casas – große Gestalten jener Zeit – sollen stellvertretend für viele andere genannt sein.

---

[2] *Cédula*, eigentlich Zettel, häufigste Form der (königlichen) Verordnungen für Spanisch-Amerika.

102. Peter von Gent erzählt von seiner Tätigkeit in Mexiko

Doch ganz zu Beginn der Begegnung altmexikanischer und christlich-europäischer Kultur und Zivilisation – bereits 1523 – kamen drei Flamen aus Gent, die in der Gunst Kaiser Karls V. standen, nach Mexiko-Stadt, dem ehemaligen Tenochtitlán: Johann van der Auwera, Johann Dekkers und Peter van der Moere (genannt Peter von Gent), spanisch Fray Juan de Aora, Fray Juan de Tecto und Fray Pedro de Gante. Während die beiden ersten schon einige Jahre nach ihrer Ankunft in Neu-Spanien bei einem Zug des Hernán Cortés nach Huiberas starben, sollte Fray Pedro de Gante (ca. 1480–1572) bis zu seinem Tod fast fünfzig Jahre richtungsweisende und aufopferungsbereite Arbeit, vor allem in religiöser und sozialer Hinsicht, leisten und großen Einfluß nicht nur auf die ihn sehr verehrenden Mexikaner, sondern auch auf seine Ordensbrüder und die spanischen Siedler und Kolonisten ausüben. Von diesem schlichten Mann und Laienbruder, der freiwillig auf höhere Weihen verzichtete, sagte einst der zweite Erzbischof von Mexiko, Fray Alonso de Montúfar: „Nicht ich bin Erzbischof von Mexiko, sondern Fray Pedro de Gante."[1]

Da die Hauptstadt noch ein Trümmerfeld war, begann Pedro seine Tätigkeit in Texcoco, der alten toltekischen Kulturstadt, wo er die Einheimischen Lesen, Schreiben, Singen, Instrumentespielen, Malen und Berufe wie Steinmetz, Zimmermann, Schneider, Schuster, Schmied u.a. lehrte und sie gleichzeitig in der christlichen Religion unterrichtete. Als erster erkannte er wohl die Bedeutung der Kinder für die Verbreitung des Christentums. Deshalb ließ er für die Kinder der Adeligen eine Schule errichten. Er erlernte Náhuatl, die meistgesprochene Sprache unter den zahlreichen ethnischen Volksgruppen Mexikos, und schrieb in dieser eine umfangreiche „Doctrina Christiana" (1528), gründete Bruderschaften und ließ u.a. auch die prachtvolle Kapelle San José de los Naturales an den Franziskanerkonvent in der Hauptstadt anbauen.

Einblicke in das Leben dieses rastlosen Mannes, der – wie die Quellen glaubhaft zu überliefern scheinen – den Bau von über fünfhundert Gotteshäusern (!) in die Wege leitete, gibt ein Brief an die Patres und Brüder der Provinz Flandern aus dem Jahre 1529. Moderne Forschungen bestätigen weitgehend die in ihm gemachten Angaben. Bemerkenswert ist vor allem auch seine positive Einstellung zum fremden Land, seiner Bevölkerung und seiner Kultur – auch wenn er verständlicherweise erst die Zeugnisse einer „dämonischen" Religion (Menschenopfer!) vernichten zu müssen glaubte, um gewinnbringend die christliche Religion verkünden zu können. Pedro de Gante lebt noch heute in der Erinnerung der Mexikaner.

Lit.: J. Specker: Die Missionsmethode in Spanisch-Amerika im 16. Jahrhundert. Schöneck-Beckenried 1953 – J. de Torquemada: Monarquía Indiana. [Erstausgabe Sevilla 1615]. Introducción por M. León Portilla. 3 vol. México 1969 – E.A. Chávez: Fray Pedro de Gante. México 1962 (Figuras y Episodias de la Historia de México. Núm.º 109) – A. de Vetancurt: Teatro Méxicano. Crónica de la Provincia del Santo Evangelio de México. Menologio Franciscano. México ¹1697–98. Faksimileausgabe México 1971 – G. de Mendieta: Historia Eclesiástica Indiana. Obra escrita a fines del siglo XVI. Faksimileausgabe (ed. J. García Icazbalceta) México ²1971 – J. Baumgartner: Mission und Liturgie in Mexiko. 2 Bde. Schöneck-Beckenried 1971 – Richard K. Nebel: Altmexikanische Religion und christliche Heilsbotschaft. Mexiko zwischen Quetzalcóatl und Christus. Immensee 1983 (Neue Zeitschrift für Missionswissenschaft. Supplementa XXXI).

Ne

---

[1] Zit. nach G. de Mendieta: Historia Eclesiástica Indiana. Faksimile-Ausgabe México ²1971, S. 609.

Brief des Fray Pedro de Gante an die Patres und Brüder der Provinz Flandern, Mexiko-Stadt, 27. Juni 1529

Innigstgeliebte Patres, Brüder und Schwestern!

Lange hatte ich gewünscht, Euch von diesem Land aus zu schreiben, in dem wir jetzt leben. Doch Zeit und Erinnerung fehlen mir. Zudem war es ein großes Hindernis, meine Heimatsprache ganz vergessen zu haben; so sehr, daß es mir nicht gelingt, Euch in dieser Sprache, wie ich es wünschte, zu schreiben. Wenn ich mich der Sprache dieser Einheimischen bediente, verstündet Ihr mich nicht. Ich habe jedoch etwas Kastilisch gelernt, worin ich Euch, so gut ich kann, dies wenige berichten werde:

Zunächst sollt Ihr wissen, daß dieses Land, in dem wir uns befinden, alle anderen in der Welt übertrifft. Es ist nämlich weder übermäßig kalt noch übermäßig warm, und da es bewässerbares Land ist, sät und erntet man zu beliebiger Zeit. Ein halbes Jahr lang – von Anfang Oktober bis Mai – regnet es nicht. Dies ist hier eine feste Regel, wenngleich in anderen Landstrichen Gegenteiliges vorkommen mag. Die in diesem Land Geborenen haben eine sehr gute Konstitution und Veranlagung. Sie sind für alles geeignet, besonders aber zur Annahme unseres heiligen Glaubens. In negativer Hinsicht haben sie allerdings eine knechtische Gesinnung. Sie machen nämlich alles nur dann, wenn sie dazu gezwungen werden. Nichts tun sie durch Liebe oder gute Behandlung. Doch sie scheinen diesbezüglich nicht ihrer eigenen natürlichen Anlage zu folgen, vielmehr dagegen der althergebrachten Sitte. Denn sie lernten, stets nur aus Angst und Furcht zu handeln, nicht aber aus Liebe zur Tugend. Alle ihre Opfer, die darin bestanden, ihre eigenen Kinder zu töten oder sie zu verstümmeln, brachten sie ihren Göttern aus großer Angst dar, nicht aus Liebe zu ihnen. Die in diesem Land für Götter gehaltenen Dämonen waren so viele und so verschiedenartige, daß nicht einmal die Indios sie alle zählen konnten. Sie glaubten, daß es für jede Sache einen Gott gebe, daß der eine diese, der andere jene Sache beherrsche. Den einen nennen sie Feuergott, den anderen Windgott, wieder einen anderen Erdgott. Den einen nennen sie „Schlange", den anderen „Schlangenfrau", diesen „Sieben Schlangen", jenen „Fünf Hasen"[2] und auf diese Weise – ganz ihren Aufgaben entsprechend – noch zahllos viele andere Götter mehr. Die meisten jedoch führen die Namen von Schlangen und Nattern. Manche waren ausschließlich für die Männer da, andere nur für die Frauen, manche für die Kinder und andere wieder für alle zusammen. Gewissen Göttern opferten sie Menschenherzen, anderen Menschenblut, einigen ihre eigenen Kinder, anderen Wachteln und Vögel. Mehreren opferten sie Weihrauch, Papier, das Getränk, das hier gebräuchlich ist und viele andere derartige Dinge je nach den verschiedenen Riten und Zeremonien, die die Dämonen selbst verlangten und je nach Art der Götter. Denn es gab sie schwarz,

---

[2] Pedro de Gante meint wohl folgende altmexikanischen Gottheiten: Huehuetéotl, Ehécatl, Tláloc, Quetzalcóatl, Coatlícue, Chicomecóatl. Mit „Fünf Hasen" ist wohl der an diesem Kalendertag verehrte Gott gemeint.

gelb und in anderen Farben gemalt. Die Einheimischen waren der Ansicht, daß sie von ihnen getötet und mit Leib und Seele verzehrt würden, wenn sie ihnen nicht opferten, was sie verlangten. In einem solchen Glauben opferten sie aus Furcht, nicht aber aus Liebe ihren Göttern, die nur Dämonen waren. Die einen wollten die anderen mit Geschenken und Opferungen sogar noch übertreffen, um sich so vor dem Tode zu retten. Diesen *Idolos*[3] diente eine große Zahl von Religiosen oder Priestern, die man als heilig ansah. Sie ernährten sich nur von Kinderfleisch, dessen Blut sie tranken. Manche dieser Priester hatten keine Frauen, dafür jedoch Knaben, die sie mißbrauchten. Das war eine in diesen Regionen so verbreitete Sünde, daß Junge und Alte sie begingen und sogar sechsjährige Kinder manchmal von ihr angesteckt wurden. Gott sei Dank haben jedoch nun viele einen anderen Weg einzuschlagen begonnen, indem sie sich zum Christentum bekehren, mit großer Sehnsucht die Taufe begehren und ihre Sünden bekennen.

In dieser Provinz von Mexiko haben ich und ein anderer Mitbruder und Gefährte mehr als zweihunderttausend Menschen getauft, ja noch viele mehr, so daß ich selbst nicht mehr die Zahl weiß. Oft kommt es vor, daß wir an einem Tag vierzehntausend Personen taufen. Manchmal sind es zehn-, manchmal achttausend. Jede Provinz, Ortschaft und Pfarrei hat ihre Kirche oder Kapelle mit gemalten Heiligenbildern, Kreuzen und Standarten, die eine große Liebe und Zuneigung zu Gott Unserem Herrn bezeugen. Alle Kirchen sind großartig; manche sind zweihundert Fuß lang, andere dreihundert. Die Menschen in diesen Regionen bewahrten noch den Brauch Salomons. Die Männer nahmen sich viele Frauen, vor allem die Fürsten, die vierhundert, hundert, fünfzig oder zehn hatten. Auf diese Weise lebten diese kläglich betrogenen Menschen. Betet deshalb, liebste Brüder, für diese Urbewohner in ihrem unglückseligen Zustand!

Sprechen wir nun etwas über uns selbst und über unser Befinden. Unter den größten Schwierigkeiten und Gefahren zu Land und zu Wasser, kamen wir schließlich im Hafen an. Oft war ich versucht, nach Flandern zurückzukehren. Aber der Herr führte und behütete mich. Gepriesen sei er für alle Zeit! Amen.

Ihr sollt wissen, innigstgeliebte Brüder, daß ich mit zwei Mitbrüdern, meinen Reisegefährten, aus der flämischen Stadt Gent abfuhr. Der eine von beiden war Fray Juan de Tecto, Guardian von Gent, der andere Fray Juan de Aora. Ich, Fray Pedro de Mura, geboren in der Stadt Iguen der Provinz Budarda[4], war der Dritte in diesem Bunde. Im Monat April 1522 fuhren wir in der Osteroktav gemeinsam aus Gent ab und kamen am 22. Juli nach Spanien. Dort schifften wir uns von neuem und zum letzten Mal am 1. Mai 1523 ein und landeten am 13. August in Villenque [Villa Rica de la Vera Cruz], von wo wir nach Mexiko[-Stadt] kamen, das heißt dorthin, wo einst Mexiko war. Es ist ja nun in der Hand der Christen. Von da aus begab ich mich in eine Techcucu

---

[3] Götterfiguren aus Stein und anderen Materialien, die die Einheimischen verehrten.
[4] Der Ayghem-Saint Pierre genannte Teil der Stadt Gent (nach Torre Villar, S. 17).

[Texcoco] genannte Provinz, in welcher ich mich dreieinhalb Jahre aufhielt. Meine Gefährten zogen mit dem Gouverneur in ein anderes Land. Dort starben sie, nachdem sie ungeheure Mühen aus Liebe zu Gott auf sich genommen hatten. Ich allein war noch übrig geblieben. Ich blieb mit einigen aus Spanien angekommenen Ordensbrüdern in diesem Gebiet. Wir sind auf neun Konvente verteilt und leben in den Häusern der Einheimischen – sieben, zehn oder sogar fünfzig Leguas voneinander getrennt. Auf diese Weise arbeiten wir in der Bekehrung dieser Ungläubigen – ein jeder nach seinen Kräften und seiner Veranlagung.

Meine Aufgabe und Beschäftigung ist es, Tag und Nacht zu predigen und zu lehren. Während des Tages lehre ich Schreiben, Lesen und Singen. Nachts lese ich den christlichen Katechismus vor und predige. Weil das Land riesig und von zahllosen Menschen bevölkert ist, die Prediger aber zu wenige sind, um eine so große Menge zu unterrichten, haben wir in unseren Häusern die Kinder der Herren und Vornehmen versammelt, um sie im katholischen Glauben zu unterweisen, damit sie diesen anschließend ihrerseits ihre Eltern lehren. Diese jungen Leute lernen lesen, schreiben, singen, predigen und den Gottesdienst nach Brauchtum der Kirche zu feiern. Ich habe unter meiner Obhut in dieser Stadt Mexiko mindestens fünfhundert oder mehr, denn es ist die Hauptstadt des Landes. Ich habe etwa fünfzig der Gelehrigsten ausgewählt, die ich jede Woche getrennt von den anderen darüber unterweise, was am folgenden Sonntag zu tun oder zu predigen sei. Das ist keine geringe Arbeit. Ich leiste sie Tag und Nacht mit dem Ziel, diese Vorträge angemessen vorzubereiten. Sonntags gehen diese Jungen dann weg und predigen überall in der Stadt und der ganzen Umgebung, vier bis acht oder zehn Leguas, sogar bis zwanzig oder dreißig [entfernt]. Sie verkünden den katholischen Glauben und bereiten das Volk mit ihren Katechismen auf den Empfang der Taufe vor. Wir begleiten sie bei diesen Unternehmungen und zerstören dabei die Götterbilder und Tempel an einem Ort, während andere es an anderen Orten tun, und errichten dem wahren Gott Kirchen. So nützen wir unsere Zeit für diese Tätigkeit und erledigen bei Tag und bei Nacht alle Arten von Arbeiten, mit dem Ziel, daß dieses ungläubige Volk in Kenntnis des Glaubens an Jesus Christus gelangen möge. Ich habe Gott zum Dank und zu seiner Ehre und Ruhm in dieser Provinz von Mexiko, wo ich wohne und die ein zweites Rom ist, mit meinem Fleiß und mit göttlichem Beistand mehr als hundert geweihte Häuser, einschließlich Kirchen und Kapellen, dem Herrn erbaut. Von diesen sind einige so wundervolle Gotteshäuser, wie es sich für den Gottesdienst gebührt. Manche sind sogar dreihundert, andere zweihundert Fuß groß. Immer wenn ich zum Predigen weggehe, habe ich übermäßig viel damit zu tun, Idole zu zerstören und Gotteshäuser dem wahren Gott zu errichten. So ist das hier also. Ich bitte Euch deswegen, innigstgeliebte Patres und Brüder, seid alle so gütig und betet für mich zum Herrn. Er möge Euer Gebet erhören und mich erleuchten, damit ich meine Aufgaben erkenne und erfülle und stets in seinem Dienst und seinem Willen bis zum Ende ausharre.

Abb. 30: Ruine von Santa Cruz (um 1600), einer der vier großen Kirchen des Jesuitenzentrums Juli am Südufer des Titicaca-Sees.

Ganz dringend möchte ich darum bitten, daß jemand von Euch aus Liebe zu Gott die Mühe auf sich nimmt, diesen Brief in die flämische oder deutsche Sprache zu übersetzen und ihn meinen Angehörigen zuzuschicken. Sie sollen über mich zumindest etwas Sicheres und Gutes wissen: ich lebe, und es geht mir gut. Gott sei dafür Dank und Ehre!

Vorläufig habe ich alles geschrieben. Ich könnte noch viel über dieses Land erzählen, hätte ich nicht ganz meine Heimatsprache vernachlässigt. Deswegen möchte ich nur noch folgendes hinzufügen: Ich benötige dringend ein Buch, das sich Bibel nennt. Wenn Ihr es mir schicken könntet, erwieset Ihr mir einen großen Liebesdienst. *Ca ye ixquichs ma motenoa in toteh in totlatoauh in Jesu Christo,* was übersetzt so heißt: Ich habe sonst nichts mehr zu sagen. Gelobt sei Unser Gott und gepriesen sein Sohn Jesus Christus.

Dieser Brief wurde geschrieben am 27. Juni 1529 im Konvent des Heiligen Franziskus von Mexiko[-Stadt].

Aus: Ernesto de la Torre Villar: Fray Pedro de Gante, Maestro y Civilizador de América. México 1974 (Estudios de Historia Novohispana. UNAM. Instituto de Investigaciones Históricas. Vol. V), S. 51–53.

Ne

103. Politik der „tabula rasa" in Yucatán? (1567)

Negative Urteile über ein geschichtliches Ereignis, sind sie einmal verbreitet, lassen sich kaum mehr ausrotten, auch wenn spätere Forschungen zu gegenteiligen Folgerungen gelangen oder zumindest gängige Bewertungen korrigieren. Zu dieser Art „schwarzer Legenden" gehört auch das Thema der Konfrontation zwischen Christentum und altmexikanischer Kultur und Geistlichkeit in Neu-Spanien. Bei der Evangelisierung hätten die spanischen Ordensleute, so wird manchmal verallgemeinernd und abwertend über das missionarische Unternehmen gesprochen, systematisch die Methode der „tabula rasa" angewendet. Daß eine solche Sicht nicht stimmt, erhellen zahlreiche inzwischen veröffentlichte Quellen aus dem 16. Jahrhundert, aber auch Arbeiten bekannter Mexikanisten wie Eduard Seler, Angel María Garibay K. und Miguel León-Portilla, um nur einige anzuführen.

Die durch tatkräftige Missionare bewerkstelligte Verbreitung des Christentums in den ersten drei Jahrzehnten der Konquista und die in sozialer und kultureller Hinsicht hervorragenden Leistungen jener Männer wurden in der Folgezeit jedoch auch durch weniger rühmliche Ereignisse beeinträchtigt.

Folgender Brief einiger Maya-Statthalter weist wohl auf ein solches Ereignis hin. Wenngleich die Angaben der Maya anzweifelbar zu sein scheinen und andere Quellenberichte die beschriebenen Vorfälle in Yucatán anders schildern und bewerten – manches wird sogar gegenteilig dargestellt[1] – wirft dieser Brief insgesamt doch ein schlech-

---

[1] Es lohnt sich, folgende Briefe zum Vergleich heranzuziehen: Brief des Fray Francisco Toral, Bischof von Yucatán (1. März 1563). In: M. Cuevas: Documentos Inéditos del Siglo XVI para la Historia de México. México ²1975, S. 267–274; Brief des Diego Rodríguez Bibanco, *Defensor de los Indios* (8. März 1563). In: Cartas de Indias. Ed. Ministerio de Fomento 1877. Neuausgabe Madrid 1974, 392–396; Brief des Diego Quijada, Oberbürgermeister von Mérida (15. März 1563). In: Cartas de Indias, 382–385; Brief des Stadtrats von Mérida (1. Mai 1566). In: Cartas de Indias, 397–399;

tes Licht auf die Behandlung der Urbewohner durch Kolonisten, Religiose und spanische Administratoren.

Die Idolatrie war zu der Zeit, da der Brief geschrieben wurde, auf der dünnbesiedelten Halbinsel nicht verschwunden. Dies führte wohl besonders zur Verhärtung der Fronten, wie manche Inquisitionsakten vermuten lassen. Wenngleich die Religion der Maya offiziell beseitigt war, wanderte doch ein Teil ihrer Formen und ihres Gehalts – wenn auch verändert und an die jeweiligen Verhältnisse angepaßt – in den privaten und geheimen Bereich ab. So kam es, wie in vielen Regionen Mexikos und Lateinamerikas, zu einem Nebeneinander und teilweise auch zu einer Vermischung zweier Religionen. Als unvermeidbares Nebenergebnis der kulturellen Konflikte und des kulturellen Wandels entstanden neben fortbestehenden prähispanischen kryptischen Kulten auch „synkretistische" christliche Glaubensformen. Bis in die Gegenwart sind sie Wurzeln für die Frömmigkeit und Religiosität der noch vom Geist Altmexikos geprägten ethnischen Gruppen und großer Teile der Mischbevölkerungen Mexikos. Wenn auch Extirpatoren wie Diego de Landa[2] zahlreiche Beschreibungen der religiösen Sitten und Gebräuche der Maya und wertvolle Auskünfte über die mexikanischen Altertümer überliefert haben, wenn auch einzelne der damaligen Missionare, durch negative Erfahrungen einsichtig geworden, sich auf die Verkündigung der christlichen Liebe und Brüderlichkeit besannen, so haftet dieser Periode in Yucatán doch viel Negatives und Allzumenschliches an. Politisches Intrigenspiel, persönliches Machtstreben, wirtschaftliche Interessen, Streitigkeiten zwischen Gouverneuren, königlichen Beamten, Bischöfen und Ordensleuten über die ihnen jeweils zustehenden Rechte – und alles zusammen am spanischen Königshof kaum richtig einschätz- und kontrollierbar – scheinen das Zusammenleben von Ureinwohnern und spanischen Kolonisten und Missionaren sehr erschwert und dem Unternehmen der Christianisierung einen schlechten Dienst erwiesen zu haben.

Die Quellen aus dem 16. Jahrhundert allerdings machen deutlich, daß die verworrenen Ereignisse, die in dem folgenden Brief geschildert werden, in dem von der Hauptstadt weit abgelegenen Yucatán eher – wenn auch bedauerliche – Einzelerscheinungen waren. Die große Mehrheit der Glaubensboten verteidigte in Mexiko die gesetzlich gesicherten Rechte der Urbevölkerung, direkt oder indirekt durch ihren Einfluß beim König in Spanien, gegen Fehlhaltungen, rassische Arroganz und Übergriffe der staatlichen Angestellten und der Kolonisten. Bekannt geworden sind – neben dem berühmten Fray Bartolomé de Las Casas – in dieser Hinsicht die Ordensleute Julián Garcés O.P. (1452–1542), Antonio de Ciudad Rodrigo O.F.M. (?–1533), Jacobo Daciano O.F.M. (?–1567), Nicolás de Witte O.S.A. (?–1565) und Vasco de Quiroga (1470–1565).

Lit.: J. Specker: Die Missionsmethode in Spanisch-Amerika im 16. Jahrhundert. Schöneck-Beckenried 1953 – P. Borges: Métodos Misionales en la Cristianización de América Siglo XVI. Madrid 1960 – L. Lopetegui y F. Zubillaga: Historia de la Iglesia

---

Brief von zehn Kaziken aus Yucatán (11. Febr. 1567). In: Cartas de Indias, 367–368. Zur besseren Einschätzung dieser Briefe ist es auch wichtig zu wissen, daß zwischen Bischof Toral und seinem Nachfolger Landa große persönliche Auseinandersetzungen gab.

[2] Diego de Landa (1524–1579), einer der ersten Franziskaner, die nach Yucatán kamen; übernahm dort 1553 das Amt des Provinzials. Mußte sich nach 1567 vor dem spanischen Indienrat für sein Verhalten rechtfertigen. Er kam 1573 als zweiter Bischof von Mérida nach Yucatán zurück. Von ihm stammt das Werk „Relación de las cosas de Yucatán" (Neuausgabe durch A. M. Garibay K. México 1959).

en la América Española, Madrid 1965 – E. Dussel: Les évêques hispanoaméricains. Défenseurs et évangélisateurs de l'Indien, 1504 à 1620. Wiesbaden 1970 – E. E. Sylvest: Motifs of Franciscan Mission Theory in Sixteenth Century New Spain Province of the Holy Gospel. Washington (D. C.) 1975 – S. M. González Cicero: Perspectiva Religiosa en Yucatán 1517–1571. México 1978 – Richard K. Nebel: Altmexikanische Religion und christliche Heilsbotschaft. Mexiko zwischen Quetzalcóatl und Christus. Immensee 1983 (Neue Zeitschrift für Missionswissenschaft. Supplementa XXXI). Ne

Yucatán, den 12. April 1567

Heilige Katholische Majestät!

Wir hatten einst das Glück erfahren, Gott Unseren Herrn als einzig wahren Gott und E. M. als zeitlichen Herrn kennenzulernen. Wir gaben deshalb unsere Verblendung und Idolatrie auf. Doch bevor wir die Augen überhaupt richtig öffneten, um die Kenntnis des einen wie des anderen in uns aufzunehmen, kam im Jahre 1562 von seiten der Religiosen des Heiligen Franziskus eine Verfolgung über uns – die größte, die man sich nur vorstellen kann. Wir hatten die Religiosen hierher gebracht, damit sie uns unterrichteten. Doch anstatt dies zu tun, begannen sie uns zu foltern. Sie hängten uns an den Händen auf, peitschten uns grausam, hängten uns schwere Steine an die Füße, peinigten viele von uns auf Folterbänken und flößten uns große Mengen von Wasser ein. An diesen Folterungen starben viele von uns oder wurden zu Krüppeln.

Als wir unter diesen Mißhandlungen litten und dennoch auf die Justiz E. M. vertrauten, damit sie uns höre und uns Gerechtigkeit widerfahren lasse, kam damals Dr. Diego Quijada. Er unterstützte die Peiniger mit der Begründung, wir seien Götzendiener und Menschenopferer. Er behauptete noch andere völlig unwahre Dinge, die wir nicht einmal in der Zeit unserer Ungläubigkeit begangen hatten. Wir waren der Verzweiflung nahe, sahen wir uns doch durch die grausamen Folterungen, an denen viele gestorben waren, zu Krüppeln geworden und unserer Landgüter beraubt. Ja noch mehr, wir sahen, wie sie die Gebeine der getauften Verstorbenen ausgruben, obgleich sie als Christen gestorben waren. Nicht zufrieden damit, führten die Religiosen und die Justiz E. M. in Maní, einem Orte E. M., einen feierlichen Akt der Inquisition[3] durch. Sie brachten dort viele Götterbilder herbei, gruben viele Tote aus und verbrannten sie öffentlich. Außerdem verurteilten sie viele dazu, den Spaniern als Sklaven acht oder zehn Jahre lang zu dienen. Auch verteilten sie Büßerhemden. Alle diese Vorkommnisse versetzten uns in großes Erstaunen und Erschrecken, wußten wir doch nicht, da wir erst vor kurzem getauft und nicht im Glauben unterwiesen waren, was dies alles zu bedeuten hätte. Da wir wegen unserer Untertanen zurückkehrten, um für sie um Gehör und Gerechtigkeit

---

[3] Inquisitionsähnliche Prozesse fanden seit der Konquista in Neu-Spanien statt, doch wurde die Inquisition erst im Jahre 1571 offiziell dort eingeführt. Ab 1573 fielen Ureinwohner nicht mehr unter die Jurisdiktion der Inquisition, die in Neu-Spanien wenig Bedeutung erlangte und gegen Ende des 18. Jahrhunderts zu einem Mittel der Durchsetzung politischer Interessen der Regierung wurde.

zu bitten, nahmen sie uns fest, sperrten uns ein und brachten uns – wie Sklaven in Ketten – ins Kloster nach Mérida, wo viele der Unsrigen starben. Dort sagte man uns auch, man müsse uns verbrennen. Wir kannten nicht den Grund dafür.

Da kam der Bischof, den E. M. uns schickte. Dieser holte uns zwar aus dem Gefängnis heraus, bewahrte uns vor dem Tod und befreite uns von den Büßerhemden. Doch er entlastete uns nicht von Infamie und falschen Zeugnissen, die man gegen uns mit der Begründung erhoben hatte, wir seien Götzendiener, Menschenopferer und Mörder vieler Indios. Da er schließlich das Ordenskleid der Religiosen des Heiligen Franziskus trägt, steht er auf ihrer Seite: Er hat uns nur mit Worten getröstet und sagte, E. M. werde Gerechtigkeit walten lassen.

Dann kam ein Gerichtsangestellter aus Mexiko [-Stadt], um diesbezügliche Nachforschungen anzustellen. Wir dachten, daß die *Audiencia* etwas unternehmen würde. Doch sie hat nichts unternommen.

Später kam der Gouverneur Don Luis de Céspedes. Anstatt uns zu rechtfertigen, hat er unsere Drangsal noch vergrößert. Er hat unsere Töchter und Frauen weggenommen und sie gegen ihren und unseren Willen den Spaniern zu Diensten gegeben. Darüber sind wir so betroffen, daß bereits die einfachen Leute sagen, wir seien nicht einmal in der Zeit unserer Ungläubigkeit so sehr mißhandelt und gequält worden. Unsere Vorfahren jedenfalls nahmen niemandem die Kinder weg, auch nicht den Ehemännern die Frauen, um sich ihrer zu bedienen, wie es jetzt die Justiz E. M. tut; ja sogar dazu, um die Neger und Mulatten zu bedienen.

Trotz all unserer Trauer und Mühsal lieben wir die Patres und schenken ihnen alles Notwendige. Wir haben ihnen viele Klöster erbaut und mit Ornamenten und Glocken ausgestattet – alles auf unsere Kosten und die unserer einheimischen Untertanen. Als Lohn für diese Dienste behandeln sie uns dennoch in einem solchen Maße als Unterjochte, daß sie uns sogar die Herrschaft wegnehmen, die wir von unseren Vorfahren geerbt haben. So etwas haben wir nicht einmal zur Zeit unseres Heidentums erlitten. Dennoch gehorchen wir der Justiz E. M. und hoffen, sie wird uns in allem Abhilfe schaffen.

Eines hat uns sehr entrüstet und in Zorn gebracht: die Briefe des Fray Diego de Landa, des Hauptverursachers allen Unglücks und aller Drangsal. Er schreibt, E. M. habe die Morde, Diebstähle, Folterungen, Versklavungen und anderen Grausamkeiten gebilligt, die sie an uns begingen. Wir sind darüber erstaunt, daß man solches von einem so katholischen und gerechten König wie E. M. behaupten kann. Sollte er dort berichtet haben, daß wir auch nach Empfang der Taufe Menschen opferten, zeugte dies von großer Bosheit, von ihnen [den Patres] ausgedacht, um ihre Greueltaten zu beschönigen.

Wenn man *Idolos*[4] auffand oder wenn wir welche fanden, dann deshalb, weil wir sie aus den Gräbern unserer Vorfahren ausgruben, um sie den Reli-

---

[4] Götterfiguren aus Stein und anderen Materialien, die die Einheimischen verehrten.

giosen zu geben. Diese hatten uns nämlich befohlen, sie herbeizuschaffen. Sie sagten, wir hätten unter Folter zugegeben, daß wir welche hätten. Jedermann weiß, daß wir bis zwanzig, dreißig und hundert Leguas weit auf die Suche gingen, wo wir annahmen, daß unsere Vorfahren sie verborgen hätten. Wir hatten sie zur Zeit unserer Taufe dort gelassen, da wir guten Glaubens waren, man könnte uns nicht, wie es jetzt geschehen ist, dafür bestrafen. Sollte sich E. M. darüber informieren wollen, möchte sie jemanden schicken, der Nachforschungen anstellt. Man wird dann unsere Unschuld und die große Greueltat der Patres feststellen. Wäre der Bischof nicht gekommen, wären wir alle zugrunde gegangen. Obgleich wir Fray Diego de Landa und die übrigen Patres, die uns folterten, sehr mögen, geraten doch unsere Eingeweide in Aufruhr, wenn wir nur ihre Namen hören. Daher bitten wir E. M., sie möchte uns andere Geistliche schicken, die uns im Glauben unterweisen und das Gesetz Gottes verkünden. Wir sehnen uns nämlich sehr nach unserem Seelenheil.

Die Religiosen des Heiligen Franziskus in dieser Provinz haben offenkundig falsche Briefe an E. M. und an den Ordensoberen geschrieben, in denen sie Fray Diego und einige seiner Gefährten verteidigen. Sie waren es bekanntlich, die folterten, töteten und Aufruhr entfachten. Sie legten auch gewissen vertrauten Indios bestimmte, in kastilischer Sprache geschriebene Briefe zur Unterschrift vor. Diese taten es und sandten sie E. M. Es soll E. M. wissen, daß sie nicht von uns stammen: Wir sind die Herren dieses Landes und haben keinen Grund, Lügen, Verdrehungen oder Widersprüche zu schreiben. Fray Diego de Landa und seine Gefährten sollen dort Buße tun für all das Böse, das sie uns angetan haben. Bis zur vierten Generation werden sich unsere Nachkommen an die große Verfolgung erinnern, die ihretwegen über uns kam.

Gott, Unser Herr, beschütze E. M. lange Zeit für seinen heiligen Dienst und für unseren Schutz und unser Wohlergehen. Yucatán, am 12. April 1567.
Ergebene Untertanen E. M., die ihre Königlichen Hände und Füße küssen.
Don Francisco de Montejoxio, Statthalter der Provinz Maní.
Juan Pacab, Statthalter von Mona.
Jorge Xin, Statthalter von Panaboren.
Francisco Pacab, Statthalter von Rexul.

Aus: Cartas de Indias. Ed. Ministerio de Fomento 1877. Neuausgabe Madrid 1974, S. 407–410.

Ne

104. Die maßgebliche Theorie der Mission: Auszüge aus dem Missionshandbuch des José de Acosta (1588)

Die Regierungszeit Philipps II. (1556–1598) trägt die Züge einer neuen Ära. Am 13. Juli 1573 war die *Ordenanza General* in Kraft getreten, die eine Kodifikation von Regelungen für zukünftige Entdeckungs- und Eroberungsaktionen enthält und frühere Bestimmungen über „gerechte" und „ungerechte" Kriege und die Natur der Indios, etwa das *Requerimiento* von 1513 und die *Nuevas Leyes* von 1542, außer Kraft setzte. In Zukunft sollte der Terminus „Conquista" (Eroberung) ersetzt werden durch das Wort „Pacificación" (Befriedung). Man meint, den Einfluß des 1566 verstorbenen Las Casas zu spüren. In Wirklichkeit waren aber die Jahre 1550 und 1551, wo man in Valladolid ernsthaft über diese Fragen nachgedacht und alle Eroberungszüge – de jure – vorläufig eingestellt hatte, längst vergessen. Spätestens 1566 wurde unter dem Decknamen „Pacificación" die Konquista mit Erlaubnis der Krone wieder aufgenommen. Die Vizekönige nahmen jetzt die königlichen Patronatsrechte gegenüber dem Klerus wahr und bedienten sich bei dieser Kontrolle der Hilfe der Inquisition. Der wichtige Vizekönig Francisco de Toledo (Amtszeit in Lima 1569–1581) war auf die Lehren des Dominikaners Las Casas nicht gut zu sprechen. Voll Ingrimm klagte er, sie hätten die Herzen seiner Ordensbrüder in Peru maßgeblich geprägt.

In diesem Milieu erarbeitete das Provinzialkonzil von Lima 1582/83 die künftig allgemein bindenden Richtlinien für die Unterweisung der Indios. Zentrale Figur war der Jesuit José de Acosta (1540–1600), der fünfzehn Jahre in Peru und je ein Jahr in Mexiko und auf den Antillen tätig war, 1576–81 als Provinzial von Peru. Er wirkte nicht nur bei den Diskussionen des Konzils mit, sondern auch maßgeblich bei der Redaktion des neuen Katechismus, des Beichtspiegels und des Predigtbuches, die von Alonso de Barzana sowie den Mestizen Blas Valera und Bartolomé de Santiago in die Ketschua- und die Aymarásprachen übersetzt wurden. Sie erschienen 1584/85 in der Druckerei der Jesuiten. Mit ihnen wurde ein Grundstein für das geistliche Leben in fast ganz Südamerika gelegt.

1588 erschien in Salamanca sein zusammenfassendes Werk „De procuranda indorum salute" – „Über die Seelsorge bei den Indios", für Generationen das maßgebende Missionshandbuch, nicht nur in Amerika. Es verfolgt in der Menschenrechts- und Menschenwürdediskussion eine Art mittlere Linie, billigt dem durchschnittlichen Indio und Neger nur eine Art Zwischenstellung zwischen Tier und Mensch zu, wie unser Text zeigt, verwendet sich aber entschieden für eine bessere und würdigere seelsorgerische Betreuung der Einheimischen – und sogar für das Überleben der letzten Inka, als über die „tyrannische Natur der Inkaherrschaft" diskutiert wurde. Trotz geschickter Anpassung seiner Lehre an den Stil der neuen Zeit geriet er doch in Konflikt mit der Zensur und mit dem kolonialen Establishment unter dem Vizekönig de Toledo, der sich der frisch eingeführten Inquisition bediente, um abweichende Meinungen in der Indiopolitik zum Verstummen zu bringen.

Lit.: Colección de documentos inéditos relativos al descubrimiento, conquista y organización de las antiguas posesiones de América y Oceanía. Madrid 1872, Vol. XVI, S. 142–187. [Hier ist die „Ordenanza general" vom 13. Juli 1573 abgedruckt. Zitiert wird aus den Seiten 182–183] – Relaciones geográficas de Indias. Madrid 1897. Vol. IV, S. CXVII – Pedro Sarmiento de Gamboa: Geschichte des Inkareiches. Herausgegeben und eingeleitet von Richard Pietschmann. Berlin 1906, S. IV–CXVI – Lewis Hanke: The Spanish Struggle for Justice in the Conquest of America. Boston [1]1949, [2]1965, S. 109–132 und 162–179 – Lewis Hanke: Aristotle und the American Indians. A Study in Race Prejudice in the Modern World. Bloomington–London [1]1959, [2]1971 – José de Acosta: De promulgatione evangelii apud barbaros sive de procuranda indorum salute. Herausgegeben, eingeleitet und übersetzt von P. Francisco Mateos. Madrid 1954 (Biblioteca de Autores españoles. Vol. 73), S. VI–XLVII und 397–633 – Richard Konetzke: Süd- und Mittelamerika I. Die Indianerkulturen Altamerikas und die spanisch-portugiesische Kolonialherrschaft. Frankfurt am Main 1965, S. 278–282 – Lieselotte und Theo Engl: Glanz und Untergang des Inkareiches. München 1967, S. 189.

Engl

De promulgatione evangelii apud barbaros sive de procuranda indorum salute [Buch I, Auszug aus Kapitel II:] Wie man die Indios behandeln muß, um sie für Christus zu gewinnen

Die Verachtung, die die Griechen für die Barbaren bekundeten oder unsere Landsleute für die Indios, ist ziemlich dasselbe, als wenn man die Tiere für geringer hält als die Menschen. Für beide aber hat die Güte Gottes einen Platz bereit. Beide versammelt er in seinem Hause. „Ich werde säen", so sagt er durch Jeremias, „das Haus Juda und das Haus Israel mit dem Samen der Menschen und dem Samen des Viehs" (Hier. 31,27).

Es gibt nur eine Kirche Gottes, und sie verbreitet sich nicht nur mit dem Samen der Menschen, sondern auch der Tiere. Und voll Staunen über Gottes herrliches Wirken ruft der Prophet aus: „Wie umfassend ist Dein Erbarmen, Gott!" Und warum? Weil Er gesagt hatte: „Du wirst erretten, Herr, die Menschen und das Vieh" (Ps. 35,7). An diese Worte knüpft Ambrosius die Fragestellung: „Was sind Menschen und was sind Tiere? Die einen sind vernunftbegabte, die anderen unvernünftige Wesen. Die Vernünftigen errettet Seine Gerechtigkeit, die Unvernünftigen Sein Erbarmen; die einen werden geleitet, die anderen ernährt" (Ambros. Enarratio in Ps. 35, n. 19. ML. 14,969). Derselben Auslegung folgen andere Kirchenväter wie Hieronymus (Hieron. In Hieremiam, c. 31, v. 37. ML. 24,916; et in Jonam c. 3. ML. 25,1143 D, 1144 A.) und Gregor (Gregor. Moral. L. 11, c. 2 – nunc c. 3 –, n. 5 ML 75,955 D.); letzterer sagt über die Worte „Deine Tiere werden in Deinem Hause wohnen" (Ps. 67,11): „Wahrhaftig wird in der Kirche Christi sogar das Vieh selig, weil Gottes Barmherzigkeit sich auf alles erstreckt."

Triffst du einen Menschen mit mangelndem Gefühl, schwer von Begriff und unfähig zu urteilen, so verachte ihn nicht und halte ihn nicht für untauglich für das Himmelreich. Er versteht von den göttlichen Dingen nichts (1 Kor. 2,14), und was man auch an Geistlichem an ihn heranträgt, schmeckt ihm nach Torheit, und er ist nicht fähig, es zu begreifen. Stoße ihn dennoch nicht zurück, auch ihn will und kann der erlösen, der nicht möchte, daß jemand verderbe (2 Petr. 3,9); die Mysterien des Glaubens spricht er zwar mit den Lippen, versteht sie jedoch nicht, und vermag sie kaum nachzusprechen; selbst wenn man sie immer aufs neue wiederholt und sie ihm mit Nachdruck eintrichtert, lernt er fast nichts, verharrt stumm und bleibt dumm; es ist, als ob du einem Esel das Singen beibringen wolltest.

Ich wiederhole: Verliere nicht den Mut; der Indio oder Neger ist ein unvernünftiges Wesen, ein Stück Vieh. Höre auf Ambrosius, der da sagt, man muß diese Wesen zum Glauben bringen mit dem Halfter des Wortes. Selbst wenn sie das, was sie hören, nicht vollends begreifen, so lernen sie doch fortwährend durch den Glauben, und das genügt für ihre Errettung; denn andernfalls, wenn sie nicht so viel glauben könnten wie nötig, wie soll dann wahr sein, daß, wer nicht glaubet, verdammt werde (Mc. 16,16)? Oder du bildest dir gar ein, mit der Verkündigung des Evangeliums würden sie erst in die Gefahr der Verdammnis kommen und nicht mehr errettet werden können; das aber wäre kleingläubig und klänge im Munde eines Christen geradezu nach Gotteslästerung.

Nein, man muß daran festhalten: Es gibt keine Barbaren ohne jede Fähigkeit zur Glaubenserkenntnis. Erst recht sind die Indios, wie alle wissen, die mit ihnen zu tun haben, nicht so schwach bei Verstand, und wenn sie ihn nur anwenden wollten, lieferten sie Beweise von recht ordentlichen Anlagen und hinreichender Einsicht. Aber man muß auch hinweisen auf ihre verderbten Sitten; sie lassen sich völlig von der Begierde ihres Bauches und ihrer Sinnlichkeit regieren und hängen nach wie vor ihrem alten Aberglauben an. Trotzdem gibt es auch für sie die Erlösung, wenn sie nur richtig geführt werden. Drücke dem Esel das Maul mit Zügel und Zaum (Ps. 31,9) und lege ihm die rechte Last auf, nimm, wenn es nicht anders geht, den Stachel, und wenn er ausschlägt, so stoße nicht blindwütig mit dem Schwert zu, sondern schlage mit Maßen; zügle ihn allmählich, bis er sich an den Gehorsam gewöhnt. Wenn dein Pferd störrisch ist oder den Reiter abwirft oder den Zaum aus dem Maul reißt, wirst du es doch nicht abstechen oder aus deinem Haus jagen, denn es ist ja dein; du hast es mit deinem Geld gekauft und willst es nicht verlieren. Wenn aber ein Mensch nicht gleich die himmlischen Lehren annimmt oder sich nicht dem Willen des Meisters anbequemt, soll man ihn dann gleich verabscheuen und verwerfen? Ist der Preis, den Christus für ihn bezahlt, und das Blut, das er vergossen hat, nichts wert?

Es besteht kein Zweifel: Die Erfahrung bestätigt die Sklavennatur der Barbaren, und wenn man nicht die Furcht als Mittel einsetzt und sie mit Gewalt zwingt wie Kinder, widersetzen sie sich und gehorchen nicht. Was soll man dann machen? Sollen nur freie Männer von adeligem Sinn auf ihre Erlösung hoffen dürfen? Darf man nicht auch den Kindern Jesus Christus als Lehrer und Meister geben? Natürlich, das muß man tun; man muß vorsichtig und wachsam mit ihnen umgehen; man muß die Peitsche brauchen, nur im Namen Christi; man muß Zwang anwenden im Namen des Herrn, damit sie Zutritt erhalten zum großen Abendmahl (Lc. 14,23), denn man soll nicht ihr Gut, sondern sie selber suchen. So spricht der Weise: „Rute und Zucht bringen Weisheit, und der Knabe, den man seinen Launen überläßt, macht seiner Mutter Schande" (Prov. 29,15). Und weiter unten: „Den Sklaven kannst du nicht mit Worten anleiten; er versteht wohl, was du ihm sagst, denkt aber nicht daran, dem nachzukommen" (Prov. 29,19). Und an anderer Stelle: „Dem Esel die Gerste, der Stock und die Last; das Brot, die Zucht und die Arbeit dem Sklaven; mit Hilfe der Zucht arbeitet er, sich nach der Ruhe sehnend; ist deine Hand zu leicht, dann wird er die Freiheit suchen" (Eccli. 33,25,26). Also: Wenn ihn die Arbeit drückt, denkt er an den Müßiggang. Was macht er, wenn er sich frei sieht und ausgeruht ist? Dann denkt er an Flucht, und deshalb heißt es: „Das Joch und der Riemen beugen den harten Nacken, und den Sklaven zähmt ständige Arbeit" (Eccli. 33,27). Und anschließend: „Halte ihn zur Arbeit an, damit er nicht müßig geht, denn der Müßiggang lehrt ihn tausend Bosheiten" (33,28).

Wenn sich auch diese Ratschläge auf die Anleitung von Sklaven beziehen – und wie weise sie sind, sehen wir aus den Erfahrungen in dieser Weltgegend hier, die voll ist von Negersklaven in den Haushalten und anderen Beschäftigungen –, so passen sie nicht minder gut für die Indios, die zwar freien Standes, aber in ihren Sitten und ihrer Natur nach wie Knechte sind. [...]

[Buch VI, Auszug aus Kapitel II:] In dieser neuen Welt wird häufig gegen die Gebräuche der Kirche verstoßen

Kaum hatten wir, geleitet von unserer Gehorsamspflicht, diese Gegenden Indiens betreten, mußten wir mit Erstaunen, Bestürzung und Schmerz wahrnehmen, daß in der Verwaltung der Sakramente Praktiken im Schwange waren, die den kirchlichen Einrichtungen wenig dienten und mitunter völlig ungeeignet und geradezu absurd waren.

Für mich ist es so gut wie gewiß: Diese Mißstände können nur davon herrühren, daß das Evangelium in diesem Land weniger durch die Prediger als durch die Soldaten seinen Einzug hielt. Deren Beschränktheit und Unerfahrenheit ließ so manches aufkommen, was zu verurteilen ist. Man hat sich aber so daran gewöhnt, daß man es nun für legitim hält.

So ebneten die ersten den Weg für die Irrtümer der Nachfolgenden, und die Gelehrten und frommen Männer tun sich schwer, der altbewährten Kirchendisziplin wieder Geltung zu verschaffen. Man wirft ihnen Unerfahrenheit in den Verhältnissen Indiens vor, sobald sie bemüht sind, den Indios die Sakramente voll zuteilwerden zu lassen und die Religion in ihrer ganzen Fülle zu lehren.

Obwohl im Provinzialkonzil von Lima[1] alle Bischöfe Perus und viele andere ernsthafte Männer viel Zeit und Mühe darauf verwandten, Mißstände abzustellen, und zahlreiche sehr gute Reformdekrete veröffentlicht wurden, ist nicht mehr dabei herausgekommen, als wenn sich ein paar müßige Matrosen zusammengesetzt hätten, um über staatspolitische Dinge ihre Meinung abzugeben.

Wen schmerzt es nicht, daß in den ersten Jahren zahllose Indios getauft wurden, bevor sie auch nur annähernd mit der christlichen Lehre vertraut waren, und daß dies heute noch so weitergeht, ohne daß sich einer darum kümmert, ob sie auch wirklich ihr in Laster und Aberglauben verbrachtes Leben bereuen und die Taufe überhaupt begehren?

Ist es nicht zum Weinen, daß Beichten abgenommen werden, wo der Indio nicht den Priester und der Priester den Indio nicht versteht, und die Pfarrer

---

[1] Es fand am 15. August 1582 statt.

dabei oft so fest schlafen, daß sie sich gar nicht nach den Sünden erkundigen und auch nicht prüfen, ob die Reue echt ist, sondern immer nur darauf bedacht sind, das Beichtkind so schnell wie möglich loszuwerden?
    Und nun zur Eucharistie! Warum hindert man die Indios gegen alles göttliche und kirchliche Recht daran, die Kommunion alljährlich zu empfangen, warum enthält man sie ihnen sogar in der Stunde des Todes und nach der Beichte vor? Und wenn einer der Unsrigen einem Sterbenden die heilige Wegzehrung spenden und ihn stärken will, dann bezichtigen sie ihn der Neuerung, und es fehlt wenig, daß sie ihn nicht der Gotteslästerung für schuldig erachten. Und wenn man ihnen schon aus Pietät die Kommunion verweigert, warum gibt man ihnen nicht wenigstens die letzte Ölung? Solchermaßen wird das Heil den Indios vorenthalten, nicht nur irgendwo im Urwald und in abgelegenen Dörfern, sondern hier in der Stadt [Lima], ja sogar im geistlich geführten Indianerhospiz. Beispiele dieser Art sind keine Seltenheit.

Aus: P. José de Acosta: De promulgatione evangelii apud barbaros sive de procuranda indorum salute. Herausgegeben, ins Spanische übersetzt und eingeleitet von P. Francisco Mateos, revidiert nach der Kölner lateinischen Ausgabe von 1596. Madrid 1954 (Biblioteca de Autores españoles. Vol. 73), S. 410–411 und 580–581 [Hinweis: Die Angaben der Bibelzitate folgen den Abkürzungen in Latein. Bei den Kirchenvätern verweist die Übersetzung ins Spanische, von der hier ausgegangen wurde, auf die „Patrologiae Cursus Completus...", accurante J.P. Migne: Series Latina (ML), Paris 1878 sg.; Series Graeca (MG), Paris 1886 sg.]
Engl

105. Pater Anton Sepp schildert die Guaraní-Reduktionen der Jesuiten (1697)

Der sogenannte „Jesuitenstaat" von Paraguay erfreut sich einer beträchtlichen Berühmtheit, die freilich historisch nicht völlig legitim ist, bezieht sie sich doch weniger auf Tatsachen als auf deren Darstellung in den publizistischen Auseinandersetzungen des 18. Jahrhunderts, in denen aus politischen Gründen um die Loyalität oder Illoyalität des Ordens gegenüber der spanischen Krone, die Ausbeutung oder Nicht-Ausbeutung der Indios durch die Missionare und die Aufgeklärtheit oder Unaufgeklärtheit ihres Reduktionssystems gestritten wurde. Vor allem dank Hernández und Mörner wissen wir heute, daß es sich weder um Gründung eines Ordensreiches noch um Verwirklichung einer kommunistischen Utopie gehandelt hat und daß die Gewinne des Ordens aus den Reduktionen vergleichsweise bescheiden waren – auch wenn die Rechnungsbücher der Provinzprokuratoren m. W. immer noch nicht vollständig ausgewertet sind. Es hat sich in Wirklichkeit nur um eine konsequente Verwirklichung spanischer Indio-Politik gehandelt, die wegen der besonderen Lage im La Plata-Raum zu einem höheren Maß an Unabhängigkeit und Gemeinwirtschaft geführt haben mag als anderswo. Getrennte Entwicklung mit Ansiedlung der bis dahin voll- oder halbnomadischen Indios in Reduktionsdörfern, die möglichst von Spaniern nicht betreten werden sollten, ist durchaus das Normalmodell. Die Befreiung von der *Encomienda*, die in dem wirtschaftlich rückständigen Paraguay die an sich unzulässige Form des *Servicio personal* behalten hatte, spielte auch hier die zentrale Rolle und machte die Reduktionen für die Indios attraktiv. Gemeinwirtschaft war eine schlichte Notwendigkeit bei einem eben erst zum Ackerbau „bekehrten" Jäger- und Sammlervolk, dem jeder Sinn für Vorratswirtschaft fehlte und das zudem in bisher unbekannter Dichte zu wohnen gezwungen war. Die Gesellschaftsordnung der Reduktionen war aber ganz und gar nicht kommunistisch, sondern versuchte die spanische zu reproduzieren; 1697 wurde den Kazikenfamilien der Status des spanischen Niederadels zuerkannt *(hidalguía)*. Die Bewaffnung und militärische Ausbildung der Indios, die stets besonderen Anstoß erregt hat, diente zunächst dem Selbstschutz der Missionen gegen die Indio-Sklavenjäger aus dem brasilianischen São Paulo. Damit wurde aber zugleich politischen Zwecken Spaniens Rechnung getragen: Die weitere Ausbreitung Brasiliens nach Westen wurde im Süden anders als im Norden aufgehalten (man beachte die Gestalt des heutigen brasilianischen Territoriums) und die „Hintertür" zu den für Spanien lebenswichtigen Silberländern der Anden geschlossen.

Solche geostrategischen Überlegungen spielten bereits bei der Berufung der Jesuiten zur Indio-Mission im La Plata-Raum eine Rolle.

Die 1606 gegründete Ordensprovinz Paraguay umfaßte den ganzen Süden des spanischen Amerika, nur Chile wurde 1624 selbständig. Demgemäß enthielt sie neben der Guaraní-Mission noch drei weitere Missionsgebiete; zwei berühmte Quellen, die Aufzeichnungen der Patres Dobrizhoffer und Paucke, beziehen sich deshalb auch nicht auf die Guaraní-, sondern auf die Chaco-Mission. Die 30 Reduktionen der Guaraní-Mission mit ihren ca. 100000 Indios (1767) lagen denn auch nicht zum größten Teil im heutigen Paraguay, sondern überwiegend in Argentinien (Provinz Misiónes zwischen Río Uruguay und Río Paraná), daneben auch in Brasilien und Uruguay. 1588 wurde die Paraguay-Mission von Asunción aus begonnen, 1602 fiel die ordensinterne Entscheidung für feste Stationen, weil sich die Erfolge bei den wandernden Gruppen als instabil erwiesen hatten, 1610 wurde nach neuem Auftrag durch die Krone die erste Reduktion Nuestra Señora de Loreto errichtet, andere folgten rasch. Überfällen durch die Paulistaner begegneten die Jesuiten zuerst 1632 mit einem „langen Marsch" von 1200 km mit 12000 Indios, einschließlich Alten, Frauen und Kindern, in das Kerngebiet am Paraná. Da die Sklavenjagden weitergingen, wurde 1641 die Erlaubnis zur Ausrüstung mit Feuerwaffen erwirkt und alsbald ein Sieg über die Sklavenjäger erfochten. Auch der Krone haben die „Truppen" der Guaraní-Reduktionen mehrfach gute Dienste geleistet.

Die Wirtschaft beruhte auf Ackerbau und den getrennt von den Reduktionen gehaltenen riesigen Viehherden. Neben den in der Quelle erwähnten Häuten wurden vor allem Baumwolle und der von Jesuiten erstmals im Anbau statt durch Sammeln von Wildpflanzen gewonnene Maté wichtige Ausfuhrartikel. Von den Überschüssen mußten der Tribut an die Krone und die Einfuhr von Geräten und anderen Metallwaren, Salz und den religiösen Luxusartikeln finanziert werden. Der Wohlstand der Ordensprovinz Paraguay stammte weniger aus den Missionen als aus mit Negersklaven betriebenen Ordensgütern außerhalb des Missionsgebietes.

Noch 1743 hatte die Krone nach sorgfältiger Prüfung, auch der sagenhaften Profite, das Werk der Jesuiten ausdrücklich anerkannt und bestätigt. Aber schon 1750 sollten auf Grund eines spanisch-portugiesischen Grenzvertrags große Teile der Indios zwangsvertrieben werden. Bewaffneter Widerstand der Indios, anscheinend ohne Mitwirkung der Jesuiten, war der Anfang vom Ende. 1768 wurden die Jesuiten entfernt, und die Verwaltung wurde vom Staat übernommen. Der Niedergang war nicht mehr aufzuhalten. Nach Ansicht kritischer Zeitgenossen soll ein Grund dafür die Entmündigung der Indios im kommunistischen Wirtschaftssystem der Jesuiten gewesen sein; sie hätten es versäumt, die Indios zum Profitsinn des *Homo oeconomicus* zu erziehen, der die Wirtschaft zum Wachsen bringt. Doch war dergleichen damals in Europa selbst noch eine relativ junge und keineswegs überall verbreitete Errungenschaft, die sich zudem einem ehemaligen Jäger- und Sammlervolk nicht rasch aufprägen ließ. Man sollte nicht übersehen, daß dieses Experiment mit „getrennter Entwicklung" zunächst einmal nicht aus endogenen Gründen gescheitert ist, sondern weil es gewaltsam abgebrochen wurde. Trotz aller Fragwürdigkeit hatte es doch der modernen „Apartheid" einiges voraus.

Der Bedarf an Missionaren konnte von der Provinz Paraguay offenbar nicht aus ihrem einheimischen Nachwuchs gedeckt werden. Daher wurden die Missionen großenteils mit Jesuiten nichtspanischer Herkunft betrieben, wobei die Untertanen der deutschen Habsburger aus politischen Gründen eine besondere Rolle spielten. Zu dieser großen Gruppe gehörte auch P. Anton Sepp von Reinegg, geboren in Kaltern/Südtirol 1655, Jesuit 1674, der 1689 nach Paraguay kam und 1733 im Ruf der Heiligkeit starb, nachdem er sich als Verwalter und Gründer mehrerer Reduktionen, Techniker und Musiker einen großen Ruf erworben hatte. Die Veröffentlichung seiner hier auszugsweise wiedergegebenen Aufzeichnungen sollte natürlich der Propaganda für die Mission dienen, wie es bei den Jesuiten längst üblich war. Doch müssen sie ungeachtet der Zuspitzung gewisser Aussagen im Lichte anderer Quellen durchaus als zuverlässig angesehen werden.

Lit.: Anton Huonder: Deutsche Jesuitenmissionare des 17. und 18. Jahrhunderts. Freiburg 1899 – P. Hernández: Misiones del Paraguay. Organización social de las doctrinas Guaranies de la Compañia de Jesús. 2 vol. Barcelona 1913 – M. Fassbinder: Der Jesuitenstaat in Paraguay. Halle 1926 – Alfred Métraux: Jesuit Missions in South America. In: Handbook of South American Indians. Ed. by J. H. Steward. Vol. V. Washington 1949. – Magnus Mörner: The Political and Economic Activities of the Jesuits in the La Plata Region. The Habsburg Era. Stockholm 1953 – Ders.: La Cédula Grande of 1743. In: Jahrbuch für Geschichte, Staat, Wirtschaft und Gesellschaft Lateinamerikas 4 (1967), S. 489–505 – Ders.: La Corona española y los foraneos en los pueblos de indios de America. Stockholm 1970 – E. Bekker-Donner/G. Otruba (Hgg.): Zwettler Codex 420 von P. Florian Paucke S. J., 2 Bde. Wien 1959–66 – Wolfgang Reinhard: Gelenkter Kulturwandel im siebzehnten Jahrhundert. Akkulturation in den Jesuitenmissionen als universalhistorisches Problem. In: Historische Zeitschrift 223 (1976), S. 529–590 – D. J. Owens: A Historical Geography of the Indian Missions in the Jesuit Province of Paraguay, 1609–1768. Lawrence 1977 – Stephan Dignath: Die Pädagogik der Jesuiten in den Indio-Reduktionen von Paraguay 1609–1767. Frankfurt 1978 – P. Caraman: Ein verlorenes Paradies. Der Jesuitenstaat in Paraguay. München 1979 (engl. 1975) – H. Kraus/A. Täubl: Mission und Entwicklung. Der Jesuitenstaat in Paraguay. München 1979 – Felix Becker: Die politische Machtstellung der Jesuiten in Südamerika im 18. Jahrhundert. Zur Kontroverse um den „Jesuitenkönig" Nikolaus I. von Paraguay. Mit einem Faksimile der „Histoire de Nicolas I." (1756). Köln-Wien 1980. WR

[Nach ausführlicher Beschreibung der Seereise wird Buenos Aires geschildert:]
Der Herr Gubernator wohnete im Schloß/ so gleichermaßen auch nur aus Erden aufgeführet/ mit eintzigem Graben herum und Wall defendirt wird: Soldaten/ welche dieses Städtlein und gantze Land beschützen müssen/ seynd nicht mehr den neunhundert Spanier: doch sollte ein Gefahr sich erheben/

wurden gleich wir aus unsern Völckerschafften über die dreyssig tausend Indianer/ und diese alle zu Pferd/ auff die Bahn bringen: welche so wol die Musqueten zu führen/ den Säbel zu schwingen/ einen halben Mond zu machen/ ein Squadron zu formieren: Offensive und defensive zu streiten wissen/ als jede Europäer: alleinig von denen Patribus gemustert/ und wacker abgerichtet. [...]

[P. Sepp und seine Mitbrüder reisen weiter zu den Reduktionen, wo sie feierlich empfangen werden.]

[...] lasset uns ein wenig sehen den Stand dieser Reduktionen/ also nennen wir sie/ weilen alle diese Indianer alleinig von uns zum Cristlichen Glauben reducirt worden; auf teutsch Völckerschafften/ Gemein/ oder Dörffer genennet werden.

Dieser zehlen wir in allen 26. Ein jede wird von zween Patribus, wann es anderst möglich/ so biß heuntigen Tag wegen großen Abgang der Priester/ nit hat geschehen können/ verwesen und versorget/ bißweilen wird ihnen auch ein Bruder zugeeignet. Eine Reduction, oder Dorff/ für das andere zehlet in 3.4.5.6 und noch mehr tausend Seelen. Alle diese (verstehe so tauglich) beichten im Jahr auffs mindist viermal. Die Congregation[1] noch öffter. Alle diese muß Beicht hören der Pater, und absolviren/ communiciren/ die Kinder/ so fast täglich geboren werden/ tauffen [...] den Todten begraben welches auch fast täglich [...] und was dergleichen mehr zu einem Seelsorger gehörig/ welches alles wenig/ wann es nur bey diesem sein Verbleiben hätte/ wie es in Europa fast bey allen Seelsorgern hat/ aber hier müssen wir noch um eines weiter/ und noch um ein gutes: Der Pater muß seyn der Sigrist oder Meßner; hat er ein Fest/ den Altar selber zieren/ die Leuchter selber stellen (dann auch dieses können diese armen Tröpfflein nicht/ sie stellten [...] ein Leuchter droben/ und den andern darunter/ alles gäbisch[2]/ tänggisch[3]/ umgekehret/ hinter der für). [...]

Dieses seye nur in Compendie und oben hin gesagt von der Arbeit des Seelsorgers, das Geistliche betreffend. Jetzt lasset uns ein wenig zur Oeconomi Haushaltung und Administration der zeitlichen Güter/ nit sein Person/ sondern die Indier betreffend/ kommen: mit wenig Worten will ich alles sagen/ nemlichen mit dem heiligen Paulo, der Pater muß Alles seyn. Der Seelsorger muß seyn der Koch/ Dispensator, Procurator, oder Einkauffer/ Ausgeher/ Krancken-Warter/ Leib-Artzt/ Baumeister/ Gärtner/ Weber/ Schmid/ Mahler/ Müller/ Beck/ Corregent, Schreiner/ Haffner/ Ziegel-Brenner/ und was noch mehr Aempter seyn mögen in einer wohlangeordneten Republic. [...]

Ich explicire nur das ein- oder das andere/ was ich oben gemeldet/ und fange gleich bey dem Kopff an: der Pater muß ihnen täglich das Saltz fürgeben

---

[1] Die von den Jesuiten überall zur Vertiefung der Frömmigkeit und Steigerung der Disziplin eingeführte Marianische Kongregation.
[2] Bayerisch: ungeschickt.
[3] Tirolerisch: ungeschickt, eigentlich: linkshändig.

Abb. 31: Reduktion San Ignacio Mini: Innenhof mit Prozession (Guaschgemälde von Leonie Mathis, entstanden um 1780).

mit ausdrücklichen Worten: dieses wirff in die Suppen/ dieses ins Fleisch: wo nicht/ wird mein guter Indianer alles in die Suppen werffen. [...]
Sogar mein Kuchel-Buben will ich die Schüßlen und Häfen/ so alles aus Erden/ der Heiligen Armuth gemäß/ sauber und rein haben müssen mir zu meinem Zimmer nach dem Essen selbige tragen/ ich diese visitiren/ in meine Händ nehmen/ in Haafen hinein sehen/ und dieses beständig alle Tage: lasse ich nur einen Tag ohne Visitation vorbeygehen/ seynd die Schusseln und Häfen ihnen schon nimmer gleich. [...]
[Nach Behandlung des Pfarrgartens und der Krankheiten der Indianer geht P. Sepp zur systematischen Schilderung der Dörfer über.]
Die Dörffer/ wie gesagt/ kommen fast alle in der Höhe auf einen Bühl an den sehr fischreichen Fluß Uruguay oder Parana zu liegen/ haben nach Stärcke der Völckerschafft Familien, oder Behausungen sieben/ acht/ neun hundert/ und viele zehlen schon tausend oder noch mehr Familien, unter einer Familia wird verstanden Vatter und Mutter/ Tochter und Sohn/ sammt allen Kindern: will also auff ein Dorff kommen sechs/ sieben/ acht und noch mehr tausend Seelen/ ring gerechnet: dann die Indianer seynd sehr fruchtbar.
Das Dorff hat bei der Kirchen einen überaus grossen/ schönen Renn-Platz/ in Quadro 4 hundert Schuh breit und so viel lang. Die Häuser werden ausgetheilt in breite Gassen/ wie in den Städten Europae, doch mit diesen großmächtigen Unterscheid: sie seind sehr nieder/ und wohnen die Indianer gleich ohne Olstrich: oder höltzern Boden auff der bloßen Erden. Die Gemäuer seynd nicht aus Steinen sondern aus wohlauffeinandergestampfften Erden gebauet. [...]

[Von der Schilderung der ärmlichen Behausung kommt P. Sepp zu seinen Besuchen bei Sterbenden und deren vorbildlichem Hinscheiden.]

Mit einem Wort/ vermeine/ es seye unter der Sonnen kein Geschlecht/ das also sittsam und ruhig das Zeitliche segne/ als eben diese der Welt verachte/ verlassene arme einfältige Indianer.

Es wird mich aber hier einer fragen: Mein Pater Antoni [...] Was sündigen dann die Indianer? Eine fürwitzige Frag/ will sie doch beantworten/ und nicht aus der Beicht schwatzen: aus den zehen Gebotten Gottes/ und fünff der Catholischen Kirchen/ ist alleinig das 6ste allwo sich die Indianer stoßen: auch in diesen nicht alle/ weilen wir hierinn ein Privilegium in Bulla Pauli Tertii im dritten und vierdten Grad ohne dispensation die Indianer zusammen zu geben[4] [...] Über diß wann ein Mägdlein 14. oder 15. Jahr und der Knab 16. ist es schon Zeit zur Heiligen Ehe. Und warten wir nicht länger/ alles Übels hiemit zuverhüten: Dermaßen/ daß keiner Indianerin zugelassen wird: einige Jahr in Jungfrauen-Stand zu verbleiben. [...] Ein jedes Dorff hat ein schöne hohe/ grosse Kirchen/ einen Thurn mit 4. oder 5. Glocken/ ein oder 2. Orgel/ ein Hoch-Altar/ so reichlich verguldet/ 2. oder 4. Neben-Altär. Ein gantz verguldete Cantzel. Allerhand/ doch nur von denen Indianer gemahlte Tafeln/ die nicht so gar uneben. Acht/ zehen/ und mehr silberne Leuchter 3. 4. 5. silberne Kelch/ 3. oder 4. paar silberne Opferkändlein. Drey silberne Creutz/ ein sauber Monstrantzen/ grosses Ciborium, beyde von Silber. [...] alles was zum heiligen Meßopfer gehörig ist/ so sauber/ nett/ ja auch an der Materi so köstlich/ daß nicht nur in ein jegliches Convent in Europa/ oder Collegio Societatis, sondern auch in einer jeden Thumkirchen selbige mit Ehren kunten erscheinen und gebraucht werden. Für hier haben wir ein Alben zu Bonos Aeres diese Tag machen lassen/ so hundert und zwantzig Thaler gekostet. [...]

[Von der Schilderung der Gottesdienste kommt P. Sepp auf die Probleme der Kirchenmusik, der seine wie der Indianer Liebe gehört. Dann schildert er seine Reduktion Yapeyù und seine Erfahrungen.]

Gegen Mittag/ Mitternacht/ und Niedergang der Sonnen/ siehet man von diesem meinem Dorff nichts anderst als ein glattes/ ebenes unendlich-weit hinaus erstrecktes Feld/ mit allerhand unzahlbaren Heerd-Vieh besetzet/ so die grüne Graß-Tafeln abgrasen [...]. Ochsen/ Kühe/ Kälber/ Pferd/ gibt es auff unseren Feldern soviel/ dann du in etlichen Gegenden nichts sihest/ als lauter das schönste fettiste Rind-Vieh [...]. Mein Volck gienge neulich in die zwey Tag weit von unserem Dorff/ in das Land besser hinein/ für die tägliche Nahrung und Nothwendigkeit dieses Jahrs Küh zu bringen. Brachten innerhalb 2. Monat 50. tausend Kühe zusammen/ trieben sie in mein Dorff: würden 70. ja auch 80. und 90. gebracht haben/ wann ich solches ihnen befohlen/ und vonnöthen gehabt hätte. Was ich von diesem meinem Dorff melde/ ist von al-

---

[4] Verwandtschaft sowie Verschwägerung im dritten und vierten Grad war normalerweise ein Ehehindernis, von dem in bisweilen langwierigem Verfahren dispensiert werden mußte.

len andern/ deren 26. seyn/ zu verstehen. [...] Diese drey Schiff alleinig[5] führten in Hispanien nicht Kühe/ sondern die grösten Stier-Häut/ dreymal hundert tausend: Deren eine ihnen um 15. Kreutzer allhier kommet/ nur wegen des ausweiden/ alldorten aber wird eine um 6. und noch mehr Reichsthaler verkauffet: aus welchem abermahl der liebe Leser ein Rechnung machen kan/ des unaussprechlichen Gewinns/ so die Spanier alleinig nur aus dem Leder machen. Und dieses sind die Indianische hiesige Gold- und Silber-Gruben Dero Königl. Majestät dann hier kein Geld noch Gold unter unsern Indianern gefunden wird/ welchen so gar auch der Namen des Gelds unbekannt/ wann diese was von den Spaniern kauffen/ geschieht es nur mit Gelds werth und Wahren/ ist proprie und Weydmännisch davon zu reden/ kein Kauffmannschaft oder Kauff-Handel/ sondern lauter Tausch-Handel [...]. Der Pater Missionarius muß mit dem Heiligen Paulo allen Alles werden: weilen diese Indier lauter Kinder seyn/ über die massen einfältig/ eines sehr kurtzen Verstandes/ dergestalten/ daß die ersten Patres, so diese Völcker bekehret/ in der Wahrheit gezweiffelt/ ob sie der H. Sacrament capaces, tauglich wären. Können aus ihren Verstand/Ingenio, durchaus nichts ersinnen/ erdencken/ es seye gleich in schlechtister Hand-Arbeit/ es muß der Pater allezeit ihnen an der Hand seyn/ sie dirigieren: oder aber ein Model und Muster geben [...]. Aus ihrem Kopff hab ich gesagt/ können sie das mindiste nicht ersinnen/ giebest ihnen aber ein Model und Muster einer Sachen/ so schwer sie immer sey/ so werden sie gewiß ein anders diesem gleich machen. Zum Exempel [...] wir haben 2. Orgeln/ eine aus Europa gebracht/ die andere von dem Indier dieser gleich gemachet/ daß sie mich selbsten anfangs betrogen/ die Indianische für die Europäische Orgel angesehen. Ein Missal, Antorfer Truck[6]/ so der allerschönste unter allen ist/ ein anders von dem Indianer geschrieben/ ist nicht zu erkennen/ welches das getruckte oder geschriebene Missal sey. Die Trompetten sind auch denen Nürnbergischen gantz gleich: die Uhren geben den weltberühmtisten Augspurgerinnen nichts nach: etliche Gemählde scheinen Rubens zu seyn: mit einem Wort/ alles machen die Indier nach/ wann sie nur ein Model/ oder Muster haben. [...]
[So besteht ein großer Teil des Tageslaufs für den Pater im Beaufsichtigen der Arbeit in den Werkstätten. Beim Ackerbau gibt es ähnliche Probleme. Zwar ist der Boden fruchtbar.]
Aber was thut der gefrässige Indier? den Saamen/ den er der fruchtbaren Erden in ihr Schos anvertrauen solte von welcher er ein reichen Schnitt zu hoffen hätte/ verstecket er in seiner gefrässigen Wampen. Wann ein Volck unter der Sonnen so jenes/ was Christus in H. Evangelio gesagt (nolite soliciti esse in crastinum, seid nicht sorgfältig für morgen) wann/ sag ich/ ein Geschlecht dieses haltet/ so halten es ad literam bey den Buchstaben unsere Indianer/ wiewohlen sehr übel. Sie seynd durchaus nit sorgfältig für morgen.

---

[5] Die drei Schiffe, mit denen P. Sepp und seine Reisegesellschaft ins Land gekommen sind.
[6] Die Drucker von Antwerpen waren berühmt.

Gib ich einer Famili Hausvatter für seinen Hausgenossen heut ein Kuh für 3. Täg zu zehren/ so wird er schon heut vor Untergang der Sonnen selbige fein sauber aufgezehrt haben: Morgen in der Frühe zu mir kommen/ und sagen *Pay* Vatter *nd arecói* Sōd: Ich hab kein Fleisch [...],
[so daß der Missionar sorgfältige Vorratswirtschaft für die Gemeinde treiben und nicht selten auch strafend eingreifen muß.]
Es fraget hier einer: Auf was für eine Weiß wir dann diese Indier abzustrafen pflegen? dieses beantworte ich kurtz: wie ein Vatter sein liebes Kind/ also züchtigen wir die/ so es verdienen: nit zwar der Pater, sondern der nechste der beste Indier nehmet ein Geissel [...] schmieret den Delinquenten nit anderst als ein Vatter sein Kind [...] zu streichen pfleget [...]. Mit dieser Vätterlichen Weis zu strafen/ richten wir dermassen viel auch unter den allerwildisten Barbaren/ daß sie uns warlich wie die Kinder ihren Vatter lieben: Es wird in der gantzen Welt kein Volck gefunden werden/ welches uns also liebet/ auch wann wir sie abstrafen [...]. Wann man diese geißlet oder schmieret/ schreien sie durchaus nit [...] sondern [...] empfangen die Streich mit höchster Geduld/ ja auch Danckbarkeit: dann nachdem sie gezüchtiget/ gehen sie gleich zu dem Pater, küssen ihme die Priesterliche Hand/ und bedancken sich [...].[7]

Aus: RR. PP. Antonii Sepp und Antonii Böhm ... Reißbeschreibung ... 1697, S. 142 f., 215–221, 225, 236–238, 244–246, 250 f., 274, 286–292, 298 f., 309–311.

106. Die Propaganda-Kongregation und die neue Linie in der Indochina-Mission (1659)

Die Krise der Japan-Mission Anfang des 17. Jahrhunderts ist nicht nur auf die Verfolgung, sondern auch auf den Dauerkonflikt zwischen den Jesuiten als Inhabern des portugiesischen Missionsmonopols und den „Eindringlingen" aus Manila, den spanischen Mendikanten, zurückzuführen. Rom versuchte die Probleme einerseits durch Freigabe der Mission zu lösen, andererseits durch Ernennung von Bischöfen, die nur dem Papst, nicht mehr dem Patronat unterstehen sollten. Obwohl Philipp IV. eine eingeschränkte Zustimmung gab, kam man in Japan zu spät. Inzwischen hatten aus Japan vertriebene Jesuiten im Rahmen ihrer Ordensprovinz in Indochina ein neues, vielversprechendes Arbeitsfeld gefunden. Doch wie in Japan machte die zwischen Sympathie und Verfolgung wechselnde Haltung der dortigen Herrscher einen politisch weniger angreifbaren einheimischen Klerus erforderlich. 1645 wurde der Missionar und bedeutende Linguist Alexandre de Rhodes (1591–1660) nach Rom geschickt, um bei der Propaganda-Kongregation Bischöfe und Missionare für Indochina zu erbitten. Er reiste in seine Heimat Frankreich weiter und fand dort die Unterstützung einer Gruppe, aus der bald die „Société des Missions Etrangères de Paris" mit ihrem Missionsseminar hervorgehen sollte. 1658 wurden die Franzosen François Pallu für Tongking und Südwestchina, Pierre Lambert de la Motte (ein ehemaliger Parlamentsrat, der sein beträchtliches Vermögen

---

[7] Es ist möglich, daß die Indios bereits durch ihre Schamanen an rituelle Bedeutung von Geißelung gewöhnt waren.

in den Dienst des Unternehmens gestellt hatte) für Kotschinchina und Südostchina und Ignace Cotolendi für Nanking und Nordchina zu „Apostolischen Vikaren" ernannt und zu Bischöfen „in partibus infidelium" geweiht. Als bloße Verwalter bischöflicher Aufgaben im Auftrag des Papstes und ohne festen Sitz verletzten sie formal den Anspruch des portugiesischen Patronats auf Bestellung der Bischöfe nicht, waren aber zugleich davon unabhängig. Die bekannte Feindschaft der Portugiesen gegen die Propaganda-Missionare veranlaßte aber die Kongregation, 1659 in ihrer Instruktion einen Reiseweg unter Vermeidung des portugiesischen Herrschaftsbereichs vorzuschreiben.

Diese Instruktion ist eine vorzügliche Quelle für die neue Linie der Propaganda-Kongregation: Grundlegend sollte künftig die Heranbildung eines einheimischen Klerus sein, aber unter weit engerer Bindung an Rom, als dies bisher üblich gewesen war. Politisches Engagement wird streng verboten; die auf ihre Art durchaus erfolgreiche Anwendung solcher Methoden durch die Japan- und China-Jesuiten wird nicht ausdrücklich, aber doch unmißverständlich als abschreckendes Beispiel hingestellt. Schließlich wird weitgehende Anpassung an die einheimische Kultur zur Pflicht gemacht, freilich mit dem aus dem Ritenstreit hinreichend bekannten Vorbehalt der Vereinbarkeit mit Glauben und Moral.

Es sollte freilich noch Jahre dauern, bis die Apostolischen Vikare tatsächlich in Indochina und China eintrafen und wirken konnten. Zunächst blieben sie in Siam hängen. An Ort und Stelle bekamen sie nicht nur Schwierigkeiten mit dem Patronat, sondern auch mit Angehörigen des Jesuitenordens, die ihrerseits auf Grund älterer Rechte Unabhängigkeit von dem neuen Missionsapparat beanspruchten. Aber Rom setzte die neue Linie durch; Widersetzliche wurden zurückgerufen, und ab 1680 wurde von allen Missionaren verlangt, den Apostolischen Vikaren Gehorsam zu schwören.

Lit.: H. Chappoulie: Aux origines d'une église. Rome et les missions d'Indochine au XVIIe siècle. 2 Vol. Paris 1943–48 – J. Metzler: Orientation, programme et premières décisions. In: Ders. (ed.): Sacrae Congregationis de Propaganda Fide Memoria Rerum. Vol. I/1: 1622–1700. Roma 1971, S. 146–196 – I. Ting Pong Lee: La actidud de la S. Congregación frente al Regio Patronato. In: Ebd., S. 353–438 – J. Guennou: Vigueur nouvelle aux Missions d'Indochine. In: Ebd., Vol. I/2: 1622–1700. Roma 1972, S. 572–581 – B. H. Willeke: Maßnahmen für die verfolgte Missionskirche in Japan. In: Ebd., S. 582–596 – F. Margiotti: La Cina, ginepraio di questioni secolari. In: Ebd., S. 597–631. WR

Instruktion für die Apostolischen Vikare, die in die chinesischen Reiche Tongking und Kotchinchina reisen

[...] Der wichtigste Grund, der diese Hl. Kongregation veranlaßt, Euch als Bischöfe in jene Gegenden zu senden, war, daß Ihr Euch auf jede Art und Weise bemüht, jene Jugend so zu bilden, daß daraus geeignete Priester hervorgehen, von Euch geweiht und an einer Stelle in jenen weiten Ländern eingesetzt, um dort der christlichen Sache unter Eurer Leitung mit höchstem Eifer zu dienen. Habt daher immer das Ziel vor Augen, so viele und so gute [Kandidaten] wie möglich zu den heiligen Weihen zu bewegen, sie entsprechend auszubilden und zu gegebener Zeit zu befördern.

Wenn sich aber einige von ihnen als des Bischofsamtes würdig erweisen sollten, so wird Euch [dennoch] aufs strengste untersagt, einem von ihnen diese

Würde zu verleihen. Schreibt vielmehr dieser Hl. Kongregation vorher deren Namen, Gaben, Alter und was weiter wissenswert ist: Wie und wo sie geweiht werden könnten, welche Diözesen man ihnen übertragen könnte und Unzähliges mehr, was [Euch] bald mitgeteilt werden wird.

Und da ja vom Gehorsam der Bischöfe gegen den Apostolischen Stuhl die Einheit der ganzen Kirche abhängt, die Gemeinschaft der Heiligen, die Abwehr der Häresie und des Schismas, vor denen man sich in jenen weit entfernten Gegenden besonders fürchten muß, sollt Ihr Euch nicht nur [selbst] als die Allergehorsamsten gegen den Römischen Pontifex erweisen, sondern auch alle Mühe darauf verwenden, daß die Chinesen und die anderen Euch unterstellten Völkerschaften Stärke und Maßstab der Rechtgläubigkeit darin sehen, diesen Heiligen Stuhl als Lehrer und Organ des Heiligen Geistes zu verehren, sich seinen Befehlen und Verfügungen in geistlichen Dingen aufs genaueste zu unterwerfen, ihn in Schwierigkeiten zu konsultieren und sich von seinen Entscheidungen gerne leiten zu lassen. Was besonders durch Euer Beispiel, die Ihr deren Führer seid, breiter und gleichmäßiger erreicht werden soll.

Deshalb tut niemals etwas von großer Bedeutung ohne Auftrag dieser Hl. Kongregation, und die Gründe für Dinge, die Ihr kraft Eures Auftrags unter Zeitdruck [selbst] tun werdet, schreibt in solcher Weise an diese Hl. Kongregation, daß die Chinesen einsehen, daß man in Angelegenheiten von größerem Gewicht den Apostolischen Stuhl konsultieren muß, und bewegt sie mit allem Fleiß dazu, daß sie sehr oft hierher schreiben, brieflich die Entscheidungen des Papstes einholen und die Antworten abwarten.

Und damit die Chinesen nicht, abgeschreckt durch die Entfernung und die Schwierigkeit des Rückwegs, vorgeben, eine Religion, deren Haupt seine Entscheidungen kaum jemals zu ihnen gelangen lassen könne, sei für sie nicht annehmbar, sollt Ihr ihnen durch Euer Beispiel zeigen, mit welchen Mitteln die Hirtensorge des Römischen Pontifex auch den Mangel einer unerhörten Entfernung bewältigt: Durch Bischöfe mit umfassenden Vollmachten natürlich; wenn Gott aber gibt, daß die christliche Religion dort fester Wurzeln schlagen sollte, auch durch Nuntien. [...]

Haltet Euch soweit von politischen Dingen und Staatsgeschäften fern, daß auch Bitten und inständiges Flehen Euch nicht zur Verwaltung ziviler Geschäfte bewegen können. Diese Hl. Kongregation verbietet das ernst und streng und wird es in Zukunft weiter verbieten; es ist daher von Euch und den Eurigen aufs sorgfältigste zu meiden. Ihr könnt sicher sein, daß es der Hl. Kongregation höchst unlieb ist, wenn jemand sich mit Dingen dieser Art befaßt oder sich in sie hineinziehen läßt. Und dies nicht nur, wenn die Sache zum Schaden der Religion und zu Zwiespalt unter den Missionaren führt, sondern auch, wenn sich daraus die Hoffnung auf Mehrung der Religion und Verkündigung des Glaubens weit und breit ergeben sollte.

Darin dürft Ihr Euch auch nicht auf das Beispiel bestimmter Ordensleute verlassen, das Ihr vielleicht zu Eurer Entschuldigung heranziehen könntet. Im Gegenteil: Ihr sollt jenen mit [gutem] Beispiel vorangehen, damit sie und die

Leute die Absichten des Hl. Stuhles erkennen. Das Wort Gottes ist nämlich nicht mit solchen Künsten, sondern durch Nächstenliebe, Verachtung der menschlichen Dinge, Bescheidenheit, mäßige Lebensführung, Geduld und Gebet und andere apostolische Tugenden zu verbreiten. [...]

Verwendet keine Mühe darauf und ratet keinesfalls jenen Leuten, ihre gewohnten Riten und Sitten zu ändern, es sei denn, sie widersprächen offensichtlich der Religion und den guten Sitten. Was wäre absurder, als Frankreich, Spanien, Italien oder einen anderen Teil Europas nach China einzuführen? Nicht diese, sondern den Glauben sollt Ihr einführen, der keines Volkes Riten und Gewohnheiten – sofern sie nicht verkehrt sind – zurückweist oder verletzt, sondern sie vielmehr hegen und schützen möchte. Und weil fast alle Menschen von Natur aus das Ihrige und besonders die eigene Nation mehr schätzen und lieben als andere, gibt es keinen stärkeren Grund für Haß und Entfremdung als die Veränderung heimischer Gewohnheiten, vor allem solcher, an die die Leute seit Menschengedenken gewöhnt sind, und besonders wenn Du anstelle der abgeschafften Gebräuche diejenigen Deines Landes einführen möchtest. Deshalb tauscht niemals Bräuche jener Leute gegen europäische aus, versucht sie vielmehr Euererseits liebzugewinnen. Bewundert und lobt, was Lob verdient; wo dies nicht der Fall ist, darf nichts nach Schmeichlerart durch Lob erhoben werden; es ist Sache Eurer Klugheit, entweder kein Urteil darüber abzugeben oder es wenigstens nicht planlos und aus freien Stücken zu verwerfen. Was aber an Verkehrtem existiert, ist eher durch Winke und durch Schweigen als durch Worte zu verdammen, allerdings unter Wahrnehmung [jeder] Gelegenheit, es bei günstiger Stimmung der Geister zur Annahme der Wahrheit allmählich und unmerklich zu beseitigen. [...]

Aus: H. Chappoulic: Aux origines d'une église. Rome et les missions d'Indochine au XVIIe siècle. Vol I. Paris 1943, S. 396–400. WR

107. Die Missionierung der Huronen in Kanada durch Pater Brébeuf (1634)

Der Jesuitenorden, der von 1632 bis 1672 das Missionsmonopol in Kanada inne hatte, suchte die Indianer auf mannigfaltige Weise zur Annahme des katholischen Glaubens zu bewegen: Zunächst bereisten die Missionare Länder verschiedener Indianerstämme und lebten lange Zeit unter ihnen, knüpften Kontakte zu den Huronen, Abenakis und Irokesen. Parallel dazu wurden Missionsstützpunkte eingerichtet, um die Indianer an die neuen Siedler und ihr Leben zu gewöhnen. Die Missionare erlernten die Indianeridiome, bemühten sich um die Einrichtung eines Internats für Indianerkinder und um die Verheiratung bekehrter Indianer mit Franzosen. Und schließlich wurden auch Ländereien an bereits seßhafte, bekehrte Indianer verliehen, über die die Jesuiten die Oberaufsicht führten.

Die Kritik an der Praxis der Jesuiten hob neben Vorwürfen, sie würden die Indianer viel zu früh taufen oder das Gebot des Gallisierens *(de franciser)* der Indianer mißachten, vor allem darauf ab, daß sich der Orden im Verlauf des 17. Jahrhunderts zum größten Großgrundbesitzer Neu-Frankreichs entwickelt hatte, über ein Siebtel des verliehenen Landes (= 1 Million ha) verfügte und daraus Mitspracherechte abzuleiten schien, um sich in alle wichtigen politischen Fragen der Kolonie einzumischen.

Jean de Brébeuf (1593–1649) gehörte zu den ersten Jesuiten, die 1625 nach Kanada gingen, um die Indianer zu bekehren. Drei Jahre lang (1626–1629) hielt er sich im Land der Huronen auf. Als Québec dann 1629 vor der englischen Übermacht kapitulierte, mußten alle Jesuiten nach Frankreich zurückkehren. In dieser Zeit vollzogen sich bedeutsame kirchenpolitische Veränderungen: Schon 1628 waren die Protestanten, die das Bild der ersten Gründungsphase von Neu-Frankreich geprägt hatten, von der weiteren Kolonisierung Kanadas ausgeschlossen worden. Vom Jahre 1632 an wurde dem Jesuitenorden das Missionsmonopol für Kanada übertragen, wodurch der Einfluß der Rekollekten – Franziskaner strenger Observanz – erheblich zurückging. Als Frankreich im Frieden von Saint-Germain (1632) Kanada wieder zugesprochen erhielt, kehrte auch Brébeuf nach Neu-Frankreich zurück. Seine zweite Reise in das Gebiet der Huronen im Jahre 1634, die dieser Brief an den Superior von Québec, Pater Lejeune, beschreibt, dauerte nur einen Monat. Danach ließ sich Brébeuf fest nieder, leitete die Huronenmission, unterrichtete ihre Sprache und verfaßte viele Briefe, die in die berühmten *Relations des Jésuites* eingingen. Diese erschienen von 1632 bis 1673 und bestanden aus jährlichen Tätigkeitsberichten, die die Missionare über das Leben der Indianer und der Kolonisten anfertigten. Noch heute ist der hohe ethnographische und dokumentarische Wert dieser *Relations* unbestritten. Fest steht auch, daß sie maßgeblich zur Entstehung des Bildes vom „edlen Wilden" *(bon sauvage)* beigetragen haben.

Bei einem Überfall von Irokesen auf Saint-Louis wurde Brébeuf 1649 gefangengenommen und zu Tode gefoltert. Im Jahre 1930 sprach ihn Papst Pius XII. heilig.

Lit.: Camille de Rochemonteix: Les Jésuites et la Nouvelle-France au XVIIe siècle. 3 Vol. Paris 1895–1896 – Jean Dalangez: Frontenac and the Jesuits. Chicago 1939 – Francis Talbot: Saint among the Hurons. The Life of Jean de Brébeuf. New York 1949 – René Latourelle: Brébeuf, Jean de. In: David M. Hayne (éd.): Dictionnaire biographique de Canada. Vol. 1: 1000–1700. Toronto 1966, S. 124–129. SP

Ein Bericht von Pater Brébeuf an den Superior von Québec Pater Lejeune aus dem Jahr 1635

Gewöhnliche Schwierigkeiten [bei Missionsreisen]
Von den beiden Schwierigkeiten, die gewöhnlich auftreten, ergibt sich die erste aus den Wasserfällen und dem Überlandtragen der Kanus. Ihr, Ehrwürdiger Vater, habt schon genügend Wasserfälle bei Québec gesehen, um zu wissen, was es damit auf sich hat. [...] Wenn man sich also diesen Wasserfällen oder Sturzbächen nähert, muß man an Land gehen und alles Gepäck, ja selbst die Kanus auf den Schultern durch die Wälder oder über hohe und beschwerliche Felsen tragen. Dies macht viel Mühe, denn manchmal gehen derartige Transporte über eine, zwei oder drei Meilen. Hinzu kommt, daß jeder den Weg mehrmals zurücklegen muß, selbst wenn man wenig Gepäck mitführt. An einigen Stellen, [...] an denen man leichter an Land kommen kann, steigen die Wilden ins Wasser, ziehen und führen unter äußerster Anstrengung und Gefahr ihre Kanus mit der Hand [im Fluß]. [...] Ich habe die Zahl der

107. Die französische Huronenmission in Kanada

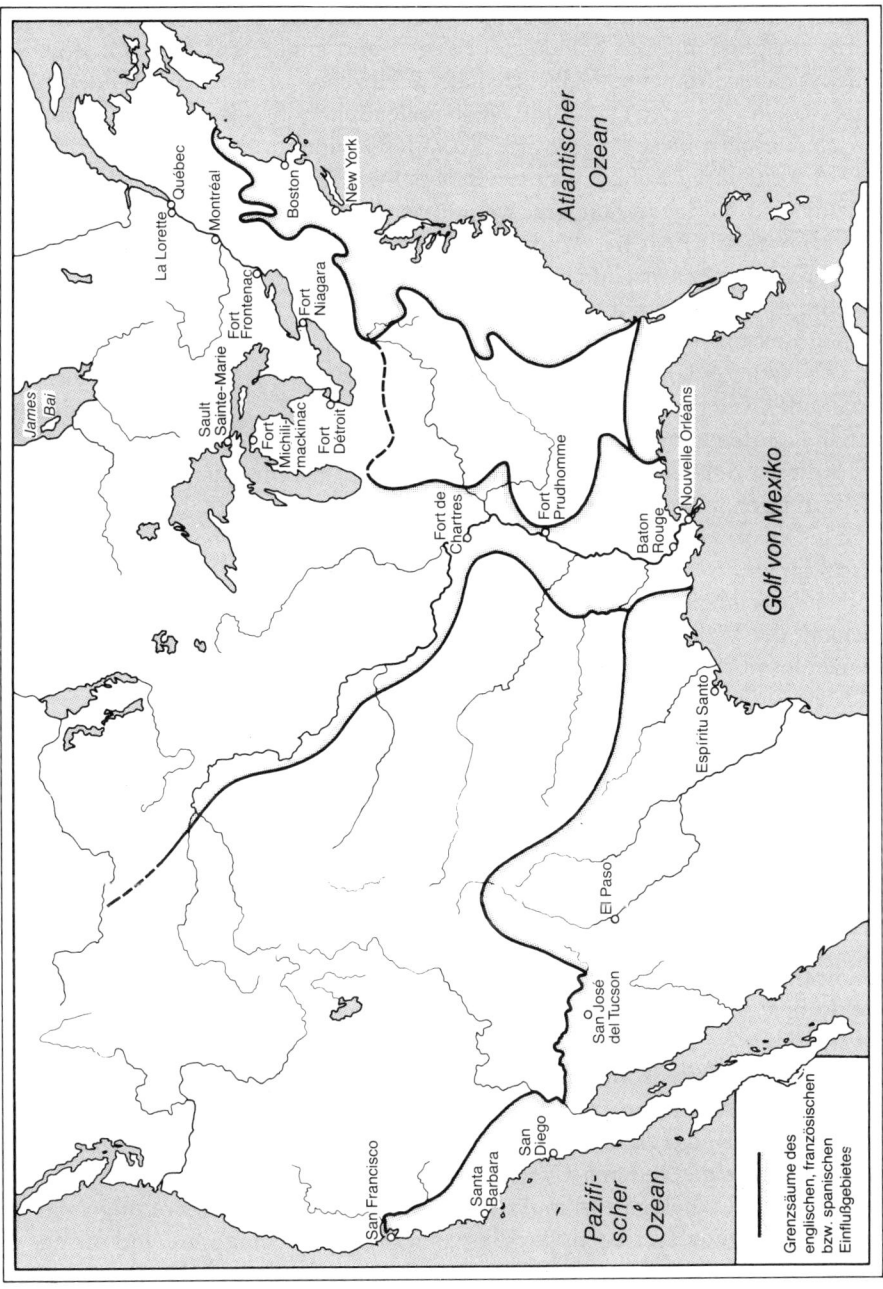

Karte 13: Hauptstützpunkte der französischen und spanischen Indianermission in Nordamerika im 18. Jahrhundert.

Überlandtransporte überschlagen und glaube, daß wir sie [die Kanus] fünfundzwanzigmal auf den Schultern getragen und mindestens fünfzigmal geschleppt haben. Manchmal habe ich dabei auch geholfen, um meine Wilden zu unterstützen, aber der Flußgrund ist so voller spitzer Steine, daß ich, barfuß wie ich war, dort keine längere Strecke laufen konnte.

Die zweite für gewöhnlich auftretende Schwierigkeit besteht in der Lebensführung. Oft muß man hungern, wenn man die Depots verfehlt, die man auf dem Hinweg angelegt hat. Und wenn man sie wiederfindet, hat man immer noch guten Appetit, nachdem man sich daraus verpflegt hat. Denn das Essen besteht gewöhnlich nur aus ein wenig Mais, der ziemlich grob zwischen zwei Steinen zerstoßen und manchmal ganz in reinem Wasser [gegessen] wird. Dies hat keinen besonderen Geschmack. Manchmal hat man Fisch, aber nur durch Zufall oder weil man [das Gebiet] eines Indianerstammes durchquert, bei dem man ihn kaufen kann.

Zu diesen Schwierigkeiten kommt noch, daß man auf der nackten Erde oder auf irgendeinem harten Felsen übernachten muß, weil [häufig] selbst ein zehn bis zwölf Fuß großer Platz fehlt, um [auch nur] einen notdürftigen Unterschlupf zu errichten. [Ferner] ist man unaufhörlich dem Gestank der angeworbenen Wilden ausgesetzt, muß durch Wasser, Morast, Finsternis und das Dickicht der Wälder marschieren, in denen man von den Stichen einer schier grenzenlosen Zahl kleiner Stechfliegen und Mücken gepeinigt wird.

[...]

Außergewöhnliche Schwierigkeiten
[...] Aber auf unserer Fahrt hatten wir es [überhaupt] nur mit außergewöhnlichen [Schwierigkeiten] zu tun. Die erste bestand darin, daß wir beständig rudern mußten, und zwar genauso viel wie die Wilden, so daß ich tagsüber keine Pause fand, um mein Brevier zu lesen. Erst bei Sonnenuntergang [hatte ich Zeit], wenn mir eher nach Entspannung als nach Arbeit zumute war. Die andere [außergewöhnliche Schwierigkeit] ergab sich daraus, daß wir bei dem Landtransport der Kanus unser Gepäck selbst tragen mußten, was für uns ebenso hart wie ungewohnt war und die anderen noch stärker als mich traf, der ich doch weiß, was Erschöpfung heißt. Bei jedem Transport der Kanus mußte ich mindestens viermal gehen, die anderen nicht weniger. Ich hatte schon einmal eine Reise zu den Huronen unternommen.[1] Aber damals hatte ich weder das Ruder zu führen noch Lasten zu tragen brauchen. Das galt gleichermaßen für die anderen Ordensbrüder, die denselben Weg zurückgelegt hatten. Aber auf dieser Fahrt mußten wir alle durch eben diese Prüfungen beginnen, das Kreuz zu tragen, das Unser Herr uns für Seine Ehre und für das Heil dieser armen Barbaren auferlegt hat. Gewiß, manchmal habe ich mich so erschöpft gefühlt, daß mein Körper nicht mehr weiter wollte. Aber dann hat meine Seele bei dem Gedanken tiefe Befriedigung empfunden, daß ich Gott

---

[1] Im Jahre 1626.

zuliebe leide. Niemand weiß, was das heißt, der es nicht selbst erfahren hat. [...]
Pater Davost ist als einem von vielen sehr übel mitgespielt worden. Man hat ihm viel von seiner kleinen Ausrüstung gestohlen. Man hat ihn dazu gezwungen, eine kleine Mühle aus Eisen und fast alle unsere Bücher, einige Wäschestücke und ein Gutteil des Papiers, das wir mitführten und das wir sehr benötigten, wegzuwerfen. Man setzte ihn auf der Insel mitten im Gebiet der Algonkin aus, wo er wirklich allerhand auszuhalten hatte. Als er [schließlich doch] bei den Huronen ankam, war er so entkräftet und erschöpft, daß er lange Zeit nicht wieder gesund wurde.

Pater Daniel wurde genau wie Pierre, einer unserer Männer, im Stich gelassen und dazu gezwungen, das Kanu zu wechseln. Der kleine Martin wurde höchst grob behandelt und dann den Bissiri-Indianern überlassen, wo er sich so lange aufhielt, daß er erst gut zwei Monate später, am 19. September, bei den Huronen anlangte. Am Tag der Ankunft in diesem Gebiet wurde Baron von seinen [Indianern] bestohlen und hätte noch viel mehr eingebüßt, hätte er sie nicht mit seinen Waffen so bedroht, daß sie ihm einen Teil davon wieder zurückgaben.

[...]
Nichtsdestoweniger führe ich all diese außergewöhnlichen Schwierigkeiten auf eine Krankheit unserer Wilden zurück. [...] Davon waren so viele der uns bekannten Wilden betroffen, daß ich mich frage, ob überhaupt einer [von uns] die Ansteckung vermieden hat. Diese armen Leute werden dadurch allesamt stark beeinträchtigt, besonders im Herbst, beim Fischen wie auch bei der Ernte. Mehrere Getreidefelder sind im Winterschnee vernichtet worden. Viele Menschen sind daran zugrunde gegangen. Noch heute gibt es einige, die nicht genesen sind. [...][2]

Nachdem wir dreißig Tage lang unter endlosen Strapazen unterwegs gewesen waren, kam ich am 5. August, dem Tag [des Festes] Mariä Schnee, bei den Huronen an. Nur einen Ruhetag haben wir auf unserer Reise im Land der Bissiri-Indianer eingelegt. [...] Ich ging an der Anlegestelle des Dorfes Toanché oder Teandeouïata an Land, die wir seinerzeit [1626–1629] zu benutzen pflegten. Diesmal herrschte aber zunächst ein bißchen Argwohn [...]. Meine Wilden hatten die Zuwendung, die ich ihnen [seinerzeit] hatte zuteilwerden lassen, und die Hilfe, die ich ihnen damals hatte angedeihen lassen, vergessen und auch ihre eigenen schönen Worte und Versprechungen. [Sie] ließen mich, nachdem sie mich mit Kirchenschmuck und anderem Kleingepäck abgesetzt hatten, allein und ohne Lebensmittel oder Unterkunft zurück. Sie selbst fuhren noch sieben Meilen weiter zu ihrem Dorf. Das Übel bestand darin, daß das Dorf Toanché seit meiner Abreise verlegt worden war und ich nicht recht wußte, in welcher Gegend es sich nun befand. [...] Deshalb bat ich meine Wil-

---
[2] Wahrscheinlich handelte es sich bei dieser Krankheit um die Windpocken, die die Indianer durch den Kontakt mit den Weißen bekamen.

den, mich zum Dorf zu begleiten oder auf dieser [Fluß-] Seite zu übernachten und auf meine Sachen aufzupassen, während ich mit der Unterhandlung beginnen würde.[3] Aber ihre Ohren verschlossen sich meinen Bitten und Vorstellungen. Als einzigen Trost konnten sie mir anbieten, daß jemand mich abholen würde.

Man mußte Geduld haben. Sie gingen von dannen, und ich warf mich sofort auf die Knie, um Gott zu danken. [...] Angesichts der Tatsache, daß dieses Flußufer verlassen war und ich lange hätte warten können, bevor mich einer aus dem Dorf aufgesucht hätte, versteckte ich mein Gepäck im Wald und nahm, was ich an Wertvollem bei mir führte, an mich und machte mich auf die Suche nach dem Dorf. Glücklicherweise fand ich es in ungefähr ¾ Meilen Entfernung. Mit Rührung und Bewegung passierte ich auf diesem Weg den Ort, wo wir drei Jahre lang gelebt und das heilige Opfer der Messe gefeiert hatten[4]. Dieser [Ort] war ebenso wie der alte Dorfplatz in ein schönes Feld verwandelt, in dem es mit Ausnahme einer Hütte nur noch Ruinen gab. [...]

Sobald ich im Dorf bemerkt worden war und gerufen hatte: „Nun ist Echom (so nannten sie mich) also zurückgekehrt!" kamen alle angelaufen, um mich zu begrüßen und willkommen zu heißen. Jeder nannte mich bei meinem Namen und sagte zu mir: „Also, Echom, mein Neffe, mein Bruder, mein Vetter, bist Du nun doch zurückgekommen?" Da die Nacht nahte, bezog ich unverzüglich meine Unterkunft und machte mich, nachdem ich mich ein wenig erholt hatte, zusammen mit einer Gruppe junger Freiwilliger auf den Weg, um mein kleines Reisegepäck [aus dem Versteck] zu holen. Gegen ein Uhr nachts gelangten wir wieder ins Dorf. Ich bezog meine Unterkunft bei einem [Indianer], der Aouandoie hieß. Er zählte zu den reichsten Huronen. Das tat ich aus dem einfachen Grunde, weil ein ärmerer [Hurone] sicherlich zu sehr durch die vielen Franzosen belastet worden wäre, die ich noch erwartete und die bis zu dem Zeitpunkt ernährt werden mußten, bis alle da und unsere Hütten erbaut waren.

Aus: Brébeuf. Textes choisis. Pub. par René Latourelle. Collection classiques canadiens 1. Ottawa 1958, S. 26–33. SP

108. Die erfolgreiche Bekehrung der Huronen nach den Annalen des Hôtel-Dieu von Québec (1664)

Die Annalen des Hôtel-Dieu von Québec, eines klösterlichen Hospizes der Barmherzigen Schwestern, wurden 1716 von der Oberin, Mutter Juchereau de Saint-Ignace, zusammengestellt. Sie waren nicht für die Öffentlichkeit bestimmt, sondern sollten die Nonnen und Laienschwestern über die Entwicklung des Klosters und des Hospitals

---

[3] *Prendre langue* heißt „*Entrer en pourparler*" (Anm. Latourelle).
[4] Brébeuf bezieht sich hier auf seinen ersten Aufenthalt in Toaché in den Jahren von 1626 bis 1629.

108. Missionserfolge nach den Annalen des Hôtel-Dieu von Québec

seit seinen Anfängen unterrichten. In zwei Abschnitten wird der Zeitraum seit der Gründung des Instituts in Dieppe im Jahre 1633 über die Ankunft der ersten Nonnen in Québec im Jahre 1639 bis zum Jahre 1716 abgehandelt. Dabei konnte Mutter Juchereau, die schon im Alter von zwölf Jahren ins Kloster eintrat, noch auf die Erinnerungen der Mitbegründerinnen des Hôtel-Dieu zurückgreifen, weil sie sie veranlaßte, diese schriftlich festzuhalten. Im Jahre 1722 verstarb die Verfasserin der Annalen des Hôtel-Dieu in Québec.

Für die historische Forschung sind weniger die allgemeinpolitischen Ereignisschilderungen von Wert, die die Annalen auch enthalten – hier haben sich allzu viele Fehler eingeschlichen –, als vielmehr jene Passagen, in denen ganz konkret auf das Leben im Kloster und die tägliche Arbeit darin eingegangen wird, die aus einem eigentümlichen und augenscheinlich sehr fruchtbaren Zusammenspiel von pflegerischer Tätigkeit und Mission bestand. Gerade diese Verquickung machte, wie der hier abgedruckte Textauszug nahelegt, auf die Indianer einen großen Eindruck und förderte ihre Bekehrung.

Die apologetische Natur der hier referierten Anekdoten, die auch in den *Relations des Jésuites* des Jahres 1664 aufgeführt werden, ist unübersehbar. Zweifellos sind sie von dem Bemühen getragen, alle – auch von hohen Verwaltungsbeamten – erhobenen Vorwürfe zu widerlegen, daß die Missionierung nur oberflächlich sei.

Lit.: H. R. Casgrain: Histoire de l'Hôtel-Dieu. Québec 1878 – Mgr. Amédée Gosselin: L'instruction au Canada sous le régime français. Québec 1911. SP

Die Frauen [der Indianer] zeigten ebenfalls eine sehr große Hochachtung für die Religion. Sie begriffen recht gut, was man ihnen darüber erzählte, und empfanden große Wertschätzung für Gott. Sie drückten sich in einer bezaubernden Einfachheit aus, wenn sie sich danach erkundigten, wie sie ihre Pflichten [als Christen] zu erfüllen und welchen Ritualen, zu denen sie angehalten worden waren, sie nachzukommen hätten. Eine Indianerin fragte eines Tages, ob das Gebet, das sie spräche, gut sei, „da ich", wie sie bemerkte, „es von niemandem gelernt habe. Wenn ich mein kleines Mädchen in seiner Wiege zum Schlafen lege, schlage ich über ihm ein Kreuz und richte an den Herrn, den Schöpfer der ganzen Welt, folgende Worte: Meine kleine Tochter spricht zu Dir durch meinen Mund und mein Herz, da sie noch nicht sprechen kann: Du hast mir das Leben gegeben, erhalte es mir, bewahre mich vor dem bösen Manitu. Wenn ich groß bin, glaube ich an Dich. Ich werde Dich lieben und Dir gehorchen. Das ist es, was meine Tochter durch den Mund ihrer Mutter zu Dir sagt. Gewähr mir die Gnade, sie zu lehren, es Dir eines Tages mit ihrem eigenen Mund sagen zu können."

Eine andere brave Huronin hatte die Angewohnheit, an den heiligen Sohn Gottes, Jesus, während des Stillens ihres Kindes folgendes Gebet zu richten: „Oh Herr, ich hätte mich so glücklich geschätzt, wenn es mir die Heilige Jungfrau während Eurer Kindheit erlaubt hätte, Euch einige Tropfen meiner Milch zu geben. Da ich aber nicht das Glück gehabt habe, damals auf der Welt gewesen zu sein und Euch diesen kleinen Dienst zu erweisen, will ich es zumindest in der Person meines Sohnes vollbringen. Denn Ihr habt doch gesagt, was man für den Geringsten täte, betrachtet Ihr so, als sei es an Euch selbst

Abb. 32: Das Hôtel-Dieu in Québec um 1760.

vollbracht." Sie pflegte es jedesmal zu erzählen, wenn sie ihr Kind an die Brust legte. Und sie unterhielt sich mit Unserem Herrn auf eine so zärtliche und zutrauliche Weise, daß es ihr selbst nicht ganz geheuer war. Diese Hingabe beunruhigte sie, weil sie es als verachtenswert ansah, soviel Vertraulichkeit zu offenbaren. Man mußte sie in ihrer Ergebenheit unterstützen, um sie in dieser unschuldigen Religionsausübung fortfahren zu lassen. Eine Frau desselben Indianerstammes war von den Wahrheiten des Evangeliums so durchdrungen, daß sie, als ihr nur dreijähriger Sohn weinend und klagend in ihre Hütte kam, weil er von seinen kleinen Kameraden geschlagen worden war, sie ihm keineswegs seine Tränen abtrocknete und ihm nicht wie die anderen Mütter schmeichelte, sondern ihm beibrachte, seine kleinen Leiden Gott darzubringen. [...]

Der ehrwürdige Vater Superior fragte eines Tages eine Gruppe von bekehrten Huroninnen, ob sie Personen lieben könnten, die sie niemals gesehen hätten, wobei er an einige Damen aus Frankreich dachte, die ihnen Geschenke geschickt hatten. Eine von ihnen antwortete auf höchst religiöse Weise: „Warum nicht, mein Vater? Wir lieben doch auch Gott, den wir nicht sehen können. Die Personen, von denen Ihr sprecht, lieben uns auch, ohne uns gesehen zu haben und ohne daß sie durch irgend etwas dazu verpflichtet wären. Und wir, wir sehen doch die Gaben, die sie uns zukommen lassen, die uns stets an die Verpflichtung erinnern, die wir ihnen gegenüber haben." [Es folgt ein weiteres

Beispiel dafür, wie sehr sie die Opferbereitschaft der Nonnen und Ordensschwestern schätzen und mit deren Glauben in Zusammenhang bringen.]

Diese treuen Christinnen [Huronen] verwenden sich auch dafür, Freigeister ihres Indianerstammes zu bekehren. Sie unternehmen alle Anstrengungen, um sie zum Glauben zu bewegen, und sprechen zu ihnen mit viel Kraft und Eifer, um sie von der Heiligkeit unserer Religion zu überzeugen. Vor allen Dingen lobten sie die Fürsorge der Missionare und Ordensschwestern, und darin erkannten sie einen sicheren Beweis, daß die Predigten auch der Wahrheit entsprächen. Manchmal trugen sie zur Bekehrung ihrer Landsleute bei, aber es gab unter ihnen verstockte Leute, die sich zu nichts bewegen ließen und die sich sogar über alles, was man ihnen sagte, lustig machten. Einer von diesem Schlage wurde in unser Hospital gebracht, das er niemals zuvor betreten hatte. Er kam mit einer gefährlichen Verletzung, die die Ursache zu seinem Glück werden sollte. Es handelte sich um einen verstockten und starrköpfigen Menschen, der nur seinen Launen und im Zustand großer Freigeistigkeit lebte. Nichts beeindruckte sein Gemüt und alle Ermahnungen waren vergeblich gewesen. Er prahlte [sogar], wie ungläubig er sei. Er war höchst überrascht von der Hilfe, die er bei uns fand. Und mehr noch von der Güte und Fürsorge, mit denen er von allen unseren Nonnen betreut wurde. Er beobachtete uns mit viel Neugier und wiederholte ohne Unterlaß die folgenden Worte: „Aber was beabsichtigen diese Mädchen? Was erwarten sie von diesen Kranken, die nichts haben? Sie geben ihre Lebensmittel, ihre Kraft und Arbeit mit so viel Güte, und ihnen wird nichts gegeben. Es muß wohl so sein, daß sie andere Güter nach diesem Leben erwarten." Diese Gedanken und Überlegungen erweichten [schließlich] dieses Herz aus Eisen, und er ließ sich bekehren. Und dadurch, daß er zu einem guten Christen wurde, offenbarte sich, welch exzellenter Prediger die Fürsorge ist.

Aus: Les annales de l'Hôtel-Dieu de Québec, 1636–1716, composées par les Révérendes Mères. Jeanne-Françoise Juchereau de Saint-Ignace et Marie Andrée Duplessis de Sainte-Hélène. Anciennes religieuses de ce Monastère. Ed. par Dom Albert Jamet. Québec 1939, S. 130–132.   SP

109. Der französische Reisende Lahontan kritisiert den Einfluß der Kirche in Montréal (1685)

Baron Lahontan (1666–1715(?)) stammte aus einer verarmten Adelsfamilie aus der Nähe von Bayonne. Im Jahre 1683 begab er sich nach Kanada, wo er bis 1694 im Militär Dienst tat und sich an vielen Feldzügen gegen die Irokesen beteiligte. Seine Erlebnisse, die sich nicht auf das soldatische Leben beschränkten, sondern auch Erfahrungen mit den Indianern, insbesondere den Algonkins, deren Sprache er erlernte, einschlossen sowie Einblicke in das tägliche Leben der Kolonisten in Stadt und Land vermitteln, veröffentlichte Lahontan im Exil in Holland. Seine fünfundzwanzig Briefe an einen Verwandten in Frankreich, die eine Art persönliche Chronik bilden, gab er als *Nouveaux Voyages* heraus. Wir geben hier einen Auszug aus dem achten Brief vom 28. Juni

1685 wieder, in dem Lahontan den Einfluß schildert, den die religiösen Autoritäten in Montréal auf die Einwohner ausübten. Denn in dieser Frontstadt hatte das Priesterseminar des Ordens Saint-Sulpice die Grundherrschaft inne und achtete auf strengste Einhaltung der religiösen Gebote und Grundsätze der Kirche. Unter dem Superior, der im Namen des Bischofs von Québec die Funktion eines Generalvikars wahrnahm, unterlag die Bevölkerung von Montréal also einem viel härteren Regime als in Québec. Die hier zitierte Passage weist aber nicht nur darauf hin, in welchem Maße sich die Kirche in alle Belange des täglichen Lebens einmischte, sie belegt zugleich den tiefgehenden Antiklerikalismus dieses Frühaufklärers, dessen Schilderung, in zahlreiche Sprachen übersetzt, zu den meistgelesenen Reiseberichten im Europa des 18. Jahrhunderts gehörte und beachtlichen Einfluß auf die geistige Kultur seiner Zeit ausübte.

Lit.: Roger Picard: Les aventures et les idées du baron de Lahontan. In: Revue de l'université d'Ottawa 16 (1946), S. 38–70 – David M. Hayne: Lom d'Acre de Lahontan, Louis Armand de. In: Ders. (éd.): Dictionnaire biographique du Canada. Vol. 2: 1701–1740. Toronto 1969, S. 458–464 – Maurice Roelens (éd.): Lahontan: Dialogues avec un sauvage. Paris 1973, S. 1–81 – Louise Dechêne: Habitants et marchands de Montréal au XVIIe siècle. Paris 1974, S. 450–480 – Eberhard Schmitt: Nordamerika im Spiegel französischer Reiseberichte des 17. und 18. Jahrhunderts. In: Antoni Maczak/ Hans Jürgen Teuteberg (Hg.): Reiseberichte als Quellen europäischer Kulturgeschichte. Aufgaben und Möglichkeiten der historischen Reiseforschung. Wolfenbüttel 1982, S. 257–280.   SP

[...] Ich habe den Rest der schlechten Jahreszeit [Winter] in der Stadt verbracht, und zwar auf eine Weise, wie es unangenehmer nicht möglich gewesen wäre. Ihr in Europa [kennt] zumindest die Vergnügungen des Karnevals, aber hier bedeutet er [der Winter] eine ununterbrochene Fastenzeit. Wir haben einen Frömmler von Pfarrer, dessen religiöse Strenge *(inquisition)* vollkommen menschenfeindlich ist. Unter seinem geistlichen Despotismus darf man weder an Spiel denken noch die Damen sehen oder an einer ehrenhaften Vergnügung teilnehmen. Alles ist für diesen Griesgram *(bourru)* anstößig und eine Todsünde. Könntet Ihr es etwa für möglich halten, daß er Frauen bester Herkunft wegen einer bunten Hutschleife die Kommunion verweigerte? Das Schlimmste ist, daß er überall Spione hat, und wenn er unglücklicherweise ein Auge auf einen geworfen hat, geißelt er ihn öffentlich von der Kanzel herab mit einer harschen Rüge. Urteilt selbst, ob sich ein ehrenwerter Mann mit so etwas abfinden kann [...]. Der Gouverneur wagt es nicht, sich einzumischen. Die Frömmler haben zu lange Arme, und da diese Sieurs de Saint-Sulpice auch unsere weltlichen Herren *(seigneurs)* sind, setzen sie sich dort fest, gewinnen die Oberhand, um uns zu tyrannisieren. Stellt Euch nur nicht vor, daß diese Priester ihre Macht auf die Predigten und ein öffentliches Levitenlesen in den Kirchen beschränkten. Sie setzen ihre Verfolgungsjagden bis ins häusliche Leben, bis in das Innere der Häuser fort. Es ist für ihren Eifer zu wenig, die Maskierten nur zu exkommunizieren, sie verfolgen sie, wie man einen Wolf verfolgen würde. Und nachdem das, was sein Gesicht verdeckte, heruntergerissen worden ist, speien sie Gift und Galle gegen jene, die sich verkleidet hatten. Sie halten ihre Argusaugen stets offen, was das Verhalten der Frauen und Mädchen anbetrifft. Die Väter und Ehemänner können in aller Ruhe schlafen. Und wenn sie etwas zu befürchten haben, dann höchstens von seiten dieser aufmerksamen Wächter. Will man in ihren Papieren gut dastehen, muß man jeden Monat die Kommunion empfangen. Und aus Angst, daß oberflächliche Katholiken das Gebot übertreten, mindestens einmal im Jahr zu beichten, wird jeder verpflichtet, seinem Beichtvater zu Ostern eine Karte zu übergeben. Aber von allen Schereien, welche diese Unruhestifter machen, finde ich den Krieg am unerträglichsten, den sie gegen die Bücher führen. Nur frömmlerische Literatur kann hier den Kopf hochtragen. Alle anderen [Bücher] sind verboten und zum Verbrennen verurteilt. Wann geriet ich kürzlich in große Wut über meinen Laffen von Pfarrer? Als er in meiner Abwesenheit bei meinem Gastgeber zu Besuch war, sich kühn in mein Zimmer begab, und – als er auf meinem Tisch einen Petronius[1] entdeckte – diesen völlig zerstörte. Er zerriß alle angeblich schamlosen Seiten.

Als ich in meine Unterkunft zurückgekehrt war und die Zerstörung bemerkt hatte, geriet ich außer mich. Ich schätzte diesen Roman um so mehr, als er [diese Ausgabe] noch keine Lücken hatte und sein Inhalt noch nicht verstümmelt war. Endlich ergriff mich [große] Wut. Ich wollte zu diesem Schinder laufen. Und wenn man mich nicht zurückgehalten hätte, so hätte ihn das – so glaube ich – für jede Seite meines Buches hundert Barthaare gekostet. [...]

Aus: Voyages du Baron de Lahontan dans l'Amérique septentrionale. 2 vol. Amsterdam ²1728. Vol I, S. 72–74. SP

110. Die französische Krone sucht die weitere Ausdehnung kirchlichen Grundbesitzes auf den Antillen zu unterbinden (1743)

Obwohl der Einfluß der Kirche auf den französischen Antillen wesentlich geringer war als in Kanada, spielten die verschiedenen Orden, insbesondere die Dominikaner, Kapuziner, Jesuiten und Karmeliter auch hier eine bedeutende Rolle. Für die verschiedenen Inseln, die in französischen Besitz kamen, erhielten bestimmte Orden eine Zulassung zum Zwecke der Missionierung. Da aber die Ureinwohner, die Kariben, weitgehend von den Inseln verdrängt worden waren und Kontakte zu ihnen kaum bestanden, beschränkten sich die Aufgaben der Orden meist auf die seelsorgerliche Betreuung der französischen Kolonisten und der Negersklaven. Hinzu kamen unterrichtliche Tätigkeiten, die Monopol des Klerus blieben, sowie pflegerische Dienste. Nichtsdestoweniger kamen die Orden auch hier zu erheblichem Grundbesitz, dessen Ausmaße nicht genau bekannt sind. Auf jeden Fall aber betrachtete die Regierung im Mutterland diese Entwicklung als eine solche Bedrohung, daß verschiedene königliche

---

[1] Petronius, ein satirischer römischer Schriftsteller, von dem Tacitus ein denkwürdiges Porträt gezeichnet hat, gilt als Verfasser des bekannten Satyricon. Er starb 66 n. Chr.

Anordnungen erlassen wurden, die den kirchlichen Grundbesitz beschränken und wenn möglich sogar verringern sollten. Nach den wenig wirkungsvollen Bestimmungen aus den Jahren 1703 und 1721 verfolgte auch die vorliegende Erklärung, deren Präambel wir hier abdrucken, dieses Ziel. Ihr war aber ebensowenig Erfolg beschieden wie einer noch drastischeren Anordnung Ludwigs XV., mit der den Orden jede Art von Landerwerb oder Landbesitz ohne ausdrückliche königliche Genehmigung untersagt wurde.

Lit.: J. Rennard: Histoire religieuse des Antilles françaises, des origines à 1914. Paris 1959. SP

Erklärung des Königs bezüglich der Orden und des kirchlichen Grundbesitzes[1] in den französischen Kolonien von Amerika

Ludwig etc. Gruß. Die Könige, Unsere Vorfahren, haben sich seit jeher mit der größten Aufmerksamkeit der Verbreitung der Religion gewidmet und dafür die meisten Ausgaben verwandt, die sie für die Einrichtung der Kolonien in Amerika getätigt haben. Und aus diesem Grunde haben sie geglaubt, den [Orden] die sich für auserwählt hielten, die Offenbarung des Glaubens dorthin zu tragen, nicht zu viele Privilegien gewähren zu können. Seit Unserer Thronbesteigung haben Wir an nichts gespart, um den Eifer der in diesen Kolonien ansässigen kirchlichen Gemeinschaften und Orden zu unterstützen und anzufachen. Und Wir können mit Befriedigung feststellen, daß Unsere Untertanen dort im Bereich der Religionsausübung alle Hilfe erfahren, wie sie sie inmitten Unseres Königreiches erwarten dürften. Aber auf der anderen Seite haben es diese kirchlichen Gemeinschaften und Orden verstanden, ihre jahrelang andauernden Vorrechte und Freiheiten dazu zu mißbrauchen, beachtliche Vermögen anzusammeln. Der verstorbene König, Unser sehr verehrter Herr und Ahne, erkannte, daß es notwendig sei, dieser [Entwicklung] Grenzen zu setzen. Im Jahre 1703 legte Er fest, daß jeder auf den Inseln ansässige Orden seine Besitzungen nicht über eine Größenordnung hinaus ausdehnen dürfte, in deren Rahmen man hundert Neger beschäftigen könnte. Und da diese Verordnung nicht durchgeführt wurde, befahlen Wir durch Unsere Patentbriefe des Monats August 1721, daß sie [die Orden] in Zukunft kein Land oder Häuser mehr ohne Unsere ausdrückliche und schriftliche Genehmigung erwerben dürften, bei Strafandrohung, daß diese [Güter sonst] Unserem Besitz zugeschlagen würden. Der augenblickliche Zustand aller Unserer Kolonien fordert von Uns noch weitergehende Vorkehrungen. Welche Vergünstigungen die zu religiösen oder karitativen Zwecken gegründeten Einrichtungen auch verdient haben mögen, jetzt ist es an der Zeit, daß Wir wirksame Vorkehrungen treffen, um nicht nur zu verhindern, daß sich dort neue [Orden] ohne Unsere Erlaubnis niederlassen, sondern auch, [um zu verhindern,]

---

[1] Unter die Kategorie *Mainmorte* fällt hier nur der kirchliche Grundbesitz, der nicht übertragbar war. Es handelte sich also nicht um das nicht vererbbare Landstück leibeigener oder höriger Bauern, für die das französische Feudalrecht auch dieses Prinzip vorsah.

daß die dort zugelassenen [Orden] ihre Güter stark vergrößern, wodurch ein beträchtlicher Anteil an Grund und Boden Unserer Kolonien dem [Grundstücks-]Handel entzogen würde, was nur als dem Gemeinwohl der Gesellschaft abträglich angesehen werden könnte. Wir haben Uns entschieden, diesen Mißstand durch ein präzises Gesetz abzustellen, in dem Wir nichtsdestoweniger den [Ordens-]Gemeinschaften und den kirchlichen Einrichtungen, die bereits in Unseren Kolonien ansässig sind, die Möglichkeit zubilligen, Pachten zu erwerben, die von einer genau definierten Art zu sein haben und deren Nutznießung für sie häufig aber vorteilhafter und dem öffentlichen Interesse zuträglicher ist als Domänen, die sie ihren Besitzungen noch zuschlagen könnten. Aus diesen Gründen haben Wir angeordnet und erklären, wie folgt: [Es folgt ein 23 Artikel umfassendes Gesetz].

Aus: Moreau de Saint-Méry: Loix et constitutions des colonies françaises de l'Amérique sous le Vent. 6 vol. Paris 1784–1790. Vol. 3, S. 772–773. SP

111. Die protestantische Mission im Einflußbereich der niederländischen Ostindischen Kompanie (1658)

Die Portugiesen hatten einen großen Teil der einheimischen Bevölkerung Ceylons und der gegenüberliegenden Südostküste Indiens zum Katholizismus bekehrt. Er behielt auch nach der Vertreibung der Portugiesen durch die Niederländer Mitte des 17. Jahrhunderts seine Anziehungskraft. Portugiesische Missionare setzten ihre Arbeit heimlich fort. Nach wie vor strömten ihnen die Gläubigen zu, auch wenn sie dafür weite Wege auf sich nehmen mußten. Für den farblosen, strengen Protestantismus vermochten sie sich nicht zu begeistern. Diese Erfahrung mußte auch Philippus Baldaeus (1632–1671) machen, der seit 1654 als Prädikant im Dienst der VOC stand und von 1656 bis 1665 auf Ceylon und an den Küsten Vorderindiens die Bevölkerung zum reformierten Glauben zu bekehren suchte. Zu diesem Zweck lernte er Portugiesisch und Tamil und studierte die Sitten und Bräuche der Einheimischen. 1666 in die Niederlande zurückgekehrt, verfaßte er in den folgenden Jahren ein dreibändiges Werk über seine Eindrücke und Erlebnisse an der Malabar- und Koromandelküste und auf Ceylon, dem der folgende Abschnitt entnommen ist. Auch unter der nichtchristlichen Bevölkerung Asiens blieben Bekehrungsversuche meist erfolglos. Das lag zum einen an der prägenden Kraft der großen Religionen Islam, Hinduismus und Buddhismus in bezug auf die Sozialstruktur und zum anderen an der mangelhaften Ausbildung der niederländischen Prädikanten. Zudem waren die Direktoren der Kompanie nicht zur Unterstützung eines systematischen Missionierungsfeldzuges bereit, da jegliche Unruhe unter den einheimischen Völkern den Handel stören konnte.

Lit.: C. A. L. Troostenburg de Bruyn: De Hervormde Kerk in Nederlandsch Oost-Indië onder de VOC, 1602–1795. Arnhem 1884 – C. W. Th. Baron van Boetzelaer van Asperen en Dubbeldam: De Gereformeerde Kerken in Nederland en de Zending in Oost-Indië in de dagen der OIC. Utrecht 1906 – B. J. J. Visser M. S. C.: Onder de Compagnie: geschiedenis der Katholieke Missie van Nederlandsch-Indië, 1606–1800. Batavia 1934 – R. Boudens O. M. I.: The Catholic Church in Ceylon under Dutch Rule. Rome 1957. Pa

Die *Parruas*¹ dann/ wie sie von alters in dem Römischen Gottesdienst unterwiesen/ also halten sie sich noch itzund bey demselben/ tragen meist ihre *Pater noster* und gebrauchen sich der Päbstlichen Weise/ ein Kreutz zu machen vor der Stirn und Brust/ sie haben wenig Erkäntnüß und Wissenschaft den Gottesdienst anlangend/ sondern werden in einem blinden Eifer gehalten/ und sind gantz nicht geneigt/ in der Religion zu verändern. Im Jahr *1661*/ ward ich ersuchet/ von *Coulang* über Land bis an *Tutecoryn*² zu reisen und alle die Kirchen längst dem Seestrand zu besichtigen/ und da es möglich wäre/ zu *reformiren:* allein man schlug es aus/ mit einwenden/ daß die Römischen *Ministri*³ rings herum im Lande noch ihr bleiben und Wesen hätten/ über das auch/ ob alschon solche Kirchen besichtiget und *reformiret* würden/ wo solten die Lehrer herkommen/ so einen Landstrich voll Volcks zu unterweisen? so war mir auch unbekant die Hartnäckigkeit dessen Volks/ und ihr stätiger Anhang und Umgang mit den Portugesen/ wie ich dann auch zuvor selbst auf *Tutecoryn* (wovon wir nunmehr handeln wollen) befunden hatte: dann nachdem wir den Ort gewonnen hatten im Jahr *1658*/ bin ich eine weile da gewesen/ um zu sehen/ ob man etwas diesen verblendeten *Parruas* zum besten könte ausrichten: aber alles vergeblich: dann als ich predigte in Portugesischer Sprache/ durfte nicht ein einziger *Parrua* (aus Furcht wegen der umliegenden Pfaffen) in die Kirche komen: sondern blieben im Portal sitzen; in meiner ersten Ankunft hatte ich etwas Anhangs auf den Gassen/ doch dis verschwand von tage zu tage. Es ist zwar an dem/ daß dazumahl die Priester nicht mehr in der Stadt wohnen durften/ da numehr die E.⁴ Companie ihr Eigenthum hatte/ nichts desto weniger aber so brachten sie ihre Kinder aufs Land hinaus zu tauffen/ und sahen keine Mühe an/ eine Stunde weges oder zwo zu gehen. Es begab sich einsmahls des Abends daß ich über den Markt oder *Basaar* gegangen kam alwo ein große Mänge von Menschen war/ in dem mit einem kleinen Glöcklein geläutet ward/ worauf sie alle zur Erden auf die Kniehe niederfielen/ und etwas zwischen Mundes murmelten/ eben wie die Portugesen wann sie ihre Stunden *de Trinidade* halten; ich blieb allein aufgerichts stehen/ und fragte ob der Markt ein Behtplatz wäre/ so sie wolten behten/ daß wir mit einander in die nächstgelegne Kirche wolten gehen; hierauf gaben sie keine Antwort/ außer so viel/ daß die Kirchen numehr entblößet wären von ihren Bildern und Zierahten/ und daß wir den Bildern feind wären; worauf ich antwortete/ daß wir keine Feinde der Bilder/, sondern allein des Bilderdienstes wären; daß wir die Abbildungen von der Tauffe *Jesu Christi,* von der Bekehrung *Pauli* und dergleichen/ aus den Kirchen nicht wegbanneten; sondern daß die Beyglaubigkeit der Menschen die einzige Ursach wäre/ warum die

---

¹ Die Parruas der Paraver waren eine Kaste von Perlenfischern an der südlichen Koromandelküste, vgl. Dok. 94.
² Coulang ist wahrscheinlich Quilon an der Malabarküste; Tuticorin liegt im Süden der Koromandelküste.
³ Minister: Priester, Missionar.
⁴ Abkürzung für „Edle".

Bilder aus der Kirchen müsten gelaßen werden. Ich befand daß die Kinder den Glauben/ das Vater unser/ die Zehen Gebot/ und *Ave Maria* etc. wusten her zu sagen/ und hierin bestehet die Erkentnüß so wol der Alten als der Jungen.

Nach meiner Abreise (weil alda nichts auszurichten) ward der Ehrw. Dn. *Johan Fereira de Almeyda* ein gebohrner Portugees von *Lisbon*, daselbst hinbestellet: aber diesem wolten sie noch weniger Gehör geben/ zumahl weil sie ihn für einen Abtrünnigen hielten/ dessen Bildnüß zu *Goa* öffentlich verbrant war; ermeldter *Fereira* blieb alda ein gantz Jahr/ und schied gleichfalls fruchtlos von ihnen.

Aus: Philippus Baldaeus: Wahrhaftige Ausführliche Beschreibung der Berühmten Ost-Indischen Küsten Malabar und Coromandel, Als auch der Insel Zeylon: Samt dero angräntzenden und untergehörigen Reichen/ ... Benebst einer Umständlichen und Gründlichen Entdeckung der Abgötterey der Ost-Indischen Heyden, ... Amsterdam 1672, S. 143–144.

112. John Eliot gibt Rechenschaft über Schwierigkeiten der Mission in Neu-England (1655)

Während im französischen und spanischen Kolonialreich die Mission ein (mit-)bestimmender Faktor der Expansion war, ist die Verbreitung des Evangeliums als ein Hauptziel der nationalen Ausbreitung Englands in Übersee selten über die wohlklingende Proklamation hinausgekommen. Dafür lassen sich verschiedene Ursachen anführen: Während die katholische Kirche mit ihren Bettel- und Missionsorden über wohlorganisierte, disziplinierte und vor allem in der Mission ihre Hauptaufgabe sehende Formationen hatte, verfügten die protestantischen Kolonisten über keine missionarischen Kader, die puritanischen Prediger waren nur Funktionsträger in ihrer jeweiligen Gemeinde. Bei den katholischen Expansionsmächten stößt man zudem auf eine zentral gelenkte Missionspolitik, die nicht selten durch eine staatlich beeinflußte Missionsfinanzierung gestützt wurde, während die englische Krone derartige Kosten scheute. Nicht zuletzt türmten sich vor einem bekehrungswilligen Eingeborenen bei seinem Eintritt in eine reformierte Kirche weit höhere Barrieren als vor dem Täufling der Jesuiten etwa in Kanada oder der Dominikaner in Guatemala. So ist denn die Mission des späten 18. Jahrhunderts in engem Zusammenhang mit dem „Great Awakening" in England zu sehen, das zu einer gewaltigen religiösen Massenbewegung wurde, deren Auswirkungen dann auch in Amerika spürbar waren.

Vorher beruhte die Mission fast ausschließlich auf dem Einsatz von Einzelpersonen, denen jedoch kein bleibender Erfolg beschieden war. Zu ihnen gehört der Indianerapostel John Eliot (1604–1690). Er reiste schon 1631 nach Neu-England, wandte sich aber erst 1643 der Mission der Massachusetts zu, wobei er ihre Sprache erlernte und Katechismen, Devotionalienliteratur und auch die Bibel übersetzte. Seine Arbeit erhielt eine solide finanzielle Grundlage, als die puritanisch orientierte Regierung in England 1649 die *New England Company* gründete und sie zu Geldsammlungen für die Heidenmission autorisierte. Das Ziel dieser ältesten protestantischen Missionsgesellschaft – die erst im 19. Jahrhundert bedeutendere Nachfolger haben sollte – war die Bekehrung der indianischen Bevölkerung. Die Gesellschaft fungierte als Finanzierungsorgan, das die bei ihm eingehenden Geldspenden gewinnbringend anlegte und einen jährlichen Betrag an seine Bevollmächtigten in Neu-England transferierte, die für den Unterhalt der Missionare sorgten. Der prominenteste dieser Missionare war John Eliot, der durch seine Erlernung der Algonkin-Sprache auch zum Sprachwissenschaftler wurde.

Eliot sah sich in seiner Missionsarbeit zwei grundlegenden Schwierigkeiten gegenüber: Zum einen waren die meisten Puritaner nur allzu bereit, Heidentum mit Teufelsverehrung gleichzusetzen; zum anderen stieß er mit seiner Forderung nach einer Einrichtung von Reservaten für bekehrte Indianer (die eine ähnliche Funktion wie die Indio-Reduktionen erfüllen sollten) auf den Widerstand der landhungrigen Neusiedler. Um diesen Problemen zu begegnen, unterwarf Eliot seine Schützlinge einer rigorosen Katechese; nur so konnte sich bei ihnen eine religiöse Wiedergeburt manifestieren, die allein den Zugang zur puritanischen Glaubensgemeinschaft ermöglichen konnte. Es waren aber nur wenige Indianer, die sich bereit fanden, eine solch totale Zurückweisung ihres kulturellen Erbes zu akzeptieren, ihre Bekehrung führte ohnehin zu einer feindseligen Haltung ihrer Stammesgenossen.

In den folgenden Auszügen aus einem Bericht, den Eliot zur Einwerbung weiterer Missionsgelder und zur Steigerung der allgemeinen Spendenbereitschaft in England bei seiner Glaubensgemeinschaft schrieb, scheinen diese Probleme deutlich auf. Seine unerschütterliche Einsatzbereitschaft konnte jedoch nicht verhindern, daß sein Lebenswerk – die protestantische Indianermission – den Indianerkrieg von 1675/76 nicht überdauerte.

Lit.: J. M. Lenhart: Die Anfänge der protestantischen Indianermission im 17. Jahrhundert. In: Zeitschrift für Missionswissenschaft 16 (1926), S. 274–287 – William Kellaway: The New England Company 1649–1776. Missionary Society to the American Indians. London 1961. Ndr. Westport/Conn. 1975 – F. J. Jennings: The Invasion of America. Indians, Colonialism and the Cant of Conquest. Chapel Hill 1975, S. 230–312 – R. Slotkin/J. K. Folson: So Dreadful a Judgment. Puritan Responses to King Philips War 1676–1677. Middletown/Conn. 1978 – W. S. Simmons: Cultural Bias in the New England Puritans Perception of Indians. In: William and Mary Quarterly 38 (1981), S. 56–72 – H. W. Bowden: American Indians and Christian Missions. Studies in Cultural Conflict. Chicago 1982, S. 96–133 – H. R. Guggisberg: Die Indianerbibel des John Eliot. In: Basler Zeitschrift für Geschichte und Altertumskunde 82 (1982), S. 195–206. TS

[...] Im übrigen machte sich bei uns große Niedergeschlagenheit und Entmutigung breit auf Grund eines Mißtrauens, das zu tief empfunden wird, obwohl es völlig grundlos ist, daß nämlich selbst diese bekehrten *(praying)* Indianer sich mit den übrigen und mit den Holländern verschworen hätten, um den Engländern Schaden zuzufügen. Zwar blickte der Teil der Leute, die Regierungsverantwortung trugen, mit anderen Augen auf sie, doch war dies für mich nicht der Zeitpunkt, diese Angelegenheit [die Aufnahme der bekehrten Indianer in die Glaubensgemeinschaft] anzusprechen und voranzutreiben, als die Situation so schwierig war. Diese Aufgabe bedarf einer ruhigeren Zeit, und ich werde es als einen Gnadenerweis Gottes ansehen, wenn er dabei – wann immer es ihm gefällt – sein Antlitz auf uns scheinen läßt.

Im letzten Jahr tat ich nun folgendes: Nachdem die Bücher [in denen die Glaubensbekenntnisse der bekehrten Indianer publiziert waren] zur rechten Zeit angekommen waren und in Boston eine große Versammlung abgehalten wurde, von anderen Kolonien wie auch von unseren eigenen, auf der auch die Kirchenbevollmächtigten [der *New England Company*] zugegen waren, hielt ich es für notwendig, diese Gelegenheit zu ergreifen, um den Weg vorzubereiten und zu öffnen und für dieses laufende Jahr bereit zu sein. Also unterbreitete ich ihnen folgenden Vorschlag: Falls man, nachdem sie nun ihre [der bekehrten Indianer] Bekenntnisse gesehen hätten, nach einer weiteren Überprüfung ihrer Kenntnisse herausfinden sollte, daß sie über ein ausreichendes Maß an Verständnis für die grundlegenden Fragen der Religion verfügen, und falls weiter ein hinreichendes Zeugnis ihrer Bekehrung vorliegen sollte, daß sie nach ihrer Erleuchtung in christlicher Manier handeln würden, so daß man Frömmigkeit in ihrem Lebenswandel erkennen kann – ob es dann nicht Gott gemäß sei und für sein Volk annehmbar, daß sie in die Kirchengemeinschaft aufgenommen werden? Worauf mir – und ich preise den Herrn dafür – allgemeine Zustimmung zuteil wurde.

[Im folgenden schildert Eliot die Vorbereitungen für diese Examinierung der bekehrten Indianer.]

Kurz vor dem Termin ergab sich eine sehr große Schwierigkeit, die für sie [die bekehrten Indianer] zu einem Schandfleck hätte werden können, und ich zweifle nicht daran, daß Satan dies auch beabsichtigte; doch der Herr nutzte die Gelegenheit, Glauben und Gebete anzufachen, und wandte das Ganze so in eine andere Richtung. Es trug sich wie folgt zu: Drei von der schlechten Sorte, die es unter denen gibt, die zu Gott beten, die von schlechtem Umgang und anderswie getrieben sind, das zu tun, was sie in ihren Herzen nicht lieben und deren Laster Satan vermehrt, um die bessere Sorte der Schande und Schmach auszusetzen, da ja viele, und sogar einige gute Leute, allzu bereit sind zu sagen, sie seien alle gleich – nun, drei von ihnen hatten einige Quarts[1] Branntwein erstanden (etliche Leute sind nur zu bereit, ihn an sie zu verkaufen – aus einem habgierigen Verlangen nach etwas Gewinn und zum Ärgernis und Kummer der besseren Sorte von Indianern und auch der gottesfürchtigen Engländer), und mit diesem Schnaps machten sie sich nicht nur selbst betrunken, sondern auch ein Kind von elf Jahren, den Sohn von Totesswamp, den sein Vater nach etwas Mais und Fisch zu dem Ort bei Watertown geschickt hatte, wo sie sich aufhielten. Diesem Kind verabreichten sie zunächst zwei Löffel voll von diesem Branntwein, was mehr war, als sein Kopf auszuhalten vermochte; einer von ihnen setzte dann eine Flasche oder ein ähnliches Gefäß an seinen Mund und ließ ihn trinken, bis er sehr benommen war; und dann spielte sich einer von ihnen in herrischer Weise auf und sagte: „Nun werden wir ja sehen, ob dein Vater uns wegen Trunkenheit bestraft (er ist nämlich einer ihrer Häuptlinge), wenn er sieht, daß du dich in unserer Gesellschaft betrunken hast". Und in diesem Zustand lag das Kind die ganze Nacht über draußen. Sie fingen auch an zu raufen, und sie waren bereits mehrere Male wegen Trunkenheit bestraft worden.

---

[1] Ein Quart entspricht etwas mehr als einem Liter.

Als Toteswamp davon hörte, empfand er es als eine große Schande; es zerbrach ihm das Herz, und er wußte nicht, was zu tun war. Die übrigen Häuptlinge besprachen die Angelegenheit mit ihm und fanden eine Verflechtung von vielen Sünden:
1. die Sünde der Trunkenheit, und dies nach vielen dafür verhängten Strafen,
2. die Tatsache, daß ein Kind absichtlich betrunken gemacht und es darüber hinaus Gefahren ausgesetzt wurde,
3. ein gewisser Tadel an den Häuptlingen,
4. Rauferei.

Ich erhielt Kunde davon, kurz bevor ich das Pferd bestieg, um nach Natick zu reiten und den Sabbat mit ihnen zu verbringen; es war ungefähr zehn Tage vor der anberaumten Versammlung. Die Nachricht drückte meine Stimmung ungemein, ich erachtete sie als den größten Mißfallensbeweis Gottes, der mich jemals in meiner Tätigkeit traf; ich konnte darin nichts als den Unwillen [Gottes] erkennen, und ich begann an unserer beabsichtigten Arbeit zu zweifeln. Ich wußte nicht, was zu tun war; die Abscheulichkeit der Sünden und die Personen, über die Schande gebracht wurde, ließen gar mein Herz stillstehen. Denn einer der Missetäter, der zwar das geringste Unrecht verübte, war derjenige, der mein Übersetzer war, den ich dazu herangezogen hatte, einen großen Teil der Heiligen Schrift zu übersetzen. Gerade dabei erkannte ich viel von Satans Bosheit, und in Gott sah ich Mißfallen. Wegen dieser und einiger anderer Handlungen von Apostasie zu dieser Zeit erwog ich, ihn von dieser Arbeit auszuschließen, doch der Herr hat nun einen Weg gefunden, um ihn zu demütigen. Aber seine Apostasie zu diesem Zeitpunkt war eine große Prüfung, und ich zog ihn für den Tag unserer Examinierung nicht hinzu, ich beschäftigte an seiner Stelle einen anderen. So hatte es Satan bei diesem ihrem Fehlbetragen auf mich abgesehen; und Toteswamp ist einer der wichtigsten Männer bei unserer Arbeit, wie Ihr – so Gott will – bald Gelegenheit habt zu sehen. [...]

Als ich in Natick anlangte, hielten die Stammesältesten gerade einen Rat darüber [über den Sündenfall] ab. Bald nachdem ich angekommen war, wandten sie sich mit einer Frage in dieser Angelegenheit an mich und trugen mir die ganze Affäre vor, unter viel Erregung und Geschrei. Danach sprach Toteswamp in dieser Sache: Ich bin sehr betrübt über diese Dinge, und nun prüft mich Gott, ob ich Christus mehr liebe oder mein Kind. Sie [die anderen] sagen, sie wollen mich prüfen, aber ich sage, Gott prüft mich. Christus sagt, wer Vater oder Mutter oder Weib oder Kind mehr liebt als mich, ist meiner nicht wert. Christus sagt, ich muß mein Kind bessern, und wenn ich das verweigere, soll ich Christus nicht mehr lieben. Gott trug Abraham auf, seinen Sohn zu töten, und da Abraham Gott liebte, hätte er es getan, wenn Gott ihn davon nicht zurückgehalten hätte. Gott sagt zu mir, Du mußt Dein Kind nur bestrafen [und nicht töten], und wie kann ich vorgeben, Gott zu lieben, wenn ich dem nicht Folge leiste. Diese Dinge sagte er mit vielen Worten, mit großer innerer Erregung und nicht mit trockenen Augen. Als ich ihn so sprechen hörte, konnte auch ich meine Tränen nicht zurückhalten. Als von den anderen vorgebracht wurde, das Kind sei der Sünde weniger schuldig als die, die es trunken gemacht hätten, entgegnete er: Er [sein Sohn] sei sündig, weil er die Sünde nicht gefürchtet habe und weil er seinen [des Vaters] Ratschlägen nicht gefolgt sei, schlechte Gesellschaft zu meiden. Doch er [der Sohn] habe Satan und Sündern mehr getraut als ihm [dem Vater], deshalb verdiene er [der Sohn] Strafe.

Nach solchen Reden verließen mich die Ältesten und kehrten zu ihren Beratungen zurück, mit denen sie beschäftigt gewesen waren, als ich ankam. Sie kamen zu einer Entscheidung und verurteilten die drei Männer, für eine längere Zeit im Gefangenenblock eingesperrt zu sein, um danach an den Schandpfahl gestellt zu werden, wo jeder zwanzig Stockschläge bekommen sollte. Der Junge dagegen sollte nur für kurze Zeit in den Block, und am nächsten Tag sollte er in der Schule, vor den anderen Kindern, von seinem Vater ausgepeitscht werden. Und das Urteil wurde so ausgeführt. Als sie ausgepeitscht werden sollten, band sie der Konstabler nacheinander an den Baum (der anstelle eines Prangers benutzt wurde), wo sie ihre Strafe erhielten. Dann ergriffen die Ältesten das Wort, und einer sagte: Die Strafen für Sünden sind Anweisungen Gottes, sie sind Gotteswerk, und seine Absicht ist, sie so auszuführen, daß sie [die Sünder] bereuen. Und in dieser Weise ermahnte er sie mit weiteren Worten zur Reue und Besserung ihres Lebenswandels. Nach ihm sprach ein anderer: Ihr lernt im Katechismus, daß der Lohn der Sünde in Elend und Unglück in dieser Welt besteht, danach in Tod und ewiger Verdammnis in der Hölle. Nun empfindet ihr Schmerz als Lohn eurer Sünde, und dadurch könnt ihr wahrhaft bereuen und dem Rest [der angedrohten Strafen] entkommen. Und er ermahnte sie auch noch mit weiteren Worten. Nach ihm sprach ein anderer: Hört all ihr Leute (und er drehte sich zu den umstehenden Menschen, ich glaube es waren nicht weniger als zweihundert, große und kleine), das ist Gottes Wille, so soll mit Sündern verfahren werden. Laßt euch das eine Warnung sein, daß ihr solche Sünden nicht begeht, dann setzt ihr euch solchen Strafen nicht aus. Und er ermahnte die Menschen noch mit weiteren Worten. Noch andere der Ältesten ergriffen das Wort, doch ich verstand nicht alles, was gesprochen wurde, und einige Dinge sind mir entfallen. Doch die, die ich berichtet habe, prägten sich mir ein.

Als ich dann nach Roxbury zurückkam, berichtete ich unserem Ältesten (den ich auch vorher von dem Sündenfall und meinem Kummer darüber in Kenntnis gesetzt hatte) von dem Geschehenen. Er war davon sehr bewegt und pries Gott. Er hob hervor, ihre Sünde sei ein flüchtiger Akt, ohne Dauer und dem Vergessen anheim gegeben. Aber diese Urteile seien ein Ratschlag Gottes und würden weiterwirken und mehr Gutes tun, als ihre Sünden Schlechtes anrichten konnten. Und er öffnete mir die Augen, wieviel Grund ich hatte, für diesen Ausgang des Vorfalls dankbar zu sein.

Aus: A late and further Manifestation of the Progress of the Gospel amongst the Indians in New-England. In: Collections of the Massachusetts Historical Society. 3rd ser. Vol. 4. Cambridge/Mass. 1834, S. 271–275.   Mi/TS

Zeittafel

1336	Lanzarotto Malocello entdeckt die Kanarischen Inseln.
1341	Erkundung des Kanaren-Archipels durch Niccoloso da Recco.
1344	Papst Clemens VI. überträgt dem kastilischen Infanten Luis de la Cerda die Kanarischen Inseln.
1402	Der Normanne Jean de Béthencourt erhält vom kastilischen König Enrique III. die Kanarischen Inseln zu Lehen.
1404	Gründung des Bistums Telde auf der Kanaren-Insel Gran Canaria.
1415	Die Portugiesen erobern Ceuta an der nordafrikanischen Küste.
1418/19	Portugiesische Inbesitznahme des Madeira-Archipels durch João Gonçalves Zarco und Tristão Teixeira. Bartolomeu Perestrello erhält Porto Santo.
1429	Diogo de Sevilla entdeckt die östlichen Azoren.
1434	Gil Eanes umrundet das bislang als unbezwingbar geltende Kap Bojador an der mauretanischen Küste.
1444	Dinis Dias erreicht das Kap Verde.
Ab 1445	Portugiesische Besiedlung der Azoren.
1446	Nuno Tristão erreicht die Gambiamündung.
1448	Die Portugiesen erbauen Fort Arguim auf der Insel Gete vor der mauretanischen Küste und eröffnen eine Faktorei.
1452	Diogo de Teive entdeckt die westlichen Azoren-Inseln Flores und Corvo.
1455/56	Die Italiener in portugiesischen Diensten Alvise da Ca'da Mosto und Antoniotto Usodimare entdecken die Kapverdischen Inseln.
1456	Papst Calixt III. überträgt dem portugiesischen Christusorden, einer Nachfolgeorganisation der Templer, unter seinem Großmeister Heinrich dem Seefahrer die geistliche Gewalt über alle Gebiete in Afrika und Ostindien, mit der Pflicht zu missionieren, Kirchen zu bauen und auszustatten, einschließlich der missionskirchlichen Rechtsprechung im portugiesischen Kolonialreich.
1470	Soaira da Costa gelangt bis zur Goldküste.
1471	Der Sultan von Marokko erkennt die portugiesische Herrschaft über Ceuta, Tanger, Arsila und El Kasar-es-Saghir (überseeische Algarve) an.

1482	Errichtung des Forts São Jorge da Mina an der Guineaküste.
1483	Diogo Cão erreicht die Kongomündung.
1485	Diogo Cão erforscht den Kongo landeinwärts. Zum Tode verurteilte Häftlinge kolonisieren die Insel São Tomé im Golf von Guinea
1486	Diogo Cão erreicht das Kap Cross.
1488	Bartolomeu Dias umfährt das Kap der Guten Hoffnung und öffnet den östlichen Seeweg nach Indien.
1489	Der Manikongo sendet eine Abordnung an den Hof in Lissabon.
1490	Beginn der Kongo-Mission: Taufe des Nzinga Nkuwu und Errichtung der ersten Kirche in São Salvador.
1492	Christoph Kolumbus stößt in kastilischen Diensten auf der Suche nach einem westlichen Seeweg nach Indien auf La Española. Er hält Amerika zeitlebens für Ostasien.
1493	Die kastilische Krone erhält den Missionsauftrag und das Missionsmonopol für Westindien.
1494	Im Vertrag von Tordesillas teilen Portugal und Spanien die überseeische Welt in zwei Interessensphären auf: Portugal erhält Afrika und Asien (und später Brasilien), Spanien die von Kolumbus entdeckte Neue Welt.
1496	Gründung von Santo Domingo (Nueva Ysabella) durch Bartholomeo Colombo als Verwaltungssitz auf La Española.
Seit 1497	Ansiedlung von aus Spanien vertriebenen Juden auf der Insel São Tomé vor der westafrikanischen Küste.
1498	Eine portugiesische Flotte unter der Leitung von Vasco da Gama erreicht erstmals Indien. Kolumbus stößt als erster Europäer auf das südamerikanische Festland. Seine Entdeckung löst zahlreiche weitere Expeditionen aus und führt mittelbar zur Festsetzung von Spaniern am Golf von Darién.
1499	Vasco da Gama errichtet auf der Rückreise von Calicut bei Quelimane/Moçambique einen Wappenpfeiler aus Stein *(padrão)*.
1500	Bündnisangebot des portugiesischen Königs Manuel I. an den Samorin von Calicut. Pedro Álvares Cabral entdeckt Brasilien (Terra Sanctae Crucis). Juan de la Cosa zeichnet die erste Karte der Neuen Welt. Cabral errichtet Faktoreien in Calicut und Cochin.
1501	Begründung des heutigen Staats Iran durch Schah Ismail. Übertragung des Kirchenzehnten aus den neuentdeckten Ländern Amerikas auf die spanische Krone gegen die Verpflichtung, dort Kirchen zu bauen.
1502	Kolumbus unternimmt seine vierte und letzte Reise in die Neue Welt.

1504	Die Portugiesen errichten eine Festung an der Sofala-Mündung in Moçambique.
1505	Der erste portugiesische Vizekönig von Indien, Francisco de Almeida, besetzt Colombo auf Ceylon und erobert Mombasa.
1506	Entdeckung Madagaskars durch João Gomes d'Abreu und Fernão Soares.
1507	Matthias Ringmann prägt den Namen „Amerika" in der von ihm und Martin Waldseemüller herausgegebenen *Cosmographiae introductio*.
1508	Errichtung der Festung São Gabriel, Sitz des portugiesischen Gouverneurs in Ostafrika. Die spanischen Könige erhalten das Universalpatronat für Amerika, d. h. das Recht, für die Besetzung der höheren Kirchenämter dem Papst, für die niederen den Bischöfen verbindliche Vorschläge zu unterbreiten.
1509	Francisco de Almeida vernichtet bei Diu die ägyptische Flotte und begründet damit die portugiesische Vorherrschaft im Indischen Ozean. Die Spanier erobern Jamaica und Puerto Rico.
1510	Alfonso de Albuquerque erobert Goa. Enciso gründet an der Mündung des Atrato die erste spanische Siedlung in Südamerika Santa María de la Antigua.
1511	Mit der Einnahme Malakkas sichern sich die Portugiesen den Zugang zu den Molukken. Eroberung Kubas durch Diego Velásquez de Cuéllar. Adventspredigt des Antón Montesinos in Santo Domingo gegen die Indio-Sklaverei. Errichtung von zwei Bistümern auf La Española.
1512	Velásquez gründet auf Kuba Nuestra Señora de la Ascensión (Baracoa), später Bayamo, Trinidad, Santo Espíritu, Puerto Príncipe, Santiago de Cuba (1514), schließlich San Cristóbal (1515, das spätere La Habana).
1513	Der spanische Kronjurist Palacios Rubios verfaßt das *Requerimiento*. Núñez de Balboa erreicht den Pazifik an der Landenge von Panamá. Juan Ponce de Léon nimmt Florida für Spanien in Besitz.
1514	Übertragung der kirchlichen Jurisdiktion für die Gebiete zwischen Kap Bojador und Indien vom Vikar des Christusordens auf den Bischof des neugegründeten Bistums auf Madeira.
1515	Die Portugiesen erobern Ormuz als wichtige Station auf den zentralen asiatischen Handelswegen.
1516	Juan Díaz de Solís läuft in den Río de la Plata ein, den er für die östliche Ausfahrt einer Südwest-Passage zu den Gewürzinseln hält. Der Portugiese António Taveira besetzt Timor.
1516/17	Der Osmanenherrscher Selim I. unterwirft Syrien, Palästina, Ägypten. Entstehung der portugiesisch-osmanischen Rivalität im Indischen Ozean.

1518	Die spanische Krone erhält das Recht, in Amerika Diözesangrenzen festzusetzen, und wird zum unabsetzbaren Bevollmächtigten (Vikar) des Papstes. Die Portugiesen errichten ein Fort in Colombo auf Ceylon.
1519	Gründung von Panamá (seit 1524 Hauptstadt der Provinz Castilla del Oro).
1519–1522	Eroberung des Aztekenreiches durch Hernán Cortés.
1521	Fernão de Magalhães entdeckt die Philippinen.
1522	Dávila und Andrés Nino entdecken Nicaragua und Honduras, die von Francisco Hernández de Córdoba zwischen 1523 und 1526 erobert werden. Die Häuptlinge Nicoya und Nicaragua lassen sich taufen.
Seit 1522	Tätigkeit von Missionaren in Gabun und Loango.
1524	Die ersten Franziskaner (die sog. „zwölf Apostel" Mexikos) kommen nach Mexiko. Pedro de Alvarado erobert Guatemala und El Salvador. Der Emir von Aden unterwirft sich der portugiesischen Oberhoheit. Der Florentiner Giovanni da Verrazzano erforscht im französischen Dienst die Ostküste Nordamerikas.
1524–1540	Nach eigenen Angaben bekehren die Franziskaner bis 1540 sechs Millionen Indios in Mexiko zum christlichen Glauben.
1526	Gründung von Pernambuco. Der Afghanenfürst Babur gründet das Reich der Großmoguln in Indien.
1528	Karl V. übergibt Venezuela zur Kolonisierung an das Handelshaus der Welser.
1529	Im Vertrag von Saragossa teilen Portugal und Spanien die Welt des pazifischen Raumes in zwei Interessensphären auf: Die begehrten Gewürzinseln fallen an Portugal.
1531	Francisco Pizarro beginnt mit der Eroberung des Inka-Reiches, Martim Afonso de Sousa mit der systematischen Erschließung Brasiliens. Vasco de Quiroga, der spätere Bischof von Michoacán, gründet nach dem Muster der *Utopia* des Thomas Morus zwei Idealgemeinden der Indios.
1533	Gründung der Stadt Cartagena. Eroberung der Inkahauptstadt Cuzco.
1534	Funchal auf Madeira wird zum Erzbistum erhoben. Eines seiner vier Suffraganbistümer wird Goa für das Gebiet vom Kap der Guten Hoffnung bis nach Japan.
1534/35	Jacques Cartier dringt auf der Suche nach einer Nord-West-Passage auf zwei Reisen in den St. Lorenz-Golf und -Strom ein.

Zeittafel

1535	Die Portugiesen erwerben Diu. Francisco Pizarro gründet Lima, Pedro de Mendoza Buenos Aires. Nuñes Barreto und Homem erkunden den unteren Sambesi.
Seit 1535	Geschlossene Bekehrung der Perlenfischerkaste der Paraver in Südindien.
1537	Der Dominikaner Bartolomé de Las Casas schließt mit dem Gouverneur von Guatemala einen Vertrag über die friedliche Missionierung der Maya. Juan de Ayolas gründet Asunción am Paraguay.
1538	Eine osmanische Flotte segelt von Suez bis in den Indischen Ozean, um den Kampf gegen den portugiesischen Stützpunkt Diu aufzunehmen. Gonzalo Jiménez de Quesada gründet Santa Fé (heute: Bogotá). Französische Freibeuter zerstören San Cristóbal (La Habana).
1540	Ein Friedensvertrag der Portugiesen mit dem Samorin von Calicut besiegelt die portugiesische Vorherrschaft an der Malabarküste. Errichtung der portugiesischen Faktorei Negapatnam an der Koromandelküste.
1542	Pedro de Valdivia gründet Santiago de Nueva Estremadura (heute: Santiago de Chile), dann La Serena, Concepción und Valdivia. Fernão Mendes Pinto erreicht als erster Europäer Japan. Die ersten Jesuiten kommen nach Indien, Errichtung der Missionsstation São Tomé an der Koromandelküste.
1543	Einführung des Konvoi-Systems zum Schutz der spanischen Silberflotte gegen Piraterie.
1546	Errichtung der Erzbistümer Santo Domingo, Mexiko und Lima.
1547	Beginn der Jesuitenmission im Kongo.
1548	Die Spanier befestigen La Habana auf Kuba, nachdem die Stadt 1538 zerstört worden, 1542 abgebrannt war.
1549	Beginn der Jesuitenmission in Brasilien. Franz Xaver begründet die Jesuitenmission in Japan.
1551	Gründung des Bistums Bahía in Brasilien.
1552	Die Russen erobern das tatarische Khanat Kasan an der mittleren Wolga.
1554	Gründung von São Paulo durch die Jesuiten.
1555	Ein Provinzialkonzil in Mexiko verbietet die Priesterweihe für Indios.
1555–1560	Erfolgloser Versuch einer dauerhaften Festsetzung französischer Siedler unter Villegagnon an der brasilianischen Küste.
1556	Die Russen erobern Astrachan und erreichen das Kaspische Meer.
1557	Verleihung des Kolonisationsgebiets an der Kama an das Haus Stróganow durch Zar Iwan I. Die Portugiesen erhalten vom chinesischen Vizekönig in Kanton gegen Tributleistungen das Niederlassungsrecht auf Macao.

1558	Goa wird Erzbistum mit Suffraganen in Cochin (für Südindien und Bengalen) und Malakka (für ganz Ostasien). Lissabon wird Erzbistum für den atlantischen Raum.
1559	Die Portugiesen erwerben Damão.
1560	Gründung der Flußhäfen und Handelszentren Sena und Tete am Sambesi. Die Lakkadiven werden portugiesisch. Einführung der Inquisition in Goa.
Seit 1561	Dominikaner-Mission auf Timor.
1562–1565	Erfolgloser Versuch einer dauerhaften Festsetzung französischer Siedler unter Ribault in Florida.
1564	Beginn der spanischen Kolonisierung der Philippinen.
1565	Gründung des Erzbistums Bogotá. Gründung von San Agustín in Florida, der ältesten Kolonialstadt Nordamerikas.
1567	Gründung von Rio de Janeiro.
1571	Die Spanier gründen Manila als Hauptstadt der Philippinen.
1575	Paulo Dias de Novais gründet São Paulo de Luanda.
1578	In der Schlacht von El Kasar-es-Saghir schlagen die Marokkaner unter Sultan Mulay Abd al-Malik die Portugiesen unter König Sebastião; damit endet die portugiesische Expansion in Marokko. Francis Drake plündert Valparaiso.
1579	Gründung des Bistums Macao als Suffragan von Goa.
1580	Zweite Gründung von Buenos Aires durch Juan de Garay.
1581	Der Kosakenhetman Jermák Timoféjew stößt im Auftrag der russischen Kaufmannsfamilie Stróganow nach Sibirien vor.
1583	Die Jesuiten unter Matteo Ricci gelangen nach China.
1584	Sir Walter Raleigh gründet Virginia als erste englische Kolonie auf dem nordamerikanischen Festland.
1586	Entdeckung der Karolineninseln durch die Spanier.
1587	Gründung von Tóbolsk durch den Kosaken Daniel Tchoulkov.
1588	Gründung des dem Erzbistum Goa unterstellten Bistums Funay in Japan. Die Jesuiten beginnen mit der Einrichtung von Reduktionen in Paraguay.
1590	Der spanische Offizier Juan d'Esquirel besetzt Jamaica und gründet Oriston und Santiago de la Vega im Süden, Sevilla de Ora im Norden und Melilla im Osten der Insel.

Zeittafel

1593	Beginn der Deportierung von Sträflingen nach Sibirien.
1595	Einrichtung des Erzbistums Manila.
1596	Die erste niederländische Flotte erreicht Bantam auf Java.
1597	Portugal tritt das Erbe des Königs von Ceylon an.
1598	Das russische Zarenreich unterwirft das tatarische Khanat Sibir. Pedro de Oñate gründet San Juan am Oberlauf des Río Grande.
1599	Die ersten Niederländer erreichen Japan.
1600	Gründung der englischen East India Company (EIC).
1600–1604	Die Araukaner zerstören in ihrem Widerstandskampf gegen die spanische Besetzung Chiles die Städte Villarica, Angol, Valdivia, Imperial, Santa Cruz, Chillan und Concepción.
1602	Gründung der niederländischen Verenigden Oostindischen Compagnie (VOC). Festsetzung der VOC auf der Molukkeninsel Amboina.
Seit 1603	EIC und VOC treten in offene, bewaffnete Handelskonkurrenz. Samuel de Champlain erkundet Kanada und Teile Neu-Englands.
1603–1605	Die VOC legt Forts auf den Molukken an.
1604	Gründung von Tomsk.
1605	Mit der Vertreibung der Portugiesen von den Molukken legen die Niederländer den Grundstein für ihr Kolonialreich in Indonesien.
1606	Charter für die Virginia Company. Poutrincourt erhält Akadien als Seigneurie zugesprochen.
1607	Gründung der ersten englischen Siedlung auf dem nordamerikanischen Festland: Jamestown. Der Monomotapa Gasa Lusere nimmt gegen Abtretung aller Minen portugiesische Militärhilfe an. Der Jesuit Roberto de Nobili beginnt mit der Verbreitung der christlichen Lehre unter Anpassung an die Bedingungen der Hindu-Kastengesellschaft in Indien.
1608	Samuel de Champlain gründet mit Québec die erste dauerhafte Niederlassung der Franzosen in Nordamerika. Die EIC errichtet eine Faktorei in Agra (Persien). Der russische Zar läßt in Perm Freiwillige für die Besiedlung von Staatsland in Sibirien anwerben. William Hawkins erreicht als erster Engländer Surat, die bis dahin bedeutendste Stadt an der Malabarküste.
1609	Für den Süden des südamerikanischen Kontinents wird das Erzbistum La Plata errichtet. Die VOC gründet eine Faktorei auf der Insel Hirado an der Westküste von Kinschin.

1610	Errichtung einer unbefestigten Faktorei durch die VOC in Jakatra auf Java. Die Jesuitenpatres Maceta und Cataldini gründen die ersten Reduktionen in Paraguay: Nuestra Señora de Loretto und San Ignácio Mini. Die Patres Lorenzana und François de Saint-Martin missionieren die Guaraní im Gebiet zwischen Asunción und dem Paraná und gründen die Reduktion San Ignácio Guazu.
1610–1612	Erste niederländische Siedlungen in Guayana und am Amazonas.
1611	Die EIC gründet eine Handelsniederlassung in Masulipatnam. Gründung von Montréal durch die Franzosen. Die ersten Jesuitenmissionare treffen in Kanada ein. Beginn der Landzuteilungen in Virginia.
1612	Luis de Oré beginnt mit der Missionierung von Florida.
1613	Holländische Händler gründen Breukelin (das später Brooklyn) und Nieuw Utrecht. Auftreten englischer und holländischer Piraten im Roten Meer. Die EIC eröffnet Faktoreien in Surat sowie in Broach und Ahmadabad.
1614	Die Generalstaaten der Niederlande fordern durch ein allgemeines Patent *(octroi)* zur Entdeckung neuer Seewege und unbekannter Länder auf. Kosaken-Piraten brennen Sinope am Schwarzen Meer nieder, Verlust der Herrschaft für die Osmanen über das Schwarze Meer.
1615	Die Holländer errichten Fort-Oranje (Albany).
1616	Die dänische Ostindien-Kompanie erwirbt den Handelsstützpunkt Tranquebar an der indischen Koromandelküste. Kapitäne der VOC finden die direkte, relativ südliche Route vom Kap der Guten Hoffnung nach Japan, die die Reise von Europa zur Insulinde um rund drei Monate verkürzt.
1617	Die Niederländer errichten ihre erste dauerhafte Niederlassung an der Guinea-Küste auf der Insel Gorée. Gründung von Jénisseisk.
1618	Die VOC gründet eine Niederlassung in Surat.
1619	Eine Flotte der VOC unter Jan Pietersz. Coen erobert Jakatra. Die befestigte Neugründung am gleichen Ort erhält den Namen Batavia (heute: Jakarta).
1620	Die Pilgerväter landen in Neu-England und lösen eine erste, bis ca. 1642 dauernde Migrationswelle aus England nach Amerika aus. Der Jesuit Gonzálvez de Santa Cruz beginnt mit der Missionierung der Indios in Uruguay.
1621	Die Portugiesen gründen Sacramento am Río de la Plata und halten später die Stadt trotz heftiger spanischer Angriffe. Gründung der niederländischen Westindischen Kompanie (WIC). Eroberung der Banda-Inseln durch eine Flotte der VOC unter Coen und Spronck, Besiedlung mit Sklaven und Sträflingen. Die VOC erläßt Bestimmungen für die Auswanderung von Frauen nach Batavia.

1622	Mit englischer Unterstützung nehmen die Perser das portugiesische Ormuz ein. Ein gemeinsamer Angriff von Engländern und Holländern gegen Macao wird von den Portugiesen abgewehrt. Gründung der Kolonien New Hampshire und Maine. Sog. Indianermassaker in Jamestown/Virginia, das die Entwicklung der Kolonie empfindlich zurückwirft. Papst Gregor XV. richtet die ständige Kardinalskongregation zur Verbreitung des Glaubens (Sacra Congregatio de Propaganda Fide) ein.
1623	Beim sog. Massaker von Amboina werden Vertreter der EIC auf Beschluß von Repräsentanten der VOC wegen eines angeblichen Komplotts hingerichtet. Thomas Warner gründet eine Niederlassung auf St. Christopher, die zum Ausgangspunkt der englischen Kolonisation auf den nördlichen kleinen Antillen wird (Barbuda, Nevis, Antigua, Montserrat). Auf Grund der gleichzeitig erfolgenden französischen Besiedlung der Insel durch d'Esnambuc wird die Insel 1627 geteilt.
1624	Die VOC besetzt Formosa als Basis für den Handel mit China. Die WIC setzt sich mit der Errichtung des Forts Nassau in Mori an der Guinea-Küste fest. Besiedlung von Neu-Niederland am Hudson River. Die Eroberung Bahías durch Truppen der WIC wird von den Portugiesen rückgängig gemacht. Francisco Cespedès befestigt Buenos Aires.
1625	Die WIC erwirbt die Halbinsel Manhattan von den Delaware-Indianern. Die Engländer besetzen die Insel Barbados. Der Jesuitenorden beginnt mit der Indianermission in Kanada. Die WIC beginnt mit der Besiedlung Guayanas durch die Errichtung des Forts Kykoveral. Puritanische Siedler gründen die Stadt Salem.
1626	Gründung der *Compagnie des Cent Assosciés*. Die *Compagnie des Normands* errichtet das Fort Saint-Louis an der Senegalmündung.
1627	Der englische König James I. tritt an den Herzog Friedrich von Kurland die Insel Tobago ab. Die Gründung von Fort Andreas an der Elfenbeinküste ermöglicht den Kurländern den Einstieg in den Sklavenhandel mit Westindien. Festsetzung der VOC in Bengalen. James Hay Earl of Carlisle erhält einen Eigentümer-Freibrief für die englischen Karibikinseln.
1628	Die Portugiesen erobern das Reich des Monomotapa im Hinterland von Sofala in Ostafrika. Beginn der englischen Besiedlung von Nevis. Errichtung der ersten englischen Faktorei in Armagon an der Koromandelküste.

1629	Freibrief an die unter puritanischem Einfluß stehende *Massachusetts Bay Company*. Die Holländer erhalten von den Russen Handelsrechte in Archangelsk am Weißen Meer. Die Engländer besetzen vorübergehend Québec.
1630	Beginn der Besiedlung von Massachusetts, Gründung von Boston. Eine Flotte der WIC nimmt die Hauptstadt von Pernambuco, Olinda, ein und beginnt von dort die Eroberung Nordbrasiliens. Beginn des Ritenstreits durch die Denunziation der Missionsmethoden der Jesuiten in Asien durch Franziskaner, Dominikaner und Jansenisten.
1632	Gründung der Eigentümerkolonie Maryland durch Lord Baltimore. Der *lange Marsch* von 12 000 Indios von der brasilianischen Küste in das Kerngebiet der Ordensprovinz Paraguay am Paraná soll sie den Übergriffen von Sklavenjägerbanden aus São Paulo entziehen. Die Jesuiten erhalten das Missionsmonopol in Kanada. Gründung von Jakútsk.
1633	Die VOC besetzt St. Helena als Etappenstation der Flotte auf dem Weg nach Indien. Die Insel wird 1638 zugunsten von Mauritius aufgegeben.
1634	Die WIC erwirbt Curaçao, Aruba und Bonaire, wenig später (1640) auch Saba und St. Eustatius. Der Jesuit Jean Brébeuf beginnt mit der Missionierung der Huronen und legt die Stationen Sainte-Marie, Saint-Louis und Saint-Joseph an.
1635	Richelieu gründet die *Compagnie des Iles d'Amérique*, die Franzosen setzen sich in der Folge auf Guadeloupe, Martinique und Dominica fest.
Seit 1636	Zur Sicherung des von ihnen okkupierten Indianerlandes führen die englischen Siedler im Tal des Connecticut Krieg gegen den Stamm der Pequots; der Sieg führt zur Gründung der Kolonie Connecticut (1638). Im Zusammenhang mit der Vertreibung des Predigers Roger Williams aus Massachusetts kommt es zur Gründung der Städte Providence, Newport, Warwick und Portsmouth, die sich 1644 zur Kolonie Rhode Island zusammenschließen. Die Franzosen versuchen in heftigen Kämpfen, die Kariben von Guadeloupe zu vertreiben, was erst 1640 gelingt.
1637	Nach einem Christenaufstand schließt Japan seine Grenzen und vertreibt alle Fremden. Die schwedische Florida-Kompanie gründet Neu-Schweden am Delaware. Der Generalgouverneur der WIC in Brasilien Johann Moritz von Nassau stabilisiert die neugewonnene Kolonie durch eine Politik des Ausgleichs.
1638	Die WIC erobert São Jorge da Mina (Elmina) an der Guinea-Küste und beginnt mit der Verdrängung der Portugiesen aus dem Sklavenhandel. Die VOC erobert die portugiesischen Forts auf Ceylon. Thomas Lambert von der Senegalkompanie befährt den Senegal und gründet 200 km landeinwärts die Handelsstation Podor.

1639	Der Kosak Iwán Moskwítin erreicht erstmals den Pazifik im Bereich des Golfs von Ochotsk. Die Ursulinen und die Ordensschwestern der Hospitalières gründen ein klösterliches Hospiz, das Hôtel-Dieu von Québec. Die EIC gründet Fort St. George in Madras an der Koromandelküste, das von 1658 bis 1752 Hauptsitz der Kompanie in Indien wird.
1640	Französische Hugenotten siedeln auf der Antilleninsel Tortuga.
1641	Von Recife aus erobert eine niederländische Flotte das portugiesische Sklavenhandelszentrum in Angola São Paulo de Luanda und besetzt die Inseln São Tomé und Anabom. Die VOC verdrängt die Portugiesen aus Malakka und erreicht als einzige europäische Handelsorganisation nach der Selbstabschließung Japans die Einrichtung eines Handelsstützpunktes auf der Insel Deshima vor Nagasaki.
1642	Zweite Gründung von Montréal durch Chomedey de Maisonneuve. Einrichtung einer ersten Niederlassung auf Madagaskar durch die *Compagnie des Indes orientales*.
1643	Der Zar Aléxis Mikhailovitch verankert die Deportation nach Sibirien im russischen Strafrecht.
1644	Wassíli Pojárkow befährt mit seiner Mannschaft als erster Europäer den Amúr bis zur Mündung in den Pazifik.
1645	Aufstand portugiesischer Siedler in Neu-Holland (Brasilien).
1648	Der Kongo wird portugiesisches Protektorat. Es gelingt den Portugiesen, die Niederländer aus Angola zu vertreiben. De Flacourt errichtet das Fort Dauphin auf Madagaskar.
1649	Gründung von Ochotsk, des ersten russischen Hafens am Pazifik. In England erfolgt die Einrichtung der *New England Company*, einer Gesellschaft für die Indianermission.
1650	Die Engländer besiedeln unter Lord Willoughby Surinam. Französische Kolonisten setzen sich auf der Insel Grenada fest.
1652	Gründung der Kapkolonie durch Jan van Riebeeck als Etappenstation für Schiffe der VOC auf dem Weg nach Indien anstelle von Mauritius. Pieter Stuyvesant gründet Neu-Amsterdam auf der Halbinsel Manhattan.
1653	António Vieira beginnt mit der Indio-Mission in Maranhão.
1654	Nach dem Fall der eingeschlossenen Stadt Pernambuco werden Niederländer und Juden von den Portugiesen aus Brasilien vertrieben.
1655	Die Holländer nehmen die schwedischen Besitzungen am Delaware ein. Das im spanischen Besitz befindliche Jamaica wird von einer englischen Flotte unter Admiral William Penn erobert.
1656	Die VOC vertreibt die letzten Portugiesen von Ceylon.

	Den Franzosen gelingt eine langfristige Festsetzung auf der Insel Cayenne vor Guayana.
1657	Die schwedische Afrika-Kompanie gründet Fort Carolusburg; nach zwölfmaligen Besitzwechsel in den folgenden Jahren fällt es 1664 an die *Royal African Company,* die es als Cape Coast Castle zu ihrem Hauptquartier an der Goldküste macht.
1658	Mit Hilfe der *Apostolischen Vikare* beginnt die römische Kurie mit dem Aufbau einer von Portugal und den Orden unabhängigen Missionshierarchie für Hinterindien, China und das nicht-portugiesische Vorderindien. Errichtung eines Apostolischen Vikariats für Kanada in Québec, das 1674 praktisch dem Erzbischof von Paris unterstellt wird.
1659	Aurangseb läßt sich in Delhi zum indischen Kaiser krönen.
1662	Die EIC errichtet in dem ihr von König Charles II. abgetretenen Bombay einen befestigten Handelsstützpunkt. Die niederländische Besitzung Formosa geht an den chinesischen Seeräuber Kok Sing A verloren. Die dänische Guinea-Kompanie errichtet an der westafrikanischen Küste Fort Christiansborg, das 1675 nach der Aufgabe von Frederiksborg Hauptsitz der Kompanie wird.
1663	Die 1660 gegründete Kompanie der *Royal Adventurers into Africa* erhält einen Freibrief für die Beteiligung am transatlantischen Sklavenhandel. Gründung der Eigentümerkolonie Carolina. Die VOC erobert die portugiesische Niederlassung Cochin an der Malabarküste.
1664	Die Briten vertreiben die Niederländer aus Fort St. James (heute: Acra) an der Goldküste. Eroberung von Neu-Amsterdam, das als New York im gleichen Jahr Eigentümerkolonie des Duke of York wird. Sir John Carteret und Lord John Berkeley werden Eigentümer der Kolonie New Jersey.
1664/65	Der französische König Ludwig XIV. und sein Minister Colbert rufen stark am englischen und niederländischen Vorbild orientierte Monopolhandelsgesellschaften für West- und Ostindien ins Leben.
1665	Der Westteil der Insel La Española (heute: Haiti) wird unter dem Namen Saint-Domingue französisch (bis 1804).
1667	Die VOC unterwirft Makassar. Der niederländische Admiral Abraham Crynsen erobert die englische Kolonie Surinam, die im Frieden von Breda 1667 endgültig in niederländischen Besitz übergeht. Die französische Ostindienkompanie errichtet eine Faktorei in Surat, wo bereits portugiesische, niederländische und englische Niederlassungen bestehen. Eine portugiesische Gesandtschaft erhält die Zusicherung kaiserlichen

Schutzes für Macao und verhindert ein englisches Vordringen auf die Insel.

1668 Zur Förderung der Indio-Mission erhebt Papst Clemens IX. die unter den Eingeborenen verehrte, aus Peru stammende Rosa de Lima zur Patronin von Spanisch-Amerika.

1669 Zusammenstellung der sog. Persischen Schwadron unter De La Haye, der jedoch die Eroberung Ceylons und die Erreichung einer beherrschenden Stellung für die französische Ostindienkompanie an der Koromandelküste mißlingt.

1670 Gründung von Charleston in Carolina.

1671 Freibeuter unter Morgan zerstören Panamá.
Auflösung der holländischen Westindien-Gesellschaft (WIC). Neugründung 1674.

1672 Die *Royal African Company* wird neue englische Monopolgesellschaft für die Beteiligung am transatlantischen Sklavenhandel.

1673 Pondichéry südlich von Madras wird wichtigster indischer Stützpunkt der französischen *Compagnie des Indes,* gleichzeitig erfolgt die Festsetzung in Chandernagore.

1677 Der französische Admiral d'Estrée zerstreut eine niederländische Flotte vor dem Kap Verde und bemächtigt sich der inzwischen holländischen Faktorei Arguin an der mauretanischen Küste und der Niederlassungen Gorée und Rufisque an der Guinea-Küste.
Mehrere südbrasilianische Bistümer werden zur Kirchenprovinz Bahía zusammengefaßt, während die Bistümer in Nordbrasilien weiterhin dem Erzbistum Lissabon untergeordnet bleiben.

1680–1698 Die Portugiesen verlieren Sansibar, Mombasa, Pemba und Kilwa in Ostafrika an den Iman von Maskat (in dessen Besitz sie bis 1856 verbleiben).

1681 William Penn erhält einen königlichen Freibrief und gründet die Kolonie Pennsylvania.
Festsetzung der Russen am Baikalsee und im Amúrgebiet.

1682 Robert Cavelier de La Salle ergreift vom Mündungsdelta des Mississippi, dem späteren Französisch-Louisiana, Besitz.
William Penn erwirbt in Pennsylvania Indianerland.
Gründung des brandenburgischen Afrika-Kompanie, die im folgenden Jahr Fort Groß-Friedrichsburg an der Guinea-Küste errichtet und ein Fort auf der Insel Arguin instandsetzt.

1683 Die EIC etabliert sich in Benkoule und Hugli.
Eine Gruppe französischer Hugenotten siedelt in Carolina.

1685 Verbot der Auswanderung von französischen Protestanten in die Besitzungen Frankreichs in Übersee.

1688 Auswanderung von Hugenotten aus Frankreich in die holländische Kapkolonie.

1689	Die in China seit 1644 herrschende Mandschu-Dynastie setzt dem russischen Vordringen im Bereich des Amúr-Beckens nach Süden ein Ende.
1690	Die EIC gründet Fort William am Unterlauf des Ganges, das spätere Calcutta.
1690–1692	Der deutsche Arzt Engelbert Kaempfer verbringt als Angestellter der VOC zwei Jahre auf Deshima und erhält Gelegenheit, an zwei Gesandtschaftsreisen nach Tokio teilzunehmen. Seine Berichte bleiben bis in das 19. Jahrhundert die wichtigste westliche Quelle über Japan.
1696	Entdeckung und Eroberung Kamtschatkas durch den Kosakenoberst Atlassow.
1697	Gründung französischer Niederlassungen am Senegal.
1698–1700	Das französische Schiff Amphitrite bringt erfolgreich eine Chinareise hinter sich.
1699	Le Moyne d'Iberville gründet Biloxi, die erste Ansiedlung in Französisch-Lousiana. Besetzung der Inselgruppe der Marianen durch die Spanier.
1702	China öffnet Kanton für einen beschränkten Handel mit den Europäern; neben der VOC und der EIC unterhalten dort im 18. Jahrhundert auch Dänemark, Schweden, Spanien, Preußen, Österreich und ab 1784 auch die Vereinigten Staaten Faktoreien.
1702	Erbfolgekriege im Reich von Mataram geben der VOC Gelegenheit, ihr Territorium auf Java weiter auszudehnen.
1703	Bemühungen der französischen Krone zur Eindämmung des kirchlichen Grundbesitzes auf den französischen Antillen. Doch auch spätere, einschränkende Bestimmungen (1721, 1743) bleiben ohne Wirkung.
1707	Estéban de Urizar errichtet die Forts Balbuena und Miraflore am Río Juramento.
1709	Massenauswanderung von Pfälzern nach Amerika.
1710	Die Briten nehmen Port-Royal in Akadien ein.
1713	Im Frieden von Utrecht verliert Frankreich seine Ansprüche auf das Gebiet an der Hudson-Bai, auf Neufundland und Akadien, diese Gebiete fallen an England. Außerdem tritt Frankreich Besitzungen in Südamerika, vor allem im Amazonas-Gebiet, an Portugal ab.
1714	Bienville gründet die Missions- und Pelzhandelsstation Fort Toulouse am Fluß Alabama.
1715	Als Dank für die Heilung durch den englischen Arzt Hamilton verleiht der Großmogul Feróksir der EIC 38 Dörfer in der Umgebung von Calcutta. Mauritius wird französisch, es erhält den Namen Isle-de-France.

Zeittafel

1717	Gründung der *Compagnie française d'Occident,* die eine intensive Besiedlung von Lousiana vorantreibt.
	König Friedrich Wilhelm I. von Preußen verkauft die afrikanischen Besitzungen an die zweite, 1674 gegründete WIC.
1718	Gründung von Nouvelle Orléans (heute: New Orleans).
	Die Spanier gründen San Antonio in Texas als Vorposten gegen französische Übergriffe in dieser Region.
1720	Gründung von Fort Charles unterhalb des Zusammenflusses von Mississippi und Missouri durch die Franzosen.
1720–1722	Eine Expedition unter Aguyo stabilisiert die spanische Herrschaft in Texas.
1721	Die französische Ostindienkompanie gründet eine Niederlassung in Mahé an der Malabarküste und erhält vom Radscha von Bargaret das Pfeffermonopol in dessen Herrschaftsgebiet verliehen. Die Stadt geht nach kriegerischen Auseinandersetzungen mit dem Radscha 1726 in den Besitz der Kompanie über.
	Beginn der Besiedlung der Insel Mauritius (Isle-de-France) durch Kolonisten von der Isle-Bourbon (heute: La Réunion).
1724	Der chinesische Kaiser Yong Tcheng befiehlt die Vertreibung der christlichen Missionare, dieses Edikt wird unter seinem Nachfolger Kien-Long 1736 erneuert.
	Bruno Mauricio de Zavála gründet Fort Montevideo als Vorposten gegen den Schmuggel aus Argentinien. 1726 entsteht dort die gleichnamige Stadt durch Ansiedlung von Kolonisten von den Kanarischen Inseln.
1732	Gründung von Georgia durch eine Gruppe um James Oglethorpe, die auch nicht-englische Siedler anwirbt, darunter eine Gruppe Salzburger Exulanten.
Seit 1732	Negersklavenmission durch die Herrnhuter in Westindien.
1735	La Bourdonnais gründet Port-Louis (Isle-de-France, heute: Mauritius).
1739	Die Franzosen erwerben Karikal in Carnatic, dem Südteil des Reiches des Nizam von Haiderabad.
1741	Operationen von La Bourdonnais an der Malabar-Küste
Nach 1741	Errichtung zahlreicher russischer Pelzhandelsstationen in Alaska.
1742–1754	Der französische Generalgouverneur der *Compagnie des Indes Orientales* Joseph François Dupleix dehnt den französischen Einfluß in Indien auf die südindischen Fürstentümer aus.
1743	Vertrag der VOC mit dem Herrscher über Mataram auf Java, in dem nach einem Aufstand gegen den Susuhunan dieser der VOC u.a. alle Küstenregionen abtrat, wodurch Mataram zu einem Binnenstaat und das Handelsmonopol der VOC gesichert wurde.
1745	Russische Entdeckung der Aleuten.

1746	La Bourdonnais nimmt Madras ein. Obwohl diese Stadt an die EIC zurückgegeben wird, spitzen sich die Gegensätze zwischen Engländern und Franzosen im Zuge einer aggressiven Expansionspolitik zu.
1747	Die Holländer lassen sich auf Borneo nieder.
1749	Dupleix erhält von Hindu-Fürsten territoriale Abtretungen. Die Franzosen gründen Port-au-Prince auf Saint-Domingue und Fort Rouillé (heute: Toronto).
1749–1755	Vertreibung der französischstämmigen Bewohner aus Akadien. Der dritte Javanische Erbfolgekrieg endet mit der Aufteilung Matarams in die Staaten Jokjakarta und Surakarta mit der VOC als oberstem Lehnsherrn.
1750	Im Vertrag von Madrid legen Portugal und Spanien die endgültigen Grenzen Brasiliens fest.
1751	Die Vertreibung der Jesuiten paralysiert die Kolonisierung Argentiniens, da die an ihre Stelle tretenden Franziskaner erfolglos bleiben.
1751–1754	Schwere englisch-französische Konflikte in Indien unter Beteiligung einheimischer Fürsten.
1753	Die russische Zarin Elisabeth ersetzt die Todesstrafe durch Deportation nach Sibirien.
1756	Frankreich nimmt die Seychellen in Besitz.
1757	Clive nimmt das vom Nawab vom Bengalen eroberte Calcutta wieder ein und erringt mit einem Sieg bei Plassey die englische Dominanz in Bengalen, die den ersten Schritt zur englischen Vorherrschaft in Indien darstellt.
1758	Die Engländer nehmen in Nordamerika das französische Fort Louisbourg auf der Isle Royale (heute: Cape Breton Island) ein.
1759	Eroberung von Masulipatnam und von Québec durch die Engländer, Guadeloupe wird vorübergehend englisch. Vertreibung der Jesuiten aus Portugal und seinen Überseeprovinzen.
1759–1762	Planmäßige Besiedlung Akadiens durch englische Kolonisten.
1760	Die Engländer erobern Montréal und gründen Kolonien im Gebiet von Nicaragua und Yucatán.
1761	Einnahme von Pondichéry und Mahé durch die Engländer. Konflikte zwischen Spanien und Portugal in Südamerika, Spanien besetzt vorübergehend beide Ufer des Rio Grande do Sul.
1762	Die Engländer nehmen La Habana, Martinique und Manila ein.
1763	Im Frieden von Paris verzichtet Frankreich zugunsten Englands auf Neu-Schottland (frz.: *Acadie*), seine kanadischen Besitzungen, auf das Senegal-Ufer und kleinere Antillen-Inseln. England gibt Frankreich dafür Guadeloupe, Martinique und die Eroberungen in Indien zurück.

Zeittafel

	Gegenüber Spanien verzichtet England auf seine Eroberungen auf Kuba, Spanien verliert dafür Florida.
1765	Scheitern eines großangelegten Besiedlungsprojektes in Französisch-Guayana. Die EIC erhält Steuerrechte in Bengalen durch den Großmogul.
1768	Vertreibung der Jesuiten aus Paraguay und aus Kalifornien; der spanische Staat übernimmt die Verwaltung der bisherigen Ordensprovinz und beginnt über die Franziskaner eine Missionsoffensive in Kalifornien (1768–1781).
1770	James Cook erkundet die Küste Australiens. Er erklärt alles Land östlich des 135. Längengrades zu britischem Besitz.
1771	Hearne nimmt die arktischen Küsten Amerikas für die Hudson's Bay Company in Besitz.
1772	Unter dem Gouverneur von Bengalen Warren Hastings mischen sich die Engländer zunehmend in lokale Konflikte ein und erzielen beträchtliche territoriale Zugewinne (u.a. 1776 Benares und 1780 Ahmedabad). Kriegsausbruch zwischen Spanien und Portugal wegen unvereinbarer Ansprüche am Río Sacramento.
1773	Mit der *Regulation Act* werden die weitreichenden Befugnisse der EIC zugunsten einer wirksameren Kontrolle der königlichen Regierung eingeschränkt.
1775–1783	Amerikanischer Unabhängigkeitskrieg.
1777	Gründung der *Compagnie de Guyane*, die Cayenne kolonisieren soll und dafür ausgedehnte Handelsprivilegien erhält.
1778	Der Sultan von Bantam tritt seine Rechte auf die Südwestküste Borneos an die VOC ab.
1779	Die Inseln Saint-Vincent und Grenada werden französisch. Die Briten besetzen Pondichéry, Mahé und Chandernagore.
1782	Landung britischer Truppen auf Ceylon, das bisher von den Holländern kontrolliert wurde.
1784	Gründung der französischen *Compagnie du Sénégal*, die ab 1786 das Monopol für den Sklavenhandel mit Cayenne erhält.
1787	Gründung der Kolonie Sierra Leone zur Ansiedlung ehemaliger englischer Sklaven.
1788	Die Engländer gründen in New South Wales im Bereich der Botany Bay eine Sträflingskolonie, die kurz darauf nach Port Jackson (das spätere Sydney) verlegt wird.

Bibliographie der wichtigsten Nachschlagewerke

(jeweils nach Erscheinungsdatum geordnet)

Biographische Nachschlagewerke

Ferdinand Hoefer: Nouvelle Biographie générale depuis les temps les plus reculés jusqu'à nos jours. 46 vol. Paris 1852–1866 (A–Z)

A. J. van der Aa: Biographisch Woordenboek der Nederlanden. Voortgeret onder Redactie van K. J. R. van Hardewijk en C. D. J. Schotel. 7 deelen. Haarlem 1852. Ndr. Amsterdam 1969

Allgemeine Deutsche Biographie. 56 Bde. Leipzig 1875–1912. Ndr. Berlin 1967–1971

The Dictionary of National Biography founded in 1882 by George Smith. Edited by Sir Leslie Stephen and Sir Sidney Lee. From the Earliest Times to 1900. 22 vols. London 1885–1901. Ndr. 1973

Nieuw Nederlandsch Biografisch Woordenboek. Onder Redactie van P. C. Molhuysen, P. J. Blok, met medewerking van tal van geleerden. 10 deelen & 1 register. Leiden 1911–1937. Ndr. Amsterdam 1974

Dictionary of American Biography. Ed. by Allen Johnson and (ab vol. 4:) Dumas Malone. Vols. 1–20a. New York 1928–1937

Dictionnaire de biographie française sous la direction de J. Balteau (u. a.), (ab t.4:) de M. Prévost et Roman d'Amat avec le concours de nombreux collaborateurs. T. 1–15. Paris 1933–1982 (bisher Aage-Gilbert)

Ernesto Soares e Henrique de Campos Ferreira Lima: Dicionário de iconografia portuguesa. Retratos de portugueses e de estrangeiros em relações com Portugal. T. 1–3. Lisboa 1947–1950. Supl. 1–2. Lisboa 1954–1960

Neue Deutsche Biographie. Hg. v. d. Historischen Kommission bei d. Bayerischen Akademie der Wissenschaften. Bd. 1–14. Berlin 1953–1985 (bisher Aachen-Locher-Freuler)

Dizionario Biografico degli Italiani. Direttore: Alberto Maria Ghisalberti. Vol. 1–30. Roma 1960–1984 (bisher Aaron-Crispolto)

Koninklijke Academiën van België. Nationaal Biografisch Woordenboek. Deel 1–10. Brussel 1964–1983

A. M. Garibay K., u. a. (ed.): Diccionario Porrúa de Historia, Biografía y Geografía de México. 2 vol. México ¹1964, ⁴1976

Dictionnaire biographique du Canada. Vol. 1: De l'an 1000 à 1700. Toronto 1966. Ndr. Toronto 1967. Englische Ausgabe: Dictionary of Canadian Biography. Vol. I: 1000 to 1700. Toronto 1966. Ndr. Toronto 1967

José Antonio del Busto Duthurburu: Diccionario Histórico Biográfico de los Conquistadores del Perú. 10 vol. Lima 1973

Allgemeine historische Nachschlagewerke

A.de Alcedo y Herrera: Diccionario geográfico-histórico de las Indias occidentales o América. 5 vol. Madrid ^{1}1786–1789, ^{2}1966

Johann Hinrich Röding: Allgemeines Wörterbuch der Marine in allen europaeischen Seesprachen nebst vollstaendigen Erklaerungen. 4 Bde. Hamburg-Halle 1793–1798. Ndr. Amsterdam 1969

Fr. Joaquim de Santa Rosa de Viterbo: Elucidário das Palavras. Termos e Frases que em Portugal antigamente se usaram e que hoje regularmente se ignoram: Obra indispensável para entender sem erro os documentos mais raros e preciosos que entre nós se conservam. Edição crítica por Mário Fiúza. 2 vol. Lisboa 1798–1799. ^{2}1865. Ndr. Lisboa-Porto 1966

Augustin Jal: Glossaire nautique. Répertoire polyglotte de termes de marine anciens et modernes. Paris 1848. Neuausgabe: Nouveau glossaire nautique d'Augustin Jal. Révision de l'édition publiée en 1848. Paris-La Haye 1970–1984 (bisher A–E)

F. W. Hodge (ed.): Handbook of American Indians north of México. 2 vols. o.O. 1907–1910

Enzyklopädie des Islam. Hrsg. von M.Th. Houtsma und T.W. Arnold und R. Basset u.a. 4 Bde. und 1 Ergänzungsband. Leiden 1913–1938. Englische Neuausgabe: The Encyclopaedia of Islam. New Edition. Ed. by H.A.R. Gibb and J.H. Kramers and E. Lévi-Provençal u.a. 4 vols. and 8 fasc. and 4 suppl. fasc. Leiden 1960–1984 (bisher Aaron – Al-Madjarra). Französische Neuausgabe: Encyclopédie de l'Islam. Nouvelle édition. Ed. par H.A.R. Gibb et J.H. Kramers et E. Lévi-Provençal u.a. 4 vol. et 8 fasc. et 4 fasc. suppl. Leiden 1975–1984 (bisher Aaron-Madjd Al Mulk)

Dictionary of American history. Ed. in chief: James Truslow Adams. 5 vols, New York ^{1}1940, ^{2}1968

Julian H. Steward (ed.): Handbook of South American Indians. 6 vols. Washington 1946–1950. Ndr. Washington 1959 und 1963 (7 vols.)

Georg Friederici: Amerikanisches Wörterbuch und Hilfswörterbuch für den Amerikanisten. Deutsch-Spanisch-Englisch. Tübingen ^{1}1947, Hamburg ^{2}1960

J.R. Swanton: Indian tribes of North America. Washington 1952

G.P. Murdock: Africa, its Peoples and their Culture History. New York 1959

Joel Serrão (ed.): Dicionário de História de Portugal. 6 vol. Lisboa 1963. Ndr. Porto 1979

Robert Wauchope (ed.): Handbook of Middle American Indians. 16 vols. Austin 1964–76

Diccionario de historia de España. Dirigido por Germán Bleiberg. 2. ed., corr. y aum. T. 1–3. Madrid 1968–1969

Dictionary of British history. Ed. by S. H. Steinberg and I. H. Evans. London ²1970

Dietmar Henze: Enzyklopädie der Entdecker und Erforscher der Erde. Graz 1978–1983 (bisher A–J) [grundlegend]

William C. Sturtevant (ed.): Handbook of North American Indians, 20 vols. Washington 1978–1984 (bisher Vol. 5, 6, 8–10, 15)

Kartographische Nachschlagewerke

F. W. Stapel: Geschiedkundige Atlas van Nederland. s' Gravenhage 1928

Cartografía de Ultramar. Servicio geográfico e historico del Ejercito. Estado Major Central. 3t. en 6 vol. Madrid 1949–1955

Joachim G. Leithäuser: Mappae Mundi. Die geistige Eroberung der Welt. Bern 1958

A. Cortesão e A. C. Teixeira da Mota (eds.): Portugaliae Monumenta Cartographica. 6 vol. Coimbra 1960–1963

A. C. Teixeira da Mota: A Cartografia antiga da Africa Central e a Travessia entre Angola e Moçambique, 1500–1860. Lourenço Marques 1964

Jaime Cortesão: Historia do Brasil nos velhos mapas. Rio de Janeiro 1966

Martin Gilbert: British History Atlas. London 1968

Ders.: American History Atlas. New York 1970

Jochen Martin (Hg.): Atlas zur Kirchengeschichte. Freiburg 1970

Martin Gilbert: Imperial Russian History Atlas. London 1978

J. E. Schwartzberg: A Historical Atlas of South Asia. Chicago 1978

Cathryn L. and John V. Lombardi (eds.): Latin American History. A Teaching Atlas. Madison 1983

J. F. Ade Ajayi and Michael Crowder (eds.:) Historical Atlas of Africa. London 1985

Personenregister

Aa, A. J. van der 562
Abd al-Malik I., Sultan von Marokko (1575/76–1578/79) 550
Abreu, João Gomes de 547
Abreu, João Capistrano de 287
Acaron, Sieur 372, 373
Ackerman, Robert K. 383, 394
Acosta, José de 445, 446, 510–515
Acosta Saigues, Miguel 291
Adair, E. H. 360
Adams, James Truslow 563
Adrada, Rodrigo 499
Aerssen, C. 66
Afonso V., König von Portugal (1438–1481) 123, 124
Afonso (auch: Nzinga Mbemba), Manikongo 441, 453–456
Aguirre, Lope de 31
Agung, Sultan von Mataram (1613–1645) 172
Aguyo 559
Ahlstrom, Sydney 236
Aion, Alberto 156
Aiton, Arthur S. 151
Aitzema, Lieuwe van 66
Ajayi, J. F. Ade 564
Akínfow, Fjódor Petrówitsch 419
Albermarle, George Duke of (auch: General Monk) 382, 383
Alberro, Solange 315
Albuquerque, Afonso de 128–130, 547
Alcántara, Francisco Martín de 309
Alcedo y Herrera, A. de 563
Alden, Dauril 461
Aleksandrov, V. 422
Aleixo (Pater) 455
Alexander VI., Papst (1492–1503) 440, 489
Alexeí Micháilowitsch, Zar von Rußland (1645–1676) 423, 425, 426, 555
d'Allaire, M. 339–341, 344

Almagro, Diego de 45, 315, 472
Almeida, Francisco de 128, 547
Almeida, João Fereira de 539
Almeida Prado, J. F. 284
Altamira y Crevea, Rafael 337, 491
Alvarado, Pedro de 498, 548
Álvarez de Luna, Juan 149
Amangkurat I., Sultan von Mataram (1646–1677) 172
Amangkurat II., Sultan von Mataram (1677–1703) 172
d'Amat, Roman 562
d'Amblimonts 370
Ambrosius (Kirchenvater) 512
Amezaga Aresti, Vicente 291
Ammerman, David L. 391, 394
Anes, Rodrigo 454
Anesaki, M. 476
Angeles, Fray Francisco de los 42
Anghiera, Peter Martyr von 1, 22, 23
Anglería, Pedro Martír de s. Anghiera, Peter Martyr von
Angulo, Pedro de 499
Anne, Königin von England (1702–1714) 434, 435
Anom, Kronprinz (Adipatty) von Mataram 180, 181
Hl. Anselm 39, 42
Antheunis, Lucas 250, 251
Aora, Fray Juan de s. Auwera, Johann van der
Aouandoie 530
Aranovich, Carmen 302
Arber, Edward 235
Argall 225
Argy Radscha 214
Aristoteles 490
Armas Medina, Fernando 39
Arnold, T. W. 563
Ary Radscha 210, 211
Ashley, Anthony Lord 382

Aubert, Jean 204
Aungier, Gerald 251
Aurangseb, Großmogul 208, 252, 256, 556
Autshumao (gen. Harry) 161
Auwera, Johann van der 501, 503, 504
Avedano y Velasco, Miguel de 146
Ávila, Pedro Arias s. Dávila, Pedro Arias
Ayolas, Juan de 549
Azambuja, Diogo de 124, 126, 127

Babur, Großmogul 548
Bachicao 47
Bachman, Van Cleaf 406
Bacigalupo, Marvyn H. 297
Baguet, H. 355
Bakewell, Peter J. 139
Balboa, Núñez de 133, 134, 546
Baldaeus, Philippus 537–539
Balteau, J. 562
Baltimore, Lord 98, 554
Bangeman, P. J. 178
Banks, Sir Joseph 398–400
Barassin, J. 62
Barbeau 207
Barbosa Ramírez, A. René 297
Baretto de Resende, Pedro 117
Bargalló, Modesto 139
Barnes, Viola F. 394
Baron, François 208
Barré, Nicolas 183, 185
Barrera, Gaspar de 149
Barreto, Núñes 549
Barrett, Elinore M. 297
Barrière 367
Barros, João de 18, 82
Hl. Bartholomäus 15
Barzana, Alonso de 511
Basset, R. 563
Bassett, D. K. 252
Bastidas, Rodrigo 27–30
Bataillon, Marcel 45
Baudot, Georges 40
Baumgartner, J. 501
Bayle, Constantino 31, 139, 329
Bayly, Walter 87–89
Baylye, Roger 87–89
Beare 381

Beatty, Edward 99
Becker, Felix 40, 517
Beckmann, J. 452
Beer, George Louis 231
Behague 367, 369
Bekker-Donner, E. 517
Belalcázar (auch: Benalcázar), Sebastián de 31, 33, 472
Beltrán 156, 300
Benalcázar, Sebastián de s. Belalcázar, Sebastián de
Benedikt XIV., Papst (1740–1758) 484, 487
Berbain, Suzanne 196
Berkeley, John Lord 382, 383, 556
Berkeley, William 382, 383
Bernard-Maitre, Henri 17
Bernardus, F. 474
Bernheim, G. D. 428
Berrío y Oruña, Antonio de 31
Béthencourt, Jean de 545
Bhattacharya, Sukumar 252
Bibliander 439
Bienville 558
Biggar, H. P. 190
Billington, R. A. 142
Biraben, Jean-Noël 283, 342
Bishop, Morris 190
Bitterli, Urs 123, 196, 241
Bittinger, L. F. 428
Blair, James 394, 397
Blake, William 124
Blancken, Philipp 266, 267
Bleiberg, Germán 564
Blok, P. J. 562
Blomaert, Thomas 109
Blommaert, Samuel 258, 259, 377
Blussé, Leonard 265
Bodart de Champigny, Jean 346
Böhm, Anton 522
Boetzelaer van Asperen en Dubbeldam, C. W. Th. Baron van 537
Bolton, Herbert E. 235, 376
Boltzius 105
Bombarde 368
Bond, Beverley W. 394
Borah, Woodrow 299
Borchert de Moreno, Christiana 318

Borges Morán, Pedro 39, 447, 452, 507
Borough, Stephen 84
Both, Pieter 156, 158
Botha, Colin G. 416
Bottineau, Yves 17
Boucher, Maurice 416
Boudens, R. 537
Bougainville, Louis-Antoine de 366
Bourg, du 197, 200–202
Bowden, H. W. 540
Boyd-Bowman, Peter 268, 283, 289, 291, 321
Boxer, Charles R. 40, 128, 283, 287, 446, 452, 461, 476, 481
Bradford, William 92–95
Brailsford, Mabel R. 99
Brasio, A. 456
Bravo de Saravia, Melchor 146–150
Bray, Thomas 104
Brébeuf, Jean de 525–530, 554
Breen, Timothy H. 377, 379
Brewster, William 92
Bridenbaugh, Carl 92, 228, 259, 377, 379, 383, 387
Bridenbaugh, Roberta 383, 387
Bromley, J. S. 253
Bronner, Edwin B. 99, 241
Bruce, Philip A. 394
Brue, André 194
Bucinskij, P. N. 425
Buisson, Inge (s. auch: Wolf, Inge) 40
Bulhão Pato, Raymundo António de 16, 130
Buranelli, Vincent 99
Burke, Edmund 398
Burland, Cottie A. 139
Burns, Edward Bradford 465, 471
Bussy 209
Bustillo, F. Al. 474
Busto Duthurburu, José Antonio del 302, 563
Byllynge, Edward 98

Cabeliau 109
Cabot, John 85
Cabot, Lewis 85
Cabot, Santius 85
Cabot, Sebastian 82, 85
Cabral, Pedro Álvares (auch: Pedrálvares) 12, 13, 16, 546
Cáceres Ovando, Alonso de 324
Ca'da Mosto, Alvise da 545
Caerlof, Henri (auch: Caarlof, Carlof, Caerloffsen) 110, 194–197, 200–203
Cairnes, Sir Alexander 435, 438
Cale, G. 398
Calixt III., Papst (1455–58) 440, 545
Callières, Louis-Hector de 351, 354
Calvin, Johann 182, 184, 185, 439
Cameron, H. C. 398
Camões, Luís de 8, 17–21
Canto, Pedro Annes do 284
Cany Calasse 214
Cão, Diogo 124, 453, 546
Caraman, P. 517
Carmagnani, Marcello 297
Caroll, Peter N. 236, 376, 379
Caron, François 60–62, 64, 207
Carranza, María de 320–323
Carruba, Vicente 482
Carteret, Sir John 382, 383, 556
Cartier, Jacques 50, 56, 57, 82, 85, 187, 189, 548
Casgrain, H. R. 362, 531
Castellanos, Juan de 31
Castro, Lope de 150
Cataldini 552
Catalogne, Gédéon de 348, 349, 358
Cavelier de La Salle, Robert s. La Salle, Robert
Cerda, Luis de la s. Luis de la Cerda
Céspedes, Francisco 553
Céspedes, Luis de 509
Céspedes del Castillo, Guillermo 28
Chaia, Jean 370
Chamberlain, John 435
Champlain, Samuel de 48, 50, 57, 122, 187–193, 551
Champvallon, Harlay de 341, 342
Chandler, Alfred N. 394
Chanvalon, Thibault de 368–374
Chanvalon (jüngerer Bruder des Vorgenannten) 368, 372–375
Chappoulie, H. 523, 525
Charles I., König von England (1625–1649) 91, 234, 375

Charles II., König von England
(1660–1685) 98, 99, 241, 251, 383, 384,
391, 392, 556
Charlevoix, Pierre François-Xavier de 57
Chartier 184
Charuock, Job 252
Chaudhuri, Susil 253
Chaunu, Huguette 321
Chaunu, Pierre 7, 11, 122, 139, 321
Chavez, Alonso de 84
Chávez, E. A. 501
Chávez, Francisco de 308
Chavez, Hieronymo de 84
Chevalier, François 283, 299, 311, 314, 318, 319
Chevillon, André 216
Chiappelli, Fredi 23, 40
Chilton, Edward 394, 397
Chiton 261
Choiseul 276, 366–370, 372
Choiseul-Praslin 368
Chomedey de Maisonneuve 555
Choquet 370
Christine, Königin von Schweden (1632–1654) 261
Cieza de León, Pedro 44
Ciudad Rodrigo, Antonio de 507
Clarendon, Edward Earl of 382, 383
Clark, Charles E. 236
Clark, J. G. 217
Hl. Clemens 184
Clemens VI., Papst (1342–1352) 545
Clemens IX., Papst (1667–1669) 557
Clemens XI., Papst (1700–1721) 484, 487
Clément, Pierre 342
Cline, Howard F. 142
Clowse, Converse D. 383
Coatelicamat 140, 141
Cobley, John 398
Cobo, Bernabé 300, 302, 307, 309, 310
Cobos, Diego de los 156
Cobos, Francisco de los 156
Cock, Lasse 244
Codrington, Christopher 398
Coen, Jan Pietersz. 9, 71–80, 158–160, 401, 402, 552
Cointa, Jean 184

Colbert 48, 57, 60, 61, 195, 202, 215, 272, 279, 338, 341–344, 346, 347, 351, 367, 450, 556
Coleman, K. 105
Colenbrander, H. T. 73, 80, 160
Coligny, Gaspard de 47, 182, 183
Colleton, Sir John 382, 383
Collier, George A. 311
Colón, Bartolomeo 546
Colón, Cristóbal s. Kolumbus, Christoph
Colón, Diego 493, 494
Columbus, Christoph s. Kolumbus, Christoph
Comfort, William W. 99
Conchillos, Lope de 134, 295
Conde, del 300
Cook, James 398, 561
Cook, Sherburne F. 299
Coolhaas, W. Ph. 73, 402
Cooper, Christopher 87–89
Córdoba, Pedro de 493, 495, 496
Coronado, Francisco Vázquez de 142, 143
Corral, Pedro del 40
Cortés, Hernán 4, 35, 39, 138–141, 501, 548
Cortesão, A. 564
Cortesão, Jaime 564
Cosa, Juan de la 546
Costa, Duarte da 462–464
Costa, Soaira da 545
Cotolendi, Ignace 523
Courbe, de la 194
Courcelle 347
Cradock, Matthew 375
Craven, Wesley F. 220, 238, 383
Craven, William Lord 382, 383
Crol, Sebastian Jansz. 406
Cromwell, Oliver, Lord-Protector 98
Crouse, M. 53, 204
Crowder, Michael 564
Crozat, Antoine 215, 216
Cruz, João da 456–459
Crynsen, Abraham 556
Cuevas, M. 506
Cultru, P. 355
Cuming, Sir Alexander 104
Curtin, Philip D. 291
Curtis, A. 321

Cutter, Donald C. 142
Cuvelier, J. 454
Cyprian (Kirchenvater) 184

Daaku, K. Y. 246
Daciano, Jacobo 507
Daendels 180
Dalangez, Jean 526
Dale, van 170
Dalfinger, Ambros 31
Dam, Pieter van 405, 415, 419
Damarla Ventakatappa, Naik von Chandragiri 251
Damme, Ingrid van 160
Daniel (Pater) 529
Dantzig, Albert van 111, 196
Davies, Kenneth G. 122, 246
Dávila, Pedro Arias (auch: Pedrarias) 133–137, 471, 472, 474, 475, 548
Davis, D. W. 65
Davis, Harold E. 105
Davost 529
Day, Clive 173, 180
Day, Francis 251, 253
Dayre, Ananias 87–89
Debien, Gabriel 268, 283, 337, 345
Dechêne, Louise 353, 354, 534
Découagne, Jean-Baptiste 349
Deherain, Henri 416
Dekkers, Johann 501, 503, 504
De la Courbe s. Courbe, de la
De Lahaye s. Haye, de la
Delcourt, André 196
Deméntjew, Pósnik 424, 425
De Monts s. Monts, de
Demos, John 377
Dermigny, L. 62
Descartes, René 5
Deschamps, Hubert 193
Deslandes 209
Desportes, H. 355
Deventer, M. L. van 156, 159, 180
Diamond, S. 348
Dias, Bartolomeu 124, 546
Dias, Dinis 545
Díaz de Aux, Miguel s. Díez de Aux, Miguel
Díaz del Castillo, Bernal 298, 472

Díaz, Francisco 294
Díaz, Ruy 303, 305–307
Dicorato, Mireille 454, 456
Díez de Aux, Miguel 34–37
Diffie, Bailey W. 13, 128
Dignath, Stephan 517
Dijck, van 109
Dimmocke, Humfrey 87, 88, 90
Dionne, N.-E. 359
Dobrizhoffer 516
Domayquía, Fray Joan de 41
Domínguez, Francisco 324
Drake, Sir Francis 49, 80, 83, 85, 550
Du Bourg s. Bourg, du
Ducasse 196, 202
Duchhardt, Heinz 416
Dudley, Thomas 235–237, 375
Dumas, Silvio 342, 343
Dunn, Malcolm 123
Dunn, Mary M. 99
Dunn, Richard S. 383, 387
Duns Scotus 490
Dupleix, Joseph François 209, 559, 560
Duplessis de Sainte-Hélène, Marie Andrée 533
Du Pont 186
Durán Montero, María Antonia 302
Du Rossey s. Rossey, du
Dussel, E. 443, 452, 508
Dutertre, Jean Baptiste 53, 56, 203, 204, 207
Duviols, J. P. 183

Eanes, Gil 545
Earle, Carville V. 394
Eaton, Theophilus 375
Eccles, W. J. 58, 348
d'Elbée 193, 194, 196, 197, 200–203
Eldershaw, M. Barnard 398
Eliot, John 451, 539–543
Elisabeth I., Königin von England (1558–1603) 80, 86, 87, 90
Elisabeth, Zarin von Rußland (1741–1762) 560
Elliot, Emory 236
Emerson, Everett 237, 240
Encina, Francisco A. 147
Encinas, Diego de 295
Enciso 547

Engelbrecht, W. A. 65
Engl, Lieselotte und Theo 472, 490, 512
Enrique III., König von Kastilien 545
Ercilla, Alfonso de 147
Eru Packen 261
d'Esnambuc, Pierre Belain 53–56
d'Esquirel, Juan 550
Estéban de Dorantes 143–145
d'Estrée 557
Étienne (Mademoiselle) 343
Evans, I. H. 564

Fagg, Daniel W. 383
Fahl, Gundolf 122
Farish, H. D. 396
Fassbinder, M. 517
Fauques 367
Faust, A. B. 428
Federmann, Nicolaus 31, 33
Fennwick, John 98
Ferdinand von Aragón (1479–1516) 22, 23, 24, 27–30, 134, 291–296, 473, 489 (s. auch: Katholische Könige)
Fernandes, Antonio 454
Fernandes, Bartolomeu 286
Fernandes, Francisco 455
Fernandes, Pero 455, 456
Fernandes Leme, Balthazar 289
Fernández, Juan 475–481
Fernando, Simon 88
Feróksir, Großmogul 558
Ferrandis, Manuel 31
Filesi, T. 454
Fisch, Jörg 49, 123, 416
Fiúza, Mário 563
Flacourt, de 60, 555
Fleetwood, Henry 87–89
Floris, Pieter 250, 251
Folmer, Henry 216
Folson, J. K. 540
Fonseca, Juan Rodríguez de 29, 134, 290, 295
Forster, Stephen 377, 379
Fowler, Elaine W. 230, 379
Fox, George 97
Franquelin, J.-B.-L. 192
Franz I., König von Frankreich (1515–1547) 47, 53, 55, 181

Hl. Franziskus von Assisi 39, 42, 43
Hl. Franz Xaver 438, 441, 456, 458, 474, 476, 483, 549
Freitas, Jodão de 131
Friede, Juan 291, 314, 491, 498
Friederici, Georg 563
Friedrich, Herzog von Kurland (1587–1651) 553
Friedrich Wilhelm, der Große Kurfürst (1640–1688) 263, 264
Friedrich Wilhelm I., König in Preußen (1713–1740) 264, 559
Frobisher 80
Froidevaux, H. 213
Frontenac 350
Frost, Allan 283, 398
Fulwood, William 87
Furber, Holden 209
Furley, Benjamin 427
Furtado 269

Gaastra, F. S. 156, 159, 160, 265
Gaffarel, Paul 183
Gale 434
Galenson, David W. 391
Gama, Vasco da 12, 13, 18, 546
Gamage, William 87–89
Gante, Pedro de s. Moere, Peter van der
Gaona, Fray Juan de 41
Garaite, Andres 134
Garay, Juan de 550
Garcés, Julián 507
García, Albert 45
García Gallo, Alfonso 134, 295
García Icazbalceta, J. 501
García Pimentel, Luis 43
Gardien, Jean 185
Garibay K., Angel María 506, 507, 562
Gasa Lusere (Monomotapaherrscher) 551
Gasca, Pedro de la 44, 45, 47
Geer, Laurens de 195
Geer, Louis de 109
Geleynsen, Wollebrant 160, 161
Gensichen, H.-W. 452
Gent, Peter von s. Moere, Peter van der
George III., König von England (1760–1820) 104

George, William 87–89
Gerássim 424
Gerhard, Peter 139, 143
Germain 211, 213, 214
Gerrard, John 87–89
Getino, Guis G. Alonso 491
Ghisalberti, Alberto Maria 562
Gibb, H. A. R. 563
Gibson, Charles 311, 461, 491
Gibson, J. R. 348
Gilbert, Sir Humphrey 80, 86, 220
Gilbert, Martin 564
Giménez de Arcondo, Floraglia 147
Giménez Fernández, Manuel 134, 314, 498
Giraud, Marcel 216
Glasson, Ernst 360
Glazik, J. 452
Godunów, Iwán 419
Godunów, Stepán 421
Goens 61
Goehrke, Carsten 283
Goiran, Henri 416
Gómara, Francisco López de 4, 82
Gomes, Fernão 123
Gómez Pérez, Carmen 291
Gonçalves, Antão 123
Góngora, Mario 28, 134, 151
Gonnaud, Pierre 180
Gonsalva, Gil 82
Gonsalves Salvador, José 461
González Cicero, S. M. 508
Gonzálvez de Santa Cruz 552
Gookin, Daniel 381
Gorges, Sir Ferdinando 235
Goslinga, Cornelis Ch. 122, 123
Gosnold 222
Gosselin, Amédée 531
Gould, Clarence P. 216
Gourges, Dominique 183
Gouveia, Diogo (Sénior) de 16, 17
Graaf, H. J. de 173, 180
Graffenried, Christoph von 433–438
Graswinckel, Dirck 109
Gray, Ralph 391
Green Carr, Lois 391
Greene, Jack Phillip 95, 97, 377
Greenlee, William Brooks 13

Greenville 220
Gregor I. der Große, Papst (590–604) 512
Gregor XIII., Papst (1572–1585) 446
Gregor XV., Papst (1621–1623) 448, 553
Gregorius (Lizentiat) 474
Grewe, Wilhelm G. 123
Gricio, Gaspar de 30
Gröben, Otto Friedrich von der 263–267
Guarda, Gabriel 151
Guedes de Oliveira, H. 18
Guenet 342
Guénin, Eugène 183
Guennou, J. 523
Guggisberg, H. R. 540
Guillaume, Maître (Hofnarr) 188
Gundert, W. 476
Gustav II. Adolf, König von Schweden (1611–1632) 109, 110, 115
Guzmán, Eulalia 139

Haeberle, D. 428
Hagen, Viktor W. von 31
Hakluyt, Richard 1, 5, 220, 224
Hakluyt, Richard (Cousin des Vorgenannten) 80, 87–89
Hall, David D. 236
Hamann, Günther 124
Hamelin, Jean 351
Hamilton 558
Hammang, F. H. 362
Hammond, George P. 142
Hanke, Lewis 45, 151, 291, 297, 472, 489, 490, 491, 511
Hansen, N. L. 283
Harding, Thomas 87–89
Hardoy, Jorge F. 151, 302, 324
Hardy, J. D. 216
Harlow, Vincent 400
Harnie, Dionise 87, 88, 90
Harris, Gabriel 87–89
Harris, R. Cole 283, 339, 348, 360
Hartwell, Henry 394, 397
Harvey, D. C. 362
Hastings, Warren 561
Hauber, J. F. 106
Haubert, Maxime 461
Hawkins, William 551

Haye, De la 60–64, 207
Hayne, David M. 360, 526, 534
Hazard, E. 91
Hearne 561
Hecht, Irene W. 238
Heeres, J.E. 158
Heers, Jacques 23
Heinrich VIII., König von England (1509–1547) 19, 82, 85
Heinrich II., König von Frankreich (1547–1559) 49, 57, 181
Heinrich IV., König von Frankreich (1598–1610) 47, 49–51, 187, 188
Heinrich der Seefahrer, Infant von Portugal (1394–1460) 14, 123, 545
Hemming, J. 461
Henkel, Willi 452, 498
Hennessy, Alistair 142
Henripin, Jacques 283, 351
Henrique (Sohn des Manikongo Afonso) 435, 455
Henze, Dietmar 564
Herisson, Charles D. 416
l'Hermite, Jacques 156–158
Hernández, P. 515, 517
Hernández de Córdoba, Francisco 548
Herrera, Antonio de 31
Herrick, Cheesman A. 391
Herwerden, P.J. van 65
Heurnius, Justus 451
Heydte, Friedrich Frhr. von der 122
Hieronymus (Kirchenvater) 512
Hill, Christopher 92
Hinckman, Daniel 381
Hoboken, W.J. 111
Hocquart, Gilles 346
Hodge, F.W. 563
Hoefer, Ferdinand 562
Höner, Urs 461
Hohendorff, Johan Andries Baron van 178, 180
Hohermuth, Georg 31, 33
Homem 549
Hoode, Thomas 87–89
Horn, James 391
Horowitz, David 228
Horton, Donald J. 360
Houtsma, M.Th. 563

Howe, George 87
Hudson, Henry 404
Hulme, Peter 23
Hulst, Willem van 406
Humboldt, Alexander von 31
Huonder, Anton 517
Hutten, Philipp von 31
Huygen, Hendrick 258

d'Iberville, Pierre Le Moyne 215, 558
Idquahon 241
Idquoquequon 241
Ieanottowe 241
Illick, Joseph E. 99
Imhoff, Gustav Wilhelm Baron von 173, 181
Infant Dom Henrique s. Heinrich der Seefahrer
Isabella von Kastilien (1474–1504) 23, 24, 27–30, 123, 292–294, 296, 473 (s. auch: Katholische Könige)
Islénjew, Pjotr 419
Ismael (Sohn Abrahams; s.auch Sachregister unter: Mohammedaner) 19
Ismail, Schah von Persien (1501–1524) 545
Israel, J.I. 291, 314
Ivy 253
Iwan IV., Zar von Rußland (1533–1584) 549

Jacquemin, Jeannine 183
Jacques, Christovão 17
Jadin, L. 454, 456
Jal, Augustin 563
James I., König von England (1603–1625) 91, 220, 221, 375, 553
James II., König von England (1685–1688) 98
Jameson, J. Franklin 68, 380
Jamet, Albert 533
Jan Conny 264
Jann, A. 452
Janney, Samuel M. 99
Janson, Sir Theodore 435
Jansz., Hendrick 166
Jansz., Leendert 161
Japhet (Sohn Noahs) 42, 43
Jara, Alvaro 147

Jaspert, R. 31
Jedin, H. 452
Jennings, F. J. 540
Jernegan, Marcus W. 391
Jiménez de Espada, Marcos 44, 45
Jiménez de Quesada, Gonzalo s. Quesada, Gonzalo Jiménez de
Joachim von Fiore 38
Joachimss., Johan 260
João II., König von Portugal (1481–1495) 124–127
João III., König von Portugal (1521–1527) 16, 130, 284–286, 456–459
João IV., König von Portugal (1640–1656) 18
Johann Moritz von Nassau-Siegen 554
Johanna die Wahnsinnige, Königin von Kastilien (1504–1555; Tochter der Katholischen Könige) 134–137, 298–300, 307
Johannss., Peter 260, 261
John (Indianerhäuptling) 238
Johnson (Ratsherr in Virginia) 231, 233
Johnson, Allen 562
Johnson, Lady Arabella und ihr Ehemann 239
Johnson, Armandus 261, 263
Johnson, Edward 379–380
Johnson, Isaac 375
Jones, C. C. 105
Jong, G. F. de 406
Juan (Sohn der Katholischen Könige) 24
Juana, Königin von Kastilien und Aragón s. Johanna die Wahnsinnige
Jucherau de Saint-Ignace, Jeanne-Françoise 530–533
Julien, Charles-André 48, 122, 183, 190
Juricek, John T. 123

Kaempfer, Engelbert 558
Kaeppelin, Paul 62, 209
Kahle, Günter 291, 315
Kalvin s. Calvin, Johann
Kammen, Michael 406
Kant, Immanuel 5
Kapp, F. 259
Karl der Große 20

Karl V., deutscher Kaiser (1519–1555); als Karl I. König von Spanien seit 1516 19, 20, 38, 42–47, 84, 134–137, 139, 141, 150–156, 297, 307, 312, 490, 498–501, 548
Karl Emanuel I., Herzog von Savoyen (1580–1630) 225
Katholische Könige (Isabella von Kastilien und Ferdinand von Aragón, s. auch dort) 22–24, 27–30, 37, 38, 117, 290, 292–294, 296, 298, 440, 471, 473
Katzen, M. F. 416
Kaufmann, S. B. 457
Kavenagh, Keith W. 109, 244, 381
Keen, Benjamin 491, 498
Keith, Robert G. 319
Kellaway, William 540
Keller, A. S. 122
Kelly, Kelvin P. 394
Kelpius, Johann 427
Kennet, White 435, 438
Kesler, C. K. 68
Khan, S. A. 252
Kiefner, Theo 416
Kiemen, Mathias 461
Kien-Long, Kaiser von China (1736–1795) 559
Kim, Sung Bok 394
Kinzel, Günter Georg 11, 123
Kirwin, William 241
Kock, Markus 109
Knittle, Walter A. 283
Kōichirō, Takase 481, 482
Kok Sing A 556
Kolumbus, Christoph 8, 22–27, 35, 37, 117, 151, 290, 294, 493, 494, 546
Kolumbus, Diego s. Colón, Diego
Kolumbus, Bartholomeo s. Colón, Bartolomeo
Konetzke, Richard 142, 283, 291, 315, 471, 472, 489, 491, 511
Konfuzius 483, 485
Korth, Eugene H. 147
Kossmann, E. H. 253
Kowyockhickon 244
Kramers, J. H. 563
Kraus, H. 517
Kreider, Alan 379

Kring, Johann 431
Kubler, George 151, 324
Kühn, Eusebius 446
Kuepers, J. J. A. M. 451, 452
Kuhns, O. 428
Kutscher, Gerdt 139

Labaree, Benjamin W. 379
Labat, Jean-Baptiste 194, 203, 354, 355, 358
La Bourdonnais 559, 560
Labouret, H. 196
La Condamine 367
Laer, A. J. F. 413
Lafaye, Jacques 28
Laguarda Trias, Rolando A. 23
Lahaye, de s. Haye, De la
Lahontan, Louis Armand de Lom d'Acre 533–535
Lambert, Thomas 554
Lampsin 195
Lanctot, Gustave 342
Land, Aubrey C. 391
Landa, Diego de 507–510
Langdon, George D. 92, 377
Langegg, Ferdinand Adalbert Junker von 31
Langenberg, Inge 324
Langlois, Georges 351
Lantzeff, George V. 419
La Ravadière 367
Laroche, Carlo 370
Larrain, José M. 147
La Salle, Robert Cavelier de 215, 557
Las Casas, Bartolomé de 44, 155, 314, 443, 446, 475, 489–492, 497–500, 507, 511, 549
Latourelle, René 526, 530
Latourette, K. S. 452
Laud, William 234
Laudonnière, René de 183, 186, 187
Launay, Charles de 111
Lauvrière, Emile 58
Laval 339
Lavalette 450
Law, John 209, 216
Lawrence, A. W. 246, 264
Lawson, John 434

Le Challeux 186
Le Conte, René 216
Lee, I. Ting Pong 523
Lee, Sir Sidney 562
Leipoldt, C. Louis 162
Leite, Serafim 287
Leithäuser, Joachim G. 563
Lejeune 526
Le Maire, Isaac 64
Le Moine, Roger 342
Lenhart, J. M. 540
Leo X., Papst (1513–1521) 441, 453
León, A. Ybot 452
León-Portilla, Miguel 501, 506
Lescarbot, Marc 47–52, 187–190
Léry, Jean de 182, 184–186
Lesueur, F. 178
Lévi-Provençal, E. 563
Ley 85
Ligtenberg, Catharina 68
Lima, Henrique de Campos Ferreira 562
Limpias, Pedro de 33
Lincoln, Earl of 375
Linde, Erick Larsson von der 109, 258
Lindheström, Pehr 262
Liss, Peggy K. 39, 151, 314
Lissitzyn, O. J. 122
Lockhart, James 28, 45, 139, 151, 302, 317, 321
Lockridge, K. A. 379
Lok 82, 86
Lohmann Villena, Guillermo 45, 302
Lombard 367
Lombardi, Cathryn L. 564
Lombardi, John V. 151, 564
Lopes de Almeida, M. 127
Lopetegui, L. 452, 507
López Martínez, Hector 45
López de Velasco, Juan 313, 314, 316
López de Zúñiga, Diego 150
Lorraine, de 182, 185
Lourenzo, Fernão 126
Love, H. D. 255
Lovejoy, Paul E. 291
Loyola, Ignatius von 16
Lucassen, Andress 260, 261
Ludwig IX. der Heilige, König von Frankreich (1226–1270) 20, 51

Personenregister

Ludwig XII., König von Frankreich (1498–1515) 20
Ludwig XIII., König von Frankreich (1610–1643) 47–52, 190
Ludwig XIV., König von Frankreich (1643–1715) 48, 57, 62–64, 195, 215, 340, 341, 345–350, 413, 449, 536, 556
Ludwig XV., König von Frankreich (1715–1774) 372, 374, 536
Ludwig XVI., König von Frankreich (1774–1792) 368, 372
Luis de la Cerda 545
Lussagnet, Suzanne 187, 188
Lüthy, Herbert 6, 11
Luther, Martin 439
Ly, Abdoulaye 196

Macklyn, Robert 87–89
MacLeod, Murdo J. 299
Macquarie 398
Mączak, Antoni 534
Madariaga, Salvador de 139
Madden, Frederick 400
Madgwick, R. B. 398
Magalhães, Fernão de 548
Magalhães-Godinho, V. 269, 283
Magellan s. Magalhães, Fernão de
Mahamen 261
Mahn-Lot, Marianne 491
Maillard de Tournon, Charles Thomas 484, 487, 489
Maldonado, Alonso de 498–500
Malespina, Alejandro 320
Malleson, G. P. 209
Malocello, Lanzarotto 545
Malone, Dumas 562
Malouet 369
Malowist, Marian 6, 11
Mandeville, John 26
Manco Inka 301
Mangkubumi 178, 180
Manikongo s. Afonso
Mann, F. J. 122
Manuel I., König von Portugal (1495–1521) 12–16, 453–456, 546
Manzano Manzano, Juan 134
Mapp, Alf J. 224
Maravall, José Antonio 39

Marchant, Alexander 17, 461
Margiotti, F. 523
Margry, P. 53
Markham, William 244
Markus, Willy 370
Marler, Walter 87–89
Marriage 203
Marshall, P. J. 398
Marshall, Thomas M. 235, 376
Martin (Gefährte Brébeufs) 529
Martin, François 207–211, 213, 214
Martin, Jochen 452, 564
Martin, Norman F. 324
Martin, Thomas 87–89
Martineau, Alfred 212, 215
Martín de Don Benito, Alonso 303, 305, 306
Martins Mascarenhas de Lancastro, D. Fernando 288–289
Marx, Karl 6
Mary, Königin von England (1553–1558) 84
Mas Saïd 178, 180
Mateos, Francisco 511, 515
Mathis, Leonie 519
Matienzo, Tomás 474
Mattahorn 261
Maurits von Nassau 156
Mauro, Frédéric 7, 11, 12, 17, 283, 284
May, Louis-Philippe 355
Mazuelas, Rodrigo 306, 307
McAlister, Lyle N. 12
McCain, J. R. 105
McCall Theal, George 162, 416
McCormac, Eugene J. 391
McDermott, John F. 217
Meilink-Roelofsz, M. A. P. 122, 128
Mello da Camera, João de 17
Medina, Pedro de 84
Menard, R. Russell 391
Mendieta, Géronimo de 39–41, 443, 501
Mendoza, Antonio de 36, 143, 145, 151–156, 296
Menéndez de Avilés, Pedro 183, 221, 324
Menon d'Aulnay, Charles 57
Mercado 156, 300
Merkekowon 241
Métraux, Alfred 517

Metzler, J. 452, 454, 523
Meule, de 56–59
Mercator, Rumold 83
Mercator, Gerardus 83
Meyer, Jean 283
Michel, Franz Ludwig 433
Migne, J.P. 515
Milhou, Alain 23
Miller Surrey, N.M. 216
Mingant 185
Minuit, Peter (auch: Minnewitt) 120, 258–261, 377, 408, 412
Miranda, José 35, 311
Mitot Schemingh 261
Mitchell, Lewis 435–438
Moctezuma Xocoyotzin, Aztekenherrscher (1467–1520) 138–140
Moeller, B. 452
Moere, Peter van der (auch: Peter von Gent) 500–504, 506
Mörner, Magnus 311, 314, 321, 498, 515, 517
Molhuysen, P.C. 562
Mollat, Michel 62
Mols, Manfred 40
Molsberger, E.C. Godée 162
Mondevergue 63
Montejoxio, Francisco de 510
Montesinos (auch: Montesino), Antón 291, 313, 489–497, 547
Montgomery, Sir Robert 104
Monts, de 50, 57, 188
Montúfar, Alonso de 501
Moore, John P. 302
Morales Padrón, Francisco 134, 314
Moreau de Saint-Méry 346, 537
Moreno Toscano, Alejandra 151
Morgan, Edmund S. 236, 238, 376
Morgan, Henry 557
Morison, Samuel Eliot 92, 236, 376
Moritz von Nassau s. Maurits von Nassau
Moritz, Eduard 416
Morris, Richard B. 391
Morse, Richard M. 302
Morus, Thomas 2, 548
Moses 43, 466, 467
Moskwítin, Iwán 555

Motolinía, Fray Toribio Benavente, genannt 39, 41–43
Motte, Pierre Lambert de la 522
Moyse 381
Mozolay, Cristóbal de 134, 135, 137
Mulders, A. 452
Munro, William Bennett 283, 348, 350, 361
Murdock, G.P. 563
Myers, Albert Cook 263
Myler, Sarah 240

Nahoosey 241
Nannacussey 241
Nash, Gary B. 99
Nebel, Richard K. 501, 508
Neuil, Edmund 87–89
Newport 221, 222, 224
Nicaragua 548
Nichols, John 87–90
Nicoya 548
Nino, Andrés 548
Nizza, Marcos de 141–145
Noah 43
Nobili, Roberto de 442, 483, 551
Noble, Richard 244
Nóbrega, Manuel de 286, 287, 459
Noh, Tilmanus 431
Norderling, Johan 111
Novais, Paulo Dias de 550
Núñez de Vela, Blasco 44–46
Nunn, Charles F.
Nzinga Mbemba s. Afonso
Nzinga Nkuwu 546

O'Brien, Eris 398
Oglethorpe, James 104, 559
Okonikon 241
Oldenbarneveldt, Johan van 66, 67, 405
l'Olive, de 203, 204, 206, 207
Oliveira Marques, A.H. de 288
Oñate, Pedro de 551
Fray Onorato 143
Ordaz, Diego de 33
Oré, Luis de 552
Orecton 241
Ortal, Jerónimo de 33
d'Orville 188

Orvilliers 367
Ossenville 204
Otruba, G. 517
Ots Capdequi, José Maria 134, 283
Otte, Enrique 28, 139, 323
Ovando, Juan de 314
Oviedo, Gonzalo Fernández de 472, 474, 475
Oviedo y Valdés, Gonzalo 31
Owens, D. J. 517
Oxenstierna, Axel 258

Pacab, Francisco 510
Pacab, Juan 510
Pacheco, Joaquín F. 137, 145
Page, Evelyn 259
Paku Buwono II., Susuhunan von Mataram 173–178, 180
Palentinus 474
Pallu, François 522
Papenfuse, Edward C. 391
Parkman, Francis 183, 188
Parks, George B. 81
Parra, P. A. van de 178
Pascal, Blaise 484
Paso y Troncoso, Francisco del 37
Pastorius, Franz Daniel 427–431
Paucke, Florian 468, 516
Pauger, Adrien de 216
Paul III., Papst (1534–1549) 497
Paulus 237
Peare, Catherine O. 99
Pearson, N. M. 123
Peckham, Howard 461, 491
Pedro (Vetter des Manikongo Afonso) 454
Penn, William 97–103, 108, 120, 241–244, 427, 429, 557
Penn, William (Vater des Vorgenannten) 99, 241, 555
Perestrello, Bartolomeu 545
Pérez de Tudela Bueso, Juan 28, 47
Pérez Vidal, J. 314
Perry, Micajah 435, 438
Peter Martyr von Anghiera s. Anghiera, Peter Martyr von
Peter von Gent s. Moere, Peter van der
Petitjean-Roget, J. 355

Petronius 535
Pferdekamp, Wilhelm 291
Phelan, John L. 39, 443
Philipp II., König von Spanien (1556–1598) 83, 146–150, 318, 446, 448, 508–510
Philipp III., König von Spanien (1598–1621) 225
Philipp IV., König von Spanien (1621–1665) 522
Philippi 431
Philipps, Arthur 398
Philips, Sir John 435, 438
Picado, Antonio 305, 306, 309
Picard, Roger 534
Piedrahita, Lucas Fernández de 31
Piewjicom 244
Pierce, Frank 18
Pierre (Gefährte Brébeufs) 529
Pietschmann, Horst 149, 291, 297, 315, 453
Pietschmann, Richard 511
Pigeaud, Th. G. Th. 173, 180
Pike, Ruth 321
Pina, Ruy de 124
Pinedo 317
Pinto, Fernão Mendes 549
Pires, Ambrôsio 462
Pires, António 462–465
Pius XI., Papst (1922–1939) 526
Pizarro, Francisco 44, 45, 134, 142, 301–303, 305–310, 315, 548, 549
Pizarro, Gonzalo 43–47, 315, 490
Plat, James 88
Platon 40
Pleschtschew, Iwán 421
Pocahontas 228
Pojárkow, Wassíli 555
Polo, Marco 26
Pomfret, John E. 241
Pomme 369
Ponce de León, Luis 134, 135, 137, 547
Pond, John 237–240
Pond, Joseph 238, 240
Pond, William 240
Pontchartrain, Jérôme Maurepas Comte de 215
Pontchartrain, Louis Phélypeaux de 354, 358

Popham, Sir John 397
Porto, Costa 288
Pory, John 224–228
Poutrincourt, Jean de 48, 50, 57, 193, 551
Powell, Philip W. 139, 142
Powell, Sumner C. 379
Powhatan 228, 229
Prado, Paulo 132
Pratt, Roger 87–89
Pratt, James de 438
Préfontaine 369–372
Prem, Hans J. 311, 318
Prentice, Thomas 381
Presa, Domingo de la 307
Prescott, William H. 139
Prévost, M. 562
Priestley, M. 246
Proot, Nicolaas 161
Protopópow, Grigóri 423
Prouville de Tracy, Alexandre 347
Purry, Jean 428

Quesada, Gonzalo Jiménez de 31–33
Quesada, Fernando Pérez de 31
Quijada, Diego 506, 508
Quinn, D. B. 81, 87, 122
Quiroga, Vasco de 445, 500, 507, 548

Rabie, J. B. 416
Rach, Johannes 418
Raffles 180
Raleigh, Sir Walter 2, 31, 80, 86–91, 220, 550
Ram Radscha von Gingy und Pondichéry 209, 210, 214
Ramírez de Fuenleal, Sebastián 152
Ramón, Armando de 147
Ramos, Emanuel Paulo 18, 21
Ramos Pérez, Demetrio 28, 45
Ramusio, Battista 82
Randles, W. G. L. 454
Rasières, Isaack de 377
Raudot 348, 358, 361
Rayner, Marmaduke 228
Razilli (auch: Razilly), Isaac de 50, 57
Recco, Niccoloso da 545
Rees, Otto van 70
Rein, A. 49

Reinhard, Wolfgang 12, 283, 348, 484, 517
Renaud des Marchais 194, 196
Rentería, Pedro de la 492
Revell, Thos. 244
Rhodes, Alexandre de 522
Ribault, Jean 83, 86, 183, 187, 550
Ricard, Robert 39
Ricci, Matteo 442, 483, 550
Richelieu, Armand Jean du Plessis de 53–56, 60, 203, 204, 450, 554
Ricklefs, M. C. 180
Riebeeck, Jan van 160–171, 555
Riley, Michael G. 28, 319
Ringmann, Matthias 547
Riquelme, Alonso 306, 307, 309
Ritter, Georg 433
Rivet, P. 196
Roberval 56
Robinson, David J. 311
Robinson, John 92
Robinson, W. Stitt 394
Roche 185
Rochemonteix, Camille de 526
Rodericus 294
Rodney, W. 246
Rodrigues, António 464
Rodrigues, Simão 287
Rodríguez, Celso 151
Rodríguez Becerra, Salvador 35
Rodríguez Bibanco, Diego 506
Röding, Johann Hinrich 563
Roelens, Maurice 534
Roís, Gonçalo 454
Rolfe, John 228
Romano, Ruggiero 28
Románow, Naum 419
Románowitsch, Pjótr 423
Hl. Rosa de Lima 557
Rosaldo, Renato R. 311
Rossey, du 53–56
Roussier, P. 196
Roy, P.-G. 341
Roy, R. 359
Rubios, Palacios 471, 472, 474, 547
Ruiz de Gamboa, Martín 147, 148
Rule, John C. 217
Rumilly, Robert 58

Rupert (engl. Prinz) 245
Ruttens, Peter 260, 263
Ryan, Shannon 241

Sa, Mem de 182
Sachse, J. F. 428
Sahagún, Fray Bernardino de 445, 500
Sahoppe 241
Saint-Lu, André 498, 500
Saint-Pierre, Graf 362
Salcedo, García de 306, 307, 309
Salomon 490
Saltonstall, Sir Richard 375
Sambogy Radscha von Gingy und Pondichéry 214
Samson, John 87–89
Sánchez Guadalupe, Diego 321, 322
Sanctiago, de 474
Sandelin, Jacob Evertss. 260, 261
Sanderson, William 86–90
Sandys, Sir Edwin 230
Santa Cruz, Pater Antonio de 455
Santa Maria, Pater Diogo de 455
Santa Maria, João de 455
Santa Maria, Rodrigo de 455
Santángel, Luis de 22–23
Santiago, Bartolomé de 511
Sarmiento de Gamboa, Pedro 511
Satineau, Maurice 355
Sauer, Carl O. 142
Saurel, Pierre de 347–350
Schad, Georg Casimir 354
Schaedel, Richard P. 151, 324
Schall von Bell, Johann Adam 486
Scheuner, Ulrich 122
Schik, P. 181
Schilder, G. 65
Schlendter, Ursula 31
Schmitt, Eberhard 264, 265, 534
Schnakenbourg, Christian 355
Schomburgk, Sir Robert 31
Schorowsky, Michael 253
Schück, Richard 264
Schurhammer, Georg 457, 459, 476, 481
Schwartzberg, J. E. 564
Sebastião, König von Portugal (1557–1578) 550
Sedeño, Antonio 33

Seignelay 354
Sékerin, Andréi 424, 425
Seler, Eduard 506
Selim I., Osmanensultan (1512–1520) 547
Sen, S. P. 62, 209
Sepp von Reinegg, Anton 515–522
Serrão, Joel 563
Sevilla, Diogo de 545
Shaurwawghon 241
Shaw, A. G. L. 398
Sheridan, Richard 387
Sher Khan Lodi 207, 208
Sherman, William L. 297
Shuh-Shi, Kaiser von China (1644–1661) 486
Sidney, Algernon 98
Sidney, Philip 80–86
Silentz, Govert 109
Silva, Simão da 453
Silva Rego, António da 284
Silvestre, Israel 371
Simmons, W. S. 540
Simón, Pedro 30–33
Simonsson, Michell 260
Simpson, Lesley Byrd 35, 311
Sinagy Radscha von Gingy und Pondichéry 214
Siqueira Cordovil, Bartholomeu 289
Slore, Frederick 435, 438
Slotkin, R. 540
Smith, Abbot E. 283, 391
Smith, George 562
Smith, John 234
Smith, Sir Thomas 86–90, 230–234
Smith, William B. 391
Snow, John 245–250
Soares, Ernesto 562
Soares, Fernão 547
Solano, Francisco de 311
Solís, Juan Díaz de 547
Solorzano Pereira, J. 440
Soria, Juan de 290
Sosa 474
Soto, Hernando de 320, 322, 472
Souden, S. 391
Sousa, Martim Afonso de 130–132, 284, 548
Sousa, Pero Lopes de 130–132, 284

Sousa, Tomé de 284, 285, 459
Specker, J. 501, 507
Spener, Philipp Jacob 427
Spicer, Edward H. 491
Spiring Silfverkrona von Noresholm, Peter 259, 260, 263
Spiring (Gebrüder) 109
Spronck 552
Stapel, F. W. 178, 181, 563
Steevens, Thomas 87–89
Steinberg, S. H. 564
Steltzer, Hans Georg 265
Stephen, Sir Leslie 562
Steward, Julian H. 517, 563
Stiverson, Gregory A. 394
Stone, William 87–89
Streit, Robert 491
Stróganow (Kaufmannsfamilie) s. Sachregister
Struck, Wolf-Heino 428
Sturtevant, William C. 564
Stuyvesant, Peter 555
Suares 300
Súbow, Afanássi 426
Suchtelen, J. van 178
Sulte, Benjamin 190
Šunkov, V. I. 283, 419, 425, 426
Surapati 172
Suréz 156
Swann, Michael M. 142
Swanpisse 241
Swanton, J. R. 563
Sylvest, Edwin Edwart Jr. 39, 508
Sympson, Lesley B. 299
Sýtin, Afanássi Filípowitsch 426

Tacitus 535
Täubl, A. 517
Talon, Jean 274, 281, 338–341, 343, 344, 346–350, 358
Tate, Thad W. 391, 394
Talbot, Francis 526
Taube, Otto Frhr. von 18
Taulichusco 301, 306
Taveira, António 547
Taylor, E. G. R. 86, 224
Taylor, William 438
Taylor, William B. 318

Tchoulkov, Daniel 550
Tecto, Fray Juan de s. Johann Dekkers
Teive, Diogo de 545
Teixeira, Tristão 545
Teixeira da Mota, A. C. 564
Tello, Juan 303, 305–307
Teuteberg, Hans Jürgen 534
Tézifon 194, 195, 197, 202, 203
Theling, J. H. 178
Thevet, André 182
Hl. Thomas (s. auch: Thomas-Christen im Sachregister) 15, 61, 74
Thomas von Aquin 490
Thomas, Sir Dalby 249
Thomas, G. 461
Thompson, Leonard 416
Thorne, Robert 85
Timoféjew, Jermák 550
Tohawvis 241
Tokugawa (Dynastie) s. Sachregister
Toledo, Fermando Álvarez 294
Toledo, Francisco de 150, 511
Tomakhickon 241
Toral, Fray Francisco 506, 507
Toribio Medina, José 150
Torquemada, J. de 501
Torre Villar, Ernesto de la 503, 506
Torres, Cosme de 475–481
Toteswamp 541–543
Tournois, M. 53
Toutlemonde, J. B. 178, 181
Trautmann, Wolfgang 311
Trellund, Gregers Daa 257
Trimborn, Hermann 31
Tristão, Nuno 545
Troostenburg de Bruyn, C. A. L. 537
Trudel, Marcel 48, 58, 122, 348, 360
Turgot 368
Turner, Frederick Jackson 142
Tyler, Lyon G. 234, 235

Urizar, Estéban 558
Urlsperger, Samuel 104, 105
Ursúa, Pedro de 31
Hl. Ursula 353
Usodimare, Antoniotto 544
Usselincx, Willem 4, 9, 66–70, 109–111, 258, 260

Valdivia, Pedro de 147, 549
Valencia, Fray Martín de 41
Valera, Blas 511
Valignano, Alessandro 476, 483
Varela, Consuelo 27
Varnhagen, Francisco Adolpho de 17
Vauban, Sébastien de Prestre de 194, 350, 351, 353, 354
Vaughan, Alden T. 238
Vaz, Pero 457
Vega, Hernando de 136
Velasco, Cristóbal de 323
Velasco, Miguel de 147, 148
Velásquez de Cuellar, Diego 138, 547
Velázquez, María del Carmen 142
Venn, John 375
Verhulst 259
Verlinden, Charles 28
Verrazzano, Giovanni da 57, 82, 85, 548
Verysel, Hugo 173–178
Vetancurt, A. de 501
Vieira, António de 460, 461, 465–471, 555
Vieira, Francisco 481
Vigneras, L.-A. 190
Vignois, Cornelius 263
Vignols, Léon 337
Vilar, Sylvia 142, 151
Villalobos, Sergio 147
Villamarin, Juan A. und Judith E. 311
Villault de Bellefond 202
Villegaignon, Nicolas Durand de 182, 184, 185, 549
Visser, B. J. J. 537
Viterbo, Fr. Joaquim de Santa Rosa de 563
Vitoria, Francisco de 443
Vitoula Agapy 214
Vogt, John 124
Voorhis, M. C. 394
Voß 265

Wabeke, Bertus Harry 406
Wade, Thomas 87–89
Wagner, Zacharias 132, 460
Walaeus, Anton 451
Walden, Edmund 87–89

Waldseemüller, Martin 547
Wall, R. E. 379
Walle, Jacob van der 427
Wallerstein, Immanuel 7, 11
Walsh, Lorena S. 391
Walsingham, Sir Francis 80
Ward, Christopher 259
Warner, Thomas 553
Warran, Fintan B. 39
Wassíli Iwánowitsch Schúiski, Zar von Rußland (1606–1610) 419
Water, Johan van de 260
Waterhouse, Edward 228–230
Waterhouse, Richard 383
Wauchope, Robert 564
Weber, David J. 142
Weber, Henri 62, 209
Weckmann, Luis 23, 40
Weir, Robert M. 383
Wellenreuther, Hermann 99
Welser (Handelshaus) s. Sachregister
Welser, Bartholomäus 31
Welshuisen 109
Weslager, Clinton A. 259
West, Benjamin 242
Westkekitt 241
White, Hayden 40
White, John 87–91, 234, 235, 375
Whiteway, R. S. 128
Widjåjå Kråmå 156–158
Wildt, Hiob de 195
Wilhelm IV. von Nassau-Dillenburg 431
Willet, David de 263
William III., König von England (1689–1702) 394
Williams, Glyndwr 398
Willoughby, Lord 555
Wilson, C. R. 258
Wilson, John 235, 237
Wilson, Monica 416
Winius, George D. 13, 128
Winthrop, John 4, 92, 95–97, 234, 237, 375
Wirth, John D. 311
Witte, C. M. de 124
Witte, Nicolás de 507
Wittkower, Rudolf 23
Wobeser, Gisela von 318

Wolf, Inge (s. auch: Buisson, Inge) 302
Wolf, S. G. 428
Wood, Betty 391
Wood, G. A. 398
Wood, John 243, 244
Wright, Louis B. 230, 379
Wright, Richard 87–89
Wyatt, Sir Francis 229

Xin, Jorge 510

Yeardley, Sir George 224, 228, 233
Yeardley, Ralfe 227

Yong Tcheng, Kaiser von China (1722–1736) 559
Young, Eric van 318

Zarco, João Gonçalves 545
Zavála, Bruno Mauricio 559
Zavala, Silvio 35, 151, 297, 311, 317, 491
Zee, Henri und Barbara van der 406
Zeno, Antonio 83, 86
Zeno, Nicoló 83, 86
Zubillaga, F. 452, 507
Zumarraga 445
Zurara 18
Zwingli, Ulrich 439

Sachregister

(Von der Aufnahme der gebräuchlichsten geographischen Namen wie „Europa", „Portugal", „England" etc. wurde abgesehen. Der Leser sei für eine entsprechende Orientierung auf das Inhaltsverzeichnis verwiesen.)

Abenakis 525
Abenaqui 347
Aberdeen 98
Abgaben (s. auch Steuern) 247, 256, 423, 425
Absentismus 280
Absolutismus 44, 91, 151, 271, 281, 323, 471
Acadiens 362
Acapulco 270
Accra 195, 199
Achterschiff 403
Acker s. Tagewerk
Ackerpflichtige Bauern s. Schollenpflichtige Bauern
Acoma s. Acus
Acra (s. auch Fort St. James) 556
Acus (auch: Acoma) 144
Ada 199
Adelantado 303
Aden 548
Admiral von Frankreich 54
Adventspredigt des Antón Montesinos 443, 489–497, 547
Adventures (s. auch Handels- und Kolonialgesellschaften, Anteilseigner) 87–90
Ägypten 43, 237, 465, 466, 547
Äquator 26, 54, 56, 58
Afghanen 547
Afrika 13, 21, 42, 66, 67, 70, 109–111, 113, 114, 116, 122, 123, 133, 194, 264, 268, 355, 366, 367, 398, 440, 442, 545, 546
Afrika, Nordküste 18, 38, 51, 123, 545
Afrika, Ostküste 63, 128, 547
Afrika, Westküste 18, 120, 126, 193–203, 245–250, 258, 268, 316, 546, 556

Afrikaner (auch: Neger oder: Schwarze) 94, 125, 194, 246–249, 264–267, 286, 313, 329–332, 446, 453, 511, 512
Afrikanische Bischöfe 453
Afrikanische Sklaven s. Sklaverei, Schwarze Sklaven
Afrikanischer Adel 454
Agoada 117
Agra 212, 550
Aguas Calientes 317
Ahmadabad 552, 561
Ahnenkult 483–485
Akadien (auch: Acadie, Arkadien) 48, 50, 56–59, 187, 193, 347, 354, 361–363, 551, 558, 560
Akt der Besitzname s. Koloniale Besitzergreifung
Akwida 199
Alabama 215
Alabama, Fluß 558
Alagoas 277
Alaska 559
Albany 405, 552
Albrida 366
Albuquerque 144
Alcabala (Verkaufssteuer) 152, 153
Alcáçovas, Friede von 123
Alcaldes (Stadtrichter) 310, 324
Aldeias (s. auch Missionsdörfer und Indio-Reduktionen) 442, 459, 460, 469
Alegrete 126
Aleuten 559
Algarve 13, 545
Algonkin 87, 529, 533, 540
Alguacil 331
Alguacil Mayor 35, 331
Allahbad 212

Almohaden 19, 288
Almoraxite (Rentmeister) 285
Almud (Hohlmaß) 326
Altamaha-River 104, 105, 107
Alte Kirche (s. auch Alter Glaube) 439
Alter Glaube (s. auch Katholizismus) 439
Altertum, klassisches 18
Altisländische Sagas s. Saga
Altmexiko 507
Alumnen 449, 468
Alvará (Befehl) 457
Amazonas 31, 277, 367, 552, 558
Amazonenreich, sagenhaftes 141
Amber 113
Amboina (auch: Ambon) 71–76, 451, 551
Ambon s. Amboina
Ambundus 454
Amerika, Vereinigte Staaten s. USA
Amerikanische Revolution 391, 427
Amerikanischer Unabhängigkeitskrieg 561
Amida (Lichtbuddha) 480
Amish 94
Amoku 199
Amsterdam 7, 9, 67, 258–260, 263, 377
Amsterdamer Admiralität 195
Amúr 422, 555, 557, 558
Anabaptisten 434
Anabom 555
Anáhuac 41, 42
Analphabeten 302, 320
Anamabu 110
Añaquito 45
Anasham 199
Andalusien 123, 289, 294, 319, 321
Anden 31, 301, 516
Angediva 129
Anglikaner 94, 451
Anglikanische Hochkirche 91
Angol 147, 148, 551
Angola 316, 442, 453, 461, 555
Angra 285
Animisten 451
Anis 410
Anker (Hohlmaß) 170, 242, 267
Ankobra 199
Annapolis-Royal 187
Anomabu 199

Ansiedlungsregister 424
Antarktisches Frankreich 182
Antichrist 4, 95
Antigua, Antilleninsel 205, 552
Antiklerikalismus 535
Antilia, mystische Insel im Atlantik 39, 40
Antillen 53–56, 193–195, 246, 321, 345, 367, 369, 560
  Englische 278
  Französische 53–56, 204, 278, 279, 337, 341, 345, 354–358, 535–537, 558
  Kleine 54, 195, 205, 553
  Spanische 278
Antiindianische Reaktion 445
Antwerpen 67, 109, 258, 521
Anweisungsschein s. Landzuweisungsschein
Apam 199
Apartheid 517
Apostolischer Stuhl (s. auch Papst) 524
Apostolische Vikare 449, 487, 523, 556
Apostolisches Vikariat 450
Appellation nach Rom 448
Aprobi 124
Araber (s. auch Ismaeliten) 12, 13, 40, 456
Arabische Kaufleute 12, 13, 456
Aragón (Landschaft) 35
Aralsee 422
Arauen 147–149
Araukaner 118, 146, 319, 551
Arauco 146
Archangelsk 422, 554
Ardrah 193–203
Arequipa 277, 444
Argentinien 146, 516, 559, 560
Arguin s. Fort Arguim
Arizona 144
Arkadien s. Akadien
Arkebusen 147
Armagon 251, 253, 552
Armenier 21
Armenkolonien 105
Arpent (Flächenmaß) 362, 364
Arrak 404
Arrêts de Marly 358
Arroba (Gewichtseinheit) 25, 326
Arsila 545

Sachregister

Artikelbrief 169, 407
Artillerie 21, 54, 149, 164, 167, 188, 203, 224, 256, 260, 265, 285, 378, 412, 486
Aruba 554
Arznei (auch: Medikamente) 29, 364, 370, 372, 374
Aschanti 123
Asien (s. auch: Ostasien und Südostasien) 21, 52, 71–73, 110, 111, 113, 120, 122, 190, 268, 274, 401, 413, 441, 449, 476, 483–489, 537, 546
Asiento (auch: Capitulación) 28, 132, 155, 156, 300
Assamacomock (auch: Wingandacoia) 87–90
Assini 196, 198, 199
Assyrien 21
Asti 48
Astorga 150
Astronomische Instrumente 486
Asunción 277, 444, 516, 549, 552
Atabillos, Encomienda 319
Atamán (Kosakenhauptmann) 424
Atlantik (auch: Ozeanisches Meer und Nordmeer) 10, 23, 24, 28, 29, 40, 53–55, 83, 270, 277, 290, 295, 390, 405, 414, 428, 430, 442, 527, 550
  Nordatlantik 80, 86, 316
Atlantis 40
Atlantische Inseln 7
Atrato 547
Atuato 110
Auan 26
Audiencia (auch: Chancillería) 35, 46, 146, 148, 150, 298, 299, 317, 447, 509
Augsburg 521
Australien 122, 276, 561
Axim 199
Aymará 511
Azilia, Markgrafschaft 104
Azoren 22, 49, 55, 56, 67, 284, 285, 545
Azteken 4, 30, 39, 41, 122, 138, 139, 500, 548
Aztekischer Dreierbund 140
Azumbre 326

Bahamas 108, 270
Bahía 17, 277, 287, 405, 459, 461, 464, 553

Bistum 442, 549
  Kirchenprovinz 442, 557
Bahía de Todos os Santos, Capitanía 284, 285
Baikalsee 422, 557
Bai von Guanabara 182
Balchaschsee 422
Bali 178, 179
Banalité 359
Banda-Inseln 71, 73–76, 158, 552
Banda Oriental 277
Bangha 64
Bank von England (Bank of England) 107, 109
Bantam 61, 72, 75, 156, 158–160, 172, 179, 251, 551
Baptisten 94, 434
Baracoa s. Havanna
Barbados 54, 55, 205, 258, 268, 382, 387–389, 390, 553
Barbaren 512, 513, 522, 528
Barbuda, Antilleninsel 205, 553
Barcelona 156
Barchent 429
Bardes 117
Baronien s. Grundherrschaft
Barracoe 249
Bartholomäusnacht 183
Basar (auch: Basaar) 214, 538
Bassein 212, 213
Batavia (s. auch Jakarta, Jakarta) 64, 71–77, 118, 158, 160, 161, 165, 168, 172, 175–180, 274, 402, 404, 415, 419, 552
  Kirchenrat 415
Batiscamp 352
Baton Rouge 527
Baumwolle 25, 114, 128, 177, 202, 251–253, 367, 368, 470, 499, 516
Bayamo (s. auch Havanna) 547
Bay of Fundy 48, 188
Bayonne 533
Bazílio de Silva Sagado 288
Beaumont 349, 353
Beauport 349, 352
Behördenvisitation 152, 324
Bejapore (auch: Benjapore) 208
Belém 277, 444

Belgien 368
Belize 270, 498
Bemster 260
Benares 212, 560
Bengalen 209, 252, 255–258, 441, 550, 553, 560, 561
Benin 245
Benjapore s. Bejapore
Benkoule 557
Benue 198
Beraku 199
Bergbau (s. auch Minen) 427
Bergleute 316
Bern 433, 434
Berthier 353
Besiedlungsgesellschaften s. Handels- und Kolonialgesellschaften
Beutezüge s. Raubzüge
Bewindhebbers (s. auch Handels- und Kolonialgesellschaften, niederländische) 68, 69, 401–403, 418, 419
Beyin 110, 199
Biber 239
Biberpelze 56, 237, 238, 259, 405
Bigamie 344
Bío-Bío, Fluß 147, 277
Bío-Bío, Provinz 147
Bijapur 128
Biloxi 558
Biloxi Bay 215
Bissiris 529
Blanca (Kupfermünze) 25
Blei 29, 242, 363, 412
Blockade 62
Board of Trade 394, 434
Bobylen 423
Bodenschätze 23, 25, 405, 497
Bodenspekulation 317
Bogotá 277, 444, 549
 Erzbistum 447, 550
Bogotá, Hochland von 30, 32
Bogotá, Provinzialkonzilien 448
Bojaren (niederer Adel) 420
Bolivien 31, 447
Bombay 212, 213, 251, 556
Bon 353
Bonaire 554
Bon Sauvage s. Edler Wilder

Bonyere 110
Bonzen s. Buddhistische Bonzen
Borneo 64, 559, 561
Bosque de Segovia 149
Boston 527, 541, 554
Botany Bay 398–400, 561
Boucharville 352
Bourbonen 47
Braghmanen s. Brahmanen
Brahmanen 210, 214
Brandenburger 119, 193, 199, 246
Brasilholz 70, 130, 184
Brasilien 3, 8, 16, 17, 21, 50, 70, 82, 117, 130–132, 181–183, 195, 184–186, 246, 269, 278, 281, 282, 284–289, 367, 405, 439, 442, 451, 459–471, 516, 546, 548, 549, 554, 555, 557, 560
Breda, Friede von 57, 110, 556
Bretagne 56
Breukelin s. Brooklyn
Brief des Priesters Johannes 61
Broach 552
Brooklyn 552
Bruderschaft zur Tröstung Sterbender 304
Buchführung 217
Bucks County, Pennsylvania 243
Buddha 476
Buddhisten 475–481, 483, 537
Buenos Aires 277, 444, 517, 520, 549, 550, 553
Bürgschaft 421, 424, 425
Buffels River 414
Bunce Islands 199, 245
Bungo 476
Buren 416
Burgos 155, 295, 490
Burgos, Gesetze von 155, 490
Burlington 243
Bushel (Gewichtseinheit) 239
Butri 199
Buxar 212, 213
Buzzard Bay 377
Byzantinische Zeitrechnung 419

Caballería (Rittergut) 298
Caballeros (Ritter) 298
Cabildo (Stadtrat) 302, 309–311, 324–328, 330, 337

Cabo das Redes 127
Cabo das Tres Pontas 127, 250, 263
Cacheu 199
Cadalechos (Jedermannsbetten) 496
Caddy (auch: Quoddy) 57
Cádiz 29, 290, 292–294
Calcutta 119, 212, 213, 252, 256, 558, 560
Calecu 458
Calicut 12, 13, 61, 212, 213, 366, 456, 546
Callao 307
Cambridge 224, 375–377
Cambridge Agreement 375–377
Campeche 270, 330
Caniba (auch: Karib) s. Kannibalismus
Cannanore 130, 212, 213
Cantino-Weltkarte 126
Cape Breton (frz.: Île Royale) 58, 85, 361, 560
Cape Coast 199, 248
Cape Coast Castle s. Fort Carolusburg
Cape Cod 94
Cape Fear 384
Cape Fear River 434
Cape Hatteras 94
Capeterre 206
Capitán (s. auch Capitanías) 30, 148, 149, 284
Capitanías (auch: Kapitanien) 129, 284, 285, 288, 289
Capitão Moor (Großkapitän) 16
Capitulación (Kapitulation) s. Asiento
Capítulos de Ordenanzas (s. auch Las Indias, Rechtssetzung) 149
Cap Rouge 352
Cap Saint-Michel 353
Capucier (Stammeshäuptling) 265–267
Cap Varennes 352
Caracas 277, 444
Caraguayllo 309
Carignan-Regiment 342, 347–349
Carnatic 207, 209, 251, 487, 559
Carolina (s. auch: North und South Carolina) 103, 104, 108, 382–386, 389, 428, 431, 434, 556, 557
  Charter 383
  Kolonie-Eigner 434
Cartagena 33, 277, 444, 548
Cartago, Costa Rica 270

Cartas (s. auch Las Indias, Rechtssetzung) 149, 294
Cartelage 357
Casa de la Contratación de las Indias 23, 84, 284, 290, 291, 294, 295, 314, 320
Casas (Ordensniederlassungen) 482
Casas Reales (Königliche Kanzleigebäude) 307
Castellano (Goldmünze) 25
Castilla del Oro (s. auch Panamá und Costa Rica) 133–136, 548
Catamarca 277
Cateau-Cambresis, Vertrag von 49
Cathay 56, 83
Caucastrom 31, 277
Cautín 148
Cayenne 276, 367, 369, 371, 373, 556, 561
  Sträflingsinsel 370
Ceará 277
Cédula (Sendeschreiben, auch: Schuldschein) 149, 294, 295, 318, 325, 500
Celebes 72
Celemín (Hohlmaß) 326
Cemanáhuac 41
Censives 341
Centavos (Währungseinheit) 457
Cerola s. Cíbola
Ceuta 545
Ceylon 61, 64, 119, 176, 442, 451, 456, 537, 547, 548, 551, 554, 555, 557, 561
Chacra (indische Währungseinheit) 211, 213, 214
Chambly 352
Champigny 352
Champlain, Herrschaft 352
Chancillería s. Audiencia
Chandernagore 209, 212, 213, 557, 561
Chapons (Grundrenten) 360
Charcas, Bolivien 444, 447
  Kirchenprovinz 277, 444
  Provinzialkonzilien 448
Charcas, Mexiko 270
Charlebour 352
Charlebourg 349
Charles, Bezirk in Virginia 232
Charles River 384
Charleston 104, 108, 556
Charlestown, Massachusetts 380

Charter, königliche 230, 241, 279
Charter of Incorporation 250
Chasteau Guay 352
Cherokee 104
Chesapeake Bay 86
Chester County, Pennsylvania 243
Chester Creek 243
Chetti (indische Kaste) 456
Chibcha 30, 32
Chicomecóatl 502
Chihuahua 270
Chile 118, 146–150, 319, 516, 551
Chiliasmus 2, 439, 443
Chillan 551
China 8, 26, 64, 77, 107, 442, 449, 483, 484, 487, 522, 523, 525, 550, 556, 558
Chinantekisch 140
Chinantla s. Tenis
Chinesen 72, 157, 164, 415, 446, 524
Chinesische Riten 484
Chinesischer Kaiser 559
Chinesischer Kalender 486
Chinesischer Krieg 172–174
Chinesisches Meer 72
Chinesische Orangen 358
Chinesisches Pantheon 483
Chinesische Waren (s. auch Seide, Porzellan) 74, 157
Chintz 253
Chittagong 252
Choco 277
Christenverfolgungen 442, 522
Christianisierung s. Missionierung
Christina Creek (auch: Elbe) 263
Cíbola (auch: Cerola), sagenhafte Städte 83, 141–145
Cíbola, Zuñi-Stadt 144, 145
Cirebon 179
Ciudad (Stadtrecht) 311
Ciudad de los Reyes s. Lima
Coatlicue 502
Cochenille 113
Cochin 212, 123, 366, 441, 442, 457–459, 546, 556
  Suffragan 441, 549
Colaton Raleigh 87
Colbertismus 57
Colima 298

Colombo 212, 213, 547, 548
Colonia 277
Comayagua 270
Comendador Mayor 156
Commandeur (Vorsteher) 217
Commonwealth 381, 383
Compiègne 372
Comunidades, Aufstand der 44
Concepción (s. auch: Santiago de Chile) 146, 444, 549, 551
Concepción del Nuevo Extremo 147, 277
Confines 147
Connecticut 405, 406, 554
Consejo 35
Consejo Real de Castilla (Königlicher Rat) 295, 475
Conshohockon 243
Contador (Rechnungsführer) 306
Contra-Remonstranten 67
Contre Coeur 352
Conversos 38, 314, 321
Cook's Weltumsegelung s. Weltumsegelung von James Cook
Córdoba 29
Córdoba de Tucumán 444
Corn Mountains 144
Cornwall 87
Coro 33, 277, 444
Corvo, Azoreninsel 545
Costa Rica (s. auch Castilla del Oro) 133, 134
Coulang (s. auch Quilon) 538
Council s. Provinzialrat
Coutume de Paris s. Paris, Gewohnheitsrecht der Grafschaft
Cranganore 441
  Nestorianisches Erzbistum 441
Creeks 104
Cressé 352
Crónica Sarracina 40
Crown Office 392
Croydon 227
Cruzado (Währungseinheiten) 457, 458, 482
Cuadras (Stadtviertel) 308–310
Cuartillo (Hohlmaß) 326, 329
Cuchillo 143

Cuddalore 251
Cuiaba 444
Culiacán s. Culuacán
Culúa 140
Culuacán (auch: Culiacán) 142, 143, 270
Cumaná 277
Curaca (Fürst) 301
Curaçao 554
Curitiba 288
Custom of the Country (Landesbrauch, Gewohnheitsrecht) 390
Cuzco 45, 277, 301, 444, 548
Cuzula (auch: Zozola und Zuzula) 139

Dacca 252
Dänemark 76, 263, 557
Dänen 73, 110, 193, 195, 199, 205, 213, 246, 248, 257, 451
Daimyo 476
Dainicki (Sonnenbuddha) 480
Dalambangan 179
Daman 212, 213
Damão 550
Damast 136
Damaszener-Pflaume 226
Daneborg, Zitadelle 257
Daquem 129
Darlehen 424, 425
Daubenholz 59
Davis-Straße 193
De la Merced, Kloster in Lima 309
Delaware 243, 377
Delaware-Indianer 120, 553
Delaware River (auch: De la Ware und Delu Waro) 243, 244, 258–263, 276, 405, 406, 429, 554, 555
Delft 67
Delhi 212, 556
Delu Waro s. Delaware River
Demak 179
De Maure 352
Den Haag (s. auch: s'Gravenhage) 67, 227, 259, 260, 405
Deportation 275, 370, 397, 398, 551, 555, 560
De Reformatione Matrimonii (Konzildekret) 488
Deschambaux 352

Desertion 61, 246
Deshima 555, 558
Deutsch 506, 518
Deutsche 19, 31, 94, 104, 156, 276, 368, 416, 427–438, 517
  Finanziers 368
Deutsche Stände 19, 258
Deutschland 76, 216, 368, 427, 428, 430
Devonshire 86, 87, 245
Diamanten 78
Diamper, Synode von 441
Dienstverpflichtung (s. auch Indentured Servants und Engagés) 392
Dieppe 186, 531
Dillenburg 431, 433
Diözesen 440, 447, 524, 548
Dissentertum, protestantisches 451
Diu 212, 213, 546, 548
Dixcore 199, 248
Djakarta s. Jakarta
Djogjakarta s. Jogjakarta
Dnjepr 222
Docks 62
Doctrina (Indio-Pfarrei) 447
Doge von Genua 201
Dominica, Antilleninsel 203–205, 554
Donatária 17, 278
Dorchester 234, 375
Dordrecht 67
Doriville, Comté 352
Dreierkommission 305
Dreißigjähriger Krieg 75, 92, 401
Drogen s. Spezereien
Duan s. Nawab von Bengalen
Dublin 98
Dukaten 51, 66, 84, 113, 326, 328, 329, 331, 333, 336, 337
Duke of York (Herzog von York) 98, 245, 382, 556
Dumpingpreise (auch: Schleuderpreise) 410
Durango 270, 317
Du Tott 352
Dwina 222

Earl of Lincoln 375
East India Company s. Handels- und Kolonialgesellschaften, englische

Ebenezer 105
Edelmetalle 2, 6, 16, 17, 56, 117, 118, 131, 148, 141, 142, 150, 216, 246, 284
Edelmetallreserven (auch: Gold- und Silberreserven) 60
Edelsteine 29, 30, 78, 113, 129
Edikt von Nantes, Widerruf 413
Edinburgh 98
Edle Heiden 439
Edler Wilder (auch: Bon Sauvage) 526
Edwardston 240
Egya 199
Ehécatl
EIC s. East India Company
Eidverweigernde Priester 370
Eigentümerkolonie 279, 382, 554, 556
Einhegung 91
Eisen 25, 113, 128, 200, 316, 336, 411, 412
Ejido (Gemeindeviehweide) 308, 312, 333, 334
Elbe s. Christina Creek
El Dorado 2, 30–33, 121, 141, 216, 298
Elfenbein 124, 245, 264
Elfenbeinküste 196, 198, 552
El Kasa-es Saghir 545, 550
El Mina s. São Jorge da Mina
El Paso (auch: Paso del Río) 270, 527
El Salvador 548
Emir von Aden 548
Encarnación, Nonnenkloster in Lima 304
Encomenderos 43, 44, 300, 307–309, 312, 443
Encomienda 34–36, 44, 150, 152, 296, 299, 307, 443, 490, 492, 498, 499, 515
Engagés (s. auch Indentured Servants) 216–220, 269, 275, 337, 342, 344–346
Englische Revolution 382
Englischer Bürgerkrieg s. Englische Revolution
Englisches Parlament 91, 234
  House of Commons (Unterhaus) 104, 224
Enkhuizen 67
Entdeckerrechte 215
Entdeckung Amerikas 81
Entradas (Raubzüge) 474, 475
Entwicklungshilfe 453
Epidemien 369, 374, 460

Erlösungslehren 476
Ermewarmoki 261
Erstkommunion 464
Erwählungslehre, Reformatorische 439
Erzbischof von Mexiko 501
Erzbischof von Paris 450
Erzbischof von Rouen 450
Erzbischof von Sibirien 423, 424
Erzvorkommen 190, 244
Española (auch: Hispanola, heute: Haiti) 24, 26, 35, 138, 270, 290–293, 321, 489–497, 546, 547, 556
Espíritu Santo 527
Espíritu Santo, Brasilien 277
Estado da India s. Portugiesisch-Indien
Estado do Maranhão s. Maranhão
Estancia (Grundbesitz) 318
Estotiland, imaginäre Insel 83
Estremadura 44, 289, 319, 321, 443, 500
Etikette 476, 483
Eucharistie 184, 446, 515
Evangelische s. Prostestanten
Evangelische Kirchen 439
Exclusif-System 369
Exekutivrat 222
Exemte Seelsorge s. Ordensklerus, Exemte Seelsorge
Exeter 245

Factor (Verwalter der Sachwerte) 306
Faden (Längenmaß) 163, 241
Färbemittel s. Farbstoffe
Faktoreien (auch: Handelsstützpunkte) 119, 193, 198, 250, 268, 283
  brandenburgische 193
  dänische 193, 195
  englische 119, 193, 245, 246, 248, 250–258, 377, 552, 553
  französische 119, 193–203, 207–215, 284, 366, 556, 559
  niederländische 61, 118, 156, 158, 193, 195, 197, 377, 552, 557
  portugiesische 284, 457, 458, 545, 546, 549
  schwedische 110, 195
Faktur 410
False Bay 414
Faman (Vertrag) 252

Sachregister

Fanega (Hohlmaß) 326
Farbstoffe (auch: Färbemittel) 107, 114, 156, 242, 253, 412
Farthing (Währungseinheit) 238
Fernandina (Long Island, Karibik) 24
Fernrohr 163
Ferro, Kanareninsel 55
Festungsbaukunst 255
Feudale Strukturen (s. auch Grundherrschaft) 16–17, 34–37, 278–280
Feudalisierung 34–37
Feudalsystem 296–317, 348, 423, 536
Fidalgo (s. auch Makelaer) 196
Filibuster s. Flibustiers
Filipinos 290
Finanziers s. Handels- und Kolonialgesellschaften, Anteilseigner
Firkin (Hohlmaß) 239
Firman (Erlaubnisschein) 210
Firnis 201
Fiscael 195
Fischer, normannische 56
Fischerei s. Fischfang
Fischereirecht 58, 73
Fischerkaste 441, 538, 549
Fischerküste 456
Fischfang (auch: Fischerei) 52, 56, 59, 75, 123, 187, 214, 218, 234, 238, 279, 364, 399, 412, 458, 529
  Kabeljaufang 58, 59, 193, 361, 363
Fischmarkt, städtischer 325, 337
Flachs 410
Flämisch 506
Flamen 501
Flandern 501, 503
Fleuve Colbert s. Mississippi
Fleuve Sainte-Anne 352
Fleuve Richelieu 349
Flibustiers (s. auch Piraten) 53, 54
Flores, Azoreninsel 545
Florida 3, 50, 82, 83, 85, 103, 104, 120, 183, 186, 187, 207, 221, 270, 383, 547, 550, 552, 561
Flottenrat 159
Flugschriften 188, 460
Flushing 224
Foliant 302
Forsthege 151, 219

Fort Amsterdam (s. auch Neu-Amsterdam) 405
Fort Andreas 199, 553
Fort Arguim (auch Arguin) 123, 199, 545, 557
Fort Balbuena 558
Fort Carolusburg (Cape Coast Castle) 195, 245, 248, 556
Fort Charles 559
Fort Charlesfort 183
Fort Christiansborg 199, 248, 556
Fort Coligny 182, 186
Fort Dauphin 60, 555
Fort de Chartres 527
Fort de la Caroline 183
Fort Détroit 527
Fort Frontenac 527
Fort Kristina 262
Fort Kykoveral 553
Fort Louisbourg 560
Fort Maurepas 215
Fort Michilimackinac 527
Fort Miraflore 558
Fort Nassau (s. auch Fort Oranje, heute: Albany) 193, 405, 553
Fort Niagara 527
Fort Oranje (s. auch Fort Nassau, heute: Albany) 405, 406, 552
Fort Prudhomme 527
Fort Rouillé s. Toronto
Forts (Festungen) 54, 74, 75, 119, 123, 124, 127, 146, 147, 149, 155, 159–171, 177, 183, 185–188, 190, 191, 193, 203, 204, 206, 208, 210, 211, 213, 221, 247, 251, 253–257, 263–265, 284, 285, 341, 407–409, 517, 518
Fort Saint-Louis 196, 199, 553
Fort Saint-Louis auf Cayenne 373
Fort São Gabriel 547
Fort St. George 251, 254, 255, 555
Fort St. James (s. auch Acra) 556
Fort Toulouse 558
Fort William 252, 256, 558
Franken 52
Frankfurt 98, 427, 428
Franziskaner s. Ordensklerus
Französische Revolution 369, 370
Französisch-Guayana 194, 276, 366–374, 561

Französisch-Louisiana s. Louisiana
Fredericksnagar 212, 213
Frederiksborg 556
Free and Comman Socage (Besitztitel) 386
Freeholders (Grundeigentümer) 385
Freibeuter s. Piraten
Freibrief s. Patentbrief
Freibürger 401, 402, 404, 413, 418
Freigut, adeliges 362
Freihandel (s. auch Handelsfreiheit) 73, 402
Freiheit der Meere 9
Freiheit der Stadt (auch: Libertät der Stadt) 429
Freiheitliche Verfassung 428
Friedenslinien (auch: die „Linie") 49, 55, 56
Friedensrichter 375, 389, 392, 393
Frischer Fluß 162
Frondienste 358, 359, 364, 489
Frontier (auch: Frontier Line) 121, 142, 279
Frontstadt 534
Fünf-Meilen-Zone 178
Fünfter, Königlicher 154, 278
Fürst von Bungo 476
Funay 441
 Suffragan 441, 550
Funchal, Bistum 441, 453
 Erzbistum 441, 548

Gabun 548
Gainsborough 92
Gambia 198, 245, 398, 545
Ganges 18, 119, 212, 558
 Delta 209, 252
Garnison 191, 265, 284, 341, 367, 417, 424, 426
Geheimchristentum 442
Geistliche Orden s. Ordensklerus
General Court 375
Generalgouverneur von Batavia 417, 419
Generallandvermesser 433
Generalstaaten der Niederlande 64–68, 72, 74, 92, 156, 157, 413, 415, 417, 551
Generalversammlung der Kolonisten 224, 230–234, 379–381

Generalversammlung der Kompanieteilhaber 375
Generalvikar 457, 458, 534
Generalvisitator 487
Genf 184, 185
Genfer Kirche s. Kalvinisten
Gent 501, 503
Gentilly 352
Gentleman 375
Gentry, puritanische 234, 235, 375
Genua 48
Genuesen 22, 124
Georgia 3, 10, 103–109, 382, 428, 559
Gerechter Krieg 469, 471–475, 510
Gerichte (auch: Gerichtshöfe) 101, 260, 332, 350, 359, 368, 388, 392, 396, 461
 Appellationsgerichte in Spanisch-Amerika s. Audiencias Geschworenengerichte 99, 366
Gerichtsbarkeit (s. auch Rechtsprechung) 90, 99, 176, 211, 296, 317, 328, 350, 362, 368, 441, 450
Gerichtsbarkeit, kirchliche (auch: Jurisdiktion) 440, 447, 508, 546
Gerichtshöfe s. Gerichte
Germanpolis s. Germantown
Germantown 427–430
Gesalzenes Fleisch s. Pökelfleisch
Geschützlehre 255
Gesellschaft Jesu s. Ordensklerus, Jesuiten
Gete 545
Gewohnheitsrecht 350, 358–361, 364, 390
Gewürzanbau 369
Gewürze 6, 8, 24, 29, 64, 71, 73, 74, 76, 157, 239, 401
Gewürzinseln 16, 156, 547, 548
Gewürznelken 73, 83
Ghana 123, 263, 454
Gingy 208, 210, 211, 214
Girondisten 370
Glas 228, 242
Glashütten 110
Glaubenskonflikt 440
Goa 18, 61, 117, 128–130, 212, 213, 366, 441, 442, 449, 539, 547, 550
 Erzbistum 441, 550

Provinzialkonzilien 441
Suffragan 441, 548
Godarville 352
Godavari 212
Götter, altmexikanische 502
Goiás 444
Golconda 61, 62, 207, 208
Gold 8, 21, 24–26, 29–33, 46, 54, 70, 90, 113, 114, 123, 124, 131, 138–145, 150, 152–154, 183, 200, 245, 246, 248, 249, 264, 273, 292, 293, 298, 399, 316, 412, 475, 490, 491, 494, 499, 521
Feingold 124
Goldküste 119, 124, 126, 193, 196, 198, 245, 248–250, 266, 544, 556
Gold rush 117
Goldwäscherei 124
Golfo Dulce 498
Golf von Bengalen 254
Golf von Darién 133, 546
Golf von Guinea 198
Golf von Honduras 498
Golf von Mexiko 215, 270, 316, 527
Golf von Ochotsk 555
Gomera, Kanarieninsel 23
Gorée 196, 199, 366, 552, 557
Goringhaikonas (Strandläufer) 161–163, 167
Goringhaiques (auch: Saldanier, oder: Kapmänner) 161–163, 167, 169
Goten 261
Governación 498, 499
Govindpur 252
Grab des Apostel Thomas (s. auch São Tomé) 61, 64
Granada 133, 298, 440
Gran Canaria 544
Gran Chaco 31
Grand Bay 85
Gray Stones, Pennsylvannia 243
Great Awakening 539
Gregorianischer Kalender 87
Grenada, Antilleninsel 205, 555, 561
Grenzsteine (auch: Marksteine) 335, 436
Gresik 179
Griechen 10, 21, 43, 50, 81, 512
Groot Visrivier 414
Große Armada 86
Großer Friedrich-Berg 265
Groß-Friedrichsburg 199, 263–267, 556
Großgrundbesitz 278, 279, 280, 317, 526, 535
Großkhan der Mongolen 26
Großmogul 63, 119, 208, 210, 211, 252, 256, 458, 548, 558, 561
Groß-Perm 419, 420, 423
Groß-Peru s. Neu-Kastilien
Großplantage 382, 387
Großsiegel von England 99
Großsiegel von Großbritannien (s. auch Großsiegel von England) 435
Groß-Ustjúg 423
Grundbuch von Germantown 430
Grundherrschaft 34–37, 82, 104, 129, 256, 279, 280, 296, 339, 347–350, 352, 353, 355, 358–361, 423, 534
Grundholden 358, 359, 361
Grundrenten (auch: Grundzins) 34, 350, 360, 386, 396, 397
Grundsteuer 419
Grundzins s. Grundrenten
Guadalajara 270, 317
Guadeloupe, Antilleninsel 194, 195, 203–207, 355, 366, 445, 553, 559
Guamanga 444
Bistum 307
Guanabacoa, Indio-Gemeinde 328
Guanahaní 23, 24
Guaraní-Reduktionen 444, 515–522, 552
Guatavita, See 30
Guatemala 270, 497–500, 548, 549
Guayana 31, 67, 195, 367, 368, 370, 372–374, 552, 553, 556
Guayaquil 277
Guerillakrieg 146
Guerra Justa s. Gerechter Krieg
Guiana, Missionsprovinz 277
Guianas Amapa 277
Guiara 277
Guinea 13, 26, 70, 110, 116, 119, 123, 125, 193–203, 245, 246, 263–267, 316, 454, 546, 552–554, 557
Guinea Bissau 123, 199
Guinea-Küste s. Guinea
Gulden 70, 242, 378, 403, 405, 418
Gummi 113, 114, 124, 412

Habsburger 48, 517
Habsburgische Umklammerung 48
Hälftner 423, 424
Häresie 14, 182, 183, 185, 524
Haiti s. Española
Hakluyt Society 80
Halle 451
Hananguanca, Encomienda 309
Handel
    Afrikahandel (s. auch: Guineahandel) 193–203, 245
    Antwerpenhandel 10
    Asienhandel 73
    Brasilienhandel 246
    Baumwoll-Textil-Handel 128
    Chinahandel 441, 553
    Eisenhandel 128
    Fischhandel (auch: Kabeljaufang) 59
    Gemischtwarenhandel 128
    Getreidehandel 58, 258, 316
    Gewürzhandel 12, 71, 73, 117, 118, 128, 130, 250, 251
    Goldhandel (s. auch: Transsahara-Goldhandel) 124, 245
    Guinea-Handel 110, 123, 124, 126
    Handel mit nordamerikanischen Indianern 104, 108, 410
    Holzhandel 58, 128
    Indienhandel 209
    Innerasiatischer Handel 9, 71
    Innerkolonialer Handel 367
    Japan-Macao-Handel 481
    Kabeljauhandel s. Fischhandel
    Kolonialhandel 263
    Kongohandel 453
    Kupferhandel 110
    Leinenhandel 128, 316
    Neu-Spanien-Handel 316
    Ostindien-Handel 60–62, 64, 74, 111, 118
    Pelzhandel 48, 50, 52, 56, 58, 188, 190, 234, 238, 259, 279, 342, 363, 377, 405, 406, 409, 411, 450, 558, 559
    Biber 259
    Expeditionen 56
    Salpeterhandel 128, 252
    Schnapshandel 450

Sklavenhandel s. Sklaverei
Spanienhandel 216
Spezereihandel 116
Tauschhandel 27, 223, 238, 239, 521
Textilhandel 252, 316
Transsahara-Goldhandel 123
Zimthandel 64
Zuckerhandel 195, 316
Handelsfreiheit (s. auch Freihandel) 55
Handelsgesellschaften s. Handels- und Kolonialgesellschaften
Handelshäuser 401, 548
Handelskompanien s. Handels- und Kolonialgesellschaften
Handelskrieg 3, 387
Handelsstützpunkte s. Faktoreien
Handels- und Kolonialgesellschaften
    Europäische Handels- und Kolonialgesellschaften 1, 51, 67, 109, 119, 122, 196, 212, 213, 259, 268, 271, 272, 276, 337, 439, 451
    Europäische H.u.K., Anteilseigner und Teilhaber 78, 87–90, 98, 220
    Dänische H.u.K. 195
    Guineakompanie 556
    Ostindienkompanie 552
    Deutsche H.u.K.
    Anteilseigner 427
    Brandenburgisch-Afrikanische Kompanie (BAC) 263–267, 557
    Finanzierung 263, 427
    Frankfurter Landkompanie 98, 427–431
    Englische H.u.K. 119, 246, 249, 273, 274, 282
    Anteilseigner 220, 245, 375
    Company of Royal Adventurers of England Trading with Africa s. Royal African Company
    Council for New England 234, 235
    Die Treuhänder zur Errichtung der Kolonie Georgia 105–109
    Dorchester Bay Company of Adventurers 375
    East India Company (EIC) 75, 119, 156, 212, 250–258, 375, 551–553, 555–558, 560, 561
    Eastland Company 375

Sachregister

Free Society of Traders of Pennsylvania 98
Hudson's Bay Company 561
Massachusetts Bay Company 234, 235, 375–377, 554
Northern Virginia Company 234
Ostindienkompanie s. East India Company
Royal African Company 245–250, 382, 398, 556, 557
    Ten-Per-Centers (Zehn-Prozenter) 246, 248, 249
Virginia Company 220–225, 230, 375, 377, 393, 394, 397, 551
Französische H. u. K. 51, 60, 119, 337, 338, 362, 367, 450, 556
    Anteilseigner 60, 338, 355
    Compagnie de Guyane 561
    Compagnie de l'Orient 60
    Compagnie des Cent Associés 553
    Compagnie des Isles d'Amérique 204, 207, 554
    Compagnie des Indes 209, 216–220
    Compagnie des Indes orientales 60–64, 194, 195, 207–215, 555–557, 559
    Compagnie des Normands 553
    Compagnie du Sénégal 195, 554
    Compagnie française d'Occident 559
    Französische Afrikahandelskompanien 193
    Französische Mississippi-Kompanie 216
    Französische Senegalkompanie s. Compagnie du Sénégal
    Französische Westindienkompanie 193–203
    Kompanie für die Île Saint-Jean 362–366
    Law'sche Überseehandelsgesellschaft s. Compagnie des Indes
Niederländische H. u. K. 195, 263, 451
    Anteilseigner (s. auch: Bewindhebbers) 258
    Australische Kompanie 64
    Vereenigde Oostindische Compagnie (VOC) 9, 60, 61, 64, 66, 68–80, 118, 119, 156, 158–161, 165, 169, 172–181, 263, 401–404, 413, 417, 451, 537–539, 551–561
    Direktorium s. Heren XVII
    Kammern 402, 417, 418
    Westindische Compagnie (WIC) 66–70, 76, 109, 110, 195, 197, 245, 248, 258, 259, 262–264, 267, 277, 377, 404–413, 451, 552–554, 557, 559
    Amsterdamer Kammer 195, 405
    Direktorium s. Heren XIX
Portugiesische H. u. K. 123
Schwedische H. u. K. 109–115, 195
    Afrika-Kompanie 110, 195, 556
    Anteilseigner 195, 259
    Florida-Kompanie 110, 258–263, 554
    Ostindienkompanie 110
    Westindische Kompanie 68
Schweizer H. u. K. 433
    Georg Ritter und Kompanie 433
Spanische H. u. K. 7–30, 290
Hanf 410
Harfleur 55
Hartebest River 414
Havre de Grâce s. Le Havre
Haufendörfer 282, 339
Havanna (auch: La Habana) 323–337, 547, 549, 560
Head-Right-System 279, 393, 394
Hebräer 466
Heiden (auch: Heidentum) 15, 38, 50, 83, 89, 95, 133, 228, 406, 445, 451, 453, 455, 472, 484, 485, 487, 488, 509, 540
Heidentum s. Heiden
Heilige Dreieinigkeit, Bernhardinernonnenkloster in Lima 304
Heiliger Krieg (s. auch Gerechter Krieg) 20
Heiliger Stuhl 387, 524, 525
Heiliges Grab in Jerusalem 20
Heiliges Land (s. auch Palästina) 21, 51, 107
Heiratsmärkte 343
Heller (Haller Pfennig) 431
Heren XVII (VOC) 69, 71–73, 75, 77, 159, 161, 165, 402, 404, 415, 417
Heren XIX (WIC) 405, 406
Hermo, Fluß in Kleinasien 21

Herrschaftsideologie 443
Herzogin von Orléans 362
Herzog von Savoyen 225
Hessen 427
Heuer 131, 223
Heyger 431
Hidalgos (Niederer Adel) 8, 136
Hidalguía (Niederes Adelsprivileg) 296, 516
Hinduheilige 483, 487
Hindukönigreiche 456
Hindus 442, 456, 483, 537, 551, 560
Hinterindien 449, 556
Hintersassen 347, 359
Hirado, Insel 551
Hispano-Amerika s. Spanisch-Amerika
Hispanola s. a Española
Hochelaga 85
Hofstätten 430
Hogshead (Hohlmaß) 239
Hoher Gerichtshof der Niederlande 260
Homosexualität 476, 479, 480, 503
Honduras 548
Honshu 476
Hoorn 67, 71
Hopi (auch: Totonteac) 142, 144, 145
Hôtel-Dieu, Québec 531, 555
Hôtel-Dieu-Annalen 530–533
Hottentotten 169
House of Burgesses 375
House of Commons s. Englisches Parlament
Huarochirí, Encomienda 309
Huayllas, Encomienda 309
Hudson-Bai 58, 193, 361, 557
Hudson River 377, 404, 405, 553
Huehuetéotl 502
Huelva 321
Hugenotten 3, 48, 50, 94, 120, 183, 221, 272, 413–419, 555, 557
Hugli 209, 252, 557
Huiberas 501
Humanismus 17, 22, 23, 43, 319, 439
Hundredweight (Gewichtseinheit) 239
Huronen 190, 450, 525–533, 554
Hurricane (Hurrikan) 259

Idolatrie 507, 508

Idolos (Götzen) 503, 509
Ignamen 357
Île du Diable (s. auch Isles du Salut) 371
Île Royal s. Cape Breton
Île Saint-Jean (s. auch Prinz-Edward-Insel) 361–366
Île Saint-Joseph
Ilha do Sol (Santo Amaro) 131
Illinois 58
Iman von Maskat 556
Immunität 234
Imperial 148, 444, 551
Imperialismus 3
Impressment (Schangheien) 391, 392
Indenture (Dienstverpflichtung) 392, 393
Indentured Servants (s. auch Engagés) 105, 275, 387–394, 396, 428
Inder 446, 487–489
Indianerkrieg, englischer 347, 451, 540
Indianermassaker in Virginia (Jamestown) 121, 228–230, 233, 553
Indianer-Reservate 546
„Indien" (Amerika) s. Las Indias
Indien (s. auch Ostindien und Südindien) 4, 12, 13, 18, 61–64, 71, 73–75, 77, 78, 80, 116–119, 122, 124, 128–130, 161, 169, 207–215, 250–258, 366, 403, 404, 440, 442, 456, 475, 481, 483, 484, 547, 551, 554, 555, 559, 560
  Ostküste s. Koromandelküste
  Südostküste 441, 537
  Westküste s. Malabarküste
Indienfahrer 441
Indienflotte, niederländische 250
Indienhandel 12–16
Indienrat, niederländischer 77, 78, 166, 174, 404, 419
Indienrat, spanischer 34, 35, 150, 154, 156, 294, 295, 300, 312, 314, 447, 507
Indigo 52, 177, 219, 367
Indigotinte 302
Indio-Adel 317
Indio-Aufstände 445
Indio-Hospital 304, 515
Indio-Idealgemeinden 445, 548
Indio-Mission s. Missionierung
Indiomunizipien (s. auch Indio-Reduktionen und Guaraní-Reduktionen) 317

Indio-Reduktionen (auch: Misiones und Aldeias) 310–313, 445, 446, 459, 460, 462–464, 469, 470, 515–522, 540, 550, 552
Indios
  Individualbesitz 133
  Nomaden 515
  Priesterweihen 446, 549
Indio-Schutz 459–471
  Schutzgesetz 460
Indiostaat 491
Indiotribute 36, 150, 152, 296, 299, 307, 315, 316, 490, 498, 499
Indische Riten 487–489
Indischer Kaiser (s. auch Großmogul) 556
Indischer Ozean 16, 72, 117, 118, 120, 122, 128, 130, 179, 268, 399, 414, 448, 547, 549
Indochina 522–525
Indonesien 60, 251, 551
Indonesischer Archipel 64
Indus 18
Ingenieur 194, 265, 266, 369
Ingolstadt 446
Ingwer 113
Inka 30, 44, 45, 122, 142, 301, 367, 511, 548
Inquisition 38, 304, 314, 315, 440, 445, 449, 461, 484, 487, 507, 508, 511, 534, 550
  Inquisitionssitzung 487–489
Instrucciones (s. auch Las Indias, Rechtssetzung) 149, 151
Instrumentum publicum 260
Insulinde 118, 119, 552
Intendant 53, 56, 211, 274, 280, 281, 338, 339, 346–348, 356, 358, 361, 368, 370, 372
Inventar 410
Ionier 43
Iran 546
Iren 94, 427
Irkútsk 422
Irland 227, 435
Irokesen 56, 190, 339, 347, 450, 525, 526, 533
Irokesenkonförderation 347

Isabella (Crooked Island) 24
Islam 451, 537
Isle oux Oyes 353
Isle-Bourbon s. Réunion
Isle-de-France (s. auch Mauritius) 558, 559
Isle Royale s. Cape Breton
Isles de Grâce 350
Isles du Salut 371
Isles Rondes 350
Ismaeliten s. Araber
Israel, biblisches Volk 43, 465, 466
Israeliten 43, 466
Italien 7, 20, 51, 52, 194, 355, 449, 461, 525
Itamarca 284

Jäger- und Sammlervolk 516, 517
Jaffnapatnam 212, 213
Jahrmarkt 429
Jahwe, biblischer Gottesbegriff 42
Jakarta, Hauptstadt von Indonesien (bis 1942/1949: Batavia; frühere Schreibweisen: Jacarta, Jakatra, Jacatra, niederl.: Djakarta) 159, 160, 177, 179, 552
Jakatra, Stadt und Fürstentum/Königreich (als Stadt ab 1619: Batavia) 71, 73, 76, 118, 156–160, 402
Jakutsk 422, 554
Jalisco 317
Jamaica 35, 245, 270, 387, 547, 550, 555
Jambi 72
James Bai 527
James City s. Jamestown
James Island (s. auch Fort Andreas) 199
Jamestown (auch: James City) 224, 226, 228–230, 232, 551, 553
Jansenisten 442, 484, 554
Japan 8, 60, 61, 77, 441, 475–483, 522, 523, 548–552, 554, 555, 558
  Christenverfolgungen 442, 482
  Einigung 441
  Klöster 476
Japaner 446, 475–481
Japanische Kaufleute 481
Japanisches Meer 422
Japara 160, 177, 179
Jaquijaguana 45

Jauja 301–303, 306, 307, 309
Java (s. auch Mataram) 61, 72, 73, 80, 118, 119, 156–158, 160, 172–181, 250, 551, 558–560
 Strandregenten 174, 175
Java Maior 402
Javanischer Adel 172
Javanischer Erbfolgekrieg 560
Java-See 179
Jenissei 422
Jénisseisk 422, 552
Jerusalem 19
Jesuiten s. Ordensklerus
Jésus, Insel 352
Jogjakarta 179, 180, 560
Joncan (tamilisch: Chungam, dt.: Zölle) 214
Juana (s. auch Kuba) 24, 26
Judah s. Quidah
Juden 94, 271, 315, 445, 472, 546, 555
Juez de Residencia (Richterliche Vollmachten) 324
Julianischer Kalender 87, 385
Jumore 110
Jungfern-Inseln 205
Jurisdiktion s. Rechtsprechung und Gerichtsbarkeit
Justizbeamten 289
Juwelen s. Edelsteine

Kabeljau (s. auch Fischfang, Kabeljau) 363
Känguruhs 399
Kaffee 367
Kakao 367, 368
Kalebassen 201
Kalifornien 298, 446, 561
Kalikata 252
Kalk 59, 125, 144
Kaltern 517
Kalvinismus 67, 439
Kalvinisten 2, 182, 184, 185, 451
Kambodscha 482
Kamtschatka 558
Kanada (s. auch: Neu-Frankreich und Akadien) 3, 48, 50, 56–58, 85, 187–190, 215, 272, 274, 275, 279–282, 337–342, 346–348, 350–354, 358–364, 366–368, 372, 450, 525–530, 533, 535, 551–554, 556
 Ost 190
Kanarische Inseln 23, 27, 55, 314, 410, 441, 545, 559
 Bistum 441
Kandy 212, 213
Kannibaleninseln 53
Kannibalismus 27, 185, 462, 463, 469, 470, 503
Kanonen s. Artillerie
Kanonische Ehe 488
Kanonisches Recht (auch: Kirchenrecht) 441
Kantabrien 289
Kanton 72, 558
Kap s. auch Cabo und Cap und Cape
Kap Agulhas (Nadelkap) 414
Kap Blanco 123
Kap Bojador 123, 124, 316, 441, 545, 547
Kap Comorin 456–458
Kap Cross 546
Kap das Tres Pontas s. Cabo das Tres Pontas
Kap der Guten Hoffnung (s. auch Kapkolonie) 63, 64, 77, 160–171, 400, 413–415, 417, 441, 546, 548, 552
 Poststation 160
Kaperbriefe 225
Kaperexpeditionen 10
Kaperkrieg 67, 86, 405
Kapital 62, 75–77, 250, 259, 264, 317, 321, 347, 390, 401, 406, 449, 482
Kapitalismus 7, 296
Kapitalmangel 110, 234
Kapitanien s. Capitanías
Kapkolonie 122, 160–171, 268, 275, 413–419, 555, 557
Kap Komarin 251
Kap Lopes 193
Kap Madeleine 352
Kapmänner s. Goringhaiques
Kapstadt 118, 414, 418
Kap Verde 127, 545, 557
Kapverdische Inseln 545
Kardinalskommission 449
Karib s. Kannibalismus
Kariben 121, 203–207, 357, 535, 554

Sachregister

Karibik 53, 57, 111, 195, 203, 207, 245, 268, 292, 316, 366–368, 387, 389, 390, 553
Karikal 212, 213, 559
Karimata-Straße 64
Karneval 534
Karolineninseln 550
Kartasura Adiningrat 172–174, 178
Karthager 81
Kartoffeln 357
Kasan, Khanat 549
Kasaner Hof (s. auch Sibirisches Amt) 421
Kaspisches Meer 222, 422
Kasten, indische 456, 538
Kastengesellschaft 442, 483, 551
Kastilien 298, 323, 327–330, 475, 497
Kastilisch 502, 510
Kastilischer Erbfolgekrieg 123
Kataster 349
Katholiken 94, 104, 271, 273, 275, 280, 283, 418, 439, 45 451, 535
Katholizismus 276, 537, 538
Kattun 253
Kaurimuscheln 455
Kaveri 212
Kâyalpatnam 456
Kaziken 134, 303, 305, 306, 317, 475, 490, 507, 516
Kedah 72
Kediri 179
Kentucky 427
Keta (auch: Quitta) 199
Ketschua 511
Ketzer 38, 445, 449
Kewrola 423
Kicoughtan 232
Kilakkarai 456
Kilwa 557
King's Bench Division 392
King Tien 484
Kinschin 551
Kirchenfabriken 448
Kirchengründung 439
Kirchenpatonat s. Patronatskirche
Kirchenrat 406, 415
Kirchenrecht s. Kanonisches Recht
Kirchenregiment, spanisches 440, 448

Kirchenvorstand 388, 393
Kleinbojaren (Niederer Dienstadel) 420, 421, 423, 424
Kleines Siegel von England 221
König des Kongo 454
König von Ardrah 193–203
König von Bejapore 208
König von Ceylon 551
König von England 396
König von Jakarta 156–157
König von Travancor 458
Königin von Pandya 456
Kolonialdebatte, spanische 291
Koloniale Besitzergreifung (s. auch Terra Nullius) 120, 132–137, 145
Kolonialgesellschaften s. Handels- und Kolonialgesellschaften
Kolonialideologie, spanische 443
Kolonialkrieg 387
Kolonie-Eigner 225, 241, 382, 428, 434, 553
Kolumbien (s. auch Neu-Granada) 28, 30, 31, 135
Kolumbus-Fahrten
 erste: 22, 290
 zweite: 26, 29, 37, 290
 vierte: 546
Kommenda 196, 199, 248
Kommunismus 515, 516
Kompaß 222
Komtur (span.: Comendador; Ordenstitel) 303
Kondratieffzyklus 7
Konfessionalismus 442
Konfessionskirche 440
Konfuzianismus 442, 483
Konfuzius 484, 485
Konfuziuskult 483–485
Kongo 316, 441, 453–456, 546, 549, 555
Kongregationalisten 94
Konkubinen 287
Konquista 3, 117, 118, 120, 122, 142, 150, 278, 281, 296, 301, 311, 443, 475, 490, 491, 506, 508, 511
 Finanzierung 138
Konsistorialbenefizien 440
Koran 21
Kordillere von Nalhuelbuta 148

Korea 77
Koreaner 446
Kormantin 199, 245
Koromandel 458
Koromandelflotte 459
Koromandelküste 74, 119, 207–215, 251, 257, 537, 538, 549, 552, 553, 555
Korruption 272
Korsaren (s. auch Piraten) 16
Kosaken 424, 426, 550, 552, 555, 558
Kosakenhetman 550
Kosaken-Piraten 552
Kosmographen 23
Kosmographie 80, 82, 86
Kotschin-China 482, 523
Kourou 367, 368, 370, 371, 374
Kpomkpo 199
Krakatau, Vulkan 179
Kral 170
Krank-bezoeker (Geistlicher) 451
Krankentröster (ndl.: Zieken-trooster; Geistlicher) 166, 451
Kredit 197, 208, 214, 247, 328, 432
Krefeld 98, 427
Kreolen 35
Kreuzer (Währungseinheit) 457, 521
Kreuzzüge (s. auch Heiliger Krieg) 51, 268
   Kreuzzugscharakter 4
   Kreuzzugsgedanken 18
Kriegsrecht 231
Krisheim 427
Krishna, Fluß 212
Kronanwalt s. Kronjurist
Kronjurist 288, 471, 547
Kronkolonien
   englische 230
   französische 272
Kuba (auch: Cuba) 138, 221, 270, 290, 324, 492, 547, 549, 561
Kühlte (Windstärke) 164, 165
Kümmel 410
Kultivierung s. Zivilisierung
Kupfer 29, 59, 110, 113, 163, 258, 412, 454, 455
   Draht 161, 163
   Münzen 25, 154, 238
   Platten 161, 163

Ringe 454
Kurländer 199, 553
Kusnézk 426
Kyoto 476, 482
Kyushu 475

Labadisten 98, 427
La Bouteillerie 353
La Chesnay 352
La Durantaye 353
Läuflinge 421, 422
La Habana s. Havanna
Lake Erie 94
Lake Huron 94
Lake Ontario 94
Lakkadiven 550
Landabtretungsvertrag 241
Landgewinnung 58, 260
Landgraf 434
Landvermesser 356
Landzuweisungsschein (auch: Anweisungsschein, s. auch Warrant) 428
L'Ange Gardien 349
Langer Marsch der Indios 516, 554
Langes Parlament (Long Parliament) 98, 451
La Paz 277, 444
La Plata 447, 515, 516
   Erzbistum 551
Lapocatière 353
La Pointe aux Ecureils 352
La Prerye 352
La Rochelle 337
La Serena (s. auch Santiago de Chile) 549
Las Indias 23, 24, 29, 29, 41, 43–47, 84, 114, 121, 183, 295, 298–300, 312, 321, 489
   Rechtssetzung 149
Las Lomas, Berggruppe 308
Lateinamerika (s. auch Mittel- und Südamerika) 446, 507
Latinisierung 441
Lauzon 353
La Valtrie Autray 352
Laws Divine, Morall and Martiall 231
Legua (Längenmaß) 26, 127, 131, 288, 302, 307, 308, 464, 504, 510
Le Havre (auch: Havre de Grâce) 55, 56

Sachregister

Lehen 16, 297, 341, 350, 362
　Lehensurkunde 98
　Lehnsbrief 364–350
　Lehnsherren 280, 368, 560
　Lehnsleute 17, 297
Lei das Sesmarias s. Sesmaria-Gesetz
Leiden (auch: Leyden) 92, 93, 234, 451
　Ostindienseminar 451
Leinen 128, 316, 329, 359, 429
Leipzig 196
Lena 422
León 270
Lespinay 353
Letrados 6, 8
Lettres de Change (Wechselbriefe) 365
Levante 14
Leyden s. Leiden
Leyes de las Indias 290
Leyes Nuevas 44, 45, 443, 490, 511
Libertät der Stadt s. Freiheit der Stadt
Libra (Pfund) 326
Ligor 72
Lima (auch: Ciudad de los Reyes) 45, 146, 150, 277, 300–310, 320, 444, 511, 515, 549
　Erzbistum 307, 447, 549
　Fluß (auch: Rimac) 301, 304–307
　Kirchenprovinz 444
　Münze 304
　Provinzialkonzilien 446, 448, 511, 514
Lisboa s. Lissabon
Lisbon s. Lissabon
Lissabon (auch: Lisboa, Lisbon) 16, 18, 22, 61, 124, 125, 127, 286, 287, 441, 442, 456, 461, 462, 471, 539, 546
　Erzbistum 442, 529, 557
　Münze 124
Litauen 424
Litauer 424
Lizentiat 44, 150, 317, 498, 500
Llanos 147
Loango 548
Loge (Handelsagentur) 210
London 85, 220, 227, 232, 234, 239, 248, 375, 428, 429, 433–435
　Oberbürgermeister s. Lord Mayor
　Londoner Gesellschaft für die Verbreitung christlicher Erkenntnis 104

Londoner Kaufleute 10, 86, 87, 250, 375
Long Island, Karibikinsel s. Fernandina
Long Parliament s. Langes Parlament
Longueuil 352
Lord Chief Justice 397
Lord Mayor of London 375, 393
Lorette 353, 527
Lorient 55
Losary, Fluß 176
Lot (dt.: Loß, Parzelle) 429
Lotbinière 353
Louisburg 58
Louisiana 38, 103, 104, 120, 121, 215–220, 366, 427, 557–559
　Städtebau 223, 224
Lucke-Insel 383
Ludovica (s. auch Québec) 191
Lübischer Schilling 114
Lüttich 109
Lüttich, Kaufleute 109
Lusiaden (Nationalepos Portugals) 8, 17, 18
Lusitanien 18, 21
Luthertum (s. auch Protestantismus) 439
Lydien 21

Macao 18, 72, 74, 481, 482, 553, 557
　Suffragan 441, 459
Madagaskar 60–63, 547, 555
Madeira 40, 107, 441, 453, 544–548
Madiun 179
Madjapahit 172
Madras 61, 74, 212, 213, 251–254, 256, 259
Madraspatnam 251, 253
Madrid 294, 300, 560
　Nuntiatur 448
Madrid, Vertrag von 560
Madura, Insel-Fürstentum 172, 175, 176, 178, 179, 487
Maecite 347
Mährische Brüder 94
Märtyrer 15
Maestre de Campo 147
Magalhães-Straße 64, 71, 110
Magdalenastrom 31, 277
Magellanica 110, 111
Mahayana-Buddhismus (s. auch Buddhisten) 476

Mahé 212, 213, 366, 559–561
Mahlgebühren 363
Mahlrecht 359
Mailand 48
Maine 234, 553
Mainmorte (Nichtvererbbarer Landbesitz) 536
Makassar 556
Makelaer 196
Makeriskhickon River 244
Makuas 458
Malabarküste (Westküste Indiens) 12, 128, 209, 252, 456, 457, 537, 538, 549, 551, 556, 559
Malaiische Halbinsel 72
Malaiischer Archipel 71, 250, 251
Malakka 72–74, 117, 128, 441, 442, 481, 547, 555
   Suffragen 441, 550
Malang 179
Malden, Massachusetts 381
Malinaltebeque s. Malináltepec
Malináltepec 140, 141
Malpuria s. São Tomé
Malta 368
Malz 239
Mameluckensultane 14
Manaus 277
Manchanagara 179
Mandarine 485
Mandschu-Dynastie 558
Manfro, Berg 263, 264
Mangalore 212, 213
Manhattan 258, 377, 405, 406, 553, 555
Maní 510
Manicongo 316, 546
Manila 72, 448, 522, 550, 560
   Bistum 448
   Erzbistum 551
   Suffragan 448
Manillas (Kupferringe) 454
Maniok 329, 467
Manna 59
Manoa 31
Manor-System 259, 279
Mantaro 301
Mantes-Indianer 261
Manufakturen 10, 102, 107, 258
   Arbeiter 107
   Waren 67, 108
Mapuche s. Araukaner
Maranhão (auch: Estado do Maranhão) 460, 461, 465, 466, 469, 471, 555
Marañón 33
Marata 144
Marathen 208, 252
Maravedís (Währungseinheit) 25, 326
Margerita, Insel 205
Mariä Empfängnis, Kloster in Lima 304
Mariana 444
Marianen, Inselgruppe 558
Marianische Kongregation 518
Marie, Stadt in Kanada 352
Marie Gallante, Antilleninsel 205
Marienerscheinung 445
Mark (Gewichtseinheit) 25
Marksteine s. Grenzsteine
Marktpflicht 327, 328
Marlborough, Massachusetts 380
Marly s. Arrêts de Marly
Marokko 7, 544, 549
Maroni 368
Martinique 194, 195, 203, 205, 346, 355, 366, 368, 450, 554, 560
   Oberer Rat 346, 368
Martyrologium Romanum (Heiligenkalender) 487
Maryland 241, 243, 359, 279, 389, 390, 427, 554
   Charter 279
Massachusetts 92, 377–381, 539, 554
   Generalversammlung 379
Massachusetts Bay 376
Masulipatnam 207, 212, 213, 251, 552, 560
Matanzas, Massaker von 183
Mataram (s. auch Java) 80, 119, 172–181, 558–560
Maté 516
Mattinicank Island 243, 244
Maulbeerbäume 177, 219
Mauren 4, 13, 21, 38, 123, 129, 130, 271, 288, 315, 472, 494
Mauretanien 544, 557
Mauritius 554, 555, 558, 559
Maya 497, 506, 507, 549
Maynas 277

Mazedonien, biblisches 237
Mbanza Congo (s. auch São Salvador, Kongo) 453
Medellín 277
Medikamente s. Arznei
Mediterrane Zivilisation 445
Meliapour (auch: Mailepur oder: Meliapur oder: Mylapore oder Malpuria) s. São Tomé
Melilla 550
Mendoza 277
Mennoniten 38, 94, 98, 427, 433, 434
Menorca 366
Menschenfresser s. Kannibalismus
Menschenopfer 497, 501, 502, 508, 509
Menstruationsfest 488
Merced (Privileg) 294
Mercedes de estancias de ganado s. Mercedes de tierra
Mercedes de labranza s. Mercedes de tierra
Mercedes de tierra (Landschwenkungen) 298
Mérida 270, 277, 506, 507, 509
Merkantilismus 3, 9–11, 48, 56–60, 272, 274, 427
Merkantilistische Kolonien 10
Mesén 423
Messing 229
Mestizen 41, 313, 446, 511
Mestres (Schiffsführer, s. auch Seeleute) 131
Meta-Casanare 277
Methodisten 94
Methuen, Vertrag von 246
Mexikaner 501, 502
Mexikanisten 506
Mexiko (span.: México) 35, 39, 41, 138, 141, 141, 146, 151, 155, 298–300, 321, 443, 445, 448, 474, 490, 491, 500–507, 511, 548
   Antiindianische Reaktion 445
   Erzbistum 447, 549
   Inquisition 440
   Provinzialkonzilien 41, 446, 448, 549
   Vorspanisches 445
Mexiko-Stadt 38, 142, 145, 152, 155, 270, 501–504, 506, 509
   Franziskanerkonvent 501, 506

Miao (Konfuziustempel) 485
Michoacán 155, 445, 548
   Bistum 445
Mic-Mac 347
Middleborough s. Middleburg
Middleburg 227
Mietarbeit 469
Migration, innerkoloniale 383, 387–389
Miliz 208, 347, 387
Minas Gerais 246
Minen (Bergbau) 55, 59, 69, 87, 114, 124, 139, 140, 146, 150, 154, 183, 244, 246, 316, 319, 350, 412, 491, 521, 551
   Arbeitspflicht in königlichen spanischen Minen 154
Minqua 261
Minquas Kill River 259–261
Miscou-Island 351
Misiónes s. Indio-Reduktionen
Misiónes, argentinische Provinz 516
Missal 521
Mission s. Missionierung
Missionierung
   Chaco-Mission 516
   Guatemala-Mission 497–500
   Herrnhuter Mission 451, 559
   Huronen-Mission 525–533, 554
   Indianermission 191, 451, 527, 540, 553, 555
   Indienmission 456
   dänische 451
   Indio-Mission 2, 37–43, 142, 439, 442, 445, 446, 516, 549, 552, 555, 557
   brasilianische 442, 459–471
   mexikanische 2, 439
   Indochina-Mission 522–525
   Japan-Mission 441, 475–482, 522
   Kanada-Mission 450
   Kongo-Mission 546, 549
   Massachusetts-Mission 539
   Mission 4, 8, 15, 22, 23, 36, 37–43, 48, 50, 60, 63, 67, 69, 83, 84, 95, 108, 112, 142, 155, 183, 193, 202, 229, 237, 287, 292, 306, 310, 311, 313, 348, 354, 367, 406, 439–543
   Bettelorden (s. auch Bettelorden) 37–43
   evangelische 439, 451, 452, 537–543

Missionierung, Mission
   Finanzierung 440, 442, 539
   hugenottische 439
   protestantische s. Mission, evangelische
   puritanische 450
   Theorie 439, 510–515
   Missionare 5, 8, 11, 37, 182, 193, 274, 355, 439, 441, 446, 449, 451, 453, 455, 483, 487–489, 506, 507–515, 517, 521 526, 533, 537, 538, 540, 548, 559
   chinesische 484
   Laien 452, 501
Missionsdörfer (s. auch Aldeias und Indio-Reduktionen) 442, 460
Missionsfreiheit 449
Missionsgebäude 463, 464, 482
Missionsgesellschaften 450–452, 539
Missionshandbuch 511
Missionskrise 484
Missionsliteratur 446
Missionsmonopol 440, 448, 449, 461, 522, 525, 526, 546, 554
Missionsorden (s. auch: Ordensklerus) 22, 447, 539
Missionsprovinzen, spanische 277
Missionsseminar 522
Missionstheologie, katholische 439
Molukkenmission 451
   Neu-England-Mission 539–543
   Paraguay-Mission 516, 551
   Propaganda-Missionare 523
   Protestanten-Mission 449
   Sklaven-Mission 450, 451, 559
   Südamerika-Mission 444
Mississippi (frz.: Fleuve Colbert) 215, 218, 270, 557, 561
Missouri 559
Mittelamerika 270, 278, 281, 290, 491
Mittelmeer 182
Miyako/Kyoto 475, 476, 482
Mobile 215
Moçambique 18, 546, 547
Mönche s. Ordensklerus
Mogulreich s. Großmogul
Mohammedaner (auch: Muslime, Moslems) 4, 7, 19, 78, 255–257, 451, 483
Mohawks 347
Molukken 71, 73, 74, 158, 159, 250, 547, 551
Mombasa 547, 557
Mona 510
Monicongo s. Manicongo
Monokultur 279
Monomotapa 551, 553
Monopol 3, 7–9, 11–13, 27, 50, 60, 61, 64, 65, 71, 73, 91, 118, 123, 124, 172, 173, 188, 195, 209, 215, 216, 245, 249, 263, 264, 382, 401, 402, 405, 413, 441, 535, 559, 561
Monopolbrecher 264
Monopolhandelsgesellschaft (s. auch Monopol) 72
Monopson 9
Monster s. Ungeheuer
Monsun 61
Monte à Peine 349
Monterrey 270
Montevideo 559
Montréal 56, 348, 351–353, 527, 533–535, 552, 555, 560
   Sulpizianerseminar 534
Montserrat, Antilleninsel 553
Montserrat, Benediktinerkloster in Lima 304
Morees 253
Mori 553
Moskau 421, 422, 424, 426
Moslems s. Mohammedaner
Mossel Bay 414
Mouri 199
Mühlen (s. auch Wind-, Wasser- und Sägemühlen) 351, 352, 354, 359, 363, 408, 529
   Mühlenachsen 363
   Mühlenarme 363
   Mühlenbann 359
Münzprägung 124, 143, 150, 154, 178, 254, 255, 304
Münzprivileg 254
Muisca (Chibchavolk) s. Chibcha
Mulatten 313, 367, 369, 456, 460, 509
Munizipalverwaltung, spanische 311
Muskatbaum 369
Muskatblüte 73

Muskatnuß 73
Muskovadezucker s. Zucker
Muslime s. Mohammedaner
Mysore 487

Nabob 2
Nachtridentinisches Papsttum (s. auch Papst) 448
Nadelkap 414
Nägel 125
Nagasaki 482, 555
  Jesuitenkolleg 482
Nahuatl 140, 141, 501
Naik von Chandragiri 251, 253, 254
Nalhuelbuta 148
Nancy 355
Nanking 523
Nantes, Edikt von s. Edikt von Nantes
Narmada 212
Narrangansetts 377
Nasca, Encomienda 309
Nassau-Dillenburg 431
Natal, Brasilien 277
Natick, Indianersiedlung 542
Naturalisierungsgesetz, britisches 428
Nawab von Bengalen 252, 256, 257, 560
Nayarit 317
Negapatnam 212, 213
Neger s. Afrikaner
  Hospital 304
  Sklaven s. Sklaverei, Schwarze Sklaven
  Sklavinnen s. Sklaverei, Sklavinnen
Nelken s. Gewürznelken
Nelkenbäume 369
Neophyten 483
Neshammony Creek 243, 244
Neshsminy Creek 243
Nestorianische Christen 441
Neu-Amsterdam (s. auch New York) 193, 258, 260, 555, 556
Neu-Braunschweig (auch: New Brunswick) 57, 58, 187, 354
Neuchâtel 428
Neu-Ebenezer 105
Neu-England 3, 48, 91–97, 122, 190, 234–240, 269, 272, 279, 281, 341, 375–380, 390, 427, 539–543, 551, 552
Neuer Glaube (s. auch Protestanten) 439

Neue Welt 27–30, 116, 118, 120, 122, 154, 181–186, 235, 241, 258, 268, 271, 273, 375, 428, 447, 472, 546
Neu-Frankreich (Nouvelle France) 3, 48, 50, 52, 56, 57, 122, 187, 188, 190–193, 215, 259, 269, 279, 338–341, 343, 344, 346–355, 358–361, 364, 450, 526
  Klöster 191
  Städtebau 190–193
Neufundland 56, 58, 59, 234, 361, 558
  Fischgründe 59
Neufundlandfahrer 52
Neufville 352
Neu-Galizien (s. auch Jalisco) 143, 317
Neu-Granada (s. auch Kolumbien) 31–33, 146
Neu-Guinea 72
Neu-Holland 399, 400, 555
Neu-Kastilien (s. auch Groß-Peru) 301–303
  Städtebau 300–310
Neumexiko 144
Neu-Niederland 258, 259, 280–282, 341, 377, 404–413, 553
Neu-Schottland 354, 560
Neu-Schweden 120, 258–263, 282, 406, 554
Neuse-Bern (s. auch New Bern) 434
Neuseeland 122
Neuse River 434
Neu-Spanien 35–37, 54, 142, 143, 150–156, 219, 290, 296–299, 311, 312, 314, 316, 317, 319, 321, 327, 330, 474, 500, 501, 506, 508
  Behördenvisitation 152
  Buchdruck 143
  Forsthege 151
  Indiotribut 150, 152, 153
  Jurisdiktionsbezirke s. Audiencia
  Klöster 155
  Münzprägung 143, 150, 154
  Ordensprovinzial von 142
  Safrananbau 156
  Segregationspolitik 155
  Städtebau 150, 155
  Standesregister 154
  Steuern (s. auch Alcabala) 152–155
  Waidanbau 156

Nevis, Antilleninsel 553
New Bern (s. auch Neuse-Bern) 434
New Brunswick s. Neu-Braunschweig
New Castle, Delaware 243
New Castle County 243
New England Company (Missionsgesellschaft) 451, 452, 539, 541, 555
Newgate (Zentralgefängnis von London) 232
New Hampshire 553
New Jersey 98, 243, 382, 556
New Orleans (frz.: Nouvelle Orléans) 216, 527, 559
Newport 554
New Plymouth (auch: Plymouth-Kolonie) 92, 234, 237, 377–379
New South Wales 358, 397–400, 561
New York 241, 276, 382, 405, 427, 527, 556
Nicaragua 133, 548, 560
Nichiren-Sekten 480
Niederländische Westindische Kompanie s. Westindische Kompanie
Niederländisch Indien (auch: Niederländisch-Ostindien,
 s. auch Batavia und Java) 402
 Freibürger 401, 402, 404
 Münzrecht 178
 Schürfrechte 178
Niederländisch-Ostindien s. Niederländisch Indien
Niederrhein 427
Nieuw Utrecht 552
Nieuw Walcheren s. Tobago
Niger 198
Nil 20
Nirwana 477
Nizam von Haiderabad 559
Nördlingen, Schlacht von 258
Nomaden 515
Nombre de Dios 46
Nonnen s. Ordensklerus
Nordamerika 57, 58, 80–86, 92, 94, 106, 121, 187, 215, 220, 234, 241–244, 259, 270, 276, 278, 281, 282, 341, 353, 366, 387, 398, 405, 427, 430, 440, 450, 427, 527, 548, 550, 551, 560
Nordatlantik s. Atlantik

Nordmeer s. Atlantik
Nordost-Passage 404
Nordpolarmeer 422
Nordwest-Passage 56, 82, 83, 190, 221, 222, 404, 548
Normandie 56, 58, 182–184, 358
North Carolina (s. auch Carolina) 86, 275, 382, 427, 428, 433–438
 Generallandvermesser 433
Notar 260, 263, 302, 306, 307, 309, 319, 474, 475
Notariatsurkunde (auch: Instrumentum publicum) 260–263
Nouvelle France s. Neu-Frankreich
Nouvelle Orléans s. New Orleans
Nova Scotia s. Neu-Schottland
Nowaja Semlja 422
Nürnberg 415, 521
Nuestra Señora de la Ascensión (s. auch Havanna) 547
Nuestra Señora de Loreto, Indio-Reduktionen 516, 552
Nuevas Leyes s. Leyes Nuevas
Nueva Vizcaya 270
Nueva Ysabella s. Santo Domingo
Nuevo León 270
Nuevo México 270
Nuntiatur 448
Nuntien 524
Nußinsel 408

Oaxaca 139, 155, 317
Ob 422
Obödienzgesandtschaft 453
Ochotsk 422, 555
Ochotskisches Meer 422
Octoraro Creek 243
Öl 107, 114, 184, 316, 322, 363, 386, 415, 494
Österreich 558
Ofenbann 359, 361
Offra 196, 197, 200, 202, 203
Oficiales Reales (Königliche Beamte) 306
Oguaa 110
Oidor (s. auch Richter) 35, 148, 149, 152, 154, 299, 324
Oktroigebiet 405
Olifants River 414

Olinda 444, 554
Olivenöl 415
Omsk 422
Onrust 156
Opperhooft (Vorsteher) 162
Orangen 358
Oranje, Fluß 414
Orden, geistliche s. Ordensklerus
Ordensklerus 22, 37–43, 55, 142, 182, 280, 297, 313, 315, 352, 439, 446, 455, 461, 467, 473, 506, 507, 524, 536, 537
  Exemte Seelsorge 447
  Augustiner 304, 351, 441, 447, 500
  Barmherzige Schwestern 351, 530, 531
  Benediktiner 304
  Bernhardiner 304
  Beschauliche Orden 447
  Bettelorden 37–43, 483, 495, 539
  Christusorden 285, 288, 440, 545, 547
    Vikar 441
  Dominikaner 44, 155, 203–207, 304, 310, 313, 354, 441–443, 447, 469, 489–498, 500, 511, 535, 549, 550, 554
    Missionsgebiet 444, 498
  Franziskaner 31, 38, 41, 142, 143, 184, 191, 304, 321, 351, 439–443, 445, 446, 447, 450, 469, 500–507, 509, 510, 526, 548, 554, 560, 561
    Missionsgebiet 444
    Ordensprovinzen 500–502
    Missionare 446, 478
    Franziskanisches Bildungsprogramm 445
  Hospitalières 450, 555
  Jesuiten 16, 48, 57, 95, 181, 191, 193, 287, 302, 351, 354, 367–371, 439, 441, 442, 444, 445, 447, 450, 456, 469–484, 486, 500, 511, 515–523, 525, 526, 531, 535, 549–554, 560, 561
    Ausweisung aus Frankreich 369
    Indio-Mission 442
    Langer Marsch (s. auch Indios, Langer Marsch) 516, 554
    Missionsgebiet 444
    Missionsstationen 367, 371, 516, 517, 525, 549, 554
    Ordensgeneral 481, 482
    Ordensniederlassung 482
      Casa von Kyoto 482
    Ordensprovinzen 516, 554, 561
    Ordensprovinzial 462
    Provinzialprokuratoren 515
    Rektoren 482
    Superioren 482
    Jesuitenmissionare 439, 441, 446, 483, 515, 552
    Jesuitenorden
      Aufhebung 450
      Eigentum 481
    Jesuitenstaat von Paraguay
  Kapuziner 61, 202, 304, 354, 447, 453, 484, 535
    Missionsgebiet 444
  Karmeliten 447, 469, 535
  Mendikanten 522
  Mercedarier 304, 447
  Nazarener 304
  Rekollekten 191, 352, 450, 526
  Sulpizianer 450, 534
  Templer 440, 544
  Trinitarierorden 304
  Ursulinen 351, 450, 555
Ordensprovinzial s. Provinzial
Ordensreich 515
Ordensseelsorger 447
Orecktons-Island 243, 244
Orient 227, 250
Orinoco 31, 270, 277
Oriston 550
Ormus 117, 547, 553
Osmanen s. Türken
Osorno 277
Ostasien 546
Ostindien (s. auch Indien) 69–80, 114, 157, 162, 401–404, 440, 545, 550
Ostindienfahrer 160
Ostindienkompanie
  englische s. East India Companie
  französische s. Handels- und Kolonialgesellschaften, Compagnie des Indes orientales
  niederländische s. Verenigde Oostindische Compagnie
Ostindienseminar 451

Ostkirch 449
Ostsee 114, 375
Osu 110
Otterfelle 405
Ouidah (auch: Judah) 195, 196, 199, 202, 246
Oxford 80
Ozeanien 120
Ozeanisches Meer s. Atlantik

Pachacamac 302, 303, 305
Pacht 58, 59, 247, 264, 347, 348, 350, 360, 361, 376, 537
   Verträge 91, 119, 280
   Zins (s. auch Grundrenten) 90, 109, 256, 341, 360, 361, 381
Pacificación (Befriedung) 511
Pacora 134
Pactolo, Fluß in Kleinasien 20
Padang 72
Padrão 546
Pächter 280
Päpstliche Bullen 8, 440
   von 1452: 123
   von 1455: 123
   von 1456: 123
   von 1493: 27, 37
   von 1537: 443, 497
   von 1742: 484
   von 1744: 484
Päpstliche Kommissare 449, 485, 487
Padroado (s. auch Patronatskirche) 440
Padronazgo s. Patronato
Pagoda (Goldmünze) 210, 214, 253
Paititi (Fabelland) 31
Palästina (s. auch Heiliges Land) 107, 547
Palmöl 127, 201
Palmwein 202
Pamekasan 175
Panaboren 510
Panamá (s. auch Castilla del Oro) 28, 35, 44, 46, 47, 54, 120, 132–137, 150, 270, 277, 444, 475, 547, 548, 557
Panamá Vieja 134
Pánuco 270
Pangeran von Jakarta 156–160
Pantheon, chinesisches s. Chinesisches Pantheon

Papismus 4, 451
Papisten 271, 418
Papst 13, 15, 19, 40–42, 440, 441, 448, 471–473, 475, 481–484, 487, 522–524, 526, 544, 546, 547, 556
Paque 134, 136
Pára 469
Paradies, irdisches 41
Paraguay 444, 446, 498, 515–517, 550, 552, 554, 561
Paraver (s. auch Parruas) 441, 456–459, 538, 549
Pardão (Währungseinheit) 458
Parias (indische Kaste) 488, 489
Paris 187, 189, 208, 216, 353, 369, 556
Paris, Friede von 276, 366, 560
Paris, Gewohnheitsrecht der Grafschaft 350, 358–361, 364
Pariser Arpent s. Arpent
Pariser Generalhospiz 342, 343
Parruas (s. auch Paraver) 538
Pas (Längenmaß) 191
Pas Carrées (Flächenmaß) 356
Paso del Río s. El Paso
Passage nach Indien s. Seeweg nach Indien
Passierscheine 256, 388, 389, 422
Pasuruan 176, 179
Patentbrief (auch: Freibrief) 53–56, 64–67, 85–87, 90, 99, 100, 105, 106, 124, 187, 231, 234, 235, 375, 376, 382, 383, 385, 435, 536, 554
Paternalismus 241
Pater Noster 538
Patna 212
Patos, Hafen 131
Patrimonialeigentum 471
Patronat s. Patronatskirche
Patronato (auch: Padronazgo; Patronatskirche) 440
Patronatsbistum 450
Patronatsbullen 449
Patronatskirche 440, 441, 447–450, 522, 547
   iberische 440
   portugiesische 441, 523
   spanische 447–449, 522, 547
Patroons 195, 280, 406

Patroons-Kolonien 280, 406
Paulistaner 277, 516
Pauperismus 103
Pazifik (auch: Südmeer und Ostindisches Meer) 46, 64, 72, 83, 120, 134–137, 142, 148, 221, 222, 270, 277, 383, 422, 527, 547, 555
Pazifik, Entdeckung 133
Pazifikküste (Küste des Südens, Lateinamerika) 134
Peace Testimony (s. auch Quäker) 99
Pekalongan 179
Peking 486
  Astronomisches Institut 486
Pelým 419–421
Pelzjäger, weiße 411, 450
Pemba 557
Penco 444
Peneros (Fußvolk) 298
Penghu 74
Pennsbury Manor 243
Pennsylvania 3, 97–103, 108, 120, 241 bis 244, 275, 276, 382, 427, 428, 430, 557
  Charter 241, 427
  Kolonie-Eigner 434
  Landabtretungsvertrag 241
Pennypark Creek 243
Peonía (Flächenmaß) 298
Pequots 554
Perah 72
Percalla 253
Perkasie, Indianersiedlung 243
Perktomen Creek 243
Perlaustern 412
Perlen 29, 113, 227, 229
Perlenfischerei 298, 299, 456, 458, 538, 549
Perm 420, 421, 551
Pernambuco 130, 548, 554, 555
Perser 129, 553
Persien 107, 254, 551
Persische Schwadron 61, 62, 557
Peru 31, 43–46, 54, 56, 134, 142, 143, 146, 147, 149, 150, 301, 302, 304, 315, 445, 474, 490, 491, 511, 514, 557
Perulero 34
Pescadores-Inseln 74
Pest 238, 288

Petateán 143
Petatlán 143
Peten-See 497
Peterborough 435
Pfalz 427, 433–438
Pfälzer 275, 558
Pfeffer 75, 124, 156, 157, 177, 250, 252, 559
Pfeffer, langer 114
Pflanzungen s. Plantagen
Pflüge 354, 378
Pfründe 440
Pharao, der biblische Herrscher Ägyptens 43, 465, 466
Philadelphia 108, 243, 427–429
Philadelphia County, Pennsylvania 243
Philippinen 268, 298, 448, 482, 548, 550
Philipinos s. Filipinos
Phoolchery s. Pondichéry
Piauí 277
Picardie 48
Picota s. Rollo
Piemont 415–418
Piemontesische Waldenser 415–418
Pietisten 98, 427, 451
Pigmentocracy 446
Piken 147
Pilgerväter s. Pilgrim Fathers
Pilgrim Fathers 38, 92, 234, 552
Pillau 194
Piloto Mayor (s. auch Seeleute, Rangordnung) 23, 24
Pimería Alta 270
Pint (Hohlmaß) 231
Piraten (s. auch Flibustiers und Korsaren) 9, 49, 53, 55, 56, 129, 183, 402, 549, 552, 557
Piratininga 131
Pita 114
Pizarro, Konquistadorenfamilie 44
Plakate (Gesetzesanschläge) 418
Plantagen (auch: Pflanzungen) 60, 72, 193, 204, 206, 215–220, 278–280, 300, 355–358, 367, 382, 389, 390, 392, 397, 401, 459, 460
Plantagenkolonien 279, 282, 283, 344, 359, 393
Plantokraten 344

Plassey 212, 213, 560
Playwicky (auch: Playwickey), Indianersiedlung 243
Plaza (Städtischer Hauptplatz) 309
Plymouth-Kolonie s. New Plymouth
Pocken 240, 347, 466, 470
Podor 554
Pökelfleisch (auch: gesalzenes Fleisch) 217, 218, 237, 363, 365
Polen 268, 424
Polen-Litauen 424
Politiën (Polizei) 404
Polygamie 287, 479, 503
europäische 287
Pondichéry (auch: Phoolchery) 119, 207–215, 366, 557, 560, 561
Pontianak 72
Popayán 32, 33, 444
Port-au-Prince 560
Port Jackson 398, 400, 561
Port-Louis, Mauritius 217
Port Neuf 352
Porto-Belo 54, 270
Porto Santo 544
Porto Seguro 277
Port-Royal 48, 57, 108, 187, 193, 558
Portsmouth, Rhode Island 554
Portugiesisch-Amerika 182
Portugiesisch-Indien (auch: Estado da India) 117, 128
Portwein 202
Porzellan 157
Posád (Gewerbesiedlung) 421, 423–425
Potosí 277
Praedia Militaria 347
Prampram 199
Praying Indian 451, 540
Preanger Regentschaften 179
Preisfestsetzung 325, 326
Presbyterianer 94, 234
Presidency (Verwaltungshoheit) 251, 252
Preußen 558
Priester-Weihen 446, 523, 524
Prinz-Edward-Insel 58, 280, 361–366
Prinz von Oranien 195, 417
Prise (aufgebrachtes Schiff) 195, 225
Privy Council (Koloniales Oberhaus) 98, 230, 389–393

Procurador (Rechtspfleger) 333
Propaganda-Kongregation (auch: Sacra Congregatio de Propaganda Fide) 440, 449, 450, 452, 522–525, 553
Protector de Indios 329, 336, 443
Protektorat Cromwells 98
Protestanten 10, 104, 105, 107, 182, 271, 273, 275, 282, 401, 413, 427, 428, 439, 449, 498, 526, 557
Protestantismus, Missionarische Sterilität 439
Providence (Rhode Island) 554
Provinzial 459, 462
Provinzialrat (auch: Council) 98–103
Provisiones (s. auch Las Indias, Rechtssetzung) 149
Ptolemäischer Nullmeridian 55
Puebla 314, 319–323
Puebla de los Angeles 155
Pueblo 142, 144, 145
Puerto Príncipe (s. auch Havanna) 547
Puerto Rico 33, 35, 270, 547
Pulicat 74, 212, 213, 251
Puritaner 3, 4, 10, 91–97, 122, 234–237, 273, 274, 375–377, 450, 451, 539, 540, 553, 554
Gemeindeideal 379
Puritanischer Rigorismus 450

Quäker 94, 97–103, 241–244, 450
Quart (Hohlmaß) 541
Quarter-Sessions (s. auch Friedensrichter) 389
Québec 56, 122, 188, 190–193, 339, 340, 348–350, 352, 354, 365, 450, 526, 527, 530–534, 551, 554–556, 560
Bistum 534
Gründung von 190
Collège von 57
Quecksilber 29, 113
Queens's Bench Division 392
Quelimane, Moçambique 546
Queonemysing, Indianersiedlung 243
Queretaro 270
Quetzalcóatl 502
Quila 143
Quilon (s. auch Coulang) 212, 213, 458, 538

Quintal (Gewichtseinheit) 326
Quinto Real s. Fünfter, Königlicher
Quito 32, 33, 277, 444
Quitta s. Kreta
Quoddy s. Caddy

Radscha von Bargaret 559
Raffinade s. Zuckerraffinade
Rajapore 214
Raleigh City 2
Ram Radscha von Gingy 209–211, 214
Ranchos (Bedienstetenhütten) 308
Rassenpolitik (s. auch Segregationspolitik) 272, 274, 286, 310–313
Rassentrennung (s. auch Segregationspolitik) 447
Ratcliff 85
Raubzüge (auch: Beutezüge) 474, 475, 497
Real (spanische Silbermünze, port.: Milreães) 157, 286, 321, 325, 326, 328, 331
Real von Achten (span.: Peso de a ocho, Silbermünze) 157, 403, 404
Recebedor (Steuereinnehmer) 285
Receptor (Steuereinnehmer) 293
Rechtsnormen, europäische 241
Rechtsprechung (s. auch Gerichtsbarkeit) 256, 294, 375, 545
Recife 277, 555
Reconquista 3, 4, 19, 298
Red Clay Creek 243
Red River s. Río Roxo
Reduktionssystem 515
Reformation 19
Reformierte
  deutsche 94
  niederländische 94
Reformkonzil von Trient s. Trient, Reformkonzil
Refugiés (s. auch Hugenotten) 415
Regidores (Räte des Cabildo) 302, 310, 324–337
Regimento König Manuels 453
Regularkanoniker 455
Reich der Mitte (s. auch China) 442
Reichstaler 113, 415, 429, 520, 521
Reino de las Indias s. Las Indias
Reinos Patrimoniales 471, 489

Reis 114, 128, 417
Reklameschrift s. Werbebroschüre
Rektoren 482
Religiöse Intoleranz 428
Religiöse Toleranz (s. auch Religionsfreiheit) 99, 104, 382, 385
Religionsfreiheit 275
Religionskriege 183
Rembang 177, 179
Renaissance 1, 38, 86
Rensselaerwyck, Patroons-Kolonie 406
Rentmeister 285, 286
Repartimiento 34, 36, 46, 296, 299, 307, 309, 315, 316, 490
Repentiguy 352
República (auch: Republic, Stadt) 305, 307, 518
Republikaner 98
Requerimiento des Palacios Rubios 471–475, 490, 511, 547
Restauration in England 97
Retrait Conditionnel (Rückkaufsrecht) 360
Retrait Roturier (Optionsrecht) 360
Réunion 61, 559
Rexul 510
Rhein 52
Rhode Island 554
Richter (s. auch Oidor und Friedensrichter) 254, 298, 299, 310, 312, 313, 320, 324–326, 328–331, 334–337, 339, 344, 346, 350, 393, 397, 469, 485
Rijswijk, Friede von 209
Rimac, Lima, Fluß
Río Branco 31
Rio de Janeiro 182, 277, 288, 444, 550
Río de la Plata 130, 277, 547, 552
Rio Grande 83, 270, 551
Rio Grande do Sul 277, 288, 560
Rioja 277
Río Juramento 558
Río Marañón 277
Río Meta 31, 33
Río Negro 31
Río Paraguay 277
Río Paraná 277, 516, 519, 552, 554
Río Roxo 270
Río Sacramento 561

Río São Francisco 277
Río Uruguay 277, 516, 519
Ritenstreit 442, 483–489, 523, 554
Ritter 298, 303, 383, 435, 474
Ritterroman 8
River of May 83
Roanoke-Island 86
Rochefort 372
Röhrenkassie 316
Römer 10, 50, 105
Römische Kurie 556
Römisches Recht 471
Rochester 81
Rohseide 107
Rollo (auch: Picota) 301, 302
Rom 15, 440, 446, 449, 450, 472, 484, 504, 523, 535
Ronda 322
Rosenkreuzer 427
Rotes Meer 43, 466, 552
Rotterdam 67, 98, 427
Rouen 208, 322, 341, 342, 450
    Kaufleute 342
Round Robin Petition 395
Roxbury 543
Royalisten 370, 382
Ruam 17
Rubel 420, 421, 426
Rufisque 557
Ruhr (Krankheit) 166, 374
Rum Cay s. Santa María de concepción
Rumis (s. auch Türken) 129
Rupie (Währungseinheit) 252
Russen 549, 550, 554, 555, 557, 559
Russisches Reich (s. auch Rußland) 421
Rußland (s. auch Russisches Reich) 274, 419–425
    Grundsteuer 419, 420
    Klöster 423, 424
    Nordrußland 419, 421–423
    Schollenpflicht 419, 420
Rute (rheinländisches Maß) 163, 176, 407
Rye House Plot 98

Saba 554
Sachrebétniki 423, 424
Sacra Congregatio de Propaganda Fide s. Propaganda-Kongregation

Sägemühlen (s. auch Sägewerke) 406, 408
Sägewerke 301
Safran 156
Saga 83
Sagamore (Häuptling) 238
Saguenay 82, 85
Saint Barthélémy 111
Saint Charles de Roche 352
Saint Christophe (Saints Kitts), Antilleninsel 53–55, 203, 205
Saint-Denis 191
Saint-Domingue 355, 369, 556, 560
Sainte-Croix 187, 188, 353
Sainte-Marie, Missionsstation 554
Sainte Thérèse 353
Saint François 353
Saint François Xavier du Sault 353
Saint Germain 526
Saint Germain, Frieden von 526
Saint Ignace 350, 352
Saint-Jean-Inseln s. Prinz-Edward-Inseln
Saint Joseph 199
Saint Joseph, Missionsstation 554
Saint-Louis 536
Saint Louis, Hafen s. Lorient
Saint-Louis, Missionsstation 554
Saint Louis, Schloß in Québec 350
Saint-Malo 188
Saint Michel 352
Saint-Michel, Festung 368
Saint Paul 353
Saint Sulpice 352
Saint Ours 353
Saint Vincent, Antilleninsel 204, 205, 561
Sakládtschiki 423, 424
Salamanca 143, 511
Saldanha-Bai 61
Saldanier s. Goringhaiques
Salem 553
Salem, New Jersey 243
Salpeter 128, 252
Salta 277
Saltillo 270
Salz 114, 184, 216, 218, 412, 487, 516
Salzburg 104
Salzburger Exulanten 104, 106, 107, 275, 428, 559

Sachregister

Salzburger Protestanten s. Salzburger Exulanten
Salzfluß 169
Salzschmuggler 216, 218, 220, 342
Sambesi 549, 550
Sammlervolk s. Jäger- und Sammlervolk
Samorin von Calicut 12–16, 456, 457, 546, 549
Sampang 179
San Agustín 215, 270, 547
San Antonio, Texas 559
San Christóbal (s. auch Havanna) 547, 549
San Christóbal, Berg 308
Sandelholz 157
San Diego 527
San Felipi Neri, Oratorium in Lima 304
San Francisco 145, 527
San Francisco, Kloster in Lima 304, 309
San Gabriel de Estremadura, Franziskanerprovinz 500
San Gallán 306, 307
Saniasi (Hindu-Heiliger) 483, 487
San Ignacio Guazú, Indio-Reduktionen 552
San Ignacio Mini, Indio-Reduktionen 519, 552
San Ildefonso, Augustinerkollegium in Lima 304
San Jerónimo de Sosola 139
San José del Tucson 527
San Juan 35, 551
San Lorenzo, Fluß 143
San Luis 277
San Luis Potosí 270, 317
San Marcos, Universität 304
San Miguel, Insel 17, 143
San Sacramento 552
San Salvador (s. auch Guanahaní) 24
Sansibar 557
Santa Barbara 527
Santa Catarina 277
Santa Cruz 277, 444, 551
Santa Cruz, Jesuitenzentrum 505
Santa Cruz de Tlatelolco, Kolleg 444
Santa Fé, Kapitulationen von 27
Santa Fé, Mexiko 155, 270
Santa Fé de Bogotá 32, 33, 44, 549

Kirchenprovinz 444
Santa Lucia, Antilleninsel 205
Santa María de Concepción (Rum Cay) 24
Santa María de la Antigua 133, 547
Santa Marta 444
Santa Rosa, Dominikanernonnenkloster in Lima 304
Santa Rosa la Vieja, Dominikanerkloster in Lima 304
Santiago de Chile (s. auch Santiago de Nueva Estremadura) 277, 444, 549
Santiago de Guatemala 497, 498
Dominikanerkonvent 497
Santiago de Cuba (s. auch Havanna) 28, 547
Santiago de la Vega 550
Santiago de Nueva Estremadura (s. auch Santiago de Chile) 549
Santiago-Orden 150, 156, 303
Santo Domingo (auch: Nueva Ysabella) 215, 218, 270, 291, 298, 489, 491–497, 546, 547
Audiencia 324
Erzbistum 447, 549
Provinzialkonzilien 448
Santo Domingo, Kloster in Lima 309
Santo Espíritu (s. auch Havanna) 547
Santo Toribio, Kollegium in Lima 304
São Jorge da Mina (auch: El Mina) 97, 116, 119, 123–127, 195, 197, 199, 202, 316, 454, 546, 554
São Luís 277, 444
São Paulo 277, 444, 464, 516, 549, 554
São Paulo, Indio-Reduktionen nahe Bahía 464
São Paulo de Luanda 550, 555
São Salvador 444
Kirchenprovinz 444
São Salvador (s. auch Mbanza Congo), Kongo 453, 546
São Tomé (auch Meliapur, Mailepur, Mylapore) 61, 74, 197, 207, 208, 251, 253, 549
São Tomé, Insel vor Westafrika 453, 455, 546, 555
São Vicente 131
Saragossa, Vertrag von 548

Sault Sainte-Marie 527
Savannah 104
Savannah-River 104, 105, 107, 183
Schanghaien s. Impressment
Schanzkörbe 164
Schenkungsurkunde Alexanders VI. 486
Schiffsbau 52, 59, 110, 157, 178, 350, 363, 364, 406, 412
   Kalfaterer 128, 220
   Kalfatern 412
   Schiffszimmerleute 128, 220
   Werften 110, 156
Schiffbrüchige 184
Schiffsartillerie 55, 63, 128, 200
Schiffscharter 285
Schiffs-Eigner 260, 285, 396
Schiffe
   Schiffsnamen
      Amphitrite 558
      Caritas 260
      De Goede Hoop, Jacht 161, 166
      Drommedaris 161, 165
      Fortuna, Fregatte 370, 372, 373
      Haarlem 160, 161, 163
      Harmonie (Kapitän Mariage) 202, 203
      Justice (Gerechtigkeit) 197, 202
      Kalmar Nyckel 260, 261
      Lyon 237
      Mayflower 92, 234
      Nieu Nederlandt 405
      Oliphant 165, 166
      Oranjeboom 405, 409
      Reijger, Fleute 161, 165
      Salamander 164
      Santa Maria do Cabo, Karavelle 131
      São Vicente, Galeone 131
      Scotch Dutchman (Eigner: Jacob Evertss. Sandelin) 260
      Stockholm Slott 195
      Treasurer, Kriegsschiff 225
      Walvis 165, 166
   Schiffstypen
      Barke 137, 207, 221, 233, 365
      Binnenslants (Niederländische Verbindungsschiffe in Asien) 403
      Champana 459
      Fleute 62, 165, 366
      Fregatte 54, 149, 366, 370, 372, 373
      Galeere 129
      Galeone 53, 130, 131
      Jacht 161, 166
      Kahn 137, 407, 412
      Kanu 364, 526, 528, 529
      Karavelle 29, 125, 130, 131, 137
      Leichter 233
      Nau (auch: Nao) 125
      Pinasse 223, 233
      Piroge 204–206, 218, 373
      Prau (Japanisches Boot) 159, 160
      Schaluppe 163, 363, 365, 411, 412
      Urca (Lastkahn) 125, 127
      Vorratsschiff (auch: Hospitalschiff) 62
Schiffsname s. Schiffe
Schiffstypen s. Schiffe
Schiffsrat 261
Schildkröten 206
Schildpatt 201
Schlachthof 325, 336
Schleuderpreise s. Dumpingpreise
Schmalkaldischer Bund 19
Schnaps 58, 104, 541
Scholastik 476, 490
Schollenpflicht (s. auch Schollenpflichtige Bauern) 419, 420
Schollenpflichtige Bauern (auch: Ackerpflichtige Bauern) 419–424, 426
Schotten 94, 104, 427
Schürfrechte 178, 298, 299
Schuldschein 294
Schultheiß 431
Schuylkill River (auch: Scollkill) 243, 259, 429
Schwarze s. Afrikaner
Schwarzes Meer 222, 552
Schweden 68, 76, 109–115, 195, 199, 245, 258–263, 406, 555, 558
Schwefel 412
Schweiz 368, 433
Schweizer 94, 428
Scollkill s. Schuylkill
Scoudie River 187
Scrooby 92
Scudi (Währungseinheit) 449
Secours 353
Seekarten, geschmuggelte 124

Seeleute
 Ausbildung 255
 Rangordnung 84, 131
Seeräuber s. Piraten
Seeweg nach Indien (auch: Passage nach Indien) 116, 117, 121, 130, 546
Segregationspolitik (s. auch Rassenpolitik) 155, 310–313, 447, 517
Seide 114, 157, 219, 227, 247, 248, 316, 329, 330, 386
Seidenhaspler 219, 220
Seidenkokons 219
Seidenraupenkulturen 177, 219
Seidenraupenzüchter 219, 220
Seife 114, 326
Seigneurie 50, 259, 279, 280, 347–350, 358–361, 551
Seine 189
Sekondi 199
Sekten
 buddhistische 476, 480
 christliche 14, 19, 427, 453
 heidnische 14, 25
 Religionsgemeinschaften 472
 Semarang 72, 175, 179
Sena 550
Senegal, Fluß 196, 198, 553, 554, 558, 560
Senegambien 193, 194
Sepassincks Island 243, 244
Serampore 212, 213
Sergeant at Law (Anwalt) 84
Sergipe 277
Sertão 277
Servant System s. Indentured Servants
Servants-Händler 391
Servicio Personal 515
Sesmaria-Gesetz (port.: Lei das Sesmarias) 278, 285, 288
Sesmeiros 288
Seuchen s. Epidemien
Sevilla 7, 23, 28, 30, 40, 70, 291, 294, 314, 315, 320, 321
 Kirchenprovinz 447
Sevilla de Oro 550
Sexualethik 476
Seychellen 560
's-Gravenhage (s. auch Den Haag) 66
Shaka/Sakyamuni (Buddha) 480

Shama 199
Shebro 199
Sherley, Bezirk in Virginia 232
Shido 199, 248
Shogunat 441
Siam, Königreich 208, 251, 523
Sibir, Khanat 551
Sibirien 21, 120, 122, 274, 275, 419–426, 550, 551, 555, 560
 Schollenpflichtige Bauern 419
 Staatsacker 419–421, 424
 Verbannte 425, 426
Sibirisches Amt 421, 424
Siebenjähriger Krieg 366
Siedlungsgesellschaft s. Handels- und Kolonialgesellschaften
Sierra Leone 193, 245, 561
Silber 29, 30, 36, 46, 54, 70, 90, 113, 114, 131, 138, 150, 152, 154, 298, 299, 316, 363, 412, 521
Silberflotte 549
Silberroute 183
Sillery 352, 353
Sinaloa 143, 317
Sinope 552
Sklavenküste 193, 245
Sklaverei
 Sklaven 29, 33, 72, 77, 82, 104, 105, 114, 123, 124, 129, 157, 186, 195, 196, 232, 245–249, 264, 279, 316, 323, 331, 332, 337, 344, 356, 367, 369, 370, 382, 387, 390, 391, 454, 455, 465, 467, 471, 473, 508, 509, 513, 514, 552, 561
 Freikauf von Sklaven 143
 Galeerensklaven 185
 Indianersklaven 216
 Indiosklaven (auch: Indiosklaverei) 143, 154, 284, 442, 443, 460, 465, 466, 469, 470, 471, 547
 Levantische Sklaven 315
 Schwarze Sklaven (auch: Negersklaven) 105, 154, 216, 219, 268, 279, 284, 290, 316, 329–331, 344, 357, 358, 367, 387, 509, 514, 516, 535, 536
 Sklavenfängerbanden (auch: Indio-Sklaven-Jäger) 460, 516, 554

Sklavenfangexpedition 7
Sklavenhandel 11, 111, 193, 195, 196, 198, 202, 245, 246, 290, 355, 389, 441, 453, 469, 552–556, 560
Sklavenjagd 123, 516
Sklavenmarkt 132, 194
Sklavennatur 513
Sklavenraub 60
Sklavinnen 286, 287, 455
Skorbut 160, 189, 237, 238, 374, 402
Slobodá (gefreite Siedlung) 423–425
Slobódtschiki (Umsiedlungsagenten) 421
Smaragde s. Edelsteine
Societas Jesu s. Ordensklerus, Jesuiten
Société des Missions Etrangères de Paris 449, 522
Society for the Propagation of Christian Knowledge (Missionsgesellschaft) 452
Society for the Propagation of the Gospel in Foreign Parts (Missionsgesellschaft) 452
Sodomie (s. auch Homosexualität) 480
Sofala 553
Sofala, Fluß 547
Sokondi 248, 249
Solar (Stadtparzelle) 308, 309
Sol Kmskaja 420, 421
Sol Wytschegódskaja 423
Sonora 270
Sorbonne 184
Sorel 352
Sotechube, Encomienda 309
Soubedars (Hafenmeister) 211
South Carolina (s. auch Carolina) 105, 108, 427, 428
South River 260
Spanisch-Amerika (s. auch Las Indias) 285, 290, 296, 310–314, 317, 323, 359, 500, 557
Spanischer Erbfolgekrieg 215, 427, 434
Spekulationen 215, 355, 359, 382, 450
Spezereien 77, 107, 113, 114, 116, 118, 412
Spiritualentradition 443
Springfield, Massachusetts 380, 381
Squatter 450
S. Sebastião de Rio de Janeiro 289
Staaten von Holland 67

Staaten von Seeland 67
Staatsacker (s. auch: Sibirien, Staatsakker) 419–426
Staatsbauern s. Schollenpflichtige Bauern
Staatsräson 201
Staatsrat, französischer 344–346
Stadt
  Stadtgründung
    Gründungsakt 307
    Zeremoniell 301, 302
  Städtebau 150, 155, 188, 190–193, 223, 224, 281, 284, 298, 300–310, 378–381, 429, 430, 519
  Städtische Freiheit s. Freiheit der Stadt
Stahl 25, 113, 316
Stalhof 427
Stannaries 87
Staten Island 258
Statthalter der Südsee 133
St. Christopher 259, 387, 553
Steinkohle 59, 412
Stellenbosch 414, 416
Steuereinnehmer 285, 286, 293
Steuern 152–155, 233, 252, 272, 273, 279, 288, 291, 294, 296, 315, 327, 419–421, 423
Steuer-Register 424
St. Eustatius 554
St. Helena 63, 554
St. John's River 183
St. Lorenz, Grafschaft 353
St. Lorenz-Golf 48, 50, 548
St. Lorenz-Strom 48, 56, 58, 82, 122, 188, 191, 193, 338, 339, 349, 352, 548
St. Martin 205
St. Matthias-Fluß 383
St. Michael 389
St. Thomas s. São Tomé
St. Thomas, Dominikanerkollegum in Lima 304
Stockfisch 168
Stoffe s. Tuch
Stoffmaler 251
Sträflinge 182, 367, 370, 373, 397–400, 551, 552
Sträflingsinsel 370
Sträflingskolonien 276, 370, 397–400
Straßendorf 339

Straße von Gibraltar 110
Strelitzen 424
Stróganow (Kaufmannsfamilie) 547, 550
Stuarts 91, 98, 241
Subsistenzkrisen 427
Subsistenzwirtschaft 235
Subventionen 424
Sucre 447
Sudan 124
Sudburg 239
Südafrika 413, 414
Südamerika 269, 276–278, 280, 281, 289, 444, 491, 511, 546, 547, 551, 558
   Kirchenorganisation 444
Süddeutschland 268
Südindien 441, 451, 456–459, 549, 550
Südmeer s. Pazifik
Südmolukker 451
Südostasien 71–80, 156, 401
Südtirol 517
Südwest-Passage 547
Suez 549
Suffolk 92, 240
Suffraganbistümer 441
Sultanat Mataram s. Susukunan von Mataram
Sultanat von Daquem
Sultan von Bantam 158, 561
Sultan von Bijapur 128, 129
Sultan von Marokko 544
Sumatra 64, 179, 250
Sumenep 175
Sunda-Straße 72, 179
Surabaya 177, 179
Surakarta 174, 178–181, 560
Surat 60, 61, 208, 212, 213, 250–252, 255, 551, 552, 556
Surinam 367, 369, 387, 555, 556
Susquehanna River 243
Susuhunan von Mataram 80, 119, 172–181, 559
Sutanati 252
Swalpen (Planken) 160
Sydney (s. auch Port Jackson) 561
Syphillis (auch: Venerische Krankheit) 373
Syrien 14, 546

Tabak 113, 161, 163, 169, 209, 216, 219, 226, 229, 242, 259, 390, 404
Tabakanbau 10, 121, 279, 355, 393
Tabakpflanzer 396
Tabakschmuggler 216, 220
Tabakzangen 242
Tadoussac 56, 188, 191
Tael (Währungseinheit) 482
Tafelbai 160, 162, 163, 165, 166
Tafelberg 161, 164, 171, 418
Taft 134, 329
Tagewerk (auch: Acker) 429
Taino 27
Taiwan (auch: Formosa) 72, 74, 164, 415, 446, 451, 553, 556
Takoradi 110, 199
Takrama 199
Talg 329
Tamil 214, 537
Tanger 544
Tanill 113
Tanjore 207, 208, 211
Tantamkweri 199
Tapuya 465, 466
Taschkent 422
Tataren 549, 551
Tattershall 375
Tauwerk 52
Teandeouiata s. Toanché
Techcucu s. Texoco
Tegucigalpa 270
Teilhaber s. Handels- und Kolonialgesellschaften, Anteilseigner
Telde, Bistum 544
Temich s. Tenis
Temixtitán (auch: Tenochtitlán) 139
Tendai-Sekten 480
Tenich s. Tenis
Teniente General (Statthalter) 134
Tenimes s. Tenis
Tenis (auch: Temich, Tenich; heute: Chinantha) 140
Tennessee 427
Tenochtitlán (s. auch: Mexiko-Stadt) 139, 501
Ten-Per-Centers s. Handels- und Kolonialgesellschaften, englische
Tercio (Infantrieeinheit) 147

Ternate 72
Terra australis incognita 64, 110
Terra Nullius (auch: Res Nullius, Niemandsland, s. auch Koloniale Besitzergreifung) 120, 133
Territorialherrschaft 120, 122
Teshi 199
Tesorero (Schatzmeister) 306
Tete 550
Texas 559
Texcoco (auch: Techcucu) 501, 503, 504
Texel 161, 165
Textilarbeiter 208, 321
Textilgewerbe 321–323
Textilien 251, 252
Fehlmaße 329
Themse 222
Theodizee 476
Theokratie 450
Thomas-Christen 61, 74, 441
Tidore 72
Tien (Himmel) 484
Tien Chu (Herr des Himmels) 484
Terra de Guerra (Kriegsland) 497–500
Tierra Firme (s. auch Panamá und Kolumbien) 135, 136, 149, 270, 474
Timor 72, 547, 550
Titicaca-See 505
Titularbischöfe 449, 453
Tjumén 420
Tláloc 502
Tlaxcala 311
Toanché (auch: Teandeouiata), Indianersiedlung 529, 530
Tobago (s. auch Nieuw-Walcheren), Antilleninsel 195, 205, 553
Tobólsk 422–425, 550
Tokio 558
Tokugawa, Shogun-Dynastie 441
Toledo 511
Tolteken 501
Tomsk 422, 426, 551
Tonkin 72, 161, 522, 523
Tonne Gold (100 000 Gulden) 70
Tordesillas, Vertrag von 16, 27, 130, 181, 546
Toronto 560
Tortuga, Antilleninsel 555

Totenteac, Reich der Hopi s. Hopi
Toulon 372
Toulouse 399
Towns s. Township
Townships (auch: Towns) 281, 379
Towsissinck River 243
Tran 59
Tranquebar 212, 213, 257, 552
Transsubstantiation 184
Travancor 458, 459
Trecks 422
Trente-Six-Mois (s. auch Engagés) 344
Tridentinische Prinzipien 441, 448
Trient, Reformkonzil 440, 447, 448, 488
Trinidad 205
Trinidad, Kuba (s. auch Havanna) 547
Trincomati 212, 213
Trinquemale 207
Tripolitania 20
Trois Rivières 348, 352
Tropenfieber 225
Trujillo 277, 444
Trujillo, Honduras 270
Trustees (Treuhänder) 104, 434, 438
Tuban 179
Tucapel 147–149
Tuche (auch: Stoffe) 52, 74, 75, 130, 208, 210, 239, 245, 247, 248, 316, 321, 329, 340, 377, 429, 470
Tuchibeteque (auch: Tuxtepec) 141
Tucumán 277
Tudors 91
Türkei 467
Türken 19–21, 129, 227, 467, 494, 547, 549, 552
Türkis 144
Tupí 182, 451, 460
Turinsk 422, 424, 425
Turkestan 21
Tutecoryn s. Tuticorin
Tuticorin (auch: Tutcoryn) 538
Tutupinamba 185
Tuzulutlán 498
Tuxtepec s. Tuchibeteque
Typhus 238
Tyrannei 256, 465, 489, 492, 494, 496, 511, 534

Undertakers (Kolonisten) 384
Ungeheuer (auch: Monster) 26, 27, 29
Ungläubige s. Heiden
Universalpatronat 440
Unterhaus, englisches s. Englisches Parlament
Untertaneneid 97
Untertanenverband 431
Ural 419
Urbanisierung s. Stadt
Uruguay 516, 552
USA 558
   Südwesten 446
Utica 453
Utopia, Utopie
   Utopia des Thomas Morus 2, 445, 548
   Utopie 11, 22, 38, 39, 515
Utrecht 166
Utrecht, Frieden von 57, 361, 367, 558

Valdivia (s. auch Santiago de Chile) 277, 549, 551
Valencia 277
Valladolid 150, 270, 511
Valle de Oaxaca, Markgrafschaft 35
Valparaiso 550
Vara (Elle) 326
Vedor da Fazenda (Faktorei-Inspektor) 457
Veedor (Inspektor der Edelmetallschmelzen) 306, 309, 494
Vellón-Münzen 154
Venedig, Republik 12
Venerische Krankheit s. Syphillis
Venezuela 33, 491, 548
Vera Cruz 54, 140, 141
Veragua 35
Verapaz (Missionsunternehmen) 498
Verapaz, Bistum 499
Verbannte 425, 426
Verbannung 430
Verchères 352
Vereinigte Ostindische Kompanie s. Verenigde Oostindische Compagnie
Verenigde Oostindische Compagnie s. Handels- und Kolonialgesellschaften, niederländische
Versailles 62

Versicherung 363
Vervins 48, 49, 52, 55
Vicariato Real 440
Vier Elemente 477, 478
Vietnamesen 446
Vieux Hivernants (Dauersiedler) 340
Vikar des Christusordens s. Ordensklerus, Christusorden
Vikar des Papstes (s. auch Vicariato Real) 440
Vila das duas partes (Zweiteiledorf) 127
Vilinjam 458
Villa s. Ciudad
Villa de Navidad 26
Villarica 551
Villa Rica de la Vera Cruz (auch: Villenque) 503
Villemeur 352
Villenque s. Villa Rica de la Vera Cruz
Villiers 352
Villieu 353
Vincelotte 353
Virginia (s. auch: Assamacomock) 10, 86–90, 108, 122, 193, 220–234, 276, 279, 359, 382, 383, 389, 390, 393–397, 427, 433, 550, 552, 553
   Charter 230
   House of Burgesses 375
Visitador 324, 481
Visitatio liminum 448
Vitoria 38
VOC s. Verenigde Oostindische Compagnie
Völkermord 472
Völkerrecht 120
Volta, Fluß (auch: Vulter) 198, 250
Vorderindien 60–64, 449, 537, 556
Vorkompanien 69
Vulter s. Volta

Wachs 124, 386
Wahlen 100, 101, 103
Waid (Isatis tinctoria) 52, 156
Waldenser (s. auch Piemontesische Waldenser) 415–417
Waldläufer 348
Wale 165, 193, 366
Wallonen 395, 405

Wampanoags 377
Wampum (indianisches Zahlungsmittel) 241
Wappensteine 261, 546
Warrant (Landberechtigungsschein) 429
Warwick, Rhode Island 554
Wassermühlen 219, 220, 411
Watertown 240, 541
Weber 321
Weberei 429
Weberkaste, indische 251
Wechsel 363, 365, 417
Weihbischof 453
Weinanbau 58, 107, 226, 407, 410, 415, 417, 429
Weißes Meer 222, 554
Welser (Handelshaus) 548
Weltgeistliche 8, 447, 455
Weltkarten s. Cantino-Weltkarte
Weltliche Kirchenherrschaft 449
Weltpriestergenossenschaft 449
Weltumseglung von James Cook 398
Wendekreis des Krebses 49, 55
Wenden 261
Werbeagenten 434
Werbebroschüren (auch: Werbeschriften) 103–109, 369, 428, 434
Werbepatent, königliches 284–286
Werbeplakate 208
Werbung 216, 382
Werchotúrje 420, 422
Wesel 258
West, Bezirk in Virginia 232
Westfalen 427
Westfriesland 67, 68
Westindien 54, 68, 70, 76, 109, 110, 112, 157, 183, 215, 225, 230, 258, 260, 290, 294, 299, 345, 354, 367, 382, 401, 440, 450, 451, 471, 546, 553, 559
Westindische Compagnie s. Handels- und Kolonialgesellschaften, niederländisch
Westminster 87
Westminster, Zweiter Frieden von
West New Jersey 243
Weymouth 234
Whigs 98
White Clay Creek 243

Whydah s. Ouidah
WIC s. Westindische Compagnie
Windmühlen 219, 220, 411
Windpocken 529
Wingaudacoia s. Assamacomock
Winnebah 199, 248, 250
Wirbelstürme (s. auch Hurrikane) 186, 215
Wjátha 423
Woburn 379
Wojewoden 419, 422, 424
Wolfsfluß 352, 353
Wolga 222, 549
Wolle 114, 241, 359, 377
Wollhändler 375
Wollkämmer 321
Württemberg 427
Wundarzt 166, 255

Xang Ti (Oberster Kaiser) 484

Yamaguchi 476
Yanaon 212, 213
Yapeyú, Indio-Reduktionen 520
York Island 199
Young's Trading Post, Pennsylvania 243
Yucatán 270, 498, 506–515, 560
Yucca 490

Zaandam 260
Zacatecas 270, 317
Zambaigo (auch: Zambos) 313
Zambos s. Zambaigo
Zamidari (indische Steuern) 252
Zamindars (bengalische Grundbesitzer) 256
Zaptekisch 129
Zaren 274, 419–421, 423, 426, 551, 555, 560
Zehnter, kirchlicher 285, 288, 339, 364, 440, 448, 546
Zehn-Prozenter s. Ten-Per-Center
Zeitungen 461
Zen-Buddhismus 476
Zen-Shu 477
Zensur 511
Zieken-trooster s. Krankentröster
Zigeuner 314

Zimbus (Kaurimuscheln) 455
Zimt 64, 83
Zinn 29, 87
Zinsbauern 423, 424
Zipa 32
Zitronen 358
Zivilisierung 4, 11, 50, 63, 69, 189, 228, 229, 459
Zölle 157, 177, 209, 211, 214, 252, 253, 256, 304, 386
Zozola c. Cuzula
Zucker 70, 113, 195, 284, 316, 326, 367, 382, 388, 390, 460
   Muskovadezucker 388
   Zuckerbäcker 326

Zuckermühlen (Engenhos) 82
Zuckerpreise, fallende 387
Zuckerraffinerien 355
Zuckerraffinade 388
Zuckerrohr 355, 368, 369, 382
Zuñi 142, 144
Zuzula s. Cuzula
Zwangsarbeit 275
Zwangsbauern 426
Zwangsheirat 216
Zwölf Apostel aus Estremadura 443, 500, 548
Zwölfjähriger Waffenstillstand 65–67, 92, 405
Zyklone s. Wirbelstürme

Quellennachweise zu Karten und Abbildungen

Karten

1, S. 72: Nach Overzee. Nederlands koloniale geschiedenis 1590–1975. Hg. v. E. van den Boogaart u. a. Haarlem 1982, S. 72–73. – 2, S. 94: Nach M. Gilbert (ed.): American History Atlas. London 1968, S. 30. – 3, S. 179: Nach Knaurs Großer Historischer Weltatlas. Hg. v. Geoffrey Barraclough. München-Zürich 1979, S. 176 (verbesserter Entwurf). – 4, S. 198: Nach A. W. Lawrence: Fortified Trade-Posts. The English in West Africa, 1645–1822. London 1969, S. 12–13 (verbesserter Entwurf). – 5, S. 205: Entwurf E. Schmitt. – 6, S. 212: Nach M. Gilbert (ed.): British History Atlas. London 1968, S. 72 (verbesserter Entwurf). – 7, S. 242: Nach Jean R. Soderlund (ed.): William Penn and the Founding of Pennsylvania, 1680–1684. A Documentary History. Philadelphia 1983, S. 159. – 8, S. 270: Nach Lyle N. McAlister: Spain and Portugal in the New World, 1492–1700. Oxford 1984, Map 4. – 9, S. 277: Nach Lyle N. McAlister: Spain and Portugal in the New World, 1492–1700. Oxford 1984, Map 5. – 10, S. 414: Nach John Donally Fage: An Atlas of African History. London ²1978, S. 38 (verbesserter Entwurf). – 11, S. 422: Nach Allen F. Chew: An Atlas of Russian History. Eleven Centuries of Changing Borders. New Haven-London 1970, Karten 16 und 18 (verbesserter Entwurf). – 12, S. 444: Nach Atlas zur Kirchengeschichte. Freiburg etc. 1970, S. 85. – 13, S. 527: Nach Atlas zur Kirchengeschichte. Freiburg etc. 1970, S. 87.

Abbildungen

1, S. 12: Nach G. Correia: Lendas da India. Collecção de monumentos ineditos para a história das conquistas dos Portugueses. Bd. II. Lisboa 1873, S. 330. – 2, S. 24: Nach Christoph Kolumbus. Bordbuch, Briefe, Berichte, Dokumente. Ausgewählt von Ernst G. Jacob. Bremen o. J., S. 97. – 3, S. 32: Nach Theodor de Bry: America oder India occidentalis. Teil 6. Frankfurt 1627, Tafel 30. – 4, S. 79: Abdruck mit frdl. Genehmigung des Westfriesischen Museums, Hoorn. – 5, S. 106: Abdruck mit frdl. Genehmigung der Direktion des Steigenberger Hotels Drei Mohren, Augsburg. – 6, S. 117: Abdruck mit frdl. Genehmigung des British Museum, London. – 7, S. 126: Abdruck mit frdl. Genehmigung der Biblioteca Estense, Modena. – 8, S. 132: Nach Olfert Dapper: Beschryving van America en Sudlanden. Amsterdam 1683, S. 103. – 9, S. 153: Nach C. Pérez Bustamante: Don Antonio de Mendoza. Primer Virrey de la Nueva España (1535–1550). Santiago 1928 (Frontispiz). – 10, S. 158: Abdruck mit frdl. Genehmigung der Sammlung Atlas van Stolk, Rotterdam. – 11, S. 170: Abdruck mit frdl. Genehmigung des Rijksmuseums, Amsterdam. – 12, S. 192: Abdruck mit frdl. Genehmigung der Public Archives of Canada, Ottawa (C-15791). – 13, S. 242: Bildarchiv des Süddeutschen Verlages, München. – 14, S. 257: Nach Tidsskriftet Arkitekten 23 (1979), S. 549. – 15, S. 262: Nach Imago Mundi 5 (1948), S. 78. – 16, S. 266: Abdruck mit frdl. Genehmigung des Geheimen Staatsarchivs Stiftung Preußischer Kulturbesitz, Berlin. – 17, S. 304: Nach Richard Konetzke: Die Indianerkulturen Altamerikas und die spanisch-portugiesische Kolonialherrschaft. Frankfurt 1965, S. 48. – 18, S. 320: Privatbesitz. – 19, S. 349: Nach Marc Trudel: Atlas de la Nouvelle-France. Québec 1973, S. 164. – 20, S. 371: Nach Anton Freitag: Die Wege des Heils. Salzburg 1980, Abb. 273. – 21, S. 384: Abdruck mit frdl. Genehmigung der New York Public Library. – 22, S. 395: Abdruck mit frdl. Genehmigung des Foreign Office, London. – 23, S. 400: Nach John Bowle: The Imperial Achievement. London 1974, S. 97. – 24, S. 418: Abdruck mit frdl. Genehmigung der Sammlung Atlas van Stolk, Rotterdam. – 25, S. 418: Nach Das Deutschtum über See. Karlsruhe 1931, S. 16. – 26, S. 460: Nach Zo wijd de wereld strekt. Den Haag 1980, S. 134. – 27, S. 468: Nach Zwettler Codex 420 des P. Florian Paucke S. J. Bd. I. Wien 1959, S. 249 (Tafel XV). – 28, S. 478: Abdruck mit frdl. Genehmigung von Herrn Charles R. Boxer, Ringshall. – 29, S. 486: Nach Athanasius Kircher: China illustrata. Amsterdam 1649, S. 92. – 30, S. 505: Foto Theo Engl. – 31, S. 519: Abdruck mit frdl. Genehmigung des Museo histórico provincial, Rosario. – 32, S. 532: Abdruck mit frdl. Genehmigung der Public Archives of Canada, Ottawa (C-15252).

Zur Kolonisations- und Entdeckungsgeschichte

Urs Bitterli
Alte Welt – neue Welt
Formen des europäisch-überseeischen Kulturkontakts
vom 15. bis zum 18. Jahrhundert
1986. 242 Seiten. Broschiert

Leo Deuel
Kulturen vor Kolumbus
Das Abenteuer Archäologie in Lateinamerika
Ein historischer Überblick mit Originalberichten. Aus dem Englischen von
Karl-Eberhardt und Grete Felten.
2., durchgesehene Auflage. 1979. 391 Seiten mit 54 Abbildungen und 2 Karten.
Leinen (Beck'sche Sonderausgaben)

William Prescott
Die Eroberung Perus
Unter Benutzung der Übersetzung von Julius Hermann Eberty aus dem
Amerikanischen von Barbara Cramer-Nauhaus. Mit einem Nachwort von Peter
Neumann. 1986. 387 Seiten mit 20 indianischen Abbildungen und einer Karte.
Leinen (Beck'sche Sonderausgaben)

Claude François Baudez und Pierre Becquelin
Die Maya
1985. XII, 418 Seiten mit 443 Abbildungen, davon 103 in Farbe, sowie einer
Karte. Leinen (Universum der Kunst Band 31)

Danièle Lavallée und Luis Guillermo Lumbreras
Die Andenvölker
Von den frühen Kulturen bis zu den Inka
1986. X, 446 Seiten mit 449 Abbildungen, davon 136 in Farbe.
Leinen (Universum der Kunst Band 32)

Ignacio Bernal und Mireille Simoni-Abbat
Die Völker Mexikos
Von den Anfängen bis zu den Azteken
1987. Etwa 470 Seiten mit etwa 444 Abbildungen. Leinen
(Universum der Kunst Band 33). Erscheint im Herbst 1987

Verlag C. H. Beck München